近世藩制・藩校大事典

大石学［編］

吉川弘文館

はじめに

近年、近世の藩や藩主への社会的関心が高まっている。たとえば、書店には、個性的な藩主、御家騒動、名君・宰相、幕末期の藩など、藩に関する出版物が数多く見られる。こうした「藩ブーム」は、自分が生まれ育った地域や、現在生活している地域を、藩という枠組みを通して見ようとする現代人の意識に支えられているように思われる。

そして、この背景には、一九六〇年代の高度経済成長以後、列島社会が都市化・均質化・東京一極集中化するなかで地域が変容し、さらに昨今の世界化（グローバル・スタンダード）により、近世を通じて成立・発展してきた日本型社会・システムが解体しつつある状況がある。

近世については、藩の個別性・特殊性に注目し藩国家連合の時代と見る見方がある一方で、近世を首都江戸を中心とする列島社会の均質化・同質化過程と捉える見方もある。いずれにしても、近世が政治・経済・社会・文化などの各分野において、今日よりも地域の個別性・特殊性が強い時代であったことは疑いない。藩ブームとは、こうした地域の個別性・特殊性への関心・注目にもとづいたものといえよう。

藩に関する研究は、これまで二つの潮流が存在した。一つは、第二次世界大戦以前の藩政史研究、戦後の幕藩体制史研究、高度成長期以後の幕藩制国家論研究、と続く政治過程・権力構造を中心とする流れであり、もう一つは、戦前の郷土史研究、戦後の地方史研究、高度成長期以後の地域史研究と、地域に焦点をあてた研究の流れである。

　前者は全国的視野から藩の普遍性・一般性を解明し位置づける研究であり、後者は地方・地域の視点から藩の個別性・特殊性を解明する研究であった。近年新たに提示されている藩世界、藩社会、藩領社会、藩地域などの方法は、前者の流れに位置するものであり、全国各地で編纂された県史・市町村史などの自治体史は、後者の集大成といえる。

　本書は、確かな史料と最新の研究成果をもとに、先述の社会的関心に応えるとともに、藩制・藩校研究に資するために、二つの研究潮流の成果を集大成したデータ・ブックである。本書が対象とする時期は、藩の本来の語義を考慮して、中央権力としての豊臣政権が成立する一五八〇年代から、明治元年（一八六八）に明治新政府が府県制をしき、旧大名領を藩と公称したのをへて、同四年に廃藩置県により藩が廃止されるまでの約三〇〇年弱とした。

　本書は、①後者＝地域史の研究成果を最大限取り入れること、②それらをもとに前者＝政治史の新たな視角・方法を提示することを目標とした。このうち、②については、藩法・官僚機構・公文書システム・予算制度・教育制度など諸藩の藩制・藩政の合理化・客観化の過程に注目した。これらは、幕府の政治過程とも軌を一にするものであり、藩政が幕政と密接にかかわりながら展開したことを示すものである。

　藩制・藩政の合理化・客観化は、中世の武士が自力で領地を獲得・維持したのに対し、近世の藩（大名）

が幕府から領地を与えられ支配・行政を担当したことに由来する。それは藩制・藩政の安定度が、幕府の支援・統制下での各藩の行政力に拠ったからである。

本書の構成は、以下の通りである。

第一部「藩制・藩校研究の概観」は、藩制・藩校研究について概観する。編者が藩・藩校研究全般を整理し、編集協力者の小宮山敏和が織豊時代の藩政史研究、佐藤宏之が江戸時代の藩政史研究、工藤航平が藩校研究を、それぞれ総括する。

第二部「藩制・藩校用語解説」は、藩制・藩校研究の基礎となる用語を解説する。用語は、職制、法制、史料、領知、農政、財政、文化など幅広い分野から選び、御家騒動物語、抱屋敷、検地、鷹場、藩の修史事業など、近年研究が著しい分野の用語も積極的に立項あるいは改訂した。用語事典として、また第一部、第三部の補助として利用できるようにした。

第三部「藩制・藩校総覧」は、本書の中心となるものである。全国五四〇藩の藩主、藩制、藩校、藩札、藩法、幕末諸隊、御家騒動、藩政史料について解説し、充実した参考文献を掲げ、項目ごとに研究の最新成果を記し総覧できるようにした。個別の藩のみならず、地域別、項目別の藩相互の比較検討など、さまざまな視点・方法から利用していただきたい。

付録は、藩所在地地図、藩校一覧、郷校一覧、江戸藩邸所在地一覧を収めた。いずれも藩制・藩校研究の基礎情報である。

本書全体を通じて、諸藩の独自性・特殊性と、普遍性・共通性を理解できるように構成した。

編集の経緯について述べると、まず既刊『国史大辞典』（全一五巻、吉川弘文館、一九七九―九七年）の中から藩制・藩校に関する八三〇項目を選び（選定項目）、同時に本事典に必要な二九二の新項目を加えた。次に全国各地域の藩政史・地域史研究に携わる専門協力者による記述の検討と執筆者による改稿、そして新項目の執筆を行った。

編集作業は、選定項目の執筆者二三二名、編集協力者三名、専門協力者二九名、協力者七名、計二七一名と大規模なものになった。この結果、藩五四〇、藩校二五五が捉えられた。いわば近世の藩制・藩校の全貌が一覧できるようになったわけである。

本書により、研究成果や史料にもとづく確かな藩の知識が広く共有されるとともに、藩制・藩校研究の深化に寄与することができるならば幸いである。

二〇〇六年一月

大石　学

［**編者**］

大石　学

［**編集協力**］

工藤航平
小宮山敏和（東京・山梨・滋賀・愛媛）
佐藤宏之（新潟・富山・石川・静岡）

［**専門協力**］

浅倉有子（宮城・秋田）
荒武賢一朗（滋賀・京都・大阪）
内田九州男（愛媛・徳島・香川・高知）
大国正美（兵庫）
大嶋陽一（鳥取・島根）
大浪和弥（熊本）
小川和也（群馬）
落合　功（岡山・広島）
筧真理子（岐阜）
梶山順子（福岡）
門松秀樹（北海道）
小関悠一郎（山形）
佐藤来未（福岡）
重田麻紀（山口）
白石　烈（福島）
千葉一大（青森・岩手）
筑紫敏夫（千葉）
野口朋隆（佐賀・長崎・大分）
野尻泰弘（福井）
野村　玄（奈良・和歌山）
野本禎司（埼玉）
馬場弘臣（神奈川）
林　淳一（長野）
平野哲也（栃木）
藤谷　彰（三重）
村瀬典章（愛知）
山澤　学（茨城）
山下真一（宮崎・鹿児島・沖縄）
三野行徳

［**協力**］

安藤紗織
大橋毅顕
鈴木崇資
竹村　誠
中山　敦
横山恭子
吉峯真太郎

（　）は第三部の担当地域を表す。

凡　例

項　目

一　本事典は、第二部「藩制・藩校用語解説」に藩制・藩校の基礎となる用語を、第三部「藩制・藩校総覧」に藩・藩校・郷校・藩札・藩法・幕末諸隊・御家騒動・藩政史料などの項目を掲載した。藩は、一五八〇年代から明治四年（一八七一）の廃藩置県の間に存在したものを対象とした。郷校は藩が経営に関わったものを掲載した。第一部「藩制・藩校研究の概観」では藩制・藩校研究を概観し、巻末には付録（藩所在地地図・藩校一覧・郷校一覧・江戸藩邸所在地一覧）と本文索引を付載した。

二　見出し

1　項目は太字見出しで表示した。

2　第三部では当該藩名にかかわる藩校・郷校・藩札・藩法・幕末諸隊・御家騒動・藩政史料などを、小見出しを立てて項目の中に組み込んだ。

配　列

一　第二部はよみの五十音順に配列した。

二 第三部は、藩を藩庁所在地を基準に北から現在の都道府県別に分類し、都道府県ごとに藩名の五十音順に配列した。各藩の御家騒動および藩政史料の小見出しは、それぞれよみの五十音順に配列した。

記 述

一 文体・用字

1 平易簡潔な文章を心がけ、敬語・敬称は省略した。

2 漢字まじりの「ひらがな」書き口語文とし、かなづかいは、引用文をのぞき、現代かなづかいを用いた。

3 漢字は、新字体を用い、歴史用語・引用史料などのほかは、なるべく常用漢字により記述した。

4 数字は漢数字を使用し、西暦などを除き十・百・千・万などの単位語を付けた。

二 年次・年号

1 年次表記は、原則として年号を用い、（ ）内に西暦を付け加えた。同年号が再出する場合は、西暦を省略した。

2 明治以前の改元の年は原則として新年号を用い、太陽暦採用（明治五年、一八七二）前は、一月とはせず、正月とした。

三 記述の最後に、基本的な参考文献となる著書・論文・史料集をあげた。

四 項目の最後に、執筆者名を（ ）内に記した。

五 記号

『 』 書名・雑誌名・叢書名などをかこむ。

「」　引用文または引用語句、特に強調する語句、および論文名などをかこむ。

（）　注および角書・割書を一行にしてかこむ。

⇩　カラ見出し項目について、参照すべき項目を示す。

↓　参考となる関連項目を示す。

函写真

表　江戸図屏風（部分）　国立歴史民俗博物館所蔵

裏　府内藩校遊焉館絵図（部分）　弥栄神社所蔵　大分市歴史資料館提供

目　次

第二部　藩政・藩校用語解説

第三部　藩制・藩校総覧

北　海　道

館藩　たてはん　二一三

松前藩　まつまえはん　二一三

青　森　県

黒石藩　くろいしはん　二一六

七戸藩　しちのへはん　二一七

斗南藩　となみはん　二一八

八戸藩　はちのへはん　二一九

弘前藩　ひろさきはん　二二一

岩　手　県

一関藩　いちのせきはん　二二六

盛岡藩　もりおかはん　二二八

宮　城　県

岩沼藩　いわぬまはん　二三四

仙台藩　せんだいはん　二三四

中津山藩　なかつやまはん　二四七

秋　田　県

秋田藩　あきたはん　二四八

秋田新田藩　あきたしんでんはん　二五二

角館藩　かくのだてはん　二五三

亀田藩　かめだはん　二五四

仁賀保藩　にかほはん　二五五

本荘藩　ほんじょうはん　二五六

矢島藩　やしまはん　二五七

横手藩　よこてはん　二五八

六郷藩　ろくごうはん　二五八

山　形　県

左沢藩　あてらざわはん　二五九

大山藩　おおやまはん　二五九

上山藩　かみのやまはん　二六〇

新庄藩　しんじょうはん　二六二

高畠藩　たかはたはん　二六三

鶴岡藩　つるおかはん　二六四

天童藩　てんどうはん　二六六

長瀞藩　ながとろはん　二六七

松山藩　まつやまはん　二六八

丸岡藩　まるおかはん　二六八

村山藩　むらやまはん　二六九

山形藩　やまがたはん　二六九

米沢藩　よねざわはん　二七二

米沢新田藩　よねざわしんでんはん　二七七

福　島　県

会津藩　あいづはん　二七八

浅川藩　あさかわはん　二八九

石川藩　いしかわはん　二九〇

泉藩　いずみはん　二九〇

磐城平藩　いわきたいらはん　二九一

岩瀬藩　いわせはん　二九四

菊多藩　きくたはん　二九四

桑折藩　こおりはん　二九五

下手渡藩　しもてどはん　二九六

下村藩　しもむらはん　二九六

白河藩　しらかわはん　二九七
白河新田藩　しらかわしんでんはん　三〇一
棚倉藩　たなぐらはん　三〇一
中村藩　なかむらはん　三〇三
二本松藩　にほんまつはん　三〇六
福島藩　ふくしまはん　三〇九
三春藩　みはるはん　三一一
守山藩　もりやまはん　三一二
梁川藩　やながわはん　三一三
湯長谷藩　ゆながやはん　三一四

茨城県

麻生藩　あそうはん　三一六
牛久藩　うしくはん　三一七
大輪藩　おおわはん　三一七
小張藩　おばりはん　三一八
柿岡藩　かきおかはん　三一八
笠間藩　かさまはん　三一八
片野藩　かたのはん　三二一
古河藩　こがはん　三二一
宍戸藩　ししどはん　三二四
志筑藩　しづくはん　三二四
下館藩　しもだてはん　三二五
下妻藩　しもつまはん　三二六
玉取藩　たまとりはん　三二七
土浦藩　つちうらはん　三二七
額田藩　ぬかだはん　三二九
府中藩　ふちゅうはん　三二九
古渡藩　ふっとはん　三三〇
北条藩　ほうじょうはん　三三〇
保内藩　ほないはん　三三一
真壁藩　まかべはん　三三一
松岡藩　まつおかはん　三三二
松川藩　まつかわはん　三三二
水戸藩　みとはん　三三二
守谷藩　もりやはん　三四六
谷田部藩　やたべはん　三四七
山川藩　やまかわはん　三四七
結城藩　ゆうきはん　三四七
竜ヶ崎藩　りゅうがさきはん　三四九

栃木県

足利藩　あしかがはん　三四九
板橋藩　いたばしはん　三五一
宇都宮藩　うつのみやはん　三五一
榎本藩　えのもとはん　三五三
大田原藩　おおたわらはん　三五三
大宮藩　おおみやはん　三五五
小山藩　おやまはん　三五五
鹿沼藩　かぬまはん　三五六
上田藩　かみだはん　三五六
烏山藩　からすやまはん　三五七
喜連川藩　きつれがわはん　三五九
黒羽藩　くろばねはん　三六〇
佐野藩　さのはん　三六二
高徳藩　たかとくはん　三六三
富田藩　とみたはん　三六三
那須藩　なすはん　三六四
西方藩　にしかたはん　三六四
吹上藩　ふきあげはん　三六四
皆川藩　みながわはん　三六五
壬生藩　みぶはん　三六六
真岡藩　もおかはん　三六七
茂木藩　もてぎはん　三六八
山川藩　やまかわはん　三六八

群馬県

青柳藩　あおやぎはん　三六九
安中藩　あんなかはん　三七〇
伊勢崎藩　いせさきはん　三七一
板鼻藩　いたはなはん　三七四

大胡藩　おおごはん　三七四
小幡藩　おばたはん　三七五
篠塚藩　しのづかはん　三七五
白井藩　しろいはん　三七六
総社藩　そうじゃはん　三七六
高崎藩　たかさきはん　三七六
館林藩　たてばやしはん　三七九
豊岡藩　とよおかはん　三八〇
七日市藩　なのかいちはん　三八一
那波藩　なははん　三八二
沼田藩　ぬまたはん　三八二
前橋藩　まえばしはん　三八四
吉井藩　よしいはん　三八七

埼玉県

赤沼藩　あかぬまはん　三八八
石戸藩　いしどはん　三八九
岩槻藩　いわつきはん　三八九
岡部藩　おかべはん　三九一
忍藩　おしはん　三九二
川越藩　かわごえはん　三九五
私市藩　きさいはん　三九八
久喜藩　くきはん　三九九
小室藩　こむろはん　三九九
野本藩　のもとはん　四〇〇
鳩谷藩　はとがやはん　四〇〇
原市藩　はらいちはん　四〇〇
深谷藩　ふかやはん　四〇一
本庄藩　ほんじょうはん　四〇一

千葉県

蘆戸藩　あじとはん　四〇二
姉崎藩　あねがさきはん　四〇二
飯田藩　いいだはん　四〇二
飯野藩　いいのはん　四〇三
一宮藩　いちのみやはん　四〇三
岩富藩　いわとみはん　四〇四
臼井藩　うすいはん　四〇五
潤井戸藩　うるいどはん　四〇五
生実藩　おいみはん　四〇六
大網藩　おおあみはん　四〇七
大多喜藩　おおたきはん　四〇七
大多喜新田藩　おおたきしんでんはん　四〇九
小見川藩　おみがわはん　四〇九
貝淵藩　かいぶちはん　四一〇
勝浦藩　かつうらはん　四一〇
勝山藩　かつやまはん　四一一
菊間藩　きくまはん　四一二
栗原藩　くりはらはん　四一三
久留里藩　くるりはん　四一三
五井藩　ごいはん　四一五
高知新田藩　こうちしんでんはん　四一五
小久保藩　こくぼはん　四一六
佐倉藩　さくらはん　四一六
桜井藩　さくらいはん　四一九
佐貫藩　さぬきはん　四二〇
柴山藩　しばやまはん　四二一
関宿藩　せきやどはん　四二三
曾我野藩　そがのはん　四二四
高岡藩　たかおかはん　四二四
高滝藩　たかたきはん　四二五
多古藩　たこはん　四二六
館山藩　たてやまはん　四二六
鶴舞藩　つるまいはん　四二七
鶴牧藩　つるまきはん　四二八
東条藩　とうじょうはん　四二九
長尾藩　ながおはん　四二九
花房藩　はなぶさはん　四三〇
百首藩　ひゃくしゅはん　四三一
舟戸藩　ふなとはん　四三一

北条藩　ほうじょうはん　四二二
矢作藩　やはぎはん　四二三
八幡藩　やわたはん　四二三

東京都

江戸藩　えどはん　四二三
喜多見藩　きたみはん　四二四
田安藩　たやすはん　四二五
一橋藩　ひとつばしはん　四二五

神奈川県

甘縄藩　あまなわはん　四二六
一之宮藩　いちのみやはん　四二七
荻野山中藩　おぎのやまなかはん　四二七
小田原藩　おだわらはん　四二八
金沢藩　かなざわはん　四四一
深見藩　ふかみはん　四四二

新潟県

糸魚川藩　いといがわはん　四四三
春日山藩　かすがやまはん　四四四
黒川藩　くろかわはん　四四四
三条藩　さんじょうはん　四四五
坂戸藩　さかどはん　四四五
椎谷藩　しいやはん　四四六
新発田藩　しばたはん　四四七
沢海藩　そうみはん　四五〇
高田藩　たかだはん　四五〇
高柳藩　たかやなぎはん　四五五
長岡藩　ながおかはん　四五六
長峰藩　ながみねはん　四五九
藤井藩　ふじいはん　四五九
三日市藩　みっかいちはん　四六〇
三根山藩　みねやまはん　四六一
村上藩　むらかみはん　四六二
村松藩　むらまつはん　四六三
与板藩　よいたはん　四六五

富山県

富山藩　とやまはん　四六六
布市藩　ぬのいちはん　四六九

石川県

金沢藩　かなざわはん　四七〇
小松藩　こまつはん　四八三
下村藩　しもむらはん　四八四
大聖寺藩　だいしょうじはん　四八五
大聖寺新田藩　だいしょうじしんでんはん　四八六
七尾藩　ななおはん　四八七
西谷藩　にしやちはん　四八七

福井県

安居藩　あごはん　四八八
瓜生藩　うりゅうはん　四八八
大野藩　おおのはん　四八九
小浜藩　おばまはん　四九一
勝山藩　かつやまはん　四九三
葛野藩　かずらのはん　四九四
木本藩　このもとはん　四九五
鯖江藩　さばえはん　四九五
高浜藩　たかはまはん　四九八
高森藩　たかもりはん　四九八
敦賀藩　つるがはん　四九九
東郷藩　とうごうはん　五〇〇
福井藩　ふくいはん　五〇〇
松岡藩　まつおかはん　五〇七
丸岡藩　まるおかはん　五〇七
吉江藩　よしえはん　五〇九

山梨県
甲府藩 こうふはん 五一〇
甲府新田藩 こうふしんでんはん 五一一
徳美藩 とくみはん 五一二
谷村藩 やむらはん 五一三
長野県
飯田藩 いいだはん 五一四
飯山藩 いいやまはん 五一五
岩村田藩 いわむらだはん 五一六
上田藩 うえだはん 五一七
川中島藩 かわなかじまはん 五二一
小諸藩 こもろはん 五二一
坂木藩 さかきはん 五二三
須坂藩 すざかはん 五二三
諏訪藩 すわはん 五二四
高井野藩 たかいのはん 五二六
高遠藩 たかとおはん 五二七
田野口藩 たのくちはん 五二九
松代藩 まつしろはん 五三〇
松代分封藩 まつしろぶんぽうはん 五三四
松本藩 まつもとはん 五三四
岐阜県
青野藩 あおのはん 五三七
揖斐藩 いびはん 五三八
今尾藩 いまおはん 五三八
岩村藩 いわむらはん 五三九
大垣藩 おおがきはん 五四〇
大垣新田藩 おおがきしんでんはん 五四三
太田山藩 おおたやまはん 五四四
加賀野井藩 かがのいはん 五四四
金山藩 かねやまはん 五四四
加納藩 かのうはん 五四五
北方藩 きたがたはん 五四七
岐阜藩 ぎふはん 五四八
清水藩 きよみずはん 五四八
郡上藩 ぐじょうはん 五四八
黒野藩 くろのはん 五五一
上有知藩 こうずちはん 五五二
関藩 せきはん 五五二
曾根藩 そねはん 五五二
高須藩 たかすはん 五五三
高富藩 たかとみはん 五五四
高山藩 たかやまはん 五五五
多良藩 たらはん 五五六
徳野藩 とくのはん 五五七
苗木藩 なえぎはん 五五七
福束藩 ふくづかはん 五五八
本郷藩 ほんごうはん 五五九
静岡県
安倍谷藩 あべのやはん 五六〇
井伊谷藩 いいのやはん 五六〇
小島藩 おじまはん 五六一
掛川藩 かけがわはん 五六三
掛塚藩 かけづかはん 五六四
川成島藩 かわなりじまはん 五六四
久能藩 くのはん 五六五
久能藩 くのうはん 五六五
興国寺藩 こうこくじはん 五六六
相良藩 さがらはん 五六六
下田藩 しもだはん 五六七
駿府藩 すんぷはん 五六八
田中藩 たなかはん 五六九
韮山藩 にらやまはん 五七〇
沼津藩 ぬまづはん 五七一
浜松藩 はままつはん 五七二

堀江藩　ほりえはん　五七七
松永藩　まつながはん　五七七
横須賀藩　よこすかはん　五七七

愛知県

足助藩　あすけはん　五七九
犬山藩　いぬやまはん　五八〇
伊保藩　いぼはん　五八一
大浜藩　おおはまはん　五八一
岡崎藩　おかざきはん　五八一
緒川藩　おがわはん　五八三
奥殿藩　おくとのはん　五八三
形原藩　かたのはらはん　五八四
刈谷藩　かりやはん　五八四
清洲藩　きよすはん　五八六
黒田藩　くろだはん　五八七
挙母藩　ころもはん　五八七
重原藩　しげはらはん　五八九
新城藩　しんしろはん　五九〇
田原藩　たはらはん　五九〇
作手藩　つくではん　五九二
中島藩　なかじまはん　五九二
名古屋藩　なごやはん　五九三
西尾藩　にしおはん　六〇一
西大平藩　にしおおひらはん　六〇三
西端藩　にしばたはん　六〇四
畑ケ村藩　はたけむらはん　六〇四
半原藩　はんばらはん　六〇五
深溝藩　ふこうずはん　六〇五
吉田藩　よしだはん　六〇六

三重県

井生藩　いうはん　六〇七
岩出藩　いわではん　六〇七
上野藩　うえのはん　六〇八
亀山藩　かめやまはん　六〇九
神戸藩　かんべはん　六一一
雲出藩　くもずはん　六一三
桑名藩　くわなはん　六一三
菰野藩　こものはん　六一六
西条藩　さいじょうはん　六一七
竹原藩　たけはらはん　六一七
田丸藩　たまるはん　六一八
津藩　つはん　六一八
鳥羽藩　とばはん　六二四
長島藩　ながしまはん　六二六
治田藩　はったはん　六二七
林藩　はやしはん　六二八
久居藩　ひさいはん　六二八
松坂藩　まつさかはん　六三〇
南林崎藩　みなみはやざきはん　六三〇

滋賀県

朝日山藩　あさひやまはん　六三二
大溝藩　おおみぞはん　六三二
大森藩　おおもりはん　六三三
堅田藩　かただはん　六三三
朽木藩　くつきはん　六三三
小室藩　こむろはん　六三三
佐和山藩　さわやまはん　六三四
膳所藩　ぜぜはん　六三四
高島藩　たかしまはん　六三六
長浜藩　ながはまはん　六三七
仁正寺藩　にしょうじはん　六三七
彦根藩　ひこねはん　六三八
彦根新田藩　ひこねしんでんはん　六四二
三上藩　みかみはん　六四二
水口藩　みなくちはん　六四三
宮川藩　みやがわはん　六四四
山上藩　やまがみはん　六四四

京都府

綾部藩　あやべはん　六四五
亀山藩　かめやまはん　六四七
園部藩　そのべはん　六四九
田辺藩　たなべはん　六五〇
福知山藩　ふくちやまはん　六五一
伏見藩　ふしみはん　六五三
峰山藩　みねやまはん　六五四
御牧藩　みまきはん　六五四
宮津藩　みやづはん　六五五
山家藩　やまがはん　六五七
淀藩　よどはん　六五七

大阪府

麻田藩　あさだはん　六六〇
茨木藩　いばらきはん　六六一
大井藩　おおいはん　六六一
大坂藩　おおさかはん　六六二
岸和田藩　きしわだはん　六六二
狭山藩　さやまはん　六六三
高槻藩　たかつきはん　六六五
谷川藩　たにかわはん　六六六
丹南藩　たんなんはん　六六七
陶器藩　とうきはん　六六八
中島藩　なかしまはん　六六八
西代藩　にしだいはん　六六八
伯太藩　はかたはん　六六八
味舌藩　ましたはん　六六九
吉見藩　よしみはん　六七〇

兵庫県

明石藩　あかしはん　六七一
赤穂藩　あこうはん　六七三
尼崎藩　あまがさきはん　六七九
安志藩　あんじはん　六八二
出石藩　いずしはん　六八二
小野藩　おのはん　六八六
柏原藩　かいばらはん　六八六
加古川藩　かこがわはん　六八七
篠山藩　ささやまはん　六八八
佐用藩　さよはん　六九〇
三田藩　さんだはん　六九〇
新宮藩　しんぐうはん　六九二
洲本藩　すもとはん　六九二
竹田藩　たけだはん　六九三
竜野藩　たつのはん　六九三
豊岡藩　とよおかはん　六九五
林田藩　はやしだはん　六九六
姫路藩　ひめじはん　六九七
姫路新田藩　ひめじしんでんはん　七〇一
福本藩　ふくもとはん　七〇二
三日月藩　みかづきはん　七〇二
三草藩　みくさはん　七〇三
村岡藩　むらおかはん　七〇四
八上藩　やかみはん　七〇五
八木藩　やぎはん　七〇五
山崎藩　やまさきはん　七〇六

奈良県

興留藩　おきとめはん　七〇七
岸田藩　きしだはん　七〇七
小泉藩　こいずみはん　七〇八
郡山藩　こおりやまはん　七〇九
五条藩　ごじょうはんはん　七一二
御所藩　ごせはん　七一二
芝村藩　しばむらはん　七一二
新庄藩　しんじょうはん　七一三
高取藩　たかとりはん　七一四
竜田藩　たったはん　七一五
田原本藩　たわらはん　七一五

布施藩　ふせはん　七一六
松山藩　まつやまはん　七一六
柳生藩　やぎゅうはん　七一七
柳本藩　やなぎもとはん　七一八

和歌山県

新宮藩　しんぐうはん　七一九
田辺藩　たなべはん　七二一
和歌山藩　わかやまはん　七二三

鳥取県

羽衣石藩　うえしはん　七三二
浦富藩　うらどめはん　七三二
倉吉藩　くらよしはん　七三三
黒坂藩　くろさかはん　七三三
鳥取藩　とっとりはん　七三三
鳥取新田藩　とっとりしんでんはん　七三九
八橋藩　やばせはん　七四〇
米子藩　よなごはん　七四〇

島根県

津和野藩　つわのはん　七四一
浜田藩　はまだはん　七四四
広瀬藩　ひろせはん　七四五
松江藩　まつえはん　七四六
松江新田藩　まつえしんでんはん　七五〇
母里藩　もりはん　七五一
吉永藩　よしながはん　七五二

岡山県

浅尾藩　あさおはん　七五三
足守藩　あしもりはん　七五三
岡田藩　おかだはん　七五四
岡山藩　おかやまはん　七五五
岡山新田藩　おかやましんでんはん　七六四
勝山藩　かつやまはん　七六四
鶴田藩　たずたはん　七六五
津山藩　つやまはん　七六六
津山新田藩　つやましんでんはん　七六九
成羽藩　なりわはん　七六九
新見藩　にいみはん　七七〇
西江原藩　にしえばらはん　七七〇
庭瀬藩　にわせはん　七七一
松山藩　まつやまはん　七七一
宮川藩　みやがわはん　七七三

広島県

広島藩　ひろしまはん　七七四
広島新田藩　ひろしましんでんはん　七八〇
福山藩　ふくやまはん　七八一
三次藩　みよしはん　七八四

山口県

岩国藩　いわくにはん　七八五
清末藩　きよすえはん　七八六
長府藩　ちょうふはん　七八七
徳山藩　とくやまはん　七八八
萩藩　はぎはん　七九〇
山口藩　やまぐちはん　八〇二

徳島県

住吉藩　すみよしはん　八〇三
徳島藩　とくしまはん　八〇三
富田藩　とみたはん　八〇八

香川県

高松藩　たかまつはん　八〇九

多度津藩　たどつはん　八一三
丸亀藩　まるがめはん　八一四

愛媛県

今治藩　いまばりはん　八一七
宇和島藩　うわじまはん　八一八
大洲藩　おおずはん　八二一
川之江藩　かわのえはん　八二三
来島藩　くるしまはん　八二三
国分藩　こくぶはん　八二四
小松藩　こまつはん　八二四
西条藩　さいじょうはん　八二五
新谷藩　にいやはん　八二七
松山藩　まつやまはん　八二八
松山新田藩　まつやましんでんはん　八三二
吉田藩　よしだはん　八三二

高知県

浦戸藩　うらどはん　八三三
高知藩　こうちはん　八三三
中村藩　なかむらはん　八四四

福岡県

秋月藩　あきづきはん　八四四
内山藩　うちやまはん　八四六
香春藩　かわらはん　八四七
久留米藩　くるめはん　八四七
小倉藩　こくらはん　八五二
小倉新田藩　こくらしんでんはん　八五八
東蓮寺藩　とうれんじはん　八五八
福岡藩　ふくおかはん　八五九
松崎藩　まつざきはん　八六七
三池藩　みいけはん　八六七
柳川藩　やながわはん　八六八
山下藩　やましたはん　八七一

佐賀県

小城藩　おぎはん　八七二
鹿島藩　かしまはん　八七三
唐津藩　からつはん　八七四
佐賀藩　さがはん　八七六
蓮池藩　はすのいけはん　八八四

長崎県

大村藩　おおむらはん　八八六
島原藩　しまばらはん　八八七
平戸藩　ひらどはん　八八九
平戸新田藩　ひらどしんでんはん　八九一
福江藩　ふくえはん　八九二
府中藩　ふちゅうはん　八九四

熊本県

宇土藩　うとはん　八九九
熊本藩　くまもとはん　九〇〇
熊本新田藩　くまもとしんでんはん　九〇九
富岡藩　とみおかはん　九一〇
人吉藩　ひとよしはん　九一〇

大分県

安岐藩　あきはん　九一三
臼杵藩　うすきはん　九一三
岡藩　おかはん　九一五
杵築藩　きつきはん　九一六
佐伯藩　さいきはん　九一七

高田藩　たかだはん　九一九
高松藩　たかまつはん　九二〇
富来藩　とみくはん　九二〇
中津藩　なかつはん　九二一
日出藩　ひじはん　九二三
日田藩　ひたはん　九二四
府内藩　ふないはん　九二五
森藩　もりはん　九二七
竜王藩　りゅうおうはん　九二九

宮崎県

飫肥藩　おびはん　九三〇
佐土原藩　さどわらはん　九三一
高鍋藩　たかなべはん　九三三
延岡藩　のべおかはん　九三四

鹿児島県

鹿児島藩　かごしまはん　九三七

沖縄県

琉球藩　りゅうきゅうはん　九五三

付録

藩所在地地図　九五六
藩校一覧　九六六
郷校一覧　九九五
江戸藩邸所在地一覧　九九九

索引

第一部　藩制・藩校研究の概観

近世国家・社会と藩・藩校

大石　学

1　近世国家の成立と藩

「平和」の到来

近世三百年、正確には永禄十一年(一五六八)から慶長三年(一五九八)までの織田信長と豊臣秀吉の時代(織豊時代)の三十年間と、これに続く慶長八年から慶応三年(一八六七)までの江戸幕府の時代(江戸時代)二百六十五年間をあわせて近世と呼ぶ。

近世の大部分を占める江戸時代は、中央政府である幕府が、統一的な軍役体系をもって全国約二百六十の藩を編成し、列島規模で土地と人民を統治した時代であった。

この時代はまた、対外戦争や内戦がほとんどない、世界史上でもまれな「平和」な時代であった。江戸幕府(徳川氏)を中心とする武力による平和は、「徳川の平和」(**Pax Tokugawana** パクス・トクガワーナ)とも呼ばれる(芳賀徹編『叢書比較文学比較文化一・文明としての徳川日本』中央公論社、一九九三年ほか)。

この「平和」を準備したのは、約一世紀におよぶ戦国の争乱を終結させた豊臣秀吉である。秀吉は、「惣無事令」と呼ばれる一連の法令を発布し、「公儀」＝公権力として戦国大名間の紛争や、村落間の争い、さらには海賊行為などを禁止した。これらの政策により、戦国社会に広範に展開していた中世的私戦は禁止され、列島社会に「平和」がもたらされたのである(藤木久志『豊臣平和令と戦国社会』東京大学出版会、一九八五年)。

藩の呼称

秀吉が達成した「平和」のうえに、全国統治を展開したのが、徳川家康であった。家康が開いた江戸幕府は、直轄地の支配・行政を行う一方、大名、旗本、寺社などに一定地域の支配・行政を委ねることにより全国統治を実現した。

このうち大名は、一万石以上の地域の支配・行政を担当する武士であり、大名の支配・行政組織とこれを支える領地を「藩」という。「藩」の字義は、「まがき」(栗の丸太の柵)、「さかい」、「まもり」である。これは中国の天子が、諸国に諸侯を封じて自らを輔翼せしめ、藩輔、藩屏、藩翰、藩鎮などと称したことに由来する。中国の儒学の古典『春秋左氏伝』上(岩波文庫)には「親戚を封建し、もって周室の藩屏と」したと、周王が王族に土地を分与して支配させる封建制を採用したことが記されている。

江戸時代中期の儒学者らは、江戸時代を中国の封建制になぞらえ、大名を幕府の藩屏とし、大名を「諸侯」、その組織を「藩」と呼んだのである。たとえば、儒学者の新井白石は、甲府藩主の徳川綱豊(のち六代将軍家宣)の命により、元禄十五年(一七〇二)に『藩翰譜《はんかんふ》』と題する本を完成させたが、これは慶長五年から延宝八年(一六八〇)までの大名三百三十七家の系譜や家伝を集めたものである。

江戸時代、藩は一つの「家」と認識されていた。藩士を「家臣」、藩士の集合体を「家中」、藩の最高職を「家老」、大名が発する法令を「家法」などと呼ぶのも、こうした認識に基づく。

ただし、近世において藩の呼称は公称ではなかった。藩が公称となるのは、明治元年(一八六八)閏四月の政体書において、明治新政府が旧幕府領に府県制を設け、旧大名領を藩と称した時である(府藩県三治制)。こののち、明治四年七月に廃藩置県が実施されるまで、藩の公称はわずか三年余しか用いられなかった(山口啓二『幕藩制成立史の研究』校倉書房、一九七四年ほか)。

組織の原型

江戸時代の藩の原型は、戦国大名の軍事・行政組織に求められる。戦国時代のうち続く戦乱と、小農民の自立による農村の変動は、先祖伝来の土地(本領)を拠点とする在地小領主の支配を動揺させ、守護大名や有力国人への結集を促した。この結果、一部の守護大名や、下剋上により守護大名を倒した国人たちは、戦国大名へと成長していったのである。戦国大名は「公儀」の地位を確立し、家臣たちを家中として編成するとともに、戦国家法と呼ばれる独自の法を制定し、軍事・行政組織を整備していった。ただし、戦国大名は、在地小領主の本領を没収するまでには至らず、新たに獲得した土地を恩賞として与える形で家臣団を拡大していった。一方、家臣たちも、戦争に際して、武家奉公人や小荷駄隊などの非戦闘員を含む従者および兵糧を自分で確保する(兵糧自弁)、自律性の強い武士であった。大名が家臣を本領から転封させたり、本領を没収したり、さらには非戦闘員を確保し兵糧を支給するようになるのは織豊時代以後である(高木昭作『日本近世国家史の研究』岩波書店、一九九〇年)。

このの ち、織田信長は在地小領主の本領支配を否定する一方、彼らを編成し、豊臣秀吉、明智光秀、柴田勝家、前田利家らの家臣を大名として取り立て、畿内を中心に中央権力を形成していった。

信長のあとを継いだ秀吉もまた、加藤清正や石田三成など多くの家臣たちを大名に取り立てるとともに、大規模な転封を行った。当時の耶蘇会の宣教師は、「日本の王侯は常にこれ(諸侯)を移動し、主なる領主は彼の征服したる地方より他の地方に移し、何人も領地に根を生ずることを許さぬ」(『イエズス会日本年報』下、新異国叢書、雄松堂書店、括弧内引用者注、以下も同じ)と記している。秀吉は、天正十三年(一五八五)に関白、翌年に太政大臣となり豊臣姓を与えられるなど、朝廷権威により家格の面からも全国大名を編成していった。

さらに秀吉は、全国規模で太閤検地を実施し、石高制を施行するとともに兵農分離を推し進めた。この過程で本領から切り離された家臣たちは、俸禄や新たな給地を与えられるなどして官僚化していったのである。

藩の性格と地域社会

徳川家康は、慶長五年の関ヶ原合戦の勝利により政治の主導権を握った。関ヶ原合戦は、東軍が徳川主力軍を欠き、加藤清正や福島正則ら豊臣系大名により構成されていたことから、豊臣系大名が近世権力を構成する契機にもなった

(笠谷和比古『近世武家社会の政治構造』吉川弘文館、一九九三年)。

関ヶ原合戦の戦後処理は、西軍に属した大名は改易八十八、減封五を数え、没収高六百二十二万石余は当時の全石高の約三分の一を越えた。没収高の多くは、戦功のあった大名に与えられ、そのほか徳川氏の直轄領に編入されたり、徳川一門や譜代大名の創出などにあてられた(藤野保『新訂幕藩体制史の研究―権力構造の確立と展開―』吉川弘文館、一九七五年、高木昭作「江戸幕府の成立」『岩波講座日本歴史・近世』岩波書店、一九七五年)。

関ヶ原合戦の全国規模での戦後処理は、中世までの領主と領民の関係を一掃することになった。こののち江戸時代の大名は、①伊勢国津藩の法令に、「殿様(藩主)は当分の御国主、田畑は公儀之田畑」(『宗国史』)とあり、②岡山藩の藩主池田光政が、「上様(将軍)ハ日本国中の人民を天より預り成され候、国主(藩主)ハ一国の人民を上様より預り奉る」と述べ、③対馬藩の藩主宗義方《よしかた》が幕府にあてて「藩屏兵馬之備は私一分之事にても無之、天下に相預り候保国之至要にて御座候」(一七一四年「書付」)と記し、④成立をめぐって諸説があるものの、「慶安の御触書」に「地頭ハ替もの、百姓ハ末代其所の名田を便とする者」とあり、⑤荻生徂徠が「武士を鉢植えにする」(『政談』)と表現したように、在地性の薄い「鉢植え」の状態に置かれたのである。

たとえば、三河国刈谷藩は、江戸時代前期に、藩主は稲垣(慶安四年〈一六五一〉―元禄十五年)、阿部(元禄十五年―宝永七年〈一七一〇〉)、本多(宝永七年―正徳二年〈一七一二〉)、三浦(正徳二年―延享四年〈一七四七〉)、土井(延享四年―幕末)と代わっている。

これら藩主による領地約三十ヵ村の支配・行政の実態を見ると、稲垣の後期から阿部期までが刈谷城の直近に位置する刈谷村と元刈谷村の二ヵ村、稲垣の前期と本多期以降はこれに熊村と高津村を加えた四ヵ村(史料では「城付四ヶ村」と表現される)に依拠して展開している。すなわち、城付四ヵ村は、東海道知立宿(愛知県知立市)の助郷役を免除される代りに、刈谷城への上納役や城内の掃除役、あるいは触状の継ぎ送り人足役などの「城付役」を勤め、領内において特別な機能と性格を有していたのである。

城付四ヵ村はまた、領内村々に触を伝達したり、村々の総代として藩に出願するなど、中間機構としての役割を果たした。さらに参勤交代の際には、藩主の挨拶が許されるなどの特権も持っていた。

以上のように、刈谷藩の歴代藩主は、いずれも城付四ヵ村を中心とする領内の地域秩序に依拠し、前例を尊重しつつ藩政を展開したのである。すなわち藩主は領主としてよりも、幕府から支配・行政を委任された官僚として任務に携わっていたといえるのである（大石学「刈谷城城付四か村について」刈谷市郷土文化研究会発行『かりや』一八、一九七七年）。

こうした藩主による官僚的支配・行政を基礎から支えたのが、城付四ヵ村に見られるように、みずから地域運営をした地域社会であった。近世の村は、中世惣村の自主的・自律的な性格を受け継ぎ、さらに官僚的支配・行政を支える組織へと成長したのである。

たとえば、名主（庄屋）や組頭（年寄）などの村役人は、村の自治性・自立性を体現するとともに、支配・行政の末端機構として機能した。近世後期には、入札（選挙）や輪番で村役人が決まることも多くなり、村寄合や村議定など村運営のシステムが整備された。村を越えた村連合も自治性・自律性を強めていった（志村洋「近世後期の地域社会と大庄屋支配」『歴史学研究』七二九、一九九九年、東谷智「近世中後期における地方支配の変容—越後長岡藩の割元を中心に—」『日本史研究』四七五、二〇〇二年）。藩の官僚的支配・行政は、こうした地域社会の成熟と相まって実現したのであり、これに武士と農民の契約関係の側面を見る見方もある（朝尾直弘「『公儀』と幕藩領主制」『講座日本歴史』五、東京大学出版会、一九八五年）。

2　幕府と藩・大名の関係

さまざまな分類

近世の藩の数は、元禄四年（一六九一）に二百四十三、慶応元年（一八六五）に二百六十六、明治四年（一八七一）に二百八十三であった。

大名の分類は、石高の多寡によるものの他、将軍家との関係の親疎から、三家・家門など徳川家の親戚筋の親藩(林董一編『尾張藩家臣団の研究』名著出版、一九七五年)、徳川家の家臣の系譜を引く譜代(木村礎・杉本敏夫編『譜代藩政の展開と明治維新―下総佐倉藩―』文雅堂銀行研究社、一九六三年、明治大学内藤家文書研究会編『譜代藩の研究―譜代内藤藩の藩政と藩領―』八木書店、一九七二年、煎本増夫『江戸幕府と譜代藩』雄山閣出版、一九九六年)、織田・豊臣政権下の大名の系譜を引く外様に分類された。

また、官位によっても分類された。武家官位は幕府が推挙し朝廷が叙任したが、朝廷官位の定員外であり、決定権は幕府にあった(橋本政宣編『近世武家官位の研究』続群書類従完成会、一九九九年)。

江戸城内の殿席によっても分類された。殿席は、大廊下(表座敷居間)、溜の間(黒書院)、大広間、帝鑑の間、柳の間、雁の間、菊の間などに分けられ、各大名はいずれかに列した(松尾美恵子「大名の殿席と家格」徳川林政史研究所『研究紀要』昭和五十五年度、一九八一年)。

国持(国主)、国主並、城主、城主並、無城という分類もあった。国持は、一国以上を領知する家、国持並はそれに準ずる家、城主は居城を持つ家、城主並は城主に準ずる家、無城は居城がなく陣屋を構える家である。そのほか、将軍の偏諱《へんき》を受けたり、松平姓を名乗ることで将軍家との親密さを誇る大名もいた(加藤隆『幕藩体制期における大名家格の研究』近世日本城郭研究所、一九六九年、児玉幸多『日本の歴史一八・大名』小学館、一九七五年)。

本藩と支藩の関係もあった。たとえば、伊予西条藩松平家は、和歌山藩徳川家の支藩であるが、「文化七年御家中官禄人名帳」によれば、この時期二十七名の和歌山藩士が西条藩士として出向していた。家老をはじめ上級藩士は和歌山藩出身者が多くを占め、短期間西条藩士となる者もいた。これら和歌山藩士の俸禄は、和歌山・西条両藩から支給されていた(『愛媛県史』近世上、一九八六年)。

幕府は、さまざまな家格や格式により、全国の大名・藩を編成したのである。

参勤交代と江戸藩邸

大名が幕府に果たすべき役として、江戸への参勤があった。寛永十二年（一六三五）改訂の武家諸法度により外様大名の在府一年四月交代という参勤制度が定められた。同十九年には譜代大名にも参勤が命じられ、関東の大名は半年交代となった。また、老中・若年寄など幕府役職に就任する者は定府となった。

参勤交代制度により、江戸には多くの藩邸（上・中・下屋敷）が整備された。上屋敷は江戸城に最も近い屋敷であり、藩主や家族が住んだ。藩の江戸役所の機能も持ち、江戸詰めの藩士らが屋敷内の長屋に住居した。中屋敷は、隠退した藩主や嗣子などが住み、災害時の避難所としても機能し、上屋敷に収容しきれない藩士の住居も置かれた。下屋敷は、国元からの物資の貯蔵や庭園などとして利用された（品川区立品川歴史館編集『しながわの大名下屋敷』品川区教育委員会発行、二〇〇三年）。

名古屋藩徳川家の場合、上屋敷が市ヶ谷、中屋敷が四谷御堀端、下屋敷が戸山、川田ヶ久保、内藤新宿（以上新宿区）にあり、その他、屋敷が麴町（千代田区）、蔵屋敷が木挽町築地（中央区）、抱屋敷（農地を買得して年貢を納める土地）が牛込原町、四谷大久保、大久保稲垣（いずれも新宿区）、高田（豊島区）にあった（新宿区市谷本村町遺跡調査団編集『尾張藩徳川家上屋敷跡』一九九三年、新宿区立新宿歴史博物館編集『大名屋敷―儀式・文化・生活のすがた―』新宿区教育委員会発行、一九九三年）。

陸奥八戸藩南部家は、近世末期、上屋敷と中屋敷が麻布市兵衛町（港区）、下屋敷が麻布新町（港区）、蔵屋敷が深川富岡町（江東区）、抱屋敷が白金と今里（港区）にあった（八戸市博物館発行『八戸藩―大名の江戸と国元―』二〇〇一年）。

広島藩浅野家は、上屋敷が江戸桜田、中屋敷が赤坂、下屋敷が青山（いずれも港区）に置かれた（『広島県史』近世一・通史三、一九八一年）。

江戸藩邸には情報収集・交換のために留守居役が置かれ、幕府や諸藩との折衝・連絡にあたった（笠谷和比古『江戸御留守居役―近世の外交官―』吉川弘文館、二〇〇〇年）。これら藩邸は、近隣、菩提寺、商人・職人などと多様な社会関係を結んでいた（宮崎勝美・吉田伸之編『武家屋敷―空間と社会―』山川出版社、一九九四年、岩淵令治『江戸武家地の研究』塙書房、二〇〇四年)。

藩邸の整備により、江戸は全国政治の中心＝首都としての景観を備えるとともに、藩邸は、江戸と国元の文化や情報の交流の結節点としての役割を果たし、列島社会の均質化を促進したのである(大石学『首都江戸の誕生—大江戸はいかにして造られたのか—』角川書店、二〇〇二年)。

他方、藩の財政は参勤交代による江戸と国元の二重生活や、道中負担などにより悪化した。万治二年(一六五九)当時、鳥取藩池田家は藩収入の五十三%が江戸で消費され、宝永四年(一七〇七)の庄内藩酒井家は八十二%が江戸で消費された。安永五年(一七七六)の岸和田藩岡部家は江戸の費用が七十一%、参勤交代の費用が十三%弱、計八十四%に及んだ(東京都江戸東京博物館編『参勤交代—巨大都市江戸のなりたち—』一九九七年)。

諸藩のなかには、江戸の他に畿内や長崎に屋敷・蔵屋敷などを置き、情報収集や年貢米その他諸商品の売買を行う藩もあった。名古屋藩徳川家の場合、京都に二ヵ所、大坂に三ヵ所、伏見に一ヵ所確認されている(後藤真一「京阪地域と尾張藩」岸野俊彦編『尾張藩社会の総合研究一』二〇〇一年)。岡山藩池田家は、大坂に留守居役を置き、大坂町奉行による事件や訴訟の問い合わせに対応した(泉正人「藩庁文書の伝来秩序と藩職制—岡山藩大坂留守居作成文書を素材に—」岡山藩研究会編『藩世界の意識と関係』岩田書院、二〇〇〇年)。

法度と監視

参勤交代以外にも、幕府はさまざまな大名統制を行った。たとえば、大名が遵守すべき基本法として武家諸法度を発布し、大名が将軍の許可なく盟約し徒党を組むこと、城普請すること、婚姻を結ぶことなどを禁止し、違反者をかくまうことも禁止した(服藤弘司『幕府法と藩法』創文社、一九八〇年)。

また幕府は、藩を監視・統制するために大目付を置き、一定期間特定の藩の政務を監督する国目付や、藩領を監察して回る巡見使を派遣した(善積美恵子「江戸幕府の監察制度—国目付を中心に—」『日本歴史』二四四、一九六八年、大館右喜「江戸幕府の諸国・御料巡見使について」徳川林政史研究所『研究紀要』昭和四十八年度、一九七四年)。

藩は所領に対して政治・経済・社会など独自の政策を展開した。たとえば和歌山藩徳川家は、固有の法と独自の官僚機構を持ち(水林彪「近世の法と国制研究序説—紀州を素材として—(一)—(六)」『国家学会雑誌』九〇ノ一・二—九五ノ一・二、一九七七—八二年)、徳島藩蜂須賀家は、一定の自律的統治権力として、藩領社会を形成した(高橋啓『藩領社会の展開と構造』渓水社、一九九三年、同『近世藩領社会の展開』渓水社、二〇〇〇年)。佐賀藩鍋島家では、家臣=給人の多様な知行所支配が展開し(高野信治『近世大名家臣団と領主制』吉川弘文館、一九九七年、同『藩国と藩輔の構図』名著出版、二〇〇二年)、仙台藩伊達家では、藩の保障と民間の合意をもとに領主権が機能した(J・F・モリス『近世日本知行制の研究』思文閣出版、一九八八年、根岸茂夫『近世武家社会の形成と構造』吉川弘文館、二〇〇〇年)。

これら藩や藩士の支配の独自性・多様性については、(1)藩を一つの国家ととらえ、藩士の自律性の喪失を指摘する見解(水林彪「近世の法と国制研究序説一—六」)と、(2)藩士の自律性を強調する見解(J・F・モリス・白川部達夫・高野信治編『近世社会と知行制』思文閣出版、一九九九年)とがある。

しかし、藩や藩士の独自性・多様性は、あくまでも幕府への統合・依存を前提として認められたものであり、幕府の統制・許可の範囲内のものであった。したがって、これに違反した大名は、転封、減封、改易などの処分を受けることになった(北島正元『江戸幕府の権力構造』岩波書店、一九六四年、藤野保『新訂幕藩体制史の研究—権力構造の確立と展開—』吉川弘文館、一九七五年、鈴木寿『近世知行制の研究』日本学術振興会、一九七五年)。藩や藩士は、国家権力構造のなかに位置づけられ、藩領や給所(藩士の知行地)は役負担の供給源として、また領内行政・人件費などの経済的基礎として機能したのである(大石学編『近世国家の権力構造—政治・支配・行政—』岩田書院、二〇〇三年)。

藩と国家・社会

藩は、内部に政治・経済・社会・文化の多様な関係を内包するとともに、外部とも多様な関係をとり結んでいた。岡山藩池田家の場合、大名・家中・藩領などの内部関係とともに、江戸・大坂などの外部関係が確認され(岡山藩研究会編『藩世界の意識と関係』岩田書院、二〇〇〇年)、名古屋藩徳川家の場合、政治・社会・文化の多様な関係が指摘されている(岸野俊彦編『「膝栗毛」文芸と尾張藩社会』一九九九年、同編『尾張藩社会の総合研究一・二』二〇〇一・〇四年、岸野俊彦『尾張藩社会の文化・情報・学問』二〇〇二年、いずれも清文堂出版)。

陸奥弘前藩津軽家の場合、江戸と国元の弘前で、藩士や町人がさまざまな社会関係を取り結んでおり(浪川健治編『近世武士の生活と意識「添田儀左衛門日記」―天和期の江戸と弘前―』岩田書院、二〇〇四年)、彦根藩井伊家の場合、井伊家当主や世子は幕府・朝廷・家中・領民などとの間で種々の儀礼を行っていた(朝尾直弘編『譜代大名井伊家の儀礼』彦根城博物館叢書五、彦根城博物館、二〇〇四年)。また、信濃松代藩真田家では、訴訟を事例とする藩当局(武士)と百姓の関係が明らかにされている(渡辺尚志編『藩地域の構造と変容』岩田書院、二〇〇五年)。

3　藩政の展開

藩機構と家臣団

大名が江戸に屋敷を構えたのと同様、諸藩の藩士たちは各城下に集住した。城下と城下町は、城郭・武家屋敷、町人町、寺院などによって構成され、藩領支配・行政の中心となった(徳島市立徳島城博物館編集・発行『徳島城下絵図』二〇〇〇年、仙台市博物館編集・発行『特別展図録・仙台城―しろ・まち・ひと―』二〇〇一年)。

藩の機構・職制について見ると、まず藩主のもとに、年寄や家老が藩政を主導し、藩主の江戸参勤中は、これらのうちの一名が城代となり留守の責任者を務めた。年寄や家老職に就くのは、藩主の一族や譜代の重臣などで、高禄の者たちであった。これらの下には、側用人、用人、大目付、目付などが庶務・監察にあたり、町奉行・勘定奉行・郡奉行・寺社奉行などが政務を分担した。この他、江戸藩邸には家老・留守居・勤番などの藩士が詰め、大坂や京都などの藩邸にも藩士が置かれた。さらに、本領から離れた飛地を持つ藩は、飛地の支配・行政を担当する役人がいた。たとえば、秋田藩佐竹家の飛地の下野領では、国元から派遣された代官と地元下野で取り立てた代官が交互に支配・行政を担当した(泉正人「関東飛地領支配と藩政―近世前期の秋田藩下野領を素材に―」『歴史と文化』七、一九九八年)。

一般に藩の役職は、軍事を担当する番方と、行政を担当する役方に大別される。番方は、侍大将を中心とする鉄砲・弓・槍・歩兵などの軍事官僚であり、役方は、民政を担当する町奉行・郡奉行・代官や、寺社・勘定・金蔵の諸奉行などの行政官僚であった。近世初期は、番方が優位に立っていたが、平和の浸透とともに民政が重視されるようになり、次第に役方が優位になった。

彦根藩井伊家では近世を通じて、家老、中老役、用人役、側役、町奉行などの職制と就任者が知られている（藤井譲治編『彦根藩の藩政機構』彦根城博物館叢書四、彦根城博物館、二〇〇三年）。

藩士の階層は、さまざまに分類される。たとえば、家老、番頭《ばんがしら》、徒頭《かちがしら》、物頭《ものがしら》、馬廻《うままわり》、徒《かち》、足軽、中間小者という分類（新見吉治『改訂増補下級士族の研究』巌南堂書店、一九六五年）や、上士・下士、または侍・徒士・足軽、あるいは給人・中小姓・徒士・足軽などの分類も見られる（磯田道史『近世大名家臣団の社会構造』東京大学出版会、二〇〇三年）。さらに、軍事的な面から、家老・番頭、給人・馬廻、中小姓、徒士、足軽の分類も見られる（根岸茂夫『近世武家社会の形成と構造』）。

名古屋藩徳川家の場合、禄高、家柄、役柄、身柄の四つの基準により、藩士を万石以上から御徒までの十二階級に分けている（新見吉治『改訂増補・下級士族の研究』）。

和歌山藩徳川家は、格と席により藩士を分類している。重役には無席と大広間席があり、布衣以上には孔雀の間席、頭役には孔雀の間席並、平士には虎之間席、虎之間席並、中之間席があった（水林彪「近世の法と国制研究序説―紀州を素材として―（一）―（六）」）。

家臣団の規模について見ると、水戸藩徳川家は、寛文六（一六六六）、七年頃の分限帳によれば、家老・大番頭から同朋まで八十八の役職に藩士千七十名が就いている（伊東多三郎『近世史の研究』第四冊、吉川弘文館、一九八四年）。信濃松代藩真田家は、延享四年（一七四七）当時、下級属僚を除く諸役人三百七十九名のうち、江戸詰は七十名であった（鈴木寿『近世知行制の研究』）。

三河西大平藩は、大岡忠相を初代藩主とする一万石の藩であるが、寛政四年（一七九二）二月の「御家中分限帳」には、藩士計百四十五名が書き上げられている。小規模藩で、しかも将軍吉宗により旗本から大名に取り立てられた経緯もあり、一人で二職以上兼ねる場合が多かった(『新編岡崎市史』近世三、一九九二年)。

相模小田原藩大久保家は、天保四年(一八三三)の「分限帳」によれば、士分・足軽・中間・表女中・御用商人など全藩士千六百八十六名のうち、小田原詰が千七十六名、江戸詰が六百十名となっている(『神奈川県史』通史編三、一九八三年)。

伊勢菰野《こもの》藩土方家は、一万千石(十九ヵ村)であったが、天保十五年の「御役席并席順分限帳」によれば、士分七十四名、足軽以下三十九名、計百十三名であった(『菰野町史』上、一九八七年)。

地方知行から蔵米・切米知行へ

諸藩の藩士を概観すると、大身の藩士は知行地を与えられ(地方《じかた》知行)、小身の藩士や下士の足軽・中間などは、藩の蔵入地(直轄地)からの年貢を蔵米や切米として与えられる場合が多かった(蔵米取・切米取)。全国的には、地方知行における年貢率の固定化と、蔵米・切米制への移行が指摘できる。

たとえば、金沢藩では、寛永年間(一六二四—四四)から明暦三年(一六五七)にかけて改作法が実施され、藩士の地方知行が否定され、「御国の侍は御改作以後は百姓に相合はず、百姓は給人へ構はざる」と、武士と農民が隔離される状況になった(「理塵集」北島正元『江戸時代』岩波書店、一九五八年)。また、松代藩真田家では、慶安四年(一六五一)当時、藩士千七百九十九名のうち蔵米取が八十五%を占め(鈴木寿『近世知行制の研究』)、名古屋藩では正保二年(一六四五)に、過去十年間の平均年貢高が四十%となるように村高を設定し直す四《よ》つ概《ならし》を実施している(徳川義親『尾張藩石高考』徳川林政史研究所、一九五九年)。

彦根藩井伊家でも、正保二年に四つ概が実施され、藩が年貢率決定権を掌握し(藤井譲治編『彦根藩の藩政機構』)、下野宇都宮藩では、寛文八年(一六六八)に入封した藩主松平忠弘が給人の地方知行を全廃し、切符と交換に指定した村からの年貢米を支給するか、藩の蔵から支給するかの方法がとられる俸禄制へと移行した(『芳賀町史』通史編近世、二〇〇三年)。

福岡藩黒田家では、寛文十三年に過去の年貢を平均して算出した三ツ五歩(三十五%)の年貢を支給する並高《ならしだか》制を採用し(福田千鶴「近世中期の藩政」大石学編『日本の時代史・一六、享保改革と社会変容』吉川弘文館、二〇〇三年)、伊予大洲藩加藤家では、天和元年(一六八一)に知行地の農民が藩士に年貢を納入する手前納が停止され、新設の藩庫へ納入することとし、地方知行から蔵米給与へと移行した(『愛媛県史』近世上)。

会津藩松平家は、地方知行はとらず藩士は個別の農民支配を行わなかった。知行高は、藩主が一括して徴収し支給する年貢=俸禄高を示すものであった。そうした形ばかりの知行取も、寛文四年当時、藩士三千八十九名のうち、五百八十九名(十九%)にすぎなかった(『会津若松史』第二巻、一九六五年)。

このように、地方知行から蔵米・切米知行への移行が進み、慶安年間(一六四八—五二)に地方知行をとる藩は、全百八十九藩のうち二十七藩(十四%)、元禄三年(一六九〇)には全二百四十三藩のうち四十二藩(十七%)となった。蔵米知行の藩が多くなったのである(鈴木寿『近世知行制の研究』、金井圓『藩制成立期の研究』吉川弘文館、一九七五年)。

しかし、藩制確立後の藩政は、藩主の専権ではなく、家臣団の主体性・自立性を認める形で展開した。家老以下の各家臣や役人は、それぞれ階層に応じて持分があり、それらの合算や比較が藩政を左右したとする説もある。藩主に不行跡などがあった場合、家臣団が藩主を監禁し強制的に隠居させる「押込」慣行も存在した(笠谷和比古『主君「押込」の構造—近世大名と家臣団—』平凡社選書、一九八八年、同『近世武家社会の政治構造』)。藩主の権限は大きく制限されたのである。

前期藩政

近世前期(幕初〜元禄期)、全国各地の藩は、幕府による強力な改易・減封政策のもと、藩機構の整備、農村政策、町方政策、流通・交通政策などを展開し、寛永年間(一六二四—四四)前後に藩体制を確立していった(近世村落研究会編『仙台藩農政の研究』日本学術振興会、一九五八年、藩政史研究会編『藩制成立史の綜合研究・米沢藩』吉川弘文館、一

九六三年、谷口澄夫『岡山藩政史の研究』日本学術振興会、一九七一年、金井圓『藩制成立期の研究』、城島正祥『佐賀藩の制度と財政』文献出版、一九八〇年、原昭午『加賀藩にみる幕藩制国家成立史論』東京大学出版会、一九八一年、小村弌『幕藩制成立史の基礎的研究』吉川弘文館、一九八三年、伊東多三郎『近世史の研究』第四冊、吉川弘文館、一九八四年、藤野保『近世国家史の研究—幕藩制と領国体制—』吉川弘文館、二〇〇二年)。

幕府は、幕初以来武力で大名を圧伏する武断政治を行っていたが、改易・減封政策の結果、大量の浪人が発生し、慶安四年(一六五一)に由井正雪が蜂起を計るなど社会不安が増大した。このため幕府は、法律・制度・儀礼・教化により社会秩序を安定させる文治政治へと転換した。同年、改易の主要因となっていた末期養子の禁を緩和し、寛文三年には武家諸法度を改訂し殉死を禁止した。さらに同五年には、それまで大名が幕府に差し出していた証人(人質)制度も廃止した。

幕府政治の転換を受けて、諸藩もまた儒教振興など文治政治の傾向を強めた。近世前期の藩政改革の多くは、儒教にもとづき藩主権力を強化し、農村支配を整備するなど藩体制の確立をめざすものであった。たとえば、岡山藩の池田光政(一六〇九—八二)は陽明学を学び(谷口澄夫『池田光政』吉川弘文館、一九六一年)、会津藩の保科正之(一六一一—七二)は朱子学を尊重し、水戸藩の徳川光圀(一六二八—一七〇〇)は「大日本史」を編纂し、金沢藩の前田綱紀《つなのり》(一六四三—一七二四)は儒学や本草学を尊重するなどして藩政改革を主導し(若林喜三郎『前田綱紀』吉川弘文館、一九六〇年)、いずれも「名君」と呼ばれた。

また元禄時代(一六八〇—一七〇九)、松波勘十郎は下総高岡、上総大多喜、大和郡山、備後三次、摂津高槻、陸奥棚倉、水戸など各地の藩で藩政改革を請け負った(林基「松波勘十郎捜索」『茨城県史研究』二九、一九七四年他)。

この時期、藩政の主導権をめぐり藩主・一門・重臣らが対立し、諸藩で御家騒動が発生した。慶長十九年(一六一四)の最上騒動、寛永十年(一六三三)の黒田騒動、柳川一件、同十七年の生駒騒動、寛文十一年の伊達騒動、天和元年(一六八一)の越後騒動などである(福田千鶴『幕藩制的秩序と御家騒動』校倉書房、一九九九年他)。最上・生駒両家は改易となったが、騒動を乗り切った藩は藩主の地位が安定し、一門や重臣らの権限が削減された。しかし、騒動を契機に諸藩は幕府の介入を受け、自立性を一層制限されることになった。

中期藩政

近世中期(享保―寛政期)、諸藩の財政悪化は深刻化した。年貢収入は限界に達していたが、元禄時代以降の消費経済の発展に伴い支出は増大した。相次いで起こった自然災害や百姓一揆も、危機に拍車をかけた。それまで財政補填のために行っていた三都豪商からの借金も、豪商側に拒否されるようになった。

中期の藩政改革は、こうした状況への対応として、財政再建、支配体制の再編、倹約・緊縮、特産物の殖産興業化・藩専売化、士風引き締め、藩校設置などが行われた(吉永昭『近世の専売制度』吉川弘文館、一九七三年)。

この時期、強力な指導を行う「名君」(藩主)と「賢相」(家老)が出現した。米沢藩の藩主上杉治憲《はるのり》(鷹山)と家老莅戸《のぞき》太《たい》華《か》(横山昭男『上杉鷹山』吉川弘文館、一九六八年)、会津藩の松平容頌《かたのぶ》と田中玄宰《はるなか》、松代藩の真田幸弘と恩田杢(大石慎三郎『虚言申すまじく候―江戸中期の行財政改革―』筑摩書房、一九八三年)、熊本藩の細川重賢と堀勝名(『熊本県史』総説編、一九六五年)などである。他に「名君」として秋田藩の佐竹義和、白河藩の松平定信、萩藩の毛利重就なども知られている(堀江英一編『藩政改革の研究』有斐閣、一九五五年、吉永昭・横山昭男「国産奨励と藩政改革」『岩波講座日本歴史』一一、一九七六年、小川國治『転換期長州藩の研究』思文閣出版、一九九六年ほか)。

また出雲松江藩では六代藩主松平宗衍が仕置役の廃止、藩主親裁の御直捌の採用、泉府方・義田方の設置など延享・宝暦改革を行い、七代松平治郷のもと執政朝日郷保が仕置役の復活、藩政機構の整理、地方支配機構の刷新など明和改革を展開した(『島根県史』九、一九三〇年)。徳島藩では、十代蜂須賀重喜が宝暦十一年以後側近グループを率いて明和改革を行った。重喜は門閥家老を失脚させ、藍の生産・流通を管理する国益政策を実施したが、藩政混乱を理由に幕府に処罰された。続く十一代治昭は寛政改革を行い、藍と塩の国産奨励、煙草・砂糖・和紙・木綿・茶・椎茸などの生産奨励を展開した(高橋啓『近世藩領社会の展開』)。

越後新発田藩では八代藩主の溝口直養が家老の里村次郎左衛門を登用し、安永改革を行った(新発田市史編纂委員会編集『新発田市史』上、一九八〇年)。

そのほか、伊予宇和島藩では、五代藩主伊達村候《むらとき》が、寛保・延享期に、鬮を引いて農民に耕地を分け与える鬮持制から高持制へと土地制度を変更し、農民が土地を集積する道筋を開いた。こののち七代藩主宗紀《むねただ》は文化十二年(一八一五)に紙、文政八年(一八二五)に蠟の藩専売制を実施するなど文政改革を展開した(『愛媛県史』近世上)。

中期藩政改革と関連して、革新派の中下層藩士と保守派の上層藩士とが争う御家騒動も起こった。元禄年間から宝暦年間(一七五一―六四)まで続いた加賀騒動や、三河岡崎藩水野家の騒動(一七三七―五一)、秋田藩の宝暦騒動などはその代表である(北島正元『近世史の群像』吉川弘文館、一九七七年)。

後期藩政

天保年間(一八三〇―四四)以後の後期藩政改革は、国内矛盾の拡大と欧米列強による外圧の危機という内憂外患状況に対応して展開された。有能な中下層藩士が主導権を握り、財政再建、農村再建、殖産興業、軍制改革などを進めた。文政十一年の鹿児島藩毛利家の家老調所広郷《ずしょひろさと》の改革は財政再建に成功し(毛利敏彦『明治維新政治史序説』未来社、一九六七年、芳即正『調所広郷』吉川弘文館、一九八七年)、天保初年に本格化する相模小田原藩大久保家の天保改革は、農民の二宮尊徳を登用し、飢饉対策と農村復興にあたらせている(『神奈川県史』通史編三、一九八三年)。

その他、後期藩政改革として、天保元年の水戸藩の藩主徳川斉昭の改革(長野ひろ子『幕藩制国家の経済構造』吉川弘文館、一九八七年)、同年の佐賀藩の藩主鍋島直正の改革(藤野保編『続佐賀藩の総合研究―藩政改革と明治維新―』吉川弘文館、一九八七年、木原溥幸『幕末期佐賀藩の藩政史研究』九州大学出版会、一九九七年)、天保九年の萩藩の村田清風《せいふう》の改革(田中彰『幕末の藩政改革』塙書房、一九六五年、同『長州藩と明治維新』吉川弘文館、一九九八年、井上勝生『幕末維新政治史の研究』塙書房、一九九四年)などが知られている。

弘化二年(一八四五)老中首座となった阿部正弘は、海防政策を中心に幕府と藩の協力強化を図った。このさい諸大名や旗本に意見を求め、有力外様大名などが中央政界にかかわるきっかけを作った。以後、後期藩政改革により軍事力・

経済力を強化し雄藩化した諸藩は、幕末政局で幕政への発言力を強めることになったのである(関順也『藩政改革と明治維新』有斐閣、一九五六年、小林茂『長州藩明治維新史研究』未来社、一九六八年、小野正雄『幕藩権力解体過程の研究』校倉書房、一九九三年、青山忠正『明治維新と国家形成』吉川弘文館、二〇〇〇年、『彦根城博物館叢書1・幕末維新の彦根藩』彦根城博物館発行、二〇〇一年、三宅紹宣『幕末・維新期長州藩の政治構造』校倉書房、一九九三年、同編『幕末維新論集4・幕末の変動と諸藩』吉川弘文館、二〇〇一年、佐々木克『幕末政治と薩摩藩』吉川弘文館、二〇〇四年)。

4　藩政の合理化・客観化

——藩法・官僚制・公文書制度・予算制度の整備——

藩法

さて近世における藩政の展開は、合理化・客観化の過程として捉えることができるが、その指標として、藩法・官僚制・公文書・予算制度の整備などがあげられる。

まず藩法について見ると、親藩や譜代の藩法は幕府法に準拠するものが多かったが、法典を定めない藩もあった。外様藩には戦国期の分国法以来の独自の法を持つ藩があったが、基本において幕府法に抵触するものはなかった。

近世前期の藩法として、越後新発田藩溝口家は、寛永七年「定」と慶安五年「覚」の家中法度により藩士を統制し、寛永十七年の領内法度により農民を統制した(『新発田市史』上巻)。その他、慶安四(一六五一)年—明暦二年(一六五六)の金沢藩前田家の「改作法」、明暦二年の大垣藩戸田家の「定帳」、万治三年(一六六〇)の萩藩毛利家の「当家制度」、元禄三年の土佐藩山内家の「元禄大条目」などがある(服藤弘司『幕府法と藩法—幕藩体制国家の法と権力I—』創文社、一九八〇年)。

近世後期になると、藩法は幕府法との同質化傾向を強め、寛保二年(一七四二)の幕府「公事方御定書」の影響もあり、諸藩でも刑法典の編纂が活発化した。①「公事方御定書」を範としたものに、丹波亀山藩松平家の「議定書」(寛政元年)、福井藩松平家の「公事方定書」、盛岡藩南部家の「文化律」などがある。②また中国の明律を範としたものに、熊本藩細川家の「刑法草書」(宝暦四年)、弘前藩津軽家の「寛政律」(寛政九年)がある。③さらに自藩の古法を整理したものに、仙台藩伊達家の「評定所格式帳」、金沢藩前田家の「御刑法帳」がある(服藤弘司『幕府法と藩法—幕藩体制国家の法と権力Ⅰ—』、中澤巷一監修・京都大学日本法史研究会編『藩法史料集成』創文社、一九八〇年)。

このうち熊本藩細川家では、宝暦改革において、「刑法草書」の成立とともに近代的な行刑制度が成立し(鎌田浩『熊本藩の法と政治—近代的統治への胎動—』創文社、一九九八年)、その他、名古屋藩徳川家では、寛文年間(一六六一—七三)と天明・寛政年間(一七八一—一八〇一)に法制整備が行われ(林董一『尾張藩公法史の研究』日本学術振興会、一九六二年)、浜松藩水野家では、忠邦が藩主であった文化十四年(一八一七)から弘化二年(一八四五)までの間に領内に出した法令を「監憲録」(刑法)、「浜松告稟録」(行政法)として編纂し、「永久の主法」と意義づけている(神崎直美「水野忠邦の藩法集編纂事業とその藩法—『監憲録・浜松告稟録』を中心として—」森安彦編『地域社会の展開と幕藩制支配』名著出版、二〇〇五年)。

藩法の整備により、藩の司法・行政の客観化・基準化が進んだのである。

官僚制

諸藩では、役職整備、職掌分化、能力主義の採用など官僚制が整備された。前述のように、近世前期は藩士の地方知行が多かったが、地方知行の独自性を制限し年貢率を固定化し、さらに蔵米・切米制(俸禄)への移行が進んだ。また、家格重視から能力主義へと変化し、下級藩士や百姓・町人などを多く抜擢するようになった。

役高制もまた能力主義を支えた。本来この制度は、役職ごとに石高を決め、その職に就く家格を限定する点で家格制に照応するものであった。しかし、将軍吉宗が享保改革において足高制《たしだかせい》を採用して人材登用策としたのと前後して、諸藩でも変化が見られた。

和歌山藩徳川家では、幕府の足高制同様並高制が採用され、役料制により役職ごとの報酬が定められた(水林彪「近世の法と国制研究序説―紀州を素材として―(一)―(六)」)。また熊本藩細川家では、藩庁・城下町・郡村の統治機構が整備され、官僚制の発達が見られた(鎌田浩『熊本藩の法と政治―近代的統治への胎動―』)。

公文書制度

藩機構の整備にともない公文書制度も確立した。

岡山藩池田家では、藩校内に役所を持つ留方が文書を管理し、後世のために諸書類の中から重要なものを選び書き留めた。留方は明治元年六月に記録方と改称し、以後国史局、録事所、藩史方と代わった。公文書が藩史編纂に利用されたことが知られる。同藩の大坂留守居は、永代記録、御書御使者留、御分家様御書留など、職務遂行上さまざまな文書を作成し整理・保管した(中野美智子「岡山藩政史料の存在形態と文書管理」『吉備地方文化研究』五、一九九三年、泉正人「藩庁文書の伝来秩序と藩職制―岡山藩大坂留守居作成文書を素材に―」『藩世界の意識と関係』)。

出雲松江藩松平家では、郡奉行所や寺社奉行所など各部局の文書伝達や保管のさい、各部局で文書記号や番号を付すなど合理的な文書管理システムを確立した(国文学研究資料館史料館編集『松江藩郡奉行所文書調査目録』島根県立図書館、二〇〇一年、「解題」)。

萩藩毛利家では、財政や民政を統括する当職所の文書について、十八世紀を通じて三度整理を行い、明和期以降に文書管理を行う当職所記録方を設置するとともに、執務上の必要度・重要度によって、文書を当職の屋敷(日常的に使用)、矢倉(保存用)、御宝蔵(貴重書保存)に分類・保存することにしている(山崎一郎「萩藩当職所における文書の管理と保存」『山口県立文書館研究紀要』二三、一九九六年、同「萩藩当職所における文書整理と記録作成」同二四、一九九七年)。

福岡藩黒田家では、明和元年以後、記録の調査・検索を容易にするため、「日記」「御用帳」を整理し家中御用帳、郡町浦御用帳、寺社御用帳に分ける一方、各役所で御用帳を作成するなどして、法令にもとづく「一国一統之御仕置」の実現をめざした(江藤彰彦「福岡藩における記録仕法の改革―法の蓄積と法令による支配―」西南地域史研究会編『西南地域の史的展開・近世篇』思文閣出版、一九八八年、「解説」『福岡県史』近世史料編・福岡藩御用帳二、一九九三年)。

諸藩の公文書のうち領地支配にかかわる重要文書は、転封のさいに幕府役人を介して、旧藩主から新藩主へと引き継がれたのである(谷口昭「近世の家産官僚—譜代大名の転封を素材として—」『名城法学』四一ノ四、一九九二年)。

予算制度

官僚制の基礎となる予算制度も整備された。吉宗隠退直後の寛延三年(一七五〇)、幕府は経費削減に向けて部局別の予算制度を採用したが(大石学「享保改革の歴史的位置」藤田覚編『幕藩制改革の展開』山川出版社、二〇〇一年)、諸藩においても予算制度の導入が見られた。和歌山藩徳川家の場合、初代頼宣の時代に「碁盤の図」と呼ばれる簡易な予算表が作られたが、その後勘定所勝手方において「目盛」と呼ばれる精細な予算表が作られるようになった(水林彪「近世の法と国制研究序説—紀州を素材として—(一)—(六)」)。

熊本藩細川家では、延宝八年(一六八〇)に予算の月積りが始まり「御積目録」が作成され、宝暦以後奉行所勘定方が予算と決算を担当している(鎌田浩『熊本藩の法と政治—近代的統治への胎動—』)。福岡藩黒田家では、家老吉田栄年《まさとし》の「御勝手方ハ御政治之根本」との認識のもと、寛保元年(一七四一)に「御積帳」が作成され、藩財政の予算化が実現した(柴多一雄「近世中後期における福岡藩の財政構造」『九州史学』六二、一九七七年)。

近世を通じて、諸藩では藩法・官僚制・公文書・予算制度の整備などにより、藩政の合理化・客観化が進展したのである。

5　藩主専制から官僚政治へ

「希代の名君」

元文四年(一七三九)正月、名古屋藩の藩主徳川宗春は、日頃の不行跡を理由に八代将軍吉宗から隠居謹慎を命じられた。三家筆頭の藩主の処罰は空前絶後のことであった。宗春の不行跡とは、幕府の倹約・緊縮の指示に逆らい派手・華美に振る舞い、規制緩和に基づく独自の藩政を展開したことであった。この事件を藩制史の視点から取り上げてみたい。

当時社会には、規制強化と増税を基調とする享保改革に対して、不満や批判が高まっていた。享保六年（一七二一）、浪人の山下幸内は目安箱に投書し、吉宗の緊縮政治について、「恐れながら、御器量せまく、すなわち押しつけ、日本衰微の元にて候」と批判し、同十八年には儒学者の太宰春台が、上野国沼田藩の藩主黒田豊前守直邦に宛てて、「現在天下の万民が吉宗を怨むこと讐敵のごとく」（『春台上書』）と述べている。

当時の風評には、宗春の政治を「尾張はなはだ大気の沙汰、後世を知らず町人の輩は喜悦せしめ、ここに行向かふ」（『兼香公記』）と高く評価し、「希代の名君」（『元文世説雑録』）と讃えるものもあった。吉宗と宗春を対比し、「公方様は乞食に似たり、尾張は天下に似たり」（「落書」）と宗春を絶賛するものも見られた。

庶民による宗春称賛の風潮は、吉宗ら幕府首脳の不安材料となった。宗春は反吉宗・反改革の政治的シンボルになる恐れすらあった。この時期、吉宗の享保改革は最終段階に入っていた。宗春失脚とは、不道徳な君主、野放図な君主の処罰ではなかった。改革政治を完遂しようとする勢力が、批判勢力を目に見える形で押しつぶしたことにこの事件の政治的意義があったといえる（大石学『吉宗と享保の改革』東京堂出版、一九九五年）。

藩政の官僚化

しかし、宗春事件の意義は、これにとどまらなかった。宗春の処罰について、東海道四日市宿（三重県四日市市）の史料には、江戸の人々が「上下肝を消候」と大いに驚いたことが記され、「向後尾張家御仕置之儀不依何事、成瀬隼人正・竹腰志摩守両人取計、其上に而尾張殿へ相達可申段、家老衆へ被仰渡候」（『清水本陣文書』）と、以後名古屋藩の藩政は万般付家老の成瀬・竹腰両氏が取り計らい、その上で藩主に達するよう家老衆に言い渡された。吉宗らが、宗春のように幕政を批判し、独自の藩政を展開する名古屋藩主のさらなる出現を警戒していたことが知られる。

さらに、この史料には「諸大名へ被下置候書付之儀、一、今度尾張殿御身持不行跡ニ而、下を御憐之恐無之ニ付御隠居被仰付候、此等之儀諸大名相考、向後諸家老共ニ仕置を任せ、下々を憐可被申事」と、幕府が諸大名に対して宗春謹慎の経緯を知らせた上で、事件の意味をよく考え、今後藩政は、家老たちに任せるよう指示したことが記されている。

この指示を受けて、仙台藩では老中松平乗邑から今回の宗春事件を教訓として、他の藩主も行跡を慎み、「領分家中作法正敷有之様」と、作法を守るよう言い渡されたことが江戸藩邸から国元へ伝えられている(齋藤鋭雄「仙台藩主伊達吉村」『歴史海流』一九九六年一〇月号)。

藩主の専制を否定し、藩政の独自性を抑えることは、幕府権力(中央権力)を強化し法と官僚による国家支配の確立を目指す享保改革の方針と一致するものであった。以後諸藩では藩主専制は避けられ、藩官僚の合意・了解のもと藩政が展開されることになった。享保改革を境に、藩政もまた官僚化したのである。宗春事件の第二の意義として、諸藩の政治の官僚化・均質化の重要な画期となったことが指摘できるのである(大石学編『規制緩和に挑んだ「名君」―徳川宗春の生涯―』小学館、一九九六年)。

6　藩校の設立と発展

藩校の成立

藩校は、藩が藩士やその子弟、さらには他藩士・領民のために城下に設けた教育機関である。藩校の数については諸説あるが、江戸時代を通じて明治四年(一八七一)の廃藩置県までに二百二十五校が開設された(中泉哲俊『日本近世学校論の研究』風間書房、一九七六年)。

藩校の規模はさまざまであったが多くは聖堂、講堂、文庫、武術稽古場、宿舎、食堂などを備えていた。職制も藩によって異なったが、学頭、教授、助教、目付、司計(会計)、賄方、物書などが置かれた。

近世前期の藩校として、たとえば名古屋藩徳川家は、藩祖義直が寛永年間(一六二四―四四)に学問所を設立したが間もなく廃止し、その後寛延元年(一七四八)に再興し、翌年には藩主宗勝が明倫堂の額を記したが、宝暦元年(一七五一)に再び廃止した。その後天明三年(一七八三)、藩主宗睦が折衷学派の儒学者細井平洲を学館総裁として明倫堂を設け、庶民にも聴講させている(『名古屋市史』学芸編一九一六年)。

備前岡山藩池田家は、寛永十八年に藩主光政が家臣に儒学と武芸を修行させるために花畠《はなばたけ》教場を設立した。花畠教場は寛文六年(一六六六)に、岡山城内に移り仮学館と称した。仮学館には、藩士子弟のほか、京都、紀伊、江戸、近江、播磨などからの入学者がいた(谷口澄夫『岡山藩』吉川弘文館、一九六四年、『岡山市史』宗教教育編、一九六八年)。

讃岐高松藩松平家は、元禄十五年(一七〇二)に藩主頼常が藩校の講堂を建てたが、財政難から一時廃止した。元文二年(一七三七)に講堂を再興し、武士・庶民が儒学を学んだがこれも中断した。その後、安永九年(一七八〇)に藩主頼真が新たに藩校講道館を設け、ここでも庶民に門戸を開いた(『香川県史』第三巻一九八九年)。

美濃岩村藩松平家は、元禄十五年の入封直後に藩主乗紀が文武所を創設し、のち知新館と改め、藩の文教政策の中心となった。授業は、午前八時から十時までが素読、隔日午後二時から四時まで輪読・会読を行った。幕末期には寄宿寮を設け、他藩士の子弟や庶民の子弟も入校を許した(『岩村町史』一九六一年、『岐阜県教育史』通史編、二〇〇三年)。

これら前期の藩校は、藩主が主導して設立した例が多く、藩主の代替わりとともに衰退・廃絶することもあった。

藩校の発展

近世後期の藩校は、十八世紀半ば以降藩政改革の一環として設置されたものが多かった。藩政を担う人材育成のための藩士教育を主な目的とし、儒学のほかに算学、医学、洋学、兵学、天文学など実用的な科目を教え、学生の年齢や習熟度による等級制も採用された。

長門萩藩毛利家は、享保四年(一七一九)に明倫館を創設した。明倫館の卒業生には、萩藩支藩の徳山・長府・岩国藩、その他諸藩の儒学者になる者もいた。嘉永二年(一八四九)には建坪が拡大された。萩藩では、このほか江戸藩邸の有備館、医学校好生館、洋学所博習堂なども設立した(奈良本辰也『日本の藩校』淡交社、一九七〇年)。

豊後岡藩中川家は、享保十一年に儒臣関正軒の屋敷内に藩費で学舎を設け、輔仁堂と名付けた。安永五年(一七七六)に改築し、由学館と改称した。天明六年(一七八六)には別に武芸場を設け経武館と称した。明治元年(一八六八)には経武館を由学館の地に移転合併して修道館と改めた（城戸久・高橋宏之『藩校遺構』相模書房、一九七五年）。

美濃高須藩松平家は、享保年間（一七一六―三六）に藩校日新堂を設立した（『岐阜県教育史』通史編）。讃岐丸亀藩京極家は、享保十九年以降に藩主高矩が藩校を設け、元文五年以降藩主高中の時に正明館と改称した（『香川県史』第三巻）。陸奥仙台藩伊達家は、元文元年に藩主吉村が学問所を設立し、宝暦十年に藩主重村《しげむら》が移転拡張し足軽などの聴講を認めた。安永元年には養賢堂と改名している（『仙台市史』通史編四、二〇〇三年）。伊予大洲藩加藤家は、延享四年（一七四八）に藩校を建設した。建設費は、前藩主泰温が自ら節約した分を基金として、これに藩士や庶民が寄付した（『愛媛県史』近世下、一九八七年）。伊予宇和島藩伊達家は、寛延元年（一七四八）に藩主村候《むらとき》が藩校内徳館を設けた。内徳館は武芸の稽古が盛んで、組の対抗競技や流派の対抗試合が行われた。寛政六年（一七九四）に藩主村寿は、内徳館を拡大し敷教館と改名し、貧困な下級武士に教科書を貸与するなど就学を容易にした。つづく藩主村寿《むらなが》は文政二年（一八一九）に明倫館と改称した（『愛媛県史』近世下）。

因幡鳥取藩池田家は、宝暦七年（一七五七）に尚徳館を設立し、士分以上の家の十三歳以上の子弟に対して、儒学を中心に教育を行った。天保十四年（一八四三）には江戸八代洲河岸の藩邸内に江戸詰め藩士のための学問所を設けた。幕末期の万延元年（一八六〇）には国学を加え、文久二年（一八六二）には兵学局が開設されるなど整備が進んだ（『鳥取県史』第五巻、一九八二年）。豊前小倉藩小笠原家は、宝暦八年に石川麟洲の家塾を取り立てて思永斎を設立し、天明八年（一七八八）に思永館と改称し、明治二年に移転し育徳館とした（城戸久・高橋宏之『藩校遺構』）。土佐高知藩山内家は、宝暦十年に藩主豊敷が学問中心の教授館を設け、文久二年には藩主豊範が文武両道の致道館を新築した。この間天保三年に藩主豊資が教授館のなかに医学席を特設し、同十二年に独立して医学館と称し、のち藩主豊熙のときに沢流館と改称した。慶応二年（一八六六）には殖産興業や西洋文明を教育する開成館を設置した。開成館は、局として軍艦、鉱山、火薬、医局、訳局などを設け科学技術を広く学ぶ体制を整備した（『高知市史』上巻、一九五八年）。

越後新発田藩溝口家は、安永元年（一七七二）に、藩主直養が城内二の丸内に藩校を設け、寛政九年に道学堂と称し、農民・町人に聴講を許した。町や村の好学者を社講に任命して授業を行わせている。また、領内に儒官を派遣して巡回講義を行わせ、活字で四書を印刷し給付するなど庶民教育の普及も行った。安永五年には、二の丸御用屋敷内に医学館を設立し、家中の医師やその子弟、領内町村の医師などを対象に、医師の養成・研究機関とした（『新発田市史』上巻）。出羽米沢藩上杉家は、安永五年に藩主治憲（鷹山）が興譲館を設立し、儒者の細井平洲が助力した。正面に聖堂、左に講堂、右に文庫が置かれ、学寮は二十余室、そのほか当直室、食堂、調理場、主宰局、番人室などがあった。座席は身分ではなく年齢順で定めた。寛政五年には医学館の好生堂も設立している（登坂又蔵編『米沢市史』名著出版復刻本、一九七三年、『山形県史』第三巻、一九八七年）。日向高鍋藩秋月家は、安永七年に明倫堂を設立し、嘉永五年（一八五二）に参政役の鈴木百助が江戸に赴いたさい、遊学中の藩士から諸藩の学校には宿舎があることを聞き、明倫堂にも宿舎を設置した。儒学以外に、国学科、洋学科、医学科が設けられた（城戸久・高橋宏之『藩校遺構』）。

肥前佐賀藩鍋島家は、天明元年に藩主治茂が指示して文武稽古場を設け、同年暮に弘道館と改称し、肥前蓮池藩鍋島家は、天明四年に藩校成章館を設けた（『佐賀市史』一九七七年）。備後福山藩阿部家は、天明六年に弘道館を設立し、のち安政元年（一八五四）に誠之館を建て弘道館を廃止した。誠之館には皇学や洋学の講学所を設け、医学や兵学の充実を図っている（石川謙『日本学校史の研究』小学館、一九六〇年）。石見津和野藩亀井家は、天明六年に養老館を創設し、のち西周や森鷗外などが出た（城戸久・高橋宏之『藩校遺構』）。美濃郡上藩青山家は、天明年間（一七八一—八九）に講堂の名称で藩校を設立し、潜龍館と改称した。当初は漢学が中心であったが、兵学・槍剣などの武術教育を加え文武館と改称し、明治元年頃には医学・洋学を加え集成館と改称した。授業は午前八時に開始、一と六の日は午後四時から講義が行われた（『岐阜県教育史』通史編）。出羽新庄藩戸沢家は、天明年間に藩校を設立し、安政五年に明倫堂と名付けたとされる。朱子学を中心とする教育を行い、寄宿生の費用は藩が負担した。毎月三回生徒を城中に呼び、藩主が臨席し、役人列座のなかで輪読会が行われた（『山形県史』第三巻、一九八七年）。

美濃加納藩永井家は、藩主尚佐《なおすけ》が寛政四年（一七九二）に藩校を設立し、文政年間（一八一八—三〇）に憲章館と名付けた。藩士の子弟を七、八歳で入学させ、十三、四歳で武道を修練させ、二十五歳で文武の修行を終わらせた。科目は、和学・漢学・算法・筆道、兵学・弓馬・槍剣・砲術・柔術などで、これらの試験は春と秋の二度実施された（『岐阜県教育史』通史編)。下総佐倉藩堀田家は、寛政四年三月に藩主正順《まさなり》が佐倉城下に温故堂を設立した。温故堂は、幕府の昌平黌にならい朱子学を中心に教育した。入学者は藩士の他、庶民の子弟にも及んだ。天保七年十月、堀田正睦は温故堂を拡大し成徳書院を開いた。同書院には医学局が置かれ、医学教育が行われた(『佐倉市史』巻二、一九七五年)。

陸奥弘前藩津軽家は、寛政八年に藩主の寧親《やすちか》が稽古館を創設した。創設のさいは、旗奉行格の山崎図書が諸国の学校を訪問し、御手廻の葛西千之助が幕府儒官の林家から参考資料を入手したとされる。同十年には医学方を校内に移転させ、安政六年(一八五九)には蘭学堂を増設した。稽古館は儒学の教科書の出版事業も行っている(『弘前市史』藩政編、名著出版復刻、一九七三年)。豊前中津藩奥平家は、寛政八年に藩士や儒臣の建議を受け、藩主昌高が進修館を設けた。聖廟、講堂、塾舎、武芸練習場などを備え、文政十年頃に寄宿舎を整備した。天保十四年頃には寄宿舎を拡大し、庶民の子弟にも入学を許可した(黒屋直房『中津藩史』碧雲社、一九四〇年)。

近江彦根藩井伊家は、藩主直中が僧の海量に諸藩の藩校の視察を命じ、萩の明倫館、肥後の時習館などを参考に、寛政十一年に藩校稽古館を設立した。直中は寛政八年に「手跡指南職仲間十二株」を定め、城下の手習師匠十二名を定め、これを保護し藩の教育方針を守らせることにした。稽古館は、天保元年に藩主直亮が弘道館と改称した。生徒は一之寮から四之寮までの十六段階を、検定を受けて進んだ(中村直勝監修『彦根市史』中冊、一九六四年)。常陸土浦藩土屋家は、宝暦以前に城内に稽古所を建て、寛政十一年に藩主英直が城内に郁文館を設立した(『土浦市史』、一九七五年、『茨城県史』近世編、一九八五年)。

播磨林田藩建部家は、一万石の居所支配藩であるが、寛政年間(一七八九―一八〇一)に敬業館を設立し(笠井助治『近世藩校に於ける学統学派の研究』下、吉川弘文館、一九七〇年)、日向飫肥《おび》藩伊東家は、享和元年(一八〇一)に学問所を建て、天保二年に改築し振徳堂と改名した。振徳堂からは小村寿太郎などが出ている(城戸久・高橋宏之『藩校遺構』)。

伊予小松藩一柳家は、享和二年に藩主頼親が培達校を設立し、御目見以上の子弟のほか、社家、医師、農民、商人にも門戸を開いた。翌三年養正館と改称したが、施設には、講堂・教官詰所・講義所・文庫・練武場などがあった(『愛媛県史』近世上・下)。

伊予松山藩松平家は、文化二年(一八〇五)に藩主定則が興徳館を設立し、同六年に江戸愛宕下の藩邸に三省館を設けた。三省館の名称は、藩主松平定国の弟の松平定信が選んだ。文政十一年(一八二八)、藩主定通が興徳館を拡大して明教館とした。学業の成績により、江戸の昌平黌に遊学することができた(笠井助治『近世藩校に於ける学統学派の研究』下、『愛媛県史』近世上・下)。出羽庄内藩酒井家は、文化二年に致道館を設立した。席順は身分制ではなく年齢順とした。教育課程は、句読、終日詰、外舎、試舎生、舎生の五段階に分け、試験に合格した者を進級させた。教育方法は、生徒の個性を重んじ、生徒の興味を喚起して自学自習させた。また数人の生徒が教師のもとに集まり、一つの書を読み合い討議・研究する会業(ゼミナール)も行われた。学生は検定に合格すると藩の主要な役職に登用された。また致道館は、子弟用の教科書として、論語・中庸・大学などを板行し、実費で頒布した(石川謙『日本学校史の研究』、『山形県史』第三巻)。

伊予西条藩松平家は、文化二年に藩主頼啓が城下北堀端に藩校択善堂を開いた。授業は午前八時から午後二時まで、毎月二の日に試業(試験)により進級が決められた。三度落第した者は三か月間試業を受けられない規定もあった(『愛媛県史』近世上)。近江膳所《ぜぜ》藩は、文化五年に膳所城の南方に遵義《じゅんぎ》堂を設けた。文武両教場を備え、学問所では習字、素読、講釈、習礼、算術などを教え、演武場では剣術、槍術、弓術、柔術などを教えた。幕末期には蘭学と西洋砲術を加えた。嘉永四年末の職員は三十名であった(『新修大津市史』四、一九八一年)。

出羽上山《かみのやま》藩は、文化六年に天輔館を設立し、天保十一年に明新館と改称した。弘化四年には他領者や庶民の子弟の入学も許可した。九歳で入学し十七歳で退学した。教育内容は、四書・五経・史記・漢書などを中心に、午前中は素読、午後は会読論講・詩文会などを行った。十月から二月までは夜学も開いた。毎月十二日が素読の試験日で、春秋の試験の合格者には賞与が出た。全国からの文武修行者と交流する制度もあり、止宿料は三日間無料とした(『山形市史』中巻、一九八一年、『山形県史』第三巻)。

信濃上田藩松平家は、文化十年に藩主忠学が明倫堂を設置し、藩士の子弟十―二十歳の者は毎日出席することとした。文久年間には弓術や砲術の稽古場、兵学や算術の教場を明倫堂敷地内に設けている。明倫堂は童蒙訓、五常五倫名義などの教科書を出版している(『上田市史』下巻、一九七四年)。常陸笠間藩牧野家は、文化一四年に藩主貞喜の指示により藩士秋元忠蔵の私塾欽古塾を藩校時習館に改めている(『茨城県史』近世編、一九八五年)。

豊後日出藩木下家は、文化年間に藩士帆足万里の屋敷内に藩費で藩校稽古堂を設立した。安政六年には新たに致道館を設け厳しい指導を行った。藩士は病気以外は欠席を許されなかった。のち医学局も開かれ、慶応年間(一八六五—六八)には寮学生の増員や、算術、兵学、洋学の増科があった。稽古堂は致道館へ入学するために必ず卒業しなければならない学校として位置づけられた(石川謙『日本学校史の研究』)。

伊勢津藩藤堂家は、文政二年に藩校有造館を設立し、支藩の伊賀上野藩では、同四年に支校の崇広堂を設立した(中貞夫『名張市史』名張地方史研究会、一九七四年、城戸久・高橋宏之『藩校遺構』)。相模小田原藩大久保家は、文政五年に集成館を設立した。これは、浦賀表にあった藩の陣屋を小田原城三の丸に移築したもので、士分以上の教育を目的とした。職員数は、当初教師三十九名、事務員二十名であったが、のち教師八十四名、事務員三十三名へと増加した(『神奈川県史』通史編三、一九八三年)。

讃岐多度津藩京極家は、文政十三年に藩校を成立し、同年自明館と称した。これにより、それまで本藩丸亀藩の藩校正明館に通っていた多度津藩士は、自明館で学ぶことになった(『香川県史』第三巻)。武蔵岩槻藩大岡家は、文政年間に儒臣の児玉南柯の家塾遷喬館を移管し、そのまま藩校とした(石川謙『日本学校史の研究』)。

美濃今尾藩は名古屋藩付家老の竹腰家が藩主であったが、化政期に藩校文武館を設立し、弘化年間に格致堂と改称した。七歳で入学し、十歳で武芸の修得に移り、十五歳で退学した。毎月試験を実施し、満点を取った者には筆・紙・墨などの褒美を与えた(『岐阜県教育史』通史編)。

藩校の多様化

天保年間(一八三〇—四四)以降になると、藩は富国強兵と殖産興業を推進し、小藩も含めてほとんどの藩が藩校を置くようになった。伊勢菰野藩土方家は、天保七年(一八三六)に藩主雄興が藩校修文館を開設した。藩士の子弟八歳以上の者は、すべて入学することとし、庶民の子弟にも入学を許した。他領への遊学も許可し、たとえば嘉永三年（一八五〇）藩校生徒の藤牧三渓は遊学を命じられ、神戸藩（鈴鹿市）、津藩（津市）、江戸で学び、帰国後修文館の督学兼侍講に任命された（『菰野町史』上巻、一九八七年）。

美濃大垣藩戸田家は、天保十一年に藩主氏庸が大垣城の辰ノ口門外に学問所（のち致道館、敬教堂、学館と改称）を建てた。授業は朝八時から昼十二時まで、試験は毎月五日と二五日の八時から行われた。年末には大試があり、及第すると進級した。当初入学を許されたのは、大垣藩士の子弟のみであったが、のち摂州、丹後、会津など他藩の子弟や、領内の庶民も入学するようになった（『岐阜県教育史』通史編）。常陸水戸藩徳川家は、天保十二年に藩主斉昭が、会沢正志斎や藤田東湖らの意見を容れ、天保改革の一環として、水戸城内に弘道館五万七千坪を開設した。敷地には文館・武館・医学館などを設けた。同十四年には江戸小石川の藩邸にも江戸弘道館を設け、在府藩士とその子弟が学んだ（『茨城県史』近世編）。

美濃高富藩本庄家は、弘化年間（一八四四―四八）に藩主道貫が江戸藩邸に教倫学校を設立し、明治以降高富陣屋内に移転した。移転後は庶民の子弟の入学が許された。毎年春と秋に試験が行われ、藩主が臨席し、父母が参観し、教授と藩の重役が評価にあたった。授業は毎朝六時から正午まで行われ、生徒は二、三名ずつ教授の前に進み、書籍を素読し講義内容の質問を受けた。暗記・暗唱・輪読・作文なども行われ、甲乙丙などの評価を朱書し、試験の材料とした（『岐阜県教育史』通史編）。信濃松代藩真田家は、嘉永六年（一八五三）に文武学校を開設し、明治元年の教育体制の改革にさいして、学政局のもと、皇学寮、漢学寮、洋学寮、医学寮からなる文学館と、用兵寮・撃剣寮・馭馬寮・水泳寮からなる武学館を整備した（石川謙『日本学校史の研究』、『松代町史』）。信濃高遠藩内藤家は、万延元年に三の丸の藩士邸に進学館を設置した（城戸久・高橋宏之『藩校遺構』）。

美濃野村藩戸田家は、文久三年（一八六三）十一月、藩主氏良が江戸城桜田の藩邸に藩校斉美館を設立した。明治元年に戸田氏良が大垣に移ると藩校も移転し典学寮と改称された。授業は、午前八時から四書五経の素読、九時から「日本外史」「十八史略」などの講義、十時からは洋学の講義、十一時からは四書、「史記」「春秋左史伝」などの講義、午後一時からは私用文・公用文などの習字、二時からは数学、三時からは兵学という内容であった（『岐阜県教育史』通史編）。美濃苗木藩遠山家は、明治元年に仮学校所を設け儒学を教えたが、翌二年に新校舎日新館が落成する頃には国学中心となり、藩士以外に卒族や平民の入学も許可した（『岐阜県教育史』通史編）。

三河岡崎藩本多家は、藩の教育は江戸の藩邸や、国元の藩儒などが担当していたが、明治二年に藩主忠直が藩校の允文館（文館）と允武館（武館）を設立した（『新編岡崎市史』近世三、一九九二年）。出羽松山藩（松嶺藩）酒井家は、明治四年（一八七一）に一貫堂を設け、のち里仁館と改称した（城戸久・高橋宏之『藩校遺構』）。出羽米沢藩上杉家は、明治四年に洋学舎を設立し、東京から英語学教師三名を招聘している（『米沢市史』名著出版復刻本、一九七三年）。

これら幕末維新期の藩校のなかには、廃藩置県以後、中等学校など近代学校の母体となったものも多い（石川謙『日本学校史の研究』講談社、一九六〇年、笠井助治『近世藩校の綜合的研究』吉川弘文館、一九六〇年、石川松太郎『藩校と寺子屋』教育社歴史新書、一九七八年）。

郷校の展開

藩が領民教育のために設立した郷校も、広く各地に見られた。たとえば、備前岡山藩池田家は寛文八年に藩主光政が指示し、藩領民の子弟のために手習所百二十三ヵ所を設置した。寛文十一年備前領では二千二百五十八名の生徒が確認される。延宝三年、次藩主綱政が手習所を全廃し、閑谷学校へ統合した（谷口澄夫『岡山藩』、『岡山市史』宗教教育編）。

下総佐倉藩堀田家は、天保七年に藩校佐倉成徳堂を開き、同時に下総分領に分校（南庠《なんしょう》）を、また山形分領の柏倉陣屋内に分校（北庠《ほくしょう》）を開いた。入学は在勤藩士の子弟のほか、領民子弟も許したという。佐倉本藩から儒者が派遣され講義することもあった（『山形県史』第三巻、一九八七年）。

水戸藩徳川家は、文化―安政期に領内に十五の郷校を設け、郷医・神官・郷士・村役人・農兵など地域の有力者に医学・漢学・国学（のち武術）などを教えた。このうち常陸大久保学校は、天保十年に開業医の教場として開設され、弘化元年（一八四四）に暇修館と改名し、神官、郷士、庶民も参加するようになった（『茨城県史』近世編）。

上野館林藩秋元家は、嘉永二年（一八四九）に分領の高擶（天童市）に郷校を開き、漆山陣屋（山形市）勤番の藩士の子弟や、近郷の庶民の子弟を教育した（『山形県史』第三巻、一九八七年）。上野伊勢崎藩酒井家は、庶民教育に熱心で、明治初期までに二十五の郷学校を領内に設け（石川謙『近世の学校』）、肥後熊本藩細川家は、城下以外の四ヵ所に郷校を設立した（『熊本県史』総説編）。

7　幕末維新と藩

幕末動乱と藩

明治維新は、藩の視点から見ると、①慶応三年（一八六七）十二月九日の王政復古、②慶応四年（明治元年）正月から翌明治二年（一八六九）五月までの戊辰戦争、③同年六月の版籍奉還、④同四年の廃藩置県、の各段階をへて藩が解体する過程でもあった。

①慶応三年十月、十五代将軍徳川慶喜は公議政体論などにもとづき大政奉還を行った。しかし、鹿児島藩と萩藩の討幕派は、革新派公家と連携し、天皇親政をめざす武力討幕を構想し討幕の密勅を出させた。十二月九日、討幕派主導のもと、鹿児島・名古屋・福井・高知・広島の五藩兵が宮門を固め、天皇が学問所で王政復古の号令を発した。号令は、徳川慶喜の政権返上や将軍職辞退を認めたが、その夜、討幕派は小御所会議で、山内豊信《やまうちとよしげ》、松平慶永《よしなが》らの公議政体派を圧倒し、慶喜に辞官・納地を命じた。

②この結果、翌四年正月三日鳥羽・伏見の戦いが起こり、これに勝利した討幕派は、同十五日に各国公使に対して王政復古を通告したのである（三上一夫『公武合体論の研究』御茶の水書房、一九七九年、家近良樹『幕末政治と倒幕運動』吉川弘文館、一九九五年）。鳥羽・伏見の戦いに始まる戊辰戦争は、上野戦争（五月十五日）、北越戦争（七月末終結）、東北戦争（九月二十二日終結）などをへて、箱館戦争（五稜郭の戦い、明治二年五月十八日終結）へと展開し、新政府軍は旧

幕府・佐幕派を壊滅させたのである(原口清『戊辰戦争』塙書房、一九六三年、佐々木克『戊辰戦争』中公新書、一九七七年)。

新政府は、戊辰戦争と並行して藩の統制を強化した。慶応四年閏四月に地方制度として府藩県三治制を設け、府県は知事・判事を置き、藩は従来通り大名統治とした。十月には、諸藩の職制基準として藩治職制を示し、藩主のもとに執政、参政、公議人などを置き、人材登用、藩議会設置、藩行政と藩主家政の分離を行うなど藩統制を進めた。

版籍奉還と廃藩置県

③翌明治二年正月には、鹿児島・萩・高知・熊本の四藩主が版(土地)と籍(人民)を朝廷に返す版籍奉還の建白を提出し、大部分の藩が同調した。建白は六月十七日から二十五日にかけて受理され、藩主たちは知藩事(中央政府の行政官)に任命された。

④その後、藩解体の総仕上げとして廃藩置県が行われた。この政策は、同四年二月以降鹿児島・萩・高知三藩から天皇直属の親兵一万名を徴集し、この軍事力を背景に実施された。版籍奉還後、自発的に廃藩を申し出る藩もあったが、鹿児島藩の中堅官僚らは、すべての藩を一挙に廃止することにした。七月一四日在京の諸藩知事を集め廃藩を命じる詔書が出された。これにより東京・大阪・京都の三府と三百二県が成立した。県は同年内に七十二県に整理統合された。

廃藩置県により旧藩主は藩知事を罷免され、家禄と華族身分を保障されて東京へ移住した。代わって中央から府知事、県知事(県令)が派遣され、藩の貢租徴収や負債は新政府が引き継いだ。幕府崩壊後、三年間余続いた明治新政府下の藩体制は、ここに消滅したのである(丹羽邦男『明治維新の土地変革』御茶の水書房、一九六二年、原口清『日本近代国家の形成』岩波書店、一九六八年、佐藤誠朗『幕末・維新の政治構造』校倉書房、一九八〇年、松尾正人『廃藩置県』中公新書、一九八六年、宮地正人『幕末維新期の社会的政治史研究』岩波書店、一九九九年)。

藩の歴史的位置

以上、藩と藩校について概観した。中世武士が武力で領地を獲得・維持したのに対し、近世の藩(大名)は幕府から領地を与えられ支配・行政を担当した。近世の藩の優劣は軍事力よりも行政の手腕によったのである。大名たちは藩領を将軍から預かった領域と考えるようになった。先の「殿様は当分の御国主」「国主ハ一国の人民を上様より預り奉る」「鉢植え」などは、こうした思想を示すものであった。

その後、近世後期に尊王思想が広まると、将軍は天皇から全国統治を委任されたと考える大政委任論が強まり、天皇—将軍—大名の委任関係が明確化された(宮地正人『天皇制の政治史的研究』校倉書房、一九八一年、藤田覚『近世政治史と天皇』吉川弘文館、一九九九年)。

明治五年、岩倉具視を特命全権大使とする遣米欧使節団の一員の伊藤博文は、サンフランシスコにおける演説で、「維新の内乱は一時的な結果に過ぎません。わが国の大名は、寛大にも領地を奉還し、その自発的行為は新政府により受け入れられました。一年とたたないうちに、数百年以前に確立していた封建制度は、一発の銃も発せず、一滴の血も流さずに完全に廃止されました……中世のいかなる国が、戦争をしないで、封建制度を打ち倒したでありましょうか」(J・R・ブラック著、ねずまさし・小池晴子訳『ヤング・ジャパン3横浜と江戸』東洋文庫、平凡社)と述べている。幕末維新期において、大政奉還、版籍奉還、廃藩置県という一連の政治変革が、大きな抵抗なく実施された前提には、近世を通じて藩が将軍さらには天皇から統治を委任されたとする認識が、社会的に広く浸透する過程があったのである。

「藩」の成立過程と大名権力

小宮山敏和

はじめに

ここでは、「藩」の成立過程に焦点を当てて見ていくことで、「藩」とは何か、本来的にはどのような性質を持ったものであるのかを提示する。しかし一口に「藩」と言ってもその構成要素は多く、すべてを含んで論じることは難しい。よってここでは、まず「藩」概念が現在どのように認識されているのか概観し、次に大名の権力構造や中央政権との関係、および大名・家中における主従関係などを焦点にして論じることとしたい。成立期に時期を合わせているため、豊臣期や江戸時代初期が論述の中心となる。なおここで主従関係を取り上げるのは、武家社会内において個人的・社会的に人間関係を規定する一要因であり、幕藩関係成立を考える上でも注視する必要があると考えるからである。

1　「藩」概念と大名権力

さて、ここで取り扱う「藩」とは一体どのようなものを指すのか、まずは提示しておく必要がある。従来の「藩」認識の事例として、代表的な日本史の総合辞典である『国史大辞典』[1]と『日本史大事典』[2]から、「藩」の説明について見てみると、「藩」と「藩制」に分けるか否かの違いはあれ、どちらも近世の大名領とその支配機構を念頭に置いている。

これに対して、最近では新たな「藩」概念が提示されつつある。たとえば、「藩世界」という概念を提示した岡山藩研究会では、領民を含めた藩領域を広域的な「藩」（＝「藩世界」）と捉えている。[3]また「尾張藩社会」という概念を提起した岸野俊彦を中心とする共同研究グループは、「藩」を完結的なものとして捉えずに、領内外での諸関係を幅広く捉える、その総合化のキー概念としての「藩」(=「尾張藩社会」)と捉えている。[4] 両者ともに、従来の「藩」概念が大名やその領地・支配機構など支配権力の側から捉えられていたものに対して、大名とその支配領域における領民・諸集団が織りなす総体としての「地域社会」を「藩」として捉えているものと言えよう。「藩」という概念の中に、その支配する藩領域との関係性が含まれていることが注目される。これは領地支配の機構や組織という側面ではなく、支配・被支配という関係の中で、相互に影響し合い、関係性が絡み合いつつ、それらが一体となって「藩」という形を為しているという考え方である。従来、支配する対象としての藩領域であったものが、「藩」を構成する主要素として位置付けられており、この広域的・一円的な地域支配と大名との関係が、「藩」の一つの特徴として位置付けられるのである。

では、この広域的・一円的な地域と大名との関係は、どのように形成されたのであろうか。その源泉としては、戦国大名の登場に求めることが出来る。戦国大名については次章でもう少し深く触れることとしたいが、戦国大名が登場する以前、荘園制的な支配原理に基づき極度に権力が分散化されていた中世社会と、荘園制的支配原理を解体し地域権力主体として諸権力を統合し、あるいは統合の体現者として成立してきた戦国大名は、その権力の持つ根元的な性格において大きく異なるものであった。錯綜した諸権利・諸権力を広域的・一円的な地域において解体・統合した戦国大名は、ここに「藩」の持つ性格と通底する権力体としての姿を見ることが出来る。

以上の分析視角は、藩の権力構造に視点をおいた分析、高野信治の整理に合わせれば、[5]「藩国」という面に焦点を合わせた分析視角といえるだろう。では、高野の提示するもう一方の分析視角「藩輔」という側面では如何であろうか。ここで「藩」の語の持つ意味について確認してみたい。「藩」の語は「藩輔」「藩屛」などの言葉として使用されるように、中央の権力者を輔翼し、かつ周囲からの守りになるという意味が含有さている。では、戦国大名は「藩輔」たり得るのであろうか。応仁の乱以降、地域権力として成立してきた戦国大名は、今川仮名目録に示されているように、室町幕府の権力を背景とせず自分の力量次第という認識を得るに至っていた。室町幕府による幕府—守護支配体制は、畿内の一地方政権の地位に没落し、全国には戦国大名・一揆体制による地域権力体が並立するに至った。[6] つまり、「藩輔」「藩屛」

などの意味を有するための中央権力が存在せず、戦国大名自らが自立して存続している以上、「藩輔」の側面は認識することができない。権力自身の性格としては「藩国」に通底する性質を持ちながらも、その権力の存立する立場としては「藩輔」としての性格を持っているとは言えないのである。そのように考えてくると、「藩」としての両側面を満たすのは、統一政権が成立して以降であると言えるだろう。近世大名の基本的性格の一つとして、中央権力がその存立を規定する以上、同権力に対する輔翼の性格が内包されていると言え、その点で戦国大名と一線を画しているからである。本事典が、豊臣政権下における大名をも「藩」として採用している所以である。

　では、このように「藩」を把握することは、果たして首肯されるのであろうか。たとえば、江戸幕府と藩の関係である幕藩関係の研究を長年牽引してきた藤野保は、豊臣政権は領主支配の体制を「統一権力と藩」（藩＝大名、藩体制＝大名領国制）という形で実現し、その体制が「幕藩体制」の原型であり、幕藩制国家成立の前提であると捉えられている[7]。また、前出の岡山藩研究会の論集[8]では、従来前置き的であった中世―近世移行期の研究成果を十分に取り込むことを、論集の「視角と方法」の中で重視している。さらに深谷克己は『津藩』の中で[9]、信長・秀吉段階から「藩」或いは「藩」の前身と捉えており、織豊期も含めて考察しようとする潮流をみることができる。よって、本稿での視点も、大方の同意を得ることができるのではないかと考える。

2　戦国・織豊期における大名制と主従関係

　すでに述べてきたように、戦国期においては一円的・広域的な地域を権力基盤とした地域権力体として、戦国大名が成立してきた。その権力構造は、大まかに分けると、自身の被官から組織される家政機関と、多くの臣従する国衆と呼ばれる国人領主によって構成されていた[10]。これら国人領主は、自身の所領する領地を基盤にして一定度の自立した領主としての性格を持っており、また大名領国からみると周縁部分、換言すれば隣の戦国大名領国との境目部分に存在している場合が多かった。言うなれば、江戸幕府と藩との関係、小規模な幕藩関係にも似たところがあった。

戦国大名は、このような国人領主層を自勢力に取り込みつつ領国を拡大していったのであるが、逆に国人領主の動向が戦国大名の動向を規制する面もあった。たとえば、天正十年(一五八二)三月に滅んだ甲斐国の武田家は、木曾氏・穴山氏といった国人領主が、それぞれ織田氏・徳川氏に下り、最後には小山田氏も武田家から離反して滅んだ。この背景の一つには、前述のように、国人領主が自身の領地を権力基盤にして一定度の自立した領主としての性格を持っていたことが、主家の存続よりも自家の存続に意識を向かわしめたものであると考えることができる。

また、国人領主よりも小規模な領主層や土豪層は、多くは戦国大名や国人領主の家臣に編成されていったが、その編成方法は、親子関係に擬制化した一般に寄親寄子制と呼ばれる制度が用いられた。これは、大名家内の有力家臣を親とし、その下に小規模領主や土豪層を子として編成するもので、その個々人の間で醸成される人格的結合を利用して統制したものである。軍事行動や知行地宛行い、訴状等の提出などは、その寄親寄子関係を通じて行われている。しかし主従関係の面から言えば、寄親も寄子も主人は大名であり、主人の下では同列に従者であった。

このような戦国大名的な家臣編成に変化をもたらしたのは、豊臣秀吉による兵農分離や太閤検地、全国規模での大名移転であった。秀吉によって認められた大名・領主のみが豊臣政権での大名・領主として認定され、兵農分離による大名家臣の在地基盤の剥奪や太閤検地による大名直轄領の拡充など、秀吉による一連の大名権力基盤拡大政策によって、強力な大名権力が成立していったのである。

豊臣政権の大名統制は、朝廷官位を利用した武家官位制による統制が一つの柱として存在した。これは、侍従以上の「公家成り」と侍従以下で叙任された「諸大夫成り」とで格差を付け、豊臣政権の下での大名序列を示したものであるといえる[11]。この武家官位制による大名統制は、豊臣公儀体制とも連動していた。たとえば、文禄四年(一五九五)七月に関白秀次の追放・切腹事件に関連して、諸大名から誓紙を提出させているが[12]、その中では、徳川家康・前田利家などの後の大老にあたる者や、石田三成などの奉行衆にあたる者のほかに、公家成り以上の大名・領主が連署し血判を押している。そこでは秀頼に対する忠誠とともに、公儀成員としての体制のあり方にも言及しており、公家成り以上に位置付けられた大名・領主層が豊臣公儀の中核であったことが判明する[13]。

また、この武家官位制で特徴的なことには、秀吉―大名―大名家臣という主従制的ヒエラルヒーが、必ずしも一致していなかったことにある。たとえば、前出の誓紙連署者の中には、徳川秀忠・結城秀康とともに、徳川家臣である井伊直政も「井伊侍従」として連署・血判しており、徳川家臣であると同時に豊臣公儀の構成員としての性格も有していたことが窺われる。また別の事例として、天正十九年（一五九一）五月、古河の姫君の使者が上方から古河に下国の折、伝馬・賄などを通過する地域の大名に申しつける一連の秀吉朱印状と山中長俊添状が出されているが[14]、その中に「井伊侍従（直政）」と「榊原式部大輔（康政）」の名を確認できる。同時に名が上がっている者は、「石川出雲守（数正）」や「河内侍従（毛利秀頼）」など、それぞれ豊臣政権下での大名である。この場合、石川・毛利らと並べるのであれば、井伊・榊原の主人である徳川家康を記すべきであるが、ここでは二人の名を記しているのである。よって、徳川家臣（秀吉からみたら陪臣）でありながらも、豊臣公儀を構成する成員として位置付けられている可能性を指摘できる。

以上のようなことから、豊臣政権の性格として、秀吉―大名―大名家臣という主従制的な統制のほかに、独自の官位制による大名統制も併用していたことが窺われる。では、どうして陪臣層も公儀成員として編成する必要があったのであろうか。これについては推測に過ぎないが、秀吉が豊臣大名の権力基盤拡大・安定の方向性を持っていたことから、有力大名の家臣をも豊臣公儀に取り込むことで、大名・家臣間での対立、戦争状況の勃発を防ぐ目的があったのではないかとも考えられる。江戸幕府においては、当初は外様大名の家老等重臣の子弟を証人（人質）として江戸の証人屋敷に留め置き、重臣層が大名に背いて戦争状況に陥ることを未然に防ごうとしている[15]ことからも、ある程度類推できる。豊臣政権による陪臣層も含み込んだ公儀体制は、秀吉―大名―大名家臣という主従制的ヒエラルヒーへと諸権力が集権化されていく一方で、現実的には未だその過渡期であり、それに対応した形態であったことを示していると言えるだろう。

さらに、集権化への変化は大名―大名家臣の間でも生じていた。たとえば、徳川家臣の井伊直政や榊原康政、本多忠勝などは、五ヵ国時代まで独自の家臣をほとんど持たず、家康から附属された「付人」で軍団を構成していた[16]。しかし、天正十八年の関東入部以降、「付人」を家臣化していっている。この「付人」は、もともとは主従関係の上では家康との間に主従関係を形成しており、井伊・榊原などが豊臣公儀の構成員として成立していく過程で、主従関係が家康―井伊・

榊原―家臣(元付人)へと変化していった。この主従関係の変化を拒否する事例も見ることができるが、このような変化は徳川家臣の中でも広範に見ることができ、寄子や同心などとして位置付けられていた家臣が、後の御家人や大名家家臣などに編成替えされ集約されていく傾向を見ることができるのである(17)。

以上のような状況を背景として、豊臣政権を経て成立した江戸幕府(幕藩体制)は、将軍―大名―大名家臣という主従制的ヒエラルヒーへと諸権力が統一され、将軍・大名によって公儀権力を独占した。なお、大名家(本家)の統制下に有りながらも、将軍に御目見し、大名とほぼ同様に見なされていた支藩や(内分)分家の問題があるが、これは大名側の将軍への「奉公」の意識によって分知、成立したものであるとの指摘がなされており(18)、豊臣期の公儀成員としての陪臣の問題とは性質的に異なるものであると言えるだろう。

3 「御家」の成立と大名権力

将軍・大名による公儀体制、いわゆる幕藩体制へと極度に権力が集中した江戸幕府において、一つの特徴的な側面としては「御家」の成立があげられる。「御家」については福田千鶴(19)や笠谷和比古(20)に詳しいが、戦国期に「家中」として成立し、徐々にそれぞれ家臣の自立的側面を制限し、公儀としての大名権力が領主権を拡大していったものが、江戸時代の大名家において領主権をほぼ独占するに至ったのである。そこでは、家中を構成する家臣達にとって、その主人である大名家「御家」が存続することが自分たちの「家」が存続する絶対条件であった。自己の属する大名家が廃絶した場合、自らが有していた知行地に対する領主権も自動的に喪失した。つまり、大名と家中には、いわば一蓮托生の側面があったのである。この点、上位権力である大名権力が消滅しても、強固な領主権を持ち領主として存立することのできた戦国期の国人領主と比較すると、その違いが際だって浮かび上がってくる(21)。

さらに、前章でも触れていた主従関係についても変化が起こる。たとえば将軍や大名の死去にともなって家臣が殉死することは、近世前期においては美徳とされた。特に将軍や大名の側近として仕え、主人との人格的繋がりがより強い家臣の場合には、主人の死後も死後の世界で主人に仕えるものと観念されており、殉死しないことを非難する意識も存在した[22]。しかし、寛文三年(一六六三)五月、将軍家綱によって発布された武家諸法度では、別紙で殉死の禁止を掲げており、実際に発布後に殉死が行われた宇都宮奥平家では、減転封等の処罰を受けた。この殉死の禁止は、主従関係の主人個人から主人の「家」への転換を求めたものと評価されており[23]、主従制の面でも家臣は「御家」に修斂されていった。

さて、「御家」が成立してくると、家臣の「家」は軍事的側面を徐々に縮小させ、家政の面に特化する傾向があった。これは、大名家(藩)の体制が成立してくることと関連していた。たとえば越後国高田城(新潟県上越市)城主として幕末を迎える榊原家では、寛文期前後の家臣の役職昇進過程を見ると、軍事(家中方)・側近(詰分方)・領地支配といった三つの体系に分化・集約化している[24]。これは、それぞれ家臣が自己の「家」で担ってきた軍事・領地支配などの領主権を大名側に託し、「御家」が文字通り一つの「家」としてその機構も整えていたことを示すといえよう。たとえば軍事面では、大名家によって武器・玉薬・兵糧などが支給・貸与され、領地支配では個々による地方知行から、大名家が一括して年貢等を収集し、それを領地高に応じて支給する蔵米支給・俸禄支給制へと変化したところが多い。

しかし、このような「御家」の成立は、全国の大名家で画一的に進行するわけではない。転封を繰り返し一ヵ所に居続けることが少なかったいわゆる譜代大名と、薩摩島津家や佐賀鍋島家など、戦国時代(あるいはそれ以前)から一貫して同一地に勢力を張り続けた旧族居着の外様大名とでは、その家中内部の構造にはおのずと差違を含んでいた。また、進行の度合いがその大名家の近世化の進度を示すものでもない。近世大名は、兵農分離が完全に進行し大名と在地が対置する大名家のある一方で、家臣の一部が在地に郷士として残り、地方支配の一端を担っていたような大名家も存在し、その近世大名化の来歴によってその支配機構は多様な形を持って存在した。つまり、多様な支配機構が併存するのが近世の大名社会であるということを前提として認識する必要があるのである。

以上のように、近世の大名家はさまざまな経路を辿り、家臣にとっては自己が属し奉公の対象として、また「家中」全体の「家」を体現する「御家」として成立していくのである。また、このような「御家」の成立を経て、官僚的性格を多分に備えた江戸時代の武士像が形成されていったと言えるであろう。

おわりに

本稿では、戦国期から織豊期、江戸時代にかけて、大名権力や中央政権と大名との関係性、および大名や家中における主従関係の変化などに焦点を当てながら、大名や「藩」の成立していく過程について、その一側面を追った。すでに述べているように、近世の大名や藩が成立する背景としては、本稿で触れた部分はその一側面に過ぎず、全体を論じきることはかなり困難であると考える。しかし一側面であるとは言え、江戸時代の大名像から照射するのではなく、時代の特質に配慮しつつもその変化の過程、「藩」の成立過程について概観することができたのではないかと思う。

戦国期からの家中の領主権を吸収し、一つの「御家」として成立させた江戸時代の大名家や「藩」は、個別領主として存在していた家臣に代わって支配の主体者として村落に対置した。一方、領主権を吸収された家臣の側では、自力救済による自立の機能が低下し、一体となった「藩」の側にその生存の保証を預けることとなる。一部の藩では下級武士層を村落に土着させ、生活の糧を自らの農作業によって獲得させた藩もあるが[25]、多くは家臣達の生活保証をも「藩」が負うこととなった。このような中で、官僚的性格を多分に備えた江戸時代の武士像が形成されていったのであろう。

江戸時代の「藩」に対するイメージは、近世後期から幕末にかけてのイメージである場合が多い。これに対して、本稿で示した幕府初期までの姿とは、やはり持つ印象としては隔たりがあると思う。この幕末までの変化を、その時々の時代の特質とともに、また社会背景をも考慮しながら論じるときに、大名とは何か「藩」とか何かといった本質的な問題への解答とともに、より実態に近い近世像・江戸時代像を描くことができるのではないかと考える。

注

(1) 国史大辞典編集委員会編『国史大辞典』(吉川弘文館、一九七九―九七年)。

(2) 平凡社編『日本史大事典』(平凡社、一九九二―九四年)。

(3) 岡山藩研究会編『藩世界の意識と関係』(岩田書院、二〇〇〇年)。

（4）岸野俊彦編『尾張藩社会の総合研究』（清文堂、二〇〇一年）、同『尾張藩社会の総合研究』第二篇（清文堂、二〇〇四年）。
（5）高野信治『藩国と藩輔の構図』（名著出版、二〇〇二年）。
（6）池享「戦国期の地域権力」（歴史学研究会・日本史研究会編『近世の形成』（『日本史講座』五、東京大学出版会、二〇〇四年）。
（7）藤野保『近世国家史の研究―幕藩制と領国体制―』（吉川弘文館、二〇〇二年）。
（8）岡山藩研究会編前掲書。
（9）深谷克己『津藩』（吉川弘文館、二〇〇二年）。
（10）池前掲論文。
（11）池享『戦国織豊期の武家と天皇』（校倉書房、二〇〇三年）、下村效『日本中世の法と経済』（続群書類従完成会、一九九八年）、矢部健太郎「豊臣「武家清華家」の創出」（『歴史学研究』七五六、二〇〇一年）など。
（12）文禄四年七月二十日付「前田利家血判起請文」（大阪城天守閣所蔵木下家文書（山陽新聞社編『ねねと木下家文書』（山陽新聞社、一九八二）頁一四八　史料三）や同日付「羽柴東郷侍従等三十名連署血判起請文」（同前、頁一五三　史料五）など。
（13）藤井譲治『幕藩領主の権力構造』（岩波書店、二〇〇二年）。
（14）喜連川文書『栃木県史』史料編中世四（頁二四九―二五〇）　史料六四・六五・六六。
（15）松尾美恵子「江戸幕府職制の成立過程―初期留守居の補任者と職務内容の検討」（児玉幸多先生古希記念会編『幕府制度史の研究』吉川弘文館、一九八三年所収）。
（16）井伊直政については、拙稿「井伊直政家臣団の形成と徳川家中での位置」（『学習院史学』四〇、二〇〇二年）、本多忠勝については、煎本増夫『戦国時代の徳川氏』（新人物往来社、一九九八年）他。
（17）拙稿「戦国大名家臣の徳川家臣化について―戦国大名武田家家臣を事例として―」（『論集きんせい』二六、二〇〇四年）。
（18）野口朋隆「近世前期鍋島家の本家・分家関係―幕府・本家からみた分家の性格をめぐって―」（『地方史研究』三〇七、二〇〇四年）。
（19）福田千鶴『幕藩制的秩序と御家騒動』（校倉書房、一九九九年）。
（20）笠谷和比古『近世武家社会の政治構造』（吉川弘文館、一九九三年）。
（21）なお、近世大名家家臣の領主権については、佐賀藩のように自律的な領主権を持った家臣が存在したところもあり（高野信治『近世大名家臣団と領主制』（吉川弘文館、一九九七年）、同氏前掲書など）、藩によってその内実には差があった。
（22）山本博文『殉死の構造』（弘文堂、一九九四年）・高木昭作『江戸幕府の制度と伝達文書』（角川書店、一九九九年）。たとえば同書の中で、将軍家光死後に殉死しなかった中根政盛等を非難する落書などが紹介されている。
（23）高埜利彦編『元禄の社会と文化』（『日本の時代史』一五、吉川弘文館、二〇〇三年）
（24）「御先代様ゟ諸役昇進覚」（榊原家文書、上越市立高田図書館原蔵、新潟県立文書館撮影本を使用）。
（25）高野前掲書。

「藩」・大名研究の現状と課題

佐藤宏之

はじめに ――「藩」という言葉があらわす二つの側面――

「藩」が公式の名称として用いられたのは、明治二年（一八六九）の「版籍奉還」から「廃藩置県」までのわずか二年間にすぎない。したがって、江戸時代には大名家の苗字を用いて「何某家」「何某御家中」と称するのが通例であった。しかし、江戸時代後期になると、大名家が自らを「藩」と称する動きが見られ始める。そこにはどのような意味が含まれていたのだろうか。

この「藩」という言葉が、現在常識的に通用している意味として定着したのは意外に新しい。「藩」という言葉には、「藩」が成立する以前の言葉の意味を保存している面と新たに付け加わった面という二つの側面がある。前者は、「藩」がもつ「守護する」という意味で、将軍の指揮権に服するという側面であり、後者は、「国家」という大名の支配の私権的性格を有するという側面である。これを換言すれば、藩の幕府に対する一体性・従属性という見方と藩の幕府に対する主体性・自立性という見方となろう。それは将軍家・幕府を唯一の国家主権者とする単一国家とみるか、近世国家を大名家・藩をも国家主権者とする複合国家とみるか、という問題も同時に提示する。

このように「藩」という言葉は、そもそも矛盾した意味を有していたのであり、それによってあらわされた「藩」には実態そのものがもつ他面的な性格があったことが指摘できよう。したがって、大名家が自らを「藩」と称するさい、どちらの意味を含んでいるのか、あるいは含んでいないのかが問題となってくる。近年、「藩」という用語の使用をめぐり、疑問が提示されている[1]。しかし、史料用語の厳密な検討とは、その用語が当時使用されていたか否かという問題ではなく、その用語があらわしている意味を解釈することではないだろうか。

「藩」・大名研究の画期

このようにそもそも「藩」という言葉が二面性を有していたため、「藩」・大名研究は、必然的に幕藩体制にみられる集権的性格と分権的性格相互の構造的連関という問題を課題とすることになった。ここでは、これまでの研究を二つの時期に区分して整理しておこう。

第一期(戦前〜一九七〇年代)

まず「藩」という言葉がもつ二面性に本格的に取り組んだのは伊東多三郎である。伊東は、「大名生活・大名行列・大名芸などの言葉に示される専制・豪奢・遊閑・恣意・格式等」の「常識的連想が歴史的見解として無制限に横行することは厳に戒めねばならぬ」という従来の研究に対する認識のもと「封建制度の歴史的発展の重大要素たる大名の積極的役割」を考察すべきという立場から、水戸・相馬・和歌山・対馬・会津などの諸大名・藩研究を行った。伊東はこの二面性を「武力・財力・法制などすべてに独立性をもつ地方政権」と「幕府の監督と統制にしたがって封建的国家機構の一部」と表現した(2)。

これ以降、この両者の関係をどのようにとらえるか、戦後の幕藩制研究・近世史研究の大きな課題となり、自立から従属性へ、という見通しが、多くの研究者の近世史理解に共有されていくことになる(3)。

その一方で、佐々木潤之介は個別藩政史のなかに投影された幕藩体制の本質を抽出するために、できるだけ多くの藩ではなく、いくつかの藩の個別研究の十分な掘り下げが必要との認識のもと、豊臣取立の加賀藩や譜代の諏訪藩の研究を行った(4)。これは前出伊東の分析対象が徳川一門の藩(水戸・和歌山・会津)と旧族外様の藩(相馬・対馬)であったことを意識した選択であったといえ、藩の個別領有制の多様な可能性を示した。

藤野保は近世の政治システムの基本を藩とする立場から、藩の形成過程に注目した多様性にも注意が払われ、中央地域の「徳川幕藩領国」、中国・四国の豊臣系外様大名の地域、辺境(九州・東北北部)の旧族外様大名の地域というようなマクロ的な近世地域構造論を提起した[5]。また、山口啓二は、中央権力(織豊政権・徳川政権)の内部からその分岐として創出された大名が藩となるコース(織豊取立大名や徳川の一門、譜代大名)と戦国大名が中央権力への従属関係に入ることによって藩として定着するコースの二つを想定した[6]。さらに藤野は、「個別藩に生起する諸事象の体制的研究＝藩政(制)研究」から「個別藩政(制)」比較による『幕藩体制』の地域的研究＝比較藩政(制)研究」、「個別藩(大名権力)と幕府(統一権力)との体制的研究＝幕藩体制史研究」へ、という研究視角を示した[7]。

このような研究潮流のなかで、米沢藩・佐倉藩・岡山藩・佐賀藩・加賀藩・津軽藩などで個別藩制史の共同研究が行われ、その成果が刊行された[8]。これらの多くは執筆者に研究対象を分担する部門別方式を採用し、「藩制」という言葉に象徴されるように、藩職制の成立・展開に重点が置かれ、権力編成・家臣団統制・経済政策・知行制等々、藩の諸側面を網羅的に分析するという特徴を有している。

第二期(一九八〇年代〜現在)

一九八〇年代半ばころから、歴史学研究は社会史に関心が向けられ、個人や家族・共同体、身分・階級などをはじめとする社会諸集団の相互関係、それらをめぐる人びと・集団の習俗・意識・価値観などを中心に社会の歴史をとらえようとした。それは旧来の歴史学の主流が政治史、国家史を中心としがちであったのを批判するなかで展開していく。「藩」研究もまた、社会諸集団相互の関係性に注目され、「藩」を総合化して捉える方向性が示された。そこでは第一期の研究に対して、部門間の事実認識の相違が放置されたり、同じ事柄が繰り返し対象にされたり、また一藩完結の視点に陥って公儀や他藩との比較や関係がなおざりにされるなどの問題点を指摘している。そこでそれらを総合化する概念として「藩世界」「尾張藩社会」「藩領社会」「藩地域」が設定される。これらの概念はともに、藩領域を越える社会諸集団や外部の諸集団と織りなす世界までをトータルに把握しようとする概念であり、これによって特定分野へ分断される諸課題をより総合的に把握しようとする点で共通している。[9]

これら第二期の研究は、総じて「関係性」をキーワードに進められたといえる。[10]その間、近世史研究は身分制・流通・村落・都市・民衆運動など多くの成果を生み出した。しかしその一方で、「藩」という場で生起した事象・動きであっても、以上のような特定のテーマにひきつけて捉える見方によって特定分野へ分断される傾向にあった。そこで改めて、支配―被支配の関係、さまざまな事象や社会の動きが生起する「藩」という場をめぐって、「藩」とはなにか、その存在意義はなにかを問う視角が提起されている。[11]

また、第二期の特徴として、武家社会研究の進展も挙げられる。この武家社会研究もまた、「藩」研究と同様に武士は領主なのか、[12]行政官僚なのか[13]という、主体性・自立性と一体性・従属性という武士のもつ二面性を論点としてきた。しかし近年では、武家の本分としての軍事的な役割に注目され、近世軍制論に身分論・役論を導入しながら日本近世国家の特質を論じた研究、[14]近世武家社会における武士の自律性を強調した研究、[15]江戸幕府の幕藩組織を「官僚制」と捉え、幕藩官僚制を生きた運動体として描いた研究[16]などが蓄積されてきている。これらの研究によって、武士は領主か行政官僚かという二者択一ではなく、近世武士が有するさまざまな側面が描き出されている。[17]

また、近年の史料学・アーカイブズ学の進展のなかで、大名家文書自体への考察、大名家文書の成立と伝来の経緯や階層構造への考察が進められた。[18]大名家文書は政治的変動、災害(戦災・自然災害)、修史・編纂事業、他文書の流入などによって現用秩序を変容させた。[19]史料の伝来の経緯を踏まえつつ、文書群が有していた機能の柱を見出し、その現用秩序を復元することが課題として挙げられている。[20]歴史を叙述するさい、史料の存在はもとより、その史料(文書群)を存在たらしめてきた背景を前提として叙述することの重要性が提起された。

「藩」・大名研究の現状

以上のように、「藩」・大名研究は、「藩」・大名それ自体の研究から武家社会や大名家文書など多様な展開を見せてきた。それらは以下の二点にまとめることができる。

第一に、近年の近世大名家および武家社会に関する研究は、大きく二つの見解に分かれる。その一つは、近世武士の「官僚」としての性格を高く評価する研究(幕藩官僚制論)であり、いま一つは、近世武士の「領主」としての性格を高く評価する研究(近世領主制論)である。もっとも、これは二者択一の論争ではなく、近世武士に「官僚と領主の二面性」があることは、どちらの立場も前提にしており、問題は、そのどちらの側面を強調するかという違いになっているのが現状である。むしろ、近世武士には、官僚としての側面と領主としての側面の両面が、矛盾・相剋を内包しながらも併存し、互いに共存していることにこそ、近世武家社会の特質があるとみたほうが妥当ではなかろうか。以上のような「領主と官僚の二面性」という問題は、先述のとおり、近世武士だけではなく、幕府と大名家の関係においても指摘することができる。したがって、問題はそれがどのような形態で発現しているのかという点にあるだろう[21]。

第二に、従来、藩政史研究、大名家研究が取り上げてきた分析の対象は、大藩の旧族大名、織豊取立大名に集中する傾向にあり、徳川取立大名の特質についてあまり論じられてこなかった。したがって、階層的には、外様国持大名に、時期的には、幕藩権力の形成・確立期や西南雄藩が台頭し、幕藩権力の解体期とされる幕末期に偏ることとなり、藩政改革を成功させた藩が明治維新の原動力になったとする。このような研究対象の偏りを指摘する研究は古くからあり、まったく別の過程を経て成立した藩＝譜代藩の研究の必要性が提起されている[22]。しかし、「藩」研究の第一期を批判的に検討してきた第二期においても、とりあげられた岡山藩・尾張藩・佐賀藩・松代藩などは大藩の旧族大名であり、先の提起を受けた研究が十分に蓄積されたとはいいがたい。外様大名の多くは、関ヶ原の戦い以前は、徳川氏と対等もしくは対抗する位置にあり、古い伝統的なものをいかにして幕藩制的なものへ変化させていくかという課題を持っていた。藩領域に若干の移動があるものの江戸時代を通じてほぼ同じ藩領域を支配していたため、時代が下るにつれて、大名家と藩領民のあいだに領国意識が生まれ、「藩国家」を形成していた[23]。それとは対照的に、譜代藩は幕府あるいは将軍によって創出された藩としての性格をもち、いかなる藩を創りあげるかという創造の課題をもっていた。このように藩の成立には、戦国大名から近世大名へ、徳川氏の家中から近世大名へという二つのコースがあり、この二つのコースを十分に視野に入れた分析がなおも必要であろう[24]。

「藩」・大名研究の展望　――むすびにかえて――

それでは先に述べた研究史的状況を克服し、新たなうねりを創り出すにはどのような視角が有効なのだろうか。今回の事典を作成するにあたり、五百四十におよぶ藩の成立から解体までを網羅的に把握する作業を行った。改めて近世国家は大藩・小藩、譜代・外様、転封を繰り返す藩・転封がない藩など実に多様な藩が併存し、互いに共存している点に特質があると指摘できる。近世国家の権力構造は、このような多様な藩の共存関係のうえに成り立っている。したがって、併存・共存している意味を問い、近世国家をトータルで把握する視角が求められる。そこで二つの仮説を提起し、むすびにかえたい。

ひとつは、近代を準備した種子がいかに蓄積されてきたのかという点である。それは江戸時代を通じて蓄えられてきた近代的要素がそのまま現実の近代になったというのではない。佐々木潤之介は「近世に芽生えていた近代(本来的近代)と現実に実現した近代(歴史的近代)とは違いがあり」、「近代を理解するためには、その現実の歴史的近代のみならず、本来的近代、あるいは歴史的近代にはうけつがれないで消えてしまった、可能性としての近代の側面をも理解しなくてはならない」と指摘する。[25]藩政改革を成功させ、絶対主義化した西南雄藩が明治維新の原動力となったという事実は言うまでもないが、それぞれの藩がそれぞれの方法で「本来的近代」化にむけて自己運動・自己改革を行っていたのであり、その過程は無視し得ないであろう。

ふたつには、「イエ」の連続という視角からの検討の有効性を提起したい。近世大名は、改易によって領知を没収され得る可能性を有している。しかし、家光期をさかいに家の断絶数が大きく減少し、減転封・旗本化などと大名家の維持・定着化がすすめられてきた。したがって、大名を「イエ」の視点でとらえたとき、藩としては断絶するものの、大名家としては必ずしも断絶しているわけではなく、再び藩として立藩する可能性を有していた。近年、このような視点から、改易後、あるいは再興後までを見通した研究が蓄積されつつある。[26]

たとえば筆者は越後松平家・津山松平家を素材に検討を行ってきた。越後騒動を起こした越後松平家および家臣団の構成的展開を追跡する作業を通して、この騒動が藩主にとって血縁関係にとらわれない支配機構への転換を目指す「御一門払い」の要素を含んでいたこと、五代将軍徳川綱吉による越後騒動の親裁、津山松平家としての創出が、大名の「イエ」の自律性を否定し、新たに国家経営を担う機関として創出したものと意義づけた。[27] その越後騒動の採決にあたり、「大名預」の実態を確定し、その決定過程における大名親族集団の役割を検討することで、「大名預」が刑罰としての側面と未決拘留としての側面という二面性を有していたこと、大名親族集団による越前松平家という「御家」の救済が図られたことを指摘した。[28] ついで、津山松平家として新規に創出された越後松平家がどのように家臣団を整備・確立したのかを検討した。津山松平家は越前松平系一門大名からの家臣の譲渡を実現させ、召し抱えられた年代の古さを基準とした家筋によって家臣団を編成した。その一方で、配置転換ルートの形成、職の専門化、旧藩主の家臣の登用などによって家臣団を編成することで個々の役職が「イエ」から相対的に自律しており、それによって合理的に在地支配を展開したと指摘した。[29] ついで、津山松平家を素材に、大名家の存続の危機である藩主の無嗣逝去と藩権力の弱体化を突いた山中一揆との関係性に着目し、これまで藩の対応策のみ注視してきた藩政史と一揆の運動面のみ強調してきた百姓一揆研究の双方の欠落を補完し、藩の財政改革と領民の大名家に対する意識、さらに幕府の享保改革との関連で無嗣逝去＝御家断絶ではなく、大名家を維持・存続させることで将軍を中心とする領国体制が維持されたと指摘した。[30] このように越後松平家・津山松平家の歴史を振り返ってみると、御家騒動（越後騒動）・再興・無嗣逝去……、と常に時代の変わり目に「養子」問題が浮上している。つまり、「イエ」をいかに存続させるかという点が問題とされてきたのである。

以上のように、転封・改易・新規創出によって新たに封を得た大名は、「徳川の平和」のなかで、土着性がまったく払拭された家臣が、官僚として大名の家中機構のなかに位置づけられていく過程を示すものである。また、改易・転封・新規創出を素材とすることは、幕府―藩、藩―藩、大名―藩領民との関係性を目に見えるかたちで示す、もっとも有効な手段ともいえよう。これらの研究は大名改易を政治（史）的観点から、幕府の権力・政治の脈略のなかでとらえられてきた従来の研究史に疑問を投げかけることになる。

また、「イエ」をあつかうさい、大名家が作成した家訓は「イエ」の継続を考える有効な素材となる。近世大名家の家訓は家祖・藩祖の遺訓を伝えるものが多いが、近世後期になると「イエ」の管理、家業の運営などについての心得を「イエ」の成員に説いた家訓が作成される。幕末期には、藩論統一のために持ち出される場合も多い[31]。戊辰戦争が終結すると、政府は版籍奉還の請願を聴許し、請願せぬ大名には奉還を命じて、領知と領民に対する統治権を接収した。統治権を失った大名は知藩事に任命され、統治下の旧領民のうち藩民は天皇の民となり、統治機構のスタッフであった藩士は「朝臣」、つまり天皇の政府の職員となった。それによって、藩政と知藩事家政の区別が生じ、知藩事と旧藩士のあいだに存した主従関係が廃止され、ともに朝臣となり、そこでの上司下僚の関係となった。そこで華族となった大名家は、ふたたび家督相続関係や家政管理などに関する規則を定めた家憲を制定することが求められた。これによって大名家が縮小され華族として再編成されたことを示す。この過程は、版籍奉還から廃藩置県にいたる政治的大変革の過程であるため、従来、もっぱら政治史の観点から考察されてきた。「イエ」の連続という観点からみると、明治維新とはなにか、改めてとらえ直す視座を与えてくれる[32]。

　本稿では、「藩」・大名研究が「藩」という言葉が有する二面性に規定されてきたことを指摘し、多様な藩が併存・共存している意味を問い、近世国家をトータルで把握するための仮説を提起してきた。その成否は、今後の実証・反証にかかっているのはいうまでもない。

　「藩」という言葉は、「守護する」という意味で将軍の指揮権に服するという面と、「国家」という大名の支配の私権的性格を有するという面をもつとともに、それを使用する研究者の問題意識・分析視角を示す言葉でもあった。

注

（1）　渡辺浩『東アジアの王権と思想』（東京大学出版会、一九九七年）、青山忠正『明治維新と国家形成』（吉川弘文館、二〇〇〇年）。渡辺は、「幕府」「朝廷」「天皇」「藩」という日本史用語の使用に疑問を提示し、江戸時代の政治体制を「幕藩体制」ではなく「徳川政治体制」と言い換える。しかし、そこからは「藩」がもつ自律的側面が捨象されているように感じられる。史料用語と歴史用語の厳密な区別は必要であろうが、先の日本史用語の使用を避け、「徳川政治体制」と言い換えるメリットとはなんだろうか。

(2) 伊東多三郎「近世大名研究序説」「幕藩体制」（『近世史の研究』第四冊、吉川弘文館、一九八四年）。
(3) 佐々木潤之介は「公儀大系」という概念を設定し（「幕藩領主制と幕藩制国家」『中世史講座』四、学生社、一九八五年）、朝尾直弘は「公儀領主制」という概念を設定した（『日本近世史の自立』校倉書房、一九八八年）。これによって大名が「公儀」の構成員であり、その限りで幕府・将軍権力と一体化ないしそれへの従属性が説かれた。
(4) 佐々木潤之介「藩制成立史研究の課題」（『歴史学研究』二三二、一九五九年）。
(5) 藤野保『新訂幕藩体制史の研究』（吉川弘文館、一九七五年）。
(6) 山口啓二『幕藩制成立史の研究』（校倉書房、一九七四年）。
(7) 藤野保『日本封建制と幕藩体制』（塙書房、一九八三年）。
(8) 藩政史研究会編『藩制成立史の綜合研究―米沢藩―』（吉川弘文館、一九六三年）、木村礎・杉本敏夫編『譜代藩政の展開と明治維新―下総佐倉藩―』（文華堂銀行研究社、一九六三年）、谷口澄夫『岡山藩政史の研究』（塙書房、一九六四年）、藤野保編『佐賀藩の総合研究―藩制の成立と構造―』（吉川弘文館、一九八一年）、原昭午『加賀藩にみる幕藩制国家成立史論』（東京大学出版会、一九八一年）、長谷川成一編『津軽藩の基礎的研究』（国書刊行会、一九八一年）など。
(9) 岡山藩研究会編『藩世界の意識と関係』（岩田書院、二〇〇〇年）、深谷克己『津藩』（吉川弘文館、二〇〇二年）、岸野俊彦編『尾張藩社会の総合研究』（清文堂出版、二〇〇一年）、同『尾張藩社会の総合研究二』（清文堂出版、二〇〇四年）、高野信治『藩国・藩輔の構図』（名著出版、二〇〇二年）、渡辺尚志編『藩地域の構造と変容』（岩田書院、二〇〇五年）。
(10) 高橋啓『藩領社会の展開と構造』（渓水社、一九九三年）、同『近世藩領社会の展開』（渓水社、二〇〇〇年）、長谷川成一『近世国家と東北大名』（吉川弘文館、一九九八年）、同『弘前藩』（吉川弘文館、二〇〇四年）、深谷克己「名君とは何か」（『歴史評論』五八一、一九九八年）、長野暹『幕藩制国家の領有制と領民』（吉川弘文館、二〇〇四年）。
(11) 高野前掲書（注(9)参照）、藤井譲治『幕藩領主の権力構造』（岩波書店、二〇〇二年）。
(12) 佐々木潤之介『増補・改訂版幕藩権力の基礎構造』（御茶の水書房、一九八五年）ほか。
(13) 北島正元『江戸幕府の権力構造』（岩波書店、一九六四年）、谷口澄夫『岡山藩政史の研究』（塙書房、一九六四年）、金井圓『藩政』（至文堂、一九六二年）、同『藩制成立期の研究』（吉川弘文館、一九七五年）、注(8)前掲書ほか。国制史では、石井紫郎『日本人の国家生活』（東京大学出版会、一九八六年）、水林彪「近世の法と国制研究説」一―六（『国家学会雑誌』九〇ノ一―九五ノ一、一九七七―八二年）、同『封建制の再編と日本的社会の確立』（山川出版社、一九八七年）ほか。
(14) 高木昭作『日本近世国家史の研究』（岩波書店、一九九〇年）、根岸茂夫『近世武家社会の形成と構造』（吉川弘文館、二〇〇〇年）など。
(15) 笠谷和比古『近世武家社会の政治構造』（吉川弘文館、一九九三年）、高野信治『近世大名家臣団と領主制』（吉川弘文館、一九九七年）、J・F・モリス『近世知行制の研究』（清文堂出版、一九八八年）など。
(16) 藤井譲治『江戸幕府老中制形成過程の研究』（校倉書房、一九九〇年）、同『江戸時代の官僚制』（青木書店、一九九九年）など。

（17）吉村豊雄『近世大名家の権力と領主経済』（清文堂出版、二〇〇一年）、磯田道史『近世武家社会の社会構造』（東京大学出版会、二〇〇四年）など。

（18）笠谷和比古『近世武家文書の研究』（法政大学出版局、一九九八年）、福田千鶴「近世領主文書の伝来と構造」（国文学研究資料館史料館編『アーカイブズの科学』柏書房、二〇〇三年）、同「東京都立大学付属図書館所蔵水野家文書の構造について」（『人文学報』三三五、二〇〇三年）。

（19）学習院大学史料館編『旧華族家史料所在報告書』一―四・附録（一九九三年）によって、領主文書が現在どこに保管され、どのような利用が可能であるか知ることができる。

（20）前掲注（18）論文、中野美智子「岡山藩政史料の存在形態と文書管理」（『吉備地方文化研究』五、一九九三年）。

（21）福田千鶴『幕藩制的秩序と御家騒動』（校倉書房、一九九九年）、拙稿①「越後騒動に関する一考察」（大石学編『近世国家の権力構造』岩田書院、二〇〇三年）。

（22）山口前掲書（注（6）参照）、藤井譲治「譜代藩政成立の様相」（『岩波講座日本歴史』一〇、近世二、一九七五年、のちに同『幕藩領主の権力構造』岩波書店、二〇〇二年所収）。

（23）荻慎一郎「中期藩政改革と藩「国家」論の形成」（『歴史』五一、一九七八年）、長野暹「幕末期における「藩」国家論の一考察」（『佐賀大学経済論集』一七ノ四、一九八五年）、同「藩「国家」論の一考察」（『佐賀大学経済論集』二六ノ二、一九九三年）、以上二論文は長野前掲書（注（10））所収。

（24）山口前掲書（注（6）参照）。

（25）佐々木潤之介『江戸時代論』（吉川弘文館、二〇〇五年）。

（26）中野等「敗者復活」（丸山雍成編『日本近世の地域社会論』文献出版、一九九八年所収）、岡崎寛徳「江戸屋敷「閉門」めぐる情報と意識」（『中央史学』二四、二〇〇一年）、同「家督相続・改易・再興と什物の相伝」（『日本歴史』六七〇、二〇〇四年）、拙稿①（注（21）参照）、同②「大名家家臣団の再編成とその構造」（『日本歴史』六六八、二〇〇四年）、同③「近世「大名預」考」（科研成果報告書『藩世界の意識と権威』二〇〇四年所収）、内野豊大「「御預」大名の生活と家臣団」（森安彦編『地域社会の展開と幕藩制支配』名著出版、二〇〇五年所収）。

（27）拙稿①（注（21）参照）。

（28）拙稿③（注（26）参照）。

（29）拙稿②（注（26）参照）。

（30）拙稿④「近世大名の無嗣逝去と藩の対応」（『人民の歴史学』一五八、二〇〇三年）。

（31）近藤斉『近世以降武家家訓の研究』（風間書房、一九七五年）、小澤富夫編集・校訂『増補改訂武家家訓・遺訓集成』（ぺりかん社、二〇〇三年）。

（32）森岡清美『華族社会の「家」戦略』（吉川弘文館、二〇〇二年）。

藩校研究の視角

工藤航平

近年の歴史学研究において、直接的に江戸時代の藩校を扱っているもの、論文のタイトルに藩校名を冠したものは少ないといえるであろう。藩校についてはすでに石川謙[1]や笠井助治[2]により、全国的・総合的な研究が行われてきた。その後、個別藩校についての研究が進められ、多くの研究が蓄積されることとなった。しかし、前者は統計学的研究が主であり、後者は大藩など限られた藩校が対象とされている。これらは、研究史的な問題と史料的問題が大きく影響している。従来は、学校教育史など近代教育との関係性が追求されてきた。また、藩政史研究においては、近世中期や幕末維新期の藩政改革との関連の中でその役割が明らかにされてきたといえる。藩校研究が直接的に研究されなくなった大きな要因の一つは、藩校の有無や多少ではなく、その機能や役割が問われていることが挙げられる[3]。また、制度や施設、教育内容といったものではなく、藩儒やそれに類似する人物の活動・影響に焦点をあてた研究が多く蓄積されはじめている[4]。そのほか、社会史の影響により、研究分野が細分化される中で、さまざまな視点から研究が行われており、藩校そのものを直接的に扱う研究が少なくなっているといえるのである。逆にいえば、さまざまな視点・視角からあらためて藩校を捉え直す作業が進められているともいえるであろう。そこで本稿では、藩学・藩校研究にあたっての視角・視点を筆者なりに指摘しておきたい。

1　「家」としての教学

江戸時代には三百を超える藩が存在していた。しかし、その藩主となった大名家は転封や減封、新封を含め、必ずしも固定的であったとはいえない。ここでは大名家と藩とについての政治史的な考察は省略するが、「藩校」というものを考える際、大名「家」との関係を改めて考える必要がある。

一般的に使用されている「藩校」「藩学校」という語が公的に使用されるようになったのは、明治二年（一八六九）の版籍奉還以降である。特に「藩学校」という語が一般化するのは同四年ごろに設立された県学校と区別する必要性からであった。つまり、江戸時代には単に「学問所」や「稽古所」、もしくは「○○館」という名称などで呼ばれていた。

藩校研究において取り上げられる藩について見ると、先述したように、米沢藩や肥前藩などが挙げられる。これらの藩の特徴は、近世初期・中期以降、転封・改易がなされなかったことである。つまり、家＝藩という関係で捉えることができるのである。そのため、「家」の教学と藩との関係があまり問われずにいたのである。しかし、唐津藩を事例にみると、土井家盈科堂、水野家経誼館、小笠原家志道館と転封してくる大名家がおのおの藩校を設置しているのである。水野家は藩校経誼館を、唐津、浜松と転封に伴って移設し、山形では立誠堂を創設している。このように、藩校は「家」の学校・学問、「家学」として考えられるものなのである。

「家学」としての藩学・藩校を考える場合、本藩支藩関係も重要となる。支藩は本藩より政治的に影響をうけるが、教学面においても本藩の影響を強く受けるのである。

また、大名家だけでなく、旗本家においても領地や江戸邸において藩校を創設する家も存在した。豊後国立石では、交代寄合である旗本木下家が無逸館を創設して、家中教化を行っていた[5]。同じ交代寄合の旗本菅沼家でも安永九年（一七八〇）に有教館を設立し、早くから家中子弟に学問を修めさせていた。名古屋藩家老であった成瀬家では、天保十一年（一八四〇）犬山城下に敬道館を設立している。この段階では郷学校であるが、明治元年に大名へ昇格したことにより藩校となった[6]。これらの事例は、単に藩校としての枠組みの中で考えるのではなく、幕藩制国家を支える武士の学問、日本型の実務的能力との関連から総体的に考えていく必要性を示しているといえる。

2　藩校研究の史資料

藩校研究の発展に寄与したものに、石川謙や笠井助治などの個人による研究のほかに、自治体史の編纂が挙げられる。藩校に関する史料は多くはなく、その残存量も家によってまちまちであったが、都道府県レベルの自治体史編纂過程において、藩政史料をはじめとした膨大な史資料が調査された。特に、一九七〇年代には、学制頒布一〇〇周年を記念した教育史が編纂・刊行され、この編纂過程において藩校・藩学に関する多くの史資料が発見されるところとなった。従来は『日本教育史資料』に頼り切りであった藩校・藩学研究が大きく進展したのである。

『日本教育史資料』は、文部省が明治十年代から二十年代にかけて、府県学務課や旧藩関係者の協力のもと、調査・編集・公刊した旧幕時代の教育施設に関する資料叢書である。その内容は、藩校を中心とした諸藩の学事制度、儒者の小伝、昌平坂学問所、教育に関する意見書・建言書、私塾・寺子屋など幅広い分野に渡っている[7]。この資料集は、明治初期における混乱状況において、藩主家をはじめ藩関係者や藩政史料そのものが散逸しつつある中で、全国的規模で藩学から庶民教育までを網羅した貴重な史料である。

しかし、調査を府県等に委託していたため、埼玉や岩手など資料の僅少もしくは皆無の地域があるなど、地域により収録量に大きな差が生じている。また、伝統社会において多様に存在したさまざまな教育施設を、近代的教育概念に基づいて設定された調査項目にあてはめて整理したものであり、実態の多様性が分かりづらくなっている点が指摘されている[8]。時期も幕末維新期が中心であり、それ以前のものについては信憑性に問題のあるものも多い。

近年では、この『日本教育史資料』を客観的に位置づける作業も行われている[9]。しかし、その作業も藩政史料が豊富に残存している一部の藩・大名家に限られており、その他の多くの藩に至っては、藩学関係のみならず藩政関係史料についても皆無である場合が多い。そのため、全国的にみると、依然として『日本教育史資料』に頼らざるを得ないのが現実である。藩校研究をより充実にするためには、先述したような藩校について多角的に調査・研究する中でのさまざまな史資料の発見と、その活用が求められるのである。

3　文化的機能を支える江戸・江戸藩邸

本書付録の藩校一覧表を見ると、国許だけでなく、江戸藩邸内にも藩校を設置していた大名家が多くいたことがわかる。江戸には参勤交代制によって多くの大名が居住した。そのため、江戸定府の大名家ではほとんどの藩士が江戸在住であったように、国許同様に多くの藩士とその家族が居住していた。そのため、江戸藩邸における藩士やその子弟に対する教化、国許と同様の教化が大きな課題となっていたのである。藩校以外でも、藩邸内における御前講釈や藩儒邸における家塾、一般の私塾や手習塾への通学など、江戸詰めの藩士やその子弟に対してさまざまな教化方法が採られていた。ほとんどの大名家では、江戸藩邸において何らかの形で藩士やその子弟に対する学問奨励がなされていたのである。したがって、学者や文人などの知識人の需要が多く、知識人側も学問で生計を立てることが可能な江戸に活動の場を求める者が多くなったのである。しかし、藩・大名家における江戸藩邸の文化的役割は、藩校設置だけではなかったのである。ここでは、江戸藩邸の文化面、特に藩学に関する役割・意義について簡単に見ることにしたい。

江戸藩邸の政治的重要性については、個別大名家の江戸留守居役の活動を明らかにした笠谷和比古の研究が挙げられる[10]。笠谷は、留守居および留守居組合による政治的情報収集活動・共有という側面から、大名家や幕府中枢機関が集中する江戸およびその最前線である江戸藩邸（そこに暮らす家中も含む）の重要性を明らかにしている。このことは、政治的側面に限られていたことではなかった。江戸にはさまざまな人々が全国各地より集まってきた。その中には、学問を志す若者や学問を武器に大名家に取り入ろうとする者たちなども多数含まれていた。江戸・京都・大坂の文雅人名録から江戸在住の知識人の動向を明らかにした小林幸夫によると、京坂での人名録出版は江戸という文化センターの台頭に対処したものであり、京坂の所載人数が減少するのに対して、江戸人名録の所載人数が幕末にむかって増加したという[11]。つまり、江戸時代初期以降、京・大坂が文化的中心地であったのに対して、中期・後期になると、江戸もそれに匹敵もしくはそれ以上の文化的中心地となっていったのである。それには、大名家とその家臣団の江戸集住が大きな要因となったといえる。

このように、江戸に多くの知識人層が集まることで、知識人間のネットワークが形成されることとなった。田中藩（静岡県）藩儒であった石井縄斎宛の書状を分析すると、（1）山本北山[12]の奚疑塾関係者、（2）昌平黌関係者、（3）知人・親戚・田中藩関係者、に分けることができる。（1）について詳しく見ると、陸原蒼崖（のち加賀藩明倫堂教授）、芳川波山（のち忍藩進修館教授）、朝長晋亭（のち大村藩五教館教授）、間野可亭（日知館創設前の田中藩儒）など、（2）昌平黌関係者としては、佐藤一斎（昌平黌教授）、山田三川（のち安中藩儒）、野田笛甫（のち丹後田辺藩儒）、中島米華（のち豊後佐伯藩儒）などが確認できる[13]。縄斎は江戸にある北山の奚疑塾や昌平坂学問所に学ぶことで、学問的に上達するだけでなく、さまざまな知識人とのネットワークを形成することができたのである。

また、江戸武家屋敷地に大名屋敷が集中しているため、複数の藩儒を兼ねる場合もあった。武蔵国岡部藩儒であった宮原成太は、上野国吉井藩の江戸藩邸にも招かれ、そこでも藩校を開設するなど多忙であった。そのため、国許で教授にあたっていた岩井又助が急遽江戸詰に命じられている[14]。このことは江戸藩邸だけの関係ではなく、先述したように、本藩支藩関係においてもよく見られるものである。しかし、江戸という文化的特殊性をもった場での関係として注目できる。

秋田藩では、江戸時代初期は江戸藩邸に多くの知識人を招聘していた。これは、幕府や諸大名との外交を主眼においていたためである[15]。天明三年（一七八三）の江戸藩邸の完工祝いには、太田南畝や平秩東作などの著名人が招かれ、盛大な狂歌会が催された。このように、江戸藩邸は対外関係における最前線として、政治的に重要な施設であった。そのため、文化的にも重点がおかれ、藩士やその子弟に対する学問教授も重視されたのである。

多くの藩では、人材育成のために藩費による江戸や他国への遊学を奨励しており、藩学で基礎的能力を身に付けた人物が、三都の私塾や他藩々学で学んだのである。

このように、江戸および江戸藩邸というものをキーワードに、江戸と国許、他藩との関連性という側面から位置づけることが可能であり、個々の藩学(「家学」)を超えた全国的な藩学のあり方と併せて見ていく必要性をあらためて示しているのである。また、首都としての江戸というものを考える際に、従来は政治性・経済性から検討されたが、江戸周辺地域との関係を含めた、文化的側面からのアプローチの重要性も指摘できる。[16]

4　儒学知と民衆

江戸時代の儒学知の受容は武士階級に限られたことではなかった。現在でも四書五経をはじめとした多くの漢籍類のほか、医学書などが旧名主家などに残されている。[17]江戸時代は出版文化が大きく発展した時代であり、多くの人々が気軽に手にすることができるようになっていたのである。藩校が一九世紀以降、著しい増加を見せたのと同様に、手習塾や私塾もこの頃に激増した。この時代は「教育爆発」の時代[18]とも表現されるように、全国的に身分を問わず、知的レベルの向上が見られたのである。

近世中期以降の儒学知を考える場合、儒学者のみではなく、儒学知の担い手の一般化＝諸階層への浸透という面を検討する必要性が指摘されている。[19]儒学以外にも、洋学・医学や藩学での教授内容と同様の高度な知識を当時の民衆も「共有」していたのである。[20]このことについては、民衆側の意識的な要因などを考慮する必要がある。[21]しかし、多くの書物が名主家を中心として村落へ浸透した[22]ことにより、民衆の知的向上をもたらしたことは事実であり、武士階級と民衆といったような区別なく江戸時代の知的レベルの展開について考える必要がある。

近年の研究では、身分的周縁論・中間層論として展開している研究成果の一部として、政治的な関係における身分間移動などの研究蓄積がある。それらの研究的影響を受けて文化面におけるサークル活動など、町人と武士、農民と武士といった文化を通じた関係性が注目されている。

江戸近郊農村では、村役人層子弟が江戸遊学に出ることがしばしばあった。そこで、儒学や蘭学、医学などを学んだ後に帰村し、村民をはじめ地域住民のために還元されたのである。武蔵国埼玉郡西袋村(埼玉県八潮市)名主小澤豊功は、手習いの傍ら折衷学派の萩原大麓の私塾に通って考証学などを学んだ。帰村後、地域住民子弟のために手習いを教授するとともに、名主役、八条領組合惣代として、周辺村々の名主保管文書を蒐集・編纂して、地域運営マニュアルとなる編纂物を作成・管理して地域運営に役立てる一方で、周辺村々役人に公開した(23)。そのほか、武蔵国橘樹郡生麦村（神奈川県横浜市）名主関口家では、村役人の資質としての儒学を学ぶほかに、村民と家族の健康を管理する医学を身に付けることを目的に、江戸の和気柳斎の漢学塾および医学塾に寄宿させている(24)。

現在、各都道府県に存在する高等学校の名称に、近世の藩校の名を採ったものが多くあることが確認できるであろう。藩校から小学校や旧制中学校を経て現在に至る伝統校のほか、近年の統廃合により新たに誕生した学校の新名称として採用されるものなど、さまざまなものがある。このように、過去の封建時代の遺物とまで言われ、廃藩置県を契機に廃校や改変された藩校であるが、現在でも少なからず地域の中に生き続けているのである。

このように、藩校についての研究は単にその解明にとどまるものではなく、江戸時代の社会全体の中に位置づけて考えていく必要がある。そして、さまざま階層、多様な視角からアプローチすることで新しい藩校像を提示していくことができるのではないだろうか。

注

(1) 石川謙『日本近世教育史』（日本学術書院、一九八三年）ほか。

(2) 笠井助治『近世藩校に於ける学統学派の研究』上下（吉川弘文館、一九六九・七〇年）、同『近世藩校の綜合的研究』（吉川弘文館、一九六〇年）、同『近世藩校に於ける出版書の研究』（吉川弘文館、一九六二年）がある。

(3) 辻本雅史は、教育思想史の研究から、政治的意図を実現する一つの方法としての教育（思想）、思想の内在的発展の把握に留意した上で教育の機能と役割を解明する必要性を指摘している（辻本雅史『近世教育思想史の研究』思文閣出版、一九九〇年）。

(4) 辻本雅史『近世教育思想史の研究』（思文閣出版、一九九〇年、若尾政希『「太平記読み」の時代』（平凡社、一九九九年）など。

(5) 鹿毛基生『大分県の教育史』（思文閣出版、一九八四年）。

(6) 吉永昭『愛知県の教育史』（思文閣出版、一九八三年）。

(7) 石川松太郎「日本教育史資料」（『国史大辞典』吉川弘文館、一九九〇年）。

(8) 入江宏『栃木県の教育史』（思文閣出版、一九八六年）。

(9) 多田謙次『近世教育史料の研究』（玉川大学出版部、一九九〇年）、日本教育史資料研究会編『『日本教育史資料』の研究』二（玉川大学出版部、一九九三年）。

(10) 笠谷和比古『江戸御留守居役』（『歴史文化ライブラリー』八九、吉川弘文館、二〇〇〇年）。

(11) 小林幸夫「近世後期における江戸在住の知識人の動向」（『地方史研究』二一六、一九八八年）。江戸の文雅人名録には所載されるために金銭を払う宣伝的要素もあり、その所載人物から江戸の知識人の動向を総体的に捉えるには注意が必要である。

(12) 宝暦二年（一七五二）―文化九年（一八一二）。折衷学派の井上金峨門。寛政異学の禁においても自説を更えず、亀田鵬斎らと「五鬼」と称された（『国史大辞典』）。

(13) 石井縄斎宛の書状については、石上東藁により、『本道楽』一三五号から一七三号までに掲載されている。『静岡県史』通史編四（一九九七年）。

(14) 『埼玉県教育史』二（埼玉県教育委員会、一九六九年）。

(15) 戸田金一編『秋田県の教育史』（思文閣出版、一九八四年）。

(16) 江戸を近代的首都としての性格をもったものとして検討しているものに、大石学『首都江戸の誕生』（『角川選書』三四六、二〇〇二年）、同『江戸時代への接近』（東京堂出版、二〇〇〇年）などがある。本書第一部、大石学「近世国家・社会と藩・藩校」参照。

(17) 橘川俊忠「近世村医者の本箱」（『歴史と民俗』七、一九九一年）、同「地方文人・名望家の教養」（同一〇、一九九三年）。

(18) 入江宏「近世II・近代I　概説」（『講座日本教育史』二、第一法規、一九八四年）。近年の研究では、一九世紀以前（一八世紀中頃）より「教育爆発」が始動していることが指摘されている。

(19) 宇野田尚哉「十八世紀中・後期における儒家的知の位相」（『ヒストリア』一五三、一九九六年）。宇野田は彦根藩校創設を事例として、武士階級への儒学知の浸透について検討している。

(20) 横田冬彦「近世村落社会における〈知〉の問題」（『ヒストリア』一五九、一九九八年）。

(21) 横田冬彦「近世村落社会における〈知〉の問題」（前掲注(20)参照）では、村役人層による。また同「『牢人百姓』依田長安の読書」（『一橋論叢』一三四ノ四、二〇〇五年）では、郷士格としての家格意識から、高い文化的意欲をもった人物の事例が紹介されている。

(22) 小林文雄「近世後期における『蔵書の家』の社会的機能について」（『歴史』七六、一九九一年）、池田真由美「『書籍有物帳』に見る江戸近郊村名主層の動向」（『関東近世史研究』五一、二〇〇二年）。

(23) 拙稿「農村における編纂物とその社会的機能」（『一橋論叢』一三四ノ四、二〇〇五年）。

(24) 大口勇次郎「江戸漢学塾の寄宿生活―関口享二の江戸体験―」（『東京都江戸東京博物館研究報告』八、二〇〇二年）。

第二部　藩制・藩校用語解説

上知（あげち）

江戸時代、幕府が大名・旗本・御家人から、また大名が家臣から、それぞれの領知する知行地を没収すること。過失による没収という刑罰的意味をもつ場合が多かったが、行政上の必要によるものもあり、寛政・安政の両度幕府が北方警備のために松前藩に命じて蝦夷地を収公した上知、天保の改革の際老中水野忠邦が幕政強化のため江戸・大坂十里（約三九キロ）四方の私領を収公しようとした上知、明治維新に際し版籍奉還に伴う上知などは後者の例である。上地とも書くが上り田地を意味する場合が多い。（金井　圓）

安祥譜代（あんじょうふだい）

江戸時代における、いわゆる譜代大名の類別の一つ。文明年間（一四六九―八七）松平氏の三代信光が安祥に進出してより、大永四年（一五二四）、七代清康（家康祖父）が岡崎に移るまでの五十余年間に徳川氏の家臣となったもの。安城譜代とも書く。松平郷譜代につぐ古参の譜代家臣団である。特に阿部・青山・石川・植村・大久保・酒井・本多の七氏を安祥七譜代と呼び、徳川氏発展の基礎となった。→岡崎《おかざき》譜代《ふだい》

参考文献　中村孝也『家康の族葉』（碩文社、一九九七年）

（藤野　保）

江戸家老（えどがろう）　⇩家老《かろう》

江戸藩邸（えどはんてい）　⇩大名屋敷《だいみょうやしき》

御家騒動（おいえそうどう）

江戸時代、諸大名の家中におこった対立・抗争が表面化したもの。御家騒動は大名に限ったことではなく、将軍家にもあり、さらに武士以外に百姓・町人の家にもおこっているが、一般には御家騒動といえば、大名のそれを指すように考えられている。有名な御家騒動としては、鍋島騒動・生駒騒動・池田騒動・伊達騒動・黒田騒動・郡山騒動・越後騒動・加賀騒動・津軽騒動・お由羅騒動などがあげられるが、これらのほかにも、戦後、藩の研究を通じて明らかにされたものがかなりある。また典型的な御家騒動にまで発展しないで終ったものも多いと推定される。御家騒動は幕藩体制の固有な歴史的条件によっておこったものであるが、その固有な歴史的条件というものにも、日本の封建制の確立期である江戸時代前期と、その解体期である江戸時代後期とでは大きなちがいが認められる。

御家騒動の共通したした動機としては、藩主の相続問題と家臣とくに上級家臣の権力争いが結びついていることであるが、前者は武家社会における一夫多妻の慣習と長子単独相続制の矛盾によるものであり、後者は家格と役職が対応する強固な門閥身分制が必然化したものであった。江戸時代前期の

御家騒動は藩体制が成立する過程で激発している場合が多く、それは幕藩体制の建設途上で深刻化した矛盾が、藩内外の諸条件に規定されて爆発したということである。近世の藩が確立する基本条件の一つは、藩主の権力が集中・強化され、藩主の地位が嫡出男子によって世襲される体制が築かれることである。いいかえれば、本家の相続は一門・庶流の廻り持ちによるという戦国的な慣行を打破し、藩主の施政に対する一門の干渉を排除することであった。そのためには、家臣団の知行制を改編して藩主に直属させ、それと平行して、藩主の経済的基礎である蔵入地(直轄地)を拡大しつつ領地の農民を直接藩主が支配・収取しうる仕組みをつくらなければならない。また領地の政治・経済的中心である城下町を整備し、地域的流通市場たる在町を取立て、有力な御用商人や特権的な手工業者による流通統制を実施して藩経済の自立をはかる必要があった。

しかしこのような幕藩権力の一環として藩の目ざす新しい方向に対して、現状維持をよしとする保守勢力の強い藩ではそれだけ妨害もはげしく、藩体制の強化を推進しようとする藩士とのあいだに抗争が展開された。たまたま藩主に嗣子がなかったり、新藩主が幼弱あるいは無能力で政治的空白状態がつづくと、両派の策動・軋轢《あつれき》も深刻化し、ついに自分たちの力では収拾できない熾烈な家中騒動にまで発展する。かれらは一般に藩主の「お為方」と「逆意方」と称する二派に分かれ、その党派は次第に藩全体にひろがるのが通例であった。こうして騒動は二、三年から三、四十年にわたって長期化するとともに藩外にも知れわたり、ついに幕府の関知するところとなってその裁決を受け、一藩改易の悲運に遭遇した場合もしばしばであった。また反対派を倒すために縁故をたどって幕府の高官に援助を求めた結果、逆に幕府の政治的干渉が強められ、騒動をいっそう複雑なものにした。これが後期の御家騒動になると、それを規定した歴史的条件も騒動の性格も大きく変わってくる。

農民的商品経済の発展につれて幕藩体制は動揺から解体の過程に入り、領主経済のゆきづまりが深刻化した。それは土地に緊縛された自給的な年貢生産者から自由な商品生産者に成長した農民の反抗が激化してきたことでもあった。そのため領主財政は不安定となり、大名の江戸生活費の増大と相まって藩政の機能を麻痺させるほどになった。一方、職制の下積みと知行・俸禄の借上げなどによって慢性的窮乏に苦しむ中層以下の藩士層の不満と道徳的退廃がつのり、保守的な上士層の専権に強く反発するようになった。こうなると無気力な門閥老臣の藩政担当をもってしては事態の打開は不可能となり、中士層あるいは軽格からその財政的手腕を認められて抜擢された人材が藩政の主導権をにぎり、財政整理と経済政策に重点をおく改革を推進するようになった。加賀騒動の大槻内蔵允、お由羅騒動の調所広郷らがその例である。しかしこれに対して譜代門閥層も黙止するはずはなく、藩政の伝統からはみ出た出頭人の行動を綱紀の退廃として攻撃し、失地回復をはかろうとした。この藩政改革派と保守派の対立が激化すると、御家騒動にまで展開するのである。しかし後期の御家騒動は、前期のように幕府の大名統制に利用されることはあまりなかった。これは御家騒動的現象がすでに日常化して一々取り上げては収拾がつかないからで、これには幕府の独裁権力の後退もあずかって力があった。

　御家騒動についてはすでに江戸時代から実録物や芝居・講談などに取り上げられて民衆の関心を集めていた。そこでは忠臣・逆臣の区別が勧善懲悪の儒教的評価にもとづいて行われ、同時にそれが幕府の体制維持に不可欠の政治的価値判断にも通じていた。これらが当時の社会に広く受容され、読み継がれていったことの歴史的な意味とはなにかを問う研究が現われはじめた。右のような幕藩体制の成立と解体の歴史的条件に即して御家騒動を再検討すれば、伊達騒動の原田甲斐、越後騒動の小栗美作などのこれまで逆臣とされた人々の評価も改められなければならないことになろう。

参考文献　国史講習会編『御家騒動の研究』(雄山閣、一九二五年)、三田村鳶魚『御家騒動』(『三田村鳶魚全集』四、中央公論社、一九七六年)、北島正元編『御家騒動』(人物往来社、一九六五年)、福田千鶴『幕藩体制的秩序と御家騒動』(校倉書房、一九九九年)、同『御家騒動』(『中公新書』二〇〇五年)、同「メディアを通してみた思想史料論」(『江戸時代の武家社会』校倉書房、二〇〇五年所収)、佐藤宏之「越後騒動に関する一考察」(大石学編『近世国家の権力構造』岩田書院、二〇〇三年所収)、同「読み継がれる越後騒動」(『一橋論叢』七八〇、二〇〇五年)、同「大名家家臣団の再編成とその構造」(『日本歴史』六六九、二〇〇四年)

(北島　正元)

御家騒動物語（おいえそうどうものがたり）　江戸時代、諸大名の家中で起こった対立・構想が表面化したものを御家騒動という。有名な御家騒動として、鍋島騒動・生駒騒動・池田騒動・伊達騒動・黒田騒動・越後騒動・加賀騒動・仙石騒動・お由羅騒動などが挙げられるが、これは大名家に限ったことではなく、将軍家や武士以外の町人・百姓の家にも起っている。このような御家騒動は、江戸時代から民衆の関心を集め、実録物・講談・歌舞伎など文芸作品の格好の題目とされてきた。ここでは、御家騒動を扱った実録物を御家騒動物語と定義しておきたい。

歴史学においては、騒動の定説における虚構を打破し、その実態を解明するという観点から、とくに実録物の内容は虚構とされ、その使用が避けられてきた。一方、国文学においては、中村幸彦の「実録体小説研究の提唱」以後、一事件に関する実録を博捜し整理することを中心とした基礎研究が始まり、諸本の生長・拡大といった内容吟味、仮名草子・浮世草子・読本・草双紙・演劇・講談・講釈・戯作など近世文芸諸様式との関係、文芸化への道筋など「応用編」ともいうべき研究が蓄積されてきている。もちろん、これら書物の叙述をそのまま騒動の実像をあらわすものとすることはできず、史料批判が必要であることはいうまでもない。しかし、これらの書物が当時の社会に広く受容され、読み継がれていったことの歴史的な意味とはなにか、問われなければならない。

たとえば、佐藤宏之は「越後騒動物」の悉皆調査を行い、書物の伝来事情と系統の書誌学的研究、書物の世界と読者の関係性の検討を行なった。諸本の所在を悉皆調査することで、地域的に全国的な広がりをみせ、身分階層的にも大名家・藩士の蔵書から学者・学校・民衆まで広範囲に流布していたことが確認できた。しかし、大名家・藩士・学者・学校という領主層を中心にその広がりには偏りがあり、なおかつ秘蔵されていたこともあり、それは単に娯楽読物として享受されたのではなかった。読者の日記からは主君に侍読している様子が知られ、諸本の奥書からは、過去の歴史をもって現在の模範にしようとする執筆者の意図がうかがえ、将来において訂止添削されることを期待された教訓書として享受されたといえる。一方で、娯楽読物としての性格もこめられている。「越後騒動記目録批判」は、その内容を疑う人のために大意を示し、「発題」では本文を読みやすいように校訂し、「奥書」では頭号を記すなど、読者を意識して作成されていた。このように実録物は、本来もつ娯楽読物としての性格に加え、教訓書として読まれた側面もあった。これによって越後騒動の歴史的位置は、将軍権力の強化を目指した徳川綱吉の「御代始」の改易から人びとが教訓とすべき騒動へと江戸時代の民衆における認識が転化したのである。

従来、その内容が虚構とされ、使用が避けられてきた「御家騒動物」の記録・実録を研究の俎上に上げることで、御家騒動研究は個別事例研究から江戸時代を通じての歴史的な位置づけをあきらかにするという新たな研究段階に入ったのである。

参考文献　北島正元編『御家騒動』上・下(新人物往来社、

一九七〇年）、『中村幸彦著述集』一〇（中央公論社、一九八三年）、高橋圭一『実録研究』（清文堂出版、二〇〇二年）、『江戸文学　特集実録』二九（ぺりかん社、二〇〇三年）、福田千鶴『御家騒動』（『中公新書』二〇〇五年）、同「メディアを通してみた思想史料論」（『江戸時代の武家社会』校倉書房、二〇〇五年所収）、佐藤宏之「読み継がれる越後騒動―「越後騒動通夜物語」と「越後騒動日記」―」（『一橋論叢』一三四ノ四、二〇〇五年）

（佐藤　宏之）

大坂留守居（おおさかるすい）

諸藩は大坂に蔵屋敷を設け、蔵役人を置いた。その重役が大坂留守居である。蔵屋敷は、その名の通り蔵を中心とする屋敷であり、大坂で売却する自藩の年貢米を収蔵保管する施設であった。したがって、年貢米売却が大坂留守居の中心的な仕事の一つであった。また、領主財政が恒常的に赤字化すると、諸藩では鴻池家など大坂の商業資本からの借金に大きく依存するようになった。その借金交渉も、大坂留守居の主要な任務の一つであった。右のような財政上の役務のほかに、幕府の西国支配の要である大坂城代・大坂町奉行との折衝、他藩の大坂蔵屋敷との交流など、政治的機能も重要な機能の一つとして持っていた。諸藩の大坂留守居らは留守居組合をつくり、定期的に会合を開き、また廻状を廻すなどして相互に情報を交換した。これら役務の遂行上、茶屋などで宴席を設けることが多かったが、幕府や藩当局は倹約上から、また雑説をなすとして取締りを行なった。

参考文献　宮本又次「大坂の蔵屋敷と蔵元および掛屋」（宮本又次編『大阪の研究』四、清文堂出版、一九七〇年所収）、森泰博「府内藩大坂蔵屋敷の業務」（『大阪の歴史』二五、一九八八年所収）、泉正人「藩庁文書の伝来秩序と藩職制―岡山藩大坂留守居作成文書を素材に―」（岡山藩研究会編『藩世界の意識と関係』岩田書院、二〇〇〇年所収）

（泉　正人）

岡崎譜代（おかざきふだい）

江戸時代における、いわゆる譜代大名の類別の一つ。大永四年（一五二四）、松平氏の七代清康が三河国岡崎に入城してより、元亀元年（一五七〇）、九代家康が浜松に移るまでの四十七年間に徳川氏の家臣となったもの。榊原・松井・高力・天野・安藤・永井・牧野・戸田・奥平・菅沼氏らがこれに属する。松平郷譜代・安祥譜代とともに、譜代家臣団の中核を占め、徳川氏の発展の基礎となった。　➡安祥《あんじょう》譜代《ふだい》

参考文献　中村孝也『家康の臣僚』（碩文社、一九九七年）

（藤野　保）

御城役（おしろやく）　⇨留守居《るすい》

改易（かいえき）

近世における武士に対する刑罰。改易とは改め易《か》えることを意味し、はじめは職務の交替をさした。古代においてはこの意味に用いられ、「改易」「改補」などと称したのである。職制上の人的交替は、しかし同時に職を失う者に対する不利益処分であるから、やがて刑罰の意味を帯びることになった。中世になると「改㆓易所帯㆒」「改㆓易所領㆒」「改㆓易彼職㆒」などの表現がみられるが、所職と所領は同一に観念され、改易は職務交替と所領没収を同時に意味する語となった。近世になると職務の変更という観念はほとんど失われ、封建的な主従関係の断絶ないし家臣たる身分の喪失、およびこれらと不可分な封禄授給関係の終了をさすこととなった。江戸幕府法では、『公事方御定書』下巻一〇三条に、「改易　大小渡し、宿え相帰し、夫より立退き申候、但家屋敷取上、家財無構」と規定し、『諸例類纂』はこれを説明して、「改易は住居御構等は無㆑之、御暇被㆑下、平民に相成迄、此名目は当主幷嫡子に限り候事」としている。すなわち改易は武士の家の当主・嫡子に限って適用され、封建的主従・封禄関係を断絶し、主君より拝領した家屋敷を没収し、さらに武士たるの身分をも奪って庶民とするものであった。ただし住居地の制限、私財の没収はなかった。改易が封禄の没収を伴うところから、特に大名の場合、幕府から領知を召し上げられることを改易と称することもある。これを除封とも表現したものがあるが、除封は幕府法上の用語ではなく、幕府では「領知召上《めしあげ》」「領知被㆓召上㆒」と称し、領知の一部没収のときは、「領知之内…万石被㆓召上㆒」と申し渡すのが常であった。改易は主として旗本など上級武士に科されたが、特に江戸時代後半期によくみられ、幕府の実例では数年間に一件程度であった。諸藩のなかにも改易の刑名を用いることがあったが、基本的な法理は幕府とほとんど異ならなかった。

参考文献　『古事類苑』法律部一・二、『廃絶録』、『断家譜』、佐久間長敬『刑罪詳説』（『徳川政刑史料』三、南北出版協會、一八九三年）、京都大学日本法史研究会編『藩法史料集成』、三上参次『江戸時代史』（冨山房、一九四三―四四年）、栗田元次『江戸時代史』（内外書籍、一九三〇年）、藤野保『新訂幕藩体制史の研究』（吉川弘文館、一九七五年）、同『近世国家史の研究』（吉川弘文館、二〇〇二年）、笠谷和比古「大名改易論」（『近世武家社会の政治構造』吉川弘文館、一九九三年所収）、佐藤宏之「越後騒動に関する一考察」（大石学編『近世国家の権力構造』岩田書院、二〇〇三年所収）、同「大名家家臣団の再編成とその構造」（『日本歴史』六六九、二〇〇四年）

（平松　義郎）

抱屋敷（かかえやしき）

武家・寺社・町人などが百姓地を買得して所持するものを抱地とよび、そこに囲い、家屋を建てたものを抱屋敷という。武家でも江戸近郊に抱屋敷を所持する者は多く、元禄・正徳ごろから幕府はしばしばその調査を行なっているが、享保二年（一七一七）には鷹場の障りとなるなどを理由に屋敷の囲いの取払いを命じ、新規抱屋敷の禁止、特別の理由ある場合を除く陪臣・浪人・町人・寺社・百姓の抱屋敷所持の禁止などを命じた。また寛延二年（一七四九）には、武家所持の抱屋敷の制限、抱屋敷の譲渡の制限などを強化した。

参考文献　高柳真三・石井良助編『御触書集成』、岩淵令治『江戸武家地の研究』（塙書房、二〇〇四年）、原田佳伸「村の中の武家屋敷」（『武家屋敷』山川出版社、一九九四年所収）、原田佳伸「江戸場末百姓地の宅地化とその要因」（『関東近世史研究』二九、一九九〇年）

（村井　益男）

家中（かちゅう）

江戸時代大名家の内の総称として用いられ、したがって家臣団全体を総称する場合が多かった。元来「一家中」の意味で、中世の武家社会では家子郎党などを含め、戦国時代に直属の家臣団を含む大名一家の内を総称して家中と呼び、これを原型として江戸時代に広く通用された。戦国大名では朝倉・長宗我部ら諸氏の法度に用例があり、江戸時代では藩の法令に「御家中の侍共」（水戸藩、寛永三年（一六二六））、「家中若党小者」（金沢藩、同十八年）などとあり、一般に水戸殿御家中、前田加賀守家中某、家中風儀、家中法度などと用いた。なお、家中と同じ意味で洞《うつろ》または洞中《うつろちゅう》が戦国大名に通用され、陸奥・関東・北陸・中国・九州に実例がある。また家景《かけい》（島津氏の将上井覚兼の日記、天正年間（一五七三―九二））は一家の者の意味と推察され、家風《かふう》（戦国時代、常陸・下総に用例）も類似のものであろう。その他伊達家では戦国時代以来重臣級の地頭の家来を下中《かちゅう》と呼び、江戸時代まで用いたが家中の転用であろう。　→藩制《はんせい》

（伊東多三郎）

上方衆（かみがたしゅう）

徳川氏に服属した時期によって区別した大名分類の一つ。広義の関東衆に対する上方衆は、いわゆる外様大名を指し、関ヶ原の戦ののち徳川氏に服属したものをいう。伊達・最上・上杉・佐竹・毛利・鍋島・島津らの旧族大名や、前田・浅野・池田・福島・蜂須賀・黒田・加藤らの織豊大名がこれにあたる。なかには関ヶ原の戦以前より臣従したものもいるが、徳川氏との間に主従関係が成立したのは関ヶ原の戦ののちである。　→関東衆《かんとうしゅう》

参考文献　西山元『官中秘策』（『内閣文庫所蔵史籍叢刊』六、

一九八一年)、『古事類苑』官位部三

（藤野　保）

家門（かもん）

公家や武家の社会において親類に列する人々ないしその家をさす言葉。一門ともいう。近世大名の場合、広義では徳川将軍家の親類一般の呼称、狭義では三家・三卿を除いた親類大名家を指す。家康の次子秀康を祖とし、越前福井・美作津山・出雲松江・上野厩橋(前橋)・播磨明石など数家に分かれた越前家、秀忠の三子正之が相続した会津の保科家、連枝と呼ばれる三家の支流、すなわち尾張家から出た美濃高須家、紀伊家における伊予西条家、水戸家の庶流たる讃岐高松家・常陸守山家・同府中家・同宍戸家のごときがこの例である。家康の生母伝通院(水野氏)の再嫁先にあたる伊予松山・伊勢桑名の久松家や家宣の弟清武が継いだ石見浜田の越智家などもこれに属しよう。いずれも松平をとなえる。ひとしく徳川氏一門大名でありながら、幕府の待遇は三家と比較してかなりおとっていた。もっとも家門という言葉はときには三家あるいは三家・三卿をもふくむ意味に使われたことがある。

参考文献　『古事類苑』官位部三、滝川政次郎『日本社会史』(洋々社、一九五六年)、藤野保『新訂幕藩体制史の研究』(吉川弘文館、一九六一年)、松平太郎『江戸時代制度の研究』上(武家制度研究会、一九二〇年)、中村孝也「大名の研究」(大塚史学会編『三宅博士古稀祝賀記念論文集』岡書院、一九二九年所収)

（林　董一）

家老（かろう）

武家社会に設けられた職制。一般的には、江戸時代に藩主のもとにあって藩政を主宰し総覧する最高の職制をいう。年寄・宿老・老《おとな》などとも称した。多くは藩主の一族や譜代の重臣より選ばれ、員数は藩によって異なるが、多くは十数人、少なくとも二、三人を擁し、合議輪番制によって藩政を執行した。家老の名称は、令制の家令《かれい》が音韻変化して「かれう」となり「かろう」になったとして、その起源を古代に求める見解もあるが、家老は法制的に定められた官制によって設けられた職制ではなく、一般の武家社会の職制と同じく、いわば慣習的に成立し制度として定着したもので、それが盛んに用いられるようになったのは室町時代中期ごろで、戦国時代になると、下剋上の世相を反映し、大小名の別なく、いずれもその家政をゆだねるものを家老と称するようになった。これは当時守護がその領国に任命した守護代の資格として、一族家人のなかで身分が高く、かつ経験豊かないわゆるおとなしいものを選んだため、かれらを次第に家老とよぶようになったことの一般的反映である。名称は大名によって異なり、織田・今川氏らはともに家老と称したが、伊達氏は宿老、大友氏は年寄といった。家老執政を中心とする戦国大名の家政組織は、戦闘組織を民政に適用したもので、家老は同時に組頭であり、侍大将として戦闘の指揮にあたった。軍事組織としての番方の組織が行政職としての役方の組織と不可分に結びつき、番方が役方に対して優位を占めていたところに、戦国時代における家老の特色があった。豊臣秀吉もこの職制を用い、大老・中老の職制を生んだが、大老は大年寄、中老は年寄を意味した。いずれも家老制度より発展したものである。徳川家康も早く家老の名称を用い、酒井忠次・石川家成(のち数正)らの組頭・侍大将をもってこれにあて、徳川政治の枢機に参加させたが、覇権確立以降は、武功派の家老が退けられて、将軍側近や吏僚派の大名(譜代大名)が江戸幕府の政治中枢に参加し、かれらはいずれも老職・年寄・宿老などとよばれた。家光の寛永期に大老・老中・若年寄の職制が整備したが、大老は大年寄、老中は老職・年寄、若年寄は若家老より発展したものである。

このように、江戸幕府の職制においては大老・老中・若年寄の名称が用いられたため、家老はもっぱら諸藩において用いられるようになった。藩の家老は戦国大名の家老制度より発展したもので、藩政を総轄する重要な地位を占めたが、名称と職制は藩によって異なっていた。一般に家老と称する藩が多かったが、和歌山藩のように年寄と称したところもある。鳥取藩では御職とよび着座衆より選ばれた。定員五名。広島藩では家老の世襲制を排除して大事件の諮詢機関とし、年寄役五、六名が藩政を執行した。高遠藩では家中の長《おさ》としての家老と藩政を総轄する年寄に分かれたが、家老は城代を兼担し、藩主に代わって城内を監督した。この場合を城代家老という。鹿児島藩の城代は首席家老の兼担であった。諸藩における職制の分化と身分格制の確立に伴い、家老の職制と家格が分化し、岡山藩の家老は格制となり執政を仕置とよんだ。定員三名。佐賀藩では三家・親類・親類同格の下に家老がおかれ、連判家老と加判家老に分かれたが、藩政を総覧するものを当役(一名)と称した。参勤交代の制度化によって、藩政が江戸と国元とに分化するに伴い、江戸家老と国家老に分かれたが、萩藩では前者を当役(行相)、後者を当職役(国相)と称した。米沢藩では奉行が藩政を総覧し、のち奉行を家老ともよんだが、初期の家老は江戸家老だけであった。幕府は徳川一門の取立てに際し、譜代家臣をこれにつけ政務をとらしめたが、これを付《つけ》家《が》老《ろう》という。御三家の付家老は著名で、名古屋藩の成瀬・竹腰、和歌山藩の安藤・水野、水戸藩の中山氏は、いわゆる「五家」と称し大名の待遇をうけた。江戸時代の中期以降、藩政の危機が進行すると、諸藩においては人材登用の道を開き、それまで藩主の一族や譜代の重臣によって独占されてきた家老職に、中・下級藩士から任用するところが多くなり、かれらは藩政の危機を克服するための藩政改革を断行した。→付家老《つけがろう》

参考文献　『武家名目抄』職名部上(『(新訂増補)故実叢書』一一、明治図書出版、一九五三年)、藤野保『新訂幕藩体制史の研究』(吉川弘文館、一九七五年)、岸田裕之『大名領国の構成的展開』(吉川弘文館、一九八三年)、笠谷和比古『近世武家社会の政治構造』(吉川弘文館、一九九三年)、平山敏治郎「家老」(『史林』二九ノ三・四、一九四四・四五年)

(藤野　保)

寛永諸家系図伝(かんえいしょかけいずでん)

「しょか」は「しょけ」と読む人もある。寛永年間(一六二四—四四)に江戸幕府が編修した系譜の書。仮名本・真名本各百八十六冊。松平氏・清和源氏・平氏・藤原氏・諸氏の五種、および医者・同朋・茶道の三類に分類して収めてある。寛永十八年二月七日に、「諸大名家々之系図相尋、記レ之、可二差上一旨」の上意が太田備中守資宗に通達され、同人が総裁となり、林羅山・鵞峯を編集責任者として事業が進められた。まず、諸大名および幕府旗本より系図・家譜などの資料を提出させ、その真偽判定には主として羅山・鵞峯があたった。同十九年

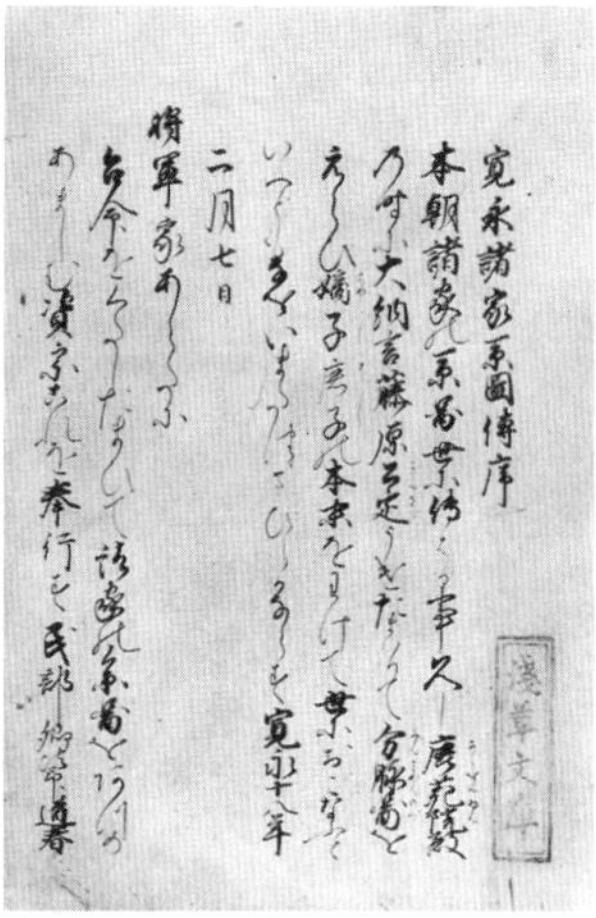

寛永諸家系圖傳序

二月七日

『寛永諸家譜』　仮名本

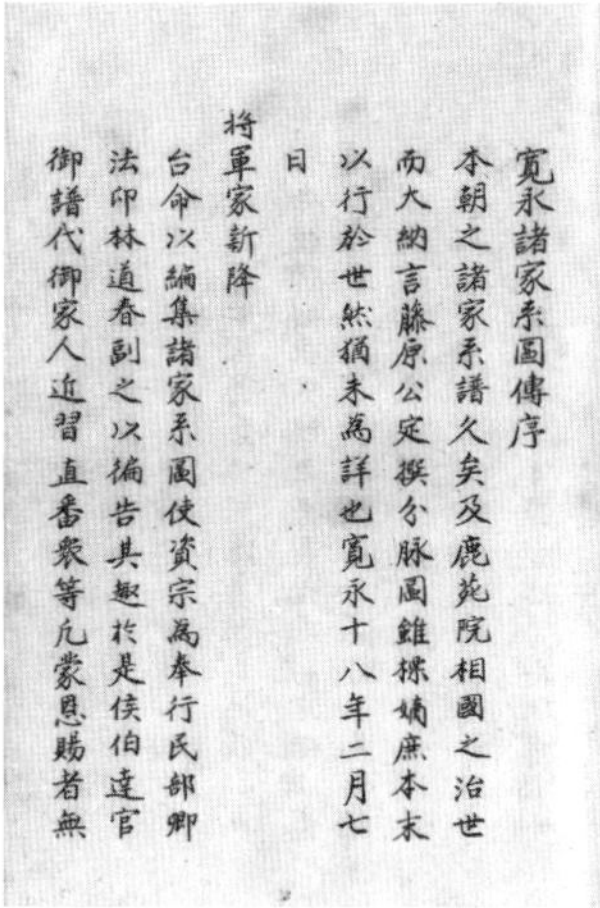

寛永諸家系圖傳序
本朝之諸家系譜久矣及鹿苑院相國之治世
而大納言藤原公定撰分脉圖雖標嫡庶本末
以行於世然猶未爲詳也寛永十八年二月七
日
将軍家新降
台命以編集諸家系圖使資宗爲奉行民部卿
法印林道春副之以徧告其趣於是侯伯達官
御譜代御家人近習直番衆等凡蒙恩賜者無

『寛永諸家譜』　真名本

三月十日に、金地院元良以下が応援参画し、その分担は、清和源氏之部は羅山・鵞峯・見樹院立詮、藤原氏之部は金地院元良・五山衆・大橋重政、諸氏之部は堀正意(杏庵)、平氏之部は人見卜幽・辻了的・小島重俊とした。また、数日後には、那波道円(活所)が編修に参加している。草稿は、これらの人によって執筆されたが、事務上のことは、最初太田資宗の家

臣河野春寮が専心したが、同十八年十一月には、幕府書物奉行の西尾正保・関正成・星合具教・三雲成賢が掛りを命ぜられた。草稿の浄書は評定所においてなされ、右筆衆その他筆生が多数動員された。同二十年九月十七日に仮名本・真名本計三百七十二巻が献上された。内閣文庫に仮名本百八十六冊(献上本)その他が架蔵され、真名本百八十六冊は献上時に日光東照宮に納めた(真名本は重要文化財、影印本が平成三年(一九九一年)刊行の日光叢書の中に収められている。)。真名本の序文は、羅山が草し、『羅山先生文集』四八に収録している。この編修は、短期間に完成しなければならなかったので、誤りの訂正が不充分であったこと、提出資料に左右されて繁簡適切でない点もあるが、初期の幕府としては大規模な編修事業であって、後代に影響するところ大であった。昭和五十五年(一九八〇)より内閣文庫所蔵仮名本の活字本刊行中。

参考文献　『内閣文庫未刊史料細目』下(国立公文書館内閣文庫、一九七七年)、柴田実「江戸幕府の修史事業について」(史学会編『本邦史学史論叢』下、富山房、一九三九年所収)、日下寛「寛永諸家系図伝考」(『史学会雑誌』一四、一八九一年)

(山本　武夫)

寛政重修諸家譜（かんせいちょうしゅうしょかふ）

寛政年間(一七八九—一八〇一)に江戸幕府が編修した系譜の書。千五百二十巻目九巻序・条例一冊(千五百三十冊)。文化九年(一八一二)完成。『寛永諸家系図伝』編集の後、『譜牒余録』を経て、系譜の補筆改訂の動きが寛政の初年におこった。寛政三年に「万石以下、拝謁以上のともがら家系を差出すべし」の触書が出され、同五年に大学頭林述斎と若年寄堀田正敦との相談で寛永譜の続集編纂の議が進展した。その後、新資料の発見や寛永譜の訂正が増え、続集ではなく改訂の方針に変わり、同十一年に官制が整えられ、堀田正敦を総裁に、堀田正穀を副に、大目付一人、目付二人、奥右筆組頭一人、奥右筆六人で構成し、新体例の指導には林述斎があたり、編修を開始し、十四ヵ年を費やして完成した。この家譜は、国主・領主をはじめ御目見以上の士について、神代より寛政十年までの世系を立て、寛永以前は大体寛永譜に従い、以後は

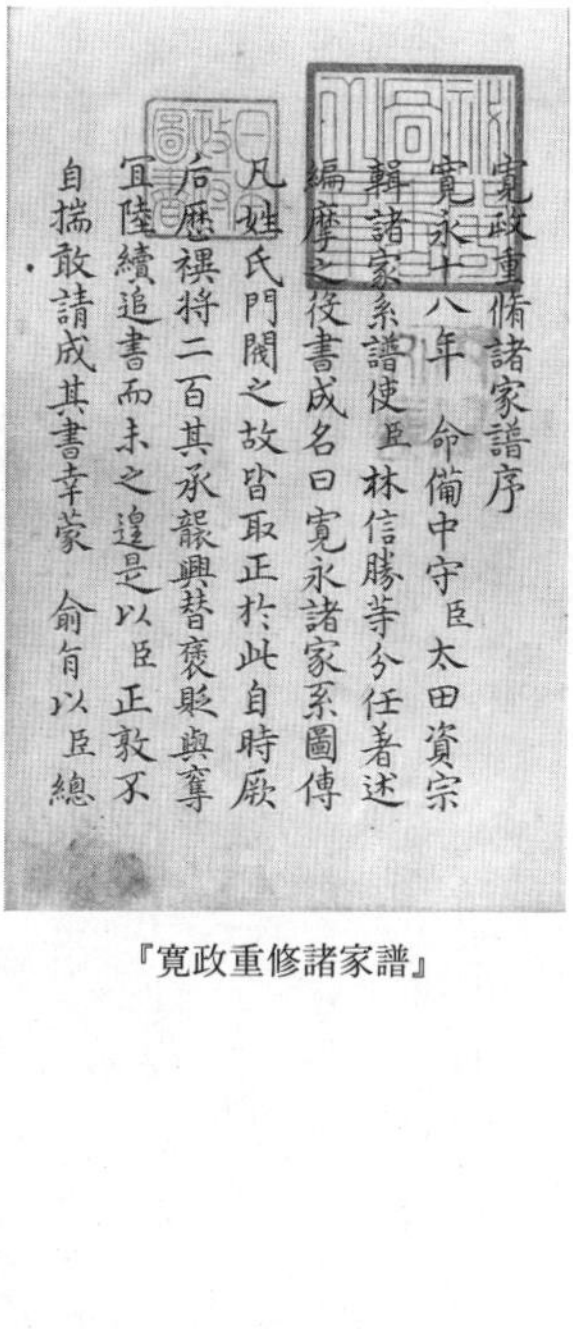

寛政重脩諸家譜序
寛永十八年　命備中守臣太田資宗
輯諸家系譜使臣林信勝等分任著述
編摩之役書成名曰寛永諸家系圖傳
凡姓氏門閥之故皆取正於此自時厥
后歴禩将二百其承襲興替褒貶與奪
宜陸續追書而未之遑是以臣正敦不
自揣敢請成其書幸蒙　俞旨以臣總

『寛政重修諸家譜』

『譜牒余録』やその他の新資料に拠っている。記載の内容は、母氏・生誕・養子・初見・元服・賜号・婚姻・官爵・班次・襲封・領知・秩禄・入部・職掌・軍旅・公役・恩賞・罪科・慰問・進献・嘉言・善行・致仕・卒去・年齢・法名・葬地・妻室などにわたり、万石以下の士の場合には省略事項もあった。

また、徳川氏の三家・三卿・一門は除かれている。序次は、『新撰姓氏録』の例にならって皇別・神別・諸蕃の三種とした。この時の献上本は、現在、内閣文庫に架蔵されており(千五百三十冊)、他に五百九十七冊本(副本で、明治初年の火災で焼け残った分)がある。静嘉堂文庫にも一部(千五百二十巻目録十巻人名録十八巻)ある。編纂完了時に日光東照宮にも副本一部を納めた。この系譜は、近世最大の系譜で、大名と幕臣の系譜と経歴は詳細であって、『徳川実紀』とともに重要な研究資料である。文章は平易簡明であり、また、編者が諸家の呈譜をよく吟味し、疑問のある場合は、一応そのままに採録してあるが、その旨を記して慎重な態度を示している。ただし、出典は一々明記していない。完成時の編纂従事者は計四十六人で、その氏名は条例の末尾に載せてある。御目見以上の士二十人、以下の士二十六人である。このほかに、堀田家の家臣や死亡者・転任者、また他の職からの出役の者を含めると従事者の数はさらに増加する。本書は大正六年(一九一七)から七年に栄進社出版部より、十一年から十二年に国民図書株式会社から刊行され(全九冊)、昭和三十九年(一九六四)から四十二年にかけて『(新訂)寛政重修諸家譜』(二十二冊、索引四冊)として続群書類従完成会より刊行されている。

参考文献　柴田実「江戸幕府の修史事業について」(史学会編『本邦史学史論叢』下、富山房、一九三九年所収)、日下寛「寛政重修諸家譜考」(『史学会雑誌』一六、一八九一年)

（山本　武夫）

関東衆（かんとうしゅう）

徳川氏に服属した時期によって区別した大名類別の一つ。大正十八年(一五九〇)、徳川家康の関東入国以降、徳川氏に服属したもののみを意味する場合と、上方衆《かみがたしゅう》に対して、広く関東時代に服属していたもの全部を指し、譜代と同一の意味に用いる場合とがある。前者の場合、北条氏の遺臣が中心を占め、近国衆である今川・武田両氏の遺臣とともに、他国衆ともよばれた。

→上方衆《かみがたしゅう》

参考文献　西山元『官中秘策』(『内閣文庫所蔵史籍叢刊』六、一九八一年)、『古事類苑』官位部三

（藤野　保）

勧農方（かんのうかた）

勧農とは農業を奨励する意である。十七世紀末ころからの

商品経済の発展、十八世紀中期以降にみられる幕府の田沼意次の重商主義政策の展開により、幕領・大名領を問わず、農村荒廃が進み、領主財政は一層窮乏化していった。そのような状況に対して、幕藩領主は政治改革を行い、財政再建を図っていった。したがって、この期の幕藩領主の改革政治の施策は、幕府寛政改革に端的に示されているように、荒廃農村の復興がその柱となっていった。農村復興の手段として、商品作物の栽培奨励や、貸付金政策などが展開していった。これらの政策を担当する部局として、諸藩で設けられたのが勧農方である。藩により呼称は若干異なるし、その役務内容も異なる。下総国佐倉藩では天保七年(一八三六)二月に勧農掛が設置され、「在中への教諭」を行い「勧農の御趣意行き届き候様」にすることを役目としていた。下野国宇都宮藩では、同元年に「筋」と呼ばれる行政区画ごとに勧農方代官と当用方代官とが置かれ、勧農方代官は年貢徴収機能を担い、領内村々を廻村し農業全般について指導している。勧農方の構成や機能は藩により異なっており、その全体像はつまびらかでない。

参考文献　『国分寺町史』通史編、泉正人「天保期日光社参と宇都宮藩」(『栃木県史研究』二三、一九八二年)

(泉　正人)

聞番役（ききばんやく）⇩留《る》守《す》居《い》

京都藩邸（きょうとはんてい）

京都留守居が置かれ、諸藩が京都の文化や経済界と関係を維持する機能を果たしていた。江戸時代初期から京都藩邸を持っていた藩もあるが、中・後期を通じて七十前後設けられていたのが確認されている。しかし、江戸藩邸とは異なり大名自身の入邸は前提とされておらず、そのため、規模も小さく簡素なものだった。幕末に京都が政治の中心地になると諸大名の上洛が相ついだが、藩主や多数の藩士が宿泊して政務をとるのには適さなかったようで、大半は寺院を本陣に定めている。他方、①京都藩邸の規模拡大、②複数の京都藩邸を建設する大名の出現、③藩邸に藩主・重臣の居所や調練所などを増築、の三点が大きな特徴となり、大名の政治活動の足場として京都藩邸の質が変化していったことがうかがわれる。また、御所警備を担当した藩は京都の幕府役人を記した『京都武鑑』にも書き加えられるようになっている。

参考文献　鎌田道隆『近世京都の都市と民衆』(思文閣出版、二〇〇〇年)、同「討幕と京都町人」(『京都の歴史』七、学芸書林、一九七四年所収)、『京都武鑑』上・下(『叢書京都の史料』七・八、二〇〇三・〇四年)

(白石　烈)

教諭所（きょうゆしょ）⇩郷校《ごうこう》

近国衆（きんごくしゅう）

徳川氏に服属した時期によって区別した大名類別の一つ。永禄十一年（一五六八）から天正十一年（一五八三）にかけて徳川氏に服属した今川・武田両氏の家臣および信州系の半独立的な大名をいい、関東衆と合わせて他国衆とも称した。今川氏の家臣には井伊・岡部氏らがあり、のち伊丹・内田・加々爪・安部氏らが大名となった。武田氏の家臣で大名に取り立てられたものは少なく、土屋・三枝・屋代氏らがこれにあたり、信州系の大名には小笠原・諏訪・保科氏らがあった。

→上方衆《かみがたしゅう》　→関東衆《かんとうしゅう》　（藤野　保）

銀札会所（ぎんさつかいしょ）⇨藩札会所《はんさつかいしょ》

近世藩法資料集成（きんせいはんぽうしりょうしゅうせい）

京都帝国大学法学部日本法制史研究室編、三冊。京都帝国大学法学部研究室がその所蔵する藩法資料を『京都帝国大学法学部紀要』として刊行したもの。昭和十七年（一九四二）に第一巻、十八年に第二巻、十九年に第三巻が刊行された。第一巻には「領中刑律」として制定された『亀山藩議定書』と、正確には「文化律」と呼ばるべき『盛岡藩律』、第二巻には明律にならった点で知られる『熊本藩御刑法草書附例』が収められている。これらは刑法に関するものであるが、いずれもかつて三浦周行が東京帝国大学附属図書館にあった評定所記録（関東大震災で焼失）を複写したものである。第三巻には京大日本法制史研究室所蔵の私撰の松江藩法令集である『松江藩出雲国国令』が収められている。戦前における藩法集の刊行として注目すべきものである。

（石井　良助）

口留番所（くちどめばんしょ）

江戸時代、諸藩が自・他領を連絡する水陸の要地に設置した関所に類するもの。本州中央部の口留番所のうち、幕府の関所（「軽キ関所」）に格付けされたものも少なくない。御番所とも称し、藩境の警備のために旅人の出入を検察し、物資の移出を監視することを任務としたが、幕藩体制の確立以降は特に後者の経済的機能に重点が移った。『地方凡例録』は、「私領ニテモ奥羽・北国・九州ナドハ、其家ニヨリ領分境ニ口留番所アル、往還ノ旅人、往来証文ヲ改メテトホス所モ所々ニアリ」と記しているが、『飛州志』には「本土今所在之関数三十一ヶ所（通称口留番所）」とある。口留番所では、通手形・切手・小札・改判などの許可証のある商品に限り、藩外移出が認められ、その商品から口役銭・口留運上などを徴収したりしたが、弘前藩の口留番所三ヵ所では、明暦元年（一六五五）に米・大豆・農具・武具・金・銅など二十七種が藩外移出の禁制品に指定され、その後も品目の追加があった。こうした傾向は、各藩に共通するところで、物資の他領流出による藩経済の動揺を防止する目的から出ていた。なお、延享二年（一七四五）の『諸国御関所書付』所載の関所のうち、幕府の留守居が女証文を出すのが関所で、藩の家老が出すのは口留番所だとする説もあるが、いずれも藩が幕府の委託によって

弘前藩碇ヶ関口留番所跡

仙台藩花山村寒湯口留番所跡

管掌する関所で、後者を口留番所と特定することはできない。諸藩の口留番所は一藩限りで、幕府の関所に較べて簡単な構造であるが、なかには弘前藩の碇ヶ関のごとく、戦国時代以来の伝統性を保持し、「厳重なること中々箱根の御番所の及ぶ事にあらず」（『東遊雑記』）といわれるほど、軍事警察的にも経済的にも厳重かつ重要な任務をもった口留番所もあった。

参考文献　『古事類苑』地部三（吉川弘文館、一九九五年）、大島延次郎『日本交通史論叢』（国際交通文化協会、一九三九年）、同『日本交通史論叢』続編（吉川弘文館、一九五七年）、同『日本交通史概論』（吉川弘文館、一九六四年）、同『関所』（人物往来社、一九六四年）、丸山雍成『日本近世交通史の研究』（吉川弘文館、一九八九年）、深井甚三『近世女性旅と街道交通』（桂書房、一九九五年）、双川喜文「江戸時代の関所」（『日本歴史』二九八、一九七三年）

（丸山　雍成）

国替（くにがえ）

江戸時代に行われた大名の配置換えのこと。転封または移封ともいう。厳密な意味での転封は天正十一年（一五八三）に始まる。この年、豊臣秀吉は賤ヶ岳の戦において柴田勝家を破り、織田信長の全領国をほぼ支配下に収めて、信長の有力部将を自由に転封しうる権力を獲得した。ついで全国平定戦

の過程で、大名の配置換えを行い、豊臣大名を全国の要衝に転封・配置する一方、旧族大名の配置換えを行なった。小早川隆景の伊予より筑前への転封、徳川家康の東海より関東への転封、伊達政宗の会津より米沢、米沢より岩手山への転封、全国平定後の上杉景勝の越後より会津への転封などが著名である。

しかし、転封をもっとも頻繁に実施したのは徳川氏初期三代の将軍であった。まず家康は関ヶ原の戦の戦後処理を通じて、外様大名に対する改易とともに、大規模な転封を行い、関東をはじめ、新たに東海・東山地方とその周辺諸国に徳川一門(親藩)・譜代大名を配置して、徳川氏を中心とする新しい領国体制をつくりあげたが、その晩年には、大坂の陣後畿内を掌中に収め、大坂およびその周辺諸国に譜代大名を配置した。秀忠は、さらに譜代大名の大坂周辺集中配置と東北配置を中心に、大名改易によって無主空白地となった地域に、盛んに徳川一門・譜代大名を転封・配置した。慶長八年(一六〇三)以降幕末までの譜代大名の転封では、元和五年(一六一九)が最大のピークを示し、同じく外様大名の転封では、全将軍を通じて秀忠時代がもっとも著しく、かつ元和年中に集中している。それによって、出羽・播磨・和泉・紀伊・備後・豊後などの諸国に、新しく徳川一門・譜代大名が転封・配置され、こうして、畿内とその周辺、東海・信越地方、東北南部、四国のうち伊予、九州のうち筑後は、激しい変化をうけ、ここで豊臣時代の大名配置は全く一変した。家光も秀忠についで大名転封を強行し、従来比較的変化が少なかった中国・四国・九州にまで、それを拡大した。それによって、出雲・石見・伊予・讃岐・豊前・肥前などの辺境地帯に、新しく徳川一門・譜代大名が転封・配置され、こうして、一六三〇年代(寛永期)までに、徳川系大名の配置はほぼ全国に拡大し、ここに徳川氏を中心とする新しい領国体制が完成した。

寛永以降、参勤交代の制度化、鎖国体制の完成による幕府権力の体制的確立により、大名改易の減少に伴って、外様大名の転封は減少したが、譜代大名は幕政執行の立場から、その後も盛んに行われた。しかし、これも享保期を境に減少し、特定譜代藩における交換転封形式を中心としながら幕末に至るのである。転封は改易とともに、江戸幕府の大名統制の基本をなすもので、それによって、兵農分離が促進される一方、大名・家臣団と旧領との古い支配関係が断ち切られ、幕藩体制の確立に重要な役割を果たしたのである。　↓改易《かいえき》　↓大《だい》名《みょう》

参考文献　藤野保『新訂幕藩体制史の研究』(吉川弘文館、一九七五年)、北島正元『江戸幕府の権力構造』(岩波書店、

一九六四年)、笠谷和比古『近世武家社会の政治構造』(吉川弘文館、一九九三年)

（藤野　保）

国家老（くにがろう）⇩家老《かろう》

蔵米給与（くらまいきゅうよ）

幕府が旗本・御家人に、諸藩がその家中に与えた給付には、知行地の土地・百姓を直接支配させ年貢を受け取らせる地方《じかた》知行《ちぎょう》と、百姓が米蔵に納めた年貢米を勘定奉行を通じて俸禄として受け取らせる蔵米給与との二種類があった。地方知行は、旗本・御家人の上層と、特定諸藩の上級家臣の間に存続していたが、数で八〇%をこえる諸藩では江戸時代中期までに、本来地方知行を受ける上層身分の家臣への給付も、その知行高の四〇%前後の禄米を米蔵から受け取る蔵米給与に変わり、また、地方知行を続ける諸藩でもその収納率が公定され、支配権が制限されるに至った。知行高の一定割合を給付する士分のもののほか、禄高の額面通りの給付を受ける中下級武士には物成取・切米取・扶持米取などがあり、この給付は武士の身分をもたない人々にも行われた。物成取は俵数で示され、俵《ひょう》入りの額によって石高は一定しないが、関東では三斗五升で、百俵で三十五石、すなわち、免《めん》三つ五分の知行高百石に相当した。

切米は年三回に分給する年俸で、幕府は浅草御蔵から、諸藩は、在国および在江戸の米蔵から支給した。扶持米は、幕府では一人一ヵ月分の食糧を玄米一斗五升(一日約五合)と見積り毎月給付したが、これは俸禄的なもののほか給料・役料・旅費などにも充てられた。幕府の年貢米は廩米《りんまい》と呼ばれ、元和六年(一六二〇)創設の江戸浅草御蔵、元和ごろ創設の大坂御蔵、寛永ごろ創設の京都二条御蔵をはじめ、その後(享保以後)に設置された難波・天王寺・本所・長崎・大津・高槻・駿府・清水・甲府の御蔵に廻米として運ばれ、その総量は七十万石ほどであったが、浅草御蔵は、御用米・切米・役料米・扶持米・賄米・仏供米などの払米の中心機関であった。廩米の一部は城米もしくは囲穀として凶荒・兵事に備えて御蔵以外に譜代大名の城下にも貯えられた。浅草御蔵には本所御蔵をも兼管する浅草御蔵奉行が置かれ、寛永十三年(一六三六)設置の際は三人いたが、同十九年には十二人、延宝二年(一六七四)には十人を数えたこともあり、勘定奉行支配に属し、役料二百俵を受け、配下に手代頭・手代・助手代・手代見習・蔵番・小揚・杖突・門番がいて米の出納、蔵の管理にあたった。

御蔵奉行が置かれたのは、このほか大坂(元和七年設置)・二条(寛永二年設置)・高槻(寛永八年・天和元年(一六八一)の所見あり)・清水(元和七年設置、元禄九年(一六九六)廃止)・大津(元禄十二年廃止)・佐渡(宝暦十年(一七六〇)設置、明和七年(一七七〇)廃止)だけである。幕府の蔵米は、当初旗本・御家人がみずから受け取る直差《じきさし》の方法によって払い出されたが、やがて、その受取り・売却を札差に委ねるようになった。俸禄の一部を米でなく金で受け取りたい場合は幕府の決めた御張紙直段によって換金が行われ、札差は、その事務をも代行するほか、蔵米を担保とする金融をも行い、その手数料や利子収入は多大で、蔵前風の豪奢な生活様式を誇った。それに対して、幕府は旗本・御家人の窮乏対策に意を用いている。諸藩でも、蔵米給与の機構・手続は幕府のそれと類似していたが、蔵米の禄高通りの支給は必ずしも守られなかった。財政補塡の目的で、藩が家臣の蔵米の内一定部分を削減し、これを藩の債務として一定年季に元利の返済を約したことがあり、これを借知という。信州松本藩水野家では享保年間(一七一六―三六)、百石当り八俵(俵入り五斗で四石、四ッ成で一〇%)に始まり、半知(五〇%)に至ったが、年季の明ける前に改易となった。明治維新に伴い、幕府にあっては明治二年(一八六九)十二月の禄制改革、諸藩にあっては同三年九月の藩制制定以降、同九年八月の金禄公債証書発行条例公布に至る禄制処分の結果、蔵米給与の慣行はやんだ。

参考文献　『古事類苑』官位部三・封禄部、鈴木寿『近世知行制の研究』(日本学術振興会、一九七一年)　(金井　圓)

検地（けんち）

検地とは、田畑屋敷などを測量・調査し、土地一筆ごとの面積と耕作者(年貢負担者)およびそこからの収穫量を見積もり、村高・村境を確定するものであると言える。言葉としては戦国期から使われるが、太閤検地以来定着した。太閤検地においては、①六尺三寸を一間とし、三百歩一段の制を採用。②地目は田・畑・屋敷、地位を上・中・下・下々に分ける。③十合一升の京升による査定と石高による表示。④村と村の境界を明らかにし(村切)、村単位に検地。以上の統一的な基準が最終的には整備されたが、時期・地域により違いがある。江戸幕府の検地は主に幕領で行われたが、大名の改易・転封時に行われることもあった。太閤検地の基準や方法を基本的に踏襲しているが、六尺一寸で一間と変更している。諸大名も独自に領内の検地を実施しており(内検《ないけん》)、検地の結果によって得られた石高は、実高・内高などと呼ばれ、幕府に届けて表高に組み込まれる例もあった。しかし、一般的には表高とは別に扱われ、藩内での土地支配制度の基準とされたところが多い。

従来、太閤検地の意義は高く評価され、全国統一基準の太閤検地によって近世の支配体制の基軸とされた石高制・近世村落制の基盤が成立したというのが通説的理解であった。この理解の底流には安良城盛昭の説があり、太閤検地により生産高(収穫高)を把握し、土地の直接耕作者を年貢負担者として確定することで(作合否定)、全剰余労働部分を権力が収奪する体制が生まれたとして、太閤検地を画期的なものとして高く評価した。近年では戦国期村落研究・戦国大名領国研究などの進展に伴って、個別検地の手法の詳細な追求から、太閤検地は必ずしも生産高把握ではなく作合否定も全面的・統一的に行われてはいないこと。また、太閤検地の一環とされてきた徳川・毛利などの豊臣服属大名による領内検地についての理解も、太閤検地とは様式・性格を異にし、豊臣政権が諸大名による検地の結果を認定したに過ぎないことが指摘されるなど、安良城説に対する否定的な見解が出されている。しかし一方では、原則・理念との相違は細部に過ぎず、総体としての太閤検地の意義については評価する立場があるなど、各人各様の主張があり、共通理解が形成されているとは言い難い状況であると言える。

参考文献　安良城盛昭『幕藩制社会の成立と構造』(御茶の水書房、一九五九年)、木越隆三『織豊期検地と石高の研究』(桂書房、二〇〇〇年)、牧原成征『近世の土地制度と在地社会』(東京大学出版会、二〇〇四年)、池上裕子「検地と石高」(歴史学研究会・日本史研究会編『近世の形成』(『日本史講座』五)東京大学出版会、二〇〇四年所収)

(小宮山敏和)

郷学（ごうがく）　⇩郷校《ごうこう》

郷校（ごうこう）

郷学・郷学校・郷学所ともいい、幕末期の村学校・市学校・啓蒙所・教諭所も含まれる。設立目的として、㈠藩士・陪臣のため(藩校の延長)、㈡庶民の教化教育のため、の二種がある。寺子屋が個人の経営であるのに対して、藩・代官所や、有志の集団によって経営され、藩の許可の上で保護もあった。保護としては、藩校から教官の出張講釈、学校の敷地や学田の地租免除、経費の一部支給、素読用・会読用の書籍・器具の支給などである。近世の郷校の先駆は岡山藩の閑谷学校であり、ついで享保二年(一七一七)創立の摂津国平野郷の含翠堂、江戸の会輔堂、大坂の懐徳堂などは設備の整ったものであるが、初期の郷校は為政者側から学問を平易に教え込もうとするものであった。また、校数も天明以前では日本全体にわたる傾向ではなく、増加したのは、寛政・享和期、上昇率の急増した天保・嘉永期、学制施行(明治五年(一八七二))の直前と三回見られる。寛政期に成立した典学館(美作国久世陣屋)や敬業館(備中国笠岡陣屋)では、素読・会読には『論語』『孟子』などの経典を用い、一般向けの講釈には、毎日の農村

閑谷学校(岡山藩)

有備館(仙台藩)

生活に必要な行いと心構えを教えた。文化期成立の水戸領内の延方学校や佐賀藩多久氏領内の上田町学舎では、士の子弟に経書を、庶民の子弟には往来物を読ませている。

時代が下るにつれて、郷校では農村生活の倫理を教える傾向が強くなり、儒教倫理に帰着はするが、藩校での経書学習とは異なる性格のものとなった。経営主体は、㈠領主・代官の直営、㈡官民協力経営、㈢民間有志の経営、㈣町村・町村組合の経営といろいろあるが、これは、庶民のための郷学設置の要求があっても、内容・組織の点で整然としないため、幕府・藩の政務として公営するまでに至らず、民間側でも財力が充分でなく、土地の慣習もあって、維持しやすい形態で経営したのであって、それぞれの盛衰も幕領・藩領で異なっている。民営の大坂の懐徳堂の場合、その設立には将軍徳川吉宗の積極的な示唆と援助があったが、その経費を負担した大坂の実業家が設立発起の有力者である。そして、同郷・同志の町人が処世の心得を修める教場であることに特色がある。ここでは、講師も学派にかかわらず、また、漢学者を養成することを目的としていない。官民協営の伊勢崎藩の郷校でも、藩校の教官を月三回派遣して定例講釈を行わせているが、素読を教える面と成人に道を説き諭す面とがあった。教科書も『小学』、四書・五経を用い初等学校としての機能をもち、入学年齢や学習年限も厳格な規定のないのが普通であった。

参考文献　石川謙『近世の学校』(高陵社書店、一九五七年)、瀬谷義彦『水戸藩郷校の研究』(山川出版社、一九七六年)

(山本　武夫)

郡奉行（こおりぶぎょう）

江戸時代初期の幕府、または江戸時代を通じて諸藩の地方行政を担当した役人をいう。幕府の場合は郡代や代官頭とほぼ同じ職権をもっていた。老中に属し寛永十二年(一六三五)、市橋下総守長政と小出大隅守三尹《みつまさ》を上方・関東の郡奉行に任命し、三河以西と以東の幕府領の支配を行なったが、寛文八年(一六六八)には廃止されている。諸藩の場合は、おおむね家老や奉行に属し、配下に代官を置いて民政を担当した。尾張藩では、はじめ郡奉行が藩士の給地を管理し、代官が藩主の蔵入地を管轄した。加賀藩では改作奉行が農政を司り、郡奉行が訴訟や財政を管掌した。また薩摩藩では勝手方家老の下で農政にあたり、秋田藩では郡奉行六人が一郡ずつを総括した。岡山藩の場合は、郡代の下にあり、郡会所に出勤したが、人数は四、五人から八人と一定しなかった。一般に郡奉行は、宗門改・諸法度の伝達、風俗の改善や司法・警察、租率の決定、代官や属僚の監督、郡内の巡見・視察などを主な任務とし、藩の民政の直接の担い手であった。

参考文献　『古事類苑』官位部三、『柳営補任』五(『大日本近世史料』)、児玉幸多『近世農民生活史』(吉川弘文館、一九五七年)

(村上　直)

御三家(ごさんけ)　⇩三家《さんけ》

御用商人(ごようしょうにん)

領主の庇護のもとに各種の御用を命ぜられ、苗字・帯刀を許可され、また扶持米・屋敷地を給付されるなど、身分上、経済上の特権を与えられて営業した商人。御用達商人・御用聞町人ともいう。戦国時代には、御用商人は富国強兵をめざす大名の必需品や軍需物資を調達し、人夫を徴発し、また隠密として敵地の情報交渉ごとをさぐるなど、武士にはできない各種の用向きを達した。一般商人の統制やその他徴税の請負など、大名領国の財政に深くかかわるものが多かった。徳川家康も政権確立の過程で、多くの御用商人を側近において重用した。その代表的なものに公儀呉服師、金座・銀座の役人、糸割符仲間などがいる。呉服師は家康政権の確立前から、家康や秀忠の側近において呉服御用や身辺の諸事御用を勤め、合戦に出陣し、あるいは密使・隠密・講和の内使を勤め、また食糧や兵器などの軍需品の調達・輸送にあたった。江戸幕府が成立すると、彼らは将軍家や幕府の呉服物を独占的に調達する一方、将軍に近侍して諸事御用を承り、その反対給付として多大の営業上の特権や利権が付与された。慶長八年(一六〇三)幕府の公儀呉服師には後藤縫殿助・茶屋四郎次郎・亀屋栄任らがいたが、茶屋などは呉服御用達のほか、朱印船貿易の特許や長崎貿易による利権を付与されるなど、幕府部内で隠然たる勢力を有していた。また金座を主宰した後藤庄三郎光次は、武鑑類では江戸御用聞町人の筆頭にあげられるが、彼ははじめ彫金・貨幣鋳造の一職人として家康に近侍し、やがて幕府の貨幣政策の中心人物となり、銀座の設立を差配したが、その職掌から家康の政治・外交・貿易・金銀の出納などにも強い影響力を持つ大物であった。二代目庄三郎以降は代々金座の主宰者として江戸御用聞町人を代表した。その他にも摂津平野の末吉勘兵衛・孫左衛門、堺の湯浅作兵衛(大黒常是)、京都の角倉了以・与一、長崎の末次平蔵、伊勢の角屋一統など、それぞれ商業・貿易・貨幣・鉱山・林業・運輸などの経済面に貢献し、やがて都市町人を支配する立場となった。

江戸時代中期の商品貨幣経済の発展に伴って、前期の特権商人に変わって新興商人が台頭すると、越後屋の三井などが新しく公儀呉服師となり、さらに三井の両替店は幕府の金銀御為替御用達として公金為替を請け負い、また大坂の鴻池などの十人両替も、同様公金為替を請け負い、ともに御用達商人として活躍した。また幕府の用材請負で巨利を占めた紀伊国屋文左衛門・奈良屋茂左衛門なども投機的な御用商人としてよく知られる。蔵米取の旗本・御家人にあっては、札差が代表的な御用商人として活躍し、俸禄米の委託販売からその金融面にまで従事した。諸藩では蔵元・掛屋が代表的な御用商人であって、藩の年貢米や専売品の流通から金融に至るまでをとりしきり、藩経済の担い手となった。藩の御用商人として金融面では大坂の鴻池や泉佐野(大阪府)の食野などが著名であり、また各藩も京都に呉服所をおいていて、米沢藩の米沢屋、仙台藩の大文字屋などなどがあげられる。江戸時代後期、特に利貸資本の成長に伴って、幕府は商人資本との連携を一層強めていくが、米穀・貨幣・金融・財政などの諸政策を円滑に推進するため、常設的な機関に有力な御用商人を起用した。たとえば天明期(一七八一―八九)に成立した勘定所御用達に、江戸の本両替三谷三九郎を頭取とする十名の江戸富裕町人を命じており、その後寛政期(一七八九―一八〇一)の米方御用達、文化期(一八〇四―一八)の町方御用達などが出現し、幕府の経済政策に大きく協力している。

(中田　易直)

札潰(さつつぶし)

諸藩では領内における通貨不足の緩和や藩財政の窮乏打開などを目的として藩札を発行した。しかし、藩札を乱発し、幕府貨幣との兌換を停止せざるを得ない場合も少なくなかった。そのとき領民は、これを札潰しと唱え、藩札騒動を惹き起し、幕府貨幣との兌換制再開を要求する場合があった。これに対して藩は、大名貸しなどにより兌換準備金を調達して兌換を再開し、領内の経済的混乱を収拾するための応急措置を講じた。播磨赤穂藩では、元禄十四年(一七〇一)の城明け渡しの際、家老の大石良雄が赤穂藩札を額面の六割で回収を命じ、札潰しの危機を防いだ話は有名である。

参考文献　松好貞夫『日本両替金融史論』(柏書房、一九六五年)、大山敷太郎『幕末財政金融史論』(ミネルヴァ書房、一九六九年)

(作道洋太郎)

札元（さつもと）

藩札の発行に際して、藩が領内の富商・富農など資産家を登用し、実質的に藩札の発行・流通に関する責任や権限を持たせた者をいう。全国で藩札の発行は二百四十四藩に達したが、その藩札には札元の名前を記載した場合が多い。札元は藩札発行機関である札会所(札場・札引替所)において出納管理の責任を持ち、藩札が増発されて幕府貨幣との兌換が困難となった場合には、兌換準備金の調達にも奔走した。藩札の発行が藩営専売制度とリンクしていた場合には、札元が藩札発行にあわせて専売商品の売買にも関与していたことが少なくない。播磨姫路藩や筑後久留米藩の場合には、大坂中之島に設けられていた蔵屋敷が一種の札元の役割を果たし、領内の札会所や国産会所との密接な関連のもとに、藩札の流通を管理し、通用力の維持・発展のために力を注いだ。摂津尼崎藩の場合には、領内の富商のほか、藩内各地域における富農商が札元に登用され、藩札流通区域の拡大がはかられた。

参考文献　作道洋太郎『日本貨幣金融史の研究』(未来社、一九六一年)

(作道洋太郎)

三卿（さんきょう）

江戸時代中期に創立された、徳川将軍家の一門である、田安・一橋・清水の三徳川家をいう。田安・一橋両家は、八代将軍吉宗の次男右衛門督宗武・四男刑部卿宗尹《むねただ》、清水家は九代将軍家重の次男宮内卿重好を祖としている。田安家は享保十六年(一七三一)、一橋家は寛保元年(一七四一)に創立され、これを「御両卿」と称した。清水家は宝暦九年(一七五九)に創立され、以来「御三卿」の呼称が成立した。しかし、後述の「明御屋形」のあるときは「御両卿」と称した。三卿の呼称の由来を、その任官例が八省の長官「卿」に定まるからであるとするのは、俗説といえよう。おのおの賄料十万石の領知(関東・畿内とその周辺の五〜八ヵ国に分散)を支給されて、江戸城の田安・一橋・清水門内の屋敷に居住し、地名をとって俗称とした。

その身分は、尾張・紀伊・水戸の徳川「御三家」のごとき大名とは相違し、将軍家の厄介「部屋住」、すなわち「家族」の一員であって、分家独立して一家を形成したものではなかった。田安家の出身である松平慶永(春岳)は、その著書『幕儀参考』の中で「三卿ハ、タトヘハ将軍ノ庶子ヲシテ本丸ニ置クヘキヲ、第ヲ賜ヒテ他ニ住セシム、ユヱニ、将軍ノ厄介ト見做シテ可ナリト云フヘシ」と述べている。田安慶頼・一橋慶喜両名が十四代将軍家茂の後見職に就任し、一橋治済が十一代将軍家斉の補佐役選定(松平定信の幕閣登庸)にあたって主導的な役割を果たしえたのも、この親近なる身分によるものであろう。

その家督(屋形の)相続の方法についても慶永は同書の中で触れ、それは「尾・紀・水ノ三家ト違ヒ、其戸主死亡ニ至レハ、別ニ養子ヲ以テ相続スルコトナシ、幕府将軍家ニ庶子アレハ、其庶子ヲ以テ嗣カシム」といっている。しかし、現実には田安・一橋両家の間には相互に入嗣の事実があり(ただし、慶永は三卿間の入嗣を養子と考えていない。だがおなじ田安家出身の松平定信はそれを養子と考えている)、また幕末には三家からの入嗣もあった(一橋・清水両家)。ところで、その創立の意図については、かつて一橋家家臣であった渋沢栄一は、その著書『徳川慶喜公伝』の中で、「三卿の家は起立の初には必ずしも其主を常置すべきものとは定まらず、唯将軍家の子弟の養はるべき家なき間据ゑ置かるべき設なるが如し」と説いている。この説を裏付けるかのように、三卿には、ときに当主・嫡子が出て養子となり、三家・越前家(福井松平家)を相続し(これに加えて庶子による一門諸家相続もみられ、一度疎遠となった血統の更新に役立った)、また当主没後に嗣子がなく、あるいは当主の他家相続後に嗣子を欠き、「家」のみのこる、いわゆる「明御屋形」と称される現象がしばしばみられた。

しかし、一般には、江戸時代中期三家の血統もようやく疎遠となり、将軍継嗣候補の資格に不備を生じたので、その欠陥を補い、さらに加えて三家の制御を計る意図から、新たに三卿の創立となったものであろうと推測されている。実際にも一橋家から家斉・慶喜両名が入嗣継統した。またその創出の形態、すなわち「家族」としたことについては、幕領に限度があるので大名取立てを断念した結果である、あるいは将軍家相続に際して、その「家族」の中から嗣子を選定することにより、継嗣争いを防止することができるという理由からであるなどといわれている。三卿の処遇は、田安・一橋・清水家ともすべて同等であった。格式は、三家のうち、尾張・紀伊両家に準じ、官位は通例、元服直後に従三位権中将に叙任し、その後に参議・権中納言を経て従二位権大納言まで昇った。姓は徳川氏を称し、参議任官以後は田安・一橋・清水の号を名乗った。ちなみに庶子は松平姓を唱えた。また将軍の最近親として特別の礼遇をうけ、三家以下の諸大名は、大手門から登城して、表玄関を経て表御殿の詰所に控えたのに対し、三卿は平川口から登城して、奥(中奥)にある御風呂屋口と称する内玄関を経て、将軍の日常起居する奥御殿の詰所に控えた。ときに三卿付の諸士には、その由緒から御付人(直参＝幕臣)・御付切の者(陪臣＝家臣)・御抱入の者(同)の三通りの区別があり、家禄は、御付人は直接に幕府から、御付切の者は三卿を介して幕府から、御抱入の者は三卿賄料の中から各支給された。また三卿付の職制中上級のものは、幕府の職制に組込まれていた。家老・番頭・用人・旗奉行・長柄奉行・物頭・郡奉行・勘定奉行は、八役とよばれ、御付人の補任はこれに限定されるようになった。ただし御付切の者・抱入の者の身分でも、八役に補任された。御付人の任免権は幕府にあった。→三殿八役《さんでんはちやく》

参考文献　『徳川諸家系譜』一・二・三、土岐善麿『田安宗武』四(日本評論社、一九四六年)、辻達也編『新稿一橋徳川家記』(群書類従完成会、一九八三年)、竹村誠「御三卿の領地変遷」(『近世国家の権力構造』岩田書院、二〇〇三年所収)、深井雅海「天明末年における将軍実父一橋治済の政治的役割―御側御用取次小笠原信喜宛書簡の分析を中心に―」(『金鯱叢書』九、徳川黎明会、一九八二年所収)、北原章男「御三卿の成立事情」(『日本歴史』一八七、一九六三年)、辻達也「徳川御三卿の相続について」(『横浜市立大学論叢』人文科学系列、三七二・三合併号、一九八六年)

(北原　章男)

参勤交代（さんきんこうたい）

江戸時代、諸大名が一定の時期を限って江戸に伺候することとを参勤といい、交代の期になって封地に就くこととの総称。参観交替とも書く。一般に参勤交代とは、将軍に対する大名の、また本藩主に対する支藩主や知行主らの、主従関係の表示としての拝謁・勤役を前提とした上洛・参府または本城伺候および就封をさすが、この参勤を契機として、当事者間には御恩―奉公の主従関係が成立する。「参勤」の語源は、鎌倉・室町幕府の評定衆や奉行人らの出仕制に関連ある語句として現われているが、歴史的には鎌倉幕府の御家人の鎌倉番役や京都大番役などの軍役負担に、その原初的形態をみる。一方、室町幕府は、将軍の直接支配下にある守護大名に対しては、京都に屋形を構えて集住することを強制し、将軍の賜暇を得ず勝手に下国するものを謀叛とみなして、容易に下国、在国を許さなかった。その後、幕府の大名統制がゆるみ、群雄割拠の時代に入ると、戦国大名はその家臣統制策の一環として、本城勤仕の制法を定めて支配を強化し、領内限りの参勤交代を強制した。近世の統一権力は、こうした従来の支配方式を全国的規模で、新たな大名統制策として近世的権力構成に改編して、参勤交代制を形成したのである。

まず、織豊政権下では、織田信長は服属した大名を岐阜城・

参勤交代　新板浮絵御大名御参勤御登り品川之図

安土城に参勤させ、豊臣秀吉もまた、大坂城・聚楽第・伏見城の周辺に諸大名の邸宅をおき、その領国とを往復させる一方、在京賄料などを給した。特に秀吉は、大名妻子の在京、家臣とその妻子の城下集中を全国的規模で強制して、参勤交代制の雛形を完成させた。慶長五年(一六〇〇)の関ヶ原の戦の勝利によって、徳川家康が天下の覇権をにぎると、外様大名のうち江戸に参勤するものも現われたが、同八年の彼の征夷大将軍への就任はその傾向に拍車をかけた。家康も、外様大名の江戸参勤とその妻子の江戸居住を奨励し、参勤の大名には屋敷地のほか刀剣・書画・鷹・馬・糧米などを下賜する一方、大大名には将軍みずから鷹狩に託して、東海道は高輪御殿、中仙道は白山御殿、奥州街道は小菅御殿まで出迎えるなど優遇策を講じた。十四年幕府は、中国・西国・北国などの豊臣勢力圏の諸大名に江戸参勤・越年を強要、十六年には豊臣秀頼を京都二条城に謁見して、徳川氏と豊臣以下全国大小名との間の主従関係を確定させた。ここに従来の豊臣系大名による大坂・駿府・江戸各城への参勤形態は消滅し、江戸参勤へと統一される。

元和元年(一六一五)大坂夏の陣後の『武家諸法度』は、その第九条に「諸大名参覲作法之事」として、京都二条城ないし伏見城における徳川氏への諸大名の参勤規定を掲げているが、寛永六年(一六二九)の『武家諸法度』では削除され、事実上隔年の江戸参勤をふまえて、同十二年六月二十一日の『武家諸法度』の第二条において、「大名小名在江戸交替所相定也、毎歳夏四月中可致参勤」と定め、大名は毎年四月交代で江戸に参勤することが正式に制度化された。十九年には、従来在府中の譜代大名に六月または八月の交代、関東の譜代大名に二月・八月の半年交代、さらに城邑を占める大名には交互の参勤を命じ、ここに参勤交代制は全大名に一般化されるに至った。もっとも、三家のうち尾張・紀伊両家は三月交代で在府・在国各一年であるが、水戸家は江戸に常住して就封せず(定府)、また幕府の老中・若年寄・奉行なども定府であった。一方、対馬の宗氏は三年一勤、蝦夷地の松前氏は五年一勤、そして黒田・鍋島両氏が長崎警備との関係で十一月参府・二月就封の各交代であるが、これは慶安元年(一六四八)以降のことに属する。なお、寛永二十年には、将軍への大名の拝謁順序が定められ、その後、表礼衆・那須衆・美濃衆・三河衆など旗本三十余家にも隔年参勤が義務づけられた(交代寄合)。

享保七年(一七二二)幕府は財政窮乏を打開するため、大名より高一万石につき百石の上米《あげまい》を徴して、その在府期間を短縮、交代期を三月・九月に変更して在府半年・在国一年半(半年交代の譜代大名は一年在国)とした。これは参勤交代制の根幹にふれる政策であるため、同十五年には上米を免じて、参勤交代を旧制に復した。幕末期、内外情勢の緊迫化に伴い、文久二年(一八六二)には一橋慶喜・松平慶永らの幕政改革によって、大名は三年に一年または百日の在府、その妻・嫡子とも在府・在国自由となった。これは幕府の大名統制力の低下によるもので、慶応元年(一八六五)再び旧制への復帰を計ったが効なく、幕府倒壊を早めただけに終った。なお、参勤交代は、将軍―大小名間だけでなく、陸奥仙台・長州萩・肥前佐賀・薩摩鹿児島などの有力外様大名と、その支藩主または知行主との間にも行われ、さらに大知行主と在郷武士との間にも存在して、重層的かつ複雑な構造を示したが、これもまた幕末期には消滅した。

このように参勤交代制は、幕藩制国家支配の政治的基幹として、幕府が諸大名の地方割拠の形勢を抑制して中央集権の実をあげるのに絶大な効果があった。一方、大名は江戸と在国との二重生活によって繁忙と経済的窮乏に苦しむこととなり、特に遠隔地の外様大名に多大の負担を強いた。しかし経済面では、江戸の都市的発展による三都を中核とする国内市場の形成、水陸交通の整備と宿場町などの繁栄、文化・思想面では江戸文化の地方伝播と庶民文化の発達、全国各地方の人心の一体化傾向を促進した。　↓大名行列《だいみょうぎょうれつ》

参考文献　『徳川実紀』一―三・五・八、『続徳川実紀』四、『徳川禁令考』、高柳真三・石井良助編『御触書寛保集成』、三上参次『江戸時代史』上(講談社、一九九二年)、松平太郎『江戸時代制度の研究』(新人物往来社、一九九三年)、忠田敏男『参勤交代道中記』(『平凡社ライブラリー』二〇〇三

年）、丸山雍成『日本近世交通史の研究』（吉川弘文館、一九八九年）、同『封建制下の社会と交通』（吉川弘文館、二〇〇一年）、三浦菊太郎『日本法制史』（『帝国百科全書』五一、博文館、一九〇〇年）、本庄栄治郎『幕末の新政策』（『本庄栄治郎著作集』一〇、清文堂、一九七三年）、田村栄太郎『近世日本交通史』、波田野富信「参勤交代制の一考察」（『日本歴史』三五九、一九七八年）

（丸山　雍成）

三家（さんけ）

近世の大名、親藩のうち。徳川家康の三子、九男義直を祖とする尾張徳川氏、十男頼宣のあとである紀伊徳川氏、十一男頼房の家水戸徳川氏を指すが、ほかに尾張殿・紀伊殿・水戸殿と公称された三家当主や、その家格ないし幕府法上の地位の意味ももつ。殿中での三家相互の席順は先官、または相続の先後による。大名の上首にあり、それにふさわしい幕府の殊遇を受けた。たとえば将軍交代時における誓詞の提出は吉宗以後免除。登城・参勤交代の行列は制止声をかけ、通行中の者を士庶を問わず下座せしめた。営中に佩刀を持ち込むことができ、詰め所は最上の大廊下上の部屋があてがわれた。幕府との連絡のため、家臣から城付を任命し、城中に日々出勤させたが、城付は営内を自由に往来し、大廊下上の部屋まで伺候しえた。将軍の謁見をふつう目見というが、特に対顔の語を用いることもある。その際たとえ将軍であっても褥を取り払い、刀を刀掛けよりおろすのが礼法であった。年始の拝礼に徳川家嘉例の兎の吸物を賜わるが、将軍家から差された盃を返す、返盃が許された。公役はほとんど負担しなくてもよかった。

領分の封与にあたっても、将軍の判物が下付されないたてまえであった。任官叙位について一般の諸侯には老中が伝達するのに対し、三家の場合将軍自身がこれを申し渡した。しかも尾紀二家の極位極官たる従二位大納言、水戸家の同じく従三位中納言は大名のなかでもっとも高い。また将軍家と同様徳川を名乗り、その継嗣に立ちえた。さらに将軍後嗣の選定や老中の選任、ある時期『武家諸法度』の制定など、幕府の公私にわたる重要案件の審議・決定に参画した。三家の構想は、中国に由来する天地人三才の思想を根底に、関ヶ原の戦の勝利により手中におさめた覇権を、兄弟の協力でいよいよ強固ならしめるべく、家康の脳裏に描かれたものであろう。ただ当初の構成には幼稚の頼房は予定されず、義直と頼宣は兄秀忠と組み合わされた。しかし秀忠はまもなく将軍に就任したため離脱し、頼房が新たに加わった。家康死去前後の元和二（一六一六）、三年には将軍家と兄弟の間柄であるとともに、主従の関係にも立つ三家の形態がととのえられる。そして格式は主として家光の治世に形成され、家綱・綱吉代替りの延宝末年ないし天和初年に至りほぼ確立したとみてよい。幕府法の法文に、「三家」の文字があらわれるのもこのころである。

幕府は江戸時代を通じ、三家の特遇を停廃しなかった。それは彼らが将軍の親族で、しかも至親の家柄と目されたことにもよろう。三家出身の吉宗の政策から推察されるごとく、対宗家の感情を緩和する目的もふくまれる。三家に高い格式を認めるのが、これを家臣とする将軍の威光増大につながる、との幕府の配慮も無視できない。三家の家格は明治元年(一八六八)に廃され、諸侯並みとなった。三家には連枝と呼ばれる庶流数家があった。尾張家の美濃高須、紀州家の伊予西条、水戸家の讃岐高松の松平氏などが、これにあたる。↓大名《だいみょう》

参考文献　堀内信編『南紀徳川史』、『名古屋市史』政治編一・二、『新修名古屋市史』三・四、『水戸市史』中、林董一『尾張藩公法史の研究』(日本学術振興会、一九六二年)、松平太郎『江戸時代制度の研究』(新人物往来社、一九九三年)、中村孝也「大名の研究」(大塚史学会編『(三宅博士古稀祝賀)記念論文集』岡書院、一九二九年所収)、林董一「「御三家」の成立とその格式」(『史学雑誌』六九ノ一二、一九六〇年)、白根孝胤「御三家の官位叙任と幕藩権力」(『徳川林政史研究所研究紀要』三八)

（林　董一）

三所替（さんしょがえ）⇩三方所替《さんぽうところがえ》

三治制度（さんちせいど）⇩府《ふ》藩県三《はんけんさん》治《ち》制《せい》

三殿八役（さんでんはちやく）

田安・一橋・清水の三卿付きのおもな八個の役職、すなわち家老・番頭・用人・旗奉行・長柄奉行・物頭・郡奉行・勘定奉行をいう。八役は幕法上の職制で、幕府によって旗本・御家人のなかから任命される。家老は家ごとに約二名をおく。老中支配。幕府から千俵、出向の家から千俵の役料がつく。番頭は人員二名程度。五百石高役料二百俵。家内の取り締り、家政全般を統轄し、外出の随従や本丸への使者をもつとむ。他行の供奉、領知への出張など用務は多い。用人は四百石高役料二百俵。六ないし十名。家老の指揮を受けて家事のすべてに関与。三卿付きの役人は八役に限られない。側衆・側用人・書院番頭はその一例。

参考文献　山県豊寛『明良帯録』(『(改定)史籍集覧』一一、臨川書店、一九八四年)、『掌中大概順』(『徳川幕府大名旗本役職武鑑』二、柏書房、一九六七年)、橋本博編『(改訂増補)大武鑑』(名著刊行会、一九六五年)、笹間良彦『(増補改訂)江戸幕府役職集成』(雄山閣出版、一九七四年)

（林　董一）

三方所替（さんぽうところがえ）

近世における譜代大名の転封の特殊な一形態で、三名の大名のあいだで行われる転封形式。三所替・三方替ともいう。近世を通じて延べ七回に及んでいる。延享四年（一七四七）、牧野貞通（日向延岡八万石→常陸笠間八万石）・井上正経（常陸笠間六万石→磐城平六万石）・内藤政樹（磐城平七万石→日向延岡七万石）。寛延二年（一七四九）、板倉勝清（遠江相良二万石→上野安中二万石）・内藤政苗（上野安中二万石→三河挙母二万石）・本多忠央（三河挙母一万石→遠江相良一万石）。宝暦十二年（一七六二）、松平康福（下総古河五万四百石→三河岡崎五万四百石）・土井利里（肥前唐津七万石→下総古河七万石）・水野忠任（三河岡崎六万石→肥前唐津六万石）。文化十四年（一八一七）、小笠原長昌（陸奥棚倉六万石→肥前唐津六万石）・水野忠邦（肥前唐津六万石→遠江浜松六万石）・井上正甫（遠江浜松六万石→陸奥棚倉六万石）。文政六年（一八二三）、松平定永（陸奥白河十一万石→伊勢桑名十一万石）・松平忠堯（伊勢桑名十万石→武蔵忍十万石）・阿部正権（武蔵忍十万石→陸奥白河十万石）。天保十一年（一八四〇）、松平斉典（武蔵川越十五万石→出羽庄内十四万石）・酒井忠器（出羽庄内十四万石→越後長岡七万石）・牧野忠雅（越後長岡七万石→武蔵川越十五万石）。弘化二年（一八四五）、水野忠精（遠江浜松六万石→出羽山形五万石）・秋元志朝（出羽山形六万石→上野館林六万石）・井上正春（上野館林六万石→遠江浜松六万石）。江戸常勤の必要な幕閣の人事異動に伴う行政的転封、および、大名の治政などに対する懲罰的転封が主なものである。このうち、天保の所替は、その原因が、将軍徳川家斉の恣意説、海防説、流通統制説などがあって不詳であり、特に庄内藩領民の激しい転封阻止闘争によって転封は中止されている。いったん発令された転封令を幕府が撤回した唯一の事例で、将軍権力の動揺を端的に示した事件として著名である。

参考文献　『山形県史』、藤野保『新訂幕藩体制史の研究』（吉川弘文館、一九六一年）、北島正元「三方領知替と上知令」（『徳川林政史研究所研究紀要』昭和四十八年度）、藤田覚「三方領知替と海防問題」（『歴史』五〇、一九七七年）、浅見隆「天保改革論」（『天保期の政治と社会』（『講座日本近世史』六）有斐閣、一九八一年所収）

（藤田　覚）

地方知行（じかたちぎょう）

江戸時代、大名から藩士に地方《じかた》（百姓付の土地）で充行われた知行形態をいう。ただし、将軍から大名に地方で充行われた大名知行は、家臣武家の地方知行とは区別される。大名知行は大名全員に充行われ、彼らを領主、その知行地を領分というのに対して、地方知行は上・中級の藩士に充行われ、彼らを地頭(給人)、知行地を知行所(給所)という。なお、将軍から地方の充行を受けた上・中級の旗本と上級の御家人の場合は、知行権に若干の差異をもちながらも、形態的には家臣知行としての藩士地方知行に準じたものとみなされ、彼らを地頭、知行地を知行所(御家人は給知)と称する。

このような近世の地方知行は、土地・農民・年貢を直接在地支配する中世武士の知行形態とは異なり、大名城下居住を原則とする非在地性の知行形態であり、その知行権は大名から年貢徴収・領地領民支配・司法権などに規制をうけた制限付知行権である。地方の受給者はいわゆる知行取であり、これ以外の者は切米・扶持米・給金などを受給する蔵米取である。大名領内における地方知行取の比率は、藩によって区々であるが、知行取人数では一五%前後、知行高では五〇%前後を占める藩が多い。旗本の場合は、近世中期では知行取人数四四%、知行高八〇%程度であるが、御家人の場合は知行取人数三%、知行高五%程度にすぎない。ただし、藩では時代の下降につれて地方知行が擬制化し、蔵米(蔵前)知行へ変移する藩が多くなる。つまり、地頭の知行所は知行石高のみを残したかたちで藩の蔵入地に編入され、地頭は知行石高に対する藩定の物成渡平均免、たとえば四ッ免(四割渡)などによって藩から蔵米を受給するだけになる。この現象は寛永期ころから始まり寛文期を経て、元禄初期(十七世紀末)には調査二百四十三藩のうち蔵米知行実施藩は二百四藩(八四%、知行高では四五%)、地方知行実施藩は三十九藩(一六%、知行高では五五%)となっており、前者は譜代と中小大名領に多く、後者は外様と大大名領に多い。藩定の物成渡平均免は四ッ免台(五六%)、三ッ免台(二〇%)が多い。この蔵米知行は、蔵前取を含めて、俸禄制と呼ばれている。つまり、近世の家臣知行の多くは地方知行制から俸禄制へという大きな変質をとげたことになる。ただし、旗本・御家人の場合は蔵米知行形態を欠き、地方知行取と切米取(蔵米取)の形態をとる。

地方知行割は村単位給付・本田給付を原則としたが、上級の藩士地頭には新田・山林が併給される場合があり、特に上級の旗本地頭に多い。また、地頭知行には何ヵ村かに分散給付される場合があり、一村が複数の地頭ないし領主によって分割領有される相給《あいきゅう》(分郷)の形態が多い。相給は地方知行実施の大名領内または旗本知行所など諸領地の錯綜した畿内地方・江戸周辺に特に多いが、一村内の相給人数によって二給、五給などと呼ばれる。地方知行割の分散給付化の理由には、知行所の良否による地頭利害の均分化策、地頭知行権抑制のための分散化策、小規模知行の夥多による分散給付の必然化、村免と地方渡平均物成免との差額調整策、農民階層分化への対応策、などがあげられる。地頭知行所の村役人は一給の場合は村名主が、相給の場合は旗本知行所では私名主が、藩士知行所では蔵元（帳元）などがおかれ、年貢収納・土地農民支配を行う。しかし、藩士知行所の場合は、大藩の特例を除いては、地頭法を欠き、年貢収納・土地農民支配の一般行政権や司法権は大幅に規制されて、ほとんど藩法の適用下に置かれている。特に年貢については藩定の知行所収納規定があり、本年貢は村免による知行所の年貢収納が藩定の物成渡平均免によって規制され、超過分は藩蔵へ返納し、不足分は蔵米で補塡される過不足決済方式を実施する藩が多い。これは蔵米知行のそれと共通性をもっていることになる。ただし、旗本知行所の場合は上・中級の地頭は地頭法をもち、地方渡三ッ五分平均免の規定はあるが収納の過不足決済方式は実施せず、一般行政権や司法権も強大であり、藩士地頭とは格差がある。それ故に、旗本知行は大名知行と藩士地方知行との中間的知行形態とみなされる。

ちなみに、幕府・藩などの上級領主が家臣に知行（土地）・俸禄米を充行うことを知行渡《ちぎょうわたし》というが、特に知行（土地）ないし地方知行を充行う場合を知行割《ちぎょうわり》という。地方知行の性格規定ないし歴史的意義については次の諸説がある。㈠地方知行を中世知行の遺制とみる説に⑴地方知行の形骸化につれて蔵米知行＝俸禄制化、つまり近世的家臣知行が確立、これが藩制の確立を意味するとみる説、⑵地方知行は大名領内の地方的小経済圏を中心に成立するが、それは経済的発展の低位に対応した中世的知行形態であり、統一市場の成立とともに解体するとみる説。㈡地方知行を近世的な知行とみる説に⑴地方知行が全廃されず、一定規模で温存され、それを幕藩制の基礎としている点を重視した説、⑵給人の知行権が大名領知権に統一包括されたかたちの知行制を近世的地方知行制とみる説、⑶地方知行の本質は物成渡知行形態にありとし、これに蔵米知行・蔵米取を含めたかたちで、幕藩制に即した近世的な家臣知行とみる説。→蔵米給与《くらまいきゅうよ》　→知行制度《ちぎょうせいど》

[参考文献]　『古事類苑』封禄部（吉川弘文館、一九九六年）、金井圓『藩政』（『日本歴史新書』至文堂、一九六二年）、鈴木寿『近世知行制の研究』（日本学術振興会、一九七一年）、伊東多三郎「幕藩体制」（『近世史の研究』四、吉川弘文館、一九八四年所収）、『社会経済史学』二四ノ二、一九五八年（共通論題「藩政確立期の諸問題」）

（鈴木　寿）

地坪（じならし）

江戸時代各地で実施された検地の一種。早い例は大和国の正保四年（一六四七）、広島藩の慶安二年（一六四九）、摂津国の慶安三年など。地坪と記すのは今治藩・松山藩・大洲藩な

どであり、越後国・守山藩・鳥取藩・松江藩・三次藩などでは地平、摂津国では地均、越後国・今治藩などでは地平均、名古屋藩・広島藩などでは地概、大和国では地並、福山藩・広島藩・長州藩などでは地抨、宇和島藩では地扴、熊本藩では地撫とも記し、「じならし」と読ませたことからもわかるとおり、地方によって表記の仕方は種々であった。実施目的は、検地帳の畝高と現実の畝高の相違を是正し、貢租を公平にするためである。実施方法には、広島藩のように村高を固定（変更しない）して行う場合と、宇和島藩のように農民の納得のゆくまで土地の丈量を行い、検地役人は関与せず、実施村の庄屋・村役人・頭百姓が石盛を公正公平に決定して行う場合などがあった。

いうまでもなく江戸時代は貢租が村高に対して賦課されていたから、広島藩の場合にはじならしの村高を検地帳の村高に合致させる必要があり、そのため一筆ごとの土地の高を操作しなければならなかった。斗代を上げ下げ操作したのはそのためであり、じならし高が検地帳の村高に不足した場合は、不足分を鬮（かずき・かつぎ）高として各農民の持高に比例して割り付けたのもそのためであった。じならしは実施主体が農民か、藩か、藩と農民かによって、村型じならし・藩型じならし・藩村型じならしに分類することができる。また広島藩のようにじならしのみを行う場合と、今治藩・松山藩・宇和島藩などのように地割（割地）を行う前提としてじならしを行う場合とがあり、後者の場合は、じならし→割地を一体のものとして考えていたから、じならしの型は割地の型によって決まった。じならし実施に賛成しあるいはむしろ積極的に実施を要求したのは小百姓であり、大高持百姓は反対する場合が多かった。なお広島藩では、地主・小作関係の展開する元文三年（一七三八）ごろ村型じならしが装いを新たに地こぶりと公称され実施された。→地割制度《じわりせいど》

参考文献　青野春水『日本近世割地制史の研究』（雄山閣出版、一九八二年）

（青野　春水）

支藩（しはん）

大名分家のうち、万石以上分知され、将軍によって大名として認められた藩をいう。本藩（本家）に対する分家大名としての位置を占め、本家の補佐、血統保持の役目を果たした。大名領地を規準に領外分家と領内分家に分かれるが、領外分家は御三家・御家門など徳川系大名（親藩）に多く、領内分家は外様大名が多数を占めたが、改易・転封が減少し大名領国が固定する寛文・延宝期以降は、親藩・譜代・外様の区別なく、領内分家が圧倒的多数を占める。さらに領内分家は、分知配当による分家大名（分知分家）と内分配当による分家大名

(内分分家)に分かれる。

前者は分家に際して、本家とは別に将軍から領地朱印を交付(別朱印分家)されるのに対し、後者は交付されず、本家の領地朱印のなかに記載されたが、それすら記載のない支藩もあった。そのため、別朱印分家の場合は、たとえば金沢藩(前田氏、朱印高百十九万五千石)のように、支藩の富山藩(十万石)・大聖寺藩(七万石)の石高(朱印高)を差し引いた残りの石高(百二万五千石)が本藩の石高(朱印高)となったのに対し、内分分家の場合は、たとえば佐賀藩(鍋島氏、朱印高三十五万七千三十六石)のように、支藩の小城藩(七万三千二百五十二石)・蓮池藩(五万二千六百二十五石)・鹿島藩(二万石)の石高(内分高)を差し引かず、江戸幕府から公認された石高(朱印高)をそのまま用いた。新田支藩の場合、私墾田は幕府からの拝領高ではないので、本藩の石高(朱印高)には変化がなかった。一般に、別朱印分家の支藩は、本藩に対する相対的独自性を保ち、財政運営も独自になされたが、内分分家の支藩は、財政的に独立採算制を基調とせず、本藩の財政と不可分の関係にあった。また秋田新田藩や熊本新田藩のように江戸定府の支藩もあった。このように支藩は、分家方式・領地概念・財政運営など、その存在形態はきわめて多様であった。

[参考文献] 藤野保『新訂幕藩体制史の研究』(吉川弘文館、一九七五年)、同編『佐賀藩の総合研究』(吉川弘文館、一九八一年)、松平秀治「大名分家の基礎的考察」(『徳川林政史研究所研究紀要』昭和四十七年度)

(藤野　保)

城下・城下町　(じょうか・じょうかまち)

城下町とは城館を核とし、ある程度の武士、商工業者、それに寺社で構成された非農業的要素の濃い集落と定義できる。その先駆的なものとしては鎌倉幕府の所在地鎌倉(相模)がある。守護が各国に設けた守護所もそれにかなうはずである。しかしこの時期の守護所は右の諸機能をみずから集める力をもたず、多く国衙とか水陸の交通要地に寄生するにとどまった。ただ鎌倉時代中末期には守護のなかに一国の権力者となる動きもみえ、守護所が国府に代わって地方政治都市となる所もあった。城下町成立の機運がみえて来たといえる。南北朝時代になると守護は一国を支配するようになり、城下をつくって来る。花倉(駿河)・野市《ののいち》(加賀)・宇多津(讃岐)などである。ただ長い動乱のために守護は各地に転戦し、また交代が多いため領国支配をつらぬくことは困難であった。そこで一時的に城下を営んでも永続せず滅ぶ所もあり、守護所はあっても城下をつくることは一般化していない。一方この時期、国府が府中となって守護権力の所在地となった所もある。これは国府の中世都市化であり、城下とみてよかろう。尾張・

武蔵・信濃・越前・能登・越後・豊後の諸国の府中あるいは府内がその例である。

室町時代になると、はじめ守護は在京したが中期ごろから任国に赴くようになり、これを契機に各国において城下が建設される。下津《おりづ》(尾張)・革手(美濃)・福岡(備前)・稲村御所(陸奥)・小浜《おばま》(若狭)・山口(周防)・湯築《ゆずき》(伊予)・田村土居(土佐)・鹿児島(薩摩)などである。この時代では府中と新設の守護所との区別はなくなっている。守護城下の景観をみると、規模は四、五町ぐらいである。居住するのは守護代を中心に重臣層で、一般の武士はあまり集住しない。寺社数は多く、水陸交通の機能はかなり充実している。商業は主に市を通じて展開され、城下に占める比重は他の機能にくらべて高くない。守護城下の形成に伴い国人城下も幾つかみえて来る。国人の支配する領域はせいぜい郡程度である。しかし主従関係を強め市商業を把握し、寺社や交通機能をつかみ、規模は小さくても城館を中心にして城下を形成するものもみられる。これには奥州留守職につながる余目《あまるめ》氏の岩切(陸奥)、津軽安東氏の十三《とさ》(陸奥)、山内首藤氏の甲山(備後)、小早川氏の沼田(安芸)、平賀氏の御薗宇《みそのう》(安芸)、名和氏の八代(肥後)などがある。戦国時代になると、大名は一国ないし半国の領域を支配するために本拠地の充実強化をはかる。その一つが領内各地に城館をかまえる国人らを本城地へ集住させることである。最近の発掘調査によると、一乗谷(越前)では朝倉氏の居館を中心にかなりの数の武家屋敷が集中し、街路網や屋敷割の整備されていることが明らかになっている。六角氏の居城観音寺城(近江)でも表坂道を下った所に御屋形跡があり、その東西両翼にかけて百余の武家屋敷とみられる曲輪《くるわ》が配列されている。ただこれは一般化できない。集住する武士は主に重臣層と直属の近習・馬廻などにとどまり、その重臣もみずからの所領に城館をもっているのが普通である。多くの国人層は公務で城下につめても、主たる生活の場はそれぞれの城館である。この状態は、信貴山(大和)・小谷《おだに》(近江)・山口から察せられる。その二つが商工業者を集住させることである。

大名は城下での諸役・地子・徳政免などをいい、楽市も発令する。有力商人を商人司あるいは商人頭とし、領内外の商人を統制し同時に遠隔地商業を行う。しかし商工業者は一挙に大量に集住しない。領国内には国人に属する市もあり、在郷の商人や職人もいる。ただそれらに大名の支配が及んだことが前代との違いである。城下の商業活動は店もあるが市による場合が多い。府中(甲斐)・小田原(相模)・結城(下総)・井口《いのくち》(美濃)・吉田(安芸)・山口などがその例である。城下の居住者は武士と僧侶・商人・職人であり、農民も少なくない。

小田原・結城・鷺山（美濃）・岡豊《おこう》（土佐）・府内（豊後）では、かれらは混住している。吉田では田の土や草を路上におくなとの布告が出ており、岡豊では城下の中心地域でも田畑が多い。職種による地域居住制はまだととのわず、分散的居住形態をとっている。だが「城下」をはじめ「山下」「山外」「根古屋」「麓」などの字句、さらに商人・職人たちの集住を意味する石・鍛冶・紺屋町などがこの時代の記録・文書にみえて来ることは注目される。清洲《きよす》（尾張）や小浜では町屋を城の外郭として濠で囲んでおり、本格的に城下町建設の始まったことを示している。

人口をみると、府中（駿河）は少なくとも一万、石寺（近江）は一万五千、井口は一万、山口は一万、府内（豊後）は八千となっている。安土桃山時代になると征服戦争とならんで城下建設も全国的に拡げられる。武士・商工業者の集住は急増する。肥後領内では城郭数が戦国時代の五十七城から九城に、南部領内では四十八城から十二城に、いずれも減じており、これからみても武士の城下移住がうかがえる。町屋づくりには京都・奈良・堺とか伊勢・近江などの先進地域の商人が積極的に行動している。兵農・商農分離は一層すすめられる。農民が武家奉公人になったり商人・職人になったりすることは禁止され、城下に居住している農民は郷村へ帰され、在郷商業や市立は禁じられる。楽市はこれまで市とか寺内に出されていたが、安土（近江）山下町掟にみるように、普請・伝馬役の免除や徳政令免除などと合わせて城下そのものに発令される。城下は武士と商人・職人の主たる居住地域となり、村落と異なる所となるのである。これは城下内部の構成にも及び、天正十六年（一五八八）に松坂（伊勢）では武家屋敷と町屋の混住は原則的に認められないことになった。

関ヶ原の戦後には新大名が登場し、元和一国一城令により群小の城郭が破却され、これらにより城下町建設が一層すすんだ。寛永期（一六二四―四四）には外様大名の分地による城下また陣屋町などが形成された。この時期になると町割が行われる。権力の象徴である天主閣の所在する城内と大身居住地、武士居住地（中級・下級）、社寺、町屋（商人・職人）地域が区画された。武士居住地と町人居住地は木戸とか溝により分けられ、往来も制限された。仙台（陸奥）では組士以上の侍の住む町を「丁《ちょう》」、足軽・商人・職人らの住む町を「町《ちょう》」と書いて区別している。商人町は幹線に面しておかれ、職人町は町家の外か裏通りにおかれた。また城下の末端にえた・非人の居住地域をおき、身分制支配をつらぬいた。遊郭も城下の末端に設けられている。城下の人口は武士が半数近くを占め、ことに後進地方の仙台や鹿児島では町人人口の三倍もあった。

ここに武士の町としての城下の面目が明白に示される。

　武士の屋敷地は藩の規模によって異なるが、大身になると千坪以上あり、一般武士で三百から六百坪ぐらい、下士層と足軽層で六十坪前後である。町屋の基準は間口三間奥行十六ないし十八間の五十坪ぐらいで、多く平屋である。道路は狭く、広いものでも幅四間、普通は二間で一間のものもあり、しかも真直ぐに通らず、丁字型とかカギ型になっている所が多い。これは戦いの際、侵入者の進攻を妨げ、弓矢・銃弾などの射通しを不能にするためである。また「ひだ」といって隣りあった家を少しずらして建て、そのずれた所に身を隠して備えるのもある。松坂や佐賀(肥前)には現在も残っている。商業ははじめ市でかなり営まれていたが、畿内では十七世紀前期に、広島(安芸)・岡山(備前)などの中間地域では中期にほとんど消え、店舗商業がみえて問屋と小売に分化した営業が行われる。その種目も時代とともに変わり、松山(伊予)で元禄七年(一六九四)と天明四年(一七八四)をくらべると以下のようである。造酒屋と質屋が後者で減じ、古着屋も減少する反面呉服屋が現われている。前者で多かった武士の需要に応じる鐙師《あぶみし》・鉄砲鍛冶・利屋《とぎや》は減じ、城下建設のとき多かった建築関係職人も少なくなっている。その代り仕立屋が増加し、筆師・木履師・合羽屋・鏡師などの新職種が出現している。また鍛冶屋町・大工町・紺屋町など初期にみえた同職町は、享保期以降は町名を残したままで住民は多く変わっている。大名は商工業に対して、軍事的要求、自給度、物価統制、産業保護、財政などの点から種々の統制を加えた。一方、文化上は能・謡曲とか茶の湯などがもてはやされ、和菓子や焼物が製作された。祭りも盛んになり、伝統的行事となって現代にまで保存維持されているものが多い。

　行政組織は藩の町奉行の下に町役人がおかれた。岡山にみると、町人の町六十三町を三組に分け、総年寄が一組ずつを担当し、各町に一ないし二名の名主と年寄がみえる。総年寄は上田(信濃)では町問屋、松本(信濃)では町庄屋とよばれている。名主とか年寄らは家持町人から選ばれた。町方自治は古くからの習慣によって行われているが、五人組制度にみられるように藩の町政の下部組織という性格も強かった。家持町人と借家町人の数は一対二ぐらいの割合で、家持町人は諸負担に応じ、町政にも発言権をもち、借家町人は負担も発言権もなかった。城下町はもともと武士の消費経済に依存しており、商業を中心に繁栄しているが、十八世紀になり武士の財政窮乏につれて活況を失ってきた。それに他領商人の進出、問屋・株仲間の閉鎖的独占とか伝馬役負担増も加わって不況が深刻化し、人口が停滞あるいは減少する城下もみえ、打ちこわしなどの暴動も起こっている。そして幕藩体制の崩壊とともに、大名の支配する城下町の存在意義がなくなり、歴史を閉じるのである。

参考文献　松山宏『日本中世都市の研究』(大学堂書店、一九七三年)、同『中世城下町の研究』(近代文芸社、一九九一年)、三尾功『近世都市和歌山の研究』(思文閣出版、一九九四年)、小川信『中世都市「府中」の展開』(思文閣出版、二〇〇一年)、中部よし子『城下町』(『記録都市生活史』九、柳原書店、一九七八年)、小和田哲男『城と城下町』(『歴史新書』九七、教育社、一九七九年)、豊田武『日本の封建都市』(『豊田武著作集』四、吉川弘文館、一九八三年)

(松山　宏)

城代家老(じょうだいがろう)　⇩家老《かろう》

除封(じょふう)　⇩改易《かいえき》

城付領(しろつきりょう)

将軍から宛行われる大名の所領は、必ずしも一円的に一ヵ所にあった訳ではない。例えば、寛文四年(一六六四)の壬生藩三浦安次への朱印状では、所領二万石は下野国都賀郡一万三千石、下総国結城・猿島郡七千石からなっている。城地を中心に下野国都賀郡に広がる所領を城付領といい、下総国内の所領のように城地から離れて存在する所領を飛地領という。通常、城付領は、城郭の維持、兵糧米の備蓄などその城の再生産を支える所領と言われるが、城付領は増減することがあり、右の説明では説明し尽くせない。城付領にしろ飛地領にしろ、藩の所領の機能は、藩の全体的な構造の中で検討すべきものである。したがって、城付領は城郭を中心にほぼ一円的にその周辺に位置する所領という程度の理解が適当であろう。なお、幕府は「元禄の地方直し」時と天保十四年(一八四三)の上知令で、領主権力の強化の観点から飛地領を整理し、代わって城付領を増やそうとしている。

参考文献　『壬生町史』通史編一、泉正人「関東飛地領の基礎的考察」(『史観』一二三、一九九〇年)

(泉　正人)

地割制度(じわりせいど)

江戸時代貢租を公平にするため各地で実施された土地割替制度。割地制度ともいう。ただし一部の地域では第二次世界大戦後の農地改革前後まで実施された。地割制度については、明治二十年(一八八七)代以来多くの研究があり、それを古島敏雄の見解によって整理すると、㈠近世土地制度の例外的現象として把握し、総有関係あるいは共有関係として理解し考察したもの、㈡近世土地制度であると把握し、その特殊事情下において実施されたものであると理解し考察したものに分類することができるが、㈠は現在ほとんど問題にされていない。㈡の立場に立って、栃内礼次・牧野信之助・土屋喬雄・古島敏雄らは、実証的、理論的に研究成果をあげ、古島が総括して、「水害などの自然的悪条件にもとづく収穫不定地が、江戸時代＝幕藩制期の土地関係＝年貢関係に入りこんだ場合につくり出されたのである」と地割制度の成立を理論化した。しかしこの古島理論、すなわち地割が自然的条件を前提として実施されたとする理論では、藩単位に実施された地割の説明ができないとして、筆者は、近世村落の特質のなかに地割を実施させる原因をみようとした。そして近世村落の特質を示す具体的事項である村請・鬮(かずき・かつぎ)・地ならし・地割の検討およびそれらの相互の関係の検討を行い、地割は石高制にもとづく村請村落において、社会的、自然的条件によって発生する村内農民間の損益を均分にし、貢租の賦課を公正公平にすることを主目的として、「検地・村請→鬮→地ならし→地割」の過程で実施されたところの土地制度であるとした。

　地割には多様な呼称があり、越前国では地割・内検地割・畦直平均《あぜなおしならし》、越後国では割地・地割・地組・田地割・村並軒前《むらなみけんまえ》割地《わりち》・軒前割・軒前・地券割・鍬前・鍬前割・割田・車作り・車地・車竿・縄地・輪転地・仲間地・名割・苗割《みょうわり》・苗・前割・棟割、筑前国では地組・地割・地組割拼《なら》し・御田地割拼《なら》し・畝数割拼《なら》し・一廉拼《ひとかどならし》、金沢藩では田畠碁盤割・碁盤割・田地割・田畑割替、高知藩では地割・割地、宇和島藩では鬮持《くじもち》・鬮取・地組・地組鬮取・内扴《うちならし》鬮取・地割・割地、松山藩では地坪地組・坪地組・地組・田畑地組・田畑坪地組、今治藩では地坪地組・田畑地坪地組などと呼ばれた。実施の早い例は、越中国礪波郡太田村の慶長十一年(一六〇六)、遅い例は、長野県上高井郡豊洲村相之島の昭和二十年(一九四五)代、愛媛県越智郡大三島町浦戸の昭和三十年代である。実施地域は、磐城・常陸・越前・越中・越後・加賀・能登・丹後・信濃・美濃・尾張・伊勢・周防・土佐・伊予・筑前・肥前・豊後・日向・薩摩・琉球などの諸国に及び、それらの地域で実施された地割を整理すると、農民が地割仕法を作成して村規模に行う村型地割と、藩が土地制度として藩規模に行う藩型地割に大別することができる。

　村型地割が実施されるのは、多くの場合水害などの自然的悪条件の土地が年貢関係に入りこんだ場合であり、それに対して藩型地割は、藩の土地政策および地方支配政策の一環として実施された。すなわち藩型地割を江戸時代初期に実施する場合は、主として近世村落を形成するために、後期の場合は主として近世村落の分解を阻止するために実施された。地割に参加できる者＝くじ引権者は、原則的には高持百姓であり、持高に比例してくじ引をしたが、藩・村によっては、それに農業に対する勤惰・家族数・牛馬数などが考慮される場合もあった。割替の対象地は、藩・村によって異なり、⑴本田畑のみ、⑵本田畑と新田畑のみ、⑶⑴⑵に山林を加える、などいろいろであった。

割替の単位を軒前(一軒前・一戸前・一丁前、越後国)、銘(一銘・一人前・一廉・一本・一くじ、筑前国)、株(松山藩)などと呼び、各村で軒前・銘・株の規模および数が、農家数・村高・田畑の広さなどによって定められ固定されていたが、農民層の分化によって、半軒前(軒前の二分の一)・半銘・半株、四半軒前(軒前の四分の一)・二分五厘銘・二分五厘株などのように軒前・銘・株が二分の一、四分の一、さらには八分の一、十六分の一と分割されていった。このように軒前・銘・株を複数の農民が分割して所持するようになると、それをとりまとめるくじ親(くじ頭・札頭・株頭)が発生し、くじ親を中心にくじ共同体が成立した。地割は農民の持地を定期的に割り替える制度であるから、割替期が近づくと農民は耕作をいいかげんにするようになり、土地は瘦せ、生産は低下し、問題となった。しかも剰余労働部分が農民の手元に残るようになり、質入れ質流れが盛んになり、地主小作関係が展開してゆくなかで、地割はその存在理由を失い、特に藩型地割は廃止されていった。そのようななかにあって、高知藩では永小作人にくじ引権を与え、金沢藩では小作人に小作高に比例してくじ引をさせるという「くじ替」を実施することによって、地割制度は変質しながら江戸時代末まで存続した。なお鹿児島藩の門割制度、沖縄の地割制度などは、特殊な要素をもつ地割制度であった。　↓地坪《じならし》

〔参考文献〕　青野春水『日本近世割地制史の研究』(雄山閣出版、一九八二年)、栃内礼次『旧加賀藩田地割制度』(壬生書院、一九三六年)、牧野信之助『武家時代社会の研究』(刀江書院、一九二八年)、土屋喬雄『近世日本農村経済史論改訂版』(『改造選書』改造社、一九四七年)、石井清吉『新潟県に於ける割地制度』(一九二九年)、古島敏雄『近世日本農業の構造』(『古島敏雄著作集』三、東京大学出版会、一九七四年)、同編『割地制度と農地改革』(東京大学出版会、一九五三年)、古島敏雄「割地制度に関する文献」(『農業経済研究』一六ノ四、一九四〇年)

(青野　春水)

親藩（しんぱん）　⇩大名《だいみょう》

陣屋（じんや）

平安時代には宮中を警固する衛士の詰所、鎌倉時代では合戦の際に軍兵が臨時に駐屯する軍営を称した。江戸時代には一、二万石の無城主の大名や三千石以上の無役の旗本である

交替寄合の居館などを陣屋と称している。また、一般には旗本や代官の支配地における役宅や屋敷、用水方の普請役の詰所、大藩の重臣の城下町外の居所、飛地を支配する役所なども陣屋と称した。そのため、本来の軍事上の野営の宿舎という意味から転じて、民政上の拠点を意味することになった。

陣屋は城に準ずるもので、櫓や櫓門は禁じられ、周囲は土塁や溝、空堀《からぼり》をめぐらしているが高い石垣はない。陣屋には居館、役所、家臣の役宅や土蔵、調練場などが配置され、関東・東海・畿内に多いのが特色である。江戸時代初期関東の代官頭の陣屋は、政治・軍事上の要衝に設けられ、付近に市《いち》が立つなど活況を呈したが、武蔵国八王子代官のように一ヵ所に十四名の代官の陣屋が集中している特異な例もみられた。代官陣屋は代官役所の別称で、元禄年間(一六八八―一七〇四)には全国天領に分布していた。陣屋とは、郡代・代官の官舎である本陣、公用を執務する所である役所、官舎である元締・手付役宅、手代長屋および属僚の小屋、米蔵・運上蔵・土蔵・物置、白州、牢屋、さらに陣屋稲荷などを含めた総称でもある。普通は長屋門、白壁の高塀、藪、溝または空堀に囲まれ境界をつくっている。郡代・代官が属吏の手付・手代とともに任地の陣屋で執務することを在陣といい、その陣屋を本庁また元陣屋、江戸の役宅を支庁と称し、属僚を陣屋詰・江戸詰に分け、さらに離れた支配地には出張《でばり》陣屋が設けられた。小大名や交替寄合の陣屋は、城と同じく拝領地にあったが、代官陣屋は地主所有の田畑に建てたときは相当の代価を払い、これを陣屋敷引と称し村高から高内引とした。

陣屋や付属建物の修繕は元文元年(一七三六)までは村の負担になっていたが、以後は小破損は自分入用、大破損や新規の修復は勘定所の許可を得て郡中割によった。陣屋が廃止されると元の地主や村方へ払い下げ、検地によって高入された。江戸時代初期の代官の陣屋支配では、周辺諸村に人足や小飛脚、手作畑の耕作など、村高に応じて陣屋役や役銭を課したが、中・後期でも陣屋の夫役を負担した村を陣屋小役村と称した。また無城主大名は、その居所を陣屋と称し、城郭構えの城主(城持)大名と区別されており、慶応三年(一八六七)末には九十九家が分布していた。その中には実際は城郭であったが、公称できなかったため陣屋と称した大名もいた。大名の陣屋の規模・構造はそれぞれ異なっており、現在、遺構も少ない。

参考文献　安藤博編『(徳川幕府)県治要略』、村上直『天領』(人物往来社、一九六五年)、同「初期関東における代官陣屋について」(森博士還暦記念会編『対外関係と社会経済』塙書房、一九六八年所収)、同「関東幕領における八王子代

官」(『日本歴史』一六八、一九六二年)、中島義一「一万石大名の城下町」(日本地理教育学会『新地理』一〇ノ二、一三ノ一・二)、加藤隆『幕藩体制期における大名家格制の研究』(近世日本城郭研究所、一九六九年)　（村上　直）

代官（だいかん）

代官とは代わりの官員という意味であり、鎌倉時代に地頭が現地に不在の時に置いた地頭代から発生した呼称である。江戸時代、諸藩で置かれた代官のあり様は、藩主権力のあり方、知行制のあり方等々によりさまざまであったが、大体以下のように考えられる。代官は、当初、大名蔵入地の農村支配を担当した地方官であったが、家臣の禄制が地方知行制から蔵米知行制に移行するに従い、藩領域全体が蔵入地同然となり、それに伴い代官も藩領全域に置かれ、領内農村の支配を担当するようになっていった。出自は、在地支配力を有する前代以来の土豪層が多かったが、藩権力の集中化、家臣団の吏僚化が進展する中で、次第にその在地支配力が藩政上のネックとなり、近世初期以来の代官らは更迭されていった。このような動きは、大体、十七世紀中期以降多くの藩で見られた。さらに、このような動きを背景に、代官は在地役所に常駐せず、城下の役所で勤務することが一般的にみられるようになった。しかし、十八世紀後半に領内農村の荒廃が顕著になると、それへの対応の一環として代官の在地在陣が求めらるようになっていった。代官を核として領内農村の復興策がはかられたのである。十八世紀後期の荘内藩和田伴兵衛や、十九世紀前期の壬生藩谷軍大夫のように、代官の中には支配下村々の農民たちによって生祠として祀られた者もあった。

参考文献　加藤玄智『本邦生祠の研究』(財団法人明治聖徳記念学会、一九三一年)　（泉　正人）

大名（だいみょう）

古くは多くの名田《みょうでん》を持った者をさしたが、鎌倉時代にはすでに有力な武士をあらわす言葉となり、大小名あるいは大名小名と併称された。室町時代には国持《くにもち》・准国持・外様《とざま》などの家格のごときものが生じ、将軍に親近する相伴衆《しょうばんしゅう》に対して在国衆があり、外様大名衆という呼称もあった。彼らが幕政の中枢を占め、あるいは各地の統治にあたっていたが、その多くは、鎌倉幕府から守護に補任された佐々木(六角・京極)・大友・島津、室町幕府から補任された山名・細川・一色・畠山・赤松・今川・武田・上杉・佐竹・小笠原・大内などであったから、総称して守護大名という。室町幕府の力が衰えてからは、守護代またはそれ以下より新しい勢力が起って多くの守護大名を倒し、群雄割拠の時代となる。それら群雄を戦国大名というが、明確な定義があるわけではない。明らかになるのは江戸幕府の成立以後である。

元和元年(一六一五)の『武家諸法度』においては大名小名といい、その中で国大名という言葉も用いているが、寛永十二年(一六三五)の諸法度では国主《こくしゅ》・城主《じょうしゅ》・一万石以上といい、一般に万石以上という言葉が大名全体をさすようになった。大名は将軍からその領土を安堵または付与する形で統治権を認められた。その領土は石高で示され、百二万石余の加賀金沢の前田家を最高に、近世後期には二百六十家を超した。石高に応じた家臣団を持ち、知行または扶持を与えて、行政や軍務などにあたらせた。その統治組織や領土を含めて、普通には藩とよんでいる。しかしその領有権は絶対のものではなく、『武家諸法度』や一国一城令をはじめとする幕府の法令や政策によって制限され、さらに改易・減封・転封などの対象ともなった。参勤交代を義務づけられ、妻子を江戸に置き、初期には証人(人質)の提出を求められていた大名もあった。幕府に対しては石高に応じた軍役の負担があり、御手伝普請などを課せられることもあった。将軍の代替りには巡見使が派遣されて領内政治を視察したが、大名の当主が幼少などの理由で国目付が常駐することもあった。幕政を担当する大老・老中・若年寄・側用人・寺社奉行・京都所司代・大坂城代・大坂城番・大坂加番などは大名の職であるが、江戸城下の門番なども勤めた。

大名の出自は区々で、津軽・南部・佐竹・岩城・伊達・毛利・大村・松浦・細川・相良・島津・宗など中世以来の系譜をひく家もあるが、多くは戦国時代に活躍した武士と、徳川氏に随従していた者の子孫であり、幕府成立後に取り立てられた家も少なくない。それらの大名は種々の形で区分される。将軍徳川氏との親疎関係によるものとしては、三家《さんけ》・家門《かもん》・三卿《さんきょう》・譜代《ふだい》・外様に分けられる。三家は徳川家康の子の義直・頼宣・頼房を祖とする名古屋(尾張)・和歌山(紀伊)・水戸(常陸)の三徳川氏である。家門は将軍の子弟の創立した家や三家の分家である。三卿は八代将軍吉宗の子の宗武・宗尹、九代家重の子の重好を祖とする田安・一橋・清水の三家で、各十万石の賄料を与えられたが、家老以下の家臣はいずれも幕府に属し、三卿が釆地に赴くことはなかったので、大名の列に加えない考え方もある。家門という定義は必ずしも明確ではなく、三家・三卿を含めることもある。また三家と越前福井の松平氏と陸奥会津の松平氏の五家を親藩《しんぱん》ということもあり、三家・家門すべても含めて親藩ということもある。また家康の母が久松俊勝に再縁して生んだ康元・勝俊・定勝の三兄弟は松平氏を許されたが、定勝の子孫の伊予松山と伊勢桑名の両松平氏のほか、石見浜田の松平家、因幡鳥取の池田家(初代忠継と二代忠雄兄弟の母は家康の女の督姫）、武蔵忍の奥平家は家門に準ずるとされた。譜代ははじめから徳川氏に臣属していたものであるが、関ヶ原の戦後に取り立てられた者も多く、柳沢吉保や田沼意次らはその例である。譜代大名のうち、古くから徳川氏（松平氏）に仕えていた家は、その服属の時期によって、安祥譜代・岡崎譜代・駿河譜代ということもあるが、これはさほど明確に区分されていたわけではない。

外様大名は織田信長や豊臣秀吉時代にすでに大名として独立していて、関ヶ原の戦後に徳川氏に服属したものである。幕府は外様の大大名は僻遠地に置き、関東や東海の重要地点には三家や譜代大名を配置した。幕政には三家や家門の大名が参与することは稀れであった。秀忠の子の保科正之が四代将軍の輔佐となり、久松松平氏の養子となった田安家出身の定信が寛政の改革を行なったことや、幕末の激動期に福井の松平慶永（春岳）が政事総裁職となり、会津の松平容保が京都守護職になったのは特例である。しかし幕政に重要問題が生じた時には三家の大名も意見を述べることがあり、幕末における水戸の斉昭のごときはその例である。譜代大名は将軍を輔佐し、幕政を運営する役職に就くことが多いが、大老や老中になる家が狭い範囲に限られていたのは、役職相応の石高を領有していることが条件であったからである。ただ役職によっては領地の変わることがあり、譜代大名には転封された例が多い。

外様大名は幕府の役職に就かないのが原則であったが、五代綱吉時代には外様大名を奥詰などにして役職に就かせ、譜代並みに扱ったこともある。譜代と外様の別は厳重ではあったが、絶対的ではなかった。譜代大名であった仙石氏が、寛文九年（一六六九）に政明が十一歳で襲封した時に外様に移された例もある。脇坂氏ははじめ外様であったが、堀田正盛の次男の安政が養子として入ってから譜代となり、のちには老中になった者もいる。真田氏は信之が早くから家康に服属したこともあって譜代並みの帝鑑《ていかん》間詰となり、松平定信の子の幸貫が養子となると老中を勤めている。さらに婚姻では譜代と外様の別がなく縁を結んでいるので、内面的には譜代と外様の区別はそれほど厳格なものではなかった。外様大名の分家が旗本として幕府の役職に就くのは珍しいことではなかった。

大名家には格式をあらわすものはいく種もあるが、最も顕著なのは朝廷から賜わる官位であった。鎌倉時代以来、武士が受領名を名乗ることは一般的となっていたが、戦国時代には令制の八省の役名を名乗ることも多くなった。徳川家康は慶長十一年（一六〇六）四月参内した際に、武家の官位は幕府によるべきを奏請し、同十六年には武家の官位は員数外とすることを聴許され、元和元年の『禁中並公家諸法度』の第七条に「武家之官位者、可レ為ニ公家当官之外一事」と明示した。初期には将軍の上洛の際に高位高官に叙任された大名もいたが、四代将軍時代に家々の極位極官がほぼ固定した。すなわち従二位権大納言が名古屋・和歌山の両徳川、従三位権中納言が水戸の徳川、正四位下参議が金沢の前田家、近衛中将が近江彦根の井伊、福井の松平、会津の松平、薩摩鹿児島の島津、陸奥仙台の伊達などで、以下には、官では近衛少将・侍従、位では正四位下から従四位下が右以外の大大名や老中などで、多くの大名は位は従五位下、官は国守または式部少輔・左京大夫・大炊頭などの令制の官名を称した。

また江戸城に登城した時の控室というべき詰所も定められていて、それも格式を示すものであった。大廊下《おおろうか》は上部屋と下部屋に分かれ、上部屋は三家、下部屋は三家の嫡子のほか、家門や金沢前田家が列することもある。溜間《たまり》は家門の一部と譜代大名の特別の家。会津松平・讃岐高松の松平・彦根井伊は常任、前老中が一代限り列するのは溜詰格。元老優遇の席でもあったが、幕末には溜間詰として意見を述べている。大《おお》広間《ひろま》は三家の庶流、国持大名など外様の大大名と四位以上の外様大名が列する。帝鑑間は家門の一部と譜代大名の席で、外様が列するのは例外的であった。柳間は外様大名の十万石未満の家の席で、ここが最も数が多い。雁間《かり》は譜代大名で、五万石から十五万石ぐらいの家が多い。菊間は三万石未満の大名の席である。慶応二年(一八六六)には、大廊下二、溜間十一、大広間三十八、帝鑑間六十四、柳間七十三、雁間四十、菊間三十八で、計二百六十六家であった。大名を分類するのに領土の大小や城郭の有無によるものもある。すなわち一国以上を領有する大名を本国持、一国でなくても大身の大名を大身国持といい、合わせて国持大名または国主という。これらは十五万石以上である。それ以下には国持並・城持《しろもち》(城主)・城持並(城主並)・無城の別がある。これらはそれぞれに家格を示すものであるが、そのほかにも松平の称号を許される家や将軍の偏諱を与えられる家もあり、乗輿にも差別があった。

こうした種々の区分が、大名を束縛し、または操縦する方策として役立ったのである。こうして幕府の硬軟両面からの大名統制によって、二百数十年間を通じて大名の反抗は幕末に至るまで全くなかった。もっとも大名の過半数は五万石以下で、その武力も経済力も弱小であったから、一藩として行動することは不可能であった。その婚姻についても将軍の許可を要し、旅行は参勤交代で江戸と国許を往復するほかは、社寺の参拝や湯治などのために許可を得る程度であった。ただ大大名は領内で鷹狩や遊覧の機会もあり、広大な庭園を作ったことは、水戸の偕楽園、金沢の兼六園、岡山の後楽園、高松の栗林公園、鹿児島の磯邸などで知ることができる。江戸でも大名屋敷は広く、名古屋徳川氏の戸山荘、水戸徳川氏の後楽園などは大庭園として知られていた。

大名自身が学芸に親しんだ例も多く、保科正之の『新編会津風土記』、徳川光圀の『大日本史』『鎌倉日記』、松平定信の『集古十種』『花月草紙』『宇下人言』、松浦静山の『甲子夜話』などはよく知られている。明治二年(一八六九)の版籍奉還により、藩主であった大名は知藩事に任命され、また諸侯の称を廃されて公卿とともに華族と称せられた。また、同年東京在住を命ぜられた。同十七年に華族令が制定されると、旧領地の石高および維新の際の功罪によって公・侯・伯・子の爵位を授けられた。大日本帝国憲法では貴族院議員に選出される特権を与えられた。

↓三卿《さんきょう》　↓参勤交代《さんきんこうたい》　↓三家《さんけ》　↓大《だい》名誓詞《みょうせいし》　↓武家諸法度《ぶけしょはっと》

参考文献　『古事類苑』官位部二・三(吉川弘文館、一九九六年)、加藤隆『幕藩体制期における大名家格制の研究』(近世日本城郭研究所、一九六九年)、金井圓『藩政』(至文堂、一九六二年)、笠谷和比古『近世武家社会の政治構造』(吉川弘文館、一九九三年)、藤野保『新訂幕藩体制史の研究』(吉川弘文館、一九六一年)、児玉幸多『大名』(『日本の歴史』一八、小学館、一九七五年)、中村孝也「大名の研究」(大塚史学会編『(三宅博士古稀祝賀)記念論文集』岡書院、一九二九年所収)、松平秀治「大名家格制についての問題点」(『徳川林政史研究所紀要』昭和四十八年度)

(児玉　幸多)

大名貸(だいみょうがし)

近世町人の大名への金銀貸付を大名貸という。その大名領内町人の貸付は御用金ということになるから領外の、主として幕府直轄都市町人の大名、実質的には藩への貸付である。近世初期の大名貸では京都町人が最大で堺・長崎・大坂・江戸がこれについだ。その後大坂は全国的集散市場として確立し、運河網の完成に伴って大名の蔵屋敷が設置、整備、拡大され、ここへの諸藩の登米《のぼせまい》が増して最大の領主米市場となった。京都は高級織物・美術工芸品の生産・流通において中央都市であったが、領主米市場としては大津・大坂に包含され、十八世紀には大名貸銀高で大坂に追い越された。江戸は参勤交代・江戸在府制によって大名の最大の貨幣支出の場となり、明暦の大火後新たな都市計画のもと大消費都市として現われ、加工品を大坂から移入した。江戸への廻米は商人米としてが多く、領主米市場としては大坂に及ばない。

かくて十七世紀後期以降、大坂を中心として幕藩制に照応した大名貸が現われる。中央都市への藩の年貢米その他蔵物の廻送・売払いによる幕府発行の全国貨幣たる鋳貨の獲得、その貨幣で領内非自給物資の購入と、参勤交代・江戸在府・手伝普請など幕府への勤役のための貨幣支出という循環のなかで、現実には蔵米の廻着時期・廻着量により、入手しうる貨幣と藩が必要とする貨幣との時期、量のずれが生じる。このずれを埋めるのが大名貸、借手からみれば藩債である。中央都市への廻米・換金の時期と量にかかわりなく、江戸で恒常的な貨幣支出を必要としたから、定期的に借り入れて、蔵物が売れてから返済する。大坂での藩債は大部分は江戸仕送りといって江戸へ送金された。諸藩の大坂蔵屋敷でこの資金の出納を行うのが掛屋で、典型的には大名貸は掛屋によって江戸仕送りの担当という形でなされた。その際大坂から江戸への下り商品の増大、大坂の江戸への貸越しの恒常化が江戸仕送りの為替送金を可能ならしめ、両替屋が掛屋として最もよくこれを担当しうる。その年の大坂登せ蔵物売払代で返済される当用貸としての江戸仕送りが毎年繰り返されるが、大名領国凶作による登米の減少または幕府手伝普請などによる支出増から返済不足額が証文貸となっても、その後何年間かの登米売払代銀で返済されるなら当用貸の延長ないし派生といえる。

享保三年（一七一八）以後の米価下落は藩の収入減となり、大名貸の元利払い棚上げや踏み倒しを実行した藩と、貸手の大坂両替屋との取引断絶が少なからず生じた。しかし両替屋はすでに多額の貸付をしていて、返済能力ありとみられた藩との関係を絶つことはできず、藩債整理をすすめ貸付先の選別につとめた。その選別で除外された藩は浜方からの借入れに依存した。浜方とは、米価引上策として幕府が認可した堂島米会所での帳合米取引・米切手売買を行う米仲買と、帳合米取引の清算機関たる米方両替とであって、米切手を担保とした大名貸である。担保の米切手は、蔵屋敷が蔵米の落札者に交付した入札高・入札日・落札者名記載の出切手とは異なり、堂島市場で流通しない調達切手であったが、一般に出切手による蔵出し請求はすぐには行われないので、藩は蔵米の裏付けのない出切手を発行するようになり、両替屋からの借入れにも、みかけ上の出切手が担保として渡されるに至った。浜方の大名貸が増大し蔵元や掛屋にも浜方出身者が進出し、これを含めて数人の立入が扶持・合力米を与えられて江戸仕送りを分担し、臨時の貸付にも応じた。その後の大名貸の推移は米切手発行高と実米登せ高との乖離の度合に集約され、これを把握する蔵元が立入を統轄し、その利益を代表する役割を果たすようになった。しかし幕末にかけて元利払いは停滞して藩債は累積し、大名貸経営は、高米価のもと扶持・合力米によってやっと維持されたといえる。

参考文献　森泰博『大名金融史論』(『日本史学研究双書』新生社、一九七〇年)

（森　泰博）

大名行列（だいみょうぎょうれつ）

近世において大名が参勤交代などの時に隊伍を整えて行く行列。はじめは戦時に備えられる行軍形式であったが、次第に形式化した。家格・石高・家風などによって、規模や装備は異なる。幕府では、元和元年(一六一五)の『武家諸法度』で、参勤の際には百万石以下二十万石以上は二十騎以下とし、十万石以下はそれに準ずることとした。これに歩行の家臣や小者・中間などを加えると多数となり、金沢の前田氏は二千五百名、鹿児島の島津氏は千二百人以上にも達した。幕府では承応二年(一六五三)・元禄十四年(一七〇一)・宝永元年(一七〇四)などに従者の数を制限するように命じたが、これは主に街道宿駅の混雑を防ぐためであった。正徳二年(一七一二)には江戸詰の人数が増して主人や家中が財政難になることを理由に制限令を出し、大名が受け持つ江戸城の門番などに必要な人員の概数を示し、享保六年(一七二一)には在江戸人数を定めて、参勤の節の従者を減じさせた。二十万石以上では馬上十五騎より二十騎まで、足軽百二、三十人、中間人足二百五十人から三百人まで、十万石では馬上十騎、足軽八十人、中間人足百四、五十人、五万石では馬上七騎、足軽六十人、中間人足百人、一万石では馬上三、四騎、足軽二十人、中間人足三十人とした。これが一応の基準となり、一万石級の大名は百五十人から三百人までが普通となった。

行列には前方の通行人を追い払うか下坐させる先払のあとに槍・鉄砲・弓・挟箱・立傘・具足櫃などが先行し、藩主は供侍に囲まれて駕籠または馬に乗り、ついで近従士、長持・具足櫃などが続く。特別の家には金紋挟箱や爪折立傘が許され、駕籠も引戸乗物・打揚腰黒乗物・引戸網代乗物などの違いもあり、道具といわれていた槍も一本道具といって一本が普通であるが、二本なり三本なり家によって違い、その覆い飾りにも家の特徴があった。またそれらの使用には幕府の許可を要するものもあった。なお藩の足軽・中間・又者のほかに荷物を運ぶ宿駅の人馬も先発するか後方に続くので大行列となるのが常であった。一日に八、九里を行くのは常であったから、行進はかなりの速度であった。→参勤交代《さんきんこうたい》

参考文献　『徳川禁令考』前集四、高柳真三・石井良助編『御触書寛保集成』一六、田村栄太郎『近世日本交通史』(清和書店、一九三五年)、児玉幸多『大名』(『日本の歴史』一八、小学館、一九七五年)

（児玉　幸多）

大名家墓所（だいみょうけぼしょ）

大名家墓所は歴代藩主を祀る場所であるが、近年、岸本覚は長州藩を事例に、一九世紀前期にわたって歴代藩主墓所を創出する過程を、藩祖の神格化や藩の歴史編纂事業などとの関連でとらえる研究を示した。長州藩は藩祖毛利元就の墓所を修復したことをきっかけにして、一九世紀前期にわたって歴代藩主墓所の創出に加えて、遠祖（阿保親王・大江広元・毛利季光）の墓所も創出していた。したがって、この時期を、阿保親王―大江家―毛利家と続く系譜に基づいてその墓所を創出し、自己像を新たに形成していく過程＝新たに独自の歴史認識に基づいた自己像の創造していく過程と指摘した。つまり、大名家墓所は、藩の自己像を現実のかたちで創出させたものと指摘することができる。大名家墓所の創出や歴代藩主の顕彰事業は、政治史のなかで歴代藩主がいかに深く関わっていたのかをみることであり、諸藩がどのような自己認識を体現していくのかという重要な問題を含意している。

参考文献　岸本覚「長州藩藩祖廟の研究」（『日本史研究』四三八、一九九九年）、同「長州藩の藩祖顕彰と藩政改革」（同四六四、二〇〇一年）

（佐藤　宏之）

大名誓詞（だいみょうせいし）

江戸時代に大名が将軍に出した誓詞。慶長十六年（一六一一）

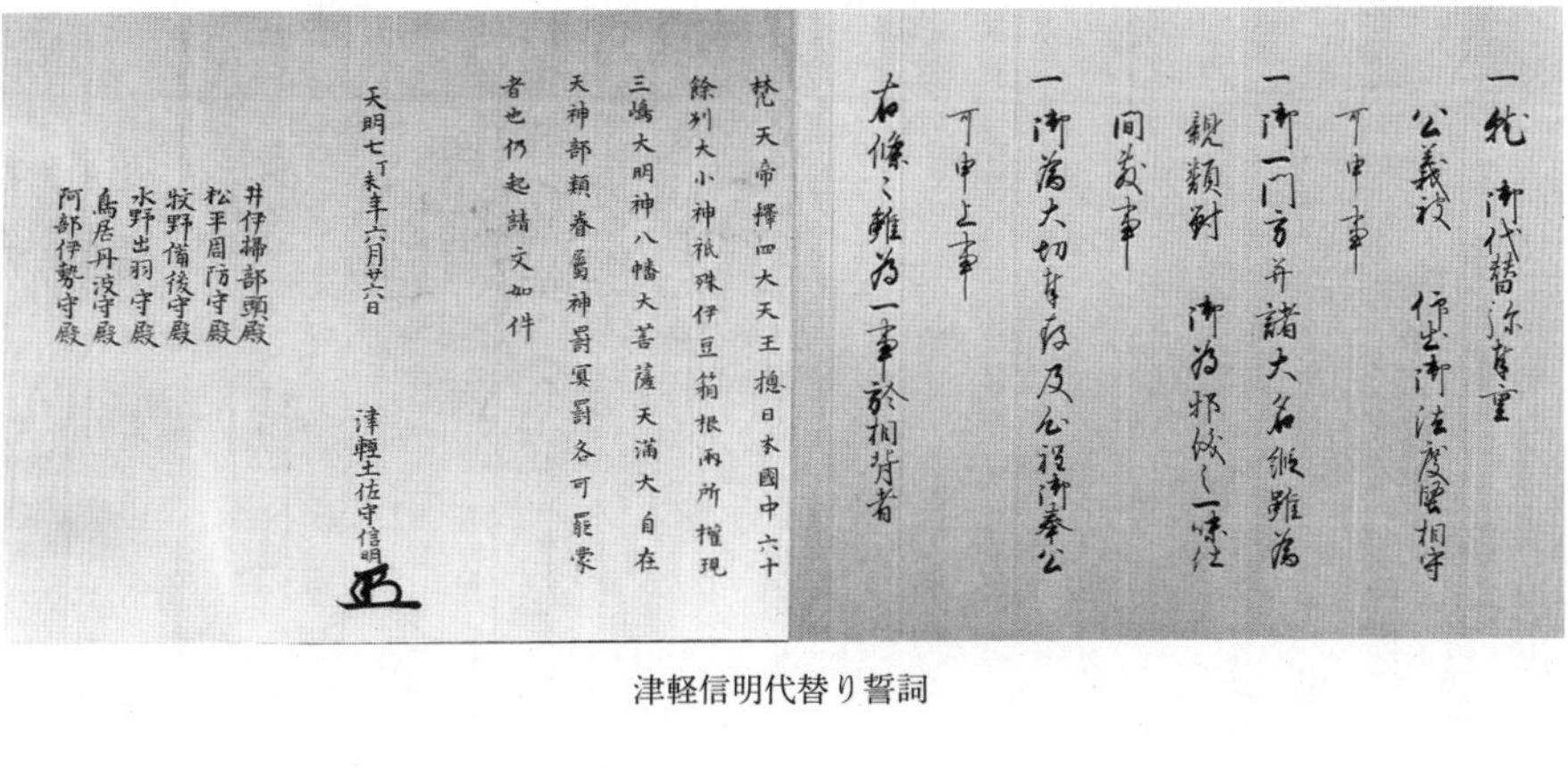
一就　御代替弥重
公義被　仰出御法度堅相守
可申事
一御一門方并諸大名衆雖為
親類対　御為悪敷一味仕
間敷事
一御為大切之事承及候御奉公
可申上事
右條々雖為一事於相背者
梵天帝釋四大天王摠日本國中六十
餘州大小神祇殊伊豆箱根両所権現
三嶋大明神八幡大菩薩天満大自在
天神部類眷属神罰冥罰各可罷蒙
者也仍起請文如件
天明七丁未年六月廿六日　津軽土佐守信明
井伊掃部頭殿
松平周防守殿
牧野備後守殿
水野出羽守殿
鳥居丹波守殿
阿部伊勢守殿

津軽信明代替り誓詞

四月十二日、徳川家康は三ヵ条の法令を定めて近畿以西の諸大名から誓書を徴した。源頼朝以来代々将軍家の法式を重んじ、やがて秀忠が発布すべき条目を順守すべきことや、法度に背いた者を隠匿しないことなどを述べ、のちの『武家諸法度』の前蹤をなしている。翌十七年正月五日には同様の法令について東国諸大名から誓書を徴した。その後も将軍の代替りには諸大名から誓詞を徴するのが例で、それを代替り誓詞という。内容は徳川氏に対して表裏なく奉公することや、一門中で公儀に不義をする者があっても同心しないことなどであるが、家によって差異があり、同一家でも時期によって若干の違いがある。老中の役宅で署名・血判をするが、その前に米のとぎ汁の湯などで手水をつかって血の出やすいようにした。

参考文献　『大日本史料』一二ノ八、慶長十六年四月十二日条、一二ノ九、同十七年正月五日条、『要筐弁志』下、『伊達家文書』一〇

（児玉　幸多）

大名茶（だいみょうちゃ）

茶の湯における茶風のスタイルの一つ。桃山時代に成立したと見られる『分類草人木』は「大名有力」を茶人の一つのグループとしており、『清巌禅師茶事十六ヶ条』にも「大名有力の茶」という言葉があらわれ、近世初頭には、大名によって荷われる茶の湯に、独特の茶のスタイルを認める見方が成立していたと思われる。一般的には、千利休の弟子であった細川三斎、織田有楽、蒲生氏郷らの大名によって担われた茶の湯に始まり、将軍の茶の湯指南と称された古田織部、小堀遠州、片桐石州の茶の湯をさす。また江戸時代を通じて、茶の湯にすぐれた足跡を残した松平不昧、井伊直弼らの大名の茶も含めた概念である。時代も異なり大名といっても千差万別であるから、共通する茶の湯のスタイルを指摘するのは困難だが、次の諸点をあげることは可能であろう。第一に、利休のわび茶の精神的な厳格さに比べると、開放的であるが、その反面、近世的秩序意識が反映している。第二に、同じわび茶でも優美さを含む、均衡のとれた「きれいさび」への志向が強い。第三に禅宗への傾きが強く、墨跡を重視した。第四に、東山御物以来の名物を尊重し、唐物を中心とする書院台子の茶を重視した。これらの点から見ると、古田織部の茶は破天荒のかぶきたる美を含む点で、大名茶より利休の茶に近く、それ故に織部は切腹し、その道統が絶えたともいえよう。墨跡の重視や「きれいさび」の感覚がいきている点では、小堀遠州の茶こそ、最も大名茶の称にふさわしいだろう。遠州に先行する人物としては、織田有楽の茶も大名茶の特質をよく見せている。片桐石州とその系統は、近世大名の制度の

一部を荷う数奇屋坊主(茶堂)社会で最も広く拡がった。しかし十七世紀後半以降、茶の湯が政治的な機能を次第に失うなかで、数は少ないが、かえって独創的な大名茶人を輩出した。たとえば松平不昧は名物茶器を蒐集し、『古今名物類聚』を編纂し、名物の研究を進展させた。この不昧の名物主義が、近代に至って、近代数奇者の茶に継承されている。また幕末の大老井伊直弼は『茶湯一会集』を著し、「一期一会」の言葉を定着させるなど、大名茶は近代の茶の湯にも影響を与えたといえよう。

参考文献　熊倉功夫「大名茶の成立」(『茶湯』一、思文閣、一九六九年)、谷端昭夫『近世茶道史』(淡交社、一九八八)

(熊倉　功夫)

大名屋敷(だいみょうやしき)

江戸時代、大名が江戸に居住するために幕府が与えた宅地。藩の江戸役所としての機能もふくんでおり、ときとして江戸藩邸とよばれることもある。城下町の土地構成は、一般に武家地・町地・寺社地の三種類からなり、中では武家地の面積が圧倒的に広く、全体の七割程度を占めるのが普通であった。江戸の武家地の総面積は千百六十九万二千五百九十一坪(明治二年(一八六九)九月調査)で、全市街の約六八%を占める。その武家地の面積の約半分は大名屋敷でその数は約六百にのぼ

大手門外

小石川・水道橋辺

大名屋敷(『江戸図屏風』国立歴史民俗博物館所蔵より)

り、ほかは旗本・御家人の屋敷であった。

徳川家康は、天正十八年（一五九〇）の関東移封後、早々に譜代諸将に江戸の邸地を与えた。榊原康政の向ヶ岡邸、井伊直政の外桜田邸下賜などはその例である。慶長三年（一五九八）に豊臣秀吉が没し、家康の政治的優位が明らかになってくると、外様大名の江戸屋敷も設けられるようになった。家康に服する証拠としての証人を江戸に送り、その居宅として江戸屋敷を営んだのである。その最初は伊予大洲の藤堂高虎が弟正高を江戸に送ったこととされているが、これは秀吉在世中の慶長元年であるから特例であっても（『高山公実録』『寛政重修諸家譜』は四年とす）、慶長四年には堀秀治・浅野長政、同五年には細川忠興・前田利長が続き、関ヶ原の戦後はさらに多数の大名がこれに倣った。家康はこれらの諸家に、のちの大名小路・西ノ丸下・外桜田・霞ヶ関辺の土地を割り当てたが、多くの土地はまだ未整地であり、各大名は町割りの進行に伴い堀の揚げ土を盛ったり、屋敷地内の高低をならして屋敷を構えた。初期の賜邸には所領の大小、外様、譜代の別などの配慮は特に認められないようであるが、慶長・元和・寛永と年代を経るにしたがい徐々に再配置が行われた。

寛永江戸図により大名屋敷の分布をみると、江戸城内吹上に尾張・紀伊・水戸の御三家、北ノ丸に駿河大納言忠長と親族を置き、大手門外には酒井忠世・酒井忠勝・松平信綱・稲葉正勝・土井利勝など幕閣の重臣と腹心の側近を配し、常盤橋門内から西ノ丸下にかけては親藩・譜代を、大名小路・外桜田方面には外様の有力大名を置く形となっている。またさらに時代がくだると、竜ノ口から西ノ丸辺には時の老中・若年寄の官邸的性格をもつ大名屋敷が置かれた。大名屋敷の移動・再配置が可能であったのは、それが将軍からの賜邸、拝領屋敷であり、私的な所有地ではなかったからであり、大名は幕命があれば直ちに屋敷を移転しなければならなかった。ただし屋敷内の普請や造作は大名の負担で行われた。

寛永期の大名屋敷が、後代にみられない華麗なものであったことは『慶長見聞集』『落穂集追加』などの記述にもみられるが、幕府御用大工の大棟梁甲良向念が宝永三年（一七〇六）に書いた覚書に「元和、寛永の始、大猷院様御在世御成の儀依被仰出、諸方其為御用意御営作美麗也」とあるように、このころ将軍徳川秀忠や徳川家光が頻繁に諸大名を訪問したことが影響している。したがって御成門は大棟門や二階造の櫓門となり、組物を出し、梁の持送りには種々の彫物を付け、金銀丹青で華麗に装飾し、これに伴って御殿向の書院その他の建物も桃山建築風の豪華なものであった。これらの建物で今日に伝わるものはないが、その姿は「江戸図屏風」（国立歴史民俗博物館蔵）に偲ぶことができる。寛永期までに成立した初期江戸の姿は、明暦三年（一六五七）の大火によって一変したといわれるが、大名屋敷もこれを境に大きく変化した。華麗な江戸邸はすべて焼失し、再建された建物は質素倹約の趣旨から華美を禁じられて世間並の作事となった。

屋敷配置では、吹上にあった御三家や大手門内の譜代重臣の屋敷を火災防止の見地から城外に移した。登城の便から上屋敷は従来通り西ノ丸下・大名小路・外桜田辺に集中させたが、中屋敷はおおむね外濠の内縁にそった地域に配置し、下屋敷は江戸湾の湊口・河岸地などや四谷・駒込・下谷・本所など江戸周辺に近く配置した。この結果、大名邸の上屋敷・中屋敷・下屋敷の性格が明確に区別されるようになった。すなわち上屋敷は藩主やその家族が住む公邸、中屋敷は隠居した藩主や嗣子などの住居であるとともに、上屋敷が罹災した場合の予備の邸宅となった。幕府は明暦大火後、大規模火災などの場合の避難地として諸大名に望み次第下屋敷を与えることとしたが、下屋敷はその立地条件からして、海岸や河岸地のものは国許からの回漕物資の荷揚地・蔵地の性格をもつ一方、近郊の下屋敷と同様その広大な敷地の中に築山や園池を配し、休息用の別邸としての性格が強くなった。下町では浜町の細川邸・酒井邸、蠣殻町の松平邸、茅場町の牧野邸、築地の稲葉邸や浴恩園など、山手では駒込の六義園、牛込戸山の尾張邸など、その他も含めて江戸の名園とよばれるものの多くはこのような下屋敷の庭園であった。大名屋敷の面積は、元文三年（一七三八）の幕府の規定では、一〜二万石で二千五百坪、五〜六万石で五千坪、十〜十五万石で七千坪という基準をたてているが、実際にはこれ以上の広大なものが多い。

幕末安政ごろの『諸向地面取調書』は江戸の武家地の調査であるが、小石川の水戸家上屋敷十万千八百三十一坪、市ヶ谷の尾張家上屋敷七万五千二百五坪、麴町紀州家上屋敷二万四千五百四十八坪、赤坂同家中屋敷十三万四千八百十七坪、本郷の前田家上屋敷は十万三千八百二十二坪となっている。これらの上屋敷の周囲はほとんど二階建瓦葺の長屋で囲まれており、長屋の外面からは、ひと続きの海鼠塀のような外観を呈しているものが多かった。屋敷内部には、藩主家族の住む御殿、藩士の長屋、諸役所、倉庫、厩、学問所、武道場、中間部屋や牢屋などまであり、大藩では五〜六千人、小藩でも五〜六百人の在江戸藩士が起居していた。明治維新後の明治元年八月、政府は江戸の武家地の大規模な収公を行なったが、大名については郭内（ただし範囲はやや広く東は両国川筋、南は芝口新橋川筋限り）で一ヵ所、郭外では十万石以上の大藩二ヵ所、それ以下の小藩は一ヵ所の屋敷に制限した。ただしこの規定が厳格に実行されたかは疑問で、維新の変動についての各藩の対応により差がつけられたと思われる。江戸城周辺の収公された大名屋敷は、京都から移住した公家の屋敷になったり、諸官庁、兵営などが設けられた。

参考文献　『東京市史稿』市街篇、『千代田区史』上・中、平井聖「江戸図屏風に於ける建築」(鈴木進他『江戸図屏風』平凡社、一九七一年所収)

（村井　益男）

鷹場（たかば）

鷹狩を行う場所、および鷹場としての支配や規制を受ける地域のこと。関東の江戸から半径五里地域一円に設定された幕府(将軍家)鷹場や、その外郭半径五—十里地域の御三家鷹場は広く知られている。しかし、藩のなかには、将軍から関東や畿内に鷹場を与えられたり、自領内に鷹場を持つ藩もあった。

江戸時代前期、関東において将軍から鷹場を与えられた大名として、仙台の伊達政宗、米沢の上杉景勝、萩の細川忠興、金沢前田、彦根井伊など外様・譜代の有力大名を中心に二十五例が確認されている。これらの鷹場は、元禄時代の生類憐みの令の発布までにすべて返上され、その後、享保改革の将軍家・御三家の鷹場制度復活のさいにも再設されることはなかった。

一方畿内では、豊臣政権期に太閤秀吉の鷹場が畿内(山城、摂津、河内、和泉、大和)と近江に、関白秀次の鷹場が尾張と三河に存在した。その後、幕府鷹場が設けられ、彦根井伊の近江・山城、和歌山徳川の伊勢鷹場が置かれた。彦根・和歌山両藩の鷹場は、元禄時代に一時廃止されたものの、享保改革のさい再設されたと見られ、幕末まで続いた。関東・畿内(周辺)の鷹場は、分散・入組支配を越えて一円的に設定され、各地域は領主支配のほかに広域的な鷹場支配・規制を受けることになった。また、福岡、仙台、薩摩など国元において鷹場を持つ藩もあった。

その他、東北諸藩は将軍に鷹狩用の鷹を献上しているが、これも広く鷹狩を通じた幕府と藩の関係としてとらえることができる。

参考文献　大石学『享保改革の地域政策』(吉川弘文館、一九九六年)、長谷川成一『近世国家と東北大名』(吉川弘文館、一九九八年)、斎藤司「近世前期、関東における鷹場編成—拝領鷹場の検討を中心として—」(『関東近世史研究』三二、一九九二年)、同「近世前期における五畿内近国の鷹場編成」(関東近世史研究会編『近世の地域編成と国家』岩田書院、一九九七年所収)、岡崎寛徳「近世中期における彦根藩

『御鷹場』の認識」(同所収)、福田千鶴「近世初期福岡藩における鷹場支配の展開」(『地方史研究』二三一、一九九一年)、菊池勇夫「鷹と松前藩—近世初・前期を中心に—」(地方史研究協議会編『蝦夷地・北海道—歴史と生活—』(雄山閣、一九八一年所収)

(大石　学)

脱藩(だっぱん)

江戸時代、武士が藩籍を捨て浪人となること。亡命・逐電ともいい、徒士以上を出奔、足軽以下を欠落ともいう。特に幕末激動期に、現体制に不満を懐く下級武士・郷士が、藩の実権を掌握する保守的、現状維持的な門閥上層家臣の思想や政治に反発し、藩の殻を破り、国事奔走のため亡命したこと。近世初期以来、喧嘩・口論・犯罪、その他貧窮などで武士のなかにも出奔を企てる者が存したが、脱藩は、家臣が一方的に主君との封的勤務関係を破棄する大罪であり、犯罪を伴わない単なる脱藩者に対しても、家禄没収・家断絶の刑が科せられ、家族には領外追放など縁坐が行われ、また脱藩後他家に奉公の者(他所取付)には斬罪と定めた藩もあった。幕末期脱藩者の多くは、過激な尊攘思想を懐き他藩同志と親交を結び、京都をはじめ他領・他支配で暗殺・狼藉などを働き、幕府・他藩当局の手で処刑された者も少なくない。しかし、これら脱藩者のなかには次代を背負う有為の人材が多く、しかも憂国の情よりの脱藩であり、また自藩に迷惑がかからないよう脱藩にあたり変名するなどし、藩として必ずしも規定通りの刑罰を科すことに躊躇し、寛典をもって臨んだ場合が多かった。大政奉還後朝命により帰藩を命ぜられた者、さらには明治政府により贈位された者も存した。

[参考文献]　高柳真三「江戸時代欠落考」(『法学協会雑誌』四八ノ五—八)、高木俊輔『明治維新草奔運動史』(勁草書房、一九七四年)

(服藤　弘司)

断家譜(だんかふ)

慶長年間(一五九六—一六一五)より文化年間(一八〇四—一八)に至る大名・旗本・官医のうち、絶家となった八百八十余家について、以呂波《いろは》順に記載したもの。田畑吉正著。三十巻。文化六年季冬の自序がある。「凡例」によれば、旗本の場合は、御目見以上を記載し、御目見以下は登用し柳営菊間において襲封した者に限り記載し、また次男以下で、その身一代で絶家となった者は省略し、勤功により布衣《ほい》を許された者、あるいは分知された者は、これを記載している。さらに改易によって減封・減禄されながら、子孫が存続している場合は、絶家でなくとも収録している。『廃絶録』『徳川除封録』とともに、諸家の廃絶を知るうえでの貴重史料である。ただし、両著が当該廃絶大名を年次別に単独記載しているのに対し、本書は大名・旗本別に系図で示し譜伝を記載している点において家譜に近く、その意味で、断家に疎漏の多い『寛政重修諸家譜』の欠を補う性質をもつ。昭和四十三年（一九六八）・四十四年に続群書類従完成会より斎木一馬・岩沢愿彦の校訂で刊行（全三冊）。

（藤野　保）

知行制度（ちぎょうせいど）

土地を占有支配する知行＝所領の授受を媒介として成立する武士階級内部の政治・社会経済制度。武家領主がその家臣に知行＝所領を給与することによって両者間に御恩（所領・保護―恩給）と奉公（軍役公役・忠誠―奉仕）の封建的な主従関係が成立した。西欧のレーエン制流にいえば封建制の二大要素である恩領制（知行制）とそれに伴う従士制が形成されたことになる。この関係は鎌倉時代の幕府将軍対地頭（御家人）制に始まり、室町時代の幕府将軍対守護大名制ないし戦国大名制を経て、江戸時代の幕府将軍対近世大名制に至って制度的に整備された。江戸時代は幕藩制（幕藩体制）と呼ばれる封建制度の時代であり、兵農分離制と石高制を前提として成立している。幕藩制下では、江戸幕府将軍を頂点としてその直臣には大名と旗本・御家人＝直参がおり、さらに大名・旗本にはそれぞれの直臣（将軍に対しては陪臣《ばいしん》）が従属しており、さらに大名・旗本の上・中級の家臣にはそれぞれの直臣（大名・旗本に対しては陪臣）が従属しており、階層制を構成している。これらの家臣団は兵農分離制によって城下町居住を原則としており、将軍の城下町江戸には旗本・御家人が居住し、大名は自領の城下町に居住するが、参勤交代制のかたちで将軍の城下町江戸に隔年居住している。さらに大名の城下町には藩士が居住しており、一部は留守居役として江戸に居住している。

太閤検地以来の石高制は、武家領主の家臣団に対する知行の充行と軍役・公役の賦課および百姓に対する土地所持の認定と年貢諸役の賦課の実施基準となっており、幕藩制の基幹要素を大きく規制している。検地による全国総石高は初期千八百五十五万石余、中期二千五百九十一万石余、後期三千五十五万石余である。統一政権である江戸幕府は、全国総石高のうち幕府直轄領（御料）四百二十万石余（一四％）を留保した上で残余の領地をその直臣である大名（草高一万石以上）と旗本・御家人（一万石未満）に対して恩領として知行充行―知行割を行なっている。その大名領地は二千三百万石余（七七％）、旗本・御家人領地は二百六十万石余（九％）である。大名の人数は二百六十余人であり、彼らを領主、その領地を領分と称したが、大名領分は全国各地に分布した。その階層構成は享保十七年（一七三二）には百二万石～五十万石七人、二十万石以上十四人、十万石以上二十八人、五万石以上五十一人、二万石以上七十六人、一万石以上八十四人、計二百六十人である。大名知行の充行は将軍の代替りごとに行われ、その際知行状と領知目録が下付され、大名からは起請文(誓詞)が提出された(旗本・藩士の場合もこの方式を準用)。

大名の知行権は幕府支配権の枠内において自領の自主的支配を行う程度であるが、旗本地頭や藩士地頭の知行権に比べては行政・司法・立法の各面できわめて強大な知行権となっている。次に、旗本(御目見以上)・御家人(御目見以下)に対しては一万石未満の知行所(御家人は給知)または蔵米が充行われた。知行所受給者を地頭、その知行を地方《じかた》知行と称した。いわゆる知行取(地方取)である。十八世紀末の寛政期には旗本総人数五千二百五人のうち知行取は二千二百六十四人(四四％)・知行高二百六十万石余(八一％)、蔵米取は二千九百四十一人(五六％)・蔵米高六十二万俵余(一九％)である。初期は不詳であるが中期以降は知行取と蔵米取の人数はほぼ折半状態にある。旗本地頭二千二百六十四人の階層構成は九千五百石〜三千石一一％、三千石未満〜五百石六〇％、五百石未満〜百石二八％、百石未満〜十石一％である。百石未満は例外とみなされる。旗本知行所(旗本領)の全国分布は四十ヵ国に三千六百七十七知行所(飛領を含む)が分布している。その地域分布は関東地方(七九・四％、うち武蔵国二一％)に集中しており、中部地方(九・九％)、近畿地方(九・三％)がこれにつぎ、中国・奥羽・九州・四国・松前の各地方は僅少である。右の旗本の国付数は一国に給与された者五七％であるが二国〜六国の者は四三％と半数近くを占めており、旗本知行の分散相《あい》給《きゅう》形態の多傾向を示している。

なお旗本知行の充行は三ッ五分(三割五分)物成免を基準として給与されるのを原則としたが、本年貢収納はこの比率に制約されることなく実施されており、また領民の身分格式の与奪なども旗本地頭の権限内にあったので、旗本地頭の知行権は大名知行権と藩士地頭知行権の中間的知行形態とみなされよう。また旗本地頭の家臣はすべて蔵米取である。旗本の蔵米取二千九百四十一人の内訳は切米取が人数二千八百三十六人・切米高六十一万六千百俵余と圧倒的比重を占めており、現米取七十二人、扶持取三十三人は例外的存在とみなされる。なお旗本には非役の寄合二百七十三人・小普請二千四百八十二人(五二％余)が存在した。御家人は正徳二年(一七一二)には一万七千三百九十九人であるが、このうち与力百八十七騎が給知二百石余ずつを受給、合計高三万九千石余となっており、残りはすべて蔵米取である。次に大名知行(藩)についてみれば、大名は自領分のうち大名直轄領(蔵入地)として五〇

%前後を留保した上で、残余の領分をその直臣である上・中級の藩士に対して恩領として知行充行を行なっており、その他の下級藩士には蔵米が給与されている。その実情は藩によって区々であるが一応の共通点をもっている。領地の受給者を地頭(給人)、その領地を知行所(給所)、その知行形態を地方知行という。いわゆる知行取(地方取)である。

　信州松代藩を例示すれば、知行高十万石(内高十二万三千石余)のうち藩主の蔵入地高と地頭の地方知行高の比率はおよそ六〇%対四〇%であり、半知借上政策が恒常化した寛保元年(一七四一)以降は実質的には八〇%対二〇%に変移している。家臣団二千人余のうち知行取と蔵米取との人数比率は一四%対八六%である。知行取二百四十三人の階層構成は享保七年には千二百石~千石以上五人、五百石以上十三人、百石以上百八十五人、五十石以上四十人である。地方知行割は極端な分散相給形態をとっている。地頭知行の村付は、一村に給与された者十三人に対して、二村~五村百七十九人、六村~十村四十三人、十一村~十四村七人と多村形態が多い。したがって一村内の地頭は相給形態をとることになり、地頭三十人という村が出現している。地頭は知行所に蔵元を置いて知行所内の支配を行うが、村には村名主が置かれて蔵入地・知行所を含めた村全体の支配を行うので、地頭の知行所支配は制限付の年貢徴収権程度に限定されている。検地・人別改・司法権などは藩が全領的、一元的に実施し、年貢収納についても大枠が課されているのである。つまり、本年貢は三ッ五分(三割五分)物成免渡しとし、村免との差額は過不足決済(過徴分は藩蔵へ返納、不足分は蔵米補給)の方法をとっている。自前の徴租ではあるが蔵米知行に近接した仕法である。雑租も藩定の収納規定に拠る。

　ところで、松代藩は地方知行制を幕末まで実施しているが、他藩をみると時代の下降につれて地方知行が擬制化し蔵米(蔵前)知行に移行する藩が増加する。つまり、地頭の地方知行は知行石高のみを名目的に残したかたちで藩の蔵入地に編入され、地頭は知行石高に対する藩定の物成渡し平均免、たとえば四ッ免(四割渡)などによって藩から蔵米を受給するだけになる。この現象は寛永期(一六二四・四四)ころから始まり、十七世紀末の元禄(一六八八―一七〇四)初期には調査二百四十三藩のうち地方知行実施藩三十九藩(一六%、知行高五五%)に対して蔵米知行実施藩は二百四藩(八四%、知行高四五%)と蔵米知行が圧倒的比重を占めている(知行高はほぼ折半)。蔵米知行は蔵米取をも含めて俸禄制と呼ばれており、この藩士知行の大きな変質は幕藩制の性格規定に問題を投げかけている。幕藩制下の知行制度は明治維新の変革によって廃

止され、武家はその領有権ないし俸禄を喪失した。↓蔵米《くらまい》給与《きゅうよ》　↓地方知行《じかたちぎょう》

参考文献　『古事類苑』封禄部（吉川弘文館、一九九六年）、鈴木寿校訂『御家人分限帳』（『日本史料選書』二三、近藤出版社、一九八四年）、石井良助『日本不動産占有論』（創文社、一九五二年）、鈴木寿『近世知行制の研究』（日本学術振興会、一九七一年）、J・F・モリス・白川部達夫・高野信治編『近世社会と知行制』（思文閣出版、一九九九年）、堀米庸三『中世国家の構造』（『社会構成史大系』日本評論社、一九四九年）、金井圓『藩政』（『日本歴史新書』至文堂、一九六二年）、伊東多三郎「幕藩体制」（『近世史の研究』四、吉川弘文館、一九八四年所収）、『社会経済史学』二四ノ二、一九五八年（共通論題「藩政確立期の諸問題」）　（鈴木　寿）

知行目録《ちぎょうもくろく》　⇩領知目録《りょうちもくろく》

知行渡（ちぎょうわたし）　⇩地方知行《じかたちぎょう》

知藩事（ちはんじ）

明治二年（一八六九）六月十七日諸藩主の版籍奉還により、朝廷が旧藩主に命じた職名。官制上は知藩事であるが、これに旧城邑を冠する時は、鹿児島藩知事のごとく呼ぶのを通例とする。職掌は藩内の社祠・戸口・名籍を知り、士民を字養し、教化を布き、風俗を敦くし、租税を収め、賦役を督し、賞刑を判ち、僧尼の名籍を知り、兼ねて藩兵を管することで、ここに封建諸侯は政府任命の行政官となった。その総数は二百七十四名、総計草高千九百四万六千三十二石余、現石九百二十六万千八十三石余に及んだ。同月二十五日の諸務変革で、知藩事の家禄は藩の現石十分の一と定められ、重職の進退は奏請すること、なお支配地総高と現米総高、諸物産と諸税数、藩庁一ヵ年の費用、職制と職員、藩士兵卒の員数、支配地人口戸数と総絵図を十月までに上申することを命ぜられた。さらに同三年九月十日の藩制改革で知藩事に対する抑制が強化され、ついに翌四年七月十四日の廃藩置県の断行によって罷免され、旧知藩事は東京移住を命ぜられた。↓版籍奉還《はんせきほうかん》

参考文献　『太政官日誌』、内閣官報局編『法令全書』明治二年―四年、太政官修史館編『明治史要』附録表、松尾正人『廃藩置県の研究』（吉川弘文館、二〇〇一年）、同『維新政権』（『日本歴史叢書新装版』吉川弘文館、一九九五年）　（吉田　常吉）

付家老（つけがろう）

江戸時代、幕藩を通じて、本家から分家に付けた家老をいう。幕法上正式な職名ではないが、幕府により親藩の三家に付属せられた、尾張名古屋藩家老で尾張犬山三万五千石の成瀬隼人正、同美濃今尾三万石の竹腰《たけのこし》山城守、紀伊和歌山藩家

老で紀伊田辺三万八千八百石余の安藤帯刀、同紀伊新宮三万五千石余の水野対馬守、常陸水戸藩家老で常陸松岡二万五千石の中山備前守の、いわゆる五家が有名。水戸藩家臣山野辺氏を加えて六氏とする説もある。江戸時代初期、将軍家に対する三家の忠誠を確保し、幕藩体制の永続を願う、徳川家康の強い意向によって創始され、幕末まで維持された。明治元年(一八六八)正月二十四日朝廷により藩屏に列せられ、制度は廃止された。

㈠名古屋藩の付家老。成瀬家祖の正成は徳川家康の信頼する家臣、竹腰家祖の正信は藩祖徳川義直の異父兄にあたり、それぞれ名古屋藩に家老として付庸された。両家は同藩官制中最高の両家年寄を世襲した。幕府のために藩主藩政を指導監督する絶大な権能を有し、万一幕政に違反する事態が発生すれば、藩主に諫言し、ときにはこれを廃立することもできた。元文四年(一七三九)将軍徳川吉宗と対立した七代藩主宗春の退隠一件はその例である。天保年間(一八三〇—四四)江戸時代後期、藩主斉温の養嗣をめぐり幕府寄りの姿勢をとったので、藩内の反感を買い、排斥を受けた。同じころ自身も名古屋藩から離脱して、大名として独立しようと画策し、五家が協力して幕閣に積極的に働きかけた。運動はある程度の成果を収めたものの、緊迫した幕藩情勢に阻まれ実現しなかった。

参考文献　『徳川実紀』一、『寛政重修諸家譜』第一五、『名古屋市史』政治編一・二、『新修名古屋市史』三・四、林董一『尾張藩公法史の研究』、松平太郎『江戸時代制度の研究』、中村孝也『家康の政治経済臣僚』(雄山閣出版、一九七八年)、白根孝胤「徳川一門付家老の成立過程と駿府政権」(『徳川林政史研究所研究紀要』三三、一九九九年)

(林　董一)

㈡紀伊和歌山藩の付家老は徳川家康から徳川頼宣につけられた安藤帯刀直次と水野対馬守重央を祖とする安藤・水野両家である。安藤直次は田辺に、水野重央は新宮に配置され、安藤は与力同心の給地をあわせて三万八千八百石を、水野は三万五千石をそれぞれ支配した。幕府の制度上は両家とも陪臣であり和歌山藩の家老であったが、その待遇は大名に準じて将軍の拝謁を特に許された。江戸での挨拶廻りの時に老中以下の諸大名は正門を開いて迎えたという。紀州藩内においても安藤・水野の両付家老は特別の待遇をうけ、両家の席順は先任に従うとされ、他の家老とは区別され、家老であるが大名並であった。田辺領・新宮領の支配は田辺・新宮城付については田畑山林竹木すべて在中の仕置は両家で行なった。両家の名草・有田・日高郡内の領地は山林竹木百姓は支配するが、諸色定免相を決めることや、池川普請は本藩の支配であった。明治元年(一八六八)正月二十四日安藤・水野両家は藩屏の列となった。

参考文献　『田辺市史』二、堀内信編『南紀徳川史』五〇・五四(名著出版、一九七〇―七一年)、小山誉城「紀州藩成立期における「付家老」の性格」(和歌山県文化財研究会御坊支部編『むろの木』堀勝先生追悼論文集刊行会、一九七七年所収)、藤田貞一郎「紀州田辺領の経済政策」(『同志社商学』三五ノ四、一九八三年)、小山譽城「御三家付家老の大名化志向」(安藤精一編『紀州史研究』四、国書刊行会、一九八九年所収)、同「御三家付家老設置の意義」(『戦国織豊期の政治文化』続群書類従完成会、一九九三年所収)、同「紀州藩付家老安藤家の経済政策」(安藤精一・藤田貞一郎編『市場と経営の歴史』清文堂出版、一九九六年所収)

(安藤　精二)

㈢水戸藩の付家老。三家では名古屋・和歌山両藩とも付家老は、それぞれ二氏が勤めたが、水戸藩は中山氏だけであった。徳川家康は十一男頼房を、慶長十年(一六〇五)三歳のとき、常陸国下妻十万石に封じ、同十三年(一説に十二年)家臣中山信吉の人物を見込んで、愛子頼房の傅とし、禄五千石を加え、与力十七騎を付属させ、藩主不在の下妻藩政にあたらせた。翌十四年頼房が水戸二十五万石に移封されると、中山信吉は下妻から引き続いて水戸藩政にあたり、一万五千石を与えられた(後世二万五千石)。水戸藩の編年史『水戸紀年』は、この時のことを「公(頼房)封ヲ水戸ニ改ム、二十五万石、(中略)中山信吉執政」と記している。これが水戸藩付家老のはじめであり、同書慶長十五年条には「中山信吉水戸ニ来テ政令を敷行フ」とある。頼房は当時なお幼少の身で駿府の家康のもとにあった。しかし中山氏は代々付家老として水戸藩と浮沈をともにして、明治維新に及び、明治元年(一八六八)正月二十四日藩屏に列した。

参考文献　『常陸松岡中山家譜』(『茨城県史料』近世政治編一)、『高萩市史』上

(瀬谷　義彦)

転封（てんぽう）　⇩国替《くにがえ》

土地割替制度（とちわりかえせいど）　⇩地割制度《じわりせいど》

殿様無尽（とのさまむじん）

無尽とは頼母子とも言い、金融の一方法であり、またその組織のことである。基本的には複数の人々が講という組織を作り、金を出しあい、それを籤引きで講中の誰かが受取り、講中全員がそれを受取るまで繰り返すものであった。このように、本来は相互扶助的なものであったが、諸藩ではその集金機能に着目し、財政資金調達に利用するようになった。これを殿様無尽という。その始源は不詳。下総結城藩が寛政六

年(一七九四)に実施した「養育無尽」は同時期に展開した養育金給与の資金集めを目的とするもので、このように当初は御救い政策の資金調達として導入されたと思われる。しかし、十九世紀になると諸藩では赤字財政の補塡策として実施されるようになっていく。具体的な内容は藩によって異なる。当たり鬮を設けるのは通常の無尽と同じだが、無尽への加入が強制的であり、掛け金の一定額を藩財政に組み込む仕組みになっているなど、権力的に実施されるのが特徴である。

参考文献　『壬生町史』通史編一、『国分寺町史』通史編、『芳賀町史』通史編近世

（泉　正人）

飛地（とびち）

一般に飛び離れている土地のこと。江戸時代、諸地方に散在する領地のこと。飛知とも書き、飛入ともいう。大名およびその家臣、旗本の知行地は、一円的に一ヵ所にまとまっている場合が普通であるが、数ヵ所に散在する場合もあった。この場合、城付地ないし本拠地に対し、各地方に分散している領地を飛地といった。大名領の場合、外様大名の領地は戦国時代に近隣地域を攻略し、併呑したため、飛地は比較的少なかったが、譜代大名の領地は幕府から封与された関係で分散している場合が多く、したがって飛地もまた多かった。淀藩稲葉氏の領地十万二千石は山城国二万石余を中心に、摂津に一万石余、河内に一万四千石余、近江に三万一千石余、和泉に四千石余、上野に四千石余、下総に一万八千石余、常陸に一千石余と八ヵ国に散在しており、これはもっとも極端な例であったが、佐倉藩堀田氏の場合も、領地十一万石は下総を中心に六国十五郡に散在していた。旗本の所領も分散しており、たとえば四千石の佐野氏の場合、領地は下野国安蘇郡に四村、同都賀郡に二村、下総香取郡に七村、相模高座郡に四村と、三国四郡にわたっていた。→知行制度《ちぎょうせいど》

参考文献　大石久敬『地方凡例録』四上(『日本史料選書』一、近藤出版社、一九六八年)、小宮山昌世『増補田園類説』(『日本経済大典』一三、明治文献、一九六七年)、『古事類苑』封禄部、滝川政次郎『日本法制史』(『講談社学術文庫』一九八五年)、木村礎・杉本敏夫編『譜代藩政の展開と明治維新―下総佐倉藩―』(文雅堂銀行研究社、一九六三年)

（渡辺　隆喜）

農兵（のうへい）

幕末から明治初年にかけて各地の農村でつくられた農民兵(工商も含む)。江戸時代の支配体制は、兵農分離を前提として、武士が専業の兵士となり農民層の武装化を極力抑えるものであったが、幕府や諸藩の財政が窮乏化し、城下町に居住する武士層が奢侈に流れ士風を忘れて無力化するようになる

村山農兵訓練の図

と、まず武士を農村へ居住させようとする武士土着論として農兵論が唱えられた。これは弱体化した幕藩的軍事力を補強するために、兵農分離を解消して武士を農村へ土着させ、いったん事が起きた時は農民を率いて戦闘に加わらせる、というものであった。早くは熊沢蕃山『大学或問』、荻生徂徠『政談』、太宰春台『経済録』、山鹿素行『山鹿随筆』などがあり、幕藩領主側に立つ学者の間で主張されたのだが、これらは議論のみで終り実行されなかった。また水戸藩士藤田東湖による武士土着論（天保八年（一八三七）、『土着之議』）もあるが、農兵が実際に組織されるようになるのは、中国におけるアヘン戦争の情報が伝わり、対外的危機感が深刻化してきた一八四〇年代以降のことであり、多くは海防のための農兵づくりを説くものであった。

海防農兵については、幕府の寄合筒井政憲が弘化三年（一八四六）と嘉永元年（一八四八）の二度にわたり、老中阿部正弘に海防充実のために農兵を設置すべきことを上申したが、まだ農民層に農業以外の役割を持たせる提案は受けいれられなかった。つづいて嘉永二年に伊豆韮山の代官江川太郎左衛門（英竜）も農兵設置を建白した。この英竜の案によると、男百人につき一人の割合で、十六歳から三、四十歳ぐらいまでの者を取り立て、代官支配地ばかりでなく私領でも同意を得られた地域の農民を農兵に加えて調練を行う。農兵は平時には農業に従事し、手当の支給はないが、諸高掛りは持高二十石にかぎり免除し、農兵となった期間は苗字帯刀を許す、としていた。英竜は、対外的危機に対して従来の武士だけの防備では力不足なので調練を施した農兵によって補うことを考え、ペリー来航以前に再三にわたり農兵設置の必要性を説いたが、幕府には採用されなかった。

開国後になると諸藩も海防のための農兵への動きをみせた。水戸藩はペリー来航後藩政に復帰した徳川斉昭の下で、安政二年(一八五五)三月に郷士や村々の名望家層から精選して農兵組立てを指示し、庄屋・組頭層から取り立てた新郷士や献金郷士より各五百人、沿岸の農漁民より五百人、計千五百人規模をめざし、農兵には苗字帯刀を許して郷校を中心として軍事訓練や教育を行なった。長州藩は嘉永六年十一月から相模国鎌倉・三浦の二郡警衛の任につき、そのためにおよそ二百人の藩士が出張したが、相模地方の村々に二百人以上の役夫という名の農兵を命じた。また安政三年正月には海防人員不足につき農兵約二百人を組織する必要があるという預所奉行の建議を藩は許可したが、実行に至らないうちに長州藩の相模警衛は解かれた。

幕府領については、英竜死後の文久元年(一八六一)十月に英竜の子江川英敏が農兵設置を建議した。これは江川代官支配地にかぎらず関東八州と駿河・遠江・三河にわたる農兵を意図しており、従来の海防よりも村方の治安維持に力点が移っている。文久三年十月になってようやく英敏の支配地にかぎり農兵設置が認められ、翌十一月に農兵取立てが始まるが、幕府は同年十一月に江川のほか木村董平・佐々井要作・北条平次郎・山内源七郎ら諸代官にも農兵取立てを命じ、幕府の文久期軍制改革の一環として農兵制がひろまった。江川支配地農兵の編成は、村高と人数に応じ、多くは豪農層の子弟の中から身体壮健の者を選び、二十五人を一小隊、小隊には頭取二・什兵組頭二・差引役一、計五人の役方をおき、残る二十人を五人ずつ四の伍卒組に編成し、組ごとに一人の小頭役をおいた。隊は十ヵ村以上でつくられている組合村ごとにおかれ、村により多少の差はあったが、男子百人につき一人の割合で取り立てた。農兵設置に要する費用は地主・豪農層の献金により賄い、鉄砲とそれに関連する品々も彼らの献金・醵金によることが多かった。一般の小前百姓は次第に農兵制から排除され、村役人か地主・豪農層の子弟で、三十歳以下の強壮者による編成へと変化していった。

慶応二年(一八六六)六月の武州一揆に対し、銃隊中心の江川代官支配下の農兵は一揆鎮圧のために動員され、藩兵以上のはたらきをした。武州では、田無村組合農兵・五日市村組合農兵・日野宿組合農兵・駒木野組合農兵・八王子宿農兵などの江川農兵が出動した。幕府はさらに伊豆・駿河の江川農兵を動員しようとしたが、江川英敏は伊豆・駿河地方でも一揆が起りかねないとして断わった。慶応期に各地の動乱状況が深まるにつれて、村役人・地主・豪農層は郷土を守るために農兵を組織して、世直しの動きに対抗する方向をすすめたのである。

出羽国の村山郡には約七万石の幕府領があり、ここでも文久三年九月より農兵取立て計画がつくられ、豪農・村役人層を中心としつつ全農民的組織をつくろうとするが、農民の抵抗を受けて進展しなかった。慶応二年六月に陸奥国信達一揆があった直後の七月、農兵の名を強壮人とかえて豪農層による農兵取立てが進められた。この村山農兵は、幕府正規軍の補強という範囲を大きくこえて、一般農民の世直し一揆に対する豪農・村役人層の鎮圧の組織として促進された。豪農・村役人は強壮頭となり、その下に約百人を編成し、強壮頭↓拾人頭↓五人頭↓強壮人という命令系統を持ち、大きな権限をふるった。翌慶応三年四月からは、鎗・鉄砲・筒などで武装して非常警固に備えて調練を実施し、村山地方の農兵制は明治元年(一八六八)まで持続した。

幕末の農兵は世直し一揆に対する鎮圧のために幕藩領主や豪農層にとって不可欠な存在となりつつあったが、一方で田無村組合農兵のように特定の名主中心の編成に偏ることによって内部に批判的動きが生まれたり、武州川越藩領のように、慶応二年八月から幕府領のような農兵取立てを意図しながら、課役増大と受けとった小前百姓を中心とする農兵反対一揆を受けて不発に終った例もある。農兵を設置した諸藩を列記すると、水戸・長州や小倉・土佐・松江・津和野・安芸・備前・紀伊・津・大垣・福井・岩村田・黒羽・仙台などである。その組織の仕方は藩によってちがいがあるが、現状打破をめざした尊攘派の指揮下に入った場合も、一般農民層の編成に最終的に失敗した水戸藩と対比的に、農民層から積極的に有志者を募り強固な隊組織をつくりあげた長州藩の奇兵隊・遊撃隊などの諸隊があった。明治元年の戊辰戦争期に、諸藩の軍隊には大量の農兵がくみこまれ、討幕戦争の最前線の戦闘に加わることが多かったが、農兵には藩権力の強力な指揮が作用していた。

参考文献　近世村落史研究会編『武州世直し一揆史料』一・二(慶友社、一九七一・七四年)、大山敷太郎『農兵論』(東洋堂、一九四二年)、井上清『日本の軍国主義』一(現代評論社、一九七五年)、小林茂『長州藩明治維新史研究』(未来社、一九六八年)、芝原拓自『明治維新の権力基盤』(御茶の水書房、一九六五年)、渡辺信夫「幕末の農兵と農民一揆」(『歴史』一八、一九五九年)、青木美智男「幕末における農民闘争と農兵制」(『日本史研究』九七、一九六八年)、近世村落史研究会「幕末の社会変動と民衆意識」(『歴史学研究』四五八、一九七八年)、茂木陽一『幕末期幕領農兵の成立と展開』(『歴史学研究』四六四、一九七九年)

(高木　俊輔)

陪臣（ばいしん）

家臣のまた家臣。又者《またもの》・又家来・武士之家来とも称す。直臣、直参に対する語。江戸時代、将軍よりみて、直臣たる大名や旗本・御家人が召し抱えた家来、また大名・旗本などよりみて、その家臣が雇傭した士卒。大名留守居(聞番)など大名家臣が、幕府に願書・届書などを提出する場合は、必ず何々守家来誰、あるいは何々守内誰と記され、主人名が掲げられた。ドイツ中世と異なり、日本では原則として二重封臣関係はみられなかったが、ただ例外的に、御三家の付家老および名古屋藩(尾張徳川家)の山村甚兵衛・千村平右衛門は、大名の直臣でありながら、幕府の直臣という二重の封臣関係で結ばれた。幕府は、陪臣につき、それぞれの主人の支配に委ねるというたてまえをとったが、全く干渉しなかったわけではなく、陪臣の衣服・道具・乗物・道中打物などにつき規制を加え、特に留守居に対しては、奢侈、遊興取締りにつき再三法令を発した。また裁判権についても、天下の大罪とされた重罪を犯した場合、さらに『御定書百箇条』第七十七条酒狂人御仕置之事に、酒狂にて人に手傷を負わせた場合、武家之家来は、治療代弁済の代りに江戸払に処すとあることより窺えるごとく、江戸での犯罪については、直接町奉行所などの幕府奉行所が吟味を行なった。もっとも、刑の執行については、原則として主人に委ねられた。幕府の重き役人に数えられる老中・所司代以下遠国奉行までは、陪臣のうち、侍以上の者が公儀御仕置になった場合、および徒士・足軽・中間などの軽輩でも徒党により処罰された際は、差扣伺を提出せねばならなかった。大藩の家柄重臣のなかには、陪臣ながら主君の家督(相続)または「初而御目見」に際し、主人に従い将軍に謁見を許され、国守の官位を賜わるものも存した。

参考文献　林董一「山村甚兵衛と千村平右衛門―わが近世封建制における二重封臣関係について―」(『法制史研究』九、一九五九年)、木村礎「萩藩の陪臣について」(『歴史学研究』二二〇、一九五八年)

(服藤　弘司)

廃絶録（はいぜつろく）

大名の減封・除封について、関ヶ原の戦以降年次・大名別に記載したもの。江戸幕府の旗本（御持筒同心）小田又蔵彰信の著。三巻。文化末年に成立。同じ著者になる『恩栄録』とともに、大名の配置・加除・転廃を知るうえでの貴重史料。廃絶に関する諸説・関係記事を記載した傍注は重要である。現存する『廃絶録』の諸本のうち、国会図書館所蔵本（一本）は、大名の収載年次を慶長五年（一六〇〇）より寛政七年（一七九五）までとしているが、内閣文庫所蔵本（三本）は、収載年次の下限を異にし、㈠慶安三年（一六五〇）、㈡寛政七年、㈢天保六年（一八三五）としている。このうち㈠は『慶長年間廃絶録』ともいう。以上に対して、『（改定）史籍集覧』所収本の収載年次の下限は慶応元年（一八六五）となっている。このことは、『廃絶録』の編纂が慶長五年より始めて漸次追加され、寛政七年を下限とする『廃絶録』の原形ができあがり、さらに後人によって漸次追加され、慶応元年を下限とする（改定）史籍集覧本ができあがったことを示している。ただし、諸本とも石高・城地名・大名名および廃絶年月日について夥しい誤謬がある。藤野保校訂になる『恩栄録・廃絶録』（『日本史料選書』六）は、各種の文献と照合して、厳密な校訂を加え、その

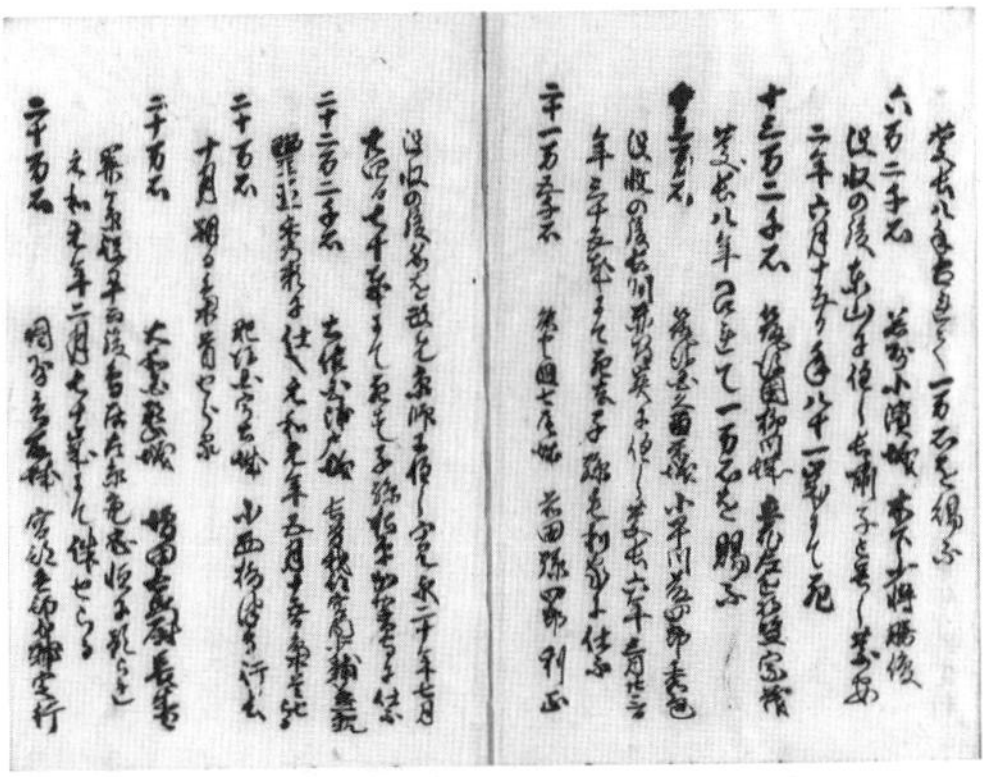

（第一種本）

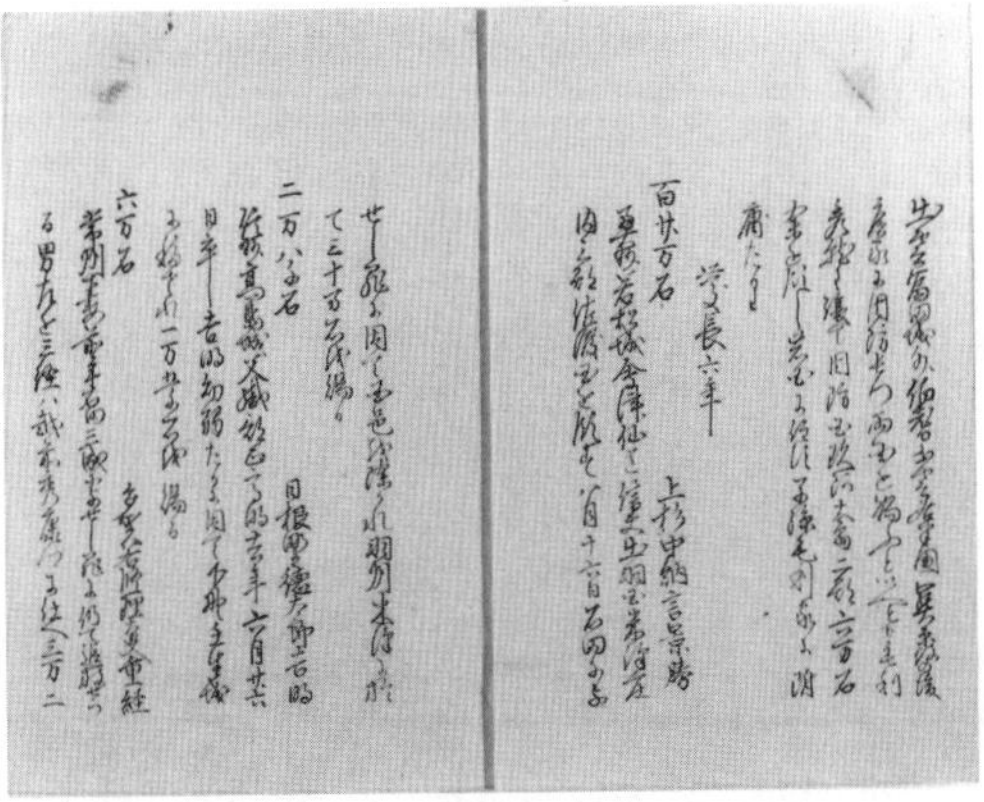

（第二種本）

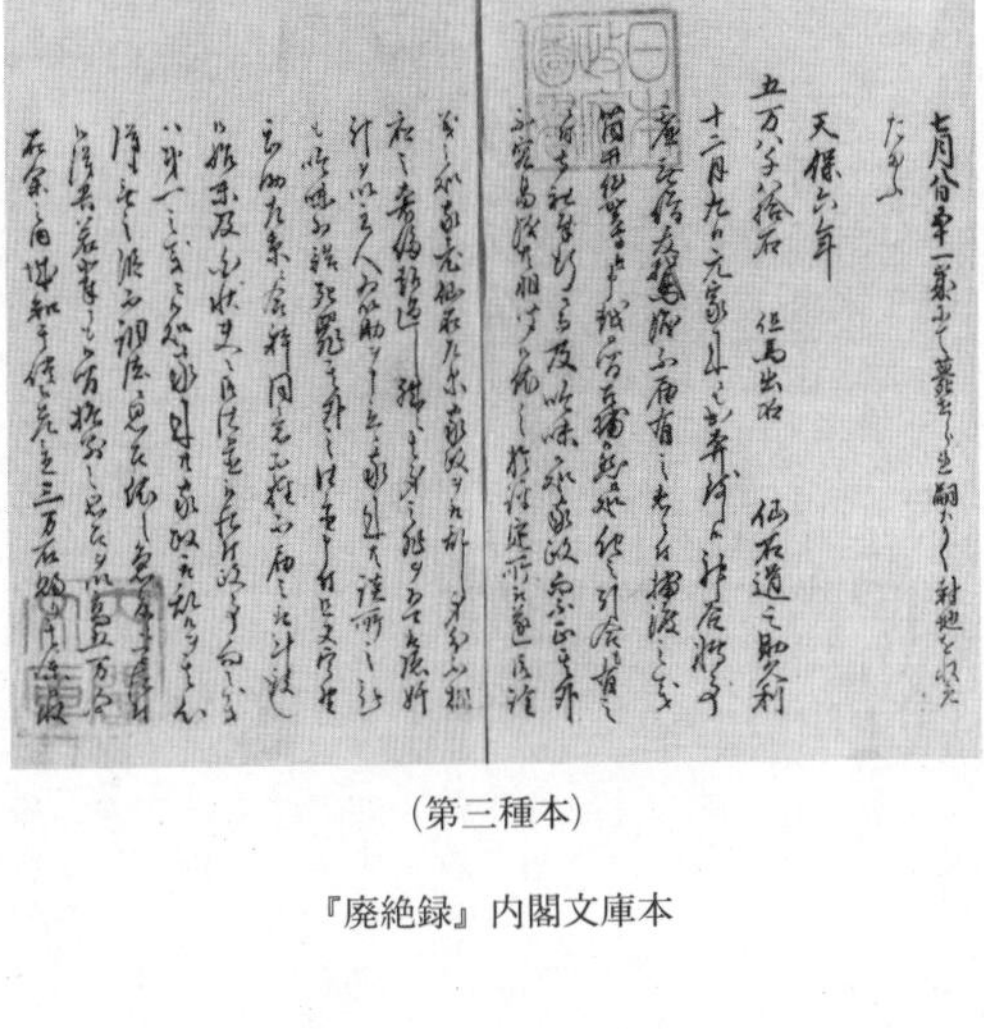

（第三種本）

『廃絶録』内閣文庫本

誤りを正したものである。

参考文献　藤野保「近世史料の基礎的研究その一―『恩栄録』・『廃絶録』についてⅠ―」(和歌森太郎先生還暦記念論文集編集委員会編『近世封建支配と民衆社会』弘文堂、一九七五年所収)、同「近世史料の基礎的研究その一―『恩栄録』・『廃絶録』についてⅡ―」(木代修一先生喜寿記念論文集編集委員会編『日本文化の社会的基盤』雄山閣出版、一九七六年所収)

(藤野　保)

廃藩置県(はいはんちけん)

　明治初年、旧幕時代以来の藩を廃止し全国を新政府の直轄支配とした改革。

〔前提〕王政復古の政変によって誕生した維新政府は天皇の権威こそはこれを独占していたけれど直轄地をもたず、直属軍をもたず、その内容は、討幕派・公議政体派の諸藩の連合であった。鳥羽・伏見の戦に勝利を収めた直後、明治元年(一八六八)正月十日、新政府は農商布告を示し、旧幕府領を直轄地とすることを宣言した。大和・大坂・兵庫など重要な地に軍政機関として鎮台を、ついで長崎・京都・横浜・箱館・新潟などに、行政機関として裁判所をおき、諸藩に旧幕府領の調査・管理を命じた。江戸開城があって、閏四月十九日、宮・堂上・諸侯・社寺など、知行地を有する者に対して判物の提出を命じた。閏四月二十一日、政体書が制定され官制改革があった。地方制度は、府藩県三治制である。会津が落城し、東北戦争が終了したのちの十月二十八日、藩治職制を定めた。執政・参政を藩政担当者とし、職制は、府県に準拠して改組さるべきこと、藩政と藩主家制とを職制上において区分すべきことを指令した。翌明治二年四月八日、府県事務を総管する官庁として、民部官が設置された。明治二年正月二十日、薩長土肥の四藩主は、連署して版籍奉還の建白書を提出、これにならう藩が相ついだ。六月十七日、政府はこれを許し、旧藩主を藩知事に任命するとともに、諸務変革を通達した。藩情の調査・報告が命ぜられるとともに、藩政府と知事家の経営上の区分が指令された。七月十七日、東京・京都・大阪を府とし、あとの政府直轄地を県とした。同二十七日、府県奉職規則を定めた。

　明治三年九月十日、政府は藩政改革に関する布告を示し、藩治職制、諸務変革につづき、さらに藩の画一化をはかった。十五万石以上を大藩、五万石以上を中藩、それ未満を小藩とし、石高は草高によらず物成を基準にすることとした。藩庁職制は、知事・大参事・少参事、以下については職掌の分課を定めてこれに職員を配することとした。財政について、藩高の一割を知事家禄とすることは諸務変革通達と同様、さらに、残りの一割(藩高の九分)が軍事費とされ、その半額を海軍費として上納すること、および、歳出入の明細書の提出を義務づけた。秩禄の与奪ならびに死刑は、政府の事前了解ののちに行使し、一時の賞ならびに死以下の刑については年末に報告することを義務づけた。藩札ならびに藩債について、これの計画的な償却が命ぜられた。藩知事の朝集は三年に一度、滞京期間は三ヵ月と定めた。この前後、すでに藩の自壊が始まっていた。元来、藩は、その基本的な属性において、藩主の家もしくは人格への忠誠を組織原理とする政治体であった。

廃藩置県(小堀鞆音筆)

幕末・維新の動乱の進行に照応して、それぞれの藩内に、いわゆる勤王派と佐幕派との抗争が激化した。この抗争は、一方では、藩主ないし主家への忠誠心の低下をもたらし、他方、その対象を、わずかながら徳川家、圧倒的に天皇家へと転移させた。加えて、統治能力の低下がある。大藩はともかく、入組支配の、分散した封土によってなる中・小の藩においてはそうで、浪士の行動や農民一揆を抑制する能力は乏しかった。そして、藩財政の悪化があった。戊辰の内乱は、各藩に、膨大な戦費の捻出を強いた。朝敵として削封の処分をうけた東北の諸藩はもとより、中小藩、そして西南雄藩とも財政は悪化していた。藩知事家禄からの藩政務費への補塡、城郭の破却、禄制改革等々によって対策が講じられたものの、財政の健全は望むべくもなかった。明治二年十二月二十六日、吉井藩・狭山藩が廃藩を申し出た。政府はこれを許し、封土を、前者は近隣の岩鼻県、後者を堺県に併合し、士族・卒はそれぞれの県に属せしめ、旧藩知事には東京在住を命じ、従来どおりの家禄を支給した。ついで、盛岡・喜連川・長岡・多度津・丸亀・竜岡・大溝・津和野の各藩が廃藩を申し出て、ほぼ同様の処置に付された。鞠山・福本・高須・徳山の支藩は、願い出て本藩に吸収された。明治四年七月十四日以前に、十四の藩が廃絶となったのである。

〔過程〕維新政府は、その誕生当初より、対外的独立の維持・

強化を目的として、集権化と欧化政策をすすめた。しかして、その速度について、緩急をめぐる対立が生じた。民部・大蔵省にある大隈重信・伊藤博文は強大な権限のもとに急進化政策をすすめ、木戸孝允が支持した。けれども、このための財源の捻出は直轄地への税収強化を伴い、ここから農民の一揆・騒擾が激発、府県の地方官の民蔵両省への反撥がつよまり、また大久保利通・広沢真臣・副島種臣からの批判をよんだ。民蔵分離問題とよばれるこの政争は、明治三年七月ごろに一応は終了した。けれども、集権化と欧化政策は必要な作業であり、ここに財政基盤の拡大の目的をもふくめて、廃藩は、現実の課題として認識されるに至る。

明治三年九月ごろ、諸参議の意見を容れて作成された岩倉具視の「建国策」は、将来にわたる国家創造の構想を語って、廃藩への展望を示していた。政府の集権化・欧化政策は、すでに、多くの反撥を招いていた。新政府反対一揆が激昂した。公家、攘夷派の浪士たちの反政府運動が高揚した。長州藩脱隊騒動、これを契機としての北九州一帯の反政府運動、これを背景としての、愛宕通旭、外山光輔ら堂上を盟主とする政府転覆の陰謀等々、いずれもその例である。加えて、政府内部の対立が解消されたわけでもない。ここに政府は、みずからの権力強化を計らざるをえない。直属の強力な軍事力をもたない政府は、矛盾にみえるようだが、薩長土の雄藩を基礎にして、自己の強化をはかる以外に方法はなかった。

明治三年十一月二十五日、政府は岩倉具視を勅使に任じ、鹿児島・山口への派遣を決定した。島津久光・毛利敬親ならびに西郷隆盛など在藩中の有力者に上京を命じ、政府の強化を進めるためである。岩倉は大久保とともに鹿児島へ、これに西郷が加わって山口に入り、先着の木戸と合流、ついで西郷・大久保・木戸は高知に赴き、板垣退助とともに帰京した。西郷や板垣など、藩政にあたっていた者が上京したわけである。明治四年二月十三日、政府は薩長土三藩に命じて兵を出させ、これを親兵とした。六月下旬、親兵約一万名の結集が完了した。六月二十五日、政府首脳部の大人事異動があった。参議は一斉に辞職し、改めて、西郷と木戸の二名が参議となった。人事面でも政府は強化されたのである。

かかる状況のもとで、山県有朋・鳥尾小弥太・野村靖、そして井上馨など長州出身の少壮官僚のなかから、廃藩の意見が起った。木戸と西郷がこれを容れた。七月九日、九段の木戸邸に、西郷隆盛・従道、大久保、大山巌、山県、井上が集まり、廃藩の決意が固められた。三条実美・岩倉具視が賛同した。明治四年七月十四日、天皇は、在京の島津忠義・毛利定広(元徳)以下五十六藩知事を皇居大広間に招致して、廃藩置県の詔を示し、在藩の知事に対しては、九月中を以て上京すべきことを命じた。藩知事は罷免され、東京府貫属が命じられ、地方官として府知事・県知事(のち県令)がおかれ、政府がこれを任免した。二百六十一の藩は県となり、それまでの府県とあわせて三府三百二県となった。十一月、整理統合が行われて三府七十二県(明治九年四月、八月に大廃合が行われて、三府三十五県、明治二十一年、三府四十三県に定着)、ついで同月、県治条例が布達されて画一的な地方制度が誕生した。官制改革が行われ、太政官三院制となった。

〔意義〕廃藩置県は、薩長両藩の出身者だけで、秘密裡に立案、計画、そして断行された政変というにちかい。このことによって、薩長両藩出身者の優位が確定して、藩閥形成がさらに促進された。また、廃藩置県は、二重の意味で中央政府に安定をもたらした。まず、藩が消滅して、中央政府に対抗しうる強力な地域的な政治団体がなくなった。次に、政府官僚の地位が安定した。これまで、官僚は、出身藩の利害と中央政府のそれとの相剋に悩まねばならなかったが、これが解消した。とはいえ廃藩置県は、国家構築のための、きわめて重要ではあるが前提というにとどまる。事後処理ともいうべき秩禄処分、税制、兵制、司法制度、教育制度、土地制度等々、多岐にわたる改革が、政府の課題として登場することになる。

参考文献　浅井清『明治維新と郡県思想』(巌松堂書店、一九六八年)、升味準之輔『日本政党史論』(東京大学出版会、一九六五―八〇年)、丹羽邦男『明治維新の土地変革』(御茶の水書房、一九七八年)、原口清『日本近代国家の形成』(岩波書店、一九六八年)、下山三郎『近代天皇制研究序説』(岩波書店、一九七六年)、松尾正人『廃藩置県の研究』(吉川弘文館、二〇〇一年)

(井上　勲)

拝領屋敷(はいりょうやしき)

江戸幕府が、武家や由緒ある町人に江戸で与えた屋敷地。江戸では、大名は居屋敷である上屋敷のほかに中屋敷・下屋敷・蔵屋敷などをもち、旗本でも大身の者は居屋敷のほかに下屋敷を有したが、これらの中・下屋敷や蔵屋敷に拝領屋敷が多い。江戸での武家屋敷の分布と面積、居屋敷・拝領屋敷・抱屋敷の別の全体状況は、幕末安政三年(一八五六)の『諸向地面取調書』(『内閣文庫所蔵史籍叢刊』一四―一六)によって知ることができる。武家の拝領屋敷は、拝領者自身が利用すべきものであったが、地代を取らなければ地内を親類の者に貸し、家を建てさせることも認められていた。侍屋敷の中に町人や無主の者を置くことは禁じられていたが、旗本・御家人の経済的窮乏がはなはだしくなると地代・店賃を取って町人に屋敷内を貸すことが行われ、しばしば禁令が出された。

「屋敷之内を町人等え貸置候儀、前々より御制禁に候処、今以拝領屋敷幷組屋敷地面之内は勿論、長屋等を職人・町人等え貸置、又は地守幷荷持之名目にて商人・職人等差置候族も有之哉に相聞、以之外不埒之事に候」(元治元年(一八六四)触書)とあるのは、そのような事情を示している。

拝領屋敷は年貢・公役などの賦課がない反面、売買・質入れは禁止され、禁を破った者は屋敷没収の上押籠《おしこめ》百日の罰を科された。ただし拝領ののち相当の年数を経ている場合は、相対《あいたい》取替という交換は認められていた。江戸の町人地が拝領地となると拝領町屋敷と呼ぶ。拝領町屋敷は江戸の町年寄三家(樽・館・喜多村)・有力御用達町人・医師などのほか能役者や御用絵師など幕府御抱えの芸能者、町奉行所の与力、囚獄などにも与えられていた。武家の場合と同様売買・質入れは禁止されていたが、他人に貸して地代を取ることは認められていたから、拝領者はその地代を収入とすることができた。

たとえば江戸の町年寄三家は、それぞれ本町一・二・三丁目を拝領町屋敷としたほか市中数ヵ所に拝領町屋敷があり、その坪数は約二千坪前後、ここから得る地代が約六百両あった。能役者の喜多六平太は京橋の中橋南槇町の拝領町屋敷二百十五坪余を町人に貸し、自身は浜町の借地に居住しているが、これも地代差額を収入とするためである。拝領町屋敷は、元来は公役免除であったが、享保七年(一七二二)以後は「畢竟町屋之儀」であるとして惣町なみの公役を課されるようになった。明治維新後、明治二年(一八六九)、政府は実際に居住に必要な部分以外の上地《あげち》を命じ、必要な場合は改めて上地の一部を拝借地として貸与したが、のち地租改正で拝借地は低価格で拝借人に払い下げられた。→大名屋敷《だいみょうやしき》

参考文献　高柳真三・石井良助編『御触書寛保集成』三八、同編『御触書宝暦集成』二八、同編『御触書天明集成』四七、同編『御触書天保集成』下八三、山端穂「江戸幕府の拝領武家屋敷下賜の実態」(『都市江戸への歴史視座』名著出版、二〇〇四年)、岩淵令治『江戸武家地の研究』(塙書房、二〇〇四年)

(村井　益男)

幕藩体制(ばくはんたいせい)

江戸幕府と諸藩とによって構成された政治的、社会的な体制を意味し、したがって江戸時代、ないし広く近世における、日本の社会構造の特質を表象する概念。中央政府としての幕府と、各地に割拠する諸藩とによって、政治的な支配権力が分有され、地方分権的であるとともに実質上は中央集権的な国家体制をなしていたのが、この時代に固有の特色であるから、本来は主としてそのような政治的な体制のあり方を指す語として用いられ始めたものであろう。ただし幕藩体制ない

し幕藩制という用語は、昭和戦前期からあったが、あまり一般的ではなく、むしろ徳川封建制とか近世封建制などと呼称されることの方が多かった。戦後になって学界でこの語が広く用いられるようになったのは、近世社会の全体としての構造に関心が向けられるようになったことと関連している。

まず伊東多三郎「幕藩体制」(『新日本史講座』、昭和二十二年(一九四七))では、政治的な支配の体制としての側面に重点を置きながらも、社会的基礎を含めて体系的に考察しようとしていた。伊東の説の中でも、特に大名の領国における中央集権的な支配を重視し、家臣の地方知行を「前代の遺風」と見て、その廃止ないし形骸化による俸禄制度への移行を、藩制確立の指標とする考え方は、この後の研究の動向に影響を与えた。次に古島敏雄「幕藩体制」(『世界歴史事典』、昭和二十八年)では、政治機構については右の伊東の説を継承しつつも、「社会関係の基礎である生産構造」を重視する立場から、「幕藩体制は生産物年貢を直接耕作者たる本百姓が、ほぼ藩一体の賦課方法のもとに負担することのうえに成立した幕府諸藩の政治体制」、すなわち「生産物地代の上に打ち立てられた純粋封建社会の政治体制である」と規定した。「純粋封建制」とは、昭和初年以降のマルクス主義歴史学の立場から、明治維新後の「半封建的」近代と対比する意味で、近世の封建制を指して用いられて来た概念であったが、ここにおいてそれと「幕藩体制」とが等置されることとなったのである。

さらに昭和二十八年以降に発表された安良城《あらき》盛昭の太閤検地に関する論文では、小農民(農奴)を自立させ、それに年貢(生産物地代)を「直納」させようとしたのが、この検地を実施した豊臣政権の政策の「基調」であった、と主張することにより、右の古島の説を一層明確な形で具体化している。ただし「純粋封建制」とは呼称せず、「農奴制」を基盤とした封建的権力そのものが、この時期にはじめて成立した(「封建革命」)とした。この説は、図式的には明快であるが、それだけに理論的また実証的な見地から多くの疑問をよび起し、それらの疑問点をめぐって太閤検地論または幕藩体制論とよばれる論争が、昭和三十年代にかけてつづいた。その間に、基礎構造よりもむしろ幕府と諸藩との関係の方を中心とした藤野保の研究(昭和三十六年)なども現われている。なお、太閤検地が画期とみなされたところから、この間に江戸幕府成立以前の豊臣政権の時代も、幕藩体制の範囲に入れるのが普通になり、また安良城の説が中央政府(豊臣・徳川政権)の政策に焦点を置いていたためもあって、論争は次第に社会構造論から国家論(幕藩制国家論)へと発展した。論争はなお未解決で、昭和四十年前後から行きづまりの観を呈した。これを打開する目的で、朝尾直弘は、兵農分離と石高制と鎖国との三つの要素に着目して、この時代の構造的特質を解明すべきであると提唱し(昭和四十四年)、その説の支持者も多いが、右の三つの要素の相互関係や、またそれらが基本的要素であることの理由についての説明は、必ずしも説得的ではない。それよりも右の三つの要素として挙げられたものが、前記の「生産物地代」「農奴制」などと比較してみると、既成の理論や図式から抽象された概念ではなく、歴史の実相に即して帰納的に導き出された観念である点が注目され、そのことが今後の研究の方向を示唆していると考えられる。この方向で研究が進められるならば、幕藩体制の語も、特定の解釈や理論と強いて結びつけられることなく、客観的に近世日本の政治的、社会的な構造の特質を表象する概念となってゆくであろう。

[参考文献]　伊東多三郎『近世史の研究』四(吉川弘文館、一九八四年)、安良城盛昭『幕藩体制社会の成立と構造』(御茶の水書房、一九八二年)、藤野保『新訂幕藩体制史の研究』(吉川弘文館、一九七五年)、佐々木潤之介他『幕藩体制論』(『(シンポジウム)日本歴史』一一、学生社、一九七四年)、佐々木潤之介『幕藩制国家論』(東京大学出版会、一九八四年)、朝尾直弘『日本近世史の自立』(校倉書房、一九八八年)

(尾藤　正英)

幕末諸隊（ばくまつしょたい）

ペリー来航後の対外的危機感の切迫を主たる契機として、幕末から明治初年に至る数ヵ年の間に、幕藩的正規軍である家臣団隊とは別に組織されたか民間で独自に結成された隊。諸隊の活動は幕藩的指揮系統とは相対的に独自性をもち、その行動を導いた思想的基盤は尊王攘夷論であった。脱藩浪士や豪農・地主・村役人・医師・修験・神官・僧侶など出身の草莽志士を中心とし、隊中に一般農民層を編成することもあり、職人や博徒による隊もあった。一般に諸隊には農兵隊も含み、また戦乱状況下で諸藩や幕府側で新しく組織・編成した隊まで含み、諸隊の性格は多種多様であった。農兵隊は幕府や諸藩が支配や軍事力の不足を補うために上から編成したものであるが、文久年間(一八六一―六四)以降海防に限らず取り立てがすすみ、豪農・村役人層が積極的に参加してその次・三男中心に郷村武力の拠点化がはかられ、そこへ浪士などが関与して尊王攘夷論的基盤ができると、農兵と諸隊とは区別できなくなる。諸隊の特徴をよく示す隊は、民間に結成され、武士ばかりでなく諸階層出身者を編成し、藩内抗争に限らず尊王攘夷や討幕の旗印を掲げて行動した草莽諸隊である。

尊王攘夷の名分を掲げて運動した志士・草莽は、文久三年八月十八日の政変で中央政局を追われ、地方に拠点をおいて運動を推進していくために、活動組織であり軍事力でもある隊編成をすすめる必要があり、草莽諸隊が生まれた。大和五条代官所を襲いその後一ヵ月あまり隊活動をした天誅組、但馬生野代官所を占拠した生野組、文久三年十一月を期して関東各地で挙兵を計画した慷慨組・天朝組・真忠組などがあり、真忠組は志士楠音次郎らが九十九里地方の貧民と結んで世直し的動きまで展開した。この側面は慶応三年(一八六七)秋に江戸薩摩藩邸を拠点に結成された浪士隊の派遣した野州出流山隊・相州隊にもみられる。戊辰内乱期は志士・草莽の決起が相つぎ、草莽諸隊を輩出した。その多くは官軍方で、九州大分の花山院隊、京都を中心として丹波の山国隊・弓箭組、山城の山科隊、摂津の多田隊、高野山の鷲尾隊、東山道では赤報隊(のち嚮導隊)・高松隊・護国隊・断金隊、東海道では稜威隊・遠州報国隊・駿州赤心隊・豆州伊吹隊・甲州蒼竜隊、北関東壬生の利鎌隊、越後の居之隊(はじめ方義隊)・金革隊・北辰隊・戊辰隊などがある。草莽諸隊よりも藩の指導のつよい諸隊も多い。

萩藩の場合、外国艦隊から攘夷実行に対する報復攻撃を受けて敗れ植民地化の危機がつよまる中で、実戦に力量を発揮しうるものとして、下級武士や陪臣・足軽・扶養者それに農民・町人の出身を問わず有志者を加えて編成した奇兵隊を代表とし、奇兵隊に刺激されてつぎつぎに新編成の隊が結成され、御楯隊・鴻城隊・遊撃隊・南園隊・荻野隊・膺懲隊・第二(南)奇兵隊・八幡隊・集義隊を加えて十隊を諸隊と総称した。萩藩諸隊は高杉晋作のもとで藩庁への反乱の武力となり、第二次長州征討時の四境戦争では幕府軍に勝利するなど、輝かしい戦歴を残すが、隊員には士分意識がつよく中・下級武士の指導が貫いていた。

他藩の例を戊辰期中心にそれ以前に編成の隊をも含めて列挙すれば、高知藩迅衝隊、福岡藩勇敢隊、広島藩応変隊・報国隊・一心隊・発機隊・神機隊など、岡山藩電撃隊・耕戦隊・遊撃隊、名古屋藩集義隊・磅礴隊(ともに博徒隊)・草薙隊・精鋭隊・正気隊・帰順正気隊など、足利藩誠心隊、水戸藩武田隊、三春藩奇兵隊、松前藩遊軍隊・正議隊などがある。諸隊は官軍側ばかりでなく、旧幕府・佐幕藩側にもあった。旗本の子弟や諸藩の有志を結集した隊や、幕領農民や博徒・脱走兵士をも加えたさまざまな隊があった。戊辰期の例をあげると、新撰組の近藤勇らのつくった甲陽鎮撫隊、甲陽鎮撫隊の付属隊としての武州日野宿春日隊、旧幕府歩兵組と旧幕府領民有志からなる衝鉾隊・伝習隊・草風隊・貫義隊・純義隊・大手前大隊、旧幕臣中心の彰義隊・振武軍などは隊活動に独自性があったが、より藩軍的・農兵隊的なものに、桑名藩雷神隊・致人隊・神風隊、郡上藩凌霜隊、高田藩神木隊、会津藩白虎隊・奇勝隊・青竜隊・朱雀隊・敢死隊・新練隊・幼少隊、仙台藩烏組・額兵隊、米沢藩剛士隊・有志隊、盛岡藩発機隊・天象隊・地儀隊・聖武隊・風雲隊・鳥蛇隊などがあった。

諸隊は官軍・幕府軍の双方に多数あり、幕府軍・佐幕藩のそれは戦争に敗れて壊滅または降伏して解隊することが多かったが、官軍側の諸隊も戦乱状況の終息とともに解隊される運命にあった。赤報隊・花山院隊のように独自化したり統制を逸脱した場合は早期に抑圧されたが、萩藩諸隊でも戊辰戦争勝利の見通しが立つころから解隊が検討され、明治二年(一八六九)末に常備軍編成を機に多くの諸隊員を切り捨てたので、広範な脱隊騒動が起きた。幕末諸隊は戦乱期の戦う武力として利用されたが、明治維新後に悲劇的な運命をたどる者が多かった。

参考文献　井上清『日本の軍国主義』一(現代評論社、一九七五年)、田中彰『明治維新政治史研究』(『歴史学研究叢書』青木出版、一九六三年)、高木俊輔『明治維新草莽運動史』(勁草書房、一九七四年)、同『それからの志士』(『有斐閣選書』八九五、一九八五年)、野口武彦『幕府歩兵隊』(『中公新書』、中央公論新社、二〇〇二年)

（高木　俊輔）

幕末の改革（ばくまつのかいかく）　⇩藩政改革《はんせいかいかく》

藩（はん）

近世大名領の総称、また明治新政府成立当初の地方行政区画の一つ。「藩」という漢字はもと「まがき」(栗の丸太の柵)、「さかい」、「まもり」を意味し、転じて中国周代の封建制度で、天子が諸国に封じて自己を輔翼せしめた諸侯を指して藩輔・藩屏・藩翰・藩鎮などと称した。その先例により、江戸時代、江戸幕府に服属していた大名を「諸侯」、その領地もしくは支配組織を「藩」といい、幕府と大名の支配の仕組を「封建」と呼ぶならわしが、儒者の間から起った。新井白石が『藩翰譜』を編み、その編纂の次第や「藩邸」での出来事を『折たく柴の記』に記し、太宰春台が『経済録』で「封建の制」を説いたのは著名な例である。「親藩」「当藩」「藩士」「藩制」などの熟語や「水藩」「紀藩」「備藩」「長藩」などの固有名詞も普及していたが、江戸幕府が「藩」の公称を採用したことは一度もなく、旗本領を「知行所」というのに対して、一万石以上の大名の所領は「領分」と公称されていた。

それに対して、徳川将軍家の大政奉還に伴う王政復古後、維新政府が明治元年(一八六八)閏四月、旧幕府領を府・県と改め、元将軍家を含む旧大名の領分を藩として、その居城所在地名を冠して呼んだとき、行政区画としての「藩」が生まれた。しかし、版籍奉還につぐ明治四年七月の廃藩置県まで存続しただけである。ちなみに、豊臣氏末期の大名二百四家の内、外様大名として存続できた百十七家と新規取立ての六十八家を加えて、幕府開設当時には百八十五藩あり、のち元禄四年(一六九一)には二百四十三藩、慶応元年(一八六五)に二百六十六藩を数えたが、通称の「三百諸侯」には達せず、明治四年にも二百八十三藩であった。明治維新以後、幕末の勤王事蹟や旧制度の記述、その後の地方自治制度の展開に伴い「藩」の呼称が普及し、通例、規模の大小に応じて国・郡・城下町などの地名を冠して用いられる。　↓大名《だいみょう》　↓藩制《はんせい》

参考文献　金井圓『藩政』(『日本歴史新書』至文堂、一九五二年)、渡辺浩『東アジアの王権と思想』(東京大学出版会、一九九七年)、青山忠正『明治維新と国家形成』(吉川弘文館、二〇〇〇年)、藤野保『新訂幕藩体制史の研究』(吉川弘文館、一九七五年)

(金井　圓)

藩医（はんい）

江戸時代、藩に仕えた医師。身分・職制・職掌名は各藩で異なる。大藩は幕府の医官制度に準じていた。幕府医官は奥と表に分かれ、奥は奥医師・奥詰医師の侍医、表は御番医師・寄合医師・小普請医師などがあった。藩によって、士席医師と軽輩医師に分かち、藩主の侍医として中士格以上世襲の士席医師をあて、御匙を選ぶ。番医は侍医の下城後一人ずつ殿中に直宿、不時の治療に備えた。町・村医者より医療技術に秀れた者を抜擢、勤役中御番料を給した例が多い。抜擢の医師は藩主に拝謁を許され、御目見医師と称した。家督まえの幼年・修業中は部屋住料が、成業・家督のうえ本禄が給せられた。藩医の科は本道(内科)と雑科とに分かれ、雑科には外科・針科・口科・眼科・小児科などがあった。江戸住居の仙台藩医で蘭学者の大槻玄沢の場合、四・九の日は幕府の暦局出役、五の日は薬園に、二・七の日は家塾芝蘭堂における会、他は病用と屋形への出仕であった。

(片桐　一男)

藩営漁業（はんえいぎょぎょう）

近世、領主またはその下請人によって経営された漁業。わが国の農業の場合には領主経営の形態はなかった。漁業の場合にも大体は農業と同様であったけれども例外的に領主経営の形態が存在した。漁業は天然に棲息繁茂している魚介藻類を採取する産業で、農業のように栽培過程を必要としない。そのため特に恵まれた漁場においては、領主あるいはその下請人によって経営可能な魅力ある漁業も存在した。そのような漁業が商品生産の発展に伴い、あるいはその他の理由によって急速に漁場価値を増大した場合など、領主側でその成果

を最大限に獲得するために、その漁場占有利用権を奪取するケースがあった。

霞ヶ浦の北部は玉里の入海と呼ばれる入江になっているが、この入江は土地の豪族鈴木家の注進によって寛永二年(一六二五)水戸藩の御留川になり、漁民の立入りが禁止されるようになった。それまで漁民の占有利用していた漁場を領主が強権で奪取したのである。そして、そこでは水戸の役人の手で大網が入れられた。十一年間は藩の直営が行われ、毎年大漁でその間二千両以上の収益があったという。その後五年間は運上金の入札制による請負経営、それから四十年間の直営を経て、また請負経営が行われた。次に伊豆の天草《てんぐさ》漁業のうち最も著名な産地であった稲取・白浜両村の事例について述べよう。元来、天草は農家の自給肥料として使用されていたものであったが、享保ごろから寒天の材料として商品化され、この地方で最重要の収益源になっていった。天草に対する運上金が増加したのはもちろんであるが、沼津藩主の水野氏はその領地である稲取村で天明年間(一七八一—八九)にそこの天草漁場を漁民から召し上げて御手浦にし、天草の採取・販売を領主の直営とした。白浜村は半高代官所支配、半高旗本小笠原氏の知行地となっていたが、文政五年(一八二二)に水野氏がその代官所支配分を加増地として引き継ぎ、翌六年に天草漁場を漁民から奪取し、実際の漁業経営は入札によって商人に請け負わせた。天保八年(一八三七)までその請負人は下田町の孫屋吉兵衛であった。吉兵衛は海士を雇い、白浜村佐助を支配人として監督させ、採取した天草を大坂の大根屋小兵衛に売り渡していた。水野氏はその請負料として百五十両を取得し、そのうち三十両を肥料代として白浜村に与えた。なお天保十二年ごろ白浜村の天草漁業は水野氏の直営となり、それが明治維新まで続いた。以上のような好漁場の漁民からの奪取とは異なる藩営漁業として、仙台藩では天保年間(一八三〇—四四)に藩財政・漁民生活両方の窮乏への対策として、藩営(完全な藩営ではなかったようであるが)の捕鯨業を試みたが、その結果は思わしくなかったために本格化するまでに至らなかったようである。東国での鯨肉に対する需要が小さく、藩の資金も乏しかったためとみられる。

(二野瓶徳夫)

参考文献　二野瓶徳夫『漁業構造の史的展開』(『近代土地研究叢書』四、御茶の水書房、一九七八年)、伊豆川浅吉「陸前捕鯨史の一駒」(小野武夫博士還暦記念論文集刊行会編『日本農業経済史研究』上、日本評論社、一九四八年所収)

藩営工業　(はんえいこうぎょう)

広義には、江戸時代に藩(大名領国)が経営した工業をいう。

しかし、それは時期別に異なった目的をもって行われており、狭義にはそれらを区別し、特定のものを指す場合もある。たとえば幕末期の近代的工業、特に軍事工業を藩が主体となって経営しているものに限定する場合などがそれである。広義の藩営工業でも、内容は多様である。藩の支配がどの程度に生産過程や経営に直接関与しているかという点でさまざまである。全般的に直接支配である場合は少ない。原料の統制、製品の買占め、資金供与などによる、事実上の藩の支配統制下での生産形態が多い。また工業の生産形式も、小規模生産・工場制手工業・機械制工場工業といったように種々のものが考えられる。藩営工業は、元来、藩財政の窮乏化を救済するために、藩の殖産興業政策の推進を目的に行われたものが多い。

　しかし、幕末期に近づくにしたがって、対外的な緊張が増大し、国防を中心に富国強兵政策を目的とするものが多くなり、洋式工業の導入が行われている。幕末期以前の場合、殖産興業の目的では各地の特産物生産の育成がはかられ、製紙業・製蠟業・陶磁器業・製鉄業・製糸業・織物業などの分野に関する場合が多かった。藩営陶磁器業では佐賀藩など歴史が古く、藩祖により朝鮮よりの技術導入がはかられ、以後、藩窯を中心に発展した。これは藩の直接的生産過程への支配形態の一典型といえよう。こうした藩営工業は生産過程のみならず、流通過程への藩の関与、専売制などによって藩の全般的支配が補完されている場合が普通であった。こうした藩営工業の社会的性格は、一般的農民側の商品経済の発展を必ずしも前提としたものではなく、生産過程における労働力の性格や生産手段の入手の方式などよりみて、製品の専売制などとあわせて、封建的(農奴主的)性格の商工業というべきものであった。化政期に入り、一般的な商品経済の発展と国内市場の拡大とが進み、他方で藩財政の危機も増加するに及んで、各藩は競って領主的商品経済として専売制を実施し、さらに藩営工業に乗り出すこともあった。しかし、この段階でも生産過程への藩の支配は間接的であり、一見して藩の支配が強いようでも、実権は商人資本家に移っていくという場合が多かった。また藩の支配の強化に対して、農民など民間側よりの反対が強くなる傾向がみられた。このころまでに、民間では資本制マニュファクチュア経営も出現してくるが、藩営工業では協業・分業による集合作業がみられても、労働力の性格は賃労働によるものではなかった。

　天保期(一八三〇—四四)以降の藩営工業は、対外的危機意識と危機への対応を目的に、藩の直接関与が注目される。これらは技術的には西洋式の技術の導入が目立ち、機械制工場として建設されるものが多くなったが、これらは依然として賃労働による経営ではなかった。設立の目的に制約され、業種も軍事的な産業や、それに関連するものが多くなり、さらに西洋への対抗から、広く洋式技術による工業、たとえば洋式紡績工業といったものまで藩営で行われるようになった。

　こうした対外危機の自覚と政治革新の動向との関連において、洋式軍事工業に力点をおく幕末期藩営工業は、西南雄藩を中心に展開された。もちろん、江戸幕府においても同様な動きを顕著に示しており、共通の性格をもつものと考えられる。こうした中で、幕末に最も早く洋式軍事工業を藩として始めたのは、長崎と深い関連をもつ佐賀藩であった。同藩の軍事工業は鋳砲、特に洋式反射炉をもとに鉄製砲の鋳造、洋式蒸気船ならびに蒸気罐の製造などであった。鹿児島藩での幕末洋式工業の展開は、開明的な藩主島津斉彬のもとで、多様な洋式技術の導入と実験・実用化によって推進された。安政四年（一八五七）に同藩の工場群は開物館・集成館と名付けられたが、ここで反射炉・鎔鉱炉の建設、銃砲・硝子・陶磁器・農具などの製造、造船、紡織などが行われた。斉彬の没後、集成館はあらためて造兵専門の工場として再出発したが、文久三年（一八六三）の薩英戦争で反射炉を残し焼失し、翌元治元年（一八六四）に再建された。

　このころ、日用品製造も綿・糖に集中されている。長州藩での洋式工業は安政四年ごろより、造船、鋳砲、反射炉建設、製鉄、製薬、硝子製造などの部門について行われた。土佐藩では、鋳砲、汽船雛型製造、洋式帆船製造、開成館での研究・実験をふくめて、洋式工業が幕末期に行われている。水戸藩でも徳川斉昭のもとで洋式工業が始められ、造船、反射炉と銃砲・弾薬の製造などのほか、製陶・煉瓦製造、製紙、硝子やガス製造など、種々の分野に及んだ。このほかの藩の事例も知られている。これらの幕末期の藩営洋式工業は同期の幕営工業とともに、ただちにそれを資本制工場工業とみなすことはできないが、その多くが明治政府によって受け継がれ、明治以降のわが国近代工業、特に洋式軍事工業の発展の基礎の一つとなったことは否定できない。

[参考文献]　日本経済史研究所編『幕末経済史研究』（臨川書店、一九七三年）、堀江保蔵『我国近世の専売制度』（臨川書店、一九七三年）、吉永昭『近世の専売制度』（吉川弘文館『日本歴史叢書』三三、一九七三年）、楫西光速「幕藩営工業の問題」（『明治維新史研究講座』三、平凡社、一九五八年所収）

（矢木　明夫）

藩学（はんがく）　⇩藩校《はんこう》

藩翰譜（はんかんぷ）

万石以上の大名三百三十七家の家伝由緒の集成。慶長五年

(一六〇〇)から延宝八年(一六八〇)までを平仮名交り文で記す。新井白石編、十二巻・序目一巻、元禄十四年(一七〇一)十月脱稿。元禄十三年末に徳川綱豊(のち家宣)の命を受け、翌十四年七月に起草、同十五年二月に浄書して進呈し、その書名は綱豊の撰という。書名は、徳川将軍家を王とし、その藩翰(かきねみき)をなすべき者という意味からとった。(『折たく柴の記』および室鳩巣の序文では二月十九日とし、『新井白石日記』では三月十九日条に呈出としている)。白石の本書に対する関心は高く、致仕後も新史料を得るごとに草稿に加筆した。

収載諸家の配列の順序は、越前、尾張、紀伊、水戸、保科、甲府、館林、松平諸家を首にして、以下、譜代、外様の順とし、附録に廃絶の諸家を収めてある。編集の次第は、『新井白石日記』『折たく柴の記』『文昭院殿御実紀』附録下、および本書巻首に掲げられている室鳩巣の序文などに詳しい。なお、本書の編次について、鳩巣の序文および『折たく柴の記』は「正編十巻、附録二巻、凡例目録共一巻、通計十三巻」としているが、現存伝本は前記のごとくである。『寛永諸家系図伝』や『寛政重修諸家譜』と異なり個人の編書としては出色の書であり、簡潔な文章で武士の言動を描写している。江戸時代には写本で多数流布し、その末期には木活字印本(活字堂刊)十冊が五十部限定で印行されている。

明治以後では、『国文講義藩翰譜』(増田于信著、大日本中学会刊、一冊)、『藩翰譜』(大槻修二(如電)校、吉川半七刊、明治二十七年(一八九四)・二十八年、和装七冊、大正十四年(一九二五)訂正版)、『新井白石全集』(今泉定介校、国書刊行会刊、明治三十八年)がある。『続藩翰譜』は『藩翰譜続編』ともいい、『藩翰譜』の書継の内容であるが、その成立は異なる。寛政元年(一七八九)幕府が本書編纂を企図し、九月に瀬名貞雄・岡田寒泉に編集を命じ、一方その資料として諸大名に系譜類を提出させた。そして寛政六年に寒泉は代官に転出し、同八年に瀬名が病気退任した後は、右筆所で分担し業務を進めた。奥右筆近藤吉左衛門孟卿・秋山松之丞維祺・都筑市之助光郷、御徒《おかち》中神順次・大久保五左衛門・高野孝之助・飯田直次郎、奥右筆長谷川弥左衛門安辰・屋代太郎弘賢・篠本久兵衛らの面々であるが、その後も編纂員の異動があった。文化二年(一八〇五)十二月二十六日に浄書上呈され、副本は文化三年四月に浄書し右筆所に納めた。本文は十二巻で、延宝八年から天明六年(一七八六)までの大名の系譜・家伝を収めた。『藩翰譜』と同様の順序で配列し、平仮名交り文である。

ほかに附録として『系図備考』十一巻が付してある。これは『藩翰譜』所収の系図、寛政元年提出の家譜、『寛永諸家系図伝』を対照して符合しない点を考証した結果を収めたものである。『藩翰譜』が主として白石一人の作業であるのに対して、続編は諸家の書上を幕府蔵の記録と対照し調査・考証を重ねたので完成まで比較的長期を要した。本書編集に関する記録としては、松平定信『宇下人言』、『文恭院殿御実紀』、宮崎成身編『憲法類集』、『政化間記』、『屋代弘賢雑著』などがある。伝写本も多く、活字本は『新井白石全集』二に収められている。

参考文献　福井保『江戸幕府編纂物』(雄松堂出版、一九八三年)

（山本　武夫）

藩校（はんこう）

藩学・藩学校・藩黌などともいう。

〔意義〕江戸時代より明治四年(一八七一)の廃藩置県に至るまで、諸藩が主として藩士の子弟を対象に建営した教育機関。広狭両義があり、広義には、狭義の藩校をはじめ、医学校・洋学校・国(皇)学校・兵学校・郷学校など、諸藩の設けたあらゆる教育機関を包摂する。狭義の藩校は、藩士の子弟すべてを強制的に入学させた学校、主として漢学によって文字・文章の教授と人間的教養を与えた学校、幕藩体制の危機にたえられる意志鞏固な武士を育成しようとした学校であった。武芸稽古所・武館・武学校などは、しばしば狭義の藩校に組み込まれていた。結果として、狭義の藩校は藩士の子弟全員に必須不可欠な文武両道の教育を施す機関となった。藩校と普通に呼ぶ場合は狭義に使い、とりたてて広義を指すときは藩立学校として区別することがある。

〔成立・開設の状況〕藩校が、一応の組織を整えて成立してくるまでには、三つの道程があった。第一は聖堂の建立、孔子祭の挙行から出発したもの、第二は家塾を改組・移管して藩立としたもの、第三は講釈のための講堂から成長してきたものである。第一に該当する典型は佐賀藩の鬼丸聖堂、高松藩の講堂などであって、釈奠(孔子らを祀る儀式)に付帯する講釈のための講堂が作られ、やがて日常も素読(経典の読みの練習)や講義を行うようになり、のちには弘道館(佐賀藩)・講道館(高松藩)と称する規模の大きい藩校へと発達した。成立道程の第二は、家塾(幕府・諸藩に仕える儒官がその内意により藩士の子弟を対象に開いた塾)を収公したもので、その事例ははなはだ多いけれども、久留里藩の三近塾、岩槻藩の遷喬館、明石藩の敬義館などが適例といえよう。松江藩の文明館、日出藩の致道館のように、儒官の自宅の近くに藩費で一棟の学舎を設けて家塾同様の教育を行なったところから、やがて発展して宏壮な藩校を建営した場合もこの類型に含まれる。第三に属するものには、新発田藩の道学堂、伊勢崎藩の学習堂などがあって、藩主・藩士より庶民中の有志までが一同に会して儒官の講釈を聴ける講堂一棟が藩校の中心となっていた。

ここで藩校全般にわたる開設の状況をみると、別表のように、明治二年現在の総藩数二百七十六のうち、資料を欠くため藩校の存在が明瞭でない二十一藩と、明治時代にはいってのちに設けた三十六藩との、計五十七藩をのぞいた二百十九藩が慶応三年（一八六七）までに創設していたこととなる。この二百十九校のうち百八十七校まで、すなわち八五％までが宝暦から慶応までの百十七年間に開設されている。よって藩

藩校開設の状況

年代＼地域	東北	関東	中部	近畿	中国	四国	九州	合計
寛文―貞享（1661―1687）	1				1		2	4
元禄―正徳（1688―1715）			2	3		1		6
享保―寛延（1716―1750）	2	3	2	3	4	2	2	18
宝暦―天明（1751―1788）	7	2	10	5	9	2	15	50
寛政―文政（1789―1829）	12	15	15	20	7	7	11	87
天保―慶応（1830―1867）	5	14	16	13			2	50
明治元―4年（1868―1871）	3	11	7	13	1		1	36
年代不明		4						4
合計	30	49	52	57	22	13	32	255
藩校の存在不明の藩	2	4	5	2	5	3		21

(1)明治2年現在における総藩数276のうち、資料を欠くため藩校の存在が不明の21藩をのぞいた225藩についての調査である。
(2)藩として取り上げたのは、藩主を中心とする藩士の集団で、これを東北・関東等の地域に配するにあたっては、原則として慶応3年現在における居城・陣屋の所在地をもって、その地域を決めた。
(3)慶応3年以前に、その封地に藩校を設けたものは、明治元年以後に転封しても旧地の地域に準じて処理し（沼津藩・掛川藩・浜松藩・会津藩等）、維新後に転封し、新封先ではじめて藩校を創設したものにかぎり、新封地の地域を配した（桜井藩・小久保藩等）。
(4)慶応3年より遠い以前に別の地域において藩校を設け、そののち転封をかさねた藩は、慶応3年に居城をもった地の地域によった（山形藩・刈谷藩等）。
(5)この調査は『日本教育史資料』を一応の基礎にしているが、その後発見の基本資料によって修訂・補充したものが多い。

校は、もともと藩という枠組みのなかではあっても、富国強兵の政策をおしすすめる人材の育成が急務となった江戸時代後期において、擡頭し、発展した教育機関であったことがわかる。さらにまた、社会体制の内部矛盾が激化し欧米先進諸国の圧力が強大となった天保年間（一八三〇―四四）以降の幕末・維新期に近づくにつれ、学校制度の上でもいくつかの重要な変革を遂行していく必要に迫られた。

〔変革の動向〕変革の第一は、藩校入学者の身分と年齢である。幕末期には、藩士の子弟に対しては二百十九藩の二百藩までが入学を「強制」した。庶民の子どもについては、強制はもとより奨励もしなかったが、それでも文久年間（一八六一―六四）以降になると、農兵ないし民兵を募る必要に関連して、入学を許可する藩校がにわかに増加した。入学年齢については、十歳以上が普通であったのに、幕末にはいって七、八歳に低下する傾向が生じた。武家では、それまで家庭まかせにしていた初歩的な文字の読み・書きをも藩校教育の一環に組み込み、また領民を支配し指導していく武士階級としての自覚を、幼いうちに培おうとする企図に出るものであった。変革の第二は、課業形態の多様性と系統化とに現われた。近世漢学の課業には素読・講義・会読・輪講・質問など、さまざまの形態が工夫されていた。幕末の藩校では、これらすべての形態

が実践されたが、入学した生徒は、まず経典の続みを練習する素読に励んだ。ついで、同じ経典について儒官の講義を聴き、読書力を増し理解力を高めた。そのうえで、共同学習ともいうべき会読・輪講に参加するとともに、課題とするところを自分で選び、ひとりで読み、ひとりで考える「独看」、問題点を発見して儒官に「質問」する段階へとすすんだ。会読・輪講に至ると、儒教の古典のみでなく史書もテキストに採られ、独看・質問では諸子百家や詩文集も研修の対象にされた。幕末以降における変革の第三は、等級制の工夫と実施とに示されている。等級制とは、生徒の年齢や学力の発達に応じていくつかの段階をたて、段階の下から上へ移すのに試験なり日常の成績なりを勘案して決定する制度をいう。

別表のように、こうした等級制は消長の波をたてながらも、大局的には無等級から、二等級・三等級へと高次なものに推移している。とりわけ、天保以降より維新期にかけては、無等級・二等級は後退ないし停滞し、かわって三等級以上および複合等級制の進出が目だつ。複合等級制は、素読科・講義科といったような二大等級をまず立て、さらにそれぞれの中に、上・中・下、一・二・三のいっそう細かい等級を設けた藩校である。このような等級制の高次化は、藩校が学力の培養、知識技術の授与という側面を幅ひろく採り入れた軌跡を

諸期における等級数の現在数

年代＼区分	無等級制	2等級制	3等級制	4等級制	5等級以上	複合等級制	等級不明	その他	合　計
天明以前（—1788）	33	15	3		1	4	19	2	77
寛政—享和（1789—1803）	46	28	6	1	3	8	25	3	120
文　化（1804—1817）	53	42	6	1	3	8	27	2	142
文　政（1818—1829）	59	58	8	2	3	10	27	2	169
天保—嘉永（1830—1853）	72	69	14	2	4	19	17	2	199
安政—慶応（1854—1867）	69	73	19	5	9	29	11	3	218
明治元—4年（1868—1871）	59	70	33	11	23	48	5	2	251

示すものであり、入学年齢を低下させて学習年限を大きく長くした事実とも、またさまざまな学科目を用意するようになった事実とも、深いかかわりをもっている。この限りにおいて、等級制の構想とその実施は、藩校教育が明治的なもの、近代的なものへと歩みよっていった進度と速度とを示唆する事象と解せられる。

　幕末における藩校変革の第四は、学科目を急速に増加した事実にもとめられる。文化―天保年間(一八〇四―四四)では、一科目~三科目制の藩校が多数であるけれども、弘化―慶応年間(一八四四―六八)になると二科目~五科目制が優勢となる。そして明治期になると、一、二科目制は大きく減退し、三科目~六科目制を採る藩校が多数を占めるようになる。具体的には、文政年間(一八一八―三〇)までは漢学一科のみ優勢であるが、幕末の天保―嘉永年間(一八三〇―五四)には筆道・和学・算術・医学・洋学・天文学・音楽など、二世紀余を通じておよそ藩校の設け得た学科目のすべてが出そろってくる。こうして藩校は、この分野でも近代学校の先駆となったのである。↓郷校《ごうこう》

[参考文献]　笠井助治『近世藩校の綜合的研究』(吉川弘文館、一九六〇年)、同『近世藩校に於ける出版書の研究』(吉川弘文館、一九六二年)、同『近世藩校に於ける学統学派の研究』上・下(吉川弘文館、一九六九・七〇年)、石川謙『日本学校史の研究』(日本図書センター、一九七七年)、城戸久・高橋宏之『藩校遺構―江戸時代の学校建築と教育―』(相模書房、一九七五年)

(石川松太郎)

藩債輯録(はんさいしゅうろく)

　藩債処分に関する記録を編纂した書物の一つ。大蔵省国債局の編集にかかり、明治十年(一八七七)ごろ作成された後、十四・十五年に増訂追録されたと推定される。大蔵省は内国人に対する藩債の処分について法令、稟議および指令などを集録して『藩債処分録』、外国人に対する藩債処分方法を各藩ごとに債権者別に編述して『旧藩外国逋債処分録』をそれぞれ作成したのに対し、『藩債輯録』では二百七十七藩につき、各藩ごとに種類別の負債額を計上している。ちなみに明治政府は公債採否の規準を設け、内国債を公債(政府承認)と删除(非承認あるいは棄捐)に類別し、さらに前者に新債・旧債・即償債・租税債・官債、後者に古債・幕債・私債・債券返上・空債・棄債・宿債・古借滞利の別を設け、外国債を公債(承認)と私債、減高(非承認あるいは棄捐)とに分類した。藩債の種類別総計は『藩債処分録』の末尾に付載される藩債一覧表にも示されているが、『藩債輯録』はその各論ともいうべき内容をもち、史料的価値はきわめて高い。『(明治前期)財政経済史

料集成』九に所収。

参考文献　明治財政史編纂会編『明治財政史』八（吉川弘文館、一九七二年）

（杉山　和雄）

藩債処分（はんさいしょぶん）

明治政府が断行した旧藩負債の根本的整理。政府はつとに藩債整理の必要を認め、明治三年（一八七〇）九月には各藩に対し、藩政改革の一環としてその実施を命じた。しかし、藩財政の窮状から効果はあがらず、藩債はむしろ累積する傾向にあった。廃藩後、政府はこれを引き受けたが、藩債は藩札や秩禄とともに大きな財政負担であり、その処分は政府の緊急課題となった。四年七月、府県に命じ諸藩の負債額を報告させ、十一月には債権者に対し、債権の額や利率、返済期限等の申告を求めるなど、藩債処分の準備をすすめた。翌十二月、政府は藩債処分を統一的に行う旨を布告し、五年三月に至り、それまでの調査結果をもとに、負債の発生時期により藩債を新・中・古の三種に類別し、また負債の内容によって公債として引き継ぐか否かを決めるなど、処分方法を定め、翌四月には公債に引き継がれたものに対して、現金ではなく公債証書を交付することを決定した。

ついで六年三月三日、第八二号布告をもって藩債処分の方策を公布し、同月二十五日新旧公債証書発行条例を発行した。これによって、天保十四年（一八四三）以前の藩債は古債としてすべて棄却され、弘化元年（一八四四）から慶応三年（一八六七）まで藩用に借入した分は公債（旧債）として、明治五年から無利息五十年賦で償還され、明治元年から同五年まで藩用に借り入れたものは新債として、明治五年から四分利付、三ヵ年据置き、二十五年賦をもって償還されることなどが定められた。明治四年十一月に開始された債権者からの藩債申告の期限は、当初、一ヵ月以内とされていたが、再三延期され、同八年十月ようやく打ち切られたが、申告の藩債は二百七十七藩にわたり、総額七千四百十三万八百七十四円（円未満切捨て）に達した。その種類別内訳は別表の内国債内訳にみられるとおりであり、政府引受けの藩債額（内国分）は三千四百八十六万四千五百八十二円、申告額の四七％にあたる。その中心をなす新・旧債については、二十五円未満の債権額および端数金に対し、それぞれの償還年限に従い、一割利引方式を用い、現金の一時払いと定められたため、公債証書および現金の交付額は、結局、新債では証券一千二百四十二万二千八百二十五円と現金十六万八千三百二十九円、旧債では一千九十七万二千七百二十五円と五万四千百九十六円となった。なお、即償債および租税債は現金で一時に償還されたが、官金債は債権者が明治政府であったため償還されなかった。高橋亀吉

藩債一覧

種類			藩数	金額
			藩	円
内国債	公債額	新債	246	12,820,216
		旧債	228	11,220,841
		即償債	50	707,573
		租税債	202	3,680,002
		官金債	250	6,435,949
		小計	276	34,864,582
	削除額	古債	206	12,025,981
		幕債	131	2,657,803
		私債	24	2,372,040
		債券返上	57	501,494
		空債	17	483,226
		棄債	254	14,977,026
		宿債	23	2,501,443
		古借滞利	207	3,747,273
		小計	271	39,266,291
	合計		277	74,130,874
外国債	公債		34	2,801,306
	私債		22	887,144
	減高		28	313,601
	合計		37	4,002,052
総額			277	78,132,927

明治財政史編纂会編『明治財政史』8、大蔵省編『(明治前期)財政経済史料集成』9による

は、この処分により内国藩債の八〇%が切り捨てられたことになると推定し、その棄捐令的性格の強さを指摘している。

藩債のなかには外国人に対する負債も少なからず存在し、別表の示すように、三十七の藩が計四百万二千五十二円の外債を負っていた。これらは、おもに戊辰戦争前後に生じ、その目的別の内訳は、軍艦・汽船・武器・米および機械類など輸入品の代金未払分百八十五万四千百四十五円、茶・生糸および銅など輸出品の引当前借り三十一万六千三百六十五円、藩経費充当の現金借入れ七十四万九千七百九十八円、商業資金および民間勧業救済貸付資金の借入れ三十六万九千三百五十二円、その他四十七万二千七百円であった。外債の起因や態様は複雑であり、債権者の国籍もイギリスをはじめ、フランス・オランダ・アメリカなど七ヵ国に及んだ。政府はこの外債を処分するため、明治五年五月大蔵省に判理局を設け、外国人債権者と個別的に交渉させ、私債と認められるものを類別し、また利子の減価や元金切下げをはかった。この結果、償還すべき外債額は三十四藩の二百八十万千三百六円に減少し、政府はこれを明治八年六月までに完済した。

参考文献　大蔵省編『(明治前期)財政経済史料集成』九(原書房、一九七九年)、明治財政史編纂会編『明治財政史』八(吉川弘文館、一九七二年)、高橋亀吉『日本近代経済形成史』二、千田稔「藩債処分と商人・農民・旧領主」(『社会経済史学』四五ノ六、一九八〇年)

（杉山　和雄）

藩財政（はんざいせい）

江戸時代の大名および旗本は、徳川将軍から与えられる領知状・知行状によって特定された支配村から貢租を収納して、家政および領域維持の諸経費を賄う独自の権限を行使した。大名および旗本の形成する組織体管理行為の正当性は、一定領域に対する公権力としての統治権限の部分的委譲に発する。藩主家の永続性と召抱え軍団＝家中の給与確保とを目的とした組織体行動は、領域における物的資源および人的資源を活用すべく遂行される。そうした行政活動に必要な諸経費調達のための課税・収税機能と支払機能の全体は、特に万石以上を領地規模とする場合を「藩」領とよぶのに対応させて、「藩財政」と称してよい。ただし、徳川将軍と諸大名とは垂直

的上下関係にあり、諸大名相互には儀礼的私的交際あるいは行政実務的交渉が行われても、国家主権にもとづく水平的藩際外交は成立しなかった。また貨幣鋳造権は認められていないが、紙札発行については幕府に対して許可を求めることができた。つまり藩領支配とは、領邦国家(ドイツ)・都市国家(イタリア)などと性格を異にした、官僚制的地域行政機構の管理運営という機能を遂行する形式的軍事体制といえよう。諸大名は石高に明示された藩領規模(軍役・普請役負担基準)に応じ、非常時には軍団組織として行動し、平時には行政機構の要員にあてられる「家中」を雇用している。

雇用の形態には、終身=世襲と一代限とがある。前者には「高取士分・上士」「士分・平士」などの階層がある。後者は足軽・仲間・小者などである。身分序列の別の表現として、知行取・切米取・扶持米取がある。前者は藩領のうちから知行分を特定され、課税・収税機能を認証された。後二者は蔵米支給である。知行地制度は次第に形骸化し、実質的に蔵米支給に変化した藩が多い。松江藩(二十五万石)では、明和三年(一七六六)に上士八百四十三人、下士千四百五十人、小人千五百九十一人を数えた。ちなみに、明和四年の領内総人口二十二万五千百二人のうち、家中人口は一万六千四百八十四人(七・三%)、町方人口は一万三千九百八人(六・二%)である。

また寛文年間(一六六一―七三)、大垣藩(十万石)は高取士分三百二戸、士分二百五十三戸、足軽・仲間千五百四十二戸である。家中給与は、新規召抱え・登用・加増・減知・暇遣しなどの人事異動によって年々に変化が生じる。家中に対する管理機能は、「格」=軍団体系、「禄」=給与体系、「職」=役職体系の組合せによって実現する。寛文期の大垣藩の『定帳』(万治元年(一六五八)―延宝元年(一六七三)施行)によると、藩政組織体の最高意志決定権限は藩主にあり、不在時の代行者は執権(のち年寄・城代)である。これを補佐するのが家老と組頭、および月番(のち用人)を構成員とする合議機関である。その下に、それぞれの管掌範囲を特定された奉行などの諸役職が置かれている。寺社奉行・町奉行・郡奉行などである。

寛政年間(一七八九―一八〇一)の「役者帳」にみえる財務系列役所の構成を列挙してみる。人奉行(御勘定奉行兼役)―下役―小使、舫奉行(別勘定奉行兼役)、大蔵奉行四人―竹蔵附歩行横目二人―元箇一人―内勘役一人―通書一人―外役六人―米差四人―米計一人―定番中間一人、竹蔵附嶋蔵水門奉行、柳蔵附歩行横目二人(以下、同様につき略)、柳蔵附太田蔵奉行、別勘定奉行四人―下役十一人、御賄奉行四人―御賄所元締二人―御勝手横目十人―御買方仕三人加勢共―御買方小使四人加勢共―御賄所小使一人―銭并紙蔵下役一人―銭紙蔵小使并買物方段木元帳方兼一人―郷剪竹勘定人御買竹方・御買物仕兼御用達一人、大吟味役(空席)、御普請奉行四人―割改二人―割役四人―竿役四人―見払帳書・小触二人―土揚場所世話役四人―石方二人―役人・小頭二人、御破損奉行四人―吟味役二人、御勘定奉行四人―下役十三人―小使二人、小払奉行三人などである。ほかに、銀札奉行・元金奉行・大納奉行兼御進物奉行などもいる。

なお、蔵奉行のうちの二人と普請奉行四人は知行取であるが、他は軽輩である切米取が任命される役職であった。若干の説明を加えれば、地方(じかた)支配の任にあたって貢租収入基盤をかためるのが郡奉行であり、その下に代官がいた。年貢米の藩庫への収納や払下げを管掌するのは大蔵奉行であり、小物成を扱うのは小物成奉行である。家中への知行米・切米などの支給を扱うのは勘定奉行の職務である。家中の旅費支給や舫米金の勘定は「台所」の所管であり、別勘定奉行や舫奉行がいた。現金銀の出納を扱うのが大納奉行・小払奉行・賄奉行である。藩政業務を遂行するためのすべての面で経費が必要である。必要経費の財源確保に始まり、支出との見合いにおける過不足の決算に至るまで、会計年度を設定し、整合的な会計体系が制度化されていないと藩政業務を維持できない。大垣藩の『定帳』には「金銀・米銭、其時節不レ違、如レ定納所仕、尤勘定年を越させましき事」「金銀其外万之物、元帳と払と請取手形と三通引合、勘定相究可レ申事」とある。家中についての基本台帳は「侍帳」(雇用給与台帳)、「役者帳」(役職就業台帳)、「普請役帳」(家中負担台帳)の三種である。貢租賦課の基本台帳は「検地水帳」「在々家付人改め」「小物成之元帳」の三種である。上記のほかに大垣藩ではさまざまな勘定科目を設定して記録を作成させ、藩主に差し出させ監査が行えるようにしている。「年中に両度宛勘定可レ仕分」には、金銀納方、金銀払方、方々駄賃金銀、大蔵清勘定、中勘定、諸職人、油、銭、材木蔵竹木、町人足、町伝馬、町船、町水主、酒の十四種があり、「月々勘定可レ仕分」には、諸扶持方、大買物、小買物、八百屋物、町ニて仕出シ、方々宿籠銭、肴物の七種がある。「年中一度勘定可レ仕分」には、大蔵鼠食、大蔵出米、家中知行米、合力米、諸切米、普請持合、江戸持合、台所米并大豆、酒代、小物成金銀、炭、薪、糠藁、縄、在々山中竹木、段木、在々仕出シ、代官清勘定、年中手杣仕事、渋紙請取払、厚紙薄口請取払、中間色々払、家中役人之払、家中次米の二十四種があり、「其月々ニ念を入、算用仕埒明可レ申事」とされている。「万改之事」は、家具、残竹木、台所米大豆残、大蔵鼠食の四種についての棚卸してある。

こうした勘定記録の年度集計は、「毎年正月役者仕上目録」という様式をとっており、その種類は五十二種にも及ぶ。大蔵中勘定、大蔵清勘定、大蔵出米、家中次米、知行米・諸切米・扶持方出米、出知行・上り知行、諸切米・合力米、諸奉公人春借、新田開方、在々種貸シ、小物成金銀納、小物成米納、貸金銀、金銀納方、金銀払方、方々駄賃金払、綿紙納、免相、江戸廻米、堤普請人足、堤普請惣、在々川欠・永荒引物、在々竹伐、三山ニて材木伐、在々家付り人改、薄紙・厚紙請取払、段木、手杣仕事、諸職人之召仕、在々より色々上ル、御所柿・枝柿、在々より渋柿、長炭焼、町人足・同伝馬・水主船、米うち仲間、在々樋銀、西山・北山・外山小物成、家中役人出シ、両持合、根尾山年貢紙、大蔵鼠食米、柳柴枝木、渋紙、材木請取払、足軽普請未進、在々仕出米、段木・材木参着、段木代銀納、古竹木払、過銭である。このうち、たとえば地方支配関係については、郡奉行—代官—大庄屋—庄屋の系列で伝達され、記録がそれぞれの段階で作成され、証拠書類としてそれぞれの部署で業務参照用に保存される。かくして、藩の行・財政記録全体の作成と保管について、一貫した組織管理の整合性が維持されることになる。

つぎに松江藩の財政収支決算を示す『出入捷覧』(明和五年—天保十二年(一八四一))から得られる数値を加工し、藩財政の長期的な収支趨勢観察の一例としてみよう。『出入捷覧』は年度ごと(九月—八月)に元方(収入)・払方(支出)のそれぞれを構成する諸項目の数値を記述し、収支を差し引いて過不足を算出し、御金蔵有金の蓄積額を示している。凡例によれば、銀銭は金一両六十匁、銀一匁百文の換算率を用いて金に統一したとあるが、数値記入の単位は米俵と金との二本立である。七十四年分をすべて表示することはできないので、九期になるよう加工して簡略表示とした。その際、米俵数値は年度ごとに内在する米価に従って金表示に換算した。

年度ごとの数値はもちろん変動するが、始期と終期以外は十年平均としたのでかなり相殺された。元方の構成科目は御成稼寸志米、種貸・追貸利米、小物成銀、大根島雑穀代、古志原銀納、諸役所幷人別年賦上納類で、米金差引元寄が簡略表の総収入ということになる。中間七期平均を百とする趨勢値については、期間平均値をそのまま母数とした場合と、期間米価平均値で金納分をデフレートした場合とをあげてみた。両者の趨勢値はわずかの差でほぼ平行しているが、天保二年—十一年期のみは米価高騰を反映して逆転している。払方の構成科目のうち、藩主費用、江戸臨時、国許臨時については『出入捷覧』に詳細な内訳があるが、表示を省略した。構成比率についての評価を述べる余裕はないが、江戸小計と道中・

松江藩の財政分析（明和５年―天保12年）

費目＼期間	年当り平均総収入	石当り平均米価	総収入名目趨勢値	総収入実質趨勢値（デフレート加工）	年平均支出構成比率（対総収入）												
					江戸入用					道中京大坂	国許入用					合計	残金（不足）
					藩主費用	江戸定用	江戸臨時	関月火番	小計		家中給与	江戸勤番	国許定用	国許臨時	小計		
	両	両	%	%	%	%	%	%	%	%	%	%	%	%	%	%	%
明和５―明和７（1768―1770）	118,619	1.022	80.0	80.2	7.4	13.8	8.5	0.3	30.1	4.6	37.4	2.9	7.8	10.5	58.7	93.4	6.6
明和８―安永９（1771―1780）	126,061	0.919	85.0	85.6	7.4	13.0	5.9	0.6	26.9	4.7	40.0	3.5	11.7	8.0	63.2	94.8	5.2
天明元―寛政２（1781―1790）	141,888	1.131	95.6	95.7	6.6	11.5	6.4	0.3	24.8	4.8	43.0	3.0	11.3	10.6	68.0	97.6	2.4
寛政３―寛政12（1791―1800）	150,339	1.064	101.3	101.5	9.0	10.8	7.0	0.3	27.1	4.9	41.1	3.1	11.9	7.9	64.0	96.0	4.0
享和元―文化７（1801―1810）	144,862	1.020	97.6	98.0	10.0	12.5	6.9	0.8	30.2	5.4	41.5	3.9	10.6	7.4	63.6	99.2	0.8
文化８―文政３（1811―1820）	140,194	0.944	94.5	95.4	9.0	13.2	8.1	0.7	31.0	5.1	39.7	3.5	10.6	9.6	63.4	99.5	0.5
文政４―天保元（1821―1830）	139,120	1.013	93.8	94.1	6.0	13.3	5.7	0.6	25.6	4.5	42.7	3.3	9.8	7.6	63.4	93.5	6.5
天保２―天保11（1831―1840）	196,120	1.519	132.2	129.8	4.0	9.5	9.1	0.6	23.2	4.4	45.0	2.6	9.0	13.1	69.7	97.3	2.7
天保12（1841）	140,199	0.943	94.5	95.4	7.9	13.2	11.8	1.0	33.9	5.3	39.7	1.9	11.1	17.0	69.7	108.9	−8.9
中間７期平均	148,369	1.087	100.0	100.0	7.4	12.0	7.0	0.6	27.0	4.8	41.9	3.3	10.7	9.1	65.0	96.8	3.1

（安澤秀一編『松江藩出入捷覧』（原書房、1999年）による）

京・大坂小計の二〇、つまり領外流出分は三〇～四〇%であり、漸減の傾向にある。その分が普請助成や救米など資源の領内還流増加となり、領国経済規模拡大に貢献するのである。表示最後期の天保十二年領外支出分は増加しているが、増加分相当が差引不足の例外的赤字となっている。御金蔵有金については表示しなかったが、明和七年の一万九千八十七両が、天保四年には十六万五千六百六十六両にまで増加し、以後、急速に減少して天保十二年に六万七千八百八十九両となった。同時期の家中給与にも米価高騰の補塡が行われている。

出入捷覧は石高制という貢納経済の計数表現である。しかし藩領国経済には市場経済からの貢献がある。「嘉永四年鵜部屋橋御金蔵（現金銀十万五千百四十九両）」と「嘉永四年諸役所御有物（三十四役方・三十二万四千百七十七両相当の資産）」が別途計上されている。御有物資産から五万両が御蔵入となる他、五項目の使途がある。つまり石高制収入を上廻る経済活動が存在していたのである。ともあれ『出入捷覧』作成の目的は、財政建直しが石高制の枠組内でいかに実現したかを示すことにあった。七十四年間に返済した総額は四十九万二千九十五両であった。このうち寛政元年―三年に江戸で計五千両を返済したほかは、すべて国許での返済であった。おそらく、借金を国許での長期低利に切り替えることが財政建直し策であったのであろう。それはまた、領国内での借入れが可能となるほどに領国内での経済が発展していたということであろうし、資金の領国内循環に貢献するものであったといえよう。江戸時代の藩財政の意義を考える場合、それぞれの時期における領国経済の構造、特に米生産とその他の特産品との関係への政策を配慮しなければならない。と同時に、七十四年間にわたる財政収支について、統括的体系的な編年記録をあらためて整序できるだけの原記録保存があったことは注目される。松江藩の場合『雲陽大数録』という編纂記録にも、寛永年間(一六二四—四四)にまでさかのぼる収納記録についてのさまざまな平均値引用が見られることや、換算率の駆使からみても、財務吏僚における計数把握への関心の高さと確実さを認めることができる。

参考文献　『岐阜県史』史料編近世二、『新修大垣市史』史料編一、『松江市誌』、安澤秀一「藩財政の経済的性格」(社会経済史学会編『新しい江戸時代史像を求めて』東洋経済新報社、一九七七年所収)、同「美濃国大垣藩藩法典「定帳」成立考」(慶応義塾大学『法学研究』三三ノ九、一九六〇年)、同「美濃国大垣藩の財務機構」(『地方史研究』四四・四六、一九六〇年)、同「徳島藩裁許所公事落着帳・裁許御目附控帳の基礎的研究」(『史料館研究紀要』一一、一九七九年)、同「宇和島藩宗門類族改・宗門人別改・公儀え差上人高の基礎的研究」、(同一二、一九八〇年)、同『徳島藩職制取調書抜』上・下(東京大学出版会、一九八三・一九八四年)、同「松江藩出入捷覧の数値分析」(『社会経済史学会五九回大会松山大学報告要旨集』、一九九〇年)、同「徳川期の0記号使用例—佐賀藩物成并銀遣方大目安の場合」(『日本歴史』六一四、一九九九年)、同『松江藩出入捷覧』(『松平不昧傳』付録、原書房、一九九九年)、同「佐賀藩勘定所大目安データーベース化の基礎作業と若干の分析成果」(『社会経済史学会第六九回大会報告要旨集』二〇〇〇年)、同「佐賀藩勘定所大目安享保一〇年度(一七二五)—安政四年度(一八二五)による藩財政の時系列分析」(『社会経済史学会第七〇回全国大会上智大学報告要旨集』、二〇〇一年)、同「松江藩出入捷覧と明治三年藩歳入出比較」(『松平不昧と茶の湯』不昧公生誕二百五十周年記念出版実行委員会、二〇〇二年所収)、同「駿河台学大学院文化情報学研究科『記録史料情報学特論』最終講義—佐賀藩勘定所大目安データーベースセットとメタデーター集合記述」(『駿河台大学文化学情報学研究所報』二、二〇〇二年)、同「熊本町方諸品値段調帳天保十年五月~明治三年五月DB化の基礎作業—熊本大学附属図書館寄託永青文庫史料による」『社会経済史学会第七四回全国

大会報告要旨集』二〇〇五年）

（安澤　秀二）

藩札（はんさつ）

　諸藩が発行した紙幣。最初に藩札を発行したのは越前福井藩で、寛文元年（一六六一）に銀札を発行した。藩札は幕府貨幣（金・銀・銭の三貨）との関係から金札・銀札・銭札があったが、銀札の発行量が最も多い。それは銀遣い経済圏の西日本諸藩で藩札の発行量が多かったことに対応している。そのほか匁銭札という時々の銀一匁に相当する銭貨量と銀匁とを結びつけた特殊な紙幣が西日本諸地域では見られた。江戸時代に藩の呼称は特殊な場合を除いてはなく、明治以後になって藩の名称が正式に用いられるようになったので、江戸時代に藩札は金札・銀札・銭札とか、札・鈔《ふだ》・国札・楮幣などと呼ばれた。さらに米札・綛糸《かせいと》札・紙札・傘札・轆轤《ろくろ》札など、商品を担保とした特殊な紙幣もあった。

　藩札は短冊《たんざく》形の和紙で造られ、その用紙の原料には楮《こうぞ》・三《みつ》椏《また》・雁皮《がんぴ》が用いられた。一枚の厚紙のものや、二枚あるいは数枚を貼り合わせて造られたものも見られる。贋札防止の目的から文字や紋様を透《すか》し漉《ず》きしたものもあった。藩札の貨幣単位は、金札の場合両・分・朱、銀札の場合貫・匁・分、銭札の場合貫・文を用いた。銀札の場合、通常銀一匁を中心として十匁から一分位までの貨幣単位のものが適宜十種類前後発行され、高額の藩札は比較的少ない。藩札の額面別に青・赤・黄・茶などの色紙を使った場合もあるが、白色が最も多い。藩札の用紙には美濃岐阜・越前五箇村・摂津名塩《なじお》村などの和紙が使用された。藩札の印刷には版木が用いられ、幕末期になると銅版による印刷もあった。藩札表面には額面・発行年月・発行主体の藩名・札元などが印刷され、裏面に正貨との兌換文言を明記していた場合が多い。

　藩札の発行に際して、藩当局は札奉行・札場目付などの職制を設け、城下町や領内の主要な地点に藩札会所（札会所・札座・銀札会所など）を開設し、領内の富商・富農や、大坂両替商などの領外の豪商を登用して札元とした。藩札の通用範囲は原則として領内通用（一藩限り）となっており、当初は城下町を中心としたが、のちに農村地域にも流布するようになった。また藩札は貢租・運上銀の上納の際使用することを目的としていた場合も多いが、商取引の進展に伴って一般に広く利用されるに至った。さらに藩札は藩内ばかりではなく、商品流通の拡大により領外通用を見た場合も少なくない。藩札は領内における通貨不足を緩和することを目的として発行された代用貨幣であったが、藩財政の窮乏を打開するために乱発され、そのため兌換紙幣の原則がくずれて不換紙幣となり、札価が下落し、場合によっては藩当局が札潰しのような非常措置を講じ、藩札を所持していた領民が被害を受け、ついには一揆が勃発したような事例も見られた。そのような藩札流通の危機を救ったのは、領内外の札元となった商人であり、札元に対する商人信用に裏付けられて、藩札は通用力を維持することができた。藩札にはこうした藩当局による財政貨幣的性格と、札元に対する社会的信認にもとづく流通貨幣的な性格との両面が見られた。藩当局では、藩札の通用力を維持するために新札の発行や加印札の発行なども実施している。

幕府は宝永四年(一七〇七)に幕府貨幣の流通促進を目的として諸藩の札遣いを一時禁止したが、享保十五年(一七三〇)に至り解禁令を出し、それ以後明治維新まで幕府が札遣いの停止令を発することはなかった。享保の解禁令の時、幕府はその再開を札遣いの先例を持つ藩に限って認める方針を明らかにしているが、その後において新規に藩札を発行した藩も多い。この解禁令に際して、幕府は藩札の通用許可年限を定め、二十万石以上の藩では二十五年、二十万石未満の場合は十五年と規定し、継続使用のときは幕府の許可がそのつど必要であるとするなど、藩札の発行を制度化した。それ以後、諸藩では藩札発行に際して通用規則を定め、藩札の専一的通用の規定を明文化したところが多い。発行した藩札の最低額がたとえば銀一匁札であった場合、一匁以上の取引はすべて札遣いに統一され、藩札の通用が強制された。幕府貨幣の使用は一匁未満の取引の時にのみ認められた。この通用規制では、幕府貨幣と藩札との交換割合や、藩札会所における引替実施時間、貢租・運上銀の上納の際の藩札使用、民間における給銀支払いの際の藩札使用、借銀返済の際の藩札使用、他藩の商人や旅行者の札遣いの方法、損傷札と新札との交換、贋札使用の禁止などが具体的に示されている。

全国諸藩における藩札発行状況について見ると、経済的発展度の高い近畿以西の西日本諸藩に比較的多いことが特徴的である。明治四年(一八七一)九月の調査によると、藩札を発行していたのは二百四十四藩に達し、そのほか九旗本領・十四県においても紙幣を発行していた。その二百四十四藩について、各藩における藩札初発年度の明らかな百七十七藩を地域別に見ると、奥羽地方二十藩、関東地方二十三藩、中部地方二十七藩、近畿地方四十六藩、中国地方二十五藩、四国地方十藩、九州地方二十六藩となっていた。西日本諸藩が全体の約六〇%を占めていた。その傾向は江戸時代の藩札発行だけに限定すればいっそう強くなり、西日本諸藩の割合は七五%にも達する。藩札の流通状態について見るに、藩当局が藩内の特産物(国産品)を専売品に指定し、藩札を専売品の買上げ資金として使用した場合には、藩札の通用は非常に順調であった。そのとき藩札を発行した藩札会所に専売品を買い上げるための国産会所や産物会所が併置されていた場合が多い。こうした専売品には、尾張名古屋藩の木綿、播磨姫路藩の木綿、同赤穂藩の塩、出雲松江藩の漆・櫨実、讃岐高松藩の砂糖、伊予宇和島藩の和紙・櫨実、筑前福岡藩の蠟、同秋月藩の和紙・蠟、筑後久留米藩の和紙・蠟、豊後府内藩の青莚、対馬藩田代領の蠟などがあった。

そのうち、赤穂藩の塩専売と藩札発行との関連について見ると、両者の密接な関係は延宝八年(一六八〇)における塩専売制と藩札発行の発足当初の時から始まる。その一連の取引過程について見ると、まず大坂塩問屋では赤穂塩の買付けに際して塩買人を赤穂に出張させ、赤穂塩町奉行・塩問屋・塩値師・塩買仲間と交渉して買付数量と取引価格を決定する。その上で赤穂塩問屋では買付俵数を記載した買付手形を作成し、それを大坂塩問屋に送付する。その後、大坂塩問屋から赤穂藩大坂蔵屋敷に正貨で塩代銀が支払われ、その正貨は赤穂藩の札座(藩札会所)に回送されるたてまえとなっていた。それとならんで大坂塩問屋から赤穂藩札座に買付手形が送付され、その買付手形と塩の買付資金(藩札)とが札座から赤穂塩問屋に渡される。赤穂塩問屋では、それに先立って買付手形を作成した時、買付俵数を手板に書き付け、これを浜人に回覧して塩の販売可能数量を書き出させ、これを調整した上で浜人に対して買付量を通知した。浜人は塩を浜子から買い上げ、浜人が塩問屋に納入する時に藩札で代価が支払われた。その上で赤穂塩問屋から大坂に塩が送られ、一連の取引は完了をみた。この赤穂塩の場合はその一例にすぎないが、藩札は専売制の実施に際して国産品の買上げ資金としての役割を果たし、藩札流通も藩内外における商品流通に支えられて、その通用状態はきわめて円滑であった。

幕府は諸藩とは違って金・銀・銭の三貨を鋳造して紙幣を発行せぬことを祖法として守り続けてきたが、慶応三年(一八六七)になってはじめて三種類の金札、すなわち江戸および横浜通用金札、江戸および関八州通用金札、兵庫開港札(金札)を発行した。これらの江戸幕府札は、その後間もなく幕府が倒壊したのでほとんどその流通をみることがなかった。明治維新に際して、政府は明治元年五月、銀目廃止(銀目停止)の布令を発し、銀遣いを停止し、金遣いおよび銭遣いに統一した。その結果、銀札は金札または銭札に切り替えなければならなくなり、その大部分は銭札に改造された。改造銭札といわれるものである。銀目廃止は、政府が同五月に発行した政府紙幣の金札(太政官札)の通用を促進することを目的としていたといわれる。ついで政府は明治二年十月、全国諸藩に対し、従来の藩札製造高の報告を求めるとともに、新規の藩札製造を禁止した。さらに四年六月にはその通用を禁止、引き続いて同年七月十四日に実施された廃藩置県とならんで藩札処分令を発し、藩札は政府が諸藩に代わって責任をもって回収する旨を布告した。翌五年八月二十八日には、藩札回収に関する手続書を各府県に交付し、藩札の現地相場にもとづいて回収を開始した。全国各地の藩札価格は地方によって異なり、銀一匁札の場合について見ると、全国最高は伊勢津藩の一銭五厘であり、最低は播磨赤穂藩(古銀札)・同安志藩・伊予宇和島藩の一厘であった。銀一匁札の全国平均は七厘一毛となっていた。藩札の回収が完了したのは明治十二年六月であった。このように、藩札回収はその予告期間約二ヵ年、実施期間が約八ヵ年に及ぶ大事業となった。藩札回収に際して、政府は五銭以上に相当する藩札のみを新紙幣と交換し、五銭未満の藩札は一銭・半銭・一厘などの新貨幣が鋳造されるまで、当分の間藩札に価位相当の大蔵省印を押捺して通用させるなど、人心の動揺を防ぎ、藩札の下落を起さぬよう配慮して、この難事業を実施した。

参考文献　作道洋太郎『日本貨幣金融史の研究』(未来社、一九六一年)、荒木豊三郎編『増訂日本古紙幣類鑑』(思文閣、一九七二年)、日本銀行調査局編『図録日本の貨幣』五—七(東洋経済新報社、一九七三年—七五年)、郡司勇夫編『日本貨幣図鑑』(東洋経済新報社、一九八一年)、『赤穂市史』二

(作道洋太郎)

藩札会所（はんさつかいしょ）

諸藩において藩札を発行した機関。藩札は所領内での通用を目的としており、当初は主として城下町で流通したが、貨幣経済の進展に伴って農村地域においても札遣いがみられるに至った。さらに領内の枠を超えて、周辺の諸藩や旗本領などに領外流通した場合も少なくない。藩札を発行し、藩札所持者の要求に応じて正貨と交換する業務を行なっていた藩札会所は、城下町の中心的な場所に設置されたが、のちに城下町ばかりではなく、藩内の主要な地域に藩札会所が開設された。藩札会所は札会所・札場・銀札会所・銀札場・銀札引替所などと呼ばれた。摂津尼崎藩の場合、藩札会所は尼崎城下のほか西宮町および兵庫津にも設けられた。藩札会所は藩内に設けられたもののほか、諸藩の大坂蔵屋敷や、蔵元や掛屋を務め札元(藩札発行の引請元)となっていた大坂町人がその機能を果たしていた場合もあった。藩札の札面に藩の大坂蔵屋敷名が印刷されていたものに、筑後久留米藩で宝永元年(一七〇四)に発行した銀札や、播磨姫路藩において天保八年(一八三七)発行の銀札がみられる。また大坂町人の名前が藩

札に印刷されていた事例として、久留米藩の文政四年(一八二一)発行の銀札、筑前福岡藩において天保年間に発行の金札、陸奥盛岡藩の弘化四年(一八四七)発行の金札、出羽秋田藩で元治元年(一八六四)発行の金札などが挙げられる。藩札の発行に際して、久留米藩では惣裁判の役職を置き、発行業務は本締役が管理した。のちに本締役は廃されて老中が直接支配するようになり、その業務は銀札惣奉行が統轄し、これに添役を設けた。

藩札会所は銀札惣奉行の支配を受け、実質的な責任は会所の藩役人ならびに城下町商人から登用された札元が受け持った。播磨赤穂藩において延宝八年(一六八〇)に定めた藩札通用規則をみると、藩札会所は午前八時から午後四時まで業務を行なっており、正銀をもって銀札に替える場合、その引替割合は正銀百目につき銀札百一匁、逆の場合は銀札百二匁につき正銀百目であった。その差額の銀一匁(一%)が藩札会所における手数料収入となった。その執務時間や手数料は藩や時期によって多少の違いが見られた。また使用中に損傷を生じた藩札は、藩札会所で手数料を払って新札と引き替えることが強制された。藩札会所では、藩札の引替準備金の確保にも力を注いだ。藩札は正貨との引替え(兌換)を原則とした兌換紙幣であり、その兌換文言を藩札に印刷していた場合が比較的多い。ところが、領内の貨幣不足や藩財政の窮乏などが原因となって、藩札が増発されたり、藩札の引替準備金が使用されるなどして、実質的には不換紙幣化した場合も少なくない。そうした場合には、藩札の流通信用が低下し、札価が下落し、藩札流通が停滞したので、藩当局では藩札の信用維持を目的として、領内外の商人から資金を調達して引替準備金の充実を図ることが必要であった。諸藩に対する大坂両替商などの大名貸しは、藩札の信用力の回復や札潰しの危機を防ぐために実施されたことが少なくない。藩札会所の業務は、藩内の特産物(国産品)を買い上げるための機関であった国産会所や産物会所と表裏一体となって運営されていた場合が多い。姫路藩では文政三年の藩札発行に際して姫路城下の綿町に御切手会所(藩札会所)を設けて銀札および銭札を発行し、ついで翌四年には同じ場所に国産会所を置いて、藩内の特産物(姫路木綿)の専売制を実施し、姫路木綿を大坂市場や江戸市場に一手販売の体制を創り出した。このように藩札流通と商品流通とをあわせて体系化することによって、藩札の流通信用も維持され、藩内の商品生産・流通の再編成を行うことができたのであった。

参考文献　『西宮市史』二、『赤穂市史』二、穂積勝次郎『姫路藩綿業経済史』(一九六二年)、作道洋太郎『日本貨幣金融

史の研究』（未来社、一九六一年）

（作道洋太郎）

藩士（はんし）　⇨藩制《はんせい》

藩制（はんせい）

　江戸時代、江戸幕府から一万石以上の領地を与えられた大名の所領を「藩」と総称し、その支配制度全般を藩制と呼ぶ。〔藩政の形成〕江戸幕府の成立（慶長八年（一六〇三））から廃藩置県（明治四年（一八七一））に及ぶ二百六十九年間存続した藩制には、その原型があった。わが国の封建領主制の歴史は鎌倉時代に始まり、室町時代前期の守護領国、室町時代後期の戦国大名領、織田信長入京後の織豊大名領を経て近世大名領へと展開したが、とりわけ織豊政権が荘園制の痕跡を一掃し、石高制による検地を行なって土地生産力と貢租額を算定し、これに基づき大名領および家臣団の知行権を確定し、一地一作人の原則で農民の耕作権を確立する方向で村別の年貢賦課を制度化し、刀狩を通じて兵農の身分的分離、城下町の整備を通じて兵商・商農の身分的分離を達成し、併せて楽市・楽座、関所の撤廃、鉱山開発、貨幣制定により経済発展を図るという一連の政策を遂行した成果は、そのまま近世大名の藩制に引き継がれ、在地の経済発展の度合や諸家の支配事情の相違によって、発展の時期や様相に相違を残しながらも、支配制度に多くの共通点をもたらした。関東入国（天正十八年（一五九〇））後の、織豊大名としての徳川家康の領国支配も例外ではない。つまり、大名の支配機構に見る中央政権との関わり、家政機関と行財政機関の分離、家臣団統制と領民支配の徹底など、近世大名領の藩制の原型はすでに織豊大名領に存在したのである。江戸幕府はその初期将軍三代の間に、朝廷・寺社・武家・庶民に対する法的優位を確立し、直轄領を中心とした財政基盤を確保する一方、鎖国政策により対外的権威を高めることに成功したが、とりわけ大名に対する以下の諸統制は、個別藩制成立の前提条件となった。

　すなわち㈠関ヶ原の戦・大坂の陣への寄与という軍事的な、嗣子なき大名家を取り潰すという族制的な、また幕府法違反という法律的な理由による「改易」と、軍事的、行政的その他の理由による「所替」に見る幕府の強権的な統制があった。㈡後水尾天皇即位（慶長十六年）の日以降、歴代将軍は諸大名から「公儀の御為」を旨とする誓詞を徴し『武家諸法度』の遵守を命じて、十万石以上は御判物、それ未満は朱印状を以て所領を安堵するという契約による統制があったが、所領の相続には被相続人の生前の出願を必要とし、幕府は常々諸国巡見使を派遣して藩政を監査することとなった。㈢家康五十年忌にあたって「証人」（人質）の制は廃止されるが、大名妻子の江戸居住は寛永十一年（一六三四）、大名の江戸参勤交代は寛永十二年に制度化され、大名は定時・臨時の登城・公役・軍役を義務づけられた。元来自発的な行為であったが、こうして大名は居住地をも統制された。

　これら三つの共通な前提のもとに所領と藩制を維持した大名には、⑴徳川将軍家に対する親疎の別による親藩・譜代・外様の別、⑵江戸城中の詰所による別、⑶領地の規模の大小による別があり、親藩は将軍職継承の権限をもち、譜代大名は、旗本・御家人層とともに幕政に参与する責任を有した。これらの諸条件のほかに、大名家の出自、所領の移動の有無などもまた、藩制の形成の背景をなしている。

〔藩制の構成〕大名はその所領に居城・居宅・藩庁をもつほか、江戸の拝領屋敷に妻子を定住させ、かつ参勤の用に供し、また江戸・大坂・大津・敦賀・長崎などのいずれかに蔵屋敷を置いて年貢米などの売捌きを行い、飛地をもつ場合、そこにも役所を置いた。藩主を最高権威と仰ぐ家臣団の職制は、それらのすべてを包括したもので、通例、藩主の私生活に関わる部分を「奥」というのに対して、行財政・立法・司法・軍事を兼ねる支配組織を「表」と称し、その全貌は奉公書・分限帳・役禄帳のような人事記録を通じて伺われるが、必ずしもすべての職務内容や管轄系統についての明確な成文規則が整っていたわけではないので不明の部分が多い。

　家臣団には、その出自や仕官年代による区分もあったが、基本的には「格」と呼ばれる身分制があって、その高下に応じて藩制上の職の配置が決まった。「格」は家臣の受ける給付の形式と大小によって数種に分かれるが、家中には武士身分の者のほか、武士身分に準じて待遇される非武士身分の者もいた。武士身分の最上層は、支配石高で表示される「知行」を与えられる上士層で、その上層には、藩主に対する御目見得の資格をもつ重役層がいた。中堅家臣は「切米」の石高もしくは「物成」の俵高で表示される俸禄の給付を受ける平士層で、馬廻・小性・歩行などから成り、さらにその下に「人扶持」「給金」の給付を受ける足軽・小者など軽輩がいた。「知行」は本来その石高の村を「知行地」として給付される身分であったが、江戸時代中ごろまでに、八割以上の大名領で、その名称のみを名誉のために保ち、その知行地から一定租率で収納されるはずの石高の玄米を俸禄同様に受ける身分となっている。一人扶持は一日五合の玄米支給を意味するが、扶持米は、上士・平士の職務手当として加給されることもあった。

　非武士身分の者には医師・儒者・僧侶・職人・女中らがあり、平士・軽輩に準じた禄米ないし給金を与えられていた。また、大名の縁者、寺社、町方・村方の有力者が、知行・禄米・扶持米・給金相当の「合力」の給付を受けた。「知行」以下の給付額は、藩により高低があったが、三家その他の大藩には一万石以上の知行を受け「大名衆」と呼ばれる家老がいた例もある。中期以降「知行」取りの上士層がなお知行地郷村をもつ藩が若干あったが、領民と土地との直接支配の権限を大幅に制限されていた一方、農民層の有力者を武士として取り立て、地士・郷士などと呼ぶ藩も幾つかあった。藩主のもとで家事・政務を担当する「役方」と軍務を担当する「番方」の中枢をなすのは家老・年老と呼ばれる役人の集団で、江戸邸の留守居や国元の城代もこの水準の重臣が勤める。「役方」(文官)は家老をはじめ、目付・用人・奏者・取次・右筆など総務部門と家老と特定分野の奉行層とが構成して立法・司法の役目をももつ評議機関が中央に置かれ、家政部門としての「奥」に側用人・近習・納戸役・料理人・医師・儒者・絵師などが出仕する一方、「表」では行財政部門の町奉行・郡奉行・勘定奉行・金奉行・宗門奉行・普請奉行・作事奉行その他の役人が部下を指揮して実務にあたった。同じ「表」で、家老層・総務部門の監督下で軍務にあたる番方(武官)は、番《ばん》頭《がしら》層がみずから馬上・馬廻の中士層を組に編成し、これに徒士組・弓組・鉄炮組などを加えて、居城・所領・江戸邸などの警備にあたるほか、幕府が石高に応じて定めた軍役を提供できる組織を常備し、常に訓練を怠らず、別に天守奉行・旗奉行・具足奉行などが、同心を従えて持場についていた。「役方」「番方」の主力は居城に置かれ、本丸・二ノ丸の殿舎内の詰所や、居城周辺の役所をもっていたが、江戸邸にも、もっと小規模な同じ組織が維持されていた。

江戸邸はしばしば上・中・下に分かれていた。注目すべきことは、「役方」の者といえども武士であって、多くは「番方」の平士が併任していた点である。「役方」の職制は、その末端に領内の地方行政組織を有していた。それは城下と郷村、すなわち町奉行管轄区域(町方)と郡奉行管轄区域(在方《ざいかた》)に大別され、勘定奉行が後者に深く関わっていた。大名の居城および家臣団の居住する武家屋敷に隣接する城下町は、町人すなわち商人・職人の居住・営業する場所で、主要街路沿いごとに街区を定めて町と称し、名主(庄屋・肝煎・年寄など)、その下に五人組を置いた。町人は地子免除の特典を得ていたが、もちろん公役・町役、のち冥加金などの負担があった。親町・枝町の支配関係のできた城下町もあり、また町々を統率する大名主相当の町役人が置かれたところもある。郷村は、年貢負担を義務づけられた百姓が、林野や用水を共同利用しつつ耕作に専心すべき地域で、通常幾つかの組・郷ないしこれに準じた管轄区域ごとに大名主(大庄屋)を選任して郡奉行・勘定奉行、そのいずれかに属する代官・宗門奉行などの行政事務の便宜にそなえ、管下各村には名主（庄屋）・組頭（年寄）・五人組を置いて、検地・宗門改・人別改・年貢収納の実務にあたらせ、百姓代表としての長百姓ないし百姓代を村役人に加えた場合が多い。町方・在方の管轄区域の名称や、民間から選任される役職（町役人・村役人）の名称や待遇や配置状況は、藩の所在地域・時代・規模などによってかなり区々である。在方にはしばしば在町・郷町があり、それが宿場町の場合は幕府の統制をも受けた。なお町方の町人が高請地をもつ場合は「地庄屋」を置いて郡奉行が管轄した。藩が幕府直轄領（天領）郷村を預った場合は、藩が設けた預奉行が幕命に従って当該郷村を支配した。また他藩との境界の村には、藩が番所を設けて人と物の出入りを監視した。

〔藩政の推移〕近世大名領としての「藩」の制度には、上述の通り共通した要素が多いが、その大名の出自・支配領域・対幕府関係などによりかなりの差異もある。また、各「藩」の辿った政治上、経済上、文化上の経験にも、相互にかなりの相違があり、類似の事象があってもそれを経験する時期に相違があるのはいうまでもない。二百五十前後を数える大小諸藩が辿った藩制の展開、領域経済の進展、時代思潮の動向、幕藩間の緊張関係などさまざまな局面の推移を見るにあたって、幕政史の傾向を前提としつつ、それぞれの時期にかなりの諸藩に共通する問題点を取り上げ、幾つかの時期にわたる事象については、それが特別に意味をもつと思われる時期に含めて考える形で、次の五つの時期に分けて概観することは、藩制・藩政研究の糸口として意味をもつであろう。

㈠藩政の確立＝江戸幕府開設より寛文期に及ぶ六十年間（一六〇三―六〇年代）。この時期は藩主も家臣も戦国兵乱の経験をもち、しばしば武断的な態度で藩政が推進された。幕府法令に依拠しながらも、諸大名はまず家臣団に対して封建君主としての権威を確立したが、とりわけ両者の間の奉仕と給付の双務的な関係は、「地方《じかた》知行」から「蔵米知行」への移行という俸禄制度の展開により変容をとげ、番方編成の制限、役方分化に伴う藩庁機構の整備が進む。これに対して、百姓・町人の地位は、太閤検地の方針を承継した徳川初期幕藩検地と都市計画により確定し、なかんずく本百姓・役屋の「村」共同体を生産・貢納の単位として設定するという基礎構造の安定化があった。新田開発分を含む年貢米と領内特産物の領内および全国市場への販路が定まって、次第に増加する貨幣支出の補填に役立った。こうした財政機構の整備の過程で、家臣団の知行高を修正して「直高」などと呼ぶ藩もあった。

㈡藩政の守成＝寛文期より享保初年に及ぶ六十年間（一六六

○年代―一七二○年代）。荻生徂徠が『政談』で「御譜代・外様というも今は名ばかり」と指摘したように、この時期には藩制の均一化が進み、一般に藩主の地位は安定して、政治的には非人格化し、発達した官僚機構のなかで、文治政治が展開され、独自の藩文化も形成される。その反面で、慢性的な藩財政の窮乏化が進むが、なお商工業・農業の生産の向上、家臣の俸禄の削減や倹約政策により、藩政は相対的な安定を維持した。すなわち、達成された平和を前提として藩主は大事については親裁するが、藩政は集成された祖法に従い官僚化した家臣団に任せる一方、五代将軍徳川綱吉の初期の幕政にならって、みずから著述し、文芸を愛好する文人君主となる藩主が多く、殿舎の修業、藩士教育の振興も見られた。これらの活動の出費や参勤以下の「江戸入用」のための貨幣支出の増大は、富商からの大名貸しを促し、家中の「半知」「借上」を余儀なくし、また幕府の禁令に遭いながらも領内貨幣である「藩札」発行をも促した。

㈢藩制の動揺＝享保期より化政期に及ぶ百年間（一七二○年代―一八二○年代）。享保六年（一七二一）、八代将軍徳川吉宗は新田開発以下の幕政改革を推進するにあたって諸大名にも綱紀粛正を呼びかけたが、年貢増徴と殖産興業は諸藩にとっても重要課題であった。町人請負などによる新田開発による年貢米の確保と、商品的農業生産の普及は、領主的商品流通に加えて農民的商品流通を助長した一方、農村への貨幣経済の浸透は、自給自足経済を崩壊させ、農民層の両極分解をも促し、加えてたび重なる天災・飢饉が農村を疲弊させた。このような郷村構造の推転に対応して、諸藩は殖産興業政策を推進し、藩専売制を強化して財政再建に努め、また学校設立による文教改革も進展した。しかしこうした動向のなかで、前代に、家族制度の歪みから主として外様大名のもとで起ったものとは異なり、藩政の刷新・保守をめぐって親藩・譜代・外様の諸藩に起った御家騒動や、また、前代の土豪指導、村役人代表越訴、逃散などとは形を変えて、村役人・惣百姓の広域結合を基礎として飛躍的に頻度を増した百姓一揆が、藩政の動揺を象徴した。都市における「打ちこわし」も頻発した。これらの動きは、次の時期にさらに増大する。

㈣藩政の革新＝天保以後、開国を経て王政復古に伴う太政官制施行に及ぶ四十年間（一八三○年代―六八年）。「世直し」をも志向するようになった百姓一揆・打ちこわしの激化と地主・商人層の経済的伸長、さらに欧米列強の開国要求を伴う外圧を背景に、とりわけ西南雄藩における軍事力の整備、相対的な藩の自立化が起った。幕府の天保改革が不徹底に終ったのに対して、天保期および開国後安政期の諸藩の藩政改革は、藩主層のみならず、しばしば藩庁主流の保守派に対する批判的勢力の結集によって成功に導かれた。海防を目的とした洋学の振興も改革に寄与した。さらに幕府権力の衰退に伴う尊王思想、欧米列強の進出に伴う攘夷と開国の論議、攘夷と尊王の結合による尊王攘夷、ついで尊王倒幕運動の激化のなかでは、一藩を超えた志士層の活動も高まり、諸藩は多かれ少なかれ国事をめぐる藩論の統一に腐心した。

㈤藩政の解体＝太政官設置より廃藩置県に及ぶ四年間(一八六八―七一年)明治元年閏四月二十一日の明治天皇の「政体書」で府藩県三治制が布かれ、改元して明治元年となって十月二十八日の「藩治職制」では家老制に代わる執政・参政制による朝政輔翼の体制ができ、版籍奉還勅許の結果明治二年六月十七日には、元将軍家の静岡藩を含めて前藩主はすべて知藩事、七月八日藩知事に任命され、三年九月十日の「藩制改革」について四年七月十四日には突如「廃藩」が宣言され、藩知事は罷免され東京に移住することとなった。

↓大名《だいみょう》　↓藩政《はんせい》　↓史料《しりょう》

参考文献　金井圓『藩政』(『日本歴史新書』至文堂、一九五二年)、藤野保『新訂幕藩体制史の研究』(吉川弘文館、一九七五年)、児玉幸多・北島正元監修『新編物語藩史』(新人物往来社、一九七五―七七年)、木村礎他編『藩史大事典』(雄山閣出版、一九八八―九〇年)、笠谷和比古『近世家社会の政治構造』(吉川弘文館、一九九三年)

（金井　圓）

藩制一覧（はんせいいちらん）

明治初期の各藩の概要を記したもの。昭和三年(一九二八)・四年に『日本史籍協会叢書』として刊行。二冊。廃藩置県前の明治二年(一八六九)、明治政府の太政官が各藩に領地高などの実態調査を命じたのに対し、明治二年・三年に各藩より報告したものを、太政官修史局が集録編修したといわれる稿本『藩制一覧表』九冊(現在、内閣文庫に保存されている)を出版したものである。記事の内容は、各藩ごとに支配地総高、現米総高、正雑の税目および税額、諸産物、戸数、総人口、男女別人口、士族卒族平民およびえた非人の戸数と人数、社寺数および神官僧侶人数、郡村数、職制および職員数、兵員数、軍艦の有無、知事家族の員数などの諸項目からなる。ただし、各藩ともこれらの諸項目がすべて記載されているわけではない。明治維新当時の史籍のうち、この種の国勢に関するまとまった史料はまれであり、本書によって、廃藩置県前の各藩の生産額などの物質的基礎や士族卒族など各階層の戸数人口などの事情を知ることができ、政治・社会の変革期であった明治初年における各藩の実態、あるいは全国国勢を知るうえで貴重であり、かつ記載の数字も大体信頼できるものであって、史料価値の高い文献といわれている。なお、本書は、昭和四十二年に、末尾に「解題」を付載して東京大学出版会より覆刻されている。

参考文献　小山恭一『江戸幕府大名家事典』上中下(原書房、一九九二年)

（美和　信夫）

藩政改革（はんせいかいかく）

江戸時代、内外の危機に直面した諸藩において、その危機を打開するために実施した政治刷新の動きをいう。直面する危機とは、家臣団の分裂と対立、支配機構の弛緩と動揺、あるいは、藩財政の窮乏や領内における凶作などによる領民の疲弊、さらには、百姓一揆・打ちこわしの高揚など、実にさまざまである。また、中期以降になると、これに外国船の来航による国際的危機の激化が加わるなど、時期によってもその危機の内容は異なる。他方、危機を打開するための改革の主体も、また、その内容・政策も藩により、さらに時期によって異なる。当時、各藩主および家臣たちは、農・工・商の支配者として公儀のもとに結集し、相互に依存、協力する形で幕藩体制という支配機構を構成し、各自がその支配の一翼を担っていた。したがって、各藩主・家臣たちの危機に対する認識とそれへの対応には、共通した側面がある。と同時に、各藩主たちがそれぞれ自己の家臣団を持ち、大小さまざまな領国を自己の責任において統治しているという意味においては、各藩主たちはその藩固有の矛盾と対立を抱えており、したがって、それへの対応は各藩によって異なったものにならざるを得ない。以下、全国諸藩における藩政改革の展開を、前期・中期・後期に分けて、その実施状況と内容、性格についてみてみることとする。

まず前期の藩政改革の実施状況をみると、それは寛永以降、寛文・延宝期を中心とした改革と、それ以降、むしろ元禄期を中心とした改革とに分けることができる。初期の改革として東日本では、会津若松・中村・米沢・川越・水戸・金沢・大垣・名古屋・津・小浜・大聖寺《だいしょうじ》藩など、西日本では、和歌山・篠山・岡山・高知・高松・松山・宇和島・岡・対馬・小倉・臼杵藩などでの改革の実施が知られている。この時期の改革は、会津の保科正之、水戸の徳川光圀、金沢の前田綱紀、岡山の池田光政などのいわゆる名君による改革として有名である。そして、改革に共通した目標は、藩体制の基礎を確立することにあった。そのために辺境に位置する外様大名にあっては、いかにして古い体質を脱皮・克服して近世的な体制を構築するかが最大の課題であったし、新しく封ぜられた親藩や譜代大名にあっては、いかにして在地の旧勢力をその支配下に入れ、それを含めてみずからを近世大名として位置づけるかが当面の課題であった。そのため各藩では、本百姓体制の創出とそれの安定とをねらって領内検地および新田開発を実施し、また、地方《じかた》知行から蔵米知行への転換をはかっている。また、家臣団の整備とそれに伴う法令の整備、あるいは、地方・町方に対する支配機構の確立などをすすめている。同時に、財政基盤の安定と拡大を求めて定免《じょうめん》制を含む貢租収納方法の改善を行なったり運上制度を実施したりし、さらには、東北諸藩などでは特産に対する初期専売制などを実施している。また、廻米や特産の領外移出をめぐって江戸・大坂・京都のいわゆる三都を中心とした全国的流通機構とのむすびつきをはかっている。さらに、正之・光圀・綱紀・光政らのいわゆる名君の治政を最も特徴づける学問・文化の振興にも見逃せないものがある。いずれにせよ、すべての藩が藩政の確立に努力しているのであって、その動きを最も代表するものがいわゆる名君による改革であった。

　次に寛文以降、むしろ元禄期を中心とした藩政改革の実施であるが、東日本では、弘前・八戸・盛岡・棚倉・三春・前橋・川越・水戸・長岡藩など、西日本では、和歌山・大和郡山・芝村・狭山・広島・鳥取・今治・久留米・佐伯《さいき》藩などでその例をみることができる。この時期の改革の基調は、やはりそれ以前の寛文・延宝期の改革の路線を基本的には継承したものであった。また、ここでも藩主自身がみずから改革に取り組んでいる例が多い。ただこの時期になると、藩財政の窮乏が表面化し、そのために財政的手腕をかわれた人物の登場が注目される。たとえば、棚倉・水戸・大和郡山藩では松波勘十郎が登用され、改革の中心人物として活躍している。

　享保期以降、寛政期までの改革を中期藩政改革と呼ぶと、それは享保期の改革と、宝暦・明和期の改革、そして天明・寛政期の改革とに分けることができる。まず享保期の改革は、東日本では、仙台・盛岡・久保田(秋田)・会津若松・二本松・水戸・松本藩など、西日本では、福知山・山口(萩)・大村藩などでその例がある。東日本にその実施例が多い。次に、宝暦・明和期の改革は、東日本では、弘前・新庄・守山・黒羽・水戸・松代藩など、西日本では、和歌山・赤穂・姫路・松江・鳥取・山口・高松・徳島・宇和島・西条・熊本・宇土・福岡・柳川・佐賀・唐津・森・高鍋・佐伯・鹿児島藩などで実施され、東日本が少なく、逆に西日本の諸藩で多く実施されている。さらに天明・寛政期の改革では、東日本では、弘前・仙台・久保田・米沢・白河・八戸・庄内(鶴岡)・会津若松・二本松・泉・岩槻・名古屋・大垣・松本・諏訪藩など、西日本では、和歌山・津・大溝・福知山・膳所《ぜぜ》・仁正寺《にしょうじ》・篠山・竜野・津山・福山・岡山・高知・徳島・高松・丸亀・平戸・大村・小倉・秋月藩など、多くの藩で実施されている。

以上の中期藩政改革に共通してみられる特徴としては、第一に、各藩の改革でいわゆる名君・賢宰がみずから改革の先頭にたち、そこには人材登用を通して有能な家臣が結集し、強力な政治主体のもとで改革が行われていること、第二に、この時期に特に表面化した深刻な財政危機に対応するため、徹底した緊縮政策が実施に移されていること、第三に、多くの藩で藩校が設立され、家中およびその子弟の講釈への参加と、それらを含む綱紀の刷新がはかられていること、第四に、相つぐ凶作や農村の動揺に対応して地方支配機構の再編・強化がはかられ、不正役人の粛正や冗員の整理、代官の現地駐在制、法令の整備など、さまざまな強化策がとられ、これを通して貢租の確保と増徴が意図されていること、第五に、東日本では凶作に応じて勧農・救済による本百姓体制の再建が、西日本では副業の奨励による殖産興業の推進がはかられ、やがては東日本諸藩にも広く殖産興業政策が実施されていること、などを指摘することができる。改革は当事者相互間における現状認識のちがいや、政治路線の選択をめぐっての対立、動揺を引き起しながらも、それを克服する形ですすめられているのである。

なお、最初の享保の改革では、前期の改革にみられた領内検地の実施や新田開発、知行制度の改革などの藩政確立をめざしての諸政策は姿を消して、財政窮乏に対する対応がともに共通した課題になっている。しかし、全体の動きをみると、幕府の享保の改革にみられる積極的な動きに対して諸藩の享保期の動きは、やはり低調であった。次の宝暦・明和期の改革では、東北および関東を中心とした諸地域では、凶作と飢饉が続き、農村は荒廃し、手余り地が増加し、人口も減少していた。そのため農村の復興と救済こそが当面の課題であった。したがって、多くの藩はその対策に追われ、藩政の抜本的改革は次の天明・寛政期を待たなければならなかった。これに対して西日本の諸藩では、米価の下落もあって新しい財源を求め殖産興業政策が積極的に開始されていることが注目される。同時に、このころから藩当局と城下内外の商人たちや、領内有力農民とのむすびつきが強化されていることも見逃せない。

天明・寛政期の改革では、東日本の諸藩では、凶作と飢饉によって荒廃した農村の復興が引き続いて当面の最大の課題であった。また、そのためにさまざまな農村復興のための勧農策が実施されている。同時に、農民の救済策として副業の奨励などの殖産興業政策が実施に移されている。他方、西日本諸藩では、これまでの殖産興業政策の実施に加えて特産に対する藩専売などが実施されている。しかし、専売制による収奪の強化と、藩当局と特定商人とのむすびつきは領民の反発をまねき、それが一揆に発展した例も多くみられる。

文化・文政期以降、幕末にかけての改革を後期藩政改革と呼ぶと、それはペリーの来航によるいわゆる国際的危機の激化を境に、それ以前と以後とに大きく分けることができる。その実施状況は文化・文政期には、東日本では、三春・一関・上山《かみのやま》・中村・八戸・小田原・烏山・下館・谷田部《やたべ》・笠間・麻生・川越・佐倉・岩村・高田・長岡・村松・小浜藩など、西日本では、津・久居・柳本・亀山・姫路・出石《いずし》・松山・大村・秋月・唐津・人吉《ひとよし》藩などで実施されている。その実施例は東日本に多い。また、一般に天保の藩政改革が注目されるのであるが、文化・文政期にも多くの藩で改革が実施されていることが注目される。次に天保の改革では、東日本では弘前・盛岡・土浦・佐倉・水戸・浜松・田原・田中・松代・須坂・金沢藩など、西日本では、山口・丸亀・高知・宇和島・鹿児島・佐賀・福岡・大村・臼杵・府内・日出《ひじ》・中津・久留米・福江藩などで実施されており、特に東北諸藩に実施例が少なく、西南諸藩にその実施が集中している。

この化政・天保期に共通してみられる改革の特徴は、第一に、改革の担い手は危機意識を持った有能な藩主または重臣、あるいは、人材登用によって進出した人物、さらには、中下士層の改革派と呼ばれる部分をも含む人々であり、かれらが積極的に改革と取り組んでいること、第二に、財政窮乏を背景に、それの再建をめざして徹底した倹約や緊縮財政を堅持し、貢租の増徴や御用金の賦課などによる財政補塡策が採用されていること、第三に、藩債返済の猶予、または鹿児島藩の例にみられるように、それの長期にわたる返済の強要など、商人抑圧の方針がうち出されていること、第四に、藩校の新設または拡充などを通して綱紀の刷新、文武の振興がはかられていること、第五に、主に西日本の諸藩で軍制改革が切実な改革の課題となり、同時に、役所の統廃合、役人の交替と刷新などによって藩主のもとへの権力の集中化が試みられていること、第六に、農村に対しては勧農・抑商の方針が継続され、なかでも水戸・黒羽・臼杵・宇和島・福江藩などでは天保の検地が、金沢藩では改作仕法復古が、佐賀藩では均田法が実施されるなど、本百姓体制の維持・再編が試みられていること、第七に、経済政策としては、これまでの殖産興業政策が引き続き実施され、西南諸藩では特産の専売と交易が具体化されていること、などを指摘することができる。

この場合、文化・文政期の改革では、東日本の諸藩の改革は、むしろそれ以前の天明・寛政期の改革の基調を継承するものであった。というのは、中村・小田原・烏山・谷田部・下館藩などでは二宮尊徳による尊徳仕法が改革の中心であり、それは勧農による農村復興をめざすものであった。また、他の東日本の諸藩の改革も農村復興・備荒貯蓄に目標をおくものであった。これに対して西日本では、殖産興業政策の実施とそれによる特産の独占と交易が改革の課題となっている。同時に、そのことは領民の反発をまねき、さらに三都を中心としたこれまでの全国的流通機構にいろいろの面で影響を与えるものであった。

また、天保の改革を東日本と西日本諸藩とに分けてみると、東日本、なかでも東北諸藩の動きが低調で軍制の改革の動きもみられない。これに対して、西南諸藩では軍制改革が中心の課題になっている。なかでも佐賀・鹿児島・福岡藩での改革は、幕府による天保の改革に先立って実施されており、ここでは洋式軍制による軍事力の強化が課題となっているのである。いずれにせよ、この時期の改革は、軍事力の強化、検地や均田法の実施、借財返済にあたっての強硬措置、そして特産の専売など、権力の強化・再編をめざす反動的性格の強いものであった。しかし、改革は藩内における反対派の抵抗の前に、あるいは領民の反発の前に、必ずしも十分な成果をあげるには至らなかった。改革が挫折または失敗に終っている例が意外に多いことが注目される。安政以降、幕末期の藩政改革では、まず安政期には、東日本では、盛岡・水戸・館林・西尾・岡崎・八幡藩など、西日本では、柏原《かいばら》・赤穂・水口・三田・福知山・山口・福山・松山・津和野・浜田・鳥取・宇和島・高知・鹿児島・佐土原・佐賀・福岡・小倉・柳川・唐津・平戸藩などで実施されている。東北諸藩にその実施例が少ない。

また、幕末、特に慶応期には、東日本では、久保田・黒羽・前橋・佐倉・勝山・名古屋・浜松・八幡・大垣・須坂・長岡・大野・福井・田原藩など、西日本では、彦根・和歌山・広島・松江・山口・宇和島・高知・鹿児島・佐賀・福岡・小倉・久留米・大村藩などで実施されている。やはり東北諸藩にその例が乏しい。この時期の改革の担い手も、国際的危機に対応した開明的な藩主または重臣らが多いが、なかには山口藩のように、はげしい党派争いの中で鍛えられた有能な中下士層がその中心になっているところもある。また、ここでの改革の課題は、それ以前の天保の改革の基調を継承するものであった。特に天保の改革で切実な課題になっていた軍制改革がより具体化し、洋式武器および軍制の採用、農兵の設置、洋学・蘭学・国学の振興などを通して軍事力の強化・充実がはかられている。また、それに応じて藩校の拡充や家中の結束、綱紀の刷新が試みられている。同時に、藩財政の窮乏を打開するために緊縮政策がとられ、特に財源を求めて殖産興業政策の推進と専売制の実施、さらには専売商品の他領域との交易が課題となっている。なかでも高知藩での開成館事業、鹿児島藩での集成館事業、あるいは、宇和島藩での物産局事業や佐賀藩などでは、藩営事業の形での軍事・経済の充実が意図され、富国強兵の路線が具体化していることが注目される。しかし、こうした西南雄藩の動きは、それが洋式武器や洋式訓練によって軍事力の強化をめざせば、藩内のこれまでの強固な知行制度を前提とした旧来の軍事編成と対立せざるを得なかったし、同時に、それは公儀を中心とした旧来の軍役体系とも矛盾するものであった。また、藩専売制や藩営事業の実施も、それが交易をめざすとすれば、旧来の鎖国体制や三都を中心とする流通機構と対立するものであった。

　大小さまざまな藩が、財政危機や国際的危機に対応してそれぞれの主体性において改革を通して多様なあり方を模索し始めるということは、これまでの公儀を中心とした幕藩制的支配機構に対し結果において分裂の方向に作用するものであった。こうした中で、中小の諸藩が財政改革の名を借りて領域内外の商人・豪農に財政依存を深め、代りにかれらの藩政への干渉を許し、財政運営の主体性を失いつつあったとすれば、藩政の主体性を確立することのできる条件を持つ大藩での改革の動向が注目され、事実、改革によって主体性を確立した大藩が幕末・維新期の政局に大きな役割を果たすことになったのである。しかし、倒幕を推進した勢力と藩政改革に努力した勢力とは必ずしも同一ではなく、明治維新の変革が幕藩権力の崩壊によって実現すると考えた場合、改革を成功させた藩が倒幕の主体になったとは言い切れず、そこではそれ以前からすでに藩の枠を越えて全国的に展開しつつあった尊皇攘夷運動や尊皇倒幕運動の展開が改めて検討の課題となると考えられる。　↓藩治職制《はんちしょくせい》

参考文献　堀江英一編『藩政改革の研究』（御茶の水書房、一九五五年）、芝原拓自『明治維新の権力基盤』（御茶の水書房、一九六五年）、土屋喬雄『封建社会崩壊過程の研究』（象山社、一九八一年）、長野暹「藩政改革論」（『宝暦・天明期の政治と社会』（『講座日本近世史』五）有斐閣、一九八八年所収）、長野ひろ子「諸藩の藩政改革」（『天保期の政治と社会』（同六）有斐閣、一九八一年所収）、小野正雄「幕藩制政治改革論」（『幕藩権力解体過程の研究』校倉書房、一九九三年所収）、小関悠一郎「米沢藩明和・安永改革における「仁政」論の再編過程」（『歴史』一〇三、二〇〇四年）

（吉永　昭）

藩政史料（はんせいしりょう）

近世大名領としての「藩」の藩主家・家臣家、藩庁および領内領外諸家諸機関に伝来した藩政関係の文書・記録・遺物の総称。藩政関係史料は大別して次の三郡に分かれる。㈠諸藩に関係をもつもの、ないし諸藩についての情報を集成したもので、江戸幕府伝存のもの、もしくは江戸幕府関係者の編纂物を核心とする。すなわち正続『徳川実紀』をはじめ『寛知集』『恩栄録』『廃絶録』は一連の『御触書集成』とともに幕藩関係を明らかにする代表的史料であり、『寛永諸家系図伝』『寛政重修諸家譜』『譜牒余録』『明良洪範』『土芥寇讎記』、正続『藩翰譜』は水戸藩編纂の『盈筐録』とともに諸大名の系譜・事績を集めており、幕府撰『正保城絵図』、正保・元禄・天保の『国絵図』の現存するものは藩の立地条件を示すものとして貴重である。㈡個別藩の大名家・家臣家および藩庁に由来する文書・記録・遺物で、意図的な廃棄や火災による焼失などを免れて今に伝わる。大名の御手許の古文書・系譜・書画・什器を中心としたもの、藩庁で作成・受領・保存された公文書群ないし江戸邸で作成・受領・保存された公文書群、藩庁・藩校などの蔵書を中心としたものなど、またそれらを網羅したものなどがあり、すべて伝来の場所近くに保存されている場合もあれば、幾つかの場所に分かれて保存されている場合もあるが、比較的網羅的に、この狭義の藩政史料を残すのは弘前藩・佐倉藩・金沢藩・名古屋藩・彦根藩・岡山藩・萩藩・平戸藩・熊本藩・鹿児島藩などである。明治以降家史編纂の過程で旧制度に即して分類整理されたものもあれば、近代の保管施設で新たに整理著録されたものもあり、一般公開されているものもあればなお未整理のため秘蔵されたままのところもある。原本それ自体もしくはそれを素材として編纂した史料がすでに刊行され、もしくは刊行中である場合もあれば、全く刊行されないままのものもある。㈢藩制の下部機構を構成し、藩庁からの下達書類の原本または写し、藩庁への上申書類の控その他公私の文書・記録を含む町方・村方の役人家に伝存した庶民史料や寺社に伝存した藩政関係史料がある。庶民史料は第二次世界大戦後多く散佚、湮滅したが、調査・保存されたものも多く、昭和三十年（一九五五）までに文部省史料館が集めたものだけでも四千件を超えた。庶民史料は、藩庁史料の補完にのみならず、当該地域の地方史研究の素材として役立つ。これらの史料の研究に際しては、既刊・未刊のものを含めてその伝存状況を調査し、目録があればそれによってその内容を把握し、しかも伝存史料相互間の関係を知る必要があるが、このことは当該史料の整理にあたる古文書管理者にとってもいえる。その分類については、形式に

対談

人名辞典の世界

竹内《たけうち》　誠《まこと》

1933年東京都生れ。現在、東京学芸大学名誉教授、江戸東京博物館館長、徳川林政史研究所所長。近世史専攻。
主要編著書＝『徳川幕府事典』『大系日本の歴史10　江戸と大坂』ほか。

山田《やまだ》邦明《くにあき》

1957年新潟県生れ。現在、愛知大学文学部教授。中世史専攻。
主要著書＝『鎌倉府と関東―中世の政治秩序と在地社会―』『戦国のコミュニケーション―情報と通信―』ほか。

人名辞典の思い出

――本日は、お忙しい中、平成十七年（二〇〇五）十一月刊行の『日本近世人名辞典』を編集された竹内誠先生と、同年十二月刊行の『戦国人名辞典』の編集委員より山田邦明先生にお集まりいただき、分野別人名辞典という最近の動きも含めまして、広く「人名辞典の世界」というテーマで対談をお願いしたいと思います。早速ですが、先生方、人名辞典について何かエピソードや思い出などはございますか。

竹内　私が最初に「歴史はおもしろいな」と思うきっかけを作ってくれたのは、辻善之助さんの名著『田沼時代』です。この本は、田沼《たぬま》意次《おきつぐ》という人物を通じて、その時代を論じたものです。歴史は人間によって作られるのですから、ある人物に興味を持ち、その人物を通じて彼の生きた時代はどういう時代だったのかを見ていくと、歴史というものに非常に親近感を覚えます。この名著と私は、高校時代に上野の図書館で何となく出会ったのですが、それがきっかけで「江戸時代っておもしろいな」と感じたのです。

　人間の歴史、特に人物を調べるには、まず人名辞典が有効です。しかし、研究の水準で事項によっては、それぞれの辞典に記述の違いがあるので注意する必要があります。たとえば、紀伊国屋文左衛門《きのくにやぶんざえもん》。元禄の豪商で、いろいろ逸話《いつわ》の多い人物ですが、何種類かの辞典の記述を見比べましたら、生没年が全部違うのです（笑）。明治十八年（一八八五）に経済雑誌社から『大日本人名辞書』が刊行されています。この辞書は、近代に入って初めての人名辞典ではないでしょうか。紀伊国屋文左衛門の場合、『黄《おう》金水大尽盃《ごんすいたいじんさかずき》』という幕末の小説の筋書きがそのままこの人名辞典に載せられたようです。これがその後の人名辞典に大きな影響を与えていますので、事項によっては気をつけなければなりません。

　山田　『戦国人名辞典』の編集は、佐脇栄智《えいち》先生を中心に進めてきました。しかし、佐脇先生は平成十六年の暮れ以来、体調を崩されておりますので、編集委員の中から代わりに私が対談に参加させていただきます。

　今、竹内先生がお話しされたように、「人間はおもしろい」ということが基本にあって、歴史に興味を持っていくのではないでしょうか。私の場合、高柳光寿《みつとし》さん・竹内理三《りぞう》さんの『角川日本史辞典』の人名項目をひたすら読んだ覚えがあります。「封建《ほうけん》制度」などの項目は読む気が起きないのですが（笑）、「豊臣秀吉」「足利尊氏」などの人名項目を見て楽しいと思ったのが、人名項目と付き合うきっかけでした。どうして人名項目が楽しいのかというと、生没年の記載があるからです。これはとても大事なことで、この人は何歳で亡くなったのかがわかりますし、「この事件はこの人が何歳のときに起こした事件なのか」ということが書いていないのに自分で想像して見つけられます。

　たとえば、織田信長は四十九歳で死にますが、本能寺の変の時に秀吉は何歳なのかは「織田信長」の項目からはわかりません。しかし、計算すると三歳年下なので四十六歳、家康は四十一歳です。そう見ていくと、天正十年（一五八二）の事件がとてもわかりやすくなってきます。それから、戦国時代に関しては、人名辞典だけでなく、一般の読み物、人物列伝があります。私が一番おもしろかったのは、雑誌『太陽』の別冊で、『戦国百人』です。

　竹内　たしか、ムック形式の本でしたね。

　山田　はい、この本は、細川勝元から真田幸村ぐらいまでの百人を選んで、その肖像画を載せて、解説文は人物を論評していくような形で書いていくという形式をとっています。私はこの本を読んで、「人物をこのように書くこともできるのだ」と思いました。

　また、私が今までの人名辞典の中で一番驚いたのは、平凡社の『新撰大人名辞典』（全九巻）です。

　竹内　『新撰大人名辞典』は、項目数が非常に多く、意外な人物まで採用していますね。

　山田　はい。これはずいぶん前に刊行された辞典ですが、何といっても項目数が大変多く、わかりやすくておもしろいという意味では、いまだにこの辞典を超えるものはないと思います。戦国時代の部分は、軍記物などを典拠《てんきょ》として書かれていることが多くて、あまり役に立たないのですが、全体的なイメージを作るには非常に有効な辞典です。辞典は、項目数が少ないと調べる手がかりにならないので、『新撰大人名辞典』に学ぶ点は多いのではないでしょうか。

竹内　この辞典は、昭和十二年（一九三七）～十三年の刊行で、現代編までありました。現代編は、昭和十三年六月現在で活躍している人物の人名辞典で、冒頭に皇室関係の人名記事、末尾には、主な人の住所録まで付していました。

山田　はい。そして最後に外国人編です。

竹内　とにかく、サービス精神旺盛《おうせい》な大人名辞典です。たまたま私は、「紀伊国屋文左衛門」の項目を見たから印象が悪いのですが（笑）、これだけ多くの項目を立項した編纂態度は見事です。これからは、この辞典を乗り越えるような項目の多い人名辞典も作らなければいけないと思います。

山田　それから、『国史大辞典』の人名項目です。これは、項目の執筆者がそれぞれ自由に書いているところがあって、非常に生き生きとした記述が多いのです。私が一番よく読むのは、『国史大辞典』の人名項目かもしれません。

竹内　『国史大辞典』は、人名辞典ではありませんので、私が期待して引こうとしても出てこない人物もありますが、現在刊行されている歴史辞典の中では一番信頼できます。

山田　最近は、全時代というよりも分野別・テーマ別の辞典類の刊行が主流となっていますね。

竹内　歴史学の研究はどんどん進んでいますし、時代によって、古代史がブームという時代もありますし、江戸ブームという時代もあります。出版社は、そうした時代の流れをとらえながら辞典を作っているのでしょう。辞典は、その時代を反映して出版されていくように思います。

山田　そうですね。最近の個別テーマの辞典の刊行は、こうした歴史研究の進展を反映しているのでしょう。つまり、重厚長大な百科事典の世界はもうすでに終わっており、何でも知っているということよりも、自分の好きな一つのことを深く知りたいというニーズが増えてきている表れなのではないでしょうか。今やセミプロ的な歴史愛好家の方が多いですね。

竹内　そうですね。この間、帝国ホテルの小林社長さんと対談をしたのですが、観光やホテル業についてよりも田沼時代についての話ばかりでした（笑）。

山田　それはまた、歴史の専門的なテーマでお話しされたのですね。

竹内　小林さんは、狂歌や狂詩がお好きでしてね。「社長を辞めたら、大田南畝《なんぽ》や田沼時代のことを勉強したい」といっておられました。

私どもの江戸東京博物館では、大勢のボランティアの方々にお手伝いいただいていますが、皆さん、とても研究熱心です。これは、子育てを終えたり定年を迎えたりして、さらに豊かな生活をしていこうという人々が、自分をより高めるためには何がいいのかを求めている証拠で、その際、歴史を研究しようとする方が案外多いことを示しているのではないでしょうか。

両辞典の編集方針・特色

――次に両先生が今回、辞典を編集していく上で、ご苦労された点やそれぞれの辞典の特色などについてお話しいただけませんか。

竹内　私は、『日本近世人名辞典』にどのような人物の項目を収載するかを考えていく時に、まず近世概念を考えるところから始めました。私の概念では、はじまりは織田信長からです。しかし、吉川弘文館では『戦国人名辞典』も編集中とのことでしたので、信長からとなると戦国武将の部分がダブってしまいます。そこで、いろいろ議論した結果、はじまりは、徳川家康による関東入封からとしました。

次に最後をどこまでにするかです。教科書では、近世はペリー来航で終わり、それ以降が近代です。しかし、近世は石高制ですから、石高制が崩れていなければまだ近世社会といえます。そこで、地租改正が非常に重要になってきますが、地租改正は単純に明治六年で終わるものではなく、その後数年かかっています。また、農民が歩兵として武士の軍隊を破った西南戦争や、役所に残された古文書の書体がお家流から変化することも、まさに近世から近代への移行です。そこで、近世の最後は大まかに明治六、七年から十年ころまでとして収載項目を検討しました。この範囲を決めるのが辞典作りの一番の基本になります。

山田　戦国時代は、変革期ですから個性が非常に強い時代です。室町時代や鎌倉時代もそれなりの変動はありましたが、身分制度が確立しており、自分の力というよりも家柄で人間の人生は決まってしまいました。しかし、戦国時代は秀吉のように一介の百姓上がりであっても天下人になれるという可能性を持っている時代です。また、戦国時代は戦国大名だけではなく、その家臣たちが非常に個性的で、実は社会を動かしているのです。しかも家臣団内部は矛盾に満ちていて、仲は悪いが全体としてはまとまっているという、今の企業と同じようなものだったわけです。ですから、こうした人物も探すことができる辞典にしたいと、佐脇先生を中心に考えました。

一方、刊行のもう一つの理由は、研究の進展です。特に関東甲信越においては各県史がほぼ完備され、北条・武田・今川・上杉という四大名の領国の史料が完全に出揃いました。それに個別研究も戦国史研究会の会員を中心として膨大《ぼうだい》な量に達し、もう一人の力では全容がつかめない状況です。そこで、今こそ「調べる辞典」を作る時ではないかと思ったのです。先ほどの紀伊国屋文左衛門ではありませんが、どういう史料からこの記事が書かれているかということを明確にするため、出典を必ず明記することにしました。家臣や商人なども含めて可能なかぎり多く立項することと、記事の出典・材料を明記すること、この二点を辞典編纂の基本方針にしました。

竹内　では、執筆者にすべての出典を入れるようにお願いしたのですか。

山田　はい、執筆者にすべて書いていた

だきたいとお願いしました。ただし、一つの大きな限定は、東日本の前述の大名領国に対象を限ったという問題です。北条・武田・今川・上杉と松平、それから北関東の佐竹や宇都宮、そこに範囲を限り、東北や西日本はすべて除外いたしました。これについてはいろいろなご批判もあると思うのですが、ただ中途半端に東北地方や、三好・毛利・大友などを入れるとこれは絶対にできないと考えました。もちろん大友や毛利についての研究も進んでおりますが、そこまで含めて組織する力もございませんでしたし、今回は地域を限定したところで完璧なものを作ろうと、佐脇先生を中心に考えたのです。ですから、書名は『戦国人名辞典』ですが、これは羊頭狗肉《ようとうくにく》で、ご批判は甘受《かんじゅ》いたします。今後、何年かすれば、研究が進み、地域を限定しない新たな辞典の刊行もされるようになるとは思いますが、現時点でこうした非常に細かな地域限定の辞典を作ることも意味があるのではないでしょうか。

竹内　私が『日本近世人名辞典』で希望したのは、参考文献にできるだけ新しいものを入れてもらうことです。本辞典は、『国史大辞典』の項目がベースになっており、すでにお亡くなりになった執筆者もいるので、本文の記述はそのままとしてもその後の研究成果を参考文献として付け加えたかったのです。まず、本文を読んで、では次に参考文献へと進んでいきますから、参考文献はとても大事なのです。

山田　『国史大辞典』は、全巻完結までに四十年近くかかっていますからね。『戦国人名辞典』では、県史などで史料がこれだけはっきり見えるようになったのですから、文書史料や記録類だけから履歴《りれき》を作り上げていくということも大事なのではないかという方針で編集を進めてきました。

竹内　本当にそのとおりです。戦国時代の辞典ならば、県史の史料編から項目を選定することができるのですか。その点、『日本近世人名辞典』とは違いますね。

山田　はい、全項目、新規の書き下ろしです。そのために限られた地域になってしまったのですが。

竹内　本当に西国の大名などは出て来ないのですか。

山田　はい、出て来ないです。編集担当委員は、今川担当・上杉担当などと決まっておりまして、その担当の地域内の自分の研究の中で項目を考えていくという方法を取りました。

竹内　既成の辞典には、出ていない人物も拾ったのですか。

山田　今までの辞典とはまったく関係なく、今の研究現状から項目選定をしました。

竹内　『日本近世人名辞典』もそうすればよかったかな(笑)。近世でも、『旗本辞典』などがあるのですから、それらできるだけ多くの人物を立項すればよかったですね。

山田　しかし、『日本近世人名辞典』の場合は地域を限定していないので、近世に日本全国で活躍したさまざまな分野の人物が立項されている点に特色が出てきますね。

竹内　はい、盗賊の日本左衛門や鼠小僧次郎吉なども出てきます。そういう意味では広く近世を通観する内容になっています。

『日本近世人名辞典』では、約九百名の肖像画を掲載しました。これは本辞典の特色の一つです。それと花押《かおう》と印章を載せるようにしました。

辞典というものは、付加価値が大事です。コンパクトな『角川日本史辞典』が何で人気があったかといいますと、本文のスペースは少ないのですが、たくさん立項していること、それに編集に当たられた杉山博さんがサービス精神旺盛な方で、要望があると版を重ねるたびに付録を追加して、充実させていったからでしょう。たとえば、近世では、国替えなどで各藩の動きがすごく複雑なのですが、この複雑な移動を表にしています。それから、普通の辞典では、将軍と老中までしかなかった一覧表に勘定奉行・町奉行・寺社奉行が入れてあります。だから、この小さな辞典一冊があれば、ある程度のことは調べられてしまうので、大変に便利なのです。吉川弘文館の『歴史手帳』も付録が豊富ですが、町奉行までは、入っていなかったですよね。

山田　そのとおりです。『角川日本史辞典』の魅力は、付録の価値です。確かに私も後ろの付録ばかり見ていました。

竹内　そうでしょう。やはり付録の充実が辞典には大事なのです。だから、今回の『日本近世人名辞典』で私が自慢できるのは付録なのです。辞典では、こうした点をとかくおろそかにしがちですが、ここを読者にアピールしたいですね。

本辞典の巻末の付録に、死亡した順に記した死没年月日順項目一覧があり、それが天正十八年からずっと書いてあります。

山田　それが巻末索引の一つにあるのですね。

竹内　これは、便利ですよ。若くして死んだのか、年老いて死んだのかがわかるように死没年齢も入っています。

山田　同じ年に死んでも年齢は全然違う人が何人もいるわけですからね。

竹内　そうなのです。このような索引は、今までなかったですね。これを見れば、博物館関係者は、生誕何年・没後何年というような特別展のテーマを企画することもできるのです。

山田　そういう使い方もあるわけですね。

竹内　今、全国の博物館で特別展を開催する時に一番よくあるのは何周年記念などというものですからね。それをまず探して、それについてこのテーマの現代的ニーズはどうかなどの検討を重ねて、実施するかどうかを決めるわけです。

人名辞典の今後

――ここで、両先生に人名辞典の今後への展望と申しますか、ご自身の経験に照らし合わせて、このような人名辞典を作ってみたい、あるいは、このような辞典があればよいというような点についてお話しいただけますか。

山田　私は、辞典には二種類あると思うのです。調べる辞典と読む辞典（事典）があって、辞典の使い方としては、自分の専門分野以外の時代を調べる時に本当に役に立ちます。

竹内　人名辞典のあり方を考えた時に、基本的な記述、つまり生没年・生誕地・お墓・戒名などを記載し、最後に参考文献を付す。たとえ、本文はコンパクトな記述であっても、できるだけ多くの人名を挙げるというのも人名辞典の一つのスタイルだと思います。それは、読んではおもしろくないけれども、ある人物について調べることを始めることができます。もう一つはどこまで関連項目に広げていけるかです。それには、ドラマが必要です。

たとえば、尾張藩の支藩に高須藩がありますが、幕末に義建《よしたつ》という藩主がいて、その子どものうち、次男は本家の尾張藩主の養子に入ります。これが幕末に活躍する尾張藩主慶勝《よしかつ》です。慶勝は、井伊大老にたてついて水戸の斉昭と同様、蟄居《ちっきょ》させられてしまいます。そこで、慶勝の弟の茂徳《しげのり》が尾張藩主となり、朝廷側につくか、幕府側につくかで兄弟喧嘩になってしまいます。その次の弟は会津藩主の養子となり、佐幕派の中心人物となった京都守護職の松平容保《かたもり》です。またその弟の定敬《さだあき》は伊勢桑名藩主の養子となり、京都所司代として容保とともに活躍します。ですから、この高須四兄弟は、それぞれ朝廷派・佐幕派に分かれて幕末維新の激動期に活躍するわけで、そこに人間関係のドラマがあるのです。

この四兄弟を互いに関連項目として指示すると、単独の人物の記述だけではなくてその関連から一つの時代というものが、膨らんでいくのです。私はそういう工夫のある人名辞典ができないかと思っています。

山田　関連項目を紹介する方針をあらかじめ決めてしまうのですね。

竹内　ある人物の親戚などを追ってみると意外な人とつながっていて、何でこの時にこの人は重職に就《つ》けたのかというようなことがわかるようになるのです。

山田　私が感じているのは、「読ませる辞典」というものがどうしたら作れるのかということです。読ませる辞典を作るのは至難の業で、この人物はこういう個性を持っているということがうまく伝えられないところがあります。ある人物を評価するのは、よほどの度胸が必要で、その年齢にならないと書けないような世界がありますよね。しかし、少し評論的でもいいから書いてしまっても罰は当たらないのではないかと思います。そのためには、ある程度の分量が必要で、場合によれば見開きで一人を書いてしまうことがあってもよいのではないかと前から考えていました。

戦国時代から江戸時代の初期には、ある時は上杉に、ある時は武田に仕え、最後は家康の家来になる、そういう不思議な人生を送る武将もいます。藤田信吉《のぶよし》という人物もそうですが、本多正信の子でありながら、直江《なおえ》兼続《かねつぐ》の養子になり、最後は前田家の重臣となる本多政重や、前田利家の甥で上杉氏に仕えた前田慶次もよく似ています。彼らのことをきちんと書くには、見開き二ページぐらいの分量が必要で、群雄割拠の中で彼らがどのように生きたのかということは意外にドラマになるような気がします。

竹内　それは、辞典というよりも事典ということですよね。事典の場合には若干、そこに独特の記述があってもその人の見方ですし、署名も入っています。私などはその人の人生訓や辞世の句があれば、それを入れたいですね。辞世の句などには、本当かどうか怪しいのがあるのですが（笑）。

ところで、毛利元就の「三本の矢」の話は本当の話なのですか。

山田　あの話は、本当の話ではないと思います。

竹内　そうでしょうね。後世の作り話でしょう。徳川家康の「遠き道を重い荷を背負って…」というのも同様です。しかし、辞世の句を入れれば、その人の人生はある程度見えるものがあるのではないでしょうか。

最近、吉川弘文館から『知っておきたい日本の名言・格言事典』という事典が出ていますが、これは史料に基づいたものでしたね。確かなものであれば、名言や格言からその人物とのつながりを見ることも大事です。

山田　その人となりがわかりますからね。中国では、人物史がとても盛んで、上海の書店などへ行きますと、人物コーナーに大きなスペースが割かれています。列伝コーナーですね。

最近は、文字・ペーパーによるものだけでなく、データベース化が進んでおり、だれが何年に生まれたのかという経歴だけ入力すると、インターネットなどでわかるようにもなってきています。そうした中で、こうした辞典が生き残っていくためには、いろいろな人物を読ませる特色も必要なのではないか、と思っています。

竹内　一方、近世という時代は、武士のみならず商人・職人・農民ら、さまざまな人々が全国のそれぞれの地域で活躍しています。ですから、私はそうした人物を大いに発掘し、もっと項目数の多い辞典を機会があれば作ってみたいですね。

山田　そういう大辞典であれば、巻数もので企画しないといけませんね。

竹内　そうだと思います。たとえば商人ですが、勘定所御用達《ごようたし》という幕府のパトロンが十名います。寛政の時に登用された十人で、せめてそのぐらいは今回の辞典に取り上げたかったですね。彼らは江戸根生《ねおい》の商人といわれています。三谷三九郎は載っていますが、全体の選考基準から仙波《せんば》太郎兵衛・鹿島清兵衛・堤弥三郎・松沢孫八・中井新右衛門・田村十右衛門・川村伝左衛門・森川五郎右衛門・竹原文右衛門の九人は、立項できませんでした。だから、そういう人物も立項した辞典を作りたいと思っています。三谷三九郎は、「西の鴻池《こうのいけ》、東の三谷」と称される人物で、近世に活躍した商人の中でも超大物です。

山田　私の方もまだまだやることは多いです。戦国時代では、特に人間が時代を動かしていることは間違いなく、当主の個性というより、そこに群がっている人物一人ひとりの個性の中で派閥ができ、さまざまな意見がぶつかりあって、政治史が動いており、婚姻関係なども含めた中で歴史が作られているのかもしれないと感じています。

たとえば、人質をとる時におもしろいのは、当主の子どもだけではなくて家老の子どもが欲しいというのです。これはなぜかというと、その人物が大名家中のキーパーソンだからです。人質を出せと言われた場合に言われた方がどういう気分になるかというと、悲しいかもしれないけれども、ひょっとしたら「私は認められた」と思うかもしれません（笑）。要するに大名間の交渉などは、家臣団も含めて個人個人の個性を把握しないとできないということなのです。

秀吉がよい例ですが、大名よりも個々の家臣に関心を持っています。具体的にいいますと、丹羽《にわ》長秀の家臣だった長束正家《なつかまさいえ》を引っ張ってくるなど、有能な人材に目をつけて、上司を無視して引っ張ってきます。人物を数多く立項した辞典を作っていけばいくほどそういうことが見えてくるのでは、と思います。

竹内　近世の同じような事例として、田沼意次がいます。意次の父親は紀州藩の侍で、享保改革で徳川吉宗が将軍になった時に幕臣になった新参者なのです。意次は、江戸で生まれ、父親と同じように将軍の小姓という立場で側近の役人になります。そこで彼が出世していった理由はどこにあるかというと、吉宗が和歌山から連れてきた紀州閥の役人たちが実力を発揮しています。その中で一番有能で、紀州閥二世を地盤にして出世街道をばく進したのが意次だったのです。しかも彼は、同じ紀州閥の石谷清《いしがいきよ》昌《まさ》と安藤惟要《これとし》を勘定奉行に抜擢し、三十年近くも二人に勘定奉行を任せているのですが、この二人が大変有能で、前期の田沼の業績は大変高く評価されています。

しかし、後期では、譜代《ふだい》の幕臣から赤井忠晶《ただあきら》と松本秀持が勘定奉行になり、この二人が印旛沼の開拓などに失敗し、失脚してしまうのです。ここに優秀な紀州閥という集団が見えてきます。

山田　戦国時代も近世も同じですね。その時代の社会状況の中で個人の個性がどのように混ざり合って、どのような個性が発展していくのかという、社会的な人物像を書く努力をしていかないといけません。一方で、人間の個性を大事にしながら、もう一方でそれを突き放して人間が社会の中でさまざまに変わっていくということを見通した上で、正しい人物評価をする必要があるのではないかと思っています。そういう意味では、人名辞典というものの力をあまり過信しないようにしながら、作っていかなければならないと思っています。

竹内　そうですね。人間とは、その時代と無関係ではいられない社会的存在です。社会的存在として、本人とその社会の両面から追えるような形で書かれていればありがたいですね。それは事典でないと難かしいと思いますが、いずれにせよそれは、いい人名辞典だと思いますよ。

――両先生、本日はありがとうございました。今回のお話を念頭において『日本近世人名辞典』『戦国人名辞典』をお読みいただければ、人名辞典から歴史の新たな魅力を再発見することができるかと存じます。

（二〇〇五年九月六日）

※小社PR誌『本郷』第61号より再録。

定評ある吉川弘文館の辞典・図典・年表

各種『内容案内』送呈

新しい歴史知識の源泉――最高最大の定本的歴史百科

国史大辞典 全15巻（17冊）

〈菊池寛賞〉受賞

国史大辞典編集委員会編

総項目数五万四〇〇〇余、日本歴史の全領域をおさめ、考古・民俗・宗教・美術・国語学・国文学・地理など、隣接分野からも必要項目をことごとく網羅。最新の研究成果を盛り込み、一般用語から専門用語までを分かりやすく解説。本文理解を助ける挿入写真や図版・図表等を駆使した画期的編集。索引は、歴史を彩る言葉のすべて、延べ五〇万語を史料・地名・人名・事項に分類し、各冊には難読語検索のための頭字索引を付した。

4-642-00501-3〜00517-X

全巻セット定価 二七三〇〇〇円（分売可）

毎月一冊ずつの配本（お支払いはその都度）もいたします。分割払いの便法もありますので、小社販売部までご照会下さい。

四六倍判・上製・函入／本文編＝平均一〇〇〇頁・別刷原色図版等平均一五〇頁／補遺・索引編＝平均七六六頁／附録「史窓余話」B5判変型・一六頁

日本史総合年表 第二版

加藤友康・瀬野精一郎・鳥海 靖・丸山雍成編

一二〇〇項目、七〇頁を増補！ 旧石器時代から二〇〇四年まで、総項目三八〇〇〇を収録。新たに近世の項目にも出典を追加し、便利な「日本史備要」と「索引」を付した〈日本史年表〉決定版。『国史大辞典』別巻。

四六倍判・一一八二頁

一四七〇〇円 4-642-01344-X

対外関係史総合年表

対外関係史総合年表編集委員会編（代表・田中健夫）

紀元前より一八七九年（明治12）までの対外関係項目三万六千余を収録。蝦夷・琉球・朝鮮・中国・東南アジア・欧米諸国に及ぶ広範詳密な内容は、読む年表として最適。四六倍判・一一〇四頁／三六七五〇円 4-642-01331-8

近世義民年表

保坂 智編

菊判・五五二頁／八四〇〇円 4-642-01342-3

義民はいかに語り継がれたか。秀吉の時代から明治維新までの義民闘争を網羅。史実に基づく闘争内容と、義民物語や伝承、顕彰行為などを詳細に解説した読む年表。義民・一揆・都府県名から検索できる索引付。

定評ある吉川弘文館の辞典・図典・年表

各種『内容案内』送呈

日本民俗大辞典

全2冊
上＝あ〜そ
下＝た〜わ・索引

福田アジオ・神田より子・新谷尚紀・中込睦子・湯川洋司・渡邊欣雄編

激動の時代、日本文化の「いま」をどう読み解くのか。総項目六三〇〇、沖縄・アイヌなども視野に入れ、日本列島に多様な姿で息づく民俗文化の全容を解明。従来の日本民俗学の枠組みを越える最高水準の民俗大百科。

四六倍判 各二一〇〇〇円
一〇八八頁 4-642-01332-6
一一九八頁 4-642-01333-4

日本仏教史辞典

今泉淑夫編

仏教伝来から千数百年、その思想は日本人の自然観・世界観や日本文化の形成に大きな影響を与えてきた。日本の仏教を理解するための四七〇〇項目余を厳選し、確かな研究成果を盛り込み懇切に解説した仏教史辞典の決定版。

四六倍判・一三〇六頁 二一〇〇〇円 4-642-01334-2

神道史大辞典

薗田稔・橋本政宣編

日本古来の神道文化は、歴史の中でどのように人々にとらえられてきたのか。神話の世界から現代まで、神道を理解するための四一〇〇項目を収録。仏教や儒教、天皇、国家との関わりの中で発展した、神道の歴史を読み解く。

四六倍判・一三三六頁 二九四〇〇円 4-642-01340-7

日本交通史辞典

丸山雍成・小風秀雅・中村尚史編

交通は日本の政治、経済、社会、文化を支え、人々の暮らしに多大な影響を与えてきた。古代から現代にいたる陸海空の交通手段、通信、街道、旅、対外関係、紀行文学、民俗など、三〇〇〇余項目を収録した〈交通〉百科。交通図書賞〈特別賞〉受賞

四六倍判・一一三六頁 二六二五〇円 4-642-01339-3

定評ある吉川弘文館の辞典・図典・年表

各種『内容案内』送呈

知っておきたい 日本の名言・格言事典

大隅和雄・神田千里・季武嘉也・山本博文・義江彰夫著

二七三〇円 4-642-07944-0 A5判・上製・カバー装・二七二頁／『内容案内』送呈

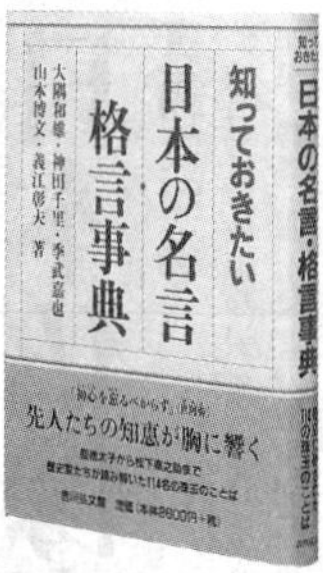

聖徳太子から松下幸之助まで、歴史上に輝かしい足跡を残した一一四名の珠玉のことば。さまざまな名言が、時代背景とともに私たちの胸に響く。生年順に配列し、人物紹介・文意・要旨・出典・参考文献も収めた、どこから読んでも役に立つ、座右必備の書。

主な収載人物

聖徳太子　紫式部　一休宗純　宮本武蔵　東郷平八郎
藤原鎌足　平清盛　蓮如　新井白石　犬養毅
額田王　源頼朝　武田信玄　二宮尊徳　岡倉天心
聖武天皇　藤原定家　千利休　西郷隆盛　夏目漱石
空海　日蓮　織田信長　福沢諭吉　樋口一葉
菅原道真　吉田兼好　豊臣秀吉　坂本龍馬　マッカーサー
紀貫之　足利尊氏　徳川家康　田中正造　松下幸之助

事典 絹と木綿の江戸時代

山脇悌二郎著

四六判・二二四頁／二三一〇円

江戸時代、中国船やオランダ船により絹や木綿がもたらされ、多くの種類が流通した。縮緬《ちりめん》、さらさなどの舶来の絹・木綿の語源、国産の絹・木綿の原糸や染色などを解説。近世織物の全容を解明する。

4-642-07788-X

事典 日本の名僧

『日本の名僧』完結記念出版

今泉淑夫編

四六判・四九六頁／二八三五円

日本史上に登場する一八〇人の名僧・高僧・政僧を没年順に収載し、平易に解説。主要な著作・典籍・宗派・信仰や、肖像画も多数掲載。巻末に主要名僧在世年表、仏教関係年表、宗派系統図、索引を付載。

4-642-07860-6

戦国武将・合戦事典

峰岸純夫
片桐昭彦編

戦国乱世を読み解く、武将・氏族・合戦の計一〇六三項目を三編に分け解説。肖像・花押《かおう》・合戦図屏風などを多数掲載し、読むほどに興味と理解が広がる入門書としても最適な本格的事典。ユニークな在世年表・便利な索引付。

菊判・一〇二四頁

八四〇〇円
4-642-01343-1

定評ある吉川弘文館の辞典・図典・年表

各種『内容案内』送呈

豊臣秀吉から幕末維新まで、個性溢れる有名人物を網羅！

日本近世人名辞典

竹内 誠
深井雅海 編

四六倍判・函入・一三二八頁
二一〇〇〇円

徳川家康の江戸入府から幕末維新期まで、泰平と動乱の約二九〇年間に活躍した三六五七人を収録。歴代天皇・皇室・公家・将軍・幕臣・大名をはじめ商人・文人・学者・外国人・博徒・侠客・盗賊に至る個性溢れる有名人物を網羅した決定版。詳細な解説と墓所、著書、参考文献、肖像などを多数収め、巻末に便利な索引と「没年月日順項目一覧」を付載。

4-642-01347-4

本辞典の特色

◆最大規模の本格的〈近世〉人名辞典
◆広範な分野から有名人物を徹底網羅
◆信頼できる執筆陣と充実した内容…
◆本文理解を助ける肖像・印章・花押
◆詳細な索引とユニークな没年月日順項目一覧を付載……

東国を中心に四二〇〇人を収載

戦国人名辞典

戦国人名辞典編集委員会編

動乱の戦国時代を生きた北条・武田・上杉・今川・徳川などの大名とその家臣を多数収載。さらに、女性・僧侶・商人・絵師・医師・大工にいたるまで、東国の様々な分野で活躍した人物を中心に四二〇〇人を網羅。最新の研究成果と数多の史料に基づき精緻に解説した大人名辞典。豊富な参考文献を掲げ、巻末には、詳細で検索に便利な「人名索引」を付載する。

菊判・函入・一一八四頁／一八九〇〇円 4-642-01348-2

本辞典の特色

◆戦国期、東国で活躍した四二〇〇の群像……
◆東国の主な大名とその家臣を多数収載……
◆武将のほか、様々な分野で活躍した人物も収載……
◆最新の研究成果と多数の史料による精緻な解説……
◆調査研究に役立つ史料情報も満載……
◆詳細かつ検索に便利な「人名索引」……

よる方法、内容による方法もあるが、文書作成と伝来の機能による方法が、整理・利用の前提として推奨される。藩史料を「幕藩制下の藩を主体ないし客体とした史料で、狭義には当該の大名の家ないしは藩庁に伝存した文献史料」と定義した山口啓二が、昭和三十三年、文部省史料館主催の近世史料取扱講習会で提示した機能分類は、東大史料編纂所員を中心として組織された藩政史研究会の調査をふまえたもので、個別藩政史料の場合網羅的な体系を示しており、参考に値する。

㈠大名の「家」史料（中世・近代と連続された形で伝存される）

a家柄を示す史料

(1)領知関係文書

(2)出自を示す文書

(3)系図・家譜

(4)家史・歴代家記

b冠婚葬祭史料

c私生活史料

㈡家臣の「家」史料

（大名の「家」史料に準ずる）

㈢藩庁史料

a番方史料

(1)番組史料

勤方定式など

(2)軍役史料

軍役帳・武器調帳など、平時に作成されるもの

大坂の陣・島原の乱・蝦夷地出兵・幕末海防・長州戦争など、戦時のもの

参勤交代・大坂城番などのもの

幕府普請手伝関係のもの

(3)幕末維新期軍制改革史料

(4)軍学・兵法史料

b役方史料

(1)表方史料　国元・江戸

政務所（評定所・御用部屋など）

記録所

礼典関係

(2)側近・奥方史料　国元・江戸

側用人

膳番・納戸役

奥役人

(3)寺社方史料

(4)勘定方史料

勘定所・算用所
財用方・国産方
作事方
c藩学史料
(5)町奉行所史料（町方史料と関連）
(6)郡方・地方史料（在町および村方史料と関連）
㈣家臣団史料（家臣の「家」史料と関連）
a法度・条目・軍令
b知行・扶持方関係
c分限帳・武鑑・役人付
d奉公書・由緒書・家中系図
㈤用達町人史料
a蔵宿史料
b城下用達町人史料
c三都用達町人史料
d国産令所町人史料
㈥町方・在町・村方史料

この分類は、文献史料に限られているが、取扱い可能な什器・書画類は、たとえば㈠のdという形で組み込むこともできよう。こうした文献や什器のほか、藩はなお多くの遺産を残している。明治以降、旧藩の藩閥意識が政治史上果たした役割や、旧藩につながる人士の社交団体の社会的活動の今に続いているものも少なくないが、藩社会の象徴でもあった城郭・武家屋敷以下の古建築の文化財・観光資源としての評価は高く、また旧大名家ゆかりの庭園や、大名文庫の蔵書をはじめ、かつての武家・庶民の間に残る遺構や口碑も、藩生活の追体験を可能にする遺産といえる。

参考文献　地方史研究協議会編『歴史資料保存機関総覧』（山川出版社、一九九〇年）、笠谷和比古『近世武家文書の研究』（法政大学出版局、一九九八年）、金井圓『藩政』（『日本歴史新書』至文堂、一九五二年）

（金井　圓）

版籍奉還（はんせきほうかん）

明治初年、維新政府により藩解体作業の一環として実施された封土（版）と領民（籍）の藩主から天皇（新政府）への返上。封土の、新政府への集中が企画されたことの端緒は、王政復古の政変の直後、徳川慶喜に対して納地を要請したことにある。これとともに、新政府運営の財源として、石高に応じて各藩から領地を献納することの構想があった。明治元年（一八六八）正月二十一日、長州藩は、幕長交戦以来占領していた豊前・石州の地の奉還を願い出た。同二月、薩摩藩は封土より十万石をさいてこれの奉還を申し出た。かかる奉還論は、新政府の財源強化のそれにとどまって、廃藩の構想に所由してはいなかった。同年十一月、その経営の困難に直面していた姫路藩は、版籍の奉還を上申した。これに接して、時に兵庫県知事であった伊藤博文は、姫路藩の行為を称揚し、特に褒賞を与えるよう建言した。木戸孝允は、つとに版籍奉還の構想をいだき、長州ならびに薩摩藩をしてその先導者たらしめようとした。木戸は藩主毛利敬親を説得して了解を求め、大久保利通・後藤象二郎と協議を重ねた。

明治二年正月十四日、京の丸山端の寮において、薩長土三藩士の会合があり、版籍奉還の建白書提出が決定され、のち、肥前藩がこれに合流した。正月二十日、長州藩主毛利敬親、薩摩藩主島津忠義、肥前藩主鍋島直大、土佐藩主山内豊範は連署して版籍奉還の建白書を提出した。ここには、封土再配分の願望が交わりつつも、王土王民の理念がつらぬかれている。これに触発されて、因幡・佐土原・越前・肥後等々同趣旨の建白を行う藩が相ついだ。新政府は六月十七日より、二十五日にかけて順次、建白を許可、二十四日、建白書未提出の十四藩に対して、版籍奉還を命じた。旧藩主を改めて藩知事に任命し、公卿・諸侯の称を廃し華族とした。こえて二十五日、新政府は諸務変革を通達した。総高、現米総高取、物産、諸税、藩庁歳出額、職制、職員、藩士・兵卒の員数および支給禄高、社寺その他への支給禄高、地図、人口、戸数等々を調査し、十月中にその報告を提出することを命じた。藩知事の家禄を現石の十分の一と定めた。これにより、藩政と知事家政の経済が分別された。一門より平士に至るまで、すべてを士族とし、武士内部の身分格式を解消した。藩庁職員中、重職の者の人事は政府の承認を得ること、藩知事家の家職の規模を報告することを命じた。藩政に対する政府の管理は、ここに一段と強化されたのである。七月八日、律令法の職員令を参考にし、官制改革が行われ、二官六省の制が定められた。上局会議が廃止され、公議所は、その権限を弱められて、集議院となった。いずれも版籍奉還、藩の自立性の低下を前提としての改革であった。

→廃《はい》藩《はん》置《ち》県《けん》

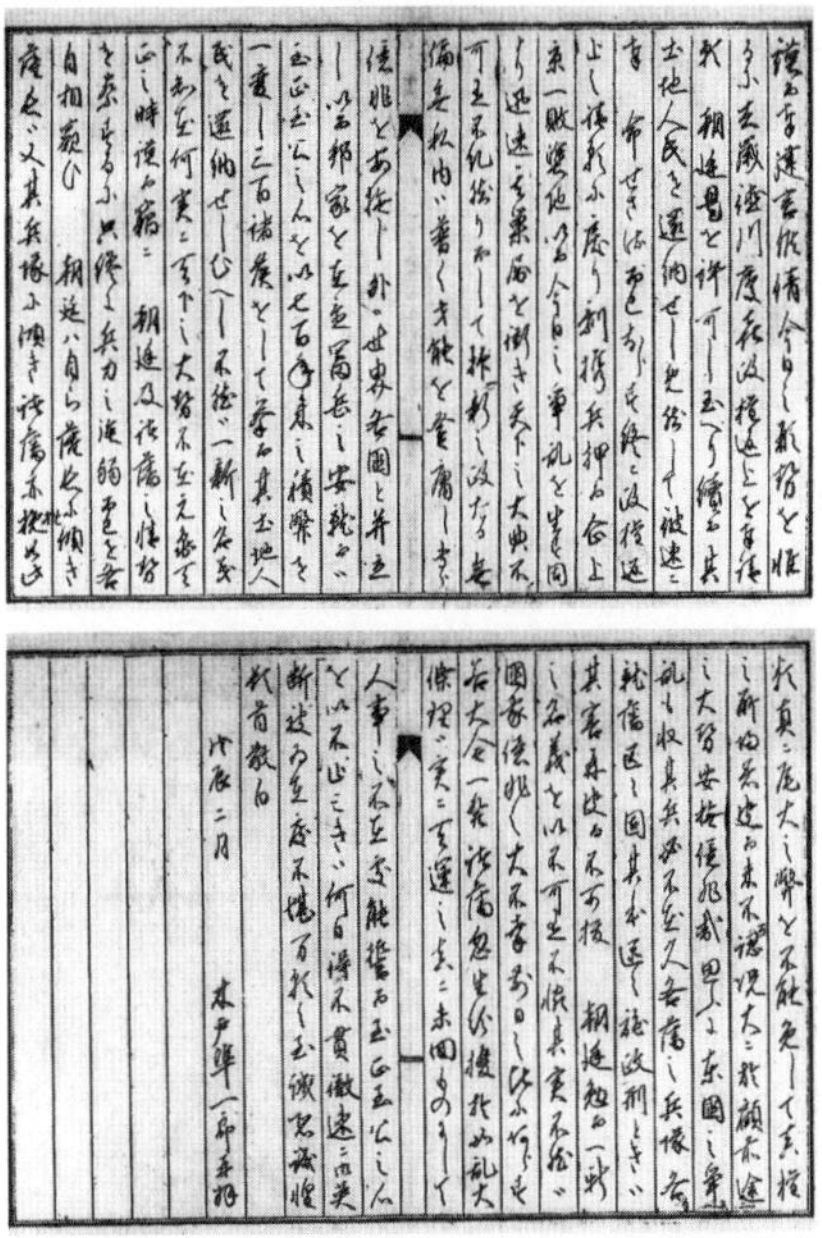

版籍奉還建議書草案(木戸孝允起草)

参考文献　浅井清『明治維新と郡県思想』(巌松堂書店、一九六八年)、藤田省三『天皇制国家の支配原理』(みすず書房、一九九八年)、松尾正人『廃藩置県の研究』(吉川弘文館、二〇〇一年)

（井上　勲）

藩知事（はんちじ）⇩知藩事《ちはんじ》

藩治職制（はんちしょくせい）

明治元年(一八六八)十月二十八日、明治政府が藩に下した最初の組織準則。明治元年閏四月明治政府は政体書により府藩県三治の地方制度を施いたが、会津の降伏により戊辰内乱の終熄に見込みがつくと、十月二十八日藩治職制を公布して各藩を政府の地方機関として組織する方針を打ち出した。その本文は、各藩が三治一致の原則に沿って画一的な職制を制定するよう命じ、別紙で藩の幹部の職名と職掌、藩主と太政官との権限関係、および職制制定上とくに留意すべき点を指示している。それによると藩の幹部には執政・参政・公議人をおき、執政は朝政を体認し、藩主を輔佐して一藩を総べるもの、参政は一藩の庶務に与るもの、公議人は執政・参政の中から選ばれて国論を代表し、政府の議員となるものである。これら幹部の人事権や職制の制定権は藩主に属し、太政官にはいずれも事後に報告するだけでよい。ただし、人事に際しては門閥にかかわらず努めて公挙により人材を登用すること、職制は府県の制に準じて努めて簡易かつ均一なものとすること、政府に倣って議事の制を立てること、そして藩の行政と藩主の家政とを分離し、後者は家知事をおいて司らせることを指示している。諸藩はこれらをすべて直ちに実行したわけではないが、戊辰内乱への動員に始まる財政窮乏の折から、この指令を職制の整理や家禄の削減の機会として利用したものも少なくなかった。↓府《ふ》藩《はん》県《けん》三《さん》治《ち》制《せい》

参考文献　内閣官報局編『法令全書』、松尾正人『廃藩置県の研究』(吉川弘文館、二〇〇一年)

（三谷　博）

藩の修史事業（はんのしゅうしじぎょう）

幕府の系譜編纂事業や藩政改革との関わりのなかで実施された文教政策のひとつ。江戸時代は、官撰およびこれに準じた歴史編纂・史料収集などが高まった時代であった。水戸藩が『大日本史』の編纂と史料の収集に努め、仙台藩が家史『伊達治家記録』を編纂したことが有名であろう。しかし、各藩においても藩政改革(記録仕法改革・藩校設立など)との関連で系図・系譜・家譜などが多数編纂された。記録仕法の改革は、先例主義にもとづく編成の効率化を目指して記録整備を進めたものであるが、ひろく藩論統一のための修史編纂事業の一環ともみなされる。

たとえば、高松藩では藩政改革における文教政策として、

その正当性を「祖法」に求めるため修史事業を進めた。高松藩では、藩祖に繋がる連続性とさらに本家水戸家へ、神君家康へと「祖法」を上昇させ、藩内秩序再編を目指した。これは、農村荒廃や藩財政逼迫などの構造的・社会的課題、藩主家系の変更という偶然的・政治的課題から行われた。

秋田藩では、藩主に権力を集中する藩政の確立過程で『佐竹系図』『佐竹家譜』の編纂とともに、家臣の系図・古文書を提出させ、各家の由緒を確定し、由緒の正当性を示す証文を下付するという修史事業を行なった。寛政年間(一七八九―一八〇一)には藩校明徳館が設立され、文化年間(一八〇四―一八)には藩政記録を部類別に抄出し総括した『国典類抄』五百七冊が編纂されていく。

弘前藩では、唯一の官撰史書である『津軽一統志』が享保十六年(一七三一)五月にまとめられた。続いて寛政五年(一七九三)二月には木立要左衛門源守貞の手による『津軽編覧日記』が成立し、文政二年(一八一九)には工藤源左衛門行一により『封内事実秘苑(工藤家記)』が成立している。この流れのなかで、文化三年(一八〇六)に藩祖津軽為信の二百年忌の法要、由緒書の提出が求められ、『由緒書抜』が作成された。これは蝦夷地での騒動や異国船の来航などにより、弘前藩に北方警衛の任務が与えられるなど、さまざまな内憂外患のなかで藩の人身をまとめていく役割を担った。

彦根藩では、井伊家の系譜調査・編纂が、寛永年間(一六二四―四四)、享保年間(一七一六―三六)、寛政年間、安政年間(一八五四―六〇)、明治初期に行われた。それは幕府の『寛永諸家系図伝』『寛政重修諸家譜』編纂との関わり、また藩内に伝記・伝承など虚実さまざまな説が流布しており、史料を収集して分析するなかで作成された。

長州藩では、文化・文政期(一八〇四―三〇)に密用方によって毛利家三代事跡編纂事業が行われた。これによって近世初期から問題とされた藩内本支関係の解決が目指された。また、天保期には『国郡志』の編纂が行われた。藩は、領地・領民に関するすべての事項を掌握することを意図し、その編纂に国学者近藤芳樹を据え、項目を定めて、各村落からの提出を待って構成された。これはのちに『防長風土注進案』として結実する。この『国郡志』編纂は、領内の由緒を政治権力がすべて掌握しようとする意図をもっていた。

以上のように、藩の修史事業は、単に実証的な史料収集、史料批判を基礎とし、正確な歴史を見出そうとするものではなかった。大名家の伝統を誇ることによって藩内秩序の再編を目指したものでもあったと指摘できる。

参考文献　浪川健治「藩政の展開と国家意識の形成」(『日本

史研究』二三七、一九八二年)、江藤彰彦「福岡藩における記録仕法の改革」(『西南地域の史的展開』近世篇、思文閣出版、一九八八年)、大野充彦「土佐藩の修史事業」(『歴史手帖』一九ノ四、一九八九年)、井坂清信「文政期における水戸藩修史事業の一斑」(『参考書誌研究』三六、一九八九年)、根岸茂夫「元禄期秋田藩の修史事業」(『栃木史学』五、一九九一年)、山本英二「尾張藩の歴史編纂事業と木曾の百姓控山」(徳川林政史研究所『研究紀要』二六、一九九二年)、梶原正昭「幕府・諸藩の修史事業と戦国軍記」(『早稲田大学教育学部学術研究―国語・国文学編―』四三、一九九四年)、長谷川成一「近世東北大名の自己認識」(『東北の歴史再発見』一九九七年)、野田浩子「彦根藩による井伊家系譜の編纂」(『彦根城博物館紀要』八、一九九八年)、川島慶子「熊本細川藩における系譜・家譜編纂」(『地方史研究』二九一、二〇〇一年)、胡光「高松藩の藩政改革と修史事業」(『香川史学』二八、二〇〇一年)、岸本覚「長州藩の藩祖顕彰と藩政改革」(『日本史研究』四六四、二〇〇一年)、真島好恵「『由緒書抜』はなぜ作られたのか」(『青森県史研究』六、二〇〇二年)、福田千鶴「近世中期の藩政」(大石学編『享保改革と社会変容』(『日本の時代史』一六)吉川弘文館、二〇〇三年)

(佐藤　宏之)

藩閥（はんばつ）

明治時代の政官界・軍に優越的な政治的影響力を有した、旧藩に由来する求心性を持つ地縁的政治集団。狭義には政官界・軍の上層部を占めた薩摩・長州両藩出身者を指すが、その幕僚や中下層を含めることも多い。広義には土佐・肥前出身者を含むが、幕臣・公家やその他の雄藩出身者を含めることもある。「藩閥」の呼称はもともと明治十年(一八七七)代、政党や政党系新聞がその郷党性、排他性に着目してマイナス＝イメージのもとに使用し始めたものだが、これに該当する自称がないため二十年代には一般に用いられるようになった。今日の教科書・概説書などでは明治初期にさかのぼって使用しているが、実際には中期に現われたものである。藩閥は明治後期にはおおむね官僚閥に再編成されたが、最上層には薩長出身者が残っていたため、政官界では大正中期、軍では昭和初期までこの言葉が使われることがある。

藩閥の人的系譜は幕末の尊皇攘夷派、公武合体／公議政体派にさかのぼるが、維新後の中央政界において藩閥としての輪郭を現わしたのは廃藩置県のころである。薩摩閥と長州閥が中核を成し、土佐出身者がこれに次いだが「閥」というほどの結束力は持たなかった。薩摩閥は当初、大久保利通と西郷隆盛を共通のリーダーとしていたが、征韓論の政変で西郷が下野した際、薩州人の多くは大久保の側についた。明治零年代後半の薩摩閥(大久保派)は大久保をリーダーとし、大山巌・川路利良《としより》・川村純義・黒田清隆・西郷従道・高島鞆之助《とものすけ》・野津鎮雄・松方正義を有力幹部とし、吉田清成・吉原重俊・岩山敬義・畠山義成・鮫島尚信・森有礼《ありのり》らの後進幹部がいた。西郷派には桐野利秋・篠原国幹《くにもと》・桂久武・村田新八らがいたが西南戦争で全滅した。このほかに島津久光を戴く守旧派(久光派)もあったが(旧公武合体派系)、明治八年秋には政争に敗れて退場した。結局、明治零年代の薩摩閥の根幹を成したのは大久保派で、そのメンバーには多少の他郷人もいたが大部分は薩州人であった。

一方、同時期の長州閥は木戸孝允《たかよし》を単一のリーダーとし、伊藤博文(のちに大久保寄りになる)・井上馨・河瀬真孝《まさたか》・宍戸璣《たまき》・品川弥二郎・杉孫七郎・鳥尾小弥太・野村素介《もとすけ》・野村靖・三浦梧楼・山尾庸三・山県有朋・山田顕義らを主要メンバーとしていた。この時期の長州閥の構成員は主要メンバー、中下級メンバーともにほとんどが長州人であった。土佐出身者では板垣退助・後藤象二郎・佐佐木高行・谷干城《たてき》・福岡孝弟らが有力だったが、幕末の藩内事情を反映してか結束は弱く、立志社を創った板垣を除けばまとまった勢力を持つ者はなかった。肥前出身者では副島《そえじま》種臣・大木喬任《たかとう》・江藤新平・佐野常民・大隈重信らが有力だったが、郷党閥としての結束は弱かった。このため、用語として土佐閥・肥前閥という言葉はほとんど使われていない。公家出身者では三条実美・岩倉具視・東久世通禧《みちとみ》・柳原前光らが有力で、三条・岩倉は小派閥を擁していた。三条は木戸と、岩倉は大久保と組む傾向が強かった。明治十年から十一年にかけて木戸・西郷・大久保が死ぬと藩閥の再編成が始まった。大隈が慶応義塾出身の経済官僚を基盤に急速に勢力を伸ばしたが、彼の進出を危惧する薩長の反撃に遭い明治十四年の政変で大隈派は政界中枢から追放された。十四年から十五年にかけて自由党・立憲改進党が生まれ、藩閥と政党(民党)の対立が意識されるようになり、「藩閥」の語がしばしば用いられるようになった。

この政変と十六年の岩倉の死、十八年の内閣制度創設に伴う政変により、薩長両閥の圧倒的優位が確立した。長州閥では木戸の死後、彼に代わる単一のリーダーは現われず、二十年代初頭には長州閥内に一派を構えた伊藤・井上・山県とこれに準ずる力を持った山田を中核とし、品川・野村靖と新たに擡頭した青木周蔵とがこれに次いだ。しかし、これ以外の木戸派時代の有力幹部や中下級メンバーは脱落し、三浦・鳥尾は疎外されて反主流に回った。そして、伊藤・井上・山県の三人は自派の幕僚を多く他郷から採ったので、陸軍を除き長州閥の純血率は大きく低下した。

一方、薩摩閥でも単一のリーダーは現われず、二十年代初頭までに黒田派・松方派、大山を戴く陸軍薩摩閥、西郷従道を戴く海軍薩摩閥ならびに警視庁薩摩閥に再編された。薩摩閥では大久保が実務を有力幕僚に委ねていたため早くから二次的人脈が存在したこともあって再編は緩やかで、純血率はほとんど低下しなかった。長州の伊藤・井上・山県・山田と薩摩の大山・黒田・西郷・松方の八人(元勲級指導者)は十年代末から三十年代初頭まで一種の政権寡占体制を形成し、彼らの合議体(元勲会議・黒幕会議)は事実上閣議に優越する力を持った。長州の青木・品川・野村と薩摩の樺山資紀・高島らが彼らに迫る実力を擁し(子爵級実力者・中老)、元勲級指導者候補として扱われたこともあったが、いずれも大成せずに終った。内閣制の創始後、主要閣僚は元勲級指導者が独占し、土佐・肥前・旧御三家(田中不二麻呂・陸奥宗光)・幕臣出身(榎本武揚・勝海舟)等の有力政治家(非薩長実力者)が薩長間、あるいは在野勢力との緩衝を務めた。首相は薩長が交代で務めることが多かったが、憲法制定の作業が伊藤の手で実現したこと、大久保死後の薩摩閥筆頭黒田に奇行が多かったこともあっておおむね長州閥優位で推移した。

一方、二十年代に入ると幕末・志士体験を持たぬ藩閥の第二世代が次官級に昇進し、政策決定過程に参入して来た。長州の白根専一・曾禰荒助《あらすけ》・江木千之《かずゆき》、薩摩の前田正名・大浦兼武らがこれにあたる。彼らは特定省庁の中で成長して来たため、比較的オールラウンドに活動した第一世代に比し、省益最優先の傾向が強かった。なお、藩閥第二世代の数は軍を除けば第一世代と比べるとかなり少ないが、薩摩閥ではその傾向が著しい。これは西南戦争の影響と考えられる。また、二十年には文官の試験任用制が開始されたため、薩長両閥の純血率の低下はさらに必至となったが、藩閥首脳自体が郷党性の長期維持に執着していなかったものとも考えられる。

明治二十二年公布の大日本帝国憲法は藩閥の支配に正統性を与えるものではなかったが、藩閥は、政府は公正な政治のためにあらゆる党派から超然たるべしとする超然主義と天皇の信任を根拠に政権独占を続けた。しかし、議会が開設され、民党が衆議院を舞台に予算議定権・立法権を武器として政策的譲歩を迫ると、超然主義の維持は困難となった。民党の省益侵害に危機感を抱いた第二世代官僚の多くは薩長の枠を超え、さらには一般官僚とも団結してこれに対抗し、藩閥中堅層以下では官僚閥への萌芽が兆し始めた。日清戦争前後になると藩閥と民党の間には政策的歩み寄りが見られるようになり、また彼我の実力の限界を悟ったこともあって部分的提携が実現した。二十八年秋第二次伊藤内閣が自由党と公然と提携し、二十九年秋には第二次松方内閣が進歩党と提携した。政権内での藩閥の優位は続いたが独占は破れ、超然主義は大きく動揺した。これに反撥する長州閥系の子爵級実力者、第二世代官僚や陸軍軍人、一般官僚、古参地方官、一部の薩摩出身警察官僚は山県のもとに結集し、これに対抗した(山県系・山県閥・官僚閥)。一方、政党の政権参加に好意的な勢力(長州閥伊藤派・井上派と薩摩閥松方派の一部および一般官僚の一部)は伊藤のもとに結集した(伊藤系)。明治二十五年以来時折政党組織を試みていた伊藤は三十三年秋ついに立憲政友会を組織し、超然主義を事実上、放棄した。このころになるとかつての藩閥は山県系(官僚閥)と伊藤系に再編成され、上層部を除けば郷党色も著しく薄まっていた。

明治後期には山県系の実力者桂太郎(子爵級実力者と第二世代の中間に属し、二十年代末以降急速に擡頭した)と伊藤系の後継者西園寺公望(もと伊藤派の客将で二十年代後半以降進出した)が、交互に政権を担当する「桂園時代」が訪れ、元勲級指導者は「元老」として政界の第一線を退いた。この時期、藩閥/官僚閥と政友会は拮抗と協調の微妙な均衡のもと、交互に政権を担当した。この間にも藩閥の純血率・郷党色は行政官庁ではさらに薄まっていき、ほぼ官僚閥への移行が終了している。ただし、薩摩閥では依然高度の郷党性が保たれ、第二世代の中から山本権兵衛という後継者が得られたこともあって、小型化しながらも求心性が維持されている。「薩派」と呼ばれるこの集団は昭和戦前期まで続いた。一方、長州閥系では大正―昭和初期に長州出身の首相が現われたことから(また山県が大正十一年(一九二二)まで生存していたことから)長州閥の存在が云々されることもあったが、本質的には最上層と陸軍を除き官僚閥化していたといえよう。最後まで残っていた陸軍長州閥も昭和初頭の宇垣人事で解体された。もっとも、かつての元勲級指導者は元老として、昭和十五年(一九四〇)まで首班銓衡・重要政策の諮問に重要な役割を果たしている。藩閥はとかく絶対主義、あるいは封建制の残滓などと否定的に捉えられがちだが、封建制と帝国憲法下の国民の政治参加の実現の過渡期にあってその移行を(少なくとも結果としては)円滑ならしめた功績、あるいは近代日本において近代的な国家体系を整備した役割は高く評価されてよい。

〔参考文献〕伊藤博文関係文書研究会編『伊藤博文関係文書』(塙書房、一九七三―八一年)、松方峰雄他編『松方正義関係文書』六―九(大東文化研究所、一九八五―八九年)、坂野潤治『明治憲法体制の確立』(東京大学出版会、一九七一年)、毛利敏彦『明治維新政治外交史研究』(吉川弘文館、二〇〇二年)、深谷博治『初期議会・条約改正』(『近代日本歴史講座』四、白楊社、一九四〇年)、升味準之輔『日本政党史論』一―三(『日本政治研究叢書』一、東京大学出版社、一九六五―六七年)、御厨貴『明治国家形成と地方経営』(東京大学出版会、一九八〇年)、外山正一『藩閥之将来　附教育之大計』(博文館、一八九九年)、竹内洋『学歴貴族の栄光と挫折』(『日本の近代』一二、中央公論新社、一九九九年)、伊藤隆・福地惇「藩閥政府と民党」(『(岩波講座)日本歴史』一五、岩波書店、一九七六年所収)、板垣哲夫「維新後における大久保利通の政治上の人間関係」(『史学雑誌』八六ノ一一、一九七七年)、佐々木隆「藩閥の構造と変遷―長州閥と薩摩閥―」(『年報近代日本研究』一〇、山川出版社、一九八八年)、季武嘉也「日露戦後の薩派」(『日本歴史』四七八、一九八八年)

(佐々木　隆)

藩版（はんぱん）

江戸時代に、地方各藩の藩主または藩校が出版した書物をいう。藩版は江戸時代を通じて多数出版されたが、特に天明・寛政のころから藩校の学校組織が整い、教科書の需要が増大するに従って、藩版の出版はますます盛んになった。出版される書物は、藩校の教科が儒学を根幹としているため、ほとんどが漢籍であるが、その他藩主や藩の学者たちの著述、編纂物など、国書も少なくない。営利を目的とせぬ出版で、たとえば新発田藩道学堂では、「藩中ヨリ郷村ニ至ルマデ、貧困ノ学生ニハ、請求ニヨリ無代価附与、資力アルモノニハ、紙代ノミ収入附与」したとある(『日本教育史資料』四)。印刷・装丁だけではなく、学術的にも優れたものが多い。著名なものに、漢籍では徳島藩の『資治通鑑綱目全書』百十七冊。国書では国史・有職故実・歌集・物語など未刊の稀覯書を集めた新宮藩水野家の『丹鶴叢書』百三十一冊、松平定信編の考古資料図録集である桑名藩の『集古十種』八十五冊、慶長・元和以来の先哲の未刊著述を集めた安中藩の『甘雨亭叢書』七集五十六冊がある。

最も大部のものとしては水戸藩の『大日本史』百冊(嘉永五年(一八五二))が有名。天保十三年(一八四二)、幕府は十万石以上の大藩に大部の書物の出版を命じたが、これをうけて金沢藩では『欽定四経』百冊、高松藩では『隋書』二十五冊、松江藩では『南史』『北史』百冊、高田藩では『明史藁』八十冊などを刊行した。印刷は整版が多いが、木活字版によるものに尾張藩の『帝範』『春秋経伝集解』、会津藩の『近思録』、彦根藩の『逸周書』『詩本義』など、まれには慶長期の銅活字を再使用した紀州藩の『群書治要』がある。なお、藩版には出版元が藩主か藩校か明確でないものがあり、また藩で出版した後、刊刻にたずさわった書肆が許可を得て印刷発売したものもある。さらに版木を譲り受けて後印し、書肆の奥付を加えて発売したものもあるなど、藩版か否か区別しがたいものが少なくない。

参考文献　東条琴台『諸藩蔵版書目筆記』、笠井助治『近世藩校に於ける出版書の研究』（吉川弘文館、一九六二年）

（金子　和正）

藩法（はんぽう）

広義では、江戸時代、藩で施行された幕府法、藩法両者を含む法のこと。狭義では、藩が領分支配のため自主的に制定した法。通常、狭義の意味で用いられ、この場合、幕府法を「公儀御法度」「公儀御触書」「公儀御制法」「江戸之（御）法度」などと称したのに対し、藩法は、「自分法度」「家法」「国法」「御家之法度」などと呼ばれた。幕府は、寛永十二年（一六三五）六月の『武家諸法度』で、「万事江戸之法度の如く、国々所々に於て之を遵行すべき事」という大原則を謳いながらも、大名に対し大幅な「自分仕置権」（領分支配権）を認め、特に徴税権・裁判権については、原則として干渉しなかった。幕府が、武家の棟梁、全国支配者として大名に遵守を命じたいわゆる天下一統の御法度は、幕府の重要施策とされたキリシタン禁制・鎖国令・抜荷（外国密貿易）取締令・人身売買禁止令・田畑永代売買禁止令などと、全国統一的でなければ支障をきたす金銀通貨・度量衡・宿駅駄賃などに関する法に限定された。

狭義の藩法は、戦国時代の分国法に源流が求められるが、分国法の白眉と称された伊達氏の『塵芥集』が、江戸時代に入り仙台藩で全く顧みられなかったことより窺えるごとく、群雄割拠時代の産物たる分国法が、近世幕藩体制国家のもとでなお生き続けるためには、大幅な修正を必要とした。萩藩（毛利家）では、いち早く二代藩主毛利綱広の万治三年（一六六〇）に、同藩基本法たる「当家制法」以下、家中・寺社・町方・郡方などに対する取締り法二十七編よりなる一大綜合法典たる『万治制法』を制定したが、これは、毛利元就以来の分国法を母胎としながらも、近世初期以来の成文法や慣習法を多数取り込んだものであった。近世大名が、藩法制定にあたり重視した点は、中世以来の在地領主制（地方知行制）を打破し、中央集権的な藩主権力（大名領主権）の確立を意図した強力な家臣団統制と、太閤検地以降の、本百姓体制に対処しうる周到緻密な農村支配法の確立、それを通じての年貢の安全確保対策であった。藩法の成立時期は、それぞれの大名家の歴史的、地理的条件など、諸種の事情により差異がみられたが、大勢は、二代ないし四代藩主治世の寛文—元禄期ころであった。

金沢藩（前田家）では、隠居中の三代藩主前田利常により、まず慶安四年（一六五一）―明暦二年（一六五六）に永久定免制を柱とした典型的な農村支配法たる「改作法」が、ついで彼の死亡直後の万治元年―寛文元年（一六六一）期に、家中武士統制法、諸場諸役所職務規定などが集中的に制定され、また大垣藩（戸田家）では、二代藩主戸田氏信の明暦二年にほぼ原型が整った、「家中之部」以下十部門よりなる大法典『定帳』を三代藩主戸田氏西が完成させ、さらに高知藩（山内家）では、四代藩主山内豊昌の元禄三年（一六九〇）三月、「諸侍掟」「郷中定」「田畑貢物納所定」「田地方之定」など五十八項目、全文五百十八条に及ぶ『元禄大定目』が設けられた。諸藩法のうち特に独自性の強かったのは、旧族大名や豊臣大名など、伝統を誇る外様大中藩のものであったが、なお有能な藩主、重臣を有した大名家でも、領分の実権を踏まえた個性豊かな藩法が制定され、なかには、自藩に法を貫徹せんとし、本来優先的効力を有する天下一統の御法度を無視した事例もみられた。これに対し、親藩・譜代中小藩では、幕府法追随の傾向が強く独自性に乏しく、さらに、藩法と称し得るほどの法典を制定しなかった藩も少なくない。なお、諸大名家でも、幕府の『武家諸法度』、『旗本法度』（『諸士法度』）に倣い、藩主代替りごとに、主として家中武士を対象に、御家への忠誠を誓わせたいわゆる歴代法令（代替り法令）を発し続けた事例がかなりみられるが、会津藩保科正之制定の『家訓』、岡山藩池田光政発布の『申出覚』などは、その代表的なものである。

近世法の顕著な特徴として、古法の墨守、なかんずく始祖の制定した祖法尊重が挙げられるが、寛文期（一六六一―七三）ころよりの著しい社会情勢の変化、特に藩財政の窮乏化は、古法墨守を困難たらしめ、近世中期以降、諸藩は相ついで藩政改革に名を藉り、古法の改廃、新法定立を余儀なくされ、これにより、藩法の独自性は時代とともに後退し、藩法の類似化、幕府法化の現象がみられた。諸藩が藩政改革にあたり、赤字克服のため発した法は、いずれの藩を問わず、節約令、銀札仕法（藩札発行）、頼母子仕法（藩営無尽）、調達銀仕法（御用金賦課）、借財仕法（藩債整理）、専売仕法（国産品専売）および借知令（面扶持、人数扶持）などに要約できる。古法こそ正法と唱え、法の実効性確保の根拠として、それが先祖代々継承された古法ということを主張してきた以上、いかなる内容の新法が定立されようとも、それが厳格に励行されるはずがない。新法導入は、いたずらに、それに積極的であった進歩的下級家臣団（改革派）と、それに消極的であった譜代門閥重臣（守旧派）対立の溝を深めたにとどまり、改革は大半が失敗に帰した。大名が、藩法の実効性を確保せんとすれば、公儀御法度という強力な後楯に頼る以外に途はなかった。

寛保二年（一七四二）四月成立の幕府の『公事方御定書』に刺戟され、諸藩でも、特に近世後期刑法典の編纂が盛んに行われた。それらのなかには、福井藩（松平家）『公事方御定書』、盛岡藩（南部家）『文化律』などのごとく、幕府の『公事方御定書』を模倣した、いわゆる御定書系統の刑法典を編纂したものが多かったが、熊本藩（細川家）『刑法草書』、弘前藩（津軽家）『寛政律』などのごとく、中国明律に範を求めたいわゆる明律系統のもの、あるいは、仙台藩（伊達家）『評定所格式帳』、金沢藩『御刑法帳』『公事場御刑法之品々』などのごとく、初期以来の自藩古法を基礎とした、いわゆる独自系統の刑法典を制定した事例も稀ではなかった。藩財政と直接的な係わり合いをもたず、しかも、大幅な自分仕置権を認められた刑法領域では、古法の改廃という現象はそれほど顕著ではなかった。しかし、幕府の追放刑主流の刑罰体系に対し、徒刑を採用しそのユニークさを誇った熊本藩『刑法草書』も、幕末期には一部追放刑を導入しており、また享保七年（一七二二）二月、幕府が諸大名に対し追放刑原則的禁止を命じた際、金沢、名古屋（尾張徳川家）、仙台、会津、津（藤堂家）などの諸藩では、忠実にこれに従い自藩刑罰に改正を加えるなど、刑法についても、幕府法化の傾向を否定できない。近世後期なお独自性を強く保持し続けたのは、「量入制出」を目指し、幕府租税法とは比較にならない過酷な年貢徴収方法を種々考案した徴税法の分野であった。すでに早く近世中期、法令集を編纂した藩もあったが、後期に至り、数多くの藩で官撰・私撰の法令集が作成された。

これら法令集のなかには、金沢藩「公儀御触」と「御定書」、鳥取藩（池田家）「公儀御法度」と「御国御法度」、盛岡藩（南部家）「公儀被仰出」と「御家被仰出」のごとく、天下一統の御法度と狭義の藩法を別仕立とする形式のものも存したが、大半は、鹿児島藩（島津家）『列朝制度』、徳島藩（蜂須賀家）『元居書抜』、岡山藩『法例集』、久留米藩（有馬家）『御書出之類』などのごとく、両者を包摂した広義の藩法を集録したものであった。かかる活潑な法令集編纂が、藩祖以来の厖大な量に上る法令を点検、整理し、後例となるべきものを明確にせんとする意図を有したことは疑いないが、なお見逃せないのは、古法改廃、新法定立により弛緩、忘却のはなはだしい古法を、再認識させんとする狙いが秘められた点である。

明治新政府は、当初朝藩体制をしいたが、奥羽平定後は一転強力な中央集権国家を目指し、「政令一途」「三治一致」の名のもとに、大名の自分仕置権を否定する布告を矢継早やに発した。かかる状況のもとで、諸藩家法は急速に崩壊の途を辿ったが、有力大名のなかにはなお御家の伝統を固守せんとし、祖法に未練を残したものも皆無ではなく、皮肉にも、本来もっとも新政府に協調的であるべきはずの山口(萩)、鹿児島などの諸藩で、その傾向が顕著にみられた。ただ新政府は、租税法改革については複雑な事情が絡み、容易に統一法発布に踏み切れず、諸藩旧来の制度をそのまま容認せざるを得なかった。金沢藩では、新政府の御仁恤の趣旨を無視し「改作法」を墨守せんとし、激しい農民の抵抗に見舞われた。刑法についても、明治三年(一八七〇)十二月の「新律綱領」頒布までは統一法典は編纂されず、金沢藩『改正刑律』、名古屋藩『徒刑御定』、和歌山藩(紀州徳川家)『徒刑之法』『刑法内則』、岡山藩『刑律』などのごとく、新政府が標榜した寛刑主義、徒刑制の採用という方針を踏まえ、それぞれ独自の法典編纂が行われた。明治四年七月の「廃藩置県」まで、藩法はなお命脈を保ち続けた。

参考文献　京都帝国大学法学部日本法制史研究室編『近世藩法資料集成』(一九四二—四四年)、藩法研究会編『藩法集』、手塚豊『明治初期刑法史の研究』(慶応義塾大学法学研究会、一九五六年)、井上和夫『藩法幕府法と維新法』(巌南堂書店、一九六五年)、服藤弘司『幕府法と藩法』(『近世幕藩体制国家の法と権力』一、創文社、一九八〇年)、細川亀市「徳川時代の藩法に就て」(『(史的研究)日本法の制度と精神』青葉書房、一九四四年所収)、小早川欣吾「明治初頭における二三の藩の刑法典について」(『明治法制叢考』京都印書館、一九四五年所収)、井上和夫「日本近世藩法の成立」(『司法研修所報』一四)、安沢秀一「美濃国大垣藩藩法典「定帳」成立考」(『法学研究』三三ノ九、一九六〇年)、大貫久雄「藩法より見たる岡山藩政について」(『法政史学』一六、一九六四年)

（服藤　弘司）

藩法集（はんぽうしゅう）

江戸時代の末に大名の領分を何々藩とよぶようになった。同時代法の研究上、藩法の占める重要性はきわめて大きい。第二次世界大戦以前は、大名の記録は各旧大名家の秘蔵するものが多く、閲覧は容易でなかった。戦後は大学などに移管されるものもあり、そうでなくても、利用が容易になったものが少なくない。他面、藩法を刊行して、研究に便を計る機運が生じた。藩法集の刊行は、戦前には京都帝国大学法学部日本法制史研究室が編集した『近世藩法資料集成』があるが、戦後に刊行された藩法集の最大のものは、藩法研究会の編集した『藩法集』である。そのほか、地方史の研究が盛んになるにつれて、各府県市町村による藩法の刊行も行われるようになった。藩法の研究は、将来ますます盛んになることが予測される。 ↓藩法《はんぽう》

（石井　良助）

近世藩法資料集成・藩法史料集成　『近世藩法資料集成』は、京都帝国大学法学部日本法制史研究室がその創置以来、鋭意、蒐集に努めた藩法史料を、牧健二の監修、小早川欣吾が編纂を担当し、同学部紀要の体裁をとり刊行したもの。昭和十七年(一九四二)第一巻が上梓され、同十九年の第三巻まで順調に出版されたが、この三冊をもって中止された。全三巻の内容は次のとおりである。

1〔亀山藩〕議定書・〔盛岡藩〕律
2〔熊本藩〕御刑法草書附例
3〔松江藩〕出雲国国令

これらのうち、第三巻所収の「松江藩出雲国国令」は同研究室が独自に入手したものであるが、第一巻・第二巻所収の三藩法は、三浦周行が大正年間(一九一二—二六)に、東京帝国大学附属図書館所蔵の「評定所記録」に包摂された「司法省旧蔵記録」(全十七部二十二冊)を、京都帝大法学部のために臨模したものである。この「司法省旧蔵記録」は明治八年(一八七五)一月、新政府の刑法局が、刑法の改正・編纂の参考に供せんとして各府県に布達し、旧藩時代の法律・罰則・罰例を提出させたものであり、江戸幕府の瓦解に伴い、明治四年ころ旧幕府より新政府の司法省に引き継がれた「評定所記録」とは、本来、別物であった。

ところがこれら両記録が、明治二十六年に内閣記録課に移管されたころには、「司法省旧蔵記録」は、七千冊をこえる厖大な「評定所記録」の中に埋没し、その一部として取り扱われた。この「評定所記録」は、その後、東京帝大法学部に保管替えされて同大学附属図書館に所蔵されたが、ほとんど利用されないまま、大正十二年九月の関東大震災で烏有に帰した。三浦が罹災前に、京都帝大のために副本を作成したのは、「司法省旧蔵記録」全冊と「評定所記録」の一部であった。これらのうち、まず「評定所記録」が、昭和四十八年—同五十二年に平松義郎監修・京都大学日本法史研究会編で、『近世法制史料集』(全五冊)として刊行され、ついで「司法省旧蔵記録」全冊も、同五十五年に中沢巷一監修・京都大学日本法史研究会編で、『藩法史料集成』(全一冊)の名のもとに上梓され、長らく中断のままであった京都大学法学部所蔵藩法集刊行の事業は、これをもって一応達成された。

なお『藩法史料集成』には、『近世藩法資料集成』所収の三藩法もあらためて収録され、これ以外に、弘前藩御刑法牒・中村藩罪案写・新発田藩御法度書御家中欽之覚・同在中御条

目・同新令・同新令取扱頭書・同新律・同徒罪規定書・名古屋藩盗賊御仕置御定・同寛政盗賊御仕置御定附録・同盗賊之外御仕置御定・和歌山藩国律・仙台藩刑法局格例調・岡山藩新律の十四部が収められている。『近世藩法資料集成』の刊行は、藩法史料出版の先駆的役割を果したのみならず、第二次世界大戦後における藩法研究の活潑化に多大の貢献をなし、学界への裨益は決して軽視できない。

〔参考文献〕手塚豊『明治刑法史の研究』中（『手塚豊著作集』五、一九八五年）、平松義郎『近世法制史料集』第一巻序（創文社、一九七三年）、三浦周行「失はれたる近世法制史料」（『続法制史の研究』岩波書店、一九七三年所収）、細川亀市「徳川時代の藩法に就いて」（『史的研究　日本法の制度と精神』青葉書房、一九四四年所収）

藩法集　昭和二十九年（一九五四）十月、石井良助を中心に、谷口澄夫・前田正治・原口虎雄・大竹秀男・平松義郎・石塚英夫・服藤弘司の八名により結成され、のち鎌田浩が加わった、藩法研究会の編纂した藩法史料集。藩法研究会結成の趣旨は、幕府法に比し、著しく研究の立ちおくれが目立つ藩法の研究を活潑化させるためには、その前提条件となる藩法史料を発掘してこれを刊行し、利用しやすい状態におくことが最重要課題という点にあったが、実質的には、第二次世界大戦前に牧健二・小早川欣吾両人が取り組んだ藩法集出版の事業を受け継いだものといえる。北は青森県より南は鹿児島県まで、全国各地の図書館・文書館および史料館などを歴訪し、これらに収蔵されている藩法史料の調査が精力的に行われ、同三十四年一月、谷口の担当による第一巻岡山藩(上)が上梓され、以後、同五十年六月までに全十二巻十五冊が刊行された。その内容は次のとおりである。

1岡山藩(上)
　法例集
岡山藩(下)
　法例集拾遺・法例集後編・池田利隆（武蔵守）法令・池田忠雄法令
2鳥取藩
　総体御法度・御家中御法度・町方御法度・在方御法度・御旧法御定制・律
3徳島藩
　元居書抜
4金沢藩
　典制彙纂・司農典・御高方留・町格
5諸藩
　吉田（豊橋）藩（大河内松平家）

御当家御代々御条目或者御自書幷被仰出之写(上)・御自書幷被仰出之写(下)

郡上藩(青山家)

郡上藩法令類

上田藩(松平家)

御家法・罪条留

松代藩(真田家)

御仕置御規定

高崎藩(大河内松平家)

御定書幷被仰出留(一)・被仰出留帳(二)・規矩帳・目付要書・郡方式・町方式・御仕置例書・雑記

竜野藩(脇坂家)

格式・竜野藩諸法令

6続金沢藩

浦方御定・公事場御条目等書上候帳・御郡典・河合録

7熊本藩

井田衍義(斂法式令・斂法条諭・郡中法令・郡府旧記・県令条目・会所定法・会所旧記)・度支彙函(節倹号令・法令条諭)・雑式草書・市井雑式草書附録・御刑法方定式

8鹿児島藩(上)・(下)

島津家列朝制度

9盛岡藩(上)

御家被仰出

盛岡藩(下)

御家被仰出・諸被仰出・御当家重宝記・御目付所御定目・御広間御番子心得留・御勘定所七棚仕様付帳・旧盛岡藩勘定所事務分掌・御代官心得草・御検地仕様御定目・御検地仕様御定目追加・郷村古実見聞記・郷村吟味御用留

10続鳥取藩

総体御定・御道中幷所々御出之節御法度江戸御番所々え罷越面々え被仰付・御連枝様御家・御家中御定・御軍式・御徒以下御法度・御徒以下御定・在方御定・御船手御法度・御船手御定・町方御定・寺社方御法度・寺社方御定・御城代御法度・御城代御定・御作事御法度・御作事御定・御目附手御法度・御目附手御定・御勘定所御法度・御勘定所御定・裏判御定・御銀札場御法度・御銀札場御定・蠟座御定・所々御役人御法御定・(米子・倉吉・松崎・八橋)御法度・(米子・倉吉・松崎・八橋)御定・江戸御法度・江戸御定・大坂御法度・大坂御定・京伏見御法度・京伏見御定・御簡略

11久留米藩
御書出之類
12続諸藩
亀山藩(板倉家)
重常公御代条目法度・重冬公御代法度覚書
亀山藩(石川家)
忠総公昌勝公御判物・条目類・書付類・肝煎要用覚書
挙母藩(内藤家)
諸被仰出留・御家吉事触書留・御家凶事触書留・御家老御年寄吉凶触書留・御家老中御年寄中御死去触書留・御触書写扣帳・御触書写覚帳・御触書写覚帳・御触書写覚・御触書幷ニ廻状扣帳
小田原藩
諸願書目録
臼杵藩
御触写
佐伯藩
御定書
高鍋藩
旧例抜書

参考文献　前田正治「藩法研究会編『藩法集』1書評」(『法制史研究』一〇)、牧健二「藩法研究会編『藩法集』1書評」(同一一)、高柳真三「藩法研究会編『藩法集』6書評」(同一八)、工藤祐董「藩法研究会編『藩法集』9書評」(同二二)、藤野保「藩法研究会編『藩法集』3書評」(『日本歴史』一七一、一九六二年)

(服藤　弘司)

藩枡　(はんます)

大名が藩内において新京枡を基準として製造・販売した枡をいう。大名は自領に対する封建支配を確立するために、江戸幕府に追随して諸政策を展開した。その一つに枡の統一が挙げられる。藩においては年貢収納・商業取引にあたって枡の統一・整備という課題を抱えていた。比較的早期に商業の発達を遂げ、京都との関係があった地方では京枡を取り入れていたが、中世末までに地方的商業圏の確立していた地方では、その地方独自の商業枡が存在し、それを藩の公定枡と認める大名も少なくなかった。たとえば、小浜藩の小浜枡、彦根藩の武佐枡などがそれである。しかし寛文年間(一六六一—七三)幕府はようやく諸制度を整備することに努め、その一環として江戸・京都両枡座における枡の独占的製造・販売権の承認、両枡座による東西分掌支配、枡改の実施など、一連の公定枡統一政策を打ち出した。こうした幕府の動きに応じて、領内の古枡を江戸・京都両枡座の新京枡に切り換える藩もあった。しかし急増する需要に対し両枡座では枡不足を来し、幕府はこの事態にあって藩内において新京枡と同量の公定枡の製造を認めざるをえなかった。

　また大藩においては新京枡を基準とした公定枡を自藩で製造販売したいという欲求が強かった。なんとなれば、枡の製造販売による利潤を自藩の内部に吸収し、それと同時に領内の経済統制を自己の手中に納めておく必要があったからであり、藩枡の存在は藩権力の強さの象徴でもあった。こうした欲求から、高田・徳島・岡山藩などの大藩は、両枡座の枡の使用を拒否し、自藩の作事所あるいは城下の枡座に枡の製造販売を請け負わせ、加賀藩や姫路藩の京枡も藩の作事所において製造頒布していた。このような私枡の存在の前に、幕府の全国的量制の統一は、実際には制度上の統一に終わったものといえよう。

参考文献　宝月圭吾『中世量制史の研究』(吉川弘文館、一九六一年)、藤井譲治『幕藩領主の権力構造』(岩波書店、二〇〇二年)

（大野　瑞男）

武鑑（ぶかん）

　江戸時代、大名諸家・幕府諸役人を記載の主体にして、編集、出版された武家の名鑑。戦国時代以来、各大名の間で軍役の編制などの目的で、所領地や石高順に作成された分限帳《ぶげんちょう》や補任録などの公簿とは異なり、民間の書肆の手によって編集、出版された。長年月の間に内容が多彩なものとなり、利用者の便宜のためにひと目で見られるよう創意工夫が加えられ、年次に改訂刊行するに至ったので、「町武鑑」の称がある。江戸時代初期の『大名御紋尽《ごもんづくし》』や『江戸鑑』を経由して、貞享四年(一六八七)の幕府御書物所松会《しょうかい》版の『本朝武鑑』にはじめて武鑑の名を冠し、正徳二年(一七一二)の須原屋版の『正徳武鑑』に至ってほぼ体裁を整備し、数次の増補改訂を経て、明和元年(一七六四)新刻の『(新改)明和武鑑』に至り、以後、幕末終刊までの形式がすべて定まった。『元文武鑑』(千鍾堂)の序には、「此御代に仕へさせたまふる諸侯諸司の奕世・系譜・爵禄等まで、悉く一帙に収納て、袖裏の珍となし侍るも、亦昇平のしるしならずや」とある。

　その体裁は、半紙半切の縦本四分冊から成り、巻一は御大名衆(十万石以上)、巻二は同(十万石以下)、巻三は御役人衆、巻四は西御丸附から成り、毎年毎月・御役替・屋敷替ごとに改訂増補することを慣例としていた。その記載内容は、大名の部では、名乗《なのり》・本姓・本国・系図・石高・官位・席次・家督年月・内室・嫡子・参勤御暇《おいとま》・時献上・家紋(定紋・替紋)・道具印(槍・纒《まとい》・御先挾箱・押駕看板・御出馬目印・御挑燈高《たか》張《はり》・箱挑燈など)・上中下屋敷・菩提寺・居城封地・道法(江戸よりの里程)・歴代城主・船印(西国大名)など、役人の部では、大老・老中・若年寄をはじめ、奏者番・高家衆・大目付・諸奉行など、さらに、医師・絵師・神道・連歌・碁将棋・刀脇指目利究所《めきききめどころ》、本阿弥家)・銀座・朱座・呉服所・畳表・箔屋・紺屋・釜師・菓子師・煎茶師などの御用達《ごようたし》商人・職人の万般にわたり、最後に能役者観世太夫以下、合計二百数十項にわたって記載されている。また、本格の役人には役名(毎月対客日・同御逢日)・役席・役商・御支配付・名乗・父の姓名・石高・前職・分掌・兼帯・就任年次・家臣(用人・頭取・取次)・屋敷地・家紋・槍印・羽織・看板などが、わずかなスペースに集約的に配置され、一方では符牒・合印などで簡素化がは

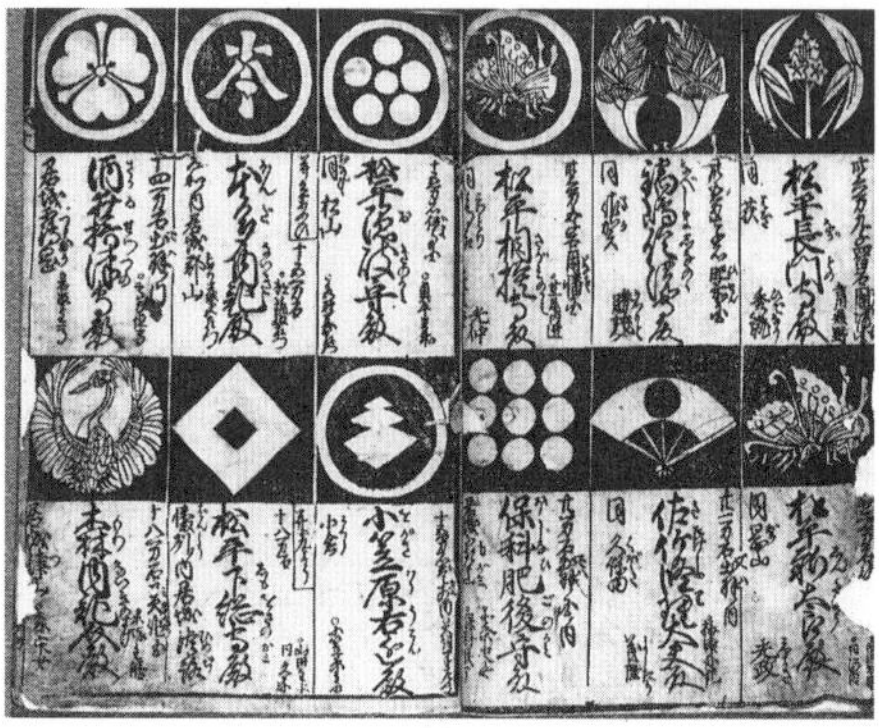

『御紋尽』(明暦2年刊)

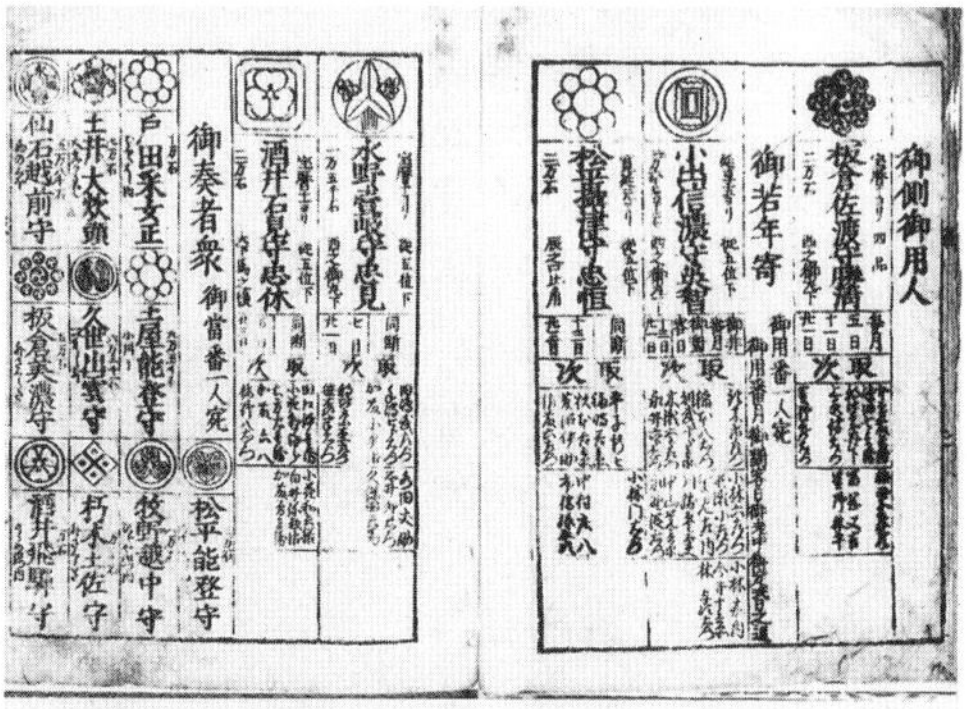

『(新改)明和武鑑』(明和元年刊)

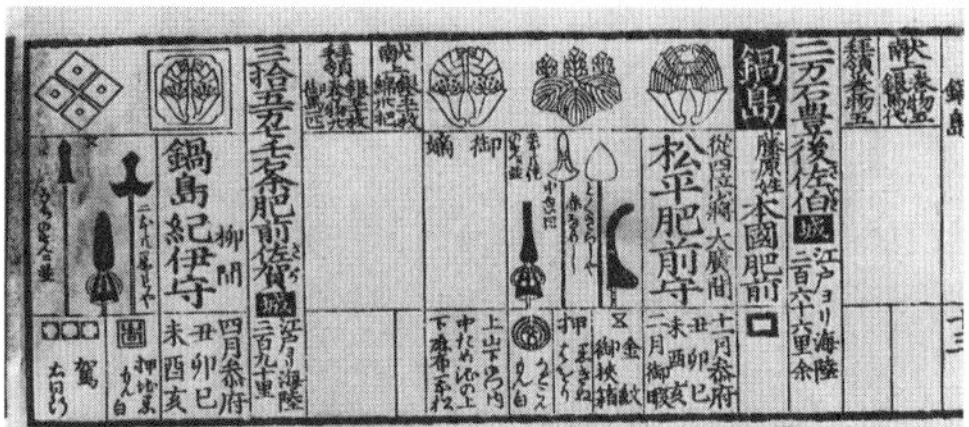

『袖珍武鑑』(弘化2年刊)

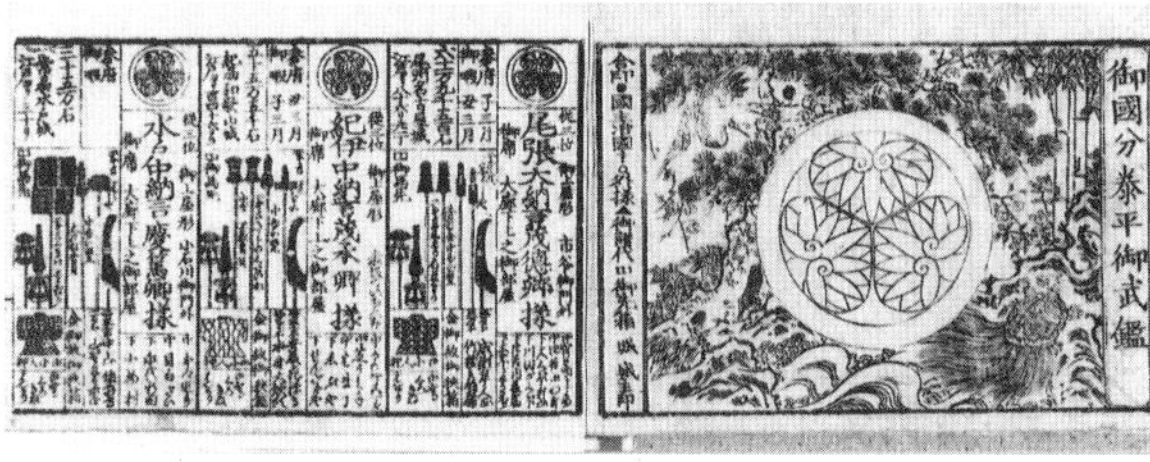

『泰平武鑑』(文久2年刊)

かられており、各板元でその意匠を競い合った成果である。
一般に、『正徳武鑑』成立以前の、板元・名称・形式・内容とも不確定であった前期の類書を「古武鑑」とよぶが、この

武鑑類別一覧

記載対象	判型	須原屋刊本	出雲寺刊本
諸大名・幕府諸役人	半紙半切・縦本、原則四冊（巻一・二は大名、巻三は役人、巻四は西丸）	新板改正〔年号〕武鑑	泰平万代大成武鑑
諸大名・幕府主要役人	半紙半切・横本、一冊（万代宝鑑を除く）	万代宝鑑（享保２年開板）（間似合紙両面摺、一折） 懐宝略武鑑（安永９年開板）（平仮名書き）	泰平武鑑 泰平略武鑑（平仮名書き）
諸大名	半紙三ッ切・横本、一冊（懐中本）	袖珍武鑑（寛延３年開板）	大成分要万世武鑑
幕府諸役人	同	袖玉武鑑（享保３年開板）	袖珍有司武鑑
幕府役人の一部	同		県令集覧（天保10年開板）（郡代・代官を記載） 会計便覧（天保10年開板）（勘定奉行・同支配役人を記載）

古武鑑に関しては、天保期（一八三〇—四四）の渋江抽斎をはじめ、近代の森鷗外・沼田頼輔・栗田元次らの大先達によってすぐれた書誌的研究があり、最近では弥吉光長らによる年記考証が進められ、その大概が明らかになった。幕藩体制の確立する寛永・正保年間（一六二四—四八）ころから、江戸在住者が急増し、城下生活の必用書として、諸大名の「知行高所付」「江戸御屋敷付」「御紋尽」「御馬印揃」「道具づくし」など、個別の小冊子がつくられるようになったが、明暦三年（一六五七）の大火以後、市街地が面目を一新し、城下の市域が拡大するとともに、これら数種の小冊子を巧みに結びつけて、たとえば「御知行付に紋所を書き入れて家老の名をつける」という具合に、種々の工夫をこらした『江戸鑑』があらわれ、さらに寛文・延宝年間（一六六一—八一）に入ると、上冊は大名方、下冊は役人衆という二分冊から成る、大半紙または半紙二ッ切・横中本形式の増訂版が相ついで出版されるようになった。

遠近道印《おちこちどういん》の『新板江戸大絵図』（寛文五枚図）の板元でもある経師屋加兵衛の『正極江戸鑑』（寛文十二年七月）には、上巻の大名付に㈠諸大名紋尽、㈡大名行列供廻、㈢御持鑓《おもたせやり》・駕輿《こごし》紋図、㈣御知行高在城所付、㈤若殿方の五部を集約し、下巻の御役人付には御大老・老中をはじめ、諸番頭・大目付・御奉

行・御勘定頭らの幕府主要役人のほか、御用聞商人・職人らを列挙している。ついで天和元年（一六八一）に出た拏引子《じょいんし》編の『顕正系江戸鑑』は、㈠御当家（徳川氏）御系図、㈡諸大名衆御家譜、㈢御老中以下御役人付、㈣西之御丸御守衆の四部構成で、ここにはじめて、諸侯の系図・内室・嫡子・家督など、内面的な要素が加えられた。収載項目が多くなれば、当然、訂正箇所も増えて、定期的に改訂版を出す必要が生じる。松会三四郎は毎年の修訂をうたって、天和三年『癸亥江戸鑑』を出版したが、貞享四年の改板に際し、諸侯の系図を加えるとともに四冊仕立に改編、『本朝武鑑』と改名した。これが武鑑という名の先駆であるとともに、武鑑に系図を掲載することが必須の条件とされるようになったのである。

つづく元禄・宝永年間（一六八八—一七一一）には、それぞれ板元の趣向をこらした武鑑の出版が相つぎ、松会の『本朝武林系禄図鑑』、須原屋茂兵衛の『太平武鑑』、井筒屋三右衛門の『元禄武鑑大全』、出雲寺和泉掾の『（泰平万代）大成武鑑』、山口権兵衛の『賞延武鑑』など、十数種類を数える盛況であった。これらの中から断然他者を圧倒したのは、当時、江戸随一の大書肆に成長してきた須原屋で、『東武綱鑑』『御林武鑑』『正統武鑑』などの板株をつぎつぎと掌中に収め、宝永年中（一七〇四—一一）には『正風武鑑』（縦本四冊）を創案し、正徳改元（一七一一年）を機に『正徳武鑑』を新刻し、「年号の改元之度に表標題を改」め、項目の追加、内容の充実をはかることを宣言し、その売出しに大成功を収め、さらに享保年中（一七一六—三六）には、武鑑形成期に主導的役割を演じた御書物所松会三四郎の『本朝武系当鑑』（横本二冊）、『本朝武林系禄図鑑』（縦本四冊）などの板株を譲り受け、大小十七種に及ぶ武鑑株を掌握し、武鑑の独占的地位を確保した。

以後、典型の武鑑とされた『（新板改正）〔元号〕武鑑』（半切・縦本四冊）を中心に、持株十七種の中から分野別に読者の需要に応じ、別表のごとく『袖珍武鑑』『袖玉武鑑』『万代宝鑑』『懐宝略武鑑』など中小型本の系列化に成功し、世人から「武鑑といえば須原屋」と称された。この須原屋の市場独占に、御書物師の面目にかけて対抗しようとしたのが出雲寺和泉掾である。出雲寺は京都松栢堂の江戸出店で、また大学頭林春斎の内縁者で、その推挙で四代将軍徳川家綱の時代から幕府の御書物師となり、元禄十五年『（泰平万代）大成武鑑』（縦本四冊）をもって武鑑の出版に加わり、享保七年書物問屋仲間に入り、『（官刻）六諭衍義』の板行・販売を命ぜられた六名の書肆に、須原屋とともに名を連ねている。しかしその後、武鑑経営は必ずしも容易ではなく、元文年間（一七三六—四一）は須原屋の勢いに押されて、『大成武鑑』の板株を手放し、宝暦九年(一七五九)ようやく二冊に改編されていた大成の板株を買い戻したが、四冊形式に回復しようとして、須原屋から類《るい》板《はん》の廉で訴えられたりしている。そのため、明和元年以降、『改正万世江戸町鑑』の出版に経営の中心を移したりしたが、やがて天保年間(一八三〇—四四)に入り、書物奉行の引立てや京・大坂本屋仲間の資金援助を得て立ち直り、御三家家老附一冊本を加えた新刻五冊本をもって須原屋に挑戦し、天保七年以後はよく毎年改訂を堅持し、板権の取得に苦心しながらも、須原屋と対等の系列本の整備に尽力し、『泰平武鑑』『泰平略武鑑』『(大成分要)万世武鑑』『有司武鑑』の四本を揃えるとともに、御書物師の立場をうまく利用して、『県令《けんれい》集覧』や『会計便覧』などの刊行に新機軸を出した。また、三千石以上の上級旗本の名鑑『昇栄武鑑』や、幕末の『御上洛御用掛供奉御役人附』(文久二年(一八六二))、『御進発御用掛御供奉御役人附』(慶応元年(一八六五))などの板行にあたり、幕末にはむしろ須原屋を凌駕するほどの活躍をみせた。

これら江戸期の武鑑は、松浦静山が「書林の刻行する武鑑と云書は、諸家大凡の荒増を市井に記したる者ゆゑに、誤謬も欠漏もある筈なり」(『甲子夜話』)と評したように、幕末の官板的なものを除けば、情報源に不正確さがあり、完璧なものとはいえなかった。しかし、閉鎖的な武家社会の情報の窓口として、江戸屋敷在勤の武士は日常政務上の折衝や交際の基礎資料とし、また出入りの商人は商取引きにこれを活用していた。さらに、農村の村役人らは訴願の相手を知るために、また帰国する武士は国許への江戸土産として買い求めたという。こうした広い使われ方をした武鑑ではあるが、その発行部数や値段はいかほどであったか詳らかではない。幕末の記録ではあるが、両板元の申請によれば、『元治武鑑』の改元新版では一万五千部、役替り改訂では年に千部、『大成武鑑』もほぼ同数、また袖玉・袖珍両武鑑は一ヵ年各一万部の需要が見込まれている。また小売値段では、『元治武鑑』は文久二年の銀十二匁から十四匁五分に、『袖珍武鑑』は百四十八文から百七十二文に、『袖玉武鑑』は同じく百八十四文に、それぞれ一五%の値上げが認められている。当時、米の値段は一升が銀三匁余であり、この値段は庶民にとって決して安いものではなかった。そのため、武鑑から適宜に抜萃した一枚摺りの御役人付(四文)や、諸大名の槍印・御道具や駕籠の紋所などの早見《はやみ》を大名行列の見物客などを目あてに、往来で売り歩くものが絶えなかったという。なお各種武鑑を集大成したものとして、橋本博編『大武鑑』全十三冊(昭和十年(一九三五)—十一年、大洽社刊)がある。

参考文献　渡辺一郎編『徳川幕府(大名旗本)役職武鑑』、深

井雅海・藤實久美子編『江戸幕府大名武鑑編年集成』(東洋書林、一九九九―二〇〇〇年)、藤實久美子『武鑑出版と近世社会』(東洋書林、一九九九年)、弥吉光長「江戸時代出版資本の独占過程―須原屋茂兵衛と出雲寺和泉掾の対抗―」(『弥吉光長著作集』三、日外アソシエーツ、一九八〇年所収)、同「古武鑑の形式と年紀について」(同五、日外アソシエーツ、一九八二年所収)、進士慶幹「武鑑と「胡堂文庫」」(『日本歴史』一七七、一九六三年)、南和男「幕末武鑑の値段」(同三二四、一九七五年)

(渡辺　一郎)

武家諸法度（ぶけしょはっと）

江戸幕府の基本法規の一つで、代々の将軍は、短期に終った徳川家継と慶喜とを除いて、その就任後、これを諸大名に公示した。初令は、将軍職を退いた後の徳川家康が、元和元年(一六一五)大坂落城による豊臣政権滅亡直後に、以心崇伝らに命じて法度草案を作らせ、検討ののち七月七日将軍秀忠のいた伏見城に諸大名を集め、崇伝に朗読させて公布したもの。その後、同月のうちに制定された天皇・公家に対する『禁中幷公家諸法度』、寺家に対する『諸宗本山本寺諸法度』(『寺院法度』)と並んで、幕府の基本法規が、この時期にそろった。漢文体で「文武弓馬の道もっぱら相嗜むべき事」をはじめとして全十三条。主として大名を対象に、品行を正すこと、法度違反者を隠すことなく、反逆・殺害人は追放すべきこと、他国者をかかえぬこと、居城修理は申告の上のこととし、隣国での不審な動向は早速届けることを求め、私婚を禁止し、なお大名の参勤作法、衣服と乗輿の制をおいたあとに、諸国諸侍に倹約を求め、最後の条を、国主(大名)は政務にすぐれた者が任ぜられるべきであるとむすんだ。各条に注釈を付し、なかには本文は表題で、注釈で内容を規定する例もある。

従来の武家諸法を中心に日本・中国の古典から抜書きしたものが多く、道徳的、儀礼的性質を強くおびたかにみえるが、家康が慶長十六年(一六一一)後水尾天皇即位礼を機会に諸大名から徴した誓紙や、なおさかのぼって文禄四年(一五九五)豊臣秀吉の諸大名への掟などに共通する文言もある。それぞれ大坂の豊臣秀頼に対して、また豊臣秀次一件での動揺にそなえて自陣営への結集をはかったもので、『武家諸法度』は、そのような自己に対立しうる勢力の服属誓約を全国的に体系化したものであった。したがって大名の領国支配上の分国法とは次元がちがい、領国支配者である大名を統制する中央政権の法として、古今内外の典拠を大きく借りたのであった。秀忠による寛永六年(一六二九)の『武家諸法度』は、参勤作法と他国の者をかかえる禁止条とをけずり、乗輿者範囲を少

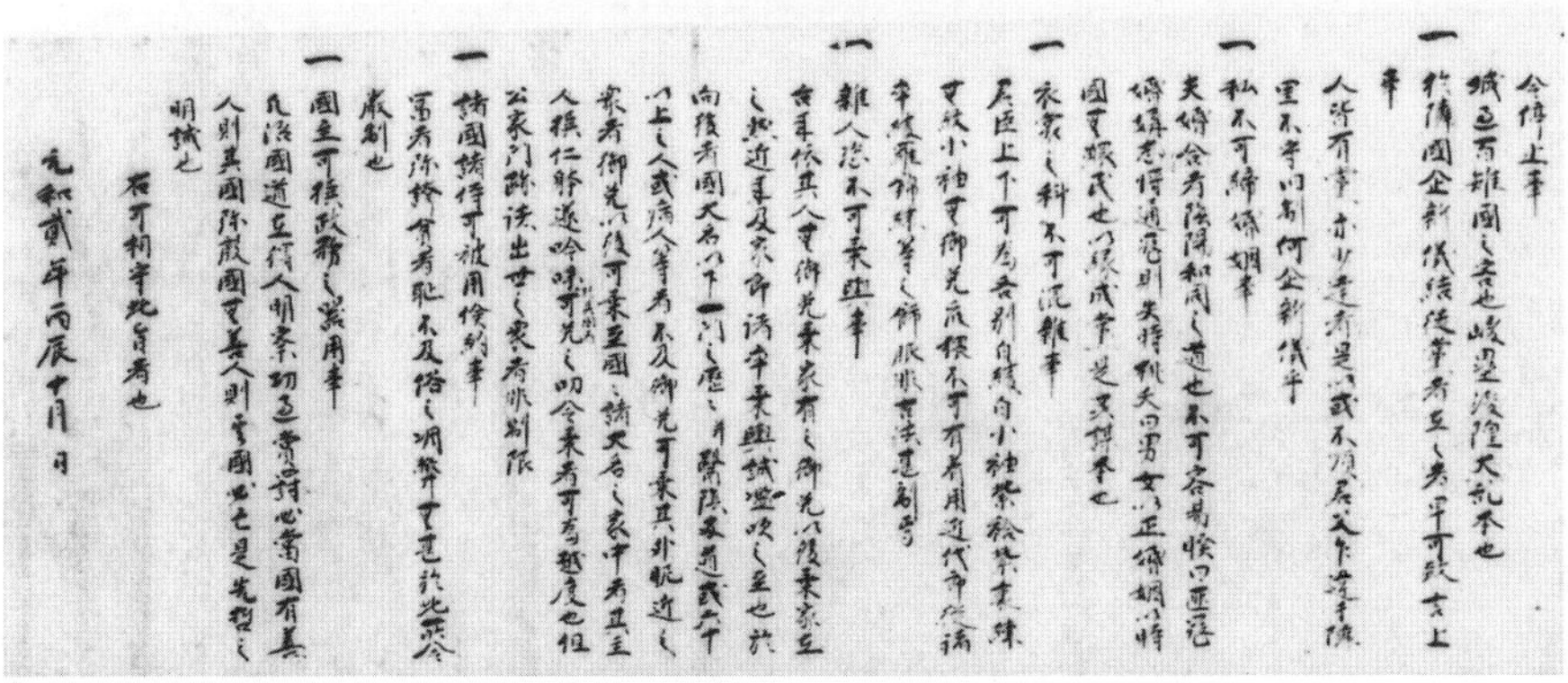

武家諸法度草稿(以心崇伝筆)

し変えた程度で、元和令を踏襲した。次の家光による寛永十二年の改訂は画期的なもので、全文十九条の第一条以外では注釈の部分がなくなり、法度としての体裁を整えたほか、内容も新たに大名の在江戸(参勤)交代義務を定め、城郭の新築禁止・修理届け出、諸国変事に出兵せず指示を待つべきこと、私的結集と私闘の禁、道路交通の保障、私関の禁止、五百石以上の大船建造停止、寺社領の固定などを加え、国主の任についての規定を削ったかわりに、知行所政務の非法を戒めて、所領支配の責任を明確に求め、大名家家臣で将軍家に質人を出した者に対する大名の処分権への制限を明記し、最後の条項を「万事江戸の法度のごとく国々所々において遵行すべきの事」(原漢文)とした。その後の定形となるものであったが、四代家綱以後も改訂があった。

寛文三年(一六六三)家綱の法度は、第一条でも注釈を削るなどの条文整理のなかで、私婚禁令に加えて公家との婚姻は伺いの上とし、大船建造禁令に荷船は別とするような改訂を加え、なお二条を追加して耶蘇(キリシタン)禁止の諸国での徹底と不孝者を処罰すべきこととした。天和三年(一六八三)綱吉の法度は、第一条を「文武忠孝を励し礼義を正すべきの事」(同)とするのをはじめ、ほとんど全条項にわたって改訂した。大名家の家臣処分権を制約した条項や家綱代に追加された二条を削り、養子の制度を定めて殉死を禁ずる一条を新設しながら、条文整理によって全十五条とした。新設条項に「人馬兵具等分限に応じ相嗜むべき事」(同)の一条があるのは、寛永九年以来『武家諸法度』と併用されてこれを補足してきた『諸士法度』からの継承で、以後『諸士法度』は『武家諸法度』に統合された。この時期までに幕府は、『武家諸法度』を大名統制の規範とし、この違反を根拠として大名改易をすることがあったが、ここで『武家諸法度』は、大名と徳川家臣団のすべてを対象とするに至った。江戸の法度にならう諸大名も、その家臣統制に、これに準拠した法を以てしたから、『武家諸法度』は、文字通り武家身分すべての法となった。家宣の宝永七年(一七一〇)法度は、新井白石の案になり、天和法度で部分的にみえた和文体を徹底させて全条を統一し、別に『新令句解』をつくって併用させ、内容の変化としては、諸役にあたったものが権勢をふるい、賄賂でうごくことなどを戒め、また私領百姓の争論裁断に一条を設けるなど実務的な性格を強めた。享保二年(一七一七)吉宗の法度は天和法度にもどし、以後九代から十二代までの将軍は、代々これを踏襲した。安政元年(一八五四)家定の法度は、海防の必要にそって大船製造を届け出制により許可する改訂をし、同六年家茂の法度がこれを踏襲したのは、『武家諸法度』が最後まで形骸化しなかったことを示している。

参考文献　高柳真三・石井良助編『御触書寛保集成』、『徳川禁令考』前集一(創文社、一九五九年)、塚本学「武家諸法度の性格について」(『日本歴史』二九〇、一九七二年)

(塚本　学)

譜牒余録（ふちょうよろく）

江戸幕府編集の家譜、家伝、古文書の集録。寛政十一年(一七九九)十一月成立。総目一巻、本文編百巻。諸大名とその家臣の部を前編六十巻、旗本より庶民の家の部を後編四十巻とし、家格や身分などで区分してある。幕府は天和三年(一六八三)から貞享初年にわたって諸家より提出させた「書上」を「貞享書上」と称して紅葉山《もみじやま》文庫に保存していたが、『寛政重修諸家譜』編集の時、その資料として転写された。寛政十一年二月から九月にかけて若年寄堀田正敦が奥右筆に命じて繕写編集させ、正敦が序文を加え『譜牒余録』の書名を付し一書にまとめた。「貞享書上」は『武徳大成記』(貞享三年(一六八六))編集の史料として活用されたが、その後にも諸家から提出された書付と一括して、「貞享書付」「貞享諸家書付」「諸家書付」などと称されていた。原形の状態で袋に分納されていたらしく、提出の家によって形はさまざまであった。『好書故事』では「九十三冊、百三十巻」と記し、『元治増補

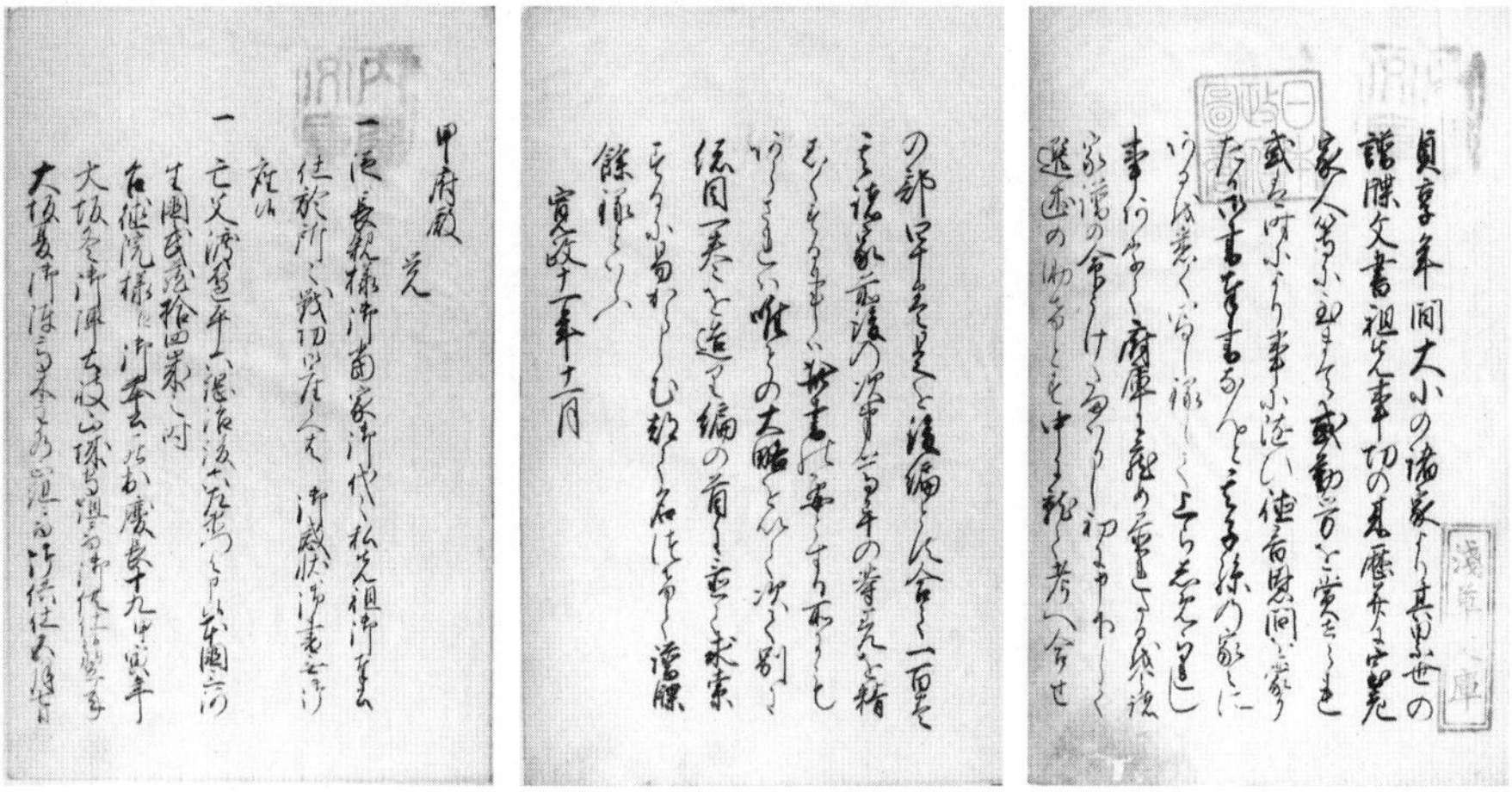

『譜牒余録』内閣文庫本

御書籍目録』には「四十六巻外五通三帖、百十五冊」と記してある。その時点で諸家の保存していた原本文書が豊富にみられるが上呈時のものは現存せず、明治初期に散逸したと推測され、その内容を忠実に転写した本書の史料的価値は高い。当初の浄書献上本は現存しないが、現在内閣文庫蔵の百一冊の写本は書写年代の明記はないが、完成時に近い時期の筆写で、御実紀調所の黒印が押されている。他に東大史料編纂所・京都大学附属図書館・静嘉堂文庫にも写本を所蔵している。内閣文庫本の影印本百一冊が『内閣文庫影印叢刊』(昭和四十八年(一九七三)—五十年)として刊行されている。

参考文献　福井保『江戸幕府編纂物』(雄松堂出版、一九八三年)

(山本　武夫)

府藩県三治制（ふはんけんさんちせい）

廃藩置県以前に行われた明治国家の地方制度。明治政府は、鳥羽・伏見の戦ののちに旧幕府の領地を没収して直轄領としたが、諸大名に対しては敵対した若干を除いて従来の所領統治をそのまま認めた。固有の軍事力なしに戊辰戦争に勝利するにはできるだけ多数の大名を味方につける必要があったためである。この方針は明治元年(一八六八)閏四月制定の政体書に明記され、地方官は府・藩・県の三官に分けられて、府は知府事、藩は諸侯、県は知県事が統治することとなった。

このうち府と県は直轄領であり、はじめ鎮台や裁判所が支配し、諸藩の管理に委ねていたものを漸次改組して成立した。府は、当初、東京・京都・大阪の三都や開港地（神奈川・兵庫を除く）あるいは度会《わたらい》などの特殊な地に設けられたが、版籍奉還後には三都のみに整理された。

　他方、政府は藩に対して合理化と画一化を求め、半独立的な権力体を政府に忠実な地方行政組織に変えようとした。元年十月制定の藩治職制では三治一致を旨として府県に倣った簡易な職制をしき、藩の行政と藩主の家政を分離するよう指示し、版籍奉還後には旧諸侯の家禄を現石十分の一とし、家臣との主従関係を解いた上、職員令で府県とほぼ同一の官職（知事、大参事・権大参事、少参事・権少参事）と職掌を定めた。また二年には藩札の発行禁止など財政面から諸藩の独立性を弱める措置がとられている。三年九月制定の藩制ではこの方向がさらに徹底された上、海軍費に限ってではあったが政費の上納が規定された。このように府藩県三治制のもとでは、藩という地方政府の存続を前提としつつ、その合理化・画一化と財政・軍事面における若干の集権化が追求された。しかし、明治四年、薩長士の親兵献兵を機に廃藩論が急速に台頭したため、この体制は、廃藩置県の詔勅が出された同年七月十四日に突如終焉を告げたのである。↓廃藩置県《はいはんちけん》　↓藩制《はんせい》　↓版籍奉還《はんせきほうかん》　↓藩治職制《はんちしょくせい》

参考文献　内閣官報局編『法令全書』、内務省図書局編『地方沿革略譜』、丹羽邦男『明治維新の土地変革』（御茶の水書房、一九七八年）、関順也『明治維新と地租改正』（ミネルヴァ書房、一九六七年）、千田稔・松尾正人『明治維新研究序説』（開明書院、一九七七年）、松尾正人『廃藩置県』（『中公新書』八〇五、一九八六年）、同『廃藩置県の研究』（吉川弘文館、二〇〇一年）

（三谷　博）

分知（ぶんち）

江戸時代、大名・旗本の領地（知行）を分割相続すること。大名・旗本の領地は幕府から一代限りに封与されるものだったので、領地の相続は法律上できなかったが、被相続人の幕府への願い出によって、領主の子孫がその領分を継承相続することが許されていた。この単独相続とは別に分割相続、すなわち諸子などへの分知も願出によって許される場合があった。たとえば、信州上田藩（高六万石）の仙石政俊は、願い出により、寛文九年（一六六九）弟正勝に二千石を分知して、旗本知行所が成立している。分知には別御朱印頂戴の分知と別御朱印頂戴無き分知＝内分知とがあった。分知は近世前半期に相当数あり、後半期には稀だった。

参考文献　石井良助『日本法制史概説』（創文社、一九六〇

年）、鈴木寿『近世知行制の研究』（日本学術振興会、一九七一年）

（鈴木　寿）

文治政治（ぶんちせいじ）

法律・制度の整備、教化の充実をもって人民を統治し、社会秩序を保持しようとする政治理念。武力・強権を発動して対立勢力を弾圧し、権力を強化しようとする武断政治と相対する理念として用いられる。「文治」の語の典拠は『礼記』祭法篇で、「文王以二文治一」とあり、必ずしも歴史的用語ではないが、特に近世前半期における政治理念の転換を、武断政治から文治政治への転化としてとらえる見解が一般化している。すでに江戸時代から新井白石の政治理念を「文飾」主義と表現する傾向は、たとえば八代将軍徳川吉宗が白石に対して「文飾に過ぎたるもの」と評したことなどに見え、その後明治期に至っている。これは白石が強く主張した礼楽振興・儀礼整備論を権力の文化的装飾と見なす意見である。これに対し栗田元次は「文治」の意義をより広く、積極的に評価すべきことを強調し、その時期も白石の時代に限定せず、十七世紀後半、四代将軍徳川家綱の時に至って武断より文治への転換の方向が現われ、白石の時に最高潮に達したが、八代将軍徳川吉宗の登場によって再び武断政治へ復古したと説いた。

武断政治と文治政治とを対比すると、理念的には敵視に対する親和・愛重、抑圧に対する教化、武力に対する礼楽、覇道に対する王道であり、現象的には文治政治とは幕府の制度・儀礼の整備、朝廷の尊崇、大名・牢人および外国に対する態度の緩和、人民の教化、政治における儒教の影響、学芸の尊重などを主たる内容とする。そうしてこの傾向は政治の進展の自然の順序であり、幕府政治の最も意義ある展開を示し、これを逆転復古させた吉宗の享保の改革に、幕府支配体制破綻の端緒を求めるのが栗田の主張である。十七世紀後半に現われた幕府政治の原理的転換およびその内容についてのこの主張は、その後ほぼ学界に常識化して踏襲されていったが、その意義については、権力上昇期の現象とみるよりは、むしろ体制変質期に入った権力の文化的粉飾とする意見が強くなっていった。これに対し辻達也は、従前の文治政治の概念には段階を異にする現象の混同があると論じた。つまり武力・強権の発動の代りに法律・制度の整備による支配が可能になったことは、権力の安定を示す現象である。これは十七世紀後半をまたず、すでに三代将軍徳川家光の一六三〇年代に始まる。

これに対し礼楽振興論は支配体制変質の根本的対策として唱えられたもので、権力下降期を反映した理念である。時期的には十七世紀末から十八世紀初頭に現われた。享保の改革ではこれを廃したので武断復古と解釈されてきたが、その存廃は主としては幕府首脳部の嗜好の問題と考えるべきであり、政治の大勢の転換と理解すべきではない。むしろ法律・制度あるいは吏僚制の進展では享保の改革ははるかに著しいものがあり、また教化の面でもより具体的施策に富んでいる。そういう点からいえば、文治政治は享保の改革においていっそう発展したともいいうる。

[参考文献]　栗田元次『江戸時代史』上(『綜合日本史大系』九、近藤出版社、一九七六年)、辻達也『享保改革の研究』(創文社、一九八一年)、吉田東伍『徳川政教考』(富山房、一八九四年)

(辻　達也)

又者（またもの）　⇨陪臣《ばいしん》

松平郷譜代（まつだいらごうふだい）

江戸時代における、いわゆる譜代大名の類別の一つ。松平氏の初代親氏が三河国松平郷より身を起し、三代信光が文明三年(一四七一)同国安祥に進出するまでに徳川氏の家臣となったもの。二代泰親は松平郷より三河中原の岩津に進出し、ここを居城としたため、安祥進出以前の譜代家臣団は松平郷譜代・岩津譜代に分けることができるが、両譜代は同一の家系に属する者が多い。初代親氏の庶子といわれる酒井氏をはじめ、本多・大久保・青山・成瀬氏らがこれに属する。最古参の由緒をもつ譜代家臣団であり、安祥譜代・岡崎譜代とともに、譜代家臣団の中核を占め、徳川氏発展の基礎となった。

→安祥譜代《あんじょうふだい》　→岡崎譜代《おかざきふだい》

[参考文献]　『朝野旧聞裒藁』二四(『内閣文庫所蔵史籍叢刊』特刊一)、中村孝也『家康の族葉』(碩文社、一九九七年)、同『家康の臣僚』(碩文社、一九九七年)

(藤野　保)

明君録（めいくんろく）

「明君」と呼ばれた将軍や大名についての記録。明君とも名君とも書く。主要には「明君」の逸話集の形をとった明君言行録を指すが、大名家代々の歴史編纂書なども含まれる。また、一般に江戸時代の歴史書は将軍や藩主の一代記を中心とした事績の記録であるといえるが、その中での「明君」についての記述は、明君録に類似するものが多い。

明君録に現れる明君像の原型は、「明君」と領民・家臣・幕府との多様な緊張・葛藤と、それを通じて押し出された近世の政治に関する普遍的な概念や手順であった。この典型的な事例として、岡山藩主池田光政による政治と、その大名預治論・「天下の田地」論・「無事の忠」論などをあげることができる。明君言行録は、これらの用語・概念を組み込み、また史実上の根拠・原型の改変・強調・削除等を伴いながら、「明君」の資質・力量を増幅させた明君像を描き出すものであった。このようにして描出された明君像は、大名像としてばかりではなく、家臣像・百姓(領民)像としても磨かれ、近世固有の政治意識・倫理意識として諸身分のあり方を規制し、方向付けていった。

明君録は、主に家臣・儒者らによって書かれ、おおむね現在・次代の藩主へ奉呈されるものであったが、馬場文耕『明君享保録』(徳川吉宗明君録)のように、民間から語り出されたものもある。また、『徳川実紀』(「有徳院殿御実紀附録」)が『明君享保録』をはじめとする様々な吉宗明君録の集大成であったように、明君録は相互に影響関係にあった。

作成される明君録の数は、十八世紀半ば頃から増加し、藩政にも少なからず影響を与えた。さらに明君録は、光政明君録や上杉治憲(鷹山)明君録(『翹楚篇』)のように、諸藩の藩士や儒者の間の交流等によって藩領を越えて書き写され、武士を中心に他藩にも出回っていった。全国で作成・書写された明君録は膨大な数にのぼる。

[参考文献]　深谷克己「明君録―期待される君主像」(鵜飼政志ほか編『歴史をよむ』東京大学出版会、二〇〇四年所収)、同「明君創造と藩屏国家(一)~(三)」(『早稲田大学大学院文学研究科紀要』四〇―四二、一九九四―九六年)、同「名君とはなにか」(『歴史評論』五八一、一九九八年)、若尾政希「享保~天明期の社会と文化」(大石学編『享保改革と社会変容』吉川弘文館、二〇〇三年所収)、小関悠一郎「近世中期における「明君録」の形成過程」(『一橋論叢』七八〇、二〇〇五年)

(小関悠一郎)

免法記（めんぽうき）

出雲国松江藩の租法について記述した書。著者は松江藩士岸崎左久次時照。一冊。寛文二年(一六六二)八月の著作。多年藩の地方業務に携わった著者が、その豊富な知識と経験に基づいて藩内の水田の免方について記述する。最初に「免相定法」の意味を説明したのち免相(税率)の出し方とその実例が示されている。次に津出しの場合は立地条件を考慮に入れて免相の出し方が示してある。そして末尾に「作方心持目録」を掲げて租率決定にあたっての細かい配慮が払われている。本書は彼の『田法記』とともに松江藩の農政上の重要な文献である。小野武夫編『近世地方経済史料』六所収。

[参考文献]　桜木保『松江藩の地方役―岸崎佐久次』(島根県土地改良事業団体連合会、一九六七年)

(岩成　博)

四つ渡（よつわたし）

江戸時代、藩から家臣へ知行渡の際、藩公定の標準(平均)物成免によって知行渡が行われた。標準物成免は藩によって三つ五分免、四つ免、その他の免と区々であるが、四つ免

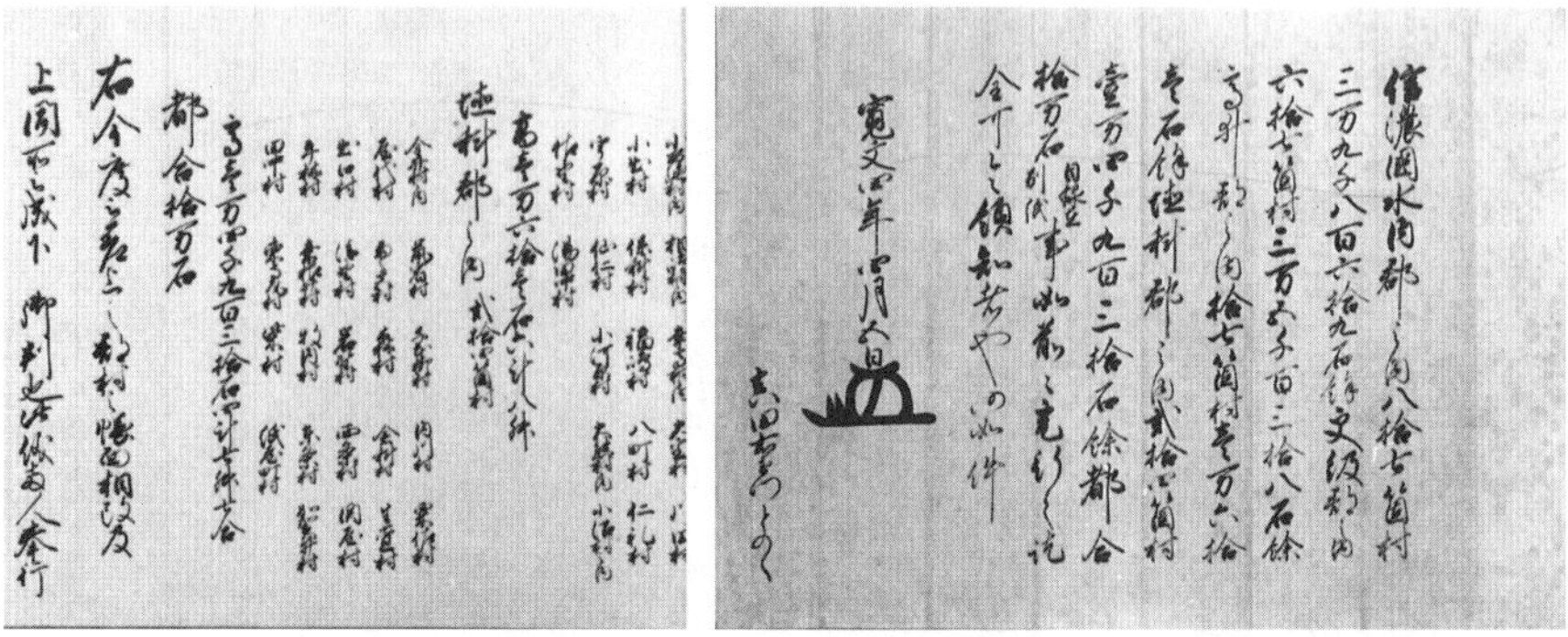

真田幸道宛徳川家綱充行状（右）と領知目録

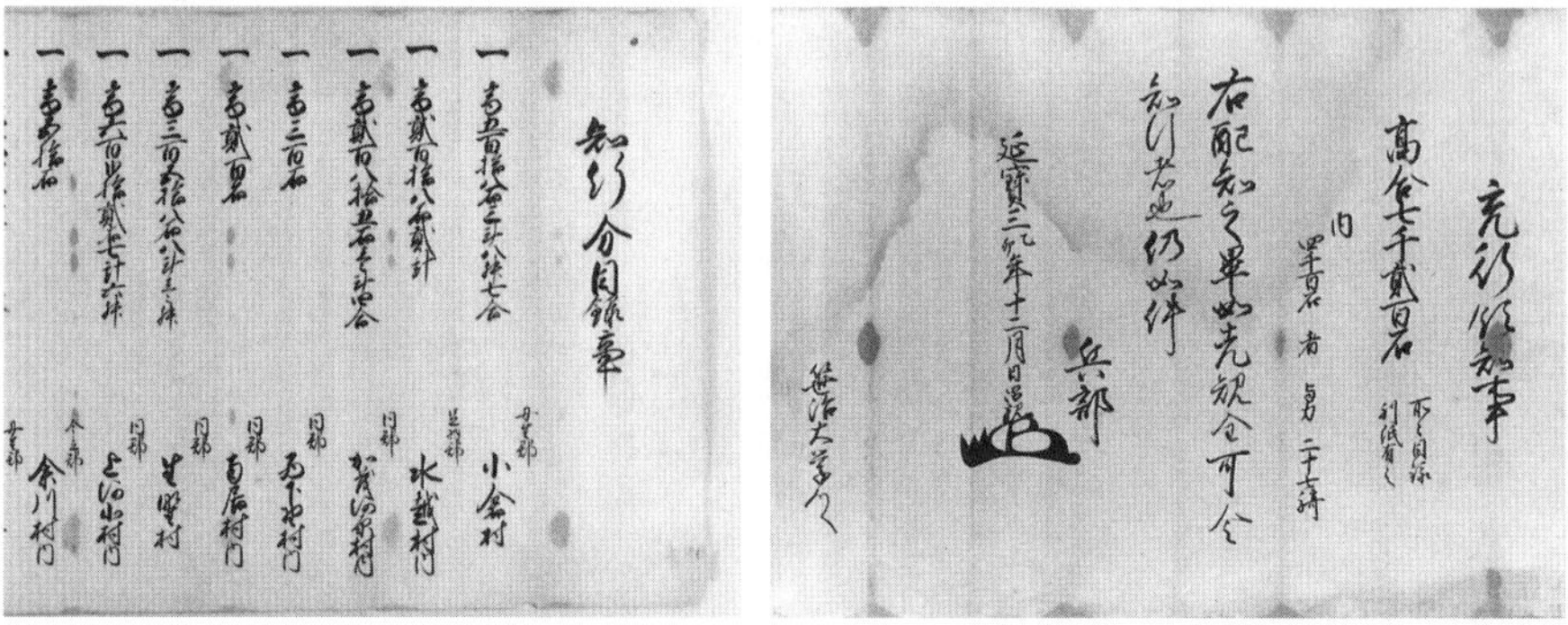

笹治大学宛松平昌親充行状（右）と領知目録

（四割）の場合を四つ渡という。つまり、知行高たとえば高百石の四つ免に相当する物成米四十石の村の給与を前提として知行渡が行われた。四つ免の村がない場合は他の免の村と組み合わせて四つ免に合致するように物成高によって操作した。蔵米取の蔵米高算出にも標準物成免の仕法が適用された。→地方《じかた》知行《ちぎょう》

参考文献　鈴木寿『近世知行制の研究』（日本学術振興会、一九七一年）　（鈴木　寿）

領知目録（りょうちもくろく）

幕藩制時代に領主から家臣に充行われた知行（領知）の目録。知行状の内容を補う意味で領知内の具体的内容を詳記した領知の「目録」が別紙形式で発給された。この領知目録によって領内の村名などの実状―領知構成が検出できる。大名の家臣宛知行の場合には、寛永元年（一六二四）信州松代藩真田信之の大熊靱負宛の知行状に「已上、五百四拾五石四斗四升徳間村、三百五拾七石四斗壱升平林村、三拾石壱斗五升上野村、合九百三拾三石之所出置候」とあるごとく、知行状内部で村名別の知行高を混記した書式例、つまり別紙の「目

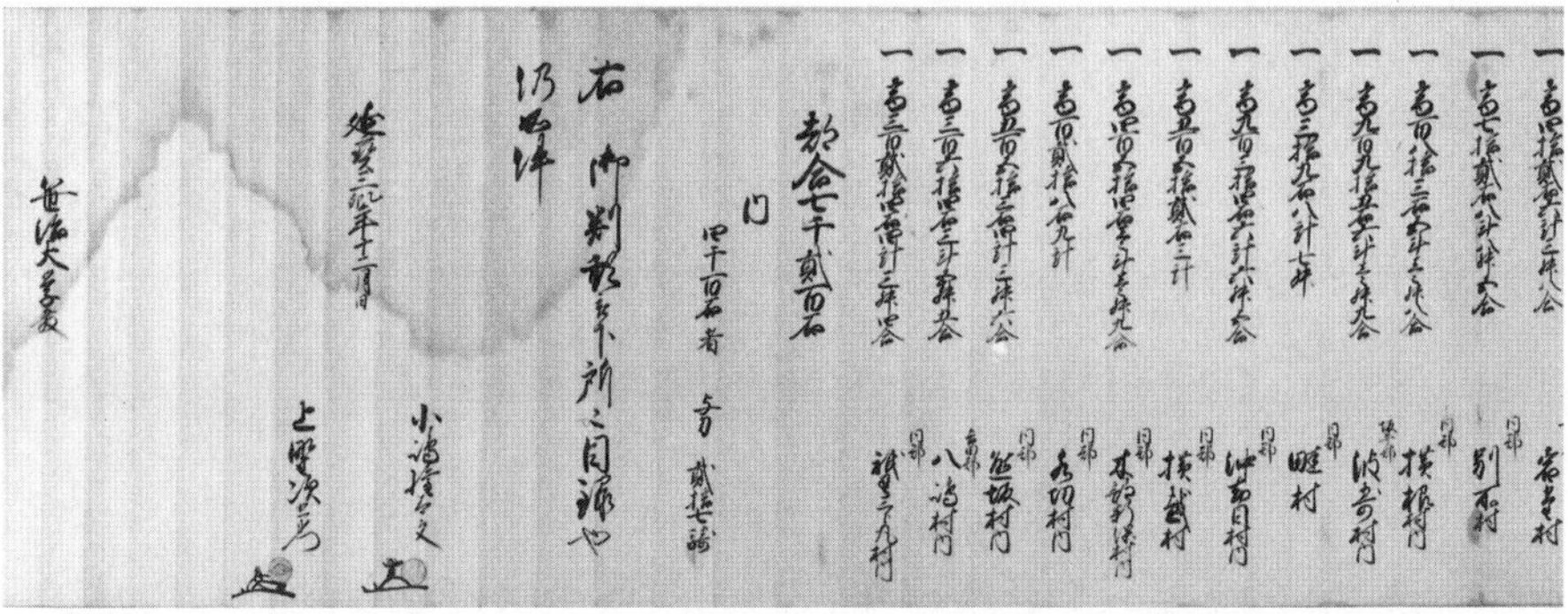

録」の書式を欠いたものが多い。幕臣の旗本知行の場合も類似している。ただし、慶長四年(一五九九)豊臣氏五大老奉書の池田備後守宛知行状(高二千八石)に「目録別紙在之候」の例もあり、大名の家臣宛知行状にも「所々目録別紙有之」の例もある。寛永十一年将軍徳川家光の伊達政宗宛知行状には「陸奥国(郡名略)、弐拾壱郡六拾万石、常陸国竜ヶ崎之内壱万石、近江国蒲生郡之内五千石、都合六拾壱万五千石(目録在別紙)事」とある。この「目録在別紙」の割書書式が、のちの寛文四年(一六六四)将軍家綱から全大名宛に出された幕府の知行状(判物・朱印状)と別紙「目録」に継承され、以後将軍の代替りごとにほぼ同書式で発給された。

たとえば、寛文四年出羽国鶴岡藩酒井忠義宛の判物には「出羽国、田川郡之内弐百五拾七箇村八万九千五百八拾八石九斗余、飽海郡之内百八拾八箇村五万四百八拾弐石六斗余、都合拾四万石余(目録在別紙)事」とあり、別紙の「目録」には「出羽国、田川郡之内弐百五拾七箇村、矢馳村・山田村・境興野村・大淀川村(ほか二百五十三ヵ村名略)、高八万九千五百八拾八石九斗五升、飽海郡之内百八拾八箇村、大服部村・鵜沼村・北福升村・大井村(ほか百八十四ヵ村名略)、高五万四百八拾弐石六斗九升九合、都合拾四万七拾壱石六斗四合」とある。つまり国・郡別に村名(村高欠記)が詳記されている点に特色がある。末尾には「右、今度被差上、郡村之帳面相改、及上聞、所被成下御判也、此儀両人奉行、依被仰付、執達如件」とあり、奏者番から任命された両人の奉行がこれを執行している。

参考文献　国立史料館編『寛文朱印留』(『史料館叢書』一・二、国立史料館、一九八〇年)、相田二郎『日本の古文書』(岩波書店、一九四九・一九五四年)、勝峯月渓『古文書学概論』(国書刊行会、一九七〇年)、中村直勝『日本古文書学』上(角川書店、一九七一年)、『更級埴科地方誌』三、鈴木寿『近世知行制の研究』(日本学術振興会、一九七一年)

(鈴木　寿)

留守居（るすい）

大名家の留守居とは、当該大名家の居城および江戸・京・大坂など各地出先の屋敷において、大名の不在時に、これに代わってその管理取締りにあたる役職の者というのが本来の語義である。大名諸家には通常二種類の留守居なる役職があり、両者の関係は複雑である。第一は幕府の留守居と同系統の職掌のものであり、大名帰国時の江戸屋敷などの取締り、内外諸般の用向の統轄を主務とする役職で、家老級の上席者が任ぜられた。第二のものは江戸屋敷などにあって、幕府・大名諸家との連絡・調整および各種情報の収集を任とする役職で、大体において知行高二百石内外の物頭・馬廻といった家臣団の中級階層の者から選任されていた。この第二のものは、本来、聞番(聞番役)・聞役・公儀使・御城役・御城使などの役職名をもっていた。

しかし各大名家での正式名称と関係なく、寛永年間(一六二四—四四)にはすでにこの第二の役職の者に対して「留守居」という通称が一般的に用いられている。これは、幕府との折衝の担当者が、本来それを職掌とした第一の留守居家老から、次第に平生の事務連絡を事とする第二の系統の渉外担当の者に代替されていったという事情によるものと思われる。そしてさらに大名諸家では右のような変化を踏まえて、第二の系統の役職名を正式にも「留守居」と認めるようになっている。たとえば鳥取池田家の場合、本来は第一の留守居を「留守居家老」ないし「留守居」と称し、第二のものは「聞役」と唱えていた。ところが近世中期以降は後者が正式職名としても「留守居」となり、前者は「御留守詰」という職名に変更されている。その他、毛利家の「公儀人」、前田家の「聞番」などの職名は幕末まで残されているが、多くの大名家ではこれら渉外担当役の職名が「留守居」と定められている。したがってそれぞれの史料にみえる「留守居」がどちらの系統のものであるか、前後の文脈や職務内容および役職者の知行高・家格などに注意して見極める必要がある。

さて右の渉外を主務とする聞番型の留守居役については、先例旧格の照会や政治・社会情報の交換などを目的として、大名諸家の留守居同士がそれぞれにまとまったグループを構成していた。これが留守居組合と呼ばれるものである。留守居組合には種々のものがあり、その構成の基準として、大名の家格の同等性(同席組合)、大名の親類関係(親類組合)、江戸屋敷などの近隣関係(近所組合)などが見られ、しかも同時にこれらは併存していた。留守居組合の一例を挙げれば、寛保—天明ころの国持大名系の組合として島津・伊達・細川・黒田・毛利・鳥取池田・藤堂・鍋島・蜂須賀・山内・佐竹・有馬・上杉・宇和島伊達・宗・津山松平・立花の十七家の留守居によって構成されるものがあった。留守居組合はその独特の情報機能の故に、社会的重要性が増大していくとともに、その奢りは顕著なものとなり、組合の茶屋・遊所での寄合・遊興が社会風俗上の問題となっていった。幕府はたびたびこれに警告を発し、寛政の改革では組合の解散が令せられたが、程なく復活して幕末に至るまで存続した。

参考文献　服藤弘司『大名留守居の研究』(創文社、一九八四年)、山本博文『江戸御留守役の日記』(読売新聞社、一九九一年)、笠谷和比古「大名留守居組合の制度史的考察」(『史林』六五ノ五、一九八二年)、同「大名留守居組合における互通文書の諸類型」(『史料館研究紀要』一四、一九八二年)

(笠谷和比古)

列侯深秘録(れっこうしんぴろく)

失脚した閣老、放逸な藩主、出世した大名、御家騒動、百姓一揆などに関する公文書・記録・風聞書・落首を収録したもの。三田村鳶魚《えんぎょ》編。大正三年(一九一四)国書刊行会刊、一冊。以下の二十九点を収める。『盤井物語』『黒田甲斐守書付』『栗山大膳記』『西木子紀事』『内山家蔵古文書』『西木紹山居士碑銘』『栗山大膳記事』(以上、栗山大膳・黒田騒動に関するもの)、『福岡夢物語』(福岡藩隅田重時の侈暴を非難したもの)、『天和聚訟記』『松平越後守家来裁決書』(以上、越後騒動に関するもの)、『柳沢家秘蔵実記』(柳沢吉保の言行を記したもの)、『遊女濃安都《ゆめのあと》』(徳川宗春に関するもの)、『播州色夫録』(榊原政岑に関するもの)、『倭紂書』『亀山訓』(以上、松平乗邑に関するもの)、『見語』『政隣記抄本』(以上、大槻朝元・加賀騒動に関するもの)、『久留米騒動記』『宝暦国民嗷訴記』『宝暦四甲戌歳騒動御制詞』(以上、筑後国久留米藩領宝暦四年(一七五四)一揆に関するもの)、『秋田杉直物語』『秋田治乱記実録』(以上、佐竹騒動に関するもの)、『田沼主殿頭殿へ被仰渡書』『田沼狂書』(以上、田沼意次に関するもの)、『蚊やり火』(松平定信老中在任時代の狂歌・戯文)、『出石侯内乱記之事』(仙石騒動に関するもの)、『浜松侍従審問封書』『浜の松風』(以上、水野忠邦失脚の際の封廻書・落首・戯文など)、『竜の宮夢物語』(徳川斉昭を水戸藩主に擁立しようとする一派の行動を記したもの)。これら諸問題を研究しようとする場合に、手がかりとなる史料である。これら書物の叙述が、そのまま騒動の実像をあらわすものとすることはできず、史料批判が必要であることはいうまでもない。しかし、この書物が当時の社会に広く受容され、読み継がれていったことの歴史的な意味とはなにか、問われなければならない。ようやくそうした研究がはじまった。昭和五十年(一九七五)歴史図書社より再刊。

参考文献　福田千鶴「メディアを通してみた思想史料論」(『江戸時代の武家社会』校倉書房、二〇〇五年)、同『御家騒動』(『中公新書』、二〇〇五年)、佐藤宏之「読み継がれる越後騒動」(『一橋論義』七八〇、二〇〇五年)

(美和　信夫)

第三部　藩制・藩校総覧

北海道

館藩（たてはん）

箱館戦争終結直後の明治二年(一八六九)六月、版籍奉還して以後の松前藩の藩名。五万石。藩主は松前修広。松前半島を中心に領域を編成。藩庁所在地は館(北海道檜《ひ》山《やま》郡厚《あつ》沢《さ》部《ぶ》町)。箱館戦争による領内の荒廃と藩士の対立、沖ノ口体制解体(明治二年九月)による財源の枯渇などで政治的、財政的混乱は激しく、オランダ商会などより借金を重ねる。明治四年七月、廃藩置県により館県となる。館県は同年九月に弘前県に編入された。

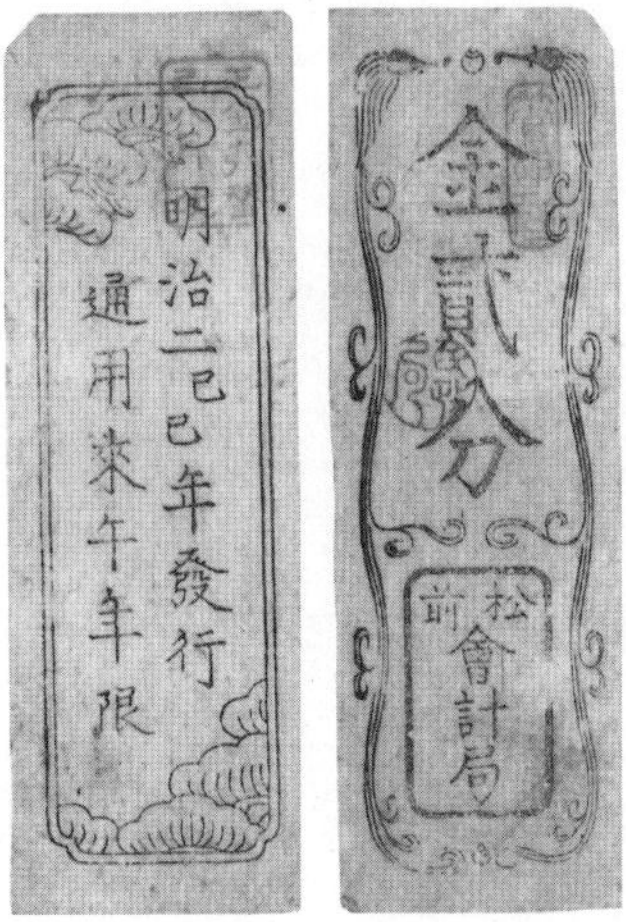

館藩藩札(金二分札)

参考文献　『松前町史』史料編一、『函館市史』史料編二、『北門史綱』(東京大学史料編纂所蔵)、『(新撰)北海道史』三、『新北海道史』三、田端宏「旧館藩負債一件」(『松前藩と松前』八、一九七五年)

(海保　嶺夫)

松前藩（まつまえはん）

蝦夷地・松前(北海道)に藩庁を置いた藩。福山藩ともいう。藩主は松前氏。領域は和人地(松前地・シャモ地)と蝦夷地より成る。藩主は慶広・公広・氏広・高広・矩広・邦広・資広・道広・章広・良広・昌広・崇広・徳広の十三代。初代慶広の次に二代盛広を置くこともある(藩主期慶長五年(一六〇〇)―十三年)が、慶長九年の蝦夷地交易独占権を与える徳川家康黒印状は慶広に宛てられてあり、『徳川実紀』も慶広の次は公広と明記しているので、盛広は藩主ではない。石高は、松前氏の大名知行権の内容が交易独占にあるため、擬制的なものであった。松前公広は寛永十一年(一六三四)の家光上洛などに「一万石之人積」(『福山秘府』)で供奉し、同二十年には氏広を「一万石以上の長子」に加える(『徳川実紀』)とあるので、元和・寛永期には主に軍役高として一万石格の扱いであったようである。この後、享保元年(一七一六)家継結納時に「万石並」

献上の指示を受け(『松前年々記』)、同四年、吉宗朱印状を与えられた際に松前矩広は「万石の列に準ずべき旨」を命ぜられた(『徳川実紀』)。元文五年(一七四〇)、月次朝会には再び「万石以上」と命ぜられており(『徳川実紀』)、一万石格の地位は不安定であった。

文化四年(一八〇七)—文政四年(一八二一)に奥州伊達郡梁川に転封された際は九千石(実高一万八千石余)となったが、松前復帰後は再び石高上の位置づけがあいまいとなり、天保二年(一八三一)一万石格とされ、嘉永二年(一八四九)城主に列し、安政二年(一八五五)松前城付地以外の収公の際は「三万石ノ家班」(『松前家記』)とされた。松前藩の石高上の不安定さは、近世では津軽海峡以北がすべて石高制の外であることに由来する。「平時の軍役」というべき参勤形態も独特である。幕初より貞享期まではおおむね三年一勤、以後は転封される文化四年まで六年ないし五年一勤(松前藩では享保十二年に六年一勤と規定されたとするが、これを裏付ける幕府史料はない)、転封中は隔年参勤、復領後は再び五年一勤となり、天保二年に一万石格とされると同時に隔年参勤を命ぜられている(『徳川実紀』)。石高上の位置づけと同じく、北海道に足がかりを持っている限り松前藩は隔年参勤の原則からはずれていたのである。このあり方は、十万石格・三年一勤で対朝鮮交易を独占していた対馬藩のあり方と共通するところがある。松前藩主の官位は代々従五位下、官名はおおむね志摩守・伊豆守・若狭守。志摩守の本来の意味は「蝦夷が島の守」であったと考えられている。江戸城中では柳間詰。

松前藩は、十五世紀中ごろの道南沿岸地帯に叢生した和人小領主(館主)の統一者である蠣崎《かきざき》氏を直接の母体としている。蠣崎慶広は天正十八年(一五九〇)豊臣秀吉に臣従して「狄之嶋主」とされ、文禄二年(一五九三)肥前名護屋において秀吉より対蝦夷地交易独占を保障する朱印状を与えられ、続いて慶長九年には徳川家康より前出の黒印状を与えられ、藩たるべき政治的基礎を確立した。この間の慶長四年慶広は姓を蠣崎より松前に改めている。松前藩の大名知行権の内容が対蝦夷地交易独占権であるため、藩主自身および家臣は独占的交易権の分与である商場《あきないば》知行制に立脚して再生産活動を行なっていた。これは商場を単位として蝦夷地を支配することをも意味する。商場知行制は十七世紀を通じ確立していくが、その強化の過程で寛文九年(一六六九)シャクシャインの蜂起を招来した。この蜂起の克服以後商場知行制は確立し、それは十八世紀前半、商場の経営権を運上金納入を条件に商人に委ねる場所請負制に転換した(この転換に藩側の積極的な指導があったとする見解と、自然的推移とする見解とがある)。以後松前藩は維新期まで場所請負制に立脚することとなる。松前藩領は箱館戦争で二度戦場となり大打撃を受け、明治二年（一八六九）六月に館藩と改称し、同四年七月廃藩置県をむかえている。

参考文献　松前景広『新羅之記録』（『新北海道史』七、一九六九年）、榎森進『北海道近世史の研究』（北海道出版企画センター、一九八二年）、菊池勇夫『幕藩制と蝦夷地』（雄山閣出版、一九八四年）、海保嶺夫『幕藩制国家と北海道』（三一書房、一九七八年）、『松前町史』通説編一上、『松前町史』史料編一、榎森進「松前藩」（『新編物語藩史』一、新人物往来社、一九七五年所収）、海保嶺夫「統一政権・松前藩・蝦夷地」（同編『北海道の研究』三、清文堂出版、一九八三年所収）、菊池勇夫「鷹と松前藩」（地方史研究協議会編『蝦夷地・北海道』雄山閣出版、一九八一年所収）、春日敏宏「松前藩成立期に関する一考察」（『松前藩と松前』一九、一九八二年）

藩校　松前藩九代藩主章広は、文政五年（一八二二）蝦夷地復領を機に藩風を振興するため藩校徽典《きてん》館を創設した。これはのちに文武館、文武局と改称され、明治四年（一八七一）の廃藩まで継続された。九歳以上の家臣子弟が入学を許され、学生数五百人、素読生・復講生・講義生に分けられていた。教授に山田三川（朱子学）・長谷川運（漢学）などがいる。このほか威遠館（兵学）・済衆館（医学）などの藩校があった。

参考文献　蠣崎敏『旧松前藩立学校学事状況』、『徽典館沿革』、『北海道史』一、『新北海道史』二、北海道立教育研究所編『北海道教育史』地方編一、山崎長吉『北海道教育史』

（海保　嶺夫）

青森県

黒石藩（くろいしはん）

陸奥国(青森県)黒石を本拠とした藩。弘前藩の支藩。外様。陣屋持。明暦二年(一六五六)弘前藩主の分家で少身の幕府旗本津軽信英が、幕命により甥で幼年の弘前藩主津軽信政の後見を命じられ、弘前領のうち津軽郡黒石十八ヵ村(黒石領)・同平内十九ヵ村(平内領)・上州勢多郡の内六ヵ村、合わせて五千石を内分で分知された。寛文二年(一六六二)二代信敏襲封のとき千石を弟信純に分与し知行四千石となった。分与した千石は、元禄二年(一六八九)信純の子信俗が早世したために上知、そのため弘前藩の表高も千石減じた。黒石津軽家は初代信英から信敏・政児・寿世・著高・寧親・典暁と代々旗本、交代寄合(のち寄合)として続いたが、八代親足の代、文化六年(一八〇九)弘前藩の願いにより蔵米六千石が加えられて一万石の大名となった。伺候席は柳間席。藩政下の領地は黒石領・平内領、さらに陸奥国伊達郡上秋山村(福島県伊達郡川俣町)で四千石であった。大名となっても旗本以来の内分分知という位置づけから、政治的・経済的に弘前藩とは従属的関係といえるほど強いつながりがあった。また立藩後黒石藩主は海防や蝦夷地警備などを含む対幕府関係の面で弘前藩主の名代としての立場が生じている。親足の後藩主は順徳・承保と相続され、十一代承叙の代明治二年(一八六九)弘前藩が黒石藩領をも含めた形で版籍を奉還したので、はじめ承叙の知事任命はなかったが、運動の結果、弘前藩から支配を分与される形で同年八月黒石藩知事に任ぜられた。同四年廃藩置県により黒石県となったが、同年九月弘前県に合併され、弘前県は間もなく青森県と改称された。このほかの主な事件に、正徳三年(一七一三)—四年にかけて争われた平内領における盛岡藩との境論(烏帽子山紛争)がある。

参考文献　『陸奥黒石津軽信英家譜』、『大日本維新史料稿本』(以上東京大学史料編纂所蔵)、森林助編『津軽黒石藩史』(歴史図書社、一九七六年)、『黒石市史』通史編一・二、資料編一・二、石崎宜雄『近代化の中の青森県』(津軽書房、一九七九年)、同「版籍奉還と黒石藩の立場」(『弘前大学教育学部紀要』二三ノ八A。一九七〇年)、浪川健治「黒石津軽領の性格と支配—宝永二年代表越訴を素材に—」(『弘前大学国史研究』七八、一九八五年)

(盛田　稔)

藩校　三代藩主津軽政児の時に文道場と武道場が設立され

たとあるが、小規模で初歩的なものであったという。八戸藩では、藩校開設以前より、宗藩である弘前藩の稽古館に多くの藩士を留学させていた。天保初年、九代藩主順徳の時、儒者である長崎勘介および畑井多仲に命じ、経学教授所が創立された。長井・畑井は教官となったが、両者とも朱子学を専務としており、経学教授所においても同学が重んじられたと考えられる。弘前藩稽古館より教官を再三にわたり招聘したり、経学教授所を出た者を稽古館へ留学させたりと、両者の関係が深かったことがわかる。明治二年(一八六九)、経学教授所は文武学校と改称している。

参考文献　葛西富夫『青森県の教育史』(思文閣出版、一九八五年)、『青森県教育史』一、文部省編『日本教育史資料』三

(工藤　航平)

七戸藩(しちのへはん)

陸奥国(青森県)北郡七戸を藩庁とした藩。盛岡藩主南部重信の六男政信を始祖とする。元禄七年(一六九四)盛岡藩主南部行信は、幕府に願い、内分の形で弟政信に和賀・二戸両郡において五千石を分知した。政信の知行地はほぼ新田から構成されていたが、凶作などを理由に宝永四年(一七〇七)以降知行を宗家から蔵米支給される形をとった。代々寄合旗本で、江戸麹町に屋敷があった(麹町南部家)。政信以降信弥・信伝・信喜を経て、五代信隣が文政二年(一八一九)宗家より蔵米六千石を足し加えられ一万千石の大名となった。伺候席は柳間。定府で宗家からの蔵米支給による形をとった内分大名だったため、陣屋地・領地は設定されなかった。六代信誉が安政六年(一八五九)城主格となり、七代信民の代文久三年(一八六三)には幕府の命を承けた宗家から、当時新田開発が進められていた北郡三本木(青森県十和田市)周辺に陣屋地・領地を設定する動きがあったが、実施に至らぬうちに戊辰戦争がおこり、宗家に追従する形で奥羽越列藩同盟に参加した藩主信民は敗戦後の処分で千石没収の上隠居を命ぜられ、明治二年正月養子信方(盛岡藩主南部利剛の子息)が家督を継いだ。

終戦処理の任にあたった盛岡藩士新渡戸伝の計画に基づき、四月に信方の領地は北郡に内定し、五月七戸周辺三十八ヵ村実高一万三百八十四石余の領知が確定した。翌六月信方は版籍を奉還し、七戸藩知事に任ぜられた。翌三年四月には支配地に比べて生産力の高い盛岡藩支配地の和賀郡黒沢尻(岩手県北上市)周辺、同郡土沢(同東和町)周辺、閉伊郡遠野(同遠野市)周辺いずれかへの転住を嘆願したが折り合いがつかずそのままとなる。同年閏十月には七戸藩誕生により激増した年貢諸役の減免、藩大参事となった新渡戸伝の罷免などを要求す

る一揆が発生している。翌四年七月廃藩置県により七戸県となったが、同年九月四日合県して弘前県の中に含まれた。なお弘前県は同月二十三日青森県と改称され、県庁は青森に移された。

参考文献　『三本木開拓誌上巻・新渡戸伝一生記』(新渡戸記念館蔵・刊本積雪地方農村経済調査研究所編纂)、「糀町御系譜御書上写幷三田様同断」(岩手県立図書館蔵)、「七戸南部政信家譜」、「盛岡藩覚書」、「盛岡藩御用人所雑書」(以上盛岡市中央公民館蔵)、『七戸町史』三・四、『青森県史』七・八、石崎宜雄『近代化のなかの青森県』(津軽書房、一九七九年)、盛田稔「明治三年七戸通百姓一揆について」(盛田稔学長還暦記念論集編集委員会編・発行『青森県　その歴史と経済―盛田稔学長還暦記念論集―』一九七八年所収)、岩本由輝「盛岡藩における幕末藩政改革」三(『山形大学紀要』社会科学一八ノ二、一九八八年)

藩校　「学校」と呼称される七戸藩の藩立学校は、明治二年に七戸城内に設置され、盛岡より教師を招聘して、漢学・英学を講じたという。廃藩に伴い閉鎖されている。

参考文献　『青森県教育史』一・記述編一、『七戸町史』四、葛西富夫『青森県の教育史』(思文閣出版、一九八五年)

(千葉　一大)

斗南藩（となみはん）

明治初期、陸奥国三戸郡五戸(青森県三戸郡五戸町)、のち北部田名部《たなぶ》(同県むつ市)に藩庁を置いた藩。明治元年(一八六八)会津藩は領地を没収されたが、同二年九月松平家の再興を許すとの沙汰があり、十月松平容保の子息慶三郎(容大)に家名再興が許された。沙汰のあった時太政官から「領地は猪苗代または陸奥の北郡にて三万石を賜る」旨の内示があった。藩論は二分された。しかし文久二年(一八六二)箱館(函館)で行われたロシア使節との接衝のとき幕府の正使粕谷筑後守の随員として陸奥北郡を通過し、当時三本木平で行われていた新渡戸伝の荒野開拓の状況をつぶさに見聞した広沢安任(のちの斗南藩少参事)、慶応二年(一八六七)これまた幕臣小出大和守に随行して、ロシア使節と接衝した山川大蔵(浩、のちの斗南藩大参事)、永岡敬次郎(久茂、のちの小参事)の三人は、陸奥の北部の土地、風俗を知り、広大な荒野の開拓に未来を託し、強行に陸奥北郡をとる事を主張したのが通り、明治二年十一月陸奥国北・三戸・二戸三郡において三万石の支配地が設定された。加えて三年正月には北海道国後志太櫓・瀬棚・歌棄三郡、同じく胆振国山越郡の支配をも命じられている。同年五月十五日、容大が斗南藩知事に任命された。旧会津藩士は同年春から陸奥国の新支配地へ移住を開始した。藩では農業授産を掲げ、移住者の中には領内各地に入植する者もあったが、多くは新政府からの扶助米金に依存する生活を強いられた。四年七月廃藩ののち、支配地は斗南県となり、ほかに、七戸、八戸、黒石、弘前、館の計五県が誕生した。五県誕生直後、斗南県大参事山川浩、少参事広沢安任、八戸県大参事太田広城は、合県の密議をこらし、陸奥国を一県とすることの有利性を大久保利通内務卿に説き、七月二十三日、太政官へ建議、同二十五日、合県についての諮問に合格、同年九月四日七戸・八戸・黒石・館の四県とともに弘前県(のち青森県と改称)に合併された。全国に先駆けて最も早い合県であった。

参考文献　『大日本維新史料稿本』(東京大学史料編纂所蔵)、『松平容大家記』(前同所蔵)、『青森県史』八、『むつ市史』近代編(明治・大正時代)、星亮一編『荒川勝茂・明治日誌』(新人物往来社、一九九二年)、宮崎道生・青森県企画部県民課編『青森県近代史年表』(青森県、一九七三年)、石崎宜雄『近代化のなかの青森県』(津軽書房、一九七九年)、葛西富夫『斗南藩史』(斗南会図会、一九七一年)、同『続会津の歴史』(講談社、一九七三年)

藩校　斗南藩の藩校は、会津藩の藩校「日新館」を再興したものである。旧会津藩士は、新支配地に移る際、日新館の漢籍・和書に加えて、新たに若干の洋書を購入して田名部に運び、明治三年八月ころ同地に「日新館」を開設した。支配地が分散していたこともあり、藩内各所に郷学校にあたる漢学校やその分局を設置していた。日新館は廃藩に伴い、翌年十二月ころ閉鎖された。

参考文献　『青森県教育史』一・記述編一、葛西富夫『青森県の教育史』(思文閣出版、一九八五年)
（千葉　一大）

八戸藩（はちのへはん）

陸奥国三戸郡八戸(青森県八戸市)に本拠を置いた藩。藩主南部氏、外様、陣屋持、寛文四年(一六六四)盛岡藩主南部重直が無嗣のまま死去し、同年十二月、幕府はその遺領十万石のうち、新たに南部重信に盛岡八万石、その弟直房には二万石で八戸藩を立てさせた。歴代藩主は直房・直政・通信・広信・信興・信依・信房・信真・信順。寛文五年二月、領地の配分が実施され、三戸郡四十一ヵ村、九戸郡(岩手県)内三十八ヵ村、志和郡(岩手県)内四ヵ村で表高二万石を藩領とされた。その内高四万七十四石は開発可能高と見るべきであろう。八歳で家督した二代藩主直政は藩政の確立に努めるとともに、将軍徳川綱吉の外様大名登用の流れのなか、貞享四年(一六八七）詰衆、翌元禄元年に側衆、ついで側用人となるが、病により同二年正月その職を辞した。直政には学才があり、その詩文を集めた「新編文林全集」を編んでいる。その一方、在世中には大地震、元禄大飢饉、幕府への過大な勤役のため藩財政は窮乏したとされる。

三代藩主通信・四代藩主広信の代に法令・制度が整備され、領内検地もほぼ完了、享保年間には紫波源之丞が側用人として腕を振るった。しかし、その後寛延二年（一七四九）―三年の「猪《いのしし》飢饉《けがち》」、宝暦五年（一七五五）、さらに天明三年（一七八三）―四年、天保三年（一八三二）―十年の大飢饉や、連年の凶作、過大な勤役などにより藩財政は極度に窮乏した。八代信真は野村軍記を登用し、専売制の実施、金銭預り切手発行、検地実施、新田開発奨励などによる文政・天保の改革を実施したが、天保五年（一八三五）強権的改革に反発する百姓一揆（稗三合一揆）が発生し、野村は入牢の身となる。しかし入牢中に野村が買付けていた越後米が到着し、野村の罪も晴れたので藩主はこれを許そうとしたが、その直前野村は牢中で病死した。「八戸のことは、良きも悪しきも軍記さま」という言葉がある通り、彼に対する評価はまちまちであるが、他藩に比し餓死者の数を最小限に止ることが出来たので改革は一応成功したと見る見方が強い。しかし、余りにもきびしすぎる改革であったため野村の死後、改革の手直しが逸見兵庫、同主計、船越清大夫、木幡文内ら重臣の手により行われ、江戸時代後期の財政窮乏期を無事乗り切ることが出来た。一方同九年沿岸警備の功により家格が城主格となった。

幕末の九代信順（島津重豪の子）は奥羽越列藩同盟に荷担したが、新政府軍との目立った交戦がなかったため処罰の対象とはならず、明治二年（一八六九）版籍奉還、同四年七月十四日廃藩置県によって藩は消滅し、旧領は八戸県となる。同年九月五日弘前県に統合、同月二十三日弘前県は青森県と改称。なおこれと別に同二年八月設置された九戸県が同年九月十三日八戸県と改称したが八戸藩との混同を恐れてか同月十九日三戸県と改称。「八戸藩日記」などの藩政資料などが八戸市立図書館に、八戸南部家文集が八戸市博物館にある。

参考文献　八戸社会経済史研究会編『概説八戸の歴史』中一・中二・下一（北方春秋社、一九六一―六二年）、『八戸市史』通史編・資料編一―一二、前田利見編『八戸藩史料』（郷友会、一九二九年）、工藤祐董編『八戸藩法制史料』（創文社、一九九一年）、前田利見編『八戸南部史稿』（八戸市史編纂室、一九九九年）、正部家種康『八戸藩　南部地方史話』（東奥日報社、一九七六年）、工藤祐董『八戸藩の歴史』（八戸市史編纂室、一九九九年）、『八戸藩―大名の江戸と国元』

(八戸市博物館、二〇〇一年)、『南部・津軽藩飢饉史料』(青森県叢書刊行会、一九五四年)、『青森県人名大事典』(東奥日報社、一九六九年)
(盛田　稔)

藩校　二代藩主南部直政の時、江戸藩邸内に文林館を創設し、藩士にも聴講させていた。八戸では、文政十二年(一八二九)、八代藩主信真により文武講習所が創立された。和学、漢学を主とし、当初は古学も採用していたが、その中心は朱子学であった。藩校開設当初から医学校開設を意図していたと考えられ、天保四年(一八三三)には儒医菊地大叔を秋田より招聘している。幕末期には英学科も設置された。当藩では武に重点が置かれており、洋学も軍事面で活かされたといえる。明治期の史料によると、八戸および陸中国紫波郡に一ヵ所ずつ郷学校が設置されていたことがわかる。

参考文献　葛西富夫『青森県の教育史』(思文閣出版、一九八五年)、『青森県教育史』一、文部省編『日本教育史資料』三
(工藤　航平)

弘前藩(ひろさきはん)

陸奥国(青森県)津軽郡弘前に藩の本拠を置いた藩。藩主津軽氏、城持、外様。歴代藩主は津軽為信・信枚・信義・信政・信寿・信著・信寧・信明・寧親・信順・順承・承昭。戦国末期、津軽地方に勢力をもっていた南部・北畠両氏を南部氏の一族とみられる為信が駆逐、豊臣政権は為信の津軽領有を認め、同時に同所に設定した太閤蔵入地一万五千石の代官とした。当時の領知高は三万石とみられる。慶長五年(一六〇〇)関ヶ原合戦時には軍勢が奥羽大名の中で唯一西上したとみられ、戦後、津軽地方の太閤蔵入地、さらにその翌年上野国勢多郡六ヵ村(大館領)に二千石が加増され、四万七千石となる。二代藩主信枚・三代藩主信義の代には弘前城とその城下の建

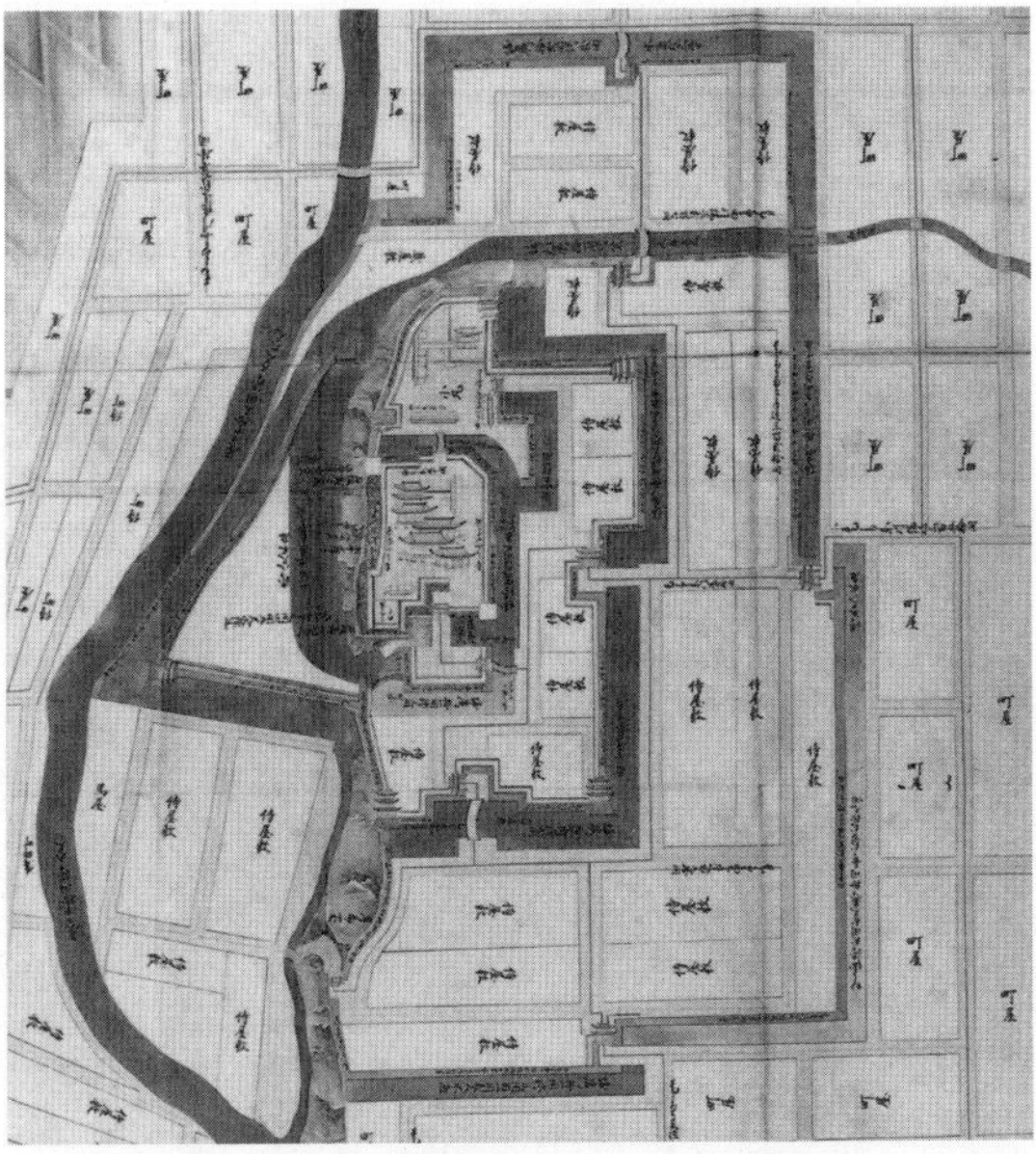
津軽弘前城之絵図部分(正保城絵図より)

設や、青森開港、家臣団への知行宛行などを実施し、領内支配体制の基礎整備に努めた。その一方、その過程において、為信死後、信枚相続に至る過程で発生した跡目争いである「大熊騒動」や、寛永十一年(一六三四)に譜代家臣と出頭人の対立が激化し幕府の裁定を仰いだ「船橋騒動」などに代表される家中騒動が頻発した。その他近時、為信の嫡男信建の二代襲封説も出ている。

また元和五年(一六一九)には福島正則が城郭無断修築を罪に問われ広島から津軽に減転封を命じられ、それに伴い津軽家には越後への転封問題が起こったが正則の津軽転封中止と弘前藩重臣らの転封反対運動とにより沙汰止みとなっている。明暦二年(一六五六)に家督相続した四代藩主信政は、後見人で叔父の幕府旗本信英に津軽郡内黒石二千石・平内千石・大館領二千石、計五千石を内分で分知した(黒石津軽家)。黒石津軽家二代信敏は寛文二年(一六六二)弟信純に黒石内五百石・上野国内五百石を分知したが、元禄二年(一六八九)信純家は断絶、所領は収公されたので、弘前藩の表高が黒石津軽家を含め四万六千石と減じた。弘前藩では同十一年上野国内千五百石を幕府に献じ、代償として幕領となっていた黒石五百石・陸奥国伊達郡秋山村を得て、津軽郡一円支配を回復した。信政の代には藩政の確立が図られ、寛文年間以降津軽平野北西部の新田を開発し、貞享元年から領内総検地(「貞享検地」)が実施された。また統治機構の整備や江戸・大坂への領内米の廻米運漕の本格化、また藩主権力強化のための施策(弘前城郭内からの家中屋敷移転・家中俸禄制度の転換)などがとられた。

藩政中期から後期にかけて、新田開発の限界と経済情勢の変化に伴う財政支出の増大、不作・凶作の多発などによって藩財政は困窮した。加えて江戸後期には、盛岡藩とともに蝦夷地警備を担う藩として位置づけられ、勤番人数の派兵が行われた。その見返りとして、文化二年(一八〇五)に七万石、同五年に十万石と、領域はそのままで高増され、藩主寧親の官位も上昇した。分家の黒石津軽家も同六年弘前藩から蔵米六千石を分知され、一万石の黒石藩が誕生した。一方、寛政五年(一七九三)から翌年にかけて幕府の「北国郡代」設立構想のため青森・三厩(青森県東津軽郡外ヶ浜町)などの弘前藩領の一部の村替問題がおきたがいずれも実施に至らなかった。元和元年(一六一五)、寛永十七年(一六四〇)―十九年、元禄八年(一六九五)、宝暦五年(一七五五)、天明三年(一七八三)、天保四年(一八三三)―九年の大凶作をはじめ不作・凶作の年が多かった。度重なる不作・凶作、蝦夷地出兵によって慢性的に窮乏した財政を打開するため、宝暦・寛政・天保の三大藩政改革が実施され、藩財政建て直しと支配機構の再編・強化が試みられたが、充分な成果をあげられなかった。また藩の成立した経緯から生じた盛岡藩との確執がよく知られ、正徳三年(一七一三)から翌年にかけての領境烏帽子山をめぐる境論や、文政四年(一八二一)盛岡藩領福岡(岩手県二戸市)出身の下斗米秀之進による津軽寧親襲撃未遂(相馬大作事件)などの事件が発生している。

明治元年(一八六八)七月弘前藩は岩倉、近衛両氏の説得により加盟していた奥羽越列藩同盟を離脱、新政府軍に属し、翌年藩主承昭は永世章典禄一万石を得ている。版籍奉還によって藩主承昭は弘前藩知事に就任、同四年の廃藩に至っている。この間同二年から藩政改革に着手、翌年には家禄削減によって困窮する士卒族救済のため、地主・豪商から土地を強制収用して藩士を帰農させる「帰田法」が実施されている。史料として、弘前市立図書館に「弘前藩庁日記」四千五百十五巻、貞享検地で作成された検地帳(「貞享之御竿元帳」)七百二十一冊をはじめとする藩政史料などがあり、国文学研究資料館には「陸奥弘前津軽家文書」がある。

参考文献　『弘前市史』藩政編、『新編弘前市史』通史編二・三、資料編一・二・三、『青森県史』資料編近世一・二、青森県立図書館・青森県叢書刊行会共編『新編青森県叢書』一—一一(歴史図書社、一九七三—七四年)、青森県文化財保護協会編『みちのく叢書』一・三—五・八—一〇・一七(国書刊行会、一九八二—八三年)、坂本寿夫編『津軽近世史料　弘前藩記事』一—五・拾遺(北方新社、一九八七—九四年)、長谷川成一編『弘前の文化財　津軽藩初期文書集成』(弘前市教育委員会、一九八八年)、盛田稔編『津軽家文書抄』(青森県文化財愛護協会、二〇〇一年)、田澤正『幻の二代藩主・津軽信建』(北方新社)、長谷川成一編『津軽藩の基礎的研究』(国書刊行会、一九八四年)、同編『北奥地域史の研究』(名著出版、一九八八年)、同『近世国家と東北大名』(吉川弘文館、一九九八年)、同『弘前藩』(吉川弘文館、二〇〇四年)、弘前大学国史研究会編『津軽史事典』(名著出版、一九七七年)

藩校　弘前藩では、寛政年間に実施された藩政改革のなかで、藩校設置が構想された。これ以前すでに四代藩主津軽信政の代から儒書・兵書の城中講釈が実施されており、寛政三年(一七九一)には医書講釈も開始されている。また八代藩主信明は家督相続当初から国元・江戸屋敷それぞれに学校創立の意志を有していたとされている。これをうけて九代藩主寧親は寛政六年(一七九四)七月、弘前城追手門前

弘前藩蔵書印

（現弘前市白銀町「追手門広場」一帯）に「稽古館」を開校、三百人の藩士の子弟に入学を許可し経学・兵学・紀伝学・天文暦学・数学などの学科目を講じた。同時に医学校も設立され、八月には武術各派の師範が任命され、同九年末には道場が完成、翌年から学校支配下に運営された。一方同九年江戸藩邸にも学館「弘道館」が設立されている。

藩校経費は当初年三千石が設定され、職制は、学校御用係に家老をあて、学長に該当する惣司には用人、その下の経営の実務担当者や幹部教授にあたる小司には中級家臣数名があたり、実際の教育活動の中心である学頭・添学頭は家中から約四十名が選ばれ、専門科目を担当した。一方学生は上級家臣下弟の収容を建前とし、それ以下の家臣子弟は選抜の上入校を許可していた。この点から藩政執行に携わる家臣の育成に教育の重点が置かれたことがうかがえる。しかし蝦夷地警備、土着藩士の引上げなどのため藩財政は窮乏、同十一年五月倹約令施行とともに学校年間経費が三千石から五百石に減額され、学校道場は廃止、さらに文化五年（一八〇八）には藩校は弘前城三ノ丸に規模を縮小して移転、「学問所」と呼ばれるようになった。同十四年の職員録「学問所分限」によれば、教科は経学・書学・数学に限られ、学問所担当の藩校人・職員・教授役は三十人程度に削減されている。江戸弘道館もこれより先同二年に廃止された。寧親は同七年それまで藩内の学問の主流であった古学から本来の宋学に学問所の学風を転換、その後幕府の聖堂に学ぶものが続出した。

文政二年（一八一九）に弘道館が再開、安政五年（一八五八）医学館創設、同六年修武堂・種痘館の設置があり、明治に入っても明治四年（一八七一）までに蘭学外科稽古所・漢英学寮・医学校の設置など時勢に応じた学問が奨励された。儒学教科書のほか『中朝事実』『聖教要録』『稽古館暦』などが刊行されている。

参考文献　弘前大学国史研究会編『津軽史事典』（名著出版、一九七七年）、『新編弘前市史』通史編近世二、『青森県史』資料編近世・学芸関係、『青森県教育史』一・記述編一、『弘前市教育史』上、葛西富夫『青森県の教育史』（思文閣出版、一九八五年）、羽賀与七郎「稽古館成立に関する一考察」（『弘前大学国史研究』一八、一九五九年）、瀧本壽史「弘前藩藩校の学官について」（『北奥文化』一二、一九九一年）

（盛田　稔）

藩札　弘前藩では、宝暦六年（一七五六）、天保八年（一八三七）、明治二年（一八六九）に札を用いた。宝暦のときは標符といい、のちに通帳と呼ばれたように、藩士には蔵渡米に、領民には金銀米銭の上納分にあたる金額を記した帳面を与え、その枠内での購買力を保証し、物品購入の際には硬貨を用いずこれに購入額を記して取引させた。一般の札のイメージとは異なるが、領内での金銀の使用を禁じてそれを藩庫に集め、かつその領外への流出を防いだ点では一般の藩札発行の目的や仕法と同様である。しかしこの制度により領内の経済や流通が混乱したために、翌七年にその使用は停止された。天保のときは御用達商人宮崎八十吉名で、米の預手形の形をとった二十八文目・二十文目・十五文目・十文目・七文目・五文目・三文目・二文目・一文目・五分の十種の銀札を用いたが、発行の主たる目的であった買米が、凶作のため不能となり翌年停止された。明治には一両・二歩・一歩・二朱・一朱の金札と、三百文・二百文の銭札を発行した。総額は三十万五千五百二十七両と永三十文で、うち四万四千七百二十三両一分一朱が引換焼却された。

一両金札

参考文献　滝沢武雄『日本貨幣史の研究』(校倉書房、一九六六年)、長谷川成一『弘前藩における藩札の史料収集と研究』、瀧本壽史「弘前藩宝暦改革における『標符(通帳)』の形態について」(『弘前大学国史研究』一一一、二〇〇一年)

(滝沢　武雄)

藩法　四代藩主津軽信政の時代に基本法令の整備がなされた。寛文元年(一六六一)の「諸法度」は十一ヵ条からなる領内支配の基本法令である。このほか藩士・農民・町人・寺社を対象とする法度がある。藩士向けには寛文二年「家訓条々」十七ヵ条があり、その後正徳元年(一七一一)十一ヵ条の法度、享保十五年(一七三〇)五ヵ条の法度によって趣旨の再確認がなされた。「農民法度」六十五ヵ条、「町人法度」七十九ヵ条、「寺社法度」十三ヵ条は天和元年(一六八一)正月に一斉に発令された。刑法には安永四年(一七七五)制定の「御刑罰御定」(安永律)九十八ヵ条、中国法の「明律」に範を求め寛政九年(一七九七)に完成した「寛政律」百七十五ヵ条、実効性に問題のあった「寛政律」に代わり「公事方御定書」に範を求めた文化七年(一八一〇)の「御刑法牒」(文化律)百四十八ヵ条がある。法典類には藩政整備確立時代の法令を編年で収録した「津軽家御定書」(国立史料館蔵)のほか、藩士葛西彦六が寛永元年から享保二十年に至る藩の法令を編んだ「御定法編年録」(弘前市立図書館蔵)、信政時代から文化年間の法令を項目別に配列した「御定法古格」(同)などがある。このほか藩政全般にわたり分野別に記事を収録した「要記秘鑑」(同)、藩政の諸事例を藩御日記方が類別した先例集である「御用格」(同)にも法令やその運用状況にかかわる記事が見いだせる。

参考文献　『弘前市史』藩政編、『新編弘前市史』通史編二・三、資料編二・三、『津軽家御定書』(『史料館叢書』三、東京大学出版会、一九八一年)、『御用格』寛政本(上・下)・第一次追録本(上・下)・第二次追録本・第三次追録本(弘前市・弘前市教育委員会、一九九一―二〇〇二年)、黒滝十二郎『津軽藩の犯罪と刑罰』(『青森県の文化シリーズ』二三、北方新社、一九八四年)、同『日本近世の法と民衆』(高科書店、一九九四年)、同『弘前藩政の諸問題』(北方新社、一九九七年)

(盛田　稔)

岩手県

一関藩（いちのせきはん）

陸奥国(岩手県)一関に藩庁を置いた藩。外様。万治三年(一六六〇)仙台藩主伊達綱宗が隠居を命じられ、子息亀千代(綱村)が相続する際、伊達宗勝(政宗子息、綱宗の叔父)と田村宗《むね》良《よし》(綱宗兄)が幕府の命により亀千代の後見とされた。当時宗勝は一関周辺で一万五千八百石を知行していたが、仙台藩から改めて内分で三万石の分知をうけた。藩領は磐井《いわい》郡のうち西岩井・流《ながれ》の三十ヵ村(一関市と西磐井郡平泉町のそれぞれ一部)である。幕藩関係・領内統治などは仙台藩から大きな制約をうけていた。寛文十一年(一六七一)、宗勝は寛文事件(伊達騒動)の首謀者として改易、高知藩主山内豊昌《とよまさ》に御預となり、一関藩領と宗勝家臣団は仙台藩に復した。一方、田村宗良は、仙台藩から名取郡・柴田郡のうち三十三ヵ村、表高三万石を内分で分知され岩沼(宮城県岩沼市)藩主となったが、その後、天和元年(一六八一)、宗良の子建顕《たつあき》の代に、仙台藩と協議し表高はそのままで一関へ所替となった。所替時の領域は一関周辺の磐井郡西岩井・流・東山それぞれの一部と栗原郡三迫《さんのはさま》のうち(一関市、岩手県東磐井郡藤沢町、宮城県栗原市のそれぞれ一部)、実高三千百五十四貫二百八十四文(三万千五百四十二石八斗四升)であった。建顕は元禄四年(一六九一)奥詰、翌年奏者番となり、また同十四年三月、江戸城で刃傷事件を起こした赤穂藩主浅野長矩の身柄を預けられ、邸内で切腹させたことでも知られる。なお同六年には無城大名から役儀により城主格とされている(建顕没後再び無城大名)。建顕以後の藩主は、誠顕《のぶあき》・村顕《むらあき》・村隆《むらたか》・村資《むらすけ》・宗顕《むねあき》・邦顕《くにあき》・邦行《くにゆき》・通《みち》顕《あき》・邦栄《くによし》・崇顕《たかあき》と続き、廃藩に至る。田村家が藩主となった一関藩も仙台藩から内分分知をうけて成立したため、本藩への従属度が高く、独立した職制と家臣団をもつ一方、領内統治や通商運輸に関わる権限は仙台藩から大きく制約をうけた。

藩財政は当初から多額の借財に苦しみ、文化・文政年間(一八〇四―三〇)と嘉永年間(一八四八―五四)には仕法替が実施され、財政再建を目指したが、根本的解決には至らなかった。戊辰戦争では奥羽越列藩同盟に参加、秋田藩領に侵攻したが、その後仙台藩とともに降伏、明治元年(一八六八)十二月三千石減封となり、藩主邦栄は隠居、翌年の版籍奉還によって藩主鎮丸(崇顕)は一関藩知事に任命された。同四年の廃藩後、旧藩領の西岩井十七ヵ村・流十三ヵ村は一関県、水沢県、磐井県を経て、同九年四月岩手県に編入された。藩政史料として、「田村家文書」(一関市立博物館蔵)がある。

参考文献　『岩手県史』四・六、『一関市史』、『仙台市史』通史編四、資料編二、岩手県立博物館編『一関藩展―田村氏治世下の歴史と文化―』(一九八四年)、一関市博物館編『田村家文書を読む』(一九九九年)、八巻一雄「文化期に於ける一関藩の政治―佐瀬主計を中心として―」(『岩手史学研究』三六、一九六一年)、鈴木幸彦「一関藩田村氏の基礎的考察」一・二(『岩手県立博物館研究報告』三・五、一九八五・八七年)、「物語一関藩」(『河北新報』岩手版、一九七五年十一月四日―十二月二十七日)

(千葉　一大)

藩校　天明三年(一七八三)、一関城下の商家出身である関養軒が同志と図り、一関城下広小路御舟倉脇に学問所を設置し、藩に献納したことを起源とする。当初一関学館、のち教《こう》成館《せいかん》と称した。設立当初より儒学・医学二分野の教育を実施。文政元年(一八一八)規模拡張、校舎整備がなされた。弘化二年(一八四五)医学教育を分離。城下吸《す》川街《かわこうじ》(一関市上大槻街)に設置された医学校は翌年慎済館と命名。嘉永四年(一八五一)国学を開講し、文久二年(一八六二)には国学寮・兵学寮・武道場が併設され、文武館と総称。開校以来嘉永六年までの間に『論語』『孟子』など経書六種類の版本を刊行し、教育に用いている。明治二年(一八六九)末の藩政改革において教成館は教成寮と改称、皇学・漢学・洋学三部門が設置され、廃藩・廃校に至る。

参考文献　『岩手県教育史資料』一・三、笠井助治『近世藩校に於ける出版書の研究』(吉川弘文館、一九六二年)、同『近世藩校に於ける学統学派の研究』上(吉川弘文館、一九六九年)、『一関市史』二、『岩手近代教育史』一、岩手県立博物館編『一関藩展―田村氏治世下の歴史と文化―』、長岡高人編『岩手県の教育史』(思文閣出版、一九八六年)、鈴木幸彦「一関藩における蘭学浸透状況―慎済館と『稽古登御改始末』を中心に―」(『岩手史学研究』八四、二〇〇一年)

(千葉　一大)

盛岡藩（もりおかはん）

陸奥国(岩手県)岩手郡盛岡に本拠を置いた藩。藩主南部氏。外様。城持。天正十八年(一五九〇)七月南部信直は豊臣秀吉から、「南部内七郡」を当知行安堵され、近世大名南部氏が誕生する。同時に南部氏が支配していた津軽地方は大浦(津軽)為信の領有が認められその支配から離れた。同年秀吉による奥州仕置が一段落すると、大崎・葛西一揆、和賀・稗貫一揆などが勃発し、ついで、南部一族の九戸政実が九戸城(岩手県二戸市)に拠って反乱を起こした(九戸政実の乱)。これを信直は自力で鎮定できず、翌年豊臣勢の下向によってようやく鎮圧した。その後信直はそれまで居城としていた三戸城から九戸城(福岡城と改称)に移り、さらに北上川の水上交通が利用可能な交通の要所である不来方《こずかた》(のちの盛岡)の地を新しい城地として選び文禄年間以降築城と城下の経営が行われた。寛永十年(一六三三)盛岡城が本格的に完成すると、藩主重直によって居城と定められた。

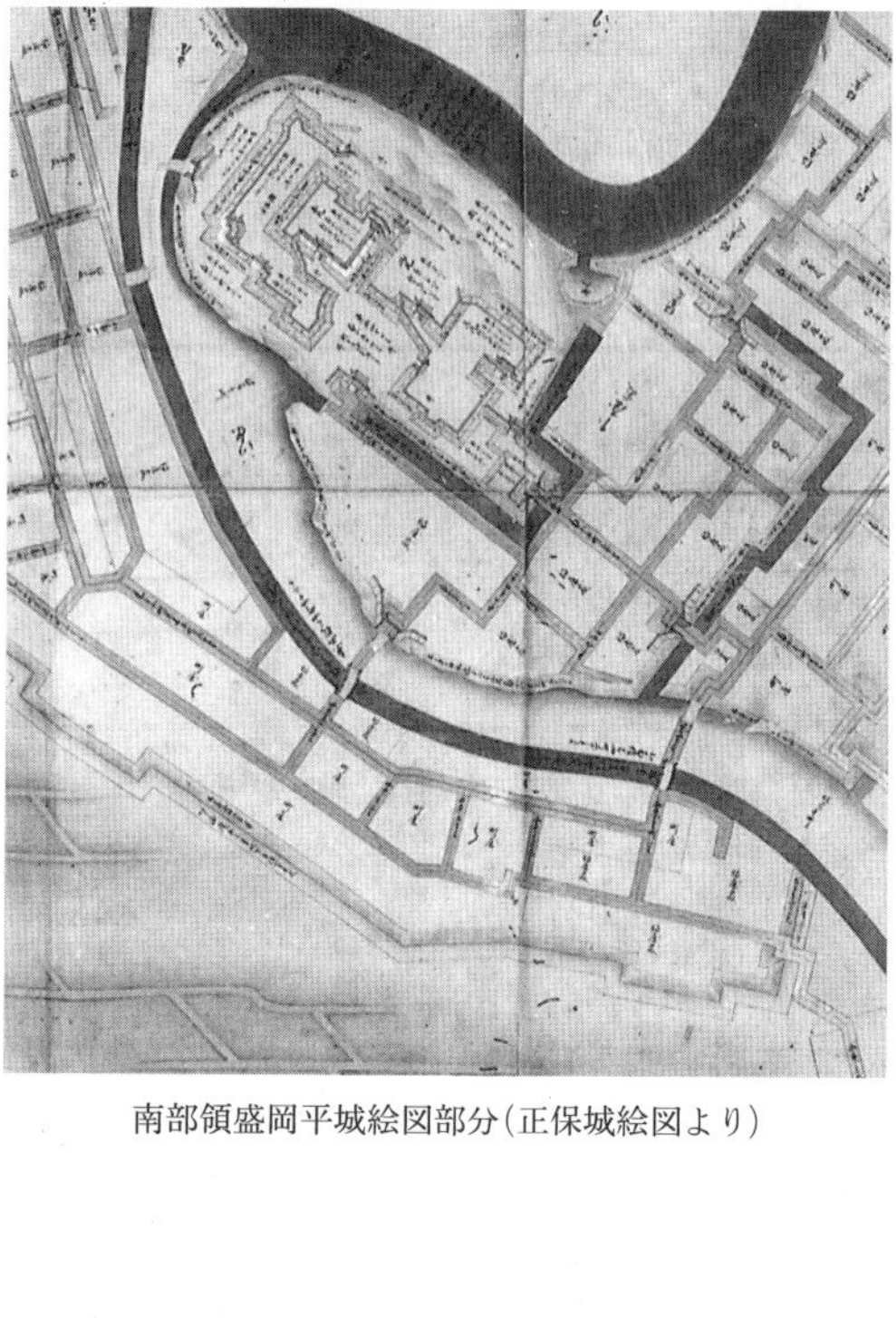

南部領盛岡平城絵図部分(正保城絵図より)

歴代藩主は信直のあと、利直・重直・重信・行信・信恩・利幹・利視・利雄・利正・利敬・利用（文政四年（一八二一）八月事故死、同年九月、一門三戸駒三郎が身代りとなり、利用を称した）・利済・信侯（利義）・利剛・利恭。慶長五年（一六〇〇）の関ヶ原合戦の際には安東氏・戸沢氏らと共に最上義光に加勢、のち領内で発生した和賀・稗貫一揆を鎮圧、徳川政権成立後も所領は安堵された。寛永十一年（一六三四）の「寛永朱印改」の際、領分の郡名・郡域が確定し、陸奥国北・三戸・二戸・九戸・鹿角・閉伊・志和（のち紫波）・稗貫・和賀の十郡、都合十万石の所領が重直に安堵された。朱印状に提出された「領内郷村目録」によれば当時の草高は二十万五千五百五十四石余であった。盛岡藩の諸制度は、利直・重直・重信の三代の藩主のもとでおおむね整備されたとみてよい。利直は寛永四年（一六二七）一門の八戸直栄を八戸（青森県八戸市）から遠野（岩手県遠野市）に所替したことに代表されるように、在地性の強い旧領主層である上級家臣の追放・処罰、家臣への知行宛行を実施するなど、藩主と家臣間の主従関係の深化が進んだ。重直は後世「無法非儀の御方」との評価がなされる個性の強い人物で、一層の藩主権力強化をめざした。数多くの新参家臣を召し抱える一方、諸代家臣の強引な人員整理を実施したことで知られる。嗣子に恵まれなかった重直は幕府にその選定をゆだね、そのまま寛文四年（一六六四）病死し、幕府の裁定によって遺領が分割され、重直の弟重信を藩主とする盛岡八万石と同じく直房を藩主とする八戸二万石が成立した。

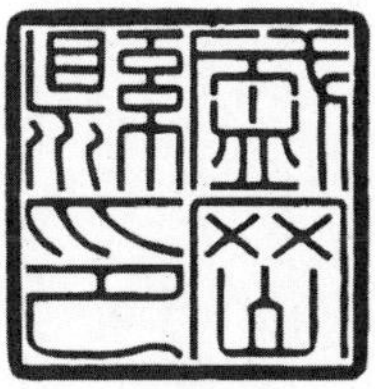

「盛岡県印」

重信は領内総検地実施や新田開発奨励など意欲的に藩政に取り組み、天和三年（一六八三）精勤と「領内場広」を理由として、領域はそのままに十万石に高増された。広大な領域をもつ盛岡藩には「通《とおり》」という独特の代官統治区域が設けられ、天和三年の領内総検地終了時点で、領内は三十三の「通」に編成され、さらに代官所の整理統合が進んだ結果、享保二十年（一七三五）には代官所の数が二十五となっている。また藩政期を通してみられる特徴として、家臣団への地方知行制が行われていたことと、凶作・飢饉・百姓一揆の続発が挙げられる。地方知行による家臣の給地は、天和年間の場合内高二十四万七千六百七十六石余のうち三七・五％を占めているが、この比率は幕末になっても変化がない。飢饉は十六年に一度の割合で襲来し、元禄・宝暦・天明・天保の飢饉は被害甚大で、四大飢饉といわれている。凶作・飢饉の続発は藩財政を圧迫し、負担を転嫁された領民の反発による百姓一揆が繰り返された。領内沿岸の三閉伊地方(野田通・宮古通・大槌通)を舞台にして、弘化四年(一八四七)と嘉永六年(一八五三)にひき起された「三閉伊一揆」はその典型例である。

さらに寛政年間以降の藩政や地域社会に大きな影響を与えたのは弘前藩とともに幕府から命ぜられた蝦夷地警備である。老中松平定信が北方への備えとして北国郡代設置構想を企図した際には、盛岡領下北地域の村々が上知の対象とされ、実現寸前まで及んだ。寛政十一年(一七九九)以後盛岡藩は勤番人数を蝦夷地に派兵し、文政五年(一八二二)の撤兵まで続いた。幕府は警衛に対する見返りとして、藩主利敬の官位は従四位下、さらに侍従へと昇進し、文化五年(一八〇八)領域の変動がないまま二十万石への高直が行われるなど、南部氏の家格が上昇した。また、安政二年(一八五五)以降再び蝦夷地警備のための現地派兵が行われている。一方で領内往来の幕府役人・軍兵の増加による夫伝馬負担や勤番地へ人夫として徴用されるなど、領民にも重い負担となった。

明治元年(一八六八)の戊辰戦争において、利剛は奥羽越列藩同盟に加わり抗戦した廉で領地没収の上、隠居差控を命ぜられ、利恭が家名相続を許されて旧仙台藩領岩代国刈田郡白石(宮城県白石市)十三万石に減転され、旧盛岡領は黒羽・松代・松本各藩の取締のもとに置かれた。翌年七月二十二日七十万両献金を条件に南部氏の盛岡復帰が認められ、利恭が盛岡藩知事に就任、旧領のうち岩手・紫波・稗貫・和賀四郡十三万石を支配した。同三年七月十日利恭の請願により盛岡藩はいちはやく廃藩、支配地は盛岡県となり、同五年正月八日岩手県と改称された。「雑書」(藩家老席の執務日誌)をはじめ、「篤焉家訓」(市原篤焉が藩政に関する史料・記録を収集・採録したもの)など南部家旧蔵の家文書・藩政史料類が盛岡市中央公民館に所蔵されている。岩手県立図書館にも「内史略」(横川良助が藩政成立・財政経済・百姓一揆・凶作などの記録を採録したもの)をはじめとする文書・記録類が多く架蔵されている。

参考文献　菊池悟郎編・発行『南部史要』(一九一一年)、『岩手県史』五、『盛岡市史』二・三、南部叢書刊行会編・発行『南部叢書』全一一冊(一九二七―三一年)、岩手県立図書館編『岩手叢書』一―一〇(岩手県文化財愛護協会、一九八三年)、盛岡市教育委員会・盛岡市中央公民館編集『盛岡藩雑書』『盛岡藩家老席日記雑書』(熊谷印刷出版部・東洋書院、一九八六年―刊行中)、『盛岡南部家文書　家老席日誌　覚書』慶応編・明治編(東洋書院、二〇〇〇・〇二年)、『青森県史』資料編近世一・四

藩校　盛岡藩の藩校は、その起源を藩が設置した武術稽古

場に求めることができる。寛文年間（一六六一―七三）、藩主重信の嗣子行信が、盛岡城内に近接する御新丸に御稽古場を開設し、元文五年（一七四〇）志家《しけ》村八幡社前（盛岡市八幡町）に、さらに明和八年（一七七一）城下三戸町角（日影門外小路、現盛岡市中央通）に移転している。文化二年（一八〇五）、藩主利敬は藩出身の儒者下田三蔵を教授に登用して儒学の振興を計り、御稽古場において藩士に対する講釈が開始された。天保十一年（一八四〇）八月、御稽古場は「明義堂」と命名され、武芸重視から儒学を中心とする教育への転換が図られた。弘化三年（一八四六）教官に登用された長州藩出身の儒者藤井又蔵の訓点を付した明義堂蔵版の四書五経が嘉永二年（一八四九）・同五年に刊行されている。

安政元年（一八五四）からは医学も講じられ、文久三年（一八六三）七月、経済・医学専用の教場が新築され、「作人斎」と命名された。同時に武芸道場は「止戈場」と命名され、文武学校としての体裁が徐々に整えられた。安政六年（一八五九）教授に登用された江幡五郎《えばたごろう》は、幕末の緊迫した時局に対応する藩校設置を企図し、それによる藩校の改革が慶応元年（一八六五）四月に実施された。その結果、藩校の名称は「作人館」に、また「作人斎」・「止戈場」はそれぞれ「修文所」・「昭武所」と改称された。これに独立した医学専門の「医学所」を加えて、文・武・医三科で構成されることになった。

作人館の教育は、後期水戸学の教学思想の影響を色濃く受けた、日本古来の思想と儒学思想が本質で一致するという「和漢一致」という考え方を学風とし、江幡が著した『和漢一致証註』（藩主利剛が『学軌』と改名、同三年刊行）でその理念が体系づけられている。この理念のもと、国学が教科に加えられ、神廟には和漢一致の象徴として孔子と大国主命が祭られた。藩校の拡充と共に藩士子弟の皆学が義務づけられ、分校ともいうべき郷学が領内各所に開設されている。また同三年に藩校経営の資として、岩手郡雫石《しずくいし》ほか六ヵ村に学田三千石が設定されている。戊辰戦争前後には休校を余儀なくされたものの、明治二年（一八六九）南部家の盛岡復帰以後教育活動が再開され、教育課程に洋学が取り入れられた。翌年廃藩に伴い盛岡県に移管され「盛岡県学校」に転換、同五年の学制発布後廃校となっている。なお作人館出身者には原敬（内閣総理大臣）・田中館愛橘（東京帝国大学教授）・佐藤昌介（北海道帝国大学総長）らがいる。

参考文献　『雑書』、『篤焉家訓』（以上盛岡市中央公民館蔵）、江幡五郎『学軌』（岩手県立図書館蔵）、『盛岡市史』三、『岩手県教育史資料』一・二、『岩手近代教育史』一・明治編、上飯坂直美編『南部藩教育小史』（盛岡市役所、一九三七年）、長岡高人『盛岡藩校作人館物語』(熊谷印刷出版部、一九八〇年)、同編『岩手県の教育史』(思文閣出版、一九八六年)、『幕末盛岡の学校物語―洋学校・日新堂と藩校・作人館』(盛岡市中央公民館、二〇〇一年)、『青森県史』資料編近世・学芸関係

藩札　文化・文政年間、盛岡藩では慢性的財政難に加え、領内流通貨幣が不足し、仙台藩が鋳造した仙台通宝(角銭)の流入や藩内製造の私鋳銭が流通するなど、経済状況の混乱が見られた。盛岡藩では商人たちを蔵元とし、その信用の許で領内限り正金銭並に通用する店預切手をしばしば発行して状況の打開をはかった。その端緒は、文政元年(一八一八)藩内の豪商を蔵元として発行された「金所預切手」で、さらに天保四年(一八三三)には二度にわたり城下豪商井筒屋善助・同権右衛門に店預切手(井筒屋連名札・井筒屋木版札)を発行させたが、折からの凶作・飢饉によって藩財政は一層深刻化し、収拾は困難であった。天保六年(一八三五)十月、盛岡藩では井筒屋の店預切手を通用停止し、江戸商人からの借財二万両を兌換準備金として、福禄寿二十四文・布袋三十二文・恵比須百文・大黒二百文・弁財天三百文・昆沙門一貫文・寿老人二貫文の銭札を発行した。藩札「七福神札」である。この運営は家老花輪栄・用人志賀角太夫の指揮のもと、勘定所内に銭札通用会所を設置し、豪商近江屋市左衛門を中心に進められた。しかし兌換が滞りだすと、藩札の価値が下落し、発行翌年には二度にわたり貨幣価値が暴落し、商人による藩札受け取りの拒否、諸物価の高騰、質屋倒産などの金融恐慌をひき起した。この結果幕府が異例の介入を行い、同八年正月、銭札の通用は停止された。この間に発行された銭札は三十万貫(金に換算して四万四千両)余に達したという。こののち、横沢兵庫を登用して実施された天保期の藩政改革でも、銭札に代わる赤字補填の手段として再び盛岡城下の有力商人が発行した店預切手に依存し、濫発と発行者の信用低下のたびに発行者を変更させながら、正金銭の代用として領内での流通をはかった。

二貫文銭札

弘化四年(一八四七)九月に実施された国産品専売制のもと、大坂商人鴻池伊助・肥前屋篤兵衛に城下豪商鍵屋茂兵衛が加わって、国産品を担保とする店預切手を発行したが、国産品輸出の停滞と、預切手の濫発によって信用低下を引き起こし、安政二年(一八五五)に発行停止に追い込まれた。これ以後も国産品売買のための商法会所や領内商人による店預切手を信

用貨幣の代用とする状況が続いた。廃藩置県による藩札の通用停止をうけて、岩手県は明治五年(一八七二)一月より十月まで店預切手の引き替えを実施、政府発行の紙幣と交換された。四月までの段階で銭札八万四千八百五十五貫文の引き替えが完了している。ただし、五百文以上の預切手は発行額が巨額に達していたため、当初から引き替えの対象外とされた。

参考文献　横川良助『内史畧』(『岩手史叢』一―五)、横川良助『飢饉考』(同八)、『盛岡市史』二、守屋嘉美「幕末藩政改革の研究(一)」(『東北学院大学東北文化研究所紀要』四、一九七二年)、岩本由輝「盛岡藩における幕末藩政改革(一)」(『山形大学紀要(社会科学)』一二ノ一、一九八一年)、沢井敬一『盛岡藩における藩札の史料収集と研究』(日本銀行金融研究所、一九九〇年)、吉川光治『徳川封建経済の貨幣的機構』(法政大学出版局、一九九一年)

藩法　藩法を集成した法令集としては、まず「御家被仰出」三十三巻三十四冊(盛岡市中央公民館蔵)が挙げられる。巻によっては年代や法令が重複している場合もあるが、寛永元年(一六二四)八月から天保八年(一八三七)十二月までの約二百年間にわたる盛岡藩の法令二千七百七点が編年形式で収録されている。官撰であるが、編纂事情は明らかではなく、立法の参考上、重要法令を整理したものと考えられている。これについで、諸士、諸役人、諸代官・百姓、町といった発令対象に法令を分類した「諸被仰出」(同所蔵)などがある。なお、盛岡藩に達せられた幕府の法令・通達などは別に「公儀被仰出」十八巻(同所蔵)としてまとめられている。また私撰の法令集としては、盛岡・八戸両藩分立直後の法令を集めた「被仰出之類」、地方支配にかかわる法令を集めた「寛文年中ヨリ諸御代官江被仰出書」(岩手県立図書館蔵)がある。一方、文化五年(一八〇八)に藩主南部利敬の命により編纂が開始され、翌年二月に完成した刑法典「文化律」(前同所蔵)は、百十三ヵ条からなり、「公事方御定書」中の「御定書百箇条」に範を取り、盛岡藩における判例も加味されたものとなっている。このほか各役職・役所の執務に欠かせない先規集・便覧として、目付の執務便覧としての「御当家重宝記」、家中便覧・諸士必携としての「御目付所御定書」、勘定所の職務分掌を規定した「御勘定所七棚仕様付帳」・「旧盛岡藩勘定所事務分掌」、代官執務便覧としての「御代官心得草」などがある。

参考文献　藩法研究会編『藩法集』九盛岡藩上・下(創文社、一九七〇―七一年)、京都大学日本法制史研究会編『藩法史料集成』『文化律』(岩手県文化財愛護協会、一九八四年)、『青森県史』資料編近世四

(細井　計)

宮城県

岩沼藩（いわぬまはん）

陸奥国（宮城県）岩沼に居所を置いた外様藩。田村右京宗良が万治三年（一六六〇）八月、伊達兵部大輔宗勝とともに仙台藩四代藩主伊達亀千代の後見役となり、三万石の分知を受け、岩沼藩初代当主となる。寛文十一年（一六七一）四月三日、寛文事件（伊達騒動）の責任を問われ閉門。翌年四月閉門を免ぜられる。宗良の公用は十ヵ年にわたる亀千代の後見にあり、寛文事件の記録に同役の伊達兵部との葛藤の様子が記されている。また、宗良は文武の道に優れ、「瑞雲院殿御日記」（六冊）を著した。二代藩主は宗良の次男建顕である。延宝六年（一六七八）五月二十八日家督相続、同八年九月八日岩沼初入封を果した。天和元年（一六八一）十二月二十六日、磐井郡一関へ転封の命があり、翌二年五月に一関に入封したことにより、岩沼藩は廃藩となる。

参考文献　『一関市史』一、『仙台市史』通史編三―五、資料編二、菊田定郷『仙台人名大辞書』（歴史図書社、一九七四年）

（佐藤　宏之）

仙台藩（せんだいはん）

陸奥国（宮城県）仙台を藩庁とした藩。藩主伊達氏は外様、城持。天正十九年（一五九一）藩祖政宗が豊臣秀吉の命で出羽国米沢から玉造郡岩出山に移されて事実上仙台藩が発足したが、慶長六年（一六〇一）居城を仙台に定め、名実ともに仙台藩が成立した。歴代藩主は政宗ののち忠宗・綱宗・綱村・吉村・宗村・重村・斉村・周宗・斉宗・斉義・斉邦・慶邦・宗基。当初の領地は江刺・胆沢・気仙・磐井・本吉・登米・牡鹿・栗原・玉造・加美・遠田・志田・桃生・黒川・宮城・名取・亘理・伊具・柴田の十九郡および宇多郡の一部であったが、関ヶ原の戦ののち刈田郡を与えられ、これに近江国蒲生郡のうち一万石および常陸国竜ヶ崎のうち一万石を加えた六十二万石が仙台藩の総石高となった。支藩として、田村宗良（忠宗三男）を祖としその子建顕が天和二年（一六八二）磐井郡一関城三万石を与えられた内分け大名田村氏の一関藩がある。また、仙台城のほかに白石《しろいし》城があった。

〔家臣団〕家臣団は一門・一家・準一家・一族・宿老・着座・太刀上・召出という上士の班と、平士とに分けられ、その下に組士・足軽（卒）が列した。寛文十年（一六七〇）の「侍帳」

によれば平士以上二六九六、組士・卒四六八四、計七三八〇人、そのうち地方《じかた》知行は三〇三七、切米扶持方は四三四三である。このうち平士以上の地方知行取一七〇四人に給した石高は六十一万七千石にのぼる。平士以上のうちの知行取(給人)に与えた給地によって、すでに表高相当分は消える形となっている。仙台藩の内高は藩政中期には百万石を超過するが、膨大な給地によって蔵入地は圧迫され、藩財政の余裕は少なかった。

〔制度〕藩政を統括する役職は奉行であり、若年寄がこれを補佐し、江戸藩邸の庶政は江戸詰奉行が統轄した。奉行職は一家・一族・宿老・着座の班から選任される。一門は仙台城への勤番のみで役職には関与しなかった。仙台城の勤番を勤める大番士(平士)十組の支配には大番頭・脇番頭があたった。評定役が裁判を、出入司が財政をそれぞれ司った。仙台領内は二十一郡九百七十村(『天保郷帳』)が南・北・中奥・奥の四区に分けられ、四名の郡奉行が分担し、管内農民の軽罪断決権をも行使した。郡奉行の下に領内で約二十の代官区が設定され、大肝入(三十数人)と肝入(各村)の支配にあたった。仙台藩の知行制度および村落制度・農民支配は、領内総検地として実施された寛永検地によってほぼ確定する。これに伴って、貫高百文につき米一石納、すなわち一貫文＝十石の制が定まり、百姓持高・給人知行高ともに貫高によって表示され、この制は幕末まで行われた。仙台藩の特徴的制度としては、地方知行制のほかに要害・所拝領・在所拝領とよばれる大身家臣の領知制度があげられる。「要害」は戦国時代の古館であり、「所」は町場・宿駅の地である。「在所」拝領は町場を付属せず自分居屋敷のほか陪臣の侍・足軽屋敷および山林を下賜されるものであり、総じて要害・所拝領も同じく山林・陪臣屋敷を下賜される定めであった。元禄十四年(一七〇一)には要害所持の衆は着座に列し、所拝領などの衆は召出に列すると規定され、要害・所拝領という知行形態が家臣としての班序を決める要因ともなった。亘理伊達・涌谷伊達・角田石川・登米伊達(いずれも一門、要害所持)のように二万石以上の石高と五百人に及ぶ家中(士分)を擁するものがあり、藩政後期における陪臣(士分)は二万四千人を数えた。大身侍は仙台城下に屋敷を与えられて仙台城に勤番する一方、より多くは在郷の館屋敷に居住し、万石程度の知行地に一円的支配権を行使した。平士の多くもまた仙台屋敷のほかに在郷屋敷を与えられ、仙在双方に居住した。

〔歴史的事件〕藩政前期の重要な事件としては「伊達騒動」すなわち寛文事件がある。綱宗隠居に始まり、その後幼君亀千代(綱村)の後見となった伊達兵部宗勝・田村右京宗良とくに実権を握った兵部と奉行原田甲斐宗輔とに対する伊達安芸宗重の批判、幕府への訴えとして展開した事件は、大老酒井忠清邸の審理の場における甲斐の刃傷、そして兵部・甲斐らの処罪によって終末し、伊達六十万石は安泰であった。事件は、強力な親類一門衆に対して藩主のもとへの権力集中をはかる兵部・甲斐の政策と、一門大身の権力を保守しようとする安芸との対立のなかで進行したが、直接の契機となった安芸と伊達式部宗倫との野谷地相論の根底には、幕末まで一貫した仙台藩の地方知行制とりわけ藩政前期の現象であった野谷地開発＝新田造成の問題が存在した。

〔中期以後の藩政〕元禄年間には一門・大身衆による町人・百姓の自分仕置を一切禁止するという令達が出されたが、一門・大身の反発のなかで享保十一年には要害・所拝領の士が町場住居の百姓の軽罪を断決する権利を認める形で結着をみる。新田開発・買米・諸物資輸出入統制および農民支配の強化は、諸寺院・江戸屋敷造営と華美の風儀などによる綱村治世の財政悪化(延宝八年段階の借財二十三万両)を挽回すべく進められた吉村の施政のなかで実現した。すなわち、享保四年百姓条目を制定して、延宝五年布令の五貫文制(五貫文、すなわち五十石以上の土地所持を禁止する制)を確認したほか、父母孝行・農事出精・年貢皆済・法度遵守を督励し、衣食住・結婚葬祭の倹約・制限などを規定し、その後も郡村取締の厳重をはかった。また、買米制(産米の独占買上制度)を復活した。政宗の世に始まった買米制は綱宗の世に強制割当制となり、十万石程度が買い付けられて江戸に廻漕売却されていたが、延宝七年ころから廃止されていた。吉村の治世、倹約令・米価高騰などにより享保十五年ころに、買米本金十万両を運用して給人・百姓に対する前渡金による領内米の独占購入制度が確立した。この買米仕法の改革によって江戸廻米は二十八万石まで増大し、新田開発も促進された。買米の利潤およびこれと並んで行われた鋳銭事業の収入によって財政難は打開され、寛保三年(一七四三)吉村が宗村に家督を譲った際には軍用金三万両が用意されるまでになった。

しかし、重村治世中の宝暦七年(一七五七)財政難のなかで買米仕法は上方商人からの借金による現金買へと転換し、それによる買米不振のために一層財政を悪化させた。明和七年(一七七〇)の借財は六十万八千六百両となり、天明三年(一七八三)の大飢饉の翌四年から許された銀札発行と鋳銭(仙台通宝)もかえって財政難を深刻化させる結果となった。寛政三年(一七九一)・四年の豊作により、買米は両年で五十万両の利益をあげて借財を返済したが、寛政十二年以後蔵元となった升屋が「仙台の身上を丸きり預」かる形となりながら、天保五年(一八三四)に升屋は藩の借財五十万両を返済されないままで蔵元を退いた。以後、仙台藩は凶作と財政難のなかで明治維新を迎える。この間、享保十六年・元文二年(一七三七)の二次にわたり五貫文制を大幅に緩和して新田開発と富農の地主化に途を開いた。また、寛政九年仙台以北諸郡の農民が、藩の不当な課税と買米および郡方役人の不正停止、貧窮農民の救済を要求して蜂起した。四万人ともいわれる仙台藩史上唯一の大一揆であるこの蜂起の結果、郡方役人の大幅減員、農民夫役の軽減など寛政の「転法」が行われ、これと前後して赤子養育仕法も立てられ、文化初年にかけて相対的安定期が続いた。明治元年(一八六八)十二月伊達氏は新政府により戊辰戦争における敵対のかどで名取・宮城・黒川・加美・玉造の五郡に志田郡の内を合わせて高二十八万石に減封され、同二年六月版籍奉還により藩主伊達亀三郎(宗基)が仙台藩知事に任ぜられるに及び、仙台藩は解体した。

〔人口〕仙台藩の人口は元禄八年家中(士卒)二〇万二五四一、寺方二八八四、農民五四万二二六八、町人二万二七〇六、近江・常陸領一万九二八九、一関田村家中三三七五、同農民二万六六九四で合計八一万九七四九人(『宮城県史』二によるが、内訳の合計に合わない)。寛保二年には家中(士卒)一八万二二六七八、寺方六二四九、農民五五万九二〇四、町人二万〇三七四、近江・常陸・下総分一万八三七一、一関田村家中二八九二、同農民二万五二九三、その他三〇〇〇、合計八一万八〇六一人となっている。

〔史料〕仙台藩に関する史料としては、まず『伊達家文書』および伊達家の正史『伊達治家記録』があげられる。原本はいずれも仙台市博物館所蔵。前者は『大日本古文書』家わけ第三伊達家文書全十巻として公刊され、後者は綱村(肯山公)までの分が二十四冊本となって刊行されている(仙台、宝文堂)。仙台市博物館には『大日本古文書』伊達家文書に収録された以外の伊達家旧蔵の文書・記録類、すなわち『伊達晴宗采地下賜録』『段銭古帳』および天正末年の検地帳その他も架蔵されている。また宮城県立図書館は『伊達出自世次考』『伊達正統世次考』(『米沢市史編集資料』一五、一九八五年)、『伊達治家記録』ど伊達家旧蔵の文書・記録のほかに、『涌谷伊達文書』、幕末以来の青柳館文庫および収集の仙台藩関係史料を架蔵し、多くの絵図類も収蔵されている。財団法人斎藤報恩会もまた関係史料を収集所蔵し、宮城県立東北歴史博物館にも『石母田文書』(大塚徳郎編『仙台藩重臣石母田家文書』刀水書房、一九八一年、『続仙台藩重臣石母田家文書』刀水書房、一九八九年)、『中島文書』その他の関係文書が架蔵されている。

参考文献 『宮城県史』二、『仙台市史』一、『仙台市史』通史編三―五、資料編二・四・一〇―一二、近世村落研究会編『仙台藩農政の研究』(『綜合研究』六六、日本学術振興会、一九五八年)

藩校　五代藩主伊達吉村の元文元年(一七三六)十一月、仙台北三番丁細横丁西南角に学問所が設立され、高橋以敬(玉斎)が主立に就任した。のちに明倫館養賢堂と称し、藩士の子弟を教育した。主として経史の素読を課し、教学隆盛に赴いたが宝暦年中(一七五一―六四)に及んで、往々講説も中止されるほどに衰えた。藩主重村はこれを憂慮し、宝暦十年十一月北一番丁勾当台通東南角に移し、内部の改善と校舎の拡大をはかった。明和八年(一七七一)重村親書の「養賢堂」の扁額を掲げ、翌安永元年(一七七二)には養賢堂と命名した。この時、奉行芝多信憲と目黒清内が私財を投じて学頭寮と御書蔵を増築し、蔵書数千巻を献じた。文化七年(一八一〇)学頭となった大槻清準(平泉)の建議により学田一万二千石が給付され、同十四年十二月には二十五間四方、二十五室、三千名を収容する大講堂が落成し、また講堂の東に霊廟が設けられ、蔵版倉・製本所・学寮・穀倉・剣槍道場・柔術道場が備わった。

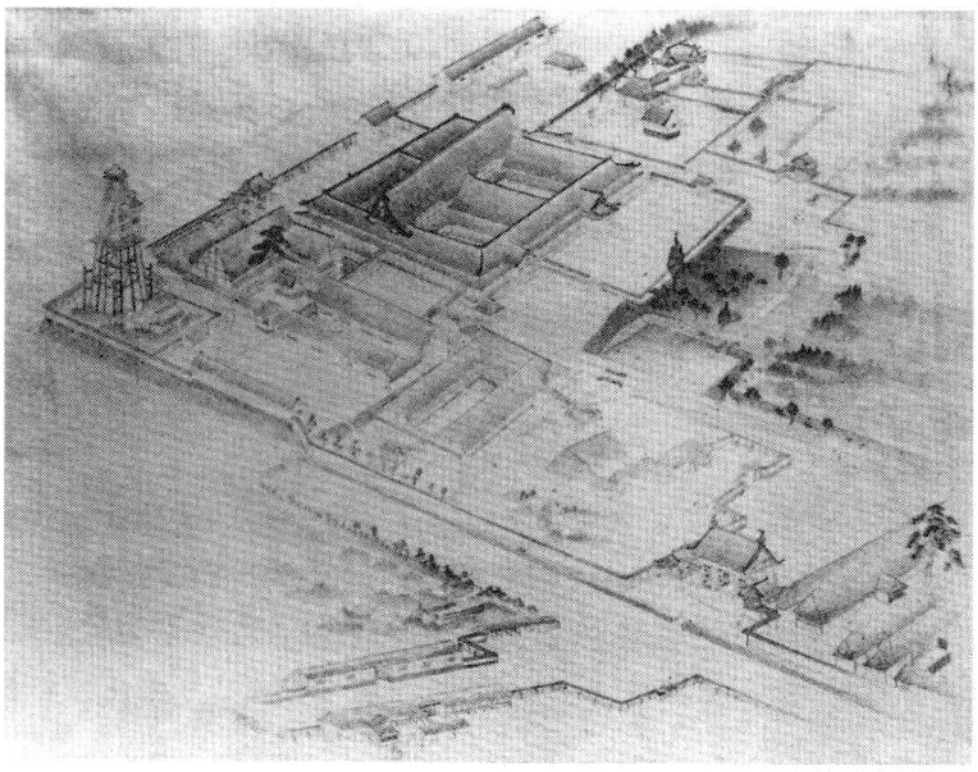

仙台藩藩校　養賢堂図

　ついで大槻清格(習斎)が学頭の時に、庶民の教育所として日講所が設置された。養賢堂の学科は儒学を基本としたが、文化八年書学・算法・礼方の三講座を置き、さらに兵学を増設し兵法・剣術・槍術の三科を置いた。また習斎が学頭の時に西洋学問所(蘭学局)を開き、音楽・露語・鋳砲・造船・操銃を加え、また開物方を設けて産業開発にあてた。幕末にはさらに英学が備わった。職員は学頭、学頭添役、書記(五～六名)、指南役頭取(二名)、指南役(十余名)、諸生扱・諸生主立(各二十余名)その他であった。幼少者には読書・習字、青年者には文武諸芸を加え、少壮者には経書の講義を聴かせた。文化十二年、養賢堂講師渡辺弘光(道可)を医学校講師(俗称学頭)に任じ、同十四年医学校が東二番丁に建設され、施薬所が置かれた。学頭のほか添役(一名)、助教・補助・句読師(各五名)および目付(二名)が配され、藩医の子弟の教育にあたり、また藩医以外でも士の資格があれば入学を許可した。経書についで医学七部を修め、年齢二十一歳に達すると二十五歳まで毎年一回の試験を受け、及第して医員に任ぜられた。なお、嘉永四年(一八五一)仙台川内《かわうち》に支校として小学校を建設し、川内一帯に居住する門閥子弟の講学所とした。学則は養賢堂にならい、別に振徳館と称した。

参考文献　『仙台市史』四・別篇二、『仙台市史』通史編四・五　(小林　清治)

藩札　天和三年(一六八三)財政難より楮幣発行、貞享三年(一六八六)札まであり、元禄二年(一六八九)混乱につき停廃。宝永元年(一七〇四)銭百・五十・二十・十文札と金札を発行、通用規則で金札一分=銭札一貫二百文=銭九百三十六文替の二割八分増発、額面通用を強制したがインフレに差支え宝永二年停廃。安永年中(一七七二—八一)大坂蔵元両替所銭札二十・三十・五十・一貫・二貫文、金一分札を発行。天明四年(一七八四)士民御恵のため銀十五匁(金一分)札・七匁五分札・三匁七分五厘札を柳町三浦屋惣右衛門方両替所で引替発行、城下正金通用を禁止、金一分銀十五匁に三匁七分五厘札を添え、両七十五匁替の二割五分増発。他領仕入の五品目の外津留、他所参詣当分禁止、似札造・正金通用訴人に歩札百枚の褒美、買締・物価引上禁止、他領用正金は入用品書上げ検断証明を必要、私的相対市禁止の通用規則を公布。知行十石に金二両、禄米同金一両二歩の銀札計八万両貸付発行、二千百余名の困窮町人に金二朱分宛計千両分、郡部に半額宛恵与され、インフレとなり前代未聞の不自由に困窮者が騒動、金解禁・札献納奨励、多額献納者には苗字帯刀を許し、扶持を与えたが、五ヵ月で通用皆無。寛政六年(一七九四)買米仕法に米札を採用するが、百姓信服せず、翌三月停廃、出入司・御郡奉行が処罰され奉行職が退転する。

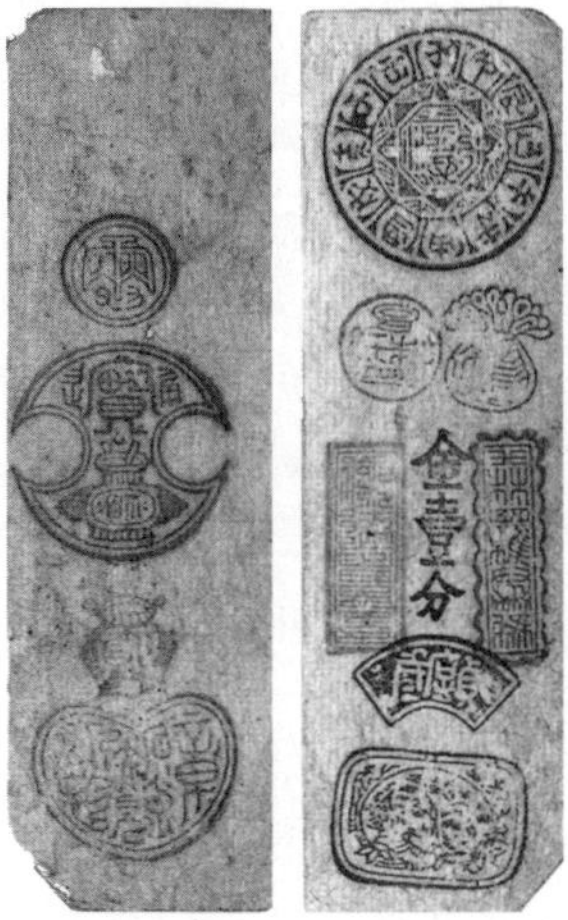
貞享一分金札

　文化五年(一八〇八)升小(升屋小右衛門)の妙計で、金一分・金二朱の升屋平右衛門預り手形を領内通用、升屋から兌換準備金銀を借り、買米本金の升平手形で買う大坂廻米の代銀を升屋に弁済する。白米六升五合札・同二升四合札・同一升二合札は、飢饉御救米札である。天保八年(一八三七)発行の両替所預り手形金一分札は両替所が為替組に兌換を約束するが、兌換準備に障り中止。安政三年(一八五六)財用方御用達米方蔵元中井仙台店引替所で、在来手形磨損のため、改正手形と引替、同六年銭預り切手を発行。安政札は金十二万五千両余の資金を調達、中井京都店で金二朱札・一朱札各五万両、一分札・銭五十文札十万枚、三十文札と二十文札各五万枚を製造し、増発、兌換準備の欠乏によりインフレを招く。明治四年(一八七一)七月政府届出高は金札百六十一万六千十両永百二十五文である。

参考文献　『宮城県史』二、荒木三郎兵衛『藩札』下(一九六六年)、『仙台市史』通史編四・五、斎藤鋭雄「藩札と鋳銭—吉村時代の財政事情」(『市史せんだい』一一、二〇〇一年)

(川上　雅)

藩法　新しい幕藩体制のもとで強力な藩主権力の確立を意図した伊達氏にとり、大名権力と家臣の領主権力との妥協のうえに成立した『塵芥集』は、たとえ分国法の白眉と称えられたにしても、これをそのまま藩法として固守し得ず、近世初期以来、この修正・打破を目指し、きわめて積極的な藩法定立が行われ、外様大藩の名に恥じない独自性の強い藩法が数多く制定された。もっとも著名な藩法としては、元禄十六年(一七〇三)十一月成立の刑法典『評定所格式帳』を挙げねばならないが、むしろ注目すべきは、地方《じかた》知行制存続のもとでの地方支配法の整備・確立であり、近世前期のそれを収録した『仙国御郡方式目』をはじめ、『公儀御触幷御国制禁』『四冊留』などの法令集には、「御国制の大法」と称された五貫文制(百姓持高の制限)、その他百姓身持、奉公人規制、買米制度など、同藩独特の藩法が数多く収録される。なお、官職制

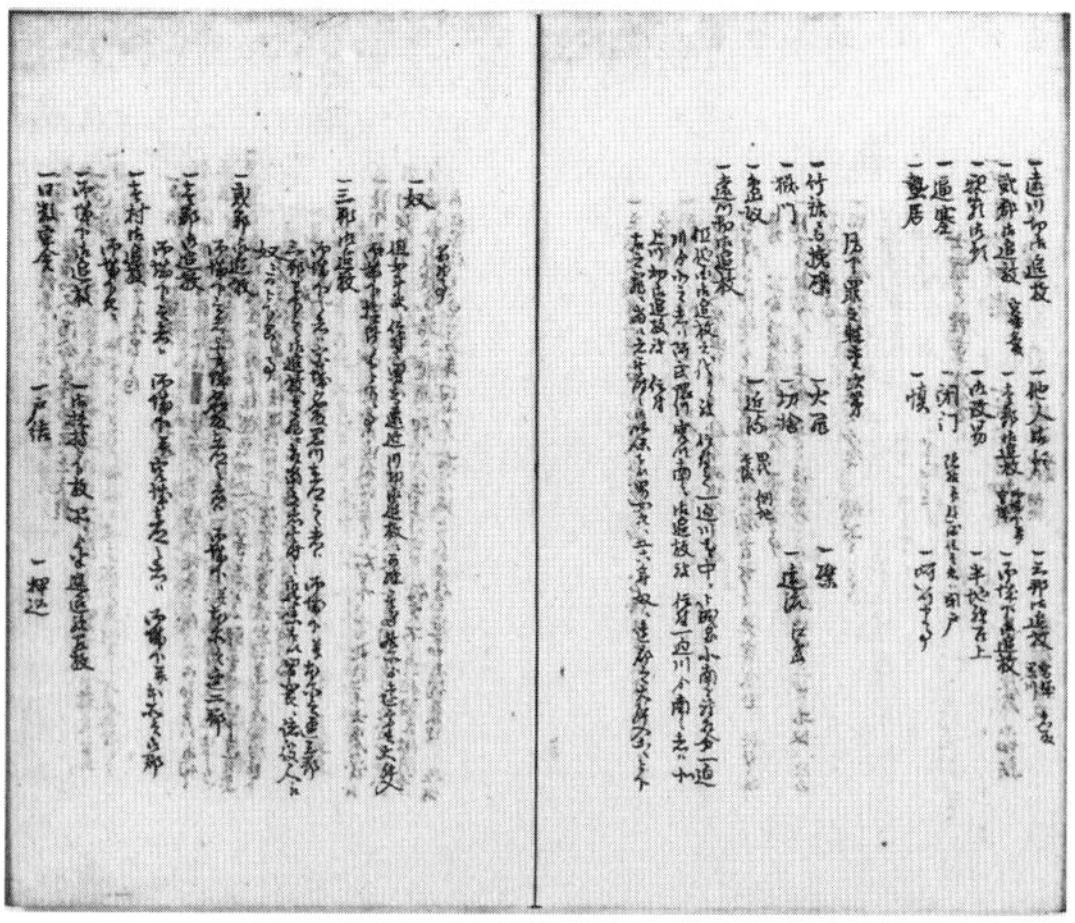

仙台藩藩法『評定所格式帳』凡下罪之軽重次第

度、家臣団統制法、裁判法などについては、『司属部分録』『法禁』『秘蔵録』『仙台藩諸法規実例』および『旧仙台藩古記』所収の『行司』『格式留』『定例』『後例』などの法令集がある。

参考文献　『仙台叢書』二・七・一〇(宝文堂出版、一九七一・七二・七二年)、『伊達家文書』、『宮城県史』七、『仙台市史』通史編二・三、小林宏『伊達家塵芥集の研究』(創文社、一九七〇年)、近世村落研究会編『仙台藩農政の研究』(『綜合研究』六六、日本学術振興会、一九五八年)、鎌田浩『幕藩体制における武士家族法』(『基礎法学叢書』一、成文堂、一九七〇年)、山田野理夫『仙台行刑小史』(宮城刑務所、一九五六年)、児玉幸多「仙台藩の持高制限令と貫文制」(『近世)農村社会の研究』吉川弘文館、一九五三年所収)、小林清治「東北大名の成立—伊達氏における知行制の成立—」(古田良一博士還暦記念会編『東北史の新研究』万葉堂出版、一九八三年所収)、同「伊達氏における家士制の成立」(『史学雑誌』六二ノ八、一九五三年)、同「仙台藩における「貫文制」の成立」(『文化』一七ノ三、一九五三年)、高柳真三「仙台藩の質物奉公」(『法学』二ノ一・二・四、一九三三年)、横山保興「仙台藩における行政組織の態容」(同一八ノ二、一九五四年)、伊藤政次「仙台藩に於ける流罪に就いて」(『仙台郷土研究』二ノ一一—三ノ一、一九三二年)、J・F・モリス「幕府法、藩法、給人の法—仙台藩の給人自分仕置一件—」(渡辺信夫編『近世日本の民衆文化と政治』河出書房新社、一九九二年所収)、藩法史料叢書刊行会編『藩法史料叢書』三・仙台藩(上)(創文社、二〇〇二年)

(服藤　弘司)

幕末諸隊　明治元年(一八六八)に入っても仙台藩は中立的な態度をとっていたが、五月三日には奥羽列藩同盟の盟主となり、官軍に対抗する立場を明らかにした。この前後に反官軍の諸隊が生まれる。まず閏四月に、藩士の次、三男を主体とした洋式軍隊の「額兵《がくへい》隊」が結成された。この隊の前身は「楽兵隊」といい、大番士百五十石取りに徴用された仙台東照宮宮司の子星恂太郎を隊長とし、およそ千人余りを編成した仙台藩唯一の新式装備部隊であった。次に五月十五日に「からす組」が結成された。すでに五月一日に官軍の攻撃を受けて奥羽列藩は大敗を喫して士気を喪失していたが、藩士で代々大番士・禄五十石の細谷十太夫は発奮し、それまで交際のあった掛田の善兵衛や桑折《こおり》の和三郎ら博徒や農民を集め、五十七人の義勇軍を結成。のちに十二人が加わり六十九人の隊となった。この隊は正式には「衝撃隊」といったが、隊士が黒装束で夜襲を得意としたので「からす組」ともいわれた。五小隊の編成をとり、戦場ではもっとも危険な最前線で神出鬼没の活動をして、敵軍から怖がられた。六月一日に始まる和田山の攻防戦で大活躍するが、戦況は仙台藩側に利なく後退をつづけた。七月に入り細谷自身は二百石を加増されたが、戦局は依然として官軍有利のままに展開した。ついに九月十日、仙台藩主伊達慶邦は降伏を決めたが、額兵隊は恭順の命令に従わず、石巻へと脱走して集結した。からす組は細谷十太夫が休戦に応じた上、武装を解いて解隊し、みずからは捕縛をのがれて脱出している。その後、十二月に官軍の仙台藩に対する処分に憤慨した二関源治は、藩士の次、三男や浮浪の徒を集めて石巻において「見国隊」を結成。この隊と額兵隊の残兵は相前後して榎本武揚率いる幕艦に乗りこみ、箱館へ行き五稜郭の戦いに加わった。なお仙台藩にはほかに二、三の諸隊があるが、ほとんどが九月の藩主の降伏の時に解隊している。

（高木　俊輔）

参考文献　藤原相之助『仙台戊辰史』（マツノ書店、二〇〇五年）、桜田憲章編『烏組隊長細谷十太夫』（江北書屋、一九三一年）

奥《おう》羽《う》越《えつ》列《れっ》藩《ぱん》同盟《どうめい》　戊辰戦争に際して、新政府側に対抗した東北・越後諸藩の同盟。明治元年（一八六八）正月十五日、東征大総督による奥羽諸藩への徳川慶喜追討令、ついで仙台・盛岡・秋田・米沢諸藩への会津討入令が出され、奥羽鎮撫使

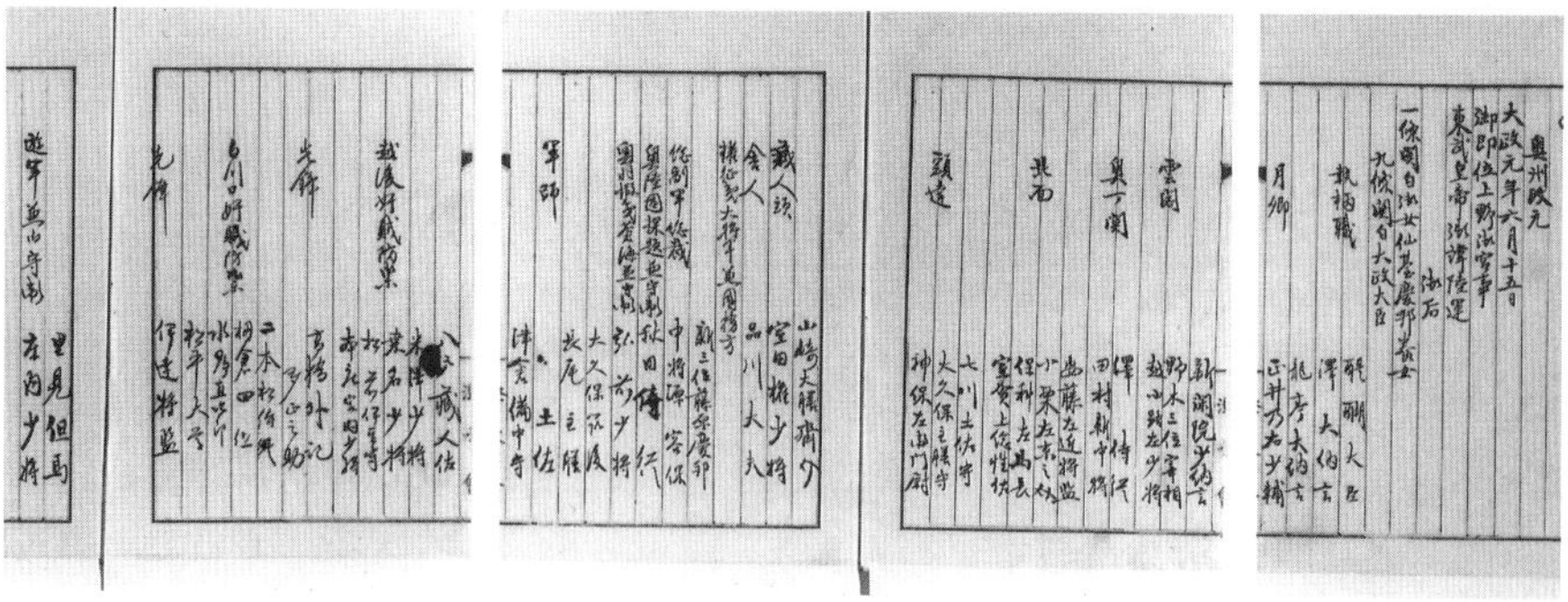

奥州改元史料

の着仙後の三月下旬以降、諸藩に対して出羽天領押掠の罪による鶴岡藩と会津藩攻撃令が出るに及び、諸藩の部分的な出兵があったが、会津藩は米沢藩の嚮導で仙台藩に、閏四月四日付鎮撫総督宛謝罪嘆願書提出の斡旋を依頼した。しかし、総督府が受取り拒否・即刻出兵を命ずるに及んで、仙台・米沢両藩の呼びかけに応じて白石に参集した奥羽二十五藩重臣名による会津寛典嘆願書が同十一日付で提出された。

　総督府参謀世良修蔵らの強硬意見で嘆願が拒絶されるや、諸藩は解兵、会津・鶴岡二藩が謝罪拒否したのに続いて、閏四月二十三日白石、五月三日仙台松ノ井邸で二十六藩重臣が会合して、太政官への建白書提出と統一行動を評決、ついで新発田ら越後六藩も加盟して、ここに仙台藩の盟主による奥羽越列藩同盟が成立した。この段階では、総督府擁立・薩長部隊追放・南進→江戸奪還を目的としていたものであるが、同盟軍側の戦況不利と「仙台盟主」問題の内紛もあって、当時会津滞在中の輪王寺宮を迎え、七月十三日の宮の白石動座を契機に新陣容ができ上がった。推進者は会津・米沢二藩と推定されている。ここでは宮を「太政天皇」とする新政権樹立も目論まれたが、実権は小笠原長行・板倉勝静ら旧幕閣が軍事・外交面で握り始め、旧幕軍とフランス士官らも戦闘に参加するなど部分的な軍事勝利もあったものの内部不統一が進行し、秋田藩はじめ脱落や諸藩の敗退が続き、九月下旬の会津落城前から米沢・仙台藩らが降伏して、同盟は自然瓦解するに至った。

[参考文献]　太政官編・東大史料編纂所編『復古記』一二、『米沢市史』近世編二、『新潟県史』通史編六、藤原相之助『仙台戊辰史』(東京大学出版会、一九八〇年)、石井孝『維新の内乱』(『至誠堂新書』五六、至誠堂、一九七四年)、原口清『戊辰戦争』(『塙選書』二九、塙書房、一九六三年)、鎌田永吉「戊辰戦争―その歴史的意義―」(日本歴史学会編『日本史の問題点』吉川弘文館、一九六五年所収)、同「いわゆる大政改元史料をめぐって」(『秋大史学』一四、一九六七年)、佐々木克『戊辰戦争』(『中公新書』、一九七七年)、石井孝『戊辰戦争論』(吉川弘文館、一九八四年)

(鎌田　永吉)

伊達《だて》騒動《そうどう》　江戸時代前期、陸奥国仙台藩に起きた御家騒動。仙台藩では寛文事件とよぶ。伊達一門・奉行・宿老ら十四人の連署の願を受けた幕府は、万治三年(一六六〇)藩主伊達綱宗を不行跡のかどで逼塞を命じ、その子である二歳の亀千代(綱村)に家督を相続させた。同時に綱宗の叔父伊達兵部少輔宗勝(政宗十男)と綱宗の庶兄田村右京宗良が伊達六十二万石のうちから三万石ずつを分知されて一関と岩沼の支藩を立て、

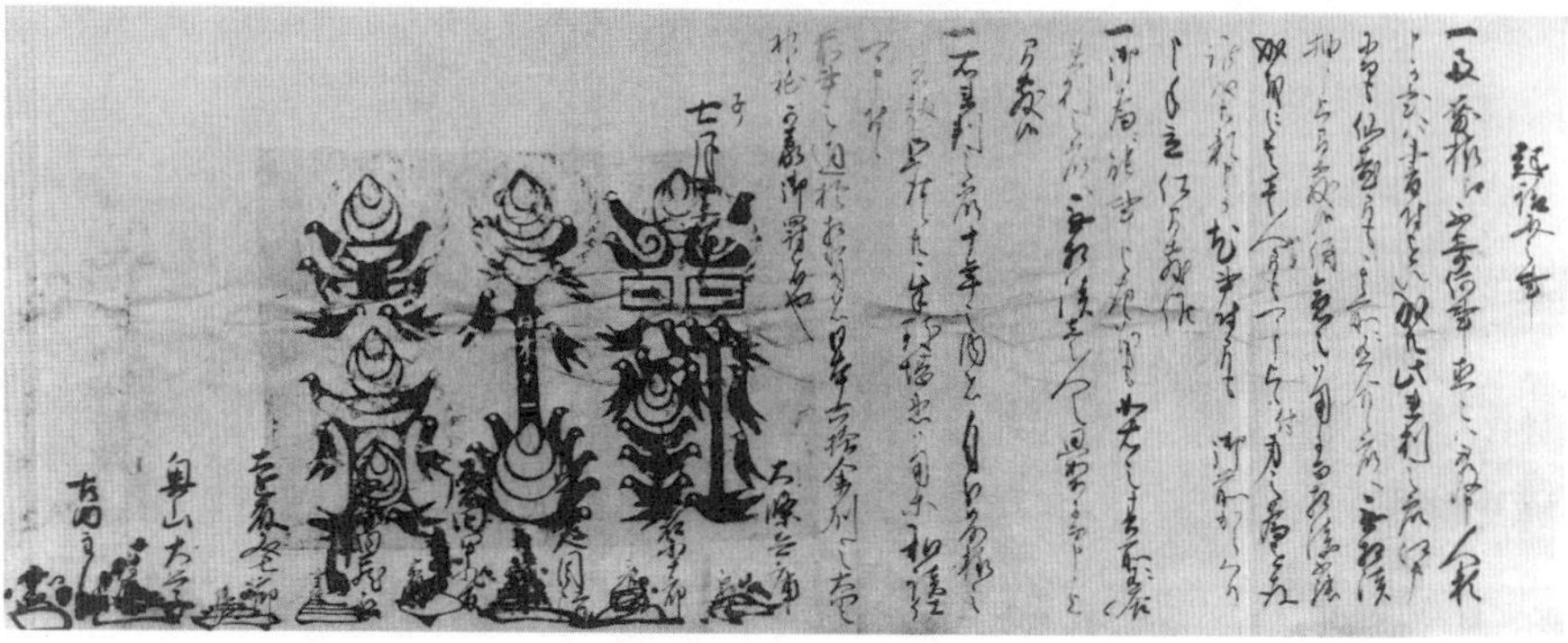

大条宗頼外七名連署起請文

亀千代の後見を命じられた。綱宗襲封の万治元年に始まる幕府国目付は、こののちも毎年仙台に派遣されることとなる。当初奉行のなかで実権を握った奥山大学常辰は、寛文二年(一六六二)の六ヵ条問題(制札・夫伝馬・境目通判などの執行権の帰属)で両後見と対立して翌年奉行職を追われ、これを契機に両後見体制が確立した。兵部は幕府老中(のち大老)酒井忠清との間に婚姻関係を結び、奉行原田甲斐宗輔および側近出頭の目付役(のち小姓頭)渡辺金兵衛らによって内政を固め、一門以下の反対勢力を抑えた。

後見政治によって処罰された人数は寛文十一年までに伊東七十郎重孝以下百二十人、うち斬罪・切腹十七人を数えた。他方、伊達一門の伊達安芸宗重(涌谷二万石)は、一門の伊達式部宗倫(綱宗庶兄、登米一万七千石)と寛文五年以来知行地の境界紛争を重ね、同十年式部の死後、裁定の不公平を兵部に訴え、ついで幕府に兵部・甲斐らの藩政の非違を上訴し、さらに奥山大学ら伊達家中の士も上訴した。翌十一年二月、幕府の審理が開始されたが、三月二十七日伊達安芸および柴田外記・原田甲斐・古内志摩の三奉行が召喚された大老酒井忠清邸で甲斐は突然安芸を斬殺し、甲斐もまた外記・志摩らによって斬殺され、重傷を負った外記もその夜死亡した。四月、幕府は兵部を改易、土佐松平家に預け、その子宗興も豊前小笠原家にお預けとし、田村隠岐(右京)を閉門に処し、亀千代改め陸奥守綱基(寛文九年元服。のちの綱村)には伊達六十二万石の領知を安堵し、後見を解除した。甲斐の四人の子息は切腹、孫は殺された。

右のような騒動過程の背後には、以下の社会政治情勢がみられる。寛文二年の六ヵ条問題にもみられるように、亀千代襲封＝後見政治開始の当初は、奉行奥山大学が藩権力の集中を図り、後見と対立する傾向をみせたが、翌三年大学の失脚後は兵部によってこの政策が推進された。まず新田開発は、後見政治開始の万治三年および寛文三年の両後見連署条目によって従来の新田開発の施策が確認強化された。同四年仙台領全郡の石高改が行われ、同六年には御検地方御定が制定されており、このころは仙台藩の新田開発が大きく進められた時期にあたる。諸物資の藩境出入の制限規制は、寛文二年に馬・紙・材木・竹・紅花・藍・蠟・漆・商人荷物などの他領出、米・大豆・雑穀の入込みの規制を奉行条目の形で整備強化し、藩経済圏の確立が進められた。また、寛文二年には男女永代売買を禁止、同六年南部領よりの人返し定めを確認して、農民人口の確保を図った。後見体制下の藩財政情況は、寛文八年までは良好であったが、同年江戸邸焼失に伴う作事のため借金が増大し、寛文十二年には借財二十万両に達した。兵部が処罪した百二十名のうちに三十六人の勘定方・金山役など財用関係役人が含まれることは、後見政治が経済財政を重視し、これとの関連で粛正が進められたことを示す。

いわゆる御家騒動についての評価は一般に勧善懲悪観に始まるが、伊達騒動もその例外でなく、安永六年(一七七七)初演の『伽羅先代萩』以来、このような解釈が広く浸透した。大槻文彦『伊達騒動実録』(明治四十二年(一九〇九))はこの騒動をはじめて実証的に究明した大著であるが、その立場は安芸忠臣説である。田辺実明『先代萩の真相』(大正十年(一九二一))は史料的に大槻の業績に依存しながら、その解釈は甲斐忠臣説に立つ。第二次世界大戦後の研究では、忠臣悪臣説を採らず、この事件を藩政初期における藩権力の確立過程で藩中枢への権力集中を図る兵部および譜代直臣層と、これに反対する一門門閥との緊張のなかで起きたものとする考え方がとられた。近年は、酒井忠清・伊達宗勝による伊達家乗っ取り陰謀説、あるいは綱宗と後西天皇との関係が幕府の忌諱にふれたとする説は、いずれも成り立たず、綱宗逼塞は自身の不行跡による、との説が出されている。

[参考文献]　『仙台市史』通史編四、『伊達治家記録』、佐々木潤之介『大名と百姓』(中央公論社『日本の歴史』一五、一九七四年)、平重道『伊達騒動』(『仙台藩の歴史』二、宝文

堂、一九七〇年）、小林清治『伊達騒動と原田甲斐』（徳間書店、一九七〇年）、笠谷和比古『主君「押込」の構造―近世大名と家臣団―』（平凡社、一九八八年）、福田千鶴『酒井忠清』（吉川弘文館、二〇〇〇年）、平川新「綱宗の逼塞と伊達騒動」（『仙台郷土研究』復刊二七ノ二、通巻二六五）、平川新「綱宗の不作法と忠宗」（『市史せんだい』一四、二〇〇四年）、渡辺信夫他「シンポジウム『伊達騒動』」（『市史せんだい』六、一九九六年）

（小林　清治）

伊達治家記録《だてじかきろく》　陸奥国仙台藩藩撰による同藩主伊達氏の正史。五百二十九巻、五百七十八冊。四代藩主伊達綱村が、『伊達出自世次考』『伊達正統世次考』などとともに編纂したことに始まる。歴代藩主の公務・国政・雑事などについて、編年体に記録。綱村は、延宝七（一六七九）、八年ごろから、広く史料蒐集にあたり、元禄五年（一六九二）城内に史局を置き、遊佐好生（木斎）をはじめ十数人の儒者に担当させ、のち田辺希賢を編纂主任として加え、元禄十六年完成した。綱村の編纂は、性山（輝宗）・貞山（政宗）・義山（忠宗）の三代の記録で、これに五代藩主吉村が雄山（綱宗）の記録を加え、『四代治家記録』とした。その後、吉村は、正徳四年（一七一四）から享保八年（一七二三）にかけて『肯山（綱村）公記録』を撰述、六代宗村が、宝暦八年（一七五八）に『獅山（吉村）公記録』、七代重村が、宝暦十二年に『忠山（宗村）公記録』を、田辺希文に命じて編纂。『肯山公記録』以降は、綱村が設置した記録所の公用日記を主たる材料としている。以後、七代重村（徹山公）から十二代斉邦（竜山公）までは、『六代治家記録』として、明治七年（一八七四）に、十三代慶邦（楽山公）については、同九年に、国分平らの手によって編纂された。明治期の編纂は、江戸時代編纂のものにくらべて、著しく簡略化されている。なお、「だてじけきろく」とも読み、また『伊達氏治家記録』ともいう。原本は仙台市博物館、宮城県図書館（一部欠あり）に所蔵。また、肯山公（綱村）までの翻刻本が宝文堂出版販売より刊行されている。

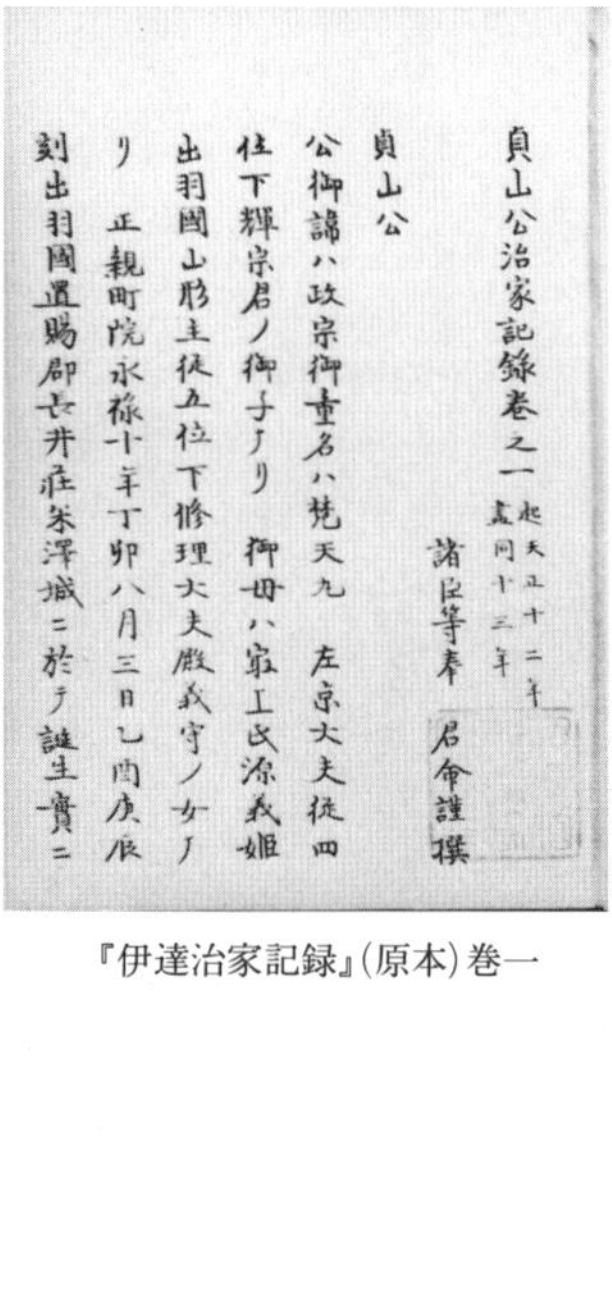

貞山公治家記録巻之一 起天正十二年 盡同十三年

諸臣等奉 君命謹撰

貞山

公御諱ハ政宗御童名ハ梵天丸　左京大夫従四位下輝宗君ノ御子ナリ　御母ハ最上氏源義姫出羽國山形主従五位下修理大夫殿義守ノ女ナリ　正親町院永禄十年丁卯八月三日乙酉庚辰刻出羽國置賜郡長井荘米澤城ニ於テ誕生實ニ

『伊達治家記録』（原本）巻一

参考文献　『仙台市史』資料編二、遊佐好生『木斎紀年録』（仙台叢書刊行会『仙台叢書』四、宝文堂出版、一九七一年）、

和田清馬「伊達治家記録概要」(『仙台郷土研究』一八ノ二)

(齊藤　鋭雄)

伊達日記《だてにっき》　伊達政宗が天正十二年(一五八四)十月に家督相続を行なってから慶長五年(一六〇〇)までの記録。『成実記』『伊達成実記』とも称し、『群書類従』合戦部に『伊達日記』として、および仙台叢書刊行会『仙台叢書』三に『成実記』として所収。これを全十二巻に整備し、政宗の性格、家臣の取立、晩年の日常生活、能・茶・猟・詩歌などの教養・趣味、死去と葬礼を記した巻九後半から巻十二までを加えた『政宗記』がある。『政宗記』は、寛永十三年(一六三六)六月および同十九年六月の成立、仙台叢書刊行会『仙台叢書』一一に所収。いずれも筆者は伊達成実《しげざね》である。成実は、政宗の一歳下で片倉景綱とともに股肱の臣として活躍。父は、伊達稙宗の子実元、母は伊達晴宗の女。家格一門、亘理郡小堤村亘理要害に居し、子孫は知行高二万余石。正保三年(一六四六)六月七十九歳で没した。類書に、宮城県図書館蔵の『政宗記』、『仙台叢書』所収のものと内容の異なる『成実記』がある。

参考文献　『仙台市史』資料編一〇—一二

(齊藤　鋭雄)

中津山藩(なかつやまはん)

陸奥国中津山(宮城県石巻市)に藩庁をおいた仙台藩の支藩。元禄八年(一六九五)、伊達村知が仙台藩四代藩主伊達綱村から三万石の分知を受けて成立。所領は翌年十月に幕府の許可を受けた。桃生郡のうち、中津山村・寺崎村(宿)・牛田村・倉埣村・脇谷村・永井村・太田村の計七ヵ村千百貫文、および栗原郡三迫のうち猿飛来村、平形村、大原木村、岩崎村の計四ヵ村四百貫文と、離れた二地域で千五百貫文を知行して、残り千五百貫文は江戸蔵米支給となっていた。同十二年九月九日、伊達村知は賀儀のため江戸登城の途中、旗本岡八郎兵衛孝常の一行と衝突、刃傷により改易となった。所領の三万石は仙台藩に還付され、中津山藩はわずか四年で廃藩となった。

参考文献　『寛政重修諸家譜』第一一、『藩史大事典』一(雄山閣出版、一九八八年)、藤野保『近世国家史の研究』(吉川弘文館、二〇〇二年)

(白石　烈)

秋田県

秋田藩（あきたはん）

出羽国（秋田県）久保田（秋田）を藩庁とした藩。藩主佐竹氏。外様。城持。慶長七年（一六〇二）佐竹義宣が、これまでの一連の反徳川的行動の故をもって、「出羽国之内秋田仙北両処進置候、全可レ有ニ御知行一候也」という徳川家康の判物で、常陸五十四万石余から、安東・小野寺・戸沢・本堂・六郷氏などの故地である秋田・仙北地方に転封を命ぜられたのがそのはじまりである。はじめ義宣は安東氏の本拠湊城に入ったが、地の利を得なかったため、翌年その南東六キロほどの岡を中心として新城（久保田城）を経営し、ここを城下として明治に至る。幕末における正式藩名は久保田であり、明治四年（一八七一）これを秋田と改め、同時に城下町も久保田から秋田と改めた。しかし一般にはその当初から秋田（藩）と呼ばれていることが多い。佐竹氏は清和源氏、新羅三郎義光が常陸介となって下向し、その孫昌義が常陸国久慈郡佐竹郷に土着して佐竹氏を称して以来この地の豪族として栄え、十八代義重に至る。義重の子義宣が秋田に転封して藩祖となり、以降義隆・義処・義格・義峯・義真・義明・義敦・義和・義厚・義睦・義堯と続き明治に至る。寛文四年（一六六四）「出羽国秋田・山本・河辺・山乏・平鹿・雄勝六郡弐拾万石、下野国河内・都賀両郡之内五千八百石余」の家綱の領地判物によって知行高が確定した。領内の一斉検地は、入部翌年からの先竿と、その後十年を経過した慶長十八年からの中竿と、正保三年（一六四六）から慶安二年（一六四九）にかけての後竿で完成され、これとともに貢租制も初期の物成・諸役から物成・小役銀へと推転し、藩の支配組織もほぼ完成した。この藩独特の六つ成定免制すなわち当高制もこの間に成立した。

佐竹氏は入部以来新田開発と鉱山開発・山林経営に力を注いだ。入部当初の二十万石ほどの本田高は十七世紀後半には内高で三十九万石にちかくなり、明治五年内高四十万石、実高八十万石となる。また院内銀山・阿仁銅山などの稼行も盛んであり、山林育成にも意を用いたし、十八世紀以降、特に佐竹義和の殖産興業など産業開発に努力したが、耕地の八〇%が水田で、米・蚕・生糸のほか見るべき農産物がなく、特に当高十石について米六石の物成の過重な収奪は農村の発展を阻害することが多かった。十九世紀初頭ごろの藩移出入統計によると、農産物（七三%、うち米六五%）、鉱産物（二〇%）

を主として移出し、木綿・綿・古着などの衣用品(四八%)、魚・塩・砂糖・茶などの食用品(二〇%)、紙・小間物・ろう・鉄などの住用品(三二%)などを移入しており、やや経済的後進地であった。しかも藩高のうち給分が七五%前後で、地方知行を基本とするものであった。これらのことによって、藩財政はいたって不振であり、延宝年間(一六七三—八一)ごろには借財がかさみ、知行借上げとなり、享保年間(一七一六—三六)以降はほとんど半知となり、六分の借上げすら行われるような状態であった。伝えられる佐竹騒動はこのような藩財政難の処理に伴う銀札発行と、五代義峯の没後から七代義明襲封の当初にかけての継嗣問題とに係わるものである。

この藩は明治維新に際して、奥羽越列藩同盟に加入しながら、一方では鎮撫総督の庄内出兵の命を受けるなど藩論の統一に苦しんだが、ぎりぎりのところで砲術所有志を先鋒とする勤王派の積極的な活動によって勤王の旗幟を鮮明にし、その後約二ヵ月、同盟軍に対抗した。戦後、分家の壱岐守家は岩崎藩(二万石)として独立を認められたが、佐竹北家・南家は、それぞれ角館・湯沢の所領《ところあずかり》として終った。孤軍よく列藩同盟軍と対したことは、その多くが平田学派の影響のしからしめるところとされているが、なお今後の研究にまつべき点も少なくない。藩政にかかわる史料では『国典類抄』が筆頭であり、その典拠となった『梅津政景日記』や重臣の日記類の多くとともに県立秋田図書館に保管されている。また佐竹北家・南家のいわゆる『北家日記』(県立秋田図書館蔵)・『南家日記』(湯沢市立図書館蔵)なども残されている。旧藩よりの引継ぎ文書は県庁に保管されている。

参考文献　『秋田県史』二・三、『秋田市史』三・九・一〇、荻慎一郎『近世鉱山社会史の研究』(思文閣出版、一九九六年)、金森正也『秋田藩の政治と社会』(無明舎出版、一九九二年)、長谷川成一『近世国家と東北大名』(吉川弘文館、一九九八年)、山口啓二『幕藩制成立史の研究』(校倉書房、一九七四年)、鎌田永吉『幕藩体制と社会変革』(一九七七年)、渡部紘一「秋田藩における国産奨励政策の展開」(『秋大史学』三五、一九八九年)、石川隆一「十七世紀後期秋田藩の領外借財と大坂廻米について」(『秋田市史研究』一一、二〇〇二年)、根岸茂夫「秋田藩における座格制の研究」(『近世史論』一)、同「近世前期秋田藩の軍事体制」(『国学院大学大学院研究紀要』一〇、一九八九年)、今野真「初期秋田藩の検地と知行制」(『日本史研究』一八八、一九七八年)、同「藩体制と知行制度—秋田藩を事例として—」(『歴史学研究』一九七九年度大会報告号)

(半田市太郎)

藩校　藩校明徳館の創設は寛政元年(一七八九)である。中興の英主と称された藩主佐竹義和は京都から村瀬栲亭を、江戸から山本北山を招いて建学の事にあたらせ、同年九月東根小屋の地に上棟、同五年明道館と命名し祭酒以下の学職を任命した。文化八年(一八一一)に明徳館と改称して教学の最盛期を迎えた。館内に聖廟を設けて釈奠を行い、演武場・養寿局(医学館)を設け、和学方・算法方・礼法方などの三局を整備した。文場の東西両学に分け、東学では十五、六歳までの初級の者に素読・算術・習字をおしえ、西学では詩経・書経・礼記・易・儀礼・春秋・周礼の七局を立てて、各局ごとに教授数名をおき、十六歳以上の学徒にそれぞれ専門一科の経書を専攻させた。藩士子弟は明徳館において修学するを主としたが、師家の家塾で修学する者もあった。士族の嫡子で出仕する節は必ず四書の素読試験済証を要した。教職員に総裁・祭酒・文学・助教各一名、そのほか教授・教授並が十数名いて教導していた。

明徳館の経費は時代により一定しないが、学田でその一部を補っていた。秋田藩の文教はつとに開け、朱子学・仁斎学・徂徠学などの諸派がつぎつぎに導入興隆したが、藩校が設けられた寛政期以後の学風は栲亭・北山の流れをくむ折衷学派の藩儒が主流をなし明治廃藩に及んだ。また明徳館では国学が早くから教授され勤王活動の一翼をなした。また領内に十ヵ所の郷校を設け、士族の教化薫陶に努めた。なお江戸下谷三味線堀の藩邸内には学問所の設けがあり、創設の年月は不詳であるが日知館と称した。数名の教官が江戸詰藩士子弟の教育にあたり、生徒数はおおむね百五十余名であった。

参考文献　『秋田市史』三、文部省編『日本教育史資料』三、秋田県女子師範学校編『秋田県綜合郷土研究』(東洋書院、一九八二年)、笠井助治『近世藩校の綜合的研究』(吉川弘文館、一九六〇年)、同『近世藩校に於ける学統学派の研究』上(吉川弘文館、一九六九年)、渡部綱次郎『近世秋田の学問と文化』儒学編(一九九八年)、加藤民夫『明徳館の研究』(カッパンプラン社、一九九七年)

(笠井　助治)

藩札　宝暦四年(一七五四)秋田藩では藩財政救済と武士の生活扶助のため、町人請合で、一匁・二匁・三匁・五匁・十匁の銀札が発行され、翌年三分札・二分札が追加された。当初は、札不足のため正銀と半分ずつ混用されたが、同五年銀五分以上はすべて銀建とし、銀札遣いが専一的に強制された。公的な両替は、小判一両六十二匁五分、一歩判十五匁七分、銀一匁七十文替えとされたが、町方は時相場が認められた。当時領内は大凶作にあい、救済のため、引替発行だけでなく、計六百貫目を藩士に貸付発行し、町村にも貸付発行をした。はじめ二十万枚製造の予定であったが、実際にはそれを大幅に上回る乱発をしたため、価格基準が事実上切り下げられ、同六年には札価が一匁につき二、三銭にまで下落した。減価した札を公定相場で上納すると藩財政は困難を増すので、ついに同七年札遣いが停止された。世にいう秋田騒動は、この一件を潤色したものである。次に、天保十一年(一八四〇)に大坂堂島の御用商人久々知屋吉兵衛を札元として、一歩・一朱の金札と百文・十文・五文の銭札が発行された。札面には「御領内限、通用預り」とあり、嘉永四年(一八五一)まで通用した。また、天保期から明治に至るまで、諸上納役所・能代方・御町所・銀山番所などの預り札が多数発行されている。さらに慶応元年(一八六五)に加島屋弥十郎と辰巳屋久左衛門を札元として、小額面の金札および銭札が発行されたが、明治四年(一八七一)の秋田県引継ぎ高七万五千両余のほとんどが銭札であった。

参考文献　『秋田県史』二、『秋田市史』三、佐藤清一郎『秋田藩通貨変遷史』(一九六三年)、滝沢武雄『日本貨幣史の研究』(校倉書房、一九六六年)、荒木三郎兵衛『藩札』上(一九六五年)

(川上　雅)

秋《あき》田《た》藩《はん》採《さい》集《しゅう》古《こ》文書《もんじょ》　秋田藩が蒐集・編纂した古文書。元禄九年(一六九六)秋田藩主佐竹義処は、家臣大和田内記・中村与助(光得)を旧領国常陸に派遣して古文書を採訪させ、また家中諸士に命じて家蔵の系譜・古文書・古記録を提出させた。そして翌十年岡本又太郎(元朝)を文書改奉行に任命し、大和田・中村両名をこれに付属させ、蒐集本の臨写と、佐竹家譜・諸士系譜および家蔵文書の編纂にあたらせた。その役所は、はじめ文書所、のち記録所、別称史館と呼び、編纂事業を継続した。また、明和年中(一七六四―七二)・文化年中(一八〇四―一八)には古文書・古記録の追加蒐集が行われた。こうして蒐集・臨写された古文書は、佐竹文書六巻・天英公御書三巻・鑑照公御書一巻・家蔵文書四十余巻・同文化新出文書二十余巻などに編纂された。

これらの内容は、中世から近世初期に至る佐竹氏および佐竹家中の由緒を示す文書であって、常陸北部の名族佐竹氏が、守護から戦国大名に成長し、豊臣政権に服属することによって、常陸全域を領知する五十四万石の大名となり、文禄・慶長の役や伏見城普請などの軍役・普請役の重さに耐えながら領国経営に着手したが、関ヶ原の戦に日和見したことから、秋田二十万石に減・転封され、藩建設を進めるまでの史料として重要である。家蔵文書の臨写本は、包紙上書に内容を示し、さらに家ごとに包紙を懸けて整理し、小簞笥に収めてあり、秋田県庁が藩から引き継ぎ所蔵していたが、その後、県立秋田図書館に移されている。同図書館には秋田藩家蔵文書四十冊が架蔵されているが、これは、この秋田県庁旧蔵の家蔵文書臨写本を謄写したものである。佐竹文書および天英公御書は佐竹家に伝えられ、東大史料編纂所には、前者の影写本十冊、後者の梅津家本の謄写本三冊がある。また同編纂所架蔵の秋田藩採集文書三十四冊は、秋田県庁旧蔵の家蔵文書を謄写したものであるが、県立秋田図書館謄写の秋田藩家蔵文書と、それぞれ異同がある。

参考文献　『秋田県史』三、『秋田市史』三、鈴木満「『秋田藩家蔵文書』考」（『秋大史学』四四、一九九八年）

（山口　啓二）

秋田新田藩（あきたしんでんはん）

㈠出羽国（秋田県）にあった藩。藩主佐竹氏。外様。陣屋持。元禄十四年（一七〇一）秋田藩主佐竹義処のとき、幕府の公許を得て舎弟義長（壱岐守）に二万石の新田分知を行なったのがその創始であり、秋田新田の藩名を立てたとされている。しかしこの新田分知は所領の分与ではなく、「分知御蔵高」であり、特定の領域も、また領内支配のための組織をもたない。義長は九歳で義処のあとをついだ義格の補佐役として重責を果たした。義長の子義峯は宗家をつぎ、正徳五年（一七一五）襲封して佐竹家五代の当主となったが、弟義道が壱岐守家をつぎ、代々江戸定府で鳥越に住居したところから鳥越様とも称された。幕末義諶の代、明治元年（一八六八）三月にはじめて秋田に移り、宗家から領内河辺郡椿川村椿台に居館を営造することを許された。造営半ばにして戊辰の戦乱がこの地にも及び、宗家に従って各地に転戦し、またその居地の椿台は秋田本城の最後の防禦地となるなど、その戦績は輝かしいものがあった。このため当主は翌二年に二千両の賜金を受け、さらにその居地を新たに領内雄勝郡岩崎村に移され、翌三年宗家佐竹氏領のうち、雄勝郡内の岩崎村付近、皆瀬川沢目、上関村から南の横堀川沢目など三十五ヵ村の封地を得て、新藩岩崎藩二万石が成立するに至った。岩崎を本拠とし、佐竹義諶が岩崎藩知事となった。廃藩置県により四年七月十四日岩崎県となり、同年十一月二日秋田県に併合された。

参考文献　『秋田県岩崎町郷土史』、『湯沢市史』

（半田市太郎）

藩校　藩校勅典館（文武館）が藩地椿台に設けられたのは明治元年（一八六八）である。元来定府で藩臣の多くが江戸に住していたため江戸浅草元鳥越の藩邸内では藩主佐竹義純以来学問所の設けがあり、江戸の儒者亀田綾瀬・芳野金陵らを招いて藩士子弟の教育にあたらせていた。明治元年東帰、はじめ羽後国河辺郡椿台に藩城を営むに際し、文武館を創設し勅典館と称したが、同年九月、戊辰戦争の激戦にあい、間もなく雄勝郡岩崎に藩城とともに移築し廃藩に及んで閉校となった。和漢学・算術・習字の三科を立て、諸武芸および洋式兵術をも調練した。文武の教官それぞれ十数名をおき、生徒数八、九十名、東帰後は二十余名の寄宿生もいた。学校経費は東帰前十年間およそ年六、七百円、東帰後は年三、四千円で運営されたという。学風は亀田綾瀬の学統をくむ一連の純正な折衷学派をもって終始した。

参考文献　文部省編『日本教育史資料』三、秋田県女子師範学校編『秋田県綜合郷土研究』(東洋書院、一九八二年)、笠井助治『近世藩校に於ける学統学派の研究』上(吉川弘文館、一九六九年)

(笠井　助治)

(二)出羽国(秋田県)にあった藩。藩主佐竹氏。外様。無陣屋。元禄十四年(一七〇一)秋田藩主佐竹義処のとき、幕府の公許を得て弟義長に二万石の新田分知を行なったが、同時に甥(庶兄の子)義都(式部少輔)にも一万石の新田分知を行なったのがその創始である。しかしこの新田分知は義長の場合と同様所領の分与ではなく、「分知御蔵高」であり、特定の領域もまた領内支配のための組織をもたない。義都の子義堅、その子義真ともに宗家に入った。このため享保十七年(一七三二)一万石の分知を止めた。なお義真は寛延二年(一七四九)襲封して秋田佐竹家六代の当主となった。

(半田市太郎)

角館藩(かくのだてはん)

出羽国角館(秋田県仙北市)を藩庁とした藩。戸沢氏。外様、城持(角館城)。戸沢氏は桓武平氏の末流、鎌倉時代初期に奥州岩手郡滴石戸沢(岩手県岩手郡雫石町)に住して戸沢氏を名乗り、その後奥羽山脈を越えて出羽に入り、仙北奥地の門屋(秋田県仙北郡西木村)に拠った。十四世紀後半には仙北東北部の支配勢力にまで発展し、応永三十年(一四二三)家盛のときに角館に進出し、以後ここを本拠とする。十六世紀後半にはさらに勢力を拡大して大曲方面にも進出し、横手小野寺氏や秋田安東氏に匹敵するほどの勢力となる。天正十八年(一五九〇)盛安は小田原参陣中に病死、弟光盛が豊臣秀吉より当知行安堵の朱印状を得て領国支配権を確立した。この年太閤検地があり、十二月に検地目録帳、翌十九年正月に領知朱印状を交付された。これによるとその所領は仙北のうち北浦郡一円にわたる四万四千三百五十石であった。角館城址は角館町古城山にある。慶長五年(一六〇〇)には政盛が徳川家康に与して最上山形まで出陣、同七年常陸国多賀・茨城郡のうち四万石(松岡城)に転封。旧戸沢氏領は常陸から秋田・仙北の地に就封した佐竹氏の支配となる。角館城には客将蘆名氏が入ったが、元和六年(一六二〇)一国一城令によって城が破却され、蘆名氏絶家ののちは佐竹北家がこの地を預かる。戸沢氏はのち出羽国最上・村山郡のうち六万石(新庄)に移封され、明治に至る。

参考文献　『角館誌』二、佐藤清一郎『図説大曲・仙北の歴史』上(無明舎出版、一九八四年)

(半田市太郎)

亀田藩(かめだはん)

出羽国亀田(秋田県由利本荘市)を藩庁とした藩。岩城氏。外様、陣屋持。岩城吉隆は信州川中島で一万石を領したが、元和八年(一六二二)出羽国由利郡内で一万石を加増され、翌九年川中島領から転封、以後、宣隆・重隆・秀隆・隆韶・隆恭・隆恕・隆喜・隆永・隆信・隆政・隆邦を経て、明治維新後隆彰の代に廃藩となる。領知高二万石。その領地は由利郡の北境に近い桂根以南、芋川流域と芋川・子吉川合流点以北の由利郡北部と、豊島郡(のち河辺郡)西境の黒瀬村や大正寺諸村および山本郡(のち仙北郡)大沢郷諸村の一部を含む七十九ヵ村にわたる。

亀田はもと赤尾(赤宇)津と称し、十五世紀ごろから由利十二頭の一氏赤尾津氏が拠っていたが、十七世紀初頭に由利地方が山形最上氏領となってから同氏に臣従し、間もなく最上氏の部将楯岡豊前守に滅ぼされ、その支配するところとなった。元和八年最上氏の改易後は本多氏(正純)領となったが、翌九年本多氏の所領返上のあと、岩城氏などの就封となった。岩城氏は旧赤尾津氏の古城のある高城山の西麓台地に陣屋を造り、その西外側に濠および土居をめぐらした侍町、さらにその外側にも侍町あるいは足軽町を配し、また商人・職人町を置いた。亀田と改称したのもこのころである。嘉永五年(一八五二)隆喜の代に「城主格」となり、公の格式は城主に准ぜられることとなった。領内支配は町奉行支配の亀田町と(石脇)定代支配の河港石脇村を除き、すべて村方として郡奉行の支配に属し、この下に代官がいて四通(川大内通・大正寺通・下浜通・内越通)の村方支配を行なった。初代吉隆が秋田藩主佐竹義宣の甥であり、就封後数年にして義宣の養子に迎えられて秋田に移り、代わって義宣の弟多賀谷宣隆の嫡男重隆が岩城氏を嗣ぐ(父宣隆陣代となる)など、旧領時代からの佐竹氏との緊密な関係が続いた。このため当初の亀田藩の経営は佐竹氏の全面的な協力・援助のもとに行われ、万般にわたって佐竹氏の仕法が踏襲され、慶長十八年(一六一三)の最上検地によって代表される旧慣が一掃された。

領内は西部の日本海に臨む海岸線の単調な砂浜に漁村が点在し、東部は砂丘を隔てて出羽山地との間に狭小な平地があるだけであるから、米以外にみるべき産物がなく、十八世紀に入って極端な財政難に苦労した。宝暦十一年(一七六一)の藩士百余人の秋田退散事件や天明五年(一七八五)の領内全域にわたる百姓一揆も財政問題にかかわるものであった。隆邦のとき戊辰戦争に際しては奥羽越列藩同盟に加わり、さらに当初秋田藩と行動をともにしていたが、のち鶴岡藩に与した。戦後二千石を削られ、養子隆彰(堀田氏)が嗣いだ。明治四年(一八七一)七月廃藩置県によって亀田県となり、同年十一月合併されて秋田県となる。

参考文献　吉田潜蔵『亀田藩近世史』、『亀田郷土史』上、『本庄市史』通史編二、『大内町史』、『秋田市史』三

(半田市太郎)

藩校　藩主岩城清隆は闇斎学派の稲葉迂斎に学び、のちに室鳩巣門の山宮維深を侍講としたほか、家臣へも学問の必要を説いた。また、士分全員を対象に、江戸藩邸と国許陣屋において月三回の小学講日を定めた。清隆は政治の基本理念を示した『春心帖』(享保二十年(一七三五))を著したが、これはのちに長善館講学の指針とされることとなった。天明六年(一七八六)、藩主隆恕により国許陣屋内に長善館が創設された。長善館は何度か焼失や移転を繰り返すが、慶応二年(一八六六)には旧演武場跡に新築され、医学所である上池館と演武場が附設されることとなった。長善館教授陣は、宝暦の秋田退散事件で処罰され、徂徠学に心酔した大舘釣雪に師事したものが多く、長善館の学統も徂徠学が引き継がれたのである。儒学、医学および筆道に加え、維新後には和学、洋学、算術も教授された。

参考文献　戸田金一『秋田県の教育史』(思文閣出版、一九八四年)、『秋田県教育史』五

(工藤　航平)

仁賀保藩（にかほはん）

出羽国由利郡(秋田県由利郡象潟町)に藩庁を置いた藩。元和九年(一六二三)から寛永元年(一六二四)までの一万石の外様藩。藩領は、由利郡のうち平沢・院内以南と旧本多正純領の知行配分残りの百五十八石であった。藩主仁賀保氏は、中世以来由利を支配してきた武将で、関ヶ原合戦の際、上杉攻撃の功が認められ、慶長七年(一六〇二)、常陸国武田に五千石で移封されたのち、庄内と由利三崎山の関所の押さえとして元和九年、一万石の大名として旧領に還封した。居城は、海岸部の湊町塩越(象潟町地内)の塩越城とした。寛永元年二月、初代藩主挙誠《たかのぶ》死去。その所領は遺言により長男蔵人良俊に七千石、次男内膳誠政に二千石、三男内記誠次に千石、四男主馬に七百石と、それぞれ分知し、ともに旗本となった。

その後、主馬は寛永五年、蔵人は同八年に死去し、ともに嗣子がないため御家断絶となり、領知は庄内藩酒井家のものとなった。以後、誠政家と誠次家は旗本として江戸に住み、平沢に陣屋を置いて領知を治め、明治維新を迎えた。藩政史料である「仁賀保二千石家・仙石家文書」は仁賀保町勤労青少年ホームに所蔵され、『郷土誌資料集』(全七巻)(仁賀保町公民館、一九七〇年)、『仁賀保二千石家治世録』(仁賀保町教育委員会、一九七八年)と、『仁賀保町古文書目録』一(同、一九八三年)が刊行されている。

参考文献　『秋田県史』二、『仁賀保町史』

(佐藤　宏之)

本荘藩(ほんじょうはん)

出羽国本荘(秋田県由利本荘市)に藩庁を置いた藩。藩主は六郷氏、領知高二万石、外様、城主格。六郷政乗は常陸国府中(茨城県石岡市)で一万石を領知していたが、元和九年(一六二三)出羽国由利郡内に一万石を加増されて転封。以後政勝・政信・政晴・政長・政林・政速(政秦)・政純・政恒・政殷・政鑑を経て明治維新後廃藩となる。領域は子吉川《こよし》以南を中心とし、旗本仁賀保氏領をはさみ一部名勝地象潟《きさかた》を含む飛地からなる。村数は当初百六ヵ村。山形最上氏の家臣本城(楯岡)

本荘藩藩札
(一貫文銭札)

満茂が慶長十八年(一六一三)から建設した本城城を本庄城と改称し居城とした。城下は城の北と東側に士屋敷を配し、その外側に商人・職人町、寺町を置いた。城下の西側には西廻海運と子吉川の港にあたる古雪湊《ふるゆき》がある。藩政中期に隣藩亀田藩と真木山論争があり幕府の裁定を受ける。天明四年(一七八四)藩最大の村方騒動である石沢騒動が発生するが、農民側を弾圧し事件を解決する。文化元年(一八〇四)の象潟地震で死者百六十名余を出した上、地盤の隆起で名勝地象潟を失う。その跡地を耕地化する過程で象潟蚶満《かんまん》寺の住職による閑院宮家を後だてとした開田反対運動にあい藩と宮家の対立(蚶満寺一件)に発展する。藩政のほぼ全期にわたり四ッ取を原則とする蔵米知行制をとる。石高は最盛時の寛政十年(一七九八)三万千五百九十一石。米単作地帯で海岸部の金浦《このうら》・塩越地域の漁業以外他に見るべき産業はない。藩校修身館は七代藩主政速の時、天明年間に城内の三ノ丸に創立。藩士の子弟に漢籍を中心として修学させる。職員は学館以下十七名余で修学生は五十名程度であった。維新後総教館と改称。藩財政は当初より逼迫し、酒田の本間家、泉州の食野家を主な金主とする。文化期、新参江戸家老による財政再建策が実施されるが譜代家臣らの反対にあい挫折(内本一九郎事件)した後、無策のまま幕末を迎える。戊辰戦争では隣領の大藩秋田藩と行動をともにし、新政府軍側として庄内軍と交戦し領内の大半を戦火にさらす。明治二年(一八六九)、その功により賞典禄一万石を受ける。同四年七月廃藩置県で本庄県となり、同年十一月秋田県に合併される。

参考文献　『本荘市史』、『本荘市史』通史編一・二、長谷川成一『近世国家と東北大名』(吉川弘文館、一九九八年)

(平田　和彦)

藩校　七代藩主六郷政速は早くから儒学を尊崇し、藩士にみずから儒書を講釈していた。天明年間(一七八一―八九)、政速により城中三ノ丸に修身館が創設された。藩学校では、皆川宗海や土門恒道ら折衷学派の者たちが教授にあたっていた。従来は漢籍を主として教授したが、維新後には皇学や兵学、算術などが加えられた。明治元年(一八六八)に兵火により焼失したが、翌年に復興され、名称も総教館と改められた。

参考文献　戸田金一『秋田県の教育史』(思文閣出版、一九八四年)、『秋田県教育史』五

(工藤　航平)

矢島藩(やしまはん)

出羽国矢島(秋田県由利本荘市)に藩庁を置いた藩。寛永十七年(一六四〇)―万治二年(一六五九)生駒氏一万石の外様藩。生駒高俊が生駒騒動で讃岐高松十七万石から減石転封。無城格、陣屋は八森城。村数四十九ヵ村。万治二年高俊の子の高清の時、弟俊明へ二千石分知し、両家とも旗本身分となり江戸在住(なお、八千石宗家は交代寄合、柳の間詰)。戊辰戦争に際して親敬は政府軍側に属し、庄内軍と交戦。明治元年(一八六八)十一月、一万五千二百石を賜わり藩屏に列せられ、矢島藩と称す。四年(一八七一)七月廃藩置県により矢島県となり、さらに同年十一月に秋田県に合併。

矢島藩藩札
(半一朱札)

参考文献　『秋田県史』二・三

(平田　和彦)

藩校　安政年間(一八五四―六〇)、藩主生駒親通により日新館が創設された。矢島藩士であり、亀田鵬斎門の佐藤維周が儒官として召し抱えられた。主に漢学を専務とし、素読や輪講、講義の形式が採られていた。明治維新後には漢学と筆

道に、算法も加えられた。機構は教頭一名、助教一名、世話役若干名であり、簡素なものであったといえる。戊辰戦争で焼失したのち、移転しながら明治四年（一八七一）の廃藩置県まで継続された。

参考文献　戸田金一『秋田県の教育史』（思文閣出版、一九八四年）、『秋田県教育史』五

（工藤　航平）

横手藩（よこてはん）

出羽国（秋田県）横手に藩庁を置いた外様藩。天文年間（一五三二―五五）、横手地方を含む出羽国平鹿《ひらか》郡の支配権をめぐって、横手城に拠る横手佐渡守と同国雄勝《おかち》郡に勢力を持っていた小野寺氏との間で激しい攻防戦が繰り返されていた。天文二十一年、横手氏を駆逐した小野寺輝道・義道父子は、横手城を拠点に平鹿・雄勝両軍を仙北上浦《せんぼくかみうら》郡と称して支配した。義道は天正十八年（一五九〇）、豊臣秀吉の小田原攻めに参陣し、翌年正月十七日、秀吉から三万千六百石余の領知を安堵された。関ヶ原の戦では、初め徳川家康に応じ最上義光に協力したが、のちに上杉景勝に通じたため、戦後、領知を没収され、身柄は石見国津和野の坂崎出羽守直矩へ預けられた。小野寺氏改易後の旧領知は、出羽国久保田に入部した佐竹氏の領知に組み込まれ、領内支配の拠点として所預りが置かれた。慶長七年（一六〇二）から寛永元年（一六二四）までは伊達《だて》盛重《もりしげ》、寛永元年から寛文十二年（一六七二）までは須田盛秀《すだもりひで》、寛文十二年以降は戸村義連《とむらよしつら》を初代とする戸村家が八代世襲して明治維新を迎えた。二〇〇一年より市史編纂事業が始まり、現在、『横手市史』を刊行中。

参考文献　『横手郷土史』、『続横手郷土史』、『横手郷土史資料』

（佐藤　宏之）

六郷藩（ろくごうはん）

出羽国仙北郡六郷（秋田県仙北郡美郷町）に藩庁を置いた外様の藩。藩主は初代六郷政乗のみで、六郷城主。当時の殿席については不明。

戦国時代の六郷氏は、もともとは小野寺氏の麾下に属していた。しかし天正十五年（一五八七）ごろから小野寺氏と対立するようになり、同十八年豊臣秀吉による奥羽仕置の結果、同十九年正月六郷政乗が四千五百十八石で豊臣政権下の領主として認定された。ただこの時点では一万石未満であり、かつ、神尾町氏・金沢氏・戸蒔氏・久米氏など、のちに旧一統衆として六郷家臣に組み込まれていった各氏も、六郷衆として豊臣政権下の領主として認定されていた。

慶長七年（一六〇二）、同五年の関ヶ原の戦いに際し徳川方

として小野寺義道と戦い戦功をあげたこと、また常陸の佐竹義宣が秋田に転封されるに伴って、常陸国府中(茨城県石岡市)に加増・転封され、一万石となる。これにより六郷藩は廃藩。六郷藩領は秋田藩領に組み込まれた。六郷氏は、のち元和九年(一六二三)に出羽国本荘(秋田県本荘市)に転封となっている。

参考文献　『寛政重修諸家譜』第一四、『六郷町史』上巻・通史編、『藩と城下町の事典』(東京堂出版、二〇〇四年)、渡部紘一「秋田藩在町成立史の一断面―仙北郡六郷の動向を中心に―」(半田教授退官記念会編『秋田地方史論集』みしま書房、一九八一年所収)、加藤民夫「豊臣政権下の六郷領―中郡領知上り高覚の分析―」(『秋大史学』二一、一九七四年)

(小宮山敏和)

山形県

左沢藩(あてらざわはん)

出羽国左沢(山形県西村山郡大江町)に藩庁をおいた藩。元和八年(一六二二)、最上氏改易ののち、庄内藩主酒井忠勝の弟右近太夫直次が、村山郡のうち一万二千石を分与されて成立した。直次は、慶長元年(一五九六)に生まれ、元和元年六月十九日、従五位下・右近太夫に叙任された。所領は最上川中流と月布川などの沿岸七十八ヵ村、高一万二千二百五十七石余であった。直次は、左沢城を居城として城下町を整備し、巨海院を再興してその中興開基となった。のちに小漆川城を築城して移ったが、寛永七年(一六三〇)三月十日に没した。享年三十五歳。嗣子はなく、所領は収公されて廃藩となった。

参考文献　『大泉紀年』上、『大江町史』

(小関悠一郎)

大山藩(おおやまはん)

出羽国大山(山形県鶴岡市)に藩庁をおいた藩。正保四年(一六四七)十二月十一日、庄内藩主酒井忠勝の七男忠解《ただとき》(杢之助)

が、忠勝の遺命により大山一万石を分知されて成立した。一万石の領地は慶安三年(一六五〇)に大山村以下二十二ヵ村に決定された。忠解は分知決定時五歳であったが、万治二年(一六五九)十二月二十八日、従五位下・備中守に叙任され、寛文四年(一六六四)七月十三日、大山に初入部した。藩主の居館は大山村に置かれ、御侍町・御足軽町・御中間町・御役人町の町割が行われた。忠解は同八年十一月二十八日に二十六歳で没した。嗣子はなく、所領は翌九年に収公され、代官松平清左衛門の管轄となり、廃藩となった。

参考文献　『山形県史』二、『大山町史』

（小関悠一郎）

上山藩（かみのやまはん）

出羽国(山形県)上山を藩庁とした藩。初期には藩主の交替が多く、元禄以後は定着した。天正—慶長年間(一五七三—一六一五)、上山城は山形城主最上氏の支城であったが、元和八年(一六二二)、最上氏改易後、遠州横須賀より松平重忠四万石が入封、まもなく寛永三年(一六二六)、松平氏は摂州三田に移封し、その後蒲生、稲毛(山形藩鳥居忠政家臣)氏を経て、同五年、土岐家中興の名君といわれた土岐頼行が下総相馬郡より、二万五千石で入封した。この土岐頼行・頼殷時代は、まさに上山藩の確立期にあたるが、元禄四年(一六九一)、大坂城代就任ののち、翌年転封し、一時幕領となったあと、同五年金森頼旹が飛騨高山から、三万八千石で入封。ついで同十年、金森氏が美濃郡上に転封し、譜代藤井松平信通三万石が備中庭瀬から入封した。信通は三河時代の藩祖利長から数えて七代にあたる。以後松平氏は、上山藩主として定着し、維新まで十代続いた。はじめ所領はすべて村山郡にあったが、文化十年(一八一三)約半分の一万二千五百五十四石余が美作

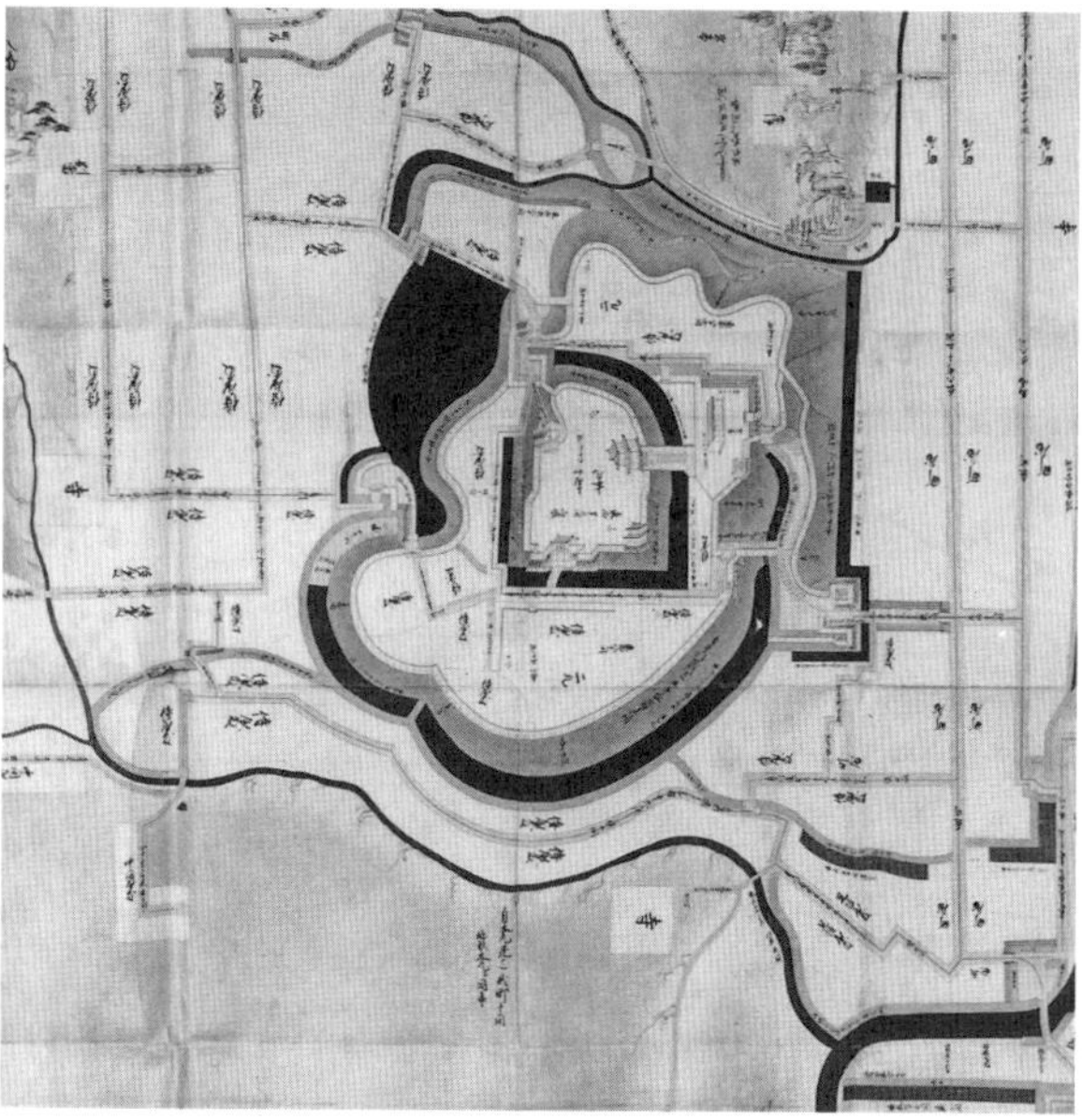

出羽国之内上山絵図部分(正保城絵図より)

国と替地になり、またその後これが越後国三島・刈羽両郡に移され、城付領は半減している。上山は土岐氏入封後まもなくの寛永六年、紫衣事件に座した大徳寺首座沢庵禅師の流罪の地である。

藩政上の主な事件の一つとして、延享四年(一七四七)五月、三郷の農民三千人余が参加した全藩一揆がある。直接には凶作を原因としているが、信将の大坂加番中にとった増徴策が真因といわれ、それは、相場不相応の石代金の改正や伝馬役の軽減など十五条に及ぶ訴状からも知られる。この結果、一揆首謀者の処罰とともに、延享の新政策は撤回され、中老・郡代など藩要職にあったものも減知・更迭の処分をうけた。また天明・寛政期に、藩政の改革ないし騒動が起っている。宝暦―天明年間(一七五一―八九)の藩政は、信亭の華美な生活などによって財政が窮乏したので、新検地の実施、豪商の納戸方登庸によって、その窮乏・危機の打開にあたった。しかし権力内部にも、主流の側近派と正義派(譜代の重臣)との間に分裂が起り、農民の集団逃亡、藩士の脱藩が相つぎ、成功しなかった。その後寛政四年(一七九二)、正義派の重臣松平・酒井・金子らによる密議が効を奏し、また親族の信州上田藩松平氏の援助により、藩首脳部を刷新し、重臣の金子六左衛門を中老とした。しかし上田藩松平氏による他律的な藩政改革をめぐって、藩内部も対立し、窮地に立った中老金子は執政を辞退し、脱藩するなどで、改革は失敗した。幕末には、金子六左衛門の孫で、諸藩の志士と交わり、公武合体を説き、藩校明新館の都講として、また藩政の改革を主導した金子清邦が有名である。明治元年(一八六八)、戊辰戦争に際しては、奥羽越列藩同盟の一員として新政府軍に抗戦し、ために役後十二月、封三千石を減知の上、藩主信庸は引退を命じられ弟信安が継いだ。同四年七月廃藩置県により上山県となり、ついで同年十一月山形県に統合された。

参考文献　『藤井御伝記』(『上山市史編集資料』一、一九七二年)、『上山年代略記』(同二、一九七二年)、『上山町史』、梅津吉造『上山郷土史物語』、横山昭男「幕末期東北における一譜代小藩の動向―羽州上山藩の経済政策―」(豊田武先生古稀記念会編『(豊田武博士古稀記念)日本近世の政治と社会』吉川弘文館、一九八〇年所収)、岩本由輝「延享四年の上山一揆について」(『歴史の研究』一三、一九六八年)、青木美智男「羽州村山地方における幕領・諸藩領の展開」(『駿台史学』一六、一九六五年)、栗原伸一郎「幕末期の上山藩と奥羽諸藩―上山藩士金子与三郎の思想と行動を中心に―」(『東北文化研究室紀要』四五、二〇〇三年)

(横山　昭男)

藩校　文化六年(一八〇九)、藩主松平信行は高畠藩(のち天童藩)織田家の儒臣武田孫兵衛を招聘し、毎月十五日から二十一日までの七日間は上山藩で講釈を行わせることとした。また、武田の講釈がない期間の勉学のために、御用屋敷学校が設置された。同年七月、御用屋敷学校を移転し、天輔館と改称した。藩主信宝の代には校舎が新築され、明新館と改められた。武田は古註を主とし、荻生徂徠や伊藤仁斎の説も引用した。武田のあとは米沢藩士で細井平洲門の服部世経が招聘され、その後も多くの米沢藩士が教員として招かれた。それに伴い、学統も官学である朱子学に移っていくこととなった。明治維新後には漢学に加え、国学も教授された。嘉永元年(一八四八)より、朱印状を奥座敷の聖廟に祀り、学館の守本尊としていた。また、明新館支館として、上山領分の越後国七日市村陣屋内に文武館が開設され、農民師弟に対しても教授が行われた。

参考文献　『山形県教育史』通史編上、『上山市史』上、文部省編『日本教育史資料』三

（工藤　航平）

新庄藩（しんじょうはん）

出羽国(山形県)新庄を藩庁とした藩。藩主戸沢氏。外様。城持。常陸国松岡四万石の領主戸沢政盛が元和八年(一六二二)二万石加増、旧山形最上氏領のうち出羽国最上・村山二郡内に転封を命ぜられたのがそのはじまりである。政盛ははじめ鮭延城(最上郡真室川町)に入ったが、新庄に築城、寛永二年(一六二五)ここを城下として明治に至る。戸沢氏は桓武平氏の末流、平貞盛六世の孫尾輪衡盛が建久五年(一一九四)陸奥国岩手郡滴石荘戸沢郷に封を得て下着し、戸沢氏を称するに至った。以来この地の土豪として勢力を張り、その子兼盛はさらに出羽国山本郡に進出し、門屋に築城した。戦国時代末期には角館を本拠として仙北諸群雄と対峙したが、天正十八年(一五九〇)の太閤仕置によって、本領のうち四万四千三百五十石を安堵された。慶長七年(一六〇二)政盛は常陸国松岡に転封、さらに元和八年最上・村山二郡内に入部して藩祖となり、以降、正誠《まさのぶ》・正庸(家臣楢岡友清の子)・正勝・正諶《まさのぶ》(正庸の子)・正産《まさただ》・正良《まさすけ》(正諶の次男)・正親(一門正備《まさもと》の子)・正胤(正礼《まさひろ》)・正令《まさのり》・正実と続き明治に至る。元和八年六万石として入部、ついで寛永二年の高直しで、最上郡五十九ヵ村、村山郡のうち十三ヵ村、本田のほか新田六千石、改出二千二百石を加え、六万八千二百石となる。初代政盛は城下町の拡張整備や新田開発・鉱山開発につとめ、二代正誠はこれを承けて、領内総検地、年貢収取体系の確立、地方知行から禄米知行への変革など藩体制の確立と権力の集中を実現するに至

ったが、一方では藩財政悪化し、多額の借入れや知行借上げ策をとらざるを得なくなった。三代正庸・四代正勝・五代正諶ともに財政再建につとめたが効なく、六代正産・七代正良はともに若年で死去した。このため家老北条六右衛門が中心となり、米沢藩主上杉鷹山の藩政改革を範とする改革を試みたが成功しなかった。八代正親・九代正胤・十代正令にわたる商品流通への対応、国産奨励策は、十一代正実の強力な藩政改革と積極的な殖産興業策に引き継がれて成果をみせ始め、藩財政も好転しつつあったが、戊辰戦争の波及によって新事態に逢着することとなった。

明治元年(一八六八)四月新政府軍の強要で庄内出兵に参加したが敗れ、一方では五月に奥羽越列藩同盟に加わり、七月には新政府軍となった秋田藩攻略に従いながら、戦列を離れて秋田の新政府軍に転ずるなど、新事態への対応に苦慮した。この結果、庄内藩を主力とする列藩同盟軍に攻略され、城もろとも市街の大部分を焼失してしまったが、九月秋田新政府軍の攻勢によって新庄を奪回した。同四年の廃藩置県によって新庄藩領は新庄県となり、ついで山形県に編入されるに至った。藩政史料の多くは『戸沢家文書』とともに新庄市立図書館に保管されている。

参考文献　『新庄古老覚書』、『新庄市史』、『新庄市史編集資料集』

（半田市太郎）

藩校　藩主戸沢正良のとき、家老北条六右衛門が、出羽国最上郡石名坂村出身の若党で学問好きな三浦寛右衛門を江戸の昌平黌に留学させた。寛右衛門が学業を修め、帰国すると、六右衛門は藩校設立を具申して許可され、寛右衛門に藩士の子弟の教育にあたらせ、藩学明倫堂の基礎をつくった。安永四年(一七七五)ごろという。当時はただ講堂とよんでいたが、十一代藩主正実のとき新築して明倫堂と名づけた。ほとんどが藩士の子弟で、十五、六歳以上で人員に制限はなかった。かれらは私塾で四書・五経などの素読を習い、明倫堂ではその講釈を聞くのが通常であった。

（誉田　慶恩）

高畠藩（たかはたはん）

出羽国(山形県)高畠に藩庁を置いた藩。外様。織田信長の次男信雄の子孫が上野国甘楽《かんら》郡小幡《おばた》に住し二万石を領していたが、明和四年(一七六七)山県大弐らの明和事件に関連して、処置の不当をとがめられ、藩主信邦は蟄居を命ぜられ、養子信浮《のぶちか》は出羽国置賜郡高畠へ転封を命ぜられた。二万石の所領は置賜郡・村山郡のほか陸奥国信夫郡にも散在していた。またこの時以来以前の国持城主格やあじろの輿などの特権が廃止され、諸大夫の家格にひきおろされてしまった。天保元年

(一八三〇)信浮の子信美のとき居所を村山郡天童に移し天童藩となる。

参考文献　『寛政重修諸家譜』第八、『徳川実紀』一〇、『高畠町史』

(誉田　慶恩)

鶴岡藩（つるおかはん）

出羽国(山形県)鶴岡に藩庁を置いた藩。普通、庄内藩あるいは酒井藩といい、鶴岡藩の使用例はきわめて少ない。藩主酒井氏。譜代。城持。元和八年(一六二二)最上氏の改易後信州松代藩主酒井忠勝が十三万八千七十一石余で入部して成立。領地は出羽国櫛引・田川・遊佐の三郡であったが、のち郡名変更で田川・飽海の二郡となった。酒井氏は徳川氏と同祖の家柄。忠勝以降歴代の藩主は、忠勝・忠当・忠義・忠真・忠寄・忠温・忠徳・忠器・忠発・忠寛・忠篤・忠宝。石高は寛永九年(一六三二)熊本藩主加藤忠広の庄内流刑に際し二千石を加増され十四万石となり、元治元年(一八六四)新徴組の委託に対し田川郡の天領二万七千石を加封され十七万石となった。元和九年の総検地で五万三千石の出目を出し、年貢の増徴となったので、遊佐郡の農民は逃散して抵抗し、寛永十一年には遊佐郷大肝煎高橋太郎左衛門の上訴一件に発展した。正保三年(一六四六)忠勝の弟忠重が忠勝の世子忠当を廃し、自子を跡目に立てようと陰謀し、忠当擁護派と対立し御家騒動(長門守一件)に発展した。正保四年忠勝が病死し忠当が家督を継ぎ、忠勝の遺言により松山藩二万石と大山藩一万石を分知した。忠当は岳父松平信綱の指導をうけ、法制を整え藩体制を整備した。

鶴岡藩の家臣団は家中(侍身分、約五百人)と給人(下級武士、約二千人)からなっていた。家中の知行制は蔵米知行制で、物成や扶持米は米札で支給された。藩財政は寛文ころから行き詰まり、郡代高力忠兵衛が農政に新法をしき、定免制を強制し藩財政を再建したが、天和元年(一六八一)その苛政を巡検使に訴えられ、失脚した。元禄三年(一六九〇)家臣に上米を課して以来上米は恒常化し、時には封禄全部を取り上げる「賄」を実施した。安永五年(一七七六)忠徳は財政再建のため酒田の富豪本間光丘を登用し、相当の成果をあげたが、天明三年(一七八三)の大凶作や国役の重圧に挫折した。ついで寛政八年(一七九六)郡代白井矢太夫を中心に農政改革を断行し、貸付米金を切り捨て、地主に困窮与内米を課し、村上地を主付して農村を建て直し、藩財政を再建し、江戸藩邸の町名にちなんで鶴岡藩は神田大黒の異名を得た。また文化二年(一八〇五)藩校致道館を創立し士道の刷新に努めた。天保期は凶作が頻発したが、天保四年(一八三三)は特にひどく、領民の飯米が足りず、合積り(配給制度)や他領米の輸入によって飢餓を克服したが、農村の疲弊ははなはだしかった。天保九年農政改革を実施し、累積した貸付米金を切り捨てる一方、高二十石に一俵の与内米を課し、凶作に左右されない財政の確保に努めた。

天保十一年三方領地替による越後国長岡転封の幕命をうけたが、農民の阻止運動によって撤回された。しかし天保十四年には印旛沼疎水工事手伝を命ぜられ大きな犠牲を払わされ、弘化元年(一八四四)には大山の酒造業者を中心に御料農民が大山騒動を起し、鶴岡藩の預支配に反対した。安政元年(一八五四)品川沖の御台場警備を命ぜられ、万延元年(一八六〇)には蝦夷地警備のため三百余人を派遣し、文久三年(一八六三)には新徴組を委託され、江戸市中警備にあたった。慶応二年(一八六六)凶作、米価暴騰、減税嘆願など物情騒然とする中に主流派(松平親懐・菅実秀)は反対派(酒井右京・大山庄太夫ら公武合体派)を逮捕し、翌三年大断罪を加え、藩論を佐幕に統一した(大山庄太夫一件)。同三年暮鶴岡藩兵を中心に上山・鯖江藩兵などが江戸薩摩藩邸を焼き打ちし、新年とともに始まった戊辰戦争では奥羽越列藩同盟の一員として政府軍と戦ったが、明治元年(一八六八)九月降服した。酒井家はいったん滅家したが、同年十二月特旨をもって家名を立てられ、忠篤の弟忠宝に十二万石を与えられ、同月会津若松転封が命ぜられたが中止され、さらに同二年六月磐城平転封が命ぜられたが、阻止運動を起し、翌七月七十万両の献金を条件に庄内復帰を許され、同年九月朝命により大泉藩と改称された。この間、二年六月版籍を奉還、四年七月十四日廃藩置県により大泉藩は大泉県となり、さらに同年十一月二日松嶺県とともに酒田県となった。

参考文献　『鶴岡市史』上・中

藩校　藩主酒井忠徳のとき、寛政十二年(一八〇〇)大宝寺に校地を定め、備前の閑谷《しずたに》学校を参考に享和二年(一八〇二)着工、文化二年(一八〇五)聖廟以下の諸建物を完成した。校名を致道館と名付け、校長にあたる祭酒に白井矢太夫を任命し、同年二月晦日開校した。初期の致道館の教育は成人教育に重点を置き、家中に儒学・軍学の聴講を義務づけたが、文化十三年政教一致の目的から致道館を三ノ丸に移してからは、句読所・本舎・外舎などの校舎を増築し、句読所、終日詰、外舎、試舎生、舎生などの初等教育から高等教育に至る教科課程を定めた。学風は徂徠学で、自学自習、会業(ゼミナール)などで個性尊重の英才教育を行なった。三ノ丸移転後の所在地は現在の鶴岡市馬場町十一番地にあたり、遺構は聖廟・講堂・御入間・廟門・西門・東門が残存し、句読所・本舎・外

鶴岡藩藩校　致道館

鶴岡藩藩校蔵書印

舎などの礎石が発掘、保存されている。国史跡。

参考文献　鶴岡市編『史跡旧致道館』

（斎藤　正一）

天童藩（てんどうはん）

出羽国(山形県)天童に藩庁を置いた藩。高畠藩の後身。外様。高畠藩主織田信美は、天保元年(一八三〇)居を高畠から天童に移すことを決意した。寛政十二年(一八〇〇)封内村替えの幕命があって、織田氏が陸奥国信夫郡にもっていた所領が消滅し、所領二万石中一万五千六百石余が出羽国村山郡の特に天童近辺の村々で相給《あいきゅう》となり、統治上から居所を天童にうつすこととなった。藩主は信美のあと信学《のぶみち》・信敏・寿重丸《すえまる》・信敏(再承)と続いて廃藩に至る。小藩なので居城はつくらず、居館は「御館」と呼び、天童堰の用水をもって濠をめぐらし、館の外に家中屋敷を配置した。しかし封建農村の崩壊はここでも同じだった。すでに享和元年(一八〇一)には惣百姓一揆として有名な村山郡一揆がおこったが、その最初に蜂起したのは天童付近であった。このため天童藩も懸命になって藩政改革に乗り出さざるを得なかった。まず開墾がはかられたが、天童藩領はほとんどが他藩領と相給になっていたので境界争いが頻発し、入会地《いりあいち》や用水堰についても紛争が絶えなかった。適切な農政が行われない反面、封建的収奪だけは仮借なく行われ、年貢は近辺の幕領よりかなり高いものであった。

一方では天童は宿場町として栄え、富裕な商人も現われ、各村にも地主・村方商人が輩出していたので、藩は巧妙な献金を策した。江戸詰家老吉田専左衛門は狂歌の縁で歌川広重と親しかった。そこで財政の一助にと広重に絵を描いてもらうことにした。広重が天童藩のため描いた絵は版画ではなく肉筆だったので、広重の肉筆の絵は「天童広重」の絵と称されたほどである。藩では三十両の献金者には二幅、五十両の献金者には三幅対の絵を贈った。これにより藩は三千両の献金を集め得たろうとされている。しかしこのような姑息な方法だけで財政難は克服できない。信学の代藩財政の根本的な建て直しをはかり、安政二年（一八五五）から「最上《もがみ》の紅花」として当地方の特産物だった紅花の専売制をしいた。これはきわめてきびしいもので、領民のうらみをかった。またこの政策は領内への上方商人の浸透を排除しようとしたものだったが、逆に反撃をうけて崩壊した。戊辰戦争になって明治元年（一八六八）織田信学が奥羽鎮撫総督の先導役となり、信学老年のため子信敏が就封し、中老吉田大八が代理役となったが、二万石の小藩天童藩にとってこの任は重すぎた。天童は庄内軍により焼き払われ、吉田大八は自尽、天童も奥羽越列藩同盟に加わり、同盟諸藩と運命をともにし、同年十二月二千石を削られた。明治二年信敏が知藩事となったが、明治四年七月廃藩置県が行われ、一時天童県が成立したが同年八月二十八日には山形県に合併された。

参考文献　『天童市史』、誉田慶恩「天童藩」（『新編物語藩史』一、新人物往来社、一九七五年所収）

（誉田　慶恩）

藩校　藩主織田家は高畠時代より儒臣武田孫兵衛らに講釈をさせており、天童移転後もたびたび文武奨励を家臣に対して達していた。天童藩に藩校が創立されたのは文久三年（一八六三）のことであり、養正館と呼ばれた。これは、佐藤重剛が独力で建築し、藩に献納したものであった。養正館の館長である歴代の督学は、江戸の儒者である安積艮斎門など、朱子学を学んでいた。慶応元年（一八六五）の達では、坊主格以上、三十歳以下の者は、毎日午刻（午前十二時）より申刻（午後四時）まで学校に出席することとされ、部屋住の者は終日通学することとされた。教科は四書五経を専務とした。戊辰戦争で焼失したが、明治二年（一八六九）に学舎が新築され、北隣には幼年者の習字稽古所である筆学所が新設された。

参考文献　『山形県教育史』通史編上、『天童市史』中

（工藤　航平）

長瀞藩（ながとろはん）

出羽国長瀞（山形県東根《ひがしね》市）に藩庁を置いた藩。譜代。寛政十年（一七九八）、米津通政《よねきつみちまさ》が武蔵久喜《くき》から入部して成立。石高一万千石、領地は村山郡に六千四百石、武蔵・上総・下総・常陸に四千六百石を有した。城付地も長瀞村など七ヵ村にわたるが村山郡北部に散在した。藩主は以後政懿《まさよし》・政易《まさやす》・政明・政敏と嗣ぎ、明治二年（一八六九）六月、米津氏は在所を上総国山辺郡大網に移したが、長瀞領は明治三年、山形県に編入された。

参考文献　『寛政重修諸家譜』第一八、『北村山郡史』下、『東根市史編集資料』一四　（横山　昭男）

藩校　明治元年（一八六八）九月、藩主米津政敏により稽徴館が創設された。しかし、同年十一月には藩主米津家が上総国大網に転封となり、稽徴館も同所に移転されることとなった。

参考文献　『千葉県教育史』一　（工藤　航平）

松山藩（まつやまはん）

出羽国（山形県）松山に藩庁を置いた藩。譜代。はじめ無城、天明年間（一七八一―八九）に城持となる。正保四年（一六四七）庄内藩酒井忠勝の三男忠恒が二万石の分知によって成立。その領域は、慶安二年（一六四九）飽海《あくみ》・田川両郡八千石、村山郡一万二千石、寛文三年（一六六三）庄内分について領域村の交換を行い、飽海郡松山中心の藩領を形成した。忠恒以後の歴代藩主は、忠予・忠休・忠崇・忠礼・忠方・忠良・忠匡と続き廃藩に至る。三代忠休は延享四年（一七四七）奏者番となり、さらに寺社奉行・若年寄と幕府の要職を勤めたこと、また相つぐ大飢饉に合ったことにより財政が窮乏し、忠休の隠退、側近の追放を要求する宝暦事件に発展した。これらの問題は庄内藩の力でようやく解決したが、以後の藩政は庄内藩の統制下に置かれることになった。安永八年（一七七九）五千石加増、築城が許され幕末に至る。戊辰戦争でも庄内藩と行動をともにした。明治二年（一八六九）六月、松山を松嶺《まつみね》と改称。松嶺藩となり、同四年七月廃藩となり松嶺県となる。その後、酒田県（第二次、四年十一月）、鶴岡県（八年八月）を経て山形県（九年八月）に編入された。

参考文献　『松山町史』　（横山　昭男）

丸岡藩（まるおかはん）

出羽国丸岡（山形県鶴岡市）に藩庁をおいた藩。寛永九年（一六三二）、肥後国熊本五十二万石の藩主加藤肥後守忠広が、改易されたのち庄内藩主酒井忠勝に預けられ、幕府が堪忍料として一万石を与えたことにより成立した。当初は村山郡の幕領（左沢）から一万石が与えられることになっていたが、忠勝の要請により丸岡一万石に替地となった。その際、忠勝は丸岡一万石を差し出す代わりに左沢一万二千石を与えられている。忠広は、寛永九年六月に鶴岡に参着し、同年八月、丸岡村に完成した陣屋に移った。藩政はすべて庄内藩が担当し、特に丸岡代官という役職が置かれた。領地一万石は、櫛引通・中川通・狩川通・平田郷に分散して与えられた。忠広は承応二年（一六五三）閏六月八日、五十七歳で没し、領地は幕府に収公されて廃藩となった。

参考文献『大泉紀年』上、『鶴岡市史』上、『山形県史』二、『櫛引町史』、本間勝喜「近世前期羽州丸岡領（加藤忠広上知と庄内藩預地支配」（『地方史研究』二四三、一九九三年）

（小関悠一郎）

村山藩（むらやまはん）

出羽国中野（山形県山形市）に藩庁をおいた藩。天和二年（一六八二）、遠江国横須賀五万石の藩主本多越前守利長が為政の不備などを咎められて所領を収公され、新たに出羽国村山郡内の幕領から一万石を与えられたことにより成立した。所領は寒河江領・長崎領・山形領・漆山領からなっていたが、これは失政処罰の堪忍領という色彩が強かった。利長は三河岡崎城主本多伊勢守忠利の嫡男であったが、元禄五年（一六九二）十二月十六日に五十八歳で没した。遺領は利長の庶兄助久の二男で利長の養子となっていた助芳が相続し、二代藩主となった。同十二年六月、助芳が越後国頸城郡糸魚川に転封となったことにより廃藩となった。

参考文献『東村山郡史』、『西村山郡史』、『山形市史』中

（小関悠一郎）

山形藩（やまがたはん）

出羽国（山形県）山形に藩庁を置いた藩。戦国大名最上義光が、関ヶ原の戦後、上杉氏の旧領出羽庄内などを加えて安堵され、公称五十七万石で成立した。最上氏は元和八年（一六二二）、領内不統一を理由に改易となり、これまでの山形藩領はいくつかに分割され、山形には譜代大名鳥居氏が入部した。以後山形藩は、大名の交替がはげしく、最上氏を含めて十一

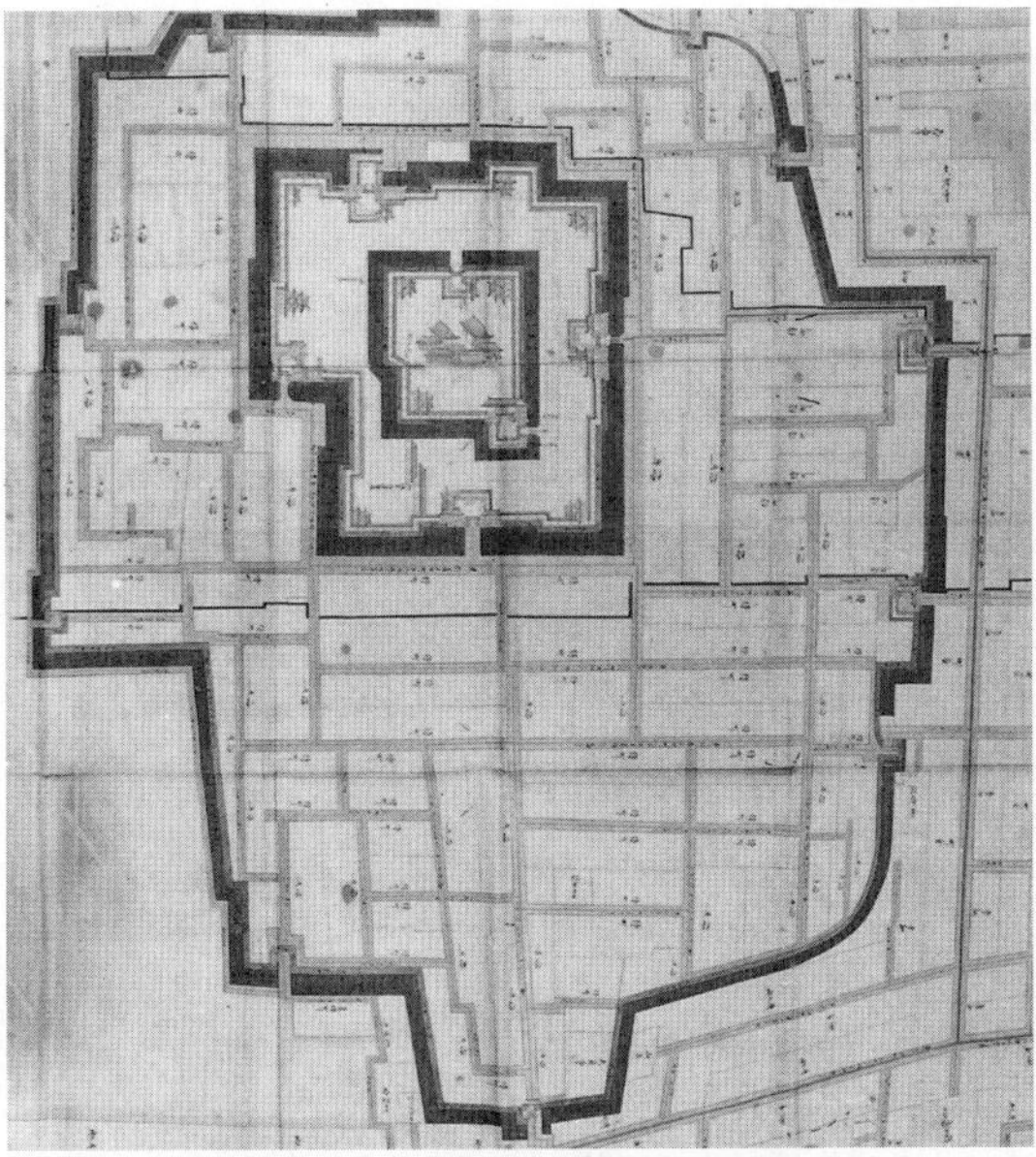

出羽国最上山形城絵図部分（正保城絵図より）

氏を数える。その間、二度幕領に編入されている。幕府の大名配置による山形藩の地位をみると、はじめは外様大名の多い奥羽の押えとしての役割を与えられていたが、寛文年間（一六六一―七三）ころからは譜代大名の左遷の地に変わっていったとみられる。藩領も次第に縮小され、はじめ二十万石余であったのが、元禄前後から十万石余となり、幕末には五万石の小藩となっている。山形の城郭は、広さが最上氏時代そのままであったので、藩士の減少とともに次第に荒廃したが、町人町は村山地方経済の中心として発達したことは特記すべきことであろう。以下、山形藩の成立と推移について、特徴的な事実を中心に記述する。

最上氏の家臣団は、『義光家中分限帳』によれば、馬上千二百三十六騎で、うち家中七百八十騎、旗本四百五十六騎となっている。家中の中の重臣は、各地に楯主として配置され、俗に最上四十八楯ともいわれた。義光時代に拡張整備された城下町山形は、商人町・職人町・寺町を合わせて三十一町を数える。この時代は、特に庄内地方で大規模な灌漑用水堰の開削と新田村の開発がみられ、二代家親が変死したあと、幼少の義俊が三代藩主となったが、重臣の抗争が絶えず、元和八年、最上氏は改易に処され、近江一万石に封ぜられた。最上氏あとの山形には、譜代大名鳥居忠政が二十二万石余で入封し、最上氏時代の他の領地には、鶴岡・新庄・上山《かみのやま》の各藩が成立するとともに、村山の一部には幕領が設定された。鳥居氏は元和九年、領内総検地を実施し、これはのちに「左京縄」ともよばれたが、これに対して、幕領預地で豊田代官の排斥運動が起ったり、立石寺山寺一山で、寺領を圧迫したとして不評を買ったりした。忠政のあとを継いだ忠恒が寛永十三年（一六三六）子のないまま没すると、鳥居氏は改易に処せられたが、旧功により忠恒の弟忠春は信濃高遠三万石を賜わった。

鳥居氏のあとには、将軍徳川家光の異母弟にあたる保科正之が高遠三万石から山形二十万石に入部した。正之が山形に在城した七年間には、寛永十五年、隣領に起った白岩騒動を鎮圧したこと、総検地を実施し、村ごとに「定納一紙」を交付して、貢租徴収の確保を図ったこと、その他、家中仕置や諸役銭徴収などの諸規定を設けるなど、藩制の整備が進められた。寛永二十年保科正之の会津転封後、山形藩は一時幕領となり、松平直基（正保元年（一六四四）―慶安元年（一六四八）、十五万石）、松平（奥平）忠弘（慶安元年―寛文八年、十五万石）の入転封を経て寛文八年、奥平昌能が入部したが、同氏は、幕府が定めた殉死の禁違反と家臣の抗争を理由に下野宇都宮十一万石より山形九万石に左遷されたものである。

昌能の子昌章は貞享二年（一六八五）宇都宮に移され、以後、堀田正仲（貞享二年―三年、十万石）、松平直矩（直基の子、貞享三年―元禄五年（一六九二）、十万石）、松平忠弘（再封）・忠雅（元禄五年―十三年、十万石）を経て、元禄十三年、堀田正虎（正仲の養子）が十万石で入部した。以後、堀田氏は延享三年（一七四六）まで正虎・正春・正亮と三代にわたり山形に在城したが、この間に堀田氏は、商品生産の発達や土地移動の増加に対しては、名寄帳の整理や大庄屋制の再編を行なっている。幕閣の主要な地位にある堀田氏は、大坂城代になると、同地に四万石を与えられ、村山地方の四万石は幕領となった。延享三年堀田氏の下総佐倉転封後に、佐倉藩飛地領として四万石が村山に置かれ、幕末まで続いた分は、宝暦十三年（一七六三）、堀田氏の関東所領の上知と引き替えになったものであった。

堀田氏の佐倉転封後の山形藩は、松平（大給《おぎゅう》）乗佑六万石（延享三年―明和元年（一七六四））、幕領期（明和元年―四年）、秋元氏六万石（四代）、水野氏五万石（二代）と続く。秋元氏は凉朝が明和四年入部し、以下、永朝・久朝・志朝と続き、同氏の在城期間は歴代山形城主の中でもっとも長かった。その領地は、山形周辺のほか関東十郡にわたる分散所領であった。弘化二年（一八四五）秋元志朝が上野館林へ移り、代わって山形に入部した水野忠精は、幕府の天保の改革で失脚した老中水野忠邦の子である。幕末期の財政改革に着手したが、既存の豪商に依存する面が強く、紅花《べにばな》・味噌の専売制計画も失敗している。忠精のあとを継いだ忠弘は戊辰戦争で、奥羽越列藩同盟に加わって敗れ、明治三年（一八七〇）、近江朝日山に移され、山形藩は廃藩となった。

参考文献　『山形市史』中、『山形県史』二・三

藩校　経誼館または立誠堂という。弘化二年（一八四五）―明治三年（一八七〇）の間、存続。成立を嘉永二年（一八四九）とする説もある。弘化二年、遠江浜松から山形へ移封した水野忠精が、塩谷《しおのや》宕陰《とういん》の献策によって山形城二ノ丸の大手門前に設けた。水野氏は、前任地浜松時代の天保十三年（一八四二）、藩校経誼館を設け、塩谷氏の指導によって興隆していたが、山形移封後、これを再建したものである。建物は、立誠堂を中心に、弓術・槍術・剣術の各稽古場と兵学所・算学所などがあった。学科は、漢学を主とし、合わせて国史・算法・兵学を学ぶこととなっていたが、職員は、都司学督一人・学監三人・教授・助教・授読・副授読が置かれた。藩校経費は、浜松時代に比べ約半分の年五十両余となっている。幕末の混乱期ということもあって生徒数は不明である。明治三年九月、山形藩は廃止され、政府の直轄県山形県となると、山形藩校

は官立学校立誠堂または山形学校立誠堂に名称が変わった。このとき職制も、教頭一人・教授三人・世話役三人・助教十人・胆煎十人と増加し、生徒数も四百人余となっている。官立として経営内容も整備されたが、明治五年に廃止となった。

参考文献　文部省編『日本教育史資料』三、川瀬同「山形水野藩校について」(山形郷土史研究協議会『研究資料集』七、一九八四年)

（横山　昭男）

米沢藩（よねざわはん）

出羽国(山形県)米沢に藩庁を置いた藩。藩主上杉氏、外様、城持。慶長六年(一六〇一)、関ヶ原の戦の処分として、会津若松百二十万石から三十万石となって米沢に入封した上杉景勝を初代藩主として成立した。以後歴代藩主は、定勝・綱勝・綱憲・吉憲・宗憲・宗房・重定・治憲(鷹山)・治広・斉定・斉憲・茂憲にわたる。三十万石の領地は、出羽国置賜《おきたま》、陸奥国伊達・信夫三郡の全域に及んだが、寛文四年(一六六四)、十五万石に削封されると、置賜郡(高畠郷を除く)のみとなった。領地が半分とされたのは、三代藩主綱勝が嗣子を定めないまま急死したためで、本来ならば改易となるところであった。それが半減にとどまったのは、保科正之(綱勝の外舅)の幕府への工作や綱勝の妹の嫁ぎ先である幕府高家衆吉良義央の取計いによるものとされ、そこで義央の長男三郎が養子に入り、やがて四代藩主綱憲となった。上杉氏は、米沢では、会津時代に比べその領地は四分の一となったが、家臣数はほとんど減少せず、約六千五百人を数えた。正保四年(一六四七)の分限帳によると、知行取家臣は九百五十人、扶持・切米取家臣は五千七百三十人、領知高のうち、給人の知行地が十七万

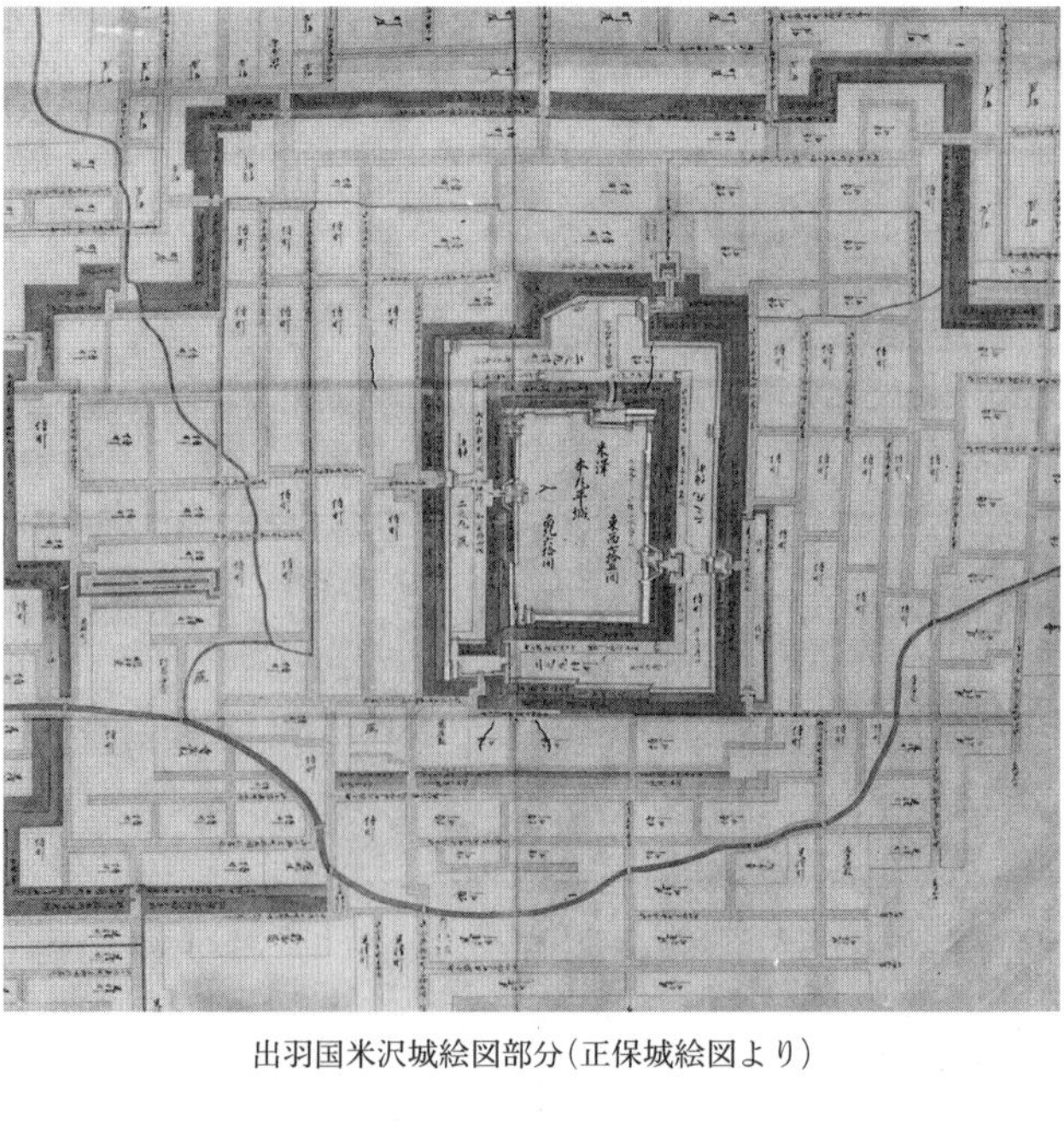

出羽国米沢城絵図部分(正保城絵図より)

石余、蔵入地は十三万石余で、この石高は領地半減後は、それぞれ約半分となったが、その割合は幕末まで変わらなかった。寛永十五年(一六三八)・十六年に領内総検地が行われたが、その結果、実高五十一万七千石余を打ち出した。この実高は、半知後も表高十五万石に対し二十八万石余となっている。

米沢藩の貢租は半石半永制で、これは、文禄年間(一五九二—九六)にこの地方を支配した蒲生氏以来のものであった。貢租の半分は貨幣で納入するというもので、この制度は、幕末まで踏襲されている。農民が貢租の貨幣にあてる分は、藩による一定の米や特産物の買上代金を廻すという方法で賄われた。特産物には、漆蠟・青苧《あおそ》・真綿・紅花《べにばな》などがあり、たとえば青苧についてみると、慶安四年(一六五一)の青苧畑検地をもとに、藩の総買上額を五百三十駄と定めている。これを青苧役とも称し、早くから藩の買上制は実施されていたのである。藩が買い上げた青苧は、御用商人を通じて奈良に販売した。このような初期専売制は、米・漆蠟・紅花などについても同様に実施されている。これらの専売制度がとられたのは、領内の商品市場が著しく狭いためもあるが、益金が藩の重要な財源となっていたことによるものである。

元禄年間(一六八八—一七〇四)になると、財政の窮乏がいよいよ顕著となり、綱憲は藩政刷新の諸政策を実施した。それらは風紀の取締り、役職の整備、また学問の奨励などにみられる。この時期には、家事不正のため追放された譜代の家臣も多い。行政機構では、元禄五年、他領との境界の要地に置かれていた五ヵ所の陣屋(糠野目・掛入石中山・荒砥・鮎貝・小国)の城代を役屋将に改めたこともその一つであった。綱憲は、近世のはじめ、執政直江兼続が創建した禅林寺(のち法泉寺)に文殊堂を建立し、また儒者矢尾板三印に百石を給して学問所を造らせ、謙信・景勝の年譜を完成させ、文治政治による体制の安定を計った点も注目される。

享保—宝暦期の主要な問題の一つに財政窮乏がある。これは近世初期に見られた一時的なものではなく、その解決策として家中知行の借上げがみられた。元禄年間に始まり、しばらくは断続的であったが、寛延三年(一七五〇)以後は半知借上げを常道とした。藩初以来、一般会計のほかに「御貯金」(軍用金)があったが、一般会計に流用されて享保末年には皆無となり、このことは財政史上画期をなすことであった。一方譜代層による政治の腐敗もみられ、ここに台頭したのが、藩主重定の側近森平右衛門で、彼により郡代所を中心とする新政が行われた。森政権は、宝暦十年(一七六〇)前後の短期間であったが、世襲制の五代官に副代官をつけ、郡奉行・大庄屋の設置を試みるなど、郷村の再建を図った。在町の富商や村の有力農民を盛んに士分に取り立てたことも、農村の復興とともに、新たな財源を確保するためであった。しかし郡代所頭取として政権を握った森政権は、あまりに専制的であり、また公私混同の弊害も少なくなかった。特に譜代の重臣層の反撃を受け、儒者藁科松伯を中心とする菁莪社中はその打倒に立ち上がった。森平右衛門は宝暦十三年二月、江戸家老竹俣当綱によって誅殺され、森政権は一挙に倒壊することになったのである。

　明和・安永の改革は、明和四年(一七六七)、第九代藩主に上杉治憲を迎え、菁莪社中に連なる改革派によって進められた。この改革は、藩主治憲が上杉の祖神春日社、鎮守白子社に奉納した二つの誓詞から知られるように、改革に対する非常な決心に始まっている。奉行筆頭の竹俣当綱による主な政策には、会計帳の作成、領内外の特権商人との関係の整理、農村支配機構の整備、漆・桑・楮《こうぞ》各百万本植立の実施、縮織の導入および興譲館の創設などがある。特に商業統制や産業の導入など積極的または強権的なところがこの期の改革の特徴であった。藩内の特に譜代層には、これらの改革政策に反撥するものも現われ、それは七家騒動に発展したが、これも短期間に克服された。しかし竹俣当綱は、天明二年(一七八二)に失脚し、同五年藩主治憲も隠退することによって、改革はしばらく中断した。寛政三年(一七九一)、隠居中の莅戸《のぞき》善政(太華)が中老に抜擢されて、いわゆる寛政の改革が実施された。

　政治改革の面では、上書箱の設置、代官制度の改革、諸役所の統合が行われた。経済・財政策では、越後の渡辺三左衛門、酒田の本間光丘を御用商人として財政再建計画を立て、産業の発展と農村の復興を計った。特に漆・青苧のほか養蚕・絹織物などは国産物として奨励しまた統制を加え、国産会所を中心に、城下町の織物問屋による専売制を実施した。農村復興策では、勧農金や備籾制の運用、水利事業による復田化なども図られ、特に養蚕地帯の農村では質地地主の発展もみられた。文化・文政年間(一八〇四―三〇)にわたる改革の成果は、農村復興および財政再建にもみるべきものがあり、天保初年の飢饉でも大きな被害を免かれたとみられる。

　米沢藩は、幕末の戊辰戦争で、仙台藩とともに奥羽越列藩同盟の盟主として活動した。藩主上杉斉憲は、明治元年(一八六八)閏四月、白石《しろいし》会議にみずから大兵を率いてこれに臨み、北越戦争では政府軍と激しく戦った。この間、藩命を受けた雲井竜雄は、京都・江戸で情報の収集にあたり、その立場を「討薩の檄」によって明らかにしたが、北越戦争の劣勢によって米沢藩は政府軍への降伏を決定している。この戦いの処分で四万石を収公され、明治二年六月支藩米沢新田藩を併合、同四年七月廃藩、米沢県となり、ついで同年十一月置賜県と改称、さらに同九年八月山形県に編入された。なお、主要な藩政史料として、『上杉文書』『上杉家文書』『上杉編年文書』『林泉文庫』『鶴城叢書』などがある。このうち後三者は伊佐早謙の編集または旧蔵で、現在はすべて米沢市所蔵。

参考文献　『山形県史』通史編二・三、資料篇三・四・一六、藩政史研究会編『藩制成立史の綜合研究　米沢藩』（吉川弘文館、一九六三年）、横山昭男『上杉鷹山』（『人物叢書』一五二、吉川弘文館、一九六八年）、吉永昭・横山昭男「国産奨励と藩政改革」（『（岩波講座）日本歴史』一一、一九七六年所収）、荻慎一郎「中期藩政改革と藩「国家」論の形成」（『歴史』五一、一九七七年）、小関悠一郎「米沢藩明和・安永改革における仁政論の再編過程」（同一〇三、二〇〇四年）

藩校　藩校興譲館は明和・安永期の藩政改革の一環として設置された。明和八年（一七七一）、米沢の儒者片山一積が松桜館を開講するに際し、江戸から折衷学の泰斗細井平洲が招かれてその方向が定まった。藩では安永四年（一七七五）十二月、興譲館創設の準備のため、その頭取に奉行吉江喜四郎、御用懸に近習頭莅戸《のぞき》善政（太華）を命じているが、元細工町に

「米沢蔵書」

「興譲館章」
米沢藩藩校蔵書印

落成したのは、翌年四月であった。興譲館の建物は片山塾を補修し拡充したものであるが、正面奥に聖堂、右に文庫、左に講堂、学寮二十余室、食堂などがあった。藩の学問所としては、元禄十年（一六九七）、四代藩主上杉綱憲が起したものがあったが、その後財政窮乏などのため閉鎖となり、片山塾も一私塾であったから、藩校としてははじめてのことである。藩校の設立の目的や教育方針は、平洲の指導による「建学大意」にくわしい。要するに学館の目的は、群僚の上にいて一国の安危を任せうる上層家臣や忠良な下級家臣を育てることにあるとしている。

興譲館の学生は、提学二人（片山一積・神保綱忠）のもとで、「定詰勤学生」として、有能な藩士の子弟から二十名を選び、その中から学頭（都講）・書籍方（典籍方）各一名を任命して学政に参与させ、その他を諸生とよんだ。彼らは三年間寄宿を共にして勉学に精励することになっていたが、このほかに、一年間諸生の塾に寄宿して勉学する寄塾生十余人も入館を許可された。定詰の勤学生は寄宿代は無料で手当金が支給され

たが、寄塾生はすべて自費負担であった。館内での授業は、提学の講義が月六回あり、これには一般藩士の参加も許され、月三回は司礼者を招いて、定詰生と童生に礼式の作法を学ばせた。毎日の日通生あるいは童生への教授は、諸生があたることになっていた。第一回の入館生についてみると、学頭には千坂与市清高(侍組、三十歳)、書籍方には西堀源蔵政美(御馬廻七左衛門嫡子、二十八歳)が選ばれている。二十人のうち侍組の子弟が八人、その他は三手組などで上級家臣の子弟が大部分であるが、平均年齢は二十六、七歳となっている。中級家臣の中でも、のちに勧農建議で知られる代官平兵衛嫡子今成吉四郎・代官添役蓬田久四郎嫡子蓬田郁助などもみえる。

館内の生活については、定詰諸生の心得十ヵ条があり、その中で、席順は身分の上下によらず長幼の序によること、休暇は月六回とし帰宅が許されること、塾中の飲酒は禁止するが就寝前の薬用酒服用は許されること、しかし独盃に限ることなどが定められている。寛政八年(一七九六)に興譲館の教授法の一部が改善された。この年は第三次の細井平洲の来沢のあった年であるが、学館内に「友于堂」を設置し、その教師に読長一人と助正十二人を置き、やがて年齢や等級によって、博習と敬業・弁志に分けている。また寛政十年、服部吉弥の建議によって、試験は内試業・本試業および御前試業の順によるという改革が行われた。興譲館を中心とする藩学は、平洲学を遵奉する神保綱忠がその督学を勤めたことからもその学統は明らかであるが、来訪した学者・思想家をみてもその性格は多彩であった。寛政四年本草家佐藤成裕(中陵)の来沢を契機に、藩は医学館(のち好生堂)を国産会所内に設けたが、文化三年(一八〇六)に学館内に移している。

[参考文献]　横山昭男『上杉鷹山』(『人物叢書』一五二、吉川弘文館、一九六八年)、大乗寺良一『平洲先生と米沢』、松野良寅『興譲館世紀』(山形県立米沢興譲館高等学校創立百年記念事業実行委員会、一九八六年)

藩札　明治二年(一八六九)、藩の御切替所より金札として、一両・一分・二朱・一朱の各札、商法局より銭札二百文判が発行され、同三年七月、商法会所より、金札(一分・一朱)、銭札(二百文・五十文・二十五文)が発行されている。同三年二月の発行高は、金札四十九万両、銭札十万貫文。換算率は一両=十一貫であったから、その総計数は五十万両に上り、

一分金札

同期の仙台藩(十万両)・秋田藩(三十万両)のそれより多額であった。

参考文献 日本銀行調査局編『藩札概要』、同編『図録日本の貨幣』八(東洋経済新報社、一九七五年)

(横山 昭男)

藩法 歴代藩主の法令を編纂した法令集として『御代々御式目』全四十一冊がある。これによって天正九年(一五八一)から弘化四年(一八四七)にわたる当藩法制の基本的推移を知ることができる。このほか、支配の仕組としては『紹襲録』が諸役職の沿革を詳録しており、勤務規定については『御役成勤式』も定められている。特に町奉行の職務手鑑的なものとして正徳四年(一七一四)に作成された『当官紀事』は刑事法を含む貴重な行政基準を示している。当藩法制上、他藩と異なる独得の制度は刑法に著しい。当藩は刑法典を制定することなく、判例に準拠して処罰を行なっており、主要な判例集としては『御呵附引合』『中典類聚』『御裁許鈔』などがあり、これらをつなぐと江戸時代のほぼ全期の刑事判決が明らかとなる。それらに記録されている刑種は約六十種にも及び、中には闇打・郷替・出奉公・定価屋渡など、他藩ではあまりみられないものがあり注目される。

参考文献 『米沢市史』、『米沢市史編集資料』、古城正佳『米沢藩刑法』(専修大学出版局、二〇〇三年)、布施弥平治「米沢藩刑法の特色」(『日本法学』三三ノ二、一九六七年)

(鎌田 浩)

米沢新田藩 (よねざわしんでんはん)

米沢藩の支藩。藩主上杉氏、外様。米沢藩主上杉吉憲が享保四年(一七一九)二月、弟勝周に新田高の内一万石を分知することが許されて成立。柳間詰。以後勝承・勝定・勝義・勝道と続き、明治二年(一八六九)米沢藩に合併して廃藩となった。特定の領地や城地をもたず、支配機構をはじめ財政・家臣団はすべて宗家米沢藩に依存していた。代々駿河守を称し、駿府城の加番役を勤め、江戸屋敷は米沢藩の中屋敷麻布の一部を与えられていた。

参考文献 『米沢市史』近世編一

(横山 昭男)

福島県

会津藩（あいづはん）

陸奥国（福島県）若松を藩庁とした藩。十四世紀の中ごろ（康暦元年以前か）、蘆名直盛が蘆名氏としてははじめて会津に下向し、小高木（のち黒川）に館をつくりこの地を支配したが、天正十七年（一五八九）伊達政宗に滅ぼされた。会津をはじめ白河・石川・岩瀬・安積・信夫・田村の仙道七郡を支配した政宗は、まさに「奥羽の王者」にふさわしい強大な大名となった。政宗は黒川を拠点として関東進出の野望を持っていたが、豊臣秀吉の忌諱にふれ、わずか一年余で会津は没収され、蒲生氏郷に与えられた。この氏郷時代に検地が行われ、城下の整備も本格的に行われた。氏郷の所領は九十一万石となり、徳川家康・毛利輝元につぐ大名となった。しかし氏郷が文禄四年（一五九五）没したのち、その子秀行の代となって家中騒動が起り、蒲生家は宇都宮十八万石に移封された。慶長三年（一五九八）上杉景勝が会津を支配し、百二十万石を領したが、のち家康と対立、同六年会津九十万石を削られ、米沢三十万石の領主となり、会津へは再び蒲生秀行が関ヶ原の戦の功により、六十万石を与えられて再封。若松城内外の整備、町方の支配に努力した。しかし、たび重なる天災、手伝い普請などにより財政は窮迫し、家中の紛争も相ついで蒲生氏の政治は多難であった。秀行の子忠郷は、嗣子なく没したため、会津の地は没収され、蒲生氏の会津支配は終わった。

寛永四年（一六二七）、加藤嘉明が伊予国松山から四十万石の大名として入封。加藤明成の時には、若松城の改築が本格的に行われ、城下も発展した。しかし相つぐ土木工事、財政支出の増大は年貢増徴となり、さらに寛永の飢饉が追打ちをかけ、農民の逃散は増加した。領内の社会不安と、いわゆる「会津騒動」を契機として、明成は会津四十万石を返上した。このようにめまぐるしい領主の交替をみたが、会津藩が確立したのは、寛永二十年、保科正之（家門・城持）が二十三万石を与えられて会津へ入部して以後のことである。その後幕末まで正之・正経・正容・容貞・容頌・容住・容衆・容敬・容保と九代の松平氏（元禄九年松平姓と葵の紋を与えられた）の支配がつづいた。

蘆名氏以来、歴代藩主の居城はいずれも現在の会津若松であった。寛永二十年会津藩主となった正之は、すでに将軍家光の補佐役として幕政に参加しており、徳川御三家につぐ家門の家柄として重きをなしていた。領地は入部当初、若松城城付、猪苗代、耶麻郡のほか、越後小川荘、安積郡の一部等を含めて二十三万石の本領と、南山と称された大沼郡、会津郡、下野国塩谷郡など合計五万五千石の預地が与えられた。この本領については、幕末に至るまで、小川荘の減少を除けば郡名の変更など若干の変化があるのみで、総高にはかわりはない。しかし預地は幕府政治と関連して変遷があり、享保九年(一七二四)には、越後魚沼郡の七万石を加えて十三万石が預地となっている。幕末に至るまで比較的固定していた南山でさえ、再三預地、幕府直轄地とかわっており、預地総石高もそのたびに変動した。

正之は会津に入ると直ちに城下や村々を巡見し、新しい法令をつぎつぎと出して、藩政の整備に努力した。会津藩政はこの時期に確立されたといえる。「地下仕置条々」が出され、郷村の諸収納方が定められた。会津藩の特産物として最も重要な漆・蠟については、前代までのやり方を踏襲し、漆木につき漆役を取りたて、蠟は原則としてことごとく買い上げる専売制を徹底して行なった。米価を安定させるため、正保元年(一六四四)には買米制も実施された。だが、新たに立てられた諸制度の中で特に注目されるのは、社倉制と常平法であった。社倉とは凶作などで農民や町人が困った時救済できるように、米や金を貯えておく制度であるが、正之は明暦元年(一六五五)はじめて社倉をおいている。これは幕府に先がけて行われたことであり、正之の文治主義的政治理念の具体化であった。後世正之が名君とたたえられた一つの根拠である。また常平法は、米価の安い時に米を藩が買い上げ、高くなった時に売る方法で、米価の安定をはかろうとしたものである。寛文年間(一六六一—七三)に行われ始めた。いずれの法も本来の目的は、農民や町人の生活の安定をはかるものであったが、ひとたび藩財政が苦しくなると、農民や町人の救済よりも、領主財政の補充のために利用されることが多くなり、藩財政が悪化し始めた元禄期を境として、社倉制も常平法も本来の意味を失っていった。

寛文・延宝期は、正之の文治政治が軌道にのり、城代家老を中心とした藩政の執行体制も整い、また農村においては、郷頭・肝煎の恣意的な農民支配を否定し、さらに城下町を領内の商業・交通の中心地として育成していった、まさに会津藩政確立の時期であった。しかし同時に、藩財政が悪化し始める時期でもあった。天和元年(一六八一)、幼少の正容が襲封してまもなく、老中堀田筑前守に領内政治の重要事項に対し助言を求める「御看抱」を要望している。元禄期には財政困窮のため、京都の三井紹貞、江戸商人三谷三九郎に借財申入れを行なっている。と同時に、藩は年貢収奪を強化し、享保二年には、これまでにない強い現物収納の「反畝取」の法を実施し、年々増加してきた農民の余剰を吸収しようとした。しかしこれは著しく民力を疲弊させた。これまで藩内の人口は増加の傾向をみせ、「民勢さし潮の如く」といわれたが、同三年の一六万九二一七人を頂点に次第に減少し始めた。農村の窮乏が激化した元文以降は、十五万人台となり、さらに大凶作の続いた天明年間（一七八一―八九）には十一万人台と激減した。寛政の藩政改革の際、農村への人返しが積極的に試みられ、また産子養育金が出されるなどしたため、一時期人口の減少はくいとめられたが、これも長くは続かなかった。

さて激しい収奪と、享保三年の幕府の通貨収縮政策、同四年の長雨による不作が相まって生じた翌五年から六年にかけての南山一揆は、南山地方が幕府直支配の期間に起ったものではあったが、藩領のすぐ隣で起ったものであったため、藩当局に大きな衝撃を与えた。ここに三代正容は藩政刷新に乗り出し、倹約令、士風刷新に努力し、かつ江戸商人三谷・海保・山本十兵衛らからの借金による財政建て直しをはかった。さらに同十四年には定免制が全領内にしかれ、財政収入の安定化がはかられた。また外嶋才一兵衛の進言により、社倉籾を積極的に利用して利息をとり、財政の建て直しをはかろうとした。これらの試みは、民政への努力と相まって、一応の効果をあらわし、同十七年にはかなり藩財政が好転したかにみえた（享保の藩政改革）。しかしそれもつかの間、江戸屋敷の類焼、若松城下の大火、わずか八歳の容貞の襲封、千代田城堀さらい普請と、不幸な事態が重なって、翌十八年には、三都大商人からの借財が十六万八千余両にも達した。藩借財はその後も増加し、宝暦期には四十万両を超え、明和四年（一七六七）には返済不能の責を負って、元締役井深主水が出奔するという事件さえ起った。

宝暦十一年（一七六一）には藩財政補填のための財政対策として「義倉」が始められたが、明和七年（一七七〇）には士風の乱れなどで廃止されている。藩はこの事態を乗りきるため、民力休養派郡奉行中野藤太夫に対立した積極派西郷仁右衛門・並河多作らを登用し、貸しつけた社倉籾の利息取立てをきびしくし、領内の豊作を理由に免率を引き上げた。だが貢租と社倉の両面から激しい収奪にさらされた農村は荒廃した。寛延二年（一七四九）、手余り高は猪苗代方部だけでも五千七百余石に達し、農民はぎりぎりまで追いつめられ、会津藩政史上最大の一揆をひき起すことになる。これが猪苗代から起り、きたかた方部の農民をまき込んで若松へおし寄せた寛延の大一揆である。この結果、これまでのような高率貢租の収取は不可能となり、藩政は大幅に後退せざるを得なくなった。激化する民心を鎮めるため、藩は年貢の減免をはかり、また手余り地解決のため、地方御家人制による給与の土地渡しなど、態勢建て直しに努力した。

しかし天明三年、大凶作が全領内をおそい、会津藩は大きな打撃をこうむった。藩首脳は、これを機に藩政の抜本的改革を考えなければならなくなった。これがいわゆる寛政の藩政改革である。同七年家老田中三郎兵衛玄宰が藩政改革に関する大綱を提出し、改革は本格的に開始された。改革の中心的人物には下級の家士が多かったが、いずれも経済の学に通じており、改革の焦点は荒廃した農村の復興におかれた。享保年間以降荒廃した農村には手余り地が増加したが、没落する農民を支えるため、土地分給(農民に質的に均等に土地を分け与えようとした)が試みられ、殖産興業が実施された。従来とかく問題のあった郷頭の権限を縮小して代官の直接支配体制を作り、農政の充実をめざした。さらに軍制・学制の改革にも努力がはらわれた。藩校日新館は、こうした改革の一環として、寛政十一年(一七九九)から五年の歳月を費やして作られたもので、のちに多くの英才を生んだ。また、家臣上下間の意思疎通の改善・職制改革も行われている。この寛政期の改革は、政治・民生・軍制・教育などあらゆる面にわたり、これまでにみられない徹底したものであった。したがって、この改革はかなりの成果をおさめ、五代容頌は会津藩中興の藩主といわれた。しかしこの安定も長くはつづかなかった。

東北の会津も世界の情勢と無関係ではあり得ず、文化五年(一八〇八)の蝦夷地守備、それにつづく相模湾の警備など、藩の財政は再び圧迫され始めた。さらに藩財政は、天保期の大飢饉によって、なお一層苦しくなった。ここに天保の藩政改革が行われることになった。藩主容敬を中心とする藩当局は、士風の刷新、倹約令、物価引下げ、株仲間の解散と再興による商工業者の再統制などによって、この危機をきり抜けようとしたのである。八代容敬は、江戸湾警備を命じられて以降、溜間詰大名らとの交流を通じて幕政への参加意識を高めていった。嘉永五年(一八五二)没。

ついで美濃高須の松平家から養子に迎えられていた容保があとをつぎ、困難な政局にあたることになった。文久二年(一八六二)、容保は幕府の強い要請に応じ、藩内重臣の諫止にもかかわらず、京都守護職をひきうけた。この役料として五万石が与えられている。その後、長州藩処分問題に関連して、元治元年(一八六四)、容保が軍事総裁職になる(同年四月京都守護職に復帰)。同年蛤御門の変に際しては、桑名・鹿児島藩の応援を得て長州勢と戦った。これ以降会津藩は孝明天皇の信頼を得ながら、朝廷遵奉策と徳川幕府への大政委任を核とした邇公武合体を目指していく。禁裏守衛総督一橋慶喜、京都所司代(桑名藩主)松平定敬らとあわせて「一会桑」と呼ばれ、肥後・土佐・久留米藩士らの協力を得ながら政治活動を展開していったが、この間、薩摩・長州両藩などと対立していくことになる。慶応三年(一八六七)十二月、王政復古の大号令によって京都守護職は廃止され、五年余の禁門警備の任務は解かれた。翌明治元年(一八六八)、鳥羽・伏見の戦に始まった戊辰戦争では、江戸城明渡し後も東北諸藩の中心として政府軍に抵抗した。白虎隊の悲劇はあまりにも有名である。同九月若松城(鶴ヶ城)は落城、「我家は、宗家と盛衰存亡をともにせよ」という藩祖保科正之の家訓を守った容保の決断を変えさせることができないまま会津藩はここに倒壊した。この戦いののち、会津には明治新政府による軍政がしかれた。藩士たちは他家預りとなっていたが、同二年十一月、隠居した容保にかわって、その子容大が旧南部藩領に三万石の封地をあたえられたので、各地から移住した(斗南藩)。現地は不毛の原野で、気候条件も悪く、仕事に不慣れの移住者たちは「困窮甚しい」状態であったという。これらの状況は、藩士の後年の回想『ある明治人の記録—会津人柴五郎の遺言』に詳しい。同四年七月の廃藩置県により斗南藩は廃止され、斗南県となった。

藩政史料として最もまとまっているのは『会津家世実紀』二百七十七巻。しかしこれは文化年間に編纂されたものなので、この後を埋めるものとして、『会津藩第八代藩主松平容敬「忠恭様御年譜」付松平容敬手控「房総御備場御用一件」』(『会津若松市史』史料編三)、『会津藩庁記録』六巻(『日本史籍協会叢書』所収)、『京都守護職始末』、『会津藩幕末・維新史料集』(川口芳昭編)などがあげられる。また郷頭・肝煎・町検断家に所蔵されている『御用留日記』類からも、民政関係は析出可能である。代表的なものとして『簗田家文書』があり、そのうち「御用・公用日記」が逐次刊行予定(全十八巻、第一巻刊行ずみ)。『新編会津風土記』(全五巻)は刊行されている。

[参考文献]　『会津若松史』、『会津の歴史』、『図説会津若松の歴史』、庄司吉之助『明治維新の経済構造』(御茶の水書房、一九五四年)、藤田五郎『封建社会の展開過程』(有斐閣、一九五二年)、同『近世封建社会の構造』(御茶の水書房、一九五一年)、山田舜『日本封建制の構造分析』(未来社、一九五六年)、遠藤進之助『近世農村社会史論』(吉川弘文館、一九五六年)、半田市太郎『近世漆器工業の研究』(吉川弘文館、一九七〇年)、堀江英一編『幕末維新の農業構造』(岩波書店、一九六三年)、服藤弘司『大名預所の研究』(創文社、一九八

一年)、高木昭作「幕藩体制第一段階から第二段階への移行について」(『歴史学研究』二七七、一九六三年)、山本幸俊「近世初期の論所と裁許」(北島正元編『近世の支配体制と社会構造』吉川弘文館、一九八三年)、丸井佳寿子「徳川幕藩体制下の大名預所について」(『日本歴史』四四五、一九八六年)、竹川重男「会津藩「負せ高」の検討」(『福島県立博物館紀要』四、一九九〇年)、同「会津藩における郷頭の新田開発」(『歴史』二八、一九六四年)、鶴岡美枝子「会津藩前期の財政構造」(『文部省史料館研究紀要』六、一九七三年)、同「会津藩における半石半永制の変質・解体過程の一考察」(『福島地方史の展開』一九八五年)、竹川重男「会津藩における「義倉」と宝暦・明和期の財政政策」(『福大史学』四六・四七合併号、一九八九年)、丸井佳寿子「寛政期会津藩における謂ゆる「土地分給策」について」(『福大史学』三二、一九八一年)、桜井英治「中世商人の近世化と都市」(『日本都市史入門Ⅲ人』東京大学出版会、一九九〇年)、橋本直子「近世後期の再開発と「新村」—会津藩河沼郡代田組を通して—」(『日本歴史』四五五、一九八六年)、白石烈「『公武合体』をめぐる会津藩の政治活動」(『史学研究』二三五、二〇〇二年)、荒木裕行「近世後期溜詰大名の「交際」とその政治化—会津藩主松平容敬の日記の分析から—」(『史学雑誌』一一二ノ六、二〇〇三年)、家近良樹『孝明天皇と「一会桑」』(『文春新書』二〇〇二年)、酒井耕造「近世前期の郷頭制と地域秩序—奥州会津藩を事例として—」(『法政史論』一二、一九八四年)、丸井佳寿子「近世中期の大名預所について」(『福島地方史の展開』)、守屋浩光「会津藩における「御看抱」について—幕藩制における「後見政治」の一形態—」(『大阪経済法科大学法学論集』四二、一九九八年)、家近良樹『幕末政治と倒幕運動』(吉川弘文館、一九九五年)、村上由佳「幕末期における会津藩の行動理念の形成過程」(『日本史の方法』一、二〇〇五年)、酒井耕造「会津藩における種痘の普及と民俗」(『国立歴史民俗博物館研究報告』一一六、二〇〇四年)、新田美香「京都守護職に対する幕府の財政援助」(『お茶の水史学』四五、二〇〇一年)　（丸井佳寿子）

藩校　藩校日新館が、雄大な規模を整備するに至ったのは寛政・享和年間(一七八九—一八〇四)であるが、その起源は藩主保科正之の時にある。正之が寛文四年(一六六四)城下桂林寺町に庵居していた岡田如黙《にょもく》の私塾を藩の学問所に取り立てて稽古堂と称し、如黙を指南役に任じたのが藩校の起源である。この稽古堂は、のち貞享二年(一六八五)岡田定好が堂主となって読書指南をした。これよりさき延宝二年(一六七四)、藩主正経の時、別に学問所を本一之丁に設けて講所と称し、元禄元年(一六八八)、藩主正容の時、講所と稽古堂とに学科を付した。翌二年甲賀町東口に町講所を設けて士庶共学の場とし、定好が町講所預りとなって稽古堂は廃された。その後、幾度かの拡張改革を経て藩主容頌の天明八年(一七八八)に田中玄宰を奉行として城西米代一之丁と二之丁の間に広大な学問所の建設に着工し、寛政十一年はじめて日新館と命名された。

規模・内容の完成したのは享和・文化期のころであり、日新館は七千余坪の校域で文武の教場が整備された。中央に南面して聖堂を設け、その門の両側に東西両塾を配し、東塾には三礼塾・毛詩塾・習書寮・和学神道寮・居寮などを、西塾には尚書塾・二経塾・医学寮・天文数学礼式寮・習書寮などを設け、聖堂の東に大学(講釈所)・文庫を、両塾の東・西・南をめぐって武学寮を設け、剣・槍・柔術をはじめ諸武芸稽古所を、さらに水練水馬池・射弓亭・放銃場・天文台・開版所・師範住宅などを整備した。教科目は広く文武両道にわたり、文道では漢学を中心に和学・神道・算法・習字・習礼・天文・医学・洋学などを立て、また茶の湯の稽古寮もあった。藩士子弟は必ず日新館に入って所定の課業を修め、その在学生の数は常に千人を下らなかった。所定の年歳を過ぎても素読を修了していない者には補習授業も行われていた。講釈所生に教授する司業三十余名、素読を授ける誦師および誦師補合わせて十六名をはじめ習字・和学・神道などの諸科目および諸武芸には、それぞれ専門の師範がいた。

医学の発足(享和元年(一八〇一))は他藩より比較的早い。八代容敬の時の弘化年間(一八四四—四八)には、藩費による蘭方医学修業の遊学が行われている(ただし蘭学導入は遅い)。安政六年(一八五九)、日新館の医学寮に蘭学科と舎密科とが加設された。日新館の経費は藩主よりの寄付米年五千石で運営された。学風は天明から文化の中ごろまでは徂徠学・折衷学も行われたが、その主流は朱子学で、正之の著『玉山講義附録』『二程治教録』『伊洛三子伝心録』の三部書が数学の指導原理となって展開した。この三部書のほか『白鹿洞書院掲示』『小学』『近思録』および四書などの教科書が出版され、のちに『日新館童子訓』も刊行され、幼童の必修書とされた。なお元禄二年独礼(士分格)以下の下級藩士や町人子弟の学ぶところとして、郭門外甲賀町口に青藍社(北学館)が、ついで天明八年城南花畑町に友善社(南学館)が設けられた。南北両館とも日新館の管下にあって学科および修業法もほぼ日新館に準じていた。文政三年(一八二〇)からは身分の低い歩卒および町人の入学は禁じられた。教育面における身分階級制の厳しさが窺われる。建物は慶応四(明治元)年の戊辰戦争で焼失した。

参考文献　文部省編『日本教育史資料』三、小川渉『会津藩教育考』(井田書店、一九四二年)、笠井助治『近世藩校の綜合的研究』(吉川弘文館、一九六〇年)、同『近世藩校に於ける学統学派の研究』上(吉川弘文館、一九六九年)、尾形利雄「会津藩日新館における医学(漢方・蘭方)の導入について」(『上智大学教育学論集』一九、一九八四年)、小川克正「義務教育における課程分離制(八)—会津藩日新館「年長席」の性格—」(『岐阜大学教育学部研究報告』三二、一九八四年)

(笠井　助治)

藩札　元禄十三年(一七〇〇)八月、困窮した財政と「御家来四民其救」のため、金札六万七千両弱をつくり、両替(引替)と貸付の仕方で発行。「札遣一色」通用が強制されたが、翌年発行の銭札は、八百五十文の値段で、正銭と混合通用とされた。貸付による乱発が、物価を名目的に騰貴させ、逆に四民の疲弊をもたらし、通用「甚不流行」となり、同十五年金札通用は停止、翌年銭札も停止され、金銭通用に復帰した。

金一分札

参考文献　芳賀達雄「旧会津藩の金、銭札」(『歴史地理』六三ノ一—三)

(川上　雅)

幕末諸隊　明治元年(一八六八)正月までは、旧式の軍制に固執していた会津藩も、鳥羽・伏見の戦に敗れたのを契機に、大砲や洋式小銃をとり入れた兵制改革に着手し、同年三月に大改革を実施した。従来の編成では、十五、六歳から六十歳以上までが同じ隊を構成して、著しく機動性に欠けたので、隊を年齢別編成に組みかえた。新軍制では、会津藩職制の三階級別に対応させ、花色紐以上の士は士中隊に、茶紐以下浅黄紐以上の士は寄合組隊に、それ以下の者は足軽隊に編成し、そのおのおのを年齢別に、白虎隊(十六、七歳)、朱雀隊(十八～三十五歳)、青竜隊(三十六～四十九歳)、玄武隊(五十歳以上)として組織した。

たとえば朱雀隊ならば、朱雀士中隊・朱雀寄合組隊・朱雀足軽隊があり、正規軍は十二種類で二十一の中隊を数えた。この中隊を軸とした編成は、士分の者が中心であるが、特に寄合組隊や足軽隊には、兵粮方・医師・町兵・農兵などが、付属隊員として編成された。以上の正規軍の中では、明治元年の戊辰東北戦争における白虎隊が有名であるが、戦乱の中では正規軍のほかにも、数多くの諸隊が生まれて、動いた。農兵は各郡から男子で二十歳から四十歳までの身体壮健の者を二千七百人募集。これを四郡に分けて、各組農兵の上に各村の郷頭・帳書・肝煎を置いて帯刀を許した。さらにこの上に藩士である代官・支配役・帳付を置いて指揮させた。その数は三百八十人で、農兵との合計三千八十人となる。軍制改革以前からの番頭隊がそのまま活動した例もあるが、改革で新規取立てとなった諸隊や、その他戦乱の中で自発的に生まれた隊を含めて、以下に会津藩の諸隊名を列記しておく。士分の者や足軽の隊もあるが、大部分は農民・神主・修験などの混合隊であった。諸生隊・遊撃隊・諸生備隊（のち第二遊撃隊）・別撰隊・一番狙撃隊・二番狙撃隊・中軍護衛隊・正奇隊・杉田隊・坂部隊・猪苗代隊・大砲方頭取隊・進撃隊・義集歩兵大隊・新遊撃隊・新練隊・結義隊・会義隊・純義隊・第一奇勝隊・第二奇勝隊・遊軍隊・山内隊・敢死隊・修験隊・奉行附別楯備組・長坂大礮隊・小原大砲組・勇義隊・一心隊・誠志隊・決死隊・順風隊・北辰隊・平義隊・勤王隊・力士隊など。

参考文献　山川健次郎編『（校訂）戊辰殉難名簿』（一九二七年）、山川健次郎監修『会津戊辰戦史』（マツノ書店、二〇〇三年）

（高木　俊輔）

会津騒動《あいづそうどう》　寛永年間（一六二四―四四）、会津加藤家でおこった御家騒動。寛永四年、伊予国松山城主加藤嘉明は、四十万石を与えられ、会津若松城へ移った。そして同八年、嘉明は死去し、四十一歳の嫡子式部少輔明成が家督・封の相続を許された。会津騒動とは、この明成と嘉明の重臣であった支城猪苗代城主堀主水との争いである。堀主水は、もと嘉明の児小性であったが、大坂の陣で嘉明を守り手柄をたてたので、その功により、堀氏を与えられ、諸士の司となり、金の采配を許されたという。しかし嘉明の死後、明成と主水は、政事万般にわたって意見が対立し、ある時、堀主水の従者と、他の士の従者との間に争論がおきた時、明成が理を非として主水の従者を罰し、そのことを訴え出た主水の前記役職、金の采配を取り上げたことからこの事件はおこった。

同十六年四月十六日、主水は、妻子眷族従者三百余人を率い、槍・鉄砲を装備して会津を出奔。城下を出はずれる所では、若松城に向けて発砲したという。その後鎌倉を経て高野山に逃れ、さらに執拗な明成の討っ手をさけて、紀州徳川領にかくれたが、ついに江戸に出て、幕府大目付へ訴え出た。その内容には、明成の大規模な城改修工事のこと、関所の設置・警備のこと、大坂落城に落涙し、剃髪に及ぼうとしたことなどが訴えられていたという。同十八年、幕府はこれを審問し、訴えには道理があるようであるが、兵をあげて出奔し、橋を焼き落としたりしたことは、君臣の礼に反し、国家の大法を乱すものであるとの裁決を下し、主水および弟二名を明成に処罰させた。二年後の同二十年、加藤明成は会津四十万石を幕府に返上したが、会津城修築、飢饉と逃散による領内支配の動揺と並んで、この事件が致仕の一つの動機になったと考えられる。

明成は天性吝嗇・収斂をもっぱらにした暗君で、世人は加藤一分(一歩)殿と呼んだという評価もあり(『本朝武林伝』)、諫め役としての主水との対立という考え方もあるが、また一方では、明成に仕えた横田俊益の年譜によると明成は好学厳正の人物であったと述べられている。加藤氏の領内支配形態をみると、たしかに領民からの収取を重くし、判金を要求、それまで米納一本の村にも半石半銭納を命じ、金子への強い欲求を示しているが、全国的な商品流通の展開する中で、このことは、加藤明成に限ったことではなく、また会津移封に伴う加藤氏の収支関係の悪化を考えると、必ずしも吝嗇・収斂を、明成の個性にのみ帰結させることはできない。この事件は、近世初頭、幕藩体制確立の過程で、藩政を整備していくにあたり多くみられた、実権をにぎる重臣と、藩主あるいはその側近派との争いからおきた御家騒動の一つであった。初期・前期の御家騒動には、家臣が主君との直接的対立によって実力行使的に退去する型が主流だが、会津騒動はその代表例といえる。

参考文献　新井白石『藩翰譜』七下(『新井白石全集』一)、『徳川実紀』三、『横田三友年譜』、『会津若松史』、『会津の歴史』、福田千鶴『幕藩制的秩序と御家騒動』(『歴史科学叢書』校倉書房、一九九九年)
(丸井佳寿子)

会津《あいづ》家世《かせい》実紀《じつき》　寛永八年(一六三一)から、文化三年(一八〇六)に至る百七十六年間の編年体会津藩記録。首巻を加え二百七十八巻。四年間を費やして、文化十二年六月に完成した。幼少で家督を継いだ七代藩主松平容衆《かたひろ》に、「家世の旧事」を知らせる目的で、家老北原采女を最高責任者とし、編集方役場を設けて編纂したものである。編纂にあたっては、藩庁所蔵の政務に関する記録類はもちろんのこと、江戸会津諸役場の書類、町・在郷に保存されている旧記類などが、広く参考に供され、収録内容は多岐にわたっている。保科正之の、信州高遠三万石相続から書き始められ、参勤交代、幕府下命の諸土木工事のこと、家臣団の構成、年貢諸役、あるいは家中・町郷村の仕置方など、いわゆる政事向きのことは、ほとんど網羅されている。また藩政改革や百姓一揆など、藩内の重大な出来事については、その事実経過が、かなり詳細に書き記されている。その他、当時の風俗・文化・天変地異はつぶさに書きこまれ、さらに、町郷村内の私的な事件まで書かれている場合がある。会津藩は戊辰戦争に際し、ほとんどすべての藩公用文書を焼失しており、この記録は藩政の全容を知り得る唯一の基礎的史料である。原本は旧藩主松平家に保存されていたが、その後寄贈され、現在は会津若松市の福島県立博物館に所蔵されている。写本は福島県の会津若松市立図書館・東大史料編纂所に、それぞれ所蔵されている。なお豊田武らにより『会津藩家世実紀』として刊行された(全十五巻)。

参考文献　『会津若松史』、『図説会津若松の歴史』、『会津の歴史』、会津図書館編『家世実紀要覧』上(一九五六年)、田代重雄『会津藩家世実紀人名索引』上・下(歴史春秋出版、一九九五・九六年)　(丸井佳寿子)

会《あい》津《づ》藩《はん》庁《ちょう》記《き》録《ろく》　文久三年(一八六三)正月より、元治元年(一八六四)十一月に至る会津藩庁文書を年代順に集めたもの。旧藩主松平家所蔵の原本によって、大正七年(一九一八)―十五年にかけて日本史籍協会が刊行した。全六巻。藩主松平容保が京都守護職を勤めていた当時、京都―江戸―会津間を往復した藩重臣たちの手紙類のほか、探索書や会津藩士の手記・後年の回想などが収められており、幕末会津藩の動向を知ることのできる好史料。『日本史籍協会叢書』所収。同じ性格の史料集として、『幕末会津藩往復文書』上・下(会津若松市史・史料編・Ⅰ・Ⅱ)と「会津藩史料」(『史籍雑纂』五)がある。ほかに、幕末の家老簗瀬三左衛門の家臣、武藤左源太が藩庁からの布達や巷説を写しとった『稽徴録』(家近良樹編)も刊行されている。会津藩公用方・小野権之丞の日記は『維新日乗纂集』四に収められている。

参考文献　会津藩編『会津家世実紀』、堀江英一編『藩政改革の研究』(御茶の水書房、一九五五年)、山川浩『京都守護職始末』(マツノ書店、二〇〇四年)　(丸井佳寿子)

簗《やな》田《だ》文《もん》書《じょ》　会津商人司簗田家の文書。福島県会津若松市湯川町の簗田英雄所蔵。商人司簗田氏は、盛胤のとき康暦元年(一三七九)下向する蘆名直盛に従って鎌倉より黒川へ、のち直盛の命により上洛、足利義満から会津諸郡および近隣諸国までの商人司を許されたに始まるという。蘆名氏にかわり入部した伊達政宗からも商人の司を認められた。蒲生氏郷以降、町検断制が整備されていく過程で若松大町の検断となるが、筆頭検断であると同時に、領内商人の大元締としての役割も果たしている。したがって、天正四年(一五七六)の蘆名盛隆判物や、天正十七年の『伊達政宗関係文書』、文禄四年(一五九五)の浅野長政の楽市楽座の掟書など、中世末から近世初頭の文書をはじめ、明治に至る商業関係・町支配関係の史料が多数伝えられている。江戸時代初期の商人に発行された通行手形、市場商人間の争論関係史料、多数の各種商工業関係仲間帳、享保年間(一七一六―三六)から文政年間(一八一八―三〇)に至る相場書上帳、寛文年間(一六六一―七三)から明治初年に至る公用日記、元禄から明治初年に至る大町各町の分限改帳等々、会津藩の商業統制・町方支配を知ることのできる貴重な史料がある。

目録は昭和十二年(一九三七)角田忠蔵、昭和十七年根本清満により作成され、さらに簗田英雄により追補されたものが、簗田英雄著『簗田氏家譜と古文書』に収録されている。目録に整理されているもの八百点、なお未整理のものがある。現在、福島県立博物館に寄託されている。簗田文書の一部は、写本としてあるいはマイクロフィルムとして、東大史料編纂所・国立史料館・会津若松市立会津図書館に所蔵されている。このうち、「御用・公用日記」全九十冊は全十八巻(予定)の刊本として逐次刊行予定。第一巻はすでに刊行されている。

参考文献　『福島県史』一〇下、『会津若松史』二―四、丸井佳寿子「近世初期に至る市場統制者素描」(『会津史談会誌』二九、一九五五年)、同「会津藩に於ける商業統制の変容」(『日本歴史』九六・九八、一九五六年)、同「株仲間の解散とその再興」(『国史談話会雑誌』一〇、一九六六年)、桜井英治「商人司の支配構造と商人役」(五味文彦・吉田伸之編『都市と商人・芸能民―中世から近世へ―』山川出版社、一九九三年所収)、同「市の伝説と経済」(五味文彦編『都市の中世』吉川弘文館、一九九二年)

(丸井佳寿子)

浅川藩(あさかわはん)

陸奥国(福島県)浅川に陣屋をおいた藩。寛文二年(一六六二)十一月、白河藩主本多忠義が三男忠以に陸奥国石川郡・白川郡の内に一万石を分知したことにより白河藩の支藩として成立した(同時に、二男忠利にも一万石が分知されて石川藩が成立している)。二代藩主は弟の本多忠晴(忠義四男)。寛文四年(一六六四)弾正小弼、同七年近江国水口城在番を命じられた。寛文四年の朱印状(一万石)の目録による村々は次の通り。「陸奥国石川郡之内　拾六箇村　浅川町村　滝輪村　大畑村　蓑輪村　袖山村　根岸村　大草村　中里村　松入村　畑田村　白石里村　白石山村　板橋村　南山形村　福貴作村　染村　白川郡之内　四箇村　大田和村　小貫村　上野出島村　下野出島村」(「本多忠晃家文書」)。天和元年(一六八一)、本藩白河藩主本多忠平の宇都宮転封に伴い、藩主忠晴も三河国伊保藩へ移されたため、浅川藩は石川藩同様、わずか十九年で廃藩となった。

参考文献『寛政重修諸家譜』第一一、『藩史大事典』一（雄山閣出版、一九八八年）、藤野保『近世国家史の研究』（吉川弘文館、二〇〇二年）

（白石　烈）

石川藩（いしかわはん）

陸奥国（福島県）石川に陣屋をおいた藩。寛文二年（一六六二）十一月、白河藩主本多忠義が二男忠利に陸奥国石川郡の内に一万石を分知したことにより白河藩の支藩として成立した（同時に、三男忠以にも一万石が分知されて浅川藩が成立している）。石川藩を成立させた白河藩主本多忠義の祖父は徳川四天王と呼ばれたうちの一人、本多忠勝である。寛文四年（一六六四）、忠利は将軍徳川家綱から朱印状（一万石）を与えられたが、その目録にある村々は次の通り。「陸奥国石川郡之内　拾六箇村　下泉村　高田村　内真木村　山形村　双里村　形見村　谷沢村　坂路村　谷地村　北山村　湯郷渡村　母畑村　中野村　塩沢村　沢井村　中田村内」（「本多忠晃家文書」）。天和元年（一六八一）、本藩白河藩主本多忠平の宇都宮転封に伴い、忠利も三河国挙母藩へ移されたため、石川藩はわずか十九年で廃藩となった。

参考文献『福島県史』三、『寛政重修諸家譜』第一一、『藩史大事典』一（雄山閣出版、一九八八年）、藤野保『近世国家史の研究』（吉川弘文館、二〇〇二年）

（白石　烈）

泉藩（いずみはん）

陸奥国（福島県）泉を藩庁とした藩。寛永十一年（一六三四）磐城平藩主内藤忠興が、弟政晴（譜代・陣屋持）に陸奥国菊多・磐前・磐城三郡のうちより、二万石を分封したのに始まる。はじめ政晴は高槻に住した。泉にその居城が移されたのは、次代政親の時、寛文八年（一六六八）のことである。元禄十五年（一七〇二）三代政森の時、上野国安中へ移封。安中から板倉重同（譜代・陣屋持）が替わって入部した。しかし、板倉氏も延享三年（一七四六）遠州相良へ去り、相良から本多忠如（譜代・陣屋持）が替わって入部し、一万五千石を領した。現在、内藤氏や板倉氏の史料が乏しく、実態が不明である。忠如の子忠籌は、天明七年（一七八七）若年寄、翌八年側用人となり、松平定信の寛政の改革をたすけ、寛政二年（一七九〇）には老中格に昇進。この時武蔵国埼玉、上野国勢田両郡のうち五千石を加増されている。廃藩まで本多氏の支配がつづいた。戊辰戦争では奥羽越列藩同盟に参加。明治四年（一八七一）廃藩置県が実施されると、泉藩は泉県となった。その後改置府県が急速に実施され、同年十一月泉県は平県に統合された。これはのち磐前県と改称、さらに同九年福島県に合併された。泉藩関係史料としては、いわき市泉の本多忠緯所蔵の年譜があげられる。なおその一部を含めて泉藩関係史料が、『福島県史』八近世資料一に収録されている。しかし、いずれも本多時代に限られる。

参考文献　『寛政重修諸家譜』第一一・一三、『福島県史』八・一五、諸根樟一『石城郡町村史』、『いわき市史』

（丸井佳寿子）

藩校　天保五年（一八三四）、藩主本多忠徳は藩士子弟を集め、経書の素読および習字を教授させた。藩主みずからも臨み、出精者へは褒美を賜ったという。藩士に対しても同年十月以降、毎月六回儒者小松精紀の経書講義を聴聞させた。藩士子弟の修学は自由であったが、嘉永五年（一八五二）に汲深館が創設されると、必ず藩学で学ぶこととされた。明治二年（一八六九）に算学舎や医学舎、作字舎が置かれたほか、湯長谷藩・平藩と毎月一回の「左伝ノ輪講」が始められた。

参考文献　『福島県教育史』一、『いわき市史』二、文部省編『日本教育史資料』三

（工藤　航平）

磐城平藩（いわきたいらはん）

陸奥国（福島県）磐城地方におかれた藩。「平藩」ともいう。十五世紀中ごろ、いわき地方の統一を実現した岩城氏は、十六世紀初頭には南奥羽有数の勢力に成長していた。永禄年間（一五五八―七〇）常陸佐竹氏の勢力が次第に南奥へ伸び始め、岩城氏は佐竹氏に対して、友好従属的立場に立たされながらも、天正十八年（一五九〇）には、岩城貞隆が十二万石を領している（岩城藩）。しかし、慶長五年（一六〇〇）徳川家康が上杉景勝を討とうとした時、兄佐竹義宣とともに召に応じなかったため、同七年所領を没収された（岩城氏は、元和年間（一六一五―二四）に再興された）。その後、下総国矢作から鳥居忠政（譜代・城持）が六万石を加えられ十万石で入部。のち上遠野竹貫において二万石加増され十二万石となった。以後いずれも譜代の大名がこの地に封ぜられた。

鳥居氏が、元和八年山形二十四万石へ転封されてのち、内藤政長（譜代・城持）が上総国佐貫より入部、七万石を領した。内藤氏の代には、磐城平藩の領内に、泉・湯長谷の二藩が分封された。内藤氏の支配は、六代政樹が日向延岡へ所替になる延享四年（一七四七）までつづいた。ついで井上正経（譜代・城持）が六万石を与えられて入部（磐城・磐前・菊多三郡の内五十七ヵ村、別に伊達郡梁川で三万石計六万石）。まもなく宝暦六年（一七五八）大坂城代となって遠江国浜松へ去り、そのあと、安藤信明（信成、譜代・城持）が美濃国加納より五万石

で入部(梁川所領若干減)、安藤氏の支配が廃藩までつづいた。平城は、鳥居氏によって構築された。それまで岩城氏は大館に拠っていたが、鳥居氏は、この地が地勢狭隘、要害堅固ではないとして、新城を赤目崎に築いた。築城には、将軍秀忠より金子を与えられ、また三河・江戸から多数の技術者が召し抱えられた。大坂城を模し、広大な外堀がめぐらされ、現在の本町にまで及んだという。天守閣のない平山城であった。その後、内藤氏が支配した時代に藩政は整備され、確立されたといえよう。藩の刑罰についてもこの時期の史料で確認できる。

二代忠興は、新田開発を藩の事業として大規模に行い、それと並行して灌漑土木工事も行なった。町奉行沢村勘兵衛らによって、承応年間(一六五二—五五)に作られた小川江は全長七里、この開発によって一万石の増収をみたという。延宝年間(一六七三—八一)に行われた愛谷江の工事によっても、やはり五千石余の増収をみている。しかし、天和二年(一六八二)の百姓願書にみられるように、農民負担は限界に近づきつつあった。寛文年間に、藩命で葛山為篤が『磐城風土記』の編纂を行った。また、元禄十四年(一七〇一)の藩内村名・名主名簿が『いわき史料集成』二に収められている。享保年間(一七一六—三六)には、「磐城騒動」と称されている御家騒動があった。家老松賀正元・伊織父子の御家乗っ取りの策謀であったというが、実は松賀・伊織父子一派による、徹底した綱紀刷新、経費削減策に重臣達が反発したのが原因とも考えられている。若年の藩主政樹にかわり、泉藩主・湯長谷藩主がその処理にあたって事件は解決した。

このころより磐城平藩にあっても財政の窮乏が大きな問題となっており、貢租収奪がきびしくなっていった。したがって元文三年(一七三八)には、諸税の軽減を要求して領内をおおう百姓一揆(陸奥国磐城平藩領天文三年一揆)がおこった。これが、内藤氏の転封を促した一つの大きな原因になったと考えられる。一揆後に本〆役が定役として設置され、広く領内・諸役所の全穀物の出納を吟味する財政運営担当職が確立された。井上氏についで入部した安藤氏は、幕政とのつながりが密接であった。安藤信明は、安永・天明期には、奏者番・寺社奉行を勤め、若年寄・老中となった。弘化四年(一八四七)封をついだ信正も、寺社奉行・若年寄を勤め、万延元年(一八六〇)には老中にまですすんでいる。このおり、外国事務取扱を命ぜられて一万石を加増された。倹約令など、藩政改革を行い、さらに藩債消却のため公庁入用諸経費節約の七ヶ年継続を実施。同年三月、桜田門外の変によって、大老井伊直弼が暗殺されたのち、老中筆頭となり、公武合体政策等、幕政批判を緩和するために活躍した。その他、和宮降下、開港開市延期交渉の遣欧使節団派遣、五品江戸廻送令や幕府陸海軍の近代的編制方針など、注目すべき政策は多い。しかし、坂下門で水戸浪士に襲われ老中を辞任、二万石を削られている。

明治元年（一八六八）、戊辰戦争に際しては、東北諸藩とともに西軍と戦い敗れた。役後、藩主安藤信勇は二万石を減らされ、謹慎を命ぜられた。同二年版籍奉還が行われ、四年七月には廃藩置県が行われて、磐城平藩は磐城平県となった。つづいて同年十一月、府県の統廃合が急速に行われて、磐城平・湯長谷・泉・三春・棚倉・中村六県は廃され、平県が建置された。同月平県は磐前県と改称。現福島県は、福島・若松・磐前の三県分立時代となった。九年、この三県は合併して福島県となった。鳥居家から安藤家まで、領主は四回交替しているが、史料がまとまって残されているのは、『内藤家文書』（明治大学蔵）のみで、一部分『福島県史』八に収録されている。そのほか、以下の目録も刊行されている。『陸奥国磐城平藩・日向国延岡藩内藤家文書』増補・追加目録一―九。

参考文献　平市教育委員会編『内藤侯平藩史料』（『郷土史料双書』一、いわき地方史研究会、一九七五年）、同編『安藤侯史料集』、『いわき史料集成』一・二、平市史編纂委員会編『概説平市史』、『いわき市史』、諸根樟一『石城郡町村史』、木村礎他編『福島県平市周辺地域地方文書目録』、藤沢衛彦『閣老安藤対馬守』（白竜会竜が城美術館、一九九二年）、『譜代藩の研究―譜代内藤藩の藩政と藩領』（八木書店、一九七二年）、神崎直美「磐城平藩内藤家「御科之者共被仰付様窺書」」（『国学院大学日本文化研究所紀要』七五、一九九五年）、吉永昭「磐城平藩松賀騒動の研究」（『福山大学人間科学研究センター紀要』三）、森朋久「磐城平藩（内藤家）財用方役人の確立」（『明治大学人文学研究所紀要』三四、一九九三年）、神崎彰利「磐城平藩天和二年「百姓願書覚書」について」（『明治大学刑事博物館年報』一七、一九八六年）、佐藤邦憲「磐城平藩・日向延岡藩内藤家旧蔵図書について」（同一六、一九八五年）

（丸井佳寿子）

藩校　藩校の創設は、宝暦六年（一七五六）安藤信成《のぶなり》が美濃国加納城から磐城平城へ移封となり、郭内八幡小路に学校を設けて施政堂と称し、藩士伊藤修助を教頭に任じ藩士子弟（八歳から二十歳）の教育にあたらせたのに始まる。はじめ漢学を主科とし、四書五経、国語、小学、通鑑、習字を中心に教えたが、安政年間（一八五四―六〇）兵学・武芸を加え、文久年間（一八六一―六四）砲術を洋式に改めて調練し時局に備えた。授業は朝五ッ（午前八時）から夕七ッ（午前四時）までとし、以後は武道を稽古した。試験は春秋二回行い、成績優秀者には紙布の褒賞を与え、不良者には読書を課した。休日は一、十五、二十五の三日と盆暮、節句、正月とした。明治二年(一八六九)学制を革新して、施政堂を佑賢堂と改名、これを本校と称し、別に郭内田町に中学校を新設して四民の入学を督励した。この中学校は素読を了えた十四、五歳の生徒を対象として経学・史学・詩学・文学などを研修させた。特に近隣の汲深館(泉藩)、致道館(湯長谷藩)の学徒が定期的に集まり輪講するなどの交流もあった。明治維新前の教官はおおむね儒者役(教授)一名(俸禄二十両)・助教頭一名・助教五名・助手五名で、生徒は常に百人内外であった。学風ははじめ徂徠学を奉じ、のち朱子学に改めた。

参考文献　文部省編『日本教育史資料』三、笠井助治『近世藩校に於ける学統学派の研究』上(吉川弘文館、一九六九年)、鈴木光四郎『磐城平藩政史』(磐城平藩政史、東洋書院、一九九一年)

(笠井　助治)

岩瀬藩(いわせはん)

陸奥国(福島県)岩瀬郡内にあった藩。岩瀬郡は中世には二階堂氏の所領であったが、天正十七年(一五八九)同氏滅亡後は、伊達・蒲生・上杉諸氏の領有となり、独立の藩は存在しなかった。天和二年(一六八二)、本多忠勝の次子忠朝の孫政利(譜代)が、播州明石六万石から、幕領のうち岩瀬郡内一万石に移され、大久保村など十一ヵ村を支配した(岩瀬大久保藩)。藩の郷村支配機構は奉行—代官—割元などがある。年貢率は幕領時代に比べて高く、口米・口永の賦課は倍となり、新たに夫金が課せられている。元禄六年(一六九三)政利は不行跡によって鶴岡藩に預けられ、同藩は滅んだ。同十三年徳川頼房の五男松平頼隆(親藩)が、岩瀬郡および常陸国で三万石を与えられ、水戸徳川家より分立したが、藩主は代々江戸に居り、岩瀬郡長沼に陣屋を置き、郡内で一万六千石の地を支配した。これが岩瀬長沼藩で幕末までつづいた。近世を通じ、岩瀬郡を単独に支配した藩はなく、白河藩その他の領土が入りまじっていた。

参考文献　『福島県史』一〇、『藩史大事典』一(雄山閣出版、一九八八年)、『徳川実紀』巻二七

(平　重道)

菊多藩(きくたはん)

陸奥国窪田(福島県いわき市勿来町)を藩庁とした藩。窪田藩ともいう。外様。陣屋持。磐城平城主鳥居忠政が、元和八年(一六二二)山形へ移ってのち、その所領十万石は、七万石が内藤政長、二万石は政長の嫡子忠興、残る一万石が政長の女婿土方雄重に与えられた。菊多藩はこの雄重を初代藩主と

し、陸奥国菊多郡に一万石、越中国野々市にて一万石(のちこの地は能登国羽咋・鳳至・珠洲・能登四郡に改められ一万石)、併せて二万石を所領とした。所領はその後三代雄隆の延宝七年(一六七九)、弟雄賀に二千石を与え一万八千石となっている。しかし二代雄次・三代雄隆とつづいた菊多藩も、貞享元年(一六八四)藩主雄隆に嗣子がなかったためおこった家督相続争いにより、政事不整の責任を問われ、雄隆は越後村上藩へお預けとなり、所領は幕領として収公され、ここに廃絶した。藩政史料が散逸してしまっているため、藩の施策など不明であるが、酒井用水・五箇村用水は、二代藩主雄次の施策と伝えられている。ほかには新田開発や神社修理などを行なっている。

参考文献　『寛政重修諸家譜』第五、小田影信『恩栄録・廃絶録』(『日本史料選書』六、近藤出版社、一九七〇年)、『磐城四郡旧高調』(『福島県史料集成』二)、『福島県史』三、『いわき市史』

(丸井佳寿子)

桑折藩(こおりはん)

陸奥国(福島県)桑折を藩庁とした藩。寛文四年(一六六四)上杉氏削封により、この地方は幕領(延宝七年(一六七九)から三年間は福島藩領となっていたが、元禄十三年(一七〇〇)、松平(奥平)忠尚(譜代・陣屋持)が白河より移り、桑折村周辺二十ヵ村二万石を領し、桑折藩が成立した(帝鑑間)。初代藩主忠尚は、入部するとまず藩の支配機構を整備、ただちに領内村々から村明細帳を書き上げさせた。今に残る元禄十三年の石母田村・森山村の「差出」はこの折のものである。新田畑検地を行い年貢の増徴がはかられ絹役が新たに設けられた。桑折藩は二万石の内に奥州街道の四ヶ宿をかかえ、農民の助郷負担は容易ではなかった。二代忠暁の享保期に半田銀山に新しい有力鉱脈が発見されたため、三代忠恒の延享四年(一七四七)幕府は半田銀山の直接経営にのりだし、近村一万二千二百五十石余を収公した。この時忠恒は移封先上野国篠塚村に篠塚藩の陣屋を構え、伊達郡内に残る八ヵ村七千七百五十石余を分領とし、それを支配する陣屋を東大枚村に設けた。桑折藩はこの時事実上消滅した。この地は、こののち若干の経過をへて、安永五年(一七七六)から寛政元年(一七八九)の間仙台藩預り地となった以外、江戸幕府直轄の地となった。

参考文献　中川英右稿・佐藤広胖増補『信達二郡村誌』(『福島県史料集成』四・五)、『福島県史』三・八・九、『桑折町史』、『国見町史』二、小葉田淳『日本鉱山史の研究』(岩波書店、一九六八年)、庄司吉之助『史料東北諸藩百姓一揆の研究』(御茶の水書房、一九六九年)、同『半田銀山史』(歴史

春秋社、一九八二年)、同「半田銀山の請山と直山経営」(『上武大学論集』開学記念特集号、一九六八年)

(丸井佳寿子)

下手渡藩 (しもてどはん)

陸奥国伊達郡下手渡村(福島県伊達郡月館町)に陣屋をおいた藩。藩主は立花氏。外様。一万石。文化三年(一八〇六)立花氏の筑後国三池よりの転封によって成立。種善・種温・種恭三代が支配、明治元年(一八六八)に至る。はじめ伊達郡十ヵ村を領したが、嘉永三年(一八五〇)半地替となり、伊達郡六ヵ村、旧領三池郡四ヵ村支配となった。初代種善は文化五年(一八〇八)、家老立花兵衛名で代官・郷方役人に対して年貢上納・道橋普請・五人組関係など細目を定めた条目三十九ヵ条を達した。陣屋敷地内に設けた学問所では、家中の弟子のほか、郷村の弟子をも学ばせた。二代種温時代には、度重なる天保の大凶作を年貢を軽減したり、文政年間から栽培を奨励していた馬鈴薯により乗りきった。慶応二年(一八六六)の信達世直し一揆では、領内の村役人らも打ちこわしにあっている。三代種恭は文久三年(一八六三)十一月、幕府の外国事務管掌を命ぜられた。元治元年(一八六四)の長州征討に従軍。その後慶応二年七月に外国奉行。同四年一月の鳥羽・伏見の戦い直後の十日に老中格として会計総裁に任ぜられたが、まもなく会計総裁辞職、二月五日には老中格も辞職した。戊辰戦争に際しては種恭自身は兵庫港まで赴き柳川藩立花宗家と打ち合わせて新政府側につくと決めたが、国許の家老は奥羽越列藩同盟に調印するなど足もとが定まらず、明治元年八月仙台藩に攻撃され、陣屋は焼失した。同年九月藩主は三池にもどり、下手渡藩は終わりとなったが伊達郡の旧領はそのまま分領とされたので仮陣屋をおいて同四年の廃藩置県まで支配した。

[参考文献]　『福島県史』三・一〇上、『下手渡藩史』、『月館町史』

(丸井佳寿子)

藩校　藩主立花家は文化三年(一八〇六)以降は下手渡に在住したが、藩学修道館は安政四年(一八五七)に三池に置かれ、下手渡には学問所と称する郷学校が設置されたのみである。学派は朱子学である。明治元年(一八六八)に三池へ復封となると、修道館も三池藩学となる。

[参考文献]　『福島県教育史』一、文部省編『日本教育史資料』八

(工藤　航平)

下村藩 (しもむらはん)

陸奥国下村(福島市佐倉下)に陣屋をおいた藩。天明七年(一

七八七)、老中田沼意次の隠居謹慎のあと、代わって家督を継いだ孫の田沼意明に陸奥国信夫郡・越後国頸城郡の内に一万石が与えられて成立した。田沼氏は定府だったため、越後の分領は江戸屋敷が直接支配し、下村陣屋は奉行・代官・目付らが勤仕して領内支配にあたった。初代意明、二代意壱、三代意信、四代意定、五代意正。五代意正(田沼意次の二男)は、文政元年(一八一八)水野忠成が老中に就任すると、翌年に西ノ丸若年寄に抜擢され、幕政の中枢に登場する。同六年、将軍徳川家斉や老中水野忠成の配慮により父意次の旧領遠江国相良に一万石が許され、これにより下村藩は五代三十七年間で廃藩となった。

参考文献　『寛政重修諸家譜』第一八、『藩史大事典』一(雄山閣出版、一九八八年)

(白石　烈)

白河藩(しらかわはん)

陸奥国(福島県)白河を藩庁とした藩。天正十八年(一五九〇)豊臣秀吉の奥羽仕置によって、小田原不参の白川義親の所領は没収され、白河の地は会津の蒲生氏郷の支配するところとなった。その後、慶長三年(一五九八)上杉景勝が会津に入部。さらに同六年蒲生氏が再び会津に入ったが、その間、白河城にはいずれも城代がおかれていた。寛永四年(一六二七)丹羽長重の入部によって近世の白河藩は成立した。外様、十万石。長重・光重とつづく。長重は江戸幕府の命により白河小峰城を大修築。城地の南を流れていた阿武隈川を北側へ付けかえ、城域を拡げ町割りを行なった。築城には領内から連日約二千人の役夫が動員されたといわれる。寛永二十年、光重のとき

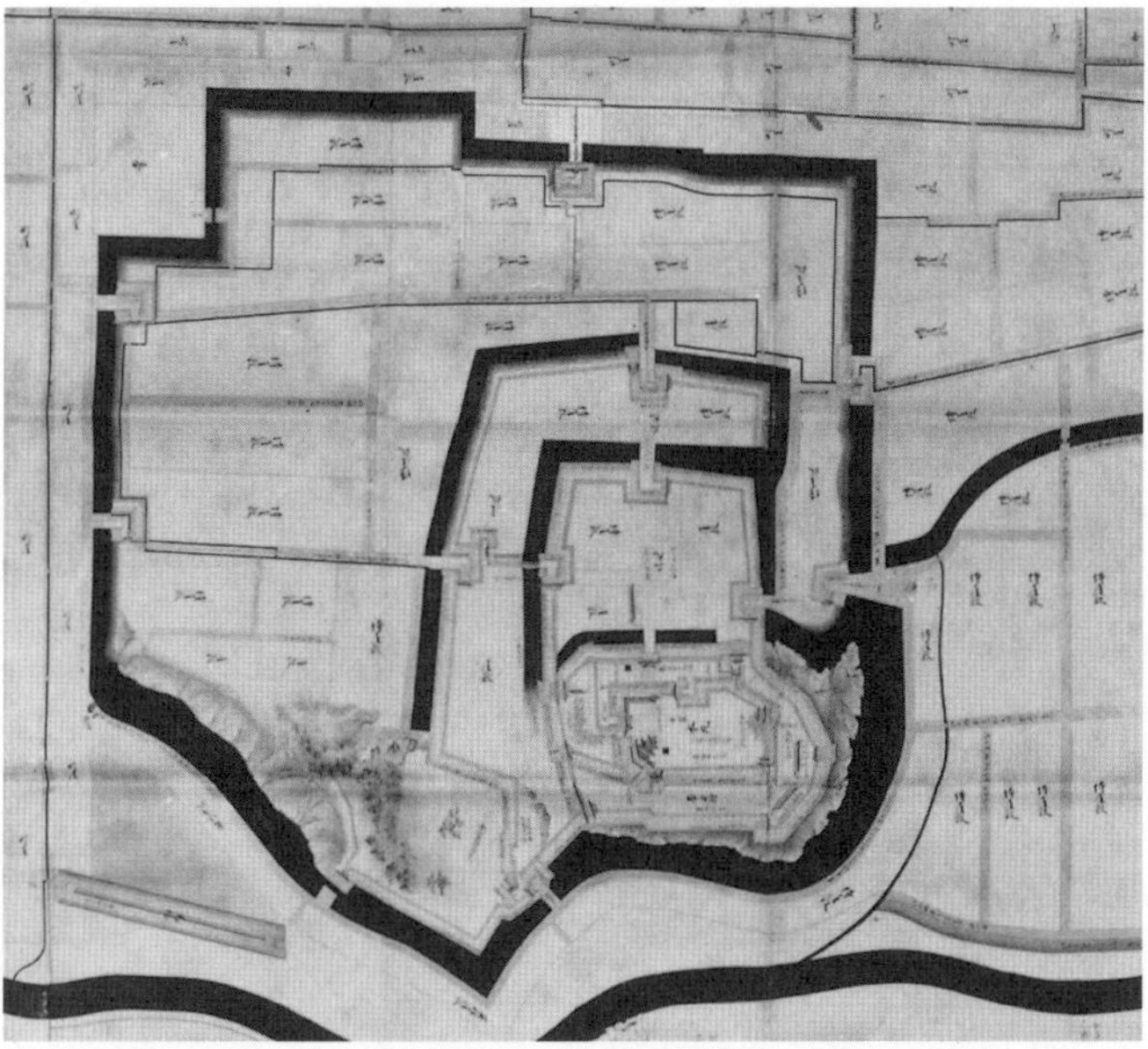

奥州白河城絵図部分(正保城絵図より)

同国の二本松へ転封。かわって上野国館林より松平(榊原)忠次が入った。譜代、十四万石。忠次は入部まもなく領内に「覚」を出し、小物成収取の細目、免率の増などを定めた。正保元年(一六四四)には、村々支配の原則、切支丹対策など衣食住全般にわたる規定をもり込んだ「御掟書」を発し、近世的支配確立への一歩をすすめた。しかし、忠次は白河在城わずか六年で、慶安二年(一六四九)播磨国姫路へ転封、かわって越後国村上から本多忠義が入部した。譜代、十二万石。忠義・忠平とつづく。

本多氏は慶安三年から大規模な領内総検地を行なった。この検地では「山野の(を)開き一作切に作り申す畑」まで縄入をしたため、一挙に三万七千石も多く打出された。さらに口米のほかに、一石につき二升の別俵《べつだわら》と称する付加税を設けるなど、農民に過重な負担を強いたため、「潰れ百姓」と「手余り地」が続出し、農村は荒廃の極に達した。広瀬典『白河古事考』は、忠義を「文武不レ知、利欲ありて算勘をよくし、家人を召仕うこと無理非道」と記している。天和元年(一六八一)下野国宇都宮へ転封となるが、その際にも、未熟の青稲まで刈り取って上納することを強制するなど、その苛政は後世まで語り継がれている。本多氏のあとには、宇都宮から松平(奥平)忠弘が入部した。譜代、十五万石。奥平氏は、本多時代の年貢収取体系を引きついだため、農民は年貢負担の軽減を求めて、名主・大庄屋など二百七名、百八十ヵ村の署名をあつめた大規模な越訴をおこし、免率の引下げを獲得している。

元禄五年(一六九二)奥平氏が出羽国山形へ去り、かわって山形から松平(結城)直矩が入部した。家門、十五万石。直矩・基知・義知とつづく。入封当時、農村は疲弊しており、さらに直矩一代で六度に及ぶ転封のため、藩財政は極度に窮迫していた。家臣の俸禄を減じ、藩札を発行、さらに宝永年間(一七〇四—一一)、早川茂左衛門を登用して抜本的な藩政改革を目指したが、改革の方向をめぐり二派が対立した。支出の削減と農村復興を目指す早川らの改革派が敗れると、領内では享保五年(一七二〇)その数一万五千人といわれた大一揆がおこった。寛保二年(一七四二)には松平(結城)氏の転封を機に再び全藩的一揆がおこった。このとき農民代表の庄屋八名が江戸に登り幕府勘定所に訴願を提出している。同年松平(結城)義知は姫路へ去り、越後国高田より松平(久松)定賢が入部した。家門、十一万石。定賢・定邦・定信・定永とつづく。松平(久松)氏も財政窮乏に悩まされたが、特に天明三年(一七八三)の損亡十万八千石といわれた大飢饉の際は最悪の事態におち入った。このとき襲封した定信は、その迅速な対応によって危機を乗り切り、一人の餓死者も出さなかったといわれる。定信は手腕を認められ、老中首座として寛政の幕政改革を推進した。藩主としても間引きの防止、赤子養育料給付、分領越後よりの縁女募集など農村復興や殖産興業、また文武奨励による士風刷新など封建制の再建に努力した。士・庶民の学校として立教館・敷教舎などを設立、また城下南に士民共楽の南湖公園などをつくり、さらに幕命による房総の沿岸警備にも力を入れた。松平（久松）氏は文政六年（一八二三）伊勢国桑名へ転封。あとに阿部氏が武蔵国忍より入封した。譜代、十一万石。正権・正篤・正瞭・正備・正定・正耆・正外・正静とつづく。阿部正外は外国奉行や老中になり、その間慶応元年（一八六五）上洛し兵庫開港をめぐる外国との交渉にあたった。阿部氏は慶応二年（一八六六）同国の棚倉へ転封。白河の地は幕領、城は二本松藩丹羽家の預りとなった。明治元年（一八六八）阿部氏は再び白河へ所替を命ぜられたが、戊辰戦争の混乱の中で事実上沙汰やみとなった。城は激しい攻防の場となり廃墟と化した。明治初年民政取締所・民政局の支配を経て、明治四年廃藩置県で白河県となり、同年十一月二本松県に統合、のち二本松県は福島県となった。

参考文献　『白河藩記録』、『公餘録』、松平定信『楽翁公遺書』、広瀬典『白河古事考』、同『白河風土記』、同『羽林源公伝』、山川浩『京都守護職始末』（マツノ書店、二〇〇四年）、『白河市史』、『福島県史』、『須賀川市史』、『西白河郡誌』、『岩瀬郡誌』、渋沢栄一『楽翁公伝』（岩波書店、一九三七年）、阿部善雄「近世における自治都市の発達と金融市場」（『日本歴史』四〇九、一九八二年）、野崎建二郎「白河藩の寛政改革」（小林清治『福島の研究』清文堂出版、一九八六年所収）、糠沢章雄『南奥州の幕藩支配と領民』（歴史春秋出版、二〇〇一年）、竹川重男「寛政改革における松平定信と徂徠学」（『国史談話会雑誌』二二、一九八一年）、同「松平定信の物価論に関する一考察」（『福大史学』三二、一九八二年）、高沢憲治「寛政改革前後の白河藩政と松平定信」（『国史学』一八五、二〇〇五年）、近松鴻二「白河藩の面扶持について」（『学習院史学』一一、一九七六年）、針谷武志「幕末阿部正外履歴についての基礎的検討」（『学習院大学史料館紀要』一一、二〇〇一年）、横山陽子「近世後期の番太身分と地域社会」（『千葉史学』四五、二〇〇四年）

藩校　寛政三年（一七九一）、時の藩主松平定信が白河城下会津町に設立した立教館がある。立教館は久松松平家初代定綱（桑名藩主）が城内に設けた学問所に始まるといわれる。教授・学頭・学校目付・句読師などをおいた。初代教授は本田東陵。立教館には学問（学文）を学ぶ就学館と武芸を学ぶ講武所とがあった。就学館はさらに教授内容によって、読経所・講書所・授句読書所・習字所・習容儀所・習計数所に分けられていた(本田東陵撰『学館記』)。定信が定めた『立教館令条』には「経義に於ては自己の見をなすべからず、弥永々程朱の説を可レ守事、読む所の書は聖経を主とし其余歴史、諸子の類広く講究し国家の用に立可レ申事簡要に候」とあり、程朱の学を採用し、国家の用に立つ学問であるべき事が定められている。藩士の子弟十一歳以上全員が就学することになっていた。立教館経営のため城下町の町人三名に新田開発を行わせ、その年貢をもって費用にあてた(学田新田)。文化六年(一八〇九)焼失、享和元年(一八〇一)規模を拡大して再建。文政六年(一八二三)松平氏の伊勢国桑名転封とともに立教館も桑名に移った。白河の立教館はかわって入封した阿部氏に引きつがれ、文政八年(一八二五)五月、藩校修道館として開校された。十歳以上の藩士子弟が文武を兼修した。在町の者でも願い出のうえ修学を許可するとの内規もあった。なお、白河市の立教館跡は市指定、桑名市の立教館跡は三重県指定の史跡となっている。郷校としては寛政十一年(一七九九)白河と須賀川に敷教舎がおかれた。敷教第一舎は白河城下大手門前の中町角に、第二舎は須賀川町馬町にあり、農商の子女の教育にあたった。敷教舎には立教館より教官が派遣されたほか、町方の医師・商人・農民の中から教師が選ばれた。教育内容は小学・孝経の講釈・素読・手習・算術が主であった。敷教舎には女子も入学しており、男女共学であった。

参考文献 『楽翁公遺書』中、広瀬典『羽林源公伝』、笠井助治『近世藩校の綜合的研究』(吉川弘文館、一九八〇年)、渋沢栄一『楽翁公伝』(岩波書店、一九三七年)、小野則秋「松平定信ト立教館ノ文庫」(青年図書館員連盟『図書館研究』一五ノ三、一九四二年)

(竹川　重男)

藩札　享保十五年(一七三〇)八月、銀五匁札など銀札を発行し、金一両札銀六十一匁二分替の公定相場通用を規定するが、金・銀札相場の市中相場で札価は下落、諸色は高直し、藩財政と家臣は難渋した。同二十年四月、定両替を止め、両六十一匁二分より下りは時相場通用を命じ、四、五人の役が

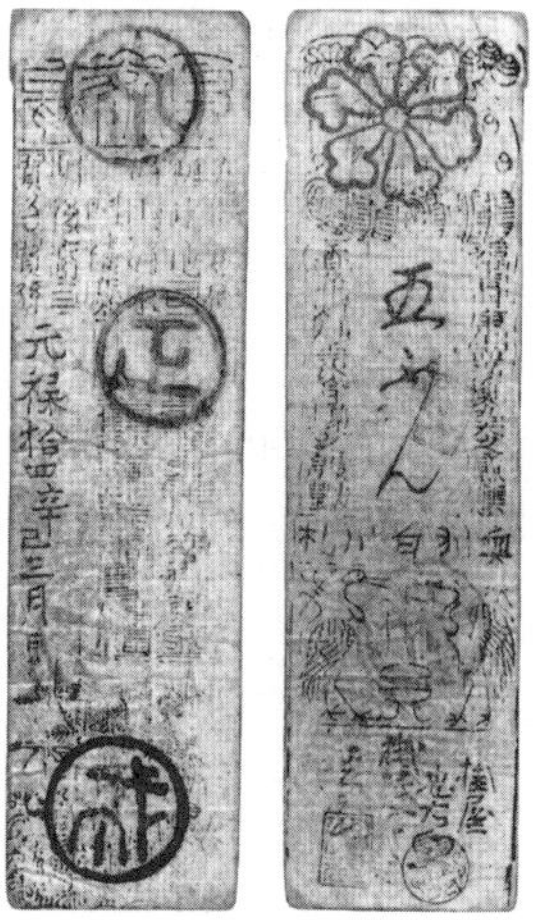

五　分　札

表町で日々相場を建てた。札座での兌換は、町相場に歩合一分増の札銀を渡し、同二歩増の正金替とし、藩会所貸付発行札は銀目弁済として札価維持に努めた。元禄十四年（一七〇一）から宝永四年（一七〇七）の七ヵ年期限付で発行された元禄札もある。

参考文献　『福島県史』八、荒木豊三郎『藩札』（一九五八年）、『藩史大事典』一（雄山閣出版、一九八八年）

（川上　雅）

白河新田藩（しらかわしんでんはん）

元禄元年（一六八八）、陸奥国白河藩主松平（奥平）忠弘の養子忠尚が、忠弘から新墾の地二万石を分与されて成立した第一期と、正徳元年（一七一一）に白河藩二代藩主松平（越前）基知が弟知清に新墾田一万石を分与して成立した第二期とある。居城は不明。「白河新田藩」という名称も史料にはみられない。

第一期。天和元年（一六八一）に白河藩主松平（奥平）忠弘に肥前国唐津藩から養子入りした忠尚だが、忠弘の孫忠雅が嗣となったために廃嫡。元禄元年、新墾地二万石が分与された。しかし、白河本藩の御家騒動（奥平騒動（白河騒動））により松平忠弘は同五年に出羽国山形（十万石）に転封。同十三年、忠尚は同国伊達郡桑折藩に移り、白河新田藩は廃藩となった。

第二期。藩成立のあと、藩主義知が享保十三年（一七二八）に白河藩の次期藩主に決定したため藩領は白河藩に返還され廃藩。

参考文献　『寛政重修諸家譜』第一、『藩史大事典』一（雄山閣出版、一九八八年）、藤野保『近世国家史の研究』（吉川弘文館、二〇〇二年）、福田千鶴『幕藩制的秩序と御家騒動』（校倉書房、一九九九年）

（白石　烈）

棚倉藩（たなぐらはん）

陸奥国伊野（福島県東白川郡棚倉町）に藩庁を置いた藩。慶長八年（一六〇三）の検地帳には伊野村は種倉町ともみえる。この地を支配した佐竹氏が、慶長七年秋田へ去ったあと、慶長八年立花宗茂が柳川より入封。立花氏は元和六年（一六二〇）再び柳川へ転封。城は、元和八年五万石で入部した丹羽長重（外様）により築かれた。近津明神を馬場へ遷宮し、その旧社地に寛永二年（一六二五）から築城開始、城下町もこの時割り出された。近津城または亀ヶ城ともよばれた。長重は、中世以来の土豪層を郷士・検断・村役人などにして領国経営を行う手法をとった。良港である常陸国平潟港は、米や諸物資の輸送に重要であったので、平潟街道の整備に努力した。

寛永四年五万石内藤信照入部、以後この地は譜代大名の支配するところとなった。内藤氏は、信照・信良・弌信三代が支配、宝永二年（一七〇五）駿河田中へ転封。かわって太田資晴五万石余で入封。享保十三年（一七二八）同人が上野国館林へ去ると、その地より松平（越智）武元（家門）五万四千石で入部。延享三年（一七四六）松平氏が旧領へ戻ると、入れ替わって遠江国掛川より小笠原長恭転封六万石余、長堯・長昌三代七十年、これは領主交替の激しかった当地においては、七十八年支配の内藤氏について、比較的長い支配期間であった。文化十四年（一八一七）井上正甫六万石で入封したが、井上氏はわずか十九年で正甫の子正春のとき、天保七年（一八三六）上野館林へ転封。同年、石見国浜田より松平（松井）康爵が六万石余で入部、康圭・康泰・康直（康英）と四代の支配、慶応元年（一八六五）二万石加増、翌二年武蔵国川越へ転封となった。同年陸奥国白河より阿部正静十万石で入部。

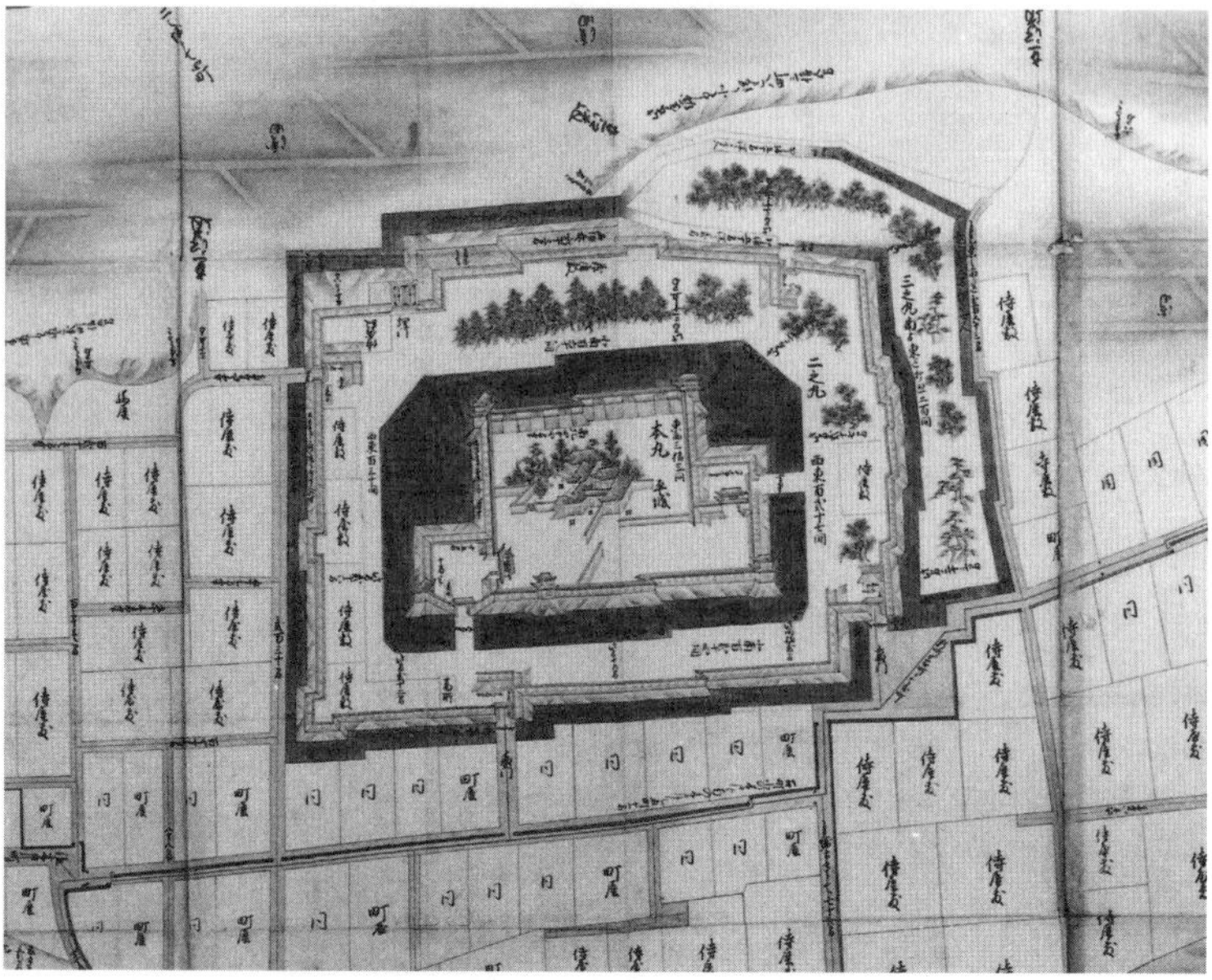

奥州棚倉城之図部分（正保城絵図より）

阿武隈山地西縁部および八溝《やみぞ》山地北端の山麓地帯に広がる当藩領では、楮・たばこを若干栽培し、幕末になるとこんにゃく栽培も盛んになってきたとはいえ、いずれも農家をうるおすに充分なものであったとはいえず、藩政期には土地の割り換えが行われていた。内藤支配時代元禄年間（一六八八―一七〇四）には、藩財政の窮乏と農村の変化に対して、松波勘十郎の提案にもとづく改革が意図されている。内藤氏が熱心な念仏宗の帰依者であったためか、領内では念仏講が盛んに行われた。幕末の藩主松平康直が老中職にあったため、第二次長州征討に備えて藩兵を大坂へ送ったり、京都二条城の守備についたりしている。阿部正静のとき戊辰戦争に際しては、はじめ政府軍への帰順を表明しながら揺れ動き、奥羽越列藩同盟に参加、明治元年(一八六八)六月棚倉城は落城した。正静は城地を没収され東京で謹慎、叔父の正功が家名をついだ。明治二年版籍奉還により正功は棚倉藩知事となる。明治四年七月廃藩置県により棚倉県成立、同年十一月、新設された二本松県・平県に分属することとなり、棚倉県は廃止された。

参考文献　『棚倉町史』三、『福島県史』三・八、石井可汲『棚倉沿革私考』(『福島県史料集成』二・三)、広瀬典『白河古事考』(同二)、石井良助「大名の御替朱印改について」(『日本法制史論集』思文閣出版、一九八〇年)、乾宏巳「近世の農村加工業」(『地方史研究』一五九、一九七九年)、同「近世農村工業の歴史的性格について」(『日本社会史研究』笠間書院、一九八〇年)、『維新史』二(吉川弘文館、一九八三年)

(丸井佳寿子)

中村藩(なかむらはん)

陸奥国中村(福島県相馬市)に藩庁を置いた藩。外様、城持。相馬藩ともいう。中世以来この地方を支配していた相馬氏は、関ヶ原の戦では石田三成方と目され、しかも徳川家康のために積極的な行動をとらなかったので、戦後城の明け渡しを求められ、一時領地没収の危機にさらされたが、幕府へ訴状を提出、聞き届けられ、慶長七年(一六〇二)本領が安堵された。行方郡三万千八百七十五石余・標葉郡一万三千六百九十三石余・宇多郡一万四千四百三十一石余、計六万石。事件後相馬義胤は隠居の形となり、利胤がかわって封を継いだ。以後義胤・忠胤・貞胤・昌胤・叙《のぶ》胤・尊胤・恕《もろ》胤・祥《よし》胤・樹《むら》胤・益胤・充《みち》胤・誠《とも》胤十三代の藩主がこの地を支配した。慶長八年、利胤は城を牛越城(原町市)からもと相馬氏の本城であった小高城(相馬郡小高町)へもどしたが、慶長十六年中村の地に城を再営することとした。城下町割りもこの時行われた。相馬氏が中世からの領主であったため、戦国時代の遺風が強く、家臣は村々に館を構え散在割拠していたが、城下町形成と同時に、上級給人は城下へ集住させた。この人々を府下《ふもと》給人といい(元和年間の参勤交代のときから家中と呼ぶようになる)、村々に残した人々を在郷給人という。給人支配は中村藩の一つの大きな特色であった。藩は、在郷給人の余力と家格意識をもって新田開発や新軒百姓取立てを行なっている。

中村藩において近世的体制が確立されたのは、およそ明暦から寛文・延宝期にかけてのことと考えられる。寛永の検地後石高制で統一、明暦二年(一六五六)には三郡大検地を行い、万治元年(一六五八)家中の知行地を収公、蔵入地に組みこみ、禄高に応じて蔵米を与えることとした。小禄の給人は、従来通り地方《じかた》取りとしたが、取米は村々の公定の免によることとし、給人の恣意的な農民支配を抑えていこうとした。ただし、役金の廃止などを訴え、在郷給人が強訴に及んだ「元和の訴訟」に参加しなかった給人三百一人には、万治元年槍を与え、彼らには名誉を与えることにより士農を区別した。文武の職制を定め、城下には領内の諸務を総括する会所、各郷には村々の支配のための陣屋が設置され、代官制度がしかれた。元禄十年（一六九七）からは、代官が陣屋常詰となり支配が強化された。明暦元年には「大帳」も始められた。これは年年の歳出入をはじめ、諸種の金の出入をことごとく記帳し、その収支を明らかにするものであって、藩経済の基本となり、幕末の二宮仕法実施の時大いに役立った。今も行われている代表的な祭礼行事「野馬追《のまおい》」も寛文のころ整備された。隣藩伊達氏を意識して軍備に心配りした中村藩にあっては、格好の行事であった。

しかしまもなく元禄ころより財政窮乏が始まる。小藩の割に藩士の数が多かったことに加えて、小石川護国寺観音堂造営のごとき国役の負担等々により窮乏は始まり、借金は次第にかさみ、追いうちをかけるように、享保十七年（一七三二）、宝暦五年（一七五五）、天明三年（一七八三）・四年の大凶作が大きな打撃を与えた。この窮状に対し、幕府に一万両の拝借金を願い出た藩主祥胤は、再度の願いにより五千両は借り入れられたものの、差控えの処分をうけた。藩内では倹約励行・荒地開墾などの政策がとられ、また間引を禁じ養育料を給付するなどの人口増加策が実施されたが、さらに文化十四年（一八一七）には六万石の格式を一万石に切り下げ、万般にわたり倹約することが宣言された。これがいわゆる「文化の御厳法」である。この改革は、期間五年の予定をさらに延長してつづけられたので、天保の飢饉は何とか切り抜けることができた。当時の藩主益胤が中村藩中興の祖といわれるゆえんである。なお、在郷給人の低知行を補填する副業として藩が奨励した陶器生産（相馬焼）も、天明以降の農村荒廃の復興策の一つとして成長した。また、他領農民の移住もすすめられ、主として北陸から浄土真宗関係者が約千八百戸移住している。彼らによって宗兵衛堤などの灌漑用の堤が築かれた。

弘化二年（一八四五）からは、藩の政策として、二宮尊徳の教えをうけた富田高慶らによる農村復興策、興国安民の仕法が、明治二年（一八七一）まで実施された。これは人の和を基本とし、日掛縄ない・無利息金の貸与・善行者表彰などを内容とし、全領二百二十六ヵ村のうち百一ヵ村に実施され、五十五ヵ村が完成をみている。戊辰戦争に際しては、藩論ははやくより恭順に統一されていたが、四囲の事情により奥羽諸藩と行をともにし出兵、敗れて明治元年八月降伏謝罪した。十月城地・本領を安堵されたが、明治二年六月版籍奉還、藩主季胤(のち誠胤)は中村藩知事となる。明治四年七月廃藩置県により中村藩は廃され中村県となり、同年十一月改置府県により、棚倉県・三春県などと合して平県、同月さらに磐前《いわさき》県と名を改めた。政治・経済の推移を知り得る『永代御経済略記』は、原町市紺野家蔵、その他東京都相馬家にも多数の史料が所蔵されているが、その多くは、『福島県史』『相馬市史』などに収録されている。

参考文献　『福島県史』三・九、『相馬市史』一・五・六、『原町市史』、今野美寿『相馬藩政史』(相馬郷友会、一九四〇—四一年)、山形万里子「奥州相馬藩における陶業生産の展開—在郷給人の副業的生産を中心に—」(『日本歴史』四六八、一九八七年)、石井孝「相馬藩富沢村の報徳仕法」(『大倉山論集』二五、一九八九年)、佐藤彦一「相馬藩の在郷給人制について」(『福島地方史の展開』一九八五年)、同「相馬藩における地方支配について」(『福島の研究』三、清文堂出版、一九八六年)

藩校　藩主相馬利胤夫人の菩提のため、明暦二年(一六五六)建立された長松寺(相馬市)には、藩主・家中の諸士とも貴賤の別なく出入りし学問を学んだが、教育施設としては不充分だったので、文政五年(一八二二)海東驥衡を教頭として、藩校育英館が設立された。希賢塾と名づける寄宿舎があり、藩士の子弟を収容した。教授方・助教など教職員二十四名、事務職員十三名で構成され、生徒数はおよそ三百名余であった。育英館学規を作成した亀田綾瀬、育英館教則の撰者尾崎称斎、教頭海東とともに井上金峨の流れをくむ学者であったから、学風は折衷学を主流とした。弘化年間(一八四四—四八)、育英館のかたわらに医学校が設けられ、藩医田中玄珉らが医学を教授した。

参考文献　『相馬市史』一・六、『福島県史』三、笠井助治『近世藩校に於ける学統学派の研究』上(吉川弘文館、一九六九年)、今野美寿『相馬藩政史』下(相馬郷友会、一九四一年)

（丸井佳寿子）

藩法　刑法につき、成文法典編纂の形跡はなく、先例主義が貫かれ、すでに早く近世前期より判決録の保存が行われた。現存する「罪案」は、『公事帳』中より明暦元年(一六五五)—宝永三年(一七〇六)の盗罪判決例を抄録したもので、刑罰として、火あぶり・磔・死罪などの生命刑、耳鼻そぎの肉刑、他領・城下・郷・村追放などの追放刑、肆《さらし》、追放刑と身分刑を兼ねた他領売払などがみられ、戦国以来の苛酷、見懲し的な刑法が色濃く継承された。ただし、十七世紀の藩政確立期になると、量刑の中心が死刑以外のものに移る「寛刑化」および追放刑以下の諸刑罰が細分化され、罪状に応じてそれらが適用される「量刑の差別化」の傾向がみられるようになる。なお他領追放は、幕府が享保七年(一七二二)二月、諸大名に対し追放刑原則的廃止令発布後も廃止されることがなく、また「罪案」には、仙台・紀州・秋田の他領者処罰例が含まれ、天下一統の御法度たる元禄十年(一六九七)六月「自分仕置令」も厳格に順守されなかった。

一方、旧族大名が宿命的に背負わねばならなかった地方《じかた》知行制を克服し、藩主権力の確立を図るための給人統制令や貢租確保令の領域でも藩独自の政策が打ち出され、近世前期の中村藩藩法は、由緒を誇る外様大名の名にふさわしい自主性を有した。しかし、近世後期の農村荒廃、特に天明・天保の大飢饉に伴う赤字財政打開策として導入された諸法令、たとえば赤子養育仕法、移民奨励策、「文化の御厳法」における分限縮令、借知令、社倉設置令、弘化二年(一八四五)より実施された二宮仕法などはいずれも他藩法の模倣と見做され、同藩の場合も、近世後期には古法は軽んぜられ、藩法の独自性は急速に減退した。

参考文献　京都大学日本法史研究会編『藩法史料集成』(創文社、一九八〇年)、『相馬市史』一・五、『福島県史』三・九、『小高町史』、今野美寿『相馬藩政史』(相馬郷友会、一九四〇—四一年)、泉田胤信『中村藩制史』(一九三一年)、守屋浩光「江戸時代初期における「寛刑化」と藩政の確立—相馬・会津・盛岡藩を題材に—」(『法学論叢』一三四ノ一・四、一九九三・九四年)

(服藤　弘司)

二本松藩 (にほんまつはん)

陸奥国(福島県)二本松に藩庁を置いた藩。天正十八年(一五九〇)豊臣秀吉の奥羽仕置により、二本松は会津へ入部した蒲生氏郷の領有するところとなり、以後、上杉・再蒲生時代には会津地方の領主の支配のもと、城代が置かれていた。しかし寛永四年(一六二七)、加藤嘉明が四十万石の領主として会津へ入部した翌月、二本松へは嘉明の女婿松下重綱が下野国烏山から五万石の領主として入封する。会津地方の領主と関わりは深いものの、ここに一応二本松藩の成立を考えてよいであろう。だが翌五年重綱の子長綱の時、松下氏は二万石減じられ陸奥国三春へ転封、かわって嘉明の三男明利が三万石で三春から二本松へ、そして同二十年会津の加藤明成の封土返上に伴い二本松も収公され、かわって白河城主丹羽光重が十万七百石で二本松城へ入った。以来丹羽氏の支配が十一代つづき、幕末に至る。歴代藩主は光重・長次・長之・秀延・高寛・高庸・長貴・長祥・長富・長国・長裕。丹羽氏は外様、城持。

　本格的に二本松藩としての領国経営が始められたのは、丹羽氏時代といえよう。領地は陸奥国安達郡一円六十九ヵ村、安積《あさか》郡の内四十一ヵ村であった。光重は入封すると、正保元年（一六四四）より城下町建設に着手した。十年余り要した町割りにより、寺社は城の南方観音丘陵に帯状に配置され、郭内の家中屋敷と郭外の商工業者居住地との分離が実現した。領内農村は十ヵ組に分けられ、各組に七十石から百五十石取の家臣が代官として配置された。領内には奥州街道の郡山・本宮、相馬街道の針道、磐城街道の小浜などの宿駅があり、地方の商業活動の中心地となった。郡山・本宮・針道には、遠代官所（代官の自屋敷とは別に設けられた代官所をいう。代官自屋敷を代官所としたものは地代官所という）・貢納蔵が設けられ、地方政治の中心地でもあった。

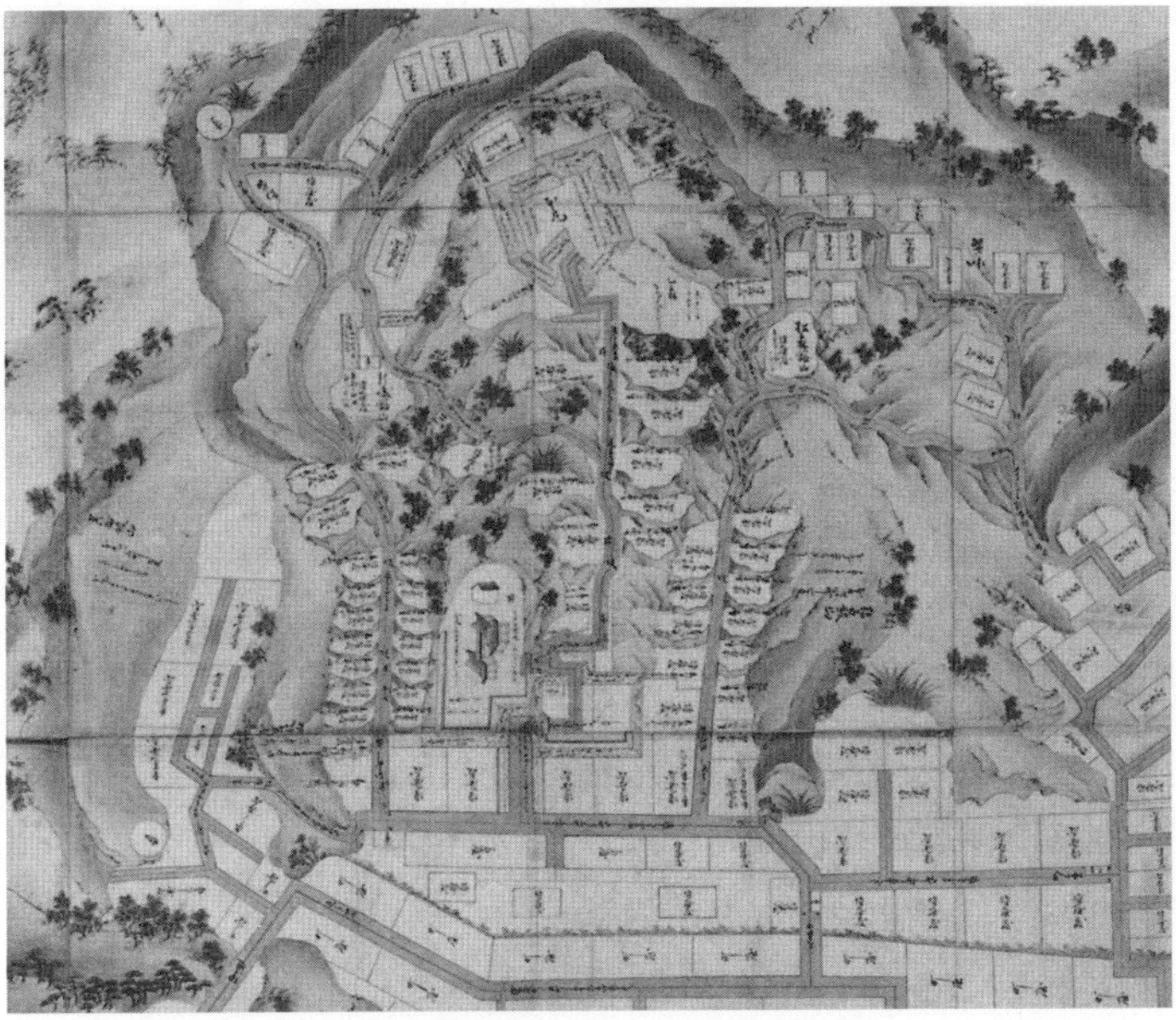
奥州二本松城之絵図部分（正保城絵図より）

　享保期以降、たび重なる国役の負担などで窮乏した藩財政、過重な年貢収取や天災によって疲弊した農村を建て直すべく改革が試みられたが失敗、寛延二年（一七四九）には、寛延積達騒動の名でよばれる大一揆がおこっている。宝暦五年（一七五五）には沼尻における会津藩との藩界係争に決着がつけられている。その後、寛政・天保期にも特産物の奨励、農耕法の改善、藩政の刷新など藩政改革が行われたが、いずれも成功しなかった。嘉永二年（一八四九）の鈴石《すずいし》一揆、慶応二年（一八六六）の馬方一揆など、幕末には大きな一揆が相ついだ。安政五年（一八五八）藩は幕府から上総国富津砲台の警衛を命じられた。これにより同地方三十一ヵ村約一万千余石を預り支配として管轄することとなった。この警衛は慶応三年まで十年間、勤務は平常五百人前後、一年交替でつづけられた。江戸・京都警衛にも出役しているが、さらに天狗党の乱にさいしては鎮定出役を命じられ出兵している。戊辰戦争では奥羽越列藩同盟に加わり敗北、城には火が放たれた。藩主長国は謹慎、子長裕が五万石で家名相続したが、明治四年（一八七一）廃藩。藩政史料には、丹羽家所蔵の『丹羽家文書』その他があり、『二本松市史』に多数収録されている。また、最近では領内仁井田村の人別帳の分析から、村の人口統計や世帯構成などの実態も明かになりつつある。

参考文献　『二本松市史』四―六、『福島県史』三・一〇上、戸城伝七郎『二本松藩史』、菅野与『奥州二本松年表』、安田初雄「奥州沼尻論所における会津・二本松領間の藩界係争の歴史地理的背景」（『福島大学教育学部論集』六三、一九九七年）、菅野与「近世村落構造の研究」（『福島地方史の展開』一九八五年所収）、成松佐恵子『江戸時代の東北農村―二本松藩仁井田村―』（同文館出版、一九九二年）、岡田あおい「近世農民社会における世帯構成サイクル―二本松藩二ヶ村の史料を用いて―」（『社会学評論』五一ノ一、二〇〇〇年）

藩校　二代藩主丹羽長次が特に文武を奨励、元禄年間（一六八八―一七〇四）に儒者古宮山《こみやま》林庵を招聘して家塾を開かせ、以後おのおの師範宅地内に家塾を開かせ教育を行わせていた。建物は藩費で建て、書物・器械の類は生徒の負担であったという。藩校に準ずるものであったといえる。こうした家塾は段々増加して、文学七校、兵学一校、武術十三校にのぼった。寛政期から天保期の藩政改革に際し、このような藩学のあり方を統一することが日程にのぼり、藩主長富の時、文化十四年（一八一七）成立したのが、敬学館である。同地内に武芸所・手習所・射的場が設けられた。敬学館には、各家塾に学ぶ士分の子弟が日割で出席、また日を決めて全員が出席することもあった。武芸所・射的場には一ヵ月に三度ずつ、師範ごとに日を違えて出席させた。手習所は、月に三日の休業を除き毎日出席と定められ、すべて藩費で行われた。藩の中央試験場のごときものであったといわれる。

二本松藩藩校蔵書印

参考文献　『福島県史』三、笠井助治『近世藩校の綜合的研究』（吉川弘文館、一九六〇年）

（丸井佳寿子）

藩札　万延元年(一八六〇)蚕種改会所を産物会所に改組して糸問屋・買次問屋に商売札を交付した。銭札二百文・百文の手形を発行して二百九十ヵ村へ改問屋・糸目付を置き、外国仕向生糸買占めの領内出張改印・役金を徴収する。明治二年(一八六九)二月太政官の二本松生産方を設け、商社の旧銭札二百文・百文・金札一歩・正金で買占品を請け、支配地限りの生産方明治年米銭札五貫文・一貫二百文・六百二十五文を発行して金札とともに生糸商に融資した。

五貫文米銭札

参考文献　『福島県史』、『山形県史』、荒木豊三郎『藩札』(一九五八年)

(川上　雅)

福島藩 (ふくしまはん)

陸奥国(福島県)福島に藩庁を置いた藩。福島地方は、天正十八年(一五九〇)以降、会津城に拠った蒲生氏・上杉氏の支配下であったが、寛文四年(一六六四)上杉氏減封となり、信夫・伊達地方は幕領となっていた。延宝七年(一六七九)、大和国郡山から本多忠国転封となり福島藩成立、十五万石、譜代。忠国が天和二年(一六八二)播磨国姫路へ去ると、また一時幕領となる。ついで貞享三年(一六八六)堀田正仲が出羽国山形から十万石で入部した。次代正虎の時元禄十三年(一七〇〇)山形へ復したので、三たび当地は幕領となった。そして元禄十五年信濃国坂木(坂城)より入部した板倉氏が、明治初年までこの地を領した。藩主は、重寛・重泰・勝里・勝承・勝任・勝行・勝矩・勝長・勝俊・勝顕・勝尚・勝達。三万石、譜代。福島には、陣屋と称する屋敷しかなかったので、本多忠国はまず城郭を築こうとしたが、まもなく転封となったので果たせなかった。堀田時代にようやく福島城内の整備がすすみ、町割りも行われた。父正俊の刃傷事件のことから「将軍家の覚よからす」と考えた正仲・正虎は、いずれも幕命を恐れ奉じることを基本とし、幕府追随の政策が多かった。板倉重寛は入部するとまず城内の門・石垣などを築き、井戸を掘った。

城下町福島は、養蚕業の盛んな信達地方の中心地として、毎月一・三・六・八の日に市が開かれ、商業都市として発展した。福島は水陸の交通路が交わる要地で、阿武隈川下流舟運の起点たる福島河岸には、福島・米沢藩などの廻米蔵がたちならび、また享保ころには生糸問屋が二十二軒もあった。延享三年(一七四六)には、飛脚問屋島屋が奥州最初の支店を開いた。しかし、生糸・蚕種など商品生産の展開は農民層を分解させ、一部上層農への土地集中をもたらした。潰れ百姓の負担分が他の農民に重くのしかかってきた。享保十四年(一七二九)、福島藩に隣接する幕領大森・川俣両代官所支配地で大きな一揆がおこり、福島・二本松藩へも越訴した。きびしい年貢増徴に加えて享保十三年が大凶作であったためである。延享二年には、領内に福島三万石一揆とよばれる減免要求の一揆がおこった。

天明六年(一七八六)、八代藩主勝長は、財政難をのりきるため全老中宛に村替の嘆願書を提出、再三再四の願出により寛政四年(一七九二)三河国刈谷藩(土井氏)領のうち一万石との村替が認められた。福島藩は重原村(現愛知県刈谷市内)に陣屋を置いて支配することにし、刈谷藩は伊達郡湯野村(現福島市内)に陣屋を置いた。天保年間に、福島藩は物産会所を起こし、絹糸類を江戸・三河・京都へ販売している。嘉永六年(一八五三)以降、西洋砲術調練や大砲鋳造を始めた。元治元年(一八六四)天狗党の乱に出兵し、戦死者数十人を出している。慶応二年(一八六六)になると、蚕種・生糸の改印に反対する信達世直一揆がおこっている。戊辰戦争に際しては、奥羽越列藩同盟に名をつらねたが敗北、領地は没収され、藩主板倉勝達は、旧会津藩領大沼郡一万七千石余を経て三河国重原へ転封、福島藩は解体した。

参考文献　『福島県史』一・三・七・九、『福島市史』二・三、古川古松軒『東遊雑記』(『東洋文庫』二七、平凡社、一九六四年)

(丸井佳寿子)

藩校　延宝年間、藩主本多忠国により「講習所」が創設されたという。本多家は僅かな期間のみであり、詳細は不明である。元禄十五年に板倉家が信州より転封してくると、文政年間、藩主板倉勝俊により講学所が設置された。これは、烏山藩時代に板倉重矩が創設した藩学を再興したものという。江戸藩邸内にも学問所が設置され、福島および江戸において藩士子弟への教授が行われた。両所では、朱子学を宗とし、四書五経や近思録、孝経・小学を基本とした。明治元年(一八六八)に陣屋を三河国重原に移し、藩学も重原で創設されることとなった。

参考文献　笠井助治『近世藩校に於ける学統学派の研究』上(吉川弘文館、一九六九年)、『福島県教育史』一

(工藤　航平)

三春藩（みはるはん）

陸奥国（福島県）三春に藩庁を置いた藩。天正十八年（一五九〇）、豊臣秀吉の奥羽仕置後、三春地方は会津地方とともに、蒲生氏郷・上杉景勝・蒲生秀行・同忠郷の支配をうけたが、寛永四年（一六二七）会津へ入部した加藤嘉明は、三男明利に三春三万石を治めさせた。翌五年、松下長綱が陸奥国二本松より入封、三万石。正保元年（一六四四）長綱改易となり幕領となる。同二年常陸国宍戸《しど》より秋田俊季が五万五千石で入封、以後、子孫相承け幕末に至った。外様、城持。二代盛季の慶安二年（一六四九）、弟季久に五千石を与える。以下、藩主は輝季・頼季・延季・定季・倩季・謐季・孝季・熹季・映季まで十一代。三春は、永正元年（一五〇四）田村義顕が守山から居城を移して以後、徐々に人口が増えていったと考えられているが、松下時代まではよくわからない。ただ三春城は、松下長綱の時改築されたという。松下時代の三春城絵図によれば、本丸は土塀で囲まれ、南・西・北面には石垣が築かれ、総廻り二百十一間であった。町割は秋田氏入封後に行われている。盛季が襲封したとき（慶安二年）、弟季久に五千石を分け、三春藩領はおよそ確定した。しかしその後も相馬領との境論など、周辺境界をめぐる境論が発生している。郷村支配は時代によって多少の違いはあるが、大郡代―（小）郡代―郡奉行―代官―割頭―庄屋―組頭となっていた。天明五年（一七八五）の城下町大火の時、大手会所・城などが焼失、その後再建されなかった。

三春藩蔵書印

当藩域は、福島県東部を南北に縦貫する阿武隈《あぶくま》高地の西側山間にあり、田畑の立地条件が悪く、土地により便・不便、収穫量の差異が著しかったので、一定期間ごとに土地の割換えが行われた。冷涼な山間高原地域での農業経営はきびしく、たびたびの災害と貢租増徴により、農民生活は窮乏した。江戸廻米のため、東廻り船積みのための広瀬御倉元と、須賀川出しのための赤沼御倉元があり、そこまでの輸送は百姓の夫役負担であった。元文元年（一七三六）東郷農民が年貢を文字金（この年発行された旧来の金貨より質の悪い金貨）で納入することを要求した一揆、寛保二年（一七四二）の五千石領農民の訴願提出、そして藩政期最大規模の寛延の大一揆が、寛延二年（一七四九）領内をおおった。天明三年の大凶作と、同五年の城下の大火で決定的打撃をこうむった三春藩は、寛政期・天保期に藩政改革を行なったが、充分な成果は得られなかった。当藩の産業としては、馬産・煙草・養蚕があげられる。

戊辰戦争に際しては、はじめ奥羽越列藩同盟の諸藩と行をともにしていたが、明治元年(一八六八)七月に入り、西軍の優勢が決定的になったころから西軍参謀と接触工作を行い、七月二十六日降伏願をだし、二十七日三春城は無血開城された。同二年版籍奉還、藩主は六月十九日知藩事に任命された。四年七月廃藩置県、三春藩はそのままの領域で三春県となった。十一月二日三春県は廃止され、平県となる。

参考文献　『三春町史』二・八・九、『福島県史』三・一〇上、大内寛隆「近世三春地方における都市と農村」(『福大史学』一四)、同「三春藩政の展開」(『福島の研究』三、清文堂出版、一九八六年)、吉村仁作「三春藩の割地制度と村落構造」(『福島地方史の展開』一九八五年)、大内寛隆「近世における被差別身分の実態—三春藩とその周辺」(同)

(丸井佳寿子)

藩校　天明年間(一七八一—八九)、藩主秋田倩季の時に明徳堂が創設された。藩学の総称は講所、そのうちの講堂を明徳堂と称した。創設期は江戸聖堂の書生松沢某が教授方に招聘され、また、寛政二年(一七九〇)まで教授方であった片瀬作右衛門が聖堂学頭に就任すると、林家の推薦で鳥居幸右衛門が招聘されるなど、林家や江戸聖堂との関係が強かった。藩士小従人嫡子以上は、八歳になると必ず講所に入学し、四書五経を読み終わらない者は幾歳でも退学を許されなかった。漢学・習礼などに、本邦歴史も加えられ、武術では砲術が重視された。

参考文献　『福島県教育史』一、『三春町史』二

(工藤　航平)

守山藩(もりやまはん)

陸奥国田村郡、常陸国茨城郡・行方郡・鹿島郡において二万石を領した藩。藩主は松平氏、家門。初代藩主松平頼貞の父頼元は水戸藩主徳川頼房の四男。頼元の兄光圀が水戸藩襲封に際し、頼元には領内常陸国額田の地二万石を食邑として与え分家とした。頼元の死後、元禄十三年(一七〇〇)子頼貞が将軍徳川綱吉より前記田村郡ほか二万石を新地として与えられ、守山藩が成立した。藩主松平氏は御三家水戸家の分家で、水戸三連枝の一であったため、江戸に定住し、藩庁は江戸の上屋敷にあった。陸奥国守山(福島県郡山市)・常陸国松川(茨城県東茨城郡大洗町)に陣屋が置かれた。藩主は頼貞・頼寛・頼亮・頼慎・頼誠・頼升・頼之の七代。重臣をはじめ藩士の多くは水戸藩から派遣されていたこともあって、藩政は水戸藩の影響が強かった。農業条件の恵まれない土地柄のため、一揆発生も十二件と多い。桑折幕領から中通り、会津

藩領まで拡大した寛延二年(一七四九)の一揆では守山藩の農民も年貢減免、村役人交代などを要求して蜂起、全藩的一揆となった。一方人口減少にともなう農村再建策として赤子養育制度が白河・二本松・三春の諸藩にややおくれて実施に移された。水戸天狗党の乱には守山藩士も深い関わりがあった。戊辰戦争に際しては、奥羽越列藩同盟に参加はしたが、事態を静観、明治元年(一八六八)七月二十七日、西軍が守山に迫ったとき、守山藩は戦わずして降伏した。明治元年九千三百石余加増、三年十二月に常陸松川陣屋に藩庁を置き、松川藩と改称した。

参考文献　斎木一馬他校訂『徳川諸家系譜』三、『福島県史』三・一〇上、阿部善雄『駈入り農民史』(『日本歴史新書』至文堂、一九六五年)、同『目明し金十郎の生涯』(『中公新書』六〇四、一九八一年)、柳田和久「寛延一揆の展開と守山藩の対応」(村上直編『幕藩制社会の地域的展開』雄山閣出版、一九九六年)、根本俊「水戸藩連枝の支配機構―守山藩常陸領を中心に―」(大石学編『近世国家の権力構造―政治・支配・行政―』岩田書院、二〇〇三年所収)、松本純子「近世の子供と老人の扶養―奥州守山藩領の事例から―」(『歴史』八八、一九九七年)

藩校　藩校養老館は、二代藩主松平頼寛の宝暦十一年(一七六一)江戸小石川に設置された藩校の分校として、守山陣屋内に設けられた。分校は、松平頼寛が没した宝暦十三年ごろまでに設立したものと思われる。藩士の子弟ばかりではなく、村役人・神官などの子弟も入学を認められていた。生徒の数は百人位であったという。守山にいる藩士が少なかったためである。教授は二人、助教十七人。『孝経』『論語』『周易』『礼記』『春秋』など主として漢籍を教育した。毎月二・七日が素読の日、三・八日が会読の日と決められていた。授業は四ッ時に始まり、午後の八ッ時まで行われた。生徒は進歩の度合により三等級に分けられていた。文武兼修を原則としたが、その選択は各自の自由に委ねられていたという。なお、当藩の出版書としては『論語徴集覧』『詩韻便覧』『俗字訓蒙』『発字便蒙解』などがある。

参考文献　『福島県史』三、笠井助治『近世藩校の綜合的研究』(吉川弘文館、一九六〇年)

(竹川　重男)

梁川藩(やながわはん)

陸奥国(福島県)梁川に藩庁を置いた藩。天和三年(一六八三)、尾張徳川光友の三男松平義昌が、新知三万石をもって封ぜられたに始まる。分知分家が多い御連枝のなかで、御三家分家が新知なのは珍しい。奉行・目付・代官が現地での支配にあたったと考えられ、その下に村々を支配する割元として上杉時代の信達四郡役以来つづいている渡部・堀江両人が命じられた。梁川藩の陣屋は幕領時代の陣屋を修理して使用した。城下では四・九の六斎市が開かれ楮・紙・真綿・絹などの取引が活発に行なわれた。阿武隈川の河岸からは城米・藩米が河口荒浜を経由して江戸へ運ばれた。この時期は新田開発が最もさかんに行われた時期であった。義昌のあと、義方・義真とついだが、享保十四年(一七二九)五月、義真病死、嗣子なきため除封。八月再び宗家徳川綱誠の七男松平通春(徳川宗春)三万石で入封。しかし翌年通春が宗家をつぎ梁川藩は廃された。

のち当地方は、幕領あるいは私領飛地と変遷。文化四年(一八〇七)、蝦夷地の幕府直轄化により、松前章広が封じられ梁川藩は復活した。しかしそれまで産物や交易の運上金などで豊かだった松前氏は、陸奥国伊達郡内に九千石余、常陸・上野国で九千六百石余、合計一万八千石余となり、これまでの家臣団をすべて扶助することはできなくなった。解雇・自己退職者は松前在住家臣の六十二パーセント強の二百人前後にのぼった。従来の梁川陣屋が手狭なため、幕府の許可を得て新築することになり、また家中屋敷も用意しなければならず、借り入れ金は多額にのぼり藩財政は逼迫した。松前氏は機会あるごとに旧領復帰を嘆願しつづけ、ついに文政四年(一八二一)老中水野忠成の決断で復領が実現した。梁川藩は廃藩となり、当地域は幕領となったが、安政二年(一八五五)、旧松前氏梁川藩領は松前藩の飛領となり奉行が派遣された。

[参考文献]『福島県史』三・九、『梁川町史』、藤野保『近世国家史の研究』(吉川弘文館、二〇〇二年)　(丸井佳寿子)

湯長谷藩（ゆながやはん）

はじめ陸奥国磐前郡湯本(福島県いわき市)、のち下湯長谷(同)に藩庁を置いた藩。寛文十年(一六七〇)、磐城平藩主内藤忠興が、三男遠山頼直(政亮)に、磐前・菊多二郡のうちにて新墾田一万石を分け与え、湯本(のち下湯長谷)に住まわせたに始まる。譜代。陣屋持。政徳・政貞・政醇・政業・貞幹・政広・政偏・政環・政民・政恒・政敏・政養・政憲と続いて廃藩に至る。頼直の時、丹波・河内国にて五千石加増、政貞の時、河内国三千石が菊多郡に移された。政貞以来内藤氏を称し明治に至る。農業のほかに、江名《えな》・豊間《とよま》漁港を中心に漁業が盛んであった。漁業の中心は鰹・鰯、水揚げされた魚類は、浜の五十集《いさば》商から平の問屋へ送られた。ここから小売商、棒手売に廻され販売された。浜の五十集商は、三春・郡山・二本松などの肴問屋との取引も行なっている。いつ始まった

湯長谷藩藩札
(拾匁銀札)

か明らかでないが、高野《こうや》村を中心として紙も産した。高野紙と称し有名。安政年間(一八五四―六〇)には、領内白水《しらみず》村弥勒沢で、片寄平蔵により露頭石炭が発見された。江戸商人明石屋治右衛門の協力を得て、藩に石炭の採掘および製油願を提出、採掘が始められた。戊辰戦争に際しては、奥羽越列藩同盟に加わったことから、千石減封。農民としてこの戦いに加わった時の見聞を記した見聞記が『いわき史料集成』一、に収められている。ほかに百姓歎願書や村方願書も同二巻に所収。戦後民政取締所が設置された。まもなく民政局と改称された。明治四年(一八七一)七月十四日、廃藩置県により、湯長谷県が置かれた。県庁は湯長谷に設置。同年十一月二日平県が新設され、湯長谷県は廃止、これに統合された。

参考文献　『福島県史』三・八、『いわき市史』、『いわき史料集成』一・二

藩校　藩校は致道《ちどう》館という。天保十四年(一八四三)、十代藩主内藤政民の命により、郭内広小路に設立された。藩士右色伝(賢由)、もと磐城平藩藩校佑賢堂助教吉田庸弥(敦和、景雲と号す)が、子弟の教育にあたった。俊英関口愷雄は、十七歳にして致道館の助教となった。教科には、漢学・和学・剣術・槍術・柔術があった。明治二年(一八六九)、命をうけて藩士三好五郎が致道館の機構改革に着手していたが、明治四年廃藩によりそれまでとなった。明治四年の『湯長谷藩禄高及び人名』には、右色伝・吉田庸弥・関口愷雄の名前のみで、三好五郎名は見出せないが、医師三好廉人を五郎にあてる考え方がある。

参考文献　『福島県史』三・八・二一、『いわき市史』

(丸井佳寿子)

茨城県

麻生藩（あそうはん）

常陸国麻生（茨城県行方市）を藩庁とした藩。藩主新庄氏。外様。陣屋持。慶長九年（一六〇四）近江出身の新庄直頼が、三万三百石余の封を受けて麻生に住して以来、四代直矩の時継嗣がなく、延宝四年（一六七六）いったん領地を没収されて断絶したが、まもなく一族直時に家名再興が許され、改めて麻生藩一万石となり、代々相継ぎ明治四年（一八七一）の廃藩置県に及んだ。同年七月十四日麻生県となり、十一月新治県に併合された。歴代藩主は直頼・直定・直好・直矩・直時・直詮・直祐・直隆・直侯・直規・直計・直彪・直頴（容丸）・直敬。麻生藩創立当時の領地は、常陸国内において行方郡麻生地方を主とし、新治・河内・真壁・那珂の五郡、下野国内で芳賀・都賀・河内の三郡に、それぞれ飛地があった。三代直好の時、下野国内の飛地を常陸国新治郡内に移された。一万石となってからは、行方・新治両郡内だけとなったが、六代直詮の時、新治郡内の領地を茨城郡内に移され、行方・茨城二郡内二十七ヵ村を領した。明治三年の調査によれば、領内人口九二四九人、内士族（家族を含む）四〇五人、卒族（家族を含む）一九五人、庶人八六四九人、その他であった。家臣の禄高をみると、三万余石当時の家老で三、四百石程度、一万石時代になると三百石以下二百石前後という小禄であった。経済的には特産物もなく、霞ヶ浦東岸の平凡な藩であった。

参考文献　新井白石『藩翰譜』八下（『新井白石全集』一、国書刊行会、一九七七年）、清田黙『徳川加除封録』（『日本史料選書』八、近藤出版社、一九七二年）、『麻生藩新庄家譜』、『公文録』、『麻生町史』通史編、植田敏雄「麻生藩の財政」（『茨城史林』一、一九七二年）
（瀬谷　義彦）

藩校　寛文・延宝期（一七世紀後半）、津久井俊備が招聘され、江戸藩邸において儒学および兵学を講じたほか、郡奉行や用人として麻生に赴任した際には、私宅で教授にあたった。嘉永元年（一八四八）には藩士吉田義輔を儒者役とし、私宅として長屋を貸与して、そこで藩士に対して講釈を行わせている。藩学が創設されたのは明治二年（一八六九）になってからであり、麻生に精義館が創設された。総長一名、督学一名、教頭一名、助教一名、少助教一名、史生一名という小規模なものであった。学風は蔵書目録などから、折衷学派であったと考えられる。

参考文献　笠井助治『近世藩校に於ける学統学派の研究』上（吉川弘文館、一九六九年）、『茨城県史』近世編、文部省編『日本教育史資料』二

（工藤　航平）

牛久藩（うしくはん）

常陸国（茨城県）牛久を藩庁とした藩。藩主は山口氏。譜代。陣屋持。周防国大内氏の一族山口重政が徳川家康に仕えて功があり上総・武蔵・下総国内一万五千石を領していたところ、嗣子の婚姻のことで一時除封された。のち許され、寛永六年（一六二九）再び一万五千石を領することとなり、牛久藩が成立した。二代弘隆、同十二年遺領相続に際し、弟重恒に五千石を分かち与えたので、一万石となり、子孫相継ぎ廃藩置県に及んだ。重政以下歴代の藩主は次のとおり。重政・弘隆・重定（重貞）・弘豊・弘長・弘道・弘務・弘致・弘封・弘毅・弘敞・弘達。一万五千石当時の領地は遠江国および常陸国河内郡内にあった。二代弘隆の寛文四年（一六六四）、さきに遠江国から近江国内に移されていた領地の方は、常陸国新治郡の内に移され、領地はすべて常陸国内になった。また河内郡内の領地の一部を、下総国岡田・豊田・相馬三郡の内に移された。その後領地の移動はたびたびあったが、大勢には影響はなかった。明治元年（一八六八）の調査によると、領地は常陸国内では、治所のある河内郡が十三ヵ村、新治郡十一ヵ村、信太郡二ヵ村、下総国内においては、相馬郡二ヵ村、豊田郡一ヵ村、岡田郡四ヵ村であった。なお牛久には、山口氏以前、天正十八年（一五九〇）豊臣秀吉の命により、由良国繁が五千余石に封ぜられていた。牛久藩は明治四年七月十四日、廃藩置県で牛久県となった。しかし、同県は同年十一月十四日の全国的な県の統合によって新治県の一部となった。

参考文献　新井白石『藩翰譜』六（『新井白石全集』一、国書刊行会、一九七七年）、『寛政重修諸家譜』第一八、内務省図書局編『地方沿革略譜』、『牛久市史』近世

（瀬谷　義彦）

大輪藩（おおわはん）

下総国大輪村（茨城県常総市）に藩庁を置いた藩。古河藩主土井利勝の五男利直は、正保元年（一六四四）父の遺領から五千石を分知された旗本であったが、万治元年（一六五八）兄の古河藩主利隆から五千石をさらに分知され、一万石を領する譜代大名となって立藩した。藩領は、岡田郡大輪村のほか葛飾郡一ヵ村（のちに豊田郡に属する）、常陸国河内郡七ヵ村（のちに真壁郡に属する）、下野国足利郡六ヵ村、武蔵国埼玉郡三ヵ村と散在。大輪村に置かれた陣屋は、寛文四年（一六六四）

村絵図に「御屋敷」として描かれる。その跡近くには利直が勧請したと伝える八幡神社がある。利直は、延宝五年（一六七七）臨終時、一族に無断のまま甥利良の末期養子を願い出たものの、その粗忽の作法を咎められた。改易となるところ、実父利勝の功績を配慮されて減封、利良は五千石を知行する旗本になり、大輪藩は廃藩となった。

参考文献　『水海道市史』上、横島広一編『水海道郷土史物語』（筑波書林、一九八四年）、国立史料館編『寛文朱印留』上（『史料館叢書』一、一九八〇年）

（山澤　学）

小張藩（おばりはん）

常陸国（茨城県）筑波郡にあった藩。藩主松下重綱、一万六千石。松下重綱の父之綱（遠江国久能城主）は豊臣秀吉に仕え、重綱もはじめ秀次に仕えたが、慶長三年（一五九八）以来徳川家康に従い、同八年遠江より入って小張藩主となった。重綱は大坂両陣の功により元和二年（一六一六）下野国烏山藩二万八百石に加増転封。小張藩は重綱の転封によって廃藩。領地は天領となり、小張には陣屋がおかれた。

参考文献　『伊奈町史』史料編二

（木戸田四郎）

柿岡藩（かきおかはん）

常陸国柿岡村（茨城県石岡市）に藩庁を置いた藩。旗本稲葉正勝は、将軍徳川家光の近習でその信頼も厚く、上野・下野両国内に五百石を領していた。元和九年（一六二三）に常陸国新治郡内の柿岡領五千石を加増され、さらに翌寛永元年（一六二四）同国真壁郡内に五千石を加増されて大名に列し、立藩した。元和九年以降は、八郷盆地内最大の町場である柿岡村に陣屋を設けた。柿岡村は、八郷盆地の外縁に位置する常陸府中宿（石岡市）、真壁町（同県桜川市）、筑波町（同県つくば市）をつなぐ諸街道の結節点であり、また村内から北浦に連なる恋瀬川舟運の起点となる河岸が存在する、交通上の要地であった。正勝は寛永二年下野国佐野に一万石を加増され、同五年父正成没後には、その遺領である下野国真岡二万石も相続し、領知は旧領と合わせて四万石となった。このとき真岡に本拠を移したため、柿岡藩は廃藩となった。ただし、佐野領の加増時、陣屋を佐野に移して廃藩となったとする説もある。

参考文献　『八郷町史』、『八郷町誌』

（山澤　学）

笠間藩（かさまはん）

常陸国（茨城県）笠間を藩庁とした藩。近世以降藩主のかわること数次に及び、延享四年(一七四七)牧野貞通が入るまでは譜代大名の支配交替がめまぐるしくつづいた。鎌倉時代中期に笠間時朝が佐白山上に城を築き、代々近隣に勢威をはった。天正十八年(一五九〇)笠間氏は宇都宮氏に叛いて滅ぼされ、替わって宇都宮氏の被官玉生高宗がこの城を守った。慶長二年(一五九七)宇都宮氏は除封となり、玉生氏の支配も終った。浅野長政がこれに替わったが、翌三年には蒲生秀行の支配下に入った。秀行はこの年宇都宮に入り、笠間城をその支城として家老蒲生郷成が守った。蒲生氏は同六年会津に移り、松平康重が武蔵から入って笠間藩主となり三万石を領した。松平氏の支配も短期間に終り、同十三年には丹波篠山に移り、そのあとへは下総佐倉の小笠原吉次が封じられ、三万石を領した。小笠原氏は翌年故あって改易され、その支配地は下館藩主水谷勝隆の預り地となった。同十五年本堂茂親の管理に入ったが、同十七年には松平康長が下総古河から移って笠間藩主となり、三万石を支配した。康長の支配期間も短く、元和二年(一六一六)には上野高崎に移った。そのあとへは永井直勝が入って三万二千石を支配し、同五年さらに二万石を加えられて五万二千石となったが、同八年には下総古河に移った。永井氏転封のあとへは浅野長政の三男長重が常陸真壁より入って五万石余を支配した。長重ははじめ真壁城に

笠間藩藩札
(五百文銭札)

常陸国笠間之城絵図部分(正保城絵図より)

よったが、寛永十七年(一六四〇)笠間城を修築してここに移り、城郭と市街を整備した。特に城郭の整備には力を注いだ。浅野氏は正保二年(一六四五)播州赤穂に移った。替わって井上正利が遠州横須賀から入って五万石を領した。井上氏の支配は正利・正任と約五十年つづいたが、元禄五年(一六九二)には美濃郡上へ移った。本庄宗資がこれに替わって四万石を領し、宗資の子資俊の代に遠州浜松に移った(同十五年)。ついで前述の井上正任の次子正岑が常陸下館より入って五万石を領した。井上氏の支配は正岑・正之・正賢(正経)とつづき、延享四年陸奥磐城平に転じ、そのあとへは牧野貞通が日向延岡から入って八万石を領した。牧野氏の支配は以後、貞長・貞喜・貞幹・貞一・貞勝・貞久・貞直・貞寧と明治維新までつづいた。明治四年(一八七一)七月笠間藩(藩知事牧野貞寧)を廃して笠間県がおかれたが、同年十一月には水戸・宍戸・下館・下妻・松岡の諸県と合併、茨城県となった。笠間城は明治三年四月天守閣など一部の施設が破壊され、同十三年ころまでにほとんどの施設は破壊、移転された。

[参考文献] 小田彰信『恩栄録』(『日本史料選書』六、近藤出版社、一九七〇年)、同『廃絶録』(同六)、清田黙『徳川加除封録』(同八、近藤出版社、一九七二年)、塙泉嶺『西茨城郡郷土史』、『笠間市史』上

(木戸田四郎)

藩校　寛政初め藩主牧野貞喜は文教を奨励し、藩儒秋元忠蔵に家塾欽古堂を開かせて藩士子弟の教育にあたらせ、また江戸日比谷の上藩邸および浜町の中邸ともに忠誠館を設け講学の所とした。ついで文化十四年(一八一七)城下桜町に藩校時習館を創設し、忠蔵を教授に任じて学規を整え、また講武館を設けた。文政六年(一八二三)藩主貞幹のとき学校の規模を拡張し書籍を充実、忠蔵をして時習館功令学則を編ましめ、貞幹みずから序文を付して出版し、徂徠学風に基づく教育方針を公示した。さらに医学所博采館および薬園を設け長谷川宗僊に本草学を講ぜしめ、士民の厚生に備えた。安政六年(一八五九)藩主貞直のとき、時習館を城下中央大和田の地に移建し、講武・博采の両館をも時習館内に集め学校教育の振興を図った。明治三年(一八七〇)学制を改め、藩学寮(本校)・小学校の二部に分け時代の要請に応えた。学科は漢学・医学(漢方)・習礼・兵学・国学および諸武芸で、維新後算術・習字を加えた。生徒数は維新前年平均二百五十名余、維新後は三百三十余名に及んだ。幕府の異学禁止の中にあって、時習館は徂徠学風を宗として遵奉した。

[参考文献] 文部省編『日本教育史資料』二、笠井助治『近世藩校に於ける学統学派の研究』上(吉川弘文館、一九六九年)

(笠井　助治)

片野藩（かたのはん）

常陸国片野村（茨城県石岡市）に藩庁を置いた藩。片野村は八郷盆地の東部、恋瀬川中流右岸に位置し、近世前期には向町村と呼ばれ、村切以前には対岸の根小屋村も含む大村であった。柿岡・小幡両村と並ぶ八郷盆地内の経済・交通上の要衝であり、戦国期には片野城があった。ここに陣屋を置いた片野藩は、慶長九年（一六〇四）新治郡二万石を賜った外様大名滝川雄利（羽柴下総守）により立藩された。雄利は織田・豊臣両家に仕え、とくに豊臣秀吉から羽柴姓と伊勢国神戸（三重県鈴鹿市）二万二千石を得ていたが、関ヶ原の戦で西軍に組したため改易。入封の前年に徳川秀忠に召し出されて近侍し、取り立てられたのである。雄利は慶長十六年（一六一一）病没し、根小屋村泰寧寺に葬られた。二代正利（羽柴壱岐守）は病気がちで世嗣がなかったため元和五年（一六一九）自ら領知を返上、片野藩は廃藩となった。以後、旧領から片野村ほか二千石を再び賜り、同家は旗本として三代にわたり存続した。

参考文献　『八郷町史』、『八郷町誌』、東京大学稲垣研究室編『中世都市・集落における居住形態に関する研究』（新住宅普及会住宅建築研究所、一九八七年）、伊藤毅「『宿』の二類型」（五味文彦・吉田伸之編『都市と商人・芸能民』山川出版社、一九九三年所収）

（山澤　学）

古河藩（こがはん）

下総国（茨城県）古河を藩庁とした藩。譜代。城持。古河は、中世古河公方由緒の地、近世日光社参時の将軍休泊地ともなった日光道中の宿駅、また渡良瀬川の河岸場でもあって、水陸交通の要地であった。後北条氏滅亡の天正十八年（一五九〇）徳川家康の臣小笠原秀政が三万石をもって配され、古河藩治の基を固めた。以後、松平康長（慶長七年（一六〇二）入封、二万石）、小笠原信之・政信（同十七年入封、二万石）、奥平忠昌（元和五年（一六一九）入封、十一万石）、永井直勝・尚政（同八年入封、七万二千石、八万九千石、七万九千石と変化）、土井利勝・利隆・利重・利久・利益（寛永十年（一六三三）入封、十六万石、十三万五千石、十万石と変化、利久無嗣廃絶後利重の弟利益が七万石で復活）、堀田正俊・正仲（天和元年（一六八一）入封、九万石、十三万石、十万石と変化）、松平信之・忠之（貞享二年（一六八五）入封、九万石、八万石と変化、乱心廃絶）、松平信輝・信祝（元禄七年（一六九四）入封、七万石）、本多忠良・忠敞（正徳二年（一七一二）入封、五万石）、松平康福（宝暦九年（一七五九）入封、五万石）と変転したが、宝暦十二年土井氏が再度入封してより大名の交替はようやく止み、利

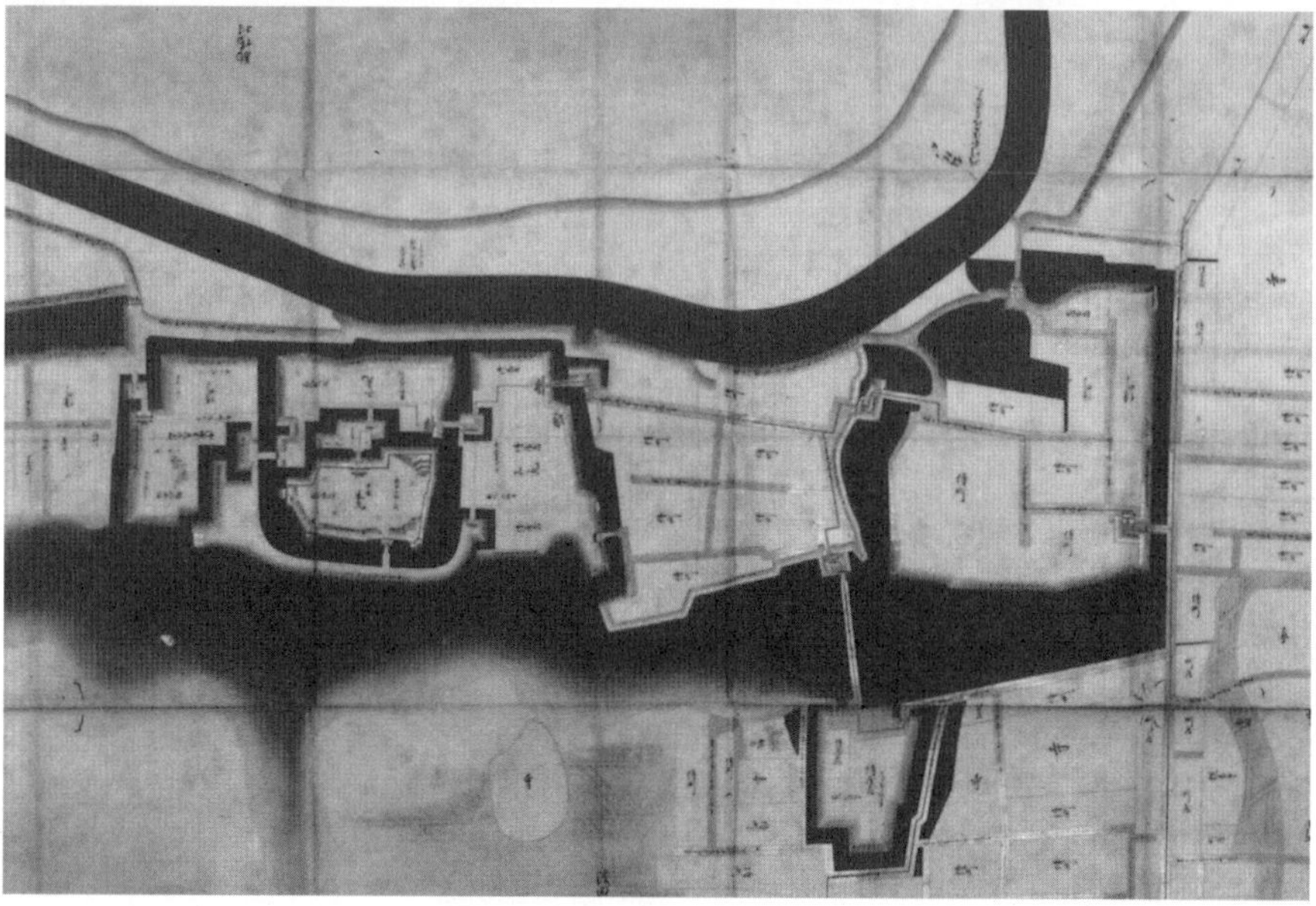

下総国古河城絵図部分（正保城絵図より）

里・利見・利厚（利和）・利位・利亨・利則・利与とつぎ廃藩に至った。

古河藩主は、大老に土井利勝・堀田正俊、老中に永井尚政・松平信之・本多忠良・土井利厚・同利位らが進んだのをはじめ、江戸幕府重職を歴任するものが多く、その古河在城は稀であった。土井氏の古河藩統治は、前期四十七年十ヵ月、後期百八年十ヵ月の長期にわたった。後期土井氏の藩領は、古河城を中心に下総・下野・武蔵の三国における城付五万石と上方の摂津・播磨・美作の三国に二万石の飛地を有し、計七万石であったが、のち利厚のとき老中としての功績によって加封され八万石を領した。土井氏古河藩も財政窮乏は例外ではなく、前封地肥前国唐津藩時代に比して、実収入は半減したといい、利里・利厚・利位の時代に幾度か藩政改革を試み、家中に対して冗費節減・倹約・文武奨励を令し、領民に対しては子育て・入百姓策をほどこすなどのことで農村復興を図ったが、浅間山噴火後、利根川の河床上昇による水害頻発も重なって負債はいよいよかさんだ。幕府・摂津平野郷や出入商人からの借金、家臣俸禄の引米、藩札発行、有力領民への苗字帯力御免と引替えの御用金などでの急場しのぎも他藩同様であった。

しかし、利厚・利位の藩主時代は文運もっとも興起した時代で、家中から小出重固(地誌学者、著書『古河志』)・河口信任(蘭医、『解屍編』)・鷹見泉石(蘭学者、『新訳和蘭国全図』)らを生み、利位自身も雪の結晶の研究書『雪華図説』を著わした。なお、泉石を擁した利位は、大坂城代のとき大塩平八郎の乱鎮定に功をあげ、京都所司代を経て老中に昇り、水野忠邦とともに天保の改革にあたり、忠邦失脚後は一時老中首席となるなど、政界にも活躍した。利位没後の古河藩は安政六年(一八五九)藩校盈科堂への教武所の併設、洋式軍備への切替えを図るなどの改革に立ちあがったものの、一介の弱小譜代藩では如何ともすることができず、佐幕—勤王と振れながら激動の波に身をゆだねるだけであった。元治元年(一八六四)段階では、幕府から水戸藩天狗党関連の投降者百余名を預けられ、その半数を処刑しなければならなかったが、明治元年(一八六八)になると、官軍から古河城内の貯米すべてと、金一万数千両ほか武器馬匹の献納を強要されたうえ、さらに各地の警備や会津討伐にも出動させられた。同二年版籍奉還を上奏、同年六月藩主土井利与は実収高二万五千七十六石の十分の一の年俸をもって古河藩知事となり、翌年新政府の指導のもとに大幅な機構改革(藩制改革)を実施した。しかし当時は未曾有の大洪水による凶作で、藩庫は底をつき家中への支給米の手だてもつかなくなっていた。やがて同四年七月廃藩置県により古河県の誕生を見たが、早くも同年十一月には廃県となり、印旛県に編入された。

参考文献　『古河市史』通史編・資料近世編(藩政)、小出重固『古河志』(『古河市史』資料別巻)、千賀覚次『古河藩のおもかげ』(同)、同『古河の今と昔』、古河郷土史研究会編『古河のあゆみ』(一九七九年)、山口美男「古河藩の藩政—明和の御仕法・安永の新法—」(古河郷土史研究会『会報』一〇、一九七五年)

（山口　美男）

藩校　藩校の創設は藩主土井氏の肥前唐津藩時代である。藩主土井利実は好学の士で、佐藤直方の高弟稲葉迂斎を召して儒官とし、藩士子弟のために享保八年(一七二三)、唐津城内に藩校盈科《えいか》堂を設けた。藩主利里は宝暦十二年(一七六二)、下総古河に移封となり、この盈科堂を古河城内桜町へ移築した。その後、大手門前片町へ移転拡張してから明治四年(一八七一)廃藩の時に及んだ。この盈科堂はその初め文学のみで漢学・習字を講習し、武芸は各師範家の道場で修業していた。安政年間(一八五四—六〇)盈科堂の隣接地に教武場を併設して弓・剣・槍術などの諸武芸を学校教育化し、文武両道を兼習させた。盈科堂の学風は創設以来山崎闇斎派の朱子学を遵奉してきたが、宝暦年間の初め藩儒原双桂によって伊藤仁斎の古義学が導入されてから、彼の子孫および門弟が相ついで儒員となり学風を紹述した。

参考文献　文部省編『日本教育史資料』二・一四、『千葉県教育史』一(青史社、一九七九年)、笠井助治『近世藩校に於ける学統学派の研究』上(吉川弘文館、一九六九年)

(笠井　助治)

宍戸藩(ししどはん)

常陸国宍戸(茨城県西茨城郡友部町)を藩庁とした藩。水戸徳川氏の一支藩。藩主松平氏、代々大炊頭。定府で城をもたず、陣屋をおいて支配した。石高一万石。この地域は中世宍戸荘と呼ばれ、宍戸氏が天正年中(一五七三―九二)佐竹氏に滅ぼされるまで代々この地域を支配した。慶長七年(一六〇二)佐竹氏の秋田移封のあとには秋田城介実季が秋田から入り、宍戸城によって五万石を領した。実季の子俊季もつづいて宍戸五万石を支配したが、正保二年(一六四五)城地を陸奥国田村郡三春に移され五千石を加増された。宍戸城はこのとき廃城となった。同年水戸藩では大足・牛伏など二十二ヵ村を秋田氏支配の旧領二十九ヵ村と替えることを幕府に願い出て許された。天和二年(一六八二)水戸藩初代藩主頼房の子頼雄に一万石(茨城郡二十七ヵ村)が本家から与えられ、宍戸藩とした。頼雄のあと頼道・頼慶・頼多・頼救・頼敬・頼筠・頼位・頼徳と伝えた。

元治元年(一八六四)天狗党の乱が水戸藩内の争乱にとどまらなくなったため宍戸藩主頼徳が水戸藩主の代理として下ったが、両派の争乱にまきこまれたため頼徳は切腹、宍戸藩は除封された。明治元年(一八六八)二月宍戸藩は頼徳の父頼位を再度藩主にすえて復活が許された。明治四年七月廃藩置県によって宍戸藩(藩知事頼位)を廃して宍戸県をおいたが、同年十一月水戸・松岡・笠間・下館・下妻の諸県と合して茨城県となった。

参考文献　中山信名編『新編常陸国誌』、『茨城県史料』維新編、『水戸市史』中一、『友部町百年史』、『友部町史』

(木戸田四郎)

志筑藩(しづくはん)

常陸国志筑(茨城県かすみがうら市)を藩庁として幕末に成立した藩。藩主本堂氏。慶長七年(一六〇二)佐竹氏が出羽国久保田(秋田)に移封されると、同国仙北郡の本堂茂親は志筑地方に八千五百石の知行地を与えられた。茂親の死後、正保二年(一六四五)二代栄親が継承するが、その弟澄親に五百石を分知し、八千石となり、以後玄親・伊親・苗親・豊親・親房・親庸・親道・親久と続く。初め下佐谷村の威徳院、ついで中佐谷村の笠松城跡にいたが、正保二年志筑城跡(中世下河辺氏の居館)に陣屋を構えた。本堂氏は源頼朝の後裔ということで、旗本でありながら、代々交代寄合として大名に準ずる待遇をうけ、天明二年(一七八二)以降は、五万石の外様大名と同じ柳間詰となった。大名と同じ領地支配をしていたが、八千石で経済力が伴わず、領民は負担に耐えきれず、天和元年(一六八一)惣百姓が傘連判をして越訴した。その後も安永七年(一七七八)の助六一揆、寛政二年(一七九〇)・文化四年(一八〇七)の老中駕籠越訴一揆、天保四年(一八三三)の水戸藩移住一揆などが起った。明治元年(一八六八)親久のとき官軍の東征助力の軍功により一万百十石の大名となり、志筑藩が成立した。同四年七月の廃藩置県により志筑県となるが、同年十一月新治県に統合された。

参考文献　『千代田村史』、『茨城県市町村合併史』、『茨城県市町村総覧』

(久野　勝弥)

下館藩（しもだてはん）

常陸国下館(茨城県筑西市)を藩庁とした藩。下館の由来については、藤原魚名が東北鎮定のために三館(上館・中館・下館)を築いたことに由来するという説や、藤原秀郷が平将門征討のために三館を築いたことに由来するという説があるが、いずれも確証はない。南北朝時代には伊佐城(中館)主伊佐太郎が伊達行朝とともに南朝方に属し、関・大宝城に拠った北畠親房に呼応した。文明十年(一四七八)、結城氏の家臣水谷勝氏が結城合戦の功により土地と家臣とを与えられ、下館城を築城したという。城は旧伊佐城を中心に舌状台地の中間を区切って空堀とし、その形状がほら貝の渦巻に似ていることからほら貝城とも呼ばれた。天文十四年(一五四五)、水谷正村(蟠竜斎)は久下田に城を築き、下野方面に勢力を拡大した。水谷勝俊の代に三万一千石を領有して立藩。勝俊の子勝隆は元和五年(一六一九)から総領地検を実施し、九十四ヵ村、五万五百七十石を確定した。寛永十六年(一六三九)勝隆は備中国成羽に移封、徳川頼房の子松平頼重が五万石で入封。同十九年、頼重が讃岐国高松に移封されると一時廃藩となる。寛文三年(一六六三)増山正弥が三河国西尾から二万三千石で入封、元禄十五年(一七〇二)伊勢国長島へ移り、井上正岑が丹波国亀山から五万石で入封したが、即日、常陸国笠間城主となったので廃藩。翌十六年黒田直邦が常陸国真壁郡・下野国芳賀郡の一万五千石で入封、宝永四年(一七〇七)武蔵・播磨両国内五千石加増。直邦は享保十七年(一七三二)上野国沼田に移り、その跡に石川総茂が伊勢国神戸より二万石で入封。譜代。総陽・総候・総弾・総般・総親・総承・総貨・総管と続き、明治維新に及んだ。

藩領は、常陸真壁郡で一万四千四十三石、河内国石川・古市二郡で七千八百五十八石の計二万石余であった。松平頼重は寛永十六年、水戸の城下町制に倣い、町下を整備し、町方四軒組を制度化し、増山正弥は元禄年間に町火消しを制度化した。明和・安永年間(一七六四―八一)には、野殿・二木成・田中の各村を中心に綿花の栽培が盛んになり、ここで生産された木綿は下野国真岡で晒され、真岡木綿として全国に出荷された。このころから藩財政も窮乏化し、天保年間(一八三〇―四四)の借財は三万余両に及んだ。天保九年、石川総貨は二宮尊徳を招き、尊徳仕法により農村経済を復興した。明治元年(一八六八)、総管は藩組織の改革を断行したが、同四年七月の廃藩置県により下館県となり、同年十一月、水戸・笠間・下妻・宍戸・松岡の諸県と合併して茨城県となる。

参考文献　『下館市史』上、『茨城県市町村合併史』、『茨城県市町村総覧』

（久野　勝弥）

下妻藩（しもつまはん）

常陸国(茨城県)下妻を藩庁とした藩。一万石。譜代。陣屋。十二世紀半ばから下妻氏がこの地域を支配したが、南北朝争乱期、高師冬に攻められて下妻氏は滅亡し、室町時代、下妻地方は結城氏の支配下に入った。寛正三年(一四六二)結城氏の家臣多賀谷氏が下妻城を築いてこの地方を支配した。多賀谷氏は豊臣秀吉の小田原改めにいち早く参陣し、戦後、秀吉から下妻城と六万石の所領を安堵された。しかし、関ヶ原の戦に西軍に与したため、所領は没収され下妻城は廃された。多賀谷氏追放のあと下妻地方は一時伊奈備前守忠次が管理したが、慶長十一年(一六〇六)徳川家康の第十一子頼房が入って十万石を支配した。頼房は三年の支配で水戸藩に移った。元和元年(一六一五)家康の孫松平忠昌が下妻に封じられ三万石を支配したが、早くも翌年には信濃国川中島藩に移った。そのあとには松平定綱が入った。定綱の支配も短く、元和二年から同五年までで終った。寛永十年(一六三三)から天和二年(一六八二)までは古河藩主土井利勝の支配下に入った。以後、正徳二年(一七一二)まで江戸幕府の直轄支配地となったが、同年笠間藩主井上正岑の弟正長が入って一万石を支配し、下妻に陣屋をおいた。井上氏の支配は正敦・正辰・正意・正棠・正広・正建・正盧・正民・正健・正誠・正信・正兼・正己と、明治四年(一八七一)の廃藩置県まで百五十八年余に及んだ。四年七月下妻藩は下妻県となったが、同年十一月には水戸・笠間・下館などの諸県と合併して茨城県となった。

参考文献　『下妻市史』中

（木戸田四郎）

玉取藩（たまとりはん）

常陸国玉取村（茨城県つくば市）に藩庁を置いた藩。外様大名堀利重が元和初年常陸国新治郡内一万石を与えられ立藩、玉取村に陣屋を置いた。利重は二代将軍秀忠に仕えていたものの、大久保忠隣失脚に連座し下野宇都宮に蟄居していたが、大坂の陣の功により許され、所領を与えられた。寛永十年（一六三三）利重の奏者番兼寺社奉行就任時に四千石を加増された。同一五年利重没後、利長が藩領一万二千石を継承し、二千石を弟利直に分知した。万治元年（一六五八）には利長養子通周が継いだ。寛文四年（一六六四）領知朱印状・目録によれば、藩領の大半にあたる八千石余は玉取村の陣屋周辺に存在し、その他は近江・安房・上総国内に所在する飛地であった。通周は、延宝七年（一六七九）十二月発狂して家臣を殺害し、改易となった。堀家はその後、通周の養子利雄に新治郡内の旧領の内から三千石を与えられ、旗本として存続した。

参考文献　『大穂町史』、国立史料館編『寛文朱印留』上（『史料館叢書』一、一九八〇年）

（山澤　学）

土浦藩（つちうらはん）

常陸国（茨城県）土浦に藩庁を置いた藩。藩主はいずれも譜代、城持。慶長六年（一六〇一）結城秀康の越前移封後松平（藤井）信一が下総布《ふ》川《かわ》より三万五千石で入封して成立。信一は佐竹氏移封後の江戸崎・水戸城を、養子信吉は府中（石岡市）・江戸崎城を勤番、土浦の城下町も整備して四万石となり、元和三年（一六一七）高崎へ移封した。翌年西尾忠永が上野白井より二万石で入封、子忠昭は寛永の検地を実施、慶安二年（一六四九）駿河田中へ移封となり、朽木《くつき》稙綱《たねつな》が下野鹿沼より三万石で入封した。子稙昌はそのうち三千石を弟則綱に分封し寛文九年（一六六九）丹波福知山へ移封、代わって老中土屋数直が四万五千石で入封した。稙昌の領地は大部分新治郡にあったが、数直は常陸南部五郡にわたる五十七ヵ村と上総・武蔵・下野三十四ヵ村を領した。数直は検地や耕地改良など民政に意を用い、子政直は武家対象の二十一ヵ条条目を制定するなど藩政の確立につとめたが、天和二年（一六八二）政直は駿河田中へ移封となり、若年寄から奏者番になった松平（大河内）信興が二万二千石で入封、庶民対象の五十一ヵ条条目を制定した。貞享四年（一六八七）信興が大坂城代で転出し、

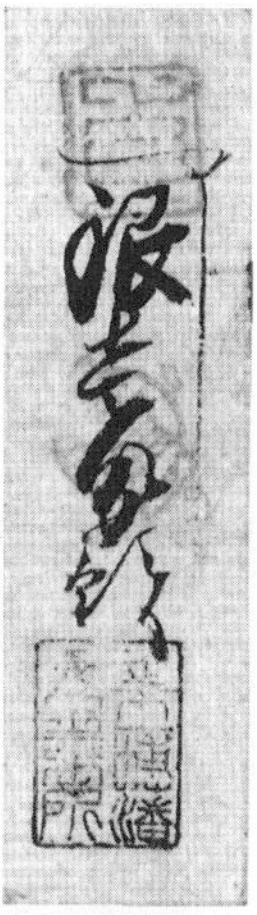

土浦藩藩札（一分銀札）

老中に進んだ土屋政直が藩主に復活、以後明治初期まで土屋藩政となる。

　政直が老中を退いた享保三年(一七一八)には領地は常陸南部四郡百二十ヵ村、下総・近江・和泉八十三ヵ村で九万五千石になった。子陳《のぶ》直の時代には城下町も完成、商業は繁栄したが、災害から農村が疲弊、藩政も傾き始めた。次の篤直の時和泉二万九千石中一万七千石が美作と替わった。続く寿直・泰直・英直・寛直はいずれも短命で、次は養子彦《よし》直を水戸徳川家から迎えた。英直の時関西三万六千石中二万石が奥羽と替地になり、その後災害も頻発して財政を圧迫した。天保九年(一八三八)彦直のあとをうけ襲封した寅《とも》直は、㈠経費の節減、農村での商品流通規制や物価統制、商品作物の奨励、藺《い》草の国産化計画、㈡郡制改革による事務の簡素化と綱紀の粛正、㈢人材登用などで財政のたて直しをはかり、㈣藩校を再建した。この藩政改革は一応の成果をあげたと評価されている。次の挙《しげ》直は徳川斉昭の子、養子となり明治元年(一八六八)襲封、翌年六月版籍奉還で土浦藩知事となった。同三年十月関西・奥羽の藩領を常陸国内の地に替地したが、同四年七月廃藩置県となり、知事は免職、藩は土浦県と変わった。しかし県としての行政を展開する暇もなく、同年十一月には新治県に統合された。

参考文献　史料館編『史料館所蔵史料目録』一五、『寛政重修諸家譜』第一・二・五・六・七、新井白石『藩翰譜』二・五・六(『新井白石全集』一、国書刊行会、一九七七年)、『続藩翰譜』一・六(同附録)、宮本茶村『常陸誌料』、井上準之助『近世農村産業史論』(明石書店、一九八〇年)、『土浦市史』

藩校　郁文館。文館・武館より成る。寛政十一年(一七九九)藩主土屋英直がそれまで西門脇にあった読書屋敷を城内二ノ丸に移して郁文館と命名した。手塚坦斎ら崎門学派を招いたが、坦斎らの死で衰退した。天保五年(一八三四)朱子学派藤森弘庵を迎え、同九年藩主寅直は大久保要の建議に基づき藩学改革に着手した。同十年城外(土浦市文京町)に新校舎を建て、提学・館頭以下の組織を固め、教育の規範を定め、文館では漢・和・医学を、武館では兵法、剣・槍・弓・居合・棒・柔の各術を、館外では馬・炮術を教えた。文館は八歳、武館は十七歳で入学、試験も課した。文久三年(一八六三)江戸詰から帰国した藩士子弟のため、常名《ひたな》村(土浦市並木三丁目)に

土浦藩藩校蔵書印

分館栄藻館を建て木原老谷を学監とした。維新後廃藩置県とともに廃校になった。郁文館の正門だけが現存する。

参考文献　『諸士年譜』(『土屋家文書』、国立史料館・土浦市立図書館所蔵)、望月茂『藤森天山』、青木光行『土浦藩学史』、石塚真『土浦藩の先生たち』(『ふるさと文庫』)

(雨谷　昭)

額田藩(ぬかだはん)

常陸国額田(茨城県那珂市)に藩庁を置いた藩で、水戸徳川頼房の四男松平頼元(刑部大輔)を初代藩主とする。寛文元年(一六六一)九月二十六日、頼元が、父の遺命を受けた兄の水戸藩主光圀から、四代将軍徳川家綱の上聞を経て那珂・久慈郡内の新田二万石を分知されて成立。ただし水戸本藩の知行地扱いで、石高も水戸藩の表高に含まれた。はじめ物成詰(蔵米知行)であったが、寛文二年地方知行となり、同四年から年貢徴収を開始した。額田藩は、元禄六年(一六九三)頼元没後、嗣子頼貞(大学頭)により継承されたが、同十三年九月頼貞が新たに陸奥国守山藩(福島県郡山市)二万石に封じられたため消滅、領知は水戸本藩に返上された。守山松平家は以後、大広間詰、高松・府中(旧保内)・宍戸松平家とともに水戸徳川家御連枝四家の一として廃藩置県まで存続した。

参考文献　『寛文年録』一(『江戸幕府日記』一ノ三)、『郡山市史』二、『那珂町史』中世・近世編、『水戸紀年』(『茨城県史料』近世政治編一)、『守山藩史料』上(『大洗町史資料集』二)

(山澤　学)

府中藩(ふちゅうはん)

常陸国府中(茨城県石岡市)に藩庁を置いた藩。府中は、水戸道中の宿場としては府中宿と呼ばれるが、藩の支配上、寛永二年(一六二五)検地のころから平村と呼ばれるようになる。出羽国(秋田県)六郷から六郷政乗が一万石の大名として慶長七年(一六〇二)に入封し立藩された。元和九年(一六二三)政乗が出羽国本庄へ移封となると、かわって皆川広照が一万石で入封し、以後、隆庸・成郷と続いた。石高は、この間に加増および庶子への分知による増減を経て、正保二年(一六四五)には一万三千石であった。しかし、同年無嗣断絶、いったん廃藩となる。その後、元禄十三年(一七〇〇)水戸藩初代藩主徳川頼房の五男で保内藩主であった松平頼隆が府中二万石の領主となり立藩。以後、頼如・頼明・頼永・頼幸・頼済・頼前・頼説・頼縄・頼策と続いた。府中城跡に陣屋を構えて領内の支配が行われたが、重臣などは水戸藩士の身分のまま水戸藩から派遣されており、藩権力としては水戸藩に従属していた形で存在していた。

藩領は、新治郡(七ヵ村九百四町歩余)・茨城郡(三ヵ村五十八町歩余)・行方郡(九ヵ村五百二十八町歩余)のほか、陸奥国長沼(福島県須賀川市)にも陣屋を置いて十八ヵ村千三百五十町歩余を支配していた。このように支配地が二国に分散していたことと、藩主が本家と同様に定府制で江戸に常住していたため、統一的な権力行使が困難であった。加えて、家臣団の構造も下士層が圧倒的に多いことや、定府制のために家臣の大部分が江戸に居住していたことから生ずる浪費、さらに、藩領の多くが生産性の低い新田で占められていたことは、藩財政を著しく圧迫する要因となった。なお、宝暦二年(一七五二)の明細帳によると、家臣団は医師・茶坊主・大工頭を含めて約百五十人とある。松平氏は府中平村を城下町としての体裁に整備するとともに、醸造・桐材加工・製糸など諸産業の奨励にも努めた。特に酒造業は「関東の灘」といわれるほどの発展をみた。明治二年(一八六九)府中藩は石岡藩となり、平村は石岡町と改称された。同四年七月廃藩置県で石岡藩は石岡県となり、同年十一月に新治県に所属、同八年五月に茨城県に併合された。

参考文献　『石岡市史』下、『茨城県史』市町村編三、『常府石岡の歴史』

(西宮　一男)

古渡藩(ふっとはん)

江戸時代初期、常陸国古渡(茨城県稲敷市)とその周辺を領した藩。藩主丹羽長重。一万石。加賀国小松城主丹羽長重は、慶長五年(一六〇〇)関ヶ原の戦に城に籠って出陣せず、前田利長が軍を出すことをすすめたが応ぜず、利長およびその弟利政と交戦、戦後の賞罰の沙汰で所領を没収された。長重は、異心なきことを示すために江戸に出て品川に幽居していたが、同八年十一月、徳川秀忠のとりなしで、古渡一万石を与えられた。陣屋は古渡に置かれたといわれるが、その位置は不詳。その後、大坂の両陣に参加、元和五年(一六一九)、隣接の江戸崎に移って新たに一万石を加えられ、古渡藩は廃藩。

参考文献　『大日本史料』一二ノ一、慶長八年十一月是月条、『寛政重修諸家譜』第一一、中山信名『新編常陸国誌』、『江戸崎町史』

(河内　八郎)

北条藩(ほうじょうはん)

常陸国北条(茨城県つくば市)に陣屋があった藩。藩主堀田正英。譜代。正英は佐倉藩主堀田正盛の四男で、父の遺領中常陸国新治・真壁・信太三郡の内五千石を相続し、のち三千石加増される。天和二年(一六八二)新治・筑波・真壁三郡内で五千石を加増され大名となる。元禄元年（一六八八）に没し、所領の内八千石は収公され、五千石を次・三男に分知し藩は消滅した。なお、『恩栄録』を典拠とする、慶長十五年（一六一〇）から六年間佐久間勝之が一万石で領有したとの説もある。

参考文献　『寛政重修諸家譜』第一一、藩史研究会編『藩史事典』二（雄山閣出版、一九八九年）、『筑波町史』上・下、小田彰信『恩栄録・廃絶録』（『日本資料選書』六、近藤出版社、一九七〇年）、藩主人名事典編纂委員会『三百藩藩主人名事典』二（新人物往来社、一九八六年）

（小室　昭）

保内藩（ほないはん）

常陸国保内（茨城県久慈郡大子町）に藩庁を置いた藩。寛文元年（一六六一）九月二十六日水戸徳川頼房の五男松平頼隆（初名頼安、播磨守）が、父の遺命を受けた兄の水戸藩主徳川光圀から、四代将軍家綱の上開を経て久慈郡内の新田二万石を分知されて成立した。知行については、はじめ物成詰（蔵米知行）であったが、寛文二年地方知行となり、同四年から年貢徴収を開始した。保内藩は、あくまでも水戸本藩の知行地として扱われ、石高は水戸藩の表高に含まれた。元禄十三年（一七〇〇）九月頼隆が五代将軍綱吉によって新たに常陸府中藩二万石に封じられたことから、保内藩は消滅。その旧領は水戸藩に返上され、その蔵入地となった。以後、府中藩主となった松平家は、讃岐高松・陸奥守山（旧常陸額田）・常陸宍戸各藩主松平家とともに水戸徳川家御連枝四家の一として、廃藩置県まで存続した。

参考文献　『大子町史』通史編上、『石岡市史』下、「水戸紀年」（『茨城県史料』近世政治編一）、『寛文年録』一（『江戸幕府日記』一ノ三、野上出版、一九八六年）

（山澤　学）

真壁藩（まかべはん）

常陸国真壁古城（茨城県桜川市）を藩庁とした藩。外様。慶長七年（一六〇二）佐竹氏の秋田移封により、佐竹氏の麾下にあって真壁の周辺域を領有していた真壁房幹も出羽国角館《かくのだて》に移った。同十一年に浅野長政が常陸国真壁・筑波両郡に隠居料五万石を得て真壁城に移り真壁藩が成立する。同十四年近江国神崎郡のうち五千石の旧領も安堵され五万五千石を領した。同十六年長政の没後、下野国真岡《もおか》から三男の長重が移封されて五万余石を領した。長重は元和八年（一六二二）常陸国笠間に転封するが、旧領は浅野氏に引き継がれ笠間藩領となり、真壁に陣屋が置かれる。城跡は国指定史跡。

参考文献　『茨城県史』市町村編二、真壁町教育委員会編『真壁城跡』、真壁町歴史民俗資料館編『江戸時代の真壁』、同編『浅野氏と真壁』

（西宮　一男）

松岡藩（まつおかはん）

常陸国下手綱《しもてつな》（茨城県高萩市）に藩庁を置いた藩。慶長七年（一六〇二）佐竹氏の秋田移封、岩城氏の改易により、出羽角《かくの》館《だて》の城主戸沢政盛が常陸国多賀・茨城両郡の内四万石に封ぜられ、下手綱村の竜子山城を修築、松岡城と改称、移り住む。元和八年（一六二二）戸沢氏は出羽へ国替えとなり、松岡城地一万五千石は水戸領となり、その一部は水戸藩付家老《つけがろう》中山氏の知行地となった。享和三年（一八〇三）中山氏は新たに松岡城地二十九ヵ村七新田、二万五千石の知行を許され、別高と称した。明治元年（一八六八）正月二十四日中山信徴が藩屏に列せられ、領地高二万五千石の松岡藩として独立。同年二月信徴は水戸藩政を委任され、戊辰戦争の局面処理にあたり、十二月その職を辞す。同二年六月版籍奉還、信徴は藩知事に任ぜられる。同四年七月廃藩、松岡県と改め、同年十一月水戸・宍戸・笠間・下館・下妻の五県と合併、茨城県となる。

参考文献　『茨城県史料』維新編、『高萩市史』、『常陸多賀郡史』

（小松　徳年）

松川藩（まつかわはん）

常陸国松川（茨城県東茨城郡大洗町成田町）に藩庁を置いた藩。陸奥国・常陸国内に領地を有した守山藩（藩主松平氏は定府）が、明治三年（一八七〇）十二月、常陸国鹿島郡成田村松川の同藩陣屋に藩庁を移し、松川藩と改称した。藩主は松平頼之（藩知事、水戸藩主徳川斉昭の二十二子）。領地は陸奥国田村郡のうち三十ヵ村、常陸国鹿島郡・行方《なめかた》郡・茨城郡のうち三十三ヵ村、石高は二万石（表高）。四年七月、廃藩置県により松川県となり、同年十一月新治県に統合された。頼之は六年八月没。相続した喜徳（斉昭十九子）は十七年子爵を授けられる。また士族は、十九年に松川会という互助・親睦の会を組織している。

参考文献　『茨城県史料』維新編、『大洗町史』、『守山藩史料』

（佐藤　次男）

水戸藩（みとはん）

常陸国（茨城県）水戸に藩庁を置いた藩。徳川親藩で三家の一つ。徳川家康は慶長七年（一六〇二）常陸国一帯を領有していた佐竹氏を秋田へ移封、その領地を数名の大名・旗本らに分与したが、中でも水戸には五男武田信吉を封じて十五万石

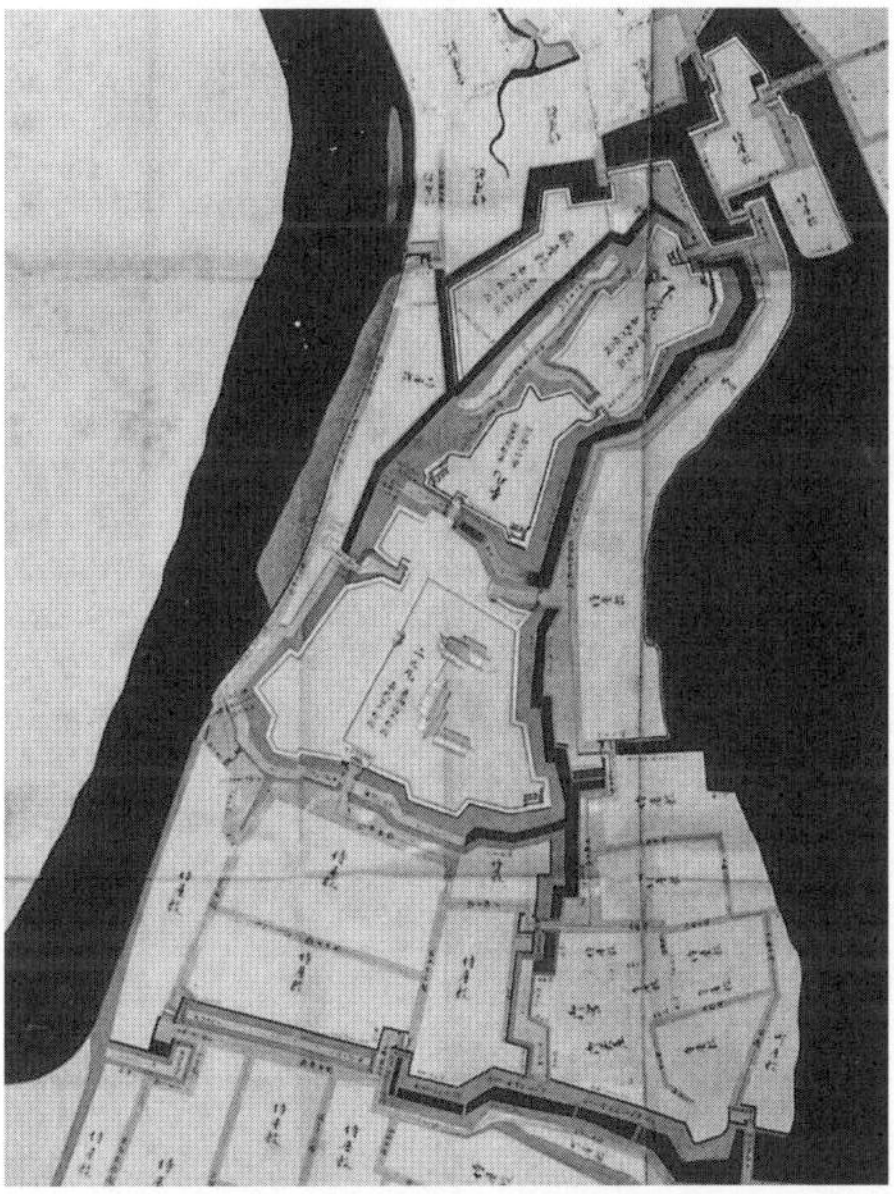

常陸国水戸城絵図部分（正保城絵図より）

の城主とした。翌年信吉が病死したため同年十男徳川頼将（頼宣）を封じて二十万石とし、同九年久慈郡保内《はない》・下野国那須郡武茂に五万石を加増、二十五万石とした。しかし家康は、同十四年頼将を駿遠両国・東三河五十万石へ移し、十一男で七歳の常陸下妻城主徳川頼房に水戸二十五万石を与えた。ここに水戸藩が成立する。頼房以後の藩主は、光圀・綱条・宗堯・宗翰・治保・治紀・斉脩・斉昭・慶篤と続き、十一代昭武の時廃藩置県となった。領地は、常陸国のうち茨城・那珂・久慈・多賀の四郡にまとまっていたほか、行方・新治・鹿島の三郡の一部および下野国那須郡内にあった。正保三年（一六四六）、幕府領（旧秋田氏領）との間に村替え（水戸領二十二ヵ村と幕府領二十九ヵ村）が行われたほかには、廃藩まで取りたてていうほどの領地変更はなかった。

　頼房は家康九男の名古屋藩主義直、十男和歌山藩主頼宣とともに徳川姓を許され、家康在世中から別格視されていたが、いわゆる三家の格式が定まるのは寛永年間（一六二四―四四）とみられる。元和八年（一六二二）戸沢氏の旧領常陸国多賀郡松岡の地など三万石を増封され、二十八万石となったが、それでも名古屋・和歌山の半分程度で、官位も両家が従二位権大納言を極位極官とするのに水戸は従三位権中納言にとどまった。寛永年間、参勤交代制が確立するとともに水戸は例外的に藩主が江戸の藩邸に常住し、必要な時だけ幕府の許可を得て帰藩する定め（定府制）となった。水戸だけこのような措置がとられた理由は不明であるが、幕府の勢力均衡策の一つとみてよいのであろう。頼房時代の水戸徳川家の江戸邸は千代田城内松原小路、神田台（本郷駒込）、小石川などにあったが、宝永四年（一七〇七）目白にも屋敷を与えられ、ここに小石川邸（上屋敷）、駒込邸（中屋敷）、目白邸（同上）、本所小梅邸（下屋敷）が確定した。寛永十八年の藩内総検地で内高三十六万九千四百六十六石余を得た。幕府に願い出て表高三十五万石を公認されたのは元禄十四年（一七〇一）である。

寛文元年(一六六一)頼房の四男頼元が那珂郡額田《ぬかだ》に新田二万石、五男頼隆が久慈郡保内などに新田二万石を与えられ分家したが、元禄十三年ともに幕府から同じ石高の新領地を給され、頼元は守山藩(陸奥国)、頼隆は府中藩(常陸国)を立て、旧領は本家へ返納された。また天和二年(一六八二)六男頼雄が茨城郡二十七ヵ村を与えられ、宍戸藩主となった。水戸藩は佐竹氏転封後新規に取り立てられた藩であるため、家臣団の編成、支配体制の確立には多くの困難が伴ったが、頼房がその基礎を固めたあと藩政の安定と強化に努めたのが二代光圀である。

光圀の藩主としての在任期間は約三十年であるが、西山荘(常陸太田市)に隠居したのち、綱条を後見した年数も合わせると四十年間藩政を指導したことになる。光圀は、明暦三年(一六五七)神田の別邸(のちの駒込)に史局を設けて以来、諸国から多数の学者を招聘して『大日本史』の編纂事業を推進するとともに、士風の振興、城郭と城下町の拡張、防火態勢の整備、寺社の移転と整理、笠原水道の敷設、家臣の共同墓地の設定、和紙の専売仕法の実施、大船快風丸の建造などを行なった。元禄年間の家臣数は三千六百人近くで、これに陪臣などを加えると総家臣団は五千人を越すものとみられる。

藩財政は当初から豊かでなく、光圀没後は支出の増加と農村の疲弊により財政難が表面化し、これを打開すべく綱条時代の宝永年間、牢人事業家松波(松並)勘十郎を登用、はじめての藩政改革を実施した。松波は、年貢の増徴、御用金取り立て、紙の専売制強化、城下町商業の統制緩和、運河の開削計画などを打ち出し、特に涸沼《ひぬま》と北浦の間を巴川によって結ぶ紅葉運河と、大貫海岸と涸沼川の間を結ぶ大貫運河の開削を断行した。このため農民の負担は甚大で、同五年から翌年にかけて農民の不満が爆発、全領を巻き込む大一揆が起った。多数の農民の示威行動に、藩庁は松波を追放せざるをえなくなり、改革政治は失敗に終った。以後藩勢停滞の色はますます濃くなり、家臣への俸禄も滞りがちであった。

財政再建が一向に進捗しないのを憂慮した幕府は、寛延二年(一七四九)、分家の松平頼寛(守山藩主)・同頼済(府中藩主)を老中のもとへ呼び、本家の家老と協議して藩政改革に積極的に取り組むよう指示した。これを契機に農業の振興、藩内産業の開発、物資輸送路の整備などを重点とした改革を進め、宝暦中期までには俸禄支払い遅延という事態は一旦回避できた。しかし六代治保の就任(明和三年(一七六六))早々から再び俸禄支給の遅滞が始まり、これ以後藩内富民からの御用金取り立てが頻繁となり、安永三年(一七七四)からは家臣の俸禄削減、寛政四年(一七九二)からは半知借上げが行われた。

半知借上げとともに財政窮乏を救う目的で行われたのが献金郷士取り立て策である。寛政年間には、献金五百両で二十五石取郷士、七百両で五十石取郷士、千五百両で七十石取郷士という内規まで作られていたほどで、この時期二十人近くが郷士になっている。人口は、元禄十六年に三十万五千人余に達し、享保十一年(一七二六)には三十一万八千人余にまで増加したが、その後漸減して安永四年には二十五万人台を割り、寛政四年以降は二十二万人台で横ばい状態を続け、町方人口も元禄十五年の一万二千九百六十四人を最高とし、享保十一年まで一万人台を維持したものの、以後漸減して天明・寛政期ころは七千人台から五千人台となった。

このような事態と農村情勢の変化に対応するため、寛政から文化・文政期には士民の間から多くの優れた農政改革論が提唱された。藤田幽谷の『勧農或問』、高野昌碩の『富強六略』などはその代表的著作であり、租税の過重と不公平、富民による土地兼併の弊害、田畑の荒廃と農民の窮乏、郡方役人の不正などを指摘して農政改革の必要性を力説している。これら農政改革論に基づく農村振興策、『大日本史』編纂事業の促進などにより、寛政期前後から再び藩政改革への気運が高まった。この気運を積極果敢に推進したのが九代斉昭である。斉昭は、藤田幽谷の子東湖、会沢正志斎らの軽格武士を登用して天保改革を実施した。天保改革は、質素倹約の励行、軍制改革と武備の充実、藩校弘道館と郷校の建設、全領検地の断行、税制改革、禄制改革と諸士の土着、寺社の改革を重点としたもので、全国諸藩の有志に大きな影響を与えた。この改革政治の思想的裏付けとなったのが水戸学である。会沢正志斎の『新論』、藤田東湖の『弘道館記述義』『回天詩史』などは流布して尊攘志士の愛読・愛誦するところとなり、その中に込められた水戸学の思想は幕末期に昂揚した尊王攘夷運動の指導理念となった。しかし、弘化元年(一八四四)斉昭が突然幕譴を被って致仕すると天保改革は中止せざるをえなくなった。

以後藩政改革派に代わって結城寅寿・鈴木重矩(石見守)ら反改革派が藩政の実権を握ったが、嘉永六年(一八五三)のペリー来航後、斉昭が海防の幕政参与に任ぜられると、斉昭の復権が実現し、再びその指揮のもとで政治改革が行われた。このたびの改革は安政元年(一八五四)から同四年にかけて実施されたものが多いので、安政改革と称される。天保改革の継承と復興を目的としたこの改革政治は、対外関係の緊迫化に対応すべく、砲術教練場である神勢館の設立、那珂湊反射炉の建設、追鳥狩の実施、農兵組織の充実、藩校弘道館の本開館、郷校の増設などを行なったが、軍制の改革と実践的訓練の強化を主眼としたところに特色がある。同五年、斉昭が将軍継嗣問題と日米修好通商条約調印の可否をめぐって大老井伊直弼と激しく対立、謹慎処分を受けるや、藩内では藩政改革派の系譜をひく尊攘派有志を中心とする広汎な斉昭雪冤運動が展開された。これを契機として尊攘派と、かねてから斉昭の改革政治を喜ばなかった門閥派・反改革派との確執が激化した。また戊午の密勅降下によって尊攘派は激派と鎮派とに分裂するとともに斉昭と直弼との対立も一段と深まり、安政の大獄による尊攘派への弾圧は、万延元年(一八六〇)三月の桜田門外の変を惹起した。

　文久二年(一八六二)正月の坂下門外の変を経て高まった水戸浪士らの尊攘運動は、元治元年(一八六四)三月の、藤田小四郎(東湖の四男)らによる筑後山挙兵(天狗党の乱)によって頂点に達した。みずからの心情を朝廷に訴えようと京都を目指し西上した天狗党一千人余は、途中で追討の加賀藩兵に降り、翌慶応元年(一八六五)二月、藤田ら重立った者三百五十二人は敦賀の海岸で斬罪、他は追放刑などに処せられた。天狗党の敗北後は市川三左衛門一派が一時藩政を掌握したが、大政奉還によって形勢は一変、市川らは会津さらに北越方面へと脱走、代わって京都本圀寺に駐屯していた一隊(本圀寺勢)が水戸城に入った。明治元年(一八六八)十月、本圀寺勢を中心とする藩政府軍と、水戸へ舞い戻った市川ら反政府軍との間で弘道館の戦が行われ、藩政府軍の勝利に終った。こうした一連の熾烈な対立抗争によって藩勢は著しく弱体となり、西南雄藩の活発な動きとは対照的に破壊と混乱の中で同二年六月の版籍奉還を迎えた。この時藩主昭武が藩知事に就任するが、同四年七月の廃藩置県により水戸藩は解体して水戸県となり、さらに同年十一月の大規模な県の統廃合によって水戸県は茨城・那珂・久慈・多賀・真壁の五郡を管轄する茨城県の中に包摂解消された。

参考文献　『水戸藩史料』、『水戸市史』中、中山信名編『新編常陸国誌』、『茨城県史料』近世政治編一・近世社会経済編四・幕末編一―三・維新編、鈴木暎一『水戸藩学問・教育史の研究』(吉川弘文館、一九八七年)

藩校　弘道館と称し、九代藩主徳川斉昭が天保十二年(一八四一)に開設。斉昭は同四年ころ建設計画を発表したが、年来の財政難に加え、藩政改革派と反対派との対立がからんで一向に進展しなかった。同六年、幕府から、向こう五年間、年間五千両ずつ下賜されることが内定、ようやく見通しが立つかにみえたが、同七年の凶作によって遅延、敷地が城内三ノ丸の、重臣十二人の屋敷に決定したのは同十年である。敷地は、およそ五万七千坪(十七万八千二百平方メートル)。翌十一年二月に至って建設工事に着手、四月青山拙斎（延于《のぶゆき》）・会沢正志斎が初代の教授頭取に任ぜられた。この間斉昭は、同八年六月藤田東湖に命じて建学の趣旨を明示した文章を作成させ、斉昭の裁定を経たこの文章は同九年三月斉昭の名で「弘道館記」として公表された。それには神儒一致、忠孝一致、文武一致、学問事業一致、治教一致の教育方針が記されている。東湖の著わした『弘道館記述義』はその解説書である。

水戸藩藩校　弘道館学校御殿（正庁）

諸施設の工事は同十二年七月におおむね終了、その配置にも建学精神に基づいて工夫がこらされた。すなわち、敷地東側中央に学校御殿・至善堂、その北側に文館、南側に武館・天文台、武館の西方に医学館（同十四年六月開館）を配し（学校区）、敷地のほぼ中央に孔子廟・鹿島神社・八卦堂・要石・学生警鐘を置き（社廟区）、敷地西側の区画を馬場と調練場とした（調練区）。翌八月一日に仮開館式を挙行。本開館式が行われたのは安政四年（一八五七）五月九日である。「弘道館記」に記された水戸学の尊王攘夷思想の実践を目指すとともに、実用主義の立場から西洋医学なども積極的に取り入れようとした。

文館には教授頭取・教授・助教・訓導のほか歌学教師・天文教師・数学教師など、医学館には医学教授・同助教など、武館には武術教師・同手副の教職がおり、藩士とその子弟のうち十五歳から四十歳までの者に規定の日割に基づく修業が義務づけられた。その日割は、布衣ならびに三百石以上の当主嫡子は十五日間、同次男以下および物頭ならびに百五十石以上の当主嫡子は十二日間、物頭ならびに百五十石以上の次男以下および平士の当主嫡子は十日間、平士次男以下は八日間である。ただし年齢による免除措置があり、三十歳以上および職事ある者は半減、四十歳以上は全免された。なお、江戸小石川の藩邸内には従来武道場しかなかったが、天保十四年正月から文武の教場を併設し、これを江戸弘道館と称し、教育は水戸弘道館の組織・制度に準拠して行われた。水戸藩党争最後の決戦となった明治元年（一八六八）十月の弘道館の戦で文館・武館・医学館などを焼失。同五年八月の学制発布に伴って閉館。焼失を免れた学校御殿は、同四年七月から水戸県庁として、また同五年一月から同十五年までは茨城県庁として使用された。昭和二十年（一九四五）の戦災で鹿島神社・孔子廟・八卦堂などを焼く。同二十七年国指定特別史跡となり、同三十八年大修理を行なって孔子廟などを復元した。同三十九年学校御殿（正庁）・至善堂・正門および正門付塀が重要文化財に指定された。

参考文献　『水戸藩史料』別記下、『水戸市史』中三・四、鈴木暎一『水戸藩学問・教育史の研究』（吉川弘文館、一九八七年）

郷校　文化元年（一八〇四）に茨城郡小川村（東茨城郡小川町）に開設した稽医館（小川郷校）をはじめ、安政年間（一八五四―六〇）に増設されたものを合わせ十五校がある。これらは、天保年間（一八三〇―四四）以前に開設されたもの（第一期）、天保年間の開設かもしくは天保年間に計画されたとみられるもの（第二期）、安政年間に増設されたもの（第三期）の三種に分類できる。第一期は、稽医館と文化四年開設の延方《のぶかた》学校（延方郷校、潮来《いたこ》市）の二校で、ともに南郡郡奉行小宮山楓軒の尽力により建設された。第二期に属するのは天保六年開設の敬業館（湊郷校、那珂湊市）、同八年開設の益習館（太田郷校、常陸太田市）、同十年開設の暇修館（大久保郷校、日立市）、嘉永三年（一八五〇）開設の時雍館（野口郷校、常陸大宮市）の四校で、これらは九代藩主徳川斉昭による天保改革の文教政策の一環として開館ないし計画されたものである。

第一・二期の郷校は地方有志とくに郷医の研修に重点がおかれていた。第三期は、大子《だいご》（久慈郡大子町）・大宮（常陸大宮市）・町田（常陸太田市）・小菅（小里、同）・秋葉（東茨城郡茨城町）・鳥羽田《とつぱた》（同）・玉造（行方市）・潮来（潮来町）・馬頭《ばとう》（栃木県那須郡馬頭町）の九郷校で、いずれも安政三年から同五年にかけての開設である。ただし秋葉・鳥羽田の二郷校は藩側の記録にみえるだけで、御用留などの現地史料による確認ができず、開設年次も確定できない。第三期の郷校は、幕末の危機に対応するため、教育の対象も郷医・神官・村役人のほか、農兵・農民有志から猟師に至るまでひろく農村在住者に拡大され、彼らに尊王攘夷の教育と実践に役立つ訓練が行われた。安政年間に至って、既設郷校も新設校と同じく小川郷校（稽医館）のように所在地名をつけて呼ぶようになった。

元治元年（一八六四）の天狗党挙兵前後に尊攘派の拠点とな

ったところが多く、天狗党の乱鎮定後の慶応元年(一八六五)正月には反天狗派である門閥派政権によって郷校・農兵廃止令が出された。維新後再建されたところもあるが、廃藩置県に伴ってすべて廃校となった。

参考文献　瀬谷義彦『水戸藩郷校の史的研究』(山川出版社、一九七六年)、鈴木暎一『水戸藩学問・教育史の研究』(吉川弘文館、一九八七年)

(鈴木　暎一)

藩札　元禄十六年(一七〇三)十二月江戸藩邸で紙金発行方針が定まり、これを指図する安田文左衛門が水戸に出向した。翌宝永元年(一七〇四)二月、勝手向き不如意と諸士困窮により領内での売買に金札と鐚《びた》札(銭札)を通用する旨を達し、城内に紙金拵所を開設。紙金奉行二人を置き、その下に札場金見一人・手代五人・下役人一人を付属。城下の町人から本町四丁目駿河屋次郎衛門・泉町肴町福島屋次兵衛が札元として参加、用紙は久慈郡中染村岡衛門が漉いた。金札は一分札のみが発行され、鐚札の種類は未詳。宝永二年発行の金札は、「宝永二酉歳」「水戸」「駿河屋(印)」「福島屋(印)」の文字が印刷され、「金壱分」と墨書されていた。宝永元年四月十五日の「札通用之覚」(藩札通用規則)によると、㈠正金一分を金札に取り替える際の歩合は鐚十文、㈡金札一分を正金に取り替える際の歩合は鐚二十文、㈢損札は了簡(考慮)の上、新札と取り替える、㈣通用不自由の古札は鐚十文を相添え新札と取り替える、㈤領内での商売には正金の通用を停止する、ただし往還の旅人の当用については格別とする、㈥金札を互いの相対《あいたい》で正金と取り替えることは勝手次第、とある。年貢は正金あるいは札で上納させた。同年四月二十七日より城下七軒町札場で引替えを開始。郡方は郷士・富農を下引受人とした。宝永四年幕府の藩札中止令により、その回収を図ったが、回収残の一部は籾で渡し、奉行・代官がその取扱いにあたった。

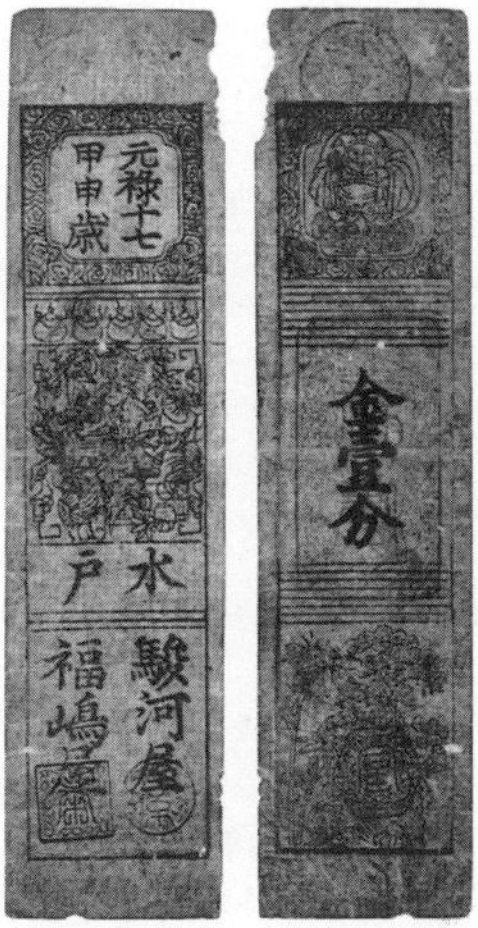

一分金札

参考文献　『水戸市史』中二

(川上　雅)

幕末諸隊　諸隊形成につながる動きは、幕末の藩主徳川斉昭の藩政改革から発している。天保期の改革政治を通じて藩政に進出した中下級武士は、守旧・門閥層から成り上がり者の「天狗」とよばれた。加えて斉昭の改革政治は、在地の知識人も含めて神官・村役人・上層農民の政治化も促した。弘化元年(一八四四)五月、斉昭が幕府から譴慎を命じられて失脚すると、中下級武士や農民の中には江戸へ押し出して斉昭の雪冤に奔走する者が出たり、斉昭が藩政参与に復帰して推進した軍制改革を中心とする安政の改革に際しては、郷校(文武館)を拠点として尊王攘夷派の形成がすすんだ。その志士的動きは、大老井伊直弼による大獄政治によって抑圧されたが、大獄の直接的原因となった水戸藩への密勅(戊午の密勅)について、幕府への返納に反対を唱えて各地に結集して江戸へ南上する動きが活発化した。中でも長岡勢は突出する勢いをみせたが、藩の追討令を受けて解散した。

一方、薩摩と水戸両藩の志士間に大老井伊暗殺の密約がすすみ、万延元年(一八六〇)三月三日に桜田門外の変をひき起した。桜田志士には水戸の藩士が十九人、在方出身者が九人参加した(実際に要撃したのは十八人)。斉昭の死後、長岡勢の残党は玉造郷校を拠点としたので玉造勢といわれたが、藩士大津彦五郎以下約二百人は文久元年(一八六一)二月、藩のきびしい取締りを受け自首を余儀なくされた。つづく諸隊か諸隊に近い隊には、文久元年五月二十八日の江戸品川東禅寺襲撃隊、文久二年正月十五日に坂下門外で老中安藤信正を襲った平山兵介グループがあった。

天狗党は、元治元年(一八六四)三月に筑波山において挙兵した。田丸稲之衛門・藤田小四郎らを中心とし、当初は六十三人、数日にして百七十人、五月には一千人をこえる隊となる。五月末に激派の田中愿蔵ら三百人が脱隊して出たが、筑波勢には武田耕雲斎らの大発勢が加わり、九月には林五郎三郎らの潮来《いたこ》勢も加わって約三千人の勢力となり、水戸藩と幕府の連合軍と戦って敗れ、十月下旬に京都へ向かって西上することにした。途中金沢藩に降伏し、武田・藤田以下多くの同志が処刑された。天狗党と対立した諸生党の指揮下にも諸隊が生まれ、元治元年七月末に宍戸《ししど》藩領茨城郡四十五ヵ村の鯉淵農兵約二千人、同時期那珂郡額田《ぬかだ》三郷の寺門登一郎中心の寺門農兵、八月上旬多賀郡大津で天狗党を攻撃した中山郷士約三百人などがあった。諸生党は戊辰戦争期に市川三左衛門が指揮をとり、一時水戸弘道館を占拠したが敗れて下総八日市の戦場で壊滅した。ほかに天狗党関係で、文久三年二月に藩主徳川慶篤に随従して上京し京都本圀寺に駐留し御所の守衛にあたった本圀寺党があり、戊辰戦争が始まると官軍に従軍して東征に加わった。また武田耕雲斎の孫で越前の敦賀での処刑を免れ若狭小浜藩預となった武田金次郎は、戊辰期になると水戸浪士の生き残りを結集して水戸へ帰り、諸生党への復讐に奔走した。

参考文献　『水戸藩史料』、佐々木克校訂『水戸藩死事録・義烈伝纂稿』(同朋舎出版、一九八三年)、芝原拓自『明治維

新の権力基盤』(御茶の水書房、一九六五年)、木戸田四郎『維新期豪農層と民衆』(ぺりかん社、一九八九年)、江川文展「激派と民衆」(『茨城県史研究』三四、一九七六年)、高橋裕文「幕末水戸藩内乱と農民闘争」(同五二、一九八四年)

(高木　俊輔)

天《てん》狗《ぐ》党《とう》の乱《らん》　幕末期水戸藩尊攘激派(天狗党)による筑波山挙兵とそれを契機に起った争乱。天狗の呼称は水戸藩藩主徳川斉昭が天保度の藩政改革を実施した際、改革を喜ばない門閥派が改革派藩士を批難したところから発したもので、改革派には軽格武士が多かったから、成り上がり者が天狗になって威張るという軽蔑の意味がこめられていた。安政五年(一八五八)七月、前藩主徳川斉昭が将軍継嗣・通商条約調印の二問題をめぐって大老井伊直弼と対立し、謹慎処分を受けるや、藩内では改革派の系譜をひく尊攘派を中心に広汎な雪冤運動が展開された。しかるに尊攘派自体も翌八月の戊午の密勅降下を契機に、密勅を諸藩に回達すべしとする激派と、密勅を朝廷に返納して幕府との衝突を回避しようとする鎮派とに分裂、安政の大獄による激派への弾圧は、万延元年(一八六〇)三月、桜田門外の変を惹起した。その後激派の中には文久元年(一八六一)五月の東禅寺事件、翌二年正月の坂下門外の変などに加わる者もあったが、同三年になると激派の多くは、小川・玉造・潮来など水戸藩南部の郷校を拠点としながら、近郷近在の富家から軍資金を徴発し、郷士・神官・村役人有志を集めて軍事訓練を行なっていた。

一方、同三年三月、藩主徳川慶篤に従って上京した藤田小四郎(藤田東湖四男)は、滞京中長州藩の桂小五郎(木戸孝允)らと交わり、東帰後江戸で因州・備前両藩士らと往来し、尊王攘夷の志を固めたが、幕府が攘夷の勅命を受けながら横浜一港の閉鎖さえ実行しえないのに憤激し、非常の手段をもって幕府に攘夷の決意を促すべきことを考えた。すなわち、藩地に帰った小四郎は、南部の郷校に拠る同志を誘い、また常野の間をしきりに遊説して挙兵への準備を急いだ。そして元治元年(一八六四)三月二十七日、藤田小四郎をはじめとする尊攘激派藩士・郷士・神官・村役人ら六十余人は、斉昭の神位を奉じて筑波山に挙兵、攘夷を唱えて同志を募った。かれらは天狗党と称されたが、挙兵に呼応した者は数日にして百五十人を越したという。

天狗党(筑波挙兵隊を筑波勢もしくは波山勢という)は、水戸藩町奉行田丸稲之衛門を総帥、藤田小四郎・竹内百太郎(常陸国新治郡安食村郷士)・岩谷敬一郎(同郡宍倉村修験)の三人を総裁、田中愿蔵(久慈郡東蓮地村医師猿田玄碩の子)を中軍隊長とし、天勇・地勇・竜勇・虎勇の四隊編成とした。

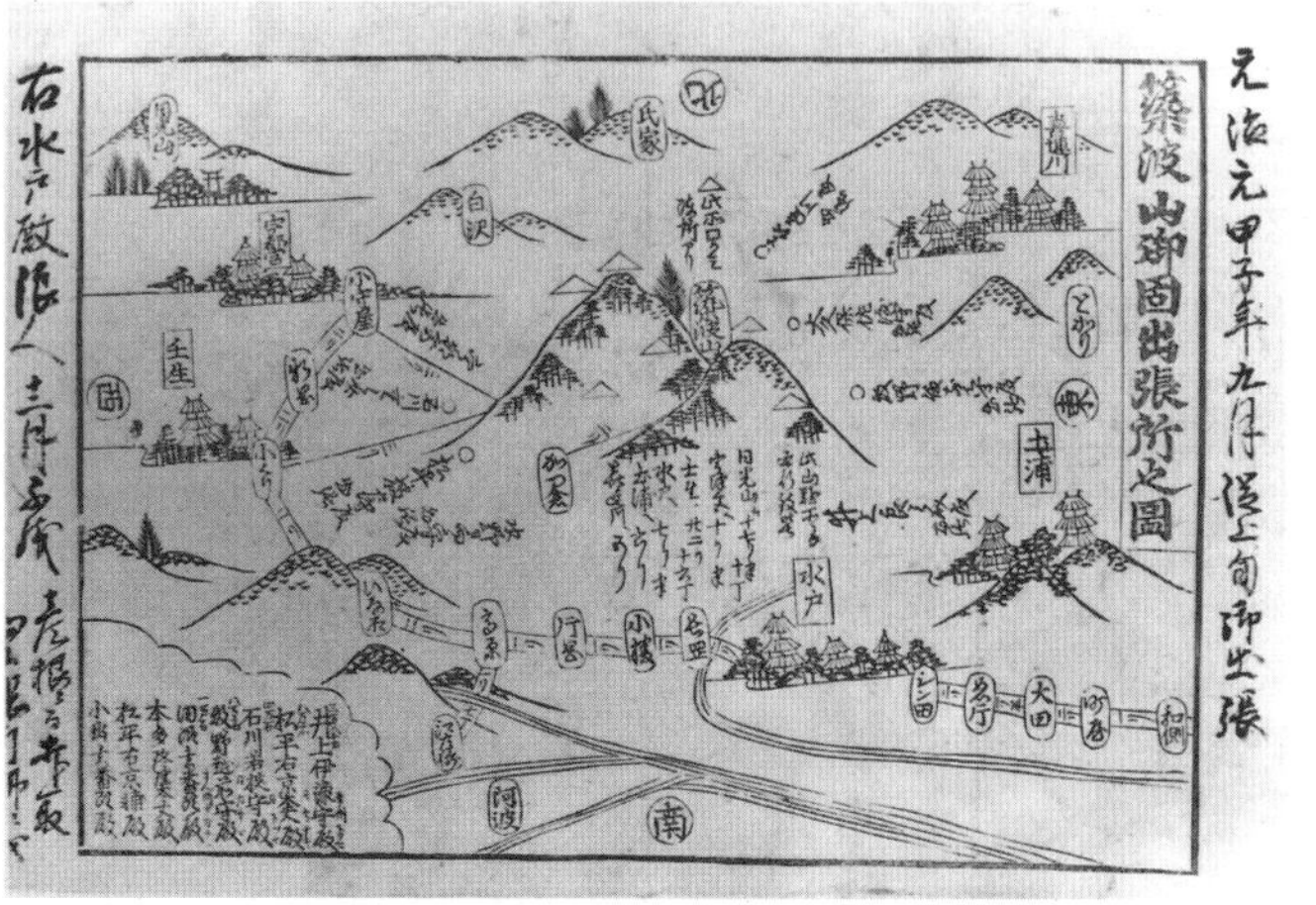

天狗党の乱　瓦版「築波山御固出張所之図」

四月三日野州日光山へ向かって出発、東照宮に参拝して挙兵の成功を祈願、そこで参籠するつもりであったが（一説では宇都宮藩尊攘派への接近をはかったともいう）、日光奉行がこれを拒否したため一部の者が参拝したのみで日光を去り、同国太平山（栃木県栃木市）に屯集、約一ヵ月半宿陣。一方、反改革派の系譜をひく門閥派の市川三左衛門らは、尊攘鎮派が主流を占める藩校弘道館の諸生と結び反天狗派を結成（これを通常、諸生党という）、藩政の実権を握った。

この情況を知った天狗党は五月三十日太平山を下り、再び筑波山に戻った。総勢およそ七百人。この間田中愿蔵は別動隊を組織、足利藩栃木陣屋に軍資金調達を要求、拒否されると栃木町に放火、七百人の罹災者を出したという。幕府は天狗党討伐の方針を固め、常総諸藩へも出兵を命じた。市川を陣将とする水戸藩兵（諸生党）も追討に向かい、幕軍・諸藩軍・諸生党は七月七日から高道祖《たかさい》村（茨城県下妻市）、下妻多宝院などで交戦したが敗退、市川らは水戸城を占拠して天狗党の家族を虐待した。幕府は田沼意尊を常野追討軍総括に任じ、幕軍・諸藩兵軍は陣容を整えて筑波山を包囲した。天狗党は攘夷の実行（横浜鎖港の実現）より先に市川らを討つこととし、二十四日水戸に向かったが城下に入れず、これ以降府中・小川・潮来方面に屯集、しばしば水戸周辺で諸生党と戦った。

藩主徳川慶篤は八月四日、争乱鎮静化のため、連枝の宍戸藩主松平頼徳を名代として水戸に遣わし、これには執政榊原新左衛門ら七百人が同行（大発勢）、一行には途中から下総小金に屯集していた士民有志数千人や、江戸に上ろうとして果たせずやはり小金にとどまっていた元執政武田耕雲斎らも合流した。しかし市川らが入城を拒否したため、頼徳らは那珂湊へ移り、小川方面にいた藤田ら五百人も武田らを支援するため那珂湊に来た。このため那珂湊では大発勢と天狗党が共同戦線をはり、諸生党と対峙するに至った。市川らは幕軍の応援を求め、田沼は布陣していた笠間から諸藩兵とともに進軍して那珂湊を包囲、十月二十三日の合戦で榊原ら千人余が投降した(頼徳はこれより先、十月五日に幕命により切腹していた)。

投降に反対した武田らは、天狗党とともに脱出、北上して大子《だいご》村に集結、千人余の一隊は武田を総大将として京都に上り、尊王攘夷の素志を朝廷に訴えることとした。大部隊を総大将のほか、大軍師(山国兵部)、本陣(田丸稲之衛門)、輔翼(藤田小四郎・竹内百太郎)、天勇隊(隊長須藤敬之進)、虎勇隊(隊長山形半六)、竜勇隊(隊長畑筑山)、正武隊(隊長井田因幡)、義勇隊(隊長朝倉弾正)、奇兵隊(隊長武田魁輔)の諸隊に編成し、十一月一日大子を出発、下野・上野・信濃・美濃を通り越前新保に至った時、ここで追討軍の総攻撃のあることを聞いて降伏、武田ら八百二十三人が加賀藩に投降した(十二月二十日)。西上の途次厳しい軍律のもと難行を続け、上野の下仁田や信濃の和田峠では幕命を受けた諸藩兵と戦った。一隊は慶応元年(一八六五)正月敦賀の鯡倉に監禁され、二月武田・藤田ら三百五十二人が斬罪、他は遠島・追放などの罪に処せられた。

参考文献　『水戸藩史料』下、玉虫誼茂編『波山記事』(『日本史籍協会叢書』東京大学出版会、一九七三年)、佐々木克校訂『水戸藩死事録・義烈伝纂稿』(同朋舎出版、一九八三年)、川瀬教文『波山始末』(常野文献社、一九九五年)、大内地山『武田耕雲斎詳伝』(水戸学精神作興会、一九三六年)、『茨城県史』近世編、『水戸市史』中五

(鈴木　暎一)

遠近橋《おちこちばし》　水戸藩士高橋多一郎が同志とともに、主君徳川斉昭の雪冤、藩政復帰のために暗躍した経緯を記した書。高橋家は微禄であったが、多一郎の時斉昭に抜擢され、郡奉行・奥祐筆頭取などの要職についた。桜田門外の変の計画指導者として知られ、事変後自刃した。『遠近橋』の名は、高橋は水戸、同志板橋源介は江戸にあって、秘密裡に連絡しあい、雪冤運動を続けたのを、斉昭が聞いて、「をちこちに二つの橋をかけ置きてあやうかるへき世を渡るとは」という一首を贈ったのにちなんだもの。安政六年(一八五九)二月、高橋が有司にあてた書状によれば、本書は二十四巻あったはずであるが、現在は十三巻だけである。成立年代は不明であるが、巻十二・十三には嘉永元年(一八四八)・二年のころの史料がある。高橋家旧蔵の自筆本を底本に、大正元年(一九一二)国書刊行会

が出版した。内容は主として弘化年間(一八四四―四八)の斉昭藩政復帰運動に関する同志の往復書簡・嘆願書、斉昭の親書などを収め、機密の書類も多く、隠し名が頻繁に出てくる。改革派の藩士と斉昭の関係、水戸藩幕末政治運動の特質などを知る上に重要な史料である。『続日本史籍協会叢書』一期に収めて復刻された。　(瀬谷　義彦)

古今税務要覧《ここんぜいむようらん》　租税に関する書。一巻。万治元年(一六五八)から正徳五年(一七一五)までの水戸藩領内における田畑取付高の目録。引方と田畑総ならし高の両方を記載し、年貢収入の増減を計算したもの。正徳六年の著者のあとがきによれば、延宝八年(一六八〇)は凶作で、それ以後郷村は衰退を極め、年貢収入は次第に減少し、藩財政の窮乏がはなはだしいとある。藩は治水・田畑荒廃防止策など善政を努めているにもかかわらず、豊年でも年貢の未進が多く、農民の奢侈がめだっているともある。著者はこのことを憂慮し、代官などの参考資料として役立てて欲しいと願って書き残したものである。『近世地方経済史料』一所収。　(菅野　徳子)

水城金鑑《すいじょうきんかん》　江戸時代の常陸国水戸藩に関することがらを集録した史料集。水戸藩士小宮山楓軒の編。楓軒が『垂統大記』編纂のため家乗・旧記を閲読した際、後世の参考に供するため水戸藩に関係するものを抜粋、集録して編んだもので、文政十二年(一八二九)に成った。本編四十三巻、補遺六巻、合わせて四十九巻である。巻別構成は次のとおり。一―十三巻、初代藩主徳川頼房から七代藩主治紀に至る藩主の治績。十四巻、内助として頼房の実母お万の方、養母お勝の方らの逸話。十五―十七巻、元和から正保に至る令条。十八巻、条目集記。十九巻、寺社号令。二十巻、町奉行古記・上下町寺社開記。二十一巻、寛文規式帳。二十二・二十三巻、寛文軍制。二十四巻、勧善。二十五―二十七巻、懲悪。二十八巻、韓使日記。二十九巻、海舶・国造碑。以下四十三巻まで文事、書翰、刀剣、寺社、河方承顕記、和田道也教孫書、軍法聞書、郷党遺聞、菊池・皆川策、芻蕘録・富強六略、連枝、名臣となっている。四十四巻から四十九巻が補遺で、大城掲示・延宝令・大将軍臨邸・元禄御成記・古今税務要覧・寺社品目といった構成をとっている。水戸藩関係の史料の一大集成として、水戸藩の政治・経済・文化をさぐる上での基本文献の一つである。原本は彰考館文庫所蔵。膨大なため翻刻はされていないが、その内の一部二十一巻の寛文規式帳は『茨城県史料』近世政治編一に収録されている。　(小松　徳年)

税法私考《ぜいほうしこう》　水戸藩の各種の租税の解説書。水戸藩士石川桃蹊が天保二年(一八三二)に著わしたもの。二巻。上巻は同藩士高倉胤明の『田政考』に基づき、初めに貫高・石高の沿革を述べ、ついで水戸藩の税法を解説する。下巻は浮役金について記し、その対象となる金・銀・銅・煙草・紙などの物産について述べ、富国強兵のための国産奨励の緊要を説く。小野武夫編『日本農民史料聚粋』一一に収められている。

（小松　徳年）

東藩文献志《とうはんぶんけんし》　第八代藩主徳川斉脩の命により青山延于《のぶゆき》（号拙斎）らが編纂した水戸藩撰家史。三十六巻。初代頼房から第六代治保に至る藩主の事跡に、その夫人、側室、兄弟、分家の歴代、重臣、学者たちの列伝を添えたもので紀伝体の形式で記す。巻一威公（頼房）世家、巻二・巻三義公（光圀）世家、巻四粛公（綱条）世家、巻五成公（宗堯）世家、巻六良公（宗翰）世家、巻七文公（治保）世家、巻八家人列伝第一、巻九家人列伝第二、巻十から巻二十六までが列伝、巻二十七から巻二十九までが儒林列伝、巻三十歌人列伝、巻三十一孝子列伝、巻三十二列女列伝、巻三十三循史列伝、巻三十四芸術列伝、巻三十五方技列伝、巻三十六姦臣列伝。記事の一つ一つについて『源流綜貫』『水府系纂』『政府書記案』『孝子録』などとその出典を明示している。簡潔な漢文体で記され、水戸徳川家の正史の風格をもつ。国立国会図書館本、無窮会本などがある。

参考文献　吉田一徳『大日本史紀伝志表撰者考』（風間書房、一九六五年）、『水戸市史』中二

（鈴木　暎一）

水戸藩史料《みとはんしりょう》　上編乾・坤二冊、下編一冊および別記上・下二冊の計五冊から成る水戸藩関係史料集。本編巻頭の例言に「此書は明治二十一年（一八八八）七月宮内大臣より達せられたる御沙汰の旨に基づき嘉永六年（一八五三）癸丑より明治四年辛未に至る水戸藩の国事に鞅掌せし事蹟を取調べ史料として採択に供ふる為めに編纂せしものなり」とあり、また別記巻頭の緒言（明治三十年五月）には「此書嚮に朝命を以て嘉永癸丑より明治辛未に至る迄の水戸藩国事鞅掌始末を編纂するに際し其の淵源ともいうべき天保の政績闕如するを憾みて編纂したるもの」とある。大正四年（一九一五）十一月、徳川家蔵版として吉川弘文館から発行された。別記を合わせ全体で四七四四頁。上・下編は、例言にあるように嘉永六年六月のペリー来航から明治四年七月の廃藩置県に至るまでの主として政治史的史料を、別記は九代藩主徳川斉昭の藩政を中心に、嘉永六年までの藩情に関する諸種の史料を、それぞれ年代順に集録。

史料は藩主の手書・諸記録、本藩に関係ある公卿・大名および本藩士民の保存にかかる諸記録のほか、他藩士各家所蔵の書簡・記録などまでひろく収集掲載したが、その際、各巻首に必ず年号干支を記して年紀を表わすとともに、上段に適

宜年次、月日、事項の要旨を示し、また略語隠名などにも標注を加え閲読の便をはかっている。全巻単なる史料集ではなく、編者の研究成果を盛り込んだ記述が多く、天保期から廃藩までの水戸藩政史ともいうべき内容を備えており、別記は本藩天保改革の史料がまとまっている点で価値が高い。ただし、藩政改革派とその系譜をひく尊攘派の立場に立って編者の記述と史料の選択がなされ、この点で偏りのあることは認めなければならないが、重要史料の宝庫として天保期以降の水戸藩政史のみならずひろく幕末史研究の基本文献の一つである。原版は四六倍判であったが、昭和四十五年（一九七〇）菊判に縮刷覆刻された。　（鈴木　暎一）

水《み》戸《と》藩《はん》党《とう》争《そう》始《し》末《まつ》　いわゆる『大日本史』の三大議論に端を発する立原翠軒・藤田幽谷両学派の分裂から、天狗党の乱における武田耕雲斎の敗死に至るまでの水戸藩天狗・諸生党争の顚末を詳記。上下二巻。著者は不明とされてきたが、近年の研究で旧水戸藩士の友部鉄軒（大正六年没。六十二歳）であることが判明した。幕末水戸藩党争に関する著作の多くが天狗党（尊攘激派）の立場からの叙述であるのに対し、本書は「両党の争ひは、口を公義に藉りて私闘を為したるもの」とみなし、党争の経過を努めて私情を排し正しく後世に伝えようと意図している点に特色がある。明治二十六年（一八九三）無名氏著として和本（本文四十八丁）で出版され、同四十五年『史籍雑纂』四に収録された。

参考文献　瀬谷義彦「『水戸藩党争始末』をめぐって」（『茨城県史研究』八六、二〇〇二年）　（鈴木　暎一）

守谷藩（もりやはん）

下総国（茨城県）相馬郡守谷に藩庁をおいた藩。譜代。陣屋持。甲斐国武田氏滅亡後に、同国切石城主（一万石）となっていた土岐定政《さだまさ》が、天正十八年（一五九〇）九月に領地を相馬郡内に移され、守谷藩（一万石）が成立した。定政は、当時、母方の菅原姓を称していた。翌十九年に陸奥九戸一揆の鎮圧に出陣し、文禄元年（一五九二）の朝鮮出兵では肥前名護屋に着陣した。翌二年に旧姓だった土岐姓にもどり、山城守に叙任された。慶長二年（一五九七）に守谷で死去。同年、次男定義が遺領を継ぎ、同五年の陸奥の上杉景勝征討では、下野国宇都宮に着陣し、のち信濃国上田城攻めに参加して大坂に入った。同十四年から山城国伏見城を守衛し、同十七年に大番頭に就任。同十九年の大坂冬の陣に出兵し、翌元和元年（一六一五）の夏の陣では江戸城本丸を守衛した。同三年に加増されて、摂津国高槻藩（二万石）に移封され、これにより守谷藩は廃藩となり、以後、藩は置かれなかった。

参考文献 須田茂『房総諸藩録』(崙書房、一九八五年)

(筑紫 敏夫)

谷田部藩 (やたべはん)

常陸国谷田部(茨城県つくば市)に藩庁を置いた藩。藩主細川氏。外様。陣屋。細川興元は織田信長、豊臣秀吉および徳川秀忠に仕え、下野国芳賀郡内に一万石を領し、茂木《もてぎ》を居所とした。大坂の陣の軍功で元和二年(一六一六)常陸国筑波・河内両郡で六千二百石余を加増される。のち谷田部を居所とする。興昌・興隆・興栄・興虎・興晴・興徳・興建・興貫と継ぎ、明治四年(一八七一)二月居所を茂木に移すが、間もなく七月に廃藩、新治県下におかれ、十一月には茨城県に編入された。天保期、藩政改革で尊徳仕法を採用する。

参考文献 『寛政重修諸家譜』第一、『谷田部の歴史』(谷田部町教育委員会、一九七五年)、藩史研究会編『藩史事典』(秋田書店、一九七六年)、『つくば史史料集』三、藩主人名事典編纂委員会『三百藩主人名事典』二(新人物往来社、一九八六年)

(小室 昭)

藩校 寛政六年(一七九四)、谷田部陣屋に文武の館として弘道館が創設された。下総国茂木の領地にも弘道館が開設されている。これらは、藩主細川家の本家筋にあたる熊本藩細川家の時習館に倣ったものと思われる。藩医である広瀬周伯とその子周度が、教授にあたっていたと伝えられている。学風は朱子学を宗とするものであった。

参考文献 笠井助治『近世藩校に於ける学統学派の研究』上(吉川弘文館、一九六九年)、『茨城県史』近世編

(工藤 航平)

山川藩 (やまかわはん)

下総国山川領(茨城県結城市)に置かれた藩。藩主は譜代。慶長九年(一六〇四)に松平定綱が山川領で五千石を与えられ、同十四年に一万石を加増されて立藩した。定綱は元和二年(一六一六)加増されて三万石となり常陸国下妻藩に転封、そのあとへ水野忠元が三万石で入封した。忠元は元和三年五千石を加増されて三万五千石を領した。その子忠善は寛永十二年(一六三五)一万石を加増されて駿河国田中藩に移り、山川藩は廃藩となる。

参考文献 『寛政重修諸家譜』第二・六、須田茂『房総諸藩録』(崙書房、一九八五年)

(川名 登)

結城藩 (ゆうきはん)

下総国(茨城県)結城に藩庁を置いた藩。譜代。城持。天正

十八年(一五九〇)に始まる結城秀康の支配は結城藩の前提をなすが、慶長六年(一六〇一)の秀康の越前転封により十一年で終りを告げた。厳密な意味での結城藩は、元禄十三年(一七〇〇)下総国結城郡と上総国の二郡に合わせて一万石余を与えられた水野勝長(能登国西谷一万石)が、さらに常陸・下総・上総・下野国内八千石を加増の上、結城に築城を許されて入封した同十六年に始まる。歴代藩主は、勝長以下、勝政・勝庸・勝前・勝起・勝剛・勝愛・勝進・勝任・勝知・勝寛と続き、廃藩に至る。初代勝長は秀康の転封後廃城となっていた結城城のうち館・中城の部分に城を再興、館の部分を二分割して本丸・二ノ丸とし、中城の部分に家臣団の屋敷割を実施し侍町(本町)とした。結城城跡は、堀・土塁などが比較的よく残っていたが、最近宅地化が進み景観を変えつつある。城下に位置する結城町はほとんど改修されなかったが、城の再興とともに水野結城藩の城下町として甦り、鬼怒川・田川の合流点に発達していた久保田河岸には藩の蔵屋敷も建てられた。しかし結城藩は十八世紀後半以降深刻な財政難に陥り、財政立直しの藩政改革を実施するが成果をあげずに幕末を迎える。当時藩内では佐幕派の藩主勝知・江戸詰藩士と勤王派の国元藩士とが対立し、勝知は新政府成立後もこれに不服従の立場をとり続けた。明治元年(一八六八)国元派は養子勝寛を擁立して勝知の隠居を計画、勝知は国元派と激しい武力抗争の末に結城へ帰城したが、間もなく新政府軍は結城城を攻めてこれを奪回、藩領千石減封の上で勝寛を藩主とし藩の存続を認め、明治二年六月の版籍奉還で勝寛を結城藩知事に任じた。明治四年七月の廃藩置県により結城藩は廃止、新たに結城県が置かれ、さらに同年十一月印旛県に編入された。

参考文献　『結城市史』二・五、高橋実「下総結城藩々校秉彝館について」(『地方史研究』一一五、一九七二年)、藤井美穂子「結城(水野)藩の経済政策」(『茨城県史研究』五〇、一九八三年)、矢口圭二「幕末・維新期における吉田用水通船一件について」(『茨城史林』一〇)

(市村　高男)

藩校　天保中ごろ、城内三ノ丸に秉彝館が創設された。初代学頭には、同九年(一八三八)に招聘された猪瀬周助が任じられた。歴代の学頭の過半は朱子学派であり、学風も朱子学を宗とするものであった。主に漢学が教授され、学習進度に伴い、一等生から四等生までの等級があった。このほかに、普段は職務に従事していた員外生があった。安政六年(一八五九)に職制強化がなされたが、これは、安政期の藩制改革の一環に秉彝館が位置していたことを示している。医学館もあったというが、詳細は不明である。

参考文献　『結城市史』五、高橋実「下総結城藩々校秉彝館

について」(『地方史研究』二二二ノ一、一九七二年)

(工藤　航平)

竜ヶ崎藩（りゅうがさきはん）

常陸国(茨城県)竜ヶ崎に藩庁を置いた藩。明治四年(一八七一)二月、米津《よなきつ》政敏が上総国大網より仙台藩領竜ヶ崎村を中心に入封、一万千石を領した。同年七月の廃藩置県で竜ヶ崎県となる。竜ヶ崎県は、常陸国真壁郡二ヵ村(同年十一月の県統廃合で茨城県に吸収)、河内郡六ヵ村(同じく新治県に)、下総国豊田郡三ヵ村(同じく印旛県、六年六月千葉県に)から成り、明治八年五月すべて茨城県の内となる。

参考文献　『茨城県史』近現代編、『茨城県史料』維新編、『龍ヶ崎市史』近現代編

(河内　八郎)

栃木県

足利藩（あしかがはん）

下野国(栃木県)足利を藩庁とした藩。㈠土井氏。譜代。陣屋持。土井利房は、正保元年(一六四四)九月父利勝(古河藩主)の遺領のうち一万石を分封されて、居所を足利においた。利房は寛文三年(一六六三)八月若年寄となり、延宝七年(一六七九)七月老中に昇進した。天和元年(一六八一)二月致仕したが、この間に四万石に加増された。足利学校の造営につとめ、渡良瀬川のいわゆる古河堤の修築を行なった。同二年三月越前国大野へ転封された。㈡本庄氏。譜代。陣屋持。将軍徳川綱吉の生母桂昌院の弟本庄宗資は姉の勢威によって元禄元年(一六八八)正月、足利郡内において一万石を賜わり、同二年十一月二万石に加増され治所を足利においた。その後、五年十一月四万石となり、常陸国笠間城主へ転じた。その後五万石となり、十二年八月没した。宗資の死去とともに足利は本庄氏の領地でなくなったと思われる。宗資が領主であった関係上、桂昌院は鑁阿《ばんな》寺および足利学校の修理を行なっている。

㈢戸田氏。譜代。陣屋持。越後国高田（のち宇都宮）領主戸田氏の一族戸田忠時（忠利）は伏見奉行などを勤め、甲府において八千石を領していた。宝永二年（一七〇五）加増をうけ、下野国足利・河内・都賀三郡のうちで一万一千石を領することとなった。陣屋は足利雪輪町におき、以来相承けて明治に至った。明治四年（一八七一）七月廃藩置県とともに足利県となり、同年十一月栃木県の管轄となった。

参考文献　『近代足利市史』一

（秋本　典夫）

藩校　多くの家臣が江戸在勤であったため、江戸藩邸内に藩学求道館が開設されていたという。しかし、文久期以降の家臣の国元移転による教育施設の必要性から、求道館を足利に移転させることとなった。明治元年（一八六八）には、新政府への恭順を示すため、足利学校の復興と管理を行い、求道館も足利学校構内に置かれた。その際に学制も改正され、皇漢学や洋学、医学が学科として掲げられたが、実際には儒学中心の教授であったと思われる。学統は朱子学を宗とし、他学派を従属補足とした。文久三年（一八六三）に田崎草雲が藩学設立の建白書を提出したあと、子の格太郎が初学取立方に任命されているほか、湯沢謙造などが助教に任命されている。

参考文献　入江宏『栃木県の教育史』（思文閣出版、一九八六年）、文部省編『日本教育史資料』三、笠井助治『近世藩校に於ける学統学派の研究』上（吉川弘文館、一九六九年）

（工藤　航平）

幕末諸隊　足利藩には誠心隊と称して、南画家田崎草雲を中心とした農兵隊があった。小藩の足利藩は、江戸詰六十人、足利詰三十人の藩士で、足利では雇卒を加えても百人に足らず、幕末の動乱期には軍備の強化を必要としていた。文久元年（一八六一）足利に移った草雲は、藩に民兵の取立てを建策して採用され、農兵取立掛となる。応募の農商兵はやがて二百人に達したといわれるが、隊が整うのは慶応元年（一八六五）からである。それまでは、江戸詰の佐幕論が藩論を左右していたが、これに不満の藩士が脱藩を企てたので、その脱藩士ひきとめのため草雲が組織した誠心組が、のちに勤王論に転換した藩論のもとで、誠心隊に発展した。隊員は士分格を与えられたが、兵器・弾薬・軍装代は自費で賄い、草雲は画を代償として軍資金を調達した。藩士隊と異なり草雲の指導のもとに独自性を保持したが、戊辰戦争に従軍、また農民一揆の弾圧も行なった。

参考文献　『近代足利市史』一

（高木　俊輔）

板橋藩（いたばしはん）

江戸時代初期下野国（栃木県）都賀郡板橋を藩庁とした藩。藩主松平氏。家門。陣屋持。慶長五年（一六〇〇）関ヶ原の戦後、松平（大給）一生は伏見城で戦死した父近正の勲功によって加増され、板橋一万石の大名に取り立てられた。一生は同七年水戸の佐竹氏転封に際し、水戸城の城番を勤めた。ここで佐竹氏旧臣の叛乱を鎮定するに功績があった。一生の子成重は大坂夏の陣の勲功により、元和三年（一六一七）二万石に加増されて、三河国幡豆郡西尾へ転封され、その後藩は置かれなかった。

（秋本　典夫）

宇都宮藩（うつのみやはん）

下野国（栃木県）宇都宮を藩庁とした藩。宇都宮氏の祖は藤原宗円というが、彼は関白藤原道兼の曾孫にあたる。当時京都の名族が地方に下って勢力を得たものが多かった。三代朝綱は宇都宮検校となり、源頼朝に重用され文治五年（一一八九）、平泉の征討に紀・清両党を率いて活躍し、東大寺の再建には観音を寄進して重きをなした。のちに公田を掠めとり土佐に流され、孫頼綱・朝業も流罪になったが、ほどなく赦免になり帰国し、益子の地蔵院を菩提所とし、近くに累代の墓も造

「宇都宮学問所」印

営した。頼綱は歌人としては蓮生、弟朝業も信生と号して和歌に秀で、一族にて歌壇に活躍したもの多かった。頼綱の曾孫貞綱は孝子となり、亡母のために鉄塔婆を鋳造し、その子公綱は南北朝時代に活躍した。これを頂点として宇都宮氏の家運は衰退に傾き、天寿を全うしえず短命に終ったものが多かった。かくして二十二代国綱は虚弱で部下の統制にもかけ、押領の罪に問われて城邑を没収され、追放になり慶長十二年（一六〇七）病死して宇都宮氏は滅亡した。

宇都宮氏に代わって浅野長政が入部したが、士民の憎悪により一年たらずで宇都宮を去った。蒲生秀行その後任となり虐政を行なって退いた。大河内金兵衛について、奥平家昌・忠昌父子相継ぎ、本多正純そのあとをうけ勢に募り、城郭を修理するなどして、釣天井の伝説も起るほどであったから、元和八年（一六二二）出羽の由利に流された。釣天井の伝説なるを知った将軍徳川秀忠は、後悔して台所領として五万五千石を給しようとしたが、正純は固辞してうけず、翌年千石の食邑を下し、寛永元年（一六二四）横手に遷され、配所に生涯を閉じた。その後任として奥平忠昌が五千石加増、十一万五

千石で再任され、二十九代城主になると、宇都宮藩は安定した。忠昌は十五歳の青年藩主であったから、掘利重の輔佐によること多かった。忠昌は将軍の値遇に感激し、農工商の興隆に尽くし、織物や製茶も進歩させた。寛文八年(一六六八)死去すると、家臣杉浦右衛門兵衛は忠昌に殉死した。

忠昌の子昌能が山形に転封になると、奥平忠弘、ついで本多忠泰が入部。忠泰が所替になると、奥平昌章が山形より九万石にて入部した。昌章は昌能の子で三十三代の宇都宮城主になった。奥平氏に代わって阿部正邦が城主になった。正邦の祖父重次は老中に補せられたが将軍家光に殉死している。阿部氏に代わり戸田忠真入部したが、彼の父忠昌は京都所司代や老中の要職を歴任した。その後松平(深溝)忠祇が藩主になると年貢収納法の改革を行ったが、旧法に復して、上納米は籾一升六合摺りの割に納入するよう命じたので、農民の食う分は残らないとして明和元年(一七六四)九月に籾摺り騒動(明和の百姓一揆)が起った。この暴動によって松平氏は転封になり、戸田忠寛がこれに代わって復封になった。彼は大坂城代や京都所司代、侍従の重職に補任されている。その後、忠恕《ただひろ》の代に至り、筑波山事件の天狗党の騒動の責任を問われて転封の内命をうけた。しかし山陵修補の功を認められ、朝廷よりとどめられた。山陵は戸田忠至に修復させたのである。この事業はすでに蒲生君平が先蹤をなしたが、朝廷にては忠至を山陵奉行に任命して、巡拝調査を行わせた。忠至は山陵の荒廃はなはだしく、これに反し将軍の墓は華麗なるを憤り、百余の御陵を修理し、藩の事業として完了させた。忠至死すと、惜しまれて歯髪は月輪陵の傍に葬られた。

明治戊辰の戦乱が起こると、宇都宮藩は勤王か佐幕かの論議が続いた。中老職の県信輯《あがたののぶつぐ》、勇記・六石)は、勤王方に属すべきを力説し、藩主もこれに同調した。幕軍の一隊は真岡に集合し、宇都宮を討とうと桑名兵と合して宇都宮城を攻め殺傷多かった。やがて搦手に放火されて城郭は炎上し、市街戦が激甚となって、二荒山(ふたらやま)神社をはじめ民家は灰燼に帰するもの多数に及んだ。宇都宮藩は下野における最大藩であったが、藩主の任期は多く短期間であった。これは他の大藩が、終始一貫して藩政が世襲的になされたのと大なる相違で、これが藩主と領民との関係が疎かになった原因で、宇都宮藩の発展を鈍らせた一因とも見られる。

参考文献　『吾妻鏡』、『徳川実紀』、『戸田家文書』、『宇都宮藩領絵図』(安政四年)、喜田貞吉『幕末大名封邑居所沿革一覧』、宇野清三郎編『慶応年中下野騒擾記』(写本)、河野守弘『下野国誌』、大島延次郎『下野文化史』(一九五六年)、同「宇都宮藩」(『物語藩史』二期一、人物往来社、一九六六年所収)、秋本典夫「宇都宮藩」(『新編物語藩史』二、新人物往来社、一九七六年)、『栃木県史』通史編四・五、史料編近世一・二、『宇都宮市史』通史編・近世史料編一、徳田浩淳編『史料宇都宮藩史』(柏書房、一九七一年)

(大島延次郎)

藩校　宇都宮藩の藩学については、史料により複数の説があり、明確にはなっていない。文化年間(一八〇四―一八一八)、藩主戸田忠延の時、修道館が創立された。宇都宮藩では、寛政末から享和期ころに鹿沼の儒者である鈴木石橋を招聘しており、この前後に藩学設置の動きがあったと思われる。これとは別に潔進館という学館の存在が史料から判明する。これが修道館の前身、もしくは附属施設であったのかは不明である。藩士子弟には藩学校への入学を督促するが、私塾などに通うことは禁止しなかった。主に朱子学が教授されていた。

参考文献　入江宏『栃木県の教育史』(思文閣出版、一九八六年)、文部省編『日本教育史資料』三

(工藤　航平)

榎本藩(えのもとはん)

下野国都賀郡榎本(栃木県大平町)に藩庁をおいた藩。譜代。小山藩主本多正純の弟忠純が慶長十年(一六〇五)に榎本領一万石を与えられて成立。天正年間以降の榎本の領主は小山氏、後北条氏、結城晴朝、結城秀康と変遷し、結城秀康の越前国北ノ庄への転封にともなって、忠純が榎本に入封した。榎本領は、下野国都賀郡の二十二ヵ村におよんでいた。榎本領では文禄四年(一五九五)に伊奈忠次の検地が実施されていたが、慶長十三年(一六〇八)には忠純による領内総検地が行なわれた。元和元年(一六一五)、忠純が大坂夏の陣に軍功をあげたことにより、皆川領一万八千石の加増を受ける。兄の正純は同五年に宇都宮藩主となり、同八年に改易されるが、忠純はその後も榎本領を保った。寛永八年(一六三一)に忠純が死去した後、養子の政遂《まさもろ》が遺領を継ぐが、同十五年に二十六歳で死去し、三代目の犬千代(政遂の子)も早世したため、同十七年廃藩となる。

参考文献　『栃木県史』通史編四、『小山市史』通史編二

(平野　哲也)

大田原藩(おおたわらはん)

下野国(栃木県)大田原を藩庁とした藩。藩主は大田原氏。外様。城持。本高一万一千四百石余、実高二万三千百石余。所領は下野国那須郡六十六ヵ村、同塩谷郡十三ヵ村、同芳賀郡七ヵ村、同都賀郡一ヵ村の四郡に分散していた。寛政七年

(一七九五)現在、最高知行取は九百六十石余一人、以下三百石余三人、二百六十石余一人、二百五十石一人、二百四十石余一人、二百石余一人、二百石二人、百七十石余一人、百五十石二人、百五石一人、百石余一人、百石七人となっている。最高家格の知行取が、この程度であるから他は推して知るべきである。諸士の悴で未だ召し出されない者、また隠居の面々を加えた家中諸士以上の総数は、二百三十三人である。藩主大田原氏は武蔵七党の一つ丹党から出、武蔵国榛沢郡阿保荘に居住し、阿保氏を称した。のち姓を大俵と改め、康清の時、下野国那須郡へ移り、那須氏に仕えた。明応三年(一四九四)居館を水口に構えたという。資清の代に、天文十二年(一五四三)前室に築城し、地名を大田原と改め、大俵の姓を大田原と改称したという。大田原城は蛇尾《さび》川に連亙する竜体山にあるので竜体城と称し、また前室城ともいう。面積二万七千七百坪余ある。築城には領内六ヵ村に夫役を課した。竣工の祝宴に農民が鋤・鍬をとっておどった踊が、城鍬舞《しろくわまい》の濫觴という。北関東の野面を背景として、この踊は、野趣と色彩に溢れたものである。文政八年(一八二五)この城は全焼したこともあったが、大田原氏歴代の居城であった。

近世大名としての大田原氏は、資清・晴清によって始まったといってよい。晴清の時、一万二千四百石余を領したが、寛文元年(一六六一)高清襲封に際し、次弟為清に千石を分封した。高清の代(一六六一—七七在職)に主従間の争論があり、裁許を幕府に仰ぎ、家臣が遠島に処せられたのは、近世的大名と家臣団との成立過程を示すものである。また光清(一八〇二—一二在職)が老臣によって廃立されたのは藩権力体制の変質を示すものといえよう。戊辰戦争始まるや、同藩は去就に迷ったが、結局新政府軍に属し各地に転戦した。しかし、明治元年(一八六八)五月二日、会津兵約八百人が三斗小屋から進撃して、大田原を急襲した。大田原藩は虚を突かれた形となり、城下を焼かれた。同四年七月十四日廃藩置県の令により、藩は廃止されて大田原県が誕生した。同年十一月十四日、大田原県は宇都宮県に併合され、ついで同六年六月十五日、栃木県の管轄となった。

参考文献　『寛政重修諸家譜』第一一、金井円校注『土芥寇讎記』三六(『江戸史料叢書』、人物往来社、一九六七年)、人見伝蔵『藩中士鑑』(『大田原叢書』一、一九一五年)、人見伝蔵『大田原景賢誌』(同二、一九一五年)、蓮実長『那須郡誌』、『大田原市史』前編

(秋本　典夫)

藩校　藩校時習館の創設は嘉永三年(一八五〇)である。これよりさき藩主大田原広清は藩士金枝柳村を江戸の安積艮斎の門に学ばせ、帰藩の後、彼の自宅を学問所に取り立て、時習

館と名づけて藩士子弟を教導させた。家塾形式の藩校である。明治の戊辰戦争に際し校舎・書籍・諸記録などを全焼、明治二年(一八六九)復興したが、同四年廃藩廃校した。維新後の教官は一等教授一名、二等教授二名、三等給助教三名、四等給助教一名で、生徒七十数名、皇漢学・書道の二科目を教えた。

参考文献 文部省編『日本教育史資料』三、下野教育会編『栃木県教育概要』、笠井助治『近世藩校に於ける学統学派の研究』上(吉川弘文館、一九六九年)

(笠井 助治)

大宮藩(おおみやはん)

下野国都賀郡大宮(栃木市)に藩庁をおいた藩。譜代。陣屋持。貞享元年(一六八四)八月、古河藩主で大老の堀田正俊が稲葉正休に刺殺された後、十月に、次男の正虎が父の遺領十三万石のうちから下野国都賀郡で二万石を与えられ、大宮付近に陣屋をおいたことで立藩。古河藩主の地位は兄の正仲が継いだが、その後、正仲は、出羽国山形から陸奥国福島の城主へと移っていった。元禄七年(一六九四)に正仲が病没したため、末期養子となった正虎がその後を継いで福島に移り、大宮藩は廃藩となる。大宮には御城・中城・北城など、中世城館の遺溝を物語る地名があり、そこを陣屋として利用していたことが想定される。

参考文献 『栃木県史』通史編四、『栃木市史』通史編

(平野 哲也)

小山藩(おやまはん)

下野国(栃木県)小山を藩庁とした藩。初代藩主本多正純。譜代、城主。正純が小山および近江国の内で三万三千石(または三万二千石)を下付されたのは、徳川家康が駿府に退隠した慶長十二年(一六〇七)直後と思われる。家康は退隠するにあたり、側近筆頭に正純を起用し、江戸にある将軍秀忠の補導役に正純の父正信をあてた。要職を独占した本多父子の勢威は他を圧したが、他面譜代武功派との対立を激化した。元和二年(一六一六)四月十七日家康、六月七日正信と相ついで死去するや、正純は権力の座から次第に放逐された。以後行われた加封は敬遠策とみられる。家康死去の翌月、正純は下野佐野一円を加封され、五万七千石余となった。さらに、父正信に属した三河高橋衆七十騎を与力とし、根来組二百人も歩行同心につけられ、与力・同心給として別に一万三千石余を下付された。ついで同五年十月下野国宇都宮城主十五万五千石に抜擢されて宇都宮に移ったので、小山藩は解消した。なお小山はその後も支城となっていたが、同八年に正純が罪を得て除封されたので全く廃された。

参考文献　新井白石『藩翰譜』一一（『新井白石全集』一、国書刊行会、一九七七年）、『小山市史』通史編二、『寛政重修諸家譜』巻一一、『徳川実紀』、藤野保『新訂幕藩体制史の研究』（吉川弘文館、一九七五年）

（秋本　典夫）

鹿沼藩（かぬまはん）

下野国（栃木県）鹿沼に藩庁をおいた藩。㈠正保四年（一六四七）に小姓組番頭朽木稙綱が鹿沼で五千石の加増を受け、二万五千石の鹿沼藩を立藩。譜代。慶安二年（一六四九）、稙綱は常陸国土浦藩へ移封され、三万石の藩主となる。㈡朽木稙綱に代わって、相模・下総・常陸国で一万石を領していた小姓組番頭の内田正信が下野国都賀・安蘇郡の内に五千石の加増を受け、鹿沼に居所を営む。譜代。同四年、正信は、徳川家光の死に従い、殉死する。その後、子正衆《まさもろ》・曾孫正偏《まさゆき》が二代にわたり鹿沼藩主を継承する。享保九年（一七二四）、正偏が乱心により籠居の身となり、長男政親も一万石に減封のうえ下総国小見川に移され、廃藩となる。

参考文献　『寛政重修諸家譜』第七・一六、『鹿沼市史』前編、藤野保『新訂幕藩体制史の研究』（吉川弘文館、一九七五年）

（平野　哲也）

上田藩（かみだはん）

下野国都賀郡上田（栃木県壬生町）に藩庁をおいた藩。譜代。陣屋持。安房国東条に一万石の所領を有していた西郷寿員《ひさかず》が元禄五年（一六九二）二月、下野国都賀・河内・芳賀郡で一万石に領地替を命ぜられ上田に居所を構えて立藩した。西郷家は三河以来徳川家康に仕えた家柄で、寿員も五代将軍徳川綱吉の小姓として近侍した。寿員が上田に移った直後、養父の延員《のぶかず》が不行状によって上田に蟄居させられた。若年の頃の延員は、文人として豊かな才能をもち、領民への慈愛に満ちた名君とされていたが、老年になって行状の悪さが目立ってきたという。元禄六年十一月には、寿員自身も勤め方がよろしくないという理由で、中奥の小姓に左遷された。さらに、同年十二月には中奥小姓も免ぜられ、所領を近江国野洲・浅井・坂田・甲賀四郡の五千石に半減され、転封となった。譜代の小藩であった上田藩は、立藩以来、二年足らずで廃藩となったのである。

参考文献　『栃木県史』通史編四、金井圓『土芥寇讎記』（『史料叢書』新人物往来社、一九八五年）

（平野　哲也）

烏山藩(からすやまはん)

下野国(栃木県)烏山を藩庁とした藩。古くは源平の合戦で勇名をはせた那須与一の子孫が、代々この地によって近隣を支配した。烏山城は十五世紀那須氏支配の拠点として築かれた。天正年間(一五七三—九二)那須資晴がこの城によって八万石の領地を支配したが、天正十八年豊臣秀吉の小田原攻めに遅参したため、戦後所領を没収された。同年秀吉が陸奥発向のため下野大田原城着陣の際、大田原晴清が資晴の男藤王丸を携えて謁見し罪を謝したため、藤王丸に五千石が与えられた。烏山藩は天正十九年成田氏長が武州忍から入って、この地方を支配した。氏長には三万七千石が給され、関ヶ原の戦後もつづいて支配した。氏長の没後弟の長忠がついだが元和二年(一六一六)に没し、嫡孫房長幼少につき二万七千石が削られ、長忠の次男氏宗が一万石を支配した。のち元和八年氏宗嗣なく没したため廃絶。松下重綱は同九年常陸国小張より入って二万八百石を領したが、寛永四年(一六二七)陸奥二本松へ転封。烏山藩には堀親良が同じ下野真岡から入って二万五千石を領した。親良のあと親昌封をつぎ二万石を支配、弟親智に三千石、親宣に二千石を分けた。堀氏は寛文十二年(一六七二)信州飯田に転じ、あとには板倉重矩が入って五万

下野国烏山城絵図部分(正保城絵図より)

石を領した。重矩の没後、三男重道(重種)が封をついだ。天和元年(一六八一)板倉氏は武州岩槻に移った。同年前述の那須氏の子孫資弥《すけみつ》が入って、二万石を領した。資弥には男子資寛があったが、病身のため嫡子とならず、津軽信政の三男主殿が養子となった。主殿は名を改めて資徳と称した。貞享四年(一六八七)資弥の没後資徳が封をついだが、資寛との間に家督争いを生じ、同年所領は没収された。替わって永井尚富(直敬)が封じられ三万石を領したが、元禄十五年(一七〇二)には播州赤穂に転じ、稲垣重富《しげとみ》が上総大多喜より入って三万石(初め二万五千石)を領した。重富の没後、昭賢が封をついだが、享保十年(一七二五)志摩国鳥羽城に移った。稲垣氏転封のあとへは同年若年寄の大久保常春が入った。常春は将軍徳川吉宗の側近に仕え、これより先、享保三年一万五千石、ついで同十年二万石を与えられて烏山城主となった。同十三年三万石。常春のあと忠胤・忠卿・忠喜・忠成・忠保・忠美・忠順と伝え、その支配は明治維新に及んだ。

忠成支配期の文化・文政年間(一八〇四―三〇)には領内の産業振るわず、荒廃が深刻化し、農村復興を目指す藩政改革が実施された。忠保の天保期には、尊徳仕法が行われたが、改革では最後まで分度の確立をみず、藩政は停滞した。明治二年(一八六九)版籍奉還によって、藩主忠順は知藩事に任命されたが、同四年七月烏山藩は廃止されて烏山県となり、同年十一月宇都宮・黒羽・大田原・茂木の諸県と合併して宇都宮県となった。

参考文献　『栃木県史』史料編近世四、田代善吉『栃木県史』五、『烏山町史』、『那須郡誌』、小田彰信『恩栄録』(『日本史料選書』六、近藤出版社、一九七〇年)、同『廃絶録』(同六)、清田黙『徳川加除封録』(同八、近藤出版社、一九七二年)、岡崎寛徳「那須家再興・昇格運動と津軽信政・柳沢吉保」(森安彦編『地域社会の展開と幕藩制支配』名著出版、二〇〇五年所収)

(木戸田四郎)

藩校　江戸幕府若年寄職にあった大久保常春が享保十年(一七二五)烏山二万石に封ぜられるや、教学に意をとどめ、翌十一年城内に学問所を創設し藩士子弟の教育の場とした。その後百四十余年間に隆替はあったが存続し、漢学一科を授けてきた。明治維新に際し、和学・洋学を加設し発展を図ったが明治四年(一八七一)廃藩により廃された。維新前後の教官は督学一名、助教四名余、生徒は百名内外。藩士子弟は七、八歳で必ず入学し、二十歳余まで在学。漢学は朱子学派の教程に基づき『小学』『近思録』『孝経』、四書・五経などを基本として学習した。

参考文献　文部省編『日本教育史資料』三、笠井助治『近

世藩校に於ける学統学派の研究』上（吉川弘文館、一九六九年）

（笠井　助治）

喜連川藩（きつれがわはん）

下野国喜連川（栃木県さくら市）を藩庁とした藩。外様。陣屋持。藩主喜連川氏は足利氏の血統を伝える名族というので、幕府もこれを優遇し、江戸時代を通じ五千石ながら、十万石交代寄合の格式を与えられるという、特殊な地位を維持した。それでも明治初年内高は一万二百十石であった。領主は初代国朝のあと、頼氏・尊信・昭氏・氏春・茂氏・氏連《うじつら》・恵氏《やすうじ》・彰氏《ちかうじ》・熙氏《ひろうじ》・宜氏《よしうじ》・縄氏《つなうじ》・聡氏《としうじ》（「さとうじ」とも）と十三代続いた。そのうち十二代縄氏は水戸藩主徳川斉昭の子余一麿である。この藩は高い格式を与えられただけではなく、「御役御免」の特典もあって、参勤交代の義務もなく、国住いも勝手であった。領民も奥州道中は別として、日光道中の宿駅への助郷役なども免除されていた。こうしたことで家中の生活も格式ばり、領主を殿様といわず「御所様」、奥様を「御台様」と呼んだ。世間からは「喜連川公方」とか、「五千石国主」などとも呼ばれ、特種な見方をされていた。しかし格式には似合わず、財政は苦しかった。

天保九年（一八三八）の「御家中附幷寺院」によると、御目見以上は七十五名、以下は五十三名、計百二十八名と家中も少ない。また時代によって少しはちがうが、国老（家老）二階堂氏で二百石内外、参政（若家老）逸見氏で百五十石程度、近習以下の下士は大体十石内外という微禄であった。藩政中注目されるのは、第十代熙氏による天保十年に始まる改革であり、その中でも全領検地に力を注いでいる。熙氏はかねて水戸の徳川斉昭に私淑していたといわれ、検地についての藩主の見解は、斉昭と全く同じであった。しかし改革の進行とともに、上士重役に対する下士の反感が高まり、幕末には内訌に明け暮れるようになった。そのうち維新の政権は成立した。二階堂事件はこうした時に起った。それは戊辰戦争の波が北関東にも及んできたとき、二階堂父子が、第十二代の縄氏を、会津側に通謀したとして、官軍に讒訴し、それが発覚して、代々家老であった二階堂父子をはじめ関係者が梟首・斬罪に処せられるという事件であった。これも幕末内訌の結果であるとも考えられている。

参考文献　『足利（喜連川）家（喜連川藩）系図』（『栃木県史』史料編近世四）、『喜連川町誌』、秋本典夫「幕末期における喜連川氏の改革」（『北関東下野における封建権力と民衆』山川出版社、一九八一年所収）、同「喜連川宿の定助郷について」（『地方史研究』五九、一九六二年）

（瀬谷　義彦）

藩校　天保六年(一八三五)、藩主喜連川熙氏は、侍医の秋元与を儒業専門として、その家塾において藩士子弟を教授させた。同十年からの藩政改革では、藩士を対象とした学問所が設けられた。熙氏は水戸徳川斉昭を私淑していたとされ、天保期(一八三〇―四四)の藩政改革の一環として弘道館が創設されたことに倣ったとも考えられる。弘化二年(一八四五)からは翰林館と称され、嘉永期ころには広運閣と改称された。秋元は教授に任命されたが、のちに藩学運営を一任されており、家塾の経営と区別が不明確なまま運営されていたと考えられる。経伝は古註を採用しており、四書五経を履修することとされた。しかし、四書のうち『孟子』は除かれており、この学館の特色といえる。

参考文献　入江宏『栃木県の教育史』(思文閣出版、一九八六年)、文部省編『日本教育史資料』三

（工藤　航平）

黒羽藩（くろばねはん）

下野国黒羽(栃木県大田原市)を藩庁とした藩。外様。陣屋持。本高一万八千石。領域は八溝山地北部の西斜面から那須野東北部にかけて展開し、さらに芳賀郡益子付近を中心に飛地があった。藩主大関氏の出自は明確でないが、常陸の土豪出身であったと思われる。那須地方に大関氏の名が顕われるのは室町時代初期以降で、那須氏に随従し、戦国時代にはその羽翼として活躍した。しかるに大関増次は同輩の大田原資清と争い、天文十一年(一五四二)敗死した。増次には嗣子がなかったので、その名跡は資清の嫡子高増が相続した。かくて黒羽藩は高増から始まるとしてよい。高増以後の歴代藩主名は次のとおりである。高増・清増・晴増・資増・政増・高増(土佐守)・増親・増栄・増恒・増興・増備・増輔・増陽・増業《ますなり》・増儀・増昭・増徳(増式)・増裕・増勤。

黒羽城鳥瞰図

当藩は辺地の一小藩にすぎなかったが注目すべき人物をあげることができる。まず、明和五年(一七六八)以来「郷方改役」として農政を推進した鈴木武助(正長・為蝶軒)は天明の

飢饉を乗り切り、農政家として令名を得た。その著『農喩』は広く伝播した。次に養子として迎えられ、化政期に藩政改革を断行した藩主増業は、改革には失敗したが、当時第一級の文化人として著名であった。その著書は二十余種、七百五十余巻と称せられ、各般の分野に及んだが、特に『日本書紀』の研究で知られ、いわゆる黒羽版『日本書紀』三十巻を版行している。彼が文化十四年(一八一七)編纂を完了した『創垂可継』二十二部八十巻、同別集二十巻(焼失)は、大関家累世の政蹟を尋ね、永く藩政の規模を定めんとしたものであるが、当藩の藩政史料としても重要である(一部分刊行)。『創垂可継』に収められている『稼穡考』は、増業の手になる農書として注目される。また幕末期の藩主増裕は同じく養子として家督を嗣いで「富国強兵」策による藩政改革を実施した。彼はまた幕府にも登用され、陸軍奉行・海軍奉行を歴任して、幕府の兵制改革に参画し、若年寄まで累進した。その令名は勝海舟と比肩されるほどであった。彼の黒羽藩政改革は、王政復古と彼の頓死とのため中絶を余儀なくされた。しかし、この間に整備された兵制と貯蓄された金穀は、戊辰戦争における当藩の目覚しい活躍の源泉となった。黒羽藩は小藩でありながら、賞典禄一万五千石の下賜という異例の恩典にあずかったのである。当藩の領域は明治四年(一八七一)七月廃藩置県とともに黒羽県の管轄となった。ついで同十一月黒羽県は宇都宮県に編入され、宇都宮県は同六年六月栃木県に合併された。

[参考文献] 蓮実長『那須郡誌』、『栃木県史』史料編近世四、秋本典夫『北関東下野における封建権力と民衆』(山川出版社、一九八一年)、阿部昭「黒羽藩」(『新編物語藩史』二、新人物往来社、一九七六年)、須永昭「黒羽藩の藩政改革と百姓一揆」(大町雅美・長谷川伸三編『幕末の農民一揆』雄山閣、一九七四年所収)

(秋本 典夫)

藩校 藩校の創設されたのは藩主大関増業の時文政三年(一八二〇)である。増業は好学の士で、『校訂日本書紀』をはじめ、多くの書を著作刊行したが、教育にも意を用い、黒羽向町城内に何陋館(のち作新館)を設けて藩士子弟の修業所とし、和漢の学を研修させ、また剣・弓・槍術などの諸武芸を稽古させた。その後衰頽したが、藩主増徳の時に至り、安政四年(一八五七)学舎を建営し、教学の振興を図った。明治維新の後、藩主増勤は従来の校舎狭隘のため、これを拡張新建し賞典永世禄一万五千石のうち百五十石を学校基金に寄せ、新しい時代を荷なう学徒の養成を図ったが、明治四年(一八七一)七月廃藩により閉校した。維新後の教職員は二等一名、三等一名、四等一名、五等二名、六等三名、七等四名を定員として教導し、生徒数は寄宿生平均二十名内外、通学生およそ七、八十名であった。

[参考文献]　文部省編『日本教育史資料』三、下野教育会編『栃木県教育概要』、笠井助治『近世藩校に於ける学統学派の研究』上(吉川弘文館、一九六九年)、入江宏『栃木県の教育史』(思文閣出版、一九八六年)

（笠井　助治）

幕末諸隊　文久三年(一八六三)の兵制改革に始まり、翌元治元年(一八六四)に数百人の猟師を郷筒組に組織した。慶応二年(一八六六)二月には、農工商の子弟で十六歳から五十歳までの者から農兵を募り、同年七月から調練を開始。農兵小頭職は豪農層の高久重五郎・熊久保仁兵衛、農兵の大部分が十代から二十代。同年の一揆・打ちこわしの高まりに備えてつくられ、翌慶応三年にはより組織を強化している。

[参考文献]　大町雅美「慶応期黒羽藩の農兵制と農民騒動」(大町雅美・長谷川伸三編『幕末の農民一揆』雄山閣、一九七四年所収)

（高木　俊輔）

佐野藩（さのはん）

下野国(栃木県)佐野を藩庁とした藩。佐野唐沢山城主佐野信吉は慶長十二年(一六〇七)平城春日岡に移ったが、同十九年改易となった。佐野氏の支配は佐野藩の起源であったということができよう。その後、佐野は幕府直轄領、さらに分轄支配となったが、貞享元年(一六八四)十月、古河藩主堀田正俊(大老)の遺領のうち一万石を三男正高が下野国安蘇・都賀両郡において下賜された。この際、佐野地域における領域は植野・田島・赤坂の三ヵ村であったが、ここに佐野藩が成立したのである。しかし、元禄十一年(一六九八)三月正高が近江国堅田に移るとともに佐野藩は廃せられた。正高の後、五代目の正敦の代に再び佐野に城地を持つこととなった。正敦は伊達宗村の八男で、堀田正富の養子であった。彼は寛政二年(一七九〇)六月若年寄となり、文化三年(一八〇六)加増三千石を上野国において賜った。また蝦夷地に出張し、同九年十一月には『寛政重修諸家譜』千五百三十冊を完成した。文政八年(一八二五)准城主となり、翌九年十月近江国の所領四千石余を転じて下野国安蘇郡内に賜った。この時、居所を安蘇郡植野村としたので、佐野藩と称することとなった。

佐野城は実際は陣屋であった。しかも佐野藩の所領は上野国に三千石、近江国に六千石を領有し、佐野地域では植野・田島・赤坂の三ヵ村を領有するにすぎなかった。なお、正敦は同十二年十二月三千石を加増され、近江国滋賀、上野国勢多・緑野、下野国安蘇郡において総計一万六千石を領することとなった。右のごとく佐野藩と称しても、佐野においては三ヵ村を領有するにすぎず、しかも再領の時は、田島村は相《あい》給《きゅう》であった。しかし天保二年(一八三一)には一円知行となった。正敦のあとは五男正衡が嗣ぎ、天保七年若年寄となった。かくて佐野藩は正衡のあとを正頌が嗣ぎ、明治維新に至った。明治二年(一八六九)六月正頌は版籍を奉還し藩知事に任ぜられた。同四年七月廃藩置県により佐野県となり、さらに同年十一月栃木県に含まれた。

[参考文献]　『栃木県史』史料編近世五、『佐野市史』通史編上、史料編二・三

(秋本　典夫)

藩校　佐野藩は、天保年間(一八三〇—四四)、仙台藩の儒学者大槻磐渓を招いて学事の管理と藩士の養成を委任し、学制を整備した。大槻磐渓は、仙台藩医・蘭学者大槻玄沢の二子で、のちに仙台藩学養賢堂の学頭となる。藩主堀田正頌《まさつぐ》の時、元治元年(一八六四)、佐野藩郭内に、文学を修める観光館択善堂と武技を習う演武場を設立した。こうした佐野藩の学事振興・学制改革の背景には、本藩の佐倉藩堀田家から出向して佐野藩執政を務めた西村茂樹父子三代の強い影響が考えられ、下野国の諸藩の中では黒羽藩と並んで洋学を重視する藩校となった。

[参考文献]　文部省編『日本教育史資料』三、笠井助治『近世藩校に於ける学統学派の研究』上(吉川弘文館、一九六九年)、入江宏『栃木県の教育史』(思文閣出版、一九八六年)

(平野　哲也)

高徳藩(たかとくはん)

下野国高徳(栃木県塩谷郡藤原町)に藩庁を置いた藩。譜代。慶応二年(一八六六)三月二十日山陵修復の功により山陵奉行戸田大和守忠至《ただゆき》が諸侯に列し、宇都宮藩領の内本田七千石と新田三千石計一万石を分与されて成立。藩領は下野国内四千七百八十五石余・河内国内五千二百六十五石余、明治初年正租雑税納高米・金とも三千石余。明治二年(一八六九)忠綱が家督をつぎ翌年三月下総国千葉郡曾我野に移封されて廃藩。

[参考文献]　松井恒太郎『御家記』(徳田浩淳編『史料宇都宮藩史』柏書房、一九七一年)、『栃木県議会史』一、『栃木県史』通史編五、内務省図書局編『地方沿革略譜』(象山社、一九七八年)

(日向野徳久)

富田藩(とみたはん)

下野国都賀郡富田(栃木県大平町)に藩庁をおいた藩。譜代。慶長十八年(一六一三)、北条氏重が、下総国岩富から一万石で富田に入封して成立。氏重の父は保科正直、母は久松利勝の娘で徳川家康の異父妹にあたる。氏重は、慶長十三年に家

康の命令で江戸に来府し、同十六年に北条氏勝の養子となり、その遺領を継いだ。北条氏は、家康の関東入部の際に、下総国岩富で一万石を与えられていた。氏重は、慶長十六年に江戸の普請役、富田に移封される同十八年には小田原城番に就任している。元和二年(一六一六)には日光の普請役をつとめ、同四年には伏見城番を命じられている。同五年、氏重が富田から遠江国久能城に移され、廃藩となった。

参考文献　『栃木県史』通史編四

（平野　哲也）

那須藩（なすはん）

下野国(栃木県)の藩。外様。烏山八万石那須資晴は小田原北条氏に通じ、天正十八年(一五九〇)八月、豊臣秀吉による小田原征討後改易になった。しかし資晴の子資景に旧領の内計一万石が与えられ、のち江戸時代になって計四千石が加えられ、小藩ながら福原《ふくわら》(大田原市)に一万四千石の再興那須藩が成立した。その子資重が相続したが寛永十九年(一六四二)病没、嗣子がなく一旦廃藩となった。寛文四年(一六六四)資景の養子資祇《すけまさ》(資弥《すけみつ》とも)が一万二千石で那須藩を復興、天和元年(一六八一)二万石で父祖累代の地烏山に移った。貞享四年(一六八七)資祇が病死し、養子資徳が相続したが、資祇の庶子資豊出でて訴訟となり、法度によりその年十月資徳は改易となる。関東八家の一つである那須氏は侯籍から没した。

参考文献　大金重貞『那須記』一四(『栃木県史』史料編中世五)、『那須譜見聞録』二・七、蓮実長『那須郡誌』

（渡辺　竜瑞）

西方藩（にしかたはん）

下野国(栃木県)西方に藩庁を置いた藩。外様。関ヶ原の戦後、藤田能登守重信(信吉)が都賀郡内に新知一万五千石を与えられて就封、元和二年(一六一六)七月十四日重信没し、嗣がなかったため除封されて廃藩。重信は元上杉景勝の家臣であったが、景勝との不和により徳川家康に属したものであり、その死因について諸説がある。重信は中世の西方城跡の東南麓に築城して居城、「回」字型の城跡が現存する。

参考文献　『徳川実紀』一・二、栃木県教育委員会文化課編『栃木県の中世城館跡調査報告書』、『栃木県史』通史編四・五

（日向野徳久）

吹上藩（ふきあげはん）

下野国吹上(栃木市)に藩庁を置いた藩。外様。陣屋持。石高一万石。上総国五井藩主有馬氏郁《うじしげ》、筑後国久留米藩主の分家)が、天保十一年(一八四〇)同国市原郡内の所領四千四百四

十一石余を下野・伊勢両国内に領地替され、同十三年下野国都賀《つが》郡吹上村の吹上代官所跡に藩庁を移し立藩。次代の氏弘のとき廃藩。藩領は下野国都賀・芳賀・河内の三郡内に六千四石余。残余は伊勢国多気・河曲《かわわ》・三重郡内にあり。明治初年草高は一万三千七百七石余、本年貢収入米三千二百三十石、永四百九十七貫余、雑税収入米百九十一石余・大豆四石・金六両一分・永三百二十一貫余。明治二年(一八六九)戊辰戦争の御下賜金分配のもつれから、藩老ら三名を殺害する斬奸事件が起った。同四年七月十四日廃藩置県により藩領を以て吹上県を設置、藩主氏弘が知県事となり、同年十一月十三日廃県、下野国の内都賀郡は栃木県、芳賀・河内郡は宇都宮県に属す。

参考文献　『栃木市史』史料編近世・通史編、日向野徳久『栃木市の歴史』、『栃木県議会史』一　（日向野徳久）

藩校　明治二年(一八六九)、藩主有馬氏弘は文教興隆や人材育成のため、学聚館を創設した。藩士は必ず入学することとされたほか、藩領農民の子弟の入学も許可し、主に朱子学が教授された。教授一名、教授佐一名、少助教一名により行われるという、小規模なものであったことがわかる。学聚館では、のちに自由民権運動で活躍する新井章吾や塩田奥造も学んだ。

参考文献　入江宏『栃木県の教育史』(思文閣出版、一九八六年)、文部省編『日本教育史資料』三　（工藤　航平）

皆川藩（みながわはん）

下野国都賀郡皆川(栃木市)に藩庁をおいた藩。

㈠中世以来の旧族で後北条氏に属していた皆川広照が、天正十八年(一五九〇)、豊臣秀吉の小田原攻めの際に降参し、秀吉から徳川家康に家人として預けられ、一万三千石の本領を安堵されて成立。家康関東入部後の下野国の大半が秀吉恩顧の大名の所領となるなかで、秀吉と家康の双方に縁の深い皆川広照と結城秀康の所領が下野国南西部から南東部に横たわり、両雄の勢力の緩衝地帯となった。その後、広照は、関ヶ原の戦いで徳川方に立ち、所領は三万五千石にまで加増される。ただし、慶長八年(一六〇三)、広照が松平忠輝(家康六男)の傅役として信濃国飯山藩七万五千石に転じたため、廃藩となる。皆川の地は榎本藩本多氏の所領に組み込まれる。

㈡寛永十七年(一六四〇)に榎本藩本多氏が無嗣断絶した後、松平(能見)重則が上総国百首から皆川に一万五百石を与えられ、再び立藩。徳川一門の譜代藩。寛文四年(一六六四)の寛文印知によると所領は、下野国都賀郡三千石のほか、下総・上総・武蔵・大和国に分散していた。重則・重正・重利と三代続き、同五年に重利が夭逝すると、無嗣除封され、再度廃藩となる。

㈢上野国・武蔵国・相模国で一万石を領していた若年寄の米倉昌尹《まさただ》が、元禄十二年(一六九九)、下野国内に五千石を加増され、陣屋を皆川に移して成立。譜代。皆川藩三度目の立藩となる。昌尹の子昌明が藩主を継いだ際、弟の昌仲に三千石を分与している。その後、米倉氏の藩主は昌照・忠仰《ただすけ》と続き、享保七年(一七二二)に忠仰が居所を武蔵国金沢に移したため、廃藩となる。

参考文献　日向野徳久『皆川正中録』(一九六三年)、『栃木県史』通史編四、『栃木市史』通史編、阿部昭他編『栃木県の歴史』(山川出版社、一九九八年)

(平野　哲也)

壬　生　藩 (みぶはん)

下野国壬生(栃木県)に藩庁を置いた藩。日根野氏は外様、以降の各氏は譜代。城持。戦国時代までこの地を支配した壬生義雄が豊臣秀吉の小田原攻略に際し後北条氏方につき滅ぶと、一時結城秀康に預けられた。関ヶ原の戦の後、秀康が越前国へ移ると、慶長七年(一六〇二)信濃国高島から外様の日根野吉明が一万九百石で入封し立藩した。寛永十一年(一六三四)吉明は二万石で豊後国府内に移され、翌年三代将軍徳川家光側近の六人衆の一人で武蔵・上野の両国に一万五千石を領知していた阿部忠秋が二万五千石に加増されて入封した。忠秋は在封中に老中に就任、同十六年武蔵国忍《おし》へ五万石で転封した。そのあとへ同じ六人衆で下総・上総・上野で一万五千石を領知していた三浦正次が二万五千石で入封した。三浦氏は正次・安次・明敬の三代にわたり在封したが、安次のとき寛永十八年弟共次に五千石を分知し、二万石となった。寛文四年(一六六四)の領知目録によれば、その所領は下野国都賀郡内二十七ヵ村一万三千石余、下総国結城郡内十五ヵ村五千六百十三石余、同猿島郡内四ヵ村千三百八十四石余。

壬生藩藩札
(五匁銀札)

明敬は元禄二年(一六八九)若年寄となり、同五年日向国延岡二万三千石へ移封された。かわって松平(大河内)輝貞が常陸国土浦から三万二千石で入封。同七年輝貞は側用人となり、一万石を加増され、四万二千石を領知した。このときの所領は下野国都賀・河内両郡のほか下総国結城・猿島両郡、河内国若江・河内両郡、摂津国住吉郡で上方の二ヵ国に飛地領が設けられた。輝貞は翌元禄八年上野国高崎へ五万二千石で移り、あとに若年寄の加藤明英が近江国水口《みなくち》から二万五千石で入封。明英の遺領を継いだ嘉矩(明英の孫)のとき、正徳二年(一七一二)再び近江国水口へ移封され、かわって水口から若年寄の鳥居忠英が三万石で入封した。

その後、鳥居氏は忠瞭(忠英弟)・忠意(奏者番・寺社奉行・若年寄・老中)・忠燾(忠意の孫、奏者番)・忠威・忠挙(忠威の弟、奏者番・若年寄)・忠宝・忠文(忠宝の弟、壬生藩知事)の八代百六十年にわたって在封し、明治維新を迎えた。鳥居氏時代の藩領は下野国都賀郡二十八ヵ村、下総国結城郡十九ヵ村、猿島郡三ヵ村、葛飾郡一ヵ村、大和国葛下郡四ヵ村、播磨国美嚢郡二十四ヵ村、加東郡四ヵ村。『藩制一覧』による維新期の概況は、表高三万石、検地出高・新田改出込高を含む実高四万九千六十一石余、戸口は下野・下総両国で三三二二戸一万八四〇七人、大和・播磨両国で一一三七戸五三九七人、ほかに四ヵ国で士族二〇七戸八二七人、卒族二三〇戸八六六人、社人二三戸一二一人、僧八四人、神社七八社、寺院一一七ヵ寺。明治四年(一八七一)七月廃藩置県により壬生県となり、同年十一月下野国分は栃木県となった。

参考文献　『壬生町史』資料編近世・通史編一

藩校　正徳二年(一七一二)に近江国水口《みなくち》から入部した鳥居忠英によって、翌年正月に設立された。はじめ伊藤東涯の門に入る藩士が多く、古学が重んじられていたが、寛政年間(一七八九―一八〇一)から朱子学に改められ、藩主忠挙のとき江戸藩邸に自成堂、壬生城内に学習館が併立された。学頭・助教師・句読師・算術師と兵法・武芸の師範を置いた。女子は右筆の塾で教育し、一般庶民の希望者にも藩校への入学を許した。維新後、江戸藩邸内の剣道場を学習館に併合し、文武館と称し拡張されようとしたが、明治四年(一八七一)十一月の壬生県の廃県により閉鎖された。

参考文献　文部省編『日本教育史資料』三・一〇、栃木県教育史編纂会編『栃木県教育史』一

(阿部　昭)

真岡藩(もおかはん)

下野国(栃木県)真岡に藩庁をおいた藩。㈠慶長六年(一六〇一)、浅野長政の子長重が二万石で立藩。外様。同十六年、父長政の死去とともに、その隠居料であった常陸国真壁藩五万石を継承し、転封。㈡浅野長重に代わって、堀親良が新封一万二千石で入封。外様。大坂の陣の戦功により、元和四年(一六一八)に美濃国の内に五千石の加増を受ける。寛永四年(一六二七)、下野国烏山藩二万五千石に加増転封。㈢堀親良の転封後、越前藩主松平忠昌に属していた稲葉正成が真岡周辺に二万石を与えられ、立藩。譜代。正成の妻は三代将軍徳

川家光の乳母春日局である。翌年に正成が死去し、そのあとを子の正勝が継ぐ。正勝は、父の遺領真岡二万石と常陸・下野国に有していた自領二万石を合わせて、真岡藩四万石の藩主となる。家光の側近として頭角を現した正勝は、同九年、相模国小田原藩八万五千石に加増転封される。ここで真岡藩は消滅するが、真岡領は天明三年(一七八三)に幕領に編入されるまで、小田原藩の飛地として存続した。なお、浅野・堀・稲葉氏はいずれも、戦国時代に芳賀氏の居城であった芳賀城の跡地を居所とした。

参考文献　『真岡市史』近世通史編・近世史料編、『栃木県史』通史編四

（平野　哲也）

茂木藩（もてぎはん）

下野国(栃木県)茂木に藩庁をおいた藩。外様。陣屋持。慶長十五年(一六一〇)、細川幽斎の子、細川忠興の弟にあたる興元が、関ヶ原の戦後、佐竹義宣の秋田転封につき従った茂木治良の支配地二十五ヵ村に一万五十四石で入部し、立藩。元和二年(一六一六)、興元は、大坂夏の陣の軍功により、常陸国筑波郡谷田部に六千二百石を加増される。同五年、興元が居所・藩庁を谷田部に移したため、茂木藩の名は消滅し、谷田部藩となる。ただし、谷田部藩領の六割は茂木地方の領地が占め、茂木におかれた陣屋の支配機能も重要であった。天明八年(一七八八)に七代藩主に就いた興徳は、藩財政の悪化を打開すべく、藩政改革に着手し、藩校弘道館を茂木と谷田部に設け、北陸から入百姓を導入し、藩領の人口回復と荒地復興を目指した。八代藩主興建も藩政改革を継承し、天保五年(一八三四)には藩医中村勧農衛を登用し、二宮尊徳による仕法を導入して財政再建にあたった。明治四年(一八七一)二月に九代藩主興貫が藩庁を茂木に戻し、茂木藩が復活したが、同年七月に廃藩。芳賀郡茂木町の曹洞宗能持院にある歴代藩主の墓地は、墓石ではなく、杉の木を植樹して墓標としている。茂木町八雲神社には、「茂木細川家史料」が収蔵されている。

参考文献　『茂木町史』通史編一、同史料編二、池田秀夫他『関東の葬送・墓制』(明玄書房、一九七九年)

（平野　哲也）

山川藩（やまかわはん）

下野国足利郡山川(栃木県足利市)に藩庁をおいた藩。譜代。陣屋持。寛永十二年(一六三五)、五千六百石の上級旗本であった太田資宗が、山川に一万石を加増されて、一万五千六百石の山川藩を成立させた。資宗の父重正は、徳川家康の関東

入部に際して家臣となり、次男の資宗も駿府で家康に近侍し、のちに江戸の秀忠に仕えた。家光が将軍となってからは、寛永九年(一六三二)に小姓組番頭に任じられ、家光の側近頭、いわゆる「六人衆」の一人として幕政に重きをなした。旗本時代の資宗は、下野国のほかに、上総国市原・武射郡、下総国匝瑳郡、相模国高座郡、遠江国山名・豊田郡に所領を有していたが、下野国でさらに一万石を与えられ、大名となった。したがって、山川藩は下野国を中心として五ヵ国にまたがる分散的な所領構成をもつ藩であった。立藩から三年後の寛永十五年(一六三八)、資宗が一万九千四百石の加増を受けて三河国西尾に転じ、廃藩となる。

参考文献　『寛政重修諸家譜』第四　(平野　哲也)

群馬県

青柳藩(あおやぎはん)

上野国邑楽郡青柳(群馬県館林市)付近に藩庁を置いた藩。大名は譜代、陣屋持。近藤秀用は、永禄十二年(一五六九)、徳川家康の遠江への出陣に従ったのを皮切りに、酒井忠次や井伊直政などに従い、小谷・長久手・小田原の陣などで戦功をたてた。慶長七年(一六〇二)徳川秀忠に仕え、上野国青柳五千石と鉄砲足軽五十人を預けられる。同十年鎗奉行、同十九年相模国のうち一万石を加増され藩が成立した。同年、小田原城番となり、三ノ丸に住した。のち、大坂冬の陣・夏の陣で戦功をあげる。元和元年(一六一五)小田原城番を解かれ、次男縫殿助用可《もちよし》に五千石余を分与、足軽五十人を附属する。長男季用は、家康に仕えていたが、同五年、三千五百石余を与えられる。同年、秀用は、上野・相模国の領地をあらためて、遠江国引佐・敷知・豊田・麁玉・長上郡のうちに移され、廃藩となる。以後、秀用は、遠江国井伊谷に住み、寛永二年(一六二五)石見守となる。

参考文献　『寛政重修諸家譜』第一三

（小川　和也）

安中藩（あんなかはん）

上野国（群馬県）安中に藩庁を置いた藩。大名はいずれも譜代・城持。天正十八年（一五九〇）、徳川家康の関東入国に伴い、井伊直政は上野国箕輪城主に封ぜられ、十二万石を領し、安中は直政の支配下におかれた。慶長五年（一六〇〇）、直政は関ヶ原の戦の功績により、近江国佐和山（滋賀県彦根市）十五万石と安中三万石を与えられ、十八万石の佐和山（彦根）藩主となり、居城も佐和山に移したが同七年、病死。代わって直勝（初め直継）が彦根藩主となった。同十九年、大坂冬の陣がおこると、直勝は、碓氷・牧《もく》（杢・群馬県渋川市）両関所を警護。翌元和元年（一六一五）二月、直勝は多病を理由に、弟の直孝に家督を譲り、安中領三万石を分与され、藩主となり、安中藩が成立した。ついで、直好が襲封。正保二年（一六四五）、三河国（愛知県）西尾に移り、三河国新城から水野元綱が入封、二万石を領した。寛文四年（一六六四）、元知が継いだが、同七年、狂気による刃傷沙汰により領地没収。相模国（神奈川県）高座郡から、堀田正俊が二万石で入封。延宝六年（一六七八）、若年寄となり五千石加増、翌同七年、老中となり一万五千石加増、合計四万石となる。正俊は五代将軍徳川綱吉の側近となり、天和元年（一六八一）、下総国（茨城県）古河へ移封。下野国（栃木県）都賀郡から板倉重形が一万五千石で入封し、重同《しげあつ》が襲封。元禄十五年（一七〇二）、重同は、陸奥国（福島県）泉に移封となり、同所から内藤政森が入封、二万石を領有し、政里、政苗《まさみつ》と三代続く。寛延二年（一七四九）、政苗は、三河国挙母《ころも》へ移封。遠江国（静岡県）相良から板倉勝清が入封、上野国碓氷・群馬・緑野《みどの》三郡において二万石を領有、明和四年（一七六七）、下総国（千葉県）匝瑳《そうさ》・香取、海上《うなかみ》三郡において、一万石を加増、合計三万石となる。同六年老中に就任。板倉氏は、勝清入封以来、勝暁《かつとし》、勝意《かつおき》、勝尚、勝明、勝殷《かつたか》と六代続き、百二十年間藩政を握った。文化五年（一八〇八）、勝尚は、藩校・造士館を設立、主な教授は、太山融斎、山田三川、弓削田雪渓、佐々木愚山らである。また、勝明は、近世諸名家の未刊の著作を集め藩版『甘雨亭叢書』を刊行、みずからも『西征紀行』『東還紀行』を著し、「明君」として名高い。郷学としては、桃渓書院が知られる。戊辰戦争では「官軍」に属し、明治四年（一八七一）廃藩、安中県となり、同年十月、群馬県に編入された。

参考文献　『寛政重修諸家譜』第二・六・一一―一三、『群馬県史』、『安中志』、『安中市誌』、『松井田町誌』、『中山道安中宿本陣文書』、『碓氷関所事暦』、『上州の諸藩』上、『安

中藩政史覚書』、『安中市史』近世資料編五・六

（小川　和也）

藩校　藩校造士館の創設は藩主板倉勝尚の時文化五年（一八〇八）で、城郭内に建営され、文武両道の教育施設を整備していた。藩主勝明は大山融斎・山田三川らの儒者を聘して造士館の拡充をはかるとともに武芸者を重用し、藩士数人を高島秋帆のもとに師事させ、他に先駆けて西洋砲術を一藩に採用して、年寄以下諸士卒に新規の陣法を調練し、国防に備えた。またその治世中、安中藩版あるいは造士館版として有用な多くの書を刊行したが、中でも『甘雨亭叢書』四十八冊は著名である。明治維新に際し、藩主勝殷《かつまさ》は造士館の学制を改革し文武の刷新を図ったが、明治四年（一八七一）廃藩閉校となった。文道は漢学のみで朱子学を奉じ、白鹿洞書院掲示の扁額を講堂に掲げて教学の基本方針を明示した。文武の日課は、漢学（自朝五ッ時至夕七ッ時、但五日十九日殿中講義、二七ノ日講義）、槍術・剣術（自朝五ッ時至昼九ッ時、但暑寒三十日ハ自明ヶ六ッ時至朝五ッ時）、馬術（自朝五ッ時至昼四ッ時、但暑中ハ自明ヶ六ッ時至朝五ッ時）、弓術・砲術・柔術・游泳（自昼八ッ時至夕七ッ時）のごとくである。教授三名、句読師五名、助教二名を置き、武芸師範は一芸につき二名をあて教導させた。藩士子弟は必ず入学させ、在学者はおおむね二百余人に及んだ。

参考文献　『安中市誌』、『群馬県史』、文部省編『日本教育史資料』三、笠井助治『近世藩校に於ける学統学派の研究』上（吉川弘文館、一九六九年）

（笠井　助治）

安中《あんなか》郷学校《ごうがっこう》　上野国安中藩の郷学校。安政二年（一八五五）安中藩士岩井友之丞および同寿太郎が、同国碓氷郡五料村（群馬県碓氷郡松井田町五料）に創立した。当時、この地方は教化普及せず、風俗良好でなかったのを慨嘆し、藩主板倉勝明の許しを受けて、その知行地に塾を設け、子弟を召集して教授に努め、大いに効があった。朱子学を主とし、経書・歴史・詩文を学ばせ、修学年限は六ヵ年である。課程は、句読・解読・講究の三科とし、各科は上中下の三級に分けられ、句読科下級より始まり九つの級を経て全科卒業となる。最盛時は元治元年（一八六四）から明治元年（一八六八）に至る間で、明治三年の統計では、教師は男三人、生徒は男三十一人、女六人を教えたが、明治五年の学制頒布の際廃校された。

参考文献　文部省編『日本教育史資料』三

（山本　武夫）

伊勢崎藩（いせさきはん）

上野国（群馬県）伊勢崎を藩庁とした藩。藩主はいずれも譜

代。この付近は中世には新田荘に接し、十五世紀半ばには岩松氏の所領で赤石郷といった。ついで十五世紀末には那波氏の砦となり、永禄年中(一五五八—七〇)には金山城主由良成繁が、領有し、上杉・北条両氏が争奪をくり返した。天正十八年(一五九〇)徳川家康の関東入国の時、那波領には松平家乗が一万石に封ぜられたが、佐位郡内には前橋藩平岩親吉、白井藩本多康重の所領などが散在していたらしい。

慶長六年(一六〇一)上野・下野両国に采地三千石をもち、上野国勢多郡新川にいた稲垣長茂が加封されて一万石の初代藩主となった。長茂は三河国牛久保の出身。牧野康成に従って家康の東海制覇、小田原征討に功をあげ、関ヶ原の戦いには大胡城主となっていた康成が出陣した留守を預かって大胡城を守った。同十七年その子重綱(初名重種)が襲封したが、大坂の陣の軍功により元和二年(一六一六)十二月、越後国刈羽郡藤井に移封(同六年越後三条城主)。藩領は前橋藩主酒井重忠の子忠世の所領となった。ついで寛永十四年(一六三七)正月、忠世の孫忠清が襲封の時、弟忠能に伊勢崎領二万二千五百石を分与して支藩としたが、忠能は寛文二年(一六六二)六月、信州小諸城に移り、藩域は再び前橋藩領となった。天和元年(一六八一)二月、忠清のあと次男忠寛が二万石を分封され、以後前橋藩の支藩として酒井氏が忠告・忠温・忠哲・忠寧・忠良・忠恒・忠強・忠彰と九代約二百年つづいて明治維新に至った。

酒井氏は代官を置いて陣屋支配を行なった。稲垣氏の時、城下町経営を始めているが、検地は寛永十九年酒井忠能入封後に行われた。藩域は佐位・那波両郡に分散し、旗本領などと錯雑していた。忠温は闇斎流の学問を奨励して安永四年(一七七五)藩校学習堂を開き、歴代藩主も学問を民政に反映させるため、五惇堂・嚮義堂・遜親堂など多くの郷学校を育成したので有名。維新後、家禄五百五十一石。明治四年(一八七一)七月、旧藩は伊勢崎県となり、同年十月、第一次群馬県に編入された。藩政史料には大沢常春『新古日記』、岡田政経『官做手扣』、岡田政邦『採政摘要記』、石原純助『御用手控』(以上伊勢崎図書館蔵)、長尾景盛『御用備忘』『伊勢崎元文書』上(以上相川考古館蔵)、『酒井家史料』(前橋竜海院蔵)などがある。

[参考文献] 『寛政重修諸家譜』第二・六、『徳川実紀』、『伊勢崎史話』(『伊勢崎史談会機関誌』)、関重嶷『伊勢崎風土記』(『群馬県史料集』二)

(山田　武麿)

藩校　藩校の創設は安永四年(一七七五)藩主酒井忠温《ただはる》の時で、江戸の儒者村士玉水を招聘し学問所を西小路に設けて学習堂と名づけ、玉水およびその門人を教授に任じて講説させた。ついで天明年中(一七八一―八九)藩主忠哲《ただあきら》の時、老臣関睡峒らが学事に努め、一時大いに興隆した。藩主忠寧《ただよし》の時、領内の庶民教育を奨め、文化年中(一八〇四―一八)、私塾三孝舎(伊勢崎)・五惇堂(伊与久村)・嚮義堂(樋越村)・遜親堂(茂呂村)・正誼堂(下植木村)・会輔堂(安堀村)・遜悌堂(山王堂村)などを援助し、睡峒らに堂記・教民要旨を作らせて与え、また学習堂から教官を派して孝悌仁義の道を講じ農民の教化にあたらせた。学習堂の教科は漢学・習礼の二科で、『小学』・四書・五経・『近思録』『左氏伝』『国語』『十八史略』『史記』『漢書』の類を教科書とした。学風は佐藤直方の学流に属する玉水およびその門弟相承けて教授となり、闇斎学を遵奉して明治廃藩に及んだ。教官に教長(教授)一名・助教二名・授読六名らがいて藩士子弟を指導し、士族の男子八、九歳にして入学、毎日の出席平均四十数名であった。

参考文献　文部省編『日本教育史資料』三・一二・二三、『群馬県史』三、笠井助治『近世藩校に於ける出版書の研究』(吉川弘文館、一九六二年)、同『近世藩校に於ける学統学派の研究』上(吉川弘文館、一九六九年)

(笠井　助治)

嚮義堂《きょうぎどう》　伊勢崎藩の郷校。群馬県佐波郡玉村町樋越に在った。文化五年(一八〇八)設立。同村の名主八木丈右衛門・設楽庄右衛門らの願いを藩が許可して設立され、藩校学習堂から教授を出張させて公開講釈を行なった。発起人の話し合いで、頭取・肝煎・世話人を内定し、藩儒の内意を聞いて本決まりとして上申した。農業の余暇を充当するたてまえであるので、課業期間は冬至から翌年の八十八夜まで、課業時間は午前六―八時である。『小学』・四書・五経・『近思録』の素読・復読を中心に公開講釈を加え、崎門派の学修方式がとられた。運営教導にあたった人々は無給の奉仕で、郷村生活に即する人間心得を説いて聞かせるとともに、特に青少年には希望次第で右の書物の義理の講究も行なった。ちなみに同地は戸数三十数戸の村落であった。

嚮義堂の玄関に立てた石標

参考文献　石川謙『近世の学校』(高陵社書店、一九五七年)

(山本　武夫)

板鼻藩（いたはなはん）

上野国碓氷郡板鼻（群馬県安中市）に藩庁を置いた藩。大名は、はじめ里見氏が外様、のち酒井氏が譜代。ともに陣屋持。藩の成立については、安房国の戦国大名里見氏の一族、讃岐守義高（義英・忠頼）が慶長年間に板鼻周辺一万石を与えられたという説と、その父讃岐守義成が天正十八年（一五九〇）の家康関東入国後に同じく一万石を与えられたという二説があるが未詳である。義高は慶長十八年（一六一三）勤仕怠慢の廉で改易され、藩は一時中絶した。

寛永二年（一六二五）上野国前橋藩主酒井忠世の長男阿波守忠行は、同国緑野・多胡・片岡・碓氷・群馬・甘楽・勢多七郡のうち二万石を与えられ、板鼻に居住し、再び板鼻藩が興った。同十年同国吾妻郡大戸・三倉、勢多郡赤堀など一万石を加増され、三万石となる。そして、同十三年父忠世の死去にともない、前橋藩主として遺領十二万二千五百石を相続し、板鼻藩を併せ十五万二千五百石の大名となり、板鼻藩は消滅した。

参考文献　『廃絶録』、『恩栄録』、『藩翰譜』、『群馬県史』、『寛政重修諸家譜』第二

（小川　和也）

大胡藩（おおごはん）

上野国大胡（前橋市）を藩庁とした藩。藩主牧野氏。譜代。二万石。この付近は赤城山南麓の要地で、『吾妻鏡』などにも大胡氏の名がみえ、中世以来大胡氏の拠点。天正十八年（一五九〇）徳川家康の関東入国の時、牧野右馬允康成が駿河国長窪城から移って二万石に封ぜられた。牧野氏は三河国牛窪の出身、父成定の時に家康に従い、康成も家康の東海制覇に功あり、一字を賜わった。慶長五年（一六〇〇）秀忠に従って信州上田城攻めに際し、本陣の制止をきかず家臣が先駆けしたため、本多正信らにその処罰を求められ、子忠成がそれに抗して家臣とともに出奔した罪をとわれて、上野国吾妻の砦に蟄居。同九年家光の誕生祝いに許されて旧領に復したが、以後大胡に閑居。同十四年康成の死により忠成が襲封。大坂の陣に功をあげ、元和二年（一六一六）越後国長嶺城五万石に転封。以後廃城となり、大胡領は前橋藩の所領となった。

参考文献　『寛政重修諸家譜』第六、新井白石『藩翰譜』四下（『新井白石全集』一、国書刊行会、一九七七年）、『大胡町誌』、今泉省三『長岡の歴史』一（野島出版、一九六八年）

（山田　武麿）

小幡藩（おばたはん）

上野国小幡（群馬県甘楽町）を藩庁とした藩。藩主は外様と譜代、陣屋持。この付近には中世以来武蔵七党の児玉党の一族小幡氏が拠り、戦国時代には山内上杉氏の宿老であった。その後武田氏、ついで北条氏に従い、天正十八年（一五九〇）徳川家康の関東入国の時、奥平信昌が小幡領三万石に封ぜられ、甘楽郡宮崎城にいた。奥平氏は甘楽郡奥平郷の出身と伝え、戦国時代末、徳川家康に属して信昌の時三河国長篠城を預かり、長篠の戦に功をあげた。信昌は家康の女（加納殿）を室とし、次男家治、四男忠明とともに家康の養子となり松平姓を許された。信昌は慶長六年（一六〇一）美濃国厚見郡加納（岐阜県各務原市新加納）に移り、家治のあと文禄元年（一五九二）上野国長根七千石に封ぜられていた忠明も慶長七年三河国作手城に移り、代わって水野忠清が入封一万石。水野氏は尾張国知多郡小河の出身と伝え、父忠重は三河国刈谷城主。元和二年（一六一六）忠清は旧領刈谷城に転じた。前年七月織田信長の次男信雄が大和国宇陀郡内三万石余のほか小幡領を合わせて五万石に封ぜられたが、その子信良は小幡領二万石を領し、以後信昌・信久・信就・信右・信富・信邦とつぎ、明和四年（一七六七）信邦は家臣が山県大弐事件に連坐したため蟄居を命ぜられ、養子の信浮は出羽国置賜郡高畠に移された。代わって閏九月奥平氏の庶流松平（奥平）忠恒が上野国碓氷郡上里見（群馬郡榛名町上里見）から入封して二万石、忠福・忠恵・忠恕を経て廃藩に至った。藩域は小幡周辺と妙義山周辺。明治四年（一八七一）七月十四日小幡県となり、十月二十八日岩鼻県・前橋県などと合併して群馬県となった。

参考文献　『寛政重修諸家譜』第一・六・八、本多亀三『群馬県北甘楽郡史』（三光出版社、一九二八年）

（山田　武麿）

藩校　藩主松平忠福《ただよし》は、寛政三年（一七九一）に小幡城下久保町に藩校を創設した。藩校の学統は古学派であったと思われる。およそ七歳から十五歳までの子弟が就学し、漢学や筆道のほか、兵学などが取り入れられた。素読口授や講義形式がとられた。

参考文献　『群馬県史』通史編六

（工藤　航平）

篠塚藩（しのづかはん）

上野国（群馬県）邑楽郡篠塚に藩庁を置いた藩。大名は、譜代、陣屋持。陸奥国（福島県）桑折藩主松平摂津守忠恒は伊達郡二十ヵ村二万石を有していたが、幕府は半田銀山経営のため、銀山とその周辺の村一万二千二百五十石余の地を納め、替え地として上野国邑楽・吾妻・碓氷・緑野、伊豆国(静岡県)田方の五郡を与えた。これにより、忠恒は邑楽郡篠塚に陣屋を構えて、桑折藩は消滅し、篠塚藩が成立した。忠恒は、延享四年(一七四七)三月に奏者番、九月に寺社奉行兼帯となる。寛延元年(一七四八)さらに幕府は、飛び地として残った伊達郡の所領を、上野国碓氷・群馬郡に移した。これにともない忠恒は、陣屋を篠塚から碓氷郡上里見(群馬郡榛名町)に移した。以後、篠塚藩は上里見藩となる。同年、忠恒は若年寄に進む。明和四年(一七六七)所領を上野国甘楽・多胡・碓氷郡に移され、忠恒も甘楽郡小幡に陣屋を構え、以後小幡藩主となり、上里見藩は廃藩となる。

参考文献　『寛政重修諸家譜』第一、『邑楽町史』

(小川　和也)

白井藩(しろいはん)

上野国白井(群馬県北群馬郡子持村)を藩庁とした藩。譜代。天正十八年(一五九〇)本多康重が二万石に封ぜられて立藩。白井は、中世、上野国守護代長尾氏の居城であった。慶長六年(一六〇一)康重は三河国岡崎に転じ、松平(戸田)康長が一時入封したが翌年下総国古河に去り、ついで元和二年(一六一六)西尾忠永が入封。その治績は不詳。この間、牧野康成・井伊直孝の一部領有があった。さらに同四年本多康重の子紀貞が一万石で入封したが、同九年没、無嗣により廃藩。

(山田　武麿)

総社藩(そうじゃはん)

上野国総社(前橋市)を本拠とした譜代小藩。文禄元年(一五九二)諏訪頼忠が、長尾氏の故城蒼海城に入って一万石(一説二万七千石)を領有。慶長六年(一六〇一)子頼水(一万二千石)が信州高島に去り、代わって秋元長朝が一万石で入封。新たに勝山城を築き、越後道にそう町割を整備した。翌七年天狗岩用水の開削に着工し、四年を経て一万七千石を開田した。子泰朝は寛永元年(一六二四)日光東照宮の造営奉行。同十年甲斐谷村《やむら》に転じて以後廃藩。

参考文献　『秋錦録』

(山田　武麿)

高崎藩(たかさきはん)

上野国(群馬県)高崎に藩庁を置いた藩。譜代。城持。幕末八万二千石。天正十八年(一五九〇)榛名山麓の箕輪城十二万石に封ぜられた井伊直政が、慶長三年(一五九八)幕命により和田城跡に移って高崎と改称し立藩した。直政は城郭の改修、城下町の整備に着手したが、慶長五年関ヶ原の戦の直後、近江国佐和山城を預り、高崎は一時番城(諏訪五郎城代)となった。慶長九年下総臼井から酒井家次が入封(五万石)したが、元和二年(一六一六)越後高田へ移り、代わった松平(戸田)康長は翌三年信州松本へ去り、松平(藤井)信吉が入封。これも同五年丹波笹山(篠山)に転じ、近江から安藤重信が入封(五万石)し、以来重長・重博と三代七十七年間、安藤氏の治政がつづいた(六万石)。重信は老中として活躍、藩主在任は短かったが、この三代の間に井伊氏着手以来の城郭の修築や天守閣の造営、城下町・中山道伝馬町の整備、絹市の振興、それに年貢徴集の方式など諸施策を相ついで進め、寛永十二年(一六三五)につづき寛文初年には領内の総検地を実施するなど、藩体制が名実ともに確立した。寛文四年(一六六四)の所領は上野国内群馬・片岡・碓氷三郡、近江神崎・高島二郡計六万石である。なお乱行の徳川忠長(家光の弟、駿河大納言)が、寛永九年高崎藩に預けられ、翌十年自刃するという事件があった。同十年総社領一万石が加増された。

安藤氏は元禄八年(一六九五)備中松山に移され、下野壬生から大河内(松平)輝貞が代わった。輝貞は将軍綱吉の側用人であったため、所領も加増されて七万二千石となったが、綱吉の死後、宝永七年(一七一〇)越後村上に移され、代わって将軍家宣の側用人間部《まなべ》詮房が城持大名として入封(五万石)した。しかし享保元年(一七一六)吉宗が将軍となると、翌二年村上へ左遷され、代わって大河内輝貞が再入封し、以後大河内氏が輝規・輝高・輝和《てるやす》・輝延・輝承《てるよし》・輝徳《てるあきら》・輝充・輝聴《てるとし》・輝声《てるな》と、幕末まで十代百七十年間在封した。輝貞は幕閣で老中格、その治政は前後四十五年に及び、大河内藩政の基礎を築いた。輝高は大坂城代、京都所司代、ついで田沼政権下に老中となり、所領も加増されて八万二千石となった。

宝暦十年(一七六〇)には藩校遊芸館を創設して文武を奨励するなど藩政の充実に力をつくしたが、天明元年(一七八一)幕府の織物幷糸綿貫目改所の設置認可にあたってその黒幕と目され、高崎城は上州絹運上反対一揆の襲撃をうけた。この前後から藩の財政も破綻が目立ち、三井家や大坂蔵屋敷の鴻池家などからの借財が重荷となった。文化四年(一八〇七)には財政建直し策が出されたが、知行召上げ・倹約など消極策にすぎず、幕末海防をひかえて慶応三年(一八六七)の負債は二十一万四千両余に及んだ。一方領内農村の疲弊も進行し、城付領四十五ヵ村の人口は宝暦期から幕末までに六千余人減少したという。

こうした情勢のなかで藩は寛政三年(一七九一)郡奉行大石久敬に『地方凡例録《じかたはんれいろく》』を編纂させ、また『郡方式』『町方式』や家臣服務規定などを制定して藩政の緊張を促した。なお大河内氏の家臣団は、家老四名、年寄二名のほか五百九十三人を数えるが(天保十五年(弘化元、一八四四)分限帳)、下士を加えるとほぼその倍ぐらいと思われる。幕末の高崎藩は銚子分領の沿岸警備に加えて、文久三年(一八六三)には江戸湾第三台場を預かり、これらに対応して兵制改革、銃砲訓練、農兵強心隊の結成など多事を極めた。元治元年(一八六四)には筑波山に拠った水戸浪士鎮圧出兵につづいて、西上する浪士一隊と上信国境の下仁田《しもにた》で戦い敗れた。明治元年(一八六八)三月、東征軍に服したのちも、続発する世直し一揆の鎮圧、小栗忠順の処刑、さらに上越国境会津軍への出兵など難局が相ついだ。また同二年には旧領内に重税反対の五万石騒動がおこった。同年三月版籍奉還、家禄三千三百十一石。大参事長坂六郎、堤赫雄。藩の将来について意見の対立もあったが、藩校遊芸館焼失のあと明治元年文武館開設、翌年には英学校を設けた。明治四年七月廃藩により高崎県となり、同年十月二十八日群馬県(第一次)に編入。

[参考文献]　間部家文書刊行会編『間部家文書』、『群馬県史』資料編一〇、近藤義雄「高崎藩」(山田武麿編『上州の諸藩』上、上毛新聞社、一九八一年所収)

藩校　高崎藩大河内家三代輝高は、宝暦年間(一七五一―六四)に藩校遊芸館を創設した。藩士子弟を対象に、武芸稽古に重点が置かれた。たび重なる災害により、安永期(一七七二―八一)以降は廃校状態にあり、槍剣講堂のみが再建された。この間、江戸藩邸および高崎表において儒学講釈などを実施し、そのほかの学問修業は各自に任せられていた。明治元年(一八六八)、遊芸館が再興され、新たに文武館と称された。文武両学科の専修を目的とし、和漢学では四書五経などの句読、講義、自読・質問や輪読を行なった。江戸や京出身の儒者を多く抱えたが、学派間の争いなどは少なかったという。このほか、成績優秀者として昌平校へ遊学に出ていた藩士を教官として登用した。また、同三年には英学校が創設され、出身者に内村鑑三や尾崎行雄がいる。

[参考文献]　『群馬県史』通史編六、『新編高崎市史』通史編三

(工藤　航平)

藩法　藩法全般にわたる『御定書幷被仰出留』(『無銘書』所収)、江戸藩邸の公務細則『規矩帳』一冊、江戸藩邸の目附の例規集『目附要書』二冊(以上高崎市立図書館蔵)、郡方役所の例規集『郡方式』二冊、郡方役所の刑事判例集『御仕置例書』四冊、郡方役所の雑事先例集『雑記』五冊(以上郡方役人嶋方祐助筆、東大法制史資料室蔵)、町方役所の例規集『町方式』一冊(西尾市立図書館岩瀬文庫蔵)。ほか『郡方式』に神宮文庫本がある。これらの大半は寛政末年から文化・文政期

の編集。内容は一部元禄年代に及ぶが、文化・文政・天保期の条項が多い。

参考文献　藩法研究会編『藩法集』五(創文社、一九六四年)、『群馬県史』資料編一〇、『新編高崎市史』資料編五—八、青木幹昌「高崎藩五万石騒動における農民の行動と意識」(『上越社会研究』一五、二〇〇〇年)、中島明「越後の戊辰戦争と高崎藩一ノ木陣屋」(『越佐研究』六一、二〇〇四年)

(山田　武麿)

館林藩(たてばやしはん)

上野国(群馬県)館林に藩庁を置いた藩。譜代・親藩、城持。天正十八年(一五九〇)徳川家康の関東入国に伴ってその四天王の一人榊原康政が十万石で館林に封ぜられて立藩。所領は邑楽《おうら》・勢多(山田・新田)および下野国梁田《やなだ》郡にわたる。榊原氏は天正十九年春、領内の総検地を実施し、また利根・渡良《わたら》瀬《せ》両川の築堤による新田開発や交通路・城郭の整備などに努め、康勝・忠次と三代在封して寛永二十年(一六四三)陸奥白河に転出。約一年番城のあと、正保元年(一六四四)遠江浜松から松平(大給《おぎゅう》)乗寿が入封(六万石)。乗寿は徳川家光の老中として活躍したが、子乗久が寛文元年(一六六一)下総佐倉に移り、代わって徳川綱吉が城主となり、旧領美濃・近江などに館林領十万石を合わせて二十五万石を領した。この代に城の大改修や領内検地など藩政の振興をみたが、延宝八年(一六八〇)綱吉は将軍に就任、あとを継いだ子徳松が天和三年(一六八三)五歳で幼死したため、城は破却され、廃藩、城付領は幕府領ほか二百七の旗本領に細分された。

館林藩藩札
(二匁銀札)

ついで宝永四年(一七〇七)松平(越智)清武が入封(二万四千石)、在封中五万四千石となり、城の再築復興に奔走したが、武雅・武元を経て享保十三年(一七二八)陸奥棚倉に移り、代わって太田資晴が棚倉から来封(五万石)した。同十九年資晴は在藩六年で大坂城代になったため所領を移され、館林は一時番城となったが、元文五年(一七四〇)資晴の子資俊が旧領に復し、ついで延享三年(一七四六)遠江掛川に去った。代わって松平武元が再入封。武元は老中をつとめて六万千石に加増され、武寛・武厚(斉厚)とついで松平氏は前後百二十年在封したが、天保七年(一八三六)石見浜田に転じ、棚倉から井上正春が代わった(六万石)。これも弘化二年(一八四五)遠江浜松に移り、出羽山形から秋元志朝が入って六万石(上野・出羽・河内)を領した。

志朝は長州藩主毛利元徳の実兄で、宇都宮藩主戸田氏とも姻戚であった。時勢を洞察して、入封早々岡谷瑳磨介を登用して、安政二年(一八五五)藩政改革を断行。職制を整理し、桑・茶など殖産を勧め、藩校求道館を拡充して財政回復と人心の一新をはかった。また文久二年(一八六二)河内の分領にある雄略天皇陵の修理をはかるなど、その治績は著しかったが、長州征討をめぐる幕長間の調停に失敗して致仕。養嗣礼朝は勤王をさきがけ、戊辰戦争には上越国境や奥州に出兵した。明治二年(一八六九)三月版籍奉還、六月これが許され、家禄三千七百四十五石。明治四年七月廃藩して館林県となり、同年十一月十四日同県は廃され、上野国のうち邑楽・新田・山田三郡は栃木県管轄となり、ついで明治九年八月これら三郡は群馬県に編入された。

参考文献　『館林市誌』歴史篇、川島維知「館林藩」(山田武麿編『上州の諸藩』下、上毛新聞社、一九八二年所収)、程原健「朋楽欄旧館林藩士士族禄高職氏名調」(『文学研究パンフレット花袋とその周辺』三七、二〇〇三年)

藩校　館林藩では寛政七年(一七九五)藩主松平(越智)斉厚の時、佐藤直方系の稲葉黙斎の指導で道学館が開かれたが、藩主転封で中絶した。弘化二年(一八四五)秋元志朝が山形から入封すると、翌三年三月、求道館をおこし、ついで安政四年(一八五七)、家老岡谷瑳磨介らの藩政改革に伴い、学制も文武兼修を強調して造士書院を開設した。これは文武稽古の一郭を改称したもので、学問所は従来通り求道館とし、童生の稽古所を就外舎、兵学所を兵機堂、武芸所を演武場と称し、書院奉行以下職制および教科・修業規則を定めた。教科は儒学・兵学のほか砲術・武芸・西洋学・医学など。八歳で就学、十五歳からは一芸を専業させ、五十歳まで聴講を促した。場所は城内大名小路(城町)、敷地千百三十九坪、建坪三百三十二坪。明治二年(一八六九)正月にはさらに洋学を重視して文武藩学校と改称し、同三年には学校を仮に議院として藩政運営の場とした。造士書院の職員は約七十八人、生徒数は安政四年三百人、維新後は四百十人。明治五年廃校となった。

参考文献　文部省編『日本教育史資料』三、『館林市誌』歴史篇、『館林双書』二一

(山田　武麿)

豊岡藩（とよおかはん）

上野国豊岡(群馬県高崎市)に藩庁を置いた藩。藩主禰津氏。禰津氏は信濃国小県《ちいさがた》郡禰津の出身。戦国時代末期、禰津常安は武田氏に臣属していたが、その滅亡後は徳川家康に従った。豊岡へは、天正十八年(一五九〇)の家康の関東入封に伴って

移され、子信政の代の慶長七年(一六〇二)五千石の加増をうけ、一万石の大名となった。藩主は信政のあと、政次・信直と継いだものとみられるが、寛永三年(一六二六)信直が無嗣のまま病没したため、除封・廃藩となった。なお、常安を開基とする常安寺が豊岡に現存する。また禰津家は鎌倉時代以来、放鷹の術で知られた家でもあった。

参考文献　寺島隆史「近世大名になった禰津氏」(『千曲』四六)

(寺島　隆史)

七日市藩(なのかいちはん)

上野国七日市(群馬県富岡市)に藩庁を置いた藩。外様。陣屋持。加賀藩主前田利家の五男利孝が徳川家康の人質として育ち、大坂の陣に参加した功により、元和二年(一六一六)封ぜられて立藩。寛永十七年(一六四〇)領内検地。所領は七日市周辺、鏑《かぶら》川北部の岩崎・大桑原など十八ヵ村にわたり、本高一万十四石。藩主は利孝のあと、利意・利広・利慶・利英・利理・利尚・利見・利以・利和・利豁《としあきら》・利昭と十二代をつぎ、維新まで藩主家系・所領とも変わらなかった。家臣団は文化六年(一八〇九)の分限帳によると家老一人、用人六人ほか百三十九人、これに若干の増減があった。小藩であったため歴代幕府の要路にはつかず、財政的にも前田本藩からの援助をうけ、地元豪商らからの借財も重なっていたが、天保十三年(一八四二)には家老保阪庄兵衛らの力により、藩校成器館を創設、儒官宗像三策らを招いて藩士子弟の文武を練磨した。藩校は安政年間(一八五四—六〇)火災にあったが、再建して維新後に及んだ。また領内農村の復興策として文化十三年生育講を組織し、六百四十三両を集めて基金とし、出産育児手当てを支給して人殖しをはかった。これと前後して民政条目を布達し、生活の規制とともに人口増加の施策を説いている。ちなみに領内人口は享保ごろ一万余人、文化・文政期には八千人に減少したという。特記すべき事件としては文政十一年(一八二八)シーボルト事件に連坐した通詞稲部市五郎を預り牢死したこと、元治元年(一八六四)、水戸浪士一行の上洛路にあたり、対応に苦しんだことなどがある。明治二年(一八六九)六月版籍奉還、その前月、本藩から後見として津田権五郎らが派遣され、政事・軍政・民政の三局を設置、御直支配一等官以下職制等級を定めた。藩主の家禄二百六十石。明治四年七月廃藩により七日市県となり、同年十月二十八日群馬県(第一次)に編入、明治六年熊谷県を経て同九年八月群馬県管轄となった。藩の陣屋は面積六千四百余坪、正殿は建坪百五十坪、天保十四年再建された建物が県立富岡高等学校敷地内に現存する。武家屋敷の一部や大手門(移築)なども残っている。

参考文献　『寛政重修諸家譜』第一七、『富岡史』、今井幹夫「七日市藩」（山田武麿編『上州の諸藩』上、上毛新聞社、一九八一年所収）

（山田　武麿）

藩校　天保十三年（一八四二）、十一代藩主である前田利豁《としあきら》は、家老保坂庄兵衛と大里半右衛門に命じて藩校成器館を開設した。家老が兼務した文武総裁職を筆頭に、校長、副校長、藩儒、教授方、助教、小使という機構が整備された。藩士子弟は八歳になると入学し、漢学を中心に、兵学（山鹿流）や砲術（武衛流）などを学んだ。学統は古註を主とした折衷学派のようであった。藩校以外に藩儒の家塾で学ぶことも許され、成績優秀者には藩費や私費での遊学も許可された。

参考文献　『群馬県史』通史編六、文部省編『日本教育史資料』三、笠井助治『近世藩校に於ける学統学派の研究』上（吉川弘文館、一九六九年）

（工藤　航平）

那波藩（なははん）

上野国那波（群馬県伊勢崎市）に藩庁を置いた藩。大名はいずれも譜代。松平（大給）源次郎家乗が、天正十八年（一五九〇）那波郡内のうち一万石を与えられ、那波城に入ったことにより成立。家乗は、慶長六年（一六〇一）一月一万石加増され美濃国（岐阜県）岩村へ転封となる。同年二月、武蔵国（埼玉県）川越より酒井忠世が那波城に入り、藩主となる。同十年、近江国（滋賀県）栗太・蒲生・野洲郡のうち五千石加増。那波藩の消滅については、同十四年上野国那波郡善養寺領五千石加増にともない、住居を善養寺に移したという説、元和二年（一六一六）同国勢多郡大胡、佐位郡伊勢崎のうち三万二千石加増され、同三年父重忠の厩橋藩領を相続したときなどの諸説があるが、詳細は不明である。

なお、忠世の孫忠能が、上野国那波・佐位、武蔵国榛沢の二万二千五百石を分与された寛永十四年（一六三七）—寛文二年（一六六二）までを那波藩とする説がある。

参考文献　『群馬県史』、『寛政重修諸家譜』第一・二、『藩史総覧』

（小川　和也）

沼田藩（ぬまたはん）

上野国（群馬県）沼田に藩庁を置いた藩。城持。譜代。初期は外様で、戦国時代末期、沼田周辺に進出していた真田昌幸が天正十八年（一五九〇）吾妻《あがつま》・利根郡下二万七千石を安堵され、嫡子信之を置いて立藩。慶長五年（一六〇〇）の関ヶ原の戦に、信之は東軍に属したため戦後これまでの所領に加え父の旧領信州上田三万八千石を加増され、さらに三万石を加増

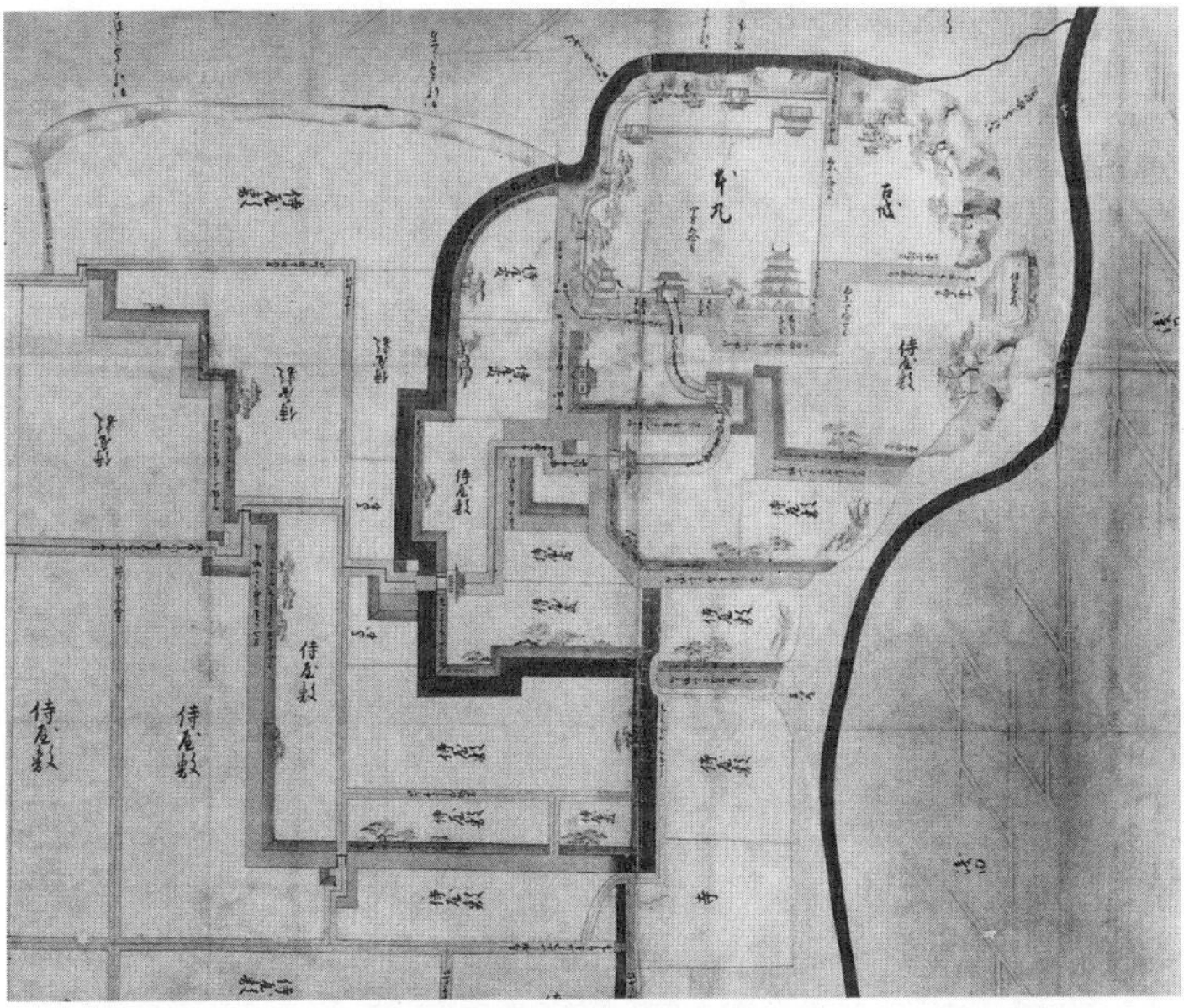

上野国沼田城絵図部分（正保城絵図より）

され、九万五千石を領し、元和二年（一六一六）二代信吉に沼田領を与えて上田に移るまでの二十六年間は沼田と上田を兼ねて支配した。以後三代熊之助を経て四代信政が松代城主として去ったあと、明暦三年（一六五七）信吉の庶子信利（信直）が五代藩主として入封した。

当時の沼田藩では領国経営も進み、近世的支配体制が確立しつつあったが、財政面では行詰りの状態にあったといわれ、寛文二年（一六六二）にはいわゆる拡大検地を実施し、表高三万石に対し十四万四千石余の石高を打ち出し、これを基礎に課税したという。天和元年（一六八一）十一月、江戸両国橋御用材納入の遅延を理由に信利は改易となり、山形城主奥平氏に預けられ沼田城は破却された。このことに関連して、杉木茂左衛門（磔茂左衛門）と松井市兵衛の直訴事件があったと伝えられる。以後沼田領は幕府代官領となったが、元禄十六年（一七〇三）本多正永が下総国から二万石で入封し、城を再築して立藩した。同氏は正武・正矩と在封、所領は河内国飛領を含め四万石に漸増したが、享保十五年（一七三〇）七月駿河国田中に移封され、再び代官支配となった。しかし二年後の同十七年三月常陸国下館から黒田直邦が入封、利根・山田・武蔵国榛沢・幡羅・児玉・賀美六郡のうち二万五千石を領した。七月には西丸老中となり、利根郡のほか武蔵国児玉・比企・高麗《こま》三郡のうち五千石が加増され三万石となったが、寛保二年（一七四二）七月、二代直純が上総国久留里の廃城の再興を命ぜられ沼田を去った。

代わって摂津・播磨国から土岐頼稔が入封した。頼稔は老中職にあり、利根郡下城付四十六ヵ村で二万石、群馬郡内二十ヵ村と河内国ほか他国飛領で一万五千石、計三万五千石であった。二代頼熙を経て三代定経が大坂城代の要職にあった天明元年(一七八一)、見取り田畑(新田畑)を高入地に入れようとする藩の計画に反対する「見取騒動」が起った。なお同藩では貢租米の地払い価格の低下を防ぐため、年々越後米などの領内流入を阻止するための穀留政策を実施していた。以後、藩主は頼寛・定吉・定富・頼布・頼潤・頼功・頼寧と続き、十一代頼之の時、戊辰戦争での去就が注目されたが、明治元年(一八六八)四月十二代頼知が朝廷に帰順を表明。同閏四月の三国戦争では上野諸藩とともに会津兵と戦った。同二年六月版籍奉還、同四年七月廃藩置県により沼田県となり、さらに同年十月群馬県となった。

[参考文献]　『群馬県史』資料編一二、山田武麿編『上州の諸藩』下(上毛新聞社、一九八二年)

藩校　寛保二年(一七四二)七月、沼田に入封した藩主土岐頼稔は城内(沼田市西倉内町)に学問所を設け、同年十二月から藩校沼田学舎として発足させた。その子頼熙自撰の『沼田学舎記』によれば、野州足利学校に範を求めたことが知られる。創設以後の推移は幕末期まで不明。弘化元年(一八四四)九月、十代頼寧が江戸麻布見坂邸内に学問所を設けたが、その後文久元年(一八六一)十月、十一代頼之の時に沼田学舎分校敬修堂と改称した。しかし翌二年に沼田学問所を分校と位置づけていることから、頼寧は江戸の敬修堂を本拠に藩校の再興をはかったとみられる。沼田学舎での教育内容は文武中心に編成され、城内には漢学教場・筆学教場のほか、兵学・弓術・馬術・槍術・剣術の各教場が設けられていた。敬修堂の就学年齢は七、八歳。修業年限はおよそ四年、武道専修者以外は四書五経が終らないと修了を認めなかった。入学金・授業料とも藩費でまかなわれた。明治元年(一八六八)に廃止、以後私塾となり学制布達後も存続した。

[参考文献]　『群馬県史』資料編一二

(井上　定幸)

前橋藩(まえばしはん)

上野国前橋(厩橋)に藩庁を置いた藩。譜代・親藩。城持。幕末十七万石。天正十八年(一五九〇)徳川家康の関東入国の時、平岩親吉が三万三千石に封ぜられて成立し、以後酒井氏が九代、松平氏が八代続いた。厩橋の地名は、古代東山道の群馬《くるま》の駅家《うまや》に由来するとされているが、確かな文献では大永七年(一五二七)が初見である。戦国時代末には前橋とも書いて、ともに「まやはし」と訓み、十七世紀前半から前橋と称した。厩橋城築城の時期については諸説あるが、十五世紀末ごろといわれ、初代城主は『前橋風土記』が伝える固山宗賢を長野方業とする説が有力で、箕輪城主長野氏の境目城であったと推定されている(総社長尾氏説もある)。長野氏は五代、歴代上杉氏に属したが、上杉憲政が越後に追われてから北条氏・上杉氏の争奪がくり返され、永禄三年(一五六〇)長尾景虎(上杉謙信)がここを関東制覇の拠点とした。その後、北条《きたじょう》高広が守将となり、ついで織田信長の部将滝川一益が入り、その西帰後は北条氏の配下にあった。

天正十八年四月、小田原征討軍浅野長政らにより落城。初代藩主平岩親吉は三河以来の家康の直臣、甲斐郡代から移って治政十一年、慶長六年(一六〇一)二月甲府城代に去り、ついで徳川義直に従って尾張犬山城主となった。代わって武蔵国川越城一万石に封ぜられていた酒井重忠が入封して三万三千石を領した。以後忠世・忠行・忠清・忠挙(忠明)・忠相《ただみ》・親本・親愛《ちかよし》・忠恭《ただずみ》と、約百五十年間酒井氏の治政が続いた。酒井氏は徳川氏と同祖と伝え、重臣の一人であった。忠世以来代々雅楽頭を称し、忠世・忠清は老中・大老に列し、ともに創設期の幕政の中核にあった。特に忠清は下馬将軍といわれ、その権勢は伊達騒動・越後騒動の裁断などで有名であるが、将軍家綱の継嗣問題で失脚した。酒井氏の所領は忠世の時急増して十二万二千石余となり、忠行は部屋住料を合わせて十五万二千石余であった。忠清は襲封の時二万二千石余を弟忠能に分与して伊勢崎侯とし、三万石を収公されて十万石となったが、晩年十五万石に復した。

ついで忠挙は弟忠寛に、忠能が信州小諸城に去ったあとの伊勢崎領二万石を分封して十三万石を領したが、のち新田を加えて十五万石となり、以後十五万石が前橋藩の格式となった。藩域は勢多・群馬両郡にわたる利根川左岸の城付を主とし、上野国内に大胡西領・同東領・善養寺領・玉村領・藤岡領・里見領、国外に武蔵・相模、上総久留里領、近江に上京料などがあった。忠恭が大坂城代になった時、一時常陸・伊豆・播磨・摂津に及んだこともあり、その後は分散・移動がはげしい。上野領内の検地は寛永十年(一六三三)前後に行われ、藩体制の基礎は忠世、特に忠清の代に確立したといってよい。次の忠挙は父の罪で一時遠慮を命ぜられ、以後幕閣から退くが、儒学を好み、諸制度を整え、元禄二年(一六八九)の総検地、宝永年間(一七〇四—一一)の新田検地をはじめ、六斎市の振興、社倉制度、藩校好古堂・求智堂の創設など内政建て直しに努力して名君といわれた。しかしこのころから藩財政の破綻が現われて家臣給与の上米が恒常化し、加えて利根川洪水による城郭の破壊に苦しみ、寛延二年(一七四九)正月家臣の策計によって姫路に転封となり、代わって姫路藩の幼君松平朝矩が入封した。当時の城郭は利根川の断崖を背にして東方に縄張りされ、享保年中（一七一六―三六）の規模十五万坪余、三層の天守閣があった。城下町は城の東・北に開け、四・九の市を中心にして二十三町、侍屋敷を含め家数四千七百軒あったという。

松平氏は結城秀康の五男直基を祖とし、越前勝山以来すでに転封九回。入封後城の破壊が一層進んで二ノ丸まで失うに至ったため、明和四年（一七六七）閏九月、在城わずか十九年で武蔵国川越城に移った。以後約百年前橋には陣屋を置き、前橋領約七万五千石は川越藩の分領となった。藩主は朝矩のあと直恒・直温《なおのぶ》・斉典《なりつね》・典則《つねのり》・直侯《なおよし》・直克・直方とつづき、代々大和守。直克の時、前橋領生糸商人らの献金により城を修築、慶応三年（一八六七）三月、竣工して再び前橋に帰城した。この間、松平氏は所領の分散と財政破綻に苦しみ、文政五年（一八二二）には永続金制度、嘉永元年（一八四八）には蚕積金制度などを設けて農村復興をはかったが成功しなかった。天保十一年（一八四〇）十一月出羽国庄内への転封が発令されたが、庄内領民の反対にあって中止となり、代償として二万石が加増され十七万石となった。斉典は藩政の建て直しに努め、藩校博喩堂の創設、川越版『日本外史』の刊行などを行い明君であったが、同十三年相州沿岸警備を命ぜられ、ついで江戸湾警備が松平氏の担当となったため、財政の破綻はさらに進み、幕末の借財は五十万両をこえた。

前橋領では養蚕業の比重が高まり、文久元年（一八六一）生糸改会所を設けて領内生糸の販売統制をはかったが、時すでにおそかった。直克は前橋への帰城に期待し、兵制の改革など藩政改革を進めた。幕閣でも重用され、同三年政事総裁職に任ぜられて、朝幕の間を奔走した。しかし横浜鎖港問題で徳川斉昭らと対立して政局から後退。明治元年（一八六八）二月上洛して徳川家の存続嘆願を試みたが、その帰途東山道総督に服して上野国鎮撫を命ぜられ、戊辰戦争には上野諸藩兵を率いて三国・戸倉で会津兵と戦った。版籍奉還後なお横浜に藩営生糸直売所、前橋に藩営製糸所を設けるなど藩政建て直しを企図したが、同四年七月十四日廃藩置県により前橋県となり、十月二十八日岩鼻県ほか上野諸県と合併して群馬県（第一次）となった。藩政史料に『酒井家史料』（前橋竜海院蔵）、『姫陽秘鑑』（姫路城管理事務所蔵）、『松平藩日記』（前橋市立図書館蔵）、『前橋風土記』（『群馬県史料集』一所収）、『直泰夜話』などがある。

参考文献　『寛政重修諸家譜』第二・一八、新井白石『藩翰譜』（『新井白石全集』一）、前橋市立図書館『前橋藩松平家記録』一九九四―、大藤彬編『橋藩私史』、山田武麿「前橋藩」(『新編物語藩史』三、新人物往来社、一九七六年所収)、橋本光晴「転封に関する一考察―明和四年前橋藩主松平朝矩川越転封の実態―」(大石学編『近世国家の権力構造―政治・支配・行政―』岩田書院、二〇〇三年所収)、今井善一郎「初期の前橋城主について」(『群馬文化』七八・七九合併号、一九六五年)

(山田 武麿)

藩校 藩校博喩堂の創設は文政十年(一八二七)で、松平氏が川越藩治の時である。藩主斉典は好学の士で多くの儒者を登用し、文政十年学問所を川越城西に設けて博喩堂と称し文教を興した。藩主直克の時、慶応年中(一八六五―六八)前橋城の再築に際し博喩堂を城内に移建し、その規模・教育方法など悉く旧態に復した。明治維新に際し学制を革新、明治四年(一八七一)には従来の漢学・和学のほか習字・算術・洋学・兵学を加え新時代の教育を企てたが、間もなく廃藩により廃校となった。白鹿洞書院掲示を講堂に掲げて博喩堂教育の基本方針を明示し、幕府昌平黌の学風に倣い朱子学で一貫した。維新前の教官定数四十数名、生徒三百余名(維新後六百名)、藩主斉典の時出版した川越版『日本外史』は著名である。

参考文献 文部省編『日本教育史資料』三・一一、『群馬県史』三、『埼玉県誌』上、笠井助治『近世藩校に於ける出版書の研究』(吉川弘文館、一九六二年)、同『近世藩校に於ける学統学派の研究』上(吉川弘文館、一九六九年)

(笠井 助治)

吉井藩(よしいはん)

上野国(群馬県)吉井に藩庁を置いた藩。陣屋持、譜代、家門。天正十八年(一五九〇)徳川氏の関東入部に際し、その家臣菅沼定利が二万石で立藩した。慶長七年(一六〇二)定利の養子忠政(奥平信昌の三男)が美濃国加納に移封され廃藩。天和二年(一六八二)蔵米一万俵を給されていた大番頭堀田正休が、蔵米を改めて上野国多胡・緑野・甘楽、武蔵国埼玉四郡内に一万石を与えられ、吉井に陣屋を営み再び立藩。元禄十一年(一六九八)正休は近江国宮川に移封され廃藩。その後宝永六年(一七〇九)上野・上総六郡内に七千石を知行する家門の鷹司(松平、明治元年(一八六八)二月以後、吉井)信清が、上野四郡内に三千石を加増され一万石となり、矢田に陣屋を営み三たび立藩(矢田藩)。宝暦年中(一七五一―六四)に陣屋は吉井に移された。歴代藩主は、信清以下、信友・信有・信明・信成・信充・信敬・信任・信発・信謹と続き、廃藩に至った。明治二年三月、十代信謹は上野諸藩に先立ち版籍奉還を願い出、六月知藩事に任ぜられたが同十二月知藩事を辞し、当藩は岩鼻県に合併され廃藩となった。

参考文献　山田武麿編『上州の諸藩』上（上毛新聞社、一九八一年）、『吉井町誌』、児玉幸多・北島正元監修『藩史総覧』（新人物往来社、一九七七年）

（井上　定幸）

幕末諸隊　嘉永六年（一八五三）ペリー来航時に領内の猟師を江戸に送り軍事訓練をしたが、文久二年（一八六二）には藩士にオランダ式操法を習わせ、元治元年（一八六四）に農兵を徴発した。農兵は苗字帯刀御免と一人扶持の特権が与えられ、約百名を中隊に編成した。のちに郷兵と改称し二十名ずつ江戸に出役した。幕府にならいフランス式に改め歩騎砲三兵とし、戊辰戦争時は官軍の東山道総督府に従軍した吉井藩兵の中に組み入れられた。

参考文献　『群馬県史』資料編九、田村栄太郎『近代日本農民運動史論』（月曜書房、一九四八年）

（高木　俊輔）

埼玉県

赤沼藩（あかぬまはん）

武蔵国比企郡熊井村（埼玉県鳩山町）に藩庁をおいた藩。内藤正勝が、父の遺領として継いだ武蔵国比企・大里郡、常陸国、下総国、上総国のうち五千石のほかに、天和二年（一六八二）に上野国において千石の加増、さらに元禄六年（一六九三）、大坂定番に命じられた際、摂津国嶋下・嶋上・豊嶋・川辺、河内国若江・讃良・茨田郡において一万石の加増をうけ、合計一万六千石となったことにより成立した。初代藩主正勝の父政次は、三河国出身で徳川譜代の家臣内藤忠政の四男である（長男は内藤清成）。寛文十年（一六七〇）、政次が死去すると、正勝は養子として迎えられ、留守居役などを経て大坂定番となり、赤沼藩立藩後、元禄七年に大坂において死去した。同年、正勝の子正友が二代藩主となり、のち領地を武蔵・常陸・下総・上総・上野国のうちに移された。同十六年、信濃国佐久郡に移され、同郡岩村田を居所としたことにより廃藩となる。

参考文献　『近世鳩山図誌』(『鳩山町史編さん調査報告書』八、二〇〇五年)、大舘右喜「武州赤沼藩内藤家領今宿の基礎的研究」(『鳩山町史研究』四、二〇〇四年)

(野本　禎司)

石戸藩(いしどはん)

武蔵国足立郡川田谷村(埼玉県桶川市)に藩庁をおいた藩。牧野信成が、慶長四年(一五九九)、父康成から足立郡石戸領五千石を遺領として継いだ後、寛永三年(一六二六)に二千石、寛永十年に四千石の加増をうけ、合計一万一千石となったことにより成立した。藩主信成の父康成は、当初は今川氏真に仕え、本多忠勝と槍を合わせたこともあったが、永禄八年(一五六五)以降、徳川家康の家臣となった。その後康成は、長篠の合戦や高天神の合戦において戦功をあげ、本多正信や大久保忠隣、阿部正勝とともに申次の役を務めた。関東入国以降、家康が忍、川越辺りに鷹狩に訪れた際は、康成の知行所である石戸の茶屋に立ち寄り休息している。

正保元年(一六四四)、信成は加増をうけ、計一万七千石をもって下総国関宿に移されたことにより廃藩となる。ただし、足立郡石戸領五千石は、嫡男親成に与えられ、親成が関宿藩主に就任した後も、信成の養老料を経て、親成の弟三人に分け与えられた。

参考文献　『桶川市史』一、『北本市史』一、『鴻巣市史』通史編二、重田正夫「牧野家と足立郡石戸領」(『上尾市史調査概報』六、一九九五年所収)

(野本　禎司)

岩槻藩(いわつきはん)

武蔵国岩槻(さいたま市)を藩庁とした藩。天正十八年(一五九〇)徳川氏関東入国後、岩槻城には高力河内守清長を置き二万石を領せしめ、また浦和領一万石を預からせた。これが岩槻藩のはじめである。高力氏はその後正長・忠房の三代、二十九年間岩槻に在城、元和五年(一六一九)遠州浜松に転封した。翌六年、青山伯耆守忠俊(譜代)が四万五千石を領して岩槻城主となったが、同九年上総大多喜城に移されたから在城はわずか三年であった。同年阿部備中守正次(譜代)が五万石を領して小田原から転封、のちに各地で三万六千石を加増された。阿部氏はその後、重次・定高・正春・正邦と五代五十八年間、岩槻城にあり、知行高の最高のときは正春の代で武蔵・上総・下総にかけて高十一万五千石余を領した(『寛文印知集』)。阿部氏は天和元年(一六八一)丹後の宮津に転封された。ついで板倉重種(譜代、六万石)が城主となったが、わずか一年で蟄居を命ぜられ、同二年には戸田忠昌(譜代、五万一千石)が肥後富岡から移ってきた。しかし、戸田氏も在城わずか四年で、貞享三年(一六八六)下総佐倉に転封となり、そのあとに松平伊賀守忠周(譜代、四万八千石)が移ったが、これも一代十二年で元禄十年(一六九七)但馬出石に転出、小笠原長重(譜代、五万石)が三河吉田から移った。小笠原氏はその子長熙の代まで十四年間在城し、正徳元年(一七一一)遠江掛川に移され、ついで永井直敬(譜代、三万三千石)が信濃飯山から転じてきた。永井氏はついで尚平・尚英(直陳)と三代四十六年間在城、宝暦六年(一七五六)美濃加納へ移され、このあとへ大岡忠光(譜代、二万石)が入城、以後大岡氏は忠喜・忠要・忠烈・忠正・忠固・忠恕・忠貫と八代在城して明治維新を迎えた。

版籍奉還時の知行高は二万三千石(草高二万三千石余)で、領地は岩槻城付約二万石のほか、武蔵・上総・下総・常陸・上野・山城などにも飛地を所有した。岩槻城は江戸に近く、しかも将軍の日光社参の沿道にもあたっているので幕府は歴代重臣をここに配置した。その関係で転封も頻繁であったわけである。最後の藩主大岡忠光は一介の旗本から身をおこし、若年寄から側用人に累進し、特に九代将軍家重の言語を解するのは忠光のみであったから、深く信任され、大名に出世した。ただし、石高は低かったので家臣団も少なく総勢二百八十一人、内知行取は二百五十石を筆頭に五十七名にすぎなかった。しかし家臣には優秀なものが多く、はじめには山県大弐、後には藩学遷喬館をおこした児玉南柯がいる。明治四年(一八七一)七月の廃藩置県令により、岩槻県と改称されたが、その後の府県の統合により、同年十一月埼玉県が設置された際、同県に統合された。また上総・上野などに散在した旧岩槻藩の飛地も、それぞれの地域に設置された諸県に併合された。

【参考文献】『大岡家旧記』、島田午蔵編『岩槻誌』、『埼玉県史』、『岩槻藩大岡家家中田口家文書』(埼玉県立文書館寄託)、『岩槻大岡君行状記』(国立公文書館)、『大岡忠貫家記』(東京大学史料編纂所)、『岩槻宿町年寄・名主勝田家文書』(埼玉県立文書館)、『岩槻市史』近世資料編三、『岩槻市史』通史編、『新編埼玉県史』資料編一七、通史編三・四、『分限帳集成』(『埼玉県史調査報告書』一九八七年)

(小野　文雄)

藩校　寛政十一年(一七九九)に児玉南柯が設立した家塾遷喬館(さいたま市岩槻区)が、学問に力を入れていた藩主大岡忠正との関係から、しだいに藩校として機能した。南柯は、藩主の指示で林家で学んだのち、天明四年(一七八四)勝手向取締方に就任、しかし同八年に部下の横領事件に連座して謹慎処分となっていた。その南柯を藩主忠正が取り立て、藩の教学にあたらせた。藩校としての性格を強める過程では、文化八年（一八一一）、南柯の建議により藩が遷喬館に隣接して武芸稽古所を建設したこと、このころから遷喬館の名称が勤学所と変わることなどがある。ただし、経営面において南柯の私費による負担は大きく、また学習方針も基本的には南柯によっていたので、南柯の家塾的性格は残っていたといえる。学習形態は、当初は南柯、そのほかの教官の個別指導で進められたが、のちに素読生と講義生とに分かれ、試験により素読生から講義生に進む形式となった。試験は、素読調として教官が行うほかに、御聴と称して藩主が行うこともあった。南柯亡きのちは、頭取、世話役、会頭などが中心となって指導に勤めた。武芸稽古所では、剣術（直心影流）、槍術（種田流）、馬術（大坪本流）、砲術（井上流・荻野流）、弓術（逸見流、日置流）、兵学（長沼流）、水練（関流）が行われた。児玉南柯に関する史料（日記、著作など）は、「岩槻藩御大岡家儒者児玉南柯関係文書」として埼玉県立文書館に寄託されている。

参考文献　『埼玉県教育史』二、『岩槻市史』近世史料編一、同通史編、『埼玉県史』通史編四

（野本　禎司）

岡部藩（おかべはん）

武蔵国（埼玉県）岡部を藩庁とした藩。藩主安部氏。譜代。表高は二万石で、岡部村に陣屋があった。平安時代末期に武蔵猪俣党の一つである岡部氏がおり、猪俣時範の孫忠綱が岡部六大夫と名乗ったのが地名のおこりであるという。六大夫の孫に六弥太忠澄がおり、保元の乱以来源平合戦に勇名をはせた。のち足利氏および後北条氏の部将松田氏に仕え、吉正のとき徳川家康に召し出されて千五百石を食んだ。支流に四家あり、本家ともに幕末まで旗本を世襲した。天正十八年（一五九〇）家康が関東に入部すると、譜代の家臣安部信勝を同地に封じ、下野梁田郡と合わせて五千二百五十石余を給与されたのが、岡部藩のおこりである。信勝の子信盛は、大番頭を勤め、寛永十三年（一六三六）三河八名郡において四千石の加増を受け、ついで慶安二年（一六四九）大坂定番に転じ、摂津の四郡のうちで一万石を下賜され、計一万九千二百石余を領し、大名の列に加わった。その後もたびたび大番頭や大坂定番を勤めた功により加増され、信之・信友を経て信峯の代には、二万二千二百石余を領し、そのうち二千石を弟信方に分与した。以後、信賢・信平・信允・信亨・信操・信任・信古・信宝・信発と続き、明治元年（一八六八）信発の時に三河半原へ藩庁を移し半原藩となった。

　岡部藩は初代信勝の入部当時、他の万石以下の家臣と同様、陣屋支配を行なったのが、その後大名に昇格してもそのまま

維持されたもので、岡部陣屋とも称された。陣屋のあった岡部村は、深谷宿の西半里のところにあり、中山道の間《あい》の宿として繁栄した。

参考文献　『寛政重修諸家譜』第六、『新編武蔵風土記稿』二三〇・二三二(『大日本地誌大系』(雄山閣、一九七二年))、『岡部藩主安部家文書』(埼玉県立文書館寄贈)、『岡部藩安部家家中高橋家文書』(同)、『新編埼玉県史』通史編三・四、資料編七・近世八

（北島　正元）

藩校　安永—天明期ころ、就将館が江戸藩邸内に開設されたという。これは井上俊蔵なる人物の私塾が藩学として公認されたものと考えられる。嘉永年間(一八四八—五四)、藩儒となった宮原成太(松崎謙堂門)は就将館を止め、新しく文武の学館として学聚館および偃武館を開設したらしい。漢学のみで、筆道・算術などは行わず、午前中は句読、午後は輪講・会読を行なった。江戸藩邸における教導が中心であり、岡部表では私塾が藩士教育を担ったという。明治元年(一八六八)に半原藩への移転により、江戸藩邸内の学聚館も半原へ移ることとなった。

参考文献　『埼玉県教育史』二、文部省編『日本教育史資料』二

（工藤　航平）

忍　藩（おしはん）

武蔵国忍(埼玉県行田市)を藩庁とした藩。戦国時代、成田氏がこの地に城を築いて勢力を張ったが、天正十八年(一五九〇)、豊臣秀吉の東征軍の一隊石田三成らに攻撃されて降伏。同年八月、徳川家康が関東に入国すると、ただちに家臣団の知行割を行い、忍の地には深溝松平の松平家忠を配置した。石高は一万石。一年七ヵ月を経て、文禄元年(一五九二)二月、家忠は下総国上代に移り、あとに家康の四男松平忠吉が十万石(一説に十二万石)をもって入封した。忠吉は八年八ヵ月在城し、関ヶ原の戦後の慶長五年(一六〇〇)十月、尾張へ転封。その後は寛永三年(一六二六)三月—四年十一月の一年九ヵ月、武蔵国深谷城主酒井忠勝が忍領二万石を領知した期間を除いて三十年以上も番城として存在し、城番が派遣された。同十年五月に至り、松平信綱が三万石で入封し、五年九ヵ月後の十六年正月、同国川越に転封、そのあとに阿部忠秋が下野国壬生より五万石で入封した。忠秋は正保四年(一六四七)、一万石、寛文三年(一六六三)、二万石を加増されて八万石を領し、同十一年あとを継いだ養子の正能は旧領の上総国の一万石を加増され、九万石を領した。次の正武は弟正明に五千石、正房に三千石、正員に二千石を分与して八万石となったが、

貞享三年(一六八六)と元禄七年(一六九四)に各一万石を摂津国において加増され、十万石となった。その後正喬・正允・正敏・正識・正由と継承し、正権の代に及んで文政六年(一八二三)三月、陸奥国白河へ転封。あとに松平忠堯が伊勢国桑名から石高十万石で入封し、忠彦・忠国・忠誠と世襲して、明治維新に至り、忠敬の時に廃藩、明治四年(一八七一)七月十四日忍県となり、ついで同年十一月十三日埼玉県に統合された。

　忍藩の領域は藩主の知行高によって差違があるが、松平家忠が知行した一万石の範囲は、新郷・下新郷・荒木・別所・須賀・犬塚・西新井・下中条・酒巻などの利根川沿岸の諸村で、忍城からはやや離れた地域である。松平忠吉の与えられた範囲は不明だが、大体埼玉・榛沢・幡羅・足立の四郡にまたがる地域と考えられる。酒井忠勝は所領五万石のうち二万石、松平信綱は三万石のうち十四ヵ村約二万石を忍周辺で与えられている。阿部家の所領は正武の代に固定、武蔵国内の所領八万石は忍城を中心とする忍領城付六万石と秩父領・鉢形領・柿木領で、ほかに摂津領二万石がある。松平家は武蔵国内ではほぼ阿部家の所領を引き継ぎ、そのほか越後国に約二万石の飛地を持っていたが、天保元年(一八三〇)、新領とふりかえられた。そのうち約半分は武蔵国埼玉・幡羅・榛沢郡の村々で、ほかに播磨国加古・多可・加西郡および伊勢国三重郡の村々である。

　忍藩が藩として定着し、独自の藩政を展開し得たのはいうまでもなく阿部家の百八十五年間の長きにわたる支配によるものである。すなわち、藩の組織や支配機構は阿部家の時代に整えられ、松平家に引き継がれた。忍領以下各領は幾つかの組に分けられ(たとえば忍領では持田組・佐間組・谷郷組・皿尾組の四組)、それぞれに割役が置かれ、組内の村々を統轄した。江戸に比較的近く、また江戸防衛の必要上、幕閣に連なる譜代、あるいは徳川一門の大名が配置されたものと考えられるが、中山道熊谷宿に近接し、日光裏街道に通じる交通上の要衝でもあり、利根川渡河点に設けられた川俣関所の警備は忍藩の重要な任務であった。中期以降、藩財政は逼迫し、藩士の家族数に応じて扶持米を支給する面扶持や、領内への御用金賦課などによって急場を凌いだが、天保十三年以降の江戸湾防備の莫大な出費で、財政難は慢性化した。領内では木綿・藍・紅花などの商品作物のほか、忍城下やその周辺で足袋が製造された。また秩父絹太織の生産は領民の経済的余裕を生み、秩父大宮で開かれる絹市は藩の保護を受けた。幕末、松平忠誠の代に、天狗党の鎮定、京都警衛、武州一揆の鎮圧などに追われたが、慶応二年(一八六六)兵制改革を行い、同時に農兵を徴発している。明治元年官軍に帰順、奥羽戦争に参加した。藩政史料としては学習院大学史料館に寄託されている阿部家文書の中に忍時代の藩政をうかがうに足る史料があるが、特に元和二年（一六一六）から慶応二年に及ぶ編年体の藩史「公餘録」、家中条目や川俣条目をはじめとする諸法令は重要である。また埼玉県立文書館には地方の史料が収蔵されている。

参考文献　『家忠日記』、『阿部家史料集』一・二、公餘録上・下、『行田市史』下、『新編埼玉県史』資料編一七、通史編三・四、『分限帳集成』（『埼玉県史調査報告書』一九八七年、『秩父領割役日記』（秩父市史編纂委員会、一九六一年）、『忍領村別史料集』（秩父市史編纂委員会、一九六一年）、小野文雄「忍藩」（『新編物語藩史』三、新人物往来社、一九七六年所収）、根岸茂夫「武蔵における諸代藩の形成」（村上直編『関東近世史の研究』一九八四年所収）、長谷川正次「近世後期に於ける武州忍藩城下町の検討」（『国史学』七五、一九六七年）、大谷貞夫「享保期忍藩領における治水事情」（同七六、一九六八年）、山田直匡「近世封建制の解体と没落農民の実態―武州忍藩を素材に―」（同七七、一九六八年）、大舘右喜「近世前期の貢租と小農―武州忍領の場合―」（同七八、一九六九年）、大徳忠志「忍領における定免制の特質」（『国学院雑誌』七〇ノ四、一九六九年）、根岸茂夫「忍藩阿部氏家臣団の形成」（『国史学』一〇一、一九七七年）

（松尾美恵子）

藩校　文政六年（一八二三）に桑名から転封してきた松平下総守家は、桑名藩時代に設立した藩校進修館を天保六年（一八三五）、忍城外郭下荒井の地に再興した。転封当初は財政難のため、藩儒芳川波山の家塾および御城講釈によって教導を行なっていた。藩儒は桑名時代より京学派（羅山派）と敬義派（闇斎派）とが対立していたが、忍藩時代は文政六年に登用された京学派の波山が重要な役割を担った。藩士子弟は十歳に達したら入学することとされ、儒学（朱子学）・軍学（北条流）は士分以上の必須、算術・習字は御切米以下の者の学科とされた。軍学は士鑑要法を教科書としたが、素読はせずにその意義を理解することを目的とした。明治元年（一八六八）九月に藩政改革が実施され、その一環として洋学教官・学監・学問所下役の三役を新たに置くとともに、培根堂（初学者のため、元勘定所稽古場南学寮）・国学館（同北学寮）・洋学館（城内沼橋）が新設された。また、同三年には洋学館学頭であった芳川春濤により江戸藩邸に英学塾が開設された。廃藩置県により廃校となった。進修館扁額は現在、埼玉県行田市立中央小学校に保存されている。

参考文献 『埼玉県教育史』二、大沢俊吉『行田の町なみと学校史』(行田市、一九七五年)
(工藤　航平)

藩札　忍藩では本藩で通用の銀札五種が発行されているがその年度は不詳である。播磨国加古郡の二見では安政年間(一八五四―六〇)に銀札五種、銭札二種が飛地札として発行された。また伊勢国の飛地においても慶応年間(一八六五―六八)に銀札六種がだされた。そのほか、明治に入ってから、明治二年(一八六九)に農商司から金札一種、発行年度は明らかではないが蔵屋舗から銭札三種、忍国益所および同会所からそれぞれ銭札一種ずつ、加古郡の飛地二見では金札一種その他が発行されている。

一朱金札

参考文献 荒木三郎兵衛『藩札』上(いそべ印刷所、一九六九年)
(作道洋太郎)

川越藩(かわごえはん)

武蔵国(埼玉県)川越を藩庁とした藩。江戸に最も近い番城として重視され、老中など幕閣重臣が配置された。城主は八家二十一代を数え、明和四年(一七六七)―慶応二年(一八六六)の松平家が越前分家の親藩であった以外はいずれも譜代大名。天正十八年(一五九〇)徳川氏関東入部の際、相模国甘縄を領した酒井重忠が同年川越城一万石を拝領したのが藩の起立である。重忠は城下町の諸役を免除し商人の集住をはかった。文禄の役には江戸留守居をつとめ、慶長六年(一六〇一)三月上野国厩橋に移る。同十四年九月弟酒井忠利が二万石で入封、大留守居となった。元和二年(一六一六)七月七千石加増、同五年十月入間・高麗・比企郡で三万七千石となり、城付地の中核が形成された。慶長十七年から十九年に仙波喜多院を復興、寛永元年(一六二四)検地を施行、三芳野天神社殿を建立した。同四年十一月忠利没し、同月嫡男武蔵国深谷五万石の城主老中忠勝が遺領のうち三万石を合わせ八万石で襲封、九年九月十万石となった。彼は寛永五年川越氷川社を修復、十年仙波東照宮を創建、十一年閏七月若狭国小浜に転じた。翌十二年三月老中堀田正盛が三万五千石で入ったが、十五年正月の川越大火で喜多院・東照宮も罹災した。彼は三月信濃国松本に移されたが、同十七年までその再建に尽くした。

十六年正月、島原の乱を鎮定した老中松平信綱が忍から六万石で入封、正保四年(一六四七)七万五千石となる。彼は川越城の再建と城下町の整備、新河岸川舟運の開設、荒川瀬替えに伴う川堤築造、武蔵野開発と野火止用水開鑿、慶安総検地の実施、二毛作・早稲・畑作奨励と技術指導を行い、藩政確立に力を尽くした。川越城は本丸・二ノ丸・三ノ丸・蓮池口・清水口の上杉・北条時代の構成に新曲輪・南大手・中曲輪・西大手の各口が加えられ、西大手を正門として道路を整備、地割・町割を行なって十ヵ町四門前の制度が作られた。寛文二年(一六六二)信綱の死後、輝綱ついで信輝(七万石)が継ぎ、元禄七年(一六九四)正月下総国古河に転じた。代わって徳川綱吉の側用人柳沢吉保が七万二千三十石で入った。彼は同年川越南方の立野を畑地に開発、九年ここに多福寺を建立、同年検地を実施して上富・中富・下富三ヵ村を成立させた。十年七月二万石、十五年三月二万石加増、計十一万二千三十石を領し、宝永元年(一七〇四)十二月甲斐国甲府に移った。同月老中秋元喬朝が甲斐国谷村より五万石で入封、正徳元年(一七一一)十二月六万石となり、四年死去。喬房・喬求・凉朝と続くが、この間甲州から職人を招き、養蚕や絹織物・川越斜子・川越平の生産、養魚、柿・川越芋の栽培、高麗台地開発が進められた。寛保二年(一七四二)関東大洪水の被害を受け、明和元年伝馬騒動に巻き込まれ、四年閏九月出羽国山形に転封された。同月上野国前橋城の利根川水難により松平朝矩が十五万石で移封。直恒・直温と継ぎ、斉典の時窮迫する藩財政再建のため御用達商人横田家を勘定奉行格に任じ、藩士に面扶持制を設けて半知借上げを実施し、農村では養蚕、絹織・地縞織・唐桟織を指導し、荒廃田恢復のため川島領鳥羽井堤を築造した。

しかし文政三年(一八二〇)十二月武州領一万五千石が相模国三浦郡に替地されて、相州警固役が課せられ一層藩財政を圧迫した。そこで天保十一年(一八四〇)五月姫路転封を、ついで出羽国荘内への移封を出願、十一月川越・荘内・越後国長岡の三方領知替えが老中水野忠邦から命じられ準備にかかったが、荘内藩農民の激烈な入封反対闘争によって翌年七月国替えは撤回され、代わって二万石の加増となった。藩主は典則・直侯・直克と替わり、慶応二年武州一揆を武力鎮圧するとともに農兵取立てを計画したが前橋還城の命を受けた。代わって同三年正月老中松平康英が陸奥国棚倉より八万四百四十二石で入封したが、大政奉還・戊辰戦争に遭遇、康英は老中を辞し恭順の意を表したが近江領二万石は新政府に没収された。しかし官軍に帰順し金穀を献納して川越城攻撃を回避し、奥羽攻撃に派兵し、五月飯能に武州振武軍を破った。養子松井(松平)康載は明治二年(一八六九)四月家督相続、版籍奉還により川越藩知事に任じられた。四年七月廃藩置県によって川越藩は川越県となった。主要な史料に、安部立郎編

『稿本川越史料』、小浜市立図書館所蔵『酒井家文庫』、佐倉厚生園所蔵『堀田家文書』、大河内元冬所蔵・国文学研究資料館および豊橋市美術博物館寄託『大河内家文書』、高崎市立図書館所蔵『無銘書』、大和郡山市城内文庫『楽只堂年録』、秋元和朝所蔵および館林市立図書館所蔵『秋元家文書』、前橋市立図書館所蔵『川越藩日記』、川越市光西寺所蔵『松井松平家文書』がある。

参考文献　『川越市史』三・史料編近世一―三、『新編埼玉県史』資料編一七・通史編三・四、『分限帳集成』（『埼玉県史調査報告書』一九八七年）、大舘右喜「川越藩」（『新編物語藩史』三、新人物往来社、一九七六年所収）、根岸茂夫「武蔵における譜代藩の形成」（村上直編『関東近世史の研究』名著出版、一九八四年所収）、大野瑞男「近世前期譜代藩領農村の特質」（宝月圭吾先生還暦記念会編『日本社会経済史研究』近世編、一九六七年所収）、同「近世前期川越藩政の基調」（『地方史研究』一〇六、一九七〇年）、同「関東における譜代藩政の成立過程」（『関東近世史研究』一五、一九八三年）、大舘右喜「元禄初年川越藩政の一齣」（『所沢市史研究』二、一九七八年）、布施賢治「川越藩における大筒職担当組織の編成―文政・天保・弘化期の相州警衛を中心に―」（『地方史研究』二九一、二〇〇一年）、同「幕末期川越藩における剣術流派改革―他流試合と神道無念流の動向を中心に―」（『日本歴史』六四〇、二〇〇一年）、田村正純「川越藩の相州警衛について」（『国史談話会雑誌』二一、一九八〇年）

（大野　瑞男）

藩校　［松平大和守家］文政八年（一八二五）ころ、江戸藩邸において江戸講学所が、同十年には川越にも講学所（博喩堂）が開設された。川越講学所は当初、私塾同然の規模であり、藩儒石井良平邸が用いられたが、増改築を経て正規の学校敷地となった。四名の藩儒が交替で江戸と川越の講学所を担当した。同十二年の学制改革から文武奉行をはじめとした機構が整備され、藩士子弟で八歳以上の者は学ぶことができるようになった。教育内容は程朱学を中心とする漢学であり、朱子の白鹿洞書院掲示を学則とした。講釈・輪講・会読・詩文会が行われ、同十年からは素読稽古も行われた。慶応二年（一八六六）の前橋転封に伴い、川越講学所も前橋城下に移された。正式に名称を博喩堂としたのは、明治元年（一八六八）の前橋藩時代の藩政改革による講学所改革による。

［松平周防守家］慶応三年、浜田藩時代に設立した長善館を引き継ぐかたちで、棚倉藩校青藍塾を改廃して長善館（川越城西大手門外宮ノ下）を設立した。棚倉藩時代に衰退した藩学を振興することを目的としたのである。徒士以上の子弟を対象と

し、漢学(朱子学)・和学を教授した。明治二年には長善館に代わり文学寮が新たに開設され、卒族子弟も入学できるようになり、洋学が教科に加えられた。

参考文献　『埼玉県教育史』二、『川越市史』二

(工藤　航平)

藩札　維新変革期(年未詳)に、銭五百文・二百文・百文・五十文の四種の銭札が発行され、銅貨と混合通用した。銅銭払底のため、通用状況は良好であり、大蔵省の通用停止の達に対して、猶予願を提出した。明治三年(一八七〇)の届出流通額は未詳だから、藩で処分されたと考えられる。

五十文銭札

参考文献　荒木三郎兵衛『藩札』下(一九六六年)

(川上　雅)

幕末諸隊　江戸に近い川越藩の農兵は慶応二年(一八六六)八月の布告から始まる。これは同年六月の武州一揆における江川太郎左衛門支配下農兵のめざましい働きに影響されたものであった。しかし、藩領内農村には農兵制反対の動きが強く、強訴の企てもあり、藩は説得に苦慮した。翌三年には高割り人選も進み、藩兵に従って出兵もしたが、郷土防衛的性格が強かった。

参考文献　福島正義「幕藩制の崩壊と川越藩の農兵反対一揆」(『地方史研究』一〇六、一九七一年)、森田武「川越藩農兵取立て反対一揆論」(『埼玉県史研究』八、一九八一年)

(高木　俊輔)

私市藩(きさいはん)

江戸時代前期、武蔵国(埼玉県)騎西を藩庁とした小藩。私市は騎西とも書く。譜代。陣屋持。表高二万石。中世には、武蔵七党の私市党の本拠であった。室町時代の末期、上杉房顕が足利成氏に対抗するため、ここに城をきずき、上杉氏の一族である深谷の庁鼻和《こばなわ》憲信が守って成氏に大敗した。後北条氏が武蔵を領有してから、家臣の小田助三郎が在城して越後の上杉謙信と戦い、謙信の小田原攻撃に際して陥落させられたこともある。のち後北条氏の武将武蔵国忍城主成田氏長が預かり家臣を駐在させていた。天正十八年(一五九〇)八月一日、徳川家康の関東移封に際して、私市城には、譜代の松平(松井)周防守康重が二万石をもって封ぜられた。康重は在城十二年にして、慶長六年(一六〇一)二月、関ヶ原の戦の功により、常陸国笠間三万石に加増・転封を命ぜられた。翌七

年ごろに相模国小田原城主大久保忠隣の長男忠常が代わって入部し、二万石を領したが、同十六年に父に先立って病死した。ついで慶長十九年正月、忠隣は突如改易に処せられ、大久保氏はいったん絶家となった。しかし寛永二年(一六二五)に忠隣に連坐して蟄居を命ぜられていた嫡孫忠職に家名再興が許され、父の遺領私市城二万石を与えられた。同九年正月三万石の加恩あり、美濃国加納城五万石に転封された。それ以後ここには藩はおかれなかった。騎西領二十八ヵ村は、川越城主松平信綱の飛地領となり、私市城に代官が在任して支配した。しかしその代官も、松平氏が元禄七年(一六九四)に川越から下総国古河に転封するに及んで廃止された。

参考文献　『寛政重修諸家譜』第六・一一、『徳川実紀』、『羽生市史』上　(北島　正元)

久喜藩(くきはん)

武蔵国(埼玉県)久喜を藩庁とした藩。譜代。陣屋持。慶長九年(一六〇四)、幕臣米津田政は武蔵国その他に五千石の知行地を得た。その子田盛の代、寛文六年(一六六六)摂河に一万石を加増されて大名となる。その間所領の一部を埼玉郡久喜村に移された。三代政武の代から久喜に陣屋を置き本拠とした。陣屋の地はJR東北本線久喜駅の北西約五〇〇㍍の地で、面積は約二、三㌶であるが、原形はなくなっている。米津氏はその後政矩・政容・政崇を経て、通政の代、寛政十年(一七九八)に武蔵国の所領六千四百石余を出羽国村山郡に移され、本拠も出羽長瀞(山形県東根市)に移した。なお、米津氏の所領は武蔵のほか、上総国武射・長柄・山辺各郡、下総国葛飾・印旛・千葉・結城・豊田各郡、常陸国真壁郡などに散在した。

参考文献　『寛政重修諸家譜』一一九五、『正保田園簿』　(小野　文雄)

小室藩(こむろはん)

江戸時代初期、武蔵国小室(埼玉県北足立郡伊奈町)を藩庁とした藩。藩主伊奈氏。譜代小藩。もと小室郷の地で、綾瀬川をはさむ要衝に陣屋があった。天正十八年(一五九〇)徳川家康の関東入国の際、伊奈熊蔵忠次が関東郡代として同郡小室・鴻巣など一万石を与えられて成立したが、その後忠次は鴻巣の地を開発して、慶長八年(一六〇三)二万石に加増された。次の忠政も関東代官として活躍したが、その子忠勝の代に至り、継嗣してわずか一年後の元和五年(一六一九)に早世して除封、廃藩となった。もっとも、その弟忠隆は小室において千百八十石余の地を与えられている。

参考文献　『伊奈町史』通史編一、『寛政重修諸家譜』第一五、「伊奈家家臣杉浦家文書」(埼玉県立文書館寄託)

(丸山　雍成)

野本藩(のもとはん)

武蔵国比企郡野本村(埼玉県東松山市)に藩庁をおいた藩。渡辺吉綱が、寛文元年(一六六一)大坂定番に任命された際、河内国志紀・古市・丹北郡、和泉国大鳥・和泉のうちに一万石を加増され、合わせて一万三千五百二十石余となったことにより成立した。その際、祖父守綱以来の知行所である野本村に陣屋をおいた。初代藩主吉綱は、天正十八年(一五九〇)に尾張徳川家の付属となった重綱の五男で、元和六年(一六二〇)に徳川秀忠に召出され、寛永元年(一六二四)武蔵国比企郡三千石のほかに同郡内の新田を加え計三千五百二十石余を与えられた。野本藩立藩後、吉綱は寛文八年に大坂で死去し、方綱が二代藩主となった。その十年後の延宝八年(一六八〇)、養子基綱が三代藩主に就任した。元禄十一年(一六九八)、武蔵国比企郡の知行所を近江国野洲・栗太・蒲生・高嶋郡のうちに移され、陣屋を和泉国大鳥郡大庭寺村に移したことにより廃藩となる。

参考文献　『東松山市の歴史』中

(野本　禎司)

鳩谷藩(はとがやはん)

武蔵国足立郡鳩谷(埼玉県鳩ヶ谷市)に藩庁をおいた藩。慶長五年(一六〇〇)、阿部正次が、父正勝から武蔵国足立郡五千石を遺領として継いだ後、相模国高座郡内に五千石を加増され、合わせて一万石を知行したことにより成立した。初代藩主正次の父正勝は、幼少の頃から徳川家康に仕え、天文十六年(一五四七)に家康が今川義元の人質となった際に随行した三河以来の徳川譜代の家臣である。関東入国の際、正勝は武蔵国足立郡鳩ヶ谷郷に五千石を与えられた。慶長五年、正勝が関ヶ原合戦を前にして大坂で死去すると、前述のように正次が遺領を継ぎ、同十五年には下野国都賀郡に五千石を加増されて大番頭となった。その後、大坂の陣で軍功をあげ、元和二年(一六一六)、下野国都賀郡において七千石を加増され、奏者番となった。翌三年、正次は八千石の加増をうけ計三万石となって、上総国夷隅郡大多喜城主となったことにより廃藩となる。

参考文献　『鳩ヶ谷市史』通史編

(野本　禎司)

原市藩(はらいちはん)

武蔵国足立郡上尾下村(埼玉県上尾市)に藩庁をおいた藩。

慶長七年（一六〇二）、西尾吉次が、関東入国時から知行していた武蔵国足立郡原市村周辺に五千石のほかに、美濃国のうちに七千石を加増され、合わせて一万二千石となったことにより成立した。上尾下村におかれた陣屋は、西尾氏の菩提寺である原市村妙厳寺に隣接していた。吉次は、享禄三年（一五三〇）尾張国の生まれで、美濃国に三千石を知行する織田信長の家臣であった。本能寺の変に際しては、徳川家康の饗応役として和泉国堺にあり、三河国岡崎まで家康に従った。その翌天正十一年（一五八三）、家康に召出され、徳川家家臣となった。慶長十一年、吉次の死去にともない、養子忠永が二代藩主に就任した。元和二年（一六一六）、上野国群馬郡白井に八千石を加増され、同地に居所を移したことにより廃藩となる。

参考文献　『桶川市史』一、『上尾市史』三・六

（野本　禎司）

深谷藩（ふかやはん）

武蔵国（埼玉県）榛沢郡深谷に藩庁をおいた藩。慶長四年（一五九九）、松平忠輝（徳川家康六男）が、深谷城周辺において一万石を知行したことにより成立した。しかし、同七年、忠輝は下総国佐倉七万石に移され、その後二十一年間、深谷城は幕府直轄で城代をおく番城となった。元和八年（一六二二）、下総国において三千石を知行していた酒井忠勝が、七千石を加増されて計一万石となり、深谷城を居所としたことにより再び深谷藩が成立した。寛永元年（一六二四）、武蔵・上総・下総国内において二万石加増され老中に就任し、同三年には武蔵国埼玉郡忍領において二万石を加増され、合わせて五万石となった。同四年、忠勝は武蔵国川越城主となることを命じられ、深谷城から居所を移したことにより廃藩となる。

参考文献　『深谷市史』上

（野本　禎司）

本庄藩（ほんじょうはん）

武蔵国（埼玉県）本庄に藩庁を置いた藩。藩主は譜代大名で本庄城主の小笠原信嶺《のぶみね》・信之の二代、二十二年間在城。信嶺は信濃国松尾城（長野県飯田市）主であったが、徳川家康の関東入国に伴い、天正十八年（一五九〇）本庄城主となり、武蔵国児玉郡で一万石を領した。信之の代に、慶長十七年（一六一二）、一万石を加増されて下総国（茨城県）古河《こが》へ転封となり、本庄藩は廃藩となる。

参考文献　『寛政重修諸家譜』第四、『本庄市史』通史編二

（福島　正義）

千葉県

蘆戸藩（あじとはん）

近世初期、下総国蘆戸（千葉県旭市網戸）を藩庁とした藩。藩主木曾氏。譜代。陣屋持。天正十八年（一五九〇）徳川家康は関東に入国するや、蘆戸には忠勤の士である木曾義昌を配置して、これに一万石を与えた。ついで義利が襲封したが、彼の母は武田信玄の女である。しかるに義利はその後叔父の義豊（三郎次郎、上松を称す）を殺害したため、慶長五年（一六〇〇）領地を没収された。それ以後同藩は廃藩のうき目をみるに至った。

参考文献　中村孝也『徳川家康文書の研究』中（日本学術振興会、一九八〇年）、藤野保『新訂幕藩体制史の研究』（吉川弘文館、一九七五年）、須田茂『房総諸藩録』（崙書房、一九八五年）

（川村　優）

姉崎藩（あねがさきはん）

上総国市原郡姉崎（千葉県市原市）に藩庁をおいた藩。家門。陣屋持。結城（越前松平）秀康（徳川家康の次男）の第二子、松平（越前家）忠昌が、慶長十二年（一六〇七）に十歳で姉崎に初めての領地一万石を与えられたことで成立した。忠昌は二度の大坂の陣で軍功をあげ、元和元年（一六一五）十一月、常陸国下妻藩に三万石に加増のうえ移封され、姉崎藩は一時、廃藩となる。のちに兄忠直が幕府に不満を持ち、不遜な行動が多かったために改易、配流される事件を経ながらも忠昌は、加増・転封を重ね、寛永元年（一六二四）に福井藩五十万石に入封した。元和五年に、忠昌の弟で結城秀康三男の松平直政が二万石で姉崎に入封し再び立藩したが、寛永元年に越前国大野藩に五万石に加増のうえ移封され再び廃藩となり、以後、藩は置かれなかった。直政は、加増・転封を重ねながら、同十五年に出雲松江藩（十八万六千石）に入封した。

参考文献　『市原市史』中、須田茂『房総諸藩録』（崙書房、一九八五年）

（筑紫　敏夫）

飯田藩（いいだはん）

下総国香取郡飯田（千葉県香取郡小見川町）に藩庁をおいた藩。譜代。陣屋持。徳川家康が天正十八年（一五九〇）に関東に入国し、青山忠重《ただしげ》の子、成重《なりしげ》は、初めて香取郡内に三千石の領地を与えられた。慶長六年（一六〇一）に下総国で二千石を加増され、さらに同八年に下総国で五千石を加増されて一万石となり、この時、飯田藩が成立したことになる。成重は奉行衆として幕府の中枢にいたが、同十八年、代官頭大久保長安が、生前の不正を理由に処断され、成重は長安の三男を養子にしていたために連座し、七千石を削減されて香取郡の知行地に閉居させられ、飯田藩は廃藩となった。成重は元和元年(一六一五)に知行地の飯田で死去し、知行地は収公された。

参考文献　『寛政重修諸家譜』第一二

（筑紫　敏夫）

飯野藩（いいのはん）

上総国飯野(千葉県富津市)を藩庁とした藩。藩主保科氏。譜代。陣屋持。保科氏は信濃の出身でもと武田氏に仕えた。正直の時徳川家康の麾下となった。藩祖正貞は幼少より家康に近侍した。寛永六年(一六二九)廩米三千俵をうけ、ついでこれをあらため上総国周准・下総国香取両郡のうちで三千石の采地をうけた。同七年大番頭となり、同十年には四千石の加増をうけた。慶安元年(一六四八)には大坂定番となり、摂津国で一万石を与えられ、すべて一万七千石で飯野を居所と定めた。ついで子の正景の時父の遺領に五千石を加増され、二万石となった。正貞以降、正景・正賢・正殷・正寿・正富・正率・正徳・正丕・正益と襲封し幕末に及んだ。歴代のなかには大坂定番となる者が多く、最後の正益は文久二年(一八六二)大坂定番から慶応二年(一八六六)には若年寄に就任した。彼は明治二年(一八六九)の版籍奉還により飯野藩知事に任ぜられた。ついで同四年七月十四日廃藩。同藩は飯野県となり、同年十一月ほか十五県とともに木更津県となった。

参考文献　『千葉県史料』近代篇、『富津市史』通史

（川村　優）

一宮藩（いちのみやはん）

上総国(千葉県)一宮を藩庁とした藩。藩主加納氏。譜代。陣屋持。石高一万三千石で、加納藩ともいう。藩主の加納氏はもと三河出身の徳川譜代家臣であったが、紀州徳川家に仕えた。久政のあとをついだ久通(紀伊家の臣、加納大隅守政直の子)は、吉宗が八代将軍に就任するや、これにしたがい御側用取次として有馬氏倫とともに大いに力をつくした。彼は享保元年(一七一六)・二年に、あわせて二千石(伊勢・下総のうち)を与えられ、ついで、同十一年には上総・伊勢両国で八千石を加封され一万石となり、諸侯に列せられた。一万三千石となったのは久周の代の寛政八年(一七九六)である。久通のあと久堅・久周・久慎・久儔・久徴・久恒・久宜と襲封し幕

末に及んだ。文政九年（一八二六）久儔の代、伊勢から上総一宮に陣屋を移し、以降一宮は名実ともに藩政の中心となった。歴代のうち久通のほか久堅・久周・久徴は若年寄に就任し、幕政と直結した藩政を展開した。藩政上特に注目されるのは幕末の軍制改革で、小藩ながらもみるべきものがあった。弘化元年（一八四四）には一宮海岸に砲台を完成している。最後の藩主の久宜は慶応三年（一八六七）襲封、明治二年（一八六九）版籍奉還により一宮藩知事に任ぜられた。同藩は同四年七月廃藩置県の結果一宮県となり、同年十一月木更津県に統合された。

参考文献　『千葉県史料』近代篇、須田茂『房総諸藩録』（崙書房、一九八五年）、川村優「加納藩」（『千葉県一宮町史』研究編所収）、真田正弘「幕藩体制解体期における譜代小藩政の一動向―加納藩の外圧政策とその意義を中心として―」（上智大学史学会・史学研究会編『東上総の社会と文化―千葉県長生郡総合調査―』一九六八年所収）、大石学「吉宗取り立て大名加納氏の所領構成―東京大学史料編纂所加納氏旧蔵史料を中心に―」（『四日市市史研究』三、一九九〇年）

（川村　優）

藩校　藩主加納家は江戸定府であったため、藩士の大半は江戸在住であった。当初は江戸または国許である一宮において適宜開設された。安政年間（一八五四―六〇）になると、国許に移住する藩士が増加し、藩主久徴により学問所が創設された。明治二年（一八六九）には校舎を移し、校名を崇文館とした。安政年間に一宮町出身の片岡安蔵を儒者役としたが、特に儒者という者を置かず、給人などを儒者役として兼務させていた。明治以降は他藩士を藩学校の教頭として迎えている。主に漢学（四書五経や春秋など）を専務としたが、明治期には和算と数学が加えられた。和学、洋学、医学は藩内に教師が不在のため、許可を得て他藩の名家に修学した。

参考文献　『千葉県教育史』一、文部省編『日本教育史資料』二

（工藤　航平）

岩富藩（いわとみはん）

近世初期、下総国岩富（千葉県佐倉市）岩富を藩庁とした藩。藩主は北条左衛門大夫氏勝（譜代・城持）で、石高一万石であった。ここは古く印東荘に含まれ、岩富郷の一部であった。もと千葉氏の一族の原景広がここにおり、戦国時代には小田原北条氏の所領となった。氏勝は北条氏繁の長子で、父について北条氏政に仕え、北条方の先鋒としてしばしば軍功をたてた。天正十八年（一五九〇）豊臣秀吉が小田原城を攻撃すると、氏勝は山中城を守り、ついで甘縄城を守ったが、そしり

をうけて氏政父子にうとんぜられ、ついに徳川家康の軍門に降った。すなわち、同年四月二十八日繁広(氏繁の子、氏勝の養子)とともに家康の陣営に赴いた。かくて彼は浅野長政・木村重高・本多忠勝らの関東諸城の攻略をたすけた。家康は関東に入国するや氏勝を岩富に配置して一万石を与えた。その養子氏重は慶長十六年(一六一一)襲封、同十八年下野国富田に移封された。氏重はその後累進して大番頭となり、寛永十七年(一六四〇)には二万石で下総国関宿城をたまわった。こうして氏重が転封されると、以降岩富藩は廃藩となった。

参考文献　藤野保『新訂幕藩体制史の研究』(吉川弘文館、一九七五年)、須田茂『房総諸藩録』(崙書房、一九八五年)

(川村　優)

臼井藩(うすいはん)

近世初期下総国臼井(千葉県佐倉市)を藩庁とした藩。石高三万石で藩主は酒井家次(譜代)であった。この地は中世の臼井荘で、室町時代中期に千葉氏の一族六郎常康がここに城を築き臼井氏を称した。戦国時代には千葉氏について原式部大輔が在城したが、天正十八年(一五九〇)豊臣秀吉の小田原攻めとともに原氏は滅亡した。同年徳川家康が関東に入国すると、その直後の八月十九日酒井家次(宮内大輔、のち左衛門尉にあらたむ)が臼井に配され、三万石を領した。慶長九年(一六〇四)十二月二十日家次は二万石の加増をうけ、上野国高崎に移封された。のち彼は元和二年(一六一六)さらに越後国高田にうつり五万石の加増をうけ、すべて十万石を領した。こうして家次が臼井からの移封後、藩は置かれず廃藩となった。

参考文献　『寛政重修諸家譜』第二、中村孝也「関東新領国における諸将分封表」(『徳川家康文書の研究』中、日本学術振興会、一九八〇年所収)、須田茂『房総諸藩録』(崙書房、一九八五年)

(川村　優)

潤井戸藩(うるいどはん)

上総国市原郡潤井戸(千葉県市原市潤井戸)に藩庁をおいた藩。譜代。陣屋持。元和五年(一六一九)に小姓組番頭で五千石を知行していた永井尚政《なおまさ》が加増され、一万五千石で大名となり、潤井戸に陣屋を構えて成立した。尚政の父、直勝は昇進を続け、同八年に下総国古河藩主(七万二千石)となった。尚政は家督相続前の部屋住のまま、新しく召し出されて潤井戸を居所としたのである。同年、二代将軍徳川秀忠のもとで尚政は老中に昇進し、書院番頭・小姓組番頭・小十人頭などを兼務した。翌九年に五千石を加増され、新墾田を合わせて二万四千石を領有。同三年に尚政は、父直勝の死去により、遺領七万二千石のうち六万二千石と、尚政の旧領、および新墾田などで合わせて八万九千百石となって、古河藩に転封した。直勝の遺領のうち一万石は尚政の三人の弟に分知された。古河への転封により廃藩となり、以後、藩は置かれなかった。

参考文献　『市原市史』中、須田茂『房総諸藩録』(崙書房、一九八五年)

(筑紫　敏夫)

生実藩（おいみはん）

下総国生実(千葉市)を藩庁とした藩。森川藩ともいうが、陣屋が生実にあったので生実藩という。藩主森川氏。譜代。森川重俊が寛永年間(一六二四―四四)下総・上総・相模国のうちで一万石を領し、生実を居所としたのに始まる。重俊は慶長二年(一五九七)徳川秀忠にはじめて謁し、近持のつとめをなし、同十四年には下野国において采地三千石を与えられた。十九年大久保忠常に関する一件で咎めをうけ、寛永四年に赦免された。彼は同五年から九年にかけて老中の職にあり、九年秀忠が死ぬとこれに殉じた。以降二代重政より十二代俊方まで領地の移動をうけず幕末に及んだ。歴代のうち四代俊胤、八代俊知、九代俊民はそれぞれ若年寄の要職についた。十二代俊方は文久二年(一八六二)襲封、明治二年(一八六九)版籍奉還の結果生実藩知事に任ぜられた。同四年廃藩置県で生実県となり、同年十一月印旛県に統合された。生実藩の事件として従来学界に報告されたものとしては、天保十四年(一八四三)の助郷騒動の問題がある。同藩の藩政史料は、現在千葉県立中央図書館に寄託保管されている。

参考文献　『寛政重修諸家譜』第七、『千葉県史料』近世篇下総国下、野村兼太郎「下総生実領助郷騒動―天保十四年―」(『近世社会経済史研究』青木書店、一九四八年所収)、須田茂『房総諸藩録』(崙書房、一九八五年)

(川村　優)

藩校　生実藩における藩校の設置時期は不詳である。正徳元年(一七一一)より同五年まで、藩主森川重令の記室(書記)として太宰春台が抱えられており、このころに設置されたとも考えられている。郁文館と呼ばれ、当初は江戸藩邸内に設置されていたが、明治に入ると北生実村の陣屋内に移設されたという。主に支那学を教授していた。明治期の調査では、掌教、助教(ともに欠員)、句読長一名、句読方二名、聞済方二名という構成であり、句読長の西村弁三郎のほか、句読方には南生実村において寺子屋師匠であった鴇田克巳などがいた。

参考文献　『千葉県教育史』一、『千葉市教育史』通史編上、

武部善人『太宰春台』(『人物叢書』吉川弘文館、一九九七年)

(工藤　航平)

大網藩（おおあみはん）

上総国大網(千葉県山武郡大網白里町)を藩庁とした藩。明治二年(一八六九)十一月一日におかれた。藩主は米津伊勢守政敏、石高は一万一千石であった。もと米津氏は羽前国長瀞において一万一千石を領し(長瀞藩という)、同年六月版籍奉還とともに長瀞藩知事に任ぜられた。しかし彼は以前から上総のうちに領地を有していたから、官に請うて藩庁を大網に移したという。しかるに同藩は、同四年二月十七日常陸国竜ヶ崎に移封となり竜ヶ崎藩となった。かくて上総の旧地はその飛地となり、大網藩の存続期間はわずか一年有余にすぎなかった。

参考文献　内務省図書局編『地方沿革略譜』、須田茂『房総諸藩録』(崙書房、一九八五年)

(川村　優)

藩校　明治元年(一八六八)、出羽国長瀞藩からの転封に伴い、藩学校稽徴館も長瀞より移転された。漢学を主として、習字を課した。教授方法としては、生徒三、四人を一組とする分団式であり、下級生には素読を、上級生には講義を授けるというものであった。同三年十一月には常陸国竜ヶ崎に転封となり、稽徴館は廃校となった。

参考文献　『千葉県教育史』一

(工藤　航平)

大多喜藩（おおたきはん）

上総国(千葉県)大多喜を藩庁とした藩。藩主はいずれも譜代。城は大多喜にあり、石高は本多忠勝の時が最大で十万石であった。この地は『和名類聚抄』夷灊郡荒田郷の内で、中世より大田木・緒滝《おだき》・小田喜とも称せられた。平安時代の末には伊北荘があり平常仲がいたという。鎌倉時代には和田義盛が伊北館を構えまた将軍藤原頼経が大田木城を築いたという。その後、文安あるいは享禄・天文のころ正木大膳亮時茂が根古屋を起し、正木氏が数代ここに拠っていた。天正十八年(一五九〇)徳川家康が関東に入国するや、ここに本多忠勝を配置し上総のうちで十万石を与えた。それはまさしく安房の里見義康に対峙する家康の軍事的配慮のあらわれで、大多喜は新領国の強固な防衛陣の一角を形成した。忠勝は関ヶ原の戦に大功あり、翌慶長六年(一六〇一)には伊勢桑名に移封となり、そのあとは彼の次男の忠朝が大多喜において五万石を与えられた。忠朝は元和元年(一六一五)大坂の陣において戦死し、そのあとは実子幼少のため政朝(忠勝の長子忠政の子)が襲封した。しかし政朝は同三年九月播磨国竜野に移封された。

以降大多喜には、同年阿部正次が相模一宮から大多喜三万石へ配置され、ついで五年相模小田原五万石へ移封された。その後、九年青山忠俊が武蔵岩槻四万五千石から大多喜二万石となったが、のち大多喜を収公され旧領下総網戸に蟄居した。そのあと阿部氏や稲垣氏の配置を経て、元禄十六年(一七〇三)二月に至ると松平(大河内)正久が相模甘縄二万石から大多喜二万石に配置された。正久は同三年四月正信のあとをつぎ、同年十二月奏者番となり、同七年には若年寄に進み九年三月には奏者番に復した。以降松平氏(大河内)は正貞・正温・正升・正路・正敬・正義・正和・正質と襲封し幕末に至った。最後の正質は幕末徳川慶喜とともに若年寄として大坂にあり、明治元年(一八六八)正月、鳥羽・伏見の戦にかかわって朝譴をこうむり同年閏四月城地を収公された。同八年赦され城地を復されたが、同二年六月版籍奉還となり彼は大多喜藩知事に任ぜられた。三年請うて城郭を廃し四年七月廃藩、大多喜県となり、ついで同年十一月十三日木更津県に統合された。大多喜城本丸跡(大井戸をふくむ)は現在県指定史跡となっている。近世城郭としての城が完成したのは本多忠勝の入封後で、城内は本丸・二ノ丸・三ノ丸に分かれ、本丸の天守閣は天保十四年(一八四三)に焼失した。城跡には周囲の土塁、二ノ丸跡の大井戸・薬医門があり、昔の面影を残してきた。大井戸は本多忠勝が入封後掘ったもので周囲一〇メートル、深さ二〇メートルといわれ、底知らずの井戸として種々の伝説も存する。昭和四十八年(一九七三)八月、県は本丸跡に幕末の古図にのっとり大多喜城の復元工事に着手、同五十年三月工事は完了し、内部に県立総南博物館が開設された。

参考文献　『寛政重修諸家譜』第四・一、安川惟礼編『上総国誌』(『改訂房総叢書』四、改訂房総叢書刊行会、一九五九年)、藤野保『新訂幕藩体制史の研究』(吉川弘文館、一九七五年)、『ドン＝ロドリゴ日本見聞録』(村上直次郎訳註、『異国叢書』七、駿南社、一九二九年)、森輝・川村優「大多喜藩の調査覚え書」(『千葉文華』一・二・四)、須田茂『房総諸藩録』(崙書房、一九八五年)

(川村　優)

藩校　文政年間(一八一八―三〇)、藩主大河内正義は家臣久保田秀、菊地玄行、岡本高記に命じて藩学校を設立させた。当初は望庵と称したが、文政十二年に明善堂と改称した。藩校創設に尽力した三名を教督に任命し、昌平校の教授であった安積艮斎(朱子学)を客員の学者として招いた。そのため、明善堂では朱子学が中心に行われた。学科は漢学や算法珠算、筆道のほか、皇学や洋学、武術があった。射芸では日置流雪荷派森家が教授にあたっていた。寄宿生で優秀な者のうち、洋学専門として慶応義塾へ五名を、医学専門として佐藤舜海塾へ三名を、藩費で修学させた。明治四年（一八七一）一月には、隣藩である久留里藩、鶴舞藩、一宮藩の各藩主との相談の結果、輪講や詩文会を毎月開催することとなった。同年三月には領内二ヵ所に明善堂支塾を開設し、教員には村民をあて、毎月一回本校より助教を派遣した。

参考文献　『大多喜町史』、『千葉県教育史』一、文部省編『日本教育史資料』二

（工藤　航平）

大多喜新田藩（おおたきしんでんはん）

上総国（千葉県）夷隅郡大多喜に藩庁をおいた藩。譜代。陣屋持。慶安四年（一六五一）に徳川家綱付小姓の阿部正春が、三代将軍家光の死去に際し殉死した父重次の遺領のうち、夷隅郡内の新墾田一万六千石を分知されて成立。同時に兄定高は、遺領の武蔵国岩槻藩九万九千石余を襲封した。正春は、承応二年（一六五三）に従五位下、因幡守に叙任された。万治二年（一六五九）に兄定高の死去にあたり、定高の子、正邦《まさくに》がまだ一歳であったため、正邦の成長した時に返還することを条件に、正春が自分の領地一万六千石と合わせて岩槻藩十一万五千石余を相続し、居所を岩槻城に改めたため、大多喜新田藩は廃藩となり、再び立藩されることはなかった。

参考文献　須田茂『房総諸藩録』（崙書房、一九八五年）

（筑紫　敏夫）

小見川藩（おみがわはん）

下総国（千葉県）小見川を藩庁とした藩。藩主はいずれも譜代。この地には古くからの城である宇城山に千葉氏の一族粟飯原氏が拠っていたが、天正十八年（一五九〇）千葉氏とともに滅亡した。徳川家康関東入国後は、文禄三年（一五九四）下総国上代より松平家忠が一万石でこの地に封ぜられた。のち家忠は伏見城で討死し、その子忠利は慶長六年（一六〇一）三河の深溝に移封された。ついで同七年十二月二十八日には土井利勝が小見川一万石を領した。利勝は十五年春下総国佐倉に移されるまでここを領した。十七年になると安藤重信がここに配置され、一万六千石余を領した。彼は大坂の陣に功をたてて二万石を加増され、元和五年（一六一九）には上野国高崎に移った。その後三浦氏がこの地方を領していたが、寛永十六年（一六三九）十一月に至ると、内田正信が下総国香取・常陸国鹿島両郡のうちで八千二百石の加増をうけ、すべて一万石を領した。慶安二年（一六四九）には五千石の加増をうけ一万五千石となった。のち彼は下野国鹿沼に居所を営んだ。その後正偏《まさゆき》のとき千五百石を叔父若狭守正長に、五百石を久

世三之丞正広に分割。享保九年(一七二四)十月二十九日狂気の理由により三千石の減封の処分をうけた。そのあとをうけた正親(二万石)が小見川に陣屋を営み、以後幕末に及んだ。このように小見川藩は江戸周辺の小藩として、藩主の交替のはげしい一つの例であるが、この地は家康の関東入国直後は、常陸の佐竹氏に対峙する徳川方の重要な軍事的拠点であった。特に内田正親が小見川に陣屋を営んでからは、小藩ながらも一貫した藩政が展開された。明治四年(一八七一)七月十四日の廃藩置県により小見川県、同年十一月十三日新治県に編入された。

参考文献『寛政重修諸家譜』第一・五・一六、『千葉県史料』近世篇下総国上、須田茂『房総諸藩録』(崙書房、一九八五年)、小笠原長和他「下総小見川藩の成立と藩領の構造」(『千葉大学人文学部紀要』二、一九七〇年)

(川村　優)

貝淵藩(かいぶちはん)

上総国貝淵(千葉県木更津市)を藩庁とした藩。藩主林氏。譜代。陣屋持。側衆から若年寄に立身した林忠英(忠篤の長男)が文政八年(一八二五)七千石を加増され、前の知行三千石とあわせて一万石を領し陣屋を望陀郡貝淵に置いた(実際に陣屋を置いたのは天保十年(一八三九)であろうといわれる)。さらに彼は天保五年三千石、同十年五千石を加増されたが、同十二年四月水野忠邦の粛清により追放され八千石をけずられた。その子忠旭のとき、嘉永三年(一八五〇)十月に望陀郡請西《じょうざい》、木更津市)に陣屋を移した。戊辰戦争に際しては忠崇(忠旭の六男、慶応三年(一八六七)襲封)が房総においてはただ一人、最後まで官軍に抵抗した。明治元年(一八六八)五月除封され、以後再封されることなく、戊辰戦争での唯一の例となった。同年七月に駿河国庵原郡小島(静岡県清水市)の滝脇信敏が貝淵に転封(はじめ周准郡南子安村(君津市)に陣屋を仮設、明治二年三月交通不便につき、望陀郡桜井村へ陣屋設置を上申、桜井藩と称し同貝淵村(桜井村と地所交錯)へ仮藩庁を設立)、廃藩まで一万石を領有した。

参考文献『千葉県史料』近代篇明治初期一、中村彰彦『脱藩大名の戊辰戦争』(中央公論新社、二〇〇〇年)、須田茂『房総諸藩録』(崙書房、一九八五年)、小島茂男「幕末維新期における譜代請西藩」(肥後先生古稀記念論文刊行会編『日本民俗社会史研究』弘文堂、一九六九年所収)

(川村　優)

勝浦藩(かつうらはん)

上総国(千葉県)勝浦を藩庁とした藩。藩主植村氏。譜代。

陣屋持。天文十一年(一五四二)に正木左近大夫時忠が、真里谷(武田)朝信の兵を撃ち勝浦城を奪い移り住したという。天正十八年(一五九〇)徳川家康の関東入国に際し、ここに植村土佐守泰忠が配され上総国夷隅郡の内で三千石を与えられ、ついで慶長六年(一六〇一)同郡の内で二千石の加恩をうけた。以降泰勝(采地すべて九千石)・泰朝・忠朝とうけつぎ、忠朝の時に加増をうけ一万石余を領した。ついで正朝より恒朝の代に至り宝暦元年(一七五一)十月、さきに支族植村千吉が外甥朝比奈万之助に斬られて死んだのを隠蔽した罪により、大和高取の植村氏に召し預けられ、除封の上廃藩となった。桂藩ともいう。

参考文献　『千葉県史料』中世篇県外文書、『寛政重修諸家譜』巻五、大野太平『房総里見氏の研究』(一九三三年)、小笠原長和・川村優『千葉県の歴史』(『県史シリーズ』一二、千葉県、二〇〇四年)、須田茂『房総諸藩録』(崙書房、一九八五年)

(川村　優)

勝山藩(かつやまはん)

安房国勝山(千葉県安房郡鋸南町)を藩庁とした藩。藩主は内藤氏・酒井氏。譜代。陣屋持。元和八年(一六二二)勝山を領知していた上総国佐貫藩内藤政長が陸奥国磐城平に転封されたあと、同年内藤清政が常陸国の内ほか二万六千石より安房国平・長狭両郡の内で三万石をうけ勝山を居所とした。清政は老中清次の弟で、同家の祖は忠政で若年より徳川家康の麾下であった。同九年清政若死するや弟の正勝が寛永三年(一六二六)兄清政の遺領の内安房国において二万石を拝領した。その子重頼は同七年正勝の遺領一万五千石を収公され安房国長狭郡において五千石をうけ、勝山藩は一時廃藩となった。その後勝山には酒井氏が配置された。すなわち忠国は寛文八年(一六六八)六月叔父酒井忠直の封地の内、安房国平郡・越前国敦賀郡の内で一万石を分知され勝山に住した。天和二年(一六八二)には五千石の加増をうけた。以降忠胤(一万二千石、以下同じ)・忠篤・忠大・忠隣・忠和・忠嗣・忠一・忠美と襲封した。歴代のうち主な役職就任をみると忠国が寺社奉行、忠大は大番頭、忠嗣は大番頭・奏者番などに就任した。忠隣は宝暦六年(一七五六)襲封したが、彼の代明和七年(一七七〇)に至ると奸臣稲葉重左衛門の苛斂誅求から年貢減免の騒動がおこり、義民忍足佐内を刑殺する事件がおこった。最後の藩主忠美(忠一の長子)は万延元年(一八六〇)十二月襲封、明治二年(一八六九)六月二十三日版籍奉還により加知山藩知事に任ぜられた。同藩は同四年七月十四日廃藩置県で加知山県となったが、同年十一月十三日新置の木更津県に統合された。

参考文献　『寛政重修諸家譜』第二・一三、『千葉県史料』近代篇明治初期一、『鋸南町史』、藤野保『新訂幕藩体制史の研究』(吉川弘文館、一九七五年)、須田茂『房総諸藩録』(崙書房、一九八五年)、荒居英次「幕末安房勝山藩の藩政改革」(『地方史研究』一一九、一九七二年)　(川村　優)

藩校　明治二年(一八六九)、九代藩主酒井忠美の時、儒学校として育英館が創設され、藩士の野呂俊臣が教頭に任じられて学事にあたった。藩士子弟は必ず入学するものとされたが、そのほかに家塾などで修学することは禁じられていない。四書五経の句読は句読司が、『蒙求』『十八史略』などの講授は助教が担当し、質問・講義・詩文添削・輪講などは各教師が担当した。漢学のみを教授し、亀田鵬斎系の折衷派を学統とした。版籍奉還により廃校となったが、同四年に藩邸内の旧藩庁を仮校舎として再開された。

参考文献　『千葉県教育史』一、文部省編『日本教育史資料』二、笠井助治『近世藩校に於ける学統学派の研究』上(吉川弘文館、一九六九年)　(工藤　航平)

菊間藩 (きくまはん)

上総国菊間(千葉県市原市)を藩庁とした藩。石高五万石。藩主水野忠敬。譜代。陣屋持。水野氏はもと駿河沼津の城主であったが、忠敬のとき徳川亀之助(のちの家達)を駿河・遠江・三河七十万石に封ずるため、彼の領地もその対象地となった。その結果明治元年(一八六八)七月十三日忠敬は上総に配置換えとなって立藩した。同二年版籍奉還により彼は菊間藩知事に任ぜられた。ついで同四年七月十四日廃藩。同藩は菊間県となり、同年十一月ほかの十五県とともに木更津県に統合された。

参考文献　大塚武松編『藩制一覧』(『日本史籍協会叢書』日本史籍協会、一九二八―二九年)、須田茂『房総諸藩録』(崙書房、一九八五年)　(川村　優)

藩校　菊間藩学は、藩主水野家の前封地遠江国沼津城内に創設された明親館(創設時は矜式館)を基とした。転封後の明治三年(一八七〇)、藩主水野忠敬により、菊間村に校舎が新築され、藩学明親館が再興された。藩士子弟は必ず入学し、藩士も講義を聴講することとした。学派は朱子学を宗とし、和学・漢学のほか洋学や兵学などが教授された。職制は維新後に改正され、大・中・少の助教、大・中・少の得業生、寮長が置かれた。廃藩置県により廃校となったが、校舎は木更津県に引き継がれ、菊間小学校として使用された。

参考文献　『千葉県教育史』一、文部省編『日本教育史資料』二　(工藤　航平)

栗原藩（くりはらはん）

下総国栗原（千葉県船橋市）を藩庁とした藩。藩主は成瀬隼人正正成。譜代。陣屋持。関ヶ原の戦直後の石高三万四千石。ここは『和名類聚抄』にみえる葛飾郡栗原郷の地である。正成は成瀬吉右衛門正一の長男で幼少から徳川家康に仕え、天正十二年（一五八四）の長久手の戦、同十八年の小田原攻めにも供奉した。同年家康関東に入国するや、正成に栗原郷四千石をたまわった。のち甲斐国で新恩二万石、三河国で一万石をたまわりあわせて三万四千石、その後も加増をうけた。元和二年（一六一六）尾張犬山城に移るに際し、さきに与えられた下総・三河両国の地一万四千石を次男の之成に分知した。之成は将軍秀忠の小性をつとめ、武蔵国のうちで千石を与えられた。両度の大坂の陣にも出陣、彼の知行高はあわせて一万五千石であった。ついで寛永十一年（一六三四）十二月には之成の子之虎が家督をついだが、同十五年十二月五歳で没した。その結果、同家は嗣子なくついに家は断絶、廃藩となった。

参考文献　藤野保『新訂幕藩体制史の研究』（吉川弘文館、一九七五年）、須田茂『房総諸藩録』（崙書房、一九八五年）

（川村　優）

久留里藩（くるりはん）

上総国久留里（千葉県君津市）を藩庁とした藩。藩主はいずれも譜代。城持。城は小櫃川の上流、久留里の要害の地にあった。ここは戦国時代ながく里見氏の重要な拠点であった。天正十八年（一五九〇）徳川家康関東に入国するや、ここに大須賀五郎左衛門忠政を配し三万石を与えた。忠政関ヶ原の戦に功あり、慶長六年（一六〇一）旧領遠江国横須賀城に移され六万石を領した。ついで同七年には土屋忠直が配され二万石を領した。同家は代々武田氏の麾下で、先代虎嗣は信虎、虎義は信玄に仕え軍中使番十二人のうちの一人であった。また昌恒も信玄の麾下で、長篠の戦敗軍のとき勝頼に従う者は昌恒および初鹿野昌久の二人であったという。天正十年勝頼没落、昌恒もついに討死した。その子忠直同十六年たまたま家康の知るところとなり、侍妾阿茶局に養育された。同十七年より秀忠に従い近習をつとめ、同十九年十月相模国において采地をたまわった。のち下総国相馬郡のうちに移され加恩をうけ千石を知行した。慶長七年七月采地をあらため上総国久留里城をたまい、加増をうけすべて二万石を領した。同十七年四月九日三十五歳で没した。久留里の円覚寺に葬る。以降利直・頼直（直樹）と家督をつぐ。頼直は利直の嫡子で延宝三年（一六七五）遺領をついだが、非分のはからいありとして同七年所領を没収された。ちなみに新井白石の父正済は利直の家臣であった。白石は延宝二年十八歳のとき利直について久留里へ赴いている。同五年土屋家の内紛に連坐して追放・禁錮に処せられたが土屋氏改易に及び禁錮を解かれた。

ついで久留里には寛保二年（一七四二）七月、上野国沼田城主黒田直邦（三万石）の養嗣である直純が沼田から移封され、上総国望陀・市原・夷隅郡、武蔵国入間郡、上野国新田郡のうちにおいて三万石を与えられた。このとき久留里城の再建費として幕府から五千両をたまわった。城の修復工事は直ちに開始されたごとくであるが、四年間にわたる年月を要し延享二年（一七四五）八月完成したといわれる。直純のあと直亨・直英・直温・直方・直侯・直静・直和・直養とあとをつぐ。三家の久留里在城をみると大須賀氏一代十二年、土屋氏三代七十八年、黒田氏九代百二十六年に及び明治維新に及んだ。黒田氏の在城がもっとも長いが、直純は沼田からここに移ると、居宅を城の西麓に構えた。黒田氏最後の藩主である直養は慶応二年（一八六六）四月襲封、明治二年（一八六九）六月久留里藩知事に任ぜられたが同四年七月廃藩、久留里県となり同年十一月にはほかの十五県とともに木更津県に統合された。

参考文献　『千葉県史料』近代篇明治初期一、大塚武松編『藩制一覧』（『日本史籍協会叢書』日本史籍協会、一九二八—二九年）、藤野保『新訂幕藩体制史の研究』（吉川弘文館、一九七五年）、『君津市史』通史、『久留里藩制一班』千葉県史料近世篇

（川村　優）

藩校　藩校三近塾が学校組織を整えて出現したのは天保十三年（一八四二）である。これよりさき藩主黒田直温は、寛政九年（一七九七）、昌平坂学問所で学んだ藩士柳井亀山を挙げて家中学問指南役兼侍講に任じた。亀山は享和年中（一八〇一—〇四）、久留里搦手に家塾を営んで三近塾と称し、藩府の援助を得て施設を整え、藩士子弟の教育にあたった。天保十三年に至り、三近塾の老朽と狭隘のため同地に文武綜合の学校を新建し、旧名を踏襲して三近塾と名づけた。ここに至り従来の半官半私の家塾から脱して純然たる藩立学校となった。その後、盛衰はあったが、慶応三年（一八六七）、藩主直養これに営繕を加え学事を督励した。維新後明治二年（一八六九）三近塾を追手に移転し、さらに同四年学事拡張のため城内三ノ丸に移し三近堂と改称したが、間もなく廃校となった。学科ははじめ漢学・算術・習字・諸武芸であったが、明治維新後に国学・洋学が加設された。生徒数およそ三百名、寄宿寮の設けもあった。学風は創設以来、朱子学を遵奉して終始した。

参考文献　文部省編『日本教育史資料』二、『千葉県教育史』一、笠井助治『近世藩校に於ける学統学派の研究』上（吉川弘文館、一九六九年）

（笠井　助治）

五井藩（ごいはん）

上総国五井（千葉県市原市）を藩庁とした藩。藩主は有馬氏恕（氏倫より五代）。譜代。陣屋持。もともと有馬氏は氏倫以降参勤交代を行わない定府大名であったが、天明元年（一七八一）十一月二十八日氏恕のとき五井に居所を営んだ。領地は氏倫以来、伊勢国三重・多気・河曲の三郡のうち、下野国芳賀・河内の二郡のうち、上総国市原郡のうちの三国六郡で、一万石であった。氏恕は先代氏房の養子で、天明三年二十三歳で早逝した。以降、氏保・久保・氏貞・氏郁と襲封した。氏保は氏恕の養子で、久保も氏保の養子で加納遠江守久周の次男であった。氏郁は氏貞の嫡子で、天保四年（一八三三）三月襲封、同十一年五月市原郡内の藩領四千四百十石余を伊勢・下野両国に移され、同十三年下野吹上に居所を移したので、五井は廃藩となった。小藩であったが、領内の五井港は養老川流域の物資集散地であり、かつ江戸湾の帆船港として江戸との海運が早くから開かれていた。世にいう五井塩田は行徳塩田とともに早くから知られていた。

参考文献　『千葉県史料』近世篇上総国下、大野太平『房総通史』（『改訂房総叢書』別巻、改訂房総叢書刊行会、一九五九年）、須田茂『房総諸藩録』（崙書房、一九八五年）

（川村　優）

高知新田藩（こうちしんでんはん）

小池藩ともいう。九十九里平野を貫流する栗山川流域に位置する。藩主山内氏。外様。陣屋持。土佐山内家の支封。はじめ山内家第二祖忠義（一豊の養子）の四男遠江守一安、慶安二年（一六四九）十一月徳川家光に御目見。父忠義・祖父一豊の軍功により召され、徳川家綱に付属して小性となる。明暦二年（一六五六）廩米三千俵を賜い詰衆に列した。之豊を経て豊清のとき元禄十年（一六九七）に三千石に昇進、常陸・下野・上総に采地をうけた。その養子豊産（山内九郎太郎豊成の四男）は宝暦六年（一七五六）家をつぎ、安永九年（一七八〇）山内豊雍が所領収納のうち廩米一万俵を分与され、すべて一万三千石の禄となった。ついで豊泰が襲封、上総・常陸・下野三ヵ国のうちで三千石および廩米一万俵をあわせ領した。以降子孫それを相承すること五代、九代豊誠のときに至り廃藩置県となった。

参考文献　『寛政重修諸家譜』第一三

（川村　優）

小久保藩（こくぼはん）

上総国小久保（千葉県富津市）を藩庁とした藩。石高一万石。譜代。陣屋持。藩主は田沼意知の子孫田沼意尊。意尊は遠江国榛原郡相良の領主であったが、明治元年（一八六八）徳川亀之助（のちの家達）を駿河・遠江・三河七十万石に封ずるため配置換えとなり、上総に移された大名のうちの一人である。藩領は上総国天羽・周准二郡のうち三十ヵ村。同二年版籍奉還となり、意尊は小久保藩知事に任ぜられたが、同年十二月病没。翌三年二月養子の意斉が藩知事となった。同年七月藩庁を建設。ついで同四年七月十四日廃藩。同藩は小久保県となり、同年十一月にはほかの十五県とともに木更津県に統合された。

参考文献　『千葉県史料』近代篇明治初期一、大塚武松編『藩制一覧』（『日本史籍協会叢書』日本史籍協会、一九二八—二九年）、須田茂『房総諸藩録』（崙書房、一九八五年）

（川村　優）

藩校　相良藩より転封したあとの明治二年（一八六九）、藩主田沼意斎により盈進館が創設された。当初は小久保村に置かれたが、翌年十月に藩邸内に校舎を新築している。学科は主として漢学を教授していたが、同三年十一月から洋学も併置された。洋学教師には福地源一郎門下の間宮濤之助が任じられ、制度も福地の日新舎に倣ったものであった。

参考文献　『千葉県教育史』一、文部省編『日本教育史資料』二

（工藤　航平）

佐倉藩（さくらはん）

下総国（千葉県）佐倉を藩庁とした藩。天正十八年（一五九〇）徳川家康の関東入部に伴い、三浦義次が本佐倉に入封（一万石）し、佐倉藩が成立した。以後、文禄元年（一五九二）武田信吉（四万石）、慶長七年（一六〇二）松平忠輝が入封（五万石）した。同八年忠輝の移封後幕府直轄領となったが、同十二年小笠原吉次が入封（二万八千石）し、以後佐倉領は譜代藩領となる。小笠原氏は翌十三年移封、十五年土井利勝が入封（三万二千四百石）し、寛永十年（一六三三）まで在封、その間土井佐倉藩の所領は十四万二千石に至る。利勝の古河移封後石川忠総（七万石、翌寛永十一年転封）、十二年松平（形原）家信（四万石、子康信十七年転封）が入封し、十九年堀田正盛が入封（十一万石）したが、子正信の時万治三年（一六六〇）改易となった。寛文元年（一六六一）松平（大給）乗久（六万石）、延宝六年（一六七八）大久保忠朝（八万三千石）、貞享三年（一六八六）戸田忠昌（六万千石）、元禄十四年（一七〇一）稲葉正往（十万二千石）、享保八

年(一七二三)松平(大給)乗邑(六万石)が入封した。延享三年(一七四六)その子乗佑の時出羽山形へ移封となり、同所より堀田正亮が入封(十万石、のち十一万石)、以後堀田氏所領として固定し、廃藩置県に至る。

　佐倉藩主として幕府老中に就任したのは、土井利勝・堀田正盛・大久保忠朝・戸田忠昌・稲葉正往・松平乗邑・堀田正亮・同正睦である。初期の佐倉藩主として最も著名な土井利勝は、慶長十五年下総小見川(一万石)より佐倉へ入り、この年老中に就任、翌十六年より佐倉鹿島台にある鹿島城の再築ならびに城下町の整備を開始し、元和二年(一六一六)ごろこれを完成した。これが、以後の佐倉城ならびに佐倉城下町である。佐倉藩において、治世期間が最も長かったのは堀田氏で、その治世は二期に分かれる。前期は堀田正盛・正信が藩主の時代である。正盛は三代将軍徳川家光の寵臣で老中となり、家光に殉死した。子正信は幕閣に用いられず、松平信綱を中心とする幕閣を批判し無断で江戸より佐倉に帰り、改易された。「義民」佐倉惣五郎の事件は、正信時代のことと考えられる。正信の弟、正俊は五代将軍綱吉の擁立に功があった人物として著名であり大老となった。正俊系堀田氏は、正仲・正虎・正春・正亮と続き、正亮の時、延享三年入封した(正亮入封以後を後期堀田佐倉藩とする)。

佐倉藩藩札
(一貫二百四十文銭札)

　藩領は、下総印旛郡をはじめとする城付領六万石と出羽村山郡四万石(柏倉村に陣屋を置く)が中心で、他は関東諸国に散在していた。後期堀田佐倉藩の藩主は、正亮・正順《なり》・正時・正愛《ちか》・正睦《よし》・正倫《みち》。正愛の時、向《むかい》藤左衛門を中心とする文政改革(文政四(一八二一)―六年)を施行した。これは財政難の克服を目的とし、その内容は「三ッ割の法」(藩財政を藩政諸費・家中扶持・臨時支出の三つに分かつ)・歩引法(家中扶持の減額)の採用、藩債整理、蔵元制度の改革、農政の改善であったが失敗に終った。以後藩財政の窮迫と領内農村の疲弊が進行する。文政六年海岸防備の幕命を受け、千葉猪鼻に陣屋を設ける(弘化元年(一八四四)免)。嘉永元年(一八四八)下総匝瑳《そうさ》郡木戸村に小屋を設け、海岸防備にあたる。天保四年(一八三三)以降藩主正睦主導下に財政・軍制・農政など全般的な藩政改革を推進し成果をあげた。財政政策としては、江戸蔵元よりの自立を図り領内豪農商の育成が行われ、農政の中心は人口の恢復、農民の監視と勧農の強化であり、全体として領国経済の自立化を推進した。安政以降兵制改革に着手し、農民よりの歩兵取立なども実施したが、おおむね失敗した。

維新の動乱にあたっては、一部に尊攘派的動きがあったが、主流は佐幕派であった。明治元年(一八六八)三月、藩主正倫は徳川慶喜助命嘆願のため藩兵を率い東海道を西上したが、駿府において新政府軍に尋問され、京都において謹慎を命ぜられた。以後新政府に加担し戊辰戦争に出兵、房総各地から磐城平まで転戦した。明治二年、新政府の意に沿い藩制改革を行なった。同四年七月廃藩置県により佐倉県となり、同十一月印旛県に編入され、ついで六年六月千葉県に編入された。後期堀田氏時代の藩政史料は佐倉市鏑木町の佐倉厚生園に所蔵されている。

参考文献　『佐倉藩年寄部屋日記』(『千葉県史料』近世篇)、木村礎・杉本敏夫編『譜代藩政の展開と明治維新―下総佐倉藩―』(文雅堂銀行研究社、一九六三年)、『佐倉市史』一・二、熊田葦城『佐倉史談』、藤野保『新訂幕藩体制史の研究』(吉川弘文館、一九七五年)、須田茂『房総諸藩録』(崙書房、一九八五年)

藩校　寛政四年(一七九二)の佐倉学問所の創立を以て、佐倉藩における藩校のはじめとすることができる。当時、藩主堀田正順は大坂城代。正順は好学で、大坂の儒者中井竹山に学んだ。その関係で、佐倉学問所の初代教授として、竹山門下の菱川右門(秦嶺)が登用された。文化初年、時の藩主正時はこの学問所に温故堂の称を与えた。文化九年(一八一二)藩主正愛の時、石橋竹州(尾藤二洲門人)が温故堂教授に任ぜられ、以来佐倉藩学は活況を呈するに至った。文化十二年掛川藩儒を辞した松崎慊堂《こうどう》は、その後江戸の佐倉藩邸に出講して藩主正愛に講義し、藩士にも影響を与えた。慊堂は正愛没後藩主となった正睦とも親交を結んだ。正睦は、天保四年(一八三三)以降藩政改革を推進したが、その重要な一環として文武芸術の制があった。これは、いずれか一芸に秀でれば増歩引(減禄)を元に戻すというもので、これによって藩士の奮起を促した。正睦は、天保六年江戸成徳書院、翌七年佐倉成徳書院の制を定め、以後佐倉藩学は一段と飛躍し、佐倉はやがて学都として知られるようになった。成徳書院は儒学をはじめとする諸学ならびに各般の武術をも含むいわば総合大学であったが、その最大の特徴は医学を中心とする蘭学にあった。江戸の蘭医佐藤泰然は、天保十四年以降藩御抱として佐倉に居住し、私的に順天堂を開いたが、彼は、成徳書院医学所にも出講している。

参考文献　篠丸頼彦編『校史―千葉県立佐倉高等学校―』、

文部省編『日本教育史資料』二・一〇・一一・一六

藩法　佐倉藩は譜代大名の改替が激しく、全体的な藩法の把握はほとんど不可能である。しかし、最も治世期間の長かった堀田氏については『御家三ヶ条』を中心とする藩法が知られている。これは、寛文七年(一六六七)七月堀田正俊が上野安中藩主当時制定したもので、その内容は、㈠公儀(幕府)法度の遵守、㈡侍としてのたしなみ、㈢何事によらず年寄の命に背かないこと、の三条。この『御家三ヶ条』は後期堀田佐倉藩においても基本法とされ、この精神に則り、幕府法に依拠して諸法令を発布した。明治二年(一八六九)の藩制改革にあたり、『御家三ヶ条』における「公儀」を「朝廷」に、「年寄」を「執政」に改め、この修正により、最後まで基本法としての性格を維持した。

参考文献　木村礎・杉本敏夫編『譜代藩政の展開と明治維新―下総佐倉藩―』(文雅堂銀行研究社、一九六三年)

(木村　礎)

幕末諸隊　房総地方唯一の譜代大藩である佐倉藩は、文政六年(一八二三)以降、幕府より海岸防衛を命ぜられ、海防のための兵制改革をすすめたが、諸隊編成が明らかになるのは、慶応期になってからである。家臣団隊としては、斥候・軍使を任務とした騎士隊、本営所属の非戦闘隊である教育隊(平士隊)、そのほか城番隊・大砲隊・先筒隊・別手小銃隊・輜重隊・土工隊などがある。歩兵隊は、もともと海防のために農村から募った郷同心、それを改組した郷兵(文久期)を改めて編成したもので、村高百石につき三人を兵賦として出させ、農民の次、三男を徴用して藩の武備強化をはかろうとした。依然として藩士出身の士官の指揮・監督下に置かれたが、目的とした六百人さえも集まらなかった。そのほか、郷士防衛・治安維持を目的とした郷兵がある。現実には領国守備の役割をになわされ、三百五十人余りのうち二百十人は歩兵隊に編入された。

参考文献　木村礎・杉本敏夫編『譜代藩政の展開と明治維新―下総佐倉藩―』(文雅堂銀行研究社、一九六三年)

(高木　俊輔)

桜井藩（さくらいはん）

上総国望陀郡桜井(千葉県木更津市)を藩庁とした藩。藩主滝脇信敏、譜代、陣屋持。石高一万石。滝脇氏はもと駿河国庵原《いはら》郡小島《おじま》城主(駿河国有渡《うど》・安倍・庵原三郡のうちに領地)であったが、明治元年(一八六八)徳川亀之助(のちの家達)駿府移封、駿府藩の成立により、同元年七月上総へ配置換えとなり立藩した。なお桜井は、除封された林氏の請西《じょうさい》藩の旧領内であった。同二年六月版籍奉還により滝脇信敏は桜井藩知事に任ぜられた。ついで同四年七月十四日廃藩、同藩は桜井県となり、同年十一月十三日、宮谷《みやざく》・鶴舞・松尾・小久保・菊間・鶴牧・大多喜・久留里・佐貫・飯野・一宮・長尾・花房・館山・加知山の十五県とともに木更津県に統合併された。

参考文献　『千葉県史料』近代篇明治初期一、児玉幸多・北島正元監修『藩史総覧』（新人物往来社、一九七七年）、藤井貞文・林陸朗監修『藩史事典』（秋田書店、一九七六年）、須田茂『房総諸藩録』（崙書房、一九八五年）

（川村　優）

藩校　小島藩より転封したあとの明治二年（一八六九）、仮学校を請西村祥雲寺に設置して、時習館と称した。その後、貝渕村に移転したが、教頭一名と句読師二名という小規模なものであったという。学科は漢学および習字であり、漢学は経史を授け、素読、講義、輪講などを行なった。

参考文献　『千葉県の歴史』通史編近現代一、『千葉県教育史』一

（工藤　航平）

佐貫藩（さぬきはん）

上総国（千葉県）佐貫を藩庁とした藩。藩主はいずれも譜代、城持。城は平山城で、富津《ふっつ》市佐貫字小和谷・富士見台にあり、JR内房線佐貫町駅から鹿野山に至る街道上に位置している。また北上山に別の古城跡があり、ここは文明以降里見氏の重要な拠点であったという。天正十八年（一五九〇）徳川家康は関東の知行割を行い、佐貫には内藤家長を配し二万石を与えた。家長は慶長五年（一六〇〇）関ヶ原の戦に戦死、その遺領は長男政長が相続した。政長は元和八年（一六二二）陸奥国磐城平に移封、その子忠興は父と別に佐貫において一万石を領していたが、父子ともに平に移った。内藤氏のあとには、同年武蔵国深谷において八千石を知行する松平（桜井）忠重が入封（一万五千石）したが、忠重は寛永十年（一六三三）駿河国田中に移封となった。ついで同十六年松平（能見）勝隆が入封（一万五千石）した。勝隆の養嗣子重治が襲封したが、将軍家の意に違うことがあり、貞享元年（一六八四）ついに除封された。宝永七年（一七一〇）三河国刈谷より阿部正鎮《まさたね》が一万六千石で入封した。正鎮のあと幕末に至るまで正興・正賀《まさよし》・正実・正《まさ》簡《ひろ》・正暠《まさあきら》・正身《まさちか》・正恒と、阿部氏が八代にわたり襲封した。藩領の変遷をみると、内藤時代は上総国天羽郡内の三万石、安房国内の一万五千石、能見松平時代は天羽郡内の一万千三百三十四石、望陀郡内千八十四石、下総国香取・葛飾二郡内の二千八十二石、大和国山辺郡内の五百石（石未満は四捨五入）、阿部時代は天羽・望陀・市原三郡内で構成されていた。ちな

みに阿部氏の七代正身(天保七年(一八三六)襲封、安政元年(一八五四)致仕)は、天保十三年には領内の天羽郡大坪山に砲台を築き海防に備えた。八代の正恒は正身の長男で安政元年襲封、明治元年(一八六八)三月徳川家の脱兵に迫られ、城を棄て領内に退避した。ついで官軍の令により寺に入り謹慎、同年十月謹慎を解かれ帰城した。翌二年六月版籍を奉還し佐貫藩知事に任ぜられ、同四年七月十四日廃藩、佐貫県となり、同年十一月十三日ほかの十五県とともに木更津県に統合された。

参考文献　『千葉県史料』近代篇明治初期一、『千葉県史』明治編、『富津市史』通史、大野太平『房総通史』(『改訂房総叢書』別巻、改訂房総叢書刊行会、一九五九年)、児玉幸多・北島正元監修『藩史総覧』(新人物往来社、一九七七年)、須田茂『房総諸藩録』(崙書房、一九八五年)

(川村　優)

藩校　寛政八年(一七九六)藩校誠道館が佐貫藩内字清水に、また江戸藩邸内、外桜田中に撰秀館が創設された。譜代最小の藩だけに藩校の規模も小さく、教師も藩士のうちで学問教養ある者から選任された。創立当初に任命された誠道館教師は藩士白井三四・同落合宗右衛門、撰秀館は岩堀重太夫らであった。藩士の子弟は八歳で必ず入学して四書・五経の読習をなし、武芸は中伝を得たものを卒業の規準とした。履習科目には文学に漢学・筆道、武芸に兵学・砲術・剣術・弓術・柔術などが設けられていた。初めのころ隆盛であった藩校教育も文化・文政期以後は衰頽の一路を辿ったが、安政二年(一八五五)の藩政改革以来一変して隆盛の機運に向かった。明治維新後は、新しい時代に即応する教育の実現を試みた。漢学における学風は、朱子学派を終始遵奉し、毎年春釈奠《せきてん》を行い孔子およびその配祀者を祭った。生徒数は前後平均約七、八十名であったという。藩主より特に人選して文武とも他藩へ修業を命じたこともある。

参考文献　文部省編『日本教育史資料』二、笠井助治『近世藩校に於ける学統学派の研究』上(吉川弘文館、一九六九年)

(笠井　助治)

柴山藩(しばやまはん)

上総国柴山(千葉県山武郡芝山町)を藩庁とした藩。藩主太田資美。譜代。陣屋持。石高五万三十七石余(公称高)。明治元年(一八六八)駿府藩の成立により、遠江国周知・山名・豊田・佐野・榛原・城東六郡の四万千七百五十三石余、駿河国志太郡内の四千百十八石余、伊豆国加茂・那加二郡内の七千五百三十六石を収公された遠江国掛川藩主太田資美は、上総国武射・山辺二郡内百四十七ヵ村において五万三千四百石余を与えられ、柴山に藩庁を営み立藩した。柴山には居城がなかったので、掛川城収公の賠償費として年額現米千石・金一万五千両を三年間給与されることになった。太田資美は二年版籍を奉還、柴山藩知事となった。同年上総国武射郡八田・猿尾・大堤・田越・水深・五反田・小借毛・馬渡八ヵ村の入会地であった山林原野を開拓し、藩庁、知事の邸地のほか藩士の宅地造成に着手、三年末には竣工新城下を松尾と称し、四年正月正式に松尾藩と改称したが、六ヵ月後には廃藩となる。松尾県・木更津県管下を経て、同六年六月千葉県に編入された。

参考文献　『千葉県史料』近代篇、『松尾町史』、金井圓・村井益男他編『藩史総覧』、藩史研究会編『藩史事典』(秋田書店、一九七六年)、須田茂『房総諸藩録』(崙書房、一九八五年)

(川村　優)

藩校　明治元年(一八六八)、掛川藩より転封とされると、藩校教養館も移転された。藩学校の移転に伴い、校内に洋学校および医学校が創設され、洋学校の教授は慶應義塾より塾生を派遣してもらっていた。医学校の教授には藩医があたった。士族子弟は必ず藩学校に入学し、文武兼修を修学した。掛川藩時代の儒者松崎謙堂門下の小崎門蔵や矢部温叟、平川一彦が教養館教授となり、講義、輪講、素読などにあたった。

参考文献　『千葉県教育史』、『日本教育史資料』、吉村寅太郎「義塾懐旧談」(『三田評論』二五三、一九一八年)

(工藤　航平)

関宿藩(せきやどはん)

下総国関宿(千葉県野田市)を藩庁とした藩。藩主はいずれも譜代。城持。天正十八年(一五九〇)徳川家康関東入国の際、異父弟である松平(久松)康元が葛飾郡内にて二万石を与えられ、関宿城主となったのが当藩の起りである。翌年康元は二万石を加増、四万石を領し、そのあと忠良が継ぐが元和二年(一六一六)美濃大垣へ転封され、翌三年越後三条より松平(能見)重勝が二万六千石で入封した。同五年重勝は遠江横須賀に移封し、下総古河より小笠原政信が二万二千七百石余で入封、寛永十七年(一六四〇)に政信の遺領を継いだ貞信が、幼少を理由に美濃高須に移封されると、遠江久能より北条氏重が二万二千石で入封した。

正保元年(一六四四)氏重は駿河田中に移封し、武蔵石戸より牧野信成が一万七千石で入封、その子親成は承応三年(一六五四)側衆から京都所司代に昇進、河内国高安郡内において一万石の加増をうけ、二万七千石を領有、翌明暦元年(一六五五)

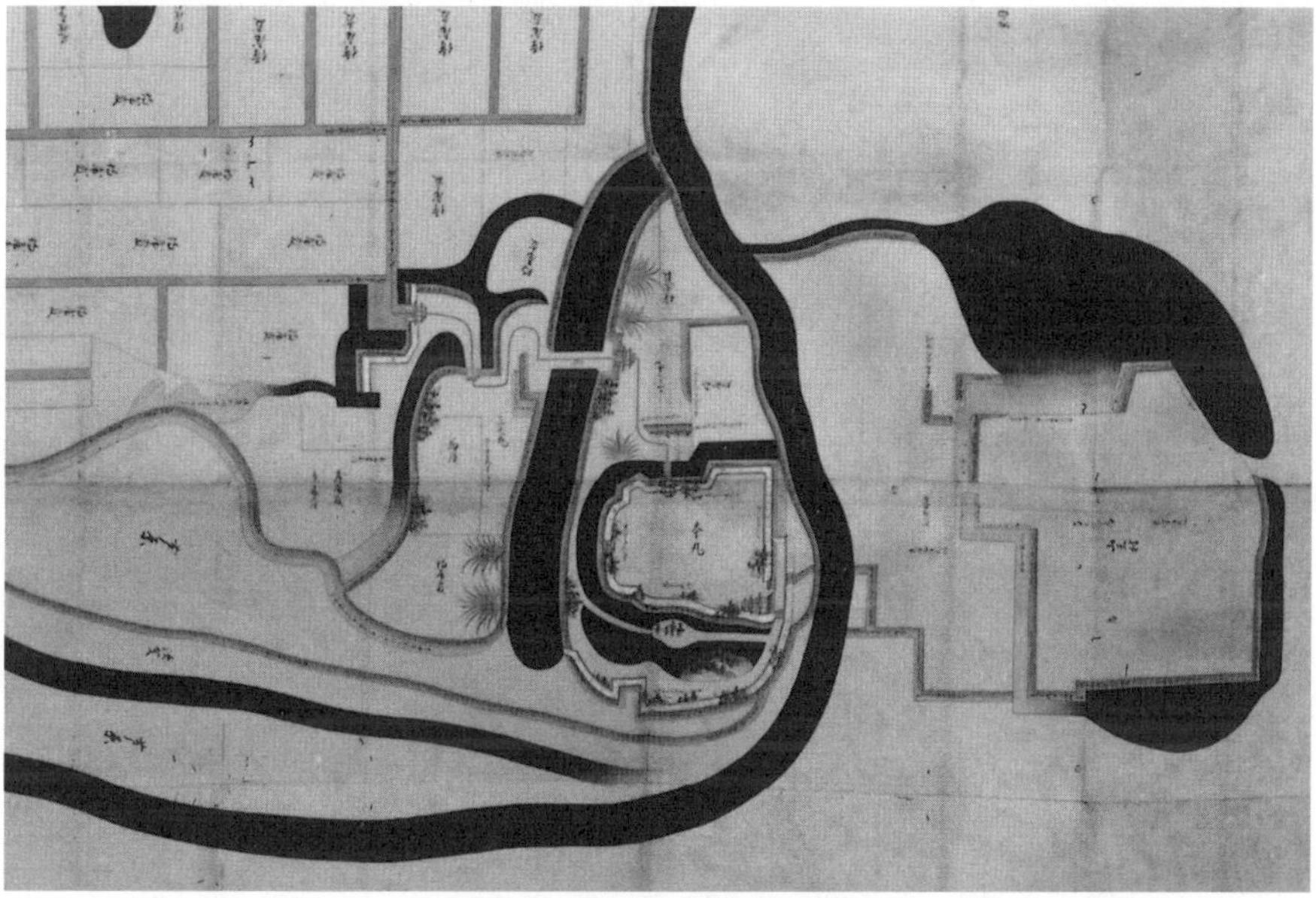

下総国世喜宿城絵図部分（正保城絵図より）

に京二条城に赴任し、同二年関宿周辺の領地を摂津・河内国内に移されたので、関宿には前京都所司代の板倉重宗が五万石で入封した。板倉氏は重宗のあと、重郷（寺社奉行、寛文元年（一六六一）弟重形に新田をあわせ九千石を分知、四万五千石を領有）・重常と在封、寛文九年重常が伊勢亀山に移封すると、上総・下総・武蔵・相模国内において四万石を領有する老中の久世広之が一万石の加増をうけ五万石で入封した。あとを継いだ重之が天和三年（一六八三）備中庭瀬に移され、同年側用人牧野成貞が五万三千石で入封、元禄元年（一六八八）二万石を加封され七万三千石を領したが、次の成春のとき宝永二年（一七〇五）三河吉田に転封となった。その結果、同年久世重之が三河吉田から再び関宿に入封し、以降明治の廃藩に至るまで久世氏の治世がつづいた。歴代藩主は、重之のあと暉之・広明・広誉・広運・広周・広文・広業。このうち重之・広明・広周が老中に就任するなど徳川家譜代の臣として重きをなした。

　藩政の展開をみると広之以後広運までは比較的平穏であり、文政年間（一八一八—三〇）には漢学の教倫館も設立された。七代広周は嘉永四年（一八五一）老中となったが、安政五年（一八五八）大老井伊直弼の独断専行に反対して老中職を免ぜられた。しかし万延元年（一八六〇）直弼の没後再び一万石加増をもって老中にむかえられ、安藤信睦(信正)とともに公武合体説を唱え和宮降嫁を実現させた。広周らはこれにより朝幕関係を円満ならしめようとしたが事実はこれに反し、文久二年(一八六二)信睦とともに老中職を免ぜられた。さらに一万石を削られ蟄居に処せられ、嫡子広文が五万八千石で藩主となったが幼少のため、藩政の動揺をまねいた。明治元年(一八六八)広文は減封致仕となり、弟広業が継いだ。版籍奉還により二年六月広業は藩知事に任じられ、四年七月廃藩、関宿県が置かれた。同年十一月同県は印旛県に統合され、六年六月には千葉県となった。

参考文献　『関宿渡場一件御裁可書』(天保十四年、千葉県立中央図書館所蔵)、『千葉県史料』近代篇、『千葉県史』明治編、児玉幸多・北島正元監修『藩史総覧』(新人物往来社、一九七七年)、藤村通「関宿藩「物産会記事」覚書」(『茨城大学政経学会雑誌』一七・一八、一九六七年)、須田茂『房総諸藩録』(崙書房、一九八五年)
（川村　優）

藩校　文政六年(一八二三)、七代藩主久世広運により、関宿の桜町に教倫館が創立された。主として漢学を専修し、四書および『小学』を基本とした。算法や筆道などはおのおの随意とされた。文久三年(一八六三)九月の学規では漢唐注疏を主とし、宋以前のものは採用しないとされた。しかし、明治三年(一八七〇)の学則では、疑義のある場合は宋以前のものを採用することも許されたのである。藩儒には幕末期に活躍した亀田鶯谷などがいた。

参考文献　『千葉県教育史』一、文部省編『日本教育史資料』二
（工藤　航平）

曾我野藩(そがのはん)

明治初年、下総国曾我野(千葉市)周辺を管轄した小藩。藩主戸田忠綱。譜代。陣屋持。石高一万千百石余。明治三年(一八七〇)三月下野高徳《たかとく》一万石藩知事戸田忠綱が河内・下野両国内の藩領を収公され、その代封地として下総国印旛・千葉両郡内において一万千百石余を管轄、曾我野に藩庁を置き立藩した。同藩は翌四年七月廃藩置県の結果曾我野県となり、同年十一月印旛県、ついで同六年六月十五日千葉県管下となった。

参考文献　『千葉県史料』近代篇、『千葉市史』二、須田茂『房総諸藩録』(崙書房、一九八五年)
（川村　優）

高岡藩(たかおかはん)

下総国高岡(千葉県香取郡下総町)に藩庁を置いた藩。譜代、陣屋持。老中となった井上正就の弟政重は将軍徳川秀忠に近

侍し、大坂の陣以後家光に付属され、寛永九年(一六三二)大目付となって、島原の乱やキリスト教禁圧に手腕をふるった。その功績により同十七年下総国の内で六千石の加増をうけ一万石となり大名に列した。その後同二十年に三千石を加増されたが、次の政清が襲封した時、弟政則・政明に合わせて千五百石を分知し、延宝三年(一六七五)に次の政蔽《まさあきら》が襲封した時も弟政式《まさのり》に千五百石を分知、政蔽より一万石となった。政蔽は延宝末年ころに高岡に陣屋を設けて居所とした。藩領は寛文四年(一六六四)段階で陣屋付である下総香取郡内に約三千石、その他は匝瑳・印旛、上総国武射・周准・市原・望陀の二国六郡内に散在した。政蔽以下、藩主は正鄰《まさちか》・正森・正国・正紀・正滝・正域《まさむら》・正和・正順《まさより》と続き、明治維新に至った。文久二年(一八六二)江戸藩邸内に藩校学習館を設け藩士の教育にも力を入れた。明治四年(一八七一)七月廃藩置県により高岡県となり、同年十一月、新治県に編入された。

参考文献　『寛政重修諸家譜』第四、『寛文朱印留』上(『史料館叢書』一、国立史料館、一九八〇年)、『千葉県史』明治編、須田茂『房総諸藩録』(崙書房、一九八五年)

(川名　登)

藩校　文久二年(一八六二)、十代藩主井上正和の時に江戸小川町の藩邸内に開設され、学習館と称された。士族卒の子弟は、年少のころは各家の意向に任され、寺子屋などで学習した。その後、十四歳ころになると必ず藩学校に入学し、文武兼修をすることとされた。学科は和漢学・算術・習字であった。成績優秀者は私費による遊学を許可した。

参考文献　『千葉県教育史』一、文部省編『日本教育史資料』二

(工藤　航平)

高滝藩(たかたきはん)

上総国市原郡高滝郷大和田村(千葉県市原市)に藩庁をおいた藩。譜代。陣屋持。御家騒動が発覚して西丸老中を罷免された板倉重種(信濃国坂木藩、五万石)が、封地返上を願い出たところ、先祖の功労を理由に、天和三年(一六八三)に実子の重寛《しげひろ》に三万石、甥の重宣《しげのぶ》に二万石を分与することを許された。重宣が信濃国伊奈・佐久、上総国市原の三郡内に合計二万石を与えられて高滝藩が成立した。貞享元年(一六八四)に重宣が二十歳で死去し、同年、養子重高《しげたか》が遺領を継いだ。重高は、丹波国園部《そのべ》藩主小出英知《ふさとも》(二万五千石)の三男で、重宣が危篤となって養子となったものである(末期養子)。元禄十二年(一六九九)、重高は備中国庭瀬《にわせ》藩に転封となり、高滝藩は廃藩となり、以後、藩は置かれなかった。

参考文献　『市原市史』中、須田茂『房総諸藩録』(崙書房、

一九八五年）

（筑紫　敏夫）

多古藩（たこはん）

下総国(千葉県)多古に藩庁を置いた藩。譜代。陣屋。天正十八年(一五九〇)徳川家康が関東に入国した時、保科正光が多古に一万石で入封。正光は慶長五年(一六〇〇)の関ヶ原の戦ののち、一万五千石を加恩され旧領の信州高遠に転封した。駿河国で八千石を知行していた旗本松平(久松)氏は、寛永十二年(一六三五)三代勝義が襲封すると、采地を下総国香取・上総国武射二郡の内に移され、勝義は多古を居所とした。五代勝以は正徳三年(一七一三)に大坂定番となって摂津国内で加増され、一万二千石となり大名に列し、多古藩が成立する。以後、歴代藩主は勝房・勝尹・勝全・勝升・勝権・勝行・勝慈。享保十年(一七二五)以後の藩領は下総国香取・葛飾、上総国武射・山辺・埴生・長柄、下野国河内・都賀の八郡の内に散在。嘉永三年(一八五〇)に下総・上総領内八千石余は陸奥国内に領知替となる。明治四年(一八七一)七月廃藩置県により多古県となり、同年十一月、新治県に編入された。

参考文献　『寛政重修諸家譜』第二、『千葉県史』明治編、須田茂『房総諸藩録』(崙書房、一九八五年)、小笠原長和他「下総栗山川流域村落の史的考察」(『千葉大学人文学部紀要』一、一九六九年）

（川名　登）

藩校　天保元年(一八三〇)、十代藩主松平勝権《かつのり》により、江戸小石川の藩邸内に学問所と称する藩学校が創立された。藩士子弟は、はじめ寺子屋などで習字修業したあと、十四歳ころになると藩学校に入学するか、私費遊学をした。生徒は文武両道を必須とした。十一代藩主勝行の時には学問が奨励され、儒学が重んじられた。漢学は朱子学と古学との折衷であったという。教師一名で生徒四、五人に素読を授ける方法が採られ、四書五経や『史記』、『左伝』『文選』の類が教授された。

参考文献　『多古町史』上、『千葉県教育史』一、文部省編『日本教育史資料』二

（工藤　航平）

館山藩（たてやまはん）

安房国(千葉県)館山に藩庁を置いた藩。石高一万石。初期、外様、のち譜代。陣屋持。室町時代中期以降安房国を本拠とした里見氏は天正十八年(一五九〇)館山に築城完成、ここに居を構えた。しかし里見氏は慶長十九年(一六一四)義康の子忠義の時、大久保忠隣事件に連座して所領を没収され、伯耆国倉吉に移され館山城は破却された(実質、里見氏の移封は追放処分であった)。その後長く藩はおかれなかったが、里見氏

の城跡南麓には十八世紀の後半美濃の名族稲葉氏が陣屋を構えた。すなわち山城淀城主稲葉正親の三男正明は、分家の旗本正福の養子となり、将軍徳川家重に仕えて立身し、天明元年(一七八一)安房・上総両国の内に三千石を加増され、すべて一万石を領することとなり大名に列した。その後田沼意次の失脚とともに処分をうけたが間もなく赦免、正武・正盛・正巳・正善と在封し明治に及んだ。稲葉氏が一万石を与えられた当初の藩領をみると、安房国長狭・平・安房の三郡三十四ヵ村のうちの約八千四百石と上総国長柄郡三ヵ村のうちの約千六百石で、村々は散在している上に分郷も多く、一円領国にはほど遠い領地であったといえる。歴代藩主のうち正巳(文政三年(一八二〇)—元治元年(一八六四))は商人板倉屋治兵衛を勝手向賄方に任じて財政立てなおしを行い、若年寄・老中格・海軍総裁など幕閣の要職を歴任した。戊辰戦争のころは次の正善の代であったが、微妙な立場ながら巧みに時勢を乗り切り版籍奉還に至った。明治四年(一八七一)七月館山の地は館山県となり、さらに同年十一月木更津県となり、同六年六月千葉県に編入された。

参考文献　『千葉県史料』近世篇・近代篇、『館山市史』、『千葉県史』明治編、荒居英次『近世日本漁村史の研究』(新生社、一九六七年)、小笠原長和「館山藩」(『新編物語藩史』三、新人物往来社、一九七六年所収)、須田茂『房総諸藩録』(崙書房、一九八五年)
(川村　優)

藩校　江戸藩邸内に敬義館が開設され、江戸在藩士子弟を教授していた。明治二年(一八六九)、藩知事稲葉正巳の時に敬義館を館山に移転し、立教局と改称した。立教局校長として佐野義郎(旧幕府儒者)、教授などに佐藤新九郎(佐藤一斎の孫)や宮崎直蔵(白河藩の学者)らを招聘した。学科は漢学や習字などであり、素読のあとに輪講・講義へと進んだ。学風は朱子学を主とした。毎年一月十五日には講堂に聖像を掲げ、拝礼を行なった。その後、督学が白鹿洞書院掲示を講じたのである。この白鹿洞書院掲示は藩版として出版された。

参考文献　『千葉県教育史』一、文部省編『日本教育史資料』二
(工藤　航平)

鶴舞藩(つるまいはん)

上総国鶴舞(千葉県市原市)に藩庁を置いた藩。藩主井上正直。譜代。井上正直はもと遠江浜松藩主(六万石)であったが、明治元年(一八六八)徳川亀之助(のちの家達)駿府移封、駿府藩の成立により上総へ転封となった。すなわち明治元年九月上総国市原郡百八ヵ村、同埴生《はぶ》郡四十八ヵ村、同長柄郡四十二ヵ村、同山辺郡八ヵ村のあわせて二百六ヵ村において六万

石を与えられ立藩した。翌二年市原郡石川村の地内、字桐木原の原野を開拓、地名を鶴舞とし藩庁を営造した。原野の中に突如として生まれた城下町には、元町・南元町・北本町・緑町などの町名がつけられた。正直は明治二年六月に版籍奉還を上奏して鶴舞藩知事に任命された。明治四年七月廃藩、同藩は鶴舞県となり、ついで同年十一月木更津県管下となり、さらに明治六年六月千葉県管下となった。

参考文献　『千葉県史料』近代篇明治初期一、『市原市史』中、『千葉県史』明治編、須田茂『房総諸藩録』(崙書房、一九八五年)

(川村　優)

藩校　明治二年(一八六九)、浜松藩時代の藩学校である克明館が、上総国鶴舞村に開校された。また、江戸藩邸にも克明館と称する藩学校が開設され、藩士子弟の教育を行なった。八歳から十四歳を小子、十五歳以上を大人の学とした。主に朱子の『小学』や四書五経を専務とし、素読や質問、輪講などにより教授された。文武兼修とされ、藩学校を卒業すれば学力に応じて加増もしくは昇席とされた。同四年には学制改革が行われ、従来は漢学一科だけであったものに、洋学が加えられた。また、学制改革後は教官の増員も許された。

参考文献　『千葉県教育史』一、文部省編『日本教育史資料』二

(工藤　航平)

鶴牧藩（つるまきはん）

上総国鶴牧(千葉県市原市椎津)に藩庁を置いた藩。藩主水野氏。譜代。陣屋持。石高一万五千石。文政十年(一八二七)安房北条藩主水野忠韶《ただてる》が、上総国市原・望陀二郡内に領地を移され、鶴牧に立藩した。水野氏は忠韶のあと忠実(西ノ丸若年寄)・忠順と在封した。藩の表高は一万五千石、実高は一万九千九百九石余であった。藩領は天保十四年(一八四三)現在、上総国市原・望陀・夷隅《いすみ》・埴生《はぶ》・長柄・山辺郡内、安房国朝《あさ》夷《い》・長狭郡内、丹波国船井・天田・氷上《ひかみ》郡内に存在した。明治元年(一八六八)には右の上総国市原・夷隅・埴生・長柄・山辺郡、安房国二郡内の領地を上総国市原・望陀二郡内にあらためられている。明治四年七月廃藩、同藩は鶴牧県となり、ついで同年十一月木更津県管下となり、さらに明治六年六月千葉県管下となった。

参考文献　『千葉県史料』近代篇明治初期一、『千葉県史』明治編、『市原市史』中、須田茂『房総諸藩録』(崙書房、一九八五年)

(川村　優)

藩校　天保年間(一八三〇―四四)、藩主水野忠順の時、藩主の学校として江戸上屋敷に修来館を、藩士の学校として江戸中屋敷および鶴牧に修成館を設置したという。天保期以前

は久保田兵馬という儒官がいたが、藩学校開設後は、昌平校儒官であった佐藤一斎や、同所長であった百々尚一郎らを賓師とした。藩士子弟は八歳になると必ず入学することとされた。文学は漢学のみを教授し、『小学』や四書五経を専務とした。文武兼修としたが、武術は藩学校では教授しなかったという。学風は昌平黌と関係が深かったこともあり、昌平派朱子学であった。天保年間、藩主忠順が唐版『史記評林』の不備を歎き、藩学校儒者らにその改訂を命じている。

参考文献　『千葉県教育史』一、文部省編『日本教育史資料』二、笠井助治『近世藩校に於ける学統学派の研究』上(吉川弘文館、一九六九年)

(工藤　航平)

東条藩（とうじょうはん）

安房国東条(千葉県鴨川市)に藩庁を置いた藩。譜代、陣屋持。石高一万石。藩主西郷正員《まさかず》・延員《のぶかず》・寿員《ひさかず》。元和六年(一六二〇)下総国生実《おゆみ》において五千石を知行する西郷正員が、五千石を加増され安房国朝夷・長狭二郡内において一万石を与えられ、東条に居所を営み立藩した。正員のあと寛永十五年(一六三八)には長男の延員が襲封、元禄三年(一六九〇)には寿員(肥前大村藩主大村純長の五男)が襲封した。藩領は安房国朝夷郡のうち十九ヵ村で六千八百九十四石余、同国長狭郡内四ヵ村で三千百五石余であった。寿員は在藩一年半で元禄五年下野国上田《かみだ》(栃木県下都賀郡壬生町)に移封、東条藩は廃藩となった。

参考文献　『寛政重修諸家譜』第六、須田茂『房総諸藩録』(崙書房、一九八五年)

(川村　優)

長尾藩（ながおはん）

安房国長尾(千葉県安房郡白浜町)に藩庁を置いた藩。譜代、陣屋持。石高四万石。藩主本多正訥《まさもり》・正憲。正訥は駿河田中藩主であったが、明治元年(一八六八)徳川亀之助(のちの家達)駿府移封、駿府藩の成立により同年七月安房へ移封され、長尾に居所を定め立藩した。支配地は安房国朝夷・安房・平・長狭郡下の百七十一ヵ村と上総国天羽郡下の十三ヵ村、あわせて百八十四ヵ村に及んだ。正訥は明治二年六月に版籍奉還を上奏し、知藩事に任ぜられた。翌三年十月藩庁を安房郡北条村に移転した。正訥は同年十二月致仕、兄正貞の子正憲が相続した。翌四年七月廃藩、藩領は長尾県、ついで同年十一月木更津県管下となり、明治六年六月千葉県管下となった。

参考文献　『千葉県史』明治編、『千葉県史料』近代篇明治初期一、『館山市史』、『安房郡誌』、「角川日本地名大辞典」編纂委員会編『角川日本地名大辞典』一二、角川書店、一

九八四年、須田茂『房総諸藩録』(崙書房、一九八五年)

(川村　優)

藩校　明治二年(一八六九)、駿河国田中藩からの転封に伴い、安房国白浜村に藩学校日知館が移転された。田中藩時代から継続して、国許日知館および江戸藩邸日知館における藩士子弟に対する教授が行われた。漢学や皇学、算学、兵学が行われ、教授方法は句読、講義を中心とした。転封後、安房国北条村および朝夷村に分校を仮設して、近隣村民子弟に対して教育を行なった。

参考文献　『千葉県の歴史』通史編近現代一、『千葉県教育史』一、文部省編『日本教育史資料』二

(工藤　航平)

花房藩(はなぶさはん)

安房国花房(千葉県鴨川市)に藩庁を置いた藩。藩主西尾氏。譜代。明治元年(一八六八)五月駿府藩七十万石の成立により、遠江国内の三万二千六百八十六石余と駿河国内三千七百五十石余を収公された遠江横須賀藩主西尾忠篤が安房・上総国内において四万三千五百六十石余(表高三万五千石)を与えられ花房藩の立藩をみた。すなわち明治二年三月横須賀城を引き渡し、五月に藩士の花房村への移転が始まった。同年六月忠篤は版籍を奉還して花房藩知事に任命された。明治四年七月廃藩置県により花房県、ついで同年十一月木更津県、さらに千葉県管下となった。

花房藩藩札
(五貫文銭札)

参考文献　『千葉県史料』近代篇明治初期一、須田茂『房総諸藩録』(崙書房、一九八五年)、『角川日本地名大辞典』編纂委員会編『角川日本地名大辞典』一二(角川書店、一九八四年)

(川村　優)

藩校　明治元年(一八六八)、横須賀藩からの転封に伴い、学校もしくは学問所と称された藩学校も移転された。同三年に校舎が新築され、修道館と改称された。武芸が重んじられ、文学はその傍らに従事するというものであった。文学では主に漢学(朱子学)が学ばれ、同年に洋学および算術が加えられた。従来は士族子弟に限られていたが、同二年以降は卒の子弟にも入学を許可した。平民子弟の藩学校入学は禁止されたが、上総国久保村妙昌寺に分校を置き、修道館教官一名を派遣して教育にあたった。

参考文献　『千葉県教育史』一、文部省編『日本教育史資料』二

(工藤　航平)

百首藩（ひゃくしゅはん）

上総国天羽郡百首村（文化九年（一八一二）に竹ヶ岡村と改称。千葉県富津市竹岡）に藩庁をおいた藩。譜代。陣屋持。寛永十年（一六三三）に、幕府の留守居兼奏者番を勤める松平（能見）重則が一万五千石で百首に入封して成立した。同十二年、酒井忠世、牧野信成らとともに金銀上納の事を査検するよう命じられた。重則は家光政権を支える新参譜代大名として幕閣で重用され、同十七年に下野国皆川藩に転封となり、百首藩は廃藩となり、以後、藩は置かれなかった。皆川に移った重則は翌十八年に死去し、以後、重正、重利と続いたが、重利が寛文五年（一六六五）に六歳で死去したため、無嗣断絶となった。

参考文献　『富津市史』通史、須田茂『房総諸藩録』（崙書房、一九八五年）

（筑紫　敏夫）

舟戸藩（ふなとはん）

下総国相馬郡舟戸（千葉県柏市船戸）に藩庁をおいた藩。譜代。陣屋持。後に相馬郡藤心（柏市藤心）にも陣屋を置いたので藤心藩とも呼ぶ。近江・下総両国に領地を与えられていた本多正重が、元和二年（一六一六）、相馬郡内で加増されて一万石となり、舟戸藩が成立した。しかし、同じ年に正重を継いだ正貫《まさつら》の所領は八千石とされ、短期間で廃藩となった。正貫のあと、正直、正永《まさなが》と続き、正永の時、弟に千石を分与して七千石となるが、天和二年（一六八二）に丹波国で二千石を、元禄元年（一六八八）の寺社奉行就任時に相馬郡内で千石をそれぞれ加増されて一万石になり再び立藩した。同十四年、正永は五千石を加増され、同十六年に上野国沼田藩に転封となり、舟戸藩は廃藩となった。しかし、舟戸をはじめ下総分領一万石は飛び地として明治維新まで本多氏が支配した。

参考文献　『柏市史』近世編

（筑紫　敏夫）

北条藩（ほうじょうはん）

安房国北条（千葉県館山市）に藩庁を置いた藩。譜代。寛永十五年（一六三八）、松平忠長付衆の屋代忠正が御先鉄炮頭となり安房国安房・朝夷両郡内において一万石を与えられ立藩した。忠正のあと、忠興・忠位《ただたか》と在封したが、忠位は正徳二年（一七一二）百姓一揆（万石騒動）により除封され、一時廃藩となった。ついで享保十年（一七二五）若年寄水野忠定が一万二千石で入封し再び立藩、領地は安房国安房・朝夷・長狭、上総国市原、丹波国氷上の五郡にあった。同二十年丹波国船井・天田・氷上三郡のうちで三千石加増。忠定のあと、忠見《ただちか》

(若年寄)・忠韶《ただてる》(同)と在封。文化八年(一八一一)安房国安房・朝夷二郡の領地の一部が上野国吾妻郡に移される。文政十年(一八二七)忠韶のとき、安房国長狭・上野国吾妻二郡内の領地を上総国市原・望陀二郡内に移され、居所を市原郡椎津村(千葉県市原市)に移し鶴牧藩としたため、北条藩は廃藩となった。

参考文献　『千葉県史料』近代篇明治初期一、須田茂『房総諸藩録』(崙書房、一九八五年)、『館山市史』、小笠原長和・川村優『千葉県の歴史』(『県史シリーズ』一二、千葉県、二〇〇四年)、小笠原長和「館山藩」(『新編物語藩史』三、新人物往来社、一九七六年所収)

(川村　優)

万石騒動日録《まんごくそうどうにちろく》　正徳元年(一七一一)十月に安房国北条藩屋代氏の領分安房・朝夷二郡のうち、四十ヵ村一万石余で起きた百姓一揆(万石騒動)の日録体の一揆記録。筆者は一揆に関係した百姓と思われるが、不詳。全一巻。成立時期も不明だが、事件後、割に早い時期のものだろう。正徳元年領主側の苛政に対する糾弾から始まり、ついに翌二年七月に幕府の評定所の吟味落着で領主屋代忠位を改易させ、一方百姓側も庄屋六人の犠牲者を出したが、ほぼ全面的に勝利した一揆の記録。特に領主のために打首となった三人の名主供養のために、闘争経過を記録した。農民は各年忌に犠牲者の法要を営んで、幕末の万延元年(一八六〇)の百五十回忌に及んだ。刊本には『房総叢書』一、『紀元二千六百年記念房総叢書』四、『日本庶民生活史料集成』六、『近世地方経済史料』一(「房州万石騒動実録」)がある。

(山田　忠雄)

矢作藩(やはぎはん)

下総国香取郡矢作(千葉県佐原市)に藩庁をおいた藩。譜代。城持。天正十八年(一五九〇)の徳川家康の関東入封に際して、三河以来の功臣であった鳥居元忠が矢作を中心に四万石を与えられたことにより藩が成立。上野国館林藩榊原康政(十万石)らとともに、常陸国の佐竹氏への軍事的な備えとされた。慶長五年(一六〇〇)、陸奥の上杉景勝征討で、家康は大坂を発して山城国伏見城に立ち寄り、元忠、松平(深溝)家忠、内藤家長らを石田三成ら西軍が攻撃した場合、伏見城を死守することを命じた。関ヶ原の戦いの緒戦とされる西軍の伏見城攻撃に元忠らは討ち死にした。遺領を継いだ次男の忠政は、関ヶ原の戦いでは景勝への押えとして矢作城に留まった。同七年、忠政は元忠の「忠死」を理由に加増されて陸奥磐城平《いわきたいら》藩(十万石)に転封された。これにより矢作藩は廃藩となり、以後、藩は置かれなかった。

参考文献　『佐原市史』、須田茂『房総諸藩録』(崙書房、一

九八五年）

（筑紫　敏夫）

八 幡 藩（やわたはん）

上総国市原郡八幡村（千葉県市原市）に藩庁をおいた藩。譜代。陣屋持。上総国夷隅郡苅谷を居所として一万石を領有していた堀直良《なおよし》が、寛文八年（一六六八）に八幡に陣屋を移して成立。直良は同十年、延宝三年（一六七五）、天和三年（一六八三）、貞享四年（一六八七）と頻繁に大坂加番を勤めた。この課役は小大名が一年交替で勤め、役料の一万石は藩財政にたいへんな潤いとなった。直良は、大坪流の馬術で、免許皆伝の腕前であったという。直良が、元禄四年（一六九一）に八幡陣屋で吐血して死去すると、嫡男の直宥《なおさだ》が遺領を継いだ。父同様に大坂加番を勤めた。同十一年、直宥は領地を越後国沼垂・蒲原・三嶋《さんとう》の三郡内に移され、沼垂郡椎谷村に陣屋を移して、椎谷藩と称した。これにより八幡藩は廃藩になり、以後、藩は置かれなかった。

参考文献　『市原市史』中、須田茂『房総諸藩録』（崙書房、一九八五年）

（筑紫　敏夫）

東京都

江 戸 藩（えどはん）

ここでいう江戸藩とは、天正十八年（一五九〇）八月に、武蔵国豊嶋郡江戸（東京都千代田区）に居城をおいた豊臣政権下の徳川家を指す。領国は武蔵・相模・伊豆・上総・下総・上野・下野の内で二百四十万二千石、近江・伊勢・遠江・駿河の内で約十万石、合わせて二百五十万石余りであった。

豊臣政権下における徳川氏は、天正十八年豊臣秀吉による関東仕置によって、小田原北条氏に代わって関東に入部した。徳川家康は、領域周辺部の北条氏旧支城に徳川一門・重臣層を配置する一方で、江戸を中心にして十里から二十里くらいの所に中・下級家臣を配置し家作させた。のちに、前者はいわゆる家門・譜代大名へと成長し、後者は譜代大名や旗本に分化していった。しかし、当時は徳川家康が豊臣政権下の大名であって、結城秀康や井伊直政などの一部を除いて、万石以上でも厳密には大名・藩とはいえない。また、井伊直政や榊原康政・本多忠勝などは、秀吉から所領の指定を受けていた形跡があり、徳川家臣という属性を持ちながら豊臣公儀を形成していた可能性がある。

家康は、豊臣政権の一大名として、九戸一揆の鎮圧や朝鮮出兵にともなう名護屋在陣、伏見城普請などをこなし、豊臣秀吉没後は五大老の筆頭として豊臣政権を支えた。しかし、石田三成らのいわゆる五奉行を中心とした官僚派と、政権の主導権を巡る対立が激化。ついには大名衆が東西に分かれての関ヶ原の戦いにまで発展した。この関ヶ原の戦いは、徳川(東軍)対豊臣(西軍)という図式で認識されがちであるが、実際には、豊臣大名内で東軍・西軍に分かれて戦ったものと指摘されている。関ヶ原の戦い後、家康は政権内で確固たる地位を築いたが、しかし未だ豊臣政権内の一大名であった。

慶長八年(一六〇三)、家康は征夷大将軍に任命された。この将軍任官によって豊臣政権下の一大名からは離脱したものと考えられる。よって江戸藩は豊臣政権下の「藩」とはいえず、ここで廃藩したものと考えたい。

参考文献　『藩史大事典』二(雄山閣出版、一九八九年)、和泉清司『徳川幕府成立過程の基礎的研究』(文献出版、一九九五年)、笠谷和比古『関ヶ原合戦と近世の国制』(思文閣出版、二〇〇〇年)、北島正元『江戸幕府の権力構造』(岩波書店、一九六四年)、藤野保『新訂幕藩体制史の研究』(吉川弘文館、一九七五年)、水江漣子『家康入国』(角川書店、一九九二年)、川田貞夫「徳川家康の関東転封に関する諸問題」(『書陵部紀要』一四、一九六三年)、小宮山敏和「井伊直政家臣団の形成と徳川家中での位置」(『学習院史学』四〇、二〇〇二年)

(小宮山敏和)

喜多見藩(きたみはん)

江戸時代前期、武蔵国多摩郡喜多見(東京都世田谷区)を藩庁とした藩。二万石。喜多見氏。譜代。陣屋持。中世秩父流平氏の名跡をついだ江戸氏の惣領家の庶流に木田見氏があり、多摩郡木田見郷を本拠としていた。足利氏、ついで後北条氏に仕え、頼忠の代には、世田谷吉良氏の重臣となった。徳川家康の関東入部に際し、当主勝忠はその家臣に召し出され、喜田見村に住し、江戸をはばかって喜多見氏と改称した。その後勝忠は各地に従軍し、近江・摂津の郡代を歴任し、元和四年(一六一八)堺奉行に補せられた。勝忠の孫重政は、将軍綱吉に重用されて側衆を勤め、天和元年(一六八一)従五位下若狭守に叙任。同三年加増され計一万石となり、喜多見村に陣屋をおいた。ついで貞享三年(一六八六)一万石を加封されたが、元禄二年(一六八九)勤務不良を理由に改易され、喜多見藩はここに消滅した。

参考文献　『寛政重修諸家譜』第九、『徳川実紀』

（北島　正元）

田安藩（たやすはん）

明治元年（一八六八）に徳川家の三卿の一つ、田安家の慶頼が藩屏に列せられ成立した藩。田安家の初代宗武は、八代将軍吉宗の次男で、江戸城の田安門内に屋敷を与えられ、賄料として十万石の領知を与えられた。寛政の改革を推し進めた松平定信は、宗武の七男で白川藩松平家に養子へ出た人物である。二代治察が死去し、一橋治済の子斉匡が三代当主となるまでの十三年間は、当主が不在でも領知と邸臣は残され、明屋形と呼ばれる特殊な状況となっていた。慶応元年（一八六五）に七代当主となった亀之助（家達）は、明治元年閏四月二十九日に徳川宗家を継いだ。五月四日に五代当主で隠居していた慶頼が、再び田安家当主となる。同時に一橋家とともに藩屏に列せられ、田安藩が成立した。このときの領知は下総・甲斐・摂津・和泉・播磨に十万石であった。同二年十二月二十六日には版籍奉還が認められたが、知藩事には任命されず、諸藩のように廃藩置県を待たずに、一橋藩とともに廃藩となる。

参考文献　国文学研究資料館編『田安徳川家の蔵書と高乗勲文庫』（臨川書店）、藤田英昭「明治維新のなかの御三卿」（岩下哲典『徳川慶喜　その人と時代』岩田書院、一九九九年）、北原章男「御三卿の成立事情」（『日本歴史』一八七、一九六三年）

（竹村　誠）

一橋藩（ひとつばしはん）

明治元年（一八六八）に徳川家の三卿の一つ、一橋家の十代茂栄が藩屏に列せられ成立した藩。一橋家の初代宗尹は、八代将軍吉宗の四男で、江戸城の一橋門内に屋敷を与えられ、賄料として十万石の領知を与えられた。二代治済の子家斉は徳川宗家を継ぎ、十一代将軍となった。また、水戸家から養子に入り九代当主となった慶喜も、十五代将軍となっている。

慶喜の宗家相続後に一橋家へ養子に入った茂栄は、尾張藩支藩美濃高洲藩主、その後尾張藩主を経て隠居していた人物で、明治初年には慶喜の助命嘆願に奔走している。明治元年五月二十日に、田安家とともに藩屏に列せられた。このときの領知は、越後・下野・武蔵・摂津・和泉・播磨・備中の十万石であった。同年十二月二十六日に版籍奉還が認められたが、知藩事には任命されず、諸藩に先き立ち廃藩となる。一橋家に伝来した「一橋徳川家文書」は、茨城県立歴史館で公開されている。

参考文献　辻達也編『新稿一橋徳川家記』（続群書類従完成会）、茨城県立歴史館編『一橋徳川家文書目録』（茨城県立歴史館）、藤田英昭「明治維新のなかの御三卿」（岩下哲典『徳川慶喜　その人と時代』岩田書院、一九九九年所収）、長野ひろ子「幕藩制国家の崩壊と女中たち—一橋徳川家の場合—」（同『日本近世ジェンダー論—「家」経営体・身分・国家』吉川弘文館、二〇〇三年所収）、北原章男「御三卿の成立事情」（『日本歴史』一八七、一九六三年）、辻達也「徳川御三卿の生活—『一橋徳川家文書』に拠る—」（『専修人文論集』五三、一九九四年）

（竹村　誠）

神奈川県

甘縄藩（あまなわはん）

相模国玉縄（神奈川県鎌倉市）に藩庁をおいた藩。玉縄藩ともいう。玉縄城は小田原北条氏の要地で、天正十八年（一五九〇）八月、北条氏が滅亡したのちは本多正信が一万石で入城したと伝えられる。また、城廻・関谷・植木・岡本・渡内の玉縄領五ヵ村は松平正次の預りとなっていたが、徳川家康の命で養子となった右衛門大夫正綱（大河内松平氏）が元和五年（一六一九）にこれを受け継ぎ、旧玉縄城の南麓に陣屋を構えた。

駿府城の近習出頭人から勘定奉行となった正綱は、寛永二年（一六二五）に大幅な加増を受け、すべて二万二千石を領して大名となった。その後甘縄藩は、隆綱（のち正信と改める）、正久と継承されたが、元禄十六年（一七〇三）二月に正久が上総国大多喜（千葉県大多喜市）へ移封となったことにより廃藩となった。

参考文献　『新編相模国風土記稿』（『大日本地誌体系』）、『土

芥寇讎記』(『江戸史料叢書』人物往来社、一九六七年)

(馬場　弘臣)

一之宮藩（いちのみやはん）

相模国一之宮村(神奈川県寒川町)にあった藩。藩庁はなし。一之宮の称は、宮山村に鎮座する相模国一宮寒川神社による。宮山・田端・中瀬・大曲・宮原村とともに寒川郷に属した。阿部正次が慶長七年(一六〇二)に相模国高座郡一宮において五千石を加増され、武蔵国鳩ヶ谷(埼玉県鳩ヶ谷市)などの所領とともに一万石を領したことによって成立した。正次は、鳩ヶ谷、一説には下総国茂原(千葉県市原市)を本拠としたといわれているので飛地となる。元和五年(一六一九)閏十二月に、正次が相模国小田原藩主となったことにより収封された。

参考文献　『新編相模国風土記稿』(『大日本地誌体系』)、『寛政重修諸家譜』第一〇

(馬場　弘臣)

荻野山中藩（おぎのやまなかはん）

相模国中荻野村(神奈川県厚木市)に藩庁をおいた藩。山中は中荻野村の字名。譜代・陣屋持。藩祖は小田原藩主大久保忠朝の次男教寛。教寛は元禄十一年(一六九八)十月十六日に相模国足柄上下両郡、駿河国駿東郡内で新田六千石を分知され、その後宝永三年(一七〇六)十月十五日に駿東・富士両郡で五千石の加増をうけたことで大名となる。二代教端、三代教起、四代教倫とつづいたあと、教寛の子教平の孫教翅が五代目藩主を襲封した。この教翅の時、天明三年(一七八三)十月六日に、それまで居所としていた駿河国駿東郡松永(静岡県沼津市)をあらためて、中荻野村に陣屋を構えた。その後、六代教孝、七代教義と続いて廃藩置県を迎える。藩の財政は極度に逼迫し、教翅の代には借財が六万両にのぼったという。教義の代には江戸の検校から貸金の不返済を訴えられている。また、財政再建のために宗家である小田原藩より勝手方役人の派遣を含め、たびたび援助をうけている。安政四年(一八五七)五月には、倹約と年貢増徴を基調とした藩政改革を断行した。慶応三年(一八六七)十二月十六日、幕末三大挙兵の一つに数えられる薩摩藩の焼打ちによって陣屋は一夜のうちに灰燼に帰した。明治元年(一八六八)には、小田原藩主忠礼が戊辰箱根戦争の責任をとって蟄居したために、教義の子忠良が宗家を相続した。同年、新政府により伊豆・駿河両国分九千八百石余の上知を命ぜられ、翌年二月に愛甲郡二十四ヵ村と替えられた。同四年の廃藩置県で荻野山中県となり、十一月十三日には小田原県とともに足柄県に編入された。

参考文献　『小田原市史料』、『新編相模国風土記稿』(『大日

本地誌体系』)、厚木市教育委員会編『荻野山中藩』(一九六九年)、『小田原市史』通史編近世　（馬場　弘臣）

藩校　藩主大久保家は江戸在府であり、荻野山中陣屋には数戸の藩士が居住するのみであった。幕末期に江戸在住藩士が移住したことにより、荻野山中での藩士子弟教育が必要となったのである。明治元年(一八六八)、文館である興譲館、武芸場である武館を創設し、総称として文武館と名付けた。藩士のうちの学問教養ある者が指導にあたり、四書五経などの漢籍を用いて素読・輪講を行なった。学風は朱子学を宗とした。同四年になると、廃藩置県により藩士が離散し、閉校状態となった。

参考文献　笠井助治『近世藩校に於ける学統学派の研究』上(吉川弘文館、一九六九年)、文部省編『日本教育史資料』二　（工藤　航平）

小田原藩（おだわらはん）

相模国(神奈川県)小田原を藩庁とした藩。天正十八年(一五九〇)八月、北条氏滅亡により関東に入った徳川家康は大久保忠世を小田原城主とした。所領は四万石で、のちに五千石加増。翌十九年より領内検地を実施。文禄三年(一五九四)武蔵国羽生(埼玉県羽生市)二万石の城主であった忠隣が家督を嗣

相模国小田原城絵図部分(正保城絵図より)

ぎ、六万五千石の小田原城主となる。忠隣は酒匂川の治水工事など藩領の安定に努めたが、慶長十九年(一六一四)に大久保長安事件にからんで改易となる。藩領は幕府直轄となり、元和五年(一六一九)阿部正次が五万石の城主となるものの、寛永元年(一六二四)に再び幕府領となる。同九年十一月家光の小姓であった稲葉丹後守正勝が八万五千石の城主となり、以後、正則・正通(正往)まで三代五十四年つづいた。とくに

正則は、同十年の地震で倒壊した城下町の復興をはじめ、万治元年(一六五八)から三年にかけて総検地を行うなど領内の整備に努め、その後の藩政の基盤を築いた。総検地にあたっては足柄上郡関本村(神奈川県南足柄市)下田隼人の強訴事件が起きている。

貞享三年(一六八六)正月稲葉氏にかわって大久保加賀守忠朝が十万三千石の大名として入部し、以後、明治四年(一八七一)の廃藩置県まで忠増・忠方・忠興・忠由・忠顕・忠真・忠愨・忠礼・忠良とつづいた。大久保氏にとっては父祖の地への念願の復帰であったが、すでに元禄三年(一六九〇)ころの藩財政は、家臣の扶持を借りるほど窮乏に瀕していた。同七年の領地は、相模国・駿河国・伊豆国・下野国・播磨国・河内国の六ヵ国で総計三百二十六ヵ村、石高十一万三千百二十九石七升であった。城付の地は関東の要衝であるため、東海道箱根、豆州往還根府川、甲州往還川村・谷ヶ村・仙石原村、矢倉沢往還矢倉沢の各関所があり、大久保氏足軽番人が管理した。同十六年十一月領内が大地震にみまわれ、宝永四年(一七〇七)十一月には富士山の墳火による降砂の被害で城付の村々が壊滅的な打撃をうけた。翌五年、相模国足柄上・下、淘綾、高座郡と駿河国駿東郡の領地五万六千三百余石および新田九千六百余石が上知され、美濃国加茂・可児・土岐郡、三河国加茂・設楽郡、伊豆国加茂・都賀郡、播磨国赤穂・印南・佐用・加西郡、都合五万六千三百八十四石余が代知として与えられた。

享保元年(一七一六)三月相模・駿河国内二万七千九百四十八石余が藩領に復帰し、延享四年(一七四七)には播磨・伊豆国の飛び地二万四千五百九十七石余の替え地として相模・駿河・美作三国で五万五千三百三十一石余を拝領した。この間、享保十年に川崎宿の元名主で幕府代官の田中丘隅が、江戸町奉行兼関東地方御用掛大岡越前守忠相の命をうけて酒匂川の改修工事に着手した。同十二年十月、斑目村に文命堤が完成、ほぼ現在の流路となる。ただ、城付領のほとんどが復帰したのちもその後遺症は大きく、藩財政も好転しなかったため忠興・忠由と勝手方の改正仕法を行うが、明和年中(一七六四―七二)における家臣への俸禄米支給は最低を記録した。忠顕の代、寛政六年(一七九四)二月には財政難を理由に富士山噴火以来の減免措置を止めて定免とした。

忠顕のあとを嗣いだ忠真は幕府老中に就任する一方で、藩政の抜本的な改革に着手した。忠真の改革は藩財政の立て直しを最重要課題としながらも、家臣団と役職の再編、藩校の設置、地方支配の改編、組合村組織の整備強化など藩の行財政全般にわたるものであった。文政十年(一八二七)には十ヵ年御勝手向き改革を宣言してこれを断行した。また、同五年には二宮金次郎(尊徳)を登用して分家である旗本宇津家の桜町領(栃木県二宮町)の復興にあたらせ、天保八年(一八三七)に小田原領内への仕法実施を命じた。幕末期には相模湾・江戸湾の海防を担当し、文政四年より異国船渡来時の浦賀援兵を勤めたが、天保十四年に伊豆の援兵に切り替えられた。この時三浦郡の領地五千五百二十五石余を足柄上下郡・大住郡・淘綾郡・愛甲郡・津久井県内に移された。

嘉永元年(一八四八)藩主忠愨は武備強化の直書を発して軍備強化に乗り出し、翌二年小田原三台場の築造に着手した。その後も小田原藩は幕末の動乱の中で京都守衛や甲府城代などの軍役を勤めている。明治元年二月、新政府軍の東征に対しては、当初勤王恭順の意志を表明していたが、幕府遊撃隊の到来によって佐幕に傾き、豆相軍藍中井範五郎が殺害される事件が起きた。江戸藩邸から駆けつけた中垣斎宮の説得で再び勤王に引き戻されると、山崎・箱根で遊撃隊と戦ってこれを追放(戊辰箱根戦争)。この責任をとって勝手方家老岩瀬大江進が切腹し、審議の結果、七万五千石に減封の上藩主忠礼が永蟄居、城代家老渡辺了叟が切腹となった。その後荻野山中藩主大久保教義の子忠良(十二歳)の襲封が認められ、恭順の意を明確にするためにも新政府の方針に従った藩制の改革が急速に進められたが、同四年七月十一日廃藩置県で小田原県となり、さらに同年十一月改置府県で足柄県となり消滅した。

参考文献　『新編相模国風土記稿』(『大日本地誌大系』)、『小田原市史料』、『御家中先祖並親類書』一―五(小田原市立図書館)、『明治小田原町誌』上(小田原市立図書館)、『神奈川県史』資料編四・五、同通史編近世一・二、『小田原市史』史料編近世一―三、同通史編近世、『南足柄市史』資料編近世一・二、同通史編、『湯河原町史』一・三、『真鶴町史』資料編・通史編、『開成町史』資料編近世一・二、同通史編、『大井町史』資料編近世一・二、同通史編、『山北町史』史料編近世、『二宮町史』資料編一、同通史編、『大磯町史』一・二・六、『御殿場市史』近世史料編、同通史編上、『小山町史』二・三・七、『二宮尊徳全集』、村上直編『近世神奈川の研究』(『地方史研究叢書』三、名著出版、一九七五年)、内田哲夫『小田原藩』(『有隣新書』一九八一年)、同『小田原藩の研究』(夢工房、一九九六年)

(馬場　弘臣)

藩校　藩校諸稽古所、通称集成館は、藩主大久保忠真の時、文政五年(一八二二)二月に創設された。おりから藩政の改革を進めていた忠真は、藩士子弟の教育にも心を寄せ、その一環として城内三ノ丸に文武諸稽古所を設けて集成館と称した。教科は漢学・医学・算術・習字・習礼の五科と諸武芸で、諸稽古所奉行がこれを統轄した。安政二年（一八五五）には兵学を越後流に統一し、慶応三年（一八六七）には大幅に洋式を導入して調練を進めた。明治維新後は新政府の方針に従って学制の改革を行なった。名称を文武館と改称し、諸稽古所奉行を廃止して新たに文武総裁・督学をおいた。また、創立以来四十人余であった教官数を八十四人に増員して新時代の人材育成にあたった。学風は終始朱子学を遵奉して、『小学』・四書・五経・『近思録』の順に学習させたが、明治二年（一八六九）以降は国学・儒学・英学の三学を中心に置き、庶民に至るまで順次門戸を開放した。

参考文献　文部省編『日本教育史史料』二・一〇、笠井助治『近世藩校に於ける学統学派の研究』上（吉川弘文館、一九六九年）、『小田原市史』通史編近世　（馬場　弘臣）

藩札　小田原藩では宝暦五年（一七五五）に西川札座ならびに西川大黒屋からそれぞれ銀札六種ずつ発行した。また同年発行のものに相州小田原領と横書きされた別種の銀札四種がある。さらに同年に美作国と飛地札として銀札四種がだされている。これには桑村という押印がみられる。明治に入って、小田原商社から明治四年（一八七一）十二月限の期限札（永銭札三種）が発行された。

一匁銀札

参考文献　荒木三郎兵衛『藩札』上（いそべ印刷所、一九五八年）　（作道洋太郎）

金沢藩（かなざわはん）

武蔵国金沢（横浜市金沢区）を藩庁とした藩。譜代。陣屋持。一万二千石。五代将軍徳川綱吉の側衆をつとめた米倉丹後守昌尹が、元禄九年（一六九六）若年寄に昇進すると、武蔵・相模・上野三国において加増をうけ、合計十八ヵ村、一万石の大名となった。昌尹はついで同十二年五千石を加えられ一万五千石となり、下野国都賀郡皆川（栃木市）に陣屋を構えた。同年昌尹は病死し、その遺領をついだ昌明は、そのうち三千石を弟の忠直に与え、以後一万二千石を、昌照・忠仰・里矩・昌晴・昌賢・昌由・昌俊・昌寿・昌言と継承して明治維新に至った。この間、享保七年（一七二二）、忠仰の時に武蔵国久良岐郡金沢へ陣屋を移し、いわゆる武蔵金沢藩が成立した。金沢は中世六浦荘金沢郷と称したところである。江戸の内海で、浦賀（横須賀市）の近隣に位置する金沢藩は、幕末期には沿岸の海防を担当する一方、慶応二年(一八六六)に建設された横須賀製鉄所の警備や長州征討に従軍するなどの軍役を勤めた。明治維新に際し、加賀の金沢藩との混同を避けて六浦藩を正式の藩名とした。ついで明治四年(一八七一)七月に廃藩置県の公布により六浦県となり、同年中に神奈川県の管轄下におかれた。

参考文献　『寛政重修諸家譜』第三、『神奈川県史』資料編五、『図説かなざわの歴史』
（北島　正元）

藩校　金沢藩は定府であり、藩主および藩士が金沢に移住する幕末期まで藩学は創設されなかった。江戸在府時には、藩邸に儒者を招いて講釈などをさせていた。明治元年(一八六八)三月、明允館および分校が創設された。明允館では漢学を、分校では算術や筆道が教授された。学風は朱子学を宗とし、文武両道の兼修を原則とした。学級は一から三までと初学の四つに分けて教授された。弓馬や刀槍などの諸武芸は、厳兵館において教習された。

参考文献　笠井助治『近世藩校に於ける学統学派の研究』上(吉川弘文館、一九六九年)、文部省編『日本教育史資料』二
（工藤　航平）

深見藩（ふかみはん）

相模国高座郡深見村(神奈川県大和市)にあった藩。藩庁はなし。藩主は坂本氏で、所領は深見村を本貫として、常陸国・下野国・上野国に分散していた。坂本氏の初代貞重・二代貞次ともに甲斐の武田家に属したが、貞次は主家滅亡後に徳川家康につかえた。天正十八年(一五九〇)の関東入国により深見村を与えられ、大住郡波多野地方(同秦野市)の代官職となり、深見村内に千二百坪の屋敷を構えた。三代貞吉、四代重安のあと、五代目を襲封した重治は、天和二年(一六八二)十月に寺社奉行に任じられると七千八百石の加増をうけ、あわせて一万石を領して大名となった。翌三年には本貫の深見村で総検地を実施し、同四年二月に三十五ヵ条からなる法度を出して統治にあたったが、貞享四年(一六八七)五月に勤務不良を理由に寺社奉行を罷免され、逼塞となった。元禄二年(一六八九)には上野国内の七千八百石が没収となって小普請に落とされ、廃藩となった。

参考文献　『寛政重修諸家譜』第三、『新編相模国風土記稿』三(『大日本地誌大系』雄山閣、一九七二年)、『大和市史』近世資料編、同通史編
（馬場　弘臣）

新潟県

糸魚川藩（いといがわはん）

越後国（新潟県）糸魚川を藩庁とした藩。慶長三年（一五九八）堀秀治（外様・城持）が春日山に入城すると、糸魚川地方を直轄領として、一族堀左門・堀隼人佐、堀備中守らに支配させた。同十五年松平忠輝（親藩・城持）が入封すると、糸魚川に重臣松平信直をおき一万六千五百石を与えた。元和二年（一六一六）松平忠輝廃絶後の越後は小藩に分割され、高田には酒井家次（譜代・城持）が入城したが、糸魚川地方は幕領となり、市川茂左衛門が代官。同四年松平忠昌（親藩・城持）が高田藩主になると、美濃国で一万石を領する稲葉正成（譜代・城持）を与力とし、糸魚川地方一万石を加えた。寛永元年（一六二四）松平光長（親藩・城持）が高田藩主になると荻田氏（主馬→隼人→主馬）を糸魚川城代とし、一万四千石を与えた。天和元年（一六八一）光長改易後は幕領となり城郭は破却された。代官は八木仁兵衛ほか三人、伊奈兵右衛門、土屋惣兵衛、土屋甚太郎と変遷した。元禄四年（一六九一）から有馬清純（外様・陣屋持）領五万石。同八年からまた幕領（代官は馬場新右衛門・稲葉利右衛門）。十二年から本多助芳（譜代・陣屋持）領一万石。享保二年（一七一七）二月から越前家の支流松平直之（親藩・陣屋持）が一万石、ほかに込高二千百四十一石をもって封ぜられ、そのあと直好・堅房・直紹・直益・直春・直廉・直静と相伝えた。江戸定府。直之入封時の所領は西頸城郡内に約一万石、中頸城郡下美守郷に二千百余石であったが、寛保三年（一七四三）西頸城郡のうち能生・浦本など十七ヵ村二千八百八十六石余を北魚沼郡須原・穴沢など二十四ヵ村と村替えし、天保四年（一八三三）さらに五百石余の村替えが行われた。家臣団は約百名前後。当初より財政難で、臨時才覚金・先納金を課すことが多く、文政二年（一八一九）九月には、江戸越訴、糸魚川町内富家打ちこわしの一揆がおきた。大政奉還後は直静が知藩事となり清崎藩と称した。廃藩置県で明治四年（一八七一）七月、清崎県と改称したが、同年十一月二十日廃止されて柏崎県に合併した。

参考文献　『中頸城郡誌』、『西頸城郡誌』、青木重孝『青海』、穴沢吉太郎『守門村史』、『糸魚川市史』、『新潟県史』通史編四、鶴岡実枝子「近世後期における一万石大名領陣屋町の経済的機能—越後国糸魚川町の場合—」（『史料館研究紀要』一、国文学研究資料館史料館、一九六八年）、鎌田永吉「十

九世紀初頭の町と村―糸魚川黒白騒動の分析を中心に―」（同）

（小村　弌）

春日山藩（かすがやまはん）

越後国春日山（新潟県上越市）を藩庁とした藩。慶長三年（一五九八）三月上杉景勝会津移封後、同十二年まで堀秀治・忠俊二代が春日山城にあったので春日山藩という。しかし実際は堀氏が直江津の東に福島城を築いて移り、また堀氏に代わった松平忠輝が、同十九年七月、城を高田へ移すまでの福島城時代をも合わせて春日山藩といわれる。秀治は越前北庄より移り、与力大名村上義明九万石・溝口秀勝六万石その他を従え、四十五万石をもって越後の大守となった。入封早々上杉遺民一揆を平定し関ヶ原の戦に東軍勝利の魁をなし、徳川家康から感状を受けた。同十一年五月二十六日秀治病没、嗣子忠俊十一歳であとをつぎ、従五位下越後守に任ぜられ、一代松平姓を許され、翌年新城竣功して福島の地へ移った。しかし同十五年家老名人左衛門堀直政没し、直清・直奇の兄弟が相続を争ったため、幼主忠俊は改易を命ぜられ、陸奥国磐城平藩鳥居左京亮忠政に預けられて没落した。忠俊除封の翌日の閏二月三日、家康の六男松平忠輝が信州川中島から七十五万石をもって封ぜられ、上総介従四位下左近衛権少将に叙任。越後少将様といわれたが、間もなく高田を開府して、福島の地を去った。

参考文献　『高田市史』、『直江津町史』、布施秀治『上杉謙信伝』（歴史図書社、一九六八年）、堀直敬『堀家の歴史』（堀家の歴史研究会、一九六七年）、小村弌『幕藩制成立史の基礎的研究』（吉川弘文館、一九八三年）

（渡辺　慶一）

黒川藩（くろかわはん）

越後国黒川（新潟県胎内市）を藩庁とした藩。譜代。陣屋持。初代藩主松平経隆は柳沢吉保の四男。宝永六年（一七〇九）六月三日父の封地甲斐国で一万石を分与され、享保九年（一七二四）閏四月二十八日、幕領越後国蒲原郡館村代官所管内四十二村一万石に移された。そのあとを柳沢里済・里旭・保卓・信有・光被・光昭・光邦と伝えた。家臣団は約九十名。所領を黒川・蔵光（のち熊出）・大友の三組に分けて支配。江戸定府のため、入封当初から財政難に苦しみ、才覚金、先納金を課すことが多かった。文化十一年（一八一四）五月の蒲原・岩船両郡騒動には、領民も参加し、黒川陣屋役人は徒党の勢力に押されて後退するほどであった。維新後の明治二年（一八六九）六月二十四日光邦は黒川藩知事に任ぜられ、実高一万一千八百三十九石を所管した。同四年七月十四日廃藩により黒川県と改称。同十一月廃止されて新潟県に合併した。藩校は弘道館。

参考文献『旧黒川柳沢家譜』、『黒川藩史料』、『新発田市史』、『新潟県史』通史編四・五、『中条町史』

（小村　弌）

三条藩（さんじょうはん）

江戸時代初期、越後国（新潟県）三条に藩庁をおいた藩。市橋・稲垣の二氏七年間存在。越後の大半を領していた松平忠輝が元和二年（一六一六）に改易されたあと、同年八月に譜代の市橋長勝が伯耆国矢橋から移封されて四万千三百石の三条藩を創設した。この長勝によって三条城が新築された。同六年三月に長勝が没し、子がなかったために城地は没収された。一時幕領となり、出雲崎代官の支配下におかれたが、同年五月にその一部が越後国藤井より三条城に移った譜代の稲垣重綱に引き渡された。この時の知行目録によれば、稲垣氏の領地は三条を中心に蒲原郡の信濃川・中之口川流域で五十九ヵ村、三島郡北東部で三十七ヵ村の合わせて二万三千石であった。同九年に重綱が大坂城番に転じたあとは、その領地は再び幕領となり、出雲崎代官の支配下におかれた。

（金子　達）

参考文献『三条市史』上

坂戸藩（さかどはん）

越後国坂戸（新潟県南魚沼市）に藩庁を置いた藩（外様）。慶長三年（一五九八）、堀秀治が越前北ノ庄から越後春日山に入部すると、織田信長の家臣堀監物直政が家老として三条城で五万石を与えられ、直政の次男直寄も坂戸城を中心として二万石を与えられた。直寄は、同七年から堀鶴千代の補佐役として、蔵王堂城に赴き、同十一年鶴千代が死ぬと、蔵王堂三万石を加増され、五万石となった。同十三年の父の死後、翌十四年から直寄は兄直清（直次ともあり）と施政について争い、ともに徳川家康に訴えた。翌十五年直寄の勝ちとされたが、この事件が原因で春日山藩主堀忠俊は改易となった。同年、直寄も坂戸五万石から飯山四万石に移された。直寄は、父や兄とともに幕府の直臣であったか、堀秀治・忠俊の家臣であったかは、いずれともいえない。それは、堀氏が、美濃国の地侍から急成長して越後国一国を支配する大大名になる過程において、一族や服属の者を召抱え、そのうえ、越後移封にあたり、秀吉により取り立てられた大名が秀治に附属したため、秀治宛の知行方目録とそれとは別個に秀吉からの領知判物を受領しているなど、家臣団が複雑な構造を有していたことに起因する。『恩栄録』には、「元堀忠俊家来」とあり、『徳川実紀』には、「(慶長)十五年春(中略)御家人になりて、信濃国飯山の城主とせられ、四万石を給ふ」とある。幕府の両史料とも飯山城主となってはじめて大名となったものとして扱っている。しかし、慶長五年の越後一揆平定以後は、駿府の家康に直接仕えることが多くなり、実質的に大名化していたとみる説もある。

参考文献　奥村哲「豊臣政権における家臣団編成方式の考察―堀秀政家臣団の場合―」(『北陸史学』二〇、一九七二年)、永島福太郎「慶長三年豊臣秀吉の堀久太郎宛越後国知行方目録について」(『関西学院大学人文学会人文論究』一七ノ四、一九七六年)、安池尋幸「慶長期堀氏領国像の再検討―政治過程を中心に―」(『地方史新潟』一二、一九七七年)

(佐藤　宏之)

椎谷藩(しいやはん)

越後国椎谷(新潟県柏崎市)に陣屋を置いた藩。藩主堀氏は参勤交代のない定府の外様大名。堀秀治の与力大名として越後入りした堀監物直政の五男直之《なおゆき》が元和二年(一六一六)七月椎谷に五千五百石を賜わったのに始まる。直之は寛永四年(一六二七)十二月従五位下式部少輔に叙任され、さらに同十年四月上総国四千石を加増され、九千五百石となり、江戸町奉行・寺社奉行などを歴任した。直之の経歴を妻が春日局の姪であったことから譜代扱いされた。二代直景は、徳川秀忠から拝領した下総・相模・甲斐二千石と、襲封した九千五百石を加えて一万千五百石となったが、弟直治に千五百石を分知したので、椎谷藩は幕末まで一万石であった。三代は直良、四代直宥《なおさだ》の時、全所領が越後一国となり、五代直央以来、直恒・直旧《なおひさ》・直喜・直著《なおあき》・直宣と続いたが、十一代著朝《あきとも》の時、分家の堀直意の蔵米横流しに対し領民が騒動を起こした「天明義民事件」がおこり、この失政で著朝は隠居を命ぜられ、松平乗祐(三河国西尾)の三男乗厚が十二代を継ぎ直起《なおのり》と改めた。同時に越後領五千石と信濃国水内・高井両郡五千石の替え地を命ぜられた。椎谷藩六川陣屋はその支配所である。十三代以降の藩主は直温《なおはる》・直哉《なおちか》・之敏《ゆきとし》・之美《ゆきよし》まで十六代であっ

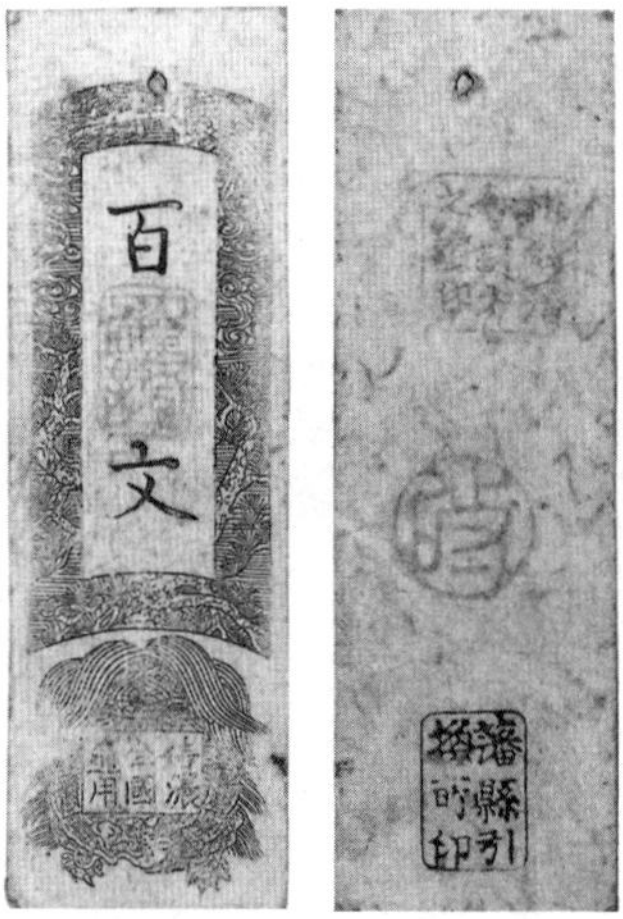

椎谷藩藩札(百文銭札)

た。維新後、之美は奥田と改姓、版籍奉還で知藩事に任命された。明治四年(一八七一)七月十四日廃藩置県で椎谷県となり、同年十一月二十日柏崎県に統合された。

参考文献 『寛政重修諸家譜』第一二、堀直敬『堀家の歴史』(堀家の歴史研究会、一九六七年)、磯貝文嶺『椎谷藩史』

(新沢　佳大)

新発田藩(しばたはん)

越後国(新潟県)新発田を藩庁とした藩。藩主は溝口氏。外様。城持。慶長三年(一五九八)四月二日、溝口秀勝が加賀国大聖寺から六万石をもって移されて成立。ついで宣勝・宣直・重雄・重元・直治・直温・直養・直侯・直諒・直溥・直正と十二代、二百七十二年間統治して明治二年(一八六九)版籍を奉還。知行高は、慶長十五年、宣勝が弟善勝に一万石を分与したため五万石に減じた。万延元年(一八六〇)高直しで十万石に改められる。所領は蒲原郡内二百五十村(寛文四年(一六六四))。越後平野の中央部を占めたが、寛政元年(一七八九)二万石を陸奥国信夫・田村・楢葉三郡と高替えになり、奥州

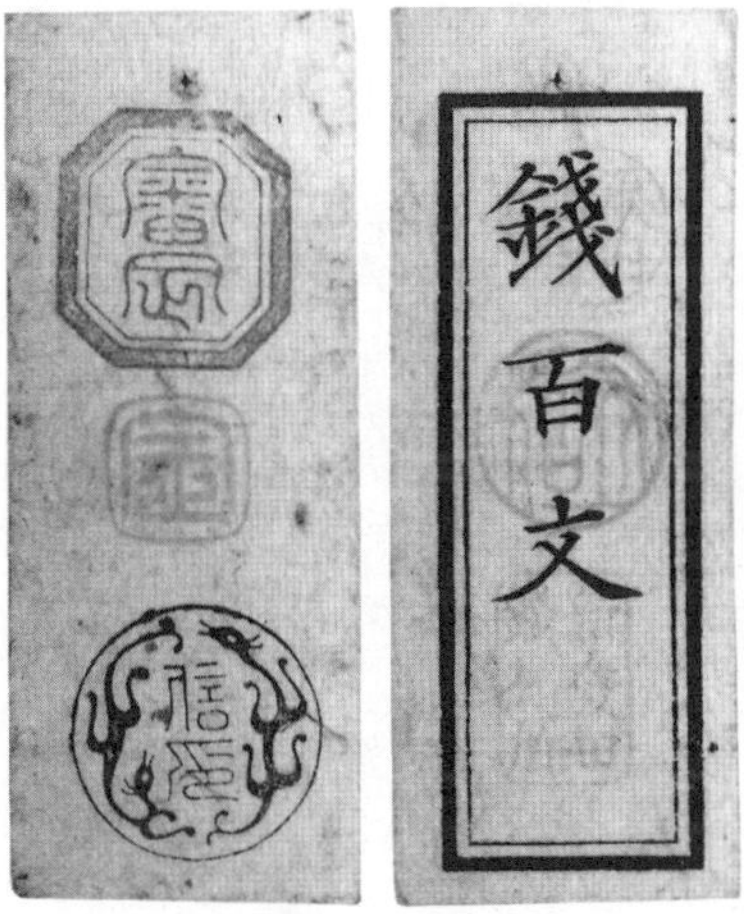

新発田藩藩札(百文銭札)

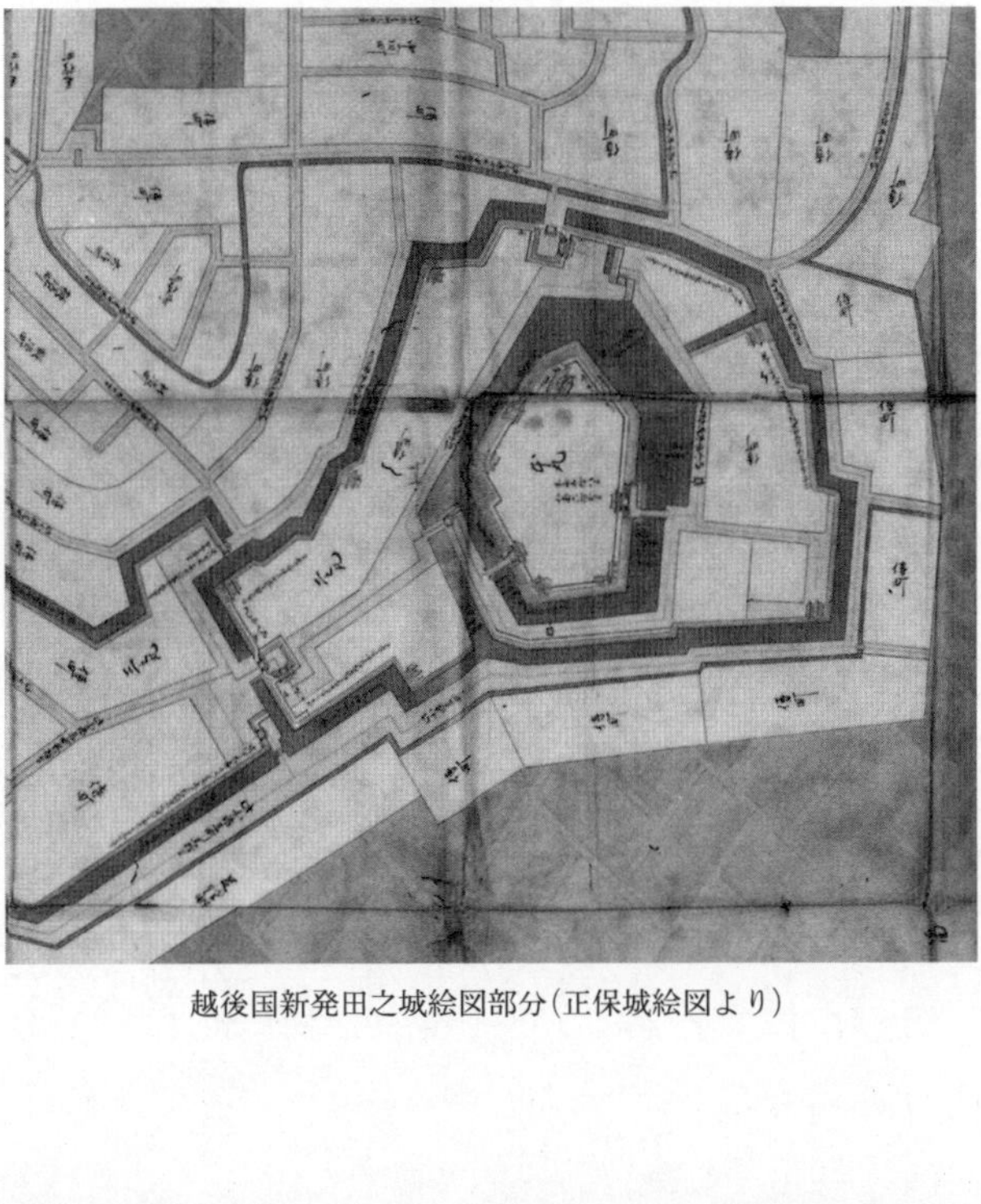

越後国新発田之城絵図部分(正保城絵図より)

飛地領が成立。うち一万石は文政十二年(一八二九)返知さる。明治三年二月調べ、高十三万九千百二石余、うち蒲原郡にて十三万二千三百九十九石余、岩代国信夫郡にて六千七百二石余。総戸数三万六千二百五十四軒、うち士族八百七十軒、卒千十七軒。総人口十九万二千六百一人、うち士族四千七百八十三人、卒五千六百八十五人。

藩政の動向は、慶長・元和年間(一五九六―一六二四)ごろは藩体制の成立期である。秀勝は慶長三年一段三百六十歩制で検地を実施、直轄領は武将を代官に任じた。また信濃川に築堤を行い、家臣および農民の新田開発を奨励した。同五年には越後一揆を平定し、土豪地侍層の勢力一掃と刀狩りを行なった。新発田城と城下町の建設を開始した。寛永―正徳年間(一六二四―一七一六)ごろは藩体制の確立期である。寛永ごろより知行制度は地方知行から蔵米制へ切替えが進み、大名権力が確立した。郷村支配機構が整備され、また寛文五年十人組から五人組制度への転換および宗門改めが実施された。新田開発は立藩以来、貞享元年(一六八四)までに二万九千石にのぼった。築城は承応三年(一六五四)ごろ一応の完成をみた。家中屋敷および町人町も元禄年間(一六八八―一七〇四)までに一応でき上がった。延宝五年(一六七七)から貞享三年にかけて総検地が行われた。延宝四年から享保元年(一七一六)にかけて家中および領民法度が整備された。法度の作成には儒者緒方源十郎が加わり、文治政治を展開した。

享保―文政年間(一七一六―一八三〇)ごろは藩体制の動揺と改革期である。藩財政は元禄十二年江戸城普請助役以来赤字に転じ、この時期には本格化した。その対策として質素倹約と文武の奨励、知行・禄米の借上げ、百姓・町人への御用才覚金の賦課が始まった。享保十五年松ヶ崎掘割、同十九年岡方新江用水掘削などの治水事業に努め、新田開発が進められた。安永年間(一七七二―八一)直養は学問をもって藩政の改革を図り、藩校道学堂・医学館を建設、庶民教育には社講制度を設けた。藩学は崎門学派と定め異学を禁じた。また新令・新律を定めて法による統治を進めた。難民救済のためには社倉制度を設けた。しかし寛政元年の二万石高替えは藩財政に打撃を与えた。それは家臣団・領民にしわよせされ、農民の逃亡相つぎ農村人口の減少を招いた。そこで藩は出稼ぎの取締り、農業の奨励、精農の表彰、福島潟新田の開拓促進を行なった。天保期以後、崩壊期に入る。天保の飢饉に加うるに海防問題の出現は藩財政に重圧となり、大坂蔵元からの融資や領内豪商富農からの献上金も限界に達した。にわかの殖産興業政策も焼石に水であった。しかし時勢の赴くところ直諒は尊王開国論と洋式兵法の採用を主張、兵制改革が進められた。

戊辰戦争に際して藩は当初止むなく奥羽越列藩同盟に加わったが、新政府軍の松ヶ崎上陸後はその先導を勤め、会津に攻め入った。民間勤王の志ある者が北辰隊・居之隊などの農兵隊を組織してこれを助けた。明治二年版籍奉還により藩主は知藩事に任じられた。同四年七月廃藩置県により新発田県となったが、同年十一月新潟県に編入になる。残された藩債は六十六万三千両にのぼった。主要藩政史料・藩学史料は新発田市文化財として市立図書館に保管されている。

参考文献　『新潟県史』資料編八、『新発田市史』、『新発田市史資料』一—四、『横越町史』、小村弌『幕藩制成立史の基礎的研究—越後国を中心として—』(吉川弘文館、一九八三年)、藤井重雄「藩臣石原寛信について」(『新発田郷土誌』三、一九六四年)

藩校　将軍徳川綱吉好学の影響をうけ、藩主溝口重雄は儒者佐々木元安を、重元は小浜玄篤を招き、また伊藤仁斎の門人緒方惟純を招いて月並講釈を行わせ、藩士にも聴講を命じた。歴代この伝統をついだが、直養は程朱の学を尊崇し、藩政改革の一環として崎門学派稲葉迂斎の弟子の石原寛信を登用、学問・武芸を奨励して安永元年(一七七二)二ノ丸西の門内に講堂(三間梁に七間)を建て、槍剣術稽古所を並置した。同五年には町在の者にも聴講を許し、翌六年には講堂を拡張した。そのほか町在の好学の者を社講に任じて講書を行わせ、藩儒にも巡村講義させた。学筋はすべて程朱・闇斎以外を禁じた。医学館も同五年に設置。寛政九年(一七九七)講堂を道学堂と命名した。直諒は文政九年(一八二六)句読師を置いて家臣の子弟の教育をはかり、翌十年には学寮および江戸藩邸内に講堂を設けた。文久三年(一八六三)兵学所を建てる。明治二年(一八六九)学寮を廃して大・小学寮を設けたが、同四年廃藩により廃校、私学発新館となる。

参考文献　『新潟県史』資料編一一、『新発田市史』上、『新発田市史資料』一、『新発田町教育史』、文部省編『日本教育史資料』二、笠井助治『近世藩校に於ける学統学派の研究』(吉川弘文館、一九六九—七〇年)、藤井重雄「新発田藩の藩学について—闇斎学派時代以前—」(『新潟大学教育学部紀要』四ノ一、一九六三年)、同「異学の禁について—新発田に於ける—」(同五ノ一、一九六四年、六ノ一、一九六五年)、山下武「新発田藩の教育—第八代藩主溝口直養の教学策を中心とした考察—」(『早稲田大学教育学部学術研究』人文科学・社会科学編一六、一九六七年)、同「新発田藩における庶民教育政策」(同一七、一九六八年)、高橋明彦「新発田藩校道学堂の出版費用」(『金沢美術工芸大学紀要』四一、

一九九七年)、高木靖文「新発田藩校「講堂」の教育と伝統」(『学校教育研究所年報』三二、一九八八年)、同「近世藩校名称の一考察」(『新潟大学教育学部紀要』三〇ノ一、一九八九年)、山下武「終焉期の新発田藩における教育の一考察」(『早稲田大学教育学部学術研究』三五、一九八六年)

藩法　家中法度は寛永七年(一六三〇)が初出である。地方知行制を反映し、家臣団の統制、給地支配の制限を主内容とする。溝口重雄・重元は藩法の整備に努め、延宝四年(一六七六)には家中の生活・勤番上の心得を示す基本法が成立、正徳五年(一七一五)・六年には延宝法度の細則を定めた。領民法度は延宝五年から享保元年(一七一六)にかけて完成した。幕府法を採り入れつつも、田畑質入れ・売買の自由、年貢米納入後の売却制限など、藩独自の条文もみられる。ついで安永九年(一七八〇)直養は藩政改革の一環として家中・領民に対して「新令」を与え、天明四年(一七八四)には幕府の『公事方御定書』および唐律・明律を参照して「新律」十章二百十八条を作成公布した。

参考文献　『新発田市史』上、『新発田市史資料』三、高橋礼弥『新発田藩年代記』(二〇〇五年)

(小村　弌)

沢海藩(そうみはん)

越後国沢海(新潟市)に陣屋を置いた藩。新発田《しばた》藩支藩。藩祖溝口善勝(新発田藩祖溝口秀勝次男)は立藩以前、幕府に仕え上野国甘楽郡において二千石を充行われていたが、慶長十五年(一六一〇)父の遺領から蒲原郡内において朱印高一万石と新田分二千石を与えられ、一万四千石を以て立藩した。二代政勝は寛永十一年(一六三四)三千石を弟の助勝、千石を安勝に分かち、一万石(蒲原郡内八千石、甘楽郡二千石)を相続。三代政良は寛文十年(一六七〇)相続。四代政親(江州水口藩主加藤明友次男)は天和三年(一六八三)相続するも、酒狂のため貞享四年(一六八七)八月二十五日封地を没収されて廃藩。支配制度は本藩にならい田制は一段＝三百六十歩制を採ったが、貞享元年総検地を行い、一段＝三百歩制に改めた。遺領は幕領、宝永四年(一七〇七)から旗本小浜氏知行地となる。

参考文献　『新発田市史』上、『新潟市合併町村の歴史』通史編四・資料編三、『新潟県史』通史編近世一・資料編八、『横越町史』

(小村　弌)

高田藩(たかだはん)

越後国高田(新潟県上越市)に藩庁を置いた藩。親藩もしくは譜代。城持。近世初頭外様大名堀秀治が上杉氏のあとを受け四十五万石越後一国の大守であったが、直江津(上越市港町)に福島城を築城中病没、子忠俊が慶長十二年(一六〇七)春日山城を廃し福島城に移った。忠俊は同十五年老臣間の内訌を鎮めることができず除封された。代わって信濃川中島より徳川家康の六男松平忠輝が七十五万石で福島城主となり、越後一円と川中島を領有。忠輝は福島城を嫌い、同十九年福島城の南方、菩提が原(上越市本城町)に城を遷し、高田を開府し新城を高田城と命名した。高田藩これより始まり、歴代藩主の頻繁な交替や一時的な在番時代はあったが、明治の廃藩置県まで続いた。高田城は幕府により国役普請とし、忠輝の義父伊達政宗を普請総裁に、金沢藩前田氏以下十二大名を助役とし急速に築城された。忠輝の配下には付庸大名として村上に九万石村上義明を、新発田《しばた》に五万石溝口宣勝をおき、幕府は大久保長安を付家老として佐渡奉行を兼任させた。忠輝は平常の言動を家康・秀忠に疎まれ、大坂夏の陣への不参加を理由として、元和二年(一六一六)改易となり、伊勢朝熊《あさま》へ流された。そのあとへ上州高崎より譜代の名門酒井家次(父忠次は徳川の四天王)が十万石で入封、家次没後忠勝が継いだが、同五年信州松代へ移され、同地より結城秀康の次男松平忠昌が二十五万石で交替した。たまたま忠昌の兄越前家松平忠直の失脚事件がおこり、忠昌在城わずか五年で寛永元年(一六二四)越前家のあとを嗣ぎ北ノ庄(福井)へ移った。代わって忠直の長子光長が入封して高田藩主となった。光長は家康の曾孫で、母は将軍秀忠の娘勝子高田姫、従三位中将に進み、格式は御三家につぎ四家と称された。

領地は頸城《くびき》全郡・刈羽・三島《さんとう》・魚沼・信濃にまたがり、表高二十六万石であったが、のち新田開発などにより内高四十万石に近かった。なお執政小栗美作《みまさか》父子の多くの殖産興業により藩財政も豊富となり、高田藩の全盛期を出現した。しかし光長の継嗣問題にからむ越後騒動の結果、将軍綱吉の再審により天和元年(一六八一)光長は改易に処せられ伊予松山へ流された。高田は一時廃藩となり、松平氏の旧領は全部幕領となって、一年交替で二人ずつの大名を高田に在勤させ政治を執らせた。しかし実質的には幕府から派遣された代官による完全な幕府政治であった。この在番時代を経て、貞享二年(一六八五)小田原より譜代の稲葉正通が十万三千石で入封し、高田藩が復活した。稲葉家は財政難に苦しみ極力緊縮方針をとり、なすところなく元禄十四年(一七〇一)在城一代で下総佐倉へ国替となった。同年佐倉から譜代の戸田忠真が六万七千石で入封。同家もまた財政難に苦しみ、領民に新税・増税の苦を与えたまま、宝永七年(一七一〇)在城一代で下野宇都宮へ転封し、伊勢桑名より家門の松平(久松)定重が十一万石で入封した。この松平家は越中守を称し、高田藩主としては定重・定逵《さだみち》・定輝・定儀《さだのり》・定賢《さだよし》と五代続いた。この間三代定輝の時、享保七年(一七二二)におこった頸城郡天領質地騒動を鎮圧した功により、定賢に至って寛保元年(一七四一)奥州白河へ栄転した。

松平氏のあとへ播州姫路から榊原政永が入封した。藩主の交替のはげしかった高田藩も榊原氏に至ってようやく落ち着き、明治維新まで政永・政敦・政令・政養《まさきよ》・政愛《まさちか》・政敬と六代百三十年も続いたので、高田藩即榊原藩と思われがちである。政永の父政岑はその不行跡を将軍吉宗にとがめられたが、藩祖康政(徳川の四天王)の功に免じて七歳の幼児政永にあとを嗣がせ、禄高だけはそのままにして高田へ左遷した。十五万石といっても領地は越後頸城郡に六万石、陸奥四郡に九万石と分割され、山間不毛の地が多く、実収五万石に足らなかった。文化六年(一八〇九)奥州の五万三千石と頸城郡内天領の平野地との村替が許され、政令の殖産興業によって財政立直しができた。幕末には佐幕派としてにらまれ窮地にあったが、北越戊辰戦争には長岡城攻撃の先導をつとめ戦功をあげた。明治二年(一八六九)六月版籍奉還、同四年七月廃藩となり高田県が置かれ、同年十一月柏崎県に併合され、さらに同六年六月新潟県となった。

参考文献　『上越市史』、『新潟県史』通史編三—五、『高田市史』、『訂正越後頸城郡誌稿』、内野豊大「『御預』大名の生活と家臣団—越後騒動後の松平光長家—」(森安彦編『地域社会の展開と幕藩制支配』名著出版、二〇〇五年所収)

藩校　慶応二年(一八六六)十一月藩主榊原政敬は、東条琴台の建言を容れ、歴代藩主の懸案であった藩校修道館を、藩主の対面所に建てた。現在の上越市大手町榊神社の境内である。教官は儒臣と藩士の中から選び、藩士の子弟は必ず入学させた。明治二年(一八六九)版籍奉還と同時に藩制改革となり、元の領奉行所(現市立大手町小学校敷地)を講議堂とし、旧役宅を習字寮として修道館を移した。職員には学校総裁・副総裁・大監察・監察・教官・助教・日講・典籍などをおき、午前は城内の演武所において銃隊を操錬し、午後は修道館において勉学させた。のちには市民からも希望者を入学させた。生徒を小学生(八歳—十五歳)と中学生(十五歳以上)に分け、皇学・漢学・法科・文科・洋学・医学など広汎な勉強をさせた。明治五年学制発布後は修道館の名が失われ、新潟学校第四分校となったが、これが現在の県立高田高等学校の前身である。

高田藩藩校蔵書印

参考文献 『高田市史』、『高田高等学校百年史』、高田藩編『教育沿革史』、高木靖文「高田藩榊原家の蔵書と修道館文庫」(『新潟大学教育学部紀要』二九ノ一、一九八七年)、山下武「後期高田藩の庶民教化政策に関する一考察」(『早稲田大学大学院文学研究科紀要』三六・三八、一九八九・九〇年)
(渡辺 慶一)

藩札 明治元年(一八六八)十二月十七日金銭通用一時の危急凌ぎに領中限り取受のため金五両・一両・一分・一朱の国札と銭一貫文、五百・三百文札を発行。国札は、この札一片を以て金札一両の銭数に充てる、という規定の銭札で、高田会計所の保証印がある。同二年四月銭十貫文、五・三貫文札を追加。同九月不融通・似せ札に付き糸魚川《いといがわ》・川浦へ出兵鎮圧する。同十月二十八日赤札を新規に発行、翌三年三月十五日限り白地の札を停止。同年春柏崎県よりの国札引替えの掛合いに準備金なく、市民の他邦仕入金差支・似せ札・下方の疑惑で、同八月十九日精札・正金引替法がたつまで中小町紙幣改所で庚午八月改を朱印、同九月二十七日他領通用禁止。明治二年届出札十五万六千五百六十五両二朱が翌三年六月までに金二十四万八千三百四十両二分に達し、過札整理に着手、同七月十二日版木類を三重櫓に納め、札九万両を廃止。明治四年七月概数は金十二万八千三十九円九十九銭六厘、銭札金一両=銭十貫文=新貨八十銭である。

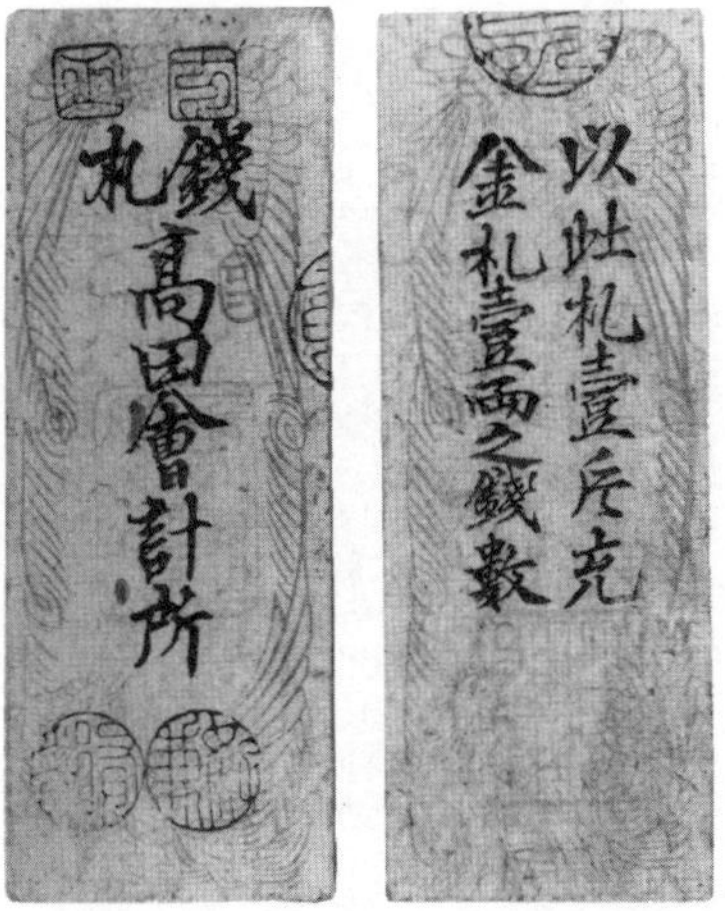

金一両銭札

参考文献 『高田市史』上、『高田市史』一、荒木三郎兵衛『藩札』(一九六五・六六年)
(川上 雅)

幕末諸隊 明治元年(一八六八)の戊辰戦争に際し、譜代としての高田藩は勤王か佐幕かに大きく揺れ、結局は朝旨を奉じて藩の安泰をはかることにした。これに不満の江戸藩邸詰藩士酒井良佐・渡辺千之助ら八十六人は、佐幕を唱えて藩主榊原政敬の姓「榊」の字を分けた意味の神木隊を結成した。彰義隊に加わり、五月十五日の上野戦争では小浜藩の浩気隊とともに奮戦し、十七人の戦死者を出した。生き残った酒井らは榎本武揚率いる幕府軍艦に乗り込み、箱館に行き官軍に抗戦した。明治二年五稜郭陥落とともに降伏し神木隊は解散した。なお高田藩領には、頸城郡（上越市）上増田新田の岡田保を隊長とする隊員四十人の守界隊と称する民兵隊もあった。

（高木　俊輔）

参考文献　『高田市史』一

越後騒動《えちごそうどう》　江戸時代前期の延宝七年（一六七九）－天和元年（一六八一）越後高田藩におきた御家騒動。時の藩主松平光長は近衛中将と越後守とを兼ねていたので世に越後中将また越後様と呼ばれた。この越後中将家の騒動だから越後騒動という。光長は徳川家康の次男結城秀康を祖父とし、秀康の長子松平忠直を父、将軍秀忠の三女勝子を母とし、知行二十六万石、尾張・紀伊・水戸の三家につぐ家柄であった。かれの高田在封は寛永元年（一六二四）－天和元年の五十七年間の長期だが、多くは江戸にあって国政は国家老にまかせていた。当時藩政に重きをなしていたのは小栗美作・荻田主馬の両家老のほか岡島壱岐・片山主水などの与力大将がいたが、なかでも小栗美作は父祖以来の門地要職とその人物手腕において他を圧し、重臣の嫉視をうけることが多かった。そのうえ美作の妻お勘が藩主の義妹であること、かれ自身の藩政運営が独断的であることなどからねたみ反感を高め、美作は主家横領の野心があるとうわさされた。

こうして越後家は美作派と反美作派に二分対立の機運が強まりつつあったところに、藩主の継嗣問題がからまって両派の抗争は拍車をかけられた。延宝二年藩主光長の嫡子綱賢が病死し、直系のあとつぎが絶えたので、重臣らは熟議をかさね、光長の異母弟永見長頼の遺子万徳丸を養嗣子に決めた。幕府もこれを認め、万徳丸は将軍家綱の一字をいただき三河守綱国と改名し継嗣問題は解決したかにみえた。しかし反美作派は、美作はその子掃部《かもん》を藩主の養子に入れる計画である、と吹聴して自派の拡大を策し、光長の異母弟永見大蔵を首領に立て美作打倒の体制をととのえた。その党勢は永見以下荻田主馬・岡島壱岐など八百九十名に及んだ。これに対する美作派は美作をはじめ妹むこの本多監物・野本右近など百三十余人である。

反美作派がお為方、美作派が逆意方と呼ばれたが、同七年正月九日夜、お為方の五百三十人余が武装して美作邸におしよせ騒動が本格化した。美作方は武力をもってこれに抗することがなかったので、やがて武装隊はひきあげ両派の武力激突はさけられたが、美作は家中騒動の責任をとって家老職を辞し、あとは片山主水が藩政を見た。情報は幕府にも達したので、大老酒井忠清は吟味の結果、この事件は越後家親戚筋の諸家と相談して穏便にとり計らうように指示し、その旨の覚書が越後家に伝えられて紛争に一応の決着が与えられた。しかしお為方では、この覚書は美作の偽作だと喧伝したので同年四月騒動が再燃激化した。そのため幕府評定所の詮議となり、この裁決で、雑説を流布し家中人心をまどわした罪によって、お為方の主なるものは他家御預けまたは追放となった。お為方はこの裁決をもって美作が酒井大老への贈賄による片手落ちの処分だと憤り、争いはいっそうもえあがった。この事態に藩の前途を悲しみ二百五十名の藩士が自殺・遁世または他国へ流出したという。

同八年五月将軍家綱病死し弟綱吉が館林から入って五代将軍になると、酒井大老は職を辞し、綱吉の将軍就任に尽力した堀田正俊が幕政の実権をにぎった。お為方はこの機を利用し堀田への運動をつづけそれが奏功して将軍綱吉の越後騒動親裁となった。天和元年六月二十一日江戸城大広間において、お為方・逆意方双方を対決せしめ、綱吉みずから審理裁決し、翌二十二日その判決が宣告された。これで美作・掃部の父子は切腹、そのほか流刑追放など両派多数処刑された。藩主光長は家臣統率力欠如を理由に改易、伊予松山城主松平定直に預けられて越後家はつぶれ遺領は幕府にとりあげられ、以後四年五ヵ月勤番支配となった。元禄十一年(一六九八)光長の養子宣富(長矩)の代に美作国津山十万石に封ぜられ、家は再興された。この騒動は越後家の党争当事者が幕府の実力者に援を求めたため、幕府内の派閥抗争とからんで激化転変の後、将軍の裁決で一藩倒壊に至った江戸前期騒動の一典型である。なお美作を極悪非道の悪人とする『徳川実紀』的考え方は改める必要がある。

参考文献　『徳川実紀』五、『高田市史』一、三上参次『江戸時代史』上(『講談社学術文庫』一九九二年)、北島正元編『御家騒動』上(新人物往来社、一九七〇年)、福田千鶴『幕藩制的秩序と御家騒動』(校倉書房、一九九九年)、内野豊大「越後騒動の基礎的考察」(『上越市史研究』七、二〇〇一年)、佐藤宏之「越後騒動に関する一考察」(大石学編『近世国家の権力構造』岩田書院、二〇〇三年)

(中村　辛一)

高柳藩(たかやなぎはん)

越後国高柳(新潟県妙高市)に陣屋を置いた藩。藩主丹羽氏音は、元禄十五年(一七〇二)七月、家臣の争乱により美濃国岩村城主から半知の一万石で入封した。領地は、同国頸城郡内の大崎・上板倉・下板倉・武士《もののふ》・里五十公《さといきみ》・山五十公・下《しも》美守《ひだもり》郷および保倉谷にわたった。元文四年(一七三九)八月、二代薫氏《しげうじ》が大坂城定番となり、領地は美作・河内へ移された。旧領は高田藩松平家に預けられ陣屋は廃された。

参考文献　『越後国高田・出雲崎・沢海・与板領高沢ヶ覚帳』(宝永三年、『岩沢源三文書』)、『寛政重修諸家譜』第二、

『新井市史』上

（青木不二夫）

長岡藩（ながおかはん）

越後国（新潟県）長岡に藩庁を置いた藩。元和二年（一六一六）に堀直寄《なおより》が信州飯山より入部、古志《こし》・蒲原《かんばら》・三島《さんとう》・刈羽・魚沼五郡内で八万石を領した。直寄は城下町長岡・湊町新潟の建設に努め、農村では代官の百姓使役を規制している。同四年に直寄が岩船郡村上へ転ずると、譜代大名牧野忠成が頸城《くびき》郡長峰（上越市）より六万二千石で入部する。同六年に一万石の加増、寛永二年（一六二五）領知目録では新田高二千石を加えて七万四千石に確定、幕末に至る。新田高の増加に伴い、忠成は同十一年に次男武成へ一万石（与板《よいた》藩）、四男定成へ六千石（三根山《みねやま》藩）を分知、その後の開発で安政五年（一八五八）の実高十四万二千石に達する。天保十一年（一八四〇）に幕府は牧野氏を含む三大名相互間の国替え（三方所替え）を命じ、翌年には中止するが同十四年に湊町新潟を上知する。歴代藩主は二代忠成（初代忠成の孫で、同名）以下、忠辰《とき》・忠寿《かず》・忠周《ちか》・忠敬《たか》・忠利《とし》・忠寛《ひろ》と続き、忠精《きよ》・忠雅《まさ》・忠恭《ゆき》は幕府老中を勤めた。慶応三年（一八六七）忠訓《くに》が家督を継ぐ。

明治元年（一八六八）三月、新政府の北陸道鎮撫総督が高田へ到着、長岡藩は出兵を命じられ、ついで献金三万両を命じられた。藩士は恭順派と佐幕派に分かれて対立した。家老河井継之助は武装中立を唱えて藩論を抑え、総督府の要求を無視した。閏四月、高田に集結した西軍は山道軍と海道軍に分かれて北進し、魚沼・刈羽両郡内で会津・桑名両藩兵と開戦した（北越戊辰戦争）。継之助は藩の軍事総督となり、五月二日に小千谷の西軍本営を訪ねて進軍の猶予を嘆願するが拒絶された。長岡藩は奥羽越列藩同盟に加わり、同十日に小千谷方面の西軍と対戦した。同十九日に長岡落城、七月二十五日

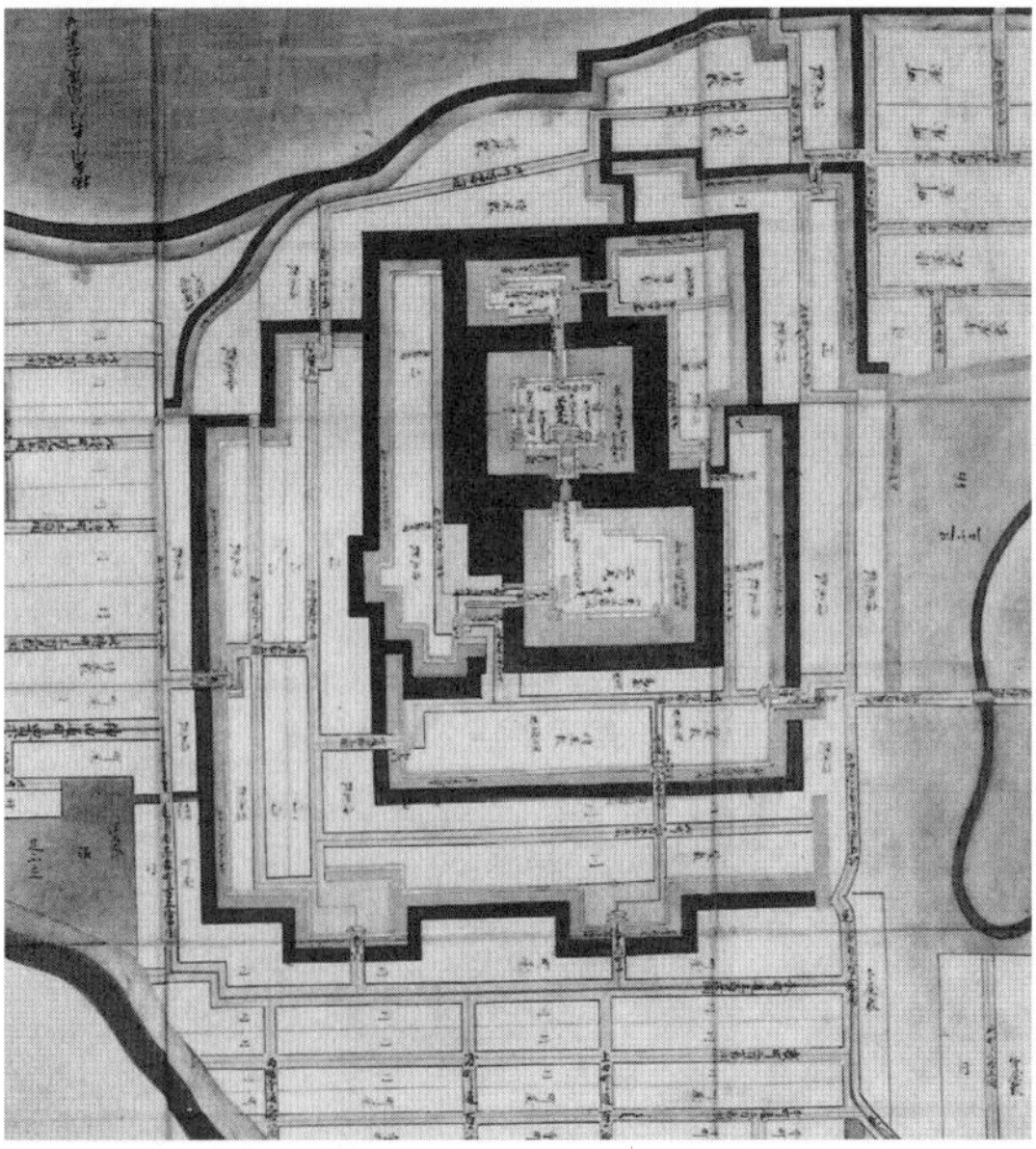

越後国古志郡之内長岡城之図部分（正保城絵図より）

に城地奪還、同二十九日に再度落城する。藩主忠訓は九月に米沢で降伏、十二月に藩の再興が許された。所領は古志・三島郡内で二万四千石。藩主忠訓は廃され十三代忠毅《かつ》が家督を継ぐ。大参事三島億二郎らが藩財政再建に努力するが、明治三年に廃藩となる。

　支配機構は稲垣・山本・牧野など家老五家のもとで奉行数名が政務全般に関与、民政は町方を新潟・長岡両町奉行、村方は郡奉行数名で担当した。長岡町には町会所が設けられ、町奉行の監督下に肝煎(のち検断)三名・町年寄(のち町老)数名が各町内の横目(のち町代)を率いて町政事務を執行した。村方は上《かみ》・下《しも》、のち北)・西・栃尾・与板(のち本与板・河根《こうね》川《がわ》)・巻《まき》・曾根《そね》の七組に分けられ、組ごとに設けられた御蔵・役所へ代官が出張して徴租を担当した。御蔵所在地には横目大庄屋(のち割元)が任命され、蔵組村々の村方三役(庄屋・組頭・横目)を指揮して郡奉行・代官の職務を助けた。村高は慶長三年(一五九八)の堀検地を基準とし、元和・寛永期に本田高直しや新田検地を個別に実施した。正保二年(一六四五)より慶安・承応年間(一六四八—五五)に七組の一斉検地を施行、村ごとに本田・新田高を確定するとともに、庄屋屋敷の六畝引き、本百姓屋敷の三畝引きを行い、年貢納入責任者を明確にした。検地結果から本田・新田の成箇と称する定納高を算出、年々の損分を勘案して年貢を徴する。割付状は全領について奉行名で発行、皆済状は各組の代官が発行した。慶安四年に福島村(長岡市)庄屋桑原久右衛門は信濃川右岸に延長二〇キロの福島江を開削、高九千五百石の地を灌漑した。宝暦七年(一七五七)に草生津村(長岡市)山田伝兵衛父子は窮民千八百人の救済策として信濃川沿いに新田開発を計画、文化十年(一八一三)に向島・山田・牛池三新田、高千四百石を高請けした。実高は増加したが藩財政は享保年間から悪化する。寛政元年(一七八九)に幕領から編入された三島郡内九ヵ村は宛《あて》人《にん》(充人)の賦課などを含む貢租諸役の増大に納得せず、同三年に浦《うら》村(長岡市)組頭岡村権左衛門は強訴の罪で処刑された。

　栃尾紬や木炭の生産地である栃尾郷(栃尾市)では藩の重税と栃尾町の特権商人に抗して騒動・一揆が発生。文化十一年の栃尾町打ちこわし、天保元年の炭一揆、嘉永六年(一八五三)には一万人の大一揆が紬役銀の免除や無理な新田開発の中止などを要求して、郷内の豪農・豪商宅を襲い、約三十軒を打ちこわす。藩政改革では延享四年(一七四七)—宝暦二年(一七五二)に財政の「御建」で直しを行い、その後も割元の役割を強化した。改革は文政・嘉永・安政年間に財政面で、慶応年間に軍制面で行われるが、財政再建は成功には至らなかった。藩政史料は数度の大火で焼失し、残存するものは皆無に近い。

市立図書館互尊文庫に元和四年知行目録・寛文分限帳、蒼《あお》柴《し》神社(長岡市悠久町)に領知朱印状を蔵し、『越佐叢書』に『御邑古風談』『由旧録』を収める。

長岡城は慶長十年ころ建設が始められた。蔵《ざ》王堂《おうどう》城(長岡市)堀氏の後見役堀直竒は広い城地を求めて長岡に城郭建設と町割りを進めた。同十五年の堀氏改易と直竒の信州飯山転封で中断。元和二年に直竒が再び入封して建設を再開、同四年に入封した牧野氏が引き継ぎ完成した。享保十三年(一七二八)の大火で城内も類焼、宝暦四年再建完了。明治元年の戊辰戦争で再び焼失した。本丸は天守閣のない平城で、北西隅の高地に三階櫓を設ける。郭内は一辺四十数間の方形で周囲を高さ一間半の土塁が囲み、塀と数棟の二階櫓が建つ。西側の二ノ丸、東側の一郭も同様な構造で、内堀に囲まれている。外周には三ノ丸・馬屋・侍屋敷を配して二之堀・外堀で囲み、その西側に町屋、北側に侍屋敷が並ぶ。城下町の周辺は信濃川・赤川(柿川)と深田・沼地である。低湿地に囲まれ、城門十七ヵ所のうち大手口・神田口の二大門が兜の鍬形に開いていたので「八文字の構《かまえ》浮島城」と呼ばれた。また、築城に際して白狐が雪上に苧《お》で城郭の線引きをしたと伝え、本丸と外郭の位置関係が兜の鉢金と錣《しころ》に似ることから「苧《お》引形《ひきがた》兜城」と称された。明治の廃藩後は城地は開墾地となり、堀・土塁も消滅した。現在のＪＲ長岡駅は本丸の位置にあり、駅前の厚生会館脇に城趾記念碑と白狐伝説の城内稲荷社がある。

参考文献　『栃尾市史史料集』、『西川町所在史料集』、『長岡市史』、今泉省三『長岡の歴史』(野島出版、一九六八—七二年)、『栃尾市史』、東谷智「近世中後期における武家奉公人の賦課・負担システムの転換」(『日本史研究』四六七、二〇〇一年)、同「近世中後期における地方支配の変容」(同四七五、二〇〇二年)

(本山　幸一)

藩校　長岡藩における藩学の先駆けは、宝暦六年(一七五六)に創設された家老山本老迂斎の家塾「書堂」である。家塾とはいえ、藩主牧野忠精より書料などが下されるなど、藩主の庇護下にあった。山本没後、文化五年(一八〇八)に忠精により、崇徳館が創設された。天保元年(一八三〇)には、江戸藩邸上屋敷に就正館が設けられた。三代藩主忠辰は実用有用の学を奨励し、山本も古義学を導入するなど、古くから古義学が導入されてきた。崇徳館では当初、古文辞学派の秋山景山が担当していたが、文化九年に京都古義堂の伊藤東岸が招聘され、同十二年に両者が都講に任命されると、両派が名実ともに併存することとなった。これは教場にも反映され、二階建ての教場の一階を古義学派が、二階を古文辞学派が使用した。天保七年に秋山が都講を辞し、佐藤一斎門の高野松陰が都講になると、新たに古義学派と朱子学派の併存となった。教場は従来通り区別され、平屋に改築されたのちも、両派の教場が左右に分けて設けられることとなった。慶応三年（一八六七）に東岸の養子で都講となっていた伊藤東嶽が同職を辞すと、古義学派は廃されて朱子学派に統一された。崇徳館は戦乱により焼失してしまうが、明治三年（一八七〇）に国漢学校が新たに創立された。長岡藩は洋学の導入にも重きを置いたが、多くの有為の藩士を各地に留学させる一方で、安政五年（一八五八）には蘭学の勝手な学習を禁じている。

参考文献　『長岡市史』通史編上・下、『新潟県史』通史編四

（工藤　航平）

長峰藩（ながみねはん）

越後国長峰（新潟県上越市）に藩庁を置いた藩。長峰藩は、元和二年（一六一六）、牧野右馬允忠成が上野国大胡藩（前橋市）二万石から移封したことにより成立した譜代藩である。大坂冬の陣・夏の陣で功績を挙げた忠成は、元和二年に長峰五万石に転封を命じられたのである。往古は那須主水宗明が長峰古城（雁子城）に居したが、廃城となっていたため築城を命じた。しかし、築城工事半ばの同四年に、牧野忠成は越後国長岡に六万四千石で移封となったため、再び廃城となる。したがって、牧野氏ならびに家臣団は、長峰に移住することなく、大胡から直接長岡へ移ることとなった。その後、封ぜられる大名もなく、廃藩となる。文政年間（一八一八―三〇）までは芝原で、屋敷跡・大手道筋・馬場跡などが判然としていたと伝えられるが、現在は畑地で、本丸の縄張りのかたちが残る。

参考文献　今泉省三『長岡の歴史』（野島出版、一九六八年）、『長岡市史』、『角川地名大辞典』一五、『新潟県の地名』（『歴史地名大系』一五、平凡社、一九八六年）

（佐藤　宏之）

藤井藩（ふじいはん）

越後国藤井（新潟県柏崎市上藤井）に藩庁を置いた藩（譜代）。藤井藩は、稲垣平右衛門重綱が、元和元年（一六一五）、大坂夏の陣に酒井家継に属して軍功をたて、翌二年に上野国伊勢崎一万石から越後国刈羽郡藤井二万石に加増転封したことにより成立した。稲垣氏の祖は、三河国牛久保地方の出身と伝えられ、二代重宗は、牧野成定に属して軍功を立てた。永禄八年（一五六五）、成定が徳川家康に属した際、三代長茂も御家人に取り立てられた。天正十八年（一五九〇）の小田原攻めに軍功をたて、同年家康の関東入部に従って、下野国足利、上野国山田、勢多三郡のうちで三千石を給された。慶長五年（一六〇〇）、上杉景勝征討の際、長茂は牧野康成の居城上野

国大胡城を守衛し、翌六年、伏見城の城番を務めた。同年、加恩により上野国佐位郡のうち一万石を領し、伊勢崎に住んだ。この稲垣家は牧野氏との結びつきが深く、重綱の弟喜左衛門則茂と叔父太郎左衛門成心の両家はいずれも牧野氏長岡藩の家老を務めている(『寛政重修諸家譜』)。

藤井藩領は、刈羽郡内と魚沼郡小千谷方面に分布した。元和三年二月十日、重綱は小千谷町の肝煎中町氏に「政所免」として「荒子高」(荒地高)十石を給し、望みの場所の開発を許可している。それは、慶長三年の検地以降の荒廃田の再開発を前提とした。政所とは行政事務を担当するところであり、肝煎・庄屋に相当する職務である。同様に、元和五年正月、刈羽郡北条村(柏崎市)の八幡社などの神主に神領として荒子高五十石を寄進している。ついで同年十月一日、老臣稲垣小兵衛らは、小千谷新町の屋敷割に立ち会い、中町清兵衛の肝煎職に関わる十七間分の屋敷地を保障した。『独覧聞書』(『小千谷市史』史料集所収)によれば、同町の本町通りに屋敷が開発されたのは、慶長十五年とあることから、元和三年には新たな町造りのため肝煎の特権を保護したものと推測される。

また、同年八月に稲垣小兵衛・同勘助は、刈羽郡北条村八幡宮の神主民部太夫に米五石を給した。八幡宮では、例年八月十五日に放生会神事が行われ、大般若神楽が奉納される。それは将軍の息災繁栄、天下安全、領主の武運長久を祈願するものである。これに関して、『刈羽郡旧蹟志』所収元和三年八月一日付の文書には、「昨日も江戸から書状が着いたので儀式の入用にあてる米五石を奉行衆の手形で給する、米は代官所の帯刀殿から受け取るように」とある。このことから、奉行職の小兵衛・勘助が、江戸在府の領主の命で領内の政務全般に関与したこと、領主の蔵入地に陣屋を設け、代官を配したことが知られる。元和六年、越後国蒲原郡のうちで三千石の加恩を受けて三条城に移った。

参考文献　『新潟県史』通史編三、『柏崎市史資料集』近世編一上、『小千谷市史』史料集、山田八十八郎『刈羽郡旧蹟志』(名著出版、一九七三年)

(佐藤　宏之)

三日市藩（みっかいちはん）

越後国蒲原郡館村(新潟県新発田《しばた》市)に藩庁を置いた藩。譜代。陣屋持。江戸時代は館御役所とか館村陣屋と呼ばれ、明治になり、三日市藩と呼称。初代藩主松平時睦は柳沢吉保の五男。宝永六年(一七〇九)六月父の封地甲斐国山梨郡・八代郡の新田地一万石を分与され、享保九年(一七二四)閏四月越後に移されて成立。以後、保経・信著・里之・里世・里顕・泰孝・徳忠と続いて明治維新に至った(信著より柳沢に復す)。

享和二年(一八〇二)の家臣数は百十四名。江戸定府で、国元の陣屋には郡奉行以下四～五名が常勤、足軽などは領内農村からの夫役によって確保した。成立当初の所領は三日市・早道場・川尻の三組五十三ヵ村であったが、明和六年(一七六九)の所替えで十一ヵ村が幕領となり、替わって藩領となった六ヵ村を井栗組として支配した。三組の大庄屋や岩船郡下関村の大地主渡辺家などに財政的に依存していた。明治二年(一八六九)版籍奉還により徳忠が三日市藩知事となったが、同四年七月廃藩により三日市県となり、同年十一月新潟県に編入された。

参考文献　『新潟県史』資料編八、『新発田市史』上

(中山　清)

藩校　嘉永二年(一八四九)以前、文武所が創設された。越後国蒲原郡井栗村出身で、昌平黌で修学した松川痴堂が招聘され、文武所教官に任じられた。天保三年(一八三七)には遊芸館と改称した。学風も朱子学を宗とした。明治になると、文武局のもと、教授所と軍務所が置かれた。文武兼修とされ、明治期には読書・習字・算術の三科が教授された。また、輪講に英仏綴字・英仏単語を導入して洋学にも力を入れていた。

参考文献　笠井助治『近世藩校に於ける学統学派の研究』上(吉川弘文館、一九六九年)、文部省編『日本教育史資料』四、『新潟県史』通史編五

(工藤　航平)

三根山藩(みねやまはん)

越後国三根山(新潟県西蒲原郡巻町峰岡)に藩庁を置いた藩。陣屋持。領主は江戸定府。越後長岡藩初代藩主牧野忠成は、寛永十一年(一六三四)、次男武成に一万石、四男定成に六千石を分与した。定成への分封が三根山領の始まりである。文久三年(一八六三)三根山領十一代の領主忠泰《ただひろ》の請願により、込高五千石を打ち出して一万一千石となり、領主は旗本から大名に列せられ三根山藩となった。明治三年(一八七〇)に峰岡藩と改称。翌四年七月廃藩置県により峰岡県となり、さらに同年十一月新潟県となる。幕末期には士分七十七人、ほかに足軽など六十二人。戊辰戦争では、一時、奥羽越列藩同盟軍に与したが、宗家長岡藩の敗北後は討幕軍につき、藩の存立をはかった。

参考文献　『牧野氏(三根山藩)家譜』(『新潟県史』資料編八)、武田広昭編『三根山藩』(『巻町双書』二〇、巻町、一九七三年)

(中村　義隆)

藩校　天保年間(一八三〇—四四)、牧野忠直の時に文武振興を企図し、佐藤茂富らを用いて藩士教育を始めた。明治維新前に学問所が存在していたといわれているが、このころの

創設と思われる。家臣の多くは江戸に在住したが、幕末維新期の混乱を避けるため三根山に移住したため、三根山での藩士子弟教育の整備が求められた。明治三年（一八七〇）、文館と武場を建て、両所を合わせて入徳館とした。同年、新保正与の名声を聞き、大教授に任命した。財政難のなか秩禄二十三石余りが支給された。

参考文献　『巻町史』通史編上、『新潟県史』通史編五、文部省編『日本教育史資料』四
（工藤　航平）

村上藩（むらかみはん）

越後国（新潟県）村上に藩庁を置いた藩。藩主は村上・堀・本多・松平・榊原・本多・松平・間部《まなべ》・内藤氏と変遷した。村上・堀氏は外様。本多氏以下は譜代。城持。慶長三年（一五九八）四月加賀国小松から村上頼勝（義明）が入封して村上藩九万石が成立、二代忠勝（義明）の元和四年（一六一八）に家中不取締により除封。続いて同年越後国長岡から堀直寄《なおより》が十万石で入封、二代直定（直寄の孫）は嗣なく寛永十九年（一六四二）死没、除封。正保元年（一六四四）三月遠江国掛川より本多忠義が十万石で入封。慶安二年（一六四九）六月陸奥国白河へ移封。松平直矩が播磨国姫路より十五万石で入封。寛文七年（一六六七）六月姫路へ移り、替わって姫路から榊原政倫が同高で入封。政邦まで二代三十七年間で、宝永元年（一七〇四）姫路へ戻り、姫路から本多忠孝が同高で入封したが幼没、嗣なく同六年分家本多忠隆（のち忠良）が継いだが、五万石に削られ、翌七年三河国刈屋に移った。同年上野国高崎から松平輝貞が七万二千石で入封。享保二年（一七一七）高崎へ移り、高崎から間部詮房が五万石で入封、詮房の

「村上藩蔵書印」

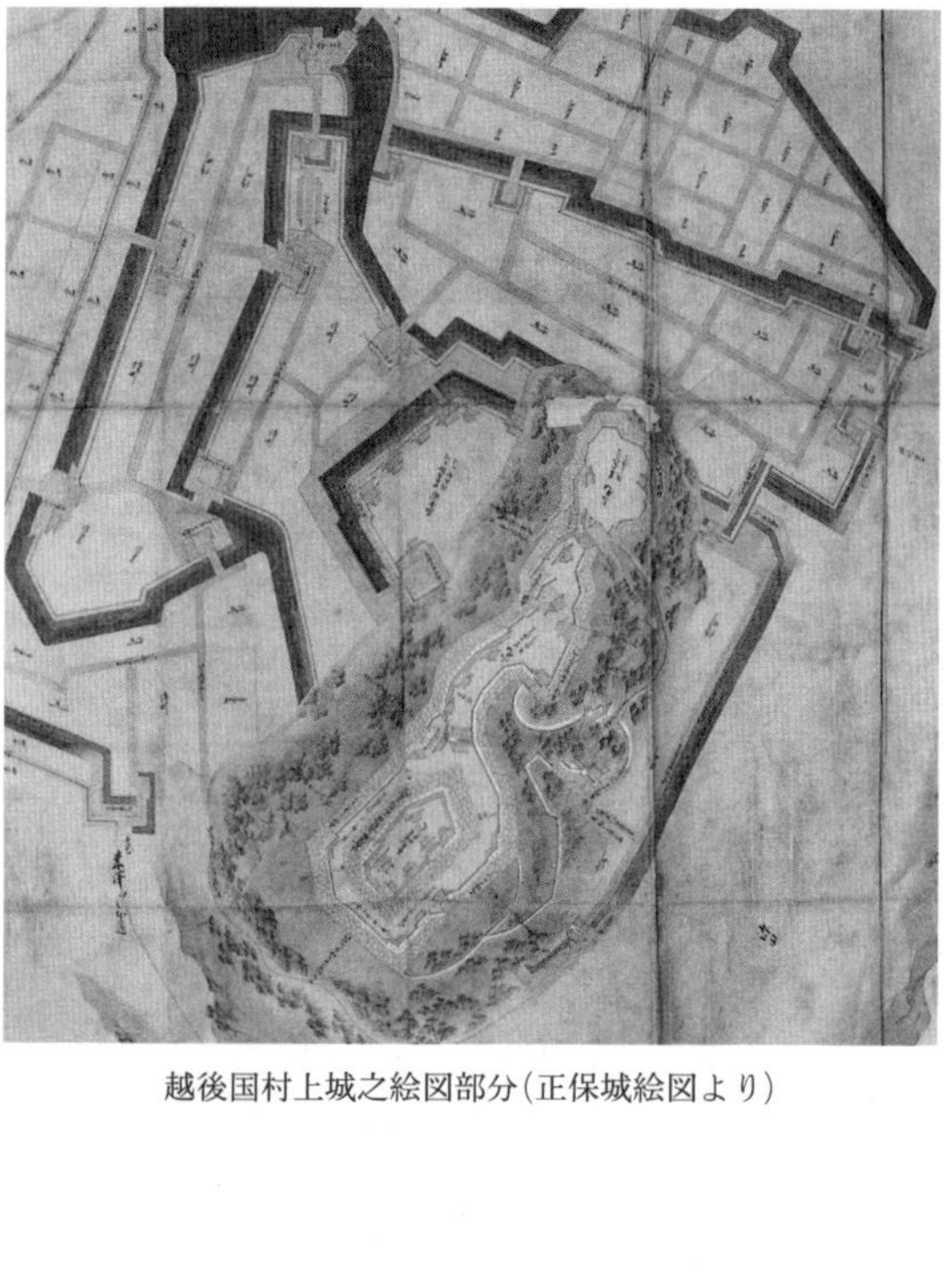
越後国村上城之絵図部分（正保城絵図より）

死後、享保五年二代詮言は越前国鯖江に移封。同年元大坂城代内藤弌信《かずのぶ》が五万石で入封。以後、信輝・信興・信旭《あきら》・信凭《より》・信敦・信親(のち信思《もと》)・信民・信美と続き、明治二年(一八六九)版籍を奉還、信美が藩知事となった。明治四年七月廃藩置県により村上県となったが、同年十一月には新潟県に編入された。

所領は村上氏時代から岩船・蒲原両郡に分布していたとみられるが、寛文四年松平直矩領十五万石は岩船郡一円三百四十二ヵ村約五万三千石、蒲原郡内に五百四ヵ村約八万六千石、三島郡内に六十二ヵ村約一万千石であった。本多忠良の時五万石に削られ、松平輝貞入封の際二万二千石が加増されたが、この時村上藩領となることを嫌い、大庄屋制廃止を要求した蒲原郡領内の百姓越訴のことが新井白石の『折たく柴の記』に記されている。再び五万石となった内藤氏の所領は城付けの岩船郡村上・瀬波《せなみ》両町と八十一ヵ村および三条陣屋管下の蒲原郡八十五ヵ村・三島郡二十五ヵ村とに大きく二分された。岩船郡領内塩谷湊で延享二年米買占めをめぐり、村上・瀬波・岩船町人らによる打こわしがおきている。青砥《あおと》武平治(綱義)が創始したと伝えられる鮭の種川《たねかわ》による増殖や村上茶の栽培奨励、三潟の開発などの努力にもかかわらず、内藤信敦・信親が若年寄・京都所司代・老中の役職を歴任するなどで財政難に苦しんだ。戊辰戦争に際しては藩論が二分し、藩士の一部は庄内に走って新政府軍に抵抗、城館を焼失し藩史料の多くが失われた。

参考文献　『新潟県史』資料編八、村上本町教育会『村上郷土史』(歴史図書社、一九七四年)、『村上市史』

(中山　清)

藩校　村上藩では、寛政年間(一七八九―一八〇一)、藩主内藤信敦の時に学館と称する藩学が創立されるまでは、師範の家塾で藩士子弟を教授していた。延享元年(一七四四)に石川治平(闇斎学派)、安永五年(一七七六)に矢野助右衛門、享和三年(一八〇三)に宝田蘭陵(徂徠学)などが師範役に任命され、自宅で教授した。天保九年(一八三八)には知久麴渓(折衷学派)が師範に任命され、学制を一新された。学館は安政年間(一八五四―六〇)に克従館と改称された。藩士子弟は十歳で入学し、文武兼修が求められた。素読科、昼塾、寄宿という三階梯制が採られた。その後、遊学するものもいたが、これら遊学者でのちに藩学を担う者が少なくなかった。

参考文献　『新潟県史』通史編四・五、『日本教育史資料』

(工藤　航平)

村松藩(むらまつはん)

越後国(新潟県)村松に藩庁を置いた藩。藩主堀氏。外様。

はじめ陣屋持、嘉永三年(一八五〇)から城主格。拝領高三万石。立藩は村上藩主堀直竒の次男直時が寛永十六年(一六三九)父の遺領十万石のうちから高直しにより三万石を分与されたことによる。翌年直時の領地は村上藩との協議の結果、見付・下田《しただ》・七谷・笹岡・安田の五ヵ組と能代《のうだい》組のうち五ヵ村地方と決められた。居所は安田(『寛政重修諸家譜』七六六)。正保元年(一六四四)直時の嫡子直吉のとき、自領のうち安田組・笹岡組と交換に村上藩領の村松地方を受け取り、はじめて陣屋を村松に置いた。歴代藩主は直吉以降、直利・直為・直堯・直教・直方・直庸・直央・直休・直賀・直弘。

所領は見付・下田・七谷・村松地方に存在したが、明治三年(一八七〇)村替により藩は見付・下田の全村と七谷組の西山村を上知し、かわりに菊間藩から五泉《ごせん》・論瀬《ろんぜ》地方など三十一ヵ村、新発田《しばた》藩から高山村一ヵ村、新潟県から川内・橋田地方三十二ヵ村が与えられた。藩政確立期は寛文・元禄期であり、その間寛文九年(一六六九)から同十二年にかけ総検地を実施し、元禄三年(一六九〇)には「郷中定」を布告して幕府法度の遵守など治民政策の大綱を示した。その後財政難が進行し、藩は打開策として宝永六年(一七〇九)「条々」を制定して年貢収納の徹底をはかり、延享四年(一七四七)定免制を採用、明和七年(一七七〇)にはかつてない厳しい地方《じかた》改めを行なった。

寛政から文化年間(一八〇四―一八)にかけては年寄役堀玄蕃が役銭・運上銭の賦課、荒地の再開発と畑方改め、色取検見の採用などを基調とした強力な藩政改革(新法)に取りくんだが、文化十一年全藩一揆を誘発して改革は挫折した。嘉永三年藩主直央が城主格を許されたことによる城普請などで財政難は一層深まり、藩主みずから同六年藩政改革(丑年の御改革)に着手、徹底倹約、人材の登用、武備の充実につとめた。直央の死後、藩内は旧守派と尊王攘夷を主張する正義党とに分かれて対立、慶応二年(一八六六)旧守派は正義党七人を逮捕し、翌年会津藩立会のもと死罪に処した。明治元年北越戦争では、藩は奥羽越列藩同盟に荷担、藩主直賀および旧守派は同年八月米沢へ逃れたが、正義派は村松に残留し、直央の末子貞次郎(直弘)を擁立して新政府軍に降り、本領を安堵された。同月下田郷で旧来の大庄屋・村役人の一斉退役などを要求する世直し一揆が起った。明治四年七月廃藩となり、村松県が置かれたが、同年十一月新潟県に編入された。

(松永　克男)

参考文献　『村松町史』上、資料編一・二、『新潟県史』通史編五

藩校　藩学が創立される以前は、藩儒の家塾で教授された。明治元年(一八六八)、堀重修を学校取締方として、文武館が

創設された。この文武館では、文・武・医の三科を教授する予定であったが、文科のみで始業することとなった。同四年に松本古堂が督学となると、自強館と改称している。入学は十歳より許可し、おのおのに一人扶持を支給した。村松藩学の特徴として、心学が挙げられる。村松藩に普及したのは藩主堀直教、直方、直庸の三代の時である。直方は寛政九年（一七九七）に中沢道二に三人扶持を与え、同十一年には村松城で講釈させている。参前舎地代金二百疋を寄付しており、藩主直興の用人竹田伊右衛門は、江戸参前舎六世舎主にまでなった。

参考文献　『村松町史』上・下、『新潟県史』通史編四、文部省編『日本教育史資料』四

（工藤　航平）

与板藩（よいたはん）

越後国（新潟県）与板に陣屋を置いた藩。藩主ははじめ牧野氏（譜代）。宝永三年（一七〇六）以後井伊氏（同）。牧野康成は寛永十一年（一六三四）五月二十一日、父の長岡藩初代藩主牧野忠成から封地のうち石瀬（新潟市）を中心とする蒲原郡のうち十七村、五千百二十八石余、与板村（三島《さんとう》郡与板町）を中心とする三島郡のうち十三村、四千八百八十九石余、合わせて三十村、一万石余を分知され、与板藩が成立した。従五位下内膳正に叙任。寛永十三年には江戸城市谷門外の堀普請、慶安二年（一六四九）五月から常陸国下館城の守備にあたった。明暦三年（一六五七）九月、分知後二十三年目に三島郡与板村に陣屋を築いた。同年十二月没。二代目康道は万治元年（一六五八）二月二十七日遺領を相続、元禄二年（一六八九）七月三日隠居。同日三代目康重（養子、本庄因幡守宗資の四男）襲封。同十五年九月十二日、五千石を加増され、信濃国小諸に移された。康重移封後四年目の宝永三年正月十六日、井伊直矩が三島郡十七村、刈羽郡十八村、頸城《くびき》郡二十四村、計二万石を与えられて遠江国掛川から移された。無城、定府大名。直矩は近江国彦根城主井伊直興の三男で、宝永二年十二月三日、分家の掛川藩主井伊直朝の養子に迎えられ、二万石を与えられ翌三年与板藩主に移されたものである。正徳五年（一七一五）徳川家康百年忌の日光祭礼奉行および山中火の番を務めたが、享保十六年（一七三一）二月二十七日隠居。遺領は嫡男直陽がついだ。そのあとは直員・直存・直郡・直朗・直暉・直経・直充・直安と継いで廃藩を迎えた。

藩領は宝永七年十一月頸城郡の所領を刈羽郡二千石・魚沼郡五千石に領地替え、寛政十年（一七九八）六月二十三日魚沼郡の封地五千石を三島・刈羽両郡のうちに、ついで文化十二年（一八一五）両郡のうちを石瀬村など蒲原郡と領地替え。直

朗は文化元年城主格になったので石瀬村に築城を試みたが、変更して文政六年(一八二三)直暉の時、与板に城を築いた。直安の万延元年(一八六〇)藩校正徳館を創立。慶応二年(一八六六)本藩とともに征長軍に従い安芸国まで出陣した。明治二年(一八六九)版籍を奉還して直安は与板藩知事、同四年七月十五日知事を免ぜられ、藩領は与板県となったが、同年十一月二十日柏崎県を経て新潟県に編入された。与板町郷土資料館に享保以後の御用留『関守』などがある。

参考文献　『新潟県史』通史編三—五・資料編七、池上大一『与板藩史』、『与板町史』資料編上

(小村　弌)

藩校　創設年代は不明であるが、与板城内および江戸藩邸内に学問所が設置されていた。万延元年(一八六〇)には演武場内に学舎を新築し、正徳館と称した。明治維新前の職制は、教授と助教を置くだけの簡素なもので、藩の重職にある者が文武掛に任じられ、藩学を統括した。明治二年(一八六九)、小橋多助を督学に任命し、学制改革が行われた。儒学を主とし、余力がある者には和学を兼修させた。武術は各師範のもとで教授を受けた。

参考文献　『新潟県史』通史編五、文部省編『日本教育史資料』四

(工藤　航平)

富山県

富山藩(とやまはん)

越中国(富山県)富山に藩庁を置いた藩。寛永十六年(一六三九)加賀藩三代藩主前田利常が加賀国小松に隠退する際、次子利次を富山に分封、越中国婦負《ねい》・新川《にいかわ》両郡と加賀国能美《のみ》郡の内において十万石を分封して立藩。歴代藩主は利次・正甫・利興・利隆・利幸・利与・利久・利謙・利幹・利保・利友・利声・利同とつづき、明治四年(一八七一)利同の時に廃藩を迎えた。利次は分封の翌年、加賀藩領新川郡にあった富山城を借りてそこに移り、正保二年(一六四五)までの間に家臣・町方・寺社方・郡方に対する法令をつぎつぎ制定した。農政は宗藩の改作仕法に準じて行い、慶安四年(一六五一)に婦負郡を検地、明暦元年(一六五五)には領内一斉に村御印(年貢割符状)を交付した。万治二年(一六五九)宗藩に願い出ていた領替えが許され、分散していた領地が婦負郡一円百八十ヵ村六万二千八百五十一石と、新川郡のうち富山町近郷の七十三ヵ村三万七千百四十九石にまとめられ、十万石の領地が確定し

た。

新たに富山藩領となった新川郡の村々においては、加賀藩下付の明暦二年の村御印を用いた。分封の際は婦負郡百塚(富山市)に築城が予定されていたが、利次はこれを断念、富山を居城とすることを幕府に願い出た。万治三年これが許され、富山町奉行を置き、寛文元年(一六六一)より城の改修と城下町の整備にとりかかった。町割をなし、侍町・寺町・商人町を作った。また未墾地の開拓を強力に進め、特に牛ヶ首《うしがくび》用水新江《しんえ》の完成によって、婦負郡北部の新開を始め、奥田新村・杉原野・外輪野《そとわの》・古沢野を開発、新村立ても進んだ。元禄十一年(一六九八)には古田十三万千百十二石余、新田七千七百七十石余で、五十六の新村を含め五百七ヵ村。正保三年の富山藩領有高は新田高を含め実高十二万六千五百石を超えていたが、寛文七年には総高十三万八千四百五十六石、四百八十八ヵ村で、人数四万三千八十三となっている。各村には肝煎・組合頭・長百姓を置き、郡奉行は五ヵ村組(吟味人を置く)・十村《とむら》組(十村役が統括)を通じて農民を支配した。年貢米は、御蔵と町蔵に納められたが、蔵米の一部は西岩瀬・四方《よかた》に集められ、大坂へ回送して売却した。大坂廻米量は年一万石から一万五千石ほどで、ほかに五千石ほどの飛騨登米があった。富山藩の分封時七百二十三人、俸禄九万石に及ぶ大家臣団は、当初より藩財政を圧迫していたが、幕府の命ずる御手伝普請も藩の財政難に拍車をかけた。

藩の財政に寄与したものに、他領他国を相手に商売する富山売薬がある。二代藩主正甫ころから始まった反魂丹《はんごんたん》を主薬に、行商と配置という営業形態によって全国に商圏を広めた。売薬行商人の数は、富山町を中心に文久年間(一八六一―六四)の年平均では二千五百人、売上高二十万両、このうち藩に納める税は、御役金をはじめとして年三千両以上にのぼり、藩の現金財政約二万両の一五%に及んだ。天保期以降、藩の財政難打開をめぐって、藩政内部に意見の対立が激しくなり、権力闘争の様相を呈してきた。天保五年(一八三四)家老蟹江監物ら二十余名の処罰、安政四年(一八五七)江戸詰家老富田兵部の自刃、元治元年(一八六四)革新政策を推進した家老山田嘉膳の殺害などはその現れである。安政六年加賀藩主斉泰の九男稠松が迎えられて富山藩十三代藩主利同となったが、宗藩は家老津田内蔵介を富山へ派遣して、富山藩は加賀藩管理のもとにおかれた。この体制は文久二年まで続いた。幕藩体制の末期の政情は、尊王攘夷・佐幕開国と激しくゆれ動いたが、富山藩は財政難と権力闘争に苦しんで、天下の情勢にゆり動かされながら、自主的政治路線をとり得ないで明治維新を迎えてしまった。

参考文献　坂井誠一『富山藩』、『富山県史』史料編三―五、通史編三・四

藩校　富山藩の藩学は、二代藩主前田正甫の代に召抱えた朱子学者南部草寿に始まり、同南山・景春と続いた南部三代、さらに杏一洞・三折父子を経て佐伯北溟に至って学統が確立した。安永二年(一七七三)六月、藩主利与の強い指導で藩校を設立し、広徳館と名づけた。館名は『詩経』の一節によったものであった。当時の富山藩は、幕府より命ぜられた日光修覆の御手伝のため、莫大な借財を負い、全藩士に借知を課すほどの財政難であった。しかし藩主利与は、士風の振興のためには学問文教を興すに如くはなしと、強い決意で藩校設立を実現させた。広徳館は富山城内総曲輪の地に建てられた。創設時の学事に関係した儒官は、昌平黌から招かれた三浦衛貞(瓶山)をはじめ、佐伯北溟・大沢丹治・松岡弥藤治らであった。館の管理は家老職から選ばれた学校総引受以下、学校掛・学校奉行・学校横目・学校方下役らによって行われ、教師は祭酒・学頭・都講・監生・助教などがあった。設立当初は、文武の稽古所は分離していなかったが、文化七年(一八一〇)校舎が総曲輪から三ノ丸西に移築された際分離し、四棟のうち本館一棟は文学、他の三棟が武術の稽古所にあてられた。正月十八日の講始から十二月十八日の講終まで年間日程が決められ、終日稽古の日は、午前文学、午後武術に分けられた。藩士の子弟はひろく広徳館入学を命ぜられ、特に高知組(秩禄四百石以上)の嗣子で十五歳以上の者は、三年間必ず入塾させ、文武を勉励させられた。経書や兵学で、抜講(進級試験)や弁解を終了していない場合は、さらに塾にとどめて勉励させた。また禄四百石以下の藩士の子弟には寄宿生を許し、父兄の禄高によって若干の学費が補助された。特に成績の優秀な者は藩費で昌平黌などに留学させ、私費で遊学を希望する者にはおおいにこれを許した。明治元年(一八六八)九月広徳館は火災で焼失したが、民家を借りて継続した。翌二年広徳館を藩学校と改称して富山二番町に移転し、また総曲輪の民間の邸宅に分校を設置して、一般町人の入学を許した。これが富山藩において民間人を学校に就学させたはじめである。藩学校は明治四年の廃藩とともに廃止された。なお明治二年英学教師森本弘策を招き、藩校とは別に変則英学校を創立して生徒を募った。

参考文献　『富山県史』通史編四

藩札　富山藩は元禄十四年(一七〇一)より宝永三年(一七〇六)まで、また享保十六年(一七三一)より元文元年(一七三六)まで銀札を発行した。寛政ごろより豪商豪農に、町吟味所・郡役所など宛の銭・銀・金預り手形を多発させた。文政ごろ

二分銀札

には銭預り手形は三十数万貫文に達したので、半減のため富突益金をあて、天保四年(一八三三)新札と交換整理しようとしたが失敗。また安政三年(一八五六)に金手形八万両に達し金融恐慌となり、天保五年・安政四年に家老以下関係者の責任を問うて処罰が行われ、後者では家老富田兵部が割腹自決した。

参考文献　高瀬保「富山藩における藩札等の史料収集と研究」(『日本銀行金融研究所委託研究報告書』一、一九八七年)

(坂井　誠一)

布市藩(ぬのいちはん)

越中国布市(富山市布市)に藩庁を置いた外様藩(『石川県史』など)。ただし、『徳川実紀』『寛政重修諸家譜』では越中国野々市、『徳川加除封録』では加賀国野々市としているが、藩領は富山市布市を北端とし、富山・岐阜県境にある富山市東猪谷まで続いたとされる。土方勘兵衛雄久《おひさ》は、織田信雄の家臣で、伊賀国一揆制圧の活躍により諱字一字を与えられた。天正十八年(一五九〇)、信雄が豊臣秀吉により配流されたのち、雄久は豊臣家に仕えるようになり、関ヶ原の戦ののちは徳川秀忠に近侍することとなった。また、その活躍により越中国新川郡布市において一万石を給された。慶長九年(一六〇四)、雄久は下総国田子(多古)において五千石加増されたのを機会に居所を田子に移した(『恩栄録・廃絶録』)。こののちも土方氏の北陸の領知は維持され、越中国の領知は能登国の領知と交換された。土方氏の能登領は、雄久・雄重・河内守雄次《かつつぐ》・山城守雄隆《かつたか》と伝えられた。雄隆は能登領のうち千石を弟民部雄賀《かつよし》に分与し、雄賀は次子長十郎に能登領百五十石を分与した。土方氏の主流は雄隆の代、貞享元年(一六八四)七月に改易となり、領知も収公された。その領知は元禄年間(一六八八—一七〇四)に下村藩・西谷藩となっている。また、雄賀の系統は旗本となり、能登領八百五十石は武蔵国の七百五十石とともに明治二年(一八六九)六月まで伝えられた。

(佐藤　宏之)

参考文献　『富山県史』通史編近世上、『新編七尾市史』、『石川県史』

石川県

金沢藩（かなざわはん）

加賀国(石川県)金沢を藩庁とした藩。加賀藩ともいう。領主は外様大名前田氏で、加賀・能登・越中三ヵ国にわたる領地を有した。寛文四年(一六六四)以降の表高百二万五千二十石余。内高は約百三十万石とみられる。前田利家は天正九年(一五八一)織田信長より能登国の一円知行を申し付けられ、同十一年に柴田軍から羽柴軍へ転じて戦い、加賀国石川郡(内、松任四万石は長子利長領となる)と河北郡を加えられて金沢城へ入った。以後十四代にわたって居城し明治維新に至った。藩主歴代は次のごとくである。利家・利長・利常・光高・綱紀・吉徳・宗辰・重熙・重靖・重教・治脩・斉広・斉泰・慶寧。領地の変遷は、天正十三年徳川方の佐々成政に戦勝の結果、利長が越中国礪波・射水・婦負三郡へ移封され、新川郡は文禄四年(一五九五)に利家に加増された。また同年、近江国高島郡の二ヵ村が前田領に加わった。慶長五年(一六〇〇)関ヶ原の戦の際、利長は東軍として北陸で戦い、加賀国江沼・能美二郡を領有した。なお、文禄二年から能登国を領していた弟の前田利政は東軍に味方せず、その領知は利長領に併合された。慶長五年、利長の従弟土方雄久に越中の内一万石を分け与え、同十一年に能登へ所替した(土方領)。慶長十九年の徳川家康より利常宛の判物は「加賀・越中・能登三ヶ国之事、一円被二仰付一候訖」とあり、寛永十一年(一六三四)の徳川秀忠の判物では禄高百十九万二千七百六十石であった。寛永十六年、利常は隠居に際して次子利次に富山藩十万石を、末子利治に大聖寺藩七万石を分けた。その後、白山山頂の神祠修営権をめぐる訴訟で寛文八年に加賀の二ヵ村が収公され、代わりに近江国海津の地が加えられた。土方領は貞享元年(一六八四)幕府領となり、享保七年(一七二二)金沢藩へ預け所となり、慶応三年(一八六七)に加賀藩領となった。

前田氏の統一権力との関係は、利家は信長、ついで豊臣秀吉に従い、五大老の一人として家康に次ぐ位置にあったが、その死後、利長は徳川氏に敵対せず百万石の領地を維持した。しかし社稷の危機は何度かあり、たとえば慶長四年利長謀反の噂の時、母芳春院を江戸へ人質に送り、関ヶ原陣後に弟利常に徳川秀忠の娘(珠姫)を迎え、寛永八年利常が家中の増強、城普請などで疑われた時、急ぎ出府して陳弁するとともに嗣子光高に家光の養女(大姫)を迎えてきりぬけた。こうして前田氏は「一番大名」として幕藩体制の一翼となり御三家に準じるの扱いをうけた。家臣団は、入部以後急速に拡張した。これら新座者に対し、入部以前からの荒子衆・府中衆らの本座者はおおむね上層部や馬廻組を占めた。家臣の数は、侍帳では平士以上が元和初年約千名、寛文期千二百名余、幕末期千五百名弱となっている。これに与力・足軽以下、陪臣や家族を含めると家中人口は数万人に及び、明治四年(一八七一)の士族・卒の家族数は五万二千九百十六人とされた。禄制は、最高五万石で、万石以上が十二家あった。分散相給の地方知行制であったが、十七世紀中期の改作仕法に伴って形骸化し、実質は俸禄制に変わった。なお、時々に変るが内高百三十万石のうち大体五十万石が蔵入、八十万石が給人知であった。家格は八家・人持・平士・与力・足軽の順で、職制は年寄(八家)・家老・若年寄(人持)を中枢とした。軍制は、人持組は先鋒、小将・馬廻組などは近侍、城代・定番馬廻組などは留守を受け持つ制度であった。もっとも制度・職名には変化があるが、十七世紀末期に制度上ほぼ固定したといえる。

藩政の概略的経過は、初期の農政は天正・慶長・元和の総検地を行い、扶持百姓制から慶長九年の十村制度へ、また鉱山の開発、新田開発と逃散防止、金沢の城と町の建設などに意が注がれた。しかし寛永期に給人・百姓一般の疲弊が政治問題化し、利常の親裁によって改作仕法と呼ばれる初期藩政改革が実施された。その内容は、①一村平均免・給人平均免による相対免禁止(定免制)、②年切りの皆済と給人年貢の一元的収納(蔵宿制)による地方知行の俸禄化、③改作奉行設置・十村役優遇による藩直轄農政機構の整備、④百姓助成と高利抑制のための前貸し藩営化(脇借禁止)、⑤手上高・手上免形式による年貢増徴で、総じて生産と流通を一元的に掌握し、給人知行権を抑止して大名領有権の強化をはかり、藩制を確立したものといえる。つづく寛文—元禄期は綱紀治政下の制度的完成期で、また書物の蒐集、編纂事業、学者文人の招聘に努めたので、「政治は一加賀、二土佐」「加賀は天下の書府」の評を得たが、他方で延宝期から財政収支に破綻をきたし、天和三年(一六八三)の問屋立てで流通を再編し元禄六年(一六九三)の切高仕法で土地売買を認めた。

享保期、六代吉徳以降は、歴代厳しい倹約策をとりつづける。延享期に起った加賀騒動は、出頭人大槻内蔵允(朝元)による倹約策としての古格改変に対する門閥守旧派の反発によるものであり、家中統制弛緩の現われでもあった。宝暦五年(一七五五)家中の窮乏を救おうと銀札を発行したが、かえって金融が閉塞し、翌六年銀札くずれと呼ばれる金沢町民の暴動が起った。こうして支配は体制的解体期に入り、知行借上・

御用金賦課もしばしば行われた。十八世紀には多肥・集約農法と農民的商品経済が進展して地主・小作関係が展開していた。宝暦八年に小作癖付帳と呼ばれた法令が出され、以後の小作関係法令の指標となった。天明五年(一七八五)退隠していた重教が勝手方政治を親裁したが、その死去で中絶し、治脩の時期に社会的貧富の差が政治課題となり、仕法が立てられた。しかし化政期の新開、上げ免の仕法は収斂に傾き、改作奉行・十村らの農政役人の抵抗をも招いた。十二代斉広は文政四年(一八二一)に改作奉行と十村役を廃して郡奉行直支配に農政機構を改めた(天保に復元)。さらに竹沢御殿とその庭園兼六園をつくり、そこに教諭局を設けて中士層の登用をはかったが短期に終った。また産物方役所は安永七年(一七七八)の設置以降、四度設置し直すなど変遷を経ながら政策の事要度を増した。

このように政策の試行錯誤、農村の荒廃、政策論議の対立の中で、天保四年(一八三三)、同七年に凶作があり、翌八年に重臣奥村栄実政権による藩政改革が実施された。その内容は、㈠借財方、㈡高方、㈢地盤方、㈣物価方の各仕法から成る。半知借上げをした上で借財返済に徳政的仕法を立て、高方では違法の高を取り上げ、借財方仕法を適用して元持主へ還付し、元禄の切高仕法を改めて元持主の買戻しを認め、また極貧村御仕立仕法で懸作(入作)高を減らした。こうして持高分化の縮小、小作人の自作化に一定度の効果がみられたが、新開、上げ免策や物価方役所設置、銭屋五兵衛の御手船裁許任用なども財政を好転させず、総じて改革は窮士・商人・百姓の不評を買って終った。

その後、黒羽織党と呼ばれた改革派が嘉永と文久に政権を担当する。第一次政権は厳しい冗費節減と綱紀粛正、強い新開策と抑商策をとり、この時に銭屋五兵衛疑獄事件が起った。第二次政権は産物会所を設けて主要国産品に仕法を立て経済的自立をはかった。なお海防を急務として西洋兵器・軍艦の購入、農兵の起用を行うが、藩論は圧倒的に佐幕路線であった。その間、安政五年(一八五八)に米価高騰から金沢町細民の泣訴が起り、騒動は領内の町場等数十ヵ所へ波及した。文久二年(一八六二)から表立って活動する尊皇攘夷派は、外圧と全国情勢への危機感とともに、この三州大一揆にも衝撃をうけていた。尊攘派は少数であったが、世子慶寧の周辺にあり、元治元年(一八六四)大藩意識からの長州斡旋の立場に便じて策動した。しかし斡旋が不調に終るや四十余名が処刑されて尊攘派は全滅した。慶応二年(一八六六)襲封した慶寧は領内の自立割拠策をとり、銃隊編成などの軍制改革、養生所・撫育所などの社会事業、藩営工房の設置などを行うが、御一新の時勢には立ちおくれ、鳥羽・伏見の戦に一旦幕府への援軍を進発させ、あわてて引き戻して朝廷へ尽忠の意を表した。明治二年版籍奉還で金沢藩となった。同年三月現在の版籍は、物高百四万六千四百八十八石余、ほかに新田高二十八万九千五百八石余、惣村数三千五百七十六村、惣人員百七万六千三百十七人。藩知事は前田慶寧。政策基調は中央政府の意を汲むことであった。この年、執政の実力者本多政均暗殺事件、越中新川郡のばんどり騒動が起った。明治四年七月、廃藩置県で旧領は金沢県となった。前田慶寧は東京へ去り、薩摩人内田政風が金沢藩大参事となった。同年十一月、加賀一国をもって金沢県とし、大聖寺県(旧大聖寺藩)は廃された。ちょうどこの時、旧大聖寺藩領全域にわたるみの虫一揆が起った。なお、能登国と越中射水郡は七尾県、越中の富山県(旧富山藩)を含む三郡は新川県となった。翌五年二月、金沢県を石川県と改称し、県庁を金沢から美川町に移した(六年に復帰)。九月七尾県を廃して加賀・能登二国を石川県所管とし、十一月には白山麓十八ヵ村を足羽県から石川県へ移管した。なお、射水郡を含めた越中国全部を新川県とした。主要な藩政関係史料としては、金沢市立玉川図書館加越能文庫が藩主・家中・政務関係を中心として最も豊富である。

参考文献　石川県図書館協会編『加賀能登郷土図書叢刊』、金沢文化協会編『加越能叢書』、日置謙編『加賀藩史料』、富山県編『越中史料』二・三、『富山県史』史料編三―五、通史編近世上・下、日置謙編『石川県史』二・三、日置謙『加能郷土辞彙』、『金沢市史』通史二、若林喜三郎『加賀藩農政史の研究』上・下(吉川弘文館、一九七〇・七一年)、坂井誠一『加賀藩改作法の研究』(清文堂出版、一九七八年)、原昭午『加賀藩にみる幕藩制国家成立史論』(東京大学出版会、一九八一年)

(高沢　裕一)

藩校　金沢藩で学校設立の計画は、既に元禄期好学大名で知名な藩主前田綱紀のときにあったが実現せず、藩主治脩に至り、寛政四年(一七九二)出羽町一万八千二百五十六坪の地に文武の修業所として明倫堂および経武館を創設した。学校創建の布達に「為二四民教導一、泰雲院殿(重教)学校可レ被二仰付一御内意之処、御逝去に付、今般右思召を継、文武之学校申付候、依レ之新井白蛾儀学頭申付、其外諸芸師範人等、右様追々可二申付一候様、諸士は勿論町在之者迄も志次第学校へ罷出、習学可レ仕候、右之趣一統可レ被二申渡一候事、寛政四年壬子閏二月六日」とある。藩士子弟に限らず四民教導の趣旨で庶民の入学を許し、士庶共学を表明していることは意義深い。

明倫堂は和学・漢学・医学(漢方)・算術・筆道・習礼・歴史・天文・暦学・詩文・法律・本草学の十二科を立てて教え、

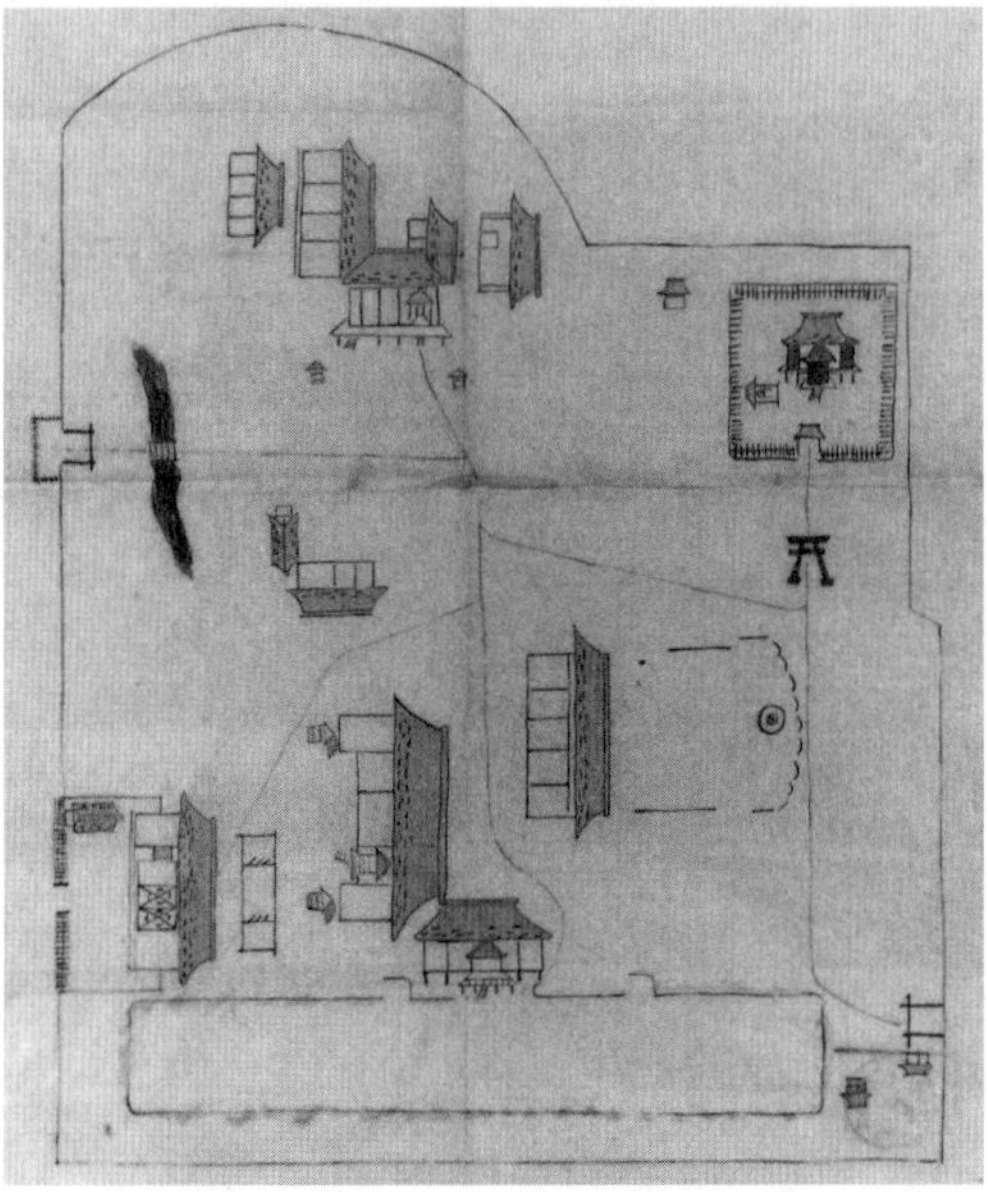
金沢藩校絵図

経武館は弓・馬・槍・剣・柔・居合・組打・軍螺術など、各師範が自家の門弟を率い課業割に従って教えた。同六年能美郡小松に郷学集義堂を設け漢学・医学・算術の三科を立て、士分のほか庶民の入学を許した。文政五年（一八二二）明倫・経武の両校を城西仙石町八千余坪の敷地内に移転した。幕末に至り内外多事多難に備えて西洋の軍事科学技術を導入し、安政元年（一八五四）には柿木畠三千六百八十七坪の敷地内に壮猶館を営み西洋砲術・馬術・喇叭・合図・洋学（蘭・英）・医学（蘭）・洋算・航海・測量の諸科を設けて教習、金沢藩洋学の淵叢となった。慶応三年（一八六七）卯辰山に養生所（病院）が設けられ、医学・理学・臨床治療・察療法・軍陣医則・繃帯法・施療実験などの諸科を立て近代西洋医術の研修と患者の治療にあたった。

明治元年（一八六八）壮猶館を仙石町の経武館内に併合し、同年道済館を南町に設け（のち高岡町に移し間もなく廃館）、仏学・英学・漢学・数学・習字の諸科を開講した。同二年には致遠館を松原町に設け英学・語学・漢学・習字・洋算を教え、同年さらに挹注館を城内に設けて英学・漢学を教え、同三年には医学館を大手町に営み和蘭医官スロイスを聘し、優秀生を選んで西洋近代医学・医術を研修させ、また同年普国人デッケンを招いて鉱山学所を辰巳御殿内に開設し、鉱山・金石・地質の諸学を教授させた。これらの学校は同四年廃藩置県に至る倉皇の間に移転または統廃合されて中学東・西校となり、同年十一月東西両校を合併して金沢中学と称し、仙石町の明倫堂に統合されたが、翌五年四月廃校となった。一方児童のため小学校も同三年以来つぎつぎと町内十一ヵ所に設けられたが、これらも同五年尽く廃された。明倫堂の生徒数は寛政創立当初成人庶民を含め志願者二千六百余名に及んだといわれたが、正規の生徒は維新まで平均三百名内外であった。明倫堂の学風は初代学頭新井白蛾以来朱子学を遵奉して終始した。百二万石の大藩にふさわしい大きな規模と内容を具備した金沢藩学の主な特色を列挙すると、㈠歴代藩主に好学の士が多く出て教学を勧奨したため藩内に学者が多く輩出したこと、㈡明倫堂が四民教導を標榜したこと、㈢学科目が多種多彩であったこと、㈣朱子学派、特に幕府昌平学派の興隆したこと、㈤幕末維新期に西洋科学技術の研究が旺盛で数人の外人教師を聘用したこと、㈥明倫堂より『四書本義匯参』四十七巻、『監本四書』十九巻、『欽定四経』百巻など大部の書を多く出版し教学の普及と深化を図ったこと、などである。

参考文献　文部省編『日本教育史資料』四・一〇、日置謙編『石川県史』三、笠井助治『近世藩校に於ける出版書の研究』(吉川弘文館、一九六二年)、同『近世藩校に於ける学統学派の研究』上(吉川弘文館、一九六九年)

(笠井　助治)

藩札　宝暦五年(一七五五)六月藩財政・家臣救済と一統通用のため札座を設け、不換銀札の専一的通用を布達、銀一匁—百目の九種を発行した。家臣・十村・富商への貸付など、同六年五月までに六万五千三百貫目を乱発し、物価は暴騰した。拝借札の減価により、藩領民は一層窮乏し、銀札方主付・富商六名が領民の打ちこわしと藩の処罰をうけ、同七月五万石払米代と銀二千貫目で、札の一割が引き替えられ、通用を停止した。文政二年(一八一九)十二月町会所より銀十匁—五百目の銀預り手形八種、翌年三分—百目の十二種を、両替御用商の兌換制で発行。同三年調達講銀を準備として、五十三貫目を貸付発行し、小割札七種を追加した。同六年新手形三種に引き替え、同八年新銀預り手形を発行し、同十年通用を停止するまで、兌換制は維持された。同八年銭手形を発行し、一時中断を経て、同十年停廃した。同九年六月額面銀百目の銀仲預り手形を発行し、銀貨と混合通用させ、同十一年銀紙の開きを手形払米代銀による消却で解消し、天保四年(一八三三)払米引当の借銀を兌換準備とした。同八年銀五分—百目の八種となり、同十一年の発行高は、八千貫目となる。のち小割札を追加して、安政五年(一八五八)の世上通用高は、一万七千五十五貫目余である。明治元年(一八六八)より、銀一匁を銭百文の割合で、銭札に引き替え、同六年まで通用した。価額は、約四千二百三十万貫目である。

参考文献　森田平次『加藩貨幣録』(石川県図書館協会、一九三五年)、『加賀藩史料』、土屋喬雄『封建社会崩壊過程の研究』(象山社、一九八一年)、荒木三郎兵衛『藩札』下(一九六六年)

(川上　雅)

藩法　金沢藩では幕府法を「公儀御法度」「公儀御触」「公

二匁銀札

百目銀札

儀御制法」などと称し、藩法は「御家法」「御家之御法度」などと呼んだ。金沢藩法の数は実に夥しい。主要な藩法は、二代利長から五代綱紀の近世前半期に発せられ、これを支えとして、「政治は一加賀、二土佐」といわれる鞏固な封建支配体制を確立した。行政機構・賤民制度・刑罰など各分野で、藩法の名に相応しい独特の法がみられたが、金沢藩法が、諸藩法のうち特に独自性の強いものと称されるゆえんは、改作仕法を柱に、高方仕法などにより補強された峻厳・緻密な農政法が施行された点にある。しかし、近世後半期には、他藩法の例にもれず金沢藩法も弛緩・紊乱し、「万代不易」といわれた改作仕法でさえも、文政四年(一八二一)潤色が加えられた。藩法の弛緩は、一方において古法墨守を喧しく強要するとともに、他方藩法の幕府法化という現象をもたらした。古法の名をかり法の正当性を主張し、幕府法の権威をかり法の実効性を確保せんとしたのである。なお、御三家・鹿児島・仙台・福井など、ほぼ格式を等しくする諸藩法を参照することも行われ、ますます藩法の独自性は失われた。ただ、寛政七年(一七九五)成立の『御刑法帳』は、御定書・明律・折衷いずれの系統にも属さない金沢藩独自の刑法典であった。金沢藩には、各分野の法を網羅した体系的な法令集は見当らず、また、官撰の法令集も少ない。主な法令集としては、『金城古定書』『四冊之御定書』『十二冊之御定書』『国令漫録』『国令分類』『典制彙纂』『旧条記』『公事場御刑法之品々』『刑律釐正』『公事場御条目等書上候帳』『改作所旧記』『司農典』『御郡典』『高方仕法』『町触』『浦方御定』などを挙げ得る。

参考文献　藩法研究会編『藩法集』四・六、『加賀藩御定書』(『加越能叢書』三、石川県図書館協会、一九八一年)、日置謙編『加賀藩史料』、小早川欣吾「明治初頭における二三の藩の刑法典について」(『明治法制叢考』、京都印書館、一九四五年所収)、服藤弘司「加賀藩家法の性格」(『幕府法と藩法』創文社、一九八〇年所収)、同「御刑法帳—加賀藩法制資料(一)—」(『金沢法学』一〇ノ二、一九六四年)、同「公事場御刑法之品々—加賀藩法制資料(二)—」(同一二ノ一・二合併号、一九六七年)

(服藤　弘司)

加《か》賀《が》騒動《そうどう》　十八世紀中ごろ金沢藩でおこった御家騒動。一名大槻騒動。六代藩主前田吉徳の没後、その寵臣大槻朝元《とももと》(通称伝蔵・内蔵允)が罪に問われた事件および吉徳の側室真如院(お貞の方)が幽閉された事件を指していう。大槻の罪状は主君の看病に不行き届きがあったとされるが、その裏には大槻の異例の立身と彼の財政策に対する門閥守旧派の批判・弾劾があった。真如院の事件は真相が明らかにされぬまま多くはなぞにつつまれているが、茶釜に毒を混入した事件に関連した容疑であった。

　大槻は足軽の三男に生まれ、享保元年(一七一六)十四歳の時、世子吉徳の御居間方坊主として出仕し、その俊敏さをもって次第に重用され、同十一年百三十石を禄されて士分に列し、その後十八年間に十七回の加増・昇進をみるという異例の出世ぶりを示した。寛保元年(一七四一)人持組という上級家臣になり、同三年には禄高三千八百石に達した。その間終始吉徳の御側御用を勤めて信任が厚く、吉徳やその子女が大槻の屋敷に遊ぶこともあった。一族もそれぞれ立身した。寛保元年の秋、帰国した吉徳はきびしい倹約策をとるにあたり、病弱のために実際上の政務を大槻に任せた。大槻は費用節減、大坂借銀の調達、新規課税などの財政策を行なったが、その内容は、足軽組の勤務を変更して欠員不補充や稽古用弾薬の節約をはかり、城内掃除人が売却して余得にしていた木葉・馬糞を飼料を納める百姓へ払い下げて飼料代を安くさせ、日雇人の仕事に小者を使役して賃銀を節減し、規定と異なる米値段で計算して江戸詰藩士の月俸の減少をはかるなど、また藩の金蔵(獅子の御蔵)から軍用の朱封銀を持ち出して吹替させ、金沢町で新規の辻口銭や運上を取り立て、足軽の職務である代官下代役に町人を任ずるなど、古格の改変を伴う財政措置をとったという。この施策にはとりまきの下級役人・町人・百姓の献策によるものもあった。

　ところで、金沢藩財政の赤字は、五代綱紀が文化事業を大いに行い「ぜいたく大名」と評された十七世紀末期からすでに生じており、藩士の経済生活の破綻もおおいがたく、それが元禄の華美の風潮のなかで遊侠の風体、刃傷沙汰など士風の頽廃としてもあらわれていた。農村では商品・貨幣経済の浸透がすすんで奉公人を雇傭する大手作り経営が行きづまり、改良農具・金肥の普及とともに家族労働による自作・小作の小経営へ移行する構造的転換期にあったが、その不安定性の中で農民は疲弊していた。不作の際の減租、貸米の措置が不充分なため正徳・享保期に百姓一揆の高揚をみるに至る。この結果、寛保元年には藩の借銀は二万貫にのぼり、翌年はさらに三、四千貫も増えることが予想された。ここに先述のきびしい緊縮政策がとられ、大槻が担当したのであるが、しょせん小手先の合理化方策にすぎなかったから、めぼしい効果はあがらなかった。大槻が政務を担当するとともに、反大槻派の年寄役前田直躬・大小将組頭青地礼幹らの批判も表面化した。それは、大身意識からする成り上がり者への蔑視と嫉視、格式第一主義からする古格改変への反対、また大槻の権勢をおさえられぬ重臣への批判などであったが、みずからは積極的な政策を提示していない。

延享二年(一七四五)吉徳が死去すると大槻弾劾が開始された。大槻は翌年七月蟄居を命ぜられ、襲封一年余で急死した七代宗辰の一周忌のあと遠島の刑に定まり、寛延元年(一七四八)四月越中五箇山へ配流された。一門一党も逮捕された。その年の六月と七月に江戸本郷の藩邸で茶釜毒入事件がおこり、真如院の娘楊姫付の中老浅尾が捕えられ、真如院にも嫌疑がかかって金沢で幽閉された。証拠は得られなかったが、大槻との密通が露顕したともいわれる。真如院の子利和(勢之佐)・八十五郎も金沢で幽閉された。大槻は配所にあってひそかに情報を得ていたが、九月に小刀で自害して果てた。浅尾は金沢へ送られて十月にひそかに殺され、真如院は翌年二月に没した。本人の情願によって首をしめ、殺したという。大槻の事件関係者全員の処罰が決定したのは宝暦四年(一七五四)閏二月であった。この事件について世上に種々のうわさが流れ、さまざまに脚色した『野狐物語』『越路加賀見』『見語大鵬撰』『北雪美談』『大槻見聞録』(『金城厳秘録』)などの稗史が流布し、義太夫本に『加賀見山郭写本』『加賀見山旧錦絵』、芝居脚本に『復咲後日梅』『鏡山錦艶葉』(『鏡山若葉楓』『鏡山千葉鏡』)などが書かれた。藩主毒殺、浅尾蛇責めなどはしょせん浮説であるが、文学として独自に展開した。そうした脚色にも、また享保の打ちこわし、宝暦の銀札騒動をとり入れて当局者の秕政を責める稗史の構成にも、風教の乱れ、政治の失敗に対する外部からの不審の眼がうかがえる。

参考文献　石川県図書館協会編『稗史集』上(石川県図書館協会、一九三五年)、青地礼幹『淩新秘策』(『加越能叢書』二、金沢文化協会、一九三六年)、『加賀藩史料』七、山路愛山『加賀騒動記』(『御家騒動叢書』一、敬文館、一九一二年)、若林喜三郎『加賀騒動』(『中公新書』五二八、中央公論社、一九七九年)、三田村鳶魚「実説加賀騒動」(『三田村鳶魚全集』五、中央公論社、一九七六年所収)、若林喜三郎「加賀騒動」(北島正元編『御家騒動』新人物往来社、一九七〇年所収)高沢裕一「加賀騒動」(『日本と世界の歴史』一五、学習研究社、一九七〇年所収)、青山克弥「加賀騒動実録の転化の様相」(『金沢女子大学紀要』二・五、一九八八・九二

年)

(高沢　裕一)

加賀藩金銀《かがはんきんぎん》　近世初期加賀藩で鋳造使用された領国貨幣。森田平次(柿園)の『加藩貨幣録』に、天正以来およそ八十年、加賀・能登・越中の加越能三州に流通した貨幣の員数はおびただしく、しかもそれがことごとく領内鋳造の金銀であったことが記録されているが、慶長六年(一六〇一)の幕府貨幣発行以前にも金銀貨の鋳造されていたことは、『加賀藩史料』などに徴しても明らかである。そして、諸金銀の領内鋳造を可能にしたのは能登の宝達金山、加賀の倉ヶ岳金山、越中の亀《かめ》谷《がい》・虎谷・松倉・長棟・吉野など諸銀山の開発であった。金貨には梅輪内大判・小判、牛舌大判・小判、雁金判金、梅鉢小判などがあり、これらは主として進献・贈答に使用されたが、まれに領内の運上金にあてられることもあった。銀貨には「古キハ弐歩半出シ」から「新キハ釣替壱歩引」の種々の品位の極印銀があり、また極印の型にもいろいろとあった。それぞれ種類の異なる「菊極印」、梅鉢に改の字、円に浅・栄の字、巴・栄螺などの極印を刻したもの、宝・座・具など三種の極印を不規則に刻したもの、また表に「花降」「次郎兵衛・彦四郎」、裏に「百目」と記し、円に桐の極印を刻した「彦四郎極印」、「花降」「拾両」と記し「銀目四拾三匁アル故」壱枚銀と称したものなどがあった。また『加賀藩史料』に頻出する「朱封銀」は菊紋の極印銀などを朱染紙で封したもので、加賀藩銀を代表し、流通面でも藩銀の中心をなすものであった。

加賀小判

加賀挺銀

以上のような加賀藩銀のほかに領内には、なんらかの形で藩外から流入してきた雑多な「取込銀」が流通していた。寛永十年(一六三三)四月、藩ではその使用を禁止し、これらの取込銀を幕府丁銀に釣り合う「新極印銀」に吹き直し、朱封銀と併用して使用することを布達した。しかし諸国の領国銀が使用されている一六八〇年代以前の段階では、雑多な取込銀の流入は自然であり、それを阻止することもできなかったので、藩では承応三年(一六五四)八月、「銀子之儀は今迄の如く極印銀・取込銀とも取やり可レ仕事」と布告せざるを得なかった。加賀藩において、その主たる領国貨幣の朱封銀を停止し、幕府丁銀・小玉銀に切り替えたのは寛文九年(一六六九)から十二年にかけてであった。朱封銀と幕府丁銀との交換率は金沢において二歩入レ、京都に持参して交換する時は二歩半入レで、引き替えた加州灰吹銀の総額は一万三千百十八貫七百五十目であったという。

　領国貨幣から幕府貨幣への切替えは、幕府の貨幣統一策の一環であるが、寛文年代に切替えが行われたことには、加賀藩財政の内部にもその原因はあった。その一つは先にあげた領内諸鉱山における銀の急激な減産であった。森田平次編『越中鉱山雑誌』によれば長棟銀山は正保四年(一六四七)より、亀谷・虎谷銀山は寛文年中より、そして松倉銀山は万治年中(一六五八―六一)よりそれぞれ衰微している。日用便利のため小額の売買に使用されていた「こまがね」銀・「きりがね」銀も、この時期に寛永銭に切り替えられていった。

参考文献　草間直方『三貨図彙』八・二〇(『日本経済大典』三九、明治文献、一九七〇年)、『諸国灰吹銀寄』(榎本宗次『近世領国貨幣研究序説』東洋書院、一九七七年)、川上雅「金沢藩における銀貨政策の構造」(『金沢大学経済論集』八、一九六九年)

(榎本　宗次)

懐恵夜話《かいけいやわ》　金沢藩主・藩士などの事蹟録。著者は金沢藩士由比勝生《かつなり》で、禄五百石、大小将組に属し、会所奉行、近習番などを歴任した。本書は、その没年の享保四年(一七一九)五月成立。二代藩主前田利長から五代綱紀までの時期の藩主・藩士、また藩外の武士についての事蹟・故事・旧伝を九十二項にわたって記し、その大半に修身・忠義・治国などの武士の心がけについて著者の論評を加えている。『御夜話集』下(『加賀能登郷土図書叢刊』三期、石川県図書館協会、一九七二年)に収録。

(高沢　裕一)

改作所旧記《かいさくしょきゅうき》　金沢藩中期の農政に関する記録集。改作所に保存されていた達書など二千六百余件の記録類を、高沢忠順《ただより》が抜粋収集し、それを石川郡十村福留村六郎左衛門が編年式に編集したもの。全十五冊。年代は、万治元年(一六五八)から享保七年(一七二二)までの六十五年間にわたり、ほぼ五代藩主前田綱紀の親政の期間にあたる。すなわち、祖父利常が鋭意実施した改作仕法を、綱紀が継承・整備して、農政の基本法として確立する過程がこれによって知られる。編者忠順は、明和六年(一七六九)から天明五年(一七八五)まで郡奉行・改作奉行を歴任したが、農政の弛緩をなげき、改作仕法の復活を持論とした。その主張の根幹は、この旧記の閲覧によって形成されたものと思われる。近世中期の経済史研究のためにも、必読の文献である。石川県図書館協会編『加賀能登郷土図書叢刊』に収められている。

(若林喜三郎)

加賀藩史料《かがはんしりょう》　金沢藩の編年史料集。侯爵前田家編輯部（藩末篇は前田育徳会）刊。日置謙編。第一—十五編、藩末篇上・下巻、編外備考の十八冊より成る。昭和四年（一九二九）に第一編を発行し、同十八年までに本編十五冊と編外備考一冊を刊行。その後、太平洋戦争で中断し、同三十三年に藩末篇二冊を出版した。なお全巻の復刊が二度行われた。加賀・能登・越中三ヵ国を領した金沢藩の歴史と藩主前田氏の家史を融合させて史料を編纂する意図にもとづき、前田利家の生年である天文七年（一五三八）より始まり、弘化四年（一八四七）までを本編の十五冊に収め、藩末篇は翌嘉永元年（一八四八）より明治四年（一八七一）に十四代藩主慶寧が東京へ移住した記事までを載せている。収載史料は出典を明示してあり、各巻末に収載事項をまとめた年表があって索引に便である。この史料集の編纂に至る事情は、明治二年に前田慶寧が家録編輯方を置いて旧領内の史料を採訪したことに端を発し、それを受けついで同十六年に前田利嗣が前田家編輯方を設けて、旧藩庁・藩臣、また旧領内などに所在する史料の採集をつづけ、厖大な量に達した。当初は前田家歴代の本紀と藩臣の列伝を作成する予定で、『加賀藩史稿』（八冊十六巻で中絶）、『加賀松雲公』など数種を刊行したが、昭和三年に企画を変更して史料集を発刊することとし、日置謙に嘱託した。日置は、前田家史としてだけでなく金沢藩一般の歴史として本書を編集した。掲載事項は藩主・藩政関係が主で、村方・町方の庶民関係が少ないとはいえ、今以て金沢藩研究の上で欠かせない史料集とされている。なお、その草稿類と前田家編輯方採取史料の大部分は金沢市立玉川図書館加越能文庫の中にある。

（高沢　裕一）

河合録《かわいろく》　金沢藩農政に関する記録集。編者は藩政末期の改作奉行河合祐之。弘化四年（一八四七）脱稿、全六冊。祐之が服務上の参考として収集したもので、農政に関する法令・旧記類が細大漏らさず集められており、『改作所旧記』にも比すべき貴重な文献であるが、編年式ではなく、項目別に区分されているのが特徴である。しかも、随所に編者の私見が加えられており、藩農政の理念をもうかがうことができる。刊本として藩法研究会編『藩法集』六、『加賀藩農政経済史料』第一期に収められている。

参考文献　若林喜三郎「加賀藩農政語彙—河合録名目抄—」（『北陸史学』二、一九五三年）

（若林喜三郎）

国事雑抄《こくじざつしょう》　加賀国金沢藩の事蹟に関する文書・記録の浩瀚な抄録。著者は森田平次。諱は良美・良見。号は柿園《しえん》・屋漏堂。金沢藩士人持組茨木氏の臣で禄高六十石。幕末・明治期の郷土史家で著作は百編をこえる。本書は早い時期のもので嘉永六年（一八五三）—元治二年（一八六五）成立。全二十五巻。各巻尾に、抄出し終った年月と「柿園舎良美」「柿園良見」「柿園舎与志見」「紀良美」などの署名がある。各巻頭には目次が付せられており、千五百六十九項目に及ぶが、随見随録したものであるため、内容の配列・整理は全く不十分である。所載事項は、わずかに藩外のものを含むほかほとんどが金沢藩関係のものであり、なかでも藩士の由緒・勲功・規式・勤仕に関する事項、寺社の由来・旧記など宗教関係の事項、金沢城下の行政・商業・町人などの町方関係の事項、また、戸口・諸職業・産物・交通関係の事項が多いことが特徴的である。ついで、藩侯・藩制・政務・幣制・財政も多いが、法令類・武学・郡治・農政に関する項目は比較的少ない。なお巻二二—二五は越中の境に居住した時に執筆したもので、同所に関する記事が多く収録されている。こうした項目構成に、陪臣であった著者が採集できた範囲をうかがえるとともに、また関心の特徴が表われているといえる。『加賀能登郷土図書叢刊』所収。

（高沢　裕一）

国事昌披問答《こくじしょうひもんどう》　金沢藩関係の故事来歴を書き留めたもの。一名『老若問答集』。著者は邑巷軒蒙鳩子と号するが、実名不詳。鷹匠丹羽氏と推定されている。宝暦三年（一七五三）成立。叙述は問答体。記事内容は限定なく順序もないが、主たる関心は藩の職制・規式や藩士の家格・系譜など御家風に向けられ、寺社・地名・武技・文芸などにも及び、いわば好古の下級藩士の知識の限りで記録されたものといえる。『加賀能登郷土図書叢刊』所収。

（高沢　裕一）

浚新秘策《しゅんしんひさく》　金沢藩士青地藤太夫礼幹が、本人および知人の室鳩巣・新井白石・小瀬復庵らの書簡を骨子として編集した同時代の記録。十三巻。成立年未詳であるが、死去前年（寛保三年（一七四三））の著者の書状までを収む。著者とその兄斉賢との書簡集である『兼山麗沢秘策』の姉妹編（浚新・麗沢は礼幹の号、兼山は斉賢の号）。兄弟とも金沢藩士で室鳩巣門下七才の内に数えられ、鳩巣が幕臣になり江戸に移ってからも交際があった。本書の内容は雑多で、書簡のほか、触達の写、聞書なども適宜収録し、配列も乱雑であるが、それらを通じて、享保年中（一七一六—三六）を主とした十八世紀前半期の幕府・大名、金沢藩主と家中の動静や政治の一端を窺うことができる。礼幹は知行二百石、のち四百石、大小将・表小将・使番・歩頭・新番頭を経て小将組頭になったが、晩年、加賀騒動の中心人物大槻朝元（伝蔵）を弾劾した。その書状は、真相の秘された事件の内事を摘発している。『加越能叢書』所収。

（高沢　裕一）

昔日北華録《せきじつほっかろく》　加賀国を中心とした統治者の興亡、合戦を叙述した史書。堀麦水著、自序に藤周民と署名している。三巻。宝暦末年には成立していたと推定される。富樫氏が加賀介に任じられてから前田氏の統治が定まるころまでを記しているが、その内容項目を掲げると、巻上は富樫氏任加賀介事・富樫除加賀介事・富樫為足利家之幕下事・富樫造立大乗寺事。巻中は富樫与一向宗合戦之事・富樫家滅亡之事。巻下は越中国士戦争之事・能州畠山滅亡之事・加州一揆退治之事・石動山破却幷加越能城之事。なお、類書に『富樫家譜』と題するものがある。石川県図書館協会編『一向一揆と富樫氏』(『加賀能登郷土図書叢刊』)に収められている。　(高沢　裕一)

高沢税賦考《たかざわぜいふこう》　高沢忠順の著、本名を『改作枢要記録』という。一巻。加賀藩の慶長ごろからの税法の変遷を述べ、主として前田利常の改作仕法施行の由来・経過、さらにそれを整備・拡大した孫綱紀の改作体制の完成の過程を論じたもの。忠順は、利常の改作仕法に心酔し、その維持を農政の理想としたから、改作体制の完成につれて商品生産が導入され、誅求の過重と農村の荒廃が進んだことを嘆く。彼の主張は、保守的な農本主義ともいえるものであったが、時弊の摘出にはきわめて適切なものがあり、ほとんど同趣旨を述べた『老婆鮒の煮物』の識記には、天保八年(一八三七)、しきりに国政批判を行なったために能登島に流された寺島蔵人が、「此一冊意味深長」と同意を述べているのが注目される。太田敬太郎校訂『改作所旧記』(『加賀能登郷土図書叢刊』)に付収されている。　(若林喜三郎)

田地割制度《でんちわりせいど》　金沢藩の土地制度の一つである田地割を中心に藩の触書、十村役の見込書、農業の概要などを記録した地《じ》方《かた》書。一巻。『近世地方経済史料』八に所収。著者は江戸時代後期の数学者として著名な石黒信由の子孫で、越中国射水郡高木村(富山県新湊市)の石黒信基藤右衛門である。内容は村落の共有地をおよそ二十ヵ年間ごとに農民に割り当て直す方法として、打竿・蔭引・鬮引《くじびき》・田地割定書・地割願書などを解説している。また、金沢藩の徴租法である歩刈仕法と水田一段歩当りの稲作技術・労働力・経営費についても言及している。暦学にも精通していた石黒信由は耕耘暦を毎年発行して藩内に配布していたが、子孫・門人たちがこの遺志を受け継いでおり、『田地割制度』には石黒信基の作成した元治元年(一八六四)の耕耘暦と信基の門人が作成した明治四年(一八七一)の耕耘暦が掲載されている。　(佐藤　常雄)

小松藩(こまつはん)

近世初期、加賀国(石川県)小松に藩庁を置いた藩。藩主は村上・丹羽両氏。柴田勝家が加賀国を平定したあと、天正八年（一五八〇）に織田信長は村上頼勝（義明）に六万石（異説あり）を給して小松に封じた。同十一年、羽柴秀吉は越前国北庄城に勝家を討ち、そのあとに丹羽長秀を封じた時、加賀国江沼・能美二郡を加増したが、頼勝は長秀の与力となって小松城に居た。同十三年四月長秀が没し、閏八月に北庄城主は堀秀政に代わったが、頼勝はやはりその与力であった。そして慶長三年（一五九八）秀政の子秀治が越後へ移封された時、頼勝も越後本庄九万石へ移された。同年四月、石川郡松任城にいた丹羽長重が前領四万石に小松八万石を加増されて小松城へ移った。同五年関ヶ原の戦の直前、長重は西軍に味方して金沢藩二代前田利長の南上を阻もうとして浅井畷で前田軍を苦戦させたが、そのために徳川家康に封を奪われて廃藩。代わって利長が城と領知を得て城代を置いた。

その後、寛永十六年（一六三九）三代前田利常が隠居して小松城を養老城と定め、経画を壮大にして、翌年移った（養老領二十二万五千石余）。正保二年（一六四五）から利常は幼少の五代綱紀を後見してここで執政し、初期藩政改革（改作仕法）を親裁して万治元年（一六五八）に没した。城は一国一城の制の例外として金沢藩へ返され、城代（のち闕職）・城番が置かれていた。小松城の異称は芦城。一向一揆の武将若林長門が築城したともいうが明証はない。梯川に接した平城で、前田利常によって完成した城郭は全周二十四町、輪郭式・連郭式を複合した縄張りで、三重から六重の水堀をめぐらしており、各郭を結ぶ橋を切り、梯川をせき止めれば浮城になる要害の城であった。明治四年（一八七一）に至って破却され、今はわずかに櫓台跡を遺している。

参考文献　川良雄編『小松市史』一、『新修小松市史』資料編一、富田景周『越登賀三州志』

（高沢　裕一）

下村藩（しもむらはん）

能登国下村（石川県七尾市）に陣屋を置いた譜代藩。元禄二年（一六八九）六月、信濃国高遠藩三万二百石の藩主鳥居左京亮忠則が、江戸城の馬場先門の守衛を勤めていたとき、当番の家臣高坂長左衛門が、夜中に旗本平岡和泉守頼恒の長屋の窓を覗いたとしてからめとられた事件で閉門を命じられた（『御当代記』）。しかし、この忠則は急死してしまう。幕府は、同年八月十日、嫡子忠英の家督相続を認めず、所領を収公した。しかし、先祖の勲功に免じ、あらためて忠英が能登国羽咋・鹿島・鳳至・珠洲四郡において一万石を与えられ立藩した。この一件について「今度ノ一乱モ、畢竟、美女之義ヨリ事起ル、ト風聞ス」（『土芥寇讎記』）と、忠則の女色によって引き起こされたものとの風聞があったとことが知られる。元禄八年五月十五日、忠英は一万石加増のうえ封を近江国甲賀郡の内に移され、水口城を下賜された。したがって、下村藩は六年で廃藩となる。その後、旧下村藩領の多くは、一時水野隠岐守勝長領(西谷藩)となるが、幕末まで幕府直轄領であった。

参考文献　『寛政重修諸家譜』第九、『徳川加封・除封録』、金井圓校注『土芥寇讎記』(新人物往来社、一九八五年)、『御当代記』(平凡社、一九九八年)

(佐藤　宏之)

大聖寺藩 (だいしょうじはん)

加賀国大聖寺(石川県加賀市)を藩庁とした藩。藩主前田氏、外様、無城。金沢藩の支藩。本藩第三代藩主前田利常は寛永十六年(一六三九)三男利治に七万石を分知。万治三年(一六六〇)越中国新川郡の飛び地を替地して江沼郡全部と隣接の能美郡の一部に統合した。元禄五年(一六九二)三代利直襲封の時、弟の利昌に新田一万石を分与したが、宝永六年(一七〇九)利昌は刃傷事件を起して切腹、領知は利直に戻った。文政四年(一八二一)幕府の待遇の低さを嫌って、新田高一万石と本藩から高二万石に相当する年貢米を支給されるという名義で十万石格の待遇を得た。しかし、その後の朱印状は八万石であった。歴代藩主は利治・利明・利直・利章・利道・利精・利物・利考・利之・利極・利平・利義・利行・利鬯。

大聖寺藩藩札
(二百文銭札)

藩政の主要な経緯は、初代利治・二代利明の代に諸制度がほぼ整い、新田開発、治水、九谷焼の創始、茶、絹などの事業を実施した。しかし、藩財政逼迫のため承応二年(一六五三)に禄高一万五千石分の家臣を本藩へ返した。利直の代、家老神谷氏の退老と村井氏の登用、村井氏の処罰と神谷氏の復活、再失脚という権力抗争があり、御手伝普請の出費、家中の困窮が加わって家中が動揺し、その最中の正徳二年(一七一二)、不作に対して引免が少なかったため、全藩領に及ぶ惣百姓一揆が起った。四代利章は治政に意欲を見せず、五代利道の時は三河国吉田橋御手伝普請で架け直しを命じられて出費に悩んだ。六代利精は遊蕩、喧嘩沙汰に及び、本藩の命で隠居させられた。七代利物は治世七年で終り、八代利考は倹約実行、領内巡察、諫箱設置など積極的に施政したが治世は短かった。九代利之の時の十万石格取得は出費を増加させ、北前船主・町人らへの御用金賦課、借知、銭札発行などで財政をやりくりする状態がつづく。十代利極のあと、十一代利平は厳しい奢侈禁止と救恤、文武奨励に意を用いたが、家中の貧困と怯懦はつづいた。安政二年(一八五五)十二代利義の死で相続を願い出た利行が、幕府が許可する前に死亡する事態が生じ、それを秘し十四代として利鬯が継いだ。利鬯は、幕末・維新の政情に処して洋学・西洋兵法の採用、琵琶湖での汽船就航、兵庫製鉄所創業などに努めたが、政治的立場は本藩によって決められた。北越戦争の軍事調達の資金に窮して貨幣贋造事件が起った。明治二年(一八六九)六月版籍奉還により利鬯は大聖寺藩知事となった。四年七月大聖寺藩は大聖寺県となり、同県は十一月二十日金沢県に合併されたが、その四日後に雑租などの過徴と旧態依然たる支配に反対して一揆(みの虫騒動)が激発した。

参考文献　石川県図書館協会編『大聖寺藩史談』(『加賀能登郷土図書叢刊』石川県図書館協会、一九三二年)、加賀市立図書館『加賀市史料』、大聖寺藩史編纂会編『大聖寺藩史』、『加賀市史』通史上、『石川県史』二、山口隆治「大聖寺藩の製塩業」(森安彦編『地域社会の展開と幕藩制支配』名著出版、二〇〇五年所収)

藩校　天保十一年(一八四〇)十一代藩主前田利平が藩邸の書院を学問所と称して藩士に経書を聴講させたのが藩校のはじまりとされ、安政元年(一八五四)時習館を建てて移り、漢学を教えた。武学校は、御稽古所があったが、同四年に有備館を建て、諸流派の習練の場に充てた。明治二年(一八六九)三月ころに時習館に四館を付属し、啓蒙舎は漢籍の素読や習字を教える幼学所、成徳舎(のち温知舎)は通学生の漢学専修、達材舎は寄宿生の漢学専修、董正館は洋学専修とした。同じころ、操練所を設けて、軍役のかかる十八歳から入学させ、歩(英式銃隊)・騎・砲・射的の四課に分けて訓練した。付属して射的場・技術所・馬場、および士官養成のために兵書を講ずる兵学舎があり、これら文武両学校を総称して藩学校といった。

参考文献　石川県教育史編さん委員会編『石川県教育史』一(石川県教育委員会、一九七四年)、『加賀市史』通史上、大聖寺藩史編纂会編『大聖寺藩史』、加賀市立図書館『加賀市史料』

(高沢　裕一)

大聖寺新田藩(だいしょうじしんでんはん)

加賀国大聖寺および能美郡(石川県加賀市)に藩庁を置いた大聖寺藩(外様)の新田藩(外様)。藩祖利昌は、金沢藩の支藩である大聖寺藩二代藩主前田利明の四男で、掃部または采女と称す。元禄五年(一六九二)、同母兄利直が大聖寺藩七万石を相続した際、利昌は能美郡内の新田一万石を分封されて大聖寺新田藩を立藩した。利昌は利直の領内に住み、一万石分の収入を与えられただけで、独自の行政機構などは持たなかった。当初、屋敷は大聖寺城下北西端の荻生村にあったが、のちに城下新町に移る。宝永六年(一七〇九)二月十六日、五代将軍徳川綱吉の法会が東叡山寛永寺で行われた際、利昌は中宮使饗応役を務めたが、吉祥院の宿坊において以前より不仲であった大准后使饗応役の大和国柳本藩藩主織田秀親を刺殺したため、山城国淀藩藩主石川義孝に身柄を預けられ、二日後の二月十八日に切腹を命ぜられた。所領一万石は一旦幕府に収公されたが、のち本藩三代藩主利直に還付された。

参考文献　『石川県史』二、『加賀市史』通史編上、資料編一―四、『大聖寺藩史』、『加賀市史料』一―七

（佐藤　宏之）

七尾藩（ななおはん）

能登国七尾(石川県七尾市)に藩庁を置いた外様藩。能登国七尾地域は、戦国時代前期から七尾山(七尾市古城町・古屋敷町付近)に城郭を築いた能登畠山氏に支配されていた。のちに前田利家が能登一国を与えられ、天正九年(一五八一)から十年にかけて能登国八田郷所口の小丸山に城郭を構築し、周辺に城下町(七尾市街地)を形成した。利家の男能登守利政(金沢藩二代藩主中納言利長の弟、三代藩主中納言利常の異母兄)は、文禄二年(一五九三)より能登国の一部を領しており、慶長二年(一五九七)七月、七尾に移り住んだといわれる。同五年八月、関ヶ原の戦後、前田利政は兄の利長と対立したため除封となり、能登国一円は利長の領知となった。利政は、のちに剃髪して宗悦と号し、京都・大坂で浪人生活を送り、寛永十年(一六三三)七月十四日、五十六歳で没した。七尾城は元和元年(一六一五)の一国一城令により廃城となると、町奉行が置かれた。所口湊は天然の良港で、北前船の出入りで賑わった。また、文久二年(一八六二)には加賀藩の七尾軍艦所が設けられている。明治四年(一八七一)能登四郡と越中国射水郡で七尾県が設置され、県庁が置かれたが、翌年石川県に編入される。

参考文献　『新修七尾市史』三、『寛政重修諸家譜』第一七、『恩栄録・廃絶録』、『石川県史』、『加賀藩史料』

（佐藤　宏之）

西谷藩（にしやちはん）

能登国西谷(石川県七尾市)に陣屋を置いた譜代藩。元禄十一年(一六九八)五月五日(『寛政重修諸家譜』による。『徳川実紀』では五月朔日)、備後国福山藩主水野勝岑はわずか二歳で

病死、無嗣のため福山十万石は収公された。しかし、五月晦日、先祖の勲功に免じ、その名跡を残すため、一門の勝長が能登国内において一万石を与えられ立藩した。この勝長は、「生得穏淳ニシテ行跡悪義ナク」、「心意発明」、「家ノ仕置臣等ニ任セ物事慎ミ深」い良将であったという(『諫懲後正』)。元禄十三年十月二十八日、勝長は領知を下総国結城、上総国武射・山辺の三郡に移され、西谷藩は幕府直轄領となった。わずか二年半での廃藩であった。

参考文献　『徳川実紀』、『寛政重修諸家譜』第六、『諫懲後正』(東京大学史料編纂所所蔵)

(佐藤　宏之)

福井県

安居藩(あごはん)

越前国安居(福井市金屋)を藩庁とした藩。足羽・日野両川の合流点付近。もと一条家領足羽御厨の別納安居保の地で、応仁以後朝倉氏に押領された。南北朝時代に斯波高経が築いた足羽七城の一つに安居城があり、のちに朝倉孫三郎景健が修築・居城した。また慶長年中(一五九六―一六一五)、戸田武蔵守が一時居城したが、『廃絶録』に「一万石　越前安居　戸田武蔵守重政」とある。関ヶ原の戦で西軍にくみしたため領土を没収され、以後藩はおかれなかった。

参考文献　『福井県史』一、『福井県足羽郡誌』、『桃華蘂葉』(『(改定)史籍集覧』二七)、『朝倉始末記』(『日本思想大系』一七、岩波書店、一九七二年)、『福井県史』通史編三

(印牧　邦雄)

瓜生藩(うりゅうはん)

越前国(福井県)にあった藩。紀州支封。元禄十年(一六九七)

三月、和歌山藩主徳川光貞の次男頼職は越前国丹生郡宇須尾以下六十三ヵ村三万余石を領知せしめられ、陣屋を高森(越前市)に置いた。また三男頼方(のちの徳川吉宗)は兄頼職とともに三万石余を領知せしめられたが、その封地は丹生郡下糸生以下十三ヵ村、坂井郡針原以下三十二ヵ村で、陣屋を下糸生村葛野(丹生郡越前町)に置いた。宝永二年(一七〇五)六月、頼職は宗家をついだので、領所のうち二万石は丹後国宮津城主松平資俊の三男宗長に給知し、一万石は弟頼方に兼領せしめたが、享保五年(一七二〇)六月、宗長の所領は福井藩の預所となった。宝永二年九月、頼職が死去したので頼方は宗家をつぎ、ついで柳営に入り八代将軍となった。『徳川実紀』に「はなはだの瘠地にて租入わづかに五千石にみたざりしとぞ」とあるのは頼方の封地を指しているが、諸書とくにそれを瓜生藩といっているのは見当たらない。

[参考文献]　『福井県史』二

(印牧　邦雄)

大野藩(おおのはん)

越前国(福井県)大野を藩庁とした藩。天正四年(一五七六)金森長近が築城してより青木・織田・結城秀康の家臣土屋・小栗・秀康の子松平直政・直基・直良などが相ついで城主となった。天和二年(一六八二)土井利房が下野足利郡よりこの地に封ぜられ、利知(利治)・利寛・利貞・利義・利器・利忠・利恒と子孫相ついで廃藩に至った。大野藩は土井利房より譜代大名となったが、所領は四万石であった。元禄十年(一六九七)ごろには財政窮乏がはなはだしく、明和元年(一七六四)以後、凶歳連続・世情不穏となり、安永五年(一七七六)には強訴・徒党・逃散を厳禁した。天明年間(一七八一―八九)に至って食糧窮乏し穀価暴騰したため、同三年米の他領への輸出を禁止したが、この年米を藩に乞うもの三十三ヵ村千余人に及んだ。寛政元年(一七八九)には洪水のため食糧欠乏してついに貧民蜂起せんとする形勢となった。文政十二年(一八二九)利忠が入部した当時、藩債は累積し政道は萎靡していたので、翌春には改革の決意を表明し、鋭意藩政の改革にあたった。まず人材を登用し、内は財政の整理、軍備の充実、教育の整備、産業の発達、医術の普及につとめ、外は北蝦夷の開拓守備に盛名を博した。財政の充実には最も力を注ぎ、天保十三年(一八四二)抜擢されて藩債の整理にあたった内山七郎右衛門(良休)は、近江国信楽・京坂地方・領内町在方・福井・府中など各地を奔走して八年のうちに債務償却に成功した。産業の面では生糸・漆・煙草などの国産を奨励し、面谷《おもだに》鉱山の増産をはかり、大坂・岐阜・箱館などに大野屋を開設して国産の売買や質貸、対外貿易を行うなどして大きな利益をあげた。軍備の充実では家臣に高島流砲術を学ばせるとともに、嘉永二年(一八四九)銃砲を鋳造、安政元年(一八五四)には改制洋陣法を採用した。さらに嘉永三年領内士民に種痘を施し、安政四年済生病院または医学館と呼ばれる病院を設けて病気の治療にあたった。同三年利忠は良休とその弟隆佐をして蝦夷地の探査に従事させ、同五年幕府より北蝦夷屯田の許可を得、同年彼我連絡の船舶として洋式帆船大野丸を建造した。明治元年(一八六八)五稜郭の戦には、大野藩も一箇中隊を編成し箱館に派遣した。この功によって藩主に永世禄三千石が与えられた。翌二年、版籍奉還を上表して許可され、藩主は大野藩知事に任ぜられた。同四年七月十四日廃藩置県によって大野県が置かれたが、その年の十一月二十日に本保・勝山・丸岡の諸県とともに福井県に併合された。

参考文献　『福井県史』二、『福井県史』通史編三・四、『大野市史』、『歴史の道調査報告書』五、『福井県大野郡誌』、土井利忠公百年祭奉賛会編『土井利忠公と大野藩』(一九六六年)、舟澤茂樹「大野藩家臣団の職制と給禄」(『福井県史研究』九、一九九一年)

(印牧　邦雄)

藩校　藩校明倫館は天保十四年(一八四三)藩主土井利忠の時創設され、翌弘化元年(一八四四)三月校舎が城郭上追手口に新設された。皇漢学・医学・洋学・習字・習礼・兵学・武芸の諸科を立て、藩士子弟に限らず庶民の入学をも督励した。漢学は朱子学を宗として固執せず、他学派の註釈をも参考とした。洋学の研究が盛んで、嘉永年中(一八四八―五四)蘭学館を設け、庶民にも研究をすすめ、緒方洪庵の弟子伊藤慎蔵を大坂より招聘して蘭書の翻訳研究と学徒の教授にあたらせた。近藩はもとより、江戸・大坂・丹波・佐賀などの諸国からも多く来学者のあったことが門人帳によって窺われる。安政年中(一八五四―六〇)、『海上砲術全書』二十八巻(安政元年刊)、『(改正)増補訳鍵』五冊(安政四年刊)、『颶風新話』二冊(安政四年刊)、『英吉利文典』一冊(安政四年刊)などを翻訳刊行して洋学研究の深化と普及を図った。山間瘠地の四万石の小藩が財政整理、その他諸般の改革と発展の基盤を教学に置き、進歩的、積極的、進取的人材の育成を藩校に託していた。教官およそ十五名、生徒二百数十名、彼らが大野藩蝦夷地開発の動力ともなった。

参考文献　『福井県史』通史編三・四、『大野市史』、文部省編『日本教育史資料』四・一〇・一四、吉田迂一編『(土井利忠公)柳陰紀事』、『福井県大野郡誌』、笠井助治『近世藩校に於ける出版書の研究』(吉川弘文館、一九六二年)、同『近世藩校に於ける学統学派の研究』上(吉川弘文館、一九六九年)

(笠井　助治)

小浜藩（おばまはん）

若狭国（福井県）小浜を藩庁とした藩。関ヶ原の戦ののち、京極高次が近江国大津より小浜に封ぜられ、若狭一円および近江国高島郡九万二千石が与えられた。ついで高次の子忠高の時には、大坂冬・夏の陣の功により越前国敦賀郡二万千五百石が加増されている。慶長六年（一六〇一）高次は武田氏累代の城地であった後瀬《のちせ》山の居館を廃し、小浜湾に臨む雲浜《うんぴん》に平城（小浜城）を築いた。寛永十一年（一六三四）七月忠高は出雲国松江へ転封となり、そのあとへ武蔵国川越の城主酒井忠勝（譜代）が封ぜられ、忠直・忠隆・忠囿《ただその》・忠音・忠存《ただあきら》・忠用・忠与《ただよし》・忠貫《ただつら》・忠進《ただゆき》・忠順《ただより》・忠義《ただあき》・忠氏と子孫相ついで廃藩に至った。忠勝は将軍徳川家光の信任厚く老中・大老となったが、その子孫も忠音・忠進が老中となっている。

酒井氏の所領は若狭国一円八万五千石、越前国敦賀郡二万千五百石、近江国高島郡七千石、あわせて十一万三千五百石であった。同十三年には下野国安蘇・都賀両郡のうち、あわせて一万石が加増された。寛文八年（一六六八）忠直は甥の忠国に、敦賀郡の五千四百八十余石および安房国平郡あわせて一万石を分与し、また天和二年（一六八二）忠隆は父忠直の没後その遺志により弟忠稠（ただみち・ただしげ）に敦賀郡のうち五千石と高島郡のうち五千石あわせて一万石を分給し、陣屋を敦賀郡東浦村鞠山（敦賀市鞠山）に置いた。これがのちの敦賀藩で、明治三年（一八七〇）鞠山藩と改称した。忠囿は貞享三年（一六八六）家督を相続し、十万三千五百余石を領有して以後そのままの石高で幕末までつづいた。

藩の職制は上に家老があって、藩主の血族にあたる酒井氏が代々就任した。その下に大頭があり、都筑・三浦・深栖・江馬の四家に限られ、このうちの一人は城代となった。その次に老中五人、用人五人があり、用人は平士より任用されるが、そのほかはこれを大家と称し平士と区別した。平士が任ぜられる主な役職は町奉行・郡奉行・郡代官・鐺奉行・旗奉行・蔵奉行・武具奉行などであった。城代の下に老中三人、大身分五人、用人三人が常駐していた。法制では藩庁の細則を成文化した寛文六年（一六六六）の評定所御定書、家中に対する寛永十一年の家中法度、農民に対する同十二年の百姓掟書、小浜・敦賀両港の商業に関する万治二年（一六五九）の定書、領内の主要宿駅に対する寛文三年の禁制、問屋に対する同九年の定書などがある。また延宝三年（一六七五）の「自然之時心得之覚」で六組の番衆を定め、江戸邸・敦賀・佐柿・熊川・高浜・小浜城に各一組ずつをおいて非常にそなえた。領民に対する賦課は本途物成・小物成のほかに小浜町夫代銀・

沓代銀・櫂役・漁場年貢などがあった。

藩は忠囿・忠音の貞享・元禄・宝永ころが藩政の絶頂期であったが、すでに万治三年の大洪水をはじめ寛文二年の大地震、元禄十一年(一六九八)の大風雨、宝永六年(一七〇九)の大旱魃、享保四年(一七一九)の小浜町大火、同二十年など災害が頻発し、天明三年(一七八三)には前年の凶作により敦賀町で打ちこわしがあり、さらに天保四年(一八三三)の凶作の時には小浜城下を中心に大一揆が起った。藩では寛文の大地震後、行方《なめかた》久兵衛の建議により三方《みかた》湖畔の浦見坂を開鑿したり、延享元年(一七四四)に遠敷《おにゅう》・大飯・三方各郡に社倉を設置したり、宝暦五年(一七五五)には厳重な津留令を出すなど、対策を講じている。しかし藩財政は災害の頻発、日光山宮社の修造などによって窮迫し、忠順が就封した文政十一年(一八二八)には先代以来の負債が三十余万両もあったので、家中に対して財政の建て直しを告知するとともに、倹約の励行、米商等の暴利取締、雑穀などの貯蔵奨励を行なった。幕末維新に最も重要な役割を演じた藩主は忠義であった。忠義は天保十三年に奏者番兼寺社奉行となり、翌年には京都所司代に任ぜられた。安政五年(一八五八)再び京都所司代を命ぜられ、井伊直弼の腹心として尊王志士の逮捕にあたった。ついで忠氏の時代には武田耕雲斎らの水戸浪士が西上の途中、敦賀で降伏、処刑されるという特記すべき一件があった。また幕末には沿岸警備のため領内各所に台場を設けた。明治元年の鳥羽・伏見の戦には小浜藩は旧幕府軍に属し敗北した。その後関東鎮撫軍の北陸道鎮撫使先鋒を命ぜられ、越後・信濃・武蔵に転戦、さらに奥羽征討にも参加した。忠禄《ただとみ》(忠義再相続)は同二年版籍を奉還、六月勅許によって小浜藩知事に任ぜられた。翌三年忠禄は鞠山藩知事酒井忠経と図って両藩合併を奏請、それが許可され、忠禄は新たに小浜藩知事に、忠経は小浜藩権知事に任命された。同四年七月十四日廃藩置県によって小浜藩は解体して小浜県となり、十一月二十日敦賀県下に編入された。

参考文献　『福井県史』二、『福井県史』通史編三・四、『小浜市史』、『若狭遠敷郡誌』、佐々木敏「小浜藩」(『物語藩史』二期四所収)、藤井譲治『幕藩領主の権力構造』(岩波書店、二〇〇四年)、賀川隆行『近世大名金融史の研究』(吉川弘文館、一九九六年)
(印牧　邦雄)

藩校　藩校順造館は安永三年(一七七四)藩主酒井忠貫の時、城下竹原に創設された。江戸藩邸内にも信尚館(上邸)・必観楼(中邸)・講正館(下邸)が設けられていたが確かな創立年代は不詳。藩主忠貫は闇斎派朱子学を尊信し、安永三年順造館を開校し、西依墨山を教授に任じて異学を一掃し、朱子学を

小浜藩藩校蔵書印

もって一藩の教学方針とした。天明二年(一七八二)正月、藩老中の名をもって令した『順造館壁書』に「学館中は程朱之学以外、異学相唱候儀尤有レ之間敷事」とある。朱子学以外の学説を館内で講習することを禁じたものである。幕府の寛政異学の禁に先立つこと八年、その先鞭といえよう。以来廃藩に至るまで闇斎学派で一貫した。順造館の教科は漢学・習字・習礼の三科で、洋学・算術の二科は維新後はじめて増設された。藩士子弟は必ず順造館に入って修学するを原則とし、平民の子弟は藩校への入学は許されず、維新後はじめて許可された。学校奉行以下教職員二十七名内外(維新後三十七名内外)、生徒数は二百余名(維新後二百五十余名)であった。

参考文献 『福井県史』通史編三・四、『小浜市史』、文部省編『日本教育史資料』四・一〇、『若狭遠敷郡誌』、笠井助治『近世藩校に於ける出版書の研究』(吉川弘文館、一九六二年)、同『近世藩校に於ける学統学派の研究』上(吉川弘文館、一九六九年)

(笠井 助治)

藩札 宝暦十年(一七六〇)六万石ほどの米手形が発行され、寛政十年(一七九八)には藩の米手形役所が米代銀札を発行した。札表面に「寛政十戊午年米弐石也、代銀百匁、米手形役所」と記され、裏面には「表書之通無二相違一可レ被二相渡一者也」と印刷されている。

二石米代銀札

参考文献 益永茂三郎『越前藩札考』

(川上 雅)

勝山藩(かつやまはん)

越前国(福井県)勝山を藩庁とした藩。譜代の小藩。勝山は九頭竜川の右岸段丘上にあり、福井・大野そして谷峠を経て加賀に通じる交通上の要地を占めている。天正八年(一五八〇)柴田勝安は大野郡袋田村に築城し、勝山城と命名した。慶長六年(一六〇一)福井藩主結城秀康は家臣林長門を派遣したが、同十七年長門が罪せられた後は藩の直轄地となった。寛永元年(一六二四)より秀康の六男で松平忠直の弟直基が居城し、同十二年よりその弟直良がこれに代わり、ともに二万五千石を領有したが、正保元年(一六四四)直良が大野に移るに及び、勝山は再び福井藩の預所となった。ついで貞享三年(一六八六)江戸幕府はこれを直轄領となし、代官を派遣して管轄したが、元禄四年(一六九一)小笠原貞信が美濃高須より来封後は八代(貞信・信辰・信成・信胤・信房・長教・長貴・長守)百八十年間、二万二千七百七十七石を世襲し廃藩に至った。信辰の時、旧城の復活を幕府に嘆願し、宝永六年(一七〇九)二重の天守が再建された。明治四年(一八七一)七月十四日勝山県が置かれ、藩知事には小笠原長守がなった。同年十一月二十日丸岡・大野・本保県とともに福井県に合併された。

参考文献　『幕府祚胤伝』二(『徳川諸家系譜』二)、『福井県史』二、『勝山市史』資料編四

(印牧　邦雄)

藩校　藩学創立以前は、各自で藩内の有識者に就いて学んだ。文教沈滞を憂いた藩医秦魯斎は、天保十二年(一八四一)に藩校創立を建言し、その資金の一部として金百両と書籍を献上している。同年、藩主小笠原長守と家老林毛川は読書堂を創立した。読書堂は同十四年に成器堂と改称された。教授には林毛川らが任命された。学頭には秦魯斎が任命されたこともあり、当初より医学も教授された。育才成徳を方針とし、決して博識を誇ってはならないとされた(亀田梓「新建成器堂記」)。弘化四年(一八四七)に全学舎が完成したが、膨大な建設費用は主に城下の富商からの調達金で賄われた。

参考文献　三上一夫『福井県の教育史』(思文閣出版、一九八五年)、文部省編『日本教育史資料』四

(工藤　航平)

葛野藩(かずらのはん)

越前国丹生郡下糸生村葛野(福井県丹生郡越前町)に藩庁をおいた藩。紀伊和歌山藩主徳川光貞の四男頼方(のちの八代将軍吉宗)が、元禄十年(一六九七)に五代将軍徳川綱吉から、丹生郡内十三ヵ村六千五百七十九石余と坂井郡内三十二ヵ村二万三千四百二十石余の合わせて三万石を拝領したことにより成立した。同年七月から八月にかけて、和歌山藩は陣屋の設置場所や知行所の実状を把握するため、地方巧者大畑才蔵らを派遣している。頼方は丹生郡下糸生村の垣内である葛野に陣屋を置き、家臣十四人が支配を行なった。葛野藩の支配は、年貢収納など幕領時代の支配体系をほぼ踏襲した。宝永二年(一七〇五)五月、和歌山藩主徳川綱教の死去により、弟頼職が本藩を継いだが、四ヵ月後に頼職も死去したため、頼方が和歌山藩主を継いだ。このため葛野藩は廃藩となり、藩領三万石は幕府領となった。

参考文献　『福井県史』通史編四、『朝日町誌』通史編

(野尻　泰弘)

木本藩（このもとはん）

越前国大野郡木本領家村（福井県大野市木本）に藩庁をおいた藩。寛永元年（一六二四）、松平直良（直久）の木本入封により成立した。直良は結城秀康の六男で、入封にともない、兄忠昌の家臣津田九郎次郎・斎藤仁兵衛を家老とした。藩領は、大野郡二万二千石余、丹生郡二千七百石余、足羽郡二百三十石余の合わせて二万五千石である。木本には城郭がなく、木本領家村のうちに館が設けられたと考えられる。直良は寛永十二年八月勝山へ移封し、木本藩は廃藩となる。その際、木本領の内から若猪野村など相給一村を含めた十六ヵ村、高五千石を加増された。残り二万石は幕府領福井藩預りとなり、福井藩は松原次兵衛・水野彦左衛門を代官として支配にあたったが、同十四年には福井藩に加増された。

参考文献　『福井県史』通史編三

（野尻　泰弘）

鯖江藩（さばえはん）

越前国（福井県）鯖江を藩庁とした藩。藩主は間部氏。譜代。陣屋持。石高五万石で西鯖江藩ともいう。初代藩主間部詮言の兄詮房は甲府藩主徳川綱豊（のちの六代将軍家宣）に仕え、宝永元年（一七〇四）に綱豊が五代将軍綱吉の世子として江戸城西ノ丸に入り、家宣と改名するが、この時詮房も蔵米千五百俵が与えられ幕臣となった。これより詮房の昇進はめざましく、同三年には若年寄格となり、一万石が与えられ大名となった。同七年には合わせて五万石となり上野国高崎城主となった。この間、将軍家宣の信任と儒者新井白石の信任を得て幕閣の中心的人物となり、家宣さらに幼少の七代将軍家継を補佐し、幕政の推進にあたった。しかし、享保元年（一七一六）吉宗が八代将軍に就任すると詮房は退けられ雁間詰となり、翌二年越後国村上へ転封、同五年ここで没した。詮房が没したことにより弟の詮言が遺領をつぐことになったが、越前国鯖江の地へ移封を命ぜられ、鯖江藩の成立をみた。これより鯖江の地は、江戸時代中期成立という特殊な大名間部氏の支配するところとなり、詮言以後は詮方・詮央・詮茂・詮熙・詮允・詮勝・詮実・詮道と九代続き、廃藩まで在封した。

藩域は今立郡百四ヵ村（高三万六千八百二十五石余）を中心として、丹生郡十四ヵ村（高七千七百二十六石余）、大野郡十一ヵ村（高五千四百四十四石余）に分散していた。藩では領内の地域に下新庄組（十五ヵ村）・大屋組（十六ヵ村）・中戸口組（三十三ヵ村）・広瀬組（三十六ヵ村）・甑谷組（十四ヵ村）・木本領家組（十一ヵ村）の六つの組をつくり、享保七年正月に各組の有力農民層から大庄屋を任命し、藩の農政を補佐させた。

なお、鯖江近郷の四ヵ村は大庄屋の各組からはずされ、陣屋付となった。城地の設定には困難を伴ったようである。『徳川実紀』享保六年九月九日条などによると、間部氏は旧代官所の陣屋を藩庁と定めたが、手狭であるために、陣屋のある西鯖江村に隣接する小浜藩領東鯖江村を拝領すべく幕府に出願した結果、自領今立郡寺中村ほか三ヵ村と東鯖江村との交換が許可され、西鯖江村・東鯖江村で十三万三千坪を用地引として藩庁を拡張した。天保十一年(一八四〇)に至り鯖江に築城すべきの命があり十二代将軍家慶から築城費として五千両が下賜され、城地実測図まで作成されたが、他領に接近していることや幕末期で緊迫していることなど、内外の事情がこれを許さなかった。

藩政面では見るべきものが少ないが、天保十二年に鯖江の町に物産支配所(のち物産会所と改称)を設立し、国産の統制をはかり、藩札を発行した。また安政三年(一八五六)には蘭式の兵制を採用するなど藩政改革の一端をのぞかせた。歴代藩主の中で特筆されるのは七代藩主詮勝である。詮勝は文化十一年(一八一四)詮允のあとをうけ文久二年(一八六二)までの長期間藩主の座にあった。その間、幕政にも参画し、大坂城代・京都所司代を歴任。天保十一年には老中となり幕政の改革にあたったが、老中水野忠邦と見解を異にし、同十四年引退、安政五年大老井伊直弼によって再び老中に登用され、勝手掛兼外国掛に就任し、将軍継嗣問題などの難局にあたった。安政の大獄の推進者としても有名であるが、逮捕した志士たちの処分問題で意見が対立し、翌六年老中を辞任した。文久二年詮勝は大獄の責任を問われ隠居・急度慎みを命ぜられ、藩地一万石が削減された。明治四年(一八七一)七月廃藩となり、鯖江の地は鯖江県となり、敦賀県・石川県を経て、同十四年二月福井県に編入された。藩庁史料としては、藩の公用日記である『日記』二百四十四冊、江戸詰の家老から国元の城代・中老にあてた藩政に関する書状の写しである『従江戸到来御用状』三百七十四冊はじめ藩校進徳館旧蔵の和漢書百九十点二千百三十一冊(明治以降の惜陰校蔵のもの若干を含む)が鯖江市資料館にのこる。

参考文献　『寛政重修諸家譜』第二二一、『福井県史』通史編三・四、『鯖江市史』四・五・六・通史編上、『朝日町誌』通史編、『鯖江領御物成郷帳』(『丹南史料研究』三、一九九五年)、間部家文書刊行会編『間部家文書』、藤村聡『近世中央市場の解体』(清文堂、二〇〇〇年)、竹内信夫「鯖江藩家臣団関係史料目録」(『若越郷土研究』二一ノ二、一九七七年)、浅井潤子「鯖江領の領国経営と地方支配」(『日本歴史』三六七、一九七八年)、野尻泰弘「越前国鯖江藩大庄屋制の

成立過程」（『地方史研究』三〇八、二〇〇四年）、同「越前国鯖江藩における産物問屋・会所の展開」（『学習院史学』四二、二〇〇四年）、吉田叡「天保期の福井藩札整理と鯖江藩の対応について」（『福井県地域史研究』一一、二〇〇二年）

（竹内　信夫）

鯖江藩藩校　進徳館

藩校　江戸藩邸内の惜陰堂は文化十年（一八一三）、鯖江藩中小路の進徳館は翌十一年に創設された。進徳館は儒員芥川玉潭らが教授にあたり、以後芥川氏の子孫が相承け、江戸惜陰堂は玉潭と同門の大郷信斎およびその子孫が相承け、主として教導にあたった。生徒は八歳で入学して十五歳で終り、漢学と諸武術を学び、文武両道を兼修するを原則とした。漢学における学風は朱子学を宗とし、正月開講日には『白鹿洞学規』を用い、春秋の丁日には釈奠《せきてん》を行い先聖先師に報恩感謝し人格の陶冶を期した。漢学は『孝経』『小学』『近思録』、四書・五経、左国史漢などの科目を学習し、武芸に槍・剣・弓・馬・砲術などが課せられた。職員および生徒の数は年によって異動はあったが、生徒年平均約八十名内外、職員および師範役は数名にすぎなかった。明治維新に際し、進徳館および惜陰堂は廃せられたが、進徳館の遺構は長く保存され、惜陰堂の名称も鯖江市立惜陰小学校（同市日の出町）として、その名を輝かしている。

参考文献　『福井県史』通史編三・四、『鯖江市史』通史編上、史料編別巻地誌類編、文部省編『日本教育史資料』四、松井政治編『新撰鯖江誌』（新撰鯖江誌復刻刊行会、一九七六年）、笠井助治『近世藩校に於ける学統学派の研究』上（吉川弘文館、一九六九年）、竹内信夫「史料紹介　鯖江藩校の「試験史料」について」（『地方教育史研究』二三、二〇〇二年）

（笠井　助治）

高浜藩（たかはまはん）

若狭国（福井県）大飯郡高浜に藩庁をおいた外様の藩。藩主は、堀尾吉晴（可晴）・山内一豊、丹羽長重家臣寺西半左衛門・浅野長政（長吉）家臣浅野久三郎一良の在城期を挟み、木下利房（惟俊）までで廃藩となる。居城は高浜城。殿席については不明。天正十一年（一五八三）の賤ヶ岳の戦いまでは、高浜は丹羽長秀の家臣溝口秀勝が居城としていた。同戦いののち、溝口秀勝は加賀大聖寺（石川県加賀市）に加増転封され、代わって堀尾吉晴が一万七千石で入部したことで豊臣政権下の高浜藩が成立したと考えられる。吉晴は同十二年二万石加増され、同十三年には近江国坂本（滋賀県大津市）に転封となり、のちには山内一豊が同年六月二日に一万九千八百石で入部した。一豊は早くも同年閏八月二十一日には近江国長浜（滋賀県長浜市）に転封となり、若狭一国は丹羽長重の一円支配となって高浜藩は廃藩となる。その後、高浜藩領は浅野長政の所領となるが、文禄二年（一五九三）十一月に長政が甲斐国府中（山梨県甲府市）に転封になると、木下利房が二万石で入部して、再度高浜藩が成立する。慶長五年（一六〇〇）の関ヶ原の戦いでは、利房は兄で小浜藩（福井県小浜市）藩主の木下勝俊とともに西軍に属し、のちに改易となった。これにともなって高浜藩は廃藩となり、高浜領域は小浜藩に入部した京極高次領となる。なお利房は、のちに元和元年（一六一五）の大坂の陣で軍功を立て、備中国賀陽郡足守（岡山県岡山市）二万五千石に取り立てられて存続することとなる。

参考文献　『寛政重修諸家譜』第三・五・七・一一・一三・一八、『藩史大事典』三（雄山閣出版、一九八九年）、『高浜町誌』、『福井県史』通史編三、『小浜市史』通史編上

（小宮山敏和）

高森藩（たかもりはん）

越前国丹生郡高森村（福井県越前市）に藩庁をおいた藩。紀伊和歌山藩主徳川光貞の三男頼職が、元禄十年（一六九七）に越前丹生郡六十三ヵ村三万石を拝領したことにより成立した。同年七月から八月にかけて、和歌山藩は陣屋の設置場所や知行所の実状を把握するため、地方巧者大畑才蔵らを派遣している。高森藩は、丹生郡高森村に陣屋を置き、ほぼ幕領時代の支配体系を踏襲し、家臣十四人が支配を行なった。また、知行所六十三ヵ村を北山組・平井組・樫津組の三組に分け、各組に組頭（大庄屋）を置いた。宝永二年（一七〇五）五月、和歌山藩主徳川綱教の死去により、弟の頼職が本藩を継ぎ、高森藩は廃藩となった。藩領のうち一万石は幕領となり、享保

五年（一七二〇）に葛野陣屋が廃止されるまで同陣屋の管轄となった。残りの二万石は本庄（松平）宗長に与えられた。宗長の父資俊は将軍徳川綱吉の母桂昌院の甥にあたり、この新封は桂昌院の遺言によるという。

参考文献　『福井県史』通史編四、『朝日町誌』通史編

（野尻　泰弘）

敦賀藩（つるがはん）

越前国（福井県）敦賀に藩庁を置いた藩。譜代。陣屋持、のち城主格。藩庁の所在地が敦賀郡鞠山《まるやま》浦（敦賀市）のため鞠山藩とも称す。小浜藩酒井家二代藩主忠直は、遺領十一万三千五百石のうち一万石を次男忠稠《ただしげ》に分与するようにとの指示を遺した。天和二年（一六八二）九月二十九日、幕府は敦賀・近江国高島両郡におのおの五千石、計一万石の分知を許可、敦賀藩が成立した。敦賀郡内の所領は、菅谷《すげのたに》村（南条郡南越前町）と東浦十ヵ浦に田尻・獺河内《うそごうち》・池河内・大蔵・谷・高野・小《お》河《ご》・奥野・曾々木・和久野・原・木崎（以上、敦賀市）の各村、計二十三ヵ村。木崎を除く各村はすべて笙ノ川以西にあり、廃藩まで所領の異動はない。貞享四年（一六八七）春、赤崎浦の塩込《しおこみ》を鞠山と改称し、ここに陣屋を設置したが、敦賀藩主は江戸定府のため参勤交代はなく、しかも領内支配は本藩預りなので、この陣屋は領主が入部した際に宿泊の茶屋として利用されるぐらいであった。二代以降の藩主は、忠菊・忠武・忠香・忠言《ただのぶ》・忠藎《ただえ》・忠毗《ただます》・忠経。位階はすべて従五位下、受領名は佐渡守（忠武）・相模守（忠言）以外は飛驒守、または右京亮。江戸城中の席は菊間詰、時に雁間詰（忠香・忠毗）。役職は大番頭や大坂城番が多く、時に奏者番兼寺社奉行（忠香）や若年寄（忠香・忠毗）。なお、本藩小浜の五代（忠音）と十代（忠進）の両藩主は敦賀藩主の子である。

宝暦九年（一七五九）六月、敦賀藩領も本藩から分郷され、敦賀役所（旧敦賀城跡所在）の支配を離れて敦賀藩の役人による直接支配が開始され、鞠山陣屋に郡奉行二人・手代二人と郷代官（大庄屋）三～五人が置かれこれを担当した。なお、文化年間（一八〇四―一八）に敦賀町御所《ごしょの》辻《ず》子《し》に郷宿的な町会所が設けられた。飛地の近江高島郡の領地には大庄屋一人が置かれた。安政六年（一八五九）、財政難から再び本藩の支配預けにもどそうとの動きがあったが、領民の反対もあって中止された。七代藩主忠毗は永年若年寄を勤めた功によって、文久元年（一八六一）九月実千八石の加増をうけ、同二年六月城主格に昇格した。これによって参勤交代の義務が生じ、その便のため安房国内に陣屋を新設することが許可された。明治三年（一八七〇）三月本藩の旧敦賀役所との混同を避けるため

鞠山藩と改称したが、同年九月には小浜藩に合併された。同四年廃藩となり、旧鞠山藩領の敦賀二十三ヵ村は小浜県・敦賀県・滋賀県を経て、明治十四年二月福井県に編入された。

参考文献　『鞠山藩酒井家系譜』、『鞠山藩御支配所村々巨細書』、『敦賀市史』、『敦賀郡誌』

（岡田　孝雄）

東郷藩（とうごうはん）

越前国足羽郡東郷（福井県福井市）に藩庁をおいた外様の藩。藩主は初代のみで、長谷川秀一。東郷槙山城を居城とした。当時の殿席は不明。東郷の地は、一乗谷の北西に位置し交通の要衝であったことから、朝倉氏の時代には町場が形成され、一門の朝倉宗滴の屋敷が置かれていた。天正元年（一五七三）の朝倉氏滅亡後は柴田勝家、豊臣秀吉の支配下となり、同十三年閏八月、紀州仕置・四国仕置の軍功により長谷川秀一が越前国足羽・丹生・今立・大野郡などを中心に十万石を与えられたことにより、東郷藩は成立する。秀一は、同十五年の九州仕置ののち、従五位下侍従に任じられ東郷侍従と呼ばれ、豊臣政権の一翼を担った。しかし朝鮮出兵中の文禄三年（一五九四）二月、同地で没した。従来、この時点で廃藩とされていたが、同五年正月までの間に、秀一の子か一族と考えられる権介秀康や、父の嘉竹、家臣の武藤文右衛門尉により文書発給が見られることから、この時点までは存続していたと考えられる。しかし、慶長三年（一五九八）の太閤検地役人である服部正栄が同年までに東郷藩領内の一部を与えられた形跡もあり、廃藩の時期について現時点では不分明であるといえる。

参考文献　『藩史大事典』三（雄山閣出版、一九八九年）、『福井市史』通史編一

（小宮山敏和）

福井藩（ふくいはん）

越前国福井に藩庁を置いた藩。藩主は松平氏。親藩。城持。城地福井の呼称の変遷により、二代藩主まで北庄《きたのしょう》藩、三代藩主以後は福居（元禄中ごろ以後福井）藩。越前藩ともいう。慶長五年（一六〇〇）徳川家康の次男結城秀康は、関ヶ原の戦後に恩賞として越前六十八万石を与えられ、翌六年入国した。秀康はただちに柴田勝家の築いた北庄城の修築普請に着手、六ヵ年の歳月を費して慶長十一年に完成させた。また本多富正の府中城（武生市）三万九千石以下、諸臣に封地・給禄を与え、さらに民心安定のために旧領結城より多数の寺院を移建したり、城下の地子銭を免除して商工業の振興や交通の整備をはかったりした。慶長十二年に秀康が没すると長男忠直が十二歳で襲封したが、年幼のために家臣を充分統率することができず、当初から重臣間の軋轢があり、久世騒動のような

事件が起きている。忠直は大坂夏の陣では諸侯中殊勲第一と称せられるほどの功名をあげたが、恩賞の不満からか参勤を怠ったことや不行跡を咎められ、元和九年(一六二三)豊後の萩原(大分市)に配流され、のち津守(大分市)へ移されそこで没した。そのあと秀康の次男で忠直の弟にあたる忠昌が越後高田(新潟県上越市)より越前五十万石(のち二万五千石を加増)を襲封した。寛永元年(一六二四)忠昌は居城地北庄を福居(のち福井)と改称し、藩政の安定につとめた。藩主は秀康以後、忠直・忠昌・光通・昌親・綱昌・吉品《よしのり》(昌親再任)・吉邦・宗昌・宗矩《むねのり》・重昌・重富・治好・斉承《なりつぐ》・斉善《なりさわ》・慶永《よしなが》・茂昭《もちあき》の十七代で、二代以後松平姓を名乗った。

正保二年(一六四五)忠昌が没すると、長男の光通が継ぎ、庶兄仙菊(昌勝)に松岡五万石、庶弟辰之助(昌親)に吉江(鯖江市)二万五千石を分封した。したがって光通の所領は四十五万石となった。光通は襲封するとまず旧令を踏襲、次いで新規の法令を発して藩制度の整備をはかり、また文教政策にも力をそそいだ。しかしこのころより藩財政は次第に窮乏し、藩費不足が目立ち始めたので寛文元年(一六六一)藩札の発行に踏み切った。同九年四月、福井城下の大半を焼き尽くす大火があり、秀康創建以来の天守をはじめ城郭の大半が焼失した。同十二年城郭は再興されたが、天守だけは再建されなかった。光通は晩年に家督相続などで悩み、延宝二年(一六七四)自害した。そのあと光通の遺言で庶弟昌親(吉江藩主)が襲封した。その際、吉江領が本藩に合併されたので、昌親の所領は四十七万五千石となった。家臣の序列は高知席十七家(中より家老五人選定)、高家二家、寄合席三十九家、定座番外席十三家の順で、それにつぐ番組は藩末のころ六百二十家で最も多かった。役職には家老五人、中老二～三人、目付六人、金津奉行一人、寺社町奉行一人、奉行(勘定奉行にあたる)四人などがあった。

民政では藩初には領内を上・下・河北領(のち上・中・下・金津領、藩末には上・中・下領)に分け、郡奉行の下に下代をおき、また庄屋(明和六年(一七六九)大庄屋設置)・長百姓・組頭および五人組を設けた。五代昌親は、襲封以後も藩内の動揺がおさまらなかったので、襲封から二年後の延宝四年、藩主の座を長男綱昌に譲った。しかし六代綱昌は乱心を理由に貞享三年(一六八六)に改易された。ただし越前松平家は藩祖以来の由緒ある家柄につき、改めて昌親(のち吉品)に二十五万石が与えられ福井藩の再興が許された。いわゆる貞享の大法で、藩創業以来の大災厄となった。このとき家臣の召放ち(侍二百八十三人、与力二百五人、歩士十五人、足軽五百九十七人)と禄高削減が行われた。削減地二十二万五千余石は幕府領となり、藩財政は一挙に窮迫することになった。ちなみに藩の領地高は九代宗昌が襲封したとき松岡領五万石を併せたので、以後三十万石余となり、さらに文政二年(一八一九)十三代治好のとき二万石を加増されたので結局三十二万石となり、当初の領知高と比べ半減したわけである。

　十代宗矩の代は領内に災害が相つぎ、藩財政は極度に逼迫した。そのため寛延元年(一七四八)領内に御用金五万五千両を賦課したが、飢餓を訴える窮民は強訴・打ちこわしを行なった。十一代重昌は宝暦四年(一七五四)御用金二万五千両を賦課したり、藩札の現銀引替えを一時停止したりしている。十二代重富は宝暦八年大坂の豪商牧村から借銀して藩札相場の維持につとめ、同十一年には家臣の給禄を三ヵ年半減して財政確保をはかるなど藩財政の立直しをはかった。明和四年秋の凶作による米価騰貴や御用達らの米穀買占めなどによる不満から延べ八万五千人にのぼる窮民が福井城下に押し寄せ打ちこわしを行い、福井藩政史上、最大規模の一揆となった。十三代治好は家臣の給禄半減、領内への御用金賦課、藍玉の藩専売を実施したほか、先代が開設した糸会所の経営に力をそそいだが、奢侈を極めたので藩財政は好転しなかった。天保七年(一八三六)十五代斉善のとき幕府へ提出した増高の願書によると、借財総額は実に九十万両余にのぼり、年々二万六千両ずつ不足するという破綻ぶりで、そのうえ同七・八年の全国的飢饉は領内にも甚大な被害を及ぼし、餓死者六万人と伝える惨状を呈した。

　天保九年斉善の没後江戸田安家から襲封した十六代慶永(春嶽)は、翌十年より藩政の更始一新をめざして倹約令布告・禄高半減などを行なったほか、同十一年藩札元締三国与之助に二万両の資金調達を命じ藩札の信用回復をはかり、さらに弘化元年(一八四四)には三国湊の豪商内田惣右衛門に財政の整理にあたらせた。そして人事面にも着目し本多修理・鈴木主税・中根雪江らの開明的な重臣を用いたが、藩財政の窮乏はさしたる好転をみせなかった。ところがきびしい外圧に見舞われる安政期にはいると、熊本から招聘した横井小楠や革新的な謀臣橋本左内が注目すべき論策を打ちだし、その影響のもとに三岡八郎(由利公正)が財政難の克服をめざす抜本的な富国策に取り組むことによって、藩政は新しい画期を迎えることになる。殖産興業では安政六年(一八五九)物産総会所が創設され、藩物産の生糸・醤油などによる長崎貿易を進めた。その他、学問教育の振興、洋式兵制の実施、洋式大砲の鋳造、洋式帆船の建造、種痘法の採用など、積極的施策を推進したのですぐれた治績をあげた。

　慶永はペリー来航後、一橋派の有力大名として、将軍継嗣問題・条約勅許問題などを繞って井伊直弼らと激しく対立し、安政五年七月、「隠居急度慎」を命ぜられた。文久二年（一八六二）許されて隠居のまま政界に復帰し政事総裁職に就任、将軍後見職一橋慶喜とともに幕政改革を行なった。また十七代茂昭を助けて再び藩政に参与し、福井藩を公武合体雄藩として活躍させた。明治維新の際、慶永は議定、中根・毛受洪《めんじゅひろし》・由利・青山貞は参与として出仕し、新政に参加した。明治二年（一八六九）の版籍奉還で茂昭は福井藩知事となったが、同三年慶永は公職から退いた。明治四年七月の廃藩置県で福井県となった。

なお、福井藩主松平家に伝来した主要な藩制史料は、現在、以下のように公的機関に寄贈あるいは寄託されている。㈠越葵文庫（福井市立郷土歴史博物館）。昭和五十二年（一九七七）、松平本家松平宗紀より寄託。三〇〇〇点の史料・美術品からなる。歴代将軍・藩主・公卿の書状なども少なくない。㈡越国文庫（福井市立図書館）。明治四十二年、松平本家より寄贈。藩校旧蔵書を中心とする藩関係書籍類二万二〇〇〇冊余からなる。㈢福井市春嶽公記念文庫（福井市立郷土歴史博物館）。昭和四十五年以降四回にわたり分家松平永芳が寄贈。六〇〇〇点余の史料・美術工芸品からなる。共に松平慶永を中心に幕末維新期の書状・日記類は重要である。㈣松平文庫（福井県立図書館）。昭和二十五・三十四・四十三年の三回にわたり本家より寄託。文書・記録・絵図などの藩史料は七七八部一四一四冊（枚）で、福井藩史研究上の重要史料である。㈤越前史料（国立史料館）。大正六年（一九一七）、慶永の嫡男松平慶民家邸内に設立された春嶽公記念文庫が全国で採訪影（謄）写した七二二件一三二九点からなる。文庫の性格上、春嶽を中心とする藩・藩士家文書が中心で、町方・村方・寺社関係史料なども含まれる。

参考文献　『福井県史』二、『（稿本）福井市史』上、『福井県史』通史編三・四、資料編四・五、藤野立恵「福井藩初期の家臣」（『福井県地域史研究』一一、二〇〇二年）、本川幹男「幕末期、福井藩の殖産興業策について」（同）、舟澤茂樹「福井藩の金津奉行」（同）、高木不二「松平春嶽受譴期の越前藩」（『日本史研究』四一三、一九九七年）

藩校　若越諸藩のなかではやや遅れて、文政二年（一八一九）、第十三代藩主松平治好のとき、福井城下桜の馬場に学問所を設立、正義堂と命名した。藩士の子弟や僧侶・庶民の希望者

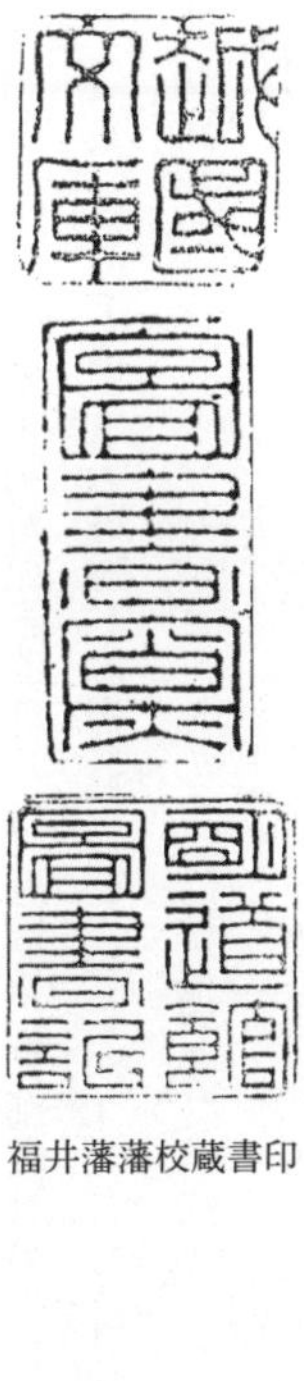

福井藩藩校蔵書印

を適宜入学させ、句読・文義を教授した。十六代藩主慶永(春嶽)は行き詰まった藩政を刷新するため鈴木主税らの建議をいれ、教育の振興をはかった。安政二年(一八五五)三月、新たに学問所を城内三ノ丸大谷屋敷に設立、明道館と命名した。建学の基本理念に「文武不岐」(藤田東湖『弘道館記』)と「学政一致」(横井小楠『学校問答書』)を掲げ、入学した十五歳以上の藩士の子弟に徹底的に教育した。職員には総教・参教・学監・教授などがあり、吉田悌蔵(東篁)・徳山唯一(重陽)・矢島恕輔(立軒)らが採用され教育にあたった。最盛時の生徒概数は千三百人であったという。科目には経書科・兵書武技科・国史和書科・歴史諸子科・典令科・詠歌詩文科・習書算術暦学科・医学科・蘭学科があり、医学科は別に済世館(医学館)が担当した。経書は朱子の定本により、また蘭学は天文・地理・軍学・医学などの実用の学を主とし、富国強兵を目指す藩政改革に役立てた。安政四年、学監同様心得に就任した橋本左内は特に横井小楠の「学政一致」の教育に藩政改革の精神的支柱を求め、明道館の整備、拡充につとめた。同年左内の建議で洋書習学所を設立し、海防技術の基礎を習得させ、また館内に武芸稽古所を設立している。明道館は若越諸藩の藩校中、最も充実した規模をもち、進歩的な教育によって多くの人材を養成した。明治二年(一八六九)六月、藩校を城内下馬門内に移し館名を明新館と改称した。同館の御傭教師の中で最も有名な人物は『皇国』の著者、米人グリフィスである。明新館が藩校として経営されたのは廃藩置県までの二年二ヵ月である。

参考文献　『福井県史』二、三上一夫『福井県の教育史』(『都道府県教育史シリーズ』思文閣出版、一九八五年)、『福井県史』通史編三・四、資料編九、『福井藩明道館書目』(『書誌書目シリーズ』六六、ゆまに書房、二〇〇三年)、熊澤恵里子「幕末維新期福井藩における国内遊学の実態」(日本史攷究会編『時と文化―日本史攷究の視座』総合出版社歴研、二〇〇〇年所収)、高木不二「越前藩安政改革について―学校政策を中心に―」(『史学』五一ノ三、一九八一年)、熊澤恵里子「沼津兵学校における「他藩員外生」―福井藩を事例として―」(『沼津市史研究』六、一九九六年)、同「福井藩にみる「文武学校」の展開過程―明新館時代を中心として―」(『地方教育史研究』一九、一九九八年)

(印牧　邦雄)

藩札　福井藩の藩札は、わが国で最も古い藩札の一つで、最初のものは寛文元年(一六六一)に発行された。福井城下商人荒木七郎右衛門・駒屋善右衛門を札元とし、銀三分・五分・三匁・四匁・五匁・十匁などの額面があり墨書を特徴としている。延宝・天和と続いて流通したが、貞享三年(一六八六)福井藩半知の結果、紙幣総額の三分の二を廃棄、残り三分の一は新札と引き換えた。翌四年幕府は全国的に藩札を停止した。二度目は元禄十五年(一七〇二)金屋弥助を札元として発行された。宝永四年(一七〇七)幕府は再び藩札を停止した。享保十五年(一七三〇)札遣いの禁令が解除されると福井藩は三度目の銀札を発行した。その後五回の継続使用の認許を得て廃藩に至った。その間藩財政の窮乏と天保の凶荒は一万二千貫の過札を生じ、御料・他領の公訴に及んだが、札所の改正に成功し弘化三年(一八四六)には札相場は安定した。この経験は安政六年(一八五九)殖産興業における物産総会所設立にも生かされた。

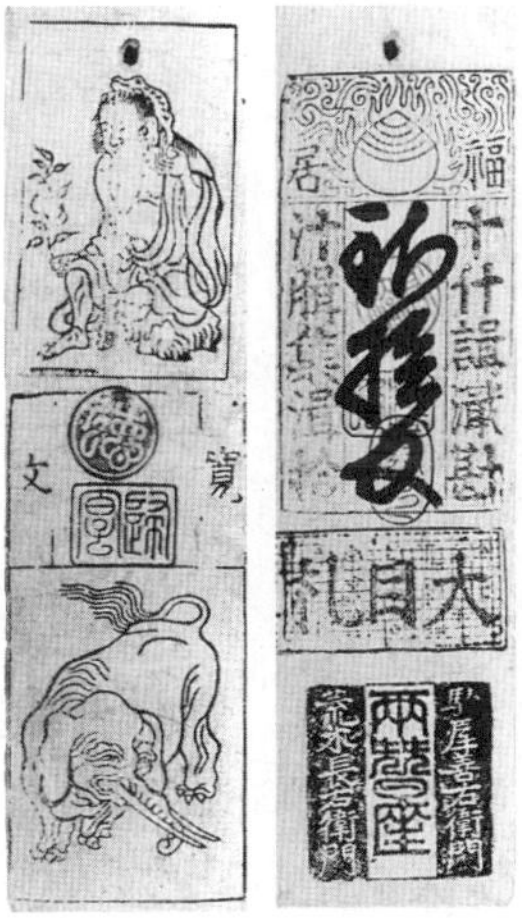

拾匁銀札

三匁銀札

参考文献　『福井県史』通史編三・四、『紙幣史料金銀の巻』(福井県立図書館松平文庫保管)、荒木三郎兵衛『藩札』、山口和雄『日本の紙幣』(『カラーブックス』六六二、保育社、一九八四年)、吉田叡「福井藩札の発行について」(『福井県地域史研究』一、一九七〇年)

(吉田　叡)

藩法　福井藩では藩祖結城秀康が慶長七年(一六〇二)北陸道宿駅に高札で掲示した「伝馬人足定書」が早い時期のものであるが、以降さまざまな法令が発布されている。二代藩主松平忠直が配流されたあと、越後高田より入部した三代藩主松平忠昌は『家中定十四カ条』『家中武具之定十一カ条』などを規定した。四代藩主光通も前代の定に準拠し、『家中武具之定九カ条』『家中定十六カ条』『番士定五カ条』など家臣団の統制に関する法令をつぎつぎに発布している。六代藩主綱昌の代にいわゆる貞享の大法があり、家中をはじめ領民に多大の動揺を与えたので、七代藩主吉品《よしのり》は貞享四年(一六八七)に『御領分在々御条目三十一カ条』を定め、民政にも心を配った。

元禄四年(一六九一)福井藩初の整備された法規集として『御用諸式目』が編纂された。以後、必要に応じて各種の藩法関係の書物が編纂された。それらの中に藩政全般に関する『命令之部』(貞享—天保)、『御触之部』(元禄—弘化)、『諸事御留抜書』(享保—寛保)などがあるが、『公事方御定書』(安永、福井県立図書館松平文庫)は秘書あつかいされた幕府の同名法典を参考に編纂されたものである。

参考文献　『福井県史』二、『福井県警察史』一、『福井県史』通史編三・四・六

(印牧　邦雄)

幕末諸隊　迫りくる対外的危機に対する海防と領内の支配の安定のために軍制改革を進めた藩は、足軽の一部の弓組を鉄砲組に編成替えしたことをはじめとし、嘉永六年(一八五三)からは洋式の調練を行い、慶応三年(一八六七)には藩士以下諸隊ことごとく施条銃を持つに至った。農兵については、元治元年(一八六四)に新たに百六十八名に手当を定め、慶応二年十月には洋式を主とした調練を行なった。

参考文献　『福井県史』二、高木不二「嘉永・安政期の幕藩関係と越前藩」(明治維新史学会編『幕藩権力と明治維新』吉川弘文館、一九九二年)、三上一夫「越前藩の軍制改革」(『軍事史学』七ノ三、一九七一年)

(高木　俊輔)

片聾記《かたつんぼき》・続片聾記《ぞくかたつんぼき》　ともに越前福井藩(結城松平氏)の編年史。『片聾記』は、天正二年(一五七四)四月八日初代結城秀康の出生に始まり、九代宗昌の死の享保九年(一七二四)に終る。著者伊藤作右衛門は九十谷と号し、その先は朝倉牢人で、元禄八年(一六九五)福井藩に仕え二十石六人扶持を給せられ御勝手役を勤めた。その伝は明らかでないがさしたる学者でもなかったらしい。本書は福井藩の研究には古来重んじられ、郷土史家に秘蔵され、その間多くの人に伝写されるうちに加筆を重ね、原本と程遠いものも出来したが、最も加筆の少ないものと察せられる福井大学所蔵本につき、昭和三十年(一九五五)三月福井県立図書館・郷土誌懇談会の共編で『片聾記・続片聾記上』として刊行された。福井大学本は寛政六年(一七九四)九月の写本で、本書の成稿された元文二年(一七三七)より五十七年目にあたる。本書は各藩主ごとにその事蹟を記述し、各藩主の終りに夜話の名のもとに多くの逸話を記載している。『続片聾記』は『片聾記』の収録部分を増補した上、そのあと幕末まで同型式で書き継いだもので、分限帳・給帳の類や『越藩諸士元祖由緒書』などの史料のほかに、支藩松岡藩関係の編年史・史料をも収めている。著者山崎七郎右衛門英常は山霞軒と号し、その先は常陸結城から秀康に従って入国し、その家は書院番・普請奉行などの役を勤めている。『片聾記・続片聾記上』のあと、『続片聾記』中・下(昭和三十

一年・三十二年)として刊行されている。　(佐久　高士)

国事叢記《こくじそうき》　越前国福井藩の通史中の有力なもので、藩祖結城秀康の生まれた天正二年(一五七四)に始まり、明和七年(一七七〇)に終る。著者田川清介は字を纓《かげお》、初名弥三郎、介山または柯亭と号した。文化八年(一八一一)十二月に家を継ぎ、元治元年(一八六四)九月六日に没した。松平慶永に仕えて十七人扶持をはんで世譜方右筆用引受を勤めた。首巻と合わせて十六冊あったが、今は首巻を欠く。すべて清介の編で、弘化三年(一八四六)十二月の序文がある。昭和三十七年(一九六二)三月福井県立図書館・福井県郷土誌懇談会より『福井県郷土叢書』七・八として刊行。初代秀康より十二代重富まで百九十七年間の藩史で、『続片聾記』と合わせ読むと福井藩十七代のことがまんべんに理解される。本書は単に藩政のみならず在府中の生活をまめやかに描き、武士生活のわずらわしい様相や、市井の出来事も細大洩らさず記載して世相の一般を知る上にも大切なる史料である。記述が藩主中心のところに本書の特色がある。　(佐久　高士)

松岡藩（まつおかはん）

越前国(福井県)松岡に藩庁を置いた藩。正保二年(一六四五)十一月、福井藩第三代藩主松平忠昌は、その遺領五十二万五千石余のうち吉田・丹生・坂井・今立・大野・南条・足羽《あすわ》の各郡において百三十ヵ村五万石を次男昌勝に分封した。慶安元年(一六四八)、昌勝は居館を吉田郡芝原江上村(松岡町葵一丁目)に構えて承応三年(一六五四)六月入部し、元禄六年(一六九三)没した。次男の昌平そのあとを継ぎ、享保六年(一七二一)十二月に至ったが、本家を相続することになり(福井藩九代藩主松平宗昌)、当藩はわずか二代七十七年で廃藩となった。

参考文献　『福井県史』二、『福井県史』通史編三　(印牧　邦雄)

丸岡藩（まるおかはん）

越前国(福井県)丸岡に藩庁を置いた藩。譜代。城持。慶長六年(一六〇一)結城秀康が北庄に入封すると、家臣の今村盛次が二万五千石を与えられて丸岡に在城した。慶長十七年、盛次が罪により所領を没収されると、徳川家譜代の重臣本多重次の子成重が越前家の付家老《つけがろう》としてこれに代わった。成重は大坂の陣の戦功もあって寛永元年(一六二四)所領四万六千石(寛永三年五男重春に三千石を分封)で初代の丸岡藩主となった。成重のあと、重能・重昭・重益と本多氏の在城は四代八十四年であったが、元禄八年(一六九五)四代重益は苛政をとがめられ除封、同年越後糸魚川《いといがわ》より有馬清純が所領五万石で入封した。有馬氏はキリシタン大名として知られる有馬晴信の流れをくみ、日向延岡・越後糸魚川と転々し最後に丸岡に定着した。有馬家はもと外様大名であったが、徳川家に近づき正徳元年(一七一一)譜代並に列せられている。清純ののち一準《かずのり》・孝純《たかすみ》・允純《まさすみ》・誉純《しげすみ》・徳純《のりすみ》・温純《はるすみ》・道純《みちすみ》と相承すること八代百七十六年にわたったが、歴代藩主のなかで誉純は名君の誉れ高く、幕府の奏者番・寺社奉行・若年寄に任ぜられ、また道純も寺社奉行から老中まで登っている。

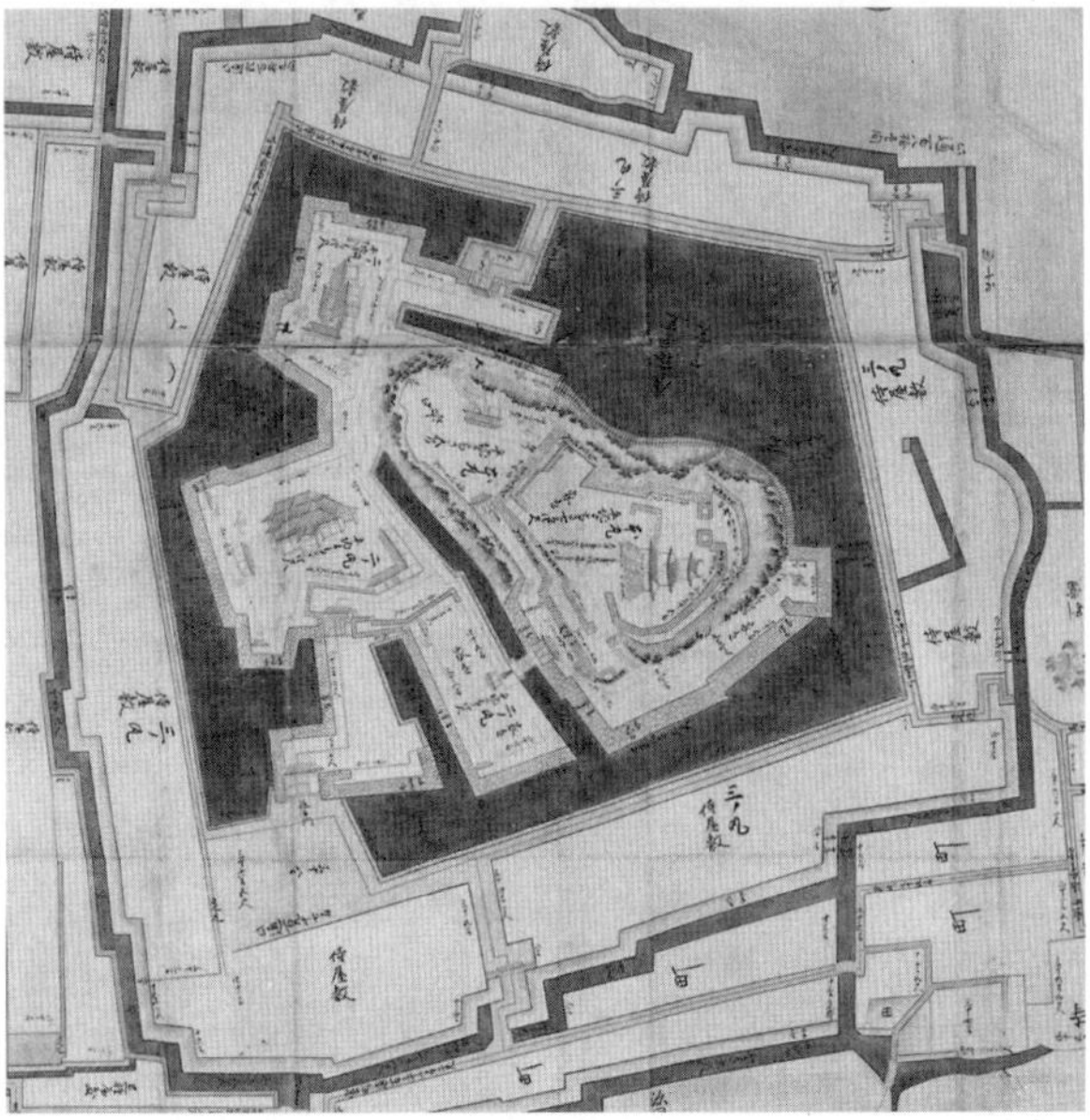

越前国丸岡城之絵図部分(正保城絵図より)

　有馬家は領地が狭いうえ特産物にめぐまれず経済活動もあまりみられなかったため多くの家臣を養うことができず、元禄十年と十二年の二度にわたり大量に家臣を減らしている。また財政難を緩和するため家臣の知行・扶持を減らしたり借上を行なったりした。前任者本多家の例にならい年貢は十ヵ村を平均して村高の四割を取り立てたが、この租率を確保することは容易ではなく、組頭(大庄屋、約十ヵ村を支配し年貢の取立てに関係した)の責任は重大であった。重税取立てに対して享保九年(一七二四)・安永八年(一七七九)に百姓一揆が起きているが、藩政の一翼をになった組頭らに対する強い不満のあらわれであったことも注目されるところである。幕府の要職を歴任した五代誉純は文教政策に力を入れ、文化元年(一八〇四)藩校平章館を設立して藩士子弟の教育にあたる一方、藩史・地誌などの編纂も行なった。幕末に海防論が起り沿岸警備が重視されると、七代温純は坂井郡梶浦(三国町)から波松浦にかけて台場を築造したり、洋式砲術の導入につとめたりした。梶浦に残っている砲台跡は嘉永五年(一八五二)に築造されたもので、国の史跡に指定されている。元治元年(一八六四)の長州征討の時、丸岡藩は幕命で石見方面に、長州再征の時は兵庫方面に出陣している。しかし維新には北陸道鎮撫使の指揮下に入り、官軍に帰順している。明治二年(一八六九)六月道純は版籍を奉還して丸岡藩知事となった。四年七月廃藩置県により丸岡県と改称、同年十一月大野・勝山・本保の三県とともに福井県に合併された。

参考文献　『福井県史』二、『福井県史』通史編三・四、藤野立恵「丸岡藩」(『新編物語藩史』六、新人物往来社、一九七六年所収)、吉永昭「越前丸岡藩本多家騒動について」(『福山大学人間科学研究センター紀要』一〇、一九九五年)

(印牧　邦雄)

藩校　江戸藩邸では、宝暦年間(一七五一―六四)に幕府の書物奉行徳力良弼を招き漢籍や詩文の講義をさせている。寛政六年(一七九四)には上野沼田の関文太郎を招き、藩邸内に学舎を設けて藩士の指導にあてている。丸岡では儒医の青木松栢の自宅のほか、江戸藩邸の儒者なども送られて教授にあたった。文化元年(一八〇四)、丸岡に平章館が創立された。学風は徂徠学派の流れをくむものであった。下士以下は各自の希望で私塾などにおいて学んだが、毎月十日には職分・身分の別なく平章館に出席させ、講釈を聴聞させた。義理・礼法を尊重して、文武両道に励むこととされた。

参考文献　三上一夫『福井県の教育史』(思文閣出版、一九八五年)、文部省編『日本教育史資料』四、笠井助治『近世藩校に於ける学統学派の研究』上(吉川弘文館、一九六九年)

(工藤　航平)

吉江藩(よしえはん)

越前国丹生郡吉江町(福井県鯖江市)に藩庁をおいた藩。正保二年(一六四五)、福井藩主松平忠昌の死去により光通が襲封し、その際、弟昌親に二万五千石が内分知されたことで成立した。藩領は、丹生郡の二十九ヵ村を中心に、全部で四十八ヵ村を数える。昌親は、慶安元年(一六四八)に在所を丹生郡立待郷吉江とし、明暦元年(一六五五)に初入部した。以後参勤交代は吉江と江戸とを往復した。内分知のため領知朱印状が下されることはなく、家臣も光通の家臣より付けられたが、藩政は福井藩から自立していた。延宝二年(一六七四)、光通の死去により昌親が福井藩を継承したため、吉江藩は廃藩となる。このとき、藩領は福井藩領へ加えられた。

参考文献　『福井県史』通史編三、『鯖江市史』通史編上、松原信之「吉江藩領の確定について」(『若越郷土研究』四六ノ四、二〇〇一年)

(野尻　泰弘)

山梨県

甲府藩（こうふはん）

甲斐国（山梨県）甲府を藩庁とした藩。甲斐府中藩、略して甲府藩という。譜代。城持。藩主は柳沢吉保・吉里の二代。宝永元年（一七〇四）柳沢吉保が武州川越（埼玉県川越市）より移り、子吉里が大和国郡山（奈良県大和郡山市）に移封される享保九年（一七二四）まで、甲斐国山梨・八代・巨摩三郡十五万石を領した。天正十年（一五八二）三月戦国大名武田氏滅亡ののち、甲斐を領した徳川家康が関東入国後、羽柴（豊臣）秀吉は、甲斐を養子羽柴秀勝（夭折）、次いで加藤光泰（朝鮮役陣没、子孫は伊予大洲藩主）、浅野長政、幸長父子（子孫は紀州和歌山藩主のち安芸広島藩主）と相継いで甲府に封じた。関ヶ原役後甲斐に封土を受けたのは、家康の九男義知（のちの義直、尾州名古屋藩主）、秀忠の次男忠長（駿府在城のち切腹）、家光の三男綱重、さらにその長子綱豊と代った。以上の領主のうち、秀吉時代の加藤氏・浅野氏は甲府城に在城して封土を治めた。徳川将軍の子弟は城代・城番を甲府に在城させて統治した。ことに綱重・綱豊父子は甲府殿もしくは甲府宰相と称せられた。徳川綱重・綱豊時代を甲府藩として扱うこともあり、豊臣期においても、加藤氏・浅野氏などの大名との関係は幕藩関係と本質的に類似したものと考えられる。

　宝永元年十二月綱豊は将軍綱吉の世子として家宣と名を改め江戸城西ノ丸に移ったので、柳沢吉保が武蔵川越七万石から甲府十五万石に移されたのである。そして子吉里が襲いで甲府城主となったが、享保九年三月大和郡山へ移封された。その後は、藩は置かず、明治維新に至るまで、幕府の直轄領として甲府勤番に甲府城を守らせ、代官に民政を司らせた。家康の子義直、秀忠の子忠長は封を甲斐に受けたが、いずれも城代を甲府に遣して政務を司らせたもので、義直・忠長は甲府に居住したものではなかったし、義直が尾張六十二万石に転ぜられた慶長十二年より、忠長が甲斐に封ぜられる元和二年までの十年間は武川逸見の諸士十二人、いわゆる武川十二騎が城番として二人ずつ十日代りに交替勤番したものであり、また、忠長が除封された寛永九年から綱重が甲府城主になる寛文元年まで、大久保忠成・伊丹康勝ら以下の甲府城番が甲府城を守っていたので、藩としての形態をもっていなかった。寛文元年将軍家綱の弟綱重が甲斐に封ぜられて甲府城主となり、甲府家を興し甲府宰相と称せられたので、甲府藩という形が整って来た。しかし綱重も将軍連枝として江戸城の桜田邸に居住して、甲府には在城せず、家老以下の甲州在勤の士を甲府に置いて治めさせたのである。柳沢吉保は館林宰相綱吉に仕え、綱吉が将軍職を嗣いでのち、吉保の地位がしきりに上がり、側用人となり元禄七年(一六九四)に七万二千三十石を領し川越城主となり、同十二月老中格に昇り、宝永元年十二月封を甲斐・駿河両国のうち十五万余石に移され、翌二年三月駿河の封地を甲斐国に移され、山梨・八代・巨摩三郡を領して甲府城主となり、一門並に待遇された。この代に甲府城(一名舞鶴城)を修理し、甲府市街も整備された。吉保は甲府在城はしなかったが、子吉里は甲斐に入部して在城十五年に及んだので、甲府はすこぶる繁昌した。柳沢氏の時代、奉行山口八兵衛によって穂坂堰が開削され、正徳の検地も行われた。吉里の領分は、三郡高二十二万八千余石、ほかに新田高五万四千余石、都留郡預り二万八百石となっている。なお甲斐の特産物甲州葡萄の栽培は柳沢吉里の時代に盛んになり、江戸へも販出されるようになったものである。

参考文献　『甲府市史』通史編第二巻、『山梨県史』資料編八、服部治則・村上直「甲府藩」(『物語藩史』二期二所収)、深井雅海『徳川将軍政治権力の研究』(吉川弘文館、一九九一年)、村上直「甲府藩の成立に関する一考察」(磯貝正義先生喜寿記念論文集刊行会編『甲斐の成立と地域的展開』角川書店、一九八九年所収)

(服部　治則)

甲府新田藩　(こうふしんでんはん)

㈠甲府藩領内の新墾田を分与され成立した譜代の藩。藩庁について、詳細は不明である。藩主は初代のみで、柳沢吉保の四男である柳沢(松平)経隆(安通)。居所についても不明。殿席は、宝永六年(一七〇九)に帝鑑間に定められた。経隆は、元禄八年(一六九五)六月に将軍徳川綱吉の命によって横手を称したが、同十四年十一月に松平の称号を与えられ、宝永四年十一月には従五位下刑部少輔に叙任されている。

経隆の甲府新田藩は、同六年一月に将軍綱吉が没し、父吉保が隠居したおりに、長兄である吉里が甲府藩を次ぎ、経隆には山梨・八代両郡の内で新墾田一万石(二十一ヵ村)を分知されたことによって成立した。従来、領地支配についての詳細は不明で、名目上の立藩であるとされてきたが、近年、郡奉行・代官と各々の担当地域が設定されていたことがわかり、藩機構を備えていたことが判明している。享保九年(一七二四)三月に兄吉里が大和国郡山(奈良県大和郡山市)に転封になるのに伴って、同年閏四月越後国蒲原郡の内一万石に転封し黒川(新潟県北蒲原郡黒川村)に陣屋を構えた。これによって経隆の甲府新田藩は廃藩となった。

参考文献　『寛政重修諸家譜』第三、『藩史大事典』三（雄山閣出版、一九八九年）、『甲府市史』通史編二、『塩山市史』通史編上、『山梨県史』資料編八、山梨県教育委員会学術文化課県史編さん担当編集・発行『山梨県史だより』八

(二)甲府藩領内の新墾田を分与され成立した譜代の藩。藩庁については、詳細は不明である。藩主は初代のみで、柳沢吉保の五男である柳沢（松平）時睦。居所についても不明。殿席は、宝永六年（一七〇九）に帝鑑間に定められた。時睦は、元禄十四年（一七〇一）十一月に松平の称号を与えられ、宝永四年十一月には従五位下式部少輔に叙任されている。

時睦の甲府新田藩は、同六年一月に将軍綱吉が没し、父吉保が隠居したおりに、長兄である吉里が甲府藩を次ぎ、兄で吉保四男経隆と同様に、時睦にも山梨・八代両郡の内で新墾田一万石を分知されたことによって成立した。領地支配についての詳細は不明であるが、近年、兄経隆の甲府新田藩が藩機構を備えていたことが判明してきており、時睦の甲府新田藩も同様の機構を備えていたのではないかと推測される。享保九年（一七二四）三月に兄吉里が大和国郡山（奈良県大和郡山市）に転封になるのに伴って、同年閏四月越後国蒲原郡の内一万石に転封し三日市（新潟県新発田市）に陣屋を構えた。これによって時睦の甲府新田藩は廃藩となった。

参考文献　『寛政重修諸家譜』第三、『藩史大事典』三（雄山閣出版、一九八九年）、『甲府市史』通史編二、『山梨県史』資料編八

（小宮山敏和）

徳美藩（とくみはん）

甲斐国山梨郡三日市場村（山梨県塩山市）に藩庁を置いた譜代の藩。藩主は、伊丹康勝・勝長・勝政・勝守と続いた。居城はなく陣屋で、十組屋敷と呼ばれていた。徳美藩は、寛永十年（一六三三）に、伊丹康勝が一万二千石を以て甲府城番に任ぜられたことによって成立した。伊丹家は戦国大名武田家家臣の系譜を引き、康勝は同元年従五位下播磨守に叙任され、家光に付属された。同十二年には佐渡奉行を兼務し、同十六年には剃髪して順斎と号し留守居役を勤めた。同十九年には勘定頭を勤め、慶安三年（一六五〇）に辞職した。承応二年（一六五三）閏六月、康勝の嫡子である勝長が相続し、新田分二六二〇石を弟である岡部勝重に分知した。勝長は勘定頭・佐渡奉行を兼職し、万治三年（一六六〇）に従五位下播磨守に叙任されたが、寛文二年（一六六二）に代官一色直正に刺殺された。同二年六月、勝長の嫡子勝政が相続し、同年十二月に従五位下大隅守に叙任されている。甲斐黒川金山支配や近江国水口

城(滋賀県甲賀市)守護を歴任し、元禄四年(一六九一)七月に没した。勝政の嫡子勝守は、同年九月に一万石を相続した。しかし、同十一年九月に発狂・自殺してしまい、伊丹家は断絶した。これによって徳美藩は廃藩となった。

参考文献　『寛政重修諸家譜』第五、『藩史大事典』三(雄山閣出版、一九八九年)、『藩と城下町の事典』(東京堂出版、二〇〇四年)、『塩山市史』通史編上、『山梨県史』資料編八

(小宮山敏和)

谷村藩(やむらはん)

甲斐国谷村(山梨県都留《つる》市)に藩庁を置いた藩。譜代、城持。都留郡(郡内領)を領有した。郡内藩とも呼ぶ。慶長六年(一六〇一)鳥居成次が関ヶ原の戦の功によって、父元忠の経略地であった都留郡に一万八千石を与えられて谷村城主となったのに始まる。その後、成次は二度の加増で三万五千石を領し、また徳川忠長の付家老となった。成次のあとを成信(忠房)が継ぐが、寛永九年(一六三二)徳川忠長の改易に伴って除封された。翌年秋元泰朝が上野国総社から三千石を加増されて一万八千石で入封、そのあと富朝・喬知と三代にわたり在封した。この間、泰朝の代に進められた殖産政策としての谷村大堰の開削が知られ、郡内織の振興は元禄期以降の郡内機業発展の基いとなった。喬知のとき、寛文九年(一六六九)検地は一万九千六百二十五石余を検出するとともに、この時期の収奪強化が天和元年(一六八一)惣代による越訴を惹起している。喬知は若年寄を経て加増の上、老中に昇進、宝永元年(一七〇四)武蔵国川越(埼玉県川越市)に移封して、当藩は廃藩となった。

参考文献　都留市教育委員会編『(稿本)秋元家甲州郡内治績考』(都留市教育委員会、一九六六年)、松平定能編『甲斐国志』(『大日本地誌大系』雄山閣、一九九八年)、『山梨県史』資料編八、『都留市史』通史編

(飯田　文彌)

興譲館《こうじょうかん》　谷村教諭所(甲斐国都留郡谷村(山梨県都留市)の代官陣屋に設置)の公称。天保十三年(一八四二)認可、嘉永四年(一八五一)開館。代官佐々木道太郎らが、この地方の有志者と相談し、義捐金を募って経営し、多い時は学ぶ者百五十余名に及んだ。雨宮六園・槇田斯興・田村翠巌・笠井鎌次らが順次教職に就き、四書五経、『小学』『春秋左氏伝』『史記』『漢書』『文選』を教科とした。生徒は教員宅に寄宿し、自費生である。毎年二月十五日と八月十五日に釈奠《せきてん》を行い、白鹿洞書院掲示、『孝経』首章を印刷して聴衆に頒布した。明治五年(一八七二)学制施行により小学校となる。

参考文献　文部省編『日本教育史資料』二〇

(山本　武夫)

長野県

飯田藩（いいだはん）

信濃国(長野県)飯田を藩庁とした藩。斯波氏の一族で織田氏、ついで豊臣氏に属した毛利秀頼が天正十八年(一五九〇)菅沼氏関東移封ののち伊奈侍従として飯田に入封、伊奈全郡八万石(一説五万石)を領し、文禄二年(一五九三)閏九月秀頼病死ののち、その聟京極高知がこれを継いだが、関ヶ原の戦後功により加増されて丹後国宮津に移る。以後、伊奈藩ともいうべき飯田領の旧版図は細分化し、飯田領は下伊奈地方の一部に限られ、慶長六年(一六〇一)二月より同十八年十月まで小笠原秀政が五万石で在封、秀政松本転封後十年間は幕領として松本藩に預けられたが、やがて元和三年(一六一七)六月より寛文十二年(一六七二)五月までは、脇坂氏が安元・安政の二代にわたり五万五千石(内五千石は上総国一宮)を領し、ついで同年閏六月より廃藩までは堀氏が、親昌・親貞・親常・親賢・親庸《ちかのぶ》・親蔵《ちかただ》・親長・親忠・親民・親審《ちかしげ》・親義・親広の十二代にわたって二万石ないし一万五千石を領した。ともに外様・城持であった。

毛利氏は飯田城の拡張改修を行い、また太閤検地を施行した。京極氏は伊那街道を整備し、小笠原氏はその西側に春日街道を開いたが間もなく廃れた。脇坂安元・堀親昌は文人としても知られる。親審は幕政に与り、文政九年(一八二六)十二月寺社奉行、十一年十一月若年寄、天保十四年十二月老中格に進み、七千石の加増があったが、弘化二年(一八四五)老中水野忠邦の失脚に連座して一万石の減知を受けた。親義もまた元治元年(一八六四)武田耕雲斎ら浪士の通過に手を打たなかったため、二千石の減封を受けた。藩士の内には尊王倒幕派がいて浪士らのために軍資金を募ったほどであるが、藩論は中立を尊び、大政奉還以後ようやく勤皇を藩是とした。明治四年(一八七一)七月廃藩、飯田県を経て同年十一月筑摩県に編入、旧桜丸表書院に出張所が置かれ、同九年八月長野県に編入された。藩庁記録は残らないが、堀氏初期の相続文書がある。

参考文献　市村咸人『飯田郷史考』(山村書院、一九三九年)、堀直敬『堀家の歴史』(堀家の歴史研究会、一九六七年)、『長野県史』通史編四・五・六・七・近世史料編四、『下伊那史』七

(金井　圓)

藩校　寛政七年(一七九五)文学所を儒臣の邸内に設け、読

書場と称し、藩士子弟の教育を行なった、家塾形式の藩校である。明治元年(一八六八)には文学所と武芸場を飯田藩役所の地に集めて学校を新建し、総裁・督学・学監・教授・助教などの役職を整え、漢学および諸武芸を教え人材の育成を期したが、同五年廃校となった。寛政七年文学所に掲げられた功令は、長州萩藩において元文三年(一七三八)制定された明倫館功令をそのまま準用したもので、学風として徂徠学を遵奉していたことが窺われる。

参考文献　文部省編『日本教育史資料』三、笠井助治『近代藩校に於ける学統学派の研究』上(吉川弘文館、一九六九年)、『長野県教育史』一・七、千原勝美『信州の藩学』(郷土出版社、一九八六年)、石川正臣「飯田の藩学」(『伊那』四六ノ八)

(笠井　助治)

飯山藩(いいやまはん)

信濃国(長野県)飯山を藩庁とした藩。慶長八年(一六〇三)二月、松平忠輝(譜代・城持)が川中島四郡を一円領知するや、彼の傅役を勤めた皆川広照が飯山城代となり、水内・高井両郡のうち四万石を支配したが、同十四年十月忠輝重臣間の内紛を審問した家康の裁断により領知を没収された。その後堀直寄(外様・城持)が同十五年閏二月入部して四万石を知行し、千曲川の氾濫をおさめ、置目を定めて広大な新田の開発を行なった。高田城主となった忠輝が大坂の陣の失態で改易となり元和二年(一六一六)七月移封され、飯山城には佐久間安政(外様)が入部して三万石(内、近江・常陸に一万石)を領し、安長についで安次に至り同家は嗣子なく寛永十五年(一六三八)除封。同十六年三月松平忠倶(譜代・城持)が遠江掛川より入部し、四万石を知行、孫忠喬が旧領に移封されるまで治世六十八年間。慶安より延宝年間(一六四八―八一)にかけ、領内総検地、千曲川の治水、野田喜左衛門を起用しての新田開発など民政に尽くし、飯山藩の藩政はこの間に確立した。大坂城加番たること四度、また恵端禅師(正受老人)に深く帰依した。宝永三年(一七〇六)正月永井直敬(譜代・城持)三万三千石(内河内に一万石)を領し在城五年、青山幸侶(譜代・城持)は正徳元年(一七一一)二月より四万八千石を領したが七ヵ年の在城で転封された。

これについで越後糸魚川(一万石)より入部したのは本多助芳(譜代・城持)で領知二万石と新田改め出し一万五千石を支配し、九代助寵《すけたか》まで百五十余年間藩政を行なった。元来本多氏はその祖広孝より譜代の家臣として勲功があったが、助芳の養父利長は故あって遠江横須賀城(五万石)を召し上げられた。後殊遇により飯山城主となった助芳は家門の復興を祖先に謝し、旧臣を招致して治政にあたった。しかし千曲川沿岸の所領は連年の水害を被り、増封の喜びもつかの間、水災との戦いに財政は窮乏し、やむなく領地替えの嘆願を重ね、享保九年(一七二四)その目的を達した。今まで二郡にまたがった所領は水内郡の山手にまとめられ、領内は城下・外様・山ノ内・川辺の地区に分け代官をして支配し、藩政に治績をあげた。明治元年(一八六八)四月、旧幕府の歩兵頭古屋作左衛門が結成した衝鋒隊が越後の諸藩を説き、松本から甲府進軍をめざして飯山城下に入った。その後藩論は官軍に傾いたので、衝鋒隊は家中屋敷および町方に放火し、甚大な被害を与えた。同四年七月廃藩置県により、一時飯山県が設けられ、やがて同年北信濃の諸県とともに長野県に統合せられ、九年、南信濃の筑摩県と合併して現在の長野県となった。

〔参考文献〕小田彰信『恩栄録』(『日本史料選書』六、近藤出版社、一九七〇年)、同『廃絶録』(同)、『転封録』、田中修一編『飯山町誌』、『長野県史』通史編四—七・近世史料編七・八

（金井喜久一郎）

藩校　藩学創設以前は、学識ある藩士や、藩費遊学した者を師範役に任じ、それぞれの家塾において教授にあたらせた。安政四年(一八五七)、藩主本多助実の時、飯山城外広小路に長道館が創設された。戊辰の役で焼失したが、明治四年(一八七一)に再建され、飯山学校とされた。長道館では漢学のみが教授され、和学や習礼、諸武芸などは各師範の邸宅で学ぶこととされた。学風は、当初古学であったが、のちに折衷学を宗としている。

〔参考文献〕笠井助治『近世藩校に於ける学統学派の研究』上(吉川弘文館、一九六九年)、飯山藩『日本教育史資料』三

（工藤　航平）

岩村田藩（いわむらだはん）

信濃国(長野県)岩村田を藩庁とした藩。藩主内藤氏。譜代。岩村田の地は信濃国佐久平の中央に位し、中世においては大井荘の中心であり、小諸とともに佐久郡の要地であった。江戸時代においては慶長六年(一六〇一)に一時、内藤信成が封ぜられたが年内に駿府に移封され、その後しばらくの間、岩村田には藩がおかれなかった。高遠藩主内藤忠政の第四子正次は書院番士として幕府に仕え、頭角をあらわしたが、その子正勝のときに大坂定番に任ぜられ、正勝の子正友は元禄十六年(一七〇三)一万六千石をもって岩村田に封ぜられた。正友の子正敬襲封時に弟正直に千石を分かち、一万五千石となった。岩村田藩は城を設けず、代々岩村田の地に陣屋をかまえていたが、第六代正縄の時代に伏見奉行をつとめて功あり、

城主格に列せられ、七代正誠に至った。この間常に深刻な財政難になやまされ、藩内および付近の富豪よりの借金によってようやくきりぬけていたが、「かねは内藤志摩守、すそからぼろが下り藤」といわれるような状態であった。明治元年(一八六八)二月には、東山道鎮撫総督のもとに恭順を表し、その命により小諸・上田の両藩とともに、当時佐久郡一帯に成長しつつあった相楽総三を頭とする嚮導隊(赤報隊)の一部隊である北信分遣隊(桜井常五郎隊)を弾圧している。同四年七月十四日、藩知事正誠の時に廃藩置県が行われ岩村田県となり、同年十一月二十日信濃の他の六県と合併して長野県となり、以後岩村田は北佐久郡役所の所在地となった。

参考文献 『北佐久郡志』二、『岩村田藩藩政史料』、『長野県史』通史編四―七、近世史料編一・二

(依田 憙家)

藩校 藩主は長年江戸在府であったため、岩村田に居住する藩士やその子弟は少なく、藩学設置もなされなかった。しかし、幕末期に多くの藩士が岩村田へ移住したことにより、藩学設置の必要性が生じたのである。元治元年(一八六四)、藩主内藤正誠により達道館が創設され、漢学と皇学が教授された。教務の職制は、督学一名、皇国助教二名、漢学助教三名、授読生五名であった。

参考文献 笠井助治『近世藩校に於ける学統学派の研究』上(吉川弘文館、一九六九年)、文部省編『日本教育史資料』三

(工藤 航平)

上田藩 (うえだはん)

信濃国(長野県)上田を藩庁とした藩。藩庁は廃藩まで天正十一年(一五八三)真田昌幸が築いた上田城にあった。昌幸は戦国大名として北上州から小県郡全域を制圧していたが、慶長五年(一六〇〇)関ヶ原の戦で敗者となり領国を没収された。同年彼の旧領を含めて上州沼田二万七千石と小県郡六万八千石(または六万石)が長子信之に与えられ、信之は元和二年(一六一六)沼田領を子に譲って上田へ移住したが同八年松代へ転封になった。代わって小諸から外様大名仙石忠政が入部、小県郡で五万石に飛知更級郡川中島一万石余を得た。仙石氏は政俊を経て寛文九年(一六六九)政明襲封の際、小県郡東部二千石が政俊の弟政勝に分割された。宝永三年(一七〇六)政明は但馬国出石へ移り、出石から譜代大名松平(藤井)忠周が入封、仙石氏旧領五万八千石を継承した。享保十三年(一七二八)嫡男忠愛が家督を相続し、同十五年川中島領から塩崎五千石が弟忠容に分知され五万三千石となった。以降忠順・忠済・忠学・忠優(忠固)・忠礼を歴代の藩主として廃藩を迎えるまで、石高・領域ともに不変である。明治四年(一八七一)七月

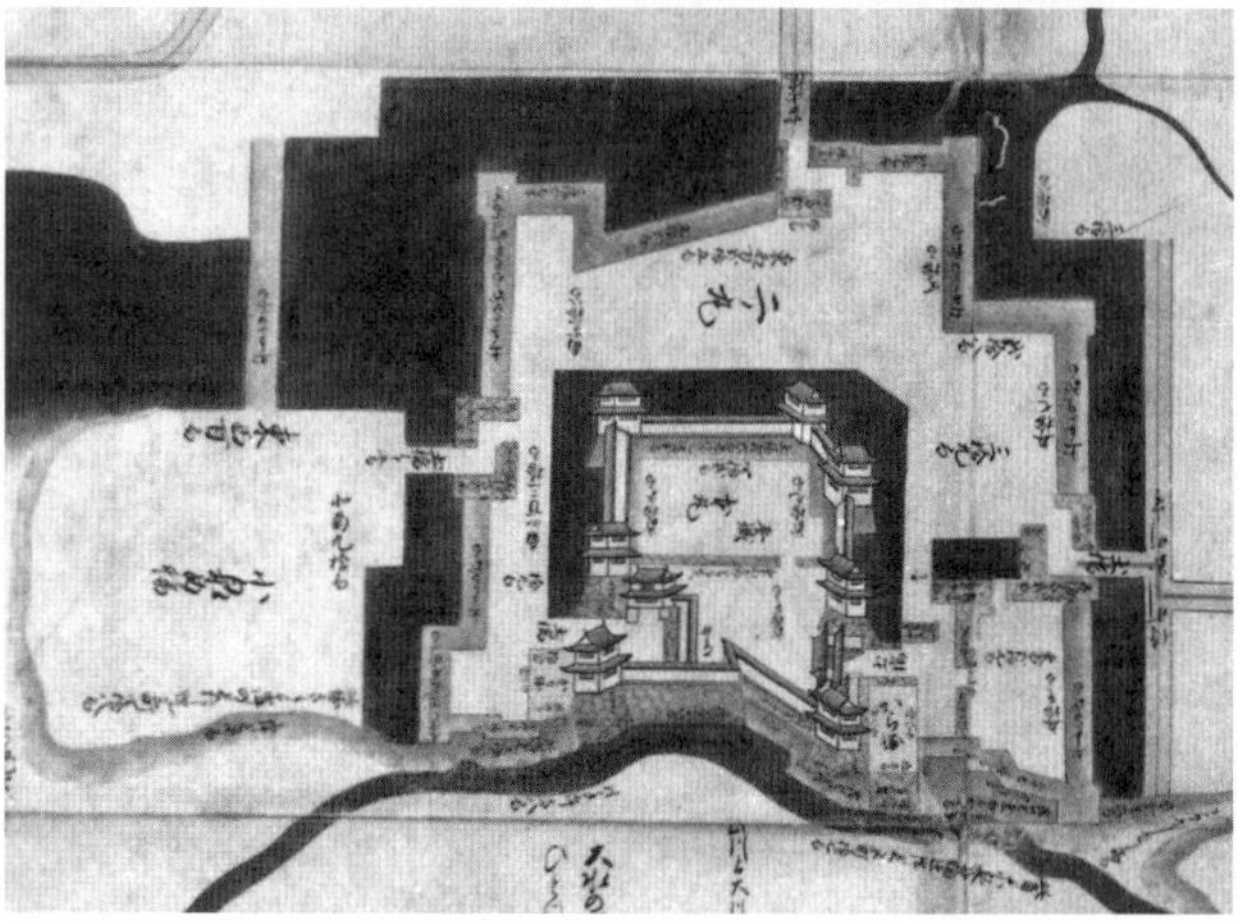

信州上田城絵図部分（正保城絵図より）

十四日廃藩置県により上田県となるが、同年十一月二十日長野県に統合された。

近世を通じて全領規模の検地は施行されなかったと推定されており、一部を除いて真田氏以来の貫高制を用いている。石高表示は一律換算により、貢租決定は貫高を村ごとの換算率で籾俵数に換え、さらに米に換算する方法が採られている。仙石氏は地方知行の形を残していたが松平氏は全廃。藩としての政治・経済機構は仙石氏のもとほぼ寛文・延宝ごろには整ったと思われ、行政組織は松平氏治下でも基本的に変わらない。藩領は城下と村方に区別され、商業権を掌握する城下は六ヵ町（漸次増加）、滝沢・柳沢の二氏が問屋の称で世襲的に町方の最高責任者となった。村方は小県郡百ヵ村前後、川中島八ヵ村（分知後四ヵ村）が八区画（組）に編成され、各村役人の上級者として組ごとに二〜三名の割番が置かれている。一時大庄屋制が行われるが短期で廃止。百姓一揆は大小二十件前後判明しており、宝暦十一年（一七六一）の全藩的蜂起と明治二年の打ちこわしが大規模である。前者は藩の年貢収奪強化に対する全農民の抵抗であったが、後者は信濃一円を席巻する暴動の一環で、対象は領主より地主・問屋商人であって焼き打ちも行われた。

特産物で重要なものは養蚕関係品で、元禄ごろには上田縞・上田紬が全国的銘柄を確立している。寛政期には蚕種生産地として全国的となり、天保年間（一八三〇―四四）以降座繰製糸も発展し、蚕種・生糸は幕末から明治にかけて横浜から輸出された。八代藩主忠優の時、天保四（一八三四）年、海野・原両町問屋を頭取として産物改所（改会所）を設置し、絹・紬・生糸の品質検査と改料徴収に乗り出し、さらに安政四（一八五七)年には海野町・原町に産物会所を開き、領外へ移出する領内産物をすべて会所に集荷し江戸に送って売捌こうとした。この制度は明治二(一八六九)年、版籍奉還後に産物改所となり、有力商人を領産物交易売捌方取締に任ずるが、同年八月の打ちこわしで灰燼に帰した。幕末期の上田藩は権力争いと財政窮乏に苦しみ、慶応元(一八六五)年からの長州出兵では滞陣中の兵糧に事欠き、領民から仕送りさせる程であった。上田藩は藩政史料は多くないが、庶民史料は豊富で、仙石氏転封に際して作られた差出帳(『上田藩村明細帳』として『大日本近世史料』に所収)、『原町問屋日記』など村方・町方の側から藩政を知る手段に恵まれている。上田小県誌編纂会による史料調査が綿密に行われており、所在目録および多くの史料が上田市立博物館に所蔵されている。

参考文献　『上田小県誌』二、『小県郡史』、藤沢直枝『上田市史』、『長野県史』近世史料編一・七、通史編四—七、『上田市誌』歴史編六—一〇、尾崎行也「開港前後の上田藩」一・二・三(『信濃』三三ノ八、三四ノ一〇、三五ノ二)、同「文久期における上田藩」一・二(同三五ノ二、三六ノ五)、横山十四男「上田藩の貫高制」一・二(同四四ノ二・三)

(桜井　由幾)

藩校　藩学創設以前は、荘田琳庵(寛文年間(一六六一—七三)、谷一斎門)や安原貞平(享保年間(一七一六—三六)、伊藤東涯門)らを招聘し、その家塾において教授がなされた。文化八年(一八一一)、藩主松平忠学により、文武学校として、明倫堂が創設された。創設時の学校総司には加藤彦太夫(林家門)、講師には山田司馬助を任じた。学風は朱子学であり、学則も朱子学を根基に起てられた。天保十年(一八三九)には江戸藩邸にも学問所が設置されている。文久年間(一八六一—六四)になると、学科に洋学が加えられている。

参考文献　笠井助治『近世藩校に於ける学統学派の研究』上(吉川弘文館、一九六九年)、『長野県史』六

(工藤　航平)

藩法　藤井松平家関係の藩法史料が相当量伝存し、長野県上田市立図書館・同博物館を中心に整理中である。藩主から家臣に対する法令として、松平忠晴が遅くも慶安元年(一六四八)亀山藩時代に定めた条目(『小県郡史』所収)、忠愛が享保十三年(一七二八)これに追加した定(『上田市史』所収)がある。藩主の家格、家臣の格式、身分に関する規制などの便覧として『御家法』(『藩法集』五所収)が知られ、家中の構成は『御家中列分限帳』(『上田市史』所収)にみられる。領民に対するものとしては、忠周が宝永三年(一七〇六)上田入部直後に定めた二十一ヵ条(『上田市史』『上田小県誌』所収)が基本であ

る。判例集としては『罪条留』(『藩法集』五所収)が重要で、盗賊奉行・盗賊改役が安永七年(一七七八)より寛政十一年(一七九九)までに取り扱った事件を抄記している。

参考文献　『上田藩村明細帳』(『大日本近世史料』一、東京大学出版会、一九五三―一九五四年)

(平松　義郎)

幕末諸隊　すでに文久年間(一八六一―六四)には、領内に農兵の制度をしき、藩の兵備の補充をはかっていた上田藩は、元治元年(一八六四)その編成を行なった。この年、常陸の筑波山で挙兵した水戸藩尊攘激派が、京都にむけ西上する途中で信濃に入ったが、これに備えて、藩は猟師百五十人、塩尻組農兵百十五人を編成して繰り出している。この農兵は、割番や庄屋などの村役人か、「身元相応」の者で編成されていた。

(高木　俊輔)

上田《うえだ》藩《はん》村《むら》明細帳《めいさいちょう》　信濃国上田藩宝永三年(一七〇六)の全領各村の状況を知ることのできる史料。上田の藩主であった仙石政明が但馬国出石へ転封した際、上田領全村から提出させた差出帳を主として寛政三年(一七九一)の写本によって収録したものである。東大史料編纂所編、『大日本近世史料』全三巻。昭和二十八年(一九五三)―二十九年刊行。上田領五万八千石、小県郡八十一ヵ村、更級郡八ヵ村の全冊が揃っている。内容は村高、村の位置、人口・家数、本百姓水呑相地の員数、諸職人の種類員数をはじめ小物成・高掛物の種類と量、年貢納入方法、産物の有無、土質、肥料、蒔種量、作物の品種、灌漑施設の所在と管理方法、小作料、質地相場等々一村の状況を詳細な項目を立てて調査している。附録、宝永三年小県郡更級郡郷村高帳・信濃国小県郡絵図・信濃国更級郡絵図。

(桜井　由幾)

上田《うえだ》縞《じま》崩《くずれ》格子《ごうし》　江戸時代の百姓一揆譚。宝暦十一年(一七六一)十二月信濃国上田藩領五万八千石(松平氏)で、藩の年貢収奪強化策に抵抗して藩領ほぼ全域の農民が蜂起し、城下に押し寄せ、また村役人宅などを打ちこわした一揆(宝暦上田騒動)の原因と経過を叙述したもの。荒唐無稽な部分が少なく、他文書から知られる事実をかなり正確に反映していることから、実際に一揆の経過を見聞した人間が書いたと思われ、一揆後の処分の記述に欠けることから、処分未定の十二月春ごろの著作かと推定されている。写本のみ現存しているが、広く農民に愛されたらしく、上田地方一帯に写本・類本が数多く流布している。題名は、当地方の特産品である絹織物上田縞の格子縞の名称と、一揆による混乱をかけたものであろうか。昭和二十四年(一九四九)上小郷土研究会編で『上小郷土叢書』二として刊行され、また『日本庶民生活史料集成』六にも収められている。

(桜井　由幾)

川中島藩（かわなかじまはん）

江戸時代初頭に信濃国（長野県）川中島地方に成立した大名領。単独の藩領ではなく、一時期数人の領主が交替して領知したので、川中島領というべきである。奥信濃の更級・埴科・高井・水内の四郡を川中島四郡と総称し、慶長三年（一五九八）上杉景勝が会津転封後、四郡は豊臣氏の直轄となって検地が実施された。このあと田丸直昌が海津城（のちの松代城）へはいり、同五年森右近忠政が海津城へ入封した。忠政が関ヶ原の戦で東軍についたので、四郡は徳川氏の支配下にはいった。忠政は「右近検地」を強行して五万石を打ち出し、四郡の総高約十九万石となり、幕藩体制の基礎をつくった。同八年徳川家康の子松平忠輝が大久保長安の助けを得て海津城にはいり、四郡を支配した。のち越後国高田城に移って川中島を支配したが、元和二年（一六一六）忠輝の配流後は小藩分立となり、家康の孫松平忠昌、つづいて譜代酒井忠勝が継ぎ（ともに海津城）、幕領も置かれた。同八年真田信之が海津城に入封し、一時福島正則も高井郡にいて、四郡は松代領・須坂領・飯山領などの小藩と天領に分解していった。

（青木　孝寿）

参考文献　『長野県上高井誌』二、『長野県史』通史編四、近世史料編七ノ一・二、八ノ一・二

小諸藩（こもろはん）

信濃国（長野県）小諸を藩庁とした藩。戦国時代末期、この地にあって徳川氏の経略に協力した依田信蕃の子康国は天正十一年（一五八三）にはじめてこの地に封ぜられた。その後徳川氏の関東移封に伴い、同十八年仙石氏（秀久・忠政）が五万石でこの地を領し、この時代に城下町の整備、貫高制より石高制への切りかえなど、藩体制の基礎が定められた。その後徳川氏（忠長、甲府藩主、元和八年（一六二二）に小諸六万石を加封、これにより小諸の領主となる）、松平氏（憲良、五万石のうち五千石を兄忠利に分知、寛永元年（一六二四）より）、青山氏（宗俊、三万石、慶安元年（一六四八）より）、酒井氏（忠能、三万石、寛文二年（一六六二）より）、西尾氏（忠成、二万五千石、延宝七年（一六七九）より）、石川氏（乗政・乗紀、二万石、天和二年（一六八二）より）と領主は交代し、元禄十五年（一七〇二）に牧野康重（長岡牧野氏の分家）が一万五千石（内高約三万石）でこの地に封ぜられ、その後、康周・康満・康陛・康儔・康長・康明・康命・康哉・康済（康民）と十代を経て廃藩置県に至った。

小諸には代々親藩・譜代が封ぜられたが、この間寛永年間に松平氏のもとで領内の検地が行われ、その他の支配制度が

整備された。また寛文十年には酒井氏のもとで一斉検地が行われたが、これはきわめて苛酷なものであり、また貢租米輸送のための労役や諸役が強化された。このため延宝二年（一六七四）には領内で農民の大一揆計画がたてられた（この一揆は同年実行されたとも、また同六年に至って実行されたとも考えられる）。牧野氏の時代には地方《じかた》知行は廃されたが、一定の畑を藩士に給し、これを「渡畑」と称した。佐久郡では江戸時代初期以来新田開発がおおいに進み、有数の米作地となった。このため小諸藩領内においても早くから百姓米が裏街道を通じて上州に附出され、各所に米市が現われた。水田における生産力の発展と米の商品化は農民層を分解させ、領内に地主制の発達を促した。同時に商品経済の発達は藩の財政危機をもたらし、領内の地主からの負債が増大した。一方、嘉永四年（一八五一）牧野康哉の命により藩医江戸で種痘医術を学び、領内で種痘を実施した。

明治維新に際し、小諸藩は鳥羽・伏見の戦ののちは新政府側につき、中山道を進んだ相楽総三の嚮導隊（赤報隊）とこの地の農民の合同勢力を、「にせ官軍」の名のもとに上田・岩村田藩と協力して弾圧している。同時に本家の長岡藩と明治政府の間にはさまれて苦悩した。維新後も藩体制の矛盾はますます激化し、明治三年（一八七〇）八月には領内の一万の農民が蜂起し、藩兵と対立するに至った。翌四年七月十四日小諸藩は廃されて小諸県となり、同年十一月二十日松代・須坂・飯山・岩村田・上田の五県とともに長野県に統合された。

参考文献　『長野県史』近世史料編一・二、通史編四―七、塩川友衛『江戸時代の小諸藩』（信毎出版センター、一九九七年）

（依田　憙家）

藩校　藩校明倫堂の創設は享和二年（一八〇二）であるが、これよりさき藩重臣鳥居義利は城中に学問所を設立しようと志し、村井盛哉・角田勝友らと図り藩主牧野康長に建議した。康長は好学の士で彼らの請いを容れ、享和二年明倫堂を藩内耳取町に設けるに至った。当時の明倫堂読書課業規定の中に、明倫経国、有用の学をとって、国政に役立つ人間形成を要旨とし、折衷学派を明倫堂の学風とする旨を明らかにしている。司成・司業・誦師・助誦師の教職をおき、藩士子弟は八歳より十五、六歳までは必ず就学し、その数平均百名余、学科は漢学・国学および諸武芸で、文武両道を兼修させ明治維新に及んだ。明治三年（一八七〇）藩主康民の時、城下大手町に移転拡張して明倫学校と改称し洋学を新たに導入したが、同四年廃藩により廃校となった。

参考文献　文部省編『日本教育史資料』三・一二・一四、笠井助治『近世藩校に於ける学統学派の研究』上（吉川弘文

館、一九六九年)、『長野県教育史』一・七、千原勝美『信州の藩学』(郷土出版社、一九八六年)　(笠井　助治)

坂木藩(さかきはん)

信濃国坂木を藩庁とした藩。譜代。陣屋持。坂木は現行表記は坂城(長野県埴科郡坂城町)であるが、近世には坂木と書いた。板倉重矩(島原の乱討伐の総大将で戦死した板倉重昌の子。老中)の遺領下野国烏山五万石を継いだ重種は、天和元年(一六八一)武蔵国岩槻藩六万石に転封、同年西丸老中を失脚、逼塞した。翌二年二月、高田藩主松平光長改易により空いていた同藩飛地領の坂木地方を含め、五万石の坂木藩に転封、信濃国高井・水内・埴科・小県・佐久・伊奈の六郡のうち四万六千六百石と上総・三河両国の飛地領を支配した。しかし実高は五万石に及ばず、同三年五月重種は幕府に領地の返納を願い出たが、先祖の勲功が大きいとして、子重寛に三万石、甥重宣に二万石の分知が認められた。重寛は元禄十五年(一七〇二)十二月陸奥国福島藩三万石に転封、跡地は幕領となり、坂木藩は二十年間で解体した。一方、重宣の分知二万石は、その養子重高が元禄十二年備中国庭瀬二万石に転封されて終った。

参考文献　『長野県史』近世史料編一・二・四・七・八、通史編四・五、『坂木町誌』中、鈴木寿『近世知行制の研究』(丸善、一九七一年)、更級埴科地方誌刊行会編『更級埴科地方誌』三　(青木　孝寿)

須坂藩(すざかはん)

信濃国(長野県)須坂を藩庁とした藩。藩主堀氏、外様、陣屋持。堀直重が慶長十五年(一六一〇)高井郡で六千石加増され、さらに大坂の陣後、四千五十三石を加増され、下総領とあわせて一万二千五十三石を領し、須坂を居所としたのに始まる。二代直升が元和二年はじめて入部した。弟三人に分知して藩領は高井郡十三ヵ村、一万五十三石となった。以下、藩主は直輝・直佑・直英・直寛・直堅・直郷・直皓・直興・直格・直武・直虎・直明と継承して明治に至る。館は五十間四方、時鐘楼・足軽屋敷などが現存している。藩主は大番頭・大坂加番・駿府加番などを勤める人が多く、在国することは少なかったが、代々好学の人が多かった。九代直皓は心学に傾倒、天明末、心学講舎教倫舎を須坂に設立、この講舎はのちに藩校立成館と建物を共用した。中期以後、藩財政が窮乏し、九代直皓・十一代直格らが改革を企てたが成功しなかった。十二代直武は病弱で野口源兵衛・河野連らが藩政を掌握したが、十三代直虎は野口・河野らを処罰して、財政改革・

軍事改革に乗り出した。軍事はイギリス式を取り入れ「唐人堀」と異名をとった。幕府瓦解直後の慶応三年(一八六七)十二月五日、直虎は若年寄兼外国総奉行に任ぜられたが、翌明治元年(一八六八)正月十七日、江戸城中の会議の後、自殺した。その理由について側近の野平《のだいら》野平《やへい》は「『大軍を発して京都へ攻め上り、決戦するように』と徳川慶喜に切諫したが斥けられたため」と報じている。藩では直虎の死を、勤王恭順のための諫死であると申し立て、弟直明の家督相続が許され、関東・北越などに出兵して朝廷への忠誠を示した。明治二年六月版籍奉還により直明は藩知事に任ぜられた。同四年七月廃藩置県により須坂県となったが、同年十一月長野県に統合された。なお旧藩主堀氏は明治十年旧姓奥田姓に復した。

参考文献　丸山辰政『三峯紀聞』(『(新編)信濃史料叢書』四、信濃史料刊行会、一九七一年)、『長野県史』近世史料編八、通史編四・五・六・七、『須坂市史』、堀直敬『堀家の歴史』(堀家の歴史研究会、一九六七年)、広瀬紀子『須坂藩主堀家の歴史』(長野郷土史研究会、一九七八年)、興津正朔「須坂藩主堀直虎の藩政改革と自刃前後の事情」(『長野』三一・三二、一九七一年)

(小林計一郎)

藩校　天明年間(一七八一―八九)、藩主堀直皓により教倫舎(教倫館)が創設された。文化年間(一八〇四―一八)には、菊地行蔵(亀田鵬斎門)を招聘し、学規・学則を整え、立成館が創設された。教倫館と立成館との関係は、移行と併存の二説がある。藩学では、皇学・漢学のみを教授した。当初は朱子学を奉じたが、文化年間より古註に拠るなど、折衷学を採った。江戸藩邸には五教館が設置され、井上金峨(折衷学派)の高足や、関宿藩儒亀田綾瀬を招いて、毎月三回講習させた。

参考文献　笠井助治『近世藩校に於ける学統学派の研究』上(吉川弘文館、一九六九年)、『長野県史』六、文部省編『日本教育史資料』三

(工藤　航平)

諏訪藩(すわはん)

信濃国諏訪郡と筑摩郡の一部を領有し諏訪を藩庁とした譜代小藩。高島城を居城としたので高島藩ともいう。諏訪氏は累代諏訪神社上社の大祝《おおほうり》神官であったが、戦国時代に神官家と惣領家が分立し、後者は甲斐の武田信玄と争い天文十一年(一五四二)頼重が切腹して断絶した。その後、諏訪の地は武田氏、ついで織田氏家臣河尻氏の支配下にあったが、本能寺の変後、頼重の従弟で大祝であった頼忠が旧臣千野《ちの》氏らに擁せられて自立し、諏訪郡の支配を回復した。頼忠は当初北条氏、ついで徳川氏に従い、天正十八年(一五九〇)の徳川家康関東移封に際して致仕、子頼水が父とともに武蔵奈良梨(文禄

元年（一五九二）上野惣社に転封）一万二千石に転ずると、諏訪の地には豊臣秀吉の部将日根野高吉が入封、高島築城、太閤検地、伏見城普請手伝い、名護屋在陣ののち病没、関ヶ原の戦の直前には若年の子吉明が会津・上田にも出陣した。慶長六年（一六〇一）十月諏訪頼水の諏訪の旧領二万七千石への復帰が発令され、翌七年吉明が減知されて下野壬生に移ったのち入封、爾来、忠恒《つね》・忠晴・忠虎・忠林《とき》・忠厚・忠粛《たか》・忠恕《みち》・忠誠《まさ》・忠礼《あや》と十代にわたり諏訪氏が在封した。元和四年（一六一八）、頼水は大坂の役の功により筑摩郡のうちで五千石を加増されるが、明暦三年（一六六七）忠晴襲封時に弟頼蔭、頼久に千石ずつ分知し、以後表高三万石で固定した。諏訪氏の初期三代は藩祖頼忠の影響のもとに大祝家と大名家を完全に分離し、八ヶ岳山麓や諏訪湖岸の開拓にも努め、併せて地方《じかた》知行を廃止して家臣団を統制し譜代大名としての藩制整備を達成した。しかし、その後は、六代忠厚の継嗣をめぐる二ノ丸家老諏訪家と三ノ丸家老千野家との確執と前者の敗退（二ノ丸騒動）を経て、藩学長善館の設立、繰越堰による新田の造成、郷村徴税事務の合理化（徳帳仕法）、養蚕製糸の振興、御用金の賦課など財政再建策にいとまがなかった。九代忠誠は松平定信の女を母として若年寄・老中に進み、開国後の外国事務にあたったため、幕末には佐幕派と目せられたが、東山道鎮撫使東下までには新政府に属し、明治元年（一八六八）養子忠礼に封を譲った。忠礼は二年三月版籍奉還を出願、六月許されて高島藩知事となり、四年七月廃藩、高島県ができると東京に移住した。高島県はこの年十一月筑摩県に、のち九年八月長野県に編入された。

藩校　二ノ丸騒動の二十年後、享和三年（一八〇三）藩主忠粛のとき、家老千野兵庫貞亮は、取り潰された二ノ丸家老諏訪氏の邸跡に稽古所を建て、文武を奨励し士風を振興することを目指して、のちに『礼記』学記篇によって長善館と名づけた。藩の大目付を総監督とし、儒学には徂徠学の石城《いしがき》宗左衛門南陔、弓術・習礼には稲垣半蔵正友、砲術・柔術には坂本八弥俊道、剣術には林平内左衛門、槍術には今井兎毛が師範となった。藩士の子弟で八歳以上の者を入学させ、とりわけ十五歳から十九歳までの者を常詰《じょうづめ》として合宿させた。文政十年（一八二七）松平定信から自筆の館名扁額を贈られた。明治維新に際し卒族、ついで平民をも入学させ、生徒を六等級に分けて第三級以上の者を助教・助講に任じたが、廃藩とともに廃校になる。のち東京にその名の寄宿舎を建て、諏訪出身の学生のための寮としている。

参考文献　諏訪教育会編『諏訪の近世史』（『諏訪史』四、諏訪教育会、一九六六年）、諏訪古文書の会編『諏訪近世史備要』(一九八五年)、峯村秀夫「諏訪藩」(『新編物語藩史』四、新人物往来社、一九七六年所収)、『長野県教育史』一・七、千原勝美『信州の藩学』(郷土出版社、一九八六年)、浅川清栄「信州高島藩の知行制度」一・二・三(『信濃』四六ノ五・七・八)、『長野県史』近世史料編三・五、通史編三―七、金井圓「諏訪藩政史序説」(『近世大名領の研究』名著出版、一九八一年所収)

(金井　圓)

二《に》の丸騒動《まるそうどう》　高島藩諏訪家の藩政後期の御家騒動。明和七年(一七七〇)五代藩主忠林《ただとき》の死後、次席家老諏訪図書頼英(二の丸家)の代行をつとめた嫡子大助頼保は新藩主忠厚に上席家老千野兵庫貞亮(三の丸家)の苛政を訴えてみずから上席となって藩政を意のままに行なったが、安永八年(一七七九)兵庫はこれを不服として忠厚に訴えて復職した。忠厚の正室阿部氏(福山藩主阿部正福女)は子がなく、腰元お留所生の聡明な長男軍次郎を重んじ、一方、忠厚は女中おきそ所生の次男鶴蔵を寵愛して嫡子願いを躊躇していた。天明元年(一七八一)諏訪大助は鶴蔵擁立を忠厚に迫り、讒言により千野兵庫を隠居閉門させ、忠厚の夫人阿部氏を離別させて再度藩政を握る。無実の兵庫は秘かに出府、老中田沼意次や忠厚の妹婿松平乗《のり》寛《ひろ》を頼って長男嫡子願を推進し、この年十二月忠厚の致仕、軍次郎忠粛《ただかた》の襲封をかちとる。二年後大助一党は切腹以下の処分を受け、忠粛・兵庫は用水堰開発、郷村財政整備、藩学長善館設立など一連の寛政改革を推進する。二の丸騒動は、財政難や藩主の文弱性を背景とし、継嗣問題を捏造さえした重臣間の藩政の主導権争いであった。

［参考文献］『二の丸一件史料』(『諏訪史料叢書』一八・一九)、諏訪教育会編『諏訪の近世史』(『諏訪史』四、諏訪教育会、一九六六年)、金井圓「二の丸騒動」(『近世大名領の研究』名著出版、一九八一年所収)

(金井　圓)

高井野藩（たかいのはん）

信濃国高井野(長野県高井郡高山村)に居館ないし陣屋をおいた藩。外様。元和五年(一六一九)六月に広島城の無断修復を理由に安芸・備後両国四十九万八千余石を改易された福島正則が、翌七月に信濃国高井郡内二万石・越後国魚沼郡内二万五千石を給され、信濃国高井郡高井野村に蟄居して成立した。翌六年九月、正則は嗣子(三男)忠勝の病死に際して越後領を返上した。当初高井郡須坂に仮寓していた正則はその後、高井郡高井野村堀之内に移りここに居館を定めた。元和七年から領内五五か村の総検地を行い本百姓の増加を推し進め、松川堤の改修など治水灌漑にも治績を残した。寛永元年(一六二四)七月正則死去。正則の死後、幕府検死役到着以前の火葬を咎められて所領が没収されたことにより廃藩となる。なお遺領のうち三千余石が正則の四男正利に給されたが、同十四年十二月に正利が嗣子なく病死したために断絶した。

参考文献　『長野県史』通史編四、『長野県史』近世史料編八(二)、『寛政重修諸家譜』第二二

（林　淳一）

高遠藩（たかとおはん）

信濃国(長野県)高遠に藩庁を置いた藩。譜代。城持。慶長五年(一六〇〇)保科正光が下総多古より高遠に復帰し二万五千石で成立した。元和四年(一六一八)徳川秀忠の子正之の養育を機に五千石を加恩された。領地は伊那郡の地二万五千石と筑摩郡洗馬《せば》郷の五千石となる。寛永八年(一六三一)正之は高遠を継承したが、同十三年出羽山形へ転封となる。かわって鳥居忠春が三万二百石で入封したがその藩政は苛政となり、承応三年(一六五四)領内農民三千人の尾張領への逃散一揆があった。寛文三年(一六六三)忠春は大坂で死亡し、子忠則が継承したが、元禄二年(一六八九)高遠領を没収され、子忠英《ただてる》が能登西貝に転封となる。のち二年は幕府預領となり、元禄三年松代藩真田氏による惣検地が実施され、三万九千石余が打ち出された。同四年三万三千石で内藤清枚《きよかず》が河内富田林より入封し、以後藩主は定着した。残高の六千石余は幕領に編入された。清枚以後、頼卿《よりのり》・頼由・頼尚《よりたか》・長好・頼以《よりもち》・頼寧《よりやす》・頼直の八代を経て明治維新に至り廃藩となる。

元禄八年清枚が幕府奏者番に就任してからは、頼尚・長好以外は同職を勤務した。正徳四年(一七一四)には大奥女中絵島を預けられた(絵島・生島事件)。頼卿は享保十年(一七二五)から改革を断行し、町仕送役を設定し、翌十一年家中に借上米の制・軍役制度・持人の制を実施した。頼由は元文二年(一七三七)家中の金給制を俸禄制に改め、明和四年(一七六七)

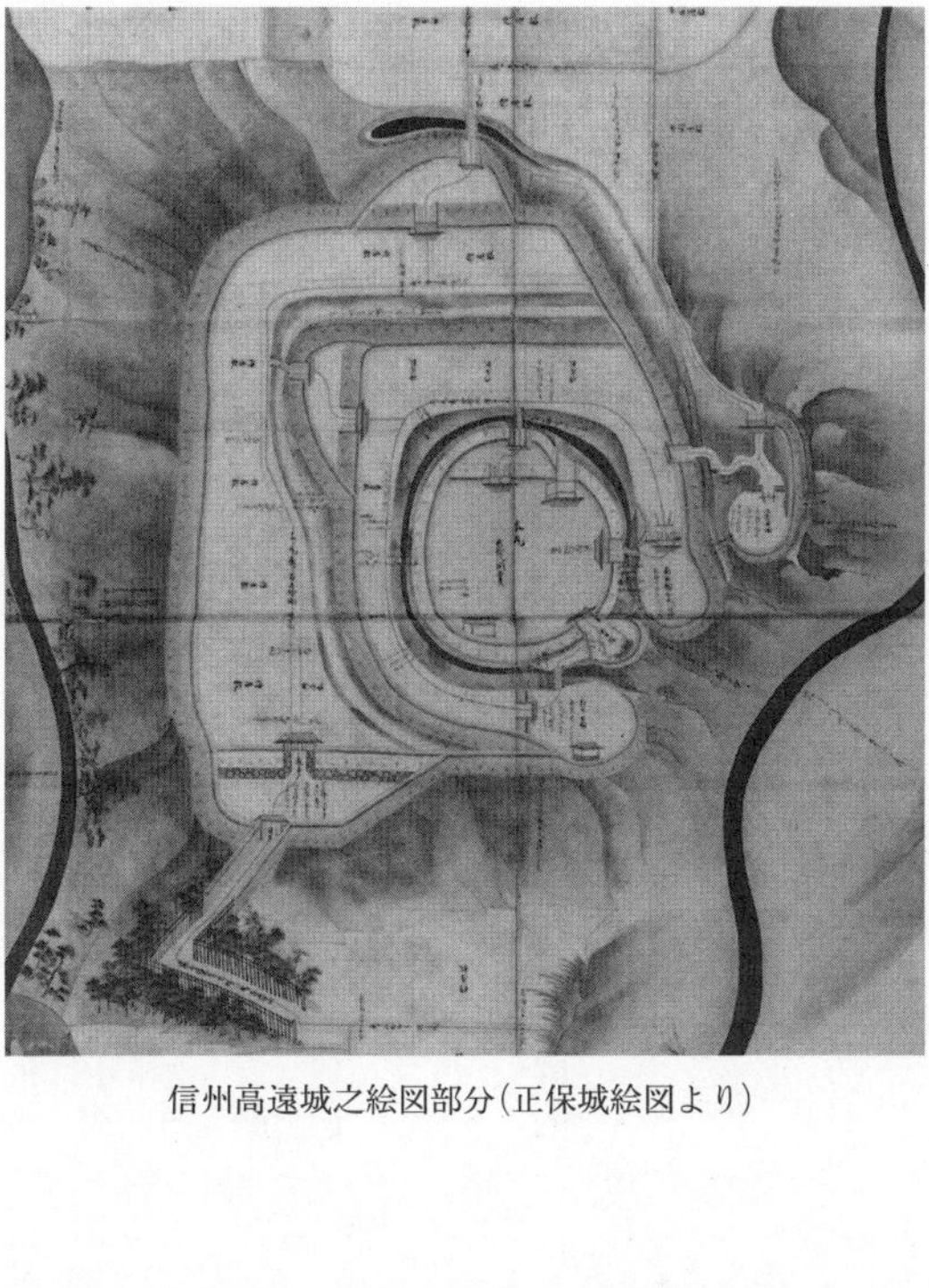

信州高遠城之絵図部分(正保城絵図より)

から領内に無尽政策を始めた。頼尚の治政は八ヵ月の短命で終り、長好は幼年のために治政はもっぱら家臣任せとなり、天明三年(一七八三)郡代坂本天山の改革も藩内保守派の反対で効果なく、寛政二年(一七九〇)には領内農民の老中松平定信への駕籠訴がみられた。頼以は文化五年(一八〇八)に貢租厘増上納・両度の無尽政策・囲籾臨時上納などの改革を行い、頼寧時代には文政五年(一八二二)に「わらじ騒動」と称する全藩一揆が起り、この反省を基礎に同九年・天保七年(一八三六)よりの両度にわたる財政改革があった。

このほか、天保三年の産物会所の設置、同四年の桑園経営、嘉永元年(一八四八)からの六道原の新田開発、また、藩学の興隆に意欲をみせ、天保十一年には西ノ丸若年寄に就任している。頼直は万延元年(一八六〇)に藩校進徳館を設立、元治元年(一八六四)以後の長州征討への参加があり、明治二年(一八六九)には領内一揆が起った。同四年七月、高遠藩は高遠県となったが、同年十一月に筑摩県に合併吸収されて消滅した。

参考文献　北原通男『信州高遠藩史の研究』(北原通男著書刊行会、一九八四年)、長谷川正次『高遠藩の基礎的研究』(国書刊行会、一九八五年)、同『高遠藩総合年表』(青山社、一九八〇年)、同『高遠藩財政史の研究』(岩田書院、二〇〇三年)、同『高遠四百年―高遠藩時代史―』、同『大名の財政』(同成社、二〇〇一年)、『高遠町誌』、北原真人『近世の信州伊那・高遠』(一九七七年)、『長野県上伊那誌』歴史篇、井上攻「信州高遠藩の拝地祭と家筋改」(『由緒書と近世の村社会』大河書房、二〇〇三年所収)、同「信州高遠藩の家筋改と文書審査」(『日本歴史』六七三、二〇〇四年)、長谷川正次「高遠藩文政九年の財政改革」(『信濃』五二ノ二、二〇〇〇年)

藩校　藩主内藤頼直が万延元年(一八六〇)閏三月高遠城内

高遠藩藩校　進徳館

三ノ丸内(高遠町東高遠)の学問所を藩校進徳館として開設した。以後、明治四年(一八七一)廃校まで約十年間開校し、坂本銃次・中村弥六・野木六蔵・伊沢修二・後藤杉蔵ら多くの逸材を輩出した。中心の建物を講堂と称し、東北隅に筆学所、北裏に稽古場を造る。講堂には聖廟・総務詰所・学監詰所・教授方師範詰所・教場・生徒詰所などがあり、施行上の細則として学問所入門資格・授業時間・入門・仕度・教授・出欠席・手習・持物・出火・書籍などが定められた。学科は国学・歴史・数学・洋学・筆道・兵学・弓術・馬術・槍術・剣術・砲術・柔術などがある。藩校の蔵書はそのつど増して明治元年四月の時点で七千百冊余を数えている。遺構は国史跡(高遠城跡)に指定されている。

参考文献　『高遠町誌』歴史編下、『長野県教育史』一・七、『長野県史』通史編四―七、近世史料編四・五、北村勝雄『高遠城と藩学』(名著出版、一九七八年)、千葉勝美『信州の藩学』(郷土出版社、一九八六年)

(長谷川正次)

田野口藩 (たのくちはん)

信濃国田野口(長野県佐久市)に藩庁を置いた藩。譜代。一万六千石。大給松平氏の分家二代目松平乗次が貞享元年(一六八二)一万石の加増を受け、合計一万六千石で三河国加茂郡に大給藩として成立。四代目乗真《のりざね》の宝永元年(一七〇四)所領のうち一万二千石を信濃国佐久郡内で替地、同郡三塚村に陣屋を置く。同六年同郡田野口村に陣屋を移す。同八年本拠を大給から三河国額田郡奥殿村に移し奥殿藩となる。十一代目乗《のり》謨《かた》(のちの大給恒《おぎゅうゆずる》)は幕府の大番頭・若年寄を経て幕政改革時に陸軍奉行から老中格・陸軍総裁にすすむ。また文久三年(一八六三)信州役所(陣屋)のある田野口村に五稜郭(竜岡城)の建設を開始し、江戸藩邸の藩士も大半をここへ移住せしめ、新たに本拠として、田野口藩を称した。しかし藩主・家臣・所領に変動はない。新軍制はフランス式を採用し、また農兵を先手組として正規軍に加え、士隊・大砲隊とともに三兵制をとり、先手組・士隊は明治元年(一八六八)の北越戦争に参加した。同年二月藩主は大給と改姓、同五月には藩名を竜岡藩と改めた。明治四年五月知事大給恒は廃藩辞職を上表、同六月二日認可された。

参考文献　『長野県史』近世史料編二、通史編六、『南佐久郡誌』近世編、尾崎行也「維新期における松平乗謨の動向―維新期の田野口藩(一)―」他(『信濃』一七ノ九、一八ノ五、二〇ノ五・六、二一ノ七・八、二三ノ三・五)

(尾崎　行也)

藩校　安政元年(一八五四)、藩主松平乗謨により、儒者東条方庵が招かれ、江戸藩邸内に修業館が創設された。明治元年(一八六八)、本拠を田野口とし、藩主・藩士が江戸から移住したことにより、修業館も移転・改称されて尚友館となった。明治以前の職制は、督学一名、教授方三名、助教二名であり、明治以降は弱冠増加したのみである。東条方庵は両館の督学に任じられた。学派は折衷学を宗とした。

参考文献　笠井助治『近世藩校に於ける学統学派の研究』上(吉川弘文館、一九六九年)、文部省編『日本教育史資料』三

(工藤　航平)

松代藩(まつしろはん)

信濃国松代(長野市)に藩庁を置いた藩。城持。いわゆる川中島四郡(埴科《はにしな》・更級《さらしな》・水内《みのち》・高井)内を藩域とした。藩主は森長可、上杉景勝(城代設置)、田丸直昌、森忠政、松平忠輝(のち城代設置)、松平忠昌、酒井忠勝と変転したが、元和八年(一六二二)外様大名真田信之(上田藩主)の松代入封によって真田氏に固定し、連綿廃藩に及んだ。松代藩というとき真田氏松代藩を指称することが多い。真田松代藩の初期知行高は十三万石、内三万石は支藩上州沼田領だったが、天和元年(一六八一)支藩の改易により以後は本藩信州十万石のみとなった。松代藩制の基礎を固めた初代信之のあと、藩主は信政・幸道・信弘(養子)・信安・幸弘・幸専(養子、彦根藩井伊直幸四男)・幸貫(養子、白河藩松平定信次男)・幸教を経て、幸民(養子、宇和島藩伊達宗城次男)に至り廃藩。

松代藩藩札(二拾四文銭札)

外様大名真田氏は後期に彦根藩・白河藩から養子を迎えたことにより準譜代大名化し、幕府の天保の改革時には幸貫の老中職就任をみるに至った。藩の支配機構は他藩のそれと大差ないが幕末まで地方《じかた》知行制を実施した。信州十万石の内高は十二万三千石前後、その内訳はおよそ藩蔵入地六〇%対藩士地頭知行所四〇%であるが、寛保元年(一七四一)以降は藩の半知政策の恒常化により実質的には八〇%対二〇%に変移した。藩直臣団数は二千余人であるが、藩の軍役規定による陪臣団数は約千六百人である。直臣団二千人余の内訳はおよそ知行取一三%対蔵米取八七%である。知行取二百六十人の地方知行高は最高千四百石、最低五十石、最多階層は百石台

であり半数を占めている。領内の領地の分布は藩蔵入地のみのA型村(九十四村、四〇%)と藩蔵入地・地頭知行所混在のB型村(百四十六村、六〇%)の二類型となっており、地頭知行所のみの村は皆無である。その上、地方知行割は極端な分散相給《あいきゅう》形態をとっているので、知行所は多くは二村—十四村の間に分散し、一村内の地頭の相給数も二給以上が多く三十給の例もある。

藩領内の村々の支配機構はすべて郡奉行—代官—名主(肝煎)制下にあるが、B型村内の地頭知行所では右の支配の枠内で地頭—蔵元(知行所百姓より選出、徴租などを管掌)制を実施している。したがって検地・人別改・司法権などは藩が一元的、全領的に実施しており、地頭の支配権は制限付の徴租権程度にとどまっている。つまり、本年貢は藩定の三つ五分(三割五分)物成免渡しとし、村免との差額は過不足決済の方法(過徴分は返納、不足分は蔵米補給)をとっている。自前の徴租ではあるが蔵米知行に近接した仕法である。雑租も藩定の収納規定に拠っている。藩財政は初代信之時代には遺金二十七万両をみるほどだったが、第三代幸道時代にこれを費消、中期以降次第に窮乏化していった。貢租収入の固定化、都市・商品貨幣経済による支出の膨張、対幕府勤仕出費、天災地変頻発などからくる慢性的な赤字財政化、ないし藩内派閥政争などは藩政改革を必然化し、寛保—寛延期の家老格であった原八郎五郎の改革、宝暦期の家老恩田杢《もく》の改革、文政—嘉永期の藩主真田幸貫の改革が登場した。

原の改革で実施した年貢月割先納制・半知借上制は幕末まで継承実施されており、恩田の改革は説話『日暮硯』によって著名ではあるがその実態については再検討が要請されており、佐久間象山らを登用した幸貫の改革は職制・兵備・殖産・文教など多方面に及び、幕政の天保の改革にも老中として参画したので幕末の政局に影響を及ぼした。しかしいずれも財政好転には至らず、特に幕末維新期における洋式兵備強化、勤王方としての甲府・北越などへの参戦、北信濃諸領・自領内の農民騒動への鎮圧出兵などによって出費著増、藩債は百四万両余にのぼった。明治四年(一八七一)七月十四日廃藩置県により松代藩は廃止され松代県が成立、同年十一月二十日松代県は他の五県とともに長野県に併合された。『真田家文書』は第二次世界大戦後、その大部分が文部省史料館(現、国立史料館)へ譲渡され、残りの文書および器具類は長野市松代町松代の真田宝物館に所蔵されている。国立史料館分は、目録などが刊行中。また真田宝物館分は、『真田家文書』などとして刊行中。国立史料館には別に藩御用達『八田家文書』、目付『依田家文書』などがある。

参考文献　国立史料館編『真田家家中明細書』(『史料館叢書』八、東京大学出版会、一九八六年)、同編『松代藩庁と記録—松代藩「日記繰出」」(『史料館叢書』二、名著出版、一九九八年)、同編『信濃国松代真田家文書目録』(『史料館所蔵史料目録』二八・三七・四〇・四三・五一・五九)、同編『信濃国埴科郡松代伊勢町八田家文書目録』(同四一・四八・五〇—)、『更級埴科地方誌』三、鈴木寿『近世知行制の研究』(日本学術振興会、一九七一年)、大平喜間多編『松代町史』、米山一政編『真田家文書』上・中・下、『長野市誌』三・四・一三、『松代藩家老日記』一・二、『更埴市史』二、『長野県史』近世史料編七・八、通史編四—七、原田和彦「真田家文書について」(『信濃』五〇ノ四)、同「真田騒動再考」(『信濃』五三ノ九)、松田之利「真田幸貫の初期藩政」(『市誌研究ながの』一〇)

藩校　松代藩では天保期に学問所を中心に学問振興が進められたが、藩校としての文武学校は嘉永四年(一八五一)藩主真田幸貫による文武学校普請総奉行任命、同六年次代藩主幸教による校舎建築を経て、安政二年(一八五五)開校した。設立が遅延したのは藩内政争と藩財政難などによる。文武学校の建物は校門を入った奥中央に文学所(藩主御部屋・家老御用部屋を併置)があり、その南に東序・西序・剣術所・柔術所・弓術所があり、文学所の西に槍術所・文庫蔵・旧演武場がある。授業内容は文武両道にわたり、文学・剣術・柔術・弓術・槍術・砲術の六科がある。時間割は一ヵ月単位で毎日の時間割を定めて教授・訓練を実施した。文学所では文学・兵学・躾方・月並講釈などを教授、東序では医学を教授した。武術では剣術・居合・長刀・捕手・槍術・柔術・弓術・長巻・砲術(洋式)・御家流砲術などを実施した。教官には佐久間象山ら藩内の権威とその門弟があたり、受講者は十五歳より四十

松代藩藩校　文武学校

歳までの藩士を原則とした。幕末の動乱期には藩の特色を生かして武術とくに砲術に重点がおかれた。明治元年(一八六八)には兵制士官学校(洋学所)が付設され、教官に箱館の五稜郭を築造した武田斐三郎が招かれ、フランス兵書などを講じ人材を養成した。明治四年松代県の長野県への併合により文武学校は廃止されたが、建造物などは現存し(長野市松代町松代所在)、国の史跡に指定されている。

参考文献　『更級埴科地方誌』三、大平喜間多編『松代町史』、『長野県教育史』一・七、千原勝美『信州の藩学』(郷土出版社、一九八六年)

藩法　現存の藩法は近世後期に偏在しているが、刑法典『御仕置御規定』(『藩法集』五所収)があり、また藩編纂の通称『(初期三代)真田家御事蹟稿』(『(新編)信濃史料叢書』一五―一八所収)や、各職制別日記類所収の法度類・触書類がある。たとえば家老日記・各職制別日記所収の条目類、藩政改革(原八郎五郎期・恩田杢期・真田幸貫期)関係の条目類、三奉行の初期「法度」、四奉行の職制大改組規定、代官の「神文前書」、代官・手代の「役方起原・勤方沿革」、目付の「御条目」「小御条目」、評定所の「定」、軍役の「御条目」、検地の「掟」、五人組帳の「覚」(前書)、口留番所の「覚」、地頭知行所収納規定の「覚」などがある。

参考文献　国立史料館編『真田家家中明細書』(『史料館叢書』八、東京大学出版会、一九八六年)、同編『信濃国松代真田家文書目録』(『史料館所蔵史料目録』二八・三七・四〇・四三・五一・五九)、同編『信濃国埴科郡松代伊勢町八田家文書目録』(同四一・四八・五〇―)『更級埴科地方誌』三

(鈴木　寿)

真武内伝《しんぶないでん》　信濃松代藩主真田家の系譜および事蹟を記したもの。昌幸・信之・幸村(信繁)の記事が大部分を占める。五巻。松代藩士竹内軌定編、享保十六年(一七三一)成立。付録四巻、同柘植宗辰編、宝暦十二年(一七六二)成立。ほかに追加一巻がある。正篇序文に「私意を加へず、旧記によりてこれを書す」と述べているように、努めて古文書・古記録を忠実に引用して客観的に記述しているが、信繁を幸村と記するなど、俗書をも広く引用しており、また伝説・エピソードの類も広く採録し、その点でかえって興味深い読物となっている。『信濃史料叢書』四(追加一巻は同五)所収。

(小林計一郎)

日暮硯《ひぐらしすずり》　江戸時代中期、信州松代《まつしろ》藩では家老恩田木工(杢《もく》)民親による藩政改革が行われたが、その改革の事蹟に関する説話を筆録したもの。松代十万石は信州随一の大藩であったが、早くから財政は苦しく、宝暦元年(一七五一)には「田村

騒動」が起るなど、藩政の危機が表面化した。そこで藩主真田幸弘は、同四年、恩田木工を家老に任命して藩政の再建にあたらせた。本書によると、木工はみずから率先して質素倹約につとめ、家臣と領民に藩政再建についての協力を訴え、綱紀の刷新、年貢の月割上納などの諸政策を実施し、その活躍は名家老にふさわしいものであった。本書の伝本にはおよそ二つの系統があり、一つは書名を『日暮硯』とするもの、他はそれの異本改編版で表題を『杢政談』『鳥籠《とりご》の山彦』などとするもの。前者は『岩波文庫』の一冊として刊行され、後者には『(新編)信濃史料叢書』一〇、『日本経済叢書』六所収のものなどがある。著者は不明で、旧・新岩波文庫本の底本の奥書に、本書を筆録したとみえる馬場正方は、幕末に藩主の近習役などをつとめた馬場茂八郎正方ではないかと推定されている。

参考文献　笠谷和比古「『日暮硯』と松代藩宝暦改革」(『松代』一一)

(吉永　昭)

松代分封藩（まつしろぶんぽうはん）

信濃国更科・水内両郡内を領地とし松代城下(長野県長野市松代町)に居所を置いた藩。外様。埴科藩ともいう。元和八年(一六二二)に真田信之が上田から松代に移封されたのち、信之の次男信政が松代領のうちで一万石(一説に一万七千石)を分知されて成立した。領知は更科・水内両郡で十九ヵ村。寛永十六年(一六三九)六月、真田信吉(信之長男)の遺児熊之助の早世に伴い信政が上野国沼田領(松代藩支藩)のうち二万五千石をつぐと弟(信之三男)信重がそのあとを襲封した。慶安元年(一六四八)十月、前年に信重が嗣子なく没したために廃藩となり遺領は信之に返上された。

参考文献　『長野市誌』三、『松代町史』上、『長野県史』通史編四、『寛政重修諸家譜』第一一、『信濃史料』二三

(林　淳一)

松本藩（まつもとはん）

信濃国(長野県)松本に藩庁を置いた藩。藩主は石川氏、小笠原氏、戸田(松平)氏、松平氏、堀田氏、水野氏、戸田氏(再封)。家門の松平氏を除き、譜代。いずれも城持。天正十八年(一五九〇)八月二十六日以前石川数正が和泉国から入封し、小笠原秀政の旧領八万石を所領とする。石川氏は入封後領内一円の地詰検地をした様子がなく、単に貫高を石高に直しただけのようで、『筑摩安曇両郡郷村御朱印御高附帳』によると、二百五十五ヵ村、高八万五百二十三石余とされている。数正は文禄元年(一五九二)十二月没し、二代康長が継いだ。康長

は大久保長安に親近しており、長安失脚後、慶長十八年(一六一三)十月城地を没収される。石川氏在城中の主な治績は松本城天主閣の構築、宿駅交通路整備・口留番所創設・新田開発などによる領国経済の確立などである。統治については、領内をいくつかの筋に分け、筋奉行(代官)を置いて統治している。石川康長改易後、信濃国飯田城主小笠原秀政が入封。秀政は元和元年(一六一五)大坂夏の陣で戦死、子の忠真が継ぐ。秀政は入封直後、元和元年七ヵ条の郷村法度、筋代官宛の定書を下して施政の方針を示すとともに、領内村々にこれまでの村高の二割増くらいを指示して検地帳を指し出させている。石川・小笠原両氏在城中は知行制がしかれていたが、家臣の多くは城下に集住していた。一方、旧来の在郷地頭の中には郷士としての待遇を受け、大坂へ出陣する者もいた。小笠原忠真は元和三年七月播磨国明石へ転封、代わって戸田(松平)康長が上州高崎から入封。このとき小笠原氏時代の八万石から諏訪・高遠領として五千石ずつ分封されて七万石となる。戸田氏在城中の主な施政は、組制度と寛永検地である。康長は従来の筋に替えて筑摩・安曇両郡の村々を十五ヵ組に編成し、組ごとに代官と割元(のちの組手代・大庄屋)を置いている。代官の主な任務は組内の用水堰の修覆などの勧農と徴税であった。寛永検地は寛永三年(一六二六)から同八年にかけての領内一円の地押《じおし》検地で、貢租・夫役負担者としての本百姓が設定され、これまで郷村に在住した村地頭が百姓化され、兵農分離が完了している。一方、これら在地勢力は割元役や肝煎などの組村役人に登用されている。寛永十年二月戸田康直は父康長のあとを継ぎ、同年四月明石へ転封、代わって越前国大野城主松平直政が入封(七万石)。直政は天主閣に辰巳櫓を建造し、寛永十三年には銭座を城下の鍋屋小路に設けて寛永通宝を鋳造している。松平直政は寛永十五年二月出雲国松江へ転封、代わって武蔵国川越から堀田正盛が入封(七万石)。在城中、寛永十八年に大凶作があり、安曇郡小谷《おたり》村の救助願いによれば、餓死者百四十七人・餓死牛馬百六十五疋・退転家数三十八軒(村の三分の二)とされている。寛永十九年七月堀田正盛は下総国佐倉へ転封、代わって三河国吉田から水野忠清が入封(七万石)。忠職・忠直・忠周・忠幹・忠恒が継ぎ、享保十年(一七二五)七月忠恒は狂乱し江戸城中で刃傷事件を起して改易される。水野氏在城中の主な出来事は、慶安二年(一六四九)から四年にかけての検地によって百姓株が決定されたこと、貞享三年(一六八六)多田嘉助ら旧村役人主導による貢租軽減の代表越訴があったことなどである。水野氏改易後に幕府領となり、松平九郎左衛門(筑摩郡)・大草太郎左衛門(安曇郡)の両代官によって統治される。享保十一年三月志摩国鳥羽城主戸田(松平)光慈が入封(六万石)、光雄・光徳・光和・光悌・光行・光年・光庸・光則を経て、明治四年(一八七一)廃藩置県まで在城する。当藩の徴税はこれまで検見法によっていたが、宝暦四年(一七五四)には、享保十一年以降二十八ヵ年の平均免をもって定免法に切り換えている。寛政年代には幕府の寛政の改革に倣って倹約をはじめとする諸改革を行うとともに、寛政三年(一七九一)には村役人・惣百姓・婦女への条目を領内に布告し、勧農のため村方に作世話役を設けるなど諸産業の振興を計っている。この改革以降、天保年代にかけて林・西郷派と戸田・太田派とによる藩政の主導権争いが起り、村役人をも巻き込んで天保十年(一八三九)に戸田派が失脚するとともに大庄屋・庄屋十五人が免職・追放の処分をされている。明治二年(一八六九)六月版籍奉還によって藩主戸田光則は松本藩知事、家老の稲村久兵衛は大参事となっている。明治三年正月の大教宣布によって神仏分離が行われ、松本藩は徹底的な廃仏毀釈をしている。明治四年七月廃藩置県によって松本藩は松本県となり、藩知事戸田光則は華族となって東京に移住している。

参考文献　鈴木重武・三井弘篤編『信府統記』(国書刊行会、一九九六年)、『南安曇郡誌』二下、『東筑摩郡・松本市・塩尻市誌』二、『松本市史』二—II・四—I、『長野県史』近世史料編五、通史編四—七、金井圓『近世大名領の研究』(名著出版、一九八一年)、同『藩制成立期の研究』(吉川弘文館、一九七五年)、信州大学教育学部歴史研究会編『信州史事典』(名著出版、一九八二年)、小穴芳実「松本藩の藩政改革」(『信濃』四五ノ一〇)

藩校　藩校崇教館は、藩主戸田(松平)光行のとき、寛政四年(一七九二)設立に着手され、同五年開講。三ノ丸柳町に置かれ、敷地四百坪、建坪およそ百坪。木造板葺平屋建て、講堂・聴聞間・書学堂・活字屋があり、そのほか職員の小部屋があり、隣に射場、門脇に小使・定番・外多流(戸田流ともいう)道場の付属屋がある。教科として漢学・筆道・習礼・弓術・剣術、ほかに数学・槍術・兵馬・砲術・游泳の諸術があったが、校内が狭隘のため、当館内に教場すべてを設けることはできなかった。職員は惣教(年寄二)・学校掛(用人二)・主事(士二)・学館目付(士二)・行儀世話役(中小性四)・下勤(無格四)・茶番(足軽四)・定番(持槍一)、教授(用人格一)・助教(徒士頭格三)・訓導(納戸格四)・書学世話役(徒士十)・句読師(十)。助教に今城峴山・多湖明山、文化三年(一八〇六)峴山没後、木沢天童らがなっている。生徒数は文政年代六十人、文久以後二百五十人である。授業はまず十三経を教授し、素読・聴講・輪講の方法がとられ、和漢史類は独読で勉強させ、力量に応じて詩文章の作文を課し、筆道は書学堂で和漢両様の字体を学ばせ、兵学七書は儒官が講釈し、弓術は館内の射場、外多流の剣術は門脇の道場で行なっている。日課は午前に読経・性理治通書(二日おきに馬術)、午後読経・刀鎗術(または読史)が組まれており、惣教は月番に一度ずつ稽古と手習の清書を覧ることになっており、年末に大試験が行われている。

参考文献　『東筑摩郡・松本市・塩尻市誌』二、『松本市史』上、『長野県教育史』一・七、『松本市史』二—II、千原勝美『信州の藩学』(郷土出版社、一九八六年)、宮川清治「松本藩の藩学」(『松本市史研究』二、一九九二年)

(小穴　芳実)

岐阜県

青野藩(あおのはん)

江戸時代前期に美濃国不破郡青野村(岐阜県大垣市)に陣屋を置いた譜代小藩。稲葉正成の子正次が元和四年(一六一八)に徳川秀忠に仕えて美濃国加茂・不破郡で五千石を与えられ、青野に居館を置いた。正次が寛永五年(一六二八)に没したとき、子の正能が幼少のため、采地は正成の十男正吉が継いだ。正吉は明暦二年(一六五六)駿府城に番衛のとき家臣に殺され、その子正休《まさやす》が遺領を継ぎ、延宝二年(一六七四)小姓組番頭、同五年書院番頭、同七年近習に進み、天和元年(一六八一)に二千石を加増された。翌二年に若年寄に昇進して五千石を加えられ、合わせて一万二千石を領して青野の居館を陣屋とした。しかし正休は貞享元年(一六八四)江戸城中において縁者である大老堀田正俊を刺殺し、自身もその場で殺害された。家は断絶、青野藩はわずか二年で廃藩となり、領地は幕府領に組み込まれた。

参考文献　『岐阜県史』通史編近世上、『新修大垣市史』通

史編一

（筧真理子）

揖斐藩（いびはん）

美濃国揖斐(岐阜県揖斐郡揖斐川町)を藩庁とした藩。藩主西尾氏。外様。西尾光教は斎藤道三に仕え、のち織田信長・豊臣秀吉に随って二万石を領し、関ヶ原の戦には東軍に属して軍功をあげ、一万石を加増され、大野・本巣・安八・加茂四郡の内三万石を領し、揖斐城に封ぜられた。外孫氏教が五千石の分与を受け、元和元年(一六一五)外孫嘉教が遺領二万五千石を継いだが、同九年嗣なく狂死、絶家廃藩となった。

参考文献　『揖斐郡志』、『岐阜県史』通史編近世上、『揖斐川町史』本編

（高牧　実）

今尾藩（いまおはん）

美濃国今尾(岐阜県海津市)を藩庁とした藩。同国池田郡市橋郷出身の市橋長利の子長勝が豊臣秀吉に仕え、天正十五年(一五八七)安八郡福束から今尾に移って一万石を領した。長勝は関ヶ原の戦には東軍に属し、福束・大垣両城を攻撃して軍功をあげ、戦後一万石を加増されたが、慶長十五年(一六一〇)伯耆国矢橋に封ぜられた。名古屋に入った徳川義直付の国老竹腰正信が、元和八年(一六二二)義直からの加増一万石を合わせ今尾三万石を領し、代々名古屋藩の国老として明治維新に及んだ。化政期に藩校「文武館」(のち「格致堂」と改称)が設立された。明治元年(一八六八)正月、竹腰正旧が藩屏に列せられ今尾藩として独立した。義直から加増された一万石返還を命ぜられたが、同三年九月藩制改革にあたり家禄割当不可能を愁訴し、許されて旧に復した。四年七月廃藩置県に伴って今尾県となり、同年十一月大垣・加納・笠松・野村・高富・郡上・岩村・苗木の諸県と合併して岐阜県となった。

参考文献　『岐阜県史』通史編近世上・近代上、『平田町史』『岐阜県教育史』通史編古代中世近世・史料編近世

（高牧　実）

藩校　今尾領主竹腰家は、儒者に家塾を開設させて藩士子弟を教授するということを、長い間にわたって行なってきた。竹腰正武の時、折衷学派の中西淡淵を藩儒として江戸に叢桂社を開設させ、藩士子弟および広く各地の者を教授させた。このほかに藩士近藤彦三郎の愛敬堂、岸上保の弘文館などがあった。化政期に文武館が設立され、その後に格致堂と改称された。学風は朱子学を宗とした折衷学であった。藩士には書経、藩士子弟には『論語』や『孝経』などが聴聞させられた。

参考文献　『岐阜県教育史』通史編、笠井助治『近世藩校に

於ける学統学派の研究』下(吉川弘文館、一九七〇年)、文部省編『日本教育史資料』三

(工藤　航平)

岩村藩(いわむらはん)

美濃国岩村(岐阜県恵那市)を藩庁とした藩。歴代藩主は、譜代・城持の松平(大給)家乗・乗寿、丹羽氏信・氏定・氏純・氏明・氏音、松平乗紀・乗賢・乗薀・乗保・乗美・乗喬・乗命であった。慶長六年(一六〇一)松平和泉守家乗が上野国那波一万石から恵那・土岐二郡二万石に封ぜられ岩村城に入った。同十九年父の遺領をついだ乗寿が寛永十五年(一六三八)遠江国浜松城三万六千五百石に移され、丹羽式部少輔氏信が三河国伊保一万石から岩村二万石に封ぜられた。氏音(和泉守)の代に至って、側用人として信任を受けた山村瀬兵衛が窮乏した藩財政を再建するため、藩政刷新・倹約励行につとめ貢租を増徴した。これに対し家中のなかに瀬兵衛の独断専行を非難する勢力が大きくなり、同時に領民の貢租軽減要求が高まり、藩内騒然となった。氏音は元禄十四年(一七〇一)家中に自粛を求め、瀬兵衛を藩から去らせ、新設税を廃止して事態を収拾しようとした。瀬兵衛はこれを幕府に上訴した。翌十五年幕府は瀬兵衛を賞して反対派を死罪などに処し、氏音を領地半減・閉門、越後国高柳へ移した。前の城主松平乗寿の孫石川乗紀が信濃国小諸城二万石から岩村二万石に入り松平姓に復した。享保二年(一七一七)家督を相続した乗賢(能登守)は、同八年若年寄、二十年西ノ丸老中、延享二年(一七四五)本丸老中となり、その間文武を奨励し、岩村に文武稽古所(のちの知新館)を設けた。享保二十年美濃・駿河で一万石の加増をうけ、以後三万石となる。

文政九年(一八二六)乗美はこの地に襲封と同時に、家老丹羽瀬清左衛門に藩政改革を命じた。清左衛門は倹約励行・家中禄米借上げを行い、「国産之儀ニ付心得方申談存意書」を公布し、国益思想を広め、開墾・養蚕・植林・製織を奨励し、国産所を設立した。岩村の木綿・絹織物生産も増加したが、借財二万四千両に達して資金難となり継続不能に陥った。その上領民は天保四年(一八三三)・同七年の飢饉に加えて、五年類焼した江戸藩邸再建に無尽の負担を課された。ここに領内五十二ヵ村の農民は、清左衛門の藩政改革に強く反発し、清左衛門宅を襲撃する勢いをみせた。報を受けた乗美は清左衛門に蟄居《ちっきょ》を命じ、領民の要求を容れて新法を廃止するに至り、藩政改革に失敗した。最後の藩主乗命は慶応三年(一八六七)奏者番から陸軍奉行に任命されたが、翌年二月朝廷に帰順し東山道鎮撫使に従った。明治四年(一八七一)七月岩村県がおかれ、十一月合併して岐阜県となった。

参考文献　岐阜県教育会編『濃飛両国通史』下、『岩村町史』、『岐阜県史』通史編近世上・近代上、史料編近世三、『岐阜県教育史』通史編古代中世近世・史料編近世、樋口薫「岩村藩に於ける知行制と武士耕作地」（『日本歴史』一五八、一九六一年）

（高牧　実）

藩校　元禄十五年（一七〇二）に信州小諸藩から移封された松平乗紀は、直ちに岩村に文武所を設立した。しかし、享保四年（一七一九）の史料には「今度江戸岩村共稽古所御定」とあることから、この年に設立されたともいう。文武所はのちに知新館と改称された。藩学上で岩村藩から輩出された人物に林述斎と佐藤一斎がいる。術斎は藩主乗薀の三男乗衡として生まれ、寛政五年（一七九三）に林家に養子入りした。一斎は家老の家に生まれ、同年に林家に入門し、昌平校の塾頭にまでなった。藩主乗美の時には藩政にも参加している。これらの影響から、天保十二年（一八四一）には佐藤一斎門の若山勿堂が知新館に招聘されるなど、学風は朱子学となる。

参考文献　『岐阜県教育史』通史編、文部省編『日本教育史資料』三

（工藤　航平）

大垣藩（おおがきはん）

美濃国（岐阜県）大垣を藩庁とした藩。藩主はいずれも譜代大名。城持。歴代藩主は石川康通（長門守）・家成（日向守）・忠総（主殿頭）、松平（久松）忠良（甲斐守）・憲良（のち忠憲、因幡守）、岡部長盛（内膳正）・宣勝（美濃守）、松平（久松）定綱（越中守）、戸田氏鉄《うじかね》（采女正）・氏信（采女正）・氏西《うじあき》（肥後守）・氏定（采女正）・氏長（伊勢守）・氏英（采女正）・氏教（同）・氏《うじ》庸《つね》（同）・氏正《うじただ》（同）・氏彬《うじあきら》（同）・氏共《うじたか》（同）。慶長六年（一六〇一）石川康通が上総国鳴渡二万石から大垣五万石に封ぜられ、元

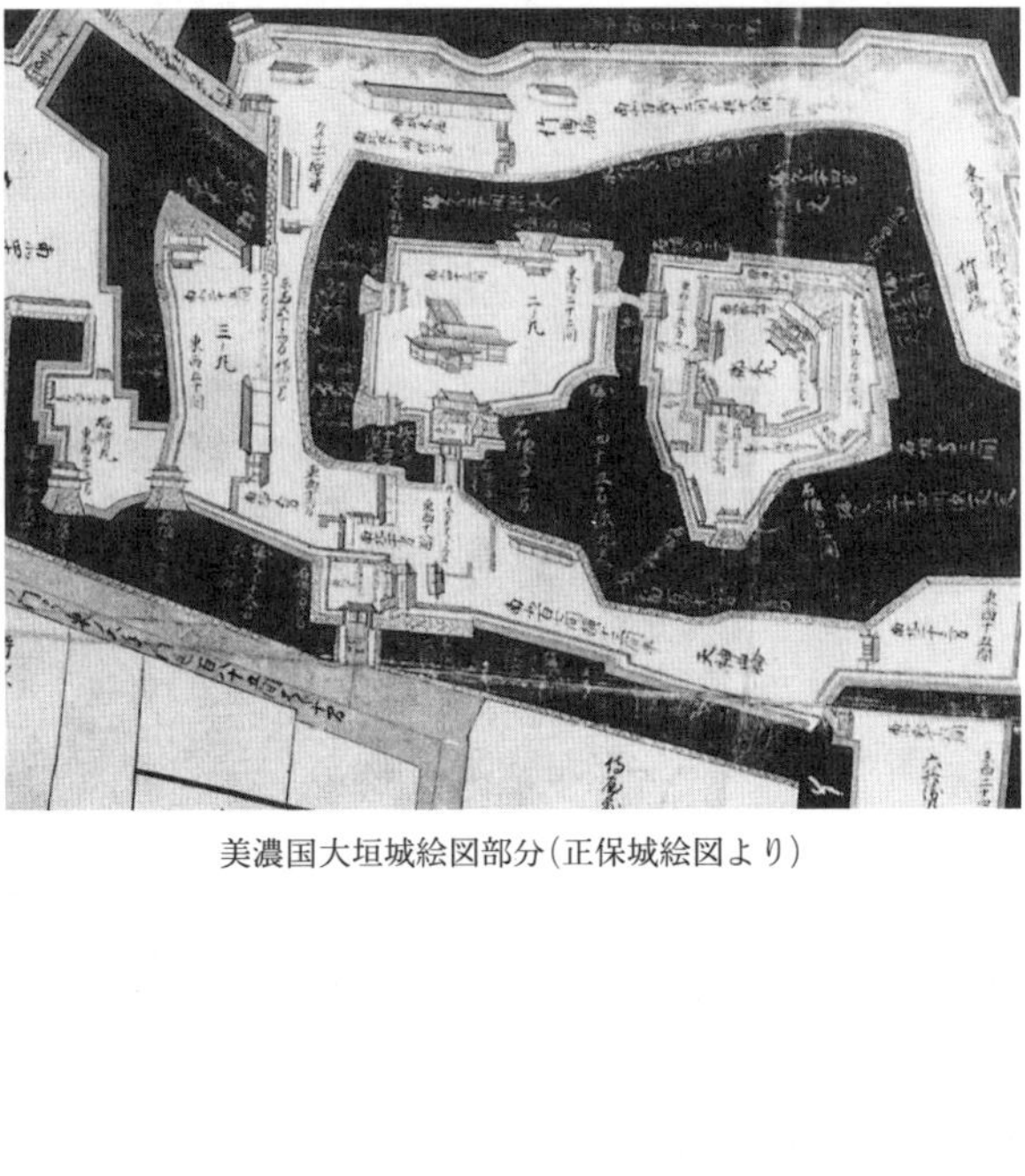

美濃国大垣城絵図部分（正保城絵図より）

和二年（一六一六）忠総の時豊後国日田六万石に移された。そのあと松平忠良が下総国関宿四万石から一万石加増されて大垣へ入り、寛永元年（一六二四）忠憲が信濃国小諸城四万五千石に転封、岡部長盛が丹波国福知山五万石から移り、同十年宣勝が播磨国竜野へ、前の松平忠良の従弟定綱が山城国淀城を経て大垣六万石に封ぜられ、同十二年伊勢国桑名十一万石に増封された。戸田氏鉄が摂津国尼崎五万石から加増されて大垣十万石に封ぜられ、以降明治まで戸田氏十一代にわたって大垣十万石を領した。

戸田氏鉄は在任十七年、藩政の基礎を樹立した。旧来の地方知行制を廃して俸禄制を施行し、領内を検地して小農民の掌握、農業生産力の把握をはかり、新田開発を奨励して新田高一万三千石を得、貢租課役の確保、農業労働力の保持拡大や、農耕方法改良の指導、優良品種の採用など勧農につとめ、文教の振興をはかった。寛永十四年十一月老中松平伊豆守信綱とともに島原出兵の命をうけ、翌年正月着陣、総攻撃に加わって軍功をあげた。氏信は父の遺志に従って新田高のうち、弟氏経（淡路守）・氏照（氏好、相模守）に各四千石、氏利（氏親）に五千石を分与した。寛文十二年（一六七二）から延宝二年（一六七四）の間に、藩撰分類法規の形式による藩法『定帳』を作成したのが注目される。藩の財政難に伴い、延宝八年氏西が家臣を整理し（延宝の大暇）、氏英も延享四年（一七四七）百七十七人に及ぶ整理を断行した（延享の永御暇）。しかし藩の借財は重なり、安永八年（一七七九）氏教は『定帳』を改め、家臣に半知の上の四分の一の上納を命じ、銀札の兌換を停止した。その後さらに中間の切米を削減し、倹約令を繰り返し公布し、領内に多額の調達金を命じ、寛政七年（一七九五）には人材を登用して藩制改革の体制をつくり、商品生産・商業資本の発展を抑制しながら農民の支配を強化し、一応財政立て直しの成果をあげた。それも束の間、十九世紀に入ると財政はきわめて窮迫し、氏正は天保十二年（一八四一）五百石以上は半知の上四分の一上納、以下は半知、切米取は倍借など家臣の俸禄を削減し、倹約令を重ねて発布し、農民に農業出精を命じたが、財政は好転せずますます深刻化した。

嘉永三年（一八五〇）改革派の小原鉄心を登用して藩政刷新・軍制改革を進め、倹約励行、家臣の俸禄削減を行い、勧農方を設置するとともに強硬な財政整理を断行した。ペリーの来航、浦賀出兵を契機に軍制改革の緊要を痛感した氏正は、小原鉄心を中心に西洋流砲術を学ばせ、安政三年（一八五六）幕府の許可を得て軍制を改革した。ここに大垣が洋学盛行の地となる。また延享三年幕府直領池田郡加須河原野・池田野両新田千石余を預かり、寛延三年（一七五〇）以降次第に増加した預所四万五千石余を幕末まで支配してきた。鳥羽・伏見の戦に幕軍として参加した大垣藩は、鉄心を中心に藩論を勤王に決定し、東山道鎮撫の先鋒を命ぜられ会津若松城攻略に功をあげた。明治四年(一八七一)七月十四日廃藩置県によって大垣県となったが、十一月二十二日には加納などの諸県と合併、岐阜県となった。なお藩政史料としては著名な『定帳』や『戸田縫殿文書』(ともに大垣市立図書館蔵)がある。

参考文献　『大垣市史』上・中、『新修大垣市史』通史編一、岐阜県教育会編『濃飛両国通史』下、『岐阜県史』通史編近世上・近代上、史料編近世二・三、安沢秀一「美濃国大垣藩の財務機構」(『地方史研究』四四・四六、一九六〇年)、同「美濃国大垣藩藩法典「定帳」成立考―近世藩法の一存在形態―」(慶応義塾大学『法学研究』三三ノ九、一九六〇年)　(高牧　実)

藩校　藩主戸田氏庸の時天保八年(一八三七)、城下外側町に学問所が設けられ、主として経書の句読を藩士子弟に授けた。藩校致道館(のち敬教堂と改称)の起源である。万延・文久のころに至って規模を拡張し、講堂・学寮を増築、また新たに聖堂を建てて孔子像を安置し藤原鎌足・菅原道真を配祀し、慶応三年(一八六七)には諸規則の大改正を行い素読寮・習書寮・寄宿寮・改心寮・医学寮・洋学寮を設け、また総督・督学・参謀・学監・講官・準講官・句読師・副句読師などの職制を定め、他藩の子弟の入学をも許した。明治維新の際さらに規模を拡大し、文武二校を置き藩学校と称した。生徒はまず文学校に入り、四年以上勉学の後武学校に入って洋式調練などを修業した。明治四年(一八七一)の初め文学校を南北に分け、南校(藩邸表書院および玄関)において皇漢学・習字を授け、北校(致道館を相承)においては洋学者を招き数学・洋学(英仏語学)を兼ね教えたが間もなく廃藩となった。致道館の学風は学則上終始朱子学を奉じたが、かつて享保以来、徂徠学が興隆し美濃文教の淵叢をなしたことがある。

参考文献　文部省編『日本教育史資料』三・一一、『大垣市史』中、伊藤信『美濃文教史要』(三浦源助等、一九二〇年)、笠井助治『近世藩校に於ける出版書の研究』(吉川弘文館、一九六二年)、同『近世藩校に於ける学統学派の研究』上(吉川弘文館、一九六九年)、『岐阜県教育史』通史編古代中世近世・史料編近世　(笠井　助治)

藩札　延宝八年(一六八〇)十二月領内銀札遣いが命令され、正貨通用を禁止して、諸色売買に札遣いが強制された。札売買は「札座」において小判一両につき札六十四匁と定められ、事実上の金表章であるが、銀両替・銭直段は、相場次第である。五匁・三匁・一匁・五分・四分・三分の六種あり、それ

五匁銀札

以下の銭遣いは認められた。その後、たびたび判形改め・引替えがなされているが、安永八年(一七七九)には、藩財政困窮のため、金子引替えが延引されている。

参考文献　増田補親編『座右秘鑑』(『近世地方経済史料』七、一九三七年)　(川上　雅)

幕末諸隊　藩重臣小原鉄心の建策により、安政年間(一八五四―六〇)に一度軍事改革が行われたが、諸隊が藩の軍制の中で位置を与えられたのは、慶応二年(一八六六)の大改革からである。領内の東西本願寺僧侶による僧兵隊は、西本願寺系が砲兵隊の炎王兵を、東本願寺系が歩兵隊の紹隆兵を組織した。また郷士を中心とする農兵隊は、有待兵という銃隊を編成し、戊辰戦争には多くの者が従軍した。他に町兵の組織もあった。

参考文献　『新修大垣市史』通史編一　(高木　俊輔)

大垣新田藩（おおがきしんでんはん）

美濃国(岐阜県)にあった藩。大垣藩戸田氏の支藩。慶長八年(一六〇三)織田信長の弟長益の子長孝が美濃国大野・本巣・多芸三郡の内一万石に封ぜられ、大野郡野村(岐阜県揖斐郡大野町)にいたが、寛永八年(一六三一)その子長治が嗣なく死没、除封廃絶となった。明暦元年(一六五五)三河国渥美・額田両郡の内二千二百石の戸田淡路守氏経が、父氏鉄の遺志によって大垣藩主戸田氏信より新田四千石を分与され、寛文四年(一六六四)古高四千石との換地を許された。養子として入った大垣藩主氏西《うじあき》の次男氏成が、元禄元年(一六八八)氏西の遺命によって新田三千石を加えられ、渥美郡の新田とあわせて一万石を領し、諸侯に列せられ、代々渥美郡畑村を居所として幕末に至った。一万石のうち三千石は、大垣の宗家から廩米として支給されていたので、版籍奉還に際して戸田氏良は藩知事に任命されなかった。氏良は大垣新田藩を野村藩と改称し、宗家の氏共とともに政府に懇請して、三千石の内すでに引渡しを受けていた野村千六百五十三石余に加えて、大野郡の内六ヵ村引渡しの官許を得、藩知事に任命され、明治三年(一八七〇)藩庁を野村に開設した。同四年七月廃藩置県によって野村県となったが、十一月には大垣・加納・笠松・今尾・高富・郡上・岩村・苗木などの諸県と合併して岐阜県となった。文久三年(一八六三)江戸藩邸に藩校「済美館」が設立され、明治元年氏良が大垣に移るとともに移動し「典学寮」と改称した。

参考文献　『大垣市史』上、『岐阜県史』通史編近世上、岐阜県教育会編『濃飛両国通史』下、『岐阜県教育史』史料編近世
（高牧　実）

太田山藩（おおたやまはん）

美濃国石津郡太田山城（岐阜県海津市）にあって、慶長五年（一六〇〇）の時点で三万石を領した原隠岐守勝胤の所領。勝胤の名は長頼・胤房・政茂なども伝わっている。勝胤は初め斎藤氏、のち織田信長に属し、天正三年（一五七五）越前一向一揆攻めで功をあげ、大野郡の三分の一を与えられて越前勝山城主となり、柴田勝家の指揮下に入った。本能寺の変後は勝家に、その没後は前田利家に属し、のち豊臣秀吉に仕え、同十八年の小田原攻めののち三河に移封された。秀吉死後、太田山城に移り、慶長五年関ヶ原の戦では西軍に与して高須城救援などを行なったが、敗戦後の十月十三日に自害した。太田山城は太田村所在とされるが、松山村に旧地がある、あるいは関ヶ原の戦のときに勝胤は太田中島砦に拠ったなどの記録もあり、その位置は明らかではない。また藩域など詳細についても不明である。

参考文献　『岐阜県史』通史編近世上、『南濃町史』通史編
（筧真理子）

加賀野井藩（かがのいはん）

美濃国加賀野井（岐阜県羽島市）の近世初頭の小藩。城主加賀野井弥八郎秀望は東南院仁瑜法親王大須真福寺在住の折仕えた坊官の裔という。加賀野井は天正十四年（一五八六）の木曾川大洪水以前は尾張国に属した。秀望は小牧・長久手の戦には織田信雄に属して、豊臣秀吉方に城を落され、城地は一時毛利掃部助の領するところとなったが、その後復帰を許されて八千石（一万石ともいう）を領した。関ヶ原の戦には西軍に加担し、徳川家康を関東で刺殺しようとして果たさず、帰路三河国池鯉鮒《ちりゅう》（愛知県知立市）の地で水野忠重・堀尾吉晴とわたり合い、忠重を殺したが秀望も討たれたという。城地は没収され断絶した。

参考文献　岡田啓『新撰美濃志』
（高牧　実）

金山藩（かねやまはん）

美濃国可児郡金（兼）山村（岐阜県可児市）に藩庁を置いた、近世初頭の小藩。金山村は交通・軍事・木曾川水運の要地であり、天文六年（一五三七）に斎藤正義がここに烏峰城を築いたと伝える。森可成《よしなり》が永禄八年（一五六五）に烏峰城を織田信長から与えられ、金山城と改称した。可成が元亀元年（一五七

〇)に近江国宇佐山で戦死すると、その子長可があとを継ぎ、六斎市を認め、商人・職人を集住させるなど城下町建設に努めた。天正十年(一五八二)三月、武田攻めの戦功により信濃国高井郡など四郡を与えられ海津城主となったが、信長死後は金山城に戻り、織田信孝、ついで羽柴秀吉に従うとともに、東美濃地方で勢力を伸ばした。同十二年に長久手で戦死し、弟忠政が遺領を継いだ。忠政のころの藩領は七万石。慶長五年(一六〇〇)二月に忠政が徳川家康によって信濃国海津城に移され、廃藩・廃城となった。なお、天正十年四―六月には団平八郎が城主であった(『美濃明細記』)、あるいは慶長五―六年に松平(桜井)忠頼が在番して金山藩領一万五千石を加えられた(『寛政重修諸家譜』)との記録もある。

参考文献　『岐阜県史』通史編近世上、『兼山町史』

(筧真理子)

加納藩(かのうはん)

美濃国加納(岐阜市)を藩庁とした藩。譜代。城持。歴代藩主は、奥平信昌、松平忠政(奥平信昌の子)・忠隆、大久保忠職、戸田(松平)光重・光永・光熙、安藤信友・信尹・信成、永井直陳・尚備・直旧・尚佐・尚典・尚服。初代奥平信昌は天正三年(一五七五)長篠の戦に勇名をはせ、徳川家康の娘亀姫を妻に迎え、関ヶ原の戦ののち江戸幕府初代の京都所司代となった。家康は関ヶ原の戦の帰途西に備えるため本多忠勝を奉行として東山・北陸の諸大名を徴用し岐阜城を移して加納に築城し、信昌を入れて十万石に封じた。翌慶長七年(一六〇二)信昌は致仕して四万石をもって隠居、その子松平忠政が六万石を領した。同十七年忠政が致仕し、そのあとを忠隆が五歳で継いだが、寛永九年(一六三二)正月二十五歳で没し、嗣子がないため封地は収公され断絶した。祖父大久保忠隣の罪に連坐して蟄居を命ぜられていた大久保忠職が、寛永二年赦免され、松平氏のあとに五万石に加増されて封ぜられ、同十六年播磨国明石七万石に転じた。そのあと戸田光重が七万石に封ぜられ、大坂城番を勤めたりした。

光永を経て光熙の時、正徳元年(一七一一)二月山城国淀城六万石に転封となり、備中国松山城の安藤信友が加納に入って、美濃国に六万石、近江蒲生郡に五千石を領した。信友は享保二年(一七一七)寺社奉行に再任され、翌年八月大坂城代、七年五月老中となり、吉宗をよく補佐した。同十七年九月孫信尹が遺領を継いだが、延享四年(一七四七)年貢米先納や御用金に反対して農民が強訴し、翌年郡奉行が出奔するに至り、宝暦三年(一七五三)の二月と七月に再度農民が強訴し、これを契機に家中騒動が起き、信尹は一ヵ年余も藩士に幽閉された。減知謹慎処分をうけた藩士の一人が幕府大目付へ訴え出たため幕府の知るところとなり、藩士も大量に処罰され、信尹は隠居、一万五千石没収となり、妾腹の信成が五万石を継ぎ、同六年五月陸奥国磐城平五万石に移された。ついで永井直陳が武蔵国岩槻城三万二千石から加納に入り、加納二万三千石、摂津・河内両国のうちに九千石を領した。同十二年尚備が継ぎ、明和六年(一七六九)直旧、寛政二年(一七九〇)尚佐、天保十年(一八三九)尚典、文久二年(一八六二)尚服が家督を継ぎ、若年寄就役後間もなくして明治に至った。明治四年(一八七一)七月の廃藩置県に伴って加納県となり、同年十一月笠松・大垣・野村・今尾・高富・郡上・岩村・苗木の諸県と合併して岐阜県となった。なお、加納城跡は近世平城の貴重な遺構として史跡に指定されている。

参考文献　『岐阜県史』通史編近世上、『濃飛両国通史』下、太田成和編『加納町史』、『岐阜市史』通史編近世

（高牧　実）

藩校　藩主永井尚佐の文政年間(一八一八―三〇)城内に学校を再興し憲章館と命名した。これより以前、すでに学問所と称する教育施設は設けられていたが創立年代など不詳である。文久年間(一八六一―六四)藩主尚服のとき学校を拡張し、二千八百余坪の敷地内に文武の諸場を合併して文武館と改称し、教学の振興を図った。維新後、明治四年(一八七一)廃藩とともに廃校となったが、翌五年学制頒布に際し小学校に充て憲章小学校となった。学科は和学・漢学・算法・筆道・兵学および弓・馬・槍・剣・砲・柔術の諸武芸を日課割によって教え、文武を兼修させた。生徒は七、八歳で入学し十三、四歳に及んで武道を兼修し二十五歳で終業、その数は前後を通じ年平均二百余名、教官五、六名で教導した。学風は主として朱子学を遵奉した。

参考文献　文部省編『日本教育史資料』三、笠井助治『近世藩校に於ける学統学派の研究』上(吉川弘文館、一九六九年)、『岐阜県教育史』史料編近世

（笠井　助治）

藩札　文政八年(一八二五)十二月領内米取引融通のため銀一匁札が発行されたが、これは幕府許可を得ないものであった。安政六年(一八五九)三月、五ヵ年期の条件ではじめて幕府の許可を受け、傘一本札と綛糸《かせいと》十五匁札の二種を発行、ついで文久元年(一八六一)に傘二本札・轆轤《ろくろ》二個札・轆轤三個札の三種を発行した。これらは実質的には銀札で、国産品である加納傘およびその部品材料を引当てとして、傘一本札は銀二匁札、綛糸十五匁札は銀一匁札、轆轤二個札は銀二分札として発行されたものである。また、たとえば当時傘の卸値段は最高品の一本銀二匁以下七、八分まであったように、こ

れらの札は商品の価格をあらわすのではなく、単に銀札の種類を区別したにすぎない。札の発行は同時に実施された傘専売制と密接な関連があり、傘商人および生産者への資金融通をはかり、藩も傘商人を株仲間化させて冥加銀を収取し、また仲間の講銀を札の引替準備銀にあてた。札はまず産物会所に納入される傘代銀の半額を納入時に正銀で、半額を札で支払うという形で流通界に投ぜられ、一般領民へは加納宿と上加納村の二ヵ所に引替所を設けたが、強制通用ではなかった。引替仕法は、正銀を札と引き替える時は傘一本札・綛糸札とも一枚につき銭一文、二枚以上のばあいは二枚につき銭一文の、一種の流通奨励金である添銀が与えられ、逆に札を正銀と引き替える時は傘一本札一枚につき銭二文、綛糸札一枚につき銭一文ずつの、引替手数料である切賃が徴収された。さらに損傷札引替のばあいは切賃のほか札一枚ごとに銭四文を徴収された。廃藩直前に傘六本札・同四本札の発行が計画されたが通用には至らなかった。明治三年(一八七〇)三月における発行総額は五種で計二十三万三千百十九枚、銀三百九十六貫匁余で、うち約三分の二は藩によって消却され、残りが新政府負債として引き継がれた。

傘一本札

参考文献　日本銀行調査局編『藩札概要』(日本銀行調査局、一九六四年)、荒木三郎兵衛『藩札』上(一九六五年)、平塚正雄「加納藩札制度について」(『郷土史壇』六ノ二・三、一九三九年)、同「美濃各藩の楮幣制度」(『経済史研究』三〇ノ五、一九四四年)

(岩橋　勝)

北方藩(きたがたはん)

美濃国(岐阜県)北方にあった小藩。西美濃三人衆の一人安藤(伊賀)伊賀守守就が大野郡から移って北方城に拠った。守就ははじめ伊賀姓を名乗り、のち安藤(安東)と改め、方県郡河渡辺に入った子の尚就とともに織田信長に仕えたが、武田氏に内通したという嫌疑をうけて領地を没収され、武儀郡谷口村に蟄居し、その本領二千貫は稲葉良通(一鉄)に与えられた。信長が本能寺に斃れるや、守就は北方に帰城したが、稲葉一鉄に攻められて討死した。そののち、豊臣秀吉の部将木村宗右衛門重則(常陸介)が北方城一万石に封ぜられ、関ヶ原の戦に西軍に属したため慶長五年(一六〇〇)封地を没収されて廃藩となった。

参考文献　岐阜県教育会編『濃飛両国通史』、『岐阜県史』通史編近世上

(高牧　実)

岐阜藩（ぎふはん）

美濃国（岐阜県）岐阜を藩庁とした藩。永禄十年（一五六七）美濃攻略に成功した織田信長が斎藤氏の居城井之口の稲葉山城に本拠を移して岐阜と改め、安土城に移ったあと岐阜城を子信忠に与えたが、天正十年（一五八二）信長父子が本能寺の変に斃れると、神戸（織田）信孝がそのあとに入った。翌十一年信孝が羽柴秀吉に逐われて自刃、美濃に封ぜられ大垣に入った池田信輝の子元助が、岐阜城十万石を領し、翌十二年小牧・長久手の戦に信輝・元助父子が討死したため、元助の弟輝政が岐阜城に入り、十八年三河吉田十五万二千石に転じた。そのあと豊臣（羽柴）秀勝が甲斐府中から岐阜へ入城したが、文禄元年（一五九二）朝鮮で陣没、信長の嫡孫秀信が十三万三千石として安土城から入封した。秀信は慶長五年（一六〇〇）関ヶ原の戦に石田三成と盟約し、東軍の猛攻をうけて投降、薙髪して高野山に追放され、岐阜は廃城、廃藩となった。

参考文献　岐阜県教育会編『濃飛両国通史』、『岐阜県史』通史編近世上『岐阜市史』通史編近世　（高牧　実）

清水藩（きよみずはん）

美濃国大野郡清水村（岐阜県揖斐郡揖斐川町）に城地を置いた、近世初頭の小藩。曾根城主の稲葉一鉄（良通）は天正七年（一五七九）嫡子の貞通に家督と曾根城を譲って清水城に移り、同十六年にそこで死去した。庶子である重通があとを継いで清水城主となって一万二千石を領した。重通は小田原の陣などに従軍し、晩年は豊臣秀吉のお咄衆となり、慶長三年（一五九八）に没した。その子通重が遺領を継ぎ、同五年の関ヶ原の戦では本家の稲葉貞通と行動をともにして、初め西軍に属したがのち東軍につき、戦後は本領を安堵された。同十二年、京都で狼藉をはたらいた理由で改易、常陸国筑波に配流され、清水稲葉家は断絶、廃藩となった。城跡は幕府代官林正利の代官所として一時復興したが、寛永初期に廃城となった。現在の町立清水小学校の位置にあたる。藩領は清水村以外明らかではない。

参考文献　『岐阜県史』通史編近世上、『揖斐川町史』通史編、『岐阜県中世城館跡総合調査報告書』一（二〇〇二年）　（筧真理子）

郡上藩（ぐじょうはん）

美濃国八幡（岐阜県郡上市）を藩庁とした小藩。八幡藩ともいう。歴代藩主は、遠藤慶隆、稲葉貞通、遠藤慶隆・慶利・常友・常春・常久、井上正任・正岑、金森頼旹・頼錦、青山幸道・幸完・幸孝・幸寛・幸礼・幸哉・幸宜。永禄二年（一五五九）遠藤盛数が宗家東氏を倒して八幡山に築城し、間もなくそのあとをついだ慶隆が弟とともに郡内を統一して織田信長、羽柴秀吉に帰属したが、その間石山本願寺・武田信玄に好みを通じたり、神戸（織田）信孝に与したりした。天正十六年（一五八八、あるいは十八年か）慶隆兄弟が加茂郡の地に減封して移され、そのあと稲葉貞通が郡上および武儀郡津保谷四万石として入封した。関ヶ原の戦にはじめ貞通が西軍に属したので、東軍に加わった遠藤慶隆が金森可重とともに郡上城を攻撃、戦後豊後国臼杵五万石に転じた貞通のあとへ二万七千石として故領に封ぜられた。藩の支配体制の整備強化、貢租増徴政策が行われたが、藩財政の窮乏著しく、常春が家督を相続した延宝四年（一六七六）さらに貢租増徴政策を強化した。農民の強硬な減免要求にあった藩庁はこれを容れたので、家臣への転嫁に反対する増徴派と増徴反対派に家中が分裂して抗争し、ようやく天和三年（一六八三）常春が両派を処分して抗争を鎮静した。元禄五年（一六九二）幼主常久が嗣子なくして死去したため、断絶のところを弟が名跡をついで常陸・下野国のうち一万石に移され、そのあと常陸笠間五万石から井上中務少輔正任が入り、郡上郡および越前国大野郡のうち四万石、越前の幕府領の預地を含めて五万二千石を治めたという。同十年丹波国亀山へ転封、出羽国上ノ山から金森頼旹が郡上郡のうち二万四千石、越前大野郡のうち一万五千石に封ぜられたが、宝暦八年（一七五八）貢租増徴政策に反対する農民一揆と石徹白の白山中居神社社人の内紛によって失政を問われた頼錦が改易され、青山幸道が丹後国宮津四万八千石から美濃郡上、越前大野両郡のうち四万八千石に封ぜられた。幕末幸哉の代に藩財政改革策として、調達金による借財整理、米札手形の発行、生糸専売制を行なったが、これに反対する農民の一揆、米札手形の下落と物価騰貴によって改革は失敗した。維新に際しては朝廷に帰順し、幕府領飛騨に出兵して功をあげ、一方非公式に江戸在府藩士有志の凌霜隊を会津若松へ派して戦わせた。明治四年（一八七一）廃藩置県に伴い郡上郡の藩領が郡上県となり、のち岐阜県に合併した。

郡上藩藩札
（一匁銀札）

参考文献　『郡上郡史』、太田成和編『郡上八幡町史』上、『岐阜県史』通史編近世上、高橋教雄『（凌霜隊戦記）「心苦雑記」と郡上の明治維新』（八幡町教育委員会、二〇〇二年）

（高牧　実）

藩校　藩主青山幸完の時天明年間（一七八一―八九）、学校が城下八幡柳町に設けられ講堂と称し、潜竜館と号した。同時に江戸青山上藩邸および小石川下邸内にも講堂が設けられ、江戸詰藩士子弟を教育した。のち慶応年間（一八六五―六八）に至り、校舎を八幡殿町に改築して文武両道を合一して兼修させ文武館と改称した。さらに明治二年（一八六九）のころ、学制を革新して集成館と改称した。学科ははじめ漢学のみであったが、文武館となってからは習字・習礼・兵学および諸武芸を加設教導した。生徒は八歳より入学するを原則とし、その数は明治維新前平均百五十名内外、維新後は寄宿生およそ三十名、通学生百八十名余であった。学風は終始朱子学を遵奉した。なお明治元年医学校が八幡町に創設せられ、主として洋学・医学を教えた。これらの藩校は同四年廃藩とともに廃校となった。

参考文献　文部省編『日本教育史資料』三、『郡上郡史』、笠井助治『近世藩校に於ける学統学派の研究』上（吉川弘文館、一九六九年）、伊藤信『（先哲事蹟）美濃文教史要』（三浦源助等、一九二〇年）、『岐阜県教育史』史料編近世

（笠井　助治）

幕末諸隊　郡上藩には数少ない佐幕派諸隊としての凌霜隊がある。官軍の東征が始まると、美濃郡上藩においても藩論は勤王方と佐幕方に分裂し、結局は官軍に勤王の誓紙を出すが、その一方で、藩は幕府方勝利の場合にも備え、内命をもって佐幕藩士隊を組織させた。これが凌霜隊である。江戸詰家老朝比奈藤兵衛の一子朝比奈茂吉（当時十七歳）を隊長とし、参謀速水行道以下江戸詰藩士三十九人の編成であった。明治元年（一八六八）四月十日に江戸本所中橋を出発。幕府歩兵奉行大鳥圭介軍に従い四月十六日・十七日の小山戦争に加わり勝利を収め、その後北関東の各地で官軍と戦闘。四月末に会津藩付属を認められ、九月四日にようやく会津城内に入り、官軍に抗戦した。同月二十一日会津落城とともに退城し、本隊は宇都宮・品川を経て、十一月十七日に郡上八幡に帰る。ここで禁錮処分を受け、のち明治三年二月に赦された。この隊の軍資金は、すべて藩が支給した。

参考文献　野田直治・白石博男編『（矢野原与七凌霜隊戦記）心苦雑記』（郡上史料研究会、一九六九年）

（高木　俊輔）

金森騒動《かなもりそうどう》　江戸時代中期、美濃国郡上藩領で起きた百姓一揆および石徹白社人間の抗争。郡上藩は藩財政逼迫を打開するため、宝暦四年（一七五四）七月定免制を検見取に改めるなどの貢租増徴政策をとった。これに反対する農民が各地で集会し、八月には城下に約千人が集まって十六ヵ条の嘆願書を提出した。藩庁は受理したかにみえたが、あらかじめ幕府勘

定奉行大橋近江守親義の了承と指導を得ていた江戸藩邸は、親義を通じて笠松(岐阜県羽島郡笠松町)の美濃郡代青木次郎九郎安清と協議し、翌五年七月郡内の庄屋を笠松に召喚して検見取を受諾させた。これを知った農民が強く反撥して集結し、そのなかの五十余人が秘かに盟約して江戸出訴を準備した。一揆の長期化に伴い藩庁の切崩しによって脱落者が続出し、脱落した寝村・寝者に対し一揆側の立村・立者が減って二十八ヵ村となった。同年十月江戸へ出た惣代四十人が十六ヵ条に加えて十七ヵ条の嘆願書を藩邸へ提出したが、捕えられて監禁された。十一月東気良村(岐阜県郡上市)長助など五人が老中酒井左衛門尉忠寿に駕籠訴を決行し、評定所は五人を審問した。

藩主金森頼錦は同六年九月帰国すると入牢者を釈放して懐柔をはかったが、それに力を得た立者が寝者との対立を強化し、千人余が城下に集合したのをはじめ各地で結集した。城下での暴動の首謀者として七年十二月西気良村(同)甚助が処刑され、翌八年立者がその連名帳を藩庁に奪われて窮地に陥り、四月歩岐島村(同)治右衛門らが評定所目安箱へ箱訴に及んだ。一方、当時越前領大野郡石徹白(同)の白山中居神社神頭職で両部神道・白川家に属する杉本左近に対し、神主上村豊前が吉田家に属して抗争し、豊前を援護する藩庁はその支配とすべく命じた。左近の藩庁・幕府寺社奉行への嘆願も効なく、五年の冬多数の社人が追放された。左近は六年八月老中へ駕籠訴し、七年十一月再び出訴、さらに八年七月評定所へ箱訴した。評定所は両件の審問を開始し、失政により頼錦改易、藩士も家老以下が処分され、農民・社人も多く厳罰に処せられ、さらに老中・若年寄・大目付・勘定奉行・美濃郡代など、幕閣や下役など前代未聞の処分が行われた。

[参考文献]　『郡上郡史』、『岐阜県史』通史編近世下、史料編近世二・四、野田直治・鈴木義秋『郡上藩宝暦騒動の基礎的研究』(岐阜県立郡上高等学校郡上史料研究会、一九六七年)、山田忠雄「宝暦―明和期の百姓一揆」(『日本経済史大系』四、東京大学出版会、一九六五年所収)、中田裕「郡上藩に於ける宝暦騒動の性格」(『岐阜史学』八)

(高牧　実)

黒野藩(くろのはん)

美濃国黒野(岐阜市)を藩庁とした小藩。外様。城持。斎藤竜興に仕えた加藤光泰が、のち豊臣秀吉の部将として軍功をあげ、小田原征討後甲斐国府中二十四万石に封ぜられて文禄二年(一五九三)に没し、その子貞泰が同四年四万石に減封されて美濃の黒野に入った。貞泰は関ヶ原の戦にはじめ西軍に属して犬山城を守備したが、のち東軍に帰順して大垣城に備え、水口城攻略に加わった功により封地を安堵された。慶長十五年(一六一〇)七月二万石の加増をうけて伯耆国米子城六万石に移封され、その後黒野は廃城廃藩となった。

参考文献　岐阜県教育会編『濃飛両国通史』、『岐阜県史』通史編近世上

（高牧　実）

上有知藩（こうずちはん）

美濃国上有知(岐阜県美濃市)を藩庁とした藩。外様。城持。上有知鉈尾山に居城した佐藤六左衛門秀方は、慶長三年(一五九八)当時二万五千石を領し、その子才治郎方政は同五年関ヶ原の戦に西軍に属して岐阜城で討死、同年飛驒国の領主金森長近が上有知・関二万石と河内金田三千石を加増され、飛驒国を養子可重に譲って上有知小倉山に築城して入った。同十三年長近が没し、その子長光が幼くして上有知二万石をついだが、同十六年十月六歳で病没したため嗣子がなく封を除かれた。上有知は幕府領となり、のち尾張藩領に編入され、上有知藩は廃藩となった。

参考文献　岐阜県教育会編『濃飛両国通史』、『岐阜県史』通史編近世上、『美濃市史』通史編上、横山住雄「佐藤氏三代の検証と小倉山城・鉈尾山城の評価」(『岐阜史学』一〇一、二〇〇五年)

（高牧　実）

関藩（せきはん）

近世初頭、美濃国関(岐阜県関市)にあった外様の小藩。藩主は大島光義。光義は、織田信長・豊臣秀吉に弓大将として仕え、慶長三年(一五九八)、秀吉から加増を受けて摂津国豊島・武庫、美濃国席田《むしろだ》、尾張国愛智・中島の五郡のうちに一万千二百石を領した。同五年、徳川家康に従って功をあげ、関ヶ原の戦後、加増されて美濃国加茂・武儀・各務・席田・池田・大野、摂津国武庫・豊島の八郡のうちに一万八千石を領した。同九年光義が没すると、遺領のうち、嫡子光成が七千五百石余、次男光政が四千七百十石余、三男光俊が三千二百五十石余、四男光朝が二千五百五十石余をついで、それぞれ旗本となり、廃藩となった。

参考文献　『岐阜県史』通史編近世上

（高牧　実）

曾根藩（そねはん）

美濃国安八郡曾根村(岐阜県大垣市)に城地を置いた、近世初頭の小藩。曾根城の最初の城主は伊予国河野氏の末裔である稲葉通貞とも、その孫一鉄(良通)ともいう。一鉄は土岐氏・斎藤氏に仕え、永禄十年(一五六七)織田信長に降り、氏家ト

全・安藤守就とともに美濃三人衆と称された。天正七年（一五七九）清水城に退去し、子の貞通が家督と曾根城を継いだ。同十年、貞通の子典通があとを継いだが、同十五年に豊臣秀吉の勘気を蒙って伊勢国朝熊に蟄居した。同十六年に貞通は郡上八幡城に移され、西尾光教が曾根城に入って二万石を領した。慶長五年（一六〇〇）関ヶ原の戦で光教は東軍に属して岐阜城・大垣城攻撃などに参加、戦後一万石を加増されて揖斐城に移った。曾根城は廃され跡地は田畑となったが、一鉄が母の菩提寺として建立した華渓寺が享保十九年（一七三四）本丸跡地に移建された。近年の発掘調査により一鉄時代の石列が検出されている。

参考文献　『岐阜県史』通史編近世上、『新修大垣市史』通史編一、『揖斐川町史』通史編、『岐阜県中世城館跡総合調査報告書』一（二〇〇二年）
（筧真理子）

高須藩（たかすはん）

美濃国高須（岐阜県海津市）に藩庁を置いた藩。松平氏高須藩は尾張藩の支藩。慶長五年（一六〇〇）の関ヶ原の戦で、高木盛兼（一万石）が守る高須城の攻略に功があった同国松ノ木城主徳永寿昌が、戦後高須藩五万六百余石に封じられた。二代昌重が寛永五年（一六二八）大坂城石垣普請の不始末により改易されたのち、一時幕領となった。寛永十七年に下総国関《せき》宿《やど》藩主小笠原貞信が入封し、二万二千七百七十七石を食んだ。貞信は城下の復興や治水に努めたが、たび重なる水害に悩まされて、願いにより元禄四年（一六九一）越前国勝山藩二万三千石に移された。その後また幕府直轄となったが、元禄十三年、尾張藩主徳川光友の次男松平義行が信濃国高取から移封され、美濃国石津・海西二郡に一万五千石、旧領信濃に一万五千石、計三万石を領した。以後高須藩松平氏は維新後同藩が尾張藩に合併して廃藩になるまで十四代続き、高須家あるいは江戸藩邸の所在地から四谷家ともいわれた。歴代藩主は義行・義孝・義淳・義敏・義柄・義裕・勝当・義居・義和・義建・義比・義端・義勇・義生。

なお本拠は、四代義敏時代の明和二年（一七六五）に高須から駒野（海津市）に移されたが、五代義裕治世下の安永七年（一七七八）にまた高須に戻されたという。高須藩は、今尾の竹腰《たけのこし》氏（尾張藩重臣）とともに尾張藩西辺の守りとなり、また、時に宗家を継ぐなど、尾張藩の支藩としての任を果たした。三代義淳は、宗家七代徳川宗春が将軍徳川吉宗と対立して元文四年（一七三九）に謹慎・隠居させられると、宗家を継いで名を宗勝と改めた。尾張藩中興の主といわれる。十代義建の三男武成は浜田藩主に、七男容保は会津藩主に、八男定敬は桑名藩主となっている。そして次男の義恕は宗家を継いで十四代となり、慶恕と称しのちに慶勝と改めた。この慶勝が、条約調印や将軍継嗣問題などで幕府と対立して、安政五年(一八五八)退隠を命ぜられると、十一代義比があとを継いで茂徳と名を改めた。なお茂徳はのちに一橋家を継いで茂栄と改称した。十三代義勇は、明治二年(一八六九)版籍奉還により知藩事に任じられ、同年病気により致仕して、義生があとを継いだ。翌明治三年十二月宗家尾張藩への合併を新政府に願い出て許可され、廃藩となった。近世を通じて高須藩は尾張藩によって支えられていたといえる。同藩の家老・郡代・番頭・用人などは尾張藩の同職が勤めたほか、尾張藩から毎年一定の米金が送られた。また、尾張藩が領内に課する堤銀は、高須藩領にも賦課され、そのかわりに用水・治水普請は尾張藩の手によって行われるなど、尾張藩からさまざまな援助があった。

参考文献　『高須旧記』、『藩屏年表・諸侯年表』二、『名古屋市史』政治編一、『岐阜県史』通史編近世上、林董一「支藩考—美濃高須藩の場合—」(『史学雑誌』七一ノ一一、一九六二年)

藩校　享保年中(一七一六—三六)に創建され、日新堂という。美濃国内では岩村藩の文武所についで古い藩校。創建時藩主下付の三百両を基金として、その利子を学資とした。天保期、藩主松平義建が「右文左武」の額を講堂に掲げて文武を奨励してから大いに振興したという。はじめ、城の西、瑞応院の北の地にあったが、文久年間(一八六一—六四)現在の市立高須小学校(海津市海津町高須)付近の地に移転増築されて、三百五十坪の地に建坪六十五坪の学舎となった。幕末期、教科書は四書五経のほか『日本外史』『皇朝史略』『左氏伝』『史記』『漢書』などであり、学科は、皇漢学・算術・筆道の三科で、入学は七～八歳から、学期は上中下の三等に分けて三年間であった。生徒数は寄宿生七十八人、通学生三百人前後であったという。おもな藩校教授として、寛政・文化のころに日比野秋江、ついで川内当当・森川謙山らがあげられる。

参考文献　文部省編『日本教育史資料』三、伊藤信『濃飛文教史』、岐阜県教育会編『濃飛両国通史』下、『海津町史』通史編下、笠井助治『近世藩校に於ける学統学派の研究』上(吉川弘文館、一九六九年)

（松田　之利）

高富藩(たかとみはん)

美濃国(岐阜県)高富に藩庁を置いた藩。譜代。陣屋持。歴代藩主は本庄道章・道矩・道倫・道堅・道信・道揚・道利・道昌・道貫・道美。初代道章は宝永二年(一七〇五)美濃国山

県・方県両郡で六千石の加増を受け、前からの采地千石と下野国三千石とを併せて一万石となり、美濃国各務《かがみ》郡岩滝を居所とする。同六年八月居所を同国山県郡高富に移す。七代道利は日光祭礼奉行・伏見奉行などを歴任した。九代道貫は天保十二年(一八四一)若年寄に任ぜられた。本庄家としては最初の幕府重職であるため、藩政に一段と留意し、陣屋前に目安箱を設けて民意の把握につとめた。弘化年間(一八四四—四八)に江戸藩邸に藩校「教倫学校」を設立した(明治以降に高富陣屋内に移転)。十代道美は明治元年(一八六八)朝廷に帰順し信州洗馬《せば》駅へ出兵、翌二年高富藩知藩事となり、同年の山県郡の騒擾を鎮撫した。翌三年、太政官から山県郡内五ヵ村の引渡しを受け、旧領下野国簗田郡の五ヵ村を館林藩に引き渡して管地の組替を終る。同四年の廃藩置県で高富県を設置。岐阜県の成立により同五年三月管地を移管した。

参考文献　『岐阜県史』通史編近世上・近代上、『高富町史』通史編、『岐阜県教育史』通史編古代中世近世・史料編近世

(加納　宏幸)

藩校　従来、藩士子弟は藩士学識者か招聘された藩儒の家塾などで修学していた。弘化年間(一八四四—四八)、藩主本庄道貫により、江戸藩邸に教倫学校が創設された。明治期になると、教倫学校は高富陣屋内に移転された。藩校は小規模であり、藩士は余暇に修学する程度のものであった。四書五経のほか、歴史や詩文が教授された。また、幼年者にも武術を兼修させていた。

参考文献　『岐阜県教育史』通史編、文部省編『日本教育史資料』三

(工藤　航平)

高山藩 (たかやまはん)

飛驒国(岐阜県)高山に藩庁を置いた藩。外様。城持。慶長五年(一六〇〇)金森長近は関ヶ原の戦の功により飛驒国三万八千石の所領を安堵されたほか、美濃国内で上有知《こうずち》・関二万石、河内国金田三千石を加増された。これより先、天正十八年(一五九〇)城郭の構築に着手し天神山の古城跡に本丸を定め、北方に広めて二ノ丸・三ノ丸・出丸を築き、慶長十年完成し歴代の居城となる。築城とともに新城下へ松倉(高山市)・鍋山(同)などの町人を移住させ、家臣を空町一帯に住まわせて高山町繁栄の基礎をつくった。また長近は茶の湯・蹴鞠をよくする風流人でもあった。二代可重は家臣長屋景重の子であるが幼時より長近に近侍して成長し、望まれてその養子となった。慶長十九年・元和元年(一六一五)の大坂冬・夏の陣に出陣し戦功をたてた。可重も養父同様茶の湯を好み、千利休の長子道安の高弟であった。ちなみに、可重の長子重近は

父の勘当を受けて京都に住み、隠退薙髪して宗和と号し茶道宗和流の祖として有名である。

三代重頼は新田や鉱山の開発に力を注いだ。吉城郡大村(飛騨市)の荒野十町歩を開拓し、また寛永十六年(一六三九)から三十年間神岡・茂住《もずみ》鉱山をはじめ、各地で開掘採鉱に成果をあげた。四代頼直は明暦三年(一六五七)の江戸大火の時、幕府へ檜の角材千本を上納している。五代頼業は若年で没したため主な事蹟はない。六代頼旹《よりとき》は領内支配強化のため、貞享三年(一六八六)に郡奉行代官心得、元禄三年(一六九〇)に領民取締書を出している。代官心得では百姓の生活に無駄をはぶいて農業に出精させ、未進百姓は徹底的に追求すること、持高に不相応な子沢山のために生計困難な者は、肝煎・組頭をして人減らしを考え、田畑稼ぎの方法を指導することを命じている。領民取締書では農民生活を衣食住から年中行事まで厳しく統制する十二ヵ条をあげている。元禄二年頼旹は将軍徳川綱吉の側用人に登用されたが翌年免職、同五年出羽国上山《かみのやま》へ転封となった(上山在城五年余で元禄十年美濃国郡上《ぐじょう》藩へ移封)。六代九十三年にわたった高山藩主金森氏の治政は終り、飛騨はすべて幕府の直轄地として明治維新まで続く。この転封にあたり領民は「先ほうゐん様(長近)以来代々御慈悲向一尽ニて飛騨百姓中続来候」と留任嘆願をした。転封理由については諸説あるが、幕府の重要鉱山を直轄化する政策や森林資源を確保する意図があったのではないかといわれる。元禄八年金沢藩主前田綱紀《つなのり》は、幕府から高山城の破却を命ぜられ、同年四月二十二日本丸三層櫓、五月十三日二ノ丸をこわし、六月十五日に破却は完了した。昭和六十年(一九八五)より高山市では高山城跡発掘調査を始め、本丸跡から風呂場、広間縁側の礎石が発見された。

参考文献　『岐阜県史』通史編近世上、『高山市史』、多賀秋五郎『飛騨史の研究』(濃飛文化研究会、一九四二年)、押上森蔵『金森氏雑考』(一九二二年)

(加納　宏幸)

多良藩（たらはん）

近世初頭に美濃国石津郡多良(岐阜県養老郡上石津町)に城地を置いた小藩。多良村は西美濃から伊勢に通じる要衝の地であった。伊勢亀山城主の関盛信の子一政は初め蒲生氏郷に属し、天正十八年(一五九〇)氏郷移封とともに陸奥国白川城主、文禄四年(一五九五)従五位下長門守となった。この間の天正十年から同十六年まで多良に住んだという。慶長三年(一五九八)信濃国飯山城主となり三万石を領したが、同四年には時・多良三万石が一政の知行分となっている。同五年の関ヶ原の戦では、初めは西軍に与して加藤貞泰・竹中重門らとともに犬山城を守備したが、八月の段階では東軍に転じ、井伊直政に属した。戦後、旧領の亀山城主に復し、同十五年に伯耆国黒坂城主となった。多良藩の領域、城の所在地ともに明らかではない。関ヶ原の戦ののち、時・多良は旗本高木家の所領となった。

参考文献　岐阜県教育会編『濃飛両国通史』下、『岐阜県史』通史編近世上、『上石津町史』通史編

（筧真理子）

徳野藩（とくのはん）

美濃国徳野（岐阜県可児《かに》市）に藩庁を置いた藩。外様。初代藩主平岡頼勝は小早川秀秋の家老であったが、関ヶ原の戦において秀秋内応を謀った前功により、慶長九年（一六〇四）徳川家康から美濃国内で一万石を与えられた。同十二年頼勝没後、嗣子頼資が襲封して承応二年（一六五三）没すると、頼資の子頼重は父の平素不行跡を理由に、遺領の相続が許されず、領地を収公されて廃藩となった。

参考文献　『岐阜県史』通史編近世上、『可児町史』、岐阜県教育会編『濃飛両国通史』（大衆書房、一九六九年）

（加納　宏幸）

苗木藩（なえぎはん）

美濃国苗木（岐阜県中津川市）に藩庁を置いた藩。外様、城持。慶長五年（一六〇〇）、遠山友政が関ヶ原の戦の功により、旧領の恵那郡内十一村・加茂郡内三十五村一万五百余石を与えられてから、以後十二代友禄までつづいた。歴代藩主は、友政・秀友・友貞・友春・友由・友将・友央・友明・友清・友随・友寿・友禄。初代友政は農民支配や荒廃田の再開発など藩政の確立に努めた。三代友貞も罪人を使って荒廃地を開墾させるなど開発に意を用いた結果、新田は累計で四千石を越えた。四代友春は、延宝八年（一六八〇）除封された内藤忠勝の志摩国鳥羽城地の受取りと在番、元禄十五年（一七〇二）には丹羽氏音の越後国高柳への移封に伴う岩村城受取りを勤めた。五代友由の時、大坂加番の足軽・中間徴発に関する規定や、幕府の慶安触書に准じた法度が出され、ついで六代友将時代に家中とくに足軽・中間など軽輩に対する質素倹約などを令した家中御条目が出された。友由は弟友央に五百石を分知したが、友央が七代藩主になった際、その五百石は上地となった。九代友清の時飛驒の大原騒動（安永騒動）が起り、鎮圧の兵を送った。

十代友随・十一代友寿の安永から天保の初め、たびたび家

臣団に対して武術を錬磨すべきことなどの心得が出されたほか、彼らの困窮救済仕法や倹約令が布達された。しかし、藩財政の窮乏は一層はなはだしく、天保四年(一八三三)から家中借上が再開され、十二代友禄は同十三年にすべての家臣から全額を借り上げ、新たな知行体系を設定し、嘉永期には人減しを実施するなどの対策を講じたが、窮乏打開には至らなかった。そうしたなかで、友禄は、文久元年(一八六一)—二年、元治元年(一八六四)—慶応三年(一八六七)若年寄に任じられた。友禄の時、明治四年(一八七一)七月十四日、廃藩置県により苗木県となり、同年十一月二十二日廃県となり美濃国一円を管下として新設された岐阜県に統合されて、翌五年旧管下の石高・段別を新県に引き渡した。

参考文献　『寛政重修諸家譜』第一三、内務省地理局編『藩屏年表・諸侯年表』二(柏書房、一九八四年)、橋本博編『大武鑑』、後藤時男『苗木藩政史研究』(中津川市、一九八二年)、『岐阜県史』通史編近世上

藩校　明治元年(一八六八)八月、那木御検馬場に、曾我多賀八(祐申)を教授世話方とし、八歳以上、有志者を集めて開かれた仮学校が、藩校日新館の始まり。藩主遠山友禄からの三百両余、領内村々からの五百両弱の醵出などにより、翌明治二年に日新館が落成。教科は文学・筆学・武術の三科であり、文学では本居宣長や平田篤胤などの国学教育が重視された。筆学はいろはの仮名文字から本居宣長の歌詞、『消息往来』『謹身往来』などが使われた。職員は、文学が教授・試補・世話役・照名司・座席司・訂正・扶読・児童指揮・洒掃指揮・給事・洒掃、筆学は師範・世話役・児長・児長代・同見習・給事・洒掃、武術は師範・世話役兼名簡簿司・助精・諸器差配・児童薪水差配・洒掃差配・薪水方・洒掃などであった。明治四年七月、廃藩置県により廃校となった。

参考文献　文部省編『日本教育史資料』三、水垣清『苗木藩校日新館沿革史』

(松田　之利)

福東藩(ふくつかはん)

近世初頭に美濃国安八郡福東村(岐阜県安八郡輪之内町)に藩庁を置いた小藩。福東城は十五世紀に福東益行が土岐氏の命により築城したと伝える。その後、十六世紀後半には市橋長利・長勝が城主となったが今尾城に転じ、天正十七年(一五八九)に丸毛《まるも》兵庫頭光兼(長照・長住とも)・三郎兵衛兼利(安職・兼頼などとも)が美濃国多芸郡大墳《おおつか》城から入部して二万石を領した。丸毛氏は美濃国南西部に勢力をもった一族で、斎藤氏・織田氏に仕え、信長没後は豊臣秀吉に従っている。慶長五年(一六〇〇)関ヶ原の戦で兼利は西軍に与し、大垣城の

後詰として福東城に在陣して揖斐川を経由する兵糧輸送の任を担ったが、八月十七日に市橋長勝・徳永寿昌らに攻められて落城、兼利は福東城を出て大垣城に入った。戦後、所領は没収され、福東城も廃された。城は揖斐川沿いの高台にあったと考えられ、「シロウラ」の小字名が残る。

参考文献　『岐阜県史』通史編近世上、『輪之内町史』

（筧真理子）

本郷藩（ほんごうはん）

慶長十二年（一六〇七）小早川秀秋の家臣稲葉正成が美濃国内に一万石を与えられて成立した藩。「本江藩」とするものが多く、『恩栄録』に「新知一万石　美濃本江」などとみえるが、美濃に本江の地名はなく、また正成の本拠は羽栗郡本郷（岐阜県羽島市本郷）であったとの『新撰美濃志』の記事などから推して、本江は本郷のことであろう。また『寛政重修諸家譜』六〇八には羽栗郡に九千石、旧地十七条に千石、計一万石とあるが、『慶長郷帳』や元和の『領知改帳』では羽栗・各務・中島・安八郡に一万石を与えられており、十七条（の内の千三石余）は正成の子に与えられているから、本藩を別名十七条藩ともいうとの説は疑問がある。『寛政重修諸家譜』によると、正成は元和四年（一六一八）松平忠昌に付属させられ、越後国糸魚川で一万石を加増され旧領と合わせて二万石を食んだが、同九年忠昌が越前国に転封になったとき辞して従わず、江戸に蟄居したというから、廃藩は元和九年とも受け取れるが、彼の采地のほとんどは元和五年に尾張藩領になっているので、同藩は元和四年までと考えられる。なお正成は十七条城の林政秀の子で、稲葉一鉄次男重通の娘婿となって稲葉氏を称し、重通の娘である妻の没後に娶ったお福がのちの春日局。

（松田　之利）

静岡県

安倍谷藩（あべのやはん）

駿河国（静岡県）にあった藩。安倍藩ともいわれていたらしい。通常は駿河府中藩と呼ばれていて、安倍谷という呼称は諸記録に散見するが、それにあたる場所は捉えにくい。駿河府中つまり駿河国安倍郡を本拠とした大名は、今川氏や五ヵ国支配中の徳川家康を除くと、天正十八年（一五九〇）から慶長五年（一六〇〇）までが豊臣秀吉の腹心中村一氏。中村が伯耆に移封させられると、伊豆韮山から内藤信成（譜代・城持）の四万石。内藤が同十一年近江長浜に転封させられると、家康はここを隠居所と定め駿府城を修築、ここに移り住んでいわゆる駿府政権を樹立していた。同十四年になると徳川頼宣（親藩・御三家・城持）を常陸水戸から移し、五十万石を与えていた。元和五年（一六一九）頼宣が紀伊和歌山に移るとしばらく廃藩。寛永二年（一六二五）から駿河大納言忠長（譜代・城持）が甲府から移されてきたが、同九年除封されると、以後は駿府城代の支配に委ねられていた。明治元年（一八六八）大政を奉還した徳川家は、田安亀之助（家達）を江戸から駿府七十万石として移して立藩し、府中は不忠に通ずると忠告する者があり、府中を静岡に改め、静岡藩と呼ばれ、廃藩置県までつづいた。なお静岡は市名、県名にもなった。

参考文献　『静岡市史』、中村孝也『徳川家康文書の研究』上（日本学術振興会、一九八〇年）、藤野保『新訂幕藩体制史の研究』（吉川弘文館、一九七五年）

（若林　淳之）

井伊谷藩（いいのやはん）

遠江国（静岡県）井伊谷に藩庁を置いた藩。藩主は近藤秀用。石高一万七千石。秀用は今川義元の死後、徳川家康を三河から遠州にひき入れる中心的役割を果たした。井伊谷三人衆の一人。のち井伊谷地方に栄えた旧来からの武将井伊正親・直政に属し、小田原城の攻略に武功をあげた。家康の関東入部には井伊氏に従い上州箕輪に移る運命にあったがこれを嫌ったため、直政の追及をさけ、伊勢にかくれていたが、直政の死後将軍徳川秀忠に召し出され旗本に列した。大坂の陣での功積が認められ、相模で一万石を加増され大名となった。元和五年（一六一九）徳川頼宣が紀伊に移されたのを機に、上野・相模などの領地を井伊谷に移すことを願い、許されてここに移った。間もなく二千石が加増されて合計一万七千となったが、当時諸藩に仕えていた子弟を井伊谷に呼びもどし、一万七千石を分知して井伊谷五近藤となった。子季用の金指近藤(浜松市引佐町)三千石、用可の気賀近藤(浜松市細江町)五千三百石、弟用尹の花平近藤(浜松市引佐町)五百石を分知、本家筋は井伊谷近藤(用義)であった。

一方、気賀近藤は弟に二千石を分知、大谷(浜松市三ヶ日町)に陣屋をおく大谷近藤とした。かくて、井伊谷藩は旗本分知の形式で解体をした。この分知がどういう理由によるか明らかではないが、姫街道気賀関の警備と関係があるようである。またこれら五近藤のうち金指近藤の登之助の江戸での生活、また気賀近藤の琉球藺の導入、栽培奨励、また浜名湖北岸の開拓にかかわり黄檗宗の帰化僧独湛を招いて初山法林寺の建立など、旗本とはいえ大名的な領国経営が展開されているのには注目してよい。けれども旗本の財政不如意はいずこも同じで大谷に陣屋を構えた大谷近藤は、幕末になると内野近藤とかわるのであるが、それは遠江国長上郡内野村(浜松市)に住む豪農(商)横田家の宅が陣屋化したことによるものであった。大名領から旗本領への分知という異例の解体コースをたどるのが井伊谷藩であった。

参考文献　若林淳之「旗本領の研究―井伊谷五近藤を中心に―」(『静岡大学教育学部研究報告』人文・社会科学篇一六、一九六六年)

(若林　淳之)

小島藩 (おじまはん)

駿河国(静岡県)小島を藩庁とした藩。庵原《いはら》郡小島村小島(静岡市清水区小島)に陣屋を構えていた一万石の小藩で、藩主は三河十八松平の一家滝脇松平である。滝脇松平氏(大給松平の分家筋)は五代正勝のときから徳川氏に属し、重信(松平家信次男)の代になって幕府内で認められ、書院番・大番などの番頭や駿府城代を歴任。ついで信孝(松平典信庶長子)になって小性組・書院番などの番頭をつとめ若年寄にすすみ、武蔵・上野国で四千石を加増され、それまでの知行高と加増分と合わせて一万石となり菊間詰の大名に昇進。信治(戸田重恒次男)の元禄十一年(一六九八)駿河国有渡《うど》・庵原・安倍三郡に領地を移され、翌十二年領地朱印が交付。宝永元年(一七〇四)城地を小島に定めて移り、領地支配にあたった。以来幕末までつづき、明治元年(一八六八)徳川宗家の駿河移封に伴い上総桜井に転封して廃藩。この間小藩であるがための矛盾が激発、領内百姓をもって構成する「譜代足軽制・足軽仲間制」の採用とかあるいは領内百姓の激しい反発を招いた「生籾《なまもみ》五《ご》分摺《ぶずり》」の方法という年貢増徴策の採用、また駿河半紙の生産を村々に対し、紙年貢の徴集など、注目すべき藩政の展開を見た。また江戸で浮世絵師・黄表紙作者として名のある恋川春町、また狂歌師としては酒上不埒《さけのうえのふらち》といった実名倉橋格はこの小島藩の藩士である。

参考文献　『静岡県史』通史編三、『清水市史』一、『寛政重修諸家譜』第一、若林淳之「小島藩の研究」(『地方史研究』一四ノ一、一九六四年)

(若林　淳之)

掛川藩(かけがわはん)

遠江国(静岡県)掛川を藩庁とした藩。掛川城に拠る今川氏真と、その被官朝比奈氏らを破った徳川家康は、元亀二年(一五七一)石川家成を掛川に配して遠州経営の拠点としていた。天正十八年(一五九〇)家康の関東移封により石川氏も関東に移った。かわって豊臣秀吉の臣山内一豊がこの城主となった(公称五万石)。関ヶ原の戦ののち山内氏が土佐に移封されると、慶長六年(一六〇一)松平定勝が入封、以後掛川は徳川家の譜代大名の城地として栄えた。掛川を城地とした譜代大名は、入封時で示すと次のとおりである。㈠松平(久松)定勝、慶長六年、三万石。㈡安藤直次(徳川頼宣付家老)、元和三年(一六一七)、二万石余。㈢松平(久松)定綱、元和五年、三万石。㈣朝倉宣正(徳川忠長付家老)、寛永二年(一六二五)、二万六千石。㈤青山幸成、寛永十年、二万六千石。㈥松平(桜井)忠重、寛永十二年、四万石。㈦本多忠義、寛永十六年、七万石。㈧松平(藤井)忠晴、正保元年(一六四四)、三万石。㈨北条氏重、慶安元年(一六四八)、三万石。㈩井伊直好、万治二年(一六五九)、三万五千石。(十一)松平(桜井)忠喬、宝永三年(一七〇六)、四万石。(十二)小笠原長熙、正徳元年(一七一一)、六万石。(十三)太田資俊、延享三年(一七四六)、五万石。これら

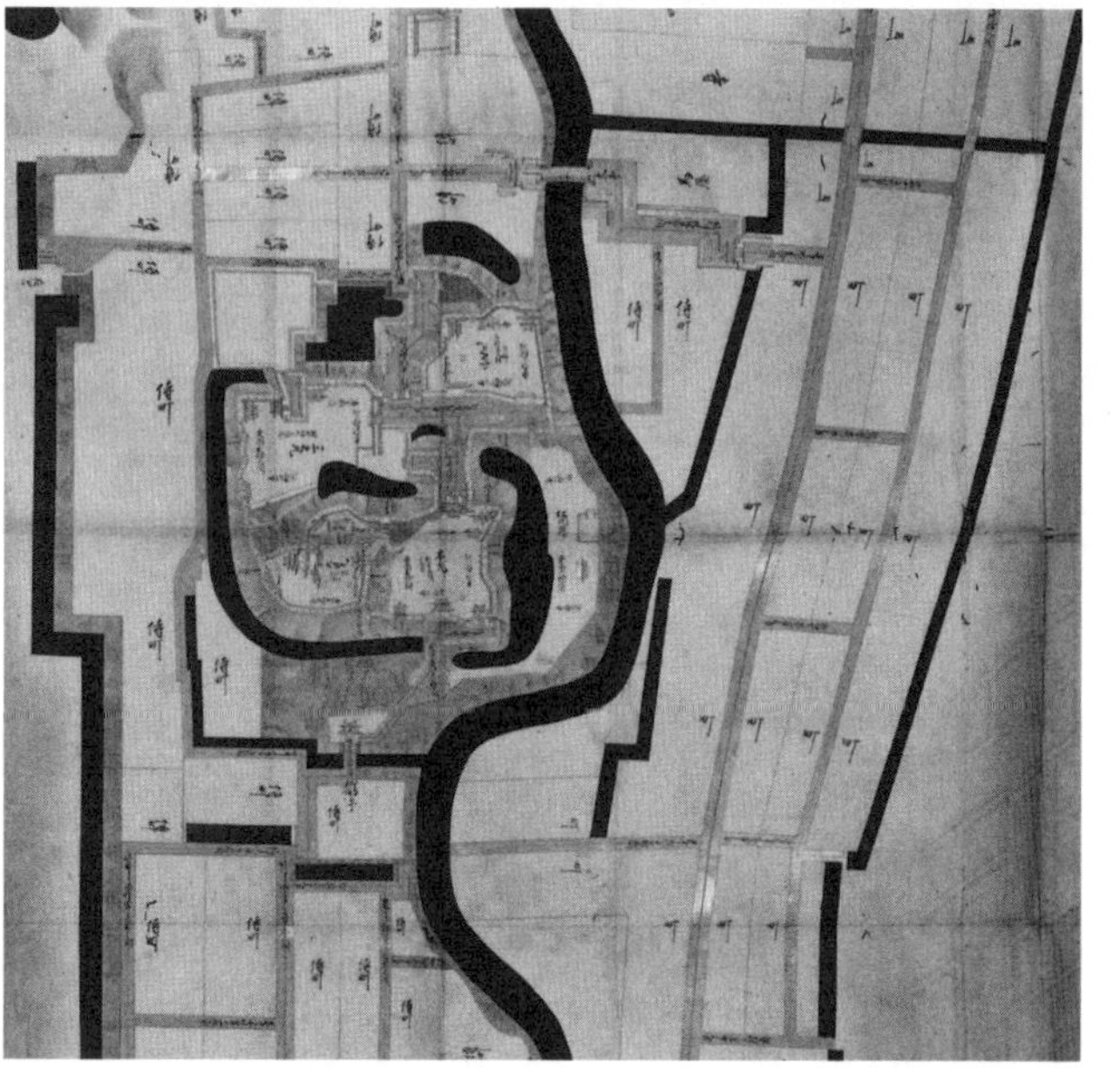

遠州掛川城絵図部分(正保城絵図より)

のなかで最も長く掛川藩主の地位にあったのは太田氏で、資俊・資愛・資順・資言・資始・資功・資美と継ぎ、明治元年（一八六八）に至る。

　掛川藩政といえば、わずかにこの太田氏の在任年間においてのみ語ることができる。太田氏五万石余の領地は、掛川周辺に集中していたが、その一部は遠く伊豆国賀茂・那賀郡下にも分布していた。また掛川を中心とする領地は東手・中手・西手および山手などと村々を区分して郡奉行をその支配にあたらせていた。幕末期になると豪農・豪商の出自である者を、地方御用達に任じ、この地方御用達が郡奉行にかわる地方村落の支配代行していた。一方、藩内の産業には葛布の生産があり、また山手の村々を中心に茶の生産もみられた。これら諸産業の発達に対応して、遠州川崎港（榛原郡榛原町）を掛川藩の外港として整備をしていた。資愛は藩内の学芸の興隆を意図し、享和年間（一八〇一―〇四）に藩校徳造書院（はじめ北門書院）を開き、松崎慊《こう》堂ら著名な儒者を招いてその指導にあたらせたこともあって、領内外に文運は高まり栗田土満・石川依平らの国学者が活躍した。また藩政の展開と農村とのかかわりのなかで、佐野郡倉真《くらみ》村に住む岡田家などは、佐平治清忠の代に至り、家政改革の手段として報徳運動に関係、特に嘉永元年（一八四八）安居院《あごいん》庄七と接触、安居院の説く報徳社の創立、および稲の縄規《じょうぎ》植、麦栽培における七踏七耕七糞の法などを導入したことが契機となり、家政改革から村づくり、さらには藩政改革にも反映して藩政に活を与えていた。資愛・資始は老中の列に入り幕政の推進者ともなっていたが、明治元年九月徳川家達の駿遠両国への移封に伴い、その領地を上知、代知を上総国で与えられて、上総柴山に移り、掛川藩は廃された。

参考文献　斎田茂先・山本忠英他編『掛川志稿』、『掛川市誌』、『島田市史』中、『静岡県史』通史編三、『掛川市史』上、『幕末掛川藩江戸藩邸日記』（『清文堂史料叢書』七四、清文堂出版、一九九五年）
（若林　淳之）

藩校　藩主太田資愛は藩士子弟教育に意をとどめ、享和二年（一八〇二）城内北門の傍に文武の教場稽古所北門書院を設け、林述斎門下の逸材松崎慊堂を聘して教授させた。ついで弘化元年（一八四四）に徳造書院、万延元年（一八六〇）教養館と改称した。また江戸上藩邸内に拭目館、下邸内に曙戒堂を設け、慊堂門下の海野石窓をして在府の藩士子弟を教導させた。明治元年（一八六八）藩主資美は上総国へ移封されるに及び学校を同国武射郡松尾に移し規模・内容を拡充した。学科は創設以来漢学・習字・習礼の三科および弓馬・槍剣・柔術などの諸武芸であったが、明治維新ののち和学・洋学・医学・

算術を加設して時代の要請にこたえた。生徒は八歳で入学し二十歳で終業する規定であったが、その後も研修を続行するよう奨励していた。庶民の入学志望者は試験の上でこれを許した。生徒の数は前後を通じ年平均百五十名内外、維新後は庶民も多く加わって二百十名余。徳造書院の学風は慊堂の流れをくんで折衷学を遵奉してきた。この藩校は明治五年廃校された。

参考文献　文部省編『日本教育史資料』二、千葉県教育会編『千葉県教育史』一、静岡県立教育研修所編『静岡県教育史』通史篇上、笠井助治『近世藩校に於ける学統学派の研究』上(吉川弘文館、一九六九年)

(笠井　助治)

掛塚藩(かけづかはん)

遠江国掛塚(静岡県磐田市)に陣屋を置いた譜代藩。藩祖である加々爪直澄が徳川家光のもとで御小姓を務め、二千石を与えられた。寛永十八年(一六四一)、父忠澄が死去すると、その家督と所領九千五百石を継いで、一万千五百石を領する大名となり、掛塚藩を立藩した(このとき弟信澄に千石、定澄に五百石を分与)。その後、直澄は寛文元年(一六六一)に寺社奉行に就任し、同八年には三千石を加増された。この加々爪氏の祖加々爪政定は今川範政の猷子となった人物で、のちに上杉満定の養子として迎えられたため、はじめは上杉氏を名乗る家柄であった。延宝七年(一六七九)に直澄が隠居したあと直清があとを継いだ。ところが、天和元年(一六八一)二月、旗本成瀬吉右衛門正章の所領との境界をめぐって、双方の百姓たちが争う事件が発生した。その落ち度が問われ、所領は没収され廃藩となった。

参考文献　『断家譜』、『寛政重修諸家譜』第一二

(佐藤　宏之)

川成島藩(かわなりじまはん)

駿河国川成島村(静岡県富士市)に陣屋を置く譜代藩。代々大身の旗本本郷泰固《やすかた》が、安政四年(一八五七)に側衆から若年寄に昇進したことにより、それまで領していた駿河・武蔵・上総国などの七千石に、同年八月二十八日、三千石が加増され、あわせて一万石となって立藩した。本郷氏が歴史上に登場するのは、織田信長・徳川家康に仕えたといわれる信富・頼泰のころからである。頼泰のあとを継いだ勝吉は、家康・秀忠・家光に仕え、武蔵国入間・橘樹、上総国市原・長柄、甲斐国八代郡など、三ヵ国五郡内で二千三百石が与えられた。泰勝を経て久泰は小普請から書院番になり、それに伴い甲斐国八代郡下の領知を駿河国富士郡に移された。久泰のあとは

政泰・知泰・三泰・泰行・泰久と続き、泰固に至る。その間、天保十三年(一八四二)に千石、弘化二年(一八四五)に二千石、嘉永四年(一八五一)に二千石と三度の加増があった。この泰固は「思召不応」との理由で、安政五年には御役御免、五千石削減となったため、同六年十月二十七日、わずか二年で廃藩となった。

参考文献　『続徳川実紀』

(佐藤　宏之)

久能藩(くのはん)

遠江国久能(静岡県袋井市)に藩庁を置いた藩。久能藩は久野藩とも書く。戦国時代には今川氏の被官久野三郎左衛門忠宗ら久野一族の居城であった。久野一族のうち久野宗能は徳川家康に仕え遠州経営の一翼を担っていた。宗能は家康の関東入部に従い、下総佐倉に移った。そのあとは豊臣秀吉の臣松下之綱がここに入り一万六千石を領した。下総に移った久野氏は慶長元年(一五九六)宗能は隠居し(入道名宗安)、宗朝の代となっていたが、宗朝横死が理由で改易された。しかし同八年になると、家康は宗能の旧功を称え、久能に八千五百石を与えて返り咲かせた。このため久能に在城していた松下之綱の子重綱は常陸小張に移封。同十四年宗能が没するとしばらく廃藩、元和五年(一六一九)北条氏重が下野富田より入封一万石。この北条氏が寛永十七年(一六四〇)下総関宿に移封すると以後廃藩となる。

参考文献　『寛政重修諸家譜』第七・八・二一、中村孝也『徳川家康文書の研究』(日本学術振興会、一九八〇―八二年)、同『家康の臣僚』(碩文社、一九九七年)

(若林　淳之)

久能藩(くのうはん)

駿河国有渡郡久能山麓根古屋(通称久能、静岡市)にあった藩。この根古屋の北には有渡山塊の独立峰久能山(標高二一九メートル)があり、ここには国宝の指定をうけている久能寺経を所蔵していた天台宗久能寺があった。永禄十二年(一五六九)駿河に進出した武田信玄は、久能寺を同郡矢部(静岡市清水区村松)に移し(現鉄舟寺)、ここを久能城とした。この久能城は武田氏滅亡とともに自然廃城となった。慶長十一年(一六〇六)十二月徳川家康は、当時上野国館林の榊原康政のところで、病気療養のため閑居していた榊原清政を召し出し、駿河の久能は要害の地であるとして、その守衛を命じた。清政は家康の命に従い同十二年久能に赴き、廩米五千俵が与えられた。駿河に久能藩があり、また久能藩が成立したといえばまさにこの時のことである。清政は老齢のため同年五月没し、照久が嗣いだ。照久は有渡郡下で千八百石が与えられ久能城の守衛にあたっていたが、元和二年(一六一六)家康は没し、その霊柩が久能山におさめられるともっぱらその祭祀を司っていた。家康の霊柩が日光に遷されたのちも久能にとどまり、ここに営まれた霊廟および東照宮の守衛にあたる。この間照久は従二位に昇進。照久の嗣子照清は越中守に叙任、与力六騎、同心三十人があずけられ以後代々祭祀役は免ぜられたが、もっぱら霊廟と東照宮の警備にあたっていた。

参考文献　『寛政重修諸家譜』第二、中村孝也『家康の臣僚』(碩文社、一九九七年)

(若林　淳之)

興国寺藩(こうこくじはん)

江戸時代の初頭、駿河国駿東郡興国寺(静岡県沼津市根古屋)を藩庁とした藩。譜代。藩主は天野三郎兵衛康景。天正十八年(一五九〇)徳川家康の関東入部に伴い、下総国大須賀三千石を与えられた康景は、慶長六年(一六〇一)二月一万石の大名に取り立てられ興国寺に封ぜられた。一万石の領地は駿河国富士郡須津七ヵ村で三千九百六十九石余と、駿東郡興国寺二十三ヵ村で六千三十一石余が与えられていた。興国寺は戦国時代末、今川氏の領国の最東端に位置する拠点で、延徳三年(一四九一)堀越公方足利政知の子茶々丸事件にかかわり、伊豆韮山に移った北条早雲も、その直前までここの城主であった。今川氏が滅びると武田氏の手中に入ったこともあったが、武田氏滅亡後は、その戦略的地位も低下して廃城同然であった。興国寺に封ぜられた天野康景は岡崎三奉行の一人で、「どちへんなしの三郎兵衛」といわれ、公平無私の人柄は多くの人々から親しまれていたが、慶長十二年(一六〇七)天野の足軽が天領の百姓の建築資材などの窃盗事件にかかわる傷害事件でその制裁は私的なものだという幕府と対立したが、私的ではないという主張をまげず嗣子とともに逐電したという。同年以降廃藩となる。

参考文献　中村孝也『徳川家康文書の研究』(日本学術振興会、一九八〇―八二年)

(若林　淳之)

相良藩(さがらはん)

遠江国(静岡県)相良を藩庁とした藩。譜代の小藩であるが、明和四年(一七六七)―天明七年(一七八七)田沼氏(意次・意明)の藩であったことは有名。相良は藤原為憲流の相良周頼が居住、館を構えたことに始まるといわれ、周頼五世の孫頼景および子長頼らは源頼朝に従い、行賞として建久九年(一一九八)肥後国球磨の地頭に補せられた、この人吉相良氏の本貫である。天正四年(一五七六)武田勝頼は遠州経略の拠点高天神城を支える城として相良城を興した。『高天神記』に「湊の脇に城取有高坂弾正縄張也」と伝えているが、湊に主眼を置いた城らしい。武田氏が滅びると徳川氏の領有するところとなり、家康は鷹狩の時に用いる相良御殿をこの城跡に置いたと伝えられている。

相良に近世大名が配置されたのは宝永七年(一七一〇)のことで、この年三河国伊保から寺社奉行本多忠晴(陣屋持)が入封(一万石)、忠通を経て忠如の時、延享三年(一七四六)陸奥泉へ移り、陸奥泉から板倉勝清(若年寄、陣屋持)が入封した(一万五千石)。勝清は加増(二万石)されて城持格になり居所を拡張整備したが、寛延二年(一七四九)上野安中へ転じた。かわって三河挙母《ころも》から本多忠央(陣屋持)が入封したが(一万石)、宝暦八年(一七五八)郡上八幡《ぐじょうはちまん》藩事件にかかわり除封、明和四年田沼意次の入封となった。この年側用人となった意次は、遠江国榛原・城東二郡で五千石の加増をうけ(二万石)、相良に居城を築くこととなった。その後意次は老中に就任して遠江・駿河・三河・和泉・河内国等々で年々加増され、五万七千石の大名となったが、天明六年(一七八六)老中を罷免され、翌七年意次の孫で家督をついだ意明は減封されて陸奥国内に去った。この間、意次により明和六年から築城が開始され、大手門・櫓・本丸などを順次完成させていったが、意次が老中を罷免されるに及び、翌天明七年城地は没収され、松平定信の命により城は完全に破壊されてしまった。このため相良城の縄張りなどは知ることができない。文政六年(一八二三)田沼意正陸奥国内から再度相良に入封(一万石)、意留・意尊を経て明治元年(一八六八)上総小久保に転封。相良には田沼時代仙台藩主伊達重村の助力によってできたという仙台河岸がある。また東海道藤枝宿の西から分岐して相良に通ずる通称田沼街道の開発など意次の権労をしのばせている。

参考文献　『田沼侯開城記』(『静岡県榛原郡誌』)、川原崎次郎『編年相良町史』、『静岡県史』通史編三・四

(若林　淳之)

下田藩(しもだはん)

十六世紀末、伊豆国(静岡県)下田に一時置かれた譜代小藩。天正十八年(一五九〇)徳川家康の関東入部に伴い、新領国の知行割がなされ、伊豆国では下田に戸田三郎左衛門忠次が封ぜられた。封地は稲生沢川流域の五千石と考えられ、居館は下田(現海善寺)に設けられた。忠次は慶長二年(一五九七)この地に没し、嗣子土佐守尊次が同六年三河国田原に移封され、下田は彦坂小刑部元正支配の天領となった。なお、三代下田奉行石野八兵衛が建立した戸田忠次の墓碑が泰平寺境内にある。

参考文献　平井平次郎・森義男『下田年中行事』(長倉書店、一九四七年)、高橋広明「伊豆における近世初期―徳川検地に関する研究ノート―」(『田文協』五、一九八〇年)

(高橋　敏)

駿府藩(すんぷはん)

駿河国駿府(静岡市)を藩庁とした藩。府中藩あるいは安倍藩ともいい、明治二年(一八六九)からは静岡藩という。天正十年(一五八二)織田信長に従って甲斐の武田勝頼を滅ぼした徳川家康はその功績が認められ、家康による三河・遠江・駿河・甲斐・信濃五ヵ国支配が始まった。当初は浜松城を拠点としたが、天正十四年駿府に移り、五ヵ国総検に象徴される領国経営に専念した。しかし天正十八年豊臣秀吉の小田原征討に従い、同年七月小田原城に拠る後北条氏が降伏すると、家康にはこれまでの五ヵ国にかえて関東が領地として与えられ、家康は五ヵ国に拠る家臣団ともども移封した。同年家康関東入部後駿府に入ったのは、豊臣系の大名で泉州岸和田にいた中村一氏であった。石高は十四万五千石。一氏は老臣横田村詮を用い、領国経営につとめ、大井川の付替え工事したという(大井川に突き出した牛尾山のつけ根部分を掘り割り、それまで金谷寄りに流れていた大井川を島田寄りに流し、新田開発につとめた)伝承がある。また慶長四年(一五九九)領内村々に検地を実施したことは『横田村詮法度』(『静岡県史料』一―三)の存在によって知られている。慶長五年関ヶ原の戦に家康に協力したことにより、同年十一月中村氏は伯耆国米子に移され、翌六年二月内藤信成が伊豆韮山より入封した。石高は四万石。

慶長十一年将軍職を秀忠に譲った家康が駿府を菟《と》裘《きゅう》の地に定めたことから、信成は近江国長浜に転じ、同十二年から大御所家康がここに移った。慶長十四年十二月になると徳川頼宣が常陸水戸から五十万石で入封した。しかし頼宣が家康とともに駿府に居たかどうかは疑問も残るところから、頼宣はとりあえず遠江国横須賀の城に入り、家康の死後、元和二年(一六一六)六月駿府に入ったという説もある。元和五年七月頼宣は紀伊和歌山に転封した。頼宣転封後は廃藩状態であったが寛永元年(一六二四)徳川忠長(駿河大納言)が甲斐から五十万石余で入封した。忠長は三代将軍家光と将軍職を争った間柄である。そのためか領国経営には斬新なものがあった。すなわち大井川に舟橋を架したり、神獣といわれた領内丸子山の野猿を退治したり、さらには駿府の町中に点在する寺社の朱印地は、城下町経営の障害であるとして郊外に移動させようとしたことなどから、寺社勢力の厳しい反感を買い、やがてそれが忠長狂暴発狂説に発展し、同九年除封された。以後は駿府城代や同町奉行が置かれ、その管するところとなっていた(なお駿府城代には五千石クラスの上身の旗本があてられるのが通常で、幕末政争激化のころ駿州田中藩主本多氏が城代にあてられたことは例外である)。

明治元年戊辰戦争で朝敵となった徳川氏は、田安家の亀之助(家達)が宗家を相続し(同年閏四月)、駿河府中に封じ駿河・遠江・三河(はじめ陸奥)三国で七十万石が与えられることとなり(同年五月二十四日)、八月入封した。同藩は、明治二年、向山黄村らの建策を入れ、府中は不忠に通ずるとの理由で府中を静岡と改称し(藩名も)維新政府に恭順の姿勢をとりつつ、富国強兵策をも推進していた。すなわち、幕臣中の俊秀をもって教授陣を構成して駿府学問所や沼津兵学校で人材の育成を図り、また渋沢篤太夫(栄一)らに商法会所(のち常平倉会所)を開設させて殖産興業を先導させたり、多数の無禄移住の士族らには牧ノ原などの開墾にあたらせ、当時の輸出品第二位であった茶の栽培を奨めたりなど、その施策には目ざましいものがあった。しかし明治四年七月、廃藩置県により静岡藩は立藩後わずか三年余で廃藩となった。

参考文献　『静岡県史』通史編三・五、資料編一六、原口清『明治前期地方政治史研究会』上・下(塙書房、一九七二・七四年)、飯島千秋「静岡藩の成立と財政」(『徳川林政史研究所紀要』昭和五十五年度)

(若林　淳之)

田中藩(たなかはん)

駿河国田中(静岡県藤枝市)に藩庁を置いた藩。譜代の中小大名が配された。天正十年(一五八二)三月、田中城は徳川家康の手中に帰し、同十八年家康が関東に移ると、豊臣秀吉の臣中村一氏の支配に属し、さらに慶長五年(一六〇〇)中村一氏が米子に移るとともに、家康譜代の中小大名の城地にあてられた。徳川頼宣や駿河大納言忠長の支配下にあったこともあった。ここに封ぜられた大名家は以下の十二家を数える。酒井忠利(慶長六年武蔵より、一万石、十四年武蔵川越へ)。松平(桜井)忠重(寛永十年(一六三三)上総佐貫より、二万五千石、十一年五千石加増、十二年遠江掛川へ)。水野忠善(寛永十二年下総山川より、四万五千石、十九年三河吉田へ)。松平(藤井)忠晴(寛永十九年新封、二万五千石、正保元年(一六四四)遠江掛川へ)。北条氏重(正保元年下総関宿より、二万五千石、慶安元年(一六四八)遠江掛川へ)。西尾忠昭(慶安二年常陸土浦より、二万五千石、延宝七年(一六七九)忠成信濃小諸へ)。酒井忠能(延宝七年信濃小諸より、四万石、天和元年(一六八一)除封)。土屋政直(天和二年常陸土浦より、四万五千石、

貞享元年(一六八四)大坂城代へ)。太田資直(貞享元年大坂城代より、五万石、宝永二年(一七〇五)資晴陸奥棚倉へ)。内藤弌信(宝永二年陸奥棚倉より、五万石、正徳二年(一七一二)大坂城代へ)。土岐頼殷(正徳二年大坂城代より、三万五千石、享保十五年(一七三〇)頼稔大坂城代へ)。本多正矩(享保十五年上野沼田より、四万石、明治元年(一八六八)正訥安房長尾へ)。

田中藩を代表する大名家は七代約百四十年在封した本多家で、歴代藩主は正矩・正珍・正供・正温・正意・正寛・正訥、その四万石余の領地のうち城付領約三万石は駿河国志太郡・益津郡下にあり、飛地約一万千五百石余は下総国(現在の千葉県柏市付近)にあった。本多氏の時代、文化十三年(一八一六)閏八月に襲来した大暴風雨による未曾有の不作から、同年十一月村々の百姓が年貢の減免を求め全藩的一揆が起った。この時増田五郎右衛門を中核とした義民伝承が成立した。田中藩でも天保期に入ると改革を実施した。改革の中心は農業生産性の向上で、そこには大蔵永常の影が見えがくれしていた。大蔵永常の著作といわれる『端手之図』『五穀菓菜雌雄図説』が村々に見られ、また永常の『除蝗録』はこの地の百姓によってに開発された浮塵子《うんか》の駆除法にかかわるものであるという。藩校は日知館といい、天保八年(一八三七)、『御陵私記』二巻の著者である儒者熊沢惟興を中心にして創設されたものである。明治元年七月、駿府藩の成立により本多正訥は安房長尾に移封され、田中藩は廃藩となった。

参考文献　『静岡県史』通史編三・四、『藤枝市史』、若林淳之『静岡県の歴史』(『県史シリーズ』二二、山川出版社、一九七〇年)

(若林　淳之)

藩校　藩主本多正意の代になると、田中藩教学の振興がなされた。天保五年(一八三四)、藩政改革の一環として、藩主正寛により学問所および諸稽古所が設立され、同八年には日知館が創設された。折衷学派の石井縄斎が藩士指導に活躍するなど、朱子学を正統としながらも、古註学・折衷学の影響下にあり、弘化四年(一八四七)に芳野金陵が藩儒となると、折衷学に学統が改変された。当初、日知館では武に重点が置かれ、多くの武術指導が行われた。万延元年(一八六〇)には芳野の建言により、江戸藩邸にも日知館が創設された。

参考文献　『静岡県史』通史編四、『藤枝市史』上

(工藤　航平)

韮山藩(にらやまはん)

伊豆国韮山(静岡県伊豆の国市)に藩庁をおいた譜代藩。藩主は初代のみで、内藤信成《のぶなり》。韮山城を居城とした。当時の殿

席は不明。なお、当藩は厳密には藩とは呼べない。これは信成が韮山にいた期間は、豊臣大名としての徳川氏の領国下という期間にあたり、家康家臣である信成の韮山藩は江戸藩に含まれるべきである。しかし、諸書で取り上げられていることから、ここでは参考までに記述する。天正十八年(一五九〇)八月、信成は家康の関東入部に伴って、甲斐国常光寺城(山梨市)六千石から加増され、一万石で韮山城に入部した。ここでの当面の目標は、小田原陣の影響ですこぶる荒廃した領内村落を復興させることであった。入部翌年の十九年正月には、郷中に対して荒地の石盛引き下げと同年秋までの諸役免除の達書を出している(「杉崎家文書」)。その後文禄四年(一五九五)から、順次領内に検地を実施しており、慶長四年(一五九九)までに十四ヵ村で検地の実施が確認できる。また、信成は同八年に従五位下豊前守に叙任されたとされているが(『寛政重修諸家譜』)、同二年ころから豊前守の使用を確認できるとの指摘がなされている。同六年、関ヶ原後の全国規模での転封に伴って、信成は駿河国駿府(静岡市)四万石に加増転封し、韮山藩は廃藩となる。

参考文献　『藩と城下町の事典』(東京堂出版、二〇〇四年)、『静岡県史』通史編三、『韮山町史』一一

(小宮山敏和)

沼津藩(ぬまづはん)

駿河国(静岡県)沼津に藩庁を置いた藩。譜代。城持。慶長六年(一六〇一)上総国茂原《もばら》で五千石を領有していた大久保忠佐が、二万石に加増され入封し立藩。同九年には駿東郡下の検地を行なったが、同十八年の忠佐死去に際し無嗣断絶、廃藩となった。その後、当地域は徳川頼宣領、幕領、徳川忠長領、幕領と変化したが、安永六年(一七七七)側用人であった大浜藩主水野忠友が七千石の加増をうけ二万石で入封、以後幕末まで水野氏の支配が続いた。歴代藩主は忠友・忠成《ただあきら》・忠義・忠武・忠良《ただなが》・忠寛・忠誠《ただのぶ》・忠敬《ただのり》で、すべて出羽守を称した。この間、天明元年(一七八一)に五千石、同五年に五千石、文政四年(一八二一)に一万石、同十二年に一万石の加増をうけ都合五万石を領有。領地は城付地であった駿河国以外に伊豆・三河・越後に及んだ。このうち三河・越後の実高は表高を上まわっていたため藩財政は比較的安定しており、伊豆白浜地方の天草を上方で販売するなど積極的な経済政策もみられた。藩主のうち忠友・忠成・忠誠は老中として幕政に参画。とりわけ忠友は田沼意次の与党として活躍し、寛政の改革期に一時幕政から遠ざかったものの松平定信失脚後は復活、老中に再任された。忠友は一時旗本となった水野家の再興に尽

力したため、家中では「御家中興の英主」と称えられている。また忠成は、幕府財政の好転をはかった文政の貨幣改鋳、将軍徳川家斉の子女の養子縁組などに尽力、家斉治下の幕政において比類なき権勢をふるった。しかし、田沼時代以上に賄賂が横行したため、「水の出てもとの田沼になりにける」と酷評された。幕末期になると伊豆の沿岸警備を命ぜられ、天保十四年(一八四三)には伊豆稲取村などに台場を構築、開国期には頻繁に下田へ出勤した。

　大政奉還後は甲府城代となり佐幕急進派の鎮圧にあたったが、明治元年(一八六八)徳川宗家の駿府入封により上総国市原郡へ転封となった(菊間藩)。慶応三年(一八六七)の藩士は五百三十八名。また、沼津藩の文化事業として特筆されるものに家史編纂事業があり、高柳邦が中心となって慶応三年ころその完成をみた。現在その一部は九十六巻からなる『水野家記録』として早稲田大学図書館におさめられており、東大史料編纂所所蔵の『水野忠友日記』『水野忠成日記』などとならんで藩史研究の基本史料となっている。

参考文献　北島正元校訂『丕揚録・公徳弁・藩秘録』(『日本史料選書』七、近藤出版社、一九七一年)、『沼津市誌』上、『静岡県史』通史編三・四、『沼津市史』史料編近世一、金井圓「沼津藩水野家における家史編纂」(『藩制成立期の研究』吉川弘文館、一九七五年所収)

(関根　省治)

藩校　文化年間(一八〇四—一八)、藩主水野忠成の時、沼津城内に矜式館が創設された。文久年間(一八六一—六四)には明親館と改称されている。また、当初は江戸藩邸に藩学はなく、東条一堂らの家塾で家中教育が行われていたが、同時期に明親館分校が設置され、漢学および洋学が教授された。東条一堂は皆川淇園門で学び、文化初年に弘前藩稽古館の督学となった。その後、江戸に戻り塾を開設していたが、沼津藩主水野忠誠の時に江戸藩邸で講説している。盛岡、庄内、敦賀、長島などの大名が東条に師事した。明治になると、上総国菊間に転封となり、明親館も同地に移設されている。

参考文献　笠井助治『近世藩校に於ける学統学派の研究』上(吉川弘文館、一九六九年)、『静岡県史』通史編四

(工藤　航平)

浜松藩(はままつはん)

遠江国(静岡県)浜松に藩庁を置いた藩。同国の天竜川西と浜名湖東の一帯、現在の浜松市を藩地の主領域とした。江戸幕府成立後の藩主(石高、在藩期間)は、松平(桜井)忠頼(五万石、慶長六年(一六〇一)—十四年)、水野重仲(徳川頼宣付家老(傅役))(二万五千石→三万五千石、慶長十四年—元和五年

浜松藩藩札
（五匁銀札）

（一六一九））、高力忠房（三万一千石→三万六千石、元和五年—寛永十五年（一六三八））、松平（大給《おぎゅう》）乗寿（老中）（三万五千石、寛永十五年—正保元年（一六四四））、太田資宗・資次（奏者番・大坂城代）（三万五千石→三万二千石、正保元年—延宝六年（一六七八））、青山宗俊（大坂城代）・忠雄・忠重（五万石、延宝六年—元禄十五年（一七〇二））、松平（本庄）資俊・資訓（七万石、元禄十五年—享保十四年（一七二九））、松平信祝（大坂城代・老中・侍従）・信復（七万石、享保十四年—寛延二年（一七四九））、松平（本庄）資訓（京都所司代・侍従）・資昌（七万石、寛延二年—宝暦八年（一七五八））、井上正経（京都所司代・老中）・正定・正甫（六万石、宝暦八年—文化十四年（一八一七））、水野忠邦（本丸老中）・忠精（六万石→七万石、文化十四年—弘化二年（一八四五））、井上正春・正直（在城中老中・侍従）（六万石、弘化二年—明治元年（一八六八））である（いずれも譜代・城持）。

浜松藩の藩領や支配村名が明確になるのは水野重仲のときで、つぎの高力忠房は新田開発の力を注ぎ、これを承けた太田氏の新田開発の結果、寛文四年（一六六四）、初めて知行地の朱印状（寛文印知）と領知目録を賜わり、ここに浜松藩領が名実ともに確立した（百五十二ヵ村三万五千三十七石、城付所領）。元禄期には豊田郡・山名郡での加増があって、藩領（城付地）五万石となり、水野忠邦の老中就任とともに加増されて七万石となった。支配地は遠江（長上・敷知《ふち》・豊田・麁玉《あらたま》・引《いな》佐《さ》・山名の諸郡内六万石余二百二十四ヵ村）、近江（蒲生・坂田・浅井の諸郡内一万石余二十七ヵ村）と一万石余の新田高入れである。浜松藩の特徴は、本藩が譜代大名の幕府役職の昇進に伴い就封する城地に組み込まれ、藩主の交替が頻繁であったことである。それは京都所司代・大坂城代職が譜代大名の兼職にとどまらず、その就退任が大名の転封を意味するように変質したことを意味する。

幕末の水野忠邦・井上正直の藩政は、両者ともに老中に就任したので、江戸での出費がかさみ、領民への賦課が増大した。水野忠邦は幕政の天保の改革遂行と同時に藩政改革を断行した。藩債支払の停止、富裕農商人の無尽講強制加入、役人の綱紀刷新、風俗匡正を図る。また、西洋流火器を採用する軍事改革を実行するための財政計画が企てられたのは水野・井上両氏の藩政において大きな特徴をなしている。これらはすべて領民の負担過重に帰せられたため、領民の不満は一揆・

打ちこわしとなり、特に水野忠邦の圧政は『破地士等窠』に詳述されている。井上氏の藩政下では安政期に地震の被害、天竜川の水害も重なり、農民貢租減免要求の抵抗が続いた。特に弘化三年(一八四六)の打ちこわしは、天保期の農民収奪強化、相次ぐ凶作のなかで、分米に等しい高率小作料ゆえに不利な経営を余儀なくされてきた中下層農民(自小作・小作人層)が、経営縮小、土地喪失の危機に直面し、その経営を護ろうとした闘争であり、対領主闘争としての性格をもつものであった。文政期までに領主支配と結びつきながら着実な発展を遂げてきた大地主を領主権力が「歓農長」として取り立て、農民収奪の実質的な推進者たらしめたことから農民の攻撃の矛先が集中的に向けられた。これが藩権力の交替という特殊な条件のもとで爆発したのである。明治元年(一八六八)九月、藩主井上正直は旧沼津、田中、小島、相良、横須賀、掛川、浜松の七藩を合わせた府中藩の成立に伴い上総国鶴舞に移封、浜松藩は、府中藩(静岡藩)を経て、静岡県に編入された。

浜松城下町の町割りは、武家屋敷・職人町のほかに、宿場町として、伝馬役二町(伝馬・塩)、歩役三町(肴・田・旅籠)があった。寛永十二年の参勤交代制度確立以後、東海道宿駅として交通量の増大によって本陣も増え、最終的には六軒を数えた。そのため浜松宿と助郷村との負担をめぐる係争が続発した。農村では綿作が十八世紀以後盛んになり、幕末には領内物産の第一位となり、笠井市場を発展させた。綿織物機械の工夫や農作業の改良がこれを促し、農村の経済・社会の構造を変え、貧富の差を著しくさせた。文化の面では、農業生産力の増大は城下町商人の富裕化を招き、宿場町は新鮮な情報が横溢する。古今伝授の桎梏を破った古典研究の新しい方法が、荷田春満によって諏訪社大祝杉浦国頭《くにあきら》に伝えられ、朱子学批判の古文辞学は儒医渡辺蒙庵が太宰春台から承け、この両者に師事した賀茂真淵は国語学的な方法を駆使して儒仏渡来以前の日本の原型を探求する国学を確立した。以後、内山真竜《またつ》・栗田土満《ひじまろ》らの遠江国学者が輩出し、幕末維新期に官軍に加わった報国隊の思想基盤となり、藩論が勤王に統一される布石となった。

藩政史料は、『青山家文書』(篠山町財団法人青山会)、『井上家文書』(京都大学総合博物館)、『水野家文書』(首都大学東京附属図書館)、『仰青録』(青山家日記(筆写本)、浜松市立図書館)、『高林家文庫目録』(浜松市立図書館)、『水野家文庫目録』(首都大学東京附属図書館)がある。

参考文献　『浜松市史』二、北島正元『水野忠邦』(吉川弘文館、一九六九年)、三浦俊明「浜松藩」(『新編物語藩史』五、新人物往来社、一九七五年)、神崎直美「水野忠邦の藩法集

編纂事業とその藩法―『監憲録・浜松告稟録』を中心として―」(森安彦編『地域社会の展開と幕藩制支配』名著出版、二〇〇五年)、曾根ひろみ「浜松藩弘化三年打毀し」(『歴史評論』三二六、一九九七年)

藩校　浜松藩では近世後期、藩財政の破綻、精神退廃を救うため人材養成・登用が図られ、藩校が設けられた。水野忠邦は、藩士とその子弟の教育にも心して、唐津時代の藩校経誼館の名を受け継いだ藩校を天保十三年九月十三日に設けた。藩士および士分以下の子弟にも門徒を解放し、儒学精神に基づき、文武一般、礼兵同様の必要性を説き、有為な人材を養成するために、朱子学を中心とした儒学、武道を教授した。教官は吉松泰・春田玄蔵・司馬遠湖・小田切要助・塩谷《しおのや》宕陰が有名。天保期は佐藤一斎系ではなく松崎慊堂《こうどう》系の要助・宕陰が侍講として活躍。宕陰は「経誼館掲示」を制定した。水野忠精の山形移封に伴い三年で閉鎖された。代わって浜松入りした井上正春は、弘化三年克明館を設立した。漢学(朱子学の教授のみならず、洋学や様式訓練の必要から新知識の輸入(兵学)を図り、原則として藩士の子弟を対象とするが、城下の町民子弟にも例外として門戸が開放された。儒学のほかに、洋学、医術(蘭法)が教授された。教官では名倉予何人(松窓)が著名。予何人は上海・パリに派遣された幕臣一行に随い、藩校では『兵要録』を講義した。水野時代の藩政を描いた『破地士等窠』の著者と目されている内田乾隅もその一人である。

参考文献　内田旭「浜松の藩学」(『郷友』五、一九五五年)、『浜松城と浜松藩』(浜松市教育委員会、一九六八年)、『遠州産業文化史』(浜松史跡調査顕彰会、一九七七年)

(佐藤　宏之)

幕末諸隊　老中として幕政に参画した水野忠邦が浜松藩で軍制改革を宣言したのは弘化元年(一八四四)正月で、十一月発表の『海防御備組書』で海防のための農兵隊の構想を示し、領地遠江国沿岸村々の庄屋や神官を編成しようとした。村高に応じて十七歳以上五十歳までの強健な農民を徴用し、五名を一伍とし、一伍ごとにおく小頭には庄屋・組頭を命じ、四伍と小頭四名を一組とし、二組で大組とし、農閑期を利用して木砲による訓練をするという内容であった。農兵隊は水野の改易で中止され、後の藩主井上正直の治下において慶応元年(一八六五)十月に、長州征討と物価騰貴による人心の動揺・村方不穏に対処して設置され始めた。一方で地主・豪農的性格をもつ神官と村役人層が参加し、藩の指揮下で西洋銃隊の訓練がつづけられた。なお神官たちは明治元年(一八六八)正月の鳥羽・伏見の戦後に独自に結集し、東海道総督府付属の遠州報国隊を結成した。

参考文献　北島正元『水野忠邦』(『人物叢書』一五四、吉川弘文館、一九六九年)、高田岩男「明治新政府成立への宗教的基盤」(『史潮』一〇六、一九六九年)

(高木　俊輔)

水野《みずの》家《け》文書《もんじょ》　水野忠元を藩祖とする近世大名水野家の文書群。同家十一代忠邦は、老中として天保の改革遂行の中心的役割を果たしたことで著名である。この文書は、昭和二十七年(一九五二)に水野家より東京都立大学付属図書館に寄贈された。譜代大名水野家は忠元が下総国結城郡山川城主となったあと、忠邦に至るまで駿河国田中、三河国吉田、同国岡崎、肥前国唐津と転封しているが、忠邦の代に遠江国浜松に移り、その子忠精は出羽国山形に移封され、十三代忠弘は明治三年(一八七〇)に近江国浅井郡管轄を命ぜられた。この藩名は朝日山とされたが、翌四年の廃藩置県により消滅した。近世における十三名の藩主のうち、忠元・忠之・忠邦・忠精が老中となっているところから、『水野家文書』には幕政関係史料が多数含まれ、特に忠邦・忠精二代のものが多い。天保の改革に関する史料としては、忠邦自筆の公用日記や雑録がある。

忠邦は西ノ丸老中となった文政十一年(一八二八)十一月からの公用日記を遺しており、本丸老中解任期を除き、弘化二年(一八四五)二月まで揃っている。忠精日記は弘化三年より万延元年(一八六〇)までのもので、少し欠けた月があるが、老中として外交関係を担当したところから、開港後の記述が豊富である。また、幕末期の政治史料として諸国の探索書・風聞書が収められており、さらに軍事・外交に関する上書や意見書もみられる。幕府の財政関係史料では、文久三年(一八六三)の勘定所総収支決算書が含まれている。藩政関係史料では、藩主の年代記である『丕揚録』や、家臣団の形成過程を示す『庶士伝考異』があり、支配・行政史料として山形藩の郡奉行上書が注目される。藩財政については、唐津藩時代の窮状を書状・覚書などによってみることができるが、浜松・山形・朝日山藩時代には勘定帳も遺っている。そのほか、藩主家族の書状・詠草などが相当数含まれており、大名の生活・教養などを知ることができる。

参考文献　北島正元校訂『丕揚録・公徳弁・藩秘録』(『日本史料選書』七、近藤出版社、一九七一年)、北島正元編『江戸幕府―その実力者たち―』下(人物往来社、一九六四年)、北島正元『水野忠邦』(『人物叢書』一五四、吉川弘文館、一九六九年)、同「幕末における徳川幕府の産業統制」(『東京都立大学人文学報』一七、一九五八年)、村上直・大野瑞男「幕末における幕府勘定所史料」(『史学雑誌』八一ノ四、一九七二年)、福田千鶴「東京都立大学附属図書館所蔵水野家

文書の構造について」(『人文学報』三三五、二〇〇三年)

(林　玲子)

堀　江　藩（ほりえはん）

遠江国堀江(静岡県浜松市)を居所とし、明治元年(一八六八)九月設置された藩。大沢氏は代々高家として幕府に仕える。藩祖大沢基寿は万延元年(一八六〇)に高家に列せされ、和宮内親王降嫁の付添役を果たした。大政奉還のさいには、将軍職および内大臣などの辞表を持参して朝廷に伝奏した。諸大名、旗本が各地へ転封されたのに対し、大沢氏は残留を許され、旧臣のままの体制で政治を行う。明治二年の版籍奉還のさいには、基寿は堀藩知事に任命され、同四年七月の廃藩置県のさいにも堀江県知事として留まった。同元年、「万石事件」が起こる。徳川家達へ領知の報告をしたさい、敷智郡の内十六ヵ村、豊田郡の内一ヵ村、山名郡の内一ヵ村、合わせて表高三千五百石余、実収高五千五百石余といわれた。しかし、新政府に浜名湖の埋立予定地を含めて一万六石と虚偽の上申をし、藩屏に列せられた。その虚偽申請が発覚し、明治四年、基寿は士族に格下げとなった。堀江県は、同年十一月の真県改置において浜松県に合併された。

参考文献　『浜松市史』三、大塚克美編『浜松の歴史』(東洋書院、一九八三年)

(佐藤　宏之)

松　永　藩（まつながはん）

駿河国松永(静岡県沼津市)に居所を置く譜代藩。初代藩主大久保教寛は、相模国小田原藩主大久保忠朝の次男で、元禄十一年(一六九八)所領のうち、相模国足柄上郡、駿河国駿東郡内新開地六千石を分知される。宝永三年(一七〇六)十月、御書院番頭から西ノ丸若年寄に昇進、駿東郡・富士郡に五千石を加増され、一万千石を領して大名となった。その後、享保三年(一七一八)三月、相模国大住郡・高座郡・愛甲郡内に五千石の加増をうけ、一万六千石を領知した。同十五年十一月、二代藩主教端《のりまさ》就封の際、三千石を弟教平に分知し、一万三千石となった。天明三年(一七八三)十月、三代藩主教翅《のりのぶ》のとき、相模国愛甲郡中荻野村山中に陣屋を作り、荻野山中藩として成立した。それにより松永藩は廃藩となる。

参考文献　『神奈川県史』通史編三、同資料編五

(佐藤　宏之)

横　須　賀　藩（よこすかはん）

遠江国横須賀(静岡県掛川市)に藩庁を置いた藩。同市山崎の横須賀城は、武田氏の遠江経略の拠点であった高天神《たかてんじん》城攻

略の前進基地として、徳川家康が天正六年（一五七八）馬伏塚城主大須賀康高に命じて築城させたもので、同九年高天神城が落城し、廃城となってからは遠江東南部の中心となった。別称は松尾城・両頭城。小笠山塊の最南端、遠州灘に面して築かれた平山城で、標高二五メートル、東西六五〇メートル、南北二〇〇～三五〇メートル。本丸・西ノ丸・北ノ丸・二ノ丸・三ノ丸から成った（城跡は国指定の史跡）。天正十八年康高の子忠政の時、徳川家康の関東転封に伴って上総久留里へ移り、かわって豊臣秀吉配下の渡瀬詮繁（文禄四年（一五九五）改易）、ついで有馬豊氏が入ってそれぞれ三万石を領した。

慶長五年（一六〇〇）豊氏が丹波福知山へ移ったあとには大須賀忠政が久留里三万石より六万石で再入封した。以後横須賀は譜代大名の城地として五氏十五代の支配が続いた。忠政のあとを継いだ忠次は元和元年（一六一五）徳川家康の命で譜代の名門上野館林藩主榊原家を継ぎ、このため大須賀家は断絶した。このあとには同五年松平（能見）重勝が下総関宿《せきやど》二万六千石より入り、その子重忠は同七年出羽上山四万石へ転封。同八年井上正就が五万二千五百石で入封、正保二年（一六四五）正利が常陸笠間五万石へ転封。同年本多利長が三河岡崎五万石より入封、天和二年（一六八二）出羽村山郡一万石へ削減転封。同年西尾忠成が信濃小諸二万五千石より入封、以後忠尚・忠需・忠移・忠善・忠固・忠受・忠篤と続いた。この間、忠尚の延享二年（一七四五）と寛延二年（一七四九）に各五千石を加増され三万五千石となった。歴代藩主のうち井上正就は二代将軍秀忠に仕えて「近侍の三臣」といわれ老中に列したが江戸城西ノ丸で旗本豊島正次に刺殺された。本多利長は横須賀城と城下町の拡張整備を行い、浅羽大囲堤の築堤、農書『百姓伝記』の編纂などすぐれた事績を残したが、反面遊興を好み重税の賦課により領民を苦しめ、巡見使に対する越訴により左遷された。老中となった西尾忠尚は、横須賀三熊野神社の祭礼に江戸本所深川囃子をとり入れて三社祭礼囃子（県無形民俗文化財）を興し、忠善は文化八年（一八一一）藩校横須賀学問所を設立した。明治元年（一八六八）忠篤は徳川家達の駿遠両国入封によって安房花房へ転封を命ぜられ、翌二年移封、横須賀藩は廃藩となった。

参考文献　『寛政重修諸家譜』第一・二・四・六・八・一一、原田和編『遠江資料集』（美哉堂書店、一九六〇年）、大須賀町教育委員会編『史跡横須賀城跡』、『大須賀町誌』、『静岡県史』通史編三・四

（杉山　元衛）

藩校　文化八年（一八一一）、藩主西尾忠善により横須賀城内に学問所が創設された。この学問所創設には、藩重職である渡辺大助の尽力が大きかった。学風は、同十三年ころまで

は徂徠学を宗としたが、その後、佐藤一斎の従弟である佐藤英介を招聘してからは朱子学を奉じた。学科は漢学・国学・洋学であり、国学者の八木美穂により、国学および漢学が教授された。明治三年（一八七〇）には算術が加えられている。維新前の職制は、学問所世話方と教授方で、三名以上十名以下で構成された。上総国花房への転封により、同三年に花房に修道館が創設された。

参考文献　笠井助治『近世藩校に於ける学統学派の研究』上（吉川弘文館、一九六九年）、文部省編『日本教育史資料』二

（工藤　航平）

愛知県

足助藩（あすけはん）

三河国足助（愛知県豊田市）を藩庁とした藩。短期間存在。天和三年（一六八三）二月、本多忠周は寺社奉行任命とともに三千石の加増をうけて所領一万石となり（譜代・無城）、足助を本拠としたが、貞享四年（一六八七）職を奪われ、元禄二年（一六八九）加増分をけずられた。以後も本多氏が七千石の旗本として足助に陣屋をおいたが、同藩の存続期間は天和三年―元禄二年の七年間にすぎず、その間の所領も加茂郡の他丹波・上総にも散在していた。なお元和二年（一六一六）成瀬正成が名古屋藩主から犬山城を与えられた際、その次男之成が足助を含む父の旧領一万五千石余を領し、寛永十五年（一六三八）に至ったが、その本拠は下総栗原郷（千葉県船橋市）のようで、これを足助藩とは呼びかねる。

参考文献　『愛知県東加茂郡誌』

（塚本　学）

犬　山　藩（いぬやまはん）

尾張国(愛知県)犬山を藩庁とした藩。藩主成瀬氏。明治元年(一八六八)正月、成瀬隼人正正肥が朝廷により藩屏に列せられて成立。しかしそれに至る道程は長い。慶長十二年(一六〇七)初代隼人正正成は徳川家康の意を受けて尾張徳川義直に付属、元和三年(一六一七)犬山城を預けられた。以来竹腰家とともに名古屋藩制最高の両家年寄、いわゆる「御付家老」として政務を主宰。万治二年(一六五九)の加増で石高三万五千石の同藩最大の給人ともなった。しかし尾張家の家臣、つまり陪臣であって大名ではない。これを遺憾とした七代正寿(一七八二—一八三八)・八代正住(一八一二—五七)父子は幕臣に戻り、名古屋藩より独立しようと志した。主従あげての運動はかなりの成果をあげたものの、江戸時代にはついに実現しなかった。明治二年二月正肥は版籍奉還を出願、六月聴許。同時に犬山藩知事を拝命した。彼を大参事高田務、権大参事小池雅人・千葉猛・本多彦三郎・吉田秀らが補佐した。管地は犬山を中心とする尾張・美濃両国の成瀬家旧領で石高四万二千七百四石八斗三合一勺。同三年十月現在の戸数一万一千七百八十二軒、人口五万三千三百二人、神社百九十、寺百八、士族千三百六十四人、卒族千百七十三人。同年の歳出・歳入はともに米一万二千八百四十四石余。四月七日の廃藩置県で犬山県となり、同年十一月名古屋県に併合された。

参考文献　大塚武松編『藩制一覧』(『日本史籍協会叢書』一九二八・二九年)、『愛知県史』三、『犬山市史』通史編上、林董一『尾張藩公法史の研究』(日本学術振興会、一九六二年)、同「犬山藩」(『物語藩史』二期四、人物往来社、一九六六年所収)

(林　董一)

藩校　学校創設以前は、家塾などで修学された。天保十一年(一八四〇)、領主成瀬正住の時、犬山城下に敬道館が創設された。学風は、徂徠学と頼山陽の詩文を含む折衷的中正な立場であった。明治元年(一八六八)に藩として独立が認められ、敬道館も藩学として位置づけられた。藩士子弟だけでなく、藩士も聴講することができた。また、正住は心学も信奉し、文政初年に大島有隣を招いて講義を開き、家中にも聴講させている。名古屋の藩邸にも要道館が開設された。

参考文献　吉永昭『愛知県の教育史』(思文閣出版、一九八三年)、笠井助治『近世藩校に於ける学統学派の研究』上(吉川弘文館、一九六九年)、文部省編『日本教育史資料』三

(工藤　航平)

伊保藩（いぼはん）

三河国伊保（愛知県豊田市）を藩庁とした藩。慶長五年（一六〇〇）冬、丹羽氏次が一万石を与えられてから、その子氏信が寛永十五年（一六三八）四月美濃岩村二万石に転ずるまで存続。ついで天和元年（一六八一）陸奥白河藩分家本多忠晴が一万石の所領をこの地に移され、宝永二年（一七〇五）五千石の加増をうけ、同七年遠江相良に転ずるまで三十年間存続。ともに譜代の無城大名。伊保は、尾張・三河の国境に近い要衝である点丹羽氏が古く根拠とした尾張国愛知郡岩崎城と同様であって、丹羽氏は氏次の先々代以来徳川家に属して両国国境地帯を領し、小牧および関ヶ原両度の戦争に案内役をつとめている。関ヶ原の戦後丹羽氏がここに封ぜられたのは、この事情によるものであろう。

参考文献　『愛知県史』二、『豊田市史』二

（塚本　学）

大浜藩（おおはまはん）

三河国大浜（愛知県碧南市）を藩庁とした藩。水野忠友（譜代）が明和五年（一七六八）十一月若年寄にすすみ五千石を加えられて一万三千石を領した際、三河国碧海郡大浜（愛知県碧南市）を本拠とした。忠友は田沼意次とむすんで異例の昇進をつづけたもので、安永六年（一七七七）四月側用人にうつり駿河に加増されて駿河沼津に城地を与えられ、大浜藩と呼ぶべきものは十年で消滅した。ただし沼津藩領はひきつづきこの近傍にあり、大浜陣屋は存続した。

参考文献　尾崎正・青山善太郎編『西尾町史』、『静岡県史』通史編四、『沼津市史』史料編

（塚本　学）

岡崎藩（おかざきはん）

三河国（愛知県）岡崎を藩庁とした藩。徳川家康ゆかりの城下である。家康は特にこの地を重要視して、慶長六年（一六〇一）、腹心の一人本多豊後守康重を岡崎に封じたが、『寛政重修諸家譜』六九一によると、「我初め弓箭をとりて此地よりおこれり、汝が家累世忠功を抽ずるがゆへに、この城をたまはるのよし仰をかうぶる」とある。この本多家は康重から康紀・忠利とつづき、正保二年（一六四五）、利長のとき遠江国横須賀城に移されている。この間、四十年余である。のち岡崎には本多中務大輔家が在城するのでこれと区別する意味で、この時代を前本多時代と呼ぶ。このあと水野監物忠善が三河吉田城から入って岡崎城を支配した。この水野家もまた名家で、水野忠政の時代には曾祖父貞守が築いた刈谷城（刈谷市）を修築して、織田・松平両氏の中にあって勢力をふるった。この

忠政の女が家康の生母於大の方である。忠善のあと忠春・忠《ただ》盈《みつ》・忠之・忠輝・忠辰《ただとき》とつづき、宝暦十二年(一七六二)、忠辰の養子忠任《ただとう》のとき肥前唐津に移された。この間百十七年間余、在城期間は歴代藩主四家の中では一番長い。

水野氏のあと松平周防守康福《やすよし》が下総古河より入ったが、この松平氏ももとは松井氏をとなえた三河譜代の名家である。しかし、八年余の在城ののち、石見浜田に移されている。こののち、明和六年(一七六九)、本多忠粛《ただとし》が石見浜田から岡崎に移って後本多氏時代が始まるが、この本多氏も本多平八郎忠勝に代表される武功の家柄であった。忠粛のあと、忠典・忠顕・忠考・忠民《ただもと》・忠直とつづき、明治維新をむかえた。この間、約百年である。特にこの本多氏は譜代大名の典型として転封が多く、岡崎に至るまでに上総大多喜・伊勢桑名・播磨姫路・大和郡山・陸奥福島・播磨姫路・越後村上・三河刈谷・下総古河・石見浜田と十回も移動している。越後村上では藩主忠孝が十二歳で死去し、嗣子がないために絶家になるところを、名家の故をもって一族の中から藩主をたてて断絶を免れ、石高は十五万石から五万石に減らされている。

ところで、初代本多康重は入城と同時に検地を実施しているが、石高は四家の時代を通して多少の変動はあるが、およそ五万石であった。天明八年(一七八八)の五万石の内訳を見ると、額田郡八十ヵ村二万千石余、碧海郡五十八ヵ村三万五千石余、幡豆郡五ヵ村四千石余、この中に新田改出分が八千五百石余とある。領地は城下岡崎を中心に三里以内にかたまっている。この地方は矢作《やはぎ》川・菅生《すごう》川に沿った沖積平野が中心で、土地も肥沃であった。したがって、実収は六万石以上であったといわれている。しかし、岡崎は家康生誕の地であり、歴代の藩主が名家の出であったために、幕府の要職に任命されることが多く、また将軍の日光参拝の警固や朝鮮使節の接待などの臨時の役もしばしばであった。故に、藩財政の負担は大きく、また藩主の江戸在勤が長く、岡崎に帰る機会も少なかった。このため藩政は一部老臣によって左右されがちであった。延享三年(一七四六)、藩主水野忠辰は相つぐ凶作と藩政の困窮のために藩政改革を計画し、これまでの家老・年寄に隠居を命じて人材登用を行い、倹約令を出して政治の刷新をはかった。けれども、老臣たちの反対はつよく、忠辰はついに改革を断念し、やがて老臣たちによって幽閉されている。また後本多氏は転封と領地削減のため財政は苦しく、明和末に江戸藩邸が焼失したが、寛政になって工事に着手する有様であった。

天保七年(一八三六)、三河最大の加茂一揆がおこるや、藩は鎮圧のため出兵したが、収奪のきびしさのために領内での民心の動揺も少なくなかったといわれる。幕末には藩主忠民は藩政改革を行うと同時に、京都所司代として通商条約の勅許を求めて中央政界で活躍し、ついで老中として首席老中安藤信正をたすけて和宮の降嫁に努力している。明治維新後、廃藩置県によって明治四年（一八七一）七月十四日岡崎県となり、さらに同年十一月十五日西大平・重原・刈谷など九県と合併して額田県となった。

参考文献　『愛知県史』二、柴田顕正編『岡崎市史』、『新編岡崎市史』三

（吉永　昭）

藩校　藩校が設けられたのは明治二年（一八六九）で、それまでの子弟教育はもっぱら藩儒の家塾、師範の道場に委せられ、学校教育組織の最も遅れた藩の一つである。これは藩主の頻繁な移封、財政の窮乏、定府（江戸住居）の家臣の多かったことなどによるものとみられる。明治二年知藩事本多忠直の時、城郭内に允文・允武の両館を設け、允文館では皇学・漢学・洋学の三科を立てたが皇・洋はしばらく欠き、漢学・習字・算術を教授し、允武館では兵学・武芸を講習した。

参考文献　文部省編『日本教育史資料』二・一〇、『愛知県史』三、『愛知県教育史』一・三、『岡崎教育史要』、笠井助治『近世藩校に於ける学統学派の研究』上（吉川弘文館、一九六九年）、『新編岡崎市史』二

（笠井　助治）

緒川藩（おがわはん）

尾張国緒川（愛知県知多郡東浦町）に藩庁をおいた譜代藩。小河藩、小川藩とも書く。水野分長《わけなが》は水野忠政の八男忠分《ただちか》の子であるから、徳川家康の生母於大（伝通院）の甥にあたる。天正十二年（一五八四）の長久手の戦いで戦功をたてたあと、同十八年の小田原の役にも叔父水野忠重について発向する。慶長五年（一六〇〇）関ヶ原の戦いに徳川家康に従い、同六年尾張国知多郡のうち緒川その他数ヵ村で九千八百二十石余の采地を賜り、同十一年六月三河国新城に移され、設楽・宝飯両郡のうちで一万石を領するまで続いた。分長の緒川における事績は、緒川乾坤院に対して山屋敷の領有権を安堵し、田方三十石を寺領に寄進したり、大府延命寺や緒川善導寺に寺領を安堵したりしたことしか残されていない。

参考文献　『新編東浦町誌』、『寛政重修諸家譜』第六

（村瀬　典章）

奥殿藩（おくとのはん）

三河国奥殿（愛知県岡崎市）を藩庁とする藩。譜代。陣屋持。奥殿を藩庁とした時点は明確でないが、宝永年中（一七〇四—一一）の松平乗真代であり、以後盈乗・乗穏・乗友・乗尹・乗

羨・乗利を経て乗謨が文久三年(一八六三)信濃田野口(のち竜岡と改名)に本拠を移すことで解消。実質的には、三河額田・加茂両郡にまたがる四千石のこの家の所領は、寛永四年(一六二七)から明治四年(一八七一)まで不変であった。また乗次が貞享元年(一六八四)摂津などに加増をうけて一万六千石を領して菊間詰の大名となり、乗成を経て乗真に至るまでも、三河以外の加増分所領は分散しただけでなく、大坂定番役を命ぜられることが多かった藩主の職掌によって頻繁に移動した。したがって本領は、祖先以来の本拠大給の地に接した三河の所領であり、早く乗次代に葬地となっていた奥殿がその中心であったと解される。宝永元年以後所領の内一万二千石も信濃佐久郡に固定し、奥殿と信濃田野口とに陣屋がおかれた。奥殿陣屋は弱体で、天保七年(一八三六)の三河加茂郡一揆にも、自力で対処する能力をまったくもたなかった。嘉永三年(一八五〇)ごろから、農兵隊の設置をふくむ軍政改革が企てられ、その過程で江戸に近く所領も多い信濃佐久郡に本拠を移したもので、ときの藩主乗謨は幕府の軍政にも深くかかわっていた。

参考文献　『三河国額田郡誌』、『新編岡崎市史』三、尾崎行也「維新期における松平乗謨の動向—維新期の田野口藩(一)—」(『信濃』一七ノ九)

(塚本　学)

形原藩(かたのはらはん)

三河国形原(愛知県蒲郡市)に藩庁をおいた譜代藩。松平家信は形原松平と称し、祖先は与副《ともすけ》より六代目にあたる。家信は天正十年(一五八二)徳川家康の甲州征討に従って以来、数々の軍功があり、同十八年関東に転出し、所領を上総国五井(千葉県市原市)に移され五千石を領する。慶長六年五井を改めて本領形原を賜い、同十五年従五位下紀伊守に叙任する。元和四年(一六一八)御留守居となり、安房国(千葉県)長狭郡のうちに五千石を加増され、併せて一万石となり立藩する。同五年領知を摂津国(大阪府)に移され、島上郡高槻城を賜い、加増されて二万石を領した。これにより形原藩は廃藩となった。わずか一年余りであった。

参考文献　『愛知県史』二、『寛政重修諸家譜』第一

(村瀬　典章)

刈谷藩(かりやはん)

三河国(愛知県)刈谷を藩庁とした藩。藩主は移動が多いが、譜代小大名の城主格であることにはかわりがなかった。元来刈谷は、織田・松平(徳川)二大名の間にあった水野氏の城地であったが、近世大名としては、慶長五年(一六〇〇)七月、

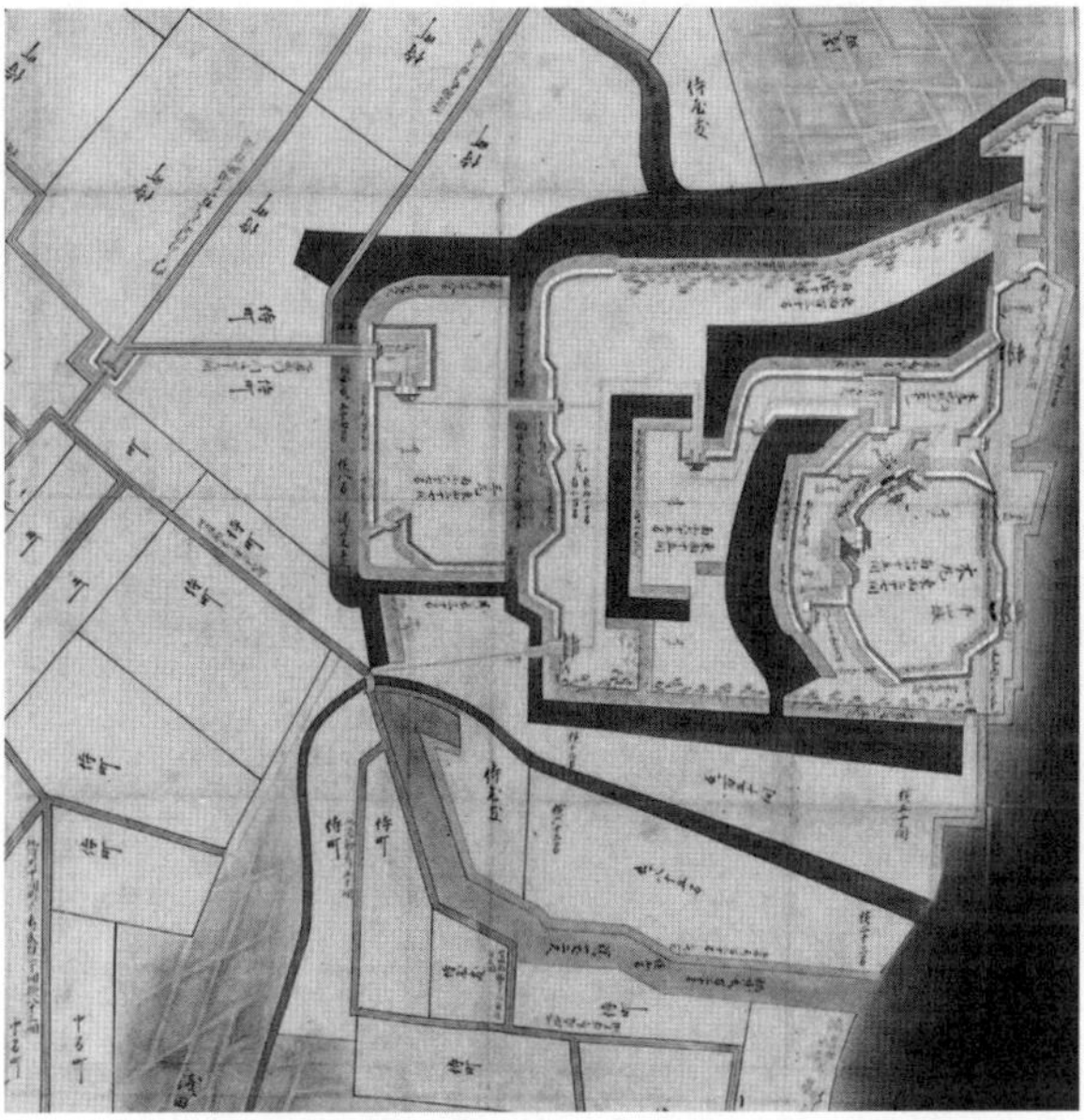

参州刈谷城絵図部分(正保城絵図より)

刈谷藩藩札(米二合札)

関ヶ原の戦直前に殺害された水野忠重の子勝成が封をついで三万石を領したのに始まる。元和元年(一六一五)勝成加転の後、同二年同族水野忠清が刈谷城主となって二万石を領し、以後寛永九年(一六三二)から慶安二年(一六四九)まで松平(深溝)忠房、三万石、同四年まで松平(久松)定政、二万石、元禄十五年(一七〇二)まで稲垣重綱・重昭・重富の三代、はじめ二万三千石、承応三年(一六五四)重昭襲封に際し分知して二万石、宝永七年(一七一〇)まで阿部正春・正鎮、一万六千石、正徳二年(一七一二)まで本多忠良、五万石、延享四年(一七四七)まで三浦明敬・明喬・義理三代、二万三千石と変転をかさねたあと土井利信が刈谷に封ぜられて、以後ようやく固定し利徳・利制・利謙・利以・利行・利祐・利善・利教と継いで明治維新に至った。

所領は、おおよそは集中していて三河国碧海郡内であったが、土井家領二万三千石の内一万三千余石は、寛政四年(一七九二)陸奥国信夫・伊達・磐前三郡の内に移され、以後三河の藩領は一万石前後にすぎないものとなった。藩主移動の頻繁さは三河国内でもめだち、特に藩主家によって所領の規模も異なるから藩領域にもかなりの伸縮があった。歴代藩主中、松平定政は旗本の救済を求めて所領を返上し剃髪したという特異な例であるが、当初の水野家が譜代大名とはいえ必ずしも忠実な松平(徳川)家臣に徹しなかった出自をもつのに反し、以後の藩主は幕閣に列することも多く、特に土井利善は、幕末期に幕府陸軍奉行などに就任した。土井家時代には御用金の調達がはげしく、寛政二年には領内で大規模な百姓一揆があり、同四年の所領の移転も幕府による懲罰策であった。領内に棉作地をもち、刈谷の外港市原湊から江戸への木綿積み出しも行われていたが、藩内の内紛も寛政一揆当時にもみえ、やがてこのなかからいわゆる勤王派の形成をみせた。文久三年(一八六三)脱藩して天誅組に投じた松本奎堂らの出現もあったのである。明治元年(一八六八)正月、勤王派家士による家老殺害事件によって朝廷への帰属を決め、官軍東征の関門をひらいた。同四年七月廃藩とともに藩領は刈谷県となり、同年十一月額田県に併合された。藩医で国学者の村上忠順の蔵書と刈谷町の触留とが刈谷市中央図書館に所蔵されている。

参考文献　刈谷市教育委員会編『刈谷町庄屋留帳』、『刈谷市史』二、『愛知県史』二、『刈谷町誌』、『刈谷市誌』、『愛知県史』資料編一八、宇野幸男『刈谷藩に関する研究』(一九五九年)、大石学「刈谷城城付四か村について」(刈谷市郷土文化研究会『かりや』一八、一九九七年)
(塚本　学)

藩校　土井家が西尾藩主の時代に文礼館を設けたが、刈谷に転封後、天明三年(一七八三)に刈谷城内に文礼館を設けた。その後何故か廃絶となった。それ以来藩士子弟は、それぞれ儒家や武道師範の塾に就いて学問武芸を修得してきた。維新の志士松本奎堂(謙三郎)も藩命を受け家塾で一藩の子弟教育に従事していた一人である。明治元年(一八六八)に至り刈谷城大手門門左側の地に文礼館が再興された。皇学(和学)・漢学・兵学・数学・習字および弓馬・槍剣・柔砲術の諸科をたてて文武を兼修、教官およそ十二名、生徒二百三十余名。同四年修光寺跡(刈谷市)に郷学校が設けられ庶民の教育を行なった。これら藩校は同四年廃藩とともに廃校となる。文礼館において『奎堂遺稿』二巻を出版している。西尾時代に細井広沢に命じて書かせた「文礼館」とある扁額が、刈谷市郷土資料館にある。

参考文献　文部省編『日本教育史資料』二、『刈谷市文化財団録』、『刈谷市史』三、笠井助治『近世藩校に於ける学統学派の研究』上(吉川弘文館、一九六九年)
(笠井　助治)

清洲藩(きよすはん)

尾張国(愛知県)清洲を藩庁とした藩。親藩。城持。慶長五年(一六〇〇)、関ヶ原の戦後、清洲城主福島正則が安芸国広島城主に転出したあとへ徳川家康の第四子松平忠吉が武蔵国忍城十万石から移封。石高は二十四万石・四十二万石・五十二万石・五十七万千七百二十石・六十万石の諸説あるが、当初の領域は尾張国のうち知多郡が除かれていたから五十二万石が妥当であろう。忠吉は東条松平氏の家忠に養われ、新しく大名となったので家臣団形成や統制に苦心し、忍と清洲で召しかかえた新参衆の出身地は三十ヵ国余に及んだ。慶長十二年正月江戸に赴き、病のため三月五日に没し、嗣子がなく絶家。その間わずか六年余の藩政でくわしいことは不明。同年閏四月二十六日、異母弟徳川義利（義直）が甲斐国府中城から移封。尾張国一円の領主となり、前藩主の家臣の多くを吸収し、同十五年の名古屋築城移転により爾後は廃藩。

参考文献　『清洲分限帳』（名古屋郷土文化会『郷土文化』三〇ノ一）、『慶長日記』、彰考館撰『源流綜貫』、松平忠明『落穂雑談一言集』、清田黙『徳川加除封録』（『日本史料選書八、近藤出版社、一九七二年）、小田彰信『恩栄録・廃絶録』（同六、近藤出版社、一九七〇年）、『清洲町史』、『新修名古屋市史』二

（小島　広次）

黒田藩（くろだはん）

尾張国黒田（愛知県一宮市）を藩庁とした藩。外様。城持。天正十八年（一五九〇）、小田原攻めの山中城攻撃で美濃国軽海西城主一柳直末は討死。弟直盛が兄の武功によって家督を継ぎ、尾張国のうちで三万石を領し岐阜城の対岸にある黒田の城主となった。翌十九年八月、清洲城主三好（豊臣）秀次から検地置目をうけ、翌年の文禄元年（一五九二）正月に五千石加増。慶長五年（一六〇〇）七月、会津攻めに出陣、八月九日に帰城、石田三成の誘いをうけたが拒絶して東軍に属し岐阜城攻撃に参加。長松城を守り関ヶ原の戦は不参加。同六年一万五千石を徳川家康から加増され伊勢国神戸城五万石に移る。以後、廃藩。

参考文献　一柳貞吉編『一柳監物武功記』（一九三五年）、『寛政重修諸家譜』第一〇、『愛知県史』一、『木曾川町史』

（小島　広次）

挙母藩（ころもはん）

三河国挙母（愛知県豊田市）を藩庁とした藩。藩主はいずれも譜代。慶長九年（一六〇四）所領一万石に封ぜられた三宅惣右衛門康貞に始まる。徳川家康に仕え、姉川・長篠・高天神などの合戦に軍功あり、天正十八年（一五九〇）武蔵国瓶尻《みかじり》において采地五千石を賜わり、その後関ヶ原の戦にも活躍、さらに五千石の加増があって諸侯に列し、挙母に移されたのである。元和五年（一六一九）嫡子康信は伊勢国亀山城に転出し

たが、十八年後の寛永十三年(一六三六)康信の子康盛の時、再び亀山から挙母に移封され、三河国加茂郡・常陸国新治郡のうち一万二千石を領した。しかしその子康勝の時、寛文四年(一六六四)所領を三河国渥美郡に移されて田原城に転じた。その後約十七年間はこの地に領主は置かれず、幕府代官鳥山牛之助の支配となったが、天和元年(一六八一)に至り本多忠利が当所に封ぜられ、再度挙母に陣屋を構えた。忠利は陸奥国白川城主本多忠義(所領十二万石)の次男で一万石を領した。元禄十三年(一七〇〇)六十六歳で没したあとは養子忠次が家督をつぎ、さらにそのあとを忠次の嫡子忠央がついだが、寛延二年(一七四九)遠江国相良に移され、代わって上野国安中城主内藤政苗《まさみつ》が挙母に封ぜられた。幕命によって新しく挙母城を築いたが、明和三年(一七六六)養子学文《さとぶみ》に家督を譲った。安永六年(一七七七)矢作川の氾濫によりしばしば挙母城に被害を生じたため、新たに童子山に城郭を築き、侍屋敷・民家もこれに倣って高台に移った。童子山の新城は風光明媚、七つの州を見渡せるといわれ、七州城の別名があった。学文は寛政六年(一七九四)四十四歳で没したが、その後も政峻《まさみち》・政成・政優・政文といずれも養嗣子によってつがれ、明治二年(一八六九)政文の嫡子文成が版籍を奉還して挙母藩知事に任ぜられた。

内藤氏の領地は、寛延二年政苗の挙母入部当時は三河国加茂郡、遠江国周知・榛原郡のうち二万石であったが、その後多少の変化があり、明治二年には三河国加茂・設楽二郡のうち三十二ヵ村、美作国久米北条・勝北二郡のうち二十三ヵ村、総計五十五ヵ村二万二千百六十石であった。明治四年七月廃藩置県により挙母藩は廃止されて挙母県となり、藩知事内藤文成は本官を免ぜられた。同年十一月挙母県をふくむ三河国内全県は合併して額田《ぬかた》県となり、五年十一月愛知県に併合された。

[参考文献]　『寛政重修諸家譜』第一一・一三・一六、藩法研究会編『藩法集』一二(創文社、一九六四年)、渡辺善次編『(三河挙母)七州城沿革小史』(愛知県郷土資料刊行会、一九八五年)、『豊田市史』二、『豊田史料叢書』挙母藩史・挙母藩譜、内藤家文書、内藤家文書記録一・二、内藤家文書編著一

(近藤　恒次)

藩校　天明七年(一七八七)、藩主内藤学文の時に崇化館が創設された。内藤学文は古義学を重んじ、これを普及させようと綱領を崇化館内に掲示させた。藩内では前封地安中以来の流れを継いで、徂徠学派に属する者が多かった。そのため、崇化館設立を契機に、古義学派の儒者を召すなど、古義学への刷新を図ったのである。寛政改革により異学が禁じられる

と、藩主政峻は古義学から朱子学に変更した。享和二年（一八〇二）には温文館と改称している。そして、天保年間（一八三〇―四四）に川西潜を藩儒としてからは、朱子学を唱えて学風を刷新した。学科は昌平校に倣い、経学科・史学科・刑政科・詩文科に分け、講釈による一般家中への教授を重視した。文化二年（一八〇五）に学館と改称されると、館内に設置された文庫を温文館と称するようになった。

参考文献　吉永昭『愛知県の教育史』（思文閣出版、一九八三年）、笠井助治『近世藩校に於ける学統学派の研究』上（吉川弘文館、一九六九年）、文部省編『日本教育史資料』二

（工藤　航平）

鴨《かも》の騒立《さわだち》　天保七年（一八三六）九月三河国加茂郡でおきた百姓一揆の記録書。同国幡豆郡寺津村（愛知県西尾市）の神職渡辺政香の筆になり、成立は天保九年三月をあまり下らない。原稿本一冊は西尾市岩瀬文庫所蔵。先行する一揆風説書、一揆首領の訊問記録および出兵した岡崎藩の記録などを利用し、あわせて筆者の評価をふくむ狂歌なども加えられていて、事実の記録としてはやや難があるがユニークな一揆叙述になっている。『日本思想大系』五八、『日本庶民生活史料集成』六所収。

参考文献　『西尾市史』三、『豊田市史』二、岸野俊彦『幕藩制社会における国学』（校倉書房、一九九八年）、杉浦明平『維新前夜の文学』（『岩波新書』青六三八、一九九三年）、高橋磌一『乱世の歴史像』（一声社、一九七九年）、同『鴨の騒立』解題（『日本思想大系』五八、岩波書店、一九七〇年）、塚本学「百姓と文人―天保期の西三河で―」（地方史研究協議会編『東海地方史の展開』地方史研究協議会、一九六二年所収）

（塚本　学）

重原藩（しげはらはん）

三河国重原（愛知県刈谷市）を藩庁とした藩。譜代。陣屋持。戊辰戦争で罪を得た福島藩主板倉勝達は明治二年（一八六九）福島から三河四郡内で百八十一ヵ村、高二万八千三百五十二石に減封移転。三河にはすでに元禄十五年（一七〇二）に一ヵ村、寛政四年（一七九二）からは三十一ヵ村の飛地があり、これを支配するため重原に陣屋があったので藩庁とした。明治四年七月廃藩置県により重原県となり、額田県（四年十一月）を経て愛知県に編入（五年十一月）。

参考文献　山岸文蔵『福島沿革史』（『福島市史資料叢書』三）、『知立市史』上、『刈谷史』二、『戦国・江戸時代のかりや展図録』（刈谷市教育委員会、二〇〇〇年）

（小島　広次）

藩校　明治二年（一八六九）、藩主板倉勝達は教導館を設立、

同年中に養正館と改称された。福島藩学以来、朱子学を採用している。養正館では水戸藩士の石川部平を一等教授とし、学規・学則を定めるなど藩学を整備した。藩士のほか一般子弟の入学も許可し、和学および漢学が教授された。

参考文献　笠井助治『近世藩校に於ける学統学派の研究』下(吉川弘文館、一九七〇年)、『刈谷市史』二

(工藤　航平)

新城藩(しんしろはん)

三河国(愛知県)新城に藩庁をおいた譜代藩。慶長十一年(一六〇六)尾張国緒川から水野分長《わけなが》が一万三千石で封じられて立藩する。元和二年(一六一六)近江国栗太郡《くりもと》において二千石を加増される。同六年分長は徳川頼房に附属したため、三河の旧領一万石は嫡子元綱に与えられ、分長は別に安房・上総両国で一万五千石を与えられる。元綱は正保二年(一六四五)六月に上野国安中に転封され、水野家による新城藩は四十年にわたった。このあと新城は一時幕府代官鈴木八右衛門の所管となったのち、慶安元年(一六四八)菅沼定実が新城周辺で七千石を与えられた。定実は旧野田城主菅沼定盈《さだみつ》の孫にあたり、旧領に戻ったことになる。菅沼氏は新城に陣屋を設けて居所とし、交替寄合として参勤交代した。定実は四十二年、定易《さだやす》は四十四年、定用は三十二年と長く治め、十一代にわたって継承し明治維新を迎えた。

参考文献　『愛知県史』二、『寛政重修諸家譜』第五・六

(村瀬　典章)

田原藩(たはらはん)

三河国(愛知県)田原に藩庁を置いた藩。譜代、城持。慶長六年(一六〇一)、戸田尊次が伊豆下田から一万石で渥美郡田原に入封、田原藩が成立した。戸田氏は二代忠能を経て三代忠昌の寛文四年(一六六四)に肥後富岡に移り、代わって三河挙母《ころも》から三宅康勝が一万二千石で入封し、以後康雄・康徳・康高・康之・康武・康邦・康友・康和《やすかず》・康明《やすてる》・康直と続いて康保《やすよし》の時に維新を迎えた。ほかの一万石クラスの大名の大部分は陣屋であったが、三宅氏は城持、帝鑑間詰で格式が高く、絵図面によると、居城は本丸・二ノ丸・三ノ丸などがあり、現在残された石垣や堀、再建された二ノ丸櫓によって往時の城郭の面影を偲ぶことができる。家臣の数は寛保三年(一七四三)の分限帳によると、徒士以上が百二十四、それ以下の軽輩が二百五十八名とあり、三宅氏入封当初から蔵米知行であった。前期の藩政については不明であるが、ただ寛文十年に領内野田村と赤羽根村との間で起った比留輪山論争は有名であ

る。この紛争では野田村代表による江戸への直訴がたびたび行われ、多くの犠牲者を出して延宝二年（一六七四）に落着している。

中期以降、本藩は小藩であるが格式が高く、領地に比して家臣の数も多く、また、領地の一部は遠州灘に面して風害をうけやすく、痩地と砂地が多く、新田開発など努力はしているものの、早くから財政窮乏に苦しんでいた。そのためたびたび倹約令を出し、家臣には借知を命じ、幕府には合力米の下付を求めて大坂加番を願い、町人を勝手掛役人に登用するなど、その対策に追われている。あるいは、姫路十五万石の酒井家から持参金付きで藩主康直を迎えているが、財政窮乏は深刻であった。

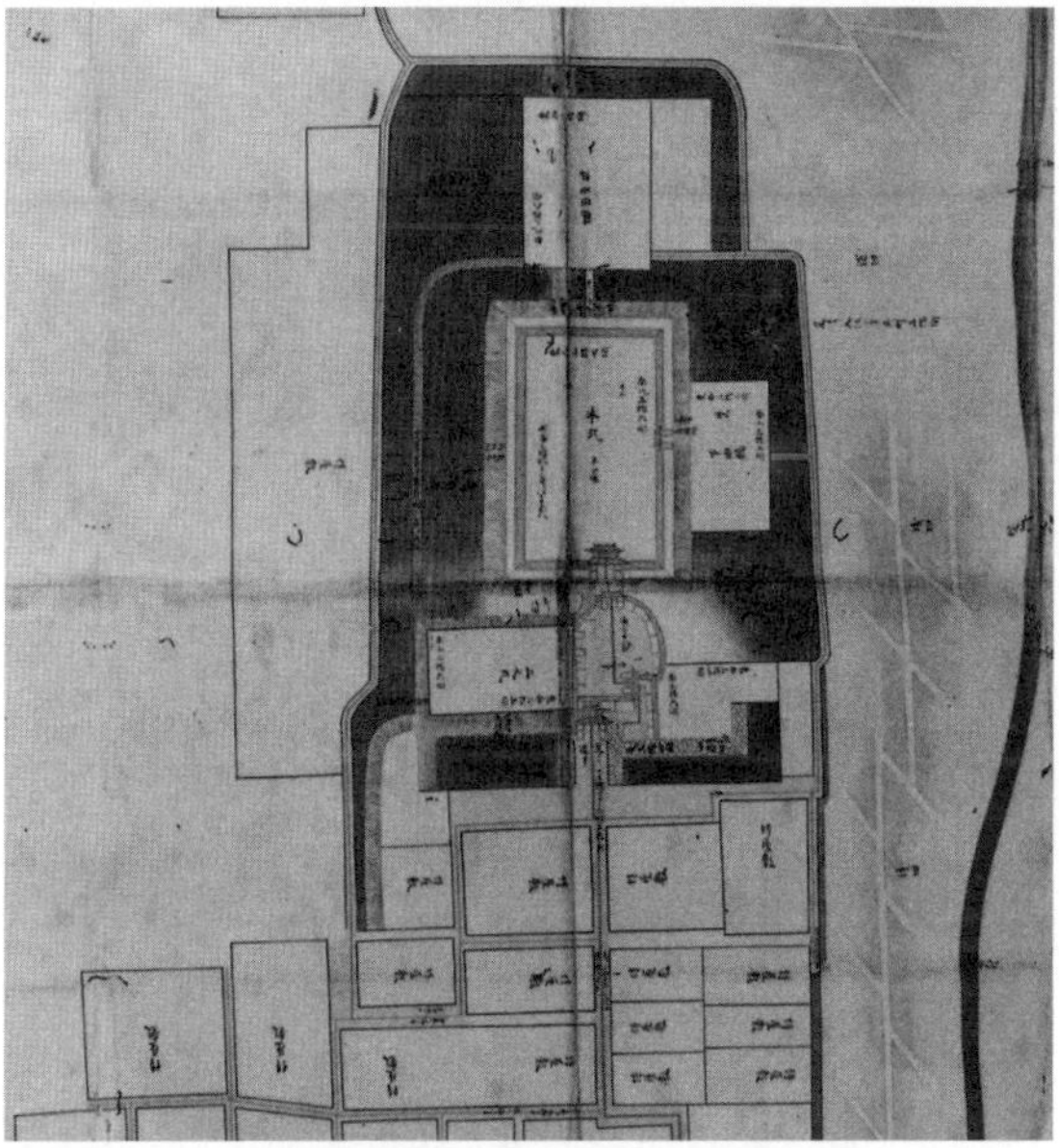

三河国田原城絵図部分（正保城絵図より）

そこで天保三年（一八三二）、渡辺崋山が家老となって藩政の改革に取り組み、凶作に備えて報民倉を設立し、大蔵永常を招いて殖産興業に努力した。また、家臣には為政者としての自覚と道義の高揚を呼びかけ、藩校成章館での教育の充実につとめた。さらに格高《かくだか》制の実施を試み、人材の登用をはかった。しかし、崋山が蛮社の獄によって検挙され、のち自殺したことによって失敗に終っている。その後、崋山の政治刷新への試みはその教えをうけた村上範致《のりむね》や鈴木春山《しゅんざん》らによってうけ継がれ、幕末期には田原藩は軍制を西洋流に改革し、農兵隊を結成し、軍事力の強化につとめている。明治二年（一八六九）、田原藩も版籍奉還を願い、ついで同四年七月の廃藩置県によって田原県となった。しかし、同十一月には額《ぬか》田《た》県、翌五年の十一月には愛知県に編入されている。

参考文献　『田原町史』中、佐藤昌介「田原藩」（『物語藩史』三、新人物往来社、一九七六年所収）、『田原藩日記』一―一〇

藩校　藩校成章館《せいしょうかん》は文化七年（一八一〇）九月、当時の桜御門前の広場（現田原市田原町田原中部小学校）に藩医萱生《かやお》玄淳《げんじゅん》の献策によって創設された。最初は学館または稽古所と呼ばれたが、翌八年に成章館と命名された。渡辺崋山が家老となって藩校の刷新に取り組み、天保九年（一八三八）十二月、伊藤鳳山《ほうざん》が文学教授として赴任して内容が充実し、蘭学者鈴木春山《しゅんざん》・砲術家村上範致《のりむね》らのすぐれた人材が輩出した。廃藩置県とともに廃校となったが、その名称は現在の県立成章高等学校にうけ継がれている。

参考文献　『田原町史』中、『愛知県教育史』一（愛知県教育委員会、一九七三年）

（吉永　昭）

作手藩（つくではん）

三河国（愛知県）作手に藩庁をおいた譜代藩。長篠の戦いで功労のあった奥平信昌と徳川家康の長女亀姫の間に天正十一年（一五八三）に生まれた奥平忠明は、同十六年兄家治とともに家康の養子となり松平姓を称していた。文禄元年（一五九二）兄家治の死去に伴い、その遺領である上野国長根（群馬県吉井町）七千石を領した。慶長七年（一六〇二）一万石が加増され、改めて三河・近江両国において一万七千石となり、作手の亀山城を復興して立藩する。同十五年忠明は伊勢国（三重県）亀山に五万石で転封となり、作手藩はわずか八年で廃藩となる。忠明は作手藩在任中、入封の翌年である慶長八年に、村内で検地を実施している。忠明の亀山転封後も設楽郡内の所領は続いたが、元和元年（一六一五）大坂の陣の功績により五万石を加増され大坂に移ったが、その際に設楽郡の領知はなくなり、廃藩となり、同領のほとんどは幕府領になった。

参考文献　『作手村誌』、『愛知県史』二、『寛政重修諸家譜』第一

（村瀬　典章）

中島藩（なかじまはん）

三河国碧海郡中島（愛知県岡崎市・西尾市）に藩庁をおいた譜代藩。寛永十六年（一六三九）板倉重矩が深溝藩一万五千石を継ぎ、居所深溝村を含めた五千石を弟重直に分与し、自分は居所を中島に移して陣屋をおいたことにより立藩した。重矩は万治三年（一六六〇）には大坂定番、寛文五年（一六六五）には老中、同八年には京都所司代にかわったが、同十年再び老中となっている。このような昇進をうけ、万治三年・寛文六年・同十一年の三回にわたって加増をうけ五万石となった。寛文十一年の加増の際に城が空き次第下野国（栃木県）烏山五万石の城主になるようにとの命が出され、同十二年閏六月三日に烏山二万石の城主堀親昌が信濃国（長野県）飯田に転封す

ると、重矩が入城し、中島藩は消滅した。しかし、三河国の領知は元和元年(一六八一)まで烏山藩領として存続した。

参考文献　『新編岡崎市史』三、『愛知県史』二、『寛政重修諸家譜』第二

（村瀬　典章）

名古屋藩（なごやはん）

尾張国(愛知県)名古屋に藩庁を置いた藩。親藩。三家の一つ。尾張藩・尾州藩ともいった。慶長五年(一六〇〇)十月、徳川家康の四男松平下野守忠吉が、はじめ清洲に封じられて五十二万石を領知した。忠吉は十二年三月五日に二十八歳をもって江戸で没した。ついで忠吉の弟で家康の九男義利(のちの義直)が同年閏四月に甲斐の府中から清洲に移封された。義利は、当時八歳で、家康は駿府に彼をとめ、平岩親吉に尾張犬山城を与えて九万三千石を領知せしめ、義利に代わって尾張の政務にあたらせた。義利は、同十四年正月に清洲に入ったが、まもなく名古屋の地に都城を築城して移住するに決し名古屋城築城と城下の建設に着手した。同十七年正月ごろに造営なり、そのころから逐次清洲から名古屋へ、武家・町人・寺社をふくめて移転を始めた。これを後世「清洲越し」とよんだ。

すでに、同十五年名古屋城の二ノ丸に移居していた平岩親吉は十六年十二月三十日七十歳をもって没し、子がなかったので家は絶えたが、家臣たちは、元和三年(一六一七)、藩の付家老《つけがろう》として犬山城を与えられた成瀬正成の家人となった。なお五年には美濃国今尾に竹腰《たけのこし》正信を配して名古屋藩の北方の地を固めた。成瀬氏は数次の加増を経て三万石となる。正成とともに尾張の国政、ことに土木の事を司どった竹腰正信も義利より加増されて三万石となる。成瀬・竹腰両家はともに廃藩置県まで継承し、またこの二家は幕臣としての地位も持ち続けた。元和五年五月には義利に美濃国岐阜の地が与えられ、また幕府の木曾谷中の代官山村氏、美濃久々利《くくり》にあった千村《ちむら》氏も名古屋藩に属することとなったので、名古屋藩は木曾から木曾川沿岸の美濃国一帯を支配することになった。慶長十三年幕府代官伊奈忠次による尾張一円の検地によって四十六万九千石余を打ち出したが、義直(義利)の総知高は加増により寛永十二年(一六三五)には六十三万三千石余に達した。のち、寛文十一年(一六七一)名古屋藩が幕府に上申した元高は、元和元年に確定した石高六十一万九千五百石であったが、これが名古屋藩の公称高となった。

藩領の生産高を安定させるためには、治水工事と、それによる新田開発が必要であった。慶長十四年、葉栗郡大野村に木曾川から取水する水門(杁《いり》)を設け、さらに新しく元和五年

般若《はんにゃ》の杁、慶安元年(一六四八)木津《こっつ》の杁を設けて、用水路を開き、この用水路から枝川を分けて尾張平野の治水灌漑事業を大規模に展開した。寛永十年の場合には入鹿村(犬山市博物館明治村内)の村民約四十軒を丹羽郡に移住させて同村を池となし、ここから入鹿用水をひき新田の開発にあたらせ、およそ六千八百石の新田が開かれた。さらに木曾川は、堤防の修復・補強工事が進み、木曾山林から材木を流下し、錦織《にしこおり》(岐阜県加茂郡八百津町)で筏にくんで名古屋に運んだほか、薪炭をはじめ沿岸各村々の生産物の輸送路として、藩経済の上に大きな役割を果たした。

名古屋藩は、尾張国全域のほか、美濃・三河・近江・摂津・信濃の一部を所領としていた。幕末ごろの藩士数は、知行取千三百十一人、扶持米取四千六百七十七人、合計五千九百八十八人であった。慶安三年五月、藩祖義直は五十一歳をもって没した。諡を敬公と称した。世子光友が襲封した。この光友の治世約四十年間に藩体制の確立をみた。寛文元年吉利支丹奉行を創設して宗門の制法をきびしく実施し、七年には信徒二〇〇〇人を捕え斬に処した。五年には吉利支丹奉行を廃して寺社奉行と町奉行に事務の分掌をはかり、その前年には評定所を設置して年寄・用人・国奉行・町奉行などに政務を議せしめるなどの制度を整備している。また、木曾の山林支配にあたっていた山村氏の権を奪い、国奉行をして木曾を巡見させて木曾山支配を実質化し、山林収入による藩財政の強化を図った。

天和元年(一六八一)には幕府に願い出て信濃国高取に次男義行を分家して三万石の支藩とし、同三年には三男義昌を陸奥国梁川三万石に封じて継嗣なき場合に備えた。なお、高取藩は元禄十三年(一七〇〇)一万三千石を割いて美濃国高須に移し、今尾の竹腰家とともに西濃の地を固めた。元禄六年光友は世子綱誠《つななり》に家督を譲った。この光友の時代は、寺社の建立なども重なって財政的に窮した一面もあるが、藩政の基礎が確立した時期とみてよい。綱誠は、父光友に一年先立つ元禄十二年に没した。以来、藩主は吉通、その弟の継友と続き、継友没後、嗣子なきため弟宗春が相続した。当時、将軍吉宗の時代であったが、宗春は享保の改革とは異なる積極的な城下繁栄策を打ち出し、歌舞音曲を奨励し、諸士に自由な芝居見物を許し、宗春自身も異様の風采で人目を驚かした。また城下の各地に遊女町が開設され、名古屋は一変して上方につぐ繁華の地となり、諸国から役者が集まり歌舞狂言を演じ芝居小屋が急増し、後年に名古屋が芸所として知られる因をなしたという。また、経済活動も活発化し、京都の大丸など名古屋に出店を設ける上方商人も多く、一時、三都をしのぐ商業都市となった。しかし、風俗の頽廃、政治の荒廃もみられ、結果的には失政とみられる。

こうした宗春の幕府の倹約令と全く相反する政策は、将軍吉宗の容るるところとならず、享保十七年(一七三二)吉宗は人を宗春に派して三ヵ条の詰問を発したが、これを弁解した。元文四年(一七三九)正月、宗春は幕府より謹慎を命ぜられ、七月には名古屋に閉居、十月には城外の下屋敷に移され、二十五年後の明和元年(一七六四)六十九歳をもって没した。八代宗勝のあと、宗睦《むねちか》が宝暦十一年(一七六一)に九代藩主となり、宗春以来の財政の行詰りを克服し、農村の荒廃立て直しを実践し、天明の改革として知られた。治世約四十年、藩中興の祖と称された。改革の内容は、代官の駐在制採用、殖産興業などであった。旧来、大代官・水奉行・山方奉行・美濃郡奉行などは城下名古屋の国奉行役所に詰めて執務し、実際の民政は、手なれた手代に任せることが多く、彼らは旧習になずみ賄賂が横行して収納の実があがらないという弊害があった。そこで天明元年(一七八一)五月、人見弥右衛門・樋口又兵衛(好古)・津金文左衛門らの能吏や地方《じかた》巧者を登用して代官の駐在制を採用した。佐屋《さや》・北方・水野に代官所(陣屋といった)を配し、漸次領内全域に十代官を置いて直接民政を掌握し、旧弊を一掃した。

さらに殖産興業の積極的な推進を図った。宗睦によって登用された津金文左衛門は、熱田奉行在任中熱田前新田の開発にあたり、米札を発行してその資にあてた。また、瀬戸焼の品質をたかめるため肥前に人を遣して技術を修得させ、のちに瀬戸焼の名声をはせるに至った。このころ、尾張縞・知多晒木綿や、尾張大根など特産物的商品の声価をたかめた。こうした商品生産の展開に対応して新田金《しんでんきん》・綿布役銀などの税を課して財政の安定を策した。この宗睦の時代に本居宣長の系統に属する国学者たちが輩出、儒学・俳諧なども栄え、いわゆる「名古屋学」とよばれる独特な風潮をもつ学芸が流行し、教学の刷新によって人材も輩出した。宗睦のあと嗣子が夭折したため一橋家から斉朝《なりとも》がむかえられ、十代斉朝・十一代斉温《なりはる》・十二代斉荘《なりたか》・十三代慶臧《よしつぐ》の四代が続いたが、いずれも将軍家斉の血縁にあたる人物であった。この間文化・文政という幕末期であったが士風の退廃、財政の窮乏ははなはだしく、治世上にみるべきものはない。十四代藩主として支藩高須藩より迎えられた慶勝《よしかつ》は、藩財政立て直しのため人材を登用し、米札の通用を禁じ、増上米《ましあげ》を一般家士に課し、家士の困窮を犠牲にして乗りきろうとしたが、武士たちの不平がはなはだしかったため廃止し、御用達町人たちに禍を転ずることとなった。

ペリーの来朝に伴い慶勝は一橋派とともに井伊直弼の違勅調印と将軍継嗣の処置を批判した。このため安政五年（一八五八）七月幕府によって退隠を命ぜられ、慶勝の異母弟茂徳《もちなが》が高須家より入って封をうけた。幕府のこの処置をめぐり慶勝と結びついていた「金鉄党」に対し、佐幕派の「ふいご党」が対立し藩内の政治状勢は複雑化した。文久二年（一八六二）四月、慶勝は謹慎をとかれ、事実上、藩の実権を掌握、第一次征長の際には征討軍総督に任ぜられ三十五藩に出兵を命じ広島に赴いたが、長藩は三家老斬罪をもって謹慎の意を表し戦いにはならなかった。慶応三年（一八六七）将軍慶喜の大政奉還後の辞官納地問題では、松平慶永とともに慶喜・朝廷間にあって周旋につとめた。京都郊外鳥羽・伏見の戦後、慶喜が大坂を去ると、一時、慶勝は大坂城にあったが、藩内抗争のため急遽帰国し、老臣年寄格の渡辺新左衛門・城代格大番頭榊原勘解由・大番頭格石川内蔵允の三人を佐幕派ときめつけて斬罪、翌日も四人を斬罪、さらに七人を処刑し、名古屋藩は藩内の佐幕派を一掃し藩論を討幕勤王に決したことを示した。青松葉事件とよばれるこの処置は、藩内に架空の佐幕派を仕立てて処刑したもので、名古屋藩はこうして天下の大勢に順応していったのである。

明治元年（一八六八）四月二十八日、甲信の「賊徒征討」の命をうけて慶勝は美濃の中山道太田宿に本営を設置し、各隊を甲信に派し、六月二十六日には本営を撤去して名古屋に帰城した。十五代茂徳のあと、慶勝の第三子義宜が、六歳にして十六代藩主をついだが、実権は慶勝にあった。明治二年六月版籍奉還に伴って義宜は名古屋藩知事を命ぜられ、三年十二月には、藩知事は父慶勝に替わった。四年七月廃藩置県の令によって、犬山・名古屋の二県が当初に置かれたが、十一月、犬山県を廃して名古屋県に合併、ここにおいて名古屋藩は完全に姿を消すこととなった。なお、蓬左文庫が江戸時代から名古屋城内にあった。これは、徳川家康旧蔵書、すなわち駿河御譲本を中心として設けられたもので、その後、藩政史料を加えて七万冊余りを蔵し、名古屋市立（東区徳川町）として運営されている。

参考文献　『愛知県史』、『名古屋市史』、『新修名古屋市史』三・四、林董一『尾張藩公法史の研究』（日本学術振興会、一九六二年）、徳川義親『尾張藩石高考』（徳川林政史研究所、一九五九年）、白根孝胤「藩主代替りにおける『御上国』と領民—尾張藩を中心に—」（森安彦編『地域社会の展開と幕藩制支配』名著出版、二〇〇五年所収）
（林　英夫）

藩校　江戸時代初期、好学の藩主徳川義直は大津町下矢場町に学問所を建て、儒者深田正室、一説には熊谷立節をして藩士子弟に教授せしめたというが不詳。寛延元年（一七四八）、三宅尚斎門人蟹《かに》養斎は藩の許可を得て、巾下《はばした》埋門外元作事屋敷に学館を創設。藩主宗勝自身「明倫堂」の三文字を書し、額に彫らせて与え、財政的に援助した。学問所・巾下明倫堂と呼ばれた。宝暦元年（一七五一）養斎が学問所の維持困難を訴え、藩の助成を請願したが採択されず、退去さえ要求される。養斎の私塾たる性格をもつ。これに対し、天明三年（一七八三）四月に開校した明倫堂は藩校の名に値する。藩主宗睦は庶政刷新の一環として、片端長島町角の御国方役所跡（名古屋市中区丸の内二丁目の東照宮の地）に学校を設け、宗勝親書の「明倫堂」の額を移す。中西淡淵門下の細井平洲を総裁、のちの督学に迎え、学館主事に深沢仙右衛門、学館都講に岡田新川・関元洲を任命。同五年その東隣に聖堂を創建する。家中に講釈の聴聞を命じ、百姓町人の聴講も許す。朱註による素読が主体で、文にかたよる傾向をみる。平洲以後、岡田新川・石川香山があとを継ぐが、学生は七十名内外で沈滞の色もあった。

そこで文化八年（一八一一）督学となった冢田《つかだ》大峯はこれが打開を志し、戒約五条および撰挙科目を制定し、朱註を退け古学中心に自註による『孝経』以下の十三書をテキストに用いる。学生も四百ないし五百名にのぼった。もっとも冢田学派の独善的運営に非難の声がおこり、大峯の人材登用論に対する藩首脳の消極的態度、藩庫窮迫にもとづく経費節減によって、経営は容易でなかった。文久三年（一八六三）総裁田宮如雲は前藩主慶勝の富国強兵の意を受け、学寮新設、兵学など実学の重視、武芸奨励、庶民の入学、冢註と朱註の併用を推進。慶応三年（一八六七）督学に就任した鷲津《わしづ》毅堂（宣光）も国学、武教育を拡充、教科の等級制試験制を導入し改革につとめた。同校の事業で『群書治要』はじめ漢籍の出版は有名。明治二年（一八六九）の職制改正により学校と改称、廃藩置県のとき廃校。

名古屋藩
藩校蔵書印

参考文献　細野要斎『聖堂記』（『名古屋叢書』一、愛知県郷土資料刊行会、一九八二年）、中村習斎『寛延記草』（同一）、愛知県教育委員会編『愛知県教育史』、『新修名古屋史』三・四、吉永昭『愛知県の教育史』（思文閣出版、一九八三年）、『名古屋市史』学芸編、笠井助治『近世藩校に於ける学統学派の研究』上（吉川弘文館、一九六九年）、高木靖文「尾張藩における武教育の伝統と改革」（『徳川林政史研究所研究紀要』昭和四十八年度、一九七四年）、大口佩蘭「蟹養斎先生

と巾下学問所」(『紙魚』一二)、青山政景「尾張明倫堂の出版事業」(『無閑之』六三・六五・六七)　（林　董一）

藩札　寛文六年(一六六六)九月二十八日財政救済のため領内の金銀遣を停止し、判書《はがき》を通用せしめることとして長者町一丁目に判書場を置き、銀十・一匁、九・三・一分の判書を発行した。一両につき六十目替・歩銀二匁で発行、同二匁四分添えで兌換、銭は百文までは使用を許し、それ以上は判書を使用せしめた。遠隔地における正貨と判書との交換の便を図るため、尾州に三ヵ所、濃州に五ヵ所、木曾に一ヵ所札宿を置いた。翌七年十二月銀十匁札を停め、五匁、七・六・五分札を追加。寛文八年二月判書の使用を停止した。その後、寛政四年(一七九二)十一月調達金(藩債)償還などのために「米切手」金一両(=米六斗)、同一分・二朱を額面代金で取遣、平田(御用両替)引替で一両につき八文添えて兌換、また汚損札は札面金高にかかわらず切手一枚につき四文添えて新札と交換。改印添銭改定を経て、享和三年(一八〇三)十二月赤色銀三匁切手・浅黄色一匁で発行。天保十三年(一八四二)四月より十ヵ年蔵役役金として土蔵一戸につき毎年金二分を上納させるという減切手仕法を始めたが、翌年十月廃止。十四年四月引受人三名で御払銭切手金一分・二朱、銀三・二・一匁を御国産会所御用会所で発行。嘉永元年(一八四八)藩は米切手を回収することとし、一両につき添銀二百八十目をもって正貨と引き替え、米切手は通用停止となった。明治初年諸色銭切手約八十種である。

十匁銀札

参考文献　『一宮市史』、荒木豊三郎『藩札』(一九五八年)、所三男「尾張藩の財政と藩札」(『社会経済史学』四ノ七・八・一〇、一九三四年、五ノ一、一九三五年)　（川上　雅）

藩法　名古屋藩は包括的刑法典を有しない。多くの単行法規が制定され、それらと書付・極・先例・例型・書式など役所の執務規則ないし内規が一体となり、法源を形成していた。藩独自の規定もみられるが、全体的に幕府法の影響が強い。制定法としては寛永十年(一六三三)以後の藩主代々条目、同十八・十九年の名古屋町中仕置令、同十九年の欠落処罰令、正保二年(一六四五)の地租改正令、寛文元年(一六六一)の世禄廃止令、享保二年(一七一七)『寺院御法度』『社家御法度』、同十三年の名古屋市域改正令、宝暦十一年(一七六一)『評定所御定書』、安永九年(一七八〇)『道中筋ニ而旅人之諸色幷往来之諸荷物盗候者御仕置御定』、寛政元年(一七八九)『博奕賭之諸勝負致候者御仕置御定』、同十一年の世禄復活令、弘化二年(一八四五)『木曾幷美濃三ヶ村三浦山盗伐等御仕置御定』などがあげられるが、特に『延享年御定』『寛政年御定』と呼ばれる延享二年(一七四五)、寛政六年『盗賊御仕置御定』は重要である。これらは窃盗犯に対する処罰法であるが、他の法規に準用されることが多く、普通法の役割を果たす。法令集では江戸時代初期の『尾張国御法度之古記』『尾藩令条』『国秘録町奉行之律』『尾州御定書』、中期から後期にかけての『類聚尾藩諸法度』『尾州触帖通辞留』『密書尾府刑法規則』『令留書抜』『藩士必携』が目につく。名古屋の町触集では元禄三年(一六九〇)から明治二年(一八六九)にかけての町触を収める、富商関戸氏旧蔵『御触流留帳』と、元禄二年に始まり延享五年に至る『町触』などがよい。村方に関する行政・司法の実務記録には『御国方万覚書』『尾藩地方根居』『税賦参定指南』『地方古義』『吏事随筆』『牧氏覚書』がある。これに反し判例集はきわめて乏しい。慶応三年(一八六七)編纂の藩士の刑事事件を扱う『御紀類書抜』は数少ない例といえる。

参考文献　京都大学日本法史研究会編『藩法史料集成』(創文社、一九八〇年)、『名古屋叢書』二一・二三(愛知県郷土資料刊行会、一九八二年)、林董一『尾張藩公法史の研究』(日本学術振興会、一九六二年)、『名古屋市史』政治編二、『新修名古屋市史』三・四、『新編一宮市史』資料編七・八、平松義郎『江戸の罪と罰』(『平凡社選書』一一八、一九八八年)

(林　董一)

幕末諸隊　諸隊といえるものは明治元年(一八六八)戊辰戦争期に簇生した。磅礴《ほうはく》隊は正月下旬に名古屋藩出身の新政府参与田中不二麻呂・丹羽賢の発案でつくられ、下野国壬生出身の松本暢を隊長とし、丹羽郡の松山義根、愛知郡の浅見長之進、中島郡の平田鋭之輔ら庄屋層が幹部となったが、隊員七十人余りの多くは無宿・都市細民層や貧農であり、他国出身者がかなり入っていた。大総督有栖川宮熾仁《たるひと》親王の身辺護衛にあたり、のちに信越方面へ出兵したり彰義隊討伐に奮戦したりした。集義隊は藩大目付渡辺鉞次郎が博徒を編成した隊であり、愛知郡上郷村熊張の近藤実左衛門や宝飯《ほい》郡平井村の雲風亀吉を中心として、春日井・中島・丹羽・愛知など諸郡から博徒を広範に集めて三月上旬に結隊し、藩士中川庄蔵付属となって東行した部隊は藩軍に組み込まれて北越戦争に従軍した。正気隊は名古屋藩領美濃国可児《かに》郡土田村林吉左衛門・同郡帷子村柳生唯七・三河国加茂郡坂祝村兼松誠左衛門ら豪農層の志願により組織されたが、藩から隊長に藩士久野長一が任命された。藩軍に従い北越戦争に従軍し五人が戦死している。帰順正気隊は東正気隊ともいい、佐幕諸隊である新徴組から脱隊して東海道先鋒軍に帰順した者たちで組織した。甲斐出身の暮地太郎らを中心とし、隊員は名古屋藩外出身者であったが、江戸で藩士渡辺鉞次郎の指揮下におかれ、彰義隊討伐戦で活躍し、のち東北戦争に出兵した。草薙《くさなぎ》隊は家老田宮如雲の命令を受けた春日井郡の大庄屋林金兵衛が組織した農民義勇兵であり、すでに明治元年正月三日に上京して御所の警衛にあたっていた。田宮指揮下の藩軍に付属して東山道を甲信地方まで従軍、のち美濃太田詰となる。戊辰戦争で戦功のあった磅礴・集義・正気・帰順正気の四隊は明治二年八月に名古屋藩の常備兵に加えられたが、同四年の廃藩置県に伴い解隊された。なお戦功がなく隊について資料を欠くものに精鋭隊と愛知隊とがある。

［参考文献］　小菅廉他編『尾参宝鑑』、西尾豊作『子爵田中不二麿伝』(大空社、一九八七年)、津田応助編『贈従五位林金兵衛翁』(一九二五年)、長谷川昇『博徒と自由民権』(『中公新書』四八七、一九七七年)

(高木　俊輔)

青松葉《あおまつば》事件《じけん》　幕末期、名古屋藩が新時勢に乗りおくれないために行なった藩論統一のための非常措置。文久二年(一八六二)四月、安政の大獄による前藩主徳川慶勝の謹慎がとかれると、東海道筋の大藩で親藩である名古屋藩は、朝・幕・西南雄藩からそれぞれの意図で公武合体策の推進力として期待された。同年十二月、慶勝は朝命により畿内の警衛を命ぜられ、将軍徳川慶喜の大政奉還上奏後も、福井藩主松平慶永とともに慶喜の自発的な辞官納地の出願勧誘、小御所会議での「領地返上」の文字を削除した沙汰書作成など、朝幕の融和をめざしたが、明治元年(一八六八)正月三日の鳥羽・伏見の戦、同七日の討幕大号令で、慶勝の政治路線は完全にくずれ去り、同時に藩論の統一もくずれた。このころ国元から幼藩主を奉じて幕軍に投ずるという風評ももたらされた。同二十日に朝命で帰国した慶勝は、即日、年寄列渡辺在綱・大番頭榊原正帰・同格石川照英の重臣を二ノ丸向屋敷の馬場で斬罪に処し、以後五日間に斬首十四名、家名断絶・揚屋入り・永蟄居など二十数名に及んだ。「年来、姦曲の所置これあり候につき朝命により死を賜ふ」というだけで、具体的な罪名を示さぬ「非常の刑」であった。かれらの親幕的色彩が他に比して濃厚であったにしても、幼藩主を擁する計画の事実も不詳であり、断罪の理由も知らぬものがあった。

　これよりさき幕閣からの押しつけ養子問題に端を発し、名古屋藩では反幕的な「金鉄党」と親幕的な「ふいご党」の藩内対立抗争があったが、他藩にみられるような門閥上士層と有能下士層の抗争というほどの際立ちは少なく、反幕は反幕閣であっても反将軍家ではなく、親藩意識は両者ともにあった。この上に成立した尊王にして敬幕の政治路線も討幕路線がひかれ、会津藩主松平容保・桑名藩主松平定敬が慶勝の実弟であってみれば、名古屋藩自身の存立も危うくなる新事態であった。これに対応する転進を藩の内外に示すための犠牲事件である。「青松葉」とは渡辺家の異名であるが、その意味は不詳。

参考文献　『名古屋市史』政治編一、『三世紀事略』(『名古屋叢書』五、愛知県郷土資料刊行会、一九八三年)、細野忠陳『見聞雑剳』、尾崎忠征『尾崎八右衛門日記』、『新修名古屋市史』四　（小島　広次）

口地《くちじ》　名古屋藩領木曾川下流域に行われた割地制度の一種。割地の慣行は「水腐地・新田場等」(『地方凡例録』)にあるというが、口地の場合も例外ではない。愛知県海部郡蟹江町西之森源氏島付近は近世初期に水入りの低湿地を開拓した新田であるが、用水西・中の切・東の切・源氏島・才勝の五字《あざ》の土地をそれぞれ十一に割り、五字の各口を合わせて一口(一軒前)といった。つまり草分百姓十一軒の一口分の土地が五字に平均して散在し、土地の割替は十年ごとに抽籤で行われた。海東郡小家村(海部郡七宝町)は村高六百五十六石余を十七口に分けて一口分とし、のち人口の増大とともに一口を二分の一、四分の一、大は六十四分の一に分割し、地主と永小作人の階層関係が生じた。同村の明治九年(一八七六)の「口地約定証書」に、「口地主」(永小作人)は「永く此地を小作」し、その権利は地主といえども「妨害する能はざる」ほど強固であった。

参考文献　小野武夫『農民経済史研究』(巌松堂書店、一九二四年)　（煎本　増夫）

税賦参定指南《ぜいふさんていしなん》　尾張藩地方役人への執務指導のための地方・税制解説書。大代官兼勘定吟味役頭取樋口好古の著で文政元年(一八一八)成立。一冊。安永三年(一七七四)勘定方並手代に召抱えられて以来、長年にわたる地方実務の経験と実地・文献調査をふまえて税賦に関する事項を網羅し、さらに税制上の沿革や慣例についても解説している。写本は蓬左文庫本をはじめ数本が伝存している。『名古屋叢書』一〇所収。

参考文献　『名古屋市史』人物編一　（小島　広次）

西尾藩（にしおはん）

三河国(愛知県)西尾に藩庁を置いた藩。岡崎城主で西尾城主を兼任していた田中吉政が慶長五年(一六〇〇)筑後国柳川へ移封すると、そのあとへ同六年本多康俊が西尾城を与えら

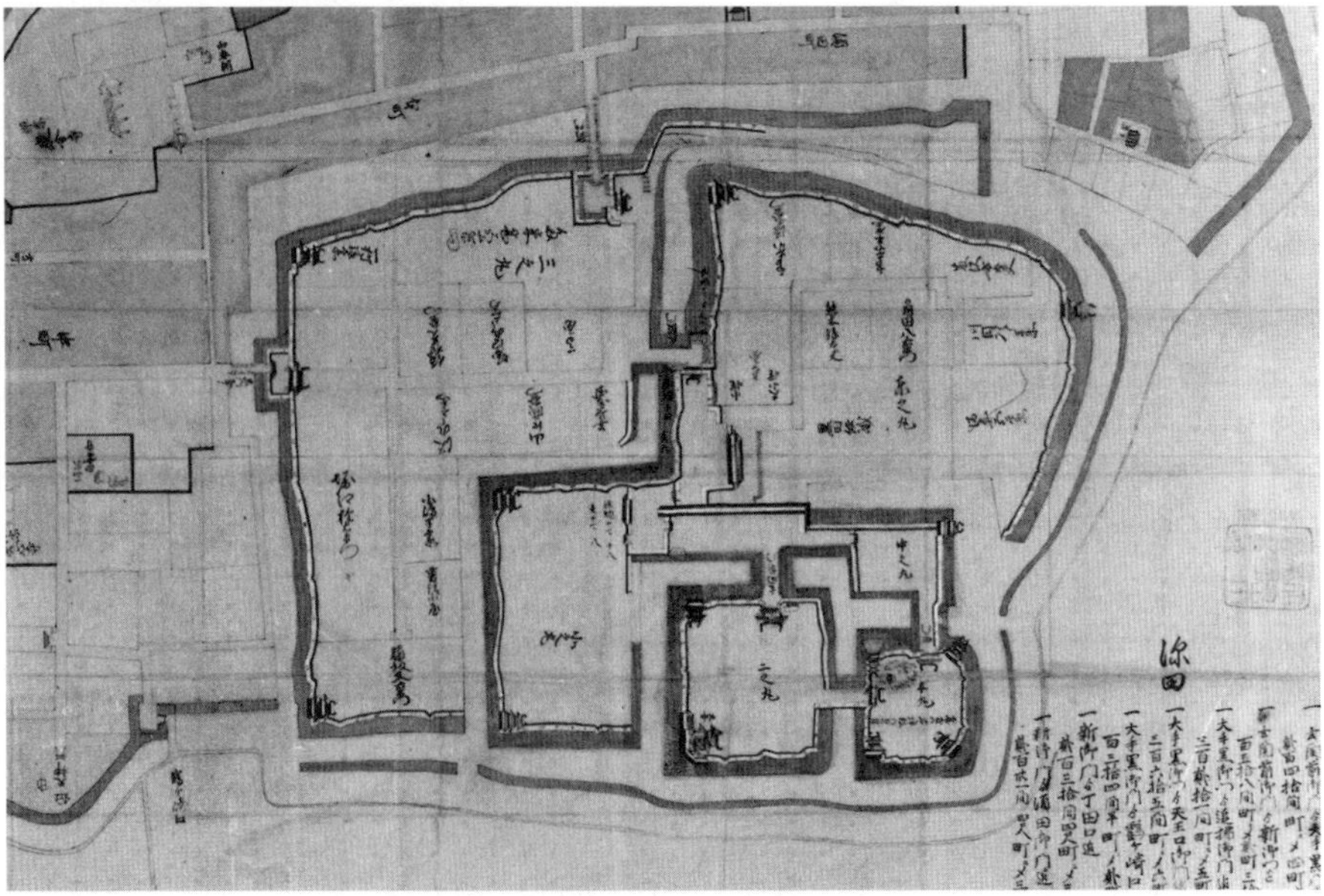

三河国西尾城絵図部分(正保城絵図より)

れて二万石を領有し、ここに西尾藩が成立した。三河の諸藩と同じく転封の多い譜代中小藩である。本多康俊は、徳川家臣団の名門酒井忠次の次男で、本多家の養子となった人。元和三年(一六一七)康俊が膳所《ぜぜ》へ移封すると、松平(大給《おぎゅう》)成重が二万石で入封した。成重は大給松平氏の出で、在城わずか四年にして去り、同七年に本多康俊の子俊次が三万五千石で入封、寛永十三年(一六三六)伊勢国亀山へ移封後、約二年の間幕府直轄領となった。同十五年太田資宗が三万五千石で入封した。資宗は若年寄で『寛永諸家系図伝』の編纂にあたっている。正保元年(一六四四)資宗移封のあと、同二年井伊直好が三万五千石で入封、万治二年(一六五九)増山《ましやま》氏が二万石の領主となった。増山氏は正利・正弥二代にわたって在封したが、わずか四年、寛文三年(一六六三)土井氏が二万三千石で入封、利長《としもと》・利意・利庸《としつね》・利信と四代にわたった。土井氏は徳川家臣団の名門土井氏の分家。延享四年(一七四七)土井氏と入れ替わって三浦氏が刈谷から二万三千石で入封、義理・明次と在封、明和元年(一七六四)大坂城代に就任した松平乗《のり》佑《すけ》が六万石で入封し、ここに藩主家は定着した。

松平氏は大給の本家、西尾入封前に老中二人を出した名門で、乗佑のあと乗完《のりさだ》・乗寛・乗全《のりたけ》と三代にわたって老中に就任しており、特に乗完は寺社奉行・京都所司代・老中と幕府の要職を務め、寛政の改革では松平定信を補佐している。乗《のり》秩《つね》に至り廃藩となる。藩領は二万石の時代には城付きの幡豆《はず》郡の内の大部分で充足したが、三万石の時代には碧海郡・加茂郡に一万石程度を与えられ、三河国の飛地が生じた。大給松平氏になると城付きを本領とし、本領以上に広大な飛地三万七千石を越前に持ち、さらに越前の一万石を割いて大坂城代の役地として河内の領村を支配した。大給松平氏は文教を奨励し、藩学修道館や医学研修のための済生館を開いた。明治初年の表高六万石に対し内高六万三千二百石。明治二年(一八六九)西尾藩の士族三百十七人、卒族六百四十三人。明治四年七月廃藩、西尾県となり、ついで三河の旧領は額田県(同年十一月)を経て五年十一月愛知県に編入された。

参考文献　『西尾町史』、『西尾市史』二・三、『愛知県史』二、『末年(元保六年)御中勘』、『西尾資料集録』

(村瀬　正章)

藩校　安永初年、藩主松平乗完により丹波嘯堂が藩儒に召され、藩主侍講のほか、家塾において藩士子弟を教授した。天保十二年(一八四一)に江戸藩邸および西尾城下に学問所が設置された。嘉永六年(一八五三)、江戸学問所は典学館、西尾学問所は修道館と改称された。典学館では成瀬祐蔵が、修道館では秋山祐助が教授にあたった。嘉永期(一八四八—五四)の教科書からも、学風は折衷学派であったことがわかる。元治元年(一八六四)には他藩士の、翌慶応元年(一八六五)には一般庶民の聴講が認められた。

参考文献　吉永昭『愛知県の教育史』(思文閣出版、一九八三年)、笠井助治『近世藩校に於ける学統学派の研究』上(吉川弘文館、一九六九年)

(工藤　航平)

西大平藩 (にしおおひらはん)

三河国西大平(愛知県岡崎市)を本拠とした藩。譜代、陣屋支配。大岡忠相が、二千石ほどの旗本家から登用され、元文元年(一七三六)寺社奉行に任ぜられた際加増と官俸とをあわせて万石以上の格となったが、寛延元年(一七四八)官俸を改め三河に四千余石の加増をうけて一万石の領主となり、西大平を居所としたのに始まる。以後忠宜・忠恒・忠与・忠移・忠愛・忠敬の歴代は忠相以来の越前守に任ぜられるのを例とした。所領は著しく分散し、本領相模国での千石弱が終始存続したほか、当初は武蔵・上野・下野・上総とも六国にわたった。藩成立直後、武蔵・上野・下野の分は下総にまとめられ宝暦十三年(一七六三)三河に移されたが、三河の所領も廃藩期四郡にまたがり、現岡崎市内の西大平に接しては、藩領であった村がない。明治四年(一八七一)七月廃藩置県により西大平県が成立し、同年十一月額田県に併合された。

参考文献　『(新編)岡崎市史』三・史料七・八、内務省地理局編『藩屏年表・諸侯年表』

（塚本　学）

西端藩（にしばたはん）

三河国西端(愛知県碧南《へきなん》市)を本拠とした藩。譜代、陣屋支配。本多忠寛が元治元年(一八六四)万石の列に加えられてから子忠鵬《ゆき》代明治四年(一八七一)の廃藩までの間存続したにすぎない。この家は元和二年(一六一六)当時三河西尾藩主(のち近江膳所《ぜぜ》藩主)本多康俊の次男忠相が西端村などを領し、天和二年(一六八二)忠将の代以後は九千石の大旗本となっていたもので、長い間西端に陣屋があったが、藩成立は幕末動乱期のことである。廃藩期の所領(表高一万五百石、実高一万四千余石)は、三河のほか上総・下総・安房・上野・下野などに分散し、三河の分も国内で散在していた。明治四年七月廃藩置県により西端県が成立したが、同年十一月額田県に併合された。

西端藩藩札(金一朱札)

参考文献　『愛知県史』二、『碧南市史』一

（塚本　学）

畑ケ村藩（はたけむらはん）

三河国渥美郡畑村(愛知県田原市)に藩庁をおいた譜代藩。美濃国(岐阜県)大垣藩の支藩で、大垣新田藩ともいう。また、「畑村藩」「畠村藩」とも書き、「はたむらはん」とも読む。元禄元年(一六八八)七月戸田氏成《うじしげ》が養父氏利の家督を継ぎ、三河国渥美郡・額田郡など六千二百石を知行するとともに、実兄である大垣藩主戸田氏定より美濃国内において三千石を分知され、あわせて一万石となり、陣屋を畑村において立藩した。氏成は大垣藩主戸田氏西《うじあき》の次男に生まれるが、貞享元年(一六八四)氏利の養子に入る。戸田氏は参勤交代を行わない定府大名であった。氏成のあと七代続き、明治二年(一八六九)二月氏良が版籍を奉還し、同五月美濃国大野郡野村に居所を構えたため、野村藩と改称した。三河国渥美郡の飛地は同四年額田県を経て愛知県に所属した。

参考文献　『渥美町史』歴史編上、同歴史編下、『寛政重修諸家譜』第一四

（村瀬　典章）

半原藩（はんばらはん）

三河国半原(愛知県新城市富岡)に藩庁を置いた藩。藩主安部氏。譜代。武蔵国岡部(埼玉県大里郡岡部町)に陣屋を置いた大名安部氏二万石余は、城付地のほかに三河・摂津などにも領地を持っていたが、明治元年(一八六八)四月、最も領地の多い三河国八名《やな》郡半原村に入部し、ここに半原藩が成立した。藩主信発は転封後、藩校学聚館を設立して家中子弟の教育を行い、また、健武館を創立して武術の訓練を奨励した。しかし、翌年には版籍を奉還、同四年七月の廃藩置県によって半原県となり、同十一月には額田《ぬかた》県に編入されて半原県は消滅した。

参考文献　『新城市誌』、『愛知県史』二　（吉永　昭）

藩校　明治元年(一八六八)より半原藩主となった安部家は、岡部在所時代の嘉永年間(一八四八―五四)、江戸藩邸に学聚館を設置した。在所の移転に伴い、岡部陣屋および江戸藩邸の大部分の藩士も半原に移ることとなった。そのため、半原での藩士子弟の教育施設として、学聚館も江戸藩邸から移されたのである。藩儒は引き続いて宮原成太と岩井又助であり、学風は朱子学が採られた。学聚館では読書のみを教授し、算法や筆道は家塾などで修学させた。

参考文献　『埼玉県教育史』二、文部省編『日本教育史資料』二　（工藤　航平）

深溝藩（ふこうずはん）

三河国深溝(愛知県幸田町)に藩庁をおいた譜代藩。下総国(千葉県)小見川の松平忠利が慶長六年(一六〇一)所領を額田郡に移され、深溝を居所として立藩する。松平忠利の家系は深溝松平と称する。始まりとされる忠定は大場二郎左衛門の守る深溝城を攻め深溝城主となった。四代家忠はその後天正十八年(一五九〇)の徳川家康関東転封に従って武蔵国忍領、同二十年下総国香取郡上代、文禄三年(一五九四)に同郡小見川に転じていた。慶長十七年家忠の嫡子忠利が三河国吉田藩に転封となり、一時廃藩となり、幕府領となる。しかし、同十九年板倉重昌が深溝村を拝領し、寛永元年(一六二四)父勝重の三河国内の遺領を兄重宗より分知され、深溝を居所として再び立藩された。同十六年重昌の嫡子重矩が遺領のうち一万石を相続すると居所を碧海郡中島に移したので中島藩と改称した。

参考文献　『豊橋市史』二、『幸田町史』史料編一、『愛知県史』二、『寛政重修諸家譜』第一　（村瀬　典章）

吉田藩（よしだはん）

三河国吉田（愛知県豊橋市）に藩庁を置いた藩。藩主はいずれも譜代、城持。明治二年（一八六九）、新政府の意向によって今橋・豊橋・関屋の三候補名から豊橋をとって豊橋藩と改称する。藩政を前期と後期に分けると、前期は藩主の交代が非常にはげしい。また、石高も最小三万石から最大八万石とその変動が著しい。同時に、大名の中では老中・若年寄など幕閣の要職についた人物もまた多い。以下、前期の大名の変遷をみると、天正十八年（一五九〇）、十五万石の大名として入封した池田輝政によって城下の整備などがすでに行われていたが、輝政が播磨姫路に移ると、慶長六年（一六〇一）に武蔵八幡山から松平（竹谷）家清が三万石で入封、ここに吉田藩が成立した。

松平氏は家清・忠清と続いたが、忠清に嗣子がなく除封され、慶長十七年に三河深溝《ふこうず》から松平（深溝）忠利が三万石で入封、その子忠房の時、寛永九年（一六三二）に三河刈谷に移り、忠房と交代の形で刈谷から水野忠清が四万石で吉田へ入封した。しかし同十九年、忠清は二万五千石を加増され信濃松本へ移り、駿河田中から水野忠善が四万五千石で入封。この忠善も三年後の正保二年（一六四五）には加増されて三河岡崎に移り、豊後杵築《きつき》から小笠原忠知が四万五千石で入封した。この小笠原氏はその子長矩の時に分知によって四万石となり、長祐《ながすけ》・長重と在封して元禄十年（一六九七）に武蔵岩槻に移り、丹波亀山から久世重之が五万石で入封、やがて宝永二年（一七〇五）に下総関宿《せきやど》に移り、同地から牧野成春が八万石で入封、その子成央《なりなか》の時、正徳二年（一七一二）に日向延岡に移り、下総古河《こが》から松平（大河内）信祝《のぶとき》が七万石で入封、やがて享保十四年（一七二九）に遠江浜松に移り、同地から松平（本庄）資訓《すけのり》が七万石で入封した。資訓も前藩主と同じく寛延二年（一七四九）に再び浜松へ移り、同地から前藩主松平信祝の子信復《のぶなお》が再び七万石で吉田に入封し、これで藩主の交代は終りをつげている。後期の藩政を担当した松平氏は、知恵伊豆として知られた松平信綱の子孫にあたり、信復のあと信礼・信明・信順・信宝《のぶたか》・信璋《のぶあき》・信古《のぶひさ》と七代にわたって在封して廃藩をむかえた。

当藩の領域は藩主によって異なり、たとえば、松平忠利三万石の時代は、渥美・八名・宝飯《ほい》郡の三郡内の村々、後期の松平時代は、渥美・八名・宝飯のほかに西三河の賀茂・額田《ぬかた》郡および遠江敷知・城東郡の村々などが加わり、安政五年（一八五八）の調査では総戸数一万三千百五十四戸、人口五万八千百七十九人とある。廃藩置県によって明治四年七月に豊橋県となり、同十一月に額田県、翌五年十一月、愛知県に統合された。

参考文献 『豊橋市史』二

藩校　藩校時習館は、遠江浜松から吉田へ入封した藩主松平信復《のぶなお》によって宝暦二年（一七五二）七月、城下八丁小路沿いの武家屋敷地内（豊橋市八丁通）に創設された。同時に、教育の基準ともなるべき時習館定十一ヵ条が出されているが、文武両道の奨励と師匠・生徒への注意事項がその中心になっており、組織も教育内容もまだ不充分であったらしい。その後、松平定信とともに老中として幕閣で活躍した藩主信明が文化三年（一八〇六）には時習館規条を制定し、藩校教育の目標と教育の具体的内容を示して教育の刷新をはかった。また、弘化元年（一八四四）六月には、御目付触れで特に藩校における武芸教育の必要性とその内容が示されている。さらに幕末・維新期には内外の緊迫した情勢を反映して藩校の充実・強化がはかられている。なお、創設期には荻生徂徠の高弟であった三浦竹渓とその弟子飯野柏山が教育にあたったこともあって古文辞学派の学風がその中心を占め、のち藩主信明が太田錦城を招聘したことで考証学派が盛んになった。

参考文献 『豊橋市史』二、愛知県教育委員会編『愛知県教育史』一

（吉永　昭）

三重県

井生藩（いうはん）

伊勢国（三重県）井生川口を本拠とする。領主は松浦安太夫宗清、一説に松浦伊予守秀任、通称久信ともいう。天正年間（一五七三―九二）一万石を領有し、のち文禄二年（一五九三）九月千石を加増、関ヶ原の戦に西軍に与し、毛利秀元・長束正家らとともに、伊勢津城主富田信高を攻めた。関ヶ原の戦後の慶長五年（一六〇〇）禄は没収され、廃藩となり、のち和歌山藩白子領などになる。

参考文献 米山七十郎『伊勢兵乱記』、山中為綱『勢陽雑記』（三重県郷土資料刊行会、一九六八年）、『古今武家盛衰記』（『国史叢書』七・八）、『天正年中大名帳』、『慶長見聞録』（『内閣文庫所蔵史籍叢刊』六五、汲古書院、一九八六年）

（和田　勉）

岩出藩（いわではん）

伊勢国（三重県）岩出を藩庁とした藩。天正の末、牧村兵部

大輔利貞が伊勢度会郡・多気郡の地で二万石を領有、利貞は天正十八年(一五九〇)の豊臣秀吉の小田原攻めや、朝鮮の役に従った。文禄二年(一五九三)朝鮮の地で陣没し、その子が幼少のため、弟にあたる稲葉蔵人太夫道通がその遺領をついだ。道通は美濃国清水の城主稲葉重通の子にあたる。慶長五年(一六〇〇)七月、上杉景勝の挙兵に対し、徳川家康の指揮に従い、また関ヶ原の戦には、津城主富田信高、松坂城主古田重勝らとともに、東軍に与した。西軍に属した伊勢山田中島の城を攻めるなどの功があり、戦後その功によって二万五千七百石に二万石を加封され、四万五千七百石となり、岩出の地から伊勢田丸の地に転封。そのため廃藩となり、のち和歌山藩田丸領となる。

参考文献　『天正年中大名帳』、山中為綱『勢陽雑記』、『伊勢軍記』、『中島兵乱記』、米山七十郎『伊勢兵乱記』、『小田原陣陣立書』、新井白石『藩翰譜』(『新井白石全集』一、国書刊行会、一九七七年)

(和田　勉)

上野藩（うえのはん）

㈠伊勢国上野(三重県安芸郡河芸町)を藩庁とした藩。藩主分《わけ》部《べ》氏。戦国時代上野城は伊勢国中部地方の土豪分部氏の居城で、城址は安芸郡河芸町大字上野にある。河芸町は鈴鹿市と津市との間にあり、伊勢湾に臨み、参宮街道に沿い、古くは別保《べっぽ》と呼ばれた。永禄十年(一五六七)および同十一年、織田信長が北勢より中勢に侵攻するや、中勢地方の豪族の雄長野(工藤)氏の重臣細野藤敦らは、安濃津城において防戦したが、藤敦の弟にして上野城主たる分部光嘉は、長野氏の当主具藤を廃して、信長の弟信包を継嗣としてその勢力下に投入、信包を上野城に迎え、みずからは中山城(津市栗真)に入った。のち上野城に拠り豊臣秀吉の知遇を得、慶長三年(一五九八)一万石を与えられる。同五年関ヶ原の戦おこるや東軍に味方し、安濃津城に入り、城主富田信高とともに戦い負傷した。功により同六年一万石を加増せられた。大坂の陣に参戦し、元和五年(一六一九)近江国大溝に移封後廃藩となった。

参考文献　安岡親毅『勢陽五鈴遺響』、飯田忠彦編『野史』一八九、『三重県史』資料編近世一、『河芸町史』史料編・本文編

㈡伊賀国(三重県)上野を藩庁とした藩。伊賀川の東、服部川の南部高地を占める伊賀盆地の長田に、豊臣秀吉により天正十一年(一五八三)脇坂安治が封ぜられたが、同十三年摂津に移り、かわって筒井定次が上野に拠った。上野は大和より伊勢に通ずる要路に位置し、「山路崎嶇、天険之国」といわれた。定次は酒色に耽り、不法多しとして、慶長十三年(一六〇八)

徳川家康により封地を没収された。ついで藤堂高虎(外様)が伊予国今治より伊勢国津に入封し、伊賀一円および伊勢で二十二万石を与えられ、ここにはじめて津・上野が一人の大名によって統治された。上野には豪壮な城郭と五層の大天守閣が造営されたが、天守閣は同十七年の大暴風雨により倒壊した。また上野に城代をおき、家老の筆頭とし、その下に加判奉行をおいた。上野城城代家老ははじめ藤堂出雲守高清、続いて寛永十七年(一六四〇)より藤堂釆女家がこれにあたり、享保―寛保期に玄蕃家が代わったが、また釆女家となり幕末に及んだ。

参考文献　藤堂元甫編『三国地志』九八―一一一(『大日本地誌大系』二〇・二一、雄山閣、一九三〇―一九三三年)、『高山公実録』(『清文堂史料叢書』一九九八年)、『伊乱記』、『上野市史』『三重県史』資料編近世一、久保文武『伊賀史叢考』(一九八六年)、『公室年譜略』

(家令　俊雄)

亀山藩(かめやまはん)

伊勢国(三重県)亀山を藩庁とした藩。天正十八年(一五九〇)峰城主岡本宗憲(重政)は亀山に入り二万二千石を領したが、関ヶ原の戦がおこるや、西軍に与して自刃したので、武蔵国瓶尻領主三宅康貞が城番となった。慶長九年(一六〇四)康貞

亀山藩藩札
(一匁銀札)

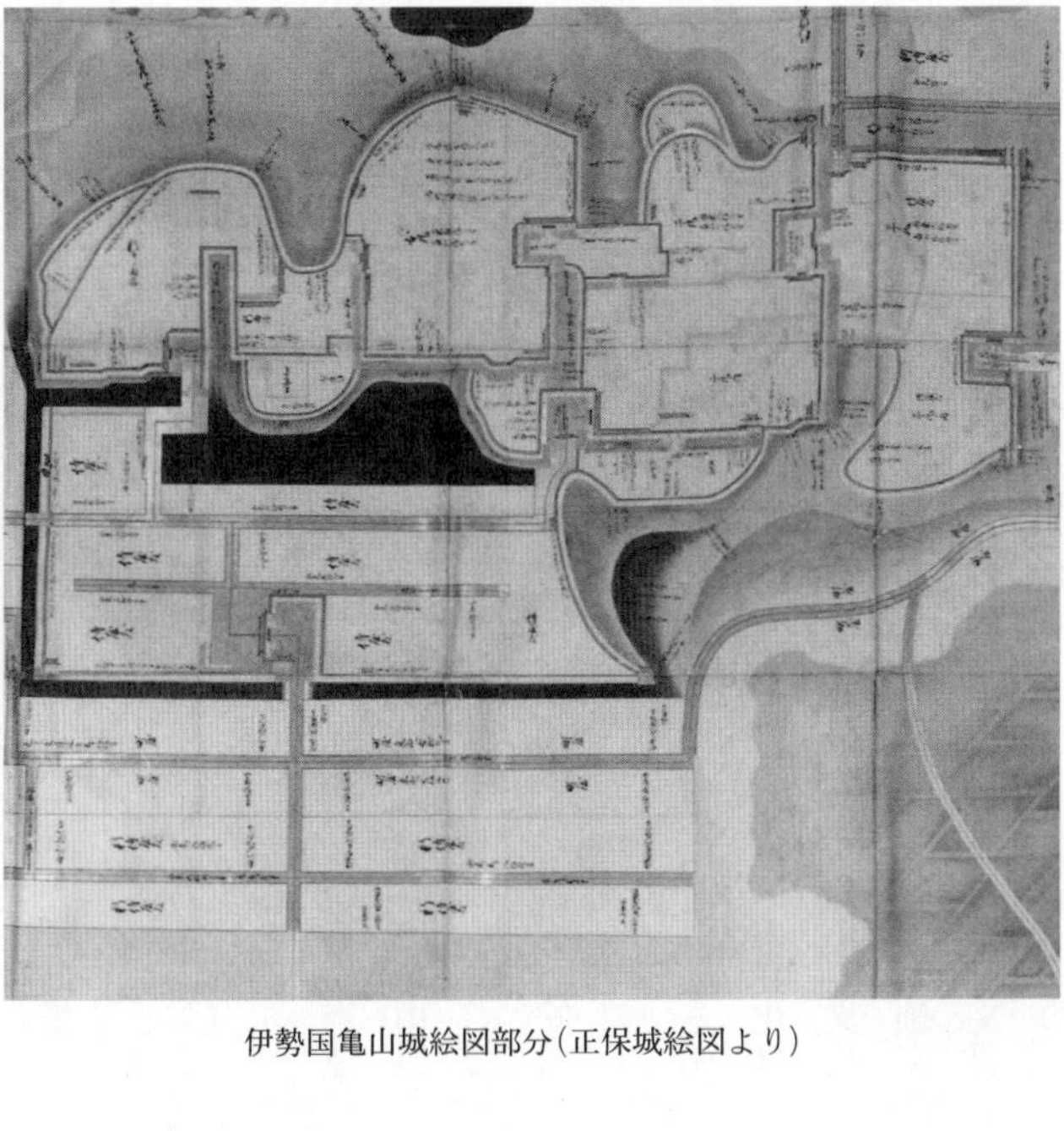

伊勢国亀山城絵図部分(正保城絵図より)

の退去後は、関一政が美濃国土岐多良より入封し、五万石の城主となった。同十五年には奥平信昌の子息松平忠明(清匡)が、三河国作手より入封した。大坂の両陣に参加して戦功をたてたのち、元和元年(一六一五)大坂城へ移るや、四日市の代官水谷光勝の所管および津藩領となった。同五年に三宅康信が三河国挙母より入封し所領一万石を領した。爾来明治に至るまで譜代大名が、目まぐるしく入れ替わり統治した。藩庁は亀山城の所在地亀山市本丸町にあった。寛永十三年(一六三六)本多俊次が三河国西尾より入府し、亀山城付八十六村、高五万石が確定した。すなわち鈴鹿郡七十三村、三重郡五村、河曲郡八村に及んだ。この時代に城の修築や条目・宿駅の整備などが行われた。

石川昌勝(憲之)が慶安四年(一六五一)に近江国膳所より入封し、第一次石川氏時代が形造られた。寛文九年(一六六九)山城国淀城に移封ののち、板倉重常が下総国関宿城より入封し、第一次板倉氏時代となった。この時代に亀山城の京口および江戸口門などが造られ、千代崎の金沢川口の築港がなり、江戸廻り内海廻りの廻船が活気を呈した。宝永七年(一七一〇)重治の時、志摩国鳥羽城主松平(大給)乗邑と交替した。享保二年(一七一七)乗邑が山城国淀城に移るや、板倉重治が鳥羽より再び入封し、第二次板倉氏時代となった。同二十年に亀山西新町より出火して西丸に延焼、西丸櫓・京口門などが焼けた。延享元年(一七四四)嗣子勝澄が備中松山(高梁)に移り、代わって松山城主石川総慶が六万石で入封して、第二次石川氏時代となった。前後十三代百二十五年歴代相つぎ、亀山藩治はようやく安定するに至った。ついで総堯を経て総純に至り、明和五年(一七六八)管内に百姓一揆がおこった。総博・総師と続き総佐に至った。総佐は石川家中興の祖にして、蘭学を学び、その遺墨は異彩を放ち菩提寺の本久寺(法華宗)に残っている。さらに総安・総和・総定(総禄)・総脩と続き、成之の時代となった。成之は明治二年(一八六九)版籍を奉還して、亀山藩知事に任じられ、同四年七月藩を廃して亀山県をおくや、官を辞し、大参事近藤幸殖が県務を摂行した。同年十一月桑名・津・長島・菰野・神戸の諸県と合体して安濃津県となった。

参考文献　打田権四郎『九九五集』、山田木水『亀山地方郷土史』(『三重県郷土資料叢書』、一九七〇年)、亀山市文化財保護委員会編『亀山城』、亀山市教育委員会編『亀山の文化財』、『三重県史』資料編近世一・二、『藩法集』一二(創文社、一九七五年)、谷口昭「転封考」史料編松平乗邑文書(『名城法学』、一九九六—九八年)

(家令　俊雄)

神戸藩（かんべはん）

伊勢国神戸（三重県鈴鹿市）を藩庁とした藩。天正十八年（一五九〇）滝川雄利は、豊臣秀吉により羽柴氏を授けられ、神戸城主となり二万石を与えられた。慶長六年（一六〇一）一柳《ひとつやなぎ》直盛は神戸一万五千石を加増され尾張国黒田城より入府して、合わせて五万石を領知した。寛永十三年（一六三六）伊予国西条へ移封の途中、大坂にて死去し、その遺髪は神戸竜光寺（鈴鹿市神戸石橋町）に埋められた。これより神戸城は慶安四年（一六五一）まで十五年間、四日市代官管轄し幕領となった。同年四月、近江国膳所城主石川忠総の次男総長は父の遺領のうち神戸一万石を授けられ、のち万治三年（一六六〇）には河内国石川・古市郡において一万石が加増されて計二万石を領し、大番頭・大坂定番などに任ぜられた。寛文元年（一六六一）大坂で没し、嗣子総良が相続した。貞享二年（一六八五）その子総茂が続き、寺社奉行・若年寄・御側用人などの要職に任ぜられた。享保十七年（一七三二）常陸国真壁郡下館へ移封され、代わって河内国西代より本多忠統《ただむね》が入封して一万石を領知、延享二年（一七四五）に五千石が加増された。爾来本多氏は、忠永・忠興・忠裔《ただひろ》・忠升《ただたか》・忠寛・忠貫と続き、幕末に至るまで、ほぼ百四十年間にわたって当藩主となった。

神戸藩藩札（一匁銀札）

その藩庁のあった神戸城は、本多忠統により修築されたため、一名本多城ともいわれ、現在鈴鹿市神戸本多町に城址がある。この本多氏は、譜代大名である近江国膳所の本多氏の支流である。忠統は奏者番・若年寄を歴任し幕政改革にあたった。また、郁文猗蘭と号し、荻生徂徠の高弟で、儒学文筆に長じ、『古言録』二巻、『猗蘭子』三巻、『猗蘭台集』十七巻などの著書があり、茶名を宗範と称した。その死するや江戸深川の霊巌寺（江東区白河町）に葬られ、以後その子孫はこれにならった。その霊は神戸の本多神社（鈴鹿市神戸本多町）にも祭られた。二代の忠永も和歌俳諧に通じ、『俳諧ある日』『俳諧ふたわらひ』などを著わし、長月庵と号した。また仁政を行い、その没後領民はこれをしたい、観音寺（鈴鹿市神戸新町）境内に、文化十四年（一八一七）「思徳之碑」を建てその徳をしのんだ。三代忠興を経て四代忠裔は、民意暢達・風俗矯正につとめ、また訴訟箱を設けて裁判の公正を期し、さらに学校を設けた。五代忠升は学制改革により教育機会の拡張につとめた。学校は江戸のほかに城内二ノ丸門前御用屋敷に設けられた（教倫堂）。七代忠貫は文久三年（一八六三）山田奉行となった。明治二年(一八六九)版籍奉還、同四年七月廃藩置県で神戸県となり、同年十一月安濃津県に編入された。

参考文献　『三重県史』資料編近世二、『鈴鹿市史』二、若林喜三郎編『旧伊勢神戸藩主本多家史料』(大手前女子大学史学研究所、一九八八年)、伊藤清太郎『神戸平原地方郷土史』後編(東天社、一九八〇年)、衣斐賢譲『「神戸録」とその周辺』(中島令考、一九七五年)

(家令　俊雄)

藩校　寛政年間(一七八九―一八〇一)、藩主本多忠奝の時、神戸城南大手門に藩校が設置された。文化九年(一八一二)、藩主忠升のもとで学制が改正され、教倫堂が創設された。忠升は古賀精里に朱子学を学んでおり、学風も朱子学に一新されたのである。江戸藩邸では進徳館が置かれ、朱子学が採られていた。また、藩主忠統の時には、一門世子のために成章館を江戸に設置している。この忠統は「猗蘭」と号し、教倫堂より『猗蘭子』三巻や『岫雲詩集』などを出版している。明治三年(一八七〇)、藩知事本多忠貫により藩政改革が行われ、学制も改革された。

参考文献　『三重県教育史』一、『鈴鹿市史』二、文部省編『日本教育史資料』二

(工藤　航平)

雲出藩(くもずはん)

伊勢国雲出(三重県津市)にあった藩。雲出は伊勢平野の中央、雲出川下流左岸の地に位置し、『和名類聚抄』嶋抜郷の地にあたる。藩主蒔田広定は、豊臣氏に仕え一万石を領したが、関ヶ原の戦に西軍石田三成に味方し、慶長五年(一六〇〇)除封され、廃藩となる。慶長十年には備中国にて一万石を与えられた。

参考文献　藤野保校訂『徳川加除封録』(近藤出版社、一九七二年)

(家令　俊雄)

桑名藩(くわなはん)

伊勢国(三重県)桑名を藩庁とした藩。永禄十年(一五六七)、織田信長はその部下滝川一益をして、北勢地区を攻略せしめ、長島の願証寺を中心とする一向一揆を討滅して、北勢五郡の守護に任じて、長島城・矢田城を押え、ついに桑名を領治させた。豊臣秀吉は、天正十一年(一五八三)、その臣服部一正、ついで一柳《ひとつやなぎ》直盛、氏家行広らをして、桑名を知行せしめた。徳川家康は慶長六年(一六〇一)、その四天王の一人本多忠勝を桑名藩主(十万石)に任じた。忠勝は町割を断行するなど、よく創業の功をつくした。ついでその子忠政が継承し、元和

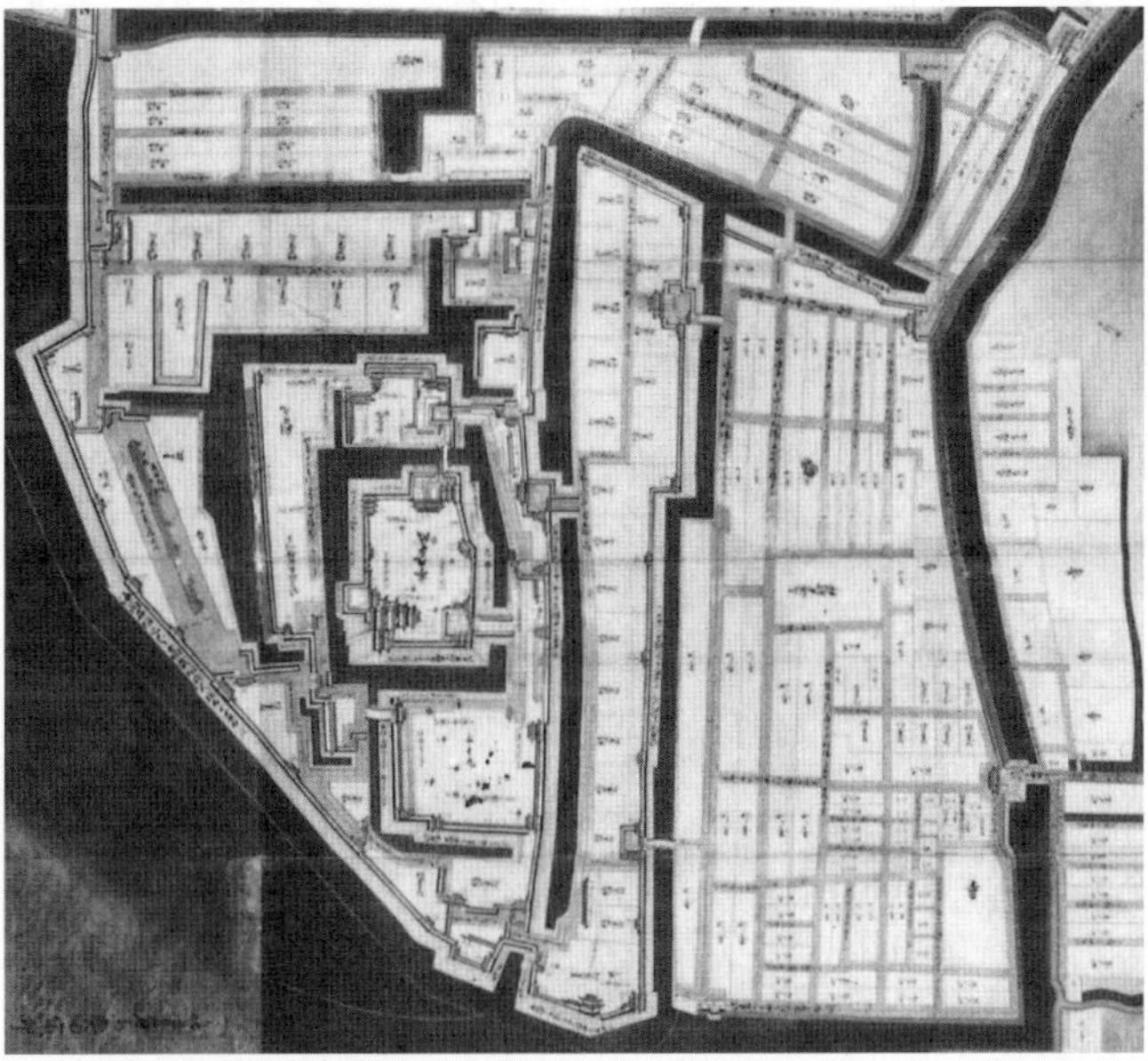

勢州桑名城中之絵図部分(正保城絵図より)

三年(一六一七)、播州姫路藩に移封されるまで、二代十五年桑名を領した。ついで松平隠岐守定勝が桑名藩主(十一万石)となり、寛永十二年(一六三五)、その子定行が伊予松山藩に移封されるまで、二代十九年桑名を領治した。定勝は家康の異父同母弟である。以来当藩主はいずれも御家門が任命された。定行の転封後、その弟松平越中守定綱が美濃大垣より十一万三千石で就封、定良・定重と継承三代、寛永十二年より宝永七年(一七一〇)まで、七十六年領治した。この松平氏を他の松平氏と区別して、久松松平という。

　定綱は鎮国公と諡せられ、定信(白河藩主)とともに、鎮国守国神社の祭神である。歴代藩主中、もっとも民治・産業開発・文芸の振興につくした功績は偉大である。その著『牧民後判』は、農政に重点をおいたもので、治政の鑑と称せられ高く評価せられた。三代定重の治政中、桑名藩には二大異変がおこった。その一は、元禄十四年(一七〇一)の大火で、城郭をはじめ多くの侍屋敷・寺社・町家など千数百軒が烏有に帰した。その二は、宝永七年、郡代野村増右衛門吉正なる者が罪に問われ、その一族四十四人をはじめ、関係藩役人三百七十人(一説に五百七十人)が、死刑もしくは追放・罷免などに処せられ、前代未聞の刑獄事件をおこした。その責任を問われて、藩主定重は越後高田藩へ移封せられた。増右衛門については、毀誉褒貶半ばし、史料の全く消滅した今日、事の

桑名藩印

真相は全く不明というほかはない。

なお定重の越後高田藩移封後は、その子孫定逵・定輝・定儀の三代三十一年を経て、定賢に至り、寛保元年（一七四一）、さらに奥州白河藩に移封となり、定邦・定信（楽翁、将軍家斉の老中）を経て、定永が桑名へ復封になるまで、およそ百十一年の歳月が流れた。定重の転封後に、宝永七年、代わって松平下総守忠雅が、備後福山から移封して以降、忠刻・忠啓・忠功・忠和・忠翼と相継ぎ、忠堯に至り、文政六年（一八二三）に、武蔵国忍《おし》藩に移封されるまで、七代百十年桑名藩主となった。右のうち忠和は、数学者として令名高く、また漢詩をよくし、『澹寧斎詩稿』一巻を著わした。忠堯の移封後、文政六年、松平越中守定信の子定永が、奥州白河藩より入封し、久松松平氏は、再び桑名藩主に復した。藩領は伊勢国・越後国にまたがり、柏崎に陣屋を置き飛地支配を行なった。その後、定和・定猷・定敬・定教と相継ぎ、明治四年（一八七一）の廃藩置県に至るまで、五代四十八年桑名藩主となった。

右のうち定和の長子定猷（のち将軍家定の諱をさけて猷と改名）は、早世したので、定敬は美濃高須藩（藩主松平義建の子）より入って、当藩の家督を相継し、元治元年（一八六四）、京都所司代となり、京都警衛にあたり、ついで鳥羽・伏見の戦おこるや、佐幕派の驍将として明治新政府に抵抗し、敗戦ののちその責任を問われて罪を受け、ついに桑名開城となり、隠退のやむなきに至った。藩内には依然として硬軟両論があったが、藩の存亡を考慮し、急転ついに新政府に、恭順の意を表することになった。慶応四年名古屋藩領預りとなった。ついで先代猷の遺児万之助（のちの定教）は、願により家督相続を許され、明治二年九月桑名藩知事となったが所領は六万石に削減された。名古屋藩預り地は同三年三月に度会県となった。同四年十一月の度会県廃止に伴い安濃津県となった。また、同四年七月には六万石の所領は桑名県となり、同年十一月に、安濃津県に所属、同五年三重県に引き継がれて今日に至った。

参考文献　『寛政重修諸家譜』第一・一一、清田黙『徳川加除封録』（『日本史料選書』八、近藤出版社、一九七二年）、近藤杢編『桑名市史』、『三重県史』資料編近世一・二・四（下）・近代一、大石学「伊勢国文禄検地奉行一柳右近をめぐる一考察」（『三重県史研究』二、一九八六年）、同「一柳右近可遊と伊勢国」（『東京学芸大学紀要』第三部門、社会科学四九、一九九八年）

（家令　俊雄）

藩校　藩主松平定綱が寛永十二年（一六三五）美濃大垣より桑名に移るや学問所を城内朝日丸に設け藩儒三宅澹庵をして講学させた。これが桑名立教館の起源である。その後、子孫は越後高田、ついで奥州白河に移封、白河藩主定信は寛政三年(一七九一)、従来の学問所を白河会津町に経営拡張して立教館と称し、学校奉行以下十名余の学職を置いて藩士子弟の教育にあたらせた。文政六年(一八二三)藩主定永(定信の子)が桑名に移封とともに立教館を桑名伊賀町に移し、藩儒も随伴して移り、学徒に教授した。以来明治維新まで四十数年間、一藩教学の中核をなしたが、戊辰戦争に藩主定敬が罪を朝廷に得たため明治二年(一八六九)八月まで閉鎖、翌三年吉ノ丸の地に改築拡張したが翌年廃藩となり間もなく閉校した。立教館は寛政以来、聖堂を設けず釈奠も行わずして講堂の正面中央に大神宮御祓を奉戴し、国民的自覚の上に立って学問・習書・数学・容儀・舞楽・諸武芸の諸科を教導した。これは他藩に類例少ない特色である。またこのような精神は学徒への修学心得を説諭した『立教館童蒙訓』とともに後世長く伝承され、立教館教育の指導原理となった。学風は朱子学を遵奉し、歴代教授の多くは昌平坂学問所で修業していた。維新前生徒数は素読生・対読生・講義生を合わせて二百名内外、明治三年以後は三百余名に及んだ。なお江戸八丁堀の藩邸内にも学校が設けられていた。また、松平下総守忠和は幕府の「昌平黌」から平井澹所を招き、忠翼時代の文化十年(一八一三)には桑名伊賀町に藩校「進修館」を創設した。

参考文献　文部省編『日本教育史資料』二、三重県総合教育センター編『三重県教育史』一、深谷賢太郎『松平定信と教育』、笠井助治『近世藩校に於ける出版書の研究』(吉川弘文館、一九六二年)、同『近世藩校に於ける学統学派の研究』上(吉川弘文館、一九六九年)

(笠井　助治)

藩札　桑名藩において最初に米銀札二種(一匁・三分)が発行されたが、その年代は不明である。その後、天保元年(一八三〇)に米金札三種(六斗＝一両・一斗五升＝一歩・三升七合五勺＝一朱)が御蔵役所から発行された。また文久元年(一八六一)には御貸付所から飛地の柏崎通用札として銭札三種(二十五文・十六文・十文)を発行した。翌二年には米会所から銀札一種(二分)が発行され、同二年発行と推定されるものに銭札五種(四十八文・三十二文・二十四文・十六文・十二文)が

米六斗金札

米二升銀札

ある。その後、年代は明らかではないが、銀札一種(一匁)、米銀札五種(一斗＝十匁・五升＝五匁・二升＝二匁・一升＝一匁・五合＝五分)などが発行された。明治四年(一八七一)の藩札回収令のとき、新貨との交換割合は金一両＝銀六十四匁、銭十貫五百文と比価基準が設けられたが、他は回収令の発布以前に廃止されていたので、実際に回収されたのは銀一匁札(新貨一銭三厘)のみであった。

参考文献　荒木豊三郎編『(増訂)日本古紙幣類鑑』上(思文閣、一九七二年)、大蔵省編『大日本貨幣史』四

(作道洋太郎)

菰野藩（こものはん）

伊勢国(三重県)菰を藩庁とした藩。古くは同国三重郡葺田《あしみた》郷にして、伊勢神宮領であった。版籍奉還後、明治二年(一八六九)八月従来混用していた薦野・菰野の表記を菰野に統一した。天正十一年(一五八三)羽柴秀吉が北勢に進撃し、織田信雄の領有に帰するや、同郡の采地一万石のうち、薦野七千石を土方雄久に与えた。土方氏は清和源氏、多田満仲の子孫という。斯波氏に仕え、のち信長の家臣となった。関ヶ原の戦後、徳川家康は、慶長五年(一六〇〇)十一月、雄久の嗣子雄氏を員弁郡石榑郷より、この地に移封した。石高は同郡内十五ヵ村一万石余と、近江国栗太郡の内四ヵ村二千石、都合一万二千石余である。以後、土方氏は外様陣屋持大名として、明治に至るまで十二代二百六十余年菰野藩主であった。

歴代藩主は、雄氏・雄高・雄豊・豊義・雄房・雄端《まさ》・雄年《なが》・雄貞・義苗《たね》・雄興・雄嘉・雄永である。右のうち雄豊は、明暦四年(一六五八)の内検帳や、家中諸法度などを制定、また湯の山温泉の復興をはかり、義苗は、天明二年(一七八二)より五十余年藩治に専念し、財政の立て直し、文教の振興など多くの功績を残し、世に中興英主と称せられた。雄興は「見竜院日記」を書き留めている。明治二年六月版籍を奉還し雄永は藩知事となった。翌三年九月雄永の養嗣子雄志《ゆき》が藩知事となる。四年七月廃藩置県となり当藩は菰野県と改められ、雄志は菰野県知事に任命された。ついで同年十一月伊勢の郡邑は安濃津県となり、近江国栗太郡の領地は、滋賀県に編入された。同五年三月安濃津県は三重県と改称され、今日に至った。

参考文献　『菰野町史』、『三重県史』資料編近世一・二

(家令　俊雄)

藩校　藩校の創設されたのは文化十三年(一八一六)で、時の藩主土方義苗は文武を奨励し、菰野の陣屋内(のち松下町に移転)に学校麗沢館を設けて儒官および助教を置き、藩士子弟

の教育にあたらせた。義苗の子雄興は天保七年(一八三六)これを拡充整備し、学制を整え学規を改め、督学および教師を選任し、修文館と改称して向学の風を鼓吹した。その後隆替はあったが、明治二年(一八六九)に至り雄永は新時代に応じて学制を改め、顕道館と改称したが、同四年廃藩により閉鎖した。学科は、明治維新前は漢学・習字・習礼および諸武芸で、維新後はこれに国学・洋学・算術を加えた。藩士子弟は八歳より入学して文学を修め、十三歳以上は必ず文武兼修を原則とした。文武の教職員は前後を通じ定員二十余名。生徒数は維新前百六十名内外、維新後は百八十名内外。学風は創設以来長らく伊藤仁斎派の古学を遵奉してきたが、安政二年(一八五五)より朱子学風に転向した。

[参考文献]　文部省編『日本教育史資料』二、『菰野町史』、笠井助治『近世藩校に於ける学統学派の研究』上(吉川弘文館、一九六九年)、三重県総合教育センター編『三重県教育史』一

(笠井　助治)

西条藩(さいじょうはん)

伊勢国(三重県)河曲《かわわ》郡などを領した藩。譜代。陣屋持。西条(鈴鹿市)は「さいじょう」と呼び慣わされているが、当地では「にしじょう」と呼んでいる。紀伊徳川家に仕えていた有馬氏倫《うじのり》は、享保元年(一七一六)徳川吉宗に従い旗本に復し側御用取次となり、伊勢国三重郡で千三百石を知行、翌年下野国芳賀郡で千石加増、同十一年伊勢国三重・河曲・多気《たき》および下野国河内・上総国市原の五郡で七千七百石加増されて一万石の大名となり、知行地の河曲郡西条村の名称をもって西条藩と称した。元文年中(一七三六―四一)同郡南林崎《はやざき》に代官所を置いたので南林崎藩とも呼ばれたが、歴代藩主は伊勢に行くことがなく、南林崎の棚瀬家が代々伊勢の代官を勤めた。氏倫・氏久・氏恒・氏房・氏恕《うじよし》と続き、氏恕の天明元年(一七八一)上総国市原郡五井《ごい》に居所を営み、以後五井藩と称した。領知替により天保十三年(一八四二)氏郁《うじしげ》の時、下野国吹上に居所を移し吹上藩と称した。

[参考文献]　『寛政重修諸家譜』第八、伊藤清太郎編『神戸平原地方郷土史』前篇(東天社、一九八〇年)、『三重県史料』二、『鈴鹿市史』二、『三重県史』資料編近世二

(杉本　嘉八)

竹原藩(たけはらはん)

伊勢国一志郡竹原・八知(三重県一志郡美杉村)に藩庁をおいた外様の藩。別称八知藩。藩主は初代のみで、山崎定勝。居城はなかったと思われるが、不明。当時の殿席も不明。竹

原・八知の地は、元々北畠氏の本拠地である多気の地にあたるが、天正四年(一五七六)に北畠具教が養子に入っていた織田信雄によって殺害されると、織田氏の支配下に入った。同十二年には松ヶ島城(三重県松阪市)に入部した蒲生氏郷の所領となるが、同十八年に氏郷が会津に移った後、文禄三年(一五九四)伏見城普請の功績により、山崎定勝が一万石を与えられ竹原藩として成立した。慶長五年(一六〇〇)の関ヶ原の戦いでは、定勝は西軍に属し、のちに改易となった。定勝はその後豊臣秀頼に仕え、同九年の豊国大明神臨時祭礼の時にその名をみることができるが、その後は不明。なお、父家盛は西軍に加わるも本領安堵され、因幡国八東郡若桜(鳥取県八頭郡若桜町)に転封、存続した。

参考文献　『寛政重修諸家譜』第七、『戦国人名事典』(新人物往来社、一九九〇年)、『藩史大事典』四(雄山閣出版、一九八九年)

(小宮山敏和)

田丸藩(たまるはん)

伊勢国田丸(三重県度会郡玉城町)に藩庁を置いた藩。北畠(織田)信雄が修築した田丸城に田丸直昌、牧村利貞の後、慶長五年(一六〇〇)度会郡岩手城主二万五千七百石の稲葉蔵人道通が関ヶ原の戦功により二万石加増され田丸に移って立藩。道通は美濃国清水城主稲葉重通の五男で利貞の弟。慶長十二年長男紀通が継領し大坂の陣にも従軍したが元和二年(一六一六)摂津中島に転封したため廃藩となり、同三年津藩領五万石、同五年和歌山藩田丸領六万石となる。

参考文献　小田彰信編『恩栄録』(『日本史料選書』六、近藤出版社、一九七〇年)、清田黙『徳川加除封録』(同八、近藤出版社、一九七二年)、『寛政重修諸家譜』第一〇、『秀吉公時代壱万石以上分限帳』、『玉城町史』、山中為綱『勢陽雑記』(『三重県郷土資料叢書』一三、三重県郷土資料刊行会、一九六八年)、『中島兵乱記』、『三重県史』資料編近世一、『三重県五城町史』下

(杉本　嘉八)

津藩(つはん)

伊勢国(三重県)津に藩庁を置いた藩。安濃津藩・藤堂藩ともいう。藩主藤堂氏、外様、城持。慶長十三年(一六〇八)藤堂高虎入封後廃藩置県まで続く。津は織田信長の弟信良(のち信包)が安濃郡を領して築城したが、文禄四年(一五九五)豊臣秀吉は富田知信を安濃郡五万石に封じ、子信高が継領した。関ヶ原の戦に西軍に包囲攻撃され籠城三日ののち落城、戦後津城主七万石に復したが慶長十三年伊予国宇和島十二万石に転封、また伊賀上野城主筒井定次も同年乱行・家臣団乱闘の

罪で改易され、あとへ大坂方包囲の一環として藤堂高虎が伊予国今治二十二万石から伊賀国一円および伊勢国安濃・一志両郡内、伊予国越智郡内合わせて二十二万九百五十石津城主に移封された。高虎は近江国犬上郡藤堂村（近世は在士村）地侍の家に生まれ、はじめ浅井氏に仕えたが、のち秀吉の異父弟秀長に仕え紀州国粉河二万石、秀長没後は秀吉の直臣となって文禄四年伊予国板島（宇和島）七万石、秀吉没後は徳川家康の篤い信任を受け、関ヶ原の戦の戦功により慶長五年伊予国今治二十万石に封ぜられた。

高虎は伊賀・伊勢入封後大坂方に備えて同十六年軍事的拠点として伊賀上野、政治的拠点として津城の大修築を行い、津は参宮街道を城下町に引き入れて各町割を定め、上野は三筋町など町割を作って城下町を整備した。大坂冬・夏の両陣の功により元和元年（一六一五）伊勢国鈴鹿・奄芸・三重・一志四郡内で五万石、同三年積年の功を賞され伊勢国田丸領五万石を加増され、また弟正高知行の下総国香取郡内三千石領有も認められ三十二万三千九百五十石となった。同五年徳川頼宣の和歌山入部に伴い田丸領五万石と山城国相楽郡・大和国添上郡ほか二郡内五万石と交換、寛永十二年（一六三五）二代高次のとき高虎の義子高吉統治の伊予国越智郡二万石は伊勢国飯野・多気郡内と振替となり、寛文九年（一六六九）高次致仕に際し、次男高通に五万石分与して支藩久居《ひさい》藩が立藩、元禄十年（一六九七）高通の弟高堅の久居藩襲封時、三千石を分知して津藩は二十七万九百五十石となり、維新時まで変わらなかった。

藩政初期軍役比重が大きく寛永年間馬乗八百五十五人・鉄砲千五百六十四挺で幕府軍役規定の二〜二・五倍に近く、大坂夏の陣に五千人参加、また夫役確保のため家・人・馬改を実施し家付帳を作成した。藩職制は、津・上野に城代を置き、家老・加判奉行のほか舟・宗旨・勘定の諸奉行、加判奉行の下に郷方支配のため郡奉行・郡代官・郷目付・大庄屋・庄屋、町方支配のため津・上野に年寄・名主を置いた。慶長期に家中への知行宛行と年貢確保・増収のため各村ごと本高に延率を乗ずる独特の平高《ならし》制を施行し、各村の分裂支配をも意図した。また土着郷士懐柔のため無足人を設け、平時は郷方の治安維持、有事には補助的軍事力とし、さらに情報収集・身辺警護者として忍び衆のち伊賀者を利用するなど高虎は津藩政の基礎を作った。

二代高次は藩財政の安定、年貢増収のため藩営による新田開発を進め伊勢国一志郡雲出井《くもずい》・高野井の水利、伊賀国山畑村と小波田《おばた》野新田開発を行なったが、江戸城・日光廟の手伝普請に加え、寛永の凶作・飢饉と貨幣経済の進展により藩財政の悪化と家臣団の窮乏が顕著となった。三代高久は藩財政救済のため寛文十年(一六七〇)に地方《じかた》知行を一時的に廃止して領地を直接支配下に置いたが、延宝三年(一六七五)には地方知行制を復活した。田畑永代売禁止、郷中可相守条々十七条の制定など農村対策、問屋株・冥加金設定など町方統制を推進した。小波田野新田開発を推進した加判奉行加納直盛の子直堅は備中国銅山事件関係の罪で処刑された。四代高睦、五代高敏、六代高治、七代高朗、八代高悠の宝永・享保・宝暦・明和に至る間はたび重なる手伝普請・凶作などにより藩財政の悪化、農村の階層分化が進行したため九代高嶷《たかさど》のとき郡奉行茨木重謙が切印金貸付(農民救済の融資)の延払い、地平《なら》し(土地均分策)を強行したが農民の不満が爆発して寛政八年(一七九六)津城下を襲う一揆に発展した。十代高兌《たかさわ》は垂範して綱紀を粛正し、農民対策のため義倉を設置し、文武振興のため藩校を開設するなど藩政を刷新して中興の明主とされた。十一代高猷の幕末・維新期は天保・嘉永の凶作、安政大地震に見舞われ、藩財政の悪化・領民救済に対処したが、異国船来航による海防の充実・神宮警衛などに忙殺された。

藩は幕府の恩義を重んじ中庸の立場で尊王佐幕を藩是とし公武合体にも気脈を通じていた。天誅組鎮圧に参加、禁門の変には日和見の立場をとったが、鳥羽・伏見の戦の際、山崎の関門を守り佐幕的中立を保持していたが、一転幕軍に砲撃を加え幕軍敗北の因を作った。戊辰戦争では東征軍の先鋒として関東各地・会津・箱館に転戦した。明治二年(一八六九)六月版籍奉還、津に藩庁、上野に支庁、大和古市と下総香取郡大貫に出張所を設置。同四年十二代高潔が藩知事、同年七月廃藩置県により管轄地域をもって津県を設置、十一月伊勢の北半部八郡と伊賀四郡は安濃津県に属し、同五年三月三重県と改称、一志・飯野・多気郡内の領地は度会県に属したが同九年四月三重県に編入された。

参考文献　藤堂高文編『宗国史』(上野町教育会、一九四一年)、喜田村矩常編『公室年譜略』(東京大学史料編纂所蔵)、『高山公実録』(上野市立図書館蔵)、『高山公言行録』(同蔵)、『庁事類編』、『永保記事略』(同朋舎出版部、一九七四年)、新井白石『藩翰譜』七下(『新井白石全集』一、国書刊行会、一九七七年)、藤堂高兌『聿脩録』、『津市史』一—三、『三重県史』資料編近世一・二・四(下)、『公室年譜略』、深谷克己『津藩』(吉川弘文館、二〇〇二年)、久保文武『伊賀史叢考』(一九八六年)、杉本嘉八「津藩」(『新編物語藩史』七、新人物往来社、一九七七年所収)、中田四朗「延宝—正徳期における藤堂藩家中対策」(『三重史学』二、一九五九年)、同「享保期—元文期における藤堂藩の家中対策」(同四、一九六一年)、同「藤堂藩における平高制」(三重大学学芸学部教育研究所『研究紀要』一九、一九五八年)、久保文雄「伊賀国無足人制度の考察」(『日本史研究』一五、一九五二年)、同「伊賀者史(前編)」(『伊賀郷土史研究』五、一五七二年)

(杉本　嘉八)

藩校　津藩の藩校には有造館(津)と崇広堂《しゅうこうどう》(上野)があった。文化三年(一八〇六)に第十代藩主をついだ藤堂高兌《たかさわ》は、養蚕を奨励(文化十二年)する一方、藤堂高虎の創業を記す『聿脩《いつしゅう》録』を津阪孝綽らに執筆させる。その序で「切冀学政其行人材斯育文武並盛風俗帰厚済済多士国泰民安」(文政元年(一八一八)八月)と書く。藩校は当初文化十二年に学文寄合稽古場として講釈読書用に計画されるが、高兌は武科を含む津阪の意見を採用する。文政元年十一月ころから藩校の創建が具体化した。有造館(津市丸之内)は文政三年三月四日に開講する。講堂に「学古入官議事以制政乃不迷不学牆面莅事惟煩戒爾卿士功崇惟志業広惟勤惟克果断乃罔後艱」の尊額を掲げ学規とし、読書手習の養正寮、整暇堂ほかの武芸教場と医学寮を擁する。文政五年二月からは大成殿で釈奠が行われるようになった。督学は津阪孝綽、石川之褧、斎藤正謙(拙堂)、川村尚迪、土井有恪とつぐ。嘉永元年(一八四八)に演武荘、同二年に洋学館を開き、安政三年(一八五六)年に長崎留学した堀江鍬次郎は、化学、写真術に長じた蘭学を教えた。同五年には郷校修文館(津市大門)を設置する。同年名張の藤堂長徳は訓蒙寮を開く。上野の崇広堂(伊賀市上野丸之内、国史跡)は有造館の支校として、有恒寮は文政四年三月十九日に、講堂は同五年正月八日に開かれた。「御家中侍中切米取迠右子共弟伯父甥孫ニ至迠」申し出るよう通達があった。学規は有造館と同一である。文政九年に兵学稽古場が開かれ、嘉永六年の四十歳以上への兵学奨励とともに講武荘が設置された。崇広堂

津藩藩校蔵書印

津藩藩校　崇広堂御成門

では天保四年(一八三三)に講堂目付が、嘉永六年に武芸目付がおかれた。

参考文献　平松正懿『日記焚香記』(『平松楽斎文書』一・二、津市教育委員会、一九七五年)、上野市古文献刊行会編『庁事類編』上・下(上野市、一九七六・七七年)、梅原三千『旧津藩国校有造館史』、津市教育会編『津市文教史要』、藤堂家編『藤堂高兌公伝略』、齊藤正和『齊藤拙堂傳』(三重県良書出版会、一九九三年)、三重県総合教育センター編『三重県教育史』一

(坂本　弘視)

藩札　安永四年(一七七五)飛地の大和古市銀札会所より銀三・二・一匁、五・三・二分札と銭一貫二百文・六百文・百文札を発行、銀札は「如山如阜如岡如陵、両替六十目定直、大和古市銀札会所」、銭札は「以此札八枚金壱両可相渡也、大和封内古市銭札会所」とある。七福神頭違判米作農耕図は名古屋藩士牧墨僊の銅版と伝える。文化十一年(一八一四)銀札一匁、五・三・二分を両六十四匁替発行。嘉永元年(一八四八)七十万五千両増発。

一匁銀札

参考文献　荒木三郎兵衛『藩札』(一九六五・六六年)、佐貝虎夫『藩札叢』(一九一八年)

(川上　雅)

幕末諸隊　嘉永六年(一八五三)に津藩主藤堂高猷は幕府の命を受けて、藩士の子弟からなる壮士隊、無足人からなる郷士隊を編制した。安政二年(一八五五)には兵制改革を行い、西洋の兵法を取り入れた。また、文久から元治年間にかけて撒隊・撒兵・郷士組・嚮導組など無足人や農民からなる農兵隊を編成した。さらに文久三年(一八六三)八月一日、伊勢皇太神宮の警衛のために神領で農兵を募集して農兵組を編成した。その組織は、内宮・外宮とも宮司一人、組頭二人、小頭十人、組下四十人とし、ほぼ百人の規模であった。農兵には小銃の訓練を課し、費用は藩から毎年千石を献納して賄った。これら津藩の諸藩は、明治二年(一八六九)・三年にかけて解散した。

参考文献　『宇治山田市史』上、『三重県史』資料編近世四(下)

(高木　俊輔)

宗国史《そうこくし》　伊勢国津藩の藩史。編纂者は、初代藩主藤堂高虎の異母弟藤堂出雲高清より六代目の出雲高文。寛延四年(一七五一)の自序がある。校訂者は、高文の弟高周《たかかね》の六子で、出雲家九代目を継いだ高芬《たかか》。伊賀城代家老日記の『永保記事略』『庁事類編』とともに、津藩の三大史書といわれている。初代藩主高虎・二代高次・三代高久の事績、一族功臣の年譜・小

伝、書状・触書・禁令・村別人口・戸数・寺社・牛馬数・舟数・知行・石高などが記録されている。ただし、この中には年貢に関する触など年代比定に誤りがあるものも見られる。写本は、藤堂本家、藩校有造館、支校伊賀上野の崇広堂などに保存されていた。明治二十年(一八八七)その一部分が、東大史料編纂所において筆写された。崇広堂の写本三十二冊は無事残っているが(三重県上野市立図書館)、その他は昭和二十年(一九四五)の戦災で焼失した。昭和七年までに集めた原稿を基礎として公刊された『津市史』三(昭和三十六年)によれば、『宗国史』は全部で百二巻あったとされる。これは高芬の墓碑文に、「私撰宗国史一百巻」とあるのと符合する。昭和十六年上野町教育会が公刊、その後、同五十四年・五十六年その欠落を訂正し新史料を若干増補したものが上野市古文献刊行会により刊行された。なお津市にあった史料は、戦災により全滅した。

参考文献　『三重県史』

（家令　俊雄）

庁事類編《ちょうじるいへん》　津藩伊賀城代家老藤堂采女(本姓保田氏)家の日誌。采女元則が伊賀城代家老二代目に就任した寛永十七年(一六四〇)より寛保二年(一七四二)に至る同家老日誌『永保記事略』に続き同書に洩れたものを含み宝永六年(一七〇九)—慶応四年(一八六八)の間の日誌。全十七巻、うち一・一三・一五巻欠。触帳・覚書帳・一件帳などをもとに文化・文政のころ編年式かつ類別に整理し、その後も慶応まで書き継がれた。津藩では『宗国史』とともに重要な藩政史料。内容は藩主およびその周辺、藩士の動向、藩財政や家臣の窮乏、農民の動向とくに大和・山城領の模様、上野在町中の様子、藩の

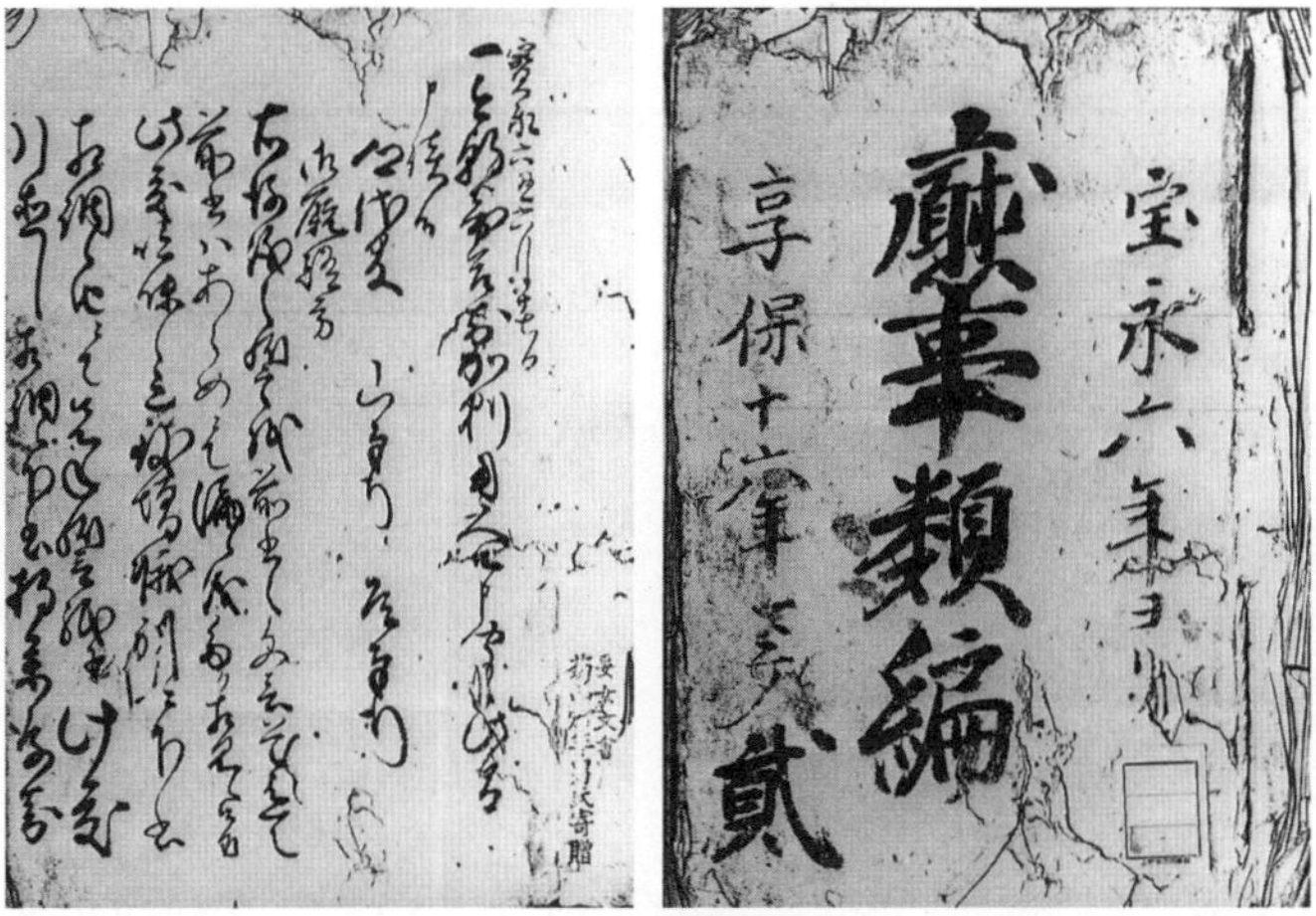

『庁事類編』(原本)二

新金銀、義倉などに関する記事、文化年間（一八〇四―一八）角倉帯刀玄信《はるのぶ》の木津川改修工事による伊賀国長田村より笠置までの通船、藩支校崇広堂《しゅうこうどう》の開設、異国船来航時の情勢や対応、津藩軍備充実、鳥羽・伏見の戦に采女元施《ひろ》が指揮した山崎表の模様など城代の管轄した伊賀上野を中心にした記事が多い。原本は上野市立図書館蔵。上野市古文献刊行会より上下二巻、昭和五十一年（一九七六）・五十二年刊行。

参考文献 久保文雄「伊賀上野城代職・藤堂采女家について」（『伊賀郷土史研究』九、一九八四年） （杉本 嘉八）

藤堂家覚書《とうどうけおぼえがき》 伊勢国津藩初代藩主藤堂高虎一代の事および家臣分限を記した覚書。一巻。寛永七年（一六三〇）高虎の没後、同十八年、津藩の重臣の家老藤堂采女・同仁右衛門・同主膳、加判奉行加納藤左衛門・百々太郎兵衛、奏者番西野佐右衛門や西島八兵衛ら伊賀・伊勢で早くより高虎に仕えた者が呼び集まり、高虎の後妻で二代高次の母松寿院の実家筋の藤堂監物・同四郎右衛門・同兵左衛門にあて、高虎一代の存知する部分を書き記したもの。高虎が十五歳で浅井氏に属し姉川の戦に従軍したことから大坂の陣、その後の加増まで軍功を中心に記し、また末尾に伊勢・伊賀侍六十六人の分限、一本は大坂の陣の討死者を記す。高虎の伝記には『聿脩録』『高山公実録』『太祖創業志』『高山公言行録』があり、藤堂家については『藤堂忠勤録』『藤堂起源録』あるいは『開国遺事』などがあるが、いずれも後世の編述であるのに対し、本書は高虎と行動をともにした家臣の記したものであるため簡潔であるが参考の点が多い。『（改定）史籍集覧』一五所収。

参考文献 『藤堂家由来』（東大史料編纂所蔵）、『藤堂家古事録』 （杉本 嘉八）

鳥羽藩（とばはん）

志摩国鳥羽に藩庁を置いた藩。九鬼《くき》嘉隆が織田信長に三万五千石で封ぜられたのに始まり、慶長二年（一五九七）嫡子守隆が三万石を継ぎ、のち父の隠居料や関ヶ原の戦・大坂の陣の功によって加増され五万六千石を領有した。寛永九年（一六三二）守隆が没し家督争いがおこり、翌年五男久隆が摂津国三田《さんだ》へ、三男隆季が丹波国綾部に転封された。同年常陸国真壁から譜代内藤忠重が三万五千石で入り、忠政・忠勝と継ぐ。忠重は鳥羽城修築費捻出のため重租を課した。九鬼守隆が押領していた磯部神領の返還要求運動が神人らによりこのころからおこり維新に及んだ。さらに『旧事《くじ》大成経』を根拠として伊雑宮は伊勢神宮と同格であるとの神格をめぐる伊雑宮騒動がおこった。忠勝は将軍徳川家綱の法会席上で殺傷事件をおこし延宝八年（一六八〇）内藤家はお家断絶となり、封地はその後八ヵ月幕領となる。

天和元年(一六八一)下総国古河《こが》から譜代土井利益が七万石で入り、積極的に新田畑を開発し、鳥羽藩主のなかでは最低の課税であった。元禄四年(一六九一)肥前国唐津から譜代松平(大給《おぎゅう》)乗邑が六万石で、宝永七年(一七一〇)伊勢国亀山から譜代板倉重治が五万石で、享保二年(一七一七)山城国淀から譜代松平(戸田)光慈が七万石で入封したが各氏とも一代転封になり交代がはげしかった。光慈は享保十年十月信濃国松本に転封になるが、稲の収穫期であったので年貢の先取りをして去った。同年下野国烏山から譜代稲垣昭賢が三万五千石で入封し、以後、昭央・長以・長続・長剛・長明・長行・長敬と八代百四十七年にわたり、廃藩置県に至った。

四代長続・五代長剛の治政期には凶作が続き、長続の代、文化二年(一八〇五)—八年まで専売制が実施された。また、天保元年(一八三〇)貧困に苦しむ住民が波切沖で遭難した御用船年貢米を横領したことから「波切騒動」がおこり多くの処罰者を出した。同四年には国産仕法が再開された。佐藤信淵は『鳥羽領経緯記』を著わし、藩政改革と財政建直し策を建言している。長剛は藩校尚志館を建てた。稲垣氏の郷方支配は郡奉行の下に志摩国は小浜・磯部・鵜方・国府の四組、伊勢国は勢州組一組があって大庄屋が統轄し、その下に庄屋があった。海産物に恵まれる反面漁場が交錯するため漁場争いや、遭難船の積荷にかかわる問題などが発生した。鳥羽藩は鳥羽・伏見の戦の際、幕府側にあったが朝廷側に帰順した。明治二年(一八六九)藩主稲垣長敬は版籍を奉還し、同四年七月廃藩置県によって鳥羽県が設置された。同年十一月鳥羽県は廃止されて度会県に統合され、翌五年の大小区制施行に伴って度会県の第六大区となった。

参考文献　藤堂元甫編『三国地志』(『大日本地誌大系』雄山閣、一九七〇年)、井坂丹羽太郎『志摩国旧地考』(『三重県郷土資料刊行会叢書』六八、一九七五年)、葦田省甫『志陽略誌』、『三重県史』史料編近世一・二・四(下)、『鳥羽市史』

(藤本　利治)

藩校　文政年間(一八一八—三〇)、藩主稲垣長剛により尚志館が創設された。江戸藩邸にも天保年間(一八三〇—四四)に造士館が設置されたというが、詳細は不明である。藩士を対象とし、主に漢学・史学を学ばせた。のちに漢学・皇学・洋学・書学の四科となるが、皇・洋を修める者は少なかったという。明治三年(一八七〇)には、尚志館内に小学校を設立し、八歳に至る幼童を入学させて読書や習字、算術を学ばせた。同四年には館内に三計塾を設立し、嫡男かどうかを問わず、青年に至る者を入学させた。

参考文献　『三重県教育史』一、『鳥羽市史』下、文部省編『日本教育史資料』二

（工藤　航平）

長島藩（ながしまはん）

伊勢国（三重県）長島に藩庁を置いた藩。譜代。城持。長島一向一揆平定に功のあった滝川一益が天正二年（一五七四）長島城に入り、その後織田信雄・羽柴秀次・天野景俊（雄光）・原胤房（長頼）を経て、福島高晴（正則の弟、はじめ正頼）が文禄三年（一五九四、一説に慶長三年（一五九八））一万石で入封し、関ヶ原の戦に東軍に属して戦功を挙げ慶長五年三万石で大和国宇陀に転封。同六年上野国阿保より譜代菅沼定仍《より》が二万石で入封し江戸時代の長島藩が立藩。同十一年弟定芳が襲封して城の修復、城下町建設、新田開発に努め大坂の陣にも軍功を挙げ、元和七年（一六二一）三万石で近江国膳所《ぜぜ》に転封。その後桑名藩松平（久松）定勝が兼領し、ついで五男定房、さらに六男定政の治下となったが、慶安二年（一六四九）下野国那須より松平（久松）康尚が一万石で入封し再び立藩、貞享二年（一六八五）襲封した次男忠充が元禄十五年（一七〇二）狂気で重臣三人とその子四人を死罪に処したため除封。同年常陸国下館より増山《ましやま》正弥《みつ》が二万石で入封、以後増山氏が廃藩まで百七十年在封した。

増山氏は正弥の養父正利が将軍徳川家綱の生母宝樹院お楽の方の弟という縁で大名に取り立てられた家柄。藩主は正弥・正任《とう》・正武・正贇《よし》・正賢《かた》・正寧《やす》・正修《なが》・正同《とも》と八代続いた。正任・正武・正贇・正寧・正修は奏者番を勤め、正寧・正修は若年寄に昇った。藩領は、松平時代は桑名郡二十村一万石、増山時代は、入封時同郡三十村二万石、宝永六年（一七〇九）の地震・高潮による蔵入地減少から桑名郡内および三重郡のうち十八ヵ村一万石と替地、天保十一年（一八四〇）三重郡の藩領五千石を遠江国榛原郡内五千石（内高六千八百四十石）と替地、さらに明治元年（一八六八）榛原郡内を上総国周准《すす》郡内三十五村と領地替した。

長島は木曾・長良・揖斐《いび》三川のデルタ地帯に立地するため多くの新田開発が行われ、天保元年の内高二万三千余石のうち新田高八千八百余石に及んだが、また、たび重なる洪水・高潮による災害を受け、水との闘いが藩の歴史でもあった。宝暦治水工事（三川分流工事）も尾張・桑名両藩のための防災工事で、当藩には恩恵が少なかった。佐藤直方に師事した二代正任のとき藩校の先駆的なものとして享保七年（一七二二）講堂・省耕楼を建て、五代正賢（号、雪斎）の天明五年（一七八五）昌平黌を範として文礼館・先師（孔子）廟を建て藩校を開いた。

明治四年七月廃藩置県により長島県が設置され、旧藩庁を県庁とし、知藩事増山正同に代わって大参事吉見永頼が桑名郡のうち六十九村、上総国周准郡三十五村を管轄したが、同年十一月安濃津《あのつ》県に統合。長島県の管地のうち伊勢国内は安濃津県、上総国内は木更津県に引き継がれた。

参考文献　『三重県史』資料編近世一・二、小田彰信編『恩栄録』(『日本史料選書』六、近藤出版社、一九七〇年)、同編『廃絶録』(同)、清田黙編『徳川加除封録』(同八、近藤出版社、一九七二年)、『寛政重修諸家譜』第五・一・二一〇、『秀吉公時代一万石以上分限帳』、山中為綱『勢陽雑記』(『三重県郷土資料叢書』一三、三重県郷土資料刊行会、一九六八年)、伊藤重信『長島町誌』、伊藤定昭『長島細布』

(杉本　嘉八)

藩校　享保七年(一七二二)、藩主増山正任により講堂や省耕楼が建てられ、当藩学の先駆的な存在となった。天明五年(一七八五)、藩主正賢は昌平黌を模範として文礼館および孔子廟を創設、衰退していた藩学を復興した。学風は当初闇斎学派朱子学であったが、文礼館開設後は仁斎学派となった。教師は天保年間(一八三〇—四四)が、講師一名、都講四名、句読四名と最も多いが、生徒数は六、七十人に過ぎず、明治期にかけて減少している。

参考文献　『三重県教育史』一、文部省編『日本教育史資料』二、笠井助治『近世藩校に於ける学統学派の研究』上(吉川弘文館、一九六九年)

(工藤　航平)

治田藩(はったはん)

享保十一年(一七二六)、徳川吉宗の御側御用取次として幕政改革を補佐した加納久通が加増によって一万石となり成立した藩。歴代藩主の多くは遠江守、従五位下に叙任された。伊勢国三重郡東阿倉川に陣屋を置き、同国員弁郡治田郷・三重郡・多気郡、および上総国長柄郡・下総国相馬郡の村々(のち上野国が加わる)を領有した。治田郷麓村に役所を置いたことから治田藩とも称される。文政九年(一八二六)に上総国一宮へ居所を移したことから一宮藩と称することになり、この年以降、半年交代で参勤を行うこととなった。加納氏は徳川家康、そして徳川頼宣に仕え紀州藩士となった。享保元年、加納久通は吉宗の将軍就任に伴い幕臣となり、のち加増されて大名となった。以降、久堅・久周・久慎・久儔・久徴・久恒・久宜と続き明治維新を迎える。その間、寛政八年(一七九六)には久周が勤功により三千石を加増された。明治期に入り伊勢国領は一宮藩となり、同三年十月には度会県、さらに同五年には三重県となった。

参考文献　『三重県史』資料編近世二、『三重県史』資料編近世四(下)、『治田村誌』、大石学「吉宗取り立て大名加納氏の所領構成―東京大学史料編纂所加納氏旧蔵史料を中心に―」(『四日市市史研究』三、一九九〇年)、深井雅海『徳川将軍政治権力の研究』(吉川弘文館、一九九一年)、

(藤谷　彰)

林　藩（はやしはん）

江戸時代初期、伊勢国奄芸郡林(三重県安芸《あげ》郡芸濃町)周辺を領有した藩。外様。丹波柏原《かいばら》領主織田信包の長男信重(三十郎)は豊臣秀吉に仕え、天正十二年(一五八四)小牧の戦後、林城一万石を給せられ、九州の陣も父に代わり従軍、関ヶ原の戦には東軍に属し本領を安堵された。慶長十九年(一六一四)信包が没し弟信則が襲封すると信重はこれを不服とし、元和元年(一六一五)家康に訴えたが、信則の相続は父の遺言によるもので訴訟は僻事、とされ同年閏六月信重は除封され林藩は廃藩となった。

参考文献　『秀吉公時代壱万石以上分限帳』(名古屋市立鶴舞中央図書館所蔵)、『寛政重修諸家譜』第八、藤堂元甫編『三国地志』(『大日本地誌大系』雄山閣、一九七〇年)、『当代記』(『史籍雑纂』二)、山中為綱『勢陽雑記』(『三重県郷土資料叢書』一三、一九六八年)、小田彰信編『恩栄録』(『日本史料選書』六、近藤出版社、一九七〇年)、同編『廃絶録』(同)、清田黙編『徳川加封録』(同八、近藤出版社、一九七二年)、同編『徳川除封録』(同)、『芸濃町史』上、『三重県史』資料編近世一

(杉本　嘉八)

久　居　藩（ひさいはん）

伊勢国(三重県)久居に藩庁を置いた藩。藩主藤堂氏。外様。陣屋持。津藩支藩。津藩二代藤堂高次が寛文九年(一六六九)隠居して三代高久に家督相続した際、次男高通に伊勢・山城・大和三国内で五万石を分知し久居藩が立藩。藩は城主格大名の待遇で築城は許可されず、同十年築塁が許され一志郡野辺野の台地に領民や津藩領の助勢を得て陣屋と城下町を建設し久居と名付けた。津藩の久居藩創設は家系の断絶防止を目的とするもので、領地も津藩の内分として取り扱われ、領内各村概況も『宗国史』封疆部に記載され、家臣団は分封時の高通付八十人、江戸新規採用四十一人、津藩よりの八十人を含め約二百人、筆頭家老も藤堂家姻戚筋の藤堂源助家が世襲し、十三代高邁《たかとお》の時より本家付家老が入った。

藩政は宗家津藩の制度・慣習を踏襲し、重要事案は宗家の協議を経た。藩主は高通・高堅・高陳《たかのぶ》・高治・高豊・高雅・

高敦・高朶《たかえだ》・高興・高衡《たかひら》・高矗《たかなお》・高兌《たかさわ》・高邁・高秭《たかかず》・高聴《たかより》・高邦と十六代にわたる。実子相続は高陳のみ、多くは宗家の連枝・分家筋より入って襲封。また高治・高豊・高敦・高兌は宗家藩主に入った。藩領は五万石のほかに元禄十五年（一六九七）高堅継領時にみずからの知行三千石を加え以後五万三千石を領知。伊勢国一志・安濃・奄芸・鈴鹿・河曲・三重六郡七十三村四万三千石、山城・大和二国六郡四十三村一万百三石に分散した。

高通の時、神宮正遷宮警衛、高堅の時、根津権現普請があり、また江戸藩邸焼失五回に及び、高豊の時の享保連年の凶作などにより藩財政が窮乏、高堅の時より藩士の分掛（俸禄借上）強化や倹約励行が行われ、安永四年（一七七五）甲州諸川、天明六年（一七八六）伊豆諸川の手伝普請や天明・天保の飢饉により藩財政はさらに悪化した。高兌は藩機構の改革、諸事倹約の励行、分掛減額とともに寛政九年（一七九七）義倉制を実施し家臣団より積み立てさせ家臣の互助共済制を廃藩時まで実施し藩財政をも補った。高聴は家臣団の意見を採用しみずからも従事して戸木《へき》地内下河原田畑四町二段余を開墾し、雲出《くもず》川堤普請を行なった。幕末時は天誅組討伐や山城宇治橋・伊勢山田の警衛に参加した。

明治二年（一八六九）高邦は知藩事となり、藩庁を久居、支庁を大和和爾村に置いた。同四年七月廃藩により伊勢領一志郡は久居県を経て同年十一月度会県となり、同九年四月三重県に編入。他の北部五郡は久居県を経て四年十一月安濃津県、同五年三月三重県となる。

参考文献　『寛政重修諸家譜』第一四、梅原三千『伊勢久居藩史』（『三重県郷土資料叢書』四三、一九七一年）、『久居市史』上、林泉『藤堂姓諸家等家譜集』（一九八四年）、新井白石他『新編藩翰譜』三（新人物往来社、一九七七年）、内務省地理局編『諸侯年表』三（内閣文庫所蔵）、藤堂家編『藤堂高兌公伝略』、同編『藤堂高聴朝臣略伝』、『三重県史』資料編近世二、岡田文雄『知られざる久居藩政史』（タイムトンネル刊行部、二〇〇一年）

藩校　久居藩は藩祖藤堂高通より慶応二年（一八六六）まで学校を設けず、藩士中、学問に秀でた者を講官とし家宅で子弟を教育したが、伊藤仁斎に連なる者が多かった。また宗家津藩の家塾に通った。慶応二年久居巽岡（久居市東鷹跡町）に句読所を設け九歳—十五歳の藩士子弟を教育、同三年上大平町に移したが、明治二年（一八六九）藩政改革で久居藩校と改め藩校学規に教育理念をうたい兵学・医学の寮を併設、同三年英語課も設けたが、同四年廃藩に伴い久居義塾とし士民一般を教育する郷学校に発展した。

参考文献　三重県総合教育センター編『三重県教育史』一、文部省編『日本教育史資料』二・一一、『久居市史』上、梅原三千『伊勢久居藩史』(『三重県郷土資料叢書』四三、一九七一年)

(杉本　嘉八)

松坂藩（まつさかはん）

伊勢国松坂に藩庁を置いた藩。藩主古田氏、外様。天正十六年(一五八八)蒲生氏郷が松ヶ島より四五百森《よいほのもり》に築城して松坂と称し城下町を建設した。同十九年服部一忠、ついで文禄四年(一五九五)近江日野領主古田兵部少輔重勝が三万五千石で入封して立藩。重勝は関ヶ原の戦には東軍に属し、西軍鍋島勝茂の攻撃を支え、また安濃津城富田信高を援けた功により、慶長五年(一六〇〇)五万五千石に加増、近江佐和山城・江戸城普請にも従事したが、同十一年四十七歳で没した。息男重恒がわずかに三歳であったため、徳川家康は重勝の弟重治に相続させる。重治は大坂の陣に従軍し、元和五年(一六一九)石見・丹波両国五万五千石で石見国浜田に転封となり、当藩は廃藩。松坂は紀州藩領となり松坂領六万石を郡奉行が管轄した。

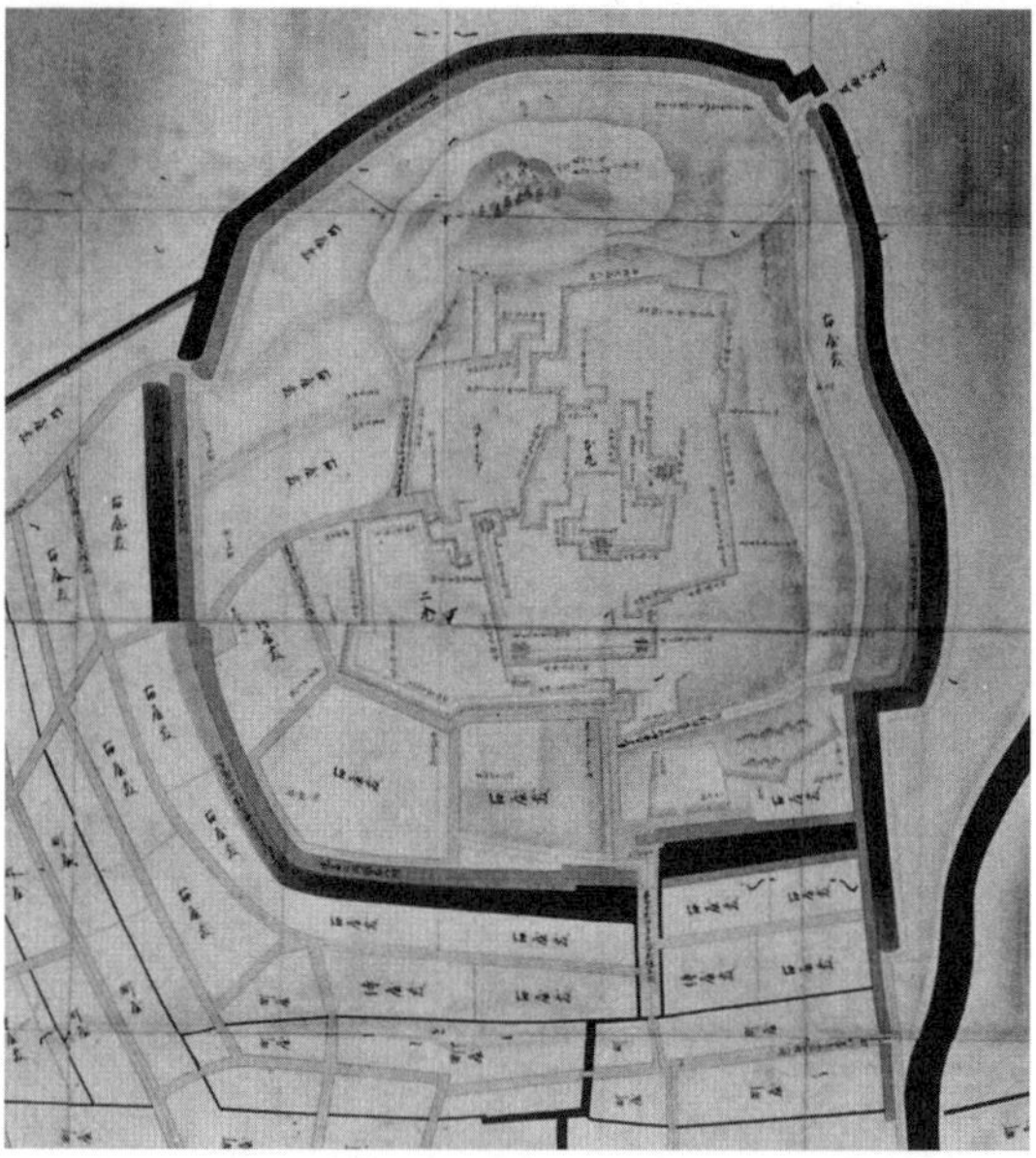

伊勢国松坂古城之図部分(正保城絵図より)

参考文献　『寛永諸家系図伝』藤原氏癸、『寛政重修諸家譜』第一五、新井白石『藩翰譜』一二下(『新井白石全集』一、国書刊行会、一九七七年)、『松阪市史』九、『三重県史』資料編近世一、島川安太郎『松阪の町の歴史』(松阪郷土史刊行会、一九六五年)

(杉本　嘉八)

南林崎藩（みなみはやさきはん）

享保十一年(一七二六)、徳川吉宗の御側御用取次として幕政改革を補佐した有馬氏倫が加増によって一万石となり成立した藩。当初は伊勢国河曲郡西条村に陣屋を置いたが、のち南林崎村に陣屋を移した。有馬氏の領知は、伊勢国河曲郡・三重郡・多気郡、および上総国市原郡・下野国河内郡・芳賀郡の諸村(のち都賀郡が加わる)であった。天明元年(一七八一)には陣屋を下野国五井村へ、さらに天保十三年(一八四二)、都賀郡吹上村へ置いた。陣屋の所在地から西条藩・南林崎藩・五井藩・吹上藩と称された。有馬氏は筑後国久留米藩主有馬家の分流で、二代吉政が紀州藩士となった。享保元年、四代氏倫は吉宗の将軍就任に伴って幕臣となり、のち加増されて大名となった。以降、氏久・氏恒・氏房・氏恕・氏保・久保・氏貞・氏郁・氏弘と続き明治維新を迎える。伊勢国領は近世中期以降、南林崎村の棚瀬氏を代官に取り立て支配させていた。明治期には伊勢国領は吹上藩、吹上県、安濃津県・度会県、さらに同九年には三重県となった。

参考文献　『三重県史』資料編近世二、『鈴鹿市史』二、深井雅海『徳川将軍政治権力の研究』(吉川弘文館、一九九一年)

(藤谷　彰)

滋賀県

朝日山藩 (あさひやまはん)

近江国朝日(滋賀県東浅井郡湖北町)を藩庁とした藩。藩主水野氏。譜代。城持。藩祖は水野忠元。十一代浜松藩主水野忠邦(七万石)は、天保の改革に失敗し弘化二年(一八四五)うち二万石を没収され、その子忠精は出羽国山形に移封。明治三年(一八七〇)七月水野氏五万石を近江国浅井郡に移し、同四年二月藩庁を同郡朝日村山本に移転、朝日山藩とした。知藩事は忠弘。同七月十四日廃藩置県により朝日山県となり、忠弘は県知事となった。同年十一月二十二日彦根・山上・宮川三県とともに長浜県に合併された。

参考文献　『東浅井郡志』三、『滋賀県史』三

(畑中　誠治)

大溝藩 (おおみぞはん)

近江国大溝(滋賀県高島市)を藩庁とした藩。藩主分部《わけべ》氏は伊勢藤原氏、工藤祐経の一流と称す。外様。城持。分部光嘉の

時、関ヶ原の戦に徳川方に味方し伊勢上野に二万石を与えられたが、光嘉の外孫光信の時、大坂の陣の戦功により元和五年(一六一九)大溝へ転封され、その後、嘉治・嘉高・信政・光忠・光命・光庸・光実・光邦・光寧・光貞・光謙と大溝藩主を継承し、光謙の時、明治四年(一八七一)廃藩置県により大津県に合併される。所領石高は二万石。元来、大溝とは磯野丹波守員昌の養子織田信澄の構築した城名で、その後織田信澄・丹羽長秀・京極高次などの在城のあとをうけ分部光信が入城した。領地は近江国高島郡三十二ヵ村、同野洲郡五ヵ村にまたがり、地方支配には郡奉行一名とその下に代官四名があたった。

参考文献　寒川辰清編『近江国輿地志略』三・九二(『大日本地誌大系』一九一五年)、『滋賀県史』三、『高島郡誌』、『高島町史』

(畑中　誠治)

藩校　藩主分部光庸は好学の士で学校の設立を企てたが、財政難でその意を達せず、次の光実の天明五年(一七八五)学館を外郭内に設けて修身堂と称し、儒臣中村鸞渓(仁斎学派)が教授(文芸奉行)となって学則を整えた。士族の長男は八歳より入学して、終身学籍を免れ得なかった。教科は漢学・算術・習字・習礼で、武芸は別館の練兵堂で修めた。安政の初め光貞の時、川田甕江が賓師に招かれて学館の拡充を図り、命により『藤樹先生年譜』を撰んだ。甕江が安政年中(一八五四―六〇)制定した修身堂規則に、官員として督学一名、教授一名、助教二名、句読師二名とあり、少年生徒はおよそ五、六十名であった。この藩校は廃藩まで存続した。

参考文献　文部省編『日本教育史資料』三・一二、笠井助治『近世藩校に於ける学統学派の研究』下(吉川弘文館、一九七〇年)、『高島町史』

(笠井　助治)

大森藩(おおもりはん)

近江国蒲生郡大森(滋賀県東近江市)にあった小藩。もともとは最上義俊が元和八年(一六二二)八月十八日(一説には同七年十月二十八日)、幕府から出羽国の所領を没収され、代わりに近江国蒲生・愛知・甲賀三郡と三河国のうちで一万石を与えられたことに由来する。寛永九年(一六三二)八月二十六日に義俊が没すると、義智はその遺領の中から近江国蒲生郡で五千石を与えられ、大森に本拠をおき、寄合に列せられた。明暦元年(一六五五)、義智は初めて領地への暇を得ており、元禄八年(一六九五)十二月十五日には高家となり、以後、最上氏は明治に至るまで代々同地で存続した。

参考文献　『寛政重修諸家譜』第二、藤野保校訂『恩栄録・廃絶録　補訂版』(『日本史料選書』六、近藤出版社、一九七

○年)、藤野保校訂『徳川加除封録』(同八、近藤出版社、一九七二年)、『藩史大事典』五(雄山閣出版、一九八九年)

(野村　玄)

堅田藩(かただはん)

近江国堅田(大津市)を藩庁とした小藩。堅田兵部少輔広澄は豊臣氏に仕え二万石を領有、関ヶ原の戦に西軍に加わり敗死し除封され、以来幕領となる。元禄十一年(一六九八)三月、譜代堀田正俊の三男正高は下野国佐野一万石(都賀・安蘇郡の内)より近江国滋賀・高島二郡の内一万石を与えられて転封、堅田に陣屋を置き、正高・正峰・正永・正実・正富・正敦・正衡・正頌・正路とつづく。堀田氏は貞享元年(一六八四)菊間詰、同三年帝鑑間詰。正敦の時幕命を受け寛政十年(一七九八)聖堂再建の副使、同十一年『寛政重修諸家譜』編纂の総裁を勤める。文化三年(一八〇六)、三千石加増、文政九年(一八二六)十月、再び下野佐野に転封され、堅田藩は廃止された。

参考文献　『堅田旧郷士共有文書』(『滋賀県有影写文書』四一)、『寛政重修諸家譜』第一一、『滋賀県史』三、『滋賀県市町村沿革史』二、『新修大津市史』三・四

(畑中　誠治)

朽木藩(くつきはん)

近江国朽木(滋賀県高島市)を藩庁とした藩。外様。陣屋持。朽木元綱は、永禄年間(一五五八―七〇)以降、浅井・織田・豊臣と順次仕えたが、関ヶ原の戦に東軍に味方して朽木地方九千五百九十石の領有を認められ、朽木谷市場に陣屋を置いた。寛永九年(一六三二)元綱没後所領は三子に分封され廃藩。長子宣綱は六千四百七十余石の旗本となり、大名に准じ交代寄合衆に列せられ、その子智綱のときさらに分地し四千七百石を領し、明治に至った。

参考文献　『寛政重修諸家譜』第七、『(増補)高島郡誌』、『滋賀県市町村沿革史』四、『朽木系譜』(『滋賀県有影写文書』一二二)、『朽木家古文書』上・下(『内閣文庫影印叢刊』一九七七・七八年)

(畑中　誠治)

小室藩(こむろはん)

近江国(滋賀県)小室を藩庁とした藩。藩主小堀氏。小堀正次は坂田郡小堀村にあって浅井氏に臣従、のち羽柴秀長ついで豊臣秀吉に仕え五千石を領した。関ヶ原の戦には東軍に参加し備中国で一万石を加増され、一万四千四百六十石を領したが、その子政一(遠州)は二千石を弟に分封、元和五年(一六

一九)近江国浅井郡に移封された。ついでその子正之が慶安元年(一六四八)本居として浅井郡小室村に陣屋を築いて入部し、当藩が成立した。その子政恒は菊間広縁詰、ついで政房を経て政峯は伏見奉行・奏者番・若年寄を歴任し雁間詰。その子政方は安永七年(一七七八)伏見奉行となったが、天明五年(一七八五)その苛政を伏見町人文珠九助らに訴えられ辞職、同八年在任中の不正に対し幕閣の糾明を受け、領地没収の上大久保忠顕に永預けとなり、廃藩された。

参考文献　『小堀家日記抄録』(『滋賀県有影写文書』一一〇ノ一)、『寛政重修諸家譜』一〇二二、『東浅井郡志』三、『滋賀県市町村沿革史』四、小室信介『東洋民権百家伝』(『岩波文庫』一九五七年)、鳥野茂治「近江小室藩領の『年貢免定』について」(『泉佐野市史研究』一、一九九五年)、佐治家文書研究会編『小堀政一関係文書』(思文閣出版、一九九六年)

(畑中　誠治)

佐和山藩(さわやまはん)

近江国佐和山(滋賀県彦根市北東部)を本拠とした近世初期の藩。佐和山地方は戦国時代以来、江北における軍事上・交通上の要地。元亀二年(一五七一)織田信長は浅井長政と対戦し、浅井方の磯野丹波守員昌の籠る佐和山城を攻め降伏させ、同地方の支配権を掌握し、丹羽長秀を城主とした。ついで天正十一年(一五八三)堀秀政、同十三年堀尾吉晴が城主となり、文禄四年(一五九五)石田三成が江北四郡十九万四千石の領主として入部した。慶長五年(一六〇〇)関ヶ原の戦の際、佐和山城攻略に功のあった井伊直政は、同五年三成の旧領地の一部をあわせて十八万石を領し、佐和山藩主となった。同七年直政は病死し、嫡子直継が同九年より彦根城を築城して移転したため、佐和山藩は廃絶した。

参考文献　今井林太郎『石田三成』(『人物叢書』七四、吉川弘文館、一九六一年)、『彦根市史』上、『新修彦根市史』五・六

(畑中　誠治)

膳所藩(ぜぜはん)

近江国滋賀郡膳所を藩庁とした藩。藩主はいずれも譜代、城持。関ヶ原の戦後、大津城の守備にあたっていた戸田一西が、慶長六年(一六〇一)膳所を城地とすることを命じられて立藩。当初三万石。一西についで息子の氏鉄が襲封したが、元和二年(一六一六)氏鉄は摂津尼崎へ転封、翌三年三河西尾から本多康俊が入封、康俊が没するとその子俊次は西尾へ移され、元和七年菅沼定芳が伊勢長嶋から入封した。寛永十一年(一六三四)菅沼氏が丹波亀山へ移されたあと、下総佐倉から石川忠

総が七万石で入封し、以後膳所藩は七万石の格式をもった。忠総のあとを襲封した憲之は慶安四年（一六五一）伊勢亀山へ転封、かわりに亀山から本多俊次が七万石で入った。俊次以降は維新まで本多氏が襲封。歴代藩主は、俊次・康将・康慶・康命・康敏・康桓・康政・康伴・康匡・康完・康禎・康融・康穣。ただし、康慶の時に弟忠恒に一万石を分封したので、以後膳所本藩は六万石となった。所領の分布は、三万石時代には近江国栗太郡・滋賀郡内のみであったが、七万石および六万石時代には、近江国では栗太・滋賀・高島・浅井・伊香・甲賀の六郡、河内国でも錦部・石川・丹南の三郡に拡大散在している。

膳所藩藩札
（六百文銭札）

　膳所藩の幕政上での役割は京都との関係にあり、初期には軍事的に東海道の西の押えとして京都にそなえたが、寛文十年（一六七〇）以降は、かつて山城淀藩の永井尚政がになっていた京都所司代相談役に膳所藩主が任じられることになり、また江戸時代中期からは、近隣大名として京都火消役もつとめている。藩政では初期の戸田氏鉄の時代、慶長十九年重税にあえぐ領民が幕府巡見使に越訴したという大石義民伝承もあるが、民政の具体的な様相がわかるのは本多俊次の帰封後のことである。俊次は慶安四年領内村々に向けて二十九ヵ条

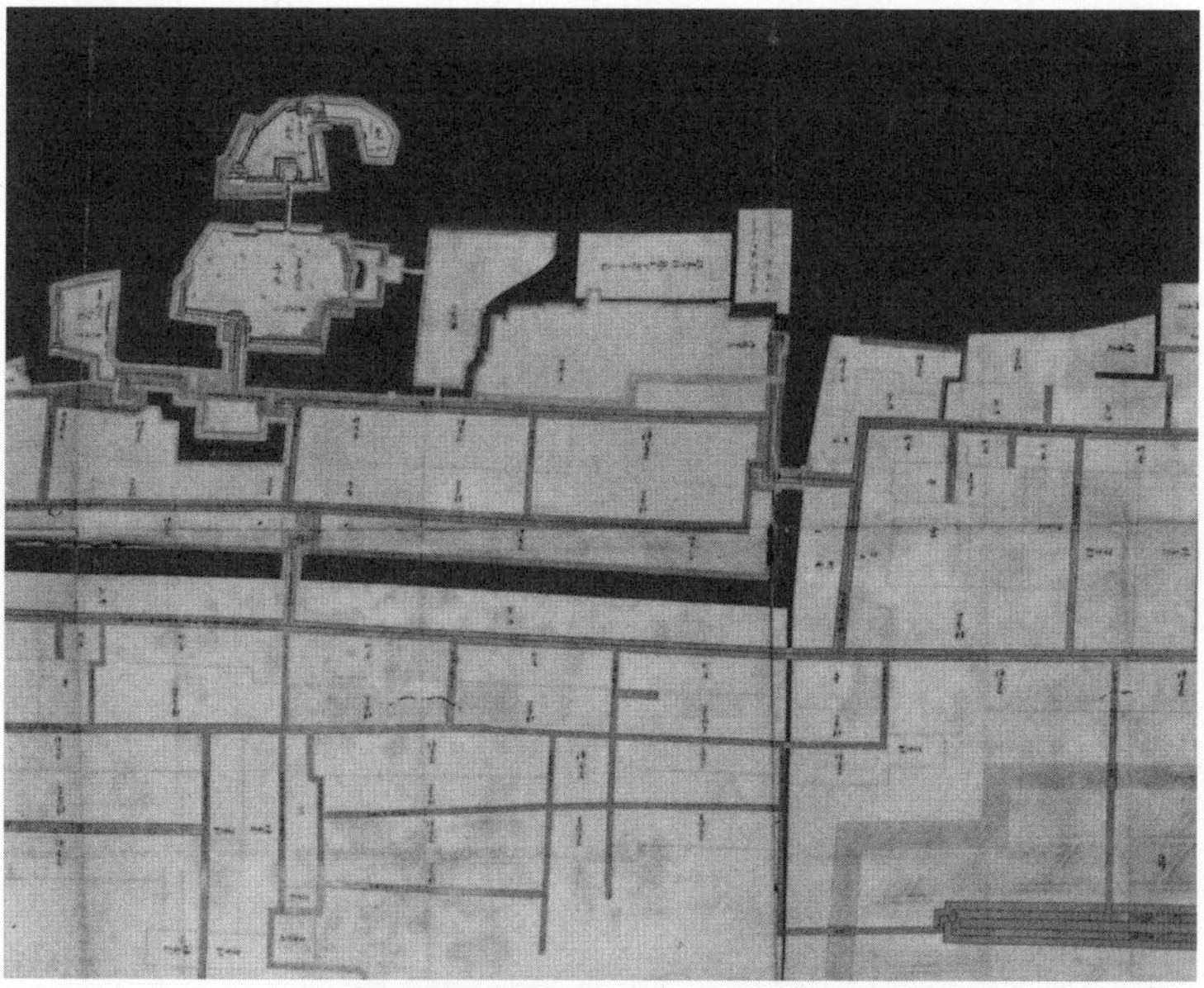
近江国膳所城絵図部分（正保城絵図より）

からなる「定」を布告、幕府法令の遵守のほか藩政の方針と農民の生活規制を指示した。この定書は若干の改補をうけながら幕末まで民治の基本法典として引きつがれた。また中期には、御為筋一件という藩財政たてなおしをめぐる御家騒動が半世紀もつづいたりしたが、文化三年(一八〇六)以後は藩の主導による救民対策として安民禄蔵建設が実施されるなど、特色ある藩政もみられた。王政復古後は逸早く新政府のもとにあり、京都市中取締の任にあたり、明治四年(一八七一)七月藩は解体して膳所県となり、同年十一月大津県・水口県・西大路県と合併して大津県となった。

参考文献　『新修大津市史』三・四、膳所藩史料を読む会編『膳所藩郡方日記』一―一六(滋賀県立図書館、一九九一―二〇〇三年)、樋爪修「江戸時代の京都大名火消―膳所藩を例として―」(『近江地方史研究』二七、一九九二年)

(鎌田　道隆)

藩校　古くは元禄期(一六八八―一七〇四)に赤埴重助が藩儒として召し抱えられたが、藩校が整備されるのは第十代藩主本多康完の時である。儒者皆川淇園のすすめで文化五年(一八〇八)九月、藩校遵義堂が竣工した。膳所城の南方、現在の膳所高校の所在地に位置する。手習・四書五経が教えられ、幕末には蘭学と西洋砲術の教科も設けられた。嘉永四年(一八五一)からの十三年間で入門者は五十人を数える。

参考文献　『新修大津市史』四

(吉田　洋子)

高島藩(たかしまはん)

慶長五年(一六〇〇)、佐久間勝之は関ヶ原の戦いで兄安政とともに徳川家康に従い、慶長十五年(一六一〇)には常陸国北条で三千石を与えられ、諸大夫に叙された。大坂冬の陣、同夏の陣でも徳川方につき、その功により信濃国長沼郡と近江国高島郡のうちで八千石(一説には合わせて一万石、一万二千石ともいわれる)を与えられ、寛永十一年(一六三四)には駿府城番となった。勝之とともに、安政も高島に五千石の領地を得たといわれるが、元和二年(一六一六)に信濃国飯山城で三万石を与えられているので、彼の本拠は飯山城であったようである。佐久間氏の断絶後は収公された。

参考文献　『断家譜』二四、藤野保校訂『恩栄録・廃絶録　補訂版』(『日本史料選書』六、近藤出版社、一九七〇年)、藤野保校訂『徳川加除封録』(同八、近藤出版社、一九七二年)、『藩史大事典』五(雄山閣出版、一九八九年)

(野村　玄)

長浜藩（ながはまはん）

近江国長浜に藩庁を置いた藩。同地周辺を領有した近世初期譜代小藩。駿河国府中城主内藤信成は、同国安倍・有渡・庵原三郡の内四万石を領有していたが、慶長十一年（一六〇六）あらためて近江国坂田・浅井・伊香三郡内四万石余を与えられて転封、長浜城に居城し、長浜藩を立藩。この転封は上方に対する備えのためといわれ、幕府は信成に長浜城修造費として白銀五千枚を与え、かつ美濃・飛騨・近江三ヵ国の夫役の徴発を認めた。元和元年（一六一五）二代信正は大坂城落城後、摂津高槻に移封され、旧領は井伊直孝に譲られ、長浜藩は廃藩された。

参考文献　『寛政重修諸家譜』第一三、『長浜市史』二、長浜北高等学校歴史部編『長浜の「歴史」』（一九七四年）

（畑中　誠治）

仁正寺藩（にしょうじはん）

近江国仁正寺（滋賀県蒲生郡日野町西大路《にしおおじ》）に藩庁を置いた藩。外様、陣屋持。元和六年（一六二〇）越後国三条藩主であり叔父である市橋長勝没後、その名跡相続を許された市橋長政は、あらためて近江国蒲生・野洲両郡および河内国交野《かたの》郡に二万石を与えられ、仁正寺に陣屋を置き立藩した。元和八年同族の長吉に二千石を分封、ついで慶安元年（一六四八）二代政信は弟政直に千石を分封した。以来、藩領は蒲生郡一万三千七百二石、野洲郡二千二石、交野郡千三百石総計一万七千石余で、市橋氏は長政・政信・信直・直方・直挙《なおたか》・長璉《ながてる》・長昭・長発《ながはる》・長富・長義とつづく。七代長昭は寛政八年（一七九六）文武奨励のため藩校日新館を仁正寺中町に新設。当時、毛利高標（佐伯《さいき》藩）・池田定常（冠山、鳥取新田藩）とともに好学の大名として知られた。十代長義は文久二年（一八六二）仁正寺の地名を西大路と改め、藩名も西大路藩と改称した。明治二年（一八六九）版籍奉還、明治四年七月廃藩置県により西大路県となり、同年十一月大津県、翌五年に滋賀県となった。

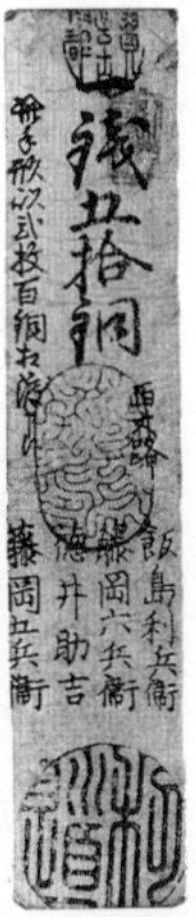
仁正寺藩藩札（五十銅銭札）

参考文献　『寛政重修諸家譜』第一四、『近江蒲生郡志』、古川与志継「仁正寺藩勝手方の記録『御勝手御省略写』」（『東京大学日本史研究室紀要』五、二〇〇一年）

（畑中　誠治）

藩校　仁正寺藩の藩校日新館は、寛政八年（一七九六）八月に七代藩主市橋長昭により創設された。教頭・助教の官を設け、従来の文武師範及び平士の中から任命し、藩士子弟を悉く修学させ文武の修業をさせた。明治三年（一八七〇）移転拡張し、藩士森島柳伯らを教授としたが、廃藩置県に際し閉校となった。森島らは朝廷に請願して校舎・書籍等の借用の許可を得、日新館を再開した。

参考文献　笠井助治『近世藩校に於ける学統学派の研究』下（吉川弘文館、一九七〇年）

（吉田　洋子）

彦根藩（ひこねはん）

近江国（滋賀県）彦根に藩庁を置いた藩。藩主井伊氏、譜代、城持、江戸城溜間詰筆頭。歴代藩主は、直政・直孝・直澄・直興（直該）・直通・直恒・直興（再承）・直惟・直定・直禔・直定（再承）・直幸・直中・直亮・直弼・直憲。慶長五年（一六〇〇）関ヶ原の戦で東軍の軍奉行として功績のあった井伊直政は、近江国内で十五万石、上野国内で三万石、合計十八万石を与えられ、翌六年近江国佐和山城に入城。城の磯山移転計画中に同七年銃創がもとで没した。嫡子直継（のち直勝）は同八年彦根山への築城を計画、翌九年移転した。しかし直継は病弱のため、大坂冬の陣後、家を弟直孝に譲り、みずからは三万石を分けもらい上野国（群馬県）安中へ別家した。直孝は大坂の陣の功により、元和元年（一六一五）五万石、同三年五万石加増され、同十年五万石を加増、合わせて三十万石となった。なお元和二年、幕領の城付米二万石を預けられ、これを知行高に直せば五万石となり、井伊氏は三十五万石の格式と称された。

彦根城は元和八年完成され、城下町も整備された。直孝は徳川秀忠・家光・家綱三代の幕政を補佐する一方、「郷中百姓沈淪申さざる様に」との五十三ヵ条の覚書や、家中法度を発し、藩政の基礎を確立した。地方《じかた》支配にあたっては近江国内の愛知《えち》・蒲生・神崎・犬上・坂田・東浅井・伊香郡二十八万石の諸村を南・中・北の三筋に分け、各筋に筋奉行二人を置き支配。下野国の飛地には佐野奉行を置き、武蔵国の領地は世田谷に代官を置き、江戸藩邸の支配を受けさせた。直澄は寛文八年（一六六八）大老職となり延宝四年（一六七六）在職中に没。その後、直興は槻御殿（のちの楽々園・玄宮園）を造営し、また元禄四年（一六九一）『侍中由緒帳』七十五冊を編集して家中の履歴を正し、同八年には全領民から一人一文の奉加金を集め、大洞弁天堂を建立した。直通・直恒とつづいたが、若死したため直興は再び藩主となり、大老職にも再度任じられた。直惟も若死。直定は当初一万石を与えられ分家し、彦根新田藩を立てたが、享保十九年（一七三四）本藩を継ぎ、新田藩は廃藩された。

直禔・直定(再承)のつぎ直幸は天明四年(一七八四)大老職就任、同七年辞職、大老在職中は三男直富が国務を担当。宝暦十一年(一七六一)藩の積銀仕法に反対した愛知川南筋の農民五万余人が一揆を起し、これを撤回させた。つぎの直中の代、財政窮迫し、藩は倹約令を出す一方、寛政十一年(一七九九)国産方を設置し、国産品の生産を奨励した。特産品である長浜縮緬は宝暦九年京都の江州縮緬売払所で藩の検印を受けて販売され、浜蚊帳も文化十三年(一八一六)紺屋職八軒を定め、年行司の検印を受けて販売された。特産品の一つ高宮布は安政五年(一八五八)藩専売された。なお寛政十一年藩校稽古館が設立された。そのあと直亮は天保六年(一八三五)より同十二年まで大老職をつとめ、弘化四年(一八四七)幕命により相模国(神奈川県)沿岸警衛を命じられた。

直弼は嘉永三年(一八五〇)襲封。同六年ペリー来航にあたり別段存寄書を建白して開国を主張、安政五年大老職につき幕政を担当、日米修好通商条約に調印、つづいて英・仏・露・蘭四ヵ国との修好通商条約に調印した。一方、将軍継嗣問題では紀州家の慶福(家茂)を迎えて将軍に擁立した。なお反対派を弾圧し安政の大獄を断行したが、万延元年(一八六〇)三月、桜田門外の変で倒れた。同年四月、直憲が藩主となり、文久二年(一八六二)将軍家茂の名代として上洛したが、八月の政変により京都守護を免じられ、桜田門外の変の事件により十万石を削減、差控を命じられた。しかし慶応元年(一八六五)三万石の幕府直轄地が井伊家の預所となり、事実上の加増が行われた。明治維新の際、藩論は分かれたが、次第に勤王論が台頭し、戊辰戦争には討幕派にくみした。明治二年(一八六九)朝廷から二万石を賜わったが、この年版籍奉還が行われ、直憲は彦根知藩事に任じられた。同四年七月廃藩置県により彦根県となり、東京より権大属稲川退蔵が来県して事務を執った。しかし彦根県は五ヵ月後の同年十一月に長浜県に移管され、消滅した。藩主家の史料については別項「井伊家史料」参照。

参考文献　『井伊家史料』(『大日本維新史料』)、『彦根市史』上・中、『新修彦根市史』六・七、『彦根城博物館叢書』一・二・四・五(二〇〇一・〇二・〇三・〇四年)

藩校　藩校設立の議は、寛政六年(一七九四)藩士中村千次郎の遺書を、藩主井伊直中が建議としてとりあげたことに始まる。建設にあたっては覚勝寺の僧海量に萩藩毛利家の明倫

彦根藩
藩校蔵書印

館、熊本藩細川家の時習館などを視察させ、準備にかかり、同八年家老以下諸吏を選び用掛を命じ、翌九年に内曲輪西端の一部に起工、同十年に上棟式を行い、翌十一年七月二十九日木俣土佐以下七人に対し、藩校設立の主旨を諭達し、その名称を稽古館とした。同年九月、十四ヵ条の諭達が出され、役付・御用掛など以外の御家中・御知行取衆の家督および部屋住みで十五歳より三十歳までの者は必ず出校することが義務づけられた。また朝五ッ半(午前九時)から四ッ半(午前十一時)までは文事、九ッ時(正午)から八ッ半(午後三時)までは武芸が伝授された。その学風は、儒学は朱子学、国学は本居宣長の鈴屋学派が中心をなしたが、内容は細かく分かれ、素読・手跡(習字)のほか軍学・和学(のち国学)・礼節・天文・算術・医学・武芸(弓・槍・剣・居合・柔・薙刀・馬・炮)があった。稽古館職員は頭取以下すべて藩士があたった。天保元年(一八三〇)藩主直亮は稽古館の名称を弘道館と改めた。その蔵書数は直亮・直弼代に二万三千余巻といわれる。教授方には頼山陽と親交のあった中川漁村(禄郎)、国学方の長野主膳(義言)らを登用、「古今国家の存亡は各人の身を修むると修めざるとにあり」と告諭十ヵ条を発し教育を振興した。嘉永三年(一八五〇)直弼が藩主となると、相模国沿岸の警備にあたった彦根藩は、弘道館の学生を動員した。文久二年(一八六二)突如布告が発せられ、弘道館職員は役儀御免となり館も閉鎖されたが、一ヵ月して再開された。再開後は蘭学の影響を受け、とりわけ砲術指南が重用されたほか、蘭医学・数学・西洋兵学・天文学・地理学が教授された。明治二年(一八六九)弘道館はさらに文武館と改称されたが、同五年廃館された。

参考文献　『彦根市史』中、『滋賀県史』三、『新修彦根市史』七

(畑中　誠治)

藩札　享保十五年(一七三〇)「米札」の名ではじめて発行。一斗札を銀五匁とし、一升—一斗の六種あった。城下の中江宗真と山田屋林右衛門が札元となり、正貨との混合流通であった。これは長く通用せず、寛保二年(一七四二)領内に「皆米札」通用令が出て、新規に札通用となった。一斗札は銀十匁預りとなり、米三斗から二合に至る十種、このほか米六斗を金一両預りとする金建て米札も六斗・三斗・一斗五升の三種があった。彦根本町・長浜町(長浜市)・高宮宿(彦根市)に引替所を設け、のち享和三年(一八〇三)八日市(東近江市)・木ノ本(伊香郡木之本町)にも十両以下の小口引替所を置いた。

享保一斗米札

宝暦五年(一七五五)の改札を経て、寛政十一年(一七九九)国産会所設置に伴い大量の札発行がなされ、米金札・米銀札あわせて約銀三万二千貫匁にのぼった。このの ち天保十一年(一八四〇)に一匁・三分・二分などの札が発行されたといわれるが実物が残存せず、詳細は不明である。

参考文献　『彦根市史』上、『新修彦根市史』六、日本銀行調査局編『図録日本の貨幣』五・六(東洋経済新報社、一九七四・七五年)、荒木豊三郎編『日本古紙幣類鑑』上

(岩橋　勝)

井《い》伊《い》家《け》史《し》料《りょう》　旧彦根藩主井伊家に所蔵された直弼関係の文書・記録類を中心とする一万三千点にのぼる史料。彦根城博物館架蔵。井伊家では大老直弼が違勅の罪ゆえに非業の死をとげたとの世間の評をはらす機会もあろうかと、当時の藩史担当者であった中村不能斎を中心として文書・記録類の蒐集が始められ、明治時代に入り、不能斎の仕事は嫡孫の中村勝麻呂によりなお根気よく続けられた。これら直弼関係史料は関東大震災にも太平洋戦争の戦災にも保存されてきたが、従来全く公開されず、わずかに重要な書状・覚書類を収めた『井伊家秘書集録』と宇津木六之丞筆の『公用方秘録』が写本として伝えられるにすぎなかった。直弼関係史料の根幹をなすものは、約八千通と称される書状類と「幕政」「外交」「大獄」の三つの箱に保管された小冊子の形式をとった多数の文書・記録類で、幕末政治史料として貴重であり、他に国学・茶道・武芸など学芸史料もある。直弼関係史料以外には、近世初期の古文書類が若干あり、中期以降のものには『御城使寄合留帳』(享保元年―嘉永二年)・『御側役日記』(宝暦六年―天保十年)などの藩政史料があり、特に注目すべきものとしては『大洞弁財天祠堂金寄進帳』『侍中由緒帳』『貞享異譜』が挙げられ、これによってその時点における全領内の家族構成および家臣団構成を分析することができる。しかし直弼関係史料以外の調査はまだ充分行われていない実状である。

戦後、直弼に対する朝敵意識も薄らぎ、その事蹟を冷静に見直そうとする風潮から、井伊家では直弼関係史料の非公開の禁を解いたので、東大史料編纂所では書状類を昭和三十四年(一九五九)以降『大日本維新史料』類纂之部、井伊家史料として逐次二十四冊(文政三年正月―万延元年正月)を刊行、目下続刊中である。風聞探索書類は同四十二年から翌年にかけて、井伊正弘の編集により『(井伊家史料)幕末風聞探索書』三巻(安政五年編・同六年編・万延文久編)が刊行された。なお直弼の上書・往復書状・『公用方秘録』の一部は、昭和二十五年井伊大老史実研究会編『井伊大老の研究』一、同三十一年彦根市教育会学校教育部編『井伊大老の研究』史料篇に載

せられている。

参考文献　彦根藩文書調査団『彦根藩文書調査報告書』井伊家伝来古文書・井伊家伝来古典籍等、彦根城博物館編『彦根藩文書調査報告書』(追加目録)・井伊家伝来古文書(『彦根城博物館古文書調査報告書』二)

(吉田　常吉)

彦根新田藩（ひこねしんでんはん）

彦根藩領内の新田を分与され成立した譜代の藩。藩庁について、詳細は不明である。藩主は初代のみで、井伊直興の十四男である井伊直定。居所についても不明。彦根新田藩は、正徳四年(一七一四)二月に直定が父直興から新田一万石を分知されて成立した。しかし、実際に一万石分の知行所が与えられたわけではない。表向き一万石としているが、藩内では蔵米一万俵と外に添米千俵であった。分知の趣意としては、大恩を蒙っていることに対し、子供を奉公させたいが、無禄の部屋住では公儀に対する奉公も勤め難いこと、禄があれば門番・火消などの相応の役を仰せ付けられ、奉公に勤められることなどを述べている。また、内々では当初より蔵米を与えず、公儀への勤め方を見極めた上で直定が二十歳くらいに成長したのちに渡すようにと、家老に直興から書付が出されている。直定は享保十七年(一七三二)に幕府奏者番に就任していたが、同十九年に彦根藩を継いでいた兄直惟の継養子となった。これによって、彦根新田藩は廃藩となった。

参考文献　『寛政重修諸家譜』第一、『藩史大事典』五(雄山閣出版、一九八九年)、『藩と城下町の事典』(東京堂出版、二〇〇四年)、『新修彦根市史』六

(小宮山敏和)

三　上　藩（みかみはん）

近江国三上(滋賀県野洲《やす》市)に藩庁を置いた藩。藩主遠藤氏は美濃国郡上《ぐじょう》八幡の出身。譜代。元禄五年(一六九二)嫡子常久死去により郡上領二万四千石を没収されたが、再興されて胤親に家督を継がせ、元禄十一年に領地を近江国甲賀・野洲・栗太・滋賀四郡一万石に移し、陣屋を野洲郡三上に置いた。藩主は胤親のあと、胤将・胤忠・胤富・胤統・胤城と五代約二世紀にわたり在封。万延元年(一八六〇)には、近江国十二ヵ村の領地五千石分が近江国内六ヵ村、和泉国泉、安房国安房・平郡と替えられた。遠藤氏は、定府大名で大番頭や二条・大坂在番をつとめた。天保八年の大塩平八郎の乱には、胤統が大坂城の防備にあたった。明治三年(一八七〇)胤城の時、藩庁を和泉国吉見に移して吉見藩と称し、同四年七月廃藩置県に至る。

参考文献　『野洲郡史』、『野洲町史』二　（大谷　安彦）

水口藩（みなくちはん）

近江国水口に藩庁を置いた藩。天和二年（一六八二）加藤嘉明の孫で外様の加藤明友が、石見国吉永より二万石で入封して立藩。水口城を居城とした。明友の没後その子明英が襲封したが、元禄八年（一六九五）下野国壬生に移封。かわって譜代の鳥居忠英が、能登国下村より同じく二万石で入封した。正徳二年（一七一二）には忠英が壬生に転じ、加藤明英のあとを嗣いだ嘉矩が、二万五千石で入封。以後維新まで加藤氏が襲封し、明経・明熙・明堯・明陳・明允・明邦・明軌・明実と続いた。所領の分布は、当初近江国甲賀（こうか）郡と大和国内に散在したが、鳥居氏入封の時甲賀郡内となった。加藤氏の帰封とともに、同国蒲生・坂田両郡内の村を加えた。文政八年（一八二五）明邦の代、蒲生郡内の所領に村替があった。加藤明英と鳥居忠英は、ともに藩主在職中奏者番兼寺社奉行、および若年寄に任ぜられている。

藩の民政を知るものとしては、加藤嘉矩が正徳二年領内の村々に布告した「御条目」が早く、五十ヵ条から成り、公儀法令の遵守や、領民の生活規則を示した。城下の水口は東海道の宿駅で、その維持には早くから腐心している。また後期には慢性的な財政難のため、領内の日野商人を中心に御仕送仲間を結成させ、その立直しをはからせたほか、安政三年（一八五六）には藩札の発行をみた。藩政下の事件としては、天保十三年（一八四二）幕府の検地に抗して起きた一揆が知られる。幕末明軌の代に至り、藩儒中村栗園らを中心とした藩政改革が進み、安政二年には藩校翼輪堂（のち尚志館）が開かれた。その後も終始改革派が実権を握り、「勤王藩」として推移、維新を迎えた。明治四年（一八七一）七月藩を廃して水口県が成立したが、同年十一月大津県・膳所《ぜぜ》県・西大路《にしおおじ》県と合併して大津県となった。水口城は、甲賀市水口町本丸および中邸に所在。別に碧水城とも称する。寛永十一年（一六三四）の将軍徳川家光の上洛に先立ち、その宿館として同十年水口宿の西方に築かれた。小堀政一（遠州）がその作事にあたっている。水堀をめぐらし御殿を置いた本丸と、二ノ丸からなる小規模な平城。上洛後は城代を置いて番城となったが、天和二年に入封した加藤氏は、藩庁施設を二ノ丸に置き、本丸は御殿を撤去したほかはそのままとし、水口藩の管理の下に置かれた。明治六年大蔵省所有となり、翌七年公売に付されたが、堀と石垣の一部が現存し、滋賀県指定史跡。なお本城と同じく水口城を称した古城が、東方大岡山にあった。これは天正十三年（一五八五）中村一氏が築いた山城で、増田長盛・

長東正家と城主が続いたが、慶長五年（一六〇〇）関ヶ原の戦により落城した（水口岡山城跡）。

参考文献　『水口町志』　（米田　実）

藩校　代々の藩主は好学で、各地から儒者を招き講義を行わせていた。第十第藩主明軌のときに安政の震災で破壊した藩内各所に拡散する諸芸諸稽古所を合併し、安政二年（一八五五）藩邸内に翼輪堂を開設した。当初の年間経費はおよそ三十両から五十両で、儒者中村栗園らの教授のもと、藩士の子弟の教育を行なった。教科内容としては朱子学を中心に古学を採用、折衷とし、文武両道の兼修が目指された。

水口藩藩校蔵書印

参考文献　『藩史大事典』五（雄山閣出版、一九八九年）、笠井助治『近世藩校に於ける学統学派の研究』下（吉川弘文館、一九七〇年）　（吉田　洋子）

宮川藩（みやがわはん）

近江国宮川（滋賀県長浜市）に藩庁を置いた藩。譜代。陣屋持。元禄十一年（一六九八）堀田正休《まさやす》が陣屋を構えて立藩。藩主堀田氏は尾張国出身の徳川譜代大名で、正休の祖父正盛は徳川家光の信任厚く若くして老中となり、武蔵国川越城主として三万五千石、のち加増を重ね下総国佐倉十五万石の城主となる。慶安四年（一六五一）家光の死とともに殉死、その子正信が遺領を継ぐ。万治三年（一六六〇）正信は老中松平信綱の専横を怒り上書して無断で帰藩、領地を没収される。この時六歳の正休は祖父の功績により一万俵を与えられ、のち大番頭をつとめ、元禄十一年上野国吉井藩一万石から近江国に移封、初代藩主となる。二代正朝を経て三代正陳のとき三千石を加増、正邦・正穀・正民・正義・正誠・正養と続き、正養のとき廃藩置県を迎えた。定府大名。幕末の領地は坂田・愛知《えち》・甲賀・蒲生・野洲・滋賀の六郡で三十四ヵ村。明治四年（一八七一）七月廃藩置県により宮川県となり、同年十一月長浜県となる。

参考文献　『寛政重修諸家譜』第一〇、『改訂近江国坂田郡志』二、『長浜市史』三、木村礎・藤野保・村上直編『藩史大事典』五（雄山閣出版、一九八九年）　（石川　正知）

山上藩（やまがみはん）

近江国山上（滋賀県東近江市）に藩庁を置いた藩。藩主稲垣、譜代、陣屋持、定府大名。藩主家初代は尾張刈谷城主稲垣長茂三男の重太。重太は、小姓より大番頭六千石に取り立てられ、その子重定は貞享二年(一六八五)若年寄一万三千石に昇進。のち、元禄十一年(一六九八)に武蔵国にあった所領一万千石分が、近江国のうち神崎郡山上ほか四郡に移された。重定以下、重房・定亨・定計・定淳・定成・太篤・太清・太祥が継ぎ、廃藩に及ぶ。陣屋は当初大津蔵屋敷に置かれていたが、寛政六年(一七九四)、定淳の時に山上新陣屋に移された。この地は、のち永源寺町(現東近江市)の役場所在地となる。明治二年(一八六九)、太祥は版籍を奉還して知藩事となった。同四年七月、廃藩置県により山上県となり、同年十一月大津県となった。

参考文献 『近江神崎郡志稿』、『滋賀県市町村沿革史』三

(大谷 安彦)

藩校 山上藩は小藩の上、藩主稲垣氏は代々江戸に定住していたため、陣屋のある山上村に住居する藩士は十戸に満たず、江戸藩邸には比較的早くから文武講究所が設置されていたものの、陣屋に藩校文武館が開かれたのは明治二年(一八六九)八代藩主太清が帰村してからのことである。学館創立に際し、美濃国から儒者渡辺春政を招き、春政は廃藩までの二年間学制を整えた。生徒数は四十人余であった。

参考文献 笠井助治『近世藩校に於ける学統学派の研究』下(吉川弘文館、一九七〇年)

(吉田 洋子)

京都府

綾部藩(あやべはん)

丹波国(京都府)綾部を藩庁とした藩。藩主九鬼氏。外様。城持。寛永十年(一六三三)九鬼隆季が封ぜられたのにはじまり、城館を上野におく。隆季は式部少輔を称し、志摩国鳥羽城主長門守守隆の第三子、右馬允大隅守嘉隆の孫。弟久隆との間に家督争いを生じ、幕命により新たに丹波国綾部二万石を領する。なお久隆は摂州三田に転封させられ三万六千石を領した。隆季は綾部に臨むと下市場に館を設けたが慶安三年(一六五〇)の災厄にあい、翌四年に上野本宮山麓に城館および武家屋敷を設け、藩庁とし、北部の低地に城下町を構成した。現市街は旧城下町の特色をとどめている。隆季以後九鬼氏は、隆常・隆直・隆寛・隆貞・隆祺・隆郷・隆度・隆都・隆備と明治四年(一八七一)の廃藩置県に至るまで藩主として支配した。藩領は何鹿郡および隣郡の天田・船井に及び、各村を七組に分けて支配した。小藩の常として、初期より幕府の諸役負担が重く、加えて延宝―宝暦の約百年間に風水害十

件、火災七件、他に旱魃と災害が連続し、隆寛の代宝暦期に未曾有の財政困難に陥り、幕末まで継続する。さらに享保・天明の飢饉は物価の高騰をうみ、特に天保の飢饉は一万一千石の損亡をみたという。扶持減・御用金・借銀などの弥縫策をとるが、農民の反発が強く、減免要求の延宝七年(一六七九)の越訴や、御用金免除を求める宝暦二年(一七五二)の強訴などとたびたび一揆をみる。九代隆都は歴代藩主中の逸材といわれ、役人の粛正や佐藤信淵の招聘などによる勧農策の採用と藩政改革をめざした。

天保十一年(一八四〇)に来綾した信淵が領内七郷を巡見し、その献策をまとめたのが『巡察記』三巻で、内容は国益作物の増収と領民の富農化を目的とし、資金源として積金利殖を図る泉源法(社倉講)の採用である。この施策はただちに実施されたが、その成果は現在のところ明らかでない。なお『巡察記』は天保期の藩内事情を知る好著で、農民階層分化と出稼ぎのはげしさ、農村商工業の発達などの農村情況を克明に記し、領内物産の第一が棉であることをあげている。藩庁は借財整備を目的として、領内有力商人と結び弘化三年(一八四六)に産物木綿会所を設け、木綿の統制と専売を図っている。明治維新の際、山陰鎮撫使に帰順するが、明治四年七月の廃藩置県により綾部県となり、同年十一月の府県制改正により京都府に編入された。

参考文献　『綾部市史』上、佐藤信淵『巡察記』上・中・下、『三和町史』上

（木下　礼次）

藩校　藩校進徳館の設立は正徳五年(一七一五)で、郭内屋敷町にあった。その後の推移変遷で明らかでないが、天保年間(一八三〇―四四)藩主九鬼隆都《たかひろ》の時、進徳館を復興し拡張整備した。ついで慶応元年(一八六五)隆備《たかとも》の時、学制を改新し篤信館と改称、藩士近藤勝直(寡斎)を総督に任じ学事の振興を図った。当時教師二名、授読十数名をおき、生徒は百三十余名、中士以上の藩士子弟は必ず八歳から入学して十五、六歳で終業。学科として漢学・習字・習礼・諸武芸を修めた。庶民の入学を禁ずる規定はなかったが、別に郷校を領内の高津・小畑・栗・生野・蘆淵などに設けて庶民子弟の教育を奨励した。学風は朱子学を遵奉し、『孝経』『小学』『文公家礼』『近思録』および四書などを必読の書と定めていた。

参考文献　文部省編『日本教育史資料』五、『何鹿郡誌』、笠井助治『近世藩校に於ける学統学派の研究』下(吉川弘文館、一九七〇年、衣笠安喜編『京都府の教育史』(思文閣出版、一九八三年)

（笠井　助治）

亀山藩（かめやまはん）

丹波国桑田郡亀山（京都府亀岡市）を藩庁とした藩。最終の藩主の松平家は譜代、城持。慶長七年（一六〇二）から同十四年までは天領で亀山城に代官をおいて統治した。同十四年に岡部長盛が下総から三万四千石の大名として任についたが、元和七年（一六二一）丹波福知山に国替となり、同年松平（大給）成重が二万二千余石を与えられ、寛永十年（一六三三）子忠昭がつぎ翌十一年まで在城した。同年菅沼定芳が近江膳所より、四万千余石を与えられて入部、同二十年子定昭がつぎ、弟に分領して三万八千石に減じ正保四年（一六四七）まで在城したが、同年死去し嗣子なく除封。慶安元年（一六四八）松平（藤井）忠晴が三万八千石で入部し、寛文七年（一六六七）忠昭、ついで天和三年（一六八三）忠周がつぎ貞享三年（一六八六）まで在城した。同年久世重之が入部し在来の高に備中浅口郡七ヵ村一万二千石を加え、五万石となる。元禄十年（一六九七）井上正岑にかわり四万七千石を領す。同十五年青山忠重が五万石で入部し、享保七年（一七二二）まで、同年より同十五年まで俊春、同年より寛延元年（一七四八）の忠朝の代に丹波篠山に所替となる。同年松平（形原）信岑が篠山より五万石で入部し八代百二十年この地の藩主となった。信岑（寛延元年―宝暦十

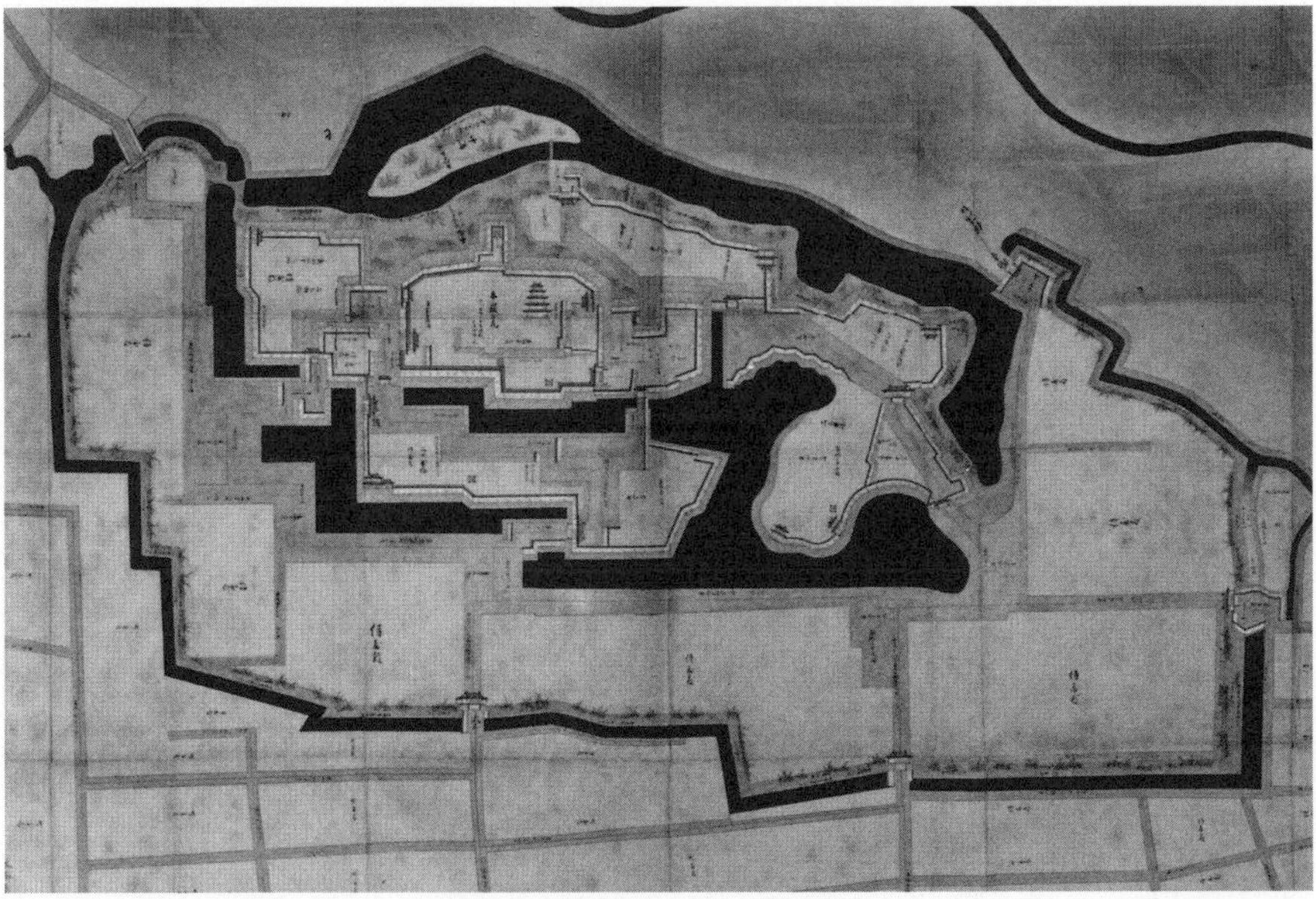

丹波国亀山城絵図部分（正保城絵図より）

三年)・信直(宝暦十三年—天明元年)・信道(天明元年—寛政三年)・信彰(寛政三年—享和二年)・信志(享和二年—文化十三年)・信豪(文化十三年—天保十四年)・信義(天保十四年—慶応二年)・信正(慶応二年—明治二年)。

所領五万石は一円性に欠け、丹波四郡と備中に散在し、所領の多い桑田郡内でもきわめて分散し、その統治組織は「北組」二十九村が桑田郡の城下付近、保津川東側から船井郡、「南組」三十六村が桑田郡南部と船井郡・多紀郡、「西組」三十八村が桑田郡西部・船井郡、「氷上郡」二十六村が氷上郡・船井郡、備中浅口郡七村に五区分している。明治二年(一八六九)版籍奉還し、信正は藩知事に任命され、この折亀山は伊勢亀山と混同されるため亀岡と改称した。これより先明治元年官軍は三丹の幕領を支配するため久美浜県をつくり、代官所を桑田郡馬路においた。同四年七月の廃藩置県で亀岡県が置かれて信正は藩知事を免ぜられ、同十一月同県は京都府に統合され、十二月京都府支庁が亀岡におかれ、同五年三月府出張庁となり、同六年亀岡出張庁が廃止され、亀岡は園部出張庁に属することとなった。

参考文献　『亀岡市史』中、『新修亀岡市史』二、亀岡市文化資料館『丹波亀山藩物語』(一九九四年)

(岡　光夫)

藩校　学校設立の起源は松平信庸の元禄年間(一六八八—一七〇四)で、当時、信庸は丹波篠山城主で学問を好み、儒者松崎蘭谷(祐之)を招いて学校を設け文教を奨励した。寛延元年(一七四八)に至り藩主信岑丹波亀山へ移封とともに学校を郭内二ノ丸外馬場町に移建、宝暦十一年(一七六一)には京の碩儒皆川淇園を招いて教学顧問とした。藩主信豪は好学で教育に意を注ぎ、学校を拡張し、千五百余坪の校区内に武芸諸場を集め文政七年(一八二四)文武併合を完成した。文学所の講堂を邁訓堂と名づけて経史・詩文・諸礼の教習場とし、広徳館で句読・算数を、鉄門館で習字を教え、武芸諸稽古場で剣・槍・弓術などをそれぞれ課業割によって教習した。この時期が亀山藩学校教育の最盛期で、弘化・嘉永期より昔日の盛況は見られなくなった。維新後、明治二年(一八六九)城下呉服町に小学校を設け庶民子弟に読書・算術・習字を教えたが、同四年廃藩とともにこれら藩校はすべて廃された。藩学校の生徒数は年平均三百名余、八歳より二十一歳まで在学、文武を兼修し所定の修業不足の場合は家禄を削減される制であった。学風ははじめ仁斎・徂徠の古学で発足し、文政のころより朱子学を主に遵奉した。

参考文献　文部省編『日本教育史資料』五、『新修亀岡市史』二、笠井助治『近世藩校に於ける学統学派の研究』下(吉川弘文館、一九七〇年)、衣笠安喜編『京都府の教育史』(思文

閣出版、一九八三年）

（笠井　助治）

藩法　『亀山藩議定書』が伝わる。寛政元年（一七八九）に藩主松平信道が藩臣に命じて再三審議させたのち、「領中刑律」として制定したものである。信道は天明元年（一七八一）藩主となり、同八年四月幕府の奏者番となり、寺社奉行見習を兼ね同年六月に寺社奉行兼役を命ぜられ、寛政三年八月までその職にあった。藩法の原本は東京帝国大学付属図書館に所蔵されていた評定書記録の一部で、大正十二年（一九二三）の関東大震災に焼失したが、同四年京都帝国大学法科大学の三浦周行によって複写されたものが現存し、昭和十七年（一九四二）牧健二によって『近世藩法資料集成』一に収めて刊行され、今日広くみることができる。内容は幕府の『公事方御定書』に近似しているが、条文配列の順序はそのままではない。全部で八十九ヵ条で、第三十九条までは乾、第四十条以下が坤となっている。

参考文献　『新修亀岡市史』二

（岡　光夫）

園部藩（そのべはん）

丹波国（京都府）園部を藩庁とした藩。藩主小出氏。外様。城持。歴代藩主は吉親《よしちか》・英知《ふさとも》・英利《ふさとし》・英貞《ふささだ》・英持《ふさよし》・英常《ふさつね》・英《ふさ》筠《たけ》・英発《ふさおき》・英教《ふさのり》・英尚《ふさなお》。元和五年（一六一九）但馬出石藩主であった小出吉親が当地に転封して園部藩が成立した。藩領は船井郡の内二万七百十五石余（百三十一ヵ村）、桑田郡の内五千百十石余（五十二ヵ村）、何鹿《いかるが》郡の内千八百八十四石余（十ヵ村）、上野国甘楽《かんら》郡の内二千石（四ヵ村）、あわせて二万九千七百十一石余から構成されている。吉親は中世の園部城跡を拡張して園部城を築造した。園部城下町は、江戸時代の後期には、侍屋敷七十七軒に、上本町・下本町・宮町・裏町・新町・大村の六ヵ町からなっていた。また吉親は寛永十九年（一六四二）に上方郡奉行に任ぜられた。寛文七年（一六六七）致仕するに際し封地の内五千石を養老料として充てらる。二代英知はこの五千石を含めて二万五千石を領有し、翌八年に吉親が没すると、父の養老領のうちから四弟吉直に三千石、養子吉忠に二千石を分知し、このとき、寛文二年より吉親が毎年吉直に与えていた三千石を還付せしめた。四代の英貞は享保十年（一七二五）五月に奏者番となり、六月に寺社奉行を兼ね、同十七年三月には若年寄に就任した。五代英持は延享三年（一七四六）十二月に奏者番となり、寺社奉行を兼ね、寛延元年（一七四八）七月には若年寄に就任した。六代英常は明和六年（一七六九）奏者番を勤めた。十代英尚は慶応三年（一八六七）十二月に入京して孝明天皇皇后の御殿である准后殿を守護し、京中見廻役をして京都の警固にあたった。七代の英筠は藩校の教先館を設立して、藩士の子弟に漢学・習字などを学ばせた。また桑田郡はタバコの産地であったが、これを藩専売になし、生産者と商人の双方から口銭を徴収して藩財政の再建をはかった。

園部藩では天明七年(一七八七)の秋に飢饉があり大規模な百姓一揆がおこり、天保元年(一八三〇)に商人の米買占めに端を発した打ちこわしがあり、同七年に強訴、万延元年(一八六〇)に米価騰貴による打ちこわしがあった。慶応末年から諸藩では廃城へ動いたが、園部城は改築を急いだ。それは官軍と幕府軍が砲火を交えて官軍が不利になった場合は、明治天皇を山陰道より安芸・備後方面に遷し、同時に諸国に檄をとばして勤王の軍を募るという計画で、園部城を天皇の行在所にするためであった。鳥羽・伏見の戦に官軍が勝ったので行幸には至らなかった。明治四年(一八七一)七月廃藩となり、園部県が置かれたが、同年十一月同県はさらに京都府に編入された。

参考文献　『寛文印知集』、『寛政重修諸家譜』第一五、『園部町史』、竹岡林「園部藩」(『新編物語藩史』七、新人物往来社、一九七七年所収)、園部文化博物館『園部藩と城—維新の築城にいたるまで—』(一九九九年)

藩校　園部藩の藩校創立の正確な年代は不詳であるが、文化年間(一八〇四—一八)以前に学問所があり、講堂と称していた。七代藩主の小出英筠《ふさたけ》が寛政年中(一七八九—一八〇一)に、大成殿を造築して藩祖伝来の孔像を奉祀し藩学の象徴としている。寛政七年に英筠は、京都の儒者馬杉暘谷を招いて儒員になし、藩主に侍講させるとともに藩士の子弟に講義させた。文政四年(一八二一)以降は京都から招いた猪飼敬所門下の脇屋如亭をはじめとして、馬杉廉平・藤田武太夫・脇屋福乙・劉石秋が儒員になっている。明治三年(一八七〇)学校(講堂)を厩段に移転、武芸諸道場や手習所を合併して教先館と名づけた。翌年廃藩により閉校。

参考文献　笠井助治『近世藩校に於ける学統学派の研究』下(吉川弘文館、一九七〇年)、衣笠安喜編『京都府の教育史』(思文閣出版、一九八三年)

(岡　光夫)

田辺藩 (たなべはん)

丹後国田辺(京都府舞鶴市)に藩庁を置いた藩。この地は室町時代には守護一色氏の領するところであったが、天正七年(一五七九)七月、一色義有は明智・細川勢に攻略されて滅び、翌八年細川藤孝が入部した。田辺城は天正十三年藤孝によって築かれた。その優美な姿から舞鶴城ともよばれたが、明治維新の際とり壊された。細川氏が豊前国中津に転封となったあと、慶長六年(一六〇一)京極高知が丹後五郡十二万三千石をもって封ぜられた。元和八年(一六二二)高知の没後丹後は三子に分与され、次子高三が加佐郡内百二十一ヵ村三万五千石を領知して田辺藩が成立した。京極氏は高盛を経て寛文八年(一六六八)四代高盛のとき但馬国豊岡へ転封となり、代わって牧野親成が入部した。以後牧野氏(譜代、城持)は富成・英成・明成《としげ》・惟成・宣成・以成・節成《ときしげ》・誠成《たかしげ》と続き、十代弼《すけ》成《しげ》のとき明治維新を迎え、明治二年(一八六九)六月二十日田辺を舞鶴と改めた。同四年七月廃藩置県により廃藩となり、舞鶴県がおかれたが、同年十一月豊岡県に合併、ついで明治九年八月二十一日京都府に編入された。田辺藩は由良川河口の由良港(宮津市)を抱え、藩内外の物産の集散地となり、北国廻船で各地との交易を行なった。領内は山地が多く米の生産性は低かったが、化政期以降に塩・油・蠟・紙・銅などの商品生産の発展もみられた。享保十五年(一七三〇)にはじめて発行された藩札は、その後寛保・元治・慶応とたびたび発行されたが、藩財政の窮乏を救うには至らず、享保十八年に始まる百姓一揆は慢性化の傾向をみせた。領内の武士を除く人口は三万八千三百七十一人(宝暦六年(一七五六))、戸数五千二百二十戸(元禄十六年(一七〇三))であった。

参考文献　『加佐郡誌』、『舞鶴市史』、舞鶴市編『舞鶴史話』

藩校　藩主宣成のとき、天明年間(一七八一―八九)に田辺城三ノ郭内(舞鶴市北田辺)に開設、はじめ明倫斎と称した。久米訂斎門下の御牧忠蔵が招かれて、主に崎門学派の朱子学を講義した。ついで浅見絅斎《けいさい》門下の岡田貞治、忠蔵の子御牧柔次郎らが儒員となり、筆頭家老牛窪松軒の庇護もあって闇斎学が盛んとなった。幕末に至り、嘉永三年(一八五〇)古賀精里・侗庵門下の野田笛浦が儒員となってから、崎門学派と昌平黌派との対立が藩政改革の方針とからみ、抗争にまで発展した。文久元年(一八六一)藩主誠成のとき学舎を増改築し、明倫館と改称。儒学のほか算法・筆道・習礼および武術を教授したが、洋学や医学・砲術は藩費を支給して、遊学ないし私塾の利用にゆだねた。

参考文献　京都府教育会編『京都府教育史』上、舞鶴市編『舞鶴史話』、笠井助治『近世藩校に於ける学統学派の研究』下(吉川弘文館、一九七〇年)、衣笠安喜編『京都府の教育史』(思文閣出版、一九八三年)

(衣笠　安喜)

福知山藩(ふくちやまはん)

丹波国(京都府)福知山に藩庁を置いた藩。天正七年(一五七九)明智光秀は横山城(のち福智山城)を攻略し天田郡中部を支配していた塩見(横山)氏を滅ぼし支配者となった。明智氏の

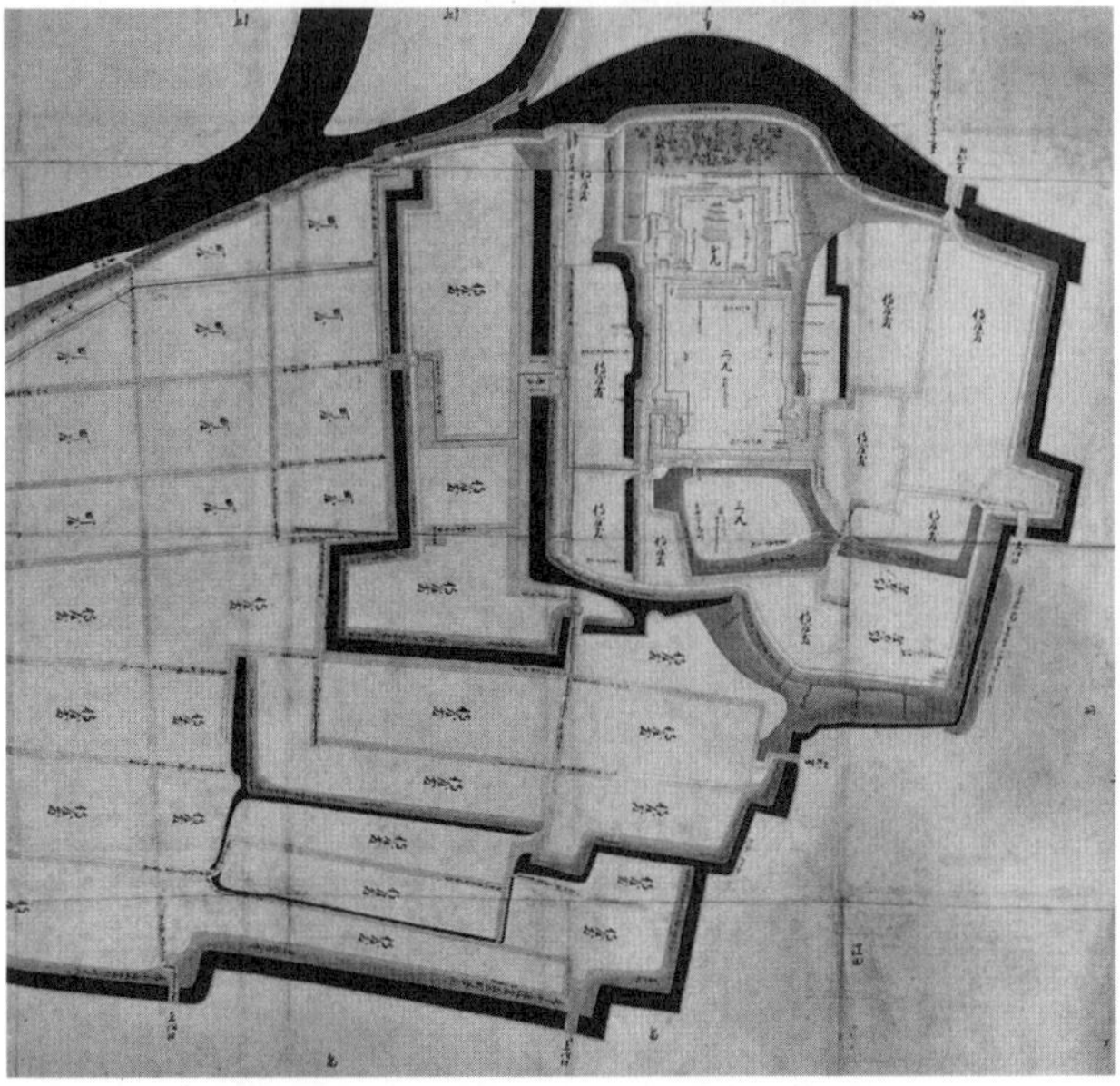

丹波国福知山平山城絵図部分（正保城絵図より）

滅亡後、領主は天正十一年近江坂本より三万石で封ぜられた杉原家次、ついで同十三年小野木重勝が継いだ。重勝は関ヶ原の戦で西軍に属し、捕えられて自刃した。本格的知行が行われるのは慶長五年（一六〇〇）徳川家康より六万石を与えられ、遠江横須賀より就封した有馬豊氏に始まる。豊氏はいわゆる「有馬検地」を実施し、後世永く農民の怨嗟の的となった。豊氏が元和六年（一六二〇）筑後久留米へ転封した後、当藩は譜代大名の封地となり、丹波亀山（亀岡）より岡部長盛が五万石で入部した。長盛がわずか三年で美濃大垣へ移ると、そのあとへ摂津中島城主稲葉紀通が四万五千石で就封した。紀通が乱心自殺した後、慶安二年（一六四九）三河刈谷より松平忠房が入封、寛文九年（一六六九）肥前島原に転封するまで二十年間支配した。同年そのあとへ常陸土浦より朽木《くつき》植昌が三万二千石をもって就封、これより朽木氏は幕末まで領地の変化もなく二百二年間続いた。

藩領は南郷十五ヵ村・豊富郷十七ヵ村・金谷郷十七ヵ村（以上福知山市域の中南部）、夜久郷十三ヵ村（天田郡夜久野町）、計六十二ヵ村であった。朽木氏は譜代、城持。歴代藩主は、植昌以後、稙元・稙綱・稙治・玄綱・綱貞・舗綱・昌綱・倫綱・綱方・綱条・綱張・為綱と続いた。享保十三年（一七二八）福智山の智を知と改めた。歴代藩主の中で出色なのは八代昌綱であろう。昌綱は蘭学者として知られ、当時長崎のオランダ商館長ティツィングと蘭文の書翰を交換して相互に東西両洋の地理的知識を深めあい、有名な『泰西輿地図説』を著わした。このほか『新撰銭譜』『西洋銭譜』『和漢古今泉貨鑑』などの著作もある。藩は享保年中財政窮乏に陥り、享保十七年には蝗害も加わって凶作、そのため同十九年農民数千人が貢租の減免を求めて城下に押し寄せた(享保の強訴)。また万延元年(一八六〇)には領民が藩吏市川儀右衛門らの悪政を非難し大挙して城下に迫り、悪徳藩吏の退役、免状の引下げ、専売制の撤廃など十三ヵ条を要求し、藩と結託した商家などを襲い乱暴した。これは市川騒動といわれ、市川ら関係者は切腹・追放などの処分をうけた。廃藩置県により明治四年(一八七一)七月福知山県となり、同十一月豊岡県、同九年八月京都府に編入された。藩政史料として、『朝暉神社文書』(福知山市内記六丁目、朝暉会)、『御霊神社文書』(同市中ノ、御霊神社)、『福知山藩日記』(長崎県島原市、猛島神社)、『堀村代々庄屋記録』(『堀区有文書』、福知山市水内)、『町名主日記』(同市中ノ、藤木祥治)がある。

参考文献　山口架之助編『天田郡志資料』下(淑徳同窓会、一九三六年)、京都府立福知山中学校編『岳南読本』(京都府立福知山中学校、一九四二年)、『福知山市史』三、「角川日本地名大辞典」編纂委員会編『角川日本地名大辞典』二六(角川書店、一九八二年)、柴田実・高取正男監修『京都府の地名』(『日本歴史地名大系』二六、平凡社、一九八一年)、福知山市郷土資料館『福知三万二千石福知山藩主朽木十三代』(福知山市、一九九九年)

藩校　文化六年(一八〇九)朽木《くつき》氏十代綱方により稲荷町(福知山市内記、市立惇明《じゅんめい》小学校校地)に創建され、惇明館と称した。十一代綱条の時、和漢数百部の書籍を集め、内容は著しく充実した。また綱条はのちに幕府の儒官となった佐藤一斎に命じて「惇明館記」をつくらせた。幕末三十年間教授として活躍した近藤善蔵は藩学の偉才である。藩士の子弟は八歳で入学、十五歳で卒業、生徒数は百~百五十人、学費は不要、寄宿生のみ食費を徴収した。教科課程は経書と習字を主とし、他に珠算・洋学・習礼・武術・遊泳などを課した。藩校の中に聖廟があり、毎年二月十一日釈奠《せきてん》の礼を行なった。慶応三年(一八六七)五月丸ノ(内記新町・長町の間)に移転。内明治四年(一八七一)豊岡県の管轄となり同年十一月閉鎖された。

参考文献　山口架之助編『天田郡志資料』下(淑徳同窓会、一九三六年)、京都府立福知山中学校編『岳南読本』(京都府立福知山中学校、一九四二年)、『福知山市史』三、衣笠安喜編『京都府の教育史』(思文閣出版、一九八三年)

(塩見　晋)

伏見藩(ふしみはん)

山城国伏見におかれた藩。慶長十二年(一六〇七)閏四月、譜代の松平(久松)定勝が遠江掛川三万石から五万石に増封されて成立。元和三年(一六一七)定勝が伊勢桑名十一万石へ転封となり廃藩。この間領地も近江や伏見近辺に移されてはいるが、伏見城は幕府から派遣される在番制で守衛され、大御所・将軍ともにたびたび入城しており、定勝は伏見城代的な位置にあったもので、伏見藩とよぶには疑問もある。

参考文献　『寛政重修諸家譜』第一、『当代記』(『史籍雑纂』二)、『徳川実紀』、『御大礼記念京都府伏見町誌』

(鎌田　道隆)

峰山藩(みねやまはん)

丹後国峰山(京都府京丹後市)に藩庁を置いた藩。陣屋持。外様。慶長六年(一六〇一)丹後国に封ぜられた京極高知の没後、元和八年(一六二二)その遺領十二万石余は三子に分けられ、うち養子高通が峰山一万石、丹後国丹波郡(のち中郡に改称)十五ヵ村を分領した。高通の所領はこのほか、近江・武蔵・下総三国に三千石、合わせて一万三千石であった。藩主は高通のあと高供・高明・高之・高長・高久・高備・高倍・高鎮・高景・高富・高陳と相ついで明治維新となる。明治四年(一八七一)七月十四日廃藩置県によって廃藩となり、峰山県が置かれたが、同年十一月二日福知山・舞鶴など九県とともに豊岡県に合併、ついで明治九年八月二十一日京都府に編入された。なお高供のとき弟高昌・高成に千石と五百石、高之のとき弟高重に五百石を分封したため、廃藩のときの藩高は一万千百五十二石で、うち一千石余は近江・下総・常陸三国にあった。

参考文献　『丹後国中郡誌稿』(臨川書店、一九七二年)、『峰山郷土史』上

(衣笠　安喜)

藩校　文化期(一八〇四―一八)以前より、読書手跡稽古場と称する藩士子弟を教授する施設があり、のちに敬義堂と呼ばれるようになった。藩学として整備されたのは、藩主京極高備の文政末年ころであった。当初、藩士子弟は家塾などで修学することも許されたが、明治維新前より、男子は必ず敬義堂へ入学することとされた。慶応から明治にかけて、藩士糸井兼厚により学制が刷新され、専門の教師が置かれることとなった。明治初年には敬義堂内に欧学校が設置され、壮年で有志の者を入学させている。

参考文献　衣笠安喜他『京都府の教育史』(思文閣出版、一九八三年)、文部省編『日本教育史資料』五

(工藤　航平)

御牧藩(みまきはん)

津田信成が山城国(京都府)久世郡三牧(御牧)に与えられた領地。一万三千石。慶長十二年(一六〇七)十二月二十六日、京都祇園で商人に暴行を加えた廉により改易される。その後

の詳細は不明。

参考文献　藤野保校訂『恩栄録・廃絶録　補訂版』（『日本史料選書』六、近藤出版社、一九七〇年）、藤野保校訂『徳川加除封録』（同八、近藤出版社、一九七〇年）、『藩史大事典』五（雄山閣出版、一九八九年）

（野村　玄）

宮津藩（みやづはん）

丹後国（京都府）宮津に藩庁を置いた藩。城持。天正八年（一五八〇）細川藤孝・忠興は山城国長岡から宮津八幡山へ入城し、直ちに浜手に新城を築いた。当時丹後においてなお一勢力を保っていた旧守護一色氏の末裔も天正十年ころには完全に排除された。忠興は織田信長の死後は豊臣秀吉に、秀吉の死後は徳川家康に属し、慶長五年（一六〇〇）六月の会津征伐には宇都宮で石田三成挙兵を聞いて引き返した。丹後で留守を預る藤孝は大坂方の兵をうけて田辺城に五十日の籠城をつづけた。関ヶ原の戦後、細川は豊前国中津へ転じ、あとへ信濃国飯田から京極高知が十二万三千二百石で入部した。高知は実際は田辺に居城したと思われるが、幕府の扱いは宮津居城であった。慶長七年全丹後の検地を行なった。元和八年（一六二二）高知死後、丹後は三分されて、宮津は嫡子高広が七万八千百七十五石で継いだ。細川氏時代の城下建設をうけて、寛永二年（一六二五）ころから同十三年にかけて城郭・城下町を完成したという。以後、宮津城下の規模はほとんど変化がなかった。その子高国は不孝の故をもって寛文六年（一六六六）改易、以後、寛文九年山城国淀より永井尚征（七万三千六百石）が入部するまで生野代官所支配となった。永井氏以後、宮津は歴代譜代大名が入った。

宮津藩藩札
（五拾文目銭札）

永井氏時代に郷村が細分化されて百五十八ヵ村が二百三十九ヵ村となった。尚征の子尚長は延宝八年（一六八〇）六月増上寺において将軍家法要勤役中、鳥羽藩主内藤忠勝に切り付けられて即死、子がなかったために領地は召上げとなった。そのあとへ、天和元年（一六八一）武蔵国岩槻より阿部正邦が延高九万九千六十石をもって入部した。延宝八—九年、丹後は大飢饉であった。元禄十年（一六九七）正邦は下野国宇都宮に転じ、宇都宮より奥平昌成が九万石で入部した。奥平氏時代最大の事件は正徳四年（一七一四）の全藩百姓一揆であった。宮津町方の六つの本町にそれぞれ年寄（のち名主一名）を置いて支配する制度はこの時代に始まった。奥平昌成は享保二年

(一七一七)豊前国中津に去り、信濃国飯山より青山幸秀が四万八千石で入部した。その子幸道は宝暦八年(一七五八)美濃国郡上《ぐじょう》に転じ、遠江国浜松より本庄資昌が七万石で入部した。うち一万石は近江国にあった。

本庄氏は資尹・資承・宗允・宗発・宗秀・宗武と七代続いた。資承は寺社奉行、宗発・宗秀は寺社奉行・大坂城代・京都所司代・老中を勤めた。文政五年(一八二二)宗発代に全藩百姓一揆があった。幕末、第二次長州征討には幕府からうとまれ、戊辰戦争には朝敵の嫌疑をうけた。宗武は明治二年(一八六九)版籍を奉還し宮津藩知事となり、同四年七月廃藩置県により宮津県が置かれ免職、宮津県は同年十一月豊岡県に、同九年八月京都府に編入された。なお舞鶴市立西図書館所蔵『糸井文庫』(糸井仙之助蒐集)には当藩関係の史料も含まれている。

参考文献　頼元・祐山編『宮津旧記』(『丹後郷土史料集』二)、小林玄章他編『丹後州宮津府志』(同)、『宮津市史』下、中嶋利雄「抵抗の遺産」(中嶋利雄・原田久美子編『丹後に生きる』(『日本民衆の歴史』地域編一〇)三省堂、一九八七年所収)、岩城卓二「義民の誕生—宮津藩文政一揆の首謀者新兵衛と為次郎—」(『新しい歴史学のために』二四四、二〇〇一年)

藩校　藩主本庄宗発の時、藩士沢辺北溟に学制取調を命じ、文政元年(一八一八)二月、城外馬場先口に藩校礼譲館が開校した。沢辺は皆川淇園に学んだ儒家であったが、また藩の勝手頭の要職にもあった。宗発の子宗秀代に学校を拡張し、目見以下の子弟の入校を許し、安政五年(一八五八)には寄宿寮を設置し、また藩費で他国遊学をも勧めた。教科は四書五経のほか歴史・算術・武術などに及んだ。職員は三、四十名、明治初年の生徒数は二交替制で三百名ほどいた。館内聖廟に孔子像を安置し、二・八月の上丁の日に釈奠《せきてん》祭を行なった。天保年中(一八三〇—四四)より構内に慎所を設け、藩士の面目を汚した者はここで長期にわたって謹慎反省のため文武の学習を課した。明治二年(一八六九)に文武館と改称し、同四年廃藩とともに閉鎖したが、同五年学制頒布とともに宮津に町家私学寮が設立されると、文武館は文学所と改称、旧藩児童の教育にあたった。同六年学制実施に伴い文学所は宮津校と改称し、旧藩児童のみならず地廻り在方の児童も収容し、一方、私学寮も尽道校と改め、町家の児童を収容し、ともに新学制の学校として発足した。

参考文献　『京都府与謝郡誌』下、永浜宇平編『丹後宮津志』、衣笠安喜編『京都府の教育史』(思文閣出版、一九八三年)

(中嶋　利雄)

山家藩（やまがはん）

丹波国山家（京都府綾部市広瀬町）に藩庁を置いた藩。外様、陣屋持。藩の成立は天正十年（一五八二）谷衛友が豊臣秀吉より何鹿《いかるが》郡（綾部市）東北部一万六千石の地に封ぜられたことによる。衛友は関ヶ原の戦には西軍に属したが、戦意なく密かに心を東軍に寄せたので戦後は何の咎めもなく故封を全うした。寛永四年（一六二七）衛友は知行六千石を割いて三子を分家させ旗本とした。これが十倉《とくら》・梅迫《うめざこ》・上杉の谷氏である。この内上杉谷氏は貞享二年（一六八五）断絶し、所領は天領となった。本家は一万八十二石を幕末まで変更なく知行した。藩領は何鹿郡内十三ヵ村で構成。歴代藩主は衛友以下衛政・衛利・衛広・照憑・衛衝・衛将・衛秀・衛量・衛万・衛弥・衛昉・衛弼・衛滋と続いた。廃藩置県により明治四年（一八七一）七月山家県となり、同年十一月京都府に所属。

参考文献　『何鹿郡誌』、『綾部市史』、「角川日本地名大辞典」編纂委員会編『角川日本地名大辞典』二六（角川書店、一九八二年）、柴田実・高取正男監修『京都府の地名』（『日本歴史地名大系』二六、平凡社、一九八一年）　（塩見　晋）

藩校　学問所と称するものが設立されていたが、創立年代は不詳である。のちに致道館と改称され、明治期には藩内字上ノ町に存在していた。徒士以上の子弟は必ず入学することとされたが、そのほかの者は各自の意向に任せられた。漢学（朱子学）を中心に筆道や習礼、武術があり、文武兼修とされた。講書に内外の史書類が多いことが特徴である。幕末期の教師として、能勢譲や猪間義綱らがいたが、廃校以後に小学校教員となるものが多かった。

参考文献　衣笠安喜他『京都府の教育史』（思文閣出版、一九八三年）、『綾部市史』上、文部省編『日本教育史資料』五　（工藤　航平）

淀藩（よどはん）

山城国淀（京都市伏見区淀本町）に藩庁を置いた藩。元和九年（一六二三）伏見廃城に伴い、京都守衛の任をもって遠江掛川から三万五千石で松平（久松）定綱に入部が命じられて立藩された。城は淀君の淀城のあった納所《のうそ》ではなく、宇治川と木津川の合流する川中の淀島に建設され、寛永二年（一六二五）に完成した。定綱は同十年美濃大垣へ転封となり、以後淀藩主はたびたび交代するが、譜代大名が配されて常に幕府政治との緊密な関係を保持した。三代将軍徳川家光の畿内近国支配をになう八人衆の一人として、寛永十年下総古河《こが》から十万石で入封した永井尚政は、京都所司代を中心とする上方幕政に深く関与して相談役的な地位にあったが、藩政上では同十四年から城下と河川の整備をすすめ藩治の基礎をつくった。淀城へ向かって南から北へ流れこんでいた木津川の河道を西方へつけかえ、水害の防除と城下の拡大を行なった。尚政は万治元年(一六五八)尚往《なおゆき》に家督を譲ったが、尚往は弟の尚庸《つね》に二万石、直右《なおすけ》に七千石、尚春に三千二百八十石、尚申《のぶ》に三千石を分知して、みずからは新墾田を合わせて七万三千六百石を領した。

寛文九年(一六六九)尚往は丹後宮津へ転封となり石川憲之が伊勢亀山から六万石で入封した。憲之は幕府領の延宝畿内総検地に際し山城国の検地を担当し、「元禄国絵図」の調製でも山城国担当大名となった。石川氏は宝永三年(一七〇六)義孝、同七年総慶《ふさよし》と家督を相続したが、正徳元年(一七一一)備中松山へ転封となり、かわって戸田(松平)光熙《みつひろ》が美濃加納から六万石で入封した。領地は、山城国久世・綴喜・紀伊・相楽四郡、河内国石川・高安・古市三郡、摂津国島下一郡、近江国野洲・栗本・甲賀三郡で、四ヵ国十一郡に散在していた。享保二年(一七一七)光熙が没して光慈《ちか》が相続したが、同時に志摩鳥羽へ転封となり、松平(大給《おぎゅう》)乗邑《のりさと》が伊勢亀山から六万石で入封した。乗邑は享保の改革の政治路線のなかで抜擢され、同七年突如大坂城代代行に任命され、翌八年には老中へ破格の栄進をして、領地も下総佐倉へ移された。乗邑にかわって、下総佐倉から稲葉正知《まさとも》が十万二千石で入封して以後、正任《とう》・正恒・正親・正益《よし》・正弘・正諶《のぶ》・正備《なり》・正発《はる》・正守・正誼《よし》・正邦と稲葉氏が廃藩置県まで歴代相続した。このうち正親は大坂城代、正益は寺社奉行、正諶は寺社奉行・大坂城代・京都所司代、正守は寺社奉行、正邦は京都所司代・老中というように歴代藩主は幕府の要職を歴任した。特に正邦は万延元年(一八六〇)藩校明親館を設けて藩中子弟の教育を推進しただけではなく、幕府倒壊時に老中に再任され、時局の収拾に奔走した。鳥羽・伏見の戦では、京都から退却する幕府軍が淀城に拠らんとしたが城門は閉ざされ、幕府側に致命的な打撃を与えた。明治二年(一八六九)淀藩知事となった正邦は藩治職制の改正にとりくんだが、同四年七月廃藩置県による淀県の成立に伴い知藩事職を解任された。同年十一月府県統合で淀県が廃されて京都府に合併され、旧淀藩の系譜は解体消滅した。

参考文献　『淀稲葉家文書』(『日本史籍協会叢書』一九二六年)、淀温故会編『淀領引継文書集』(淀温故会、一九九〇年)、『山城淀下津町記録』(『日本都市生活史料集成』四、学習研究社、一九七五年)、『淀古今真砂子』(『日本庶民生活史料集成』八、三一書房、一九六九年)、『旧淀県立庁始末』(内閣文庫蔵『京都府史料』)、田辺密蔵「淀年中御行事」(『澱城温故会報告』第三回、一九二八年)、同「澱城史談」(同第七・八・一一回、一九三一・三二・三五年)、同「淀城について」(同第一〇回、一九三四年)、同「戊辰に於ける淀城」(同第一四回、一九三八年)、京都市編『京都の歴史』七、淀藩古文書研究会編『淀藩町奉行日記』

藩校　藩校明親館は藩主稲葉正邦の時、万延元年(一八六〇)に城下の魚之市(京都府伏見区淀池上町)に創立された。安政七年(万延元、一八六〇)三月の藩主稲葉正邦の『藩中之諸士へ申聞候覚』に、家督相続した嘉永元年(一八四八)から学校創建の志をもっていたこと、山城国戸津村の領民から献金をうけて学校創立に至ったことが記されている。明治元年(一八六八)正月の鳥羽・伏見の戦につづく兵火で蔵書および諸記録ともに消失し、同年五月再建落成した。明治維新後の職員構成は、文武局長一、学監二、督学一、教授および助教定員なし、事務員一、門衛二、校僕二で、生徒数は約三百、うち二百五十が通学、五十は寄宿生。明治三年四月寮舎が完成して寮生は百名となった。万延元年(一八六〇)五月の「明親館条令」は、学問は孝悌忠信を聖人の言を通して学ぶことであり、礼儀を重んじ謙虚な人間修養が大切であると説いている。廃藩とともに廃校となったが、明治五年七月新たに小学校として開校され、同年明親小学校と命名された。

参考文献　文部省編『日本教育史資料』一、『旧淀県立庁始末』(『内閣文庫蔵『京都府史料』)、『明親小学校所蔵史料』、田辺密蔵「稲葉家御列代学問を重ぜられし事に就て」(『澱城温故会報告』第一〇回、一九三五年)、同「我藩文武制度の一斑と其主脳に就て」(同第一一回、一九三六年)、衣笠安書編『京都府の教育史』(思文閣出版、一九八三年)

(鎌田　道隆)

藩札　明治維新前の山城領内での藩札発行の記録はなく、摂津島下郡飛地山田村発行の銀札が唯一と伝えられる。享保十五年(一七三〇)に五匁~二分の七種発行されたといわれる。明治二年(一八六九)領内通用を目的とした銭札が澱造幣局から発行された。一貫文から百文に至る七種があり、藩札発行元に「造幣局」名を使用したのは淀藩のみである。明治四年までに約五十万枚が発行され、廃藩とともに回収された。

一貫文銭札

参考文献　荒木豊三郎編『日本古紙幣類鑑』上、日本銀行

調査局編『図録日本の貨幣』六・七(東洋経済新報社、一九七三・七五年)

（岩橋　勝）

淀《よど》稲葉《いなば》家《け》文書《もんじょ》　幕末の淀藩主稲葉正邦が老中在職中に手許に達した書類を集録した文書。一冊。原題『稲葉正邦公閣老在職中秘書類写』。正邦は元治元年(一八六四)四月―慶応元年(一八六五)四月、同二年四月―明治元年(一八六八)二月老中に在職、ことに慶応三年五月以降は国内事務総裁の重職を兼ねた。文書の内容は書翰・意見書・建白書・探索書類などにわたり、文書は年次により五つに分けられるが、特に慶応三年以降の第三・四・五は、幕政の終局にあたり、最高の機密に属するものがあって貴重な文書である。本書は大正十五年(一九二六)日本史籍協会により刊行されたが、昭和五十年(一九七五)『日本史籍協会叢書』として覆刻された。

参考文献　丸山国雄『淀稲葉家文書』解題(『日本史籍協会叢書』一八七、一九二六年)、国文学研究資料館史料館編『史料館収蔵史料総覧』(名著出版、一九九六年)

（吉田　常吉）

大阪府

麻田藩（あさだはん）

摂津国(大阪府)麻田を藩庁とした藩。藩主青木氏。外様。陣屋持。初代青木一重はもと美濃の人で豊臣秀吉に仕え、秀頼の時大坂七手組頭となった。元和元年(一六一五)大坂冬の陣の和議礼謝使として駿府に下向の帰途抑留され、大坂城落城を聞いて髪をおろしたが、徳川家康に召されて同年摂州豊島郡麻田の地で一万二千石余を領した。一重はここに陣屋を築き、以後、重兼・重成(重正)・重矩(重安)・一典・一都・見典・一新・一貫・一貞・重竜・一興・一咸・重義とつづいた。明治四年(一八七一)七月十四日の廃藩置県で麻田県となったが、同年十一月二十日高槻県とともに大阪府に合併された。

参考文献　『豊中市史』、『新修豊中市史』古文書・古記録、『新修池田市史』二

（高尾　一彦）

藩校　十代藩主青木一貞直方が寛政期(一七八九―一八〇一)に、十津川(奈良県吉野郡)の住人吉川幾右衛門を招いて儒学

を教授させたのにはじまる。またこの直方堂では、天保期(一八三〇—四四)に十二代藩主一興が朱子学者中井竹山の門人山口太四郎を呼び、さらに漢学・書・数・礼儀などを教授させた。八歳—十五歳までの子弟が学び、通学者は五十人、寄宿者は十人。明治二年(一八六九)には文武局と改称された。

参考文献　『新修池田市史』二、『豊中市史』二、『藩史大事典』五(雄山閣出版、一九八九年)

(吉田　洋子)

茨木藩(いばらきはん)

摂津国(大阪府)茨木を藩庁とした藩。織田信長の入京当時、茨木地方を領したのは茨木重朝であるが、重朝は荒木村重との戦いに破れ、村重の従弟中川瀬兵衛清秀が茨木城主となった。天正六年(一五七八)村重は信長に背いたが、清秀は信長に降伏し茨木地方を安堵された。同十一年賤ヶ岳の戦で清秀は戦死し、その子秀政は豊臣秀吉から旧領を安堵された。同十三年秀政は播磨国三木にうつされ、茨木地方は秀吉の直轄地となったらしい。しかし、天正十八年の大名帳では、豊臣氏の家臣片桐且元が茨木で一万五千石の大名となっている。且元は大坂の陣で徳川方となって、四万石の大名となるが、陣の直後の元和元年(一六一五)五月に駿府で死んだので、結局幕府の直轄地となって、茨木城も廃止され茨木藩も消滅した。

参考文献　『茨木市史』、『尼崎市史』

(高尾　一彦)

大井藩(おおいはん)

河内国志紀郡(大阪府)大井を藩庁とした藩。藩祖は渡辺吉綱。吉綱は槍の半蔵として名高い守綱の孫。徳川秀忠・家光・家綱三代の将軍に番方として仕えたが、寛文元年(一六六一)十一月大坂定番となったとき、河内国志紀・古市・丹北の三郡と和泉国大鳥・泉両郡に一万石を加増され、武蔵国比企郡の旧領と合わせ一万三千五百石の大名となった。陣屋は始め武蔵に、ついで大井に移り、大鳥郡豊田村には家来衆屋敷七、八軒と牢屋敷を置いた。吉綱の後、方綱・基綱・登綱・信綱・伊綱・豪綱・春綱・則綱・潔綱・章綱とついで版籍奉還に及んだ。基綱のとき元禄十一年(一六九八)和泉国大鳥郡大庭寺村に移り、武蔵の領知を近江国四郡の内に移され大庭寺藩、享保十二年(一七二七)さらに陣屋を泉郡伯太村に転じ、伯太藩となった。方綱・基綱とも大坂・水口など直轄地の城番を勤めた。大井は河内・大和の国境を扼《やく》する要衝で、大庭寺移転は陶器藩小出氏断絶の空白をうめる意味を有したことをみれば、渡辺氏の役割が大坂周辺における非常時の治安維持にあったことがわかる。

参考文献　『寛政重修諸家譜』第八、小葉田淳他編『堺市史』続編一、『和泉市史』二

（朝尾　直弘）

大坂藩（おおさかはん）

摂津国大坂（大阪市）を藩庁とした藩。関ヶ原の戦の結果、徳川家康は事実上の全国支配者となり、豊臣秀頼は名目的にはともかく、事実上は大坂を本拠とし、摂津泉で六十五万石余を領する一大名にすぎなくなった。事実に即すればこれを大坂藩と呼ぶことは可能である。豊臣氏が元和元年（一六一五）大坂夏の陣で滅亡したのち、家康はその外孫松平忠明を伊勢亀山五万石から抽んで、摂河十万石に移して大坂城主とした。これは名実ともに大坂藩と称しうる。しかし幕府は大坂の重要性に鑑み、同五年に忠明を大和郡山十二万石に移して大坂を直轄地とし、伏見城代内藤信正を大坂城代としてこの地を経営させたので大坂藩の存在はきわめて短期間にすぎなかった。

参考文献　『大阪市史』一、『新修大阪市史』三

（岡本　良一）

岸和田藩（きしわだはん）

和泉国（大阪府）岸和田を藩庁とした藩。譜代。城持。豊臣秀吉のとき中村一氏が岸和田城主になったのに始まり、一氏が天正十三年（一五八五）に近江水口に移封された後、小出秀政が三万石を以て封じられ、その子吉政・孫吉英と続いたのち、元和五年（一六一九）に丹波篠山から松平康重・康映が五万石（一時は六万石）を以て、さらに寛永十七年（一六四〇）摂津高槻から岡部宣勝が六万石を以て封じられ、宣勝のあと行隆・長泰・長敬・長著・長住・長修・長備・長慎・長和・長発・長寛・長職と襲封し幕末に及んだ。

宣勝の子行隆は寛文元年（一六六一）藩主となったが、父の遺言に従い幕府の許可を得て、次弟の高成に五千石、末弟の豊明に二千石を分け与えたため、みずからは五万三千石となり幕末に及んだ。この地は大坂と和歌山のほぼ中間の要地であったので、幕府は宣勝の生母が徳川家康の准妹であったという関係により、特に岡部氏を選んでこの地に封じたのであって、宣勝がこの地に封ぜられた時、将軍家光はわざわざ「岸和田は場所柄に候故、内縁もこれある家柄をもつて差置候、幼年にさへこれなく候へば、永く岸和田に差置くべく間、その段心得べき事」という上意を達したほどである。

領地は時代により多少の出入りはあったが、和泉国南・日根両郡にまたがるおよそ百ヵ村に及んだ。藩士の分限は百石以上・給人・中小性・歩行士の四つに分かれ、給人は五十石

以上で、これを知行以上とも言い、給人以上が藩の上士で、公式の外出時には槍持一人を連れた。中小性はほぼ十石以上の者を称した。当藩の分限帳で現存する最古のものは元禄十三年(一七〇〇)のものであるが、それによると百石以上は筆頭家老の中与左衛門の千五百石を最高に、千石以上二人を含めて百二十三人、五十石以上が十六人、十石以上が百九十四人、十石以下が八百十五人で計千百四十八人であるが、なおこのほかに五十人の甲賀の侍組がいた。これは平素は郷里の甲賀に住み、事ある時だけ藩の人数に加わった。その給与は平時は一人五石五斗、戦時には一人十五石二人扶持の定めであった。領内の統治には藩の年寄の下に二人の郡代がおり、その下に代官・地方・池川方の三役があって、それぞれ民政・租税・土木水利のことなどにあたっていた。第十三代藩主長職の明治二年(一八六九)六月、国内の大勢に従って版籍を奉還し、長職が知藩事となり事実上岸和田藩は消滅した。ついで同四年七月の廃藩置県に際して岸和田県となり、同年十一月伯太・吉見・丹南の三県とともに堺県に統合され、さらに同十四年二月大阪府の管轄に入った。

参考文献　野上長栄編『岸和田藩志』、落合保『岸和田藩志稿』(旧士族授産場、一九四五年)、児玉幸多・北島正元編『物語藩史』五(新人物往来社、一九六五年)、『大阪百年史』『岸和田市史』三、岩城卓二「幕府畿内・近国における譜代大名の役割―摂津国尼崎藩と和泉国岸和田藩を中心に―」(大阪教育大学『歴史研究』三五、一九九八年)

(岡本　良一)

藩校　藩校講習館は藩主岡部長慎の時嘉永五年(一八五二)岸和田上砂町に創設せられ、三宅源之丞・相馬九方らが教授となって藩士子弟に和学・漢学を教えた。慶応三年(一八六七)学制を改め、修武館を講習館の南に新設して文武両道の学校教育を実施した。明治維新の後、学制を革新し、明治三年(一八七〇)生徒数増加のため、講習館の分館を城内勘定所跡に設けて文学館と称し、新たに洋学科を加設して文明開化に対処したが同四年廃藩閉校となった。維新後の教官数は二十名余、生徒数およそ三百三十名余、学風は徂徠学派の古学を宗として遵奉した。

参考文献　文部省編『日本教育史資料』一、笠井助治『近世藩校に於ける学統学派の研究』下(吉川弘文館、一九七〇年)

(笠井　助治)

狭山藩(さやまはん)

河内国(大阪府)狭山に藩庁を置いた藩。譜代、陣屋持。藩主北条氏は小田原北条氏の支流。天正十八年(一五九〇)豊臣秀吉の小田原征討により、北条氏政・氏直父子は降伏して開城、秀吉の命により氏政は自決した。氏直および韮山城主であった氏政の弟氏規は、和平に尽力したことを認められて許され、高野山に追放されたが、翌十九年、氏直は関東で九千石と近江で一千石を、氏規は河内国で二千石を、それぞれ与えられた。氏直は同年世を去ったが、氏規は文禄三年（一五九四）には河内丹南・錦部・河内の三郡のうち六千九百石余を得た。狭山藩はこの氏規の子氏盛を初代藩主とする。

氏盛は天正十七年氏直の養子となり、氏直没後遺領の一部下野国都賀郡のうち四千石を継ぎ、さらに慶長五年（一六〇〇）実父氏規の死によって、徳川家康・毛利輝元ら大老衆から、その遺領を安堵され、合わせて一万千石を領有し、同十三年大坂の久宝寺邸で没した。二代氏信は元和元年（一六一五）大坂夏の陣ののち、はじめて領地の河内国に入部、翌二年春から狭山池の東北に陣屋を構えた。寛文元年（一六六一）三代氏宗のとき、下野三千石を返上して、代りに常陸国筑波郡七ヵ村を受け、四代氏治は元禄四年（一六九一）常陸三千石を返上し下野の旧領を拝領。さらに同十一年五代氏朝のとき、下野の領地に代えて近江国滋賀・栗太・甲賀・野洲四郡のうち三千石を得、藩領は畿内とその周辺に集まった。以降氏貞・氏彦・氏昉・氏喬・氏久・氏燕・氏恭と続き、廃藩まで石高・領地とも不変である。

六代氏貞は政務に無関心であったため藩政は腐敗、これが原因となり、七代氏彦のとき、藩臣の権力争いと、藩政の改革を望む中・下級藩士らの重臣排斥とがからみあい、宝暦十年（一七六〇）に「狭山騒動」と呼ばれる家中騒動がおこった。この事件の記録も含めて、主要な藩政史料は『狭山町史』第二巻史料編に収められている。藩財政はすでに五代氏朝のころから悪化し始めていたが、八代氏昉は安永三年（一七七四）軍用方を設置して軍事費を積み立て、以後上米や倹約令による立て直しがはかられたほか、安政五年（一八五八）十一代氏燕のとき、特産の氷豆腐を藩営専売とした。しかし財政難は好転せず、十二代氏恭は明治二年（一八六九）知藩事に任命されたが、財政再建の自信がなく同年十二月二十六日辞任、廃藩置県に先立って狭山藩は消滅し、堺県に編入された。

参考文献　井上薫「封建崩壊期における畿内小藩の動揺―狭山藩の場合―」（『ヒストリア』六、一九五三年）、福島雅蔵「幕末畿内小藩専売制度の一例―河内狭山藩の氷豆腐専売―」（同）、『旧狭山藩主北条家文書目録』（『大阪狭山市史編さん資料目録』七）

（藤本　篤）

藩校　創立は古いが、詳細は不明である。嘉永（一八四八―五四）の末期藩主北条氏燕が中興し、上屋敷の評定所を教場に使用した。藩士の教育を目的としたが、他藩の藩士の入学も許可。八歳―十七歳を対象とし、およそ六十人が通学した。和学・漢学・兵学を教授。学費はすべて藩の会計から支出。廃藩(明治二年(一八六九))後も学制発布(同五年)ころまで存続した。

参考文献　『狭山町史』一

（吉田　洋子）

高槻藩（たかつきはん）

摂津国(大阪府)高槻に藩庁を置いた藩。譜代。城持。高槻城は安土桃山時代和田惟政・高山右近と相ついで城主となり、その後豊臣秀吉の直轄領となった。文禄四年(一五九五)新庄直頼が二万六千石で在封、代わって元和元年(一六一五)閏六月内藤信正が四万石で入封、同三年十二月土岐定義が入って二万石を領有した。ついで五年九月三河形原《かたのはら》から松平家信が二万石で入封、寛永十二年(一六三五)下総佐倉に移り、翌十三年六月播磨竜野より岡部宣勝が入り五万千二百石を領有、同十七年九月和泉岸和田に転じた。つぎに松平家信の子康信が下総佐倉より三万六千石で入封、慶安二年(一六四九)七月丹波篠山に移った。代わって山城長岡の永井直清が三万六千石で高槻藩主となり、以後藩主が定着し明治の廃藩を迎えた。

高槻城は和田・高山両氏の築城をうけ、土岐定義の時、公役をもって普請奉行花房職則《もとのり》らが本丸・二ノ丸を修築、典型的な平城で外堀で囲まれ、天守閣も三層で本丸の西南にそびえ、櫓も要所に配置された。永井氏の入部により城下町も拡張され町屋は広がった。藩領は、摂津国島上・島下・川辺・能勢・豊島・住吉の六郡に分布していたが、寛文二年(一六六二)多田銀山を含む川辺・能勢両郡の所領を、丹波国桑田郡にかえられた。藩領は高槻・上郷・冠・五ヶ庄・鳥飼・丹波の六組に分け支配された。藩主は直清のあと、直時・直種・直《なお》達・直英・直期《なおざね》・直行・直珍《なおよし》・直進《なおのぶ》・直与《なおとも》・直輝・直矢《なおつら》・直諒《まさ》と十三代続いた。

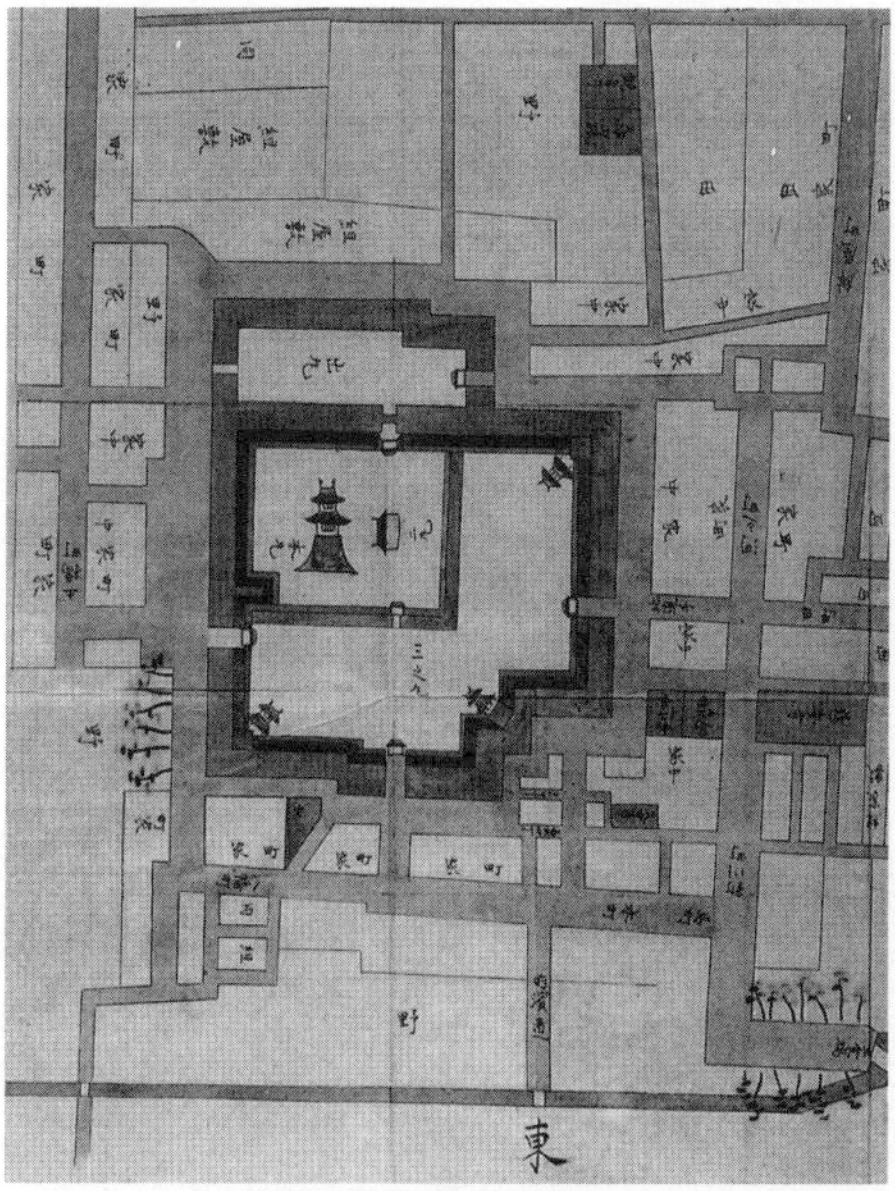

摂津国高槻図(享保年間)

直清は兄の淀藩主永井尚政や京都所司代を含めて「八人衆」を構成し、畿内における幕政のかなめをなした。なお彼は城南の低湿地の排水工事に着手、鳥飼・番田両井路を開削し、直達のときさらに長距離にわたる井路が完成、この地域一帯に近世水利秩序が確立され、農業生産発展の基盤が形成された。のち文化八年(一八一一)入箇惣代がおかれ村方勘定の吟味が始まり、翌年入箇騒動が起った。入箇惣代二十名が江戸の藩庁に出訴、役儀は取り上げられたが要求を貫徹した。直与のとき京の儒者三崎主礼を招き藩校菁莪《せいが》堂がおかれ、このころ大塩平八郎が陽明学をひろめ、家臣の内に門弟も生じた。近世後半期、藩は摂津・河内の幕領を預り支配した。明治二年(一八六九)には島下郡内藩領十八ヵ村で打ちこわしが起った。明治新政府成立ののち、明治二年六月の版籍奉還を経、摂津国内の預地は一時的に兵庫県に編入。同四年七月廃藩置県とともに、摂津国内と丹波国桑田郡の藩領とで高槻県を形成した。同十一月、地方府県の大改正が実施され、丹波国の藩領は京都府の管轄にうつり、残りの県域はすべて大阪府に編入された。

参考文献　『高槻市史』二・四、中部よし子「城下町高槻の成立」(魚澄惣五郎編『大名領国と城下町』柳原書店、一九五七年所収)、福山昭「近世水利秩序の成立」(黒羽兵治郎先生喜寿記念会編『大阪地方の史的研究』巌南堂書店、一九八〇年所収)、同「元禄期淀川低地の水利秩序」(森杉夫先生退官記念会編『政治経済の史的研究』巌南堂書店、一九八三年所収)、横田冬彦「『非領国』における譜代大名」(『尼崎市立地域研究史料館紀要地域史研究』二九ノ二、二〇〇〇年)

(福島　雅蔵)

藩校　菁莪堂《せいがどう》と称する。寛政期(一七八九―一八〇一)に藩主永井直進により、城中三ノ丸に設置。老中松平定信による政策により諸藩では朱子学が教授されたのに対し、菁莪堂では伝統に従い古学を教授した。のち、大塩平八郎により陽明学も教授された。聴講は藩士の子弟に限られ、八歳―十八歳を修業年限とした。経費は藩費から拠出され、生徒はおよそ五百人、うち寄宿生が五十人を数えたという。

参考文献　『高槻市史』二

(吉田　洋子)

谷川藩 (たにかわはん)

桑山清晴が祖父重晴の没後、その養老領から和泉国谷川(大阪府泉南郡岬町)一万石を分け与えられたことに始まる。しかし、慶長十四(一六〇九)、清晴は勘気をこうむって蟄居となり、和泉国谷川一万石は父元晴に与えられた。すでに元晴は父重晴の所領大和国葛上郡のうちから一万石、慶長十一年(一六〇六)の重晴没後には葛上郡のうちから六千石を与えられており、元清は合わせて二万六千石余を領することとなった。寛永六年(一六二九)、息貞晴が継嗣を得ることなく二十六歳で没したため、領地は収公された。

参考文献　『寛政重修諸家譜』第一五、藤野保校訂『恩栄録・廃絶録　補訂版』(『日本史料選書』六、近藤出版社、一九七〇年)、藤野保校訂『徳川加除封録』(同八、近藤出版社、一九七二年)、『藩史大事典』五(雄山閣出版、一九八九年)

(野村　玄)

丹南藩(たんなんはん)

河内国丹南(大阪府松原市)に藩庁を置いた藩。藩主高木氏。譜代。陣屋持。一万石余。藩祖高木正次は徳川家康・秀忠に仕え、旗本として戦功あり、元和九年(一六二三)家光上洛のとき大番頭としてこれに扈従。同年大坂定番となり、千石の加増があって、従来の相模・武蔵・上総・下総・近江九千石余から一万石の大名に昇進、河内国丹南郡二十三ヵ村を知行し、居所を丹南に置いた。以後、正成・正弘・正盛・正豊・正陳・正恒・正弼・正直・正剛・正明・正坦・正善と続き廃藩に至る。寛永十年(一六三三)正成のとき、安房・上総で三千石加増され一万三千石となったが、同十二年、正弘のとき弟二人に各千五百石分与したので一万石となった。元禄十二年(一六九九)正陳のとき、丹南郡の一部を下野国足利郡と交換、宝暦八年(一七五八)正弼のとき、丹南領内の一部が丹北・志紀二郡に変わることがあった。大坂に近接しているため重視されたが、近世中期以降、百姓一揆が勃発して藩政は動揺した。正弼のとき、明和六年(一七六九)二月に郷中騒動が勃発、その処置よろしからずとして安永元年(一七七二)正弼は一時出仕を停められ、さらに同六年十月家臣の不始末が表面化し、再び出仕を停止された。幕末畿内一円の混乱に本藩にも、万延元年(一八六〇)に強訴が起った。明治二年(一八六九)六月正坦のとき版籍奉還、同四年七月正善のとき廃藩置県により丹南県となり、さらに同十一月堺県の管轄となった。

参考文献　『寛政重修諸家譜』第五、井上政雄『大阪府全志』四、『登美丘町史』、井上薫「封建崩壊期における畿内小藩の動揺」(『ヒストリア』六、一九五三年)、上田一「河内丹南陣屋」(『城と陣屋』一六七、日本古城友の会、一九七〇年)

(小林　茂)

藩校　丹南藩主高木氏は、代々江戸に定住していたが、明治元年(一八六八)藩主正剛が丹南陣屋に移住するに際して、校舎を建設、丹南学校と名付け子弟教育を開始した。伊予吉田の儒者森余山を招き教授としたが、明治四年の廃藩置県により廃校となった。朱子学を主として古学折衷とし、実学主義を採った。

参考文献　笠井助治『近世藩校に於ける学統学派の研究』下（吉川弘文館、一九七〇年）

（吉田　洋子）

陶器藩（とうきはん）

和泉国陶器（大阪府堺市）に藩庁を置いた藩。外様、陣屋持。慶長九年（一六〇四）小出三尹《みつまさ》が小出吉英の所領のうち一万石を分与され成立。陣屋は陶器北村にあり善美を尽くした庭園が設けられ、林羅山も陶器十景として風物をよんだ。藩領は和泉大鳥郡二千九百三十二石、河内錦部郡千二十石、摂津西成郡千四十八石、但馬気多《けた》郡千三百八十四石・美含《みくみ》郡三千六百十六石。三尹のあと有棟・有重・重興と続き、元禄九年（一六九六）無嗣絶家で封地没収、廃藩。

参考文献　『寛政重修諸家譜』第一五、小田彰信『恩栄録・廃絶録』（『日本史料選書』六、近藤出版社、一九七〇年）、『堺市史』続編一

（福島　雅蔵）

中島藩（なかしまはん）

元和二年（一六一六）、稲葉紀通が伊勢国田丸城から摂津国中島（大阪市）へと移されたことに始まるが、寛永元年（一六二四）九月、紀通は丹波国天田郡福知山城に転じている。所領関係などは不明な点が多い。

参考文献　『寛政重修諸家譜』第一〇、藤野保校訂『恩栄録・廃絶録　補訂版』（『日本史料選書』六、近藤出版社、一九七〇年）、藤野保校訂『徳川加除封録』（同八、近藤出版社、一九七二年）、『藩史大事典』五（雄山閣出版、一九八九年）

（野村　玄）

西代藩（にしだいはん）

延宝七年（一六七九）六月十八日、本多忠恒が父康将の所領近江国高島・甲賀郡、河内国錦部郡の三郡から一万石を分けられたことに始まる。正徳元年（一七一一）六月十一日、息忠統が領地へ赴いた際、河内国錦部郡西代村（大阪府富田林市）に陣屋を構えたが、享保十七年（一七三二）四月一日に伊勢国神戸城へと移され、廃藩となった。

参考文献　『寛政重修諸家譜』第八、藤野保校訂『徳川加除封録』（『日本史料選書』八、近藤出版社、一九七二年）、『藩史大事典』五（雄山閣出版、一九八九年）

（野村　玄）

伯太藩（はかたはん）

和泉国伯太（大阪府和泉市）に藩庁を置いた藩。藩主渡辺氏、

譜代陣屋持。渡辺吉綱は寛文元年（一六六一）十一月大坂定番に就任、河内・和泉・武蔵で一万三千五百石を領有した。方《まさ》綱・基綱と襲封し、基綱は元禄十一年（一六九八）武蔵の所領を近江野洲・栗太・蒲生・高島の四郡に移され、畿内に所領を集め陣屋を和泉大鳥郡大庭寺村に移した。さらに享保十二年（一七二七）四月、陣屋を泉郡伯太村に定め伯太藩がここに成立。享保期ごろの所領は、和泉大鳥郡・泉郡、河内古市郡・志紀郡・丹北郡とほか近江四郡で約一万三千六百十八石余であった。基綱のあと、登《のり》綱・信綱・伊《これ》綱・豪《ひで》綱・春綱・則綱・潔綱・章綱と九代にわたり在封した。明治四年（一八七一）七月、廃藩後、伯太県となり、同年十一月堺県に合併。陣屋は信太《しのだ》山丘陵中腹に所在し、陣屋を囲み家臣団の屋敷地があり、伯太村には武家相手の商工業者が居住し、その風俗は他の村と異なっていた。藩政史料は未発見だが、河内・和泉藩領農村の貢租につき、石代納や在払いなどの方面からその実態が究明されている。

参考文献　新田完三編『内閣文庫蔵諸侯年表』（東京堂出版、一九八四年）、『堺市史』続編一、『和泉市史』二、『泉大津市史』一下、山口之夫「近世封建社会における貨幣地代移行の諸問題」（『近世史研究』三八、一九六五年）、本城正徳「伯太藩在払とその市場的条件」（『日本史研究』一八六、一九七八年）

（福島　雅蔵）

藩校　天保期（一八三〇―四四）、八代藩主渡辺潔綱は大坂や江戸の儒者等を招き儒臣とし、家中藩士子弟の教育をゆだねた。しかし財政上学校の新築には至らず、伯太藩邸書院を学舎にあてた。明治元年（一八六八）大坂の儒者熊谷厳毅を召し抱えて藩校の教授に任じ、厳毅は学規・学則を定め、藩校としての組織内容を整えた。校規では、修身に焦点を合わせ、明治の新政などへの批判評議することを禁じている。

参考文献　笠井助治『近世藩校に於ける学統学派の研究』下（吉川弘文館、一九七〇年）

（吉田　洋子）

味舌藩（ましたはん）

摂津国嶋下郡味舌（大阪府摂津市）に藩庁をおいた外様の藩。藩主は初代のみで、織田信長の弟長益（有楽斎）。居城はなかったと思われるが、不明。当時の殿席も不明。天正十年（一五八二）本能寺の変後、長益は信長の三男信雄のもとに属し大塩城（愛知県知多市）に所領を有したが、同十二年の小牧・長久手の戦い後に秀吉の下に御伽衆として属し、味舌において二千石余を宛行われた。秀吉死後、慶長五年（一六〇〇）の関ヶ原の戦いには、東軍の徳川方に属した。のち本領を安堵されるとともに、大和国山辺郡内において加増され、計三万石となった。元和元年（一六一五）、長益は大和国式上・山辺両郡内と摂津国嶋下郡内で一万石を四男長政（戒重藩、のち芝村藩）に、大和国式上・山辺両郡内で一万石を五男尚長（柳本藩）に分知し、残りの大和国内の所領一万石は自身の養老料とした。これにより味舌藩は廃藩。味舌の所領（坪井村・上村・庄屋村・下村）は戒重藩領となった。長益は、同七年に没している。なお、長益の系統は右記二藩以外にも、美濃国野村（岐阜県揖斐郡大野町）に長子長孝の系統があったが、二代長則の時に断絶した。

参考文献　『寛政重修諸家譜』第八、『藩と城下町の事典』（東京堂出版、二〇〇四年）、『摂津市史』本編、同史料編一

（小宮山敏和）

吉見藩（よしみはん）

和泉国吉見（大阪府泉南郡田尻町）に藩庁を置いた藩。譜代。明治三年（一八七〇）四月近江三上藩の知藩事遠藤胤城が、吉見村の藩陣屋に藩庁を移し立藩。同藩の所領は一万二千石で、近江・和泉・上総にまたがり、三上の陣屋以外に和泉吉見にも陣屋があり、藩庁を交通至便な和泉の海岸に沿う吉見村に移した。陣屋は春日神社境内一万七千二十三坪のうち六千坪に建営。家臣団も住居を構えた。四年七月廃藩で吉見県となり陣屋も廃止。同県は同年十一月堺県に合併。なお藩主遠藤氏はもと東《とう》氏を称し、永禄二年（一五五九）遠藤盛数が養子となって家を継いでから遠藤を称したという。明治十一年旧姓東に改め、十七年七月胤城は子爵を授けられた。

参考文献　井上正雄『大阪府全志』五、『阪南町史』上

（福島　雅蔵）

兵庫県

明石藩（あかしはん）

播磨国（兵庫県）明石を藩庁とした藩。元和三年（一六一七）、もと姫路城主池田光政（外様・城持）の所領のうちから、三木・明石両郡に加東・加古両郡の一部を加えた十万石の地をさき、徳川家康の外孫小笠原忠真（元服名忠政、譜代・城持）に与えた。幕府は忠真に明石城の新築を命じ、忠真夫人の父姫路城主本多忠政（譜代・城持）と相談させたほか、銀千貫目を支出し築城奉行らを派遣した。忠真は築城とともに城下を整備したが、この明石の都市計画は宮本武蔵の設計によったと伝える。東西の本町・魚町・樽屋町と、信濃町・細工町・鍛治屋町・明石町の十町である。同六年、忠真は明石の町年寄らの申請で町の地子銀を免除した。寛永九年（一六三二）小笠原氏は豊前小倉に国替となり、福里・二見などの地が明石藩からはずされ天領となった。翌年松平（戸田）康直（譜代・城持）が七万石で知行し、さらに同十六年大久保忠職（譜代・城持）、慶安二年（一六四九）松平（藤井）忠国（譜代・城持）、延宝七年（一六七九）本多政利（譜代・城持）と交替している。天和二年（一六八二）越前大野の松平直明（家門・城持）が六万石で入部、以後、直常・直純・直泰・直之・直周・斉韶とつづいたが、十一代将軍徳川家斉の二十五男斉宜が斉韶の養子となり、天保十一年（一八四〇）家をついだので、二万石が加増され計八万石となった。このあと慶憲・直致に至り明治維新を迎える。

藩政では万治―延宝年間（一六五八―八一）に松平信之が新田開発をすすめ、松平直明も新田開発につとめた。しかし藩財政は窮乏し、元禄六年（一六九三）家臣の減給を行い、その後も上げ米制度を実施したり、豪商富農から借上げ金をしている。直常の時、詩人儒者梁田蛻巌を採用した。藩内のおもな産業は、農業で「播州の天守米」（『好色一代女』）といわれる明石米があり、漁業では明石の赤めばる・赤貝（『毛吹草』）が有名。酒造業も次第に盛んとなり、摂津の灘に対し西灘の名で知られ、天保十三年、領内酒造家は六十一軒をかぞえた。木綿織物業も播磨木綿布や明石縮の名（『和漢三才図会』）があるので、かなり盛んに行われたことが推察される。幕末の動乱期には、近海にくる外国船にそなえ砲台を築き、洋式砲術の訓練を始めた。明石―垂水海岸で八もしくは十二の砲台をおき、なかでも舞子砲台は勝海舟の設計によるもので、文久三年（一八六三）には十四代将軍徳川家茂が見学している。長州征討に明石藩は出兵したが、明治維新には朝廷に従った。廃藩置県により明治四年（一八七一）七月明石県となったが、同年十一月姫路県に合併された。

参考文献　黒田義隆編『明石市史』、明石城史編さん実行委員会編『講座明石城史』（神戸新聞総合出版センター、二〇〇〇年）

（高尾　一彦）

藩校　享保四年（一七一九）、藩主松平直常は梁田蛻巌（朱子学派）を藩儒に招聘し、その家塾景徳館において藩士を教授させた。この景徳館は家塾型藩校であり、梁田家が代々その塾主となった。明治二年（一八六九）、儒者梁田葦洲は邸地内への学校新設を請願し、敬義館が創設された。学風は朱子学を宗とした折衷学であった。

参考文献　鈴木正幸他『兵庫県の教育史』（思文閣出版、一九九四年）、笠井助治『近世藩校に於ける学統学派の研究』上（吉川弘文館、一九六九年）

（工藤　航平）

赤穂藩（あこうはん）

播磨国（兵庫県）赤穂に藩庁を置いた藩。室町時代には守護赤松氏の領国であったが、天正初年に宇喜多直家の領分となった。天正十四年（一五八六）に生駒親正が伊勢国神戸《かんべ》から入り（六万石）、翌年讃岐国高松に移ったあと宇喜多秀家の所領となった。関ヶ原の戦の後慶長五年（一六〇〇）十一月、池田輝政（姫路）の領分となり、同十八年六月その子忠継（岡山）の領分に編入された。元和元年（一六一五）二月、忠継が死去、同六月弟の政綱（外様・城持）に赤穂地区（三万五千石）を分与し、一藩として独立したが、寛永八年（一六三一）七月、嗣子がないために絶家。翌月政綱の弟輝興が入ったが、発狂して正保二年（一六四五）三月収公された。そのあと七月に浅野長直（外様・城持）が常陸国笠間から入り、五万三千五百三十四石九斗七升九合（『寛文印知集』）と塩田約五千石とを持ち、赤穂城を築いた。元禄十四年（一七〇一）長直の孫の長矩が江戸城中での刃傷事件で改易となり、発行銀札の回収には広島の浅野本家の援助を仰いだ。同十五年九月に永井直敬（譜代・城持）が下野国烏山から入り（三万三千石）、宝永三年（一七〇六）正月に森長直（外様・城持）が備中国西江原より入って幕末に至った。藩校は博文館。森長直が入部直後に学舎を設けたと

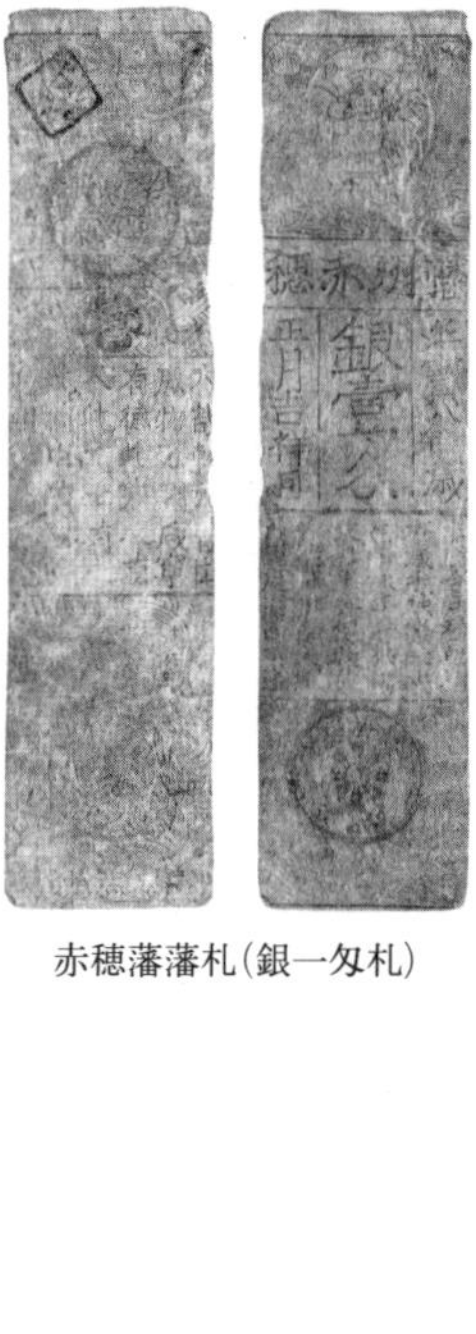

赤穂藩藩札（銀一匁札）

され、安永六年(一七七七)校舎を新たに設け命名。明治元年(一八六八)洋学校、同二年付属進修塾も設けられた。明治維新後、城下の武士が離散すると、製塩のほかは紙・菅笠を少しばかり生産しているという土地柄であり、明治四年(一八七一)七月十四日赤穂県となり、間もなく姫路県に合併され(同年十一月二日)、飾磨県(十一月九日)と改称の後、同九年八月二十一日に兵庫県に編入されたものの、山陽本線から離れているため、明治末年においてもその衰勢を挽回できなかった。

参考文献　『赤穂郡誌』、『赤穂市史』二、広山堯道『赤穂史序説』、広山堯道編『播州赤穂の城と町』(雄山閣出版、一九八二年)

(進士　慶幹)

藩校　藩主森長直は、宝永三年(一七〇六)赤穂藩への転封後、学問所を設けて経史を講じさせていた。藩校創設には藩儒赤松滄洲・蘭室父子の尽力があった。両者は安永五年(一七七六)に藩学創設の建言を行い、翌年に博文館が創設されるにいたった。天保十三年(一八四二)、村上天谷は有名無実化した博文館を再興するために改革案を建言し、職制の改正や学力に応じた教授法の導入を図った。嘉永五年(一八五二)、江戸藩邸内にも進修館が設置された。赤松滄洲は、寛政異学の禁に反論した穏健中正派であり、それが博文館の学風となった。学規等の整備がなされたが、藩学は形骸化しており、私塾や他国遊学で修練するものが増加した。

参考文献　鈴木正幸他『兵庫県の教育史』(思文閣出版、一九九四年)、笠井助治『近世藩校に於ける学統学派の研究』上(吉川弘文館、一九六九年)、『赤穂市史』二

(工藤　航平)

赤穂事件《あこうじけん》　主君浅野内匠頭長矩の恥辱をそそぐため、その家臣たちが、浪人してのちも、四十七人が結束して、吉良上野介義央を討った事件。近世来三大仇討の一つとされてきたもの。元禄十四年(一七〇一)三月十四日、勅使接待役の浅野内匠頭長矩が、突然、高家筆頭の吉良上野介義央に、江戸城松之廊下で切りつけ失敗し、切腹・城地没収・絶家の判決をうけた(第一の事件)。その結果、浅野家(赤穂藩)は解体され、藩士はすべて牢人(浪人)となった。その内の四十七人が、翌十五年十二月十四日夜から十五日にかけて、吉良邸を襲撃、主君の恥辱をそそいだ事件(第二の事件)がおきた。この二つの事件を合わせて、赤穂事件という。

第一の事件は浅野刃傷事件、第二の事件は赤穂浪士復讐事件などともいわれている。後年『仮名手本忠臣蔵』の浄瑠璃などで評判となってからは、「忠臣蔵」という言葉で、この赤穂事件を呼ぶこともある。赤穂の浅野家(五万三千石)は、広島の浅野家の分家で、正保二年(一六四五)、長直のころここ

赤穂四十七士一覧

(　)内は刃傷事件当時以外の役付知行

〈細川越中守綱利邸預け〉		
大石内蔵助良雄 (45)	家老、1500石	忠誠院刃空浄剣居士
吉田忠左衛門兼亮 (64)	足軽頭・郡奉行、200石	刃仲光剣信士
原惣右衛門元辰 (56)	足軽頭、300石	刃峰毛剣信士
片岡源五右衛門高房 (37)	内証用人・稚児小性頭、300石	刃勘要剣信士
間瀬久太夫正明 (63)	大目付、200石	刃誉道剣信士
小野寺十内秀和 (61)	京都留守居番、150石、役料70石	刃以串剣信士
間喜兵衛光延 (69)	勝手方・吟味役、100石(別米4斗余)	刃泉如剣信士
磯貝十郎左衛門正久 (25)	物頭・側用人、150石	刃周求剣信士
堀部弥兵衛金丸 (77)	(元江戸留守居番、300石)、隠居料20石	刃毛知剣信士
近松勘六行重 (34)	馬廻、250石	刃随露剣信士
富森助右衛門正因 (34)	馬廻・使番、200石	刃勇相剣信士
潮田又之丞高教 (35)	郡奉行・絵図奉行、200石	刃窓空剣信士
早水藤左衛門満堯 (40)	馬廻、150石	刃破了剣信士
赤埴源蔵重賢 (35)	馬廻、200石	刃広忠剣信士
奥田孫太夫重盛 (57)	馬廻・武具奉行(江戸定府)、150石	刃察周剣信士
矢田五郎右衛門助武 (29)	馬廻、150石	刃法参剣信士
大石瀬左衛門信清 (27)	馬廻、150石	刃寛徳剣信士
〈松平隠岐守定直邸預け〉		
大石主税良金 (16)	(部屋住)	刃上樹剣信士
堀部安兵衛武庸 (34)	馬廻・使番、200石	刃雲輝剣信士
中村勘助正辰 (48)	書物役・馬廻、100石	刃露白剣信士
菅谷半之丞政利 (44)	馬廻、郡代、100石	刃水流剣信士
不破数右衛門正種 (34)	(元馬廻・浜辺奉行、100石)	刃観祖剣信士
木村岡右衛門貞行 (46)	馬廻・絵図奉行、150石	刃通普剣信士
千馬三郎兵衛光忠 (51)	馬廻、100石	刃道互剣信士
岡野金右衛門秀包 (24)	(部屋住、200石)	刃回逸剣信士
貝賀弥左衛門友信 (54)	中小性・蔵奉行、10両3人扶持	刃電石剣信士
大高源五忠雄 (32)	中小性・膳番元方・金奉行・腰持方、20石5人扶持	刃無一剣信士
〈毛利甲斐守綱元邸預け〉		
岡嶋八十右衛門常樹 (38)	中小性・礼座勘定奉行、20石5人扶持	刃袖払剣信士
吉田沢右衛門兼貞 (29)	蔵奉行、13両3人扶持	刃当掛剣信士
武林唯七隆重 (32)	馬廻、15両3人扶持	刃性春剣信士
倉橋伝助武幸 (34)	中小性・扶持奉行、20石5人扶持	刃煆錬剣信士
間新六光風 (23)	(部屋住)	刃摸唯剣信士 掃真釈宗貞信士
村松喜兵衛秀直 (64)	中小性・扶持奉行(江戸定府)、20石5人扶持	刃有梅剣信士
杉野十平次次房 (28)	中小性・札座横目、8両3人扶持	刃可仁剣信士
勝田新左衛門武堯 (24)	中小性・札座横目、15石3人扶持	刃量霞剣信士
前原伊助定房 (40)	中小性・金奉行、10石3人扶持	刃補天剣信士
小野寺幸右衛門秀富 (28)	(部屋住)	刃風颯剣信士
〈水野監物忠之邸預け〉		
間重治郎光興 (26)	(部屋住)	刃沢蔵剣信士
奥田貞右衛門行高 (26)	加東郡勘定方、9石2人扶持	刃湫跳剣信士
矢頭右衛門七教兼 (18)	(部屋住・亡父長助20石5人扶持)	刃擲振剣信士
村松三太夫高直 (27)	(部屋住)	刃清元剣信士
間瀬孫九郎正辰 (23)	(部屋住)	刃太及剣信士
茅野和助常成 (37)	横目、5両3人扶持	刃響機剣信士
横川勘平宗利 (37)	徒目付、5両3人扶持	刃常水剣信士
三村次郎左衛門包常 (37)	酒奉行・台所役、7石2人扶持	刃珊瑚剣信士
神崎与五郎則休 (38)	足軽徒目付・郡目付、5両3人扶持、役料5石	刃利教剣信士
寺坂吉右衛門信行(当時35 没83?)	吉田忠左衛門足軽、3両2分2人扶持	刃道喜剣信士 節巌了貞信士

に移った。今日遺構を残す赤穂城は、これ以後、特に許されて増築したものである。寛文六年（一六六六）山鹿素行が、幕命によって幽居させられたのもここである。延宝三年（一六七五）長矩は、父長友の継を嗣いだ。その後、天和三年（一六八

赤穂浪士の墓

三）に、勅使接待役となったことがあったが、改めて元禄十四年に、もう一度、この役を命ぜられた。この間、いわゆる元禄時代の華美な生活様式は、社会のあらゆる面にゆきわたりつつあったため、この勅使下向などの儀式は、形式ともに複雑・美麗をきわめるに至った。しかもこの勅使下向は、毎年の年頭の恒例のもので、まず幕府から将軍の代理が京に上り、勅使が答礼に下る、というようになっていた。元禄十四年は、吉良が将軍代理として上京し、二月の末に江戸に帰ってきた。この月の初めに、接待役すなわち御馳走役が定められていた。吉良はこの時、幕府高家衆の筆頭となっていたため、江戸に帰ってから、浅野らの指導にあたったとき、権威をもち、前例にこだわらず指導した。このことが、若い浅野長矩を逆上させる結果となったと推測される。

　なおこの直接の原因は、長矩の言葉として「遺恨、覚えたか」という発言が遺っているだけで、その原因は推測説を出ない。しかし、古来、㈠突然逆上説、㈡神経衰弱的急性精神病症説、㈢吉良の浅野夫人への恋慕説、㈣赤穂の塩田作法を教えぬとする説、㈤赤穂塩と吉良塩との競争説など、硬軟諸説が入りまじっている。しかしいずれの説も、決定的な条件をもたないため、今日もなおさまざまな珍説を生むに至っている。十四日当日は、勅使登城の最後の日にあたっていた。

したがってこの事件に対する判決は、将軍綱吉の専断にも等しいものであったから、吉良をお構いなしとするだけでなく、浅野には、即日田村右京大夫家へ御預け・切腹(しかも庭上)、御家断絶、城地返上というのであった(浅野の死骸は当夜泉岳寺に葬られた)。少しく浅野に対しては苛酷にすぎるものがあったし、判決も速断にすぎたようである。とともに殿中での決死の行為としては浅野の刃傷は未熟すぎたといえよう。が、いずれも結果論である。浅野への切腹取扱いの問題は、広島浅野家から異論が出た。浅野の弟大学へは閉門、その他の親族にも「御目見遠慮」などの罰が与えられた。この報告は、二つの早馬の使者(四人)をもって、赤穂に知らされた。江戸でも、赤穂でも、すでに浪人となった家臣団の意見は、さまざまに分裂した。

大別すれば、㈠再就職希望派、㈡大学擁立派、㈢吉良を討って主君の恥をそそごうとする人々など。またこの間にも立場上の差もあった。籠城説は㈡と㈢の連合、㈠の切り離しにあった。そしてこの連合体は、大学による浅野再興を中心に結集した。しかし江戸在府者の一部(堀部(安兵衛)・奥田(孫太夫)・高田郡兵衛ら)は、吉良の老齢と、縁戚上杉家の庇護下に入ることをおそれて、意見は急進的であった。赤穂城は四月十九日、竜野城主脇坂淡路守安照らが、没収のため入城。家老大石内蔵助良雄らは数日前に、城下遠林寺を会所として、残務処理にあたり、五月二十一日には、一切の事務が終った。六月二十四日、大石らは花岳寺で主君追善の法要を営み、翌日赤穂を離れた。八月には、高家職を辞した吉良義央は、幕府よりその邸宅を呉服橋門内より、本所一ッ目に移るように命ぜられ、さらに十二月には、隠居願いも承認せられた。その十一月には、大石も、一度江戸に来ており、諸所へ挨拶をしていた。この時、江戸会議をもち、江戸在住者と意志統一を行い、大学長広による再興に期待することになった。少しずつ、このころから脱落者もあった。

江戸へ集まった浪士は、市中で、それぞれの生活を営みつつ、常に吉良邸を偵察(前原伊助・神崎与五郎ら)、また句会などで情報をうる(大高源吾ら)ことに苦労していた。翌十五年二月には、大石の京都郊外山科の宅に集まって会議をし、一周忌後も、なおしばらく慎重に大学による再興を待つという説に落ち着いた。このころの焦燥が大石の遊蕩となっているといえる。この間の大石を盛りたて、家臣団の結束をはかる中心は、上層重臣層ではなく、吉田(忠左衛門)・原(惣右衛門)・小野寺(十内)らであり、江戸急進派に賛成する家臣団も増えて、早く機会をつかんで、吉良への主君の恥をそそごうとする行動が高まりかけた七月に、大学は閉門を解かれるとともに、広島浅野家へ御預けとなった。七月の京都の円山での会議は、多くの脱落者(主として㈠㈡の説の者)を切って、結束を再整理し、吉良邸襲撃による主君の恥をそそぐことに結着した。この結果、同志は十月から十一月にかけて、江戸に結集し、その機会を計画しつつ、ついに十二月十四から十五日早暁にかけて、吉良邸を襲撃して、吉良を討った。この時の同志は四十七人で、そのうちの足軽寺坂吉右衛門は、途中より姿を消した(逃亡説と使者説とに分かれている)。幕府への届出は四十七人となっている。十五日朝、泉岳寺の浅野の墓前に、吉良の首を供え、夕刻、幕命により、四十六人は、細川家・毛利家・松平(久松)家・水野家の四家に預けられ、年を越えた同十六年二月四日、それぞれの家で切腹し、泉岳寺に葬られた。

この第二の事件により、第一の事件における浅野の未熟さは追及されず、かえって同情されることとなり、第二の事件の成功によって、浪士たちに対しては、義士であるとする評価が高まった。いずれも名分論的な判断であるといえる。しかし、世評はその後、久しきにわたって、この事件は、さまざまな文学・演劇・大衆芸能の上で、多くの作品として取り扱われてきた。特に近松門左衛門の『碁盤太平記』、紀海音の『鬼鹿毛無佐志鐙』をはじめ、寛延元年(一七四八)の竹田出雲らの『仮名手本忠臣蔵』によって、その評判も定着したといえる。またこの事件についての評価は、近代日本において教育の上でも、社会道徳の上でも、忠孝の手本とされ、国民道徳の上で師表とされてきた。戦後は批判的に、また客観的に研究するようになりつつある。

[参考文献]　鍋田晶山編『赤穂義人纂書』(日本シェル出版、一九七五・一九七六年)、中央義士会編『赤穂義士史料』(雄山閣、一九九九年)、重野安繹『赤穂義士実話』(大成館、一八八九年)、福本日南『元禄快挙真相録』(東亜堂書房、一九一四年)、田村栄太郎『裏返し忠臣蔵』(再建社、一九五六年)、渡辺世祐『実説赤穂義士物語』、松島栄一『忠臣蔵』(『岩波新書』五四一、一九六四年)、『赤穂市史』二

(松島　栄一)

赤穂義士史料《あこうぎししりょう》　中央義士会の編纂した赤穂事件に関する史料集。全三巻。昭和六年(一九三一)刊行。赤穂事件に関する書翰類・記録などは、それに対する事件後の関心の高揚もあって、きわめておびただしいものがある。すでに鍋田晶山によって『赤穂義人纂書』の編集さえ行われてきたほどである。明治・大正年間(一八六八—一九二六)を通じて、さらに多くのものが、新しく発見もされ、報告もされた。それで明治四十五年に発足していた中央義士会は、東京帝大史料編纂官渡

辺世祐を中心に、信頼するにたる史料集の刊行を企画し、完成したものがこれであって、記録類三十七種と書状三百余通を収録している。すでに義人纂書に収められているものも、原本もしくはそれに近い写本によって校訂を加えたものもあるし、また新しく発見されたさまざまの日記・覚書の類や、書翰など、根本史料が厳密な校訂を加えて収められている。特に赤穂浪士の「親類書」などは、纂書も収めえなかったもので、浪士切腹の直前に書いたもので、その全部が遺されているわけではないが、ここに収められているし、『堀内伝右衛門覚書』も、正確に校訂されている。また事件後の世論についても考慮されており、多くの意見が集められている。なお、この書の刊行は、昭和六年が、赤穂事件の発端から二百三十年目にあたるので、その記念を兼ねて刊行されているのである。ただ残念なことは、吉良方の史料に関しては、ほとんど無視されていることである。その後発見された赤穂義士書翰と未刊史料が、昭和五十九年『未刊新集赤穂義士史料』として同義士会から刊行された。

（松島　栄一）

赤《あ》穂《こう》義《ぎ》人《じん》纂《さん》書《しょ》　赤穂浪士関係の論説、浪士の伝記・書簡などを集めたもの。磐城平藩士鍋田晶山の編したもの。晶山は名を三善といい、別号は静幽堂ともいう。嘉永ごろの成立か。原本は早く散逸したらしく、今日国立国会図書館に伝わる写本十八巻十四冊が、刊行の際に底本とされたもので、他には葵文庫などに一部を伝えている。この書は、晶山が数十年にわたって、赤穂浪士関係の資料を、広く求めて編纂したもので、真偽・虚実を含めて約百四十種の史料が収められている。これに漏れたもののうち、比較的正確な史料十七種を西村豊が補遺に収めている。事件直後からの四十七士もしくは四十六士の行動を義挙とするもの、あるいは批判するものをできるだけ集め、また『多門伝八郎筆記』『堀内伝右衛門覚書』など有名な見聞史料や、偽説として有名な『妙海語』などまで収めている。補遺は『堀部武庸筆記』『徂徠擬律書』『赤穂義人録』などを収めている。この刊行によって、いわゆる義士研究もすすんだし、福本日南などは『元禄快挙録』を書き改めたほどである。刊本としては国書刊行会本全三巻がある。

（松島　栄一）

赤《あ》穂《こう》義《ぎ》人《じん》録《ろく》　赤穂浪士賞揚の立場から事件を扱った代表的な書。『赤城義人録』『義人録』『赤穂義測録』ともいう。室鳩巣著。二巻一冊。元禄十六年（一七〇三）十月の自序が付けられているが、宝永六年（一七〇九）定稿といわれている。赤穂浪士の事件の直後から、義士の義挙であるとしてその行為を称揚する立場で、また非難論に対抗する意味でこの書がまとめられた。はじめに事件の始末を詳述し、つづいて四十七士の小伝を記してる。草稿は前田育徳会に蔵せられ、昭和十年(一九三五)複製本が同会で刊行された。この書の写本は多く各地の文庫・図書館に蔵されており、刊本としては『赤穂義人纂書』補遺、『日本教育文庫』六、『国民思想叢書』九、『日本精神文献叢書』一四、『日本思想大系』二七、『甘雨亭叢刊』『翁草』『尊経閣叢刊』などに収められている。(松島　栄一)

尼崎藩(あまがさきはん)

摂津国(兵庫県)尼崎を藩庁とした藩。尼崎は、織田信長入京当時、矢銭の賦課を拒否して焼き払われたが、荒木村重が摂津守護となるやその治下になり、もと細川高国の築城した尼崎城を改築整備したと思われる。村重が信長にそむいて後、天正八年(一五八〇)この地方は池田信輝に与えられ、尼崎にその子輝政が居住した。同十一年池田氏は美濃に移され、豊臣秀吉の養子秀次がそのあとを領するが、同十三年秀次が近江に移されたので、秀吉の直轄地となったらしい。建部高光が尼崎郡代となり、関ヶ原の戦後も建部氏の支配がつづいた。大坂の陣で孫政長が徳川氏のために働いたので、元和元年(一六一五)尼崎で一万石の大名となり、同三年播州揖東郡の大名となった。かわって同年、戸田氏鉄(譜代・城持)が近江膳所から入部し、ここに譜代尼崎藩が成立した。氏鉄は幕命によって尼崎城を新築するが、大坂城の支城としてであろう。また氏鉄は近世的城下町の形成にも務めた。その具体的状況は明らかではないが、のちの史料でわかる城下町の配置は氏鉄時代に始まった。

まず城郭内のほか城をとりまく地域に侍屋敷を建設、特に城の西北の侍町が大きい。また、もと城内の大覚寺・本興寺などや大物町の広徳寺・栖賢寺などを集め、城の西北に寺町をおいた。町場は、城東の辰巳・風呂辻・市庭・別所の旧尼崎四町と、その北にある大物町をあわせた旧町場を中心として、道路の拡張新設で改造したほか、城西に中在家町・宮町の新町をひらいて碁盤形の市街とした。築城によって中国街道が中断されたため、城南を迂回する新街道筋を作った。次の青山氏の時、城南に築地町をおいたので、尼崎城下は八町となった。さて戸田氏は寛永十二年(一六三五)美濃大垣に転封、同年遠江掛川から青山幸成(譜代・城持)が五万石の大名として入部、幸利・幸督・幸秀とつづいた。幸成・幸利は新田開発を奨励し特に武庫川ぞいで成果をあげ、四千石に近い新田を得た。尼崎城下も繁栄し銀札が流通(寛永十四年)、まもなく藩札も発行(元禄十四年初見)された。このような商業発展の背後に、この地方の諸産業の発達がある。

すでに寛永以前尼崎城下に干鰯問屋があったと伝えるが、

その需要は米・綿・菜種栽培の肥料としてあった。また『摂陽群談』（元禄十四年）は、尼崎・西宮・兵庫津の漁業、鴻池・山田の酒造業、西宮の製飴業、兵庫津の酢造業を伝えている。正徳元年（一七一一）青山氏は信州に転封、同年遠江掛川から松平忠喬（譜代・城持）が四万石の大名として入部、忠名・忠告・忠宝・忠誨・忠栄・忠興とつづいて明治維新にいたる。『摂津志』（享保二十年）は松平氏治下の藩内諸産業の発達を伝える。すなわち、川辺郡で尼崎の海蛤・赤貝や田能の筵《むしろ》、武庫郡で西宮の鯛・ひしこ・酒や鳴尾の水瓜、菟原郡で御影石や魚崎の酒や住吉五毛など水車製の燈油、矢田部郡で兵庫の酢・海魚・ひしこなどがみえる。享保以降特にこの地方で綿作・綿織物業が発展、尼崎城下や西宮で綿繰業が展開した。天明二年（一七八二）には綿作農民が城下に愁訴するという珍しい事件までおこしている。菜種作も発展し、はやくも明和三年（一七六六）には武庫郡の藩内の村々を含め五十五ヵ村が、大坂油屋仲間の菜種絞り油独占に反対する訴願をおこしている。藩内の灘目の水車絞り油業や酒造業は十八世紀を通じめざましく発展した。

明和六年、幕府は今津・西宮から兵庫津までの灘目の村々を収公したため、藩は播磨にその替地を与えられたが、藩財政は危機となった。よって天保十二年（一八四一）から鶏卵専売制をしき、家別月二個（のち三個）の卵上納を命じその代銭納も認めた。幕末には、海岸防備や長州征討で西国への公用人馬が激増し、尼崎・神崎などの宿駅をもつ藩内の村々は助人足が強化され、実人足のほか代銀納に追われた。明治四年（一八七一）七月の廃藩置県で尼崎県となるが、同年十一月兵庫県に統合された。播磨の藩領は、多可郡・宍粟郡・赤穂郡に一万三千石余あったが、これは同年尼崎県から姫路県に移された。

参考文献　『尼崎市史』、尼崎市立地域研究史料館編『尼崎地域史事典』（一九九六年）、永井久美男「西宮銀札の「甲子」押懸け印」（『地域史研究』三二ノ二、二〇〇一年）

（高尾　一彦）

藩校　藩主松平忠喬以来、藩士子弟の教育を家塾・私塾に委ね、藩校の設けられたのは明治維新後である。享保中、阪本杏隠が藩儒となって家塾を開いてから、順庵・幸庵・弦山・宣義・文仲・宣内・準平と家学を継承し、その家塾清熙園が藩校の機能を果たした。文政年間（一八一八―三〇）ごろ、徂徠学派の藤沢東畡を大坂から召して賓師とし、天保元年（一八四〇）ごろ高弟中谷雲漢を儒官とした。また慶応三年（一八六七）洋学者奥川一郎らを聘して教学を興した。ついで明治二年（一八六九）正業館を設け、中谷雲漢を督学に任じて学制を整え、文武両道の教育を創始して四民に解放したが三年の後、廃校となった。皇漢学・医学・習字・算術・諸武芸などの諸科を立てていた。尼崎藩の学風は元和以来、建部・戸田・青山三氏の治世九十余年の間、もっぱら朱子学を遵奉したが、松平氏入封の後享保より明治廃藩に至るまで百五十余年間徂徠学で一貫した。なお江戸の藩邸では寛政五年(一七九三)から服部小山が松平忠宝へ出講を始め、のち私塾止善舎となり、服部南郭の子孫一門が藩儒として徂徠学を紹述し、藩主・藩士を教導していた。

参考文献　文部省編『日本教育史資料』一、岡本静心『尼崎藩学史』、笠井助治『近世藩校に於ける出版書の研究』(吉川弘文館、一九六二年)、同『近世藩校に於ける学統学派の研究』下(吉川弘文館、一九七〇年)　(笠井　助治)

藩札　尼崎藩においては、はやくから私札の発行がみられたが、藩札として最初に発行されたのは寛文・延宝年間(一六六一―八一)といわれるが、現存する銀札などからは断定できない。貞享元年(一六八四)の西宮銀札が現在確認できる最古の藩札というのが定説になっているが、近年の研究では、この藩札は延享元年(一七四四)発行札で、「甲子」の押印を貞享元年と誤認したとされる。ただ宝永四年(一七〇七)以前に藩札が発行されたことは事実である。享保十五年(一七三〇)には藩札再発行の許可令に基づいて銀札が発行された。寛保三年(一七四三)になって、尼崎藩当局は同藩札を御救銀札と名づけ、この貸付により領国経済の窮状を打開しようとした。その後、延享四年(一七四七)・寛延三年(一七五〇)・宝暦三年(一七五三)・同七年・九年・十年・十一年において各種の札元により藩札が発行された。明和六年(一七六九)の兵庫津・西宮など灘目の上知に伴い尼崎藩札の統一がはかられるようになり、安永六年(一七七七)に掛屋の泉屋利兵衛が新銀札を発行し、寛政九年(一七九七)からは掛屋の樋口屋十郎右衛門札も加わり、統一的な銀札制度に切り換えられた。その後、文政元年(一八一八)には尼崎引替役所から銀札が発行され、統一が完成した。明治元年(一八六八)には金札二種、銭札六種、同二年には尼崎藩紙幣局から金札三種がそれぞれ出されている。藩札のほかに、安政五年(一八五八)以後、明治にかけて、西宮・鳴尾・生瀬・名塩などで両替手形といわれる一

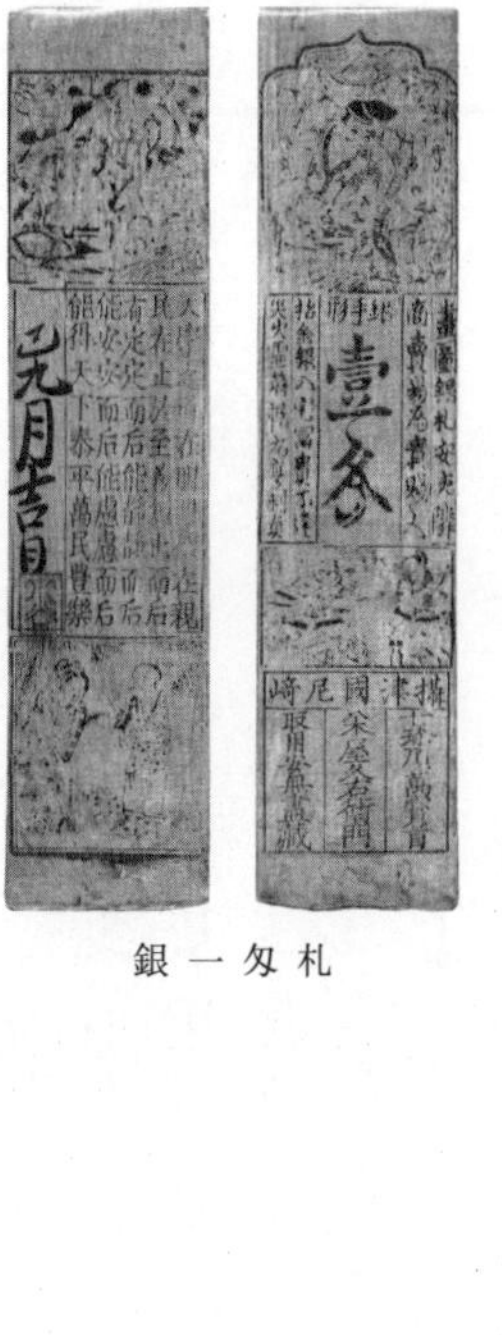

銀一匁札

種の私札が西宮町惣会所・西宮本陣はじめ、両替屋・米問屋・酒造業者などにより発行され、かなり広い範囲において流通していたことは注目されよう。これらの私札は一般に大阪地方両替手形と総称される。

参考文献　『尼崎市史』二、『西宮市史』二、永井久美男「西宮銀札の「甲子」押懸け印」(『地域史研究』九二)

(作道洋太郎)

安志藩（あんじはん）

播磨国(兵庫県)安志を藩庁とした藩。藩主小笠原氏。譜代。陣屋持。大坂の陣で戦死した小笠原忠脩の子長次は、長ずるに及び寛永三年(一六二六)播州竜野に六万石を与えられた。同九年十月には、豊前国中津に八万石で移封された。のち長次から六代目の長興が、享保元年(一七一六)再び播州で一万石を得て、翌二年朱印状の下付を受け安志(安師)に陣屋をおいた。以後、長逵・長為・長禎・長武・棟幹とつづき、貞孚に至って明治維新を迎えた。明治四年(一八七一)の廃藩置県で同年七月十四日安志県となったが、同年十一月二日他九県とともに姫路県となった。

参考文献　『兵庫県宍粟郡誌』、『安富町史』

(高尾　一彦)

藩校　小笠原長興は豊前国中津より転封され、享保三年(一七一八)学問所を安志に設け、学識ある藩士を教師に任じて子弟の教育にあたらせた。その後寛政二年(一七九〇)美作国の儒者稲垣隆秀を招いて学問所の教頭に任じ学校組織を整えた。隆秀は大坂の懐徳堂主中井竹山の弟子で朱子学を主とし、また陽明学を奉じて士人の教化に努めた。この学問所は弘化元年(一八四四)明倫堂と改名され、文学所・武術所に分かれていた。藩士子弟は入学を義務づけられ、文学所では漢学・習字・習礼を、武術所では弓・剣・槍・柔・馬・砲術などの諸武芸を学んだ。八歳で入学し十八、九歳で終業、在学生徒の数は平均百三十余名、漢学は四書・五経・『春秋左氏伝』などを教科書として素読・解釈・講義を修め、習字は、いろは・日本数字・干支・藩中苗字名頭などを習い、小笠原流の礼法を学んだ。平民の子弟の入学は許されず、志あるものは私塾・寺子屋などで学んだ。この明倫堂は明治廃藩に伴い廃校となった。

参考文献　文部省編『日本教育史資料』六・一二、『兵庫県教育史』、笠井助治『近世藩校に於ける学統学派の研究』下(吉川弘文館、一九七〇年)

(笠井　助治)

出石藩（いずしはん）

但馬国出石(兵庫県豊岡市)を藩庁とした藩。文禄四年(一五九五)小出吉政に始まり、幕府領の期間をはさんで松平家(藤井)、仙石家と続いて明治を迎えた。小出家(外様・城持)は、吉政・吉英・吉親・吉英(再封)・吉重・英安・英益・英長・英及。元禄九年(一六九六)嗣絶。久世重之が在番一年。松平忠周(忠徳)(譜代・城持)は武州岩槻より同十年に移封し、宝永三年(一七〇六)信州上田へ転封、代わって仙石家(外様・城持)が同年信州上田より移封。政明・政房・政辰《まさとき》・久行・久道・政美・久利・政固と世襲。明治二年久利は版籍を奉還し、同四年七月、出石藩(藩知事仙石政固)を廃して出石県となる。同年十一月豊岡県に合併。

石高は小出吉政六万石、第二次吉英五万石、松平忠周四万八千石、仙石政明五万八千石、仙石久利三万石。領地は宝暦年間(一七五一—六四)の場合、但馬四郡(出石・養父・気多・美含)、丹後二郡(竹野・熊野)、美作一郡(勝南)、朱印村数二百七十ヵ村。また領下の一揆の発生数は四件。その内小出氏治下で二件起きた。すなわち、その一は正保二年(一六四五)小出吉英の行なった領内の全面的検地に対する三宅村の再検地の要求であり、小出氏は屈して承応二年(一六五三)検地をやり直した。その二は小出の世系に急死・夭死が続き、元禄四—九年の五年間に四代も藩主が交代し、結局嗣絶となったが、この不安定な政治情勢が背景となり、同九年藩主小出英及の死が報ぜられると同時に、城下の出石で発生、目標は金融業者と新田開発地主であった。

ところで領下は寒冷単作地帯に属し、農業生産力の低位性は貨幣経済の浸透とともに、藩財政に大きく影響していた。銀札交換歩合も隣藩の豊岡藩(一万五千石)に比して悪かった。仙石氏治下に入るや、領下の養父郡では上垣国守が養蚕業の指導を行い、商業的農業への転換に努力をするが、それは安永期ごろからのことで、藩財政克服のために延宝二年(一六七四)藩札をはじめて発行し、明和元年(一七六四)から始められた出石焼を寛政年間(一七八九—一八〇一)に藩有とし、産物会所を設けるなど藩政改革をはかるが仙石氏治下においても二件の一揆が起きた。明和五年には十三ヵ村が、天保元年(一八三〇)には、但馬でも最大規模のもの三十ヵ村が一揆に参加し、貢租減免を要求した。同六年の仙石騒動は、家老仙石左京が主家の支流たる関係を利用して、継嗣に己が子を立てようとしたとして、これに反対する家臣が幕府に訴えた事件で、左京は反逆罪に問われ、出石藩も三万石に減知された。史実は、左京の藩財政危機回避の重商政策に対する保守派の反対であった。藩政史料は、文化十二年(一八一五)—明治四年の日記が『御在城日記』『御留守居日記』の題にて記録され、感応殿(仙石氏の世系を祀る神社)に蔵せられている(『(分類)

出石藩御用部屋日記』として記載内容の索引が出版されている)。

参考文献　桜井勉『校補但馬考』(臨川書店、一九七三年)、『神美村誌』、『出石町史』、『兵庫県史』　(石田　松蔵)

藩校　藩校の創設は安永四年(一七七五)藩主仙石政辰《まさとき》の時である。政辰は好学の士で、郭内二ノ丸東門外に学問所を設けて文教を興した。天明二年(一七八二)久行の時これを拡張造営して弘道館と名づけ、京都の伊藤東所を招いて開講したので、以来藩学に仁斎派の古学の展開をみ、のち文化八年(一八一一)には聖堂も建営された。元来、弘道館は藩士子弟の教育所であったが、明治維新に際して学制を革新し、文化七年に設けられ文政九年(一八二六)に廃された寄宿寮幽蘭舎を復興して士民の入寮を許し、また武校を開設したが、明治三年(一八七〇)には弘道館の管下に女子上下校を新設して、士族・徒士以上の女子は上校へ、足軽以下平民の女子は下校へ入学させ、講釈・読方・裁縫・家事を学ばせた。また庶民教育のため市郷校を設けた。弘道館の学寮・小学寮・蒙養寮・念書寮では和学・漢学・習字・習礼・兵学などを修め、洋学・医学・算法は師家の教場で、諸武芸は館の内外で稽古した。和学が早くから開けて尊重されたこと、女子教育に意を注いだことは弘道館の特色である。在学生徒は維新前には常に二百数十人に及んでいた。

参考文献　文部省編『日本教育史資料』五・一〇、『兵庫県教育史』、笠井助治『近世藩校に於ける学統学派の研究』下(吉川弘文館、一九七〇年)　(笠井　助治)

仙石騒動《せんごくそうどう》　但馬国出石藩の財政再建や領主死去をめぐっておきた仙石左京・仙石主計ら家臣対抗事件。左京・主計の両家は藩主支族にあたるため、藩の要職にあったが、中老で勝手方頭取をかねる仙石久恒(主計の父)は、文化十三年(一八一六)十ヵ年の倹約令を発し同十五年には家中の「暮方半減令」をしき、文政二年(一八一九)不換紙幣たる切手札を通用させ産物会所も設けて、財政建てなおしをはかったが成功しなかった。そこで大老仙石左京は同三年仙石久恒の頭取をやめさせ、翌四年みずから頭取をかねて財政再建に乗り出す。すなわち同年藩士知行の借上を命じ、大坂御用商人から五万両借りて藩札の準備金にあて、現金出入を総括管理する勘定吟味役をおき、翌五年から御用銀の賦課、問屋株仲間の編成、領内産生糸の産物会所による統制など、重商主義的新政策を発令した。しかし翌六年の出石出火や豊岡藩の円山川通行妨害が左京反対派を力づけ、知行借上の中止や左京の頭取解任となった。勝手方には反左京派の荒木玄蕃・仙石久恒が就任し、改革の主導権をめぐる対立感情が激化した。翌文政七年藩主仙石政美が江戸で死去し、仙石左京は息子小太郎と出府したため、主家横領の疑惑をまねいた。

新藩主は末弟の久利、後見は隠居中の前藩主久道と決まったのち、政治の実権は仙石久恒らに移る。そしてすべての体制を文政四年の左京改革以前に戻し、翌八年に仙石左京の大老職を解いた。しかし財政危機ゆえ上米令を実施せざるをえず、倹約と商業抑制を基本とした政策をとった。ところが翌九年久恒方に内紛があって、久恒の子久照(主計)を残すほかは失脚処分をうけ、久恒はショックで死亡、主計も翌年解職される。ここで左京が政権に再登場するが、文政十年左京は家族一人当り一石八斗扶持する以外は借り上げる面扶持《つらぶち》を実施、同十二年年貢定免制を発令、店役運上を復活させ、翌天保元年(一八三〇)諸商売物値段方支配の職を設置した。この年藩内出石郡村々で一揆がおこっている。また天保二年左京は小太郎の嫁に播磨国平福五千石の領主松平主税の娘を迎えたが、これが老中松平康任の姪であったから、左京反対派を刺激した。

翌三年正月荒木玄蕃・仙石主計らは後見の前々藩主久道に左京の主家横領の野心あるを訴え、その罷免を要求したが、容れられず、かえって減知・隠居・逼塞を命じられ、主謀の河野瀬兵衛は追放された。河野瀬兵衛は同四年江戸に出て神谷転と協力し、左京の主家横領の野心を訴える上書を作成、老中や仙石支族に訴えた。しかし瀬兵衛は翌五年但馬生野で捕えられ六年に処刑された。神谷転は同六年江戸町奉行所に捕えられたが、当時下総小金の一月寺虚無僧となっていたため、寺社奉行が瀬兵衛の上書を得て老中に伺いを出した。老中首座松平康任がこれに関係するため、将軍徳川家斉は老中水野忠邦・寺社奉行脇坂安董に仙石家の内紛を吟味させることとした。水野忠邦は老中首座を望み脇坂安董は寺社奉行以上の出世を望んだため、仙石家の内紛はまさしく主家横領事件として、幕閣の主導権争いに利用されたといわれる。仙石左京は脇坂らの厳しい尋問の上、同年暮水野忠邦から獄門の処断をうけた。年寄岩田静馬ら死罪以下の裁許のほか、藩主仙石久利は「家政向き不取締り」で拝領高五万八千石余のうち二万八千石余を上知の上閉門となった。関係の老中首座松平康任は隠居謹慎、嫡子康爵は転封を命じられた。これに対し、寺社奉行脇坂は翌天保七年西ノ丸老中格、翌八年老中という異例の出世をみた。水野忠邦は同十年に老中首座となって望みを達している。これを世に「仙石騒動」とよんでいる。しかし減知された出石藩では、仙石左京に重用された関口齢助を再登用し、産物会所の復活など左京路線を踏襲。これが幕府に知れ、天保十四年、関口逮捕が命じられ関口は切腹、関係役人も処分された。第二次仙石騒動である。

参考文献　宿南保『仙石騒動』（『兵庫の歴史』一、神戸新聞出版センター、一九八五年）、石田松蔵『新しい但馬の歴史』、『出石町史』一

（高尾　一彦）

小野藩（おのはん）

播磨国（兵庫県）小野を藩庁とした藩。藩主一柳氏。外様、陣屋持。一万石。初代直家は、寛永十三年（一六三六）伊予の一万八千六百石と播州加東郡の一万石をもらい、翌年に着封した。しかし、直家は伊予に住し、播州の敷地村に役人をおいて知行した。同十九年直家が急死、末期養子は認められなかったが、もと出石藩主小出吉親の次男直次が、直家の女婿となり、一万石を与えられた。その時播州の一万石を選び、同二十年に着封した。のち、承応二年（一六五三）小野に陣屋を設け城下町を建設した。以後、末礼・末昆・末栄・末英・末昭・末周・末延・末彦とつづいて、十一代末徳に至って明治維新を迎えた。明治四年（一八七一）の廃藩置県で、小野県となったが、さらに同年姫路県に合併された。

参考文献　『小野市誌』

（高尾　一彦）

藩校　藩邸内には博習館という学舎が設置され、藩士子弟の教授がなされていた。ここでは藤森弘庵が教授にあたったが、天保五年（一八三四）に家老らとの対立から藩を去った。一時藩学が停滞するが、二年後に国学者の大国隆正を招聘した。同八年には帰正館が創設され、大国が国学を主に学則・教授要目を定めて基本方針を示した。これにより、帰正館では国学が重視されたのである。文久二年（一八六二）、藩士のみならず、庶民の入学を許可している。

参考文献　鈴木正幸他『兵庫県の教育史』（思文閣出版、一九九四年）、笠井助治『近世藩校に於ける学統学派の研究』上（吉川弘文館、一九六九年）

（工藤　航平）

柏原藩（かいばらはん）

丹波国柏原（兵庫県丹波市）を藩庁とした藩。最終の藩主の織田家は外様、陣屋持。伊勢国安濃津の城主織田信包（信長の弟）が慶長三年（一五九八）豊臣秀吉の命により柏原三万六千石の領主として転封し、信則、信勝がつぎ慶安三年（一六五〇）まで統治したが、嗣子なく没したため所領没収され四十五年間天領。元禄八年（一六九五）織田信休大和国宇陀郡松山より柏原二万石の藩主となり明治維新まで襲地として継続した。藩主歴代は、信休、信朝、信旧、信憑、信守、信古、信貞、信敬、信民、信親。藩校の源流は文政五年（一八二二）ごろ邸

内に設けられたといわれ、弘化二年(一八四五)小島省斎を招いた。嘉永三年(一八五〇)邸内から北町に移して、又新館と命名したが、手狭となり、安政四年(一八五七、一説に安政五年とも)校舎を建築し崇広館と改名した。藩士子弟を十歳で入学させ、平民子弟も維新後は入学を許されたが、明治四年廃校。明治四年五月藩兵を解体し、七月藩を廃して柏原県をおく。信親は藩知事を免ぜられ、大参事津田要が県務を代理した。十一月柏原県を廃して柏原局と改め、豊岡県。同五年三月柏原は豊岡県の第三十七区に定められた。

参考文献　丹波史談会編『(丹波)氷上郡志』、篠川直『柏原藩史』(一八九八年)『兵庫県教育史』、『兵庫県史』

(岡　光夫)

藩校　大和国松山から柏原に移封となった織田信休は、藩邸内に学問所を開設したというが、藩学として整備されたものではなかった。弘化二年(一八四五)、藩主信貞は小島省斎(折衷学派)を招き、藩邸にて隔月五日間の経世の講義を受けた。嘉永三年(一八五〇)、又新館創設にあたって省斎は藩儒となるが、ここでは朱子学を講じた。安政三年(一八五六)には又新館を崇広館と改称するが、その創設と運営には省斎の尽力があった。省斎は藩学教授だけでなく、藩政改革の進言のほか、藩主に尊皇攘夷を勧めており、政治的にも重要な役割を果たしていた。崇広館に入学した者は柏原藩士だけでなく、周辺諸藩士もおり、尊攘運動とも深い関わりをもった。

参考文献　鈴木正幸他『兵庫県の教育史』(思文閣出版、一九九四年)、笠井助治『近世藩校に於ける学統学派の研究』上(吉川弘文館、一九六九年)、『兵庫県史』五

(工藤　航平)

加古川藩(かこがわはん)

播磨国(兵庫県)加古郡西部で糟屋氏が豊臣秀吉に安堵された領地を指すが領域は明らかでない。糟屋氏は鎌倉幕府の御家人に出自し、戦国大名別所氏の配下で加古川城にいた。秀吉の三木城別所氏攻略の際、加古川城主糟屋朝正の養弟武則が秀吉に属し、加古川一万二千石をもって家名を存続した。武則は秀吉の小性頭となり、戦功を重ねたが、関ヶ原の戦で糟屋氏は西軍に属し、領地を没収され、姫路藩(池田輝政)に含められた。なお『廃絶録』は、「糟屋内膳正宗孝、慶長七年(一六〇二)召し出され、後に断絶す」と記すが、これは旗本に抱えられたのであって、すでに姫路藩領となった旧領を回復したのではない。宗孝は大坂冬の陣で戦死し、断絶したと伝える。なお加古川城は元和元年(一六一五)六月破却された。

参考文献　『加古川市誌』一、『加古川市史』二、糟谷正勝

『播磨糟谷家の系譜』(みるめ書房、一九九三年)

(阿部　真琴)

篠山藩(ささやまはん)

丹波国(兵庫県)篠山を藩庁とした藩。譜代。城持。この地は、八上城の前田茂勝(前田玄以の次男)が領有していたが、慶長十三年(一六〇八)に狂乱して隠岐に流された。その後に篠山は幕藩体制の一藩となり、畿内に接する位置を占めていたので、一貫して譜代大名を配置した。慶長十三年に常陸笠間三万石の松平(松井)康重が二万石を加増されて八上に入部し、ついで同十四年に完成した篠山城に移り、治世十一年にして元和五年(一六一九)に和泉岸和田へ移封となった。代わって上野高崎から松平(藤井)信吉が入部し(五万石)、嗣子忠国は城下町を整備し、文芸を奨励するなど、治世三十年にして慶安二年(一六四九)播磨明石へ移封となった。

ついで摂津高槻から松平(形原)康信が入部し(五万石)、典信・信利・信庸・信岑と五代、百年間にわたり在藩し、寛延元年(一七四八)丹波亀山へ所領替となった。これと交代で同地から青山忠朝が入部し、以後、忠高・忠講《ただつぐ》・忠裕《ただやす》・忠良・忠敏の六代、百二十二年目の明治四年(一八七一)に廃藩となった。また忠裕が老中となって幕政に参画し、その功で文政

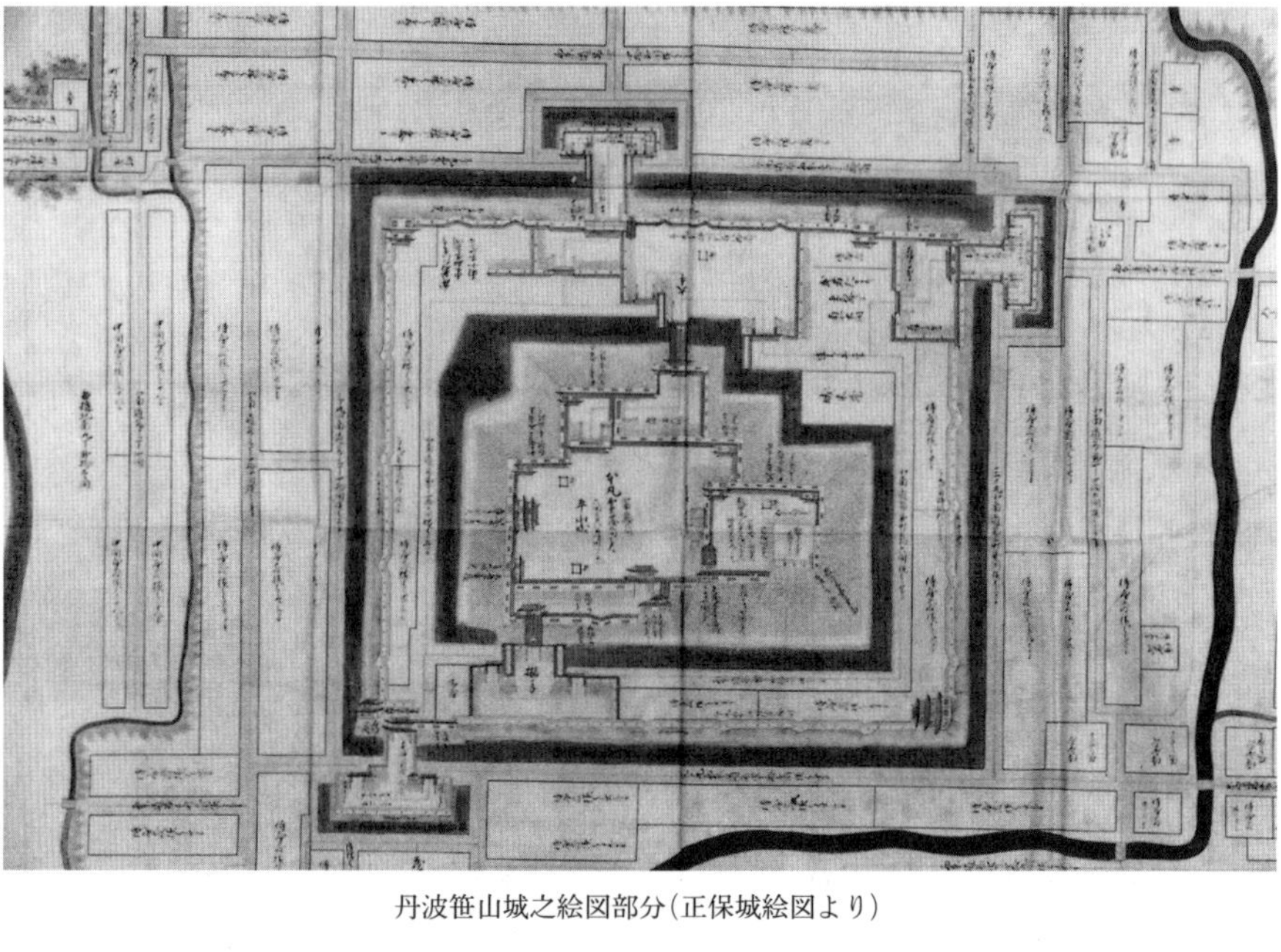

丹波笹山城之絵図部分(正保城絵図より)

十年(一八二七)に遠江国榛原郡と城東郡で一万石を加増された。廃藩によって明治四年七月に篠山県となり、十一月に生野・柏原・出石・村岡・豊岡など十県とともに豊岡県となったが、同九年に兵庫県に編入された。

藩制時代の貢租は、十七世紀中葉すぎの延宝年間(一六七三—八一)から、十八世紀初頭の宝永年間(一七〇四—一一)までが高く、以降は減少して固定する。そのため藩財政は苦しくなり、貢租米を目当てに大坂商人から先納銀を借りたり、また豪農・豪商や村に割り当てて借銀をしたりし、その累積は明治三年に二十八万両となった。特産物は第一に茶で、茶園は慶長十九年に四十一町にすぎなかったが、文政八年には三百五十町歩に達し、生産量は十万貫である。販売先は大坂で、はじめは山元へ買出しにきていたが、西日本で産地がふえてから大坂では価格を引き下げたので、文政六年から藩専売にしてこれに対抗した。特産物の第二は立杭焼で、立杭三ヵ村がこれに従事し、農業と兼業で営まれた。これも藩専売であったが、他国の優秀な焼物に押されて競争に敗れ、多量の借財を生じた。

参考文献　橋本常助編『篠山城築造並城主沿革史』(岡光夫所蔵)、大石貞吉編『多紀郡明細記』(篠山町立本郷図書館所蔵)、岡光夫『封建村落の研究』(有斐閣、一九六三年)、同「篠山藩」(『新編物語藩史』八、新人物往来社、一九七七年所収)

(岡　光夫)

藩校　藩校振徳堂は藩主忠朝の明和三年(一七六六)に篠山城外西堀端に開設され、のち養正斎(文学科)・成始斎(習字科)・攀桂楼(聖廟)が増設されて、大坂の人関南瀬(文平)を聘し藩内の有志者にもっぱら漢学を学ばせた。江戸藩邸内にも学校が設けられた。ついで藩主忠裕《ただやす》は京都から福井敬斎(軏)を招いて学事振興をはかり、藩士の子弟は必ず入学させた。漢学のほか筆・習礼の科を増設し、武芸に弓・槍・剣・兵学・砲術・柔術・捕方などの諸科を設けて文武両道の教育を行なった。校域三百余坪、建坪七十九坪余。嘉永年間(一八四八—五四)藩主忠良は教育の刷新を図り、明治維新後は学規学則を改め、漢学のほかに皇学・洋学・医学・砲術を加え、新時代に応じる教育を施した。藩校ではおよそ八歳で小学に入り、十五歳までの課程を経て十六歳から中学に入って専門学を修め二十二歳で卒業、うち俊秀な者のみが選ばれて大学に入学する規定であった。教職員数は年平均五十余人、生徒数は維新前、年平均二百余人、維新後は増加して三百余人であったという。漢学の学風は初め伊藤仁斎の古学、天明以後は朱子学風を遵奉した。藩から『大学衍義補』百六十巻をはじめ数多くの書を出版し、また原則上、庶民の入学を許可していたことは意義深い。

【参考文献】文部省編『日本教育史資料』五・一二・一六、笠井助治『近世藩校に於ける学統学派の研究』下（吉川弘文館、一九七〇年）、同『近世藩校に於ける出版書の研究』（吉川弘文館、一九六二年）

（笠井　助治）

佐用藩（さよはん）

播磨国佐用郡平福《ひらふく》（兵庫県佐用郡佐用町）に拠った藩。平福藩ともいう。藩庁は佐用城といわれるが、平福の利神城のことと思われる。藩主は松平輝興。輝興は池田輝政と徳川家康娘督姫（富子）との子である。もと督姫化粧料十万石のうちで、元和元年（一六一五）督姫とその子忠継が相ついで没したため、宍粟郡三万八千石は輝澄に、赤穂郡三万五千石が政綱に、佐用郡二万三千石は輝興に相続された。輝興の分は二万五千石であるともいわれる。しかし寛永八年（一六三一）輝興が兄政綱の継嗣となって赤穂に移封したため、旧領は収公され、佐用城も廃棄された。このあとを宍粟郡山崎城主となった輝澄が管轄したが、同十七年家臣争論の責めを負って輝澄は改易となり、一時松平光仲（池田忠雄の嫡男）が預かったが、結局佐用藩は輝興一代で廃絶したと見られる。なお所伝によれば利神城は別所氏が築いたもので、池田輝政甥の池田由之が増改築し、輝政弟長政が慶長十二年（一六〇七）城主となり、のち督姫に帰したとする。

【参考文献】『寛政重修諸家譜』第五、『佐用郡誌』

（高尾　一彦）

三田藩（さんだはん）

摂津国（兵庫県）三田を藩庁とした藩。藩主は山崎・有馬・松平の諸氏を経て九鬼氏。外様。陣屋持。天正十年（一五八二）山崎片家が二万三千石で三田の城に入り、同十九年その子家盛が遺領を嗣ぐ。慶長五年（一六〇〇）関ヶ原の戦で徳川家康に通じた家盛は因幡に加転封。同六年有馬則頼が二万石で入封したが翌年没し、その子丹波国福知山藩有馬豊氏の領となった。豊氏は元和六年（一六二〇）筑後国に移ったため、天領となったかと思われる。寛永三年（一六二六）松平重直が三万石で入封したが、同九年豊前に移され、翌十年志摩鳥羽から

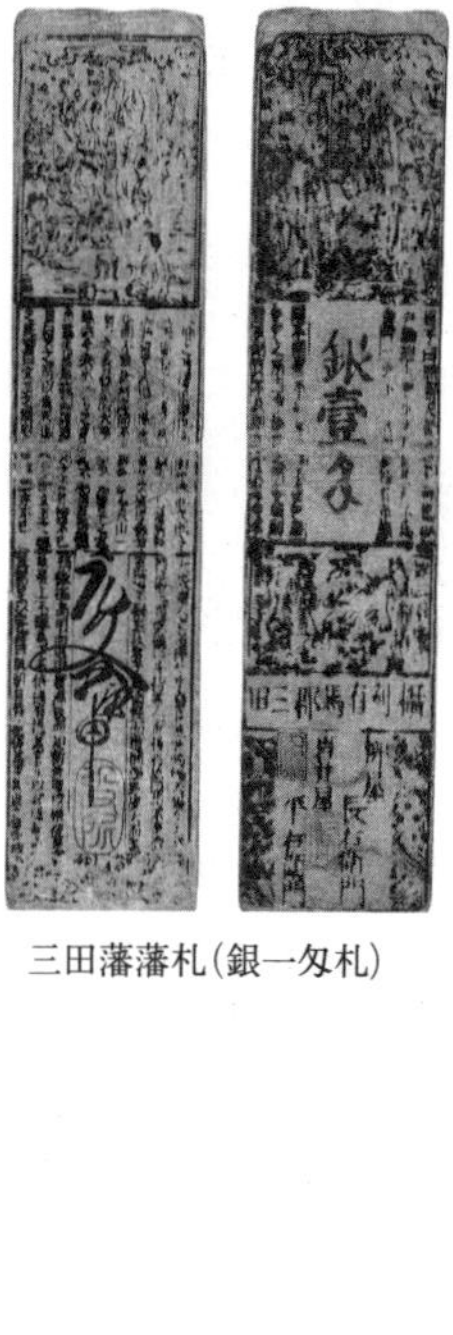

三田藩藩札（銀一匁札）

九鬼久隆が摂津三田に三万六千石で移ってきた。これは有馬郡で三万石、丹波国氷上郡で六千石である。久隆以後、隆昌・隆律・副隆・隆久・隆抵・隆由・隆邑・隆張・隆国・隆徳・精隆と続き、隆義のとき明治維新を迎えた。

　三田の城下町がひらかれたのは天正年中で、中心部を三田三筋の町と伝えるが、現在の北町・本町・南町である。三田城の位置は車瀬の古城跡らしく、その城内に九鬼氏の陣屋が設けられた。町屋は武庫川両岸に発達し、本町は旧西国街道ぞいの宿場となった。藩士は寛文ころ百三十一人あり、元禄ころ家老四人・番頭二人・物頭六人・目付三人・奉行所五人・寺社郡奉行両役三人がいる。領内は三田町を含む上郷十六町村、下郷十四村、南郷十六村、北郷十三村、東郷十二村、西郷十三村、氷上郡十村に区画支配、代官・郷掛り・在吟味役の下に大庄屋・惣年寄・町年寄・郷組頭などがいた。元禄の『摂陽群談』は三田酒・九鬼殿石を、『摂津志』は砥石・桃・松茸・香(椎)茸・わらびなどの名産土産を記している。幕府は享保十九年(一七三四)から石代直段決定に三田の米相場を算入しているので、城下が米流通の拠点をなしたことが知られる。藩札も元禄ころ発行されたといわれるが、元文五年(一七四〇)のもの各種が残っている。寛保二年(一七四二)隆由は藩校国光館をひらいた。安永九年(一七八〇)三田付近で課役増徴に反対する強訴・打ちこわしがおこった。同じころから藩は事務簡素化や経費節約をはかっている。

　寛政十年(一七九八)藩を嗣いだ隆国は天保十年(一八三九)城主昇進。文政元年(一八一八)藩校造士館をひらいた。また蘭学を学ばせるため川本幸民を江戸に遊学させている。幕末にむかうや安政四年(一八五七)精隆は藩士に洋式砲術の修業をさせ、このころより洋式調練も始まった。同六年隆義が襲封するや白洲退蔵らを抜擢して藩政改革を進め、また新式銃を購入して兵制改革を行なった。明治二年(一八六九)年貢減免を訴える五十三村の百姓一揆が発生し、その目的を達したが、首謀者の仲惣左衛門らが処刑されている。なお同藩は維新にあたり帰農を奏請したことも注目される。同四年七月廃藩置県によって三田県となったが、同年十一月二十日には尼崎県とともに兵庫県に合併された。

参考文献　『寛政重修諸家譜』第一・七・八・一五、『三田市史』下

(高尾　一彦)

藩校　元禄七年(一六九四)、林信篤門下の白洲良幹を招聘し、その邸宅の傍らに国光館を創設した。白洲家は代々藩儒として教授に携わったため、開学以来、林家朱子学を奉ずる白洲家の影響が大きかった。文政元年(一八一八)には学舎を移転し、造士館と改称した。藩儒である白洲退蔵は、昌平黌

などで朱子学を学ぶとともに、洋学者でもあった。慶応年間(一八六五―六八)には、学科に洋学が加えられている。また、藩主九鬼隆義のもと、藩政改革とともに、明治二年(一八六九)には福沢諭吉の指導を受け、洋学校の設立を企図している。慶応二年に三田町をはじめ、郷中にも郷学校が設立された。しかし、明治二年の三田一揆の際には、旧弊に復することが掲げられ、その一つとして、郷学校廃止を要求し、藩当局は郷学校の廃止を決定した。

参考文献　鈴木正幸他『兵庫県の教育史』(思文閣出版、一九九四年)、笠井助治『近世藩校に於ける学統学派の研究』上(吉川弘文館、一九六九年)

(工藤　航平)

新宮藩(しんぐうはん)

播磨国新宮(兵庫県たつの市)に藩庁を置いた外様小藩。鵤藩ともいう。本願寺執事下間頼竜の子、重利は、大坂の陣の功により元和元年(一六一五)摂津国川辺郡・闕郡で一万石を拝領、同三年播磨国揖東郡に移された。はじめ鵤村(揖保郡太子町)に陣屋をおいたが、家臣のことで竜野藩主本多家と紛争になり、衝突を避けて寛永四年(一六二七)新宮村に陣屋を移した。重政、薫彰《てるあきら》、邦照と続いたが、寛文十年(一六七〇)邦照が病死し藩は断絶。岡山藩主池田光政などの運動で、同年弟重教《しげたか》が三千石の旗本として取り立てられ、陣屋を新宮村に置いた。由道、頼教《よりたか》、頼致《よりおき》、直好、頼完《よりさだ》、頼功《よりなり》、頼方、頼誠と続いた。頼方は勘定奉行、江戸町奉行などを歴任。明治元年(一八六八)二月岡山藩預けとなり、五月に本領安堵されたものの、六月に兵庫県となり、同年十一月東京定府を命じられた。藩昇格運動も実らず明治二年十二月接収。同年頼誠が邸内に子弟教育のため依游館を創立したがまもなく廃校。

参考文献　『播磨新宮町史』、『兵庫県史』

(大国　正美)

洲本藩(すもとはん)

近世初期、淡路国(兵庫県)におかれた藩。天正十三年(一五八五)豊臣秀吉が脇坂安治を津名郡洲本城に三万石で封じたのに始まる。慶長三年(一五九八)に三千石加増。同十四年脇坂氏は伊予大洲に移封、藤堂高虎を経て翌年池田輝政の三男忠雄が入部し淡路六万三千石を領し、明石海峡に面する岩屋を拠点とした。元和元年(一六一五)忠雄が兄忠継の跡を継ぐため本藩の岡山藩主として転出、一時収公された。同年岩屋を除く七万石余が徳島藩主蜂須賀至鎮に加封され徳島藩領となり、廃藩置県に至ったので、独立した藩としての機能はこの時点で終った。徳島藩では当初紀淡海峡に面する由良に家臣をおいて淡路の管理にあたったが、元和の一国一城令をうけて「由良引け」を行い、寛永八年(一六三一)には筆頭家老稲田修理亮示稙を洲本城代として配置した。以来幕末まで稲田氏が城代を世襲し淡路を統括した。

参考文献 中山茂純編『阿淡年表秘録』(『徳島県史料』一)、『徳島県史』三

(石躍 胤央)

竹田藩(たけだはん)

但馬国竹田(兵庫県朝来市)に近世初頭に藩庁を置いた外様小藩。豊臣秀吉に仕えていた桑山修理大夫重晴が天正十年(一五八二)一万石で入部、同十三年紀伊国和歌山で三万石を与えられて移り、播磨国竜野(兵庫県たつの市)から赤松広秀が同年入部。広秀は守護赤松氏の支流で、のち斎村を姓とし、広英、広通、政広と名乗った。織田信長に仕え、豊臣秀吉に従軍。秀吉の赤母衣衆の一人に選ばれ、小田原の陣や朝鮮にも出陣。文禄三年(一五九四)帰国後は伏見城工事も分担、当時二万二千石を領していた。関ヶ原の戦では、西軍主力が敗北後、東軍の亀井茲矩を助けて鳥取城の宮部長熙を攻めたが、城下に放火し延焼させたとの理由で、慶長五年(一六〇〇)切腹を命じられ廃藩、廃城。古城山山頂にある竹田城は守護山名氏の四天王・太田垣氏の居城だったが、近世初頭から大幅に改修され、赤松広秀のころ総石垣に構築され城下町も文禄・慶長年間(一五九二―一六一五)に改造されたとみられる。石垣部分が国指定史跡。

参考文献 『藩翰譜』、『断家譜』、『兵庫県史』、宿南保『但馬の中世史』(神戸新聞総合出版センター、二〇〇二年)

(大国 正美)

竜野藩(たつのはん)

播磨国竜野(兵庫県たつの市)に藩庁を置いた藩。中世には赤松氏の支配を受けたが、織豊政権下では天正九年(一五八一)に蜂須賀正勝が入国したのをはじめ、その後、福島正則、木下勝俊、小出吉政が竜野城主となったといわれているが、不確定な部分も多い。慶長五年(一六〇〇)九月の関ヶ原の戦ののち、竜野地方はまず池田輝政の姫路藩領となった。元和三年(一六一七)からは、幕府の大坂以西の支配強化策に伴って、譜代大名が配置されることになり、同年九月には本多政朝が入国した。その後、同じく譜代大名の小笠原長次(寛永三年(一六二六))、岡部宣勝(同十年)の支配となった。同十三年岡部氏は在封わずか三年で摂津国高槻に転封されたため、しばらくは幕府直轄領となり、小野長左衛門貞正が代官として支配した。その後、寛永十四年十二月に外様大名の京極高和が出雲国松江より竜野六万石に入国した。京極氏は万治元年

(一六五八)に讃岐国丸亀へ転封され、それ以後十四年間は再び幕府直轄領となった。この間、多羅尾久右衛門光好らの多くの代官によって支配された。寛文十二年(一六七二)五月十四日、信濃国飯田藩脇坂安政が竜野五万三千石への転封を命じられ、それ以後、明治維新まで竜野藩は脇坂氏の支配が続いた。この間、安政以後の藩主は、安照・安清・安興・安弘・安実・安親・安董《やすただ》・安宅《やすおり》・安斐《やすあや》であった。

　脇坂氏は外様大名であったが、天和三年(一六八三)に願譜代となり、さらに安董の時代に譜代大名となった。主な事跡をみると、まず二代安照のときの元禄十四年(一七〇一)三月赤穂事件に伴う浅野家赤穂城の受取である。安照は同年四月十九日その任を果たしたのち、翌年の十一月まで赤穂在番をした。竜野藩は小藩でも幕政に参画した藩主もいた。特に八代安董は寛政二年(一七九〇)に二十三歳で奏者番になり、翌年には寺社奉行を兼ねた。文化十年(一八一三)に一時辞したが、文政十二年(一八二九)十月に再び奏者番と寺社奉行に復帰し、その時、但馬出石《いずし》藩の仙石騒動を裁断した。この裁断が評価され、安董は天保七年(一八三六)二月に西ノ丸老中格、九月に老中に、そして翌八年七月には本丸老中に任じられた。九代安宅も奏者番や寺社奉行のほか京都所司代にもなり、さらに安政四年(一八五七)と文久二年(一八六二)の二度にわたり老中に任じられた。十代安斐は、病気により第二次長州征討から脱落、のちに佐幕派の姫路藩の征討に加わった。

　明治維新後、明治二年(一八六九)四月に安斐は版籍奉還を願い出、六月に認められ、同時に明治新政府より竜野藩知事に任命された。明治四年七月の廃藩置県によって、安斐は藩知事の任を解かれ、竜野藩領は竜野県に移行した。同年十一月に播磨国全域が姫路県に移行したので、竜野県も姫路県に併合されたが、その姫路県もわずか一週間後の同月中には飾《しか》磨《ま》県と改称された。そして、飾磨県も明治九年八月に兵庫県に統合された。

参考文献　藩法研究会編『藩法集』五(創文社、一九六四年)、『龍野市史』

（長谷川　彰）

藩校　文化二年(一八〇五)江戸藩邸内に設けた文武稽古所(敬楽館)に始まり、竜野では天保二年(一八三一)学館設立がようやく具体化し、同五年七月校舎が落成した。安宅のときに江戸の敬楽館は廃止され、その後竜野の学館を敬楽館《けいがくかん》(通称「けいごうかん」)と称した。朱子学を主とした折衷派の立場をとる藩儒俣野玉川・藤江竜山が公式の対面所講釈のほかに、寛政期を中心に家塾の内外ですすめた教育活動が藩校設立を促した。小西惟沖ら設立当初の教授は彼らの薫陶を受けたものである。教育については入寮制や試験制度の強化さらに町人の聴講を認めるなどの改革を試みたが、必ずしも人材育成の実があがっていないとして、絶えずその存廃が議論された。なお、藩校跡は竜野市上霞城(現竜野小学校の地)である。

[参考文献] 文部省編『日本教育史資料』六、『竜野市史』二、竹下喜久男編『播州龍野藩儒家日記』上・下(清文堂出版、一九九五年)、同『近世の学びと遊び』(佛教大学通信教育部、二〇〇三年)

(竹下喜久男)

豊岡藩(とよおかはん)

但馬国(兵庫県)豊岡に藩庁を置いた藩。外様。慶長五年(一六〇〇)関ヶ原の戦のとき、豊岡二万石の領主であった杉原長房は西軍に属したが、室が浅野長政の娘であった関係から長政のとりなしで旧領を安堵され、当藩は成立した。同十六年長房は浅野長政遺領のうち常陸国新治郡小栗庄五千石を分与され、二万五千石を領有する。第二代重長《しげはる》は正保元年(一六四四)二十九歳で没した。このとき急ぎ甥の重玄を養子とすることを願い出たが、本来末期養子は許されないものであったため所領はいったん没収される。けれども父祖の功労により翌年一万石で重玄に遺領相続が許された。ところが重玄は承応二年(一六五三)十七歳で没し、杉原氏は三代五十余年で無嗣絶家となり除封されて、豊岡藩は一時廃藩となった。

寛文八年(一六六八)丹後田辺三万三千石の藩主京極高盛が但馬国五郡に領地を移され、居所を豊岡に営んで立藩。このとき以前に杉原氏が居所としていた現在いうところの神武《じんむ》山上の城を捨て、ふもとに陣屋を築いて居所とした。その建築費として高盛は幕府から二千両を与えられている。延宝六年(一六七八)藩札を初発。京極氏は高盛のあと、高住・高栄《たかよし》・高寛《たかのり》・高永・高品《たかかず》・高有・高行・高厚と九代約二世紀にわたり在封、明治四年(一八七一)七月廃藩置県をむかえ、豊岡県となった。この間、享保十一年(一七二六)高寛が十歳で没し無嗣断絶の危機に見舞われたが、弟高永に一万五千石が与えられて家名相続が許された。藩領は三万三千石時代は城崎《きのさき》・二方《ふたかた》・気多《けた》・養父《やぶ》・美含《みぐみ》の五郡にわたり、一万五千石となってからは城崎・二方の二郡で構成されている。減知に伴い上級武士の禄を大きく削り、藩士人数もおよそ半減したが、以後藩財政は困窮の連続であった。幾度となく御用銀を課し、ときに領民の反撃を受ける。寛政十年(一七九八)には八十貫の御用銀に反対して領民が強訴、文政五年(一八二二)には先納銀に対する利息停止から領内不穏がおこるなどしていたが、同八年ついに暴発する。文政六年に産物会所を設立し、骨柳製品・生糸の専売を始めて藩札を乱発したため藩札価値が暴落し、この混乱に両替の利をむさぼった商家ら三十七軒が打ちこわされるという事件がおこったのである。現存する藩政に関する主要文書は、家老舟木直房が天保—嘉永年間（一八三〇—五四）に書き留めた記録類と、幕末期の家老猪子《いのこ》清が記した日記などである。前者は豊岡市舟木医院に、後者は兵庫県政資料館に保管されている。

参考文献　『豊岡市史』上

藩校　京極高行は襲封二年後の天保四年（一八三三）藩庁郭内（兵庫県豊岡市京町）の一番小屋を仮学舎にあてて、藩校の前身を設け、同六年郭内の東庭に学舎を新築して稽古堂と命名した。同校には藩士の子弟に限らず庶民や他藩の者も希望者には入学を許し、授業料の類は徴しなかった。藩士子弟は七歳になると必ず入学させ、漢学を中心に礼儀、安政二年（一八五五）からは洋学をも加えて教えた。修業課程は四級に分かれ、初級の童蒙寮生の修業年限はおよそ三ヵ年、それ以後の課程とおよその修業年限は、志学寮二ヵ年、後進寮三ヵ年、先進寮三ヵ年であった。ほかに庶民の子弟を入れる星聚寮があり、修業課程段階は士族と同じであった。有望の者には学資を給して遊学させる制を設け、浜尾新・久保田譲ら二十名余がこの恩典に浴した。生徒数は明治以前が約六十名、明治二年（一八六九）に学校を拡張してからは約百六十名、そして教科に雑学・書学・計学・国学を加え、明治四年に廃校となった。

参考文献　『豊岡市史』上　（宿南　保）

林田藩（はやしだはん）

播磨国林田（兵庫県姫路市）に藩庁を置いた藩。外様。陣屋持。摂津尼崎郡代であった建部《たけべ》政長が大坂の陣の戦功により、元和元年（一六一五）摂津川辺・西成二郡で一万石を与えられ大名に取り立てられて尼崎城に居たが、同三年九月所領を揖《いっ》東《とう》郡の二十五ヵ村に移され立藩した。政長以下、歴代藩主は、政明（光政）・政宇《まさのき》・政周・政民・長教・政賢《まさかた》・政醇・政和《まさより》・政世と続いて廃藩に至る。二代政明に子なく弟政宇が遺領をつぎ、六代長教にも子なく弟政賢が襲封している。政賢は寛政六年（一七九四）藩校敬業館を創設して文教を奨励し、藩校儒官の河野鉄兜《てつとう》は幕末期に勤王思想家として活躍している。天明七年（一七八七）六月、飢饉のため領内で打ちこわしの発生をみた。九代政和も子がなく没したため弟政世が家督を嗣いだが、明治二年（一八六九）の版籍奉還により六月二十四日藩知事に任命された。明治四年七月十四日の廃藩置県で林田県となり、同年十一月二日の府県統合で改置姫路県に編入されたが、同月県名改称で飾磨《しかま》県となり、同九年八月の再度の府県統合で兵庫県に編入された。

参考文献　『兵庫県史』四・五　（前嶋　雅光）

藩校　藩主建部政賢は儒者生田維直を招聘し、藩士小島省吾とともに藩学創設の企画を任せた。寛政六年（一七九四）、敬業館が林田藩邸内に創設された。こののち、教授には石井東陵や河野鉄兜らが任じられ、学風はおおむね昌平黌学派の朱子学を宗とした。藩士子弟は八歳になると必ず入学するものとされた。明治以前には、漢学のほか、和学・洋学・医学も教授された。また、学課を八等級とし、最初は『小学』や四書の素読から始めた。

参考文献　笠井助治『近世藩校に於ける学統学派の研究』上（吉川弘文館、一九六九年）、文部省編『日本教育史資料』六　（工藤　航平）

姫路藩（ひめじはん）

播磨国（兵庫県）姫路に藩庁を置いた藩。藩主は池田氏（外様）、本多氏（譜代）、松平（奥平）氏（譜代）、松平（結城）氏、松平（榊原）氏（譜代）、松平（結城）氏（再封）、本多氏（再封）、松平（榊原）氏（再封）、松平（結城）氏（再々封）、酒井氏（譜代）。いずれも城持。慶長五年（一六〇〇）十月十五日、関ヶ原の戦功により、徳川家康の女婿池田輝政が西国探題として播磨五十二万千三百石を給せられ、三河吉田から入部して立藩した。翌六年から羽柴秀吉の築いた姫路城を改築し、城下町経営を進めるとともに、播磨全域で二割打出し検地を実施して石高六十三万石となり、これに次男忠継の備前二十八万石、三男忠雄の淡路六万石を合わせると、池田氏はほぼ百万石を領することとなった。慶長十八年に輝政が没し嫡子利隆が四十二万石を襲封するが、利隆没後嗣子光政が幼少であったため、池田氏は三代十七年で元和三年（一六一七）因幡鳥取に転封となった。

代わって同年七月十四日伊勢桑名十万石の本多忠政が、関ヶ原の戦功と将軍家重縁の関係で播磨十五万石を与えられた。さらにその長男忠刻に夫人千姫の化粧料十万石が付され、また忠政の女婿小笠原忠真（忠政）が明石十万石、忠政の次男政朝が竜野五万石に封ぜられたので、本多一族は播磨で都合四十万石を領することとなった。忠刻が寛永三年（一六二六）病死したあと、遺領十万石は分割され、忠刻の弟政朝に五万石、同じく弟忠義に四万石、甥小笠原長次に一万石と政朝が竜野で領有していた五万石と併せて六万石が分与された。同八年忠政、同十五年次男政朝が相つぎ没したが、政朝の子が幼年のため、翌十六年忠政の弟忠朝の次男政勝が襲封、本多氏は三代二十二年で大和郡山に転封となった。交替で大和郡山から家康の外孫松平（奥平）忠明が十八万石を与えられて入部する。忠明が正保元年（一六四四）死去したあと、嫡子忠弘は遺領のうち一万石を弟清道に分与して二万石減石されて十五万石となり、以降姫路藩の石高は十五万石となった。慶安元年（一六四八）忠弘も幼年のゆえをもってわずか二代九年の姫路支配を終り、出羽山形十五万石の松平（結城）直基と入れ替わりとなった。しかし直基は姫路入部を果たさず江戸で死去したため、若年の嫡子直矩は翌二年越後村上に転封となり、松平（結城）氏も二代一年の短期支配に終った。

このあと松平（榊原）忠次が陸奥白河から入部する（十五万石）。忠次のあとは政房が嗣いだが、三代目政倫《とも》は若年のため寛文七年（一六六七）越後村上に転封となり、二十年の支配で終る。交替で村上から松平（結城）直矩が再封されたが、宗家越後高田藩二十五万石の御家騒動（越後騒動）に連座して、天和二年（一六八二）七万石に減封され、わずか十五年で豊後日田《ひた》に移された。代わって陸奥福島から本多（第二次）忠国が入部する（十五万石）。忠国は宝永元年（一七〇四）に没し、嗣子忠孝が幼少のため、本多氏は二代二十二年で越後村上に転封となり、入れ替わりで松平（榊原）政邦が入部する（十五万石、第二次）。しかし三代目政岑が江戸新吉原の遊女高尾を身請するなどの不行跡を幕府に咎められて隠居謹慎を命ぜられ、嗣子政永が幼少のため、榊原氏は寛保元年（一七四一）四代三十七年で越後高田に転封された。

このあと松平（結城）明矩が陸奥白河から入部する（十五万石、第三次）。明矩が寛延元年（一七四八）病死すると、嗣子朝矩が幼少であったことから転封の噂がたち、明矩による年来の苛斂誅求に抗して、同年末、ついに姫路藩最大の全藩一揆が勃発した。翌二年朝矩は上野前橋に転封となり、松平（結城）氏は二代八年の短期間で姫路を去る。かくて入れ替わりで前橋から酒井忠恭が十五万石で入部し、姫路藩領主はここにようやく定着して、十代百二十二年で廃藩置県に至る。忠恭以下歴代藩主は、忠以・忠道・忠実・忠学・忠宝・忠顕・忠績・忠惇・忠邦。酒井家三代忠道の代には藩債が七十三万両にも達し、藩主の日用の儀さえ差しつかえる有様となり、忠道は苦悩のあまり病臥する始末であった。このため家老川合道臣（のち河合寸翁）が藩政改革を実施し、五代藩主忠学が将軍家女婿となる立場を利用し国産姫路木綿の江戸専売権を確保するなどして財政の再建を果たした。八代忠績が文久三年（一八六三）老中上座に補され、元治元年（一八六四）十二月二十六日、藩主の意を迎えた筆頭家老高須隼人によって同藩勤王党約七十名が弾圧された。いわゆる甲子の獄である。

慶応元年（一八六五）忠績は大老に任ぜられ、病気隠退後は弟忠惇が襲封して老中上座となり幕政を担当する。このため明治元年(一八六八)の鳥羽・伏見の戦で朝敵とされ、正月十一日新政府の追討令を受け、姫路城は備前藩兵の攻撃を受けて降伏する。このため一族忠邦に家督を譲り、忠惇の蟄居と軍用金十五万両の献納により辛うじて帰順が許された。同年八月七日、新政府の命で佐幕派藩首脳約七十名が粛清された。いわゆる戊辰の獄である。同年十一月、藩制廃止の建白書を呈して版籍奉還上申の嚆矢となったが、新政府の容れるところとならず、四度建白したのち二年六月ようやく聴許されて忠邦は藩知事に任命された。明治四年七月廃藩置県により姫路藩は姫路県となり、忠邦は同年八月十五日に東京移住の命で姫路を去った。酒井氏入部ごろの藩領は飾東郡六十九ヵ村、飾西郡六十五ヵ村、加古郡七十六ヵ村、神東郡六十ヵ村、神西郡三十六ヵ村、印南郡七十九ヵ村、加東郡二十ヵ村、加西郡十一ヵ村、揖東郡家島、揖西部室津で、十郡四百十六ヵ村一島一港、領内人口は約二十二万人であった。

参考文献　『兵庫県史』四・五、穂積勝次郎『姫路藩綿業経済史の研究』(一九七〇年)、同『姫路藩の藩老河合寸翁伝』(一九七二年)、岡光夫「播州木綿」(『日本産業史大系』六、東京大学出版会、一九六〇年所収)、堀江保蔵「企業家の先駆・河合寸翁」(『兵庫史学』一九、一九五九年)、高尾一彦「池田輝政夫妻への警告と噂」(『兵庫県の歴史』三)

藩校　酒井忠挙が上野前橋城主であった元禄四年(一六九一)四月、毎月十日ずつ城内三の曲輪長屋を講堂として藩士子弟を集めて、『小学』『論語』を開講し、翌五年藩校好古堂と名付けて槍・弓術の演武場を付設した。寛延二年(一七四九)忠恭の姫路転封の際姫路総社門内に移され、文化十三年(一八一六)忠実が大手門前南方に移建した。天保十五年(一八四四)私塾仁寿山黌(河合寸翁が設立)を吸収合併し、大手門西方に東西五十間の長屋を新築して移転し、近くに演武場を設けて文武両道の振興を図った。忠実の時、従来、藩学が朱子学ながら林派と山崎派の二派両立であったのを一本化した。教科は『小学』・四書五経をはじめ和漢・医・筆・礼・兵・弓・馬・槍・柔・砲学の諸般に及び、職制は督学・肝煎・舎長・教授・助教・授読などであった。学生は初等科が素読生とこれを修了した輪読生からなり、輪読生の優秀者は専業生として重視された。嘉永年間(一八四八―五四)国学の流行に即して国学寮を開設し、維新前後には洋学も導入したほか、明治元年(一八六八)には書学寮も設けた。明治四年の廃藩置県により校舎・書類・器機一切を飾磨《しかま》県庁に引き渡した。

姫路藩藩校蔵書印

なお藩校に準ずる私塾に仁

寿山黌、郷学に城下の熊川舎と高砂の申義堂、印南郡国包村校(加古川市)がある。

参考文献　兵庫県教育会編『兵庫県教育史』、穂積勝次郎『姫路藩の人物群像』(一九六八年)、橋本政次『姫路城史』(臨川書店、一九九四年)、『姫路市史』、姫路紀要編纂会編『姫路紀要』、『兵庫県史』五、砂川雄健「姫路藩好古堂沿革記」(『播磨史談会記事』二)

(前嶋　雅光)

藩札　松平(結城)氏時代の寛文十年(一六七〇)と延宝三年(一六七五)に銀札が発行されたが詳細は不明。酒井氏時代では文政三年(一八二〇)「御切手会所」が発行した「預切手」が最初の藩札。五百目~一分の八種の銀札と百文~十二文の四種の銭札からなる。翌四年三月木綿専売のための国産会所が設立されると、木綿買付け用の「木綿切手」が同額面で併行して発行された。兌換性が大であったので年貢などの諸上納や払米代金などに広範に用いられた。天保八年(一八三七)四月の新切手切替えの際には大坂蔵屋敷にも切手会所を開設し、木綿切手の大坂での引替も可能となった。安政ころ、藩士間慶弔事の進物用に充てるため、藩倹約方が鯣札(慶事)と昆布札(弔事)を発行。一匁と五分の二種があり、木綿切手と併行して流通した。明治維新後の銀目廃止の際にこれらは金札(一両・一分・一朱)と銭札(五貫文~五十文の五種)に切り替えられた。

文政五百目銀札

文政五百目銀札

文政百文目銭札

参考文献　日本銀行調査局編『図録日本の貨幣』五・六(東洋経済新報社、一九七四・七五年)、橋本政次『姫路城史』中

(岩橋　勝)

姫陽《きよう》秘《ひ》鑑《かん》　伊奈氏が藩命によって編纂した播磨姫路城主酒井家の家史。写本六十一冊。本編五十七巻、別に附録(『公儀

触抄録』)二冊がある。編目は譜系・譜系附録・天文・地理・城郭・宮室・神祇・礼格・文学・武備・法令・法令附録・賞罰・節倹・銭穀・職官・職官附録・臣職・衣服・飲食・珍宝・器用・異変・仏刹の二十一部類にわたる。本書の主体は譜系編にあるが、この部分は、太田安和著『譜牒聞見剳記』に倣ったものという。また編纂に要した書目は、酒井家の系譜、『御家中系譜』『御用場触留』など百三十余部に及ぶほか藩中古老の伝承をも参考にしている。編者の言によれば、この本はなお稿本であって完本を将来に期待しているが、その記述法はきわめて厳密を期しており、特に本書の主編をなす譜系編では引用書を原文のままに掲げるなど姫路酒井家に関する基本的な史書となっている。編者は姫路藩士伊奈譲、通称平八、号惜陰であるという。伊奈高令の『姫山君臣言行録』上の識語によれば、『姫陽秘鑑』は元治二年(慶応元、一八六五)乙丑三月には脱稿直前であったといい、東大史料編纂所本酒井忠惇譜には、慶応元年五月十五日までの記事が収めてある。おそらく本書は慶応初年に成立したものであろうし、高令も編纂に関与したことであろうと察せられる。高令の祖父高鑑は好古堂肝煎、伊奈譲は好古堂督学の任にあった。稿本と目される本(譜系五・一〇・一二、同附録二、文学、臣職二、計六冊)が神戸大学附属図書館教養・国際系図書室に所蔵され、清書本の写本と考えられる六十一冊が東大史料編纂所と、姫路市立城郭研究室架蔵され、同研究室架蔵本が、姫路市史編集室から刊行。

(岩沢　愿彦)

姫路新田藩(ひめじしんでんはん)

姫路藩主の分家で、幕府から与えられた領地ではなく、一万石以上の新田を分与されて成立した藩。狭義の姫路新田藩は酒井家の例だが、松平(奥平)忠明の二男清道の例を含む見解がある。このほか姫路藩の分知としては寛永三年(一六二六)に本多忠政の子政朝に五万石と忠義に四万石、同八年に忠義に再び一万石と忠政弟忠朝の子政勝に四万石を与えた例がある。しかしこれは元和三年(一六一七)忠政の嫡男で姫路城部屋住、忠刻に与えられた徳川家康孫娘千姫の化粧料を忠刻の死後分割したもので、新田藩ではない。

㈠正保元年(一六四四)徳川家康の孫の姫路藩主松平(奥平)忠明が死去、嫡男忠弘が家督を継ぐ際に、忠明の遺言によって二男八郎左衛門清道に一万石が分知された。忠明は十八万石だったが、忠弘は十五万石に減知されていることから、『寛政重修諸家譜』や「御系図」(西尾市立図書館蔵)は清道の所領を三万石としているが、郷帳では、印南郡五百七石余、神東郡三千五百二十九石余、神西郡五千九百六十五石余、計一万石である。清道はわずか半年後の同年十二月に死去し、継嗣するものがなく断絶、所領は収公された。松平忠明の十八万石の領村が判明していないうえに清道の領有期間が短いこともあり、清道への分知が新田開発によるものか、忠明の旧領を分け与えたものか、判然としない。

㈡姫路藩主酒井忠恭《ただずみ》が明和七年(一七七〇)閏六月、八男忠交《ただかた》に稟米一万石を分け与えて成立した藩。姫路藩から扶持米を受ける内分知で、姫路藩十五万石に変化はなかった。江戸城帝鑑間詰の定府大名となり、忠交、忠質《たださだ》、忠全《ただやす》と続いたが、忠全が文化十四年(一八一七)三歳で死去、断絶した。

参考文献　『姫路市史』、『姫陽秘鑑』

(大国　正美)

福本藩(ふくもとはん)

播磨国福本(兵庫県神崎郡神河町)に藩庁を置いた藩。外様。陣屋持。家中騒動(池田騒動)で除封された山崎藩主池田輝澄が、本家鳥取藩主池田氏に預けられて因幡国鹿野に蟄居となり、鳥取藩領のうちで一万石を堪忍分に与えられたが、その子政直が寛文二年(一六六二)播磨国神東・神西・印南三郡で一万石を与えられ、翌三年福本で立藩した。同五年政直没後、遺領は弟政武に七千石、同政済《まさなり》に三千石が分与されたため、嗣子政武は交代寄合となった。このあと三代政森のときも千石を弟政親に分与して六千石となった。明治元年(一八六八)六月、七代喜通の時、新田高直しと鳥取藩からの分与により、一万五百七十三石に高直しされ再度立藩した。同年徳潤《のります》が襲封し、版籍奉還後は藩知事に任命されたが、藩財政不如意のため願により明治三年十一月二十三日本藩鳥取藩に併合された。旧領は明治四年の廃藩置県で鳥取県管地となったあと、同年十一月の府県統合で改置姫路県に編入され、同県が飾磨《しかま》県と県名を改称したあと、明治九年の再度の府県統合で兵庫県に編入された。藩校ははじめ大名町にあり学問所と通称していたが、安政二年(一八五五)中の町に移転し乾々館、さらに明治二年時習館と改称し大名町に移転。明治四年廃止。

参考文献　児玉幸多・北島正元監修『藩史総覧』(新人物往来社、一九七七年)、長谷川義徹『播州福本藩史』(一九七七年)、『兵庫県史』四・五、『日本教育史資料』

(前嶋　雅光)

三日月藩(みかづきはん)

播磨国三日月乃井野(兵庫県佐用郡佐用町)に藩庁を置いた藩。外様。陣屋持。乃井野藩ともいう。元禄十年(一六九七)森長俊が、本家美作国津山藩主森家の改易により、所領のうち播磨佐用・揖西・宍粟三郡六十五ヵ村一万五千石を与えられ、十月、陣屋を三日月に構え立藩した。歴代藩主は長俊のあと長記・俊春・俊韶《としつぐ》・快温《はやあつ》・長義・長篤・長国・俊滋。四代俊韶は男子早世のため妹を養女とし、広島藩主浅野重晟の次男快温を婿養子とした。快温は藩校広業館を設立したが、子なく一族の備中新見藩主関長誠の次男を迎えて六代長義とした。七代長篤も同族赤穂藩主森忠賛《ただすけ》の五男を養子に迎えたが、わずか二十二歳で没したため、長義の妾腹長国が嗣いだ。九代俊滋も妾腹で、明治二年(一八六九)の版籍奉還後、六月二十三日には藩知事となった。明治四年七月十四日の廃藩置県で三日月県となり、同年十一月二日の府県統合で改置、姫路県に編入されたが、一週間後の県名改称で飾磨《しかま》県となった。同九年八月二十一日の再度の府県統合で兵庫県に編入された。陣屋周辺に侍屋敷・藩校が建ち並び、中の町・上の町・明星町・稲荷町・餌差町など町場が形成された。藩士は士分約二百、仲間・小者を加え約四百と、所領に比べて数が多い。安政四年(一八五七)には藩札を発行している。

参考文献　『森家系図』、『三日月町史』、『兵庫県史』四・五

藩校　藩校の広業館は、五代藩主森快温《はやあつ》が儒学を尊崇し、藩士子弟修学のため寛政九年(一七九七)四月、乃井野の藩邸内に、祠堂・講堂・射的場・練武場・学寮・書庫など計百三十二坪を建築して開設した。教科は『小学』・四書五経・『二十一史略』など漢学が中心で、和学・習礼・兵学や槍・弓・馬・柔術があり、慶応年間(一八六五―六八)には調練場も設けられ洋式訓練を行なった。士分の子弟は必ず文武両道を兼修させられ、八歳で文学の課程に入学して二十歳で退学。武術課程は十五歳入学で三十五歳退場の決まりであったが、有志の者には年齢制限を付さず、成績優秀者には藩費遊学制度があった。卒の子弟は弓・剣・柔のみを専修せしめた。職制は学監・都講・助教・句読師・武芸師範などがあり、明治二年(一八六九)十一月文武諸芸の諸則が改正されて総教所と改称された。

参考文献　兵庫県教育会編『兵庫県教育史(藩学・郷学・私塾・寺子屋篇)』

(前嶋　雅光)

三草藩(みくさはん)

播磨国三草(兵庫県加東郡社町)に藩庁を置いた藩。譜代、陣屋持。河内・美作両国で一万石を領した丹羽薫氏が、寛保二年(一七四二)美作国の所領を播磨国加東・加西・多可三郡の内に移され、続いて延享三年(一七四六)河内国の所領も加東・加西・多可・美嚢の四郡の内に移されて、三草に陣屋を営み立藩した。歴代藩主は薫氏のあと氏栄・氏福・氏昭・氏賢・氏中。四郡三十二ヵ村・高一万石の支配は、定府大名で

あったため藩士の七割は江戸藩邸に詰め、少数の藩吏が陣屋に置かれ、各郡一名の大庄屋が領内の支配にあたった。文政三年(一八二〇)多可郡で村替があり三十三ヵ村となった。藩士数は士分百一で、足軽まで加えた総数は百八十五であった。幕末には藩財政が窮迫し、安政四年(一八五七)に銀札・銭札を発行した。明治元年(一八六八)藩主ならびに家臣一同江戸より三草に帰国、江戸邸内にあった藩校を三草に移し、顕道館として同五年まで藩士子弟に漢学を授けた。明治四年七月十四日の廃藩置県で三草県となったあと、同年十一月二日の府県統合で播磨一国を管地とする改置姫路県に編入され、一週間後の同月九日県名改称で飾磨《しかま》県となった。同九年八月二十一日再度の府県統合で兵庫県に編入された。藩政史料に三草藩陣屋文書がある。

参考文献　児玉幸多・北島正元監修『藩史総覧』(新人物往来社、一九七七年)、『兵庫県教育史』、吉田省三『播州三草藩史』(播州三草藩史刊行会、一九八四年)、『社町史』

(前嶋　雅光)

藩校　藩主丹羽家は定府であったため、三草には数名の官吏を配置するのみで、藩学は江戸藩邸において興隆することとなった。江戸藩邸には古くより修道館(顕道館)が設置されていた。近世後期から幕末維新期には、京都の高橋勇太や江戸の尾池晩斎を招聘し、藩士を教授させた。弘化年間(一八四四—四八)には、山形藩士司馬騰太郎を招聘し、連月五、六度朱子学を講じさせた。学風は朱子学をもって一貫している。慶応三年(一八六七)、藩主が三草へ移住すると、修道館(顕道館)も移転された。

参考文献　『兵庫県史』五、笠井助治『近世藩校に於ける学統学派の研究』下(吉川弘文館、一九七〇年)

(工藤　航平)

村岡藩(むらおかはん)

但馬国(兵庫県)村岡に藩庁を置いた藩。藩主山名氏。村岡山名氏は山名豊国を祖とし、慶長六年(一六〇一)四月に但馬国七美郡六千七百石を給せられて始まった。以来豊政・矩豊《のりとよ》・隆豊・豊就《とよなり》・豊暄《とよあきら》・義徳・義方・義蕃・義問と続き、義済の代に至って明治維新を迎える。生野代官所警衛のときの功などによって明治元年(一八六八)新規立藩が認められ、石高は改出高を加えて一万千石余とされた。明治四年七月、廃藩置県によって村岡県となり、大参事池田勤一郎が指導する。同

村岡藩蔵書印

年十一月豊岡県へ編入された。

参考文献　八木玄蕃『七美郡誌稿』、宿南保『但馬史』四・五
（宿南　保）

藩校　天保三年（一八三二）、藩主山名義問により、村岡陣屋に明倫館が創設された。ここでは江戸の伊藤恭太郎（折衷学派）を招聘して教授させた。しかし、明倫館の教授は長く続かず、同五年ころに藩医池田壺渓が家塾を開設すると、藩士子弟は再び家塾で学ぶこととなった。嘉永二年（一八四九）、藩は講習所を設置し、池田威山（壺渓の子）を教頭として、藩士子弟に対する教授を行なった。明治二年（一八六九）には治下の豪農に献金させ、藩費と併せて学校を新設し、日新館と称した。学規・学則を改正し、鳥取藩儒正墻適処を借りて学事の拡張を図っている。

参考文献　笠井助治『近世藩校に於ける学統学派の研究』上（吉川弘文館、一九六九年）、文部省編『日本教育史資料』五
（工藤　航平）

八上藩（やかみはん）

丹波国八上（兵庫県篠山市）に藩庁を置いた藩。管領・丹波守護細川政元の有力被官波多野氏の本拠となった八上城があり、十五世紀中ごろに守護所が置かれたとされるが、天正七年（一五七九）明智光秀により落城。八上城には明智光秀の家臣が入ったとされる。慶長七年（一六〇二）に丹波国亀山城主で五万石を領した豊臣秀吉五奉行の一人、前田玄以が死去、あとを継いだ茂勝が多紀・桑田郡、摂津国太田・菟原郡内に移され、八上城に入った。同十三年、家臣を殺し、切腹させたとして所領を没収され、隠岐に流され堀尾忠晴に預けられた。前田氏のあとには松平（松井）康重が常陸国笠間から二万石の加増を受けて五万石で入部。丹波国多紀・桑田郡、摂津国太田郡で五万二十石を領した。翌年徳川家康の命を受けて篠山に移ることになり八上城は廃城となった。八上城は天正年間（一五七三―九二）には織豊系城郭として整備され、前田氏時代には外堀なども設けられ城下町が設けられた。国指定史跡。

参考文献　『寛政重修諸家譜』
（大国　正美）

八木藩（やぎはん）

但馬国八木（兵庫県養父市）に藩庁を置いた外様小藩。播磨国三木城主別所長治の叔父で、豊臣秀吉の播磨攻略に功績のあった別所重棟が、天正十三年（一五八五）一万五千石を与えられ入城。同十九年重棟の子吉治があとを継ぎ、中瀬銀山を管轄した。吉治は慶長五年（一六〇〇）関ヶ原の戦で石田三成

に加担し丹後国田辺城の細川幽斎を攻め、同年改易されたが翌六年には再び取り立てられ丹波国北由良(兵庫県丹波市)に陣屋を構えた。吉治の伯母が将軍徳川秀忠の乳母(一説には徳川家光の乳母になった春日局)で、取りなしたからだという。大坂の陣で戦功を立て二万石になったとされる。『寛政重修諸家譜』に丹波国何鹿郡を与えられ綾部へ移ったとあるのは誤り。寛永五年(一六二八)参勤せず領内で遊猟に打ち込んでいるとして改易された。子の守治は慶安元年(一六四八)赦免されて蔵米千俵を与えられ、旗本になった。八木城は鎌倉時代の地頭八木氏の本拠地で国指定史跡。城南麓に城下町を形成、別所氏も八木氏の城と城下町を改修して使ったとされる。

参考文献 『史跡八木城』、『八鹿町史』、『丹波志』、『兵庫県史』

(大国　正美)

山崎藩(やまさきはん)

播磨国山崎(兵庫県宍粟《しそう》市)に藩庁を置いた藩。宍粟藩ともいう。陣屋持。藩主は池田氏(外様)、松平(松井)氏(譜代)、池田氏(外様)、本多氏(譜代)。慶長十八年(一六一三)姫路城主池田輝政の没後、遺領のうち宍粟・佐用・赤穂の三郡十万石が次男忠継に与えられ、元和元年(一六一五)忠継没後遺領のうち宍粟郡三万八千石が弟輝澄に与えられて、山崎鹿沢に陣屋を構え立藩した。寛永八年(一六三一)に弟輝興の旧領佐用郡三万石が加えられ六万八千石となったが、同十七年七月二十六日家中騒動が原因で除封され、本家鳥取藩主池田光仲に身柄を預けられ因幡鹿野に蟄居となり、鳥取藩領の内で勘忍分一万石が与えられた。このあと山崎には和泉岸和田から松平(松井)康映が五万四百石を与えられ入部。康映は父の遺領六万石余のうち甥と弟二人に佐用郡内で一万石を分与している。康映は慶安二年(一六四九)石見浜田に転封し、備前児島から池田光政の弟恒元が宍粟郡三万石を与えられ入部したが、政周を経て恒行が幼少で延宝六年(一六七八)没し除封。翌七年大和郡山から本多忠英が一万石で入部。以降、忠方・忠辰・忠堯・忠可・忠居・忠敬・忠鄰・忠明と本多氏が九代百九十年間続き、廃藩に至った。天保年間(一八三〇—四四)学問所を創立、明治二年(一八六九)増営し思斉館と改称、平民の子弟の入学を認めた。同二年版籍奉還で六月二十四日忠明が藩知事に任命され、明治四年七月廃藩置県で山崎県となったあと、同年十一月二日の府県統合で改置姫路県に編入。同月九日県名改称で飾磨《しかま》県となったあと、明治九年八月二十一日再度の府県統合で兵庫県に編入された。城下は十一町を数え、文政元年(一八一八)銀札を発行。

参考文献 児玉幸多・北島正元監修『藩史総覧』(新人物往

来社、一九七七年)、『兵庫県史』四・五、『山崎町史』、田中誠二「宍粟池田藩の藩財政」(京都大学近世史研究会編『京大論集近世史研究』一九七六年所収)

(前嶋　雅光)

藩校　好学の藩主本多忠鄰は、家中教育のため、藩邸において藩儒安原松斎をして毎月三回講書をさせ、藩主および藩士が聴聞した。天保年間(一八三〇—四四)には、儒者大爺円次を招聘し、学問所を創設した。明治二年(一八六九)、安原昭之・柴田小膳らの建言により、学制が整備・充実されるとともに、教場も増営されて思斎館と改称した。思斎館開設以降は藩士子弟のみではなく、藩士や庶民にも開放された。また、洋学・医学・洋算が学科に加えられたが、教員不足により実施はされなかった。

参考文献　笠井助治『近世藩校に於ける学統学派の研究』上(吉川弘文館、一九六九年)、文部省編『日本教育史資料』六

(工藤　航平)

奈良県

興留藩 (おきとめはん)

貞享三年(一六八六)八月二十九日、松平信通が父信之の遺領のうち大和国平群郡から一万石を与えられ、同郡興留(奈良県生駒郡斑鳩町)に陣屋を構えたことに始まる。元禄六年(一六九三)十一月十五日、兄忠之が失心により下総国古河の領地を没収された際、信通は二万石を加えられ、興留から備中国小田・加陽・都宇三郡へと移された。このため、興留藩は廃藩となった。

参考文献　『寛政重修諸家譜』第一、藤野保校訂『恩栄録・廃絶録　補訂版』(『日本史料選書』六、近藤出版社、一九七〇年)、『藩史大事典』五(雄山閣出版、一九八九年)

(野村　玄)

岸田藩 (きしだはん)

大和国山辺郡岸田(奈良県天理市)に藩庁をおいた外様の藩。藩主は初代のみで、岸田晴澄(または忠氏)。居城はなかった

と思われるが、不明。当時の殿席も不明。晴澄は、元々筒井順慶に属し二千石を領していた。しかし、天正十二年（一五八四）に順慶が没し、子の定次が翌十三年に伊賀国に転封になると、それには従わず、筒井氏の後に入部した豊臣秀長の家臣となった。同十九年に秀長が没すると、その養子秀保に仕えた。その秀保も文禄四年（一五九五）に没すると、秀吉に直接仕えることとなり、大和国山辺郡岸田一万石を領した。ここにおいて、岸田藩が成立した。伏見城の普請にも参加している。慶長五年（一六〇〇）の関ヶ原の戦いでは、晴澄は西軍に属し、のちに改易となった。岸田の地は、のちに織田長益（有楽斎）の所領となり、さらにその子長政の戒重藩領へと変遷した。なお、晴澄は同六年に陸奥国盛岡城主の南部利直に預けられ、子孫は南部家の家臣となっている。

参考文献　『戦国人名事典』（新人物往来社、一九九〇年）、『藩史大事典』五（雄山閣出版、一九八九年）
（小宮山敏和）

小泉藩（こいずみはん）

大和国小泉（奈良県大和郡山市）を藩庁とした藩。外様。陣屋持。藩祖は片桐且元の弟貞隆で、関ヶ原の戦後、豊臣秀頼から大和に五千七百余石を加増されてはじめて万石の列に加わり、大坂冬の陣の半年前、河内・摂津に五千石を加えられて一万五千石余を領した。大坂落城後、江戸幕府からその所領を安堵され、元和九年（一六二三）小泉の地に陣屋を構えて摂津茨木から移り、小泉藩の成立をみた。寛永四年（一六二七）その子石見守貞昌が家督相続の折、弟貞晴に三千石を分知した。貞昌は宗閑と号し、石州流茶道の祖として有名で、寛文三年（一六六三）陣屋の近くに慈光院を建てている。三代貞房のとき、事あって与力給千三百五十八石余が召上げとなり、藩領は大和の六千石余のほか、河内・和泉・摂津・山城に散在して都合一万一千石余となった。以後、貞起・貞音・貞芳・貞彰・貞信・貞中・貞照と相継ぎ、十一代貞篤のとき、明治四年（一八七一）廃藩置県。同年七月、いったん小泉県となり、十一月、奈良県に統合された。

参考文献　柳沢文庫専門委員会編『大和郡山市史』、芥川竜男編著『お茶の水図書館蔵成簣堂文庫武家文書の研究と目録』上（お茶の水図書館、一九八八年）
（木村　博一）

藩校　藩主片桐貞信は文武を奨励し、天保五年（一八三四）小泉陣屋内字久保屋敷に諸武芸修業のため総稽古場を創設し、藩士北尾喜二郎らをして教導させた。文学は学校を設けず、儒者江南真一を聘し、彼の家塾に子弟の教育を託した。藩主貞篤の時明治元年（一八六八）、はじめて学校を陣屋表門外字使者屋敷に設け修道館と称し、皇学・漢学・習字・算術・兵学を教えた。同二年職制を改め、藩士篠田黙翁を挙げて学校管事とし、督学・助教・句読師などを置き、新時代の教育へと発足したが、廃藩ののち、同五年三月奈良県に引き継がれた。生徒数およそ百余名。

参考文献　文部省編『日本教育史資料』一、奈良県編『大和人物志』（名著出版、一九七四年）、笠井助治『近世藩校に於ける学統学派の研究』下（吉川弘文館、一九七〇年）

（笠井　助治）

郡山藩（こおりやまはん）

大和国郡山（奈良県大和郡山市）を藩庁とした藩。譜代。城持。天正八年（一五八〇）筒井順慶が郡山城を築城、同十三年その子定次が伊賀国に移されたあと、豊臣秀長が入城して大和・和泉・紀伊の三国を統治した。文禄四年（一五九五）増田長盛が二十万石の領主として郡山に入り、大和国惣国検地を実施したが、関ヶ原の戦に西軍に味方して所領を没収され、郡山城も一時廃城となった。大坂夏の陣のあと、大和口先鋒をつとめた水野日向守勝成が、元和元年（一六一五）七月、大和国に六万石を与えられて三河国刈谷から入部、近世郡山藩の成立をみた。勝成は在城五ヵ年で備後国福山に国替となり、かわって松平下総守忠明が大坂城から郡山に入り、十二万石を領して郡山城を再興した。忠明は寛永十六年（一六三九）在城二十ヵ年で播磨国姫路に転封となり、姫路城主本多内記政勝が十五万石を以て郡山に封ぜられた。ほかに実子勝行分四万石があり、家臣団は二千七百五十七人を数えたという。政勝は、本家の嫡子政長が幼少のため、庶流から出て番代として本多家の当主になった人であった。そのため、政勝の直臣雲州様衆と本家の家臣譜代衆との間に対立があり、政勝の跡目相続をめぐっていわゆる九六騒動がおこった。

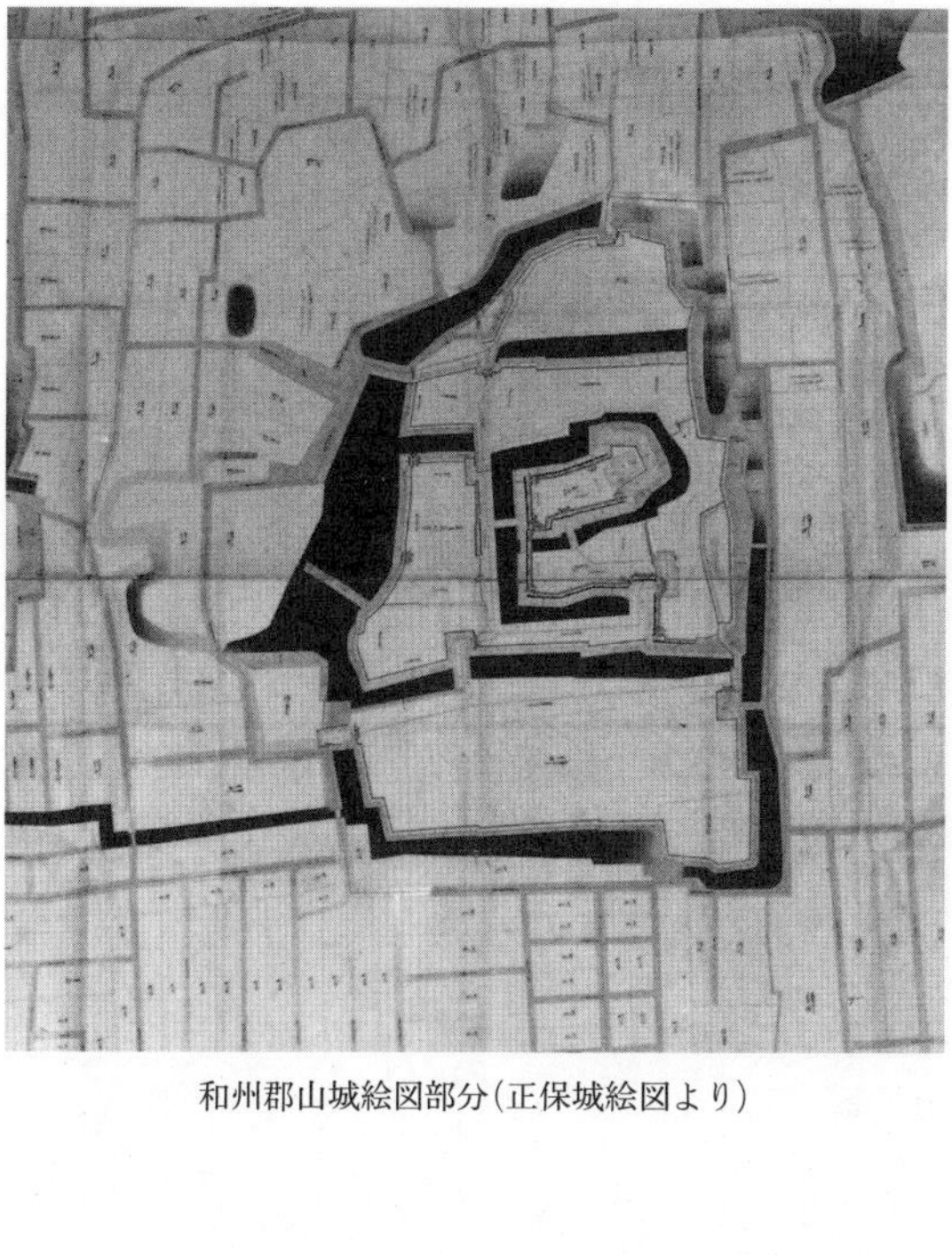

和州郡山城絵図部分（正保城絵図より）

寛文十一年(一六七一)政勝が死ぬと、江戸幕府は、その知行十五万石を分け、九万石を政長に、六万石を政勝の実子政利に与えた。このことが両派の抗争に油をそそぐ結果となり、譜代衆は政長への十五万石安堵を求めて画策、雲州様衆は家督を政利のものにしようともくろみ、延宝七年(一六七九)政長を毒殺するに至った。政長のあとは養子忠国が相続したが、同年十五万石を以て陸奥国福島へ転封となり、政利は播磨国明石へ所替になって、騒動はようやく落着した。本多氏の在城は四十ヵ年で終り、郡山へは明石から松平日向守信之が入って八万石を領したが、貞享二年(一六八五)在城わずか七ヵ年で老中に補せられ、下総国の古河に移った。かわって下野国宇都宮から本多下野守忠平が入部、十二万石を領して忠常・忠直・忠村と承け、享保七年(一七二二)忠村夭死後五万石に減知されて弟忠烈が断いだが、翌八年忠烈も夭死して本多家断絶、前後三十九ヵ年の治世にとどまった。翌九年、柳沢吉保の子甲斐守吉里が、甲府から郡山に入って十五万石余を領し、以後信鴻・保光・保泰・保興と伝え、六代保申のとき廃藩置県、その治世は百四十七ヵ年に及んだ。

六度にわたって領主の交代をみたが、いずれも譜代の有力大名であったのは、郡山が京都・大坂に近い重要な位置にあったためである。柳沢氏は、禁裏守護の大任と京都火消・奈良火消の役目を負っていた。同じ十五万石ながら、約七万石の内証高をもっていた甲府時代に比べて、その実収高が激減、藩財政はにわかに逼迫し、借財も重なった。破格の抜擢を受けてこの難局を処理し、家老に栄進した武田阿波(山東新之丞)が、享保十八年死罪に処せられるという事件がおこっている。かれの辣腕ぶりが反感を買ったものとみられるが、真相は明らかでない。柳沢氏の所領は、はじめ大和百四十五ヵ村のほか、河内・近江・伊勢の諸国にまたがって合計二百六十九ヵ村だったが、享和元年(一八〇一)保光の代に、伊勢の所領十五ヵ村、一万三千石余を上知、かわりに大和・河内で四十ヵ村、一万四千八百石近くを与えられた。柳沢氏の歴代は、いずれも学問を好み、和歌や俳諧の道にも通じたが、三代保光は堯山侯の名で茶人仲間に知られ、陶工を招いて赤膚焼の基礎を築いた。吉里入部後まもなく、藩校総稽古所が設けられ、明治維新後敬明館、ついで造士館と名を改める。大政奉還のとき、その去就が注目されたが、明治元年(一八六八)正月新政府への協力の姿勢を明らかにし、藩兵の一部は戊辰戦争にも加わった。翌二年浦上キリシタンの八十八人が郡山藩預けとなり、藩ではこれを手厚くもてなしたという。同四年七月の廃藩置県で一時郡山県となったが、十一月奈良県に統合された。柳沢時代の藩政史料は、大和郡山市の柳沢文庫にある。

参考文献　森田義一編『郡山町史』、柳沢文庫専門委員会編『大和郡山市史』、『新訂王寺町史』本文編、『柳沢文庫収蔵品仮目録』(一)(柳沢文庫、一九八三年)、松澤克行「元禄文化と公家サロン」(高埜利彦編『元禄の社会と文化』吉川弘文館、二〇〇三年所収)

(木村　博一)

藩校　柳沢吉保の甲府藩時代元禄年中(一六八八—一七〇四)、江戸神田橋内の藩邸にはすでに文武教場が設けられ、荻生徂徠・谷口元淡らを儒員とし、江戸詰藩士子弟を教導していた。この文武教場は子吉里の時に幸橋内藩邸に移された。享保九年(一七二四)吉里は甲府から大和郡山に移封、総稽古所を城南五左衛門坂に創設して文武を兼修させ、ついで藩主信鴻《のぶとも》の時天保六年(一八三五)、修業に便宜な城の西南字大職冠に移築拡張し、藤川冬斎らを儒官とし、教学の興隆を図った。明治二年(一八六九)に至り、藩主保申《やすのぶ》は新時代の要求に応じて学制を改め敬明館と命名、翌三年城の西北の地に移転拡張して造士館と改名したが、同五年廃校となった。明治維新前の学科目は漢学・医学・算法・筆道・習礼・兵学および弓・剣・槍・砲術などの諸武芸で、維新後和学・洋学などを加え文武兼修を原則とした。教職員平均八十余名、藩士子弟は十歳で入学して文学を修め、十三歳から武芸を加え、退学期を定めず終身教育の場とした。吉保以来歴代藩主および一家一門に好学の士が多く、藩府より徂徠の諸著書を多く出版した。幕府の寛政異学の禁の中にあって郡山藩校は終始徂徠の古学を遵奉して変わらなかった。

参考文献　文部省編『日本教育史資料』一・一一、柳沢文庫専門委員会編『大和郡山市史』、笠井助治『近世藩校に於ける出版書の研究』(吉川弘文館、一九六二年)、同『近世藩校に於ける学統学派の研究』下(吉川弘文館、一九七〇年)、弓場康「郡山藩校と英学」(『奈良県英語教育史』)

(笠井　助治)

藩札　元禄五年(一六九二)十二月銀一匁札をはじめて発行。宝永度札遣い停止のあと、享保十五年(一七三〇)十二月二分・三分・五分・一匁・五匁の五種の銀札を発行し、和州・河州領に強制通用させた。しかし札元の領内商人の財力が不十分で、しばしば取付けにあい、流通は渋滞した。安永八年(一七

一匁銀札

二十四文銭札

七九)大坂豪商の米屋(殿村)平右衛門が銀札引替元に就任して、ようやく円滑に流通した。これらは明治元年(一八六八)に六種の銭札に引き替えられた。

参考文献　森田義一編『郡山町史』、柳沢文庫専門委員会編『大和郡山市史』、荒木三郎兵衛『藩札』上(一九六五年)

(岩橋　勝)

五条藩(ごじょうはん)

大和国(奈良県)五条を藩庁とした藩。外様。慶長十三年(一六〇八)から元和二年(一六一六)まで松倉豊後守重政が二見城に鎮した。重政は慶長十三年、旧主の伊賀上野城主筒井定次の除封により、徳川将軍家に仕えて二見・五条・須恵など宇智郡内(約七千石)と高市郡(約二千石)・十市郡(約千石)の合計一万石余を給わった。重政の肥前国高来郡転封で廃され、幕府直領となった。

参考文献　『五条市史』、『新修五條市史』

(永島福太郎)

御所藩(ごせはん)

大和国(奈良県)御所を藩庁とした藩。外様。陣屋持。関ヶ原の戦後、さきの和歌山城主桑山重晴の次男元晴が、大和国葛上郡に一万二千石を与えられて、御所に陣屋を構えたのに始まる。程なく加増されて二万六千石を領した。元晴のあと子貞晴が継いだが、若死して後嗣がなく、寛永六年(一六二九)に断絶した。わずか二十九年の命脈をたもったにすぎない。

参考文献　日色四郎『大和御所町誌』、『御所市史』

(木村　博一)

芝村藩(しばむらはん)

大和国芝村(奈良県桜井市)を藩庁とした藩。織田氏。外様。陣屋。元和元年(一六一五)織田有楽斎長益の四男長政が、父から大和国式上・山辺、摂津国太田(島下)の三郡において一万石を分与されたのに始まる。同五年長政は、山辺郡山口村(天理市)から式上郡戒重《かいじゅう》(桜井市)に入部した。したがって延享二年(一七四五)芝村(もと岩田村、正徳三年(一七一三)改称へ居館を移すまでは、戒重藩という。すでに早く、長定・長明を経て四代長清の宝永元年(一七〇四)、江戸幕府から居所替えの許可を得ていたが、これが実現したのは、長弘・長亮を経て七代輔宜のときであった。その後、長教・長恭・長易と続いて明治に及んだ。輔宜治世中の元文二年(一七三七)大和・摂津国で天領一万三千石余を預けられて以来、預地が増え続け、長教の代には九万三千石余に及んだ。宝暦三年(一七五三)十市郡九ヵ村の預地農民を中心とする芝村騒動(十市騒動)がおこった。寛政六年(一七九四)預地今井町(橿原市)の商人などからの収賄事件が発覚、五万五千余石に減じていた預地が全部召しあげになった。明治四年(一八七一)七月の廃藩置県で芝村県となったが、同年十一月奈良県に編入された。

参考文献　『大三輪町史』、『桜井市史』上

藩校　好学の藩主として聞こえた四代織田長清が、元禄九年(一六九六)戒重の地に創設し、遷喬館《せんきょうかん》と名づけたのに始まる。居所替え願済のうえ、正徳三年(一七一三)芝村の駒止に移し、伊藤仁斎門下の北村可昌を京都から招いて藩士子弟の教育にあたらせた。教科目は経史を中心としたが、かたわら習字・算術の授業もあった。構内に別に一棟を建て、育英場と称して武術を教授した。学校と育英場の経費として三百石があてられ、用人のうち一人が文武を総督、盛時には職員二十名を数え、生徒数はおよそ六十名程度であった。文学は八歳、武道は十歳を以て始めるのを例とし、苗字帯刀允許の者の子弟は、平民でも入学を許されることがあった。明治三年(一八七〇)学制を改革して明喬館と名を改めたが、廃藩によって閉校となった。

参考文献　文部省編『日本教育史資料』一・四、『大三輪町史』、笠井助治『近世藩校の綜合的研究』上(吉川弘文館、一九六〇年)、福島雅蔵「近世後期大和芝村藩の預り地支配と大庄屋」(『花園史学』六、一九八六年)、同「近世後期大和芝村藩の大庄屋支配と触書」(『畿内周辺の地域史像』花園大学文学部史学科、一九八七年)

(木村　博一)

新庄藩(しんじょうはん)

大和国新庄(奈良県葛城市)を藩庁とした藩。陣屋。桑山修理大夫一晴は、慶長六年(一六〇一)関ヶ原の戦の戦功で和歌山城から転じて二万石余を領した。ここに祖父の治部卿法印重晴の隠居料や叔父の伊賀守元晴(御所藩一万二千石余)などが接続していた。一晴のあとは弟の一直が嗣いで一万三千石を領し、嫡子一玄を経て四代の一尹に至ったが、天和二年(一六八二)五月、寛永寺における厳有院殿(徳川家綱)三回忌供養法会参向の院使饗応役の失態によって罪科改易せられた。この跡に永井直円(永井伝八郎直勝家の嫡流)が一万石を与えられて陣屋を構えた。桑山氏陣屋時代から新庄の町場も発達してきた。幕末の文久三年(一八六三)に陣屋は倶尸羅《くじら》村(御所市)に移されたため櫛羅藩と改称。明治四年(一八七一)七月廃藩置県により櫛羅県となり、永井信濃守直哉が知県事に任じ

新庄藩藩札
(百文銭札)

られた。同年十一月奈良県に合併。

参考文献　『新庄町史』、『御所市史』、『改訂新庄町史』

（永島福太郎）

藩校　元治元年（一八六四）、前年に新設した櫛羅陣屋構内に設立。藩立学校と称した。教科内容は四書五経を中心とする漢文で、教師は漢学教師が一人、漢学助教が三人という構成であった。

参考文献　『藩史大事典』五（雄山閣出版、一九八九年）

（吉田　洋子）

高取藩（たかとりはん）

大和国（奈良県）高取に藩庁を置いた藩。藩主は、はじめ外様の本多氏、のち譜代の植村氏。城持。天正十三年（一五八五）脇坂安治（在封三ヵ月）のあとを受けて豊臣秀長の重臣本多太郎左衛門が封じられ、二代利朝（俊政）は秀長の死後秀吉に仕えて一万五千石を与えられたが、関ヶ原の戦には東軍に属し、徳川家康から一万石を加増された。三代利家（政武）は、大坂夏の陣の際、道明寺合戦に戦功をたてたが、寛永十四年（一六三七）嗣子なく病没し、本多氏は絶家となって一時廃藩となった（松平輝隆が入ったが、狂疾のため廃絶したともいう）。寛永十七年譜代の臣植村家政が高市郡に二万五千石を与えられて入部（高取城は吉野を控えた要害の城なので、これを支える背後の山林を五千石とみたてて付与されたという）、以後家貞・家言・家敬・家包・家道・家久・家利・家長・家教・家貴・家興・家保と継いで、十四代家壺《いえひろ》のとき廃藩。

高取藩藩札（銀一匁札）

藩主の名の「家」の字は、初代家政の祖父出羽守家存が家康から与えられたものだという。二代家貞が三千石を弟政春に分け、三代家言が弟の政明・政澄にそれぞれ千石・五百石を譲ったので、知行高は二万五百石に減じたが、九代家長が老中として幕閣に列したため、加増されて二万五千石に復し、廃藩に及んだ。安政二年（一八五五）家保の領知目録によれば、高市郡七十七ヵ村のほか、隣接四郡で六ヵ村、計八十三ヵ村を領知している。このほか当藩は、御預所として大和国の天領の一部の所管を委ねられた。五代家包の元文三年（一七三八）に二万四百石余（二万九千石弱ともいう）を預けられたのに始まり、文政四年（一八二一）には預高は最高の六万九千百七十七石余に達し、幕末にも四万石近くの預地を管轄した(ただし、預地の百姓が苛政を幕府に訴えたため、延享元年(一七四六)から明和六年(一七六九)に至る二十五年間は預地皆無)。預高の多かった化政時代には、大和国の十郡にわたって百七十ヵ村をこえる天領の村々を預地としている。

文久三年(一八六三)五条代官所を襲った天誅組の攻撃を受けたが、たちまちこれを撃退、死者七～九名、十津川農兵の捕虜五十九名、武器八十点余りの戦果を収めた。天誅組潰滅後、一時五条代官所支配下の五郡四百五ヵ村、七万二千石の地を預けられた。明治二年(一八六九)、家老・用人以下の制を廃し、執政・参政・公議人を置く職制改革を行い、翌三年藩校明倫館を創立(明治五年廃校)、明治四年七月廃藩、高取県となったが、十一月奈良県に統合された。

参考文献『高取町史』、『奈良県高市郡志料』、『天理図書館近世文書図録』二

(木村　博一)

藩校　慶応三年(一八六七)十三代藩主植村家保が大坂より儒者上田淇亭を招いて儒臣とし、淇亭の権限により、明治三年(一八七〇)高取城北に明倫館を設立した。修身をもって学問の基本とし、漢学一科をたて、平民の者も志望によって入学できることとした。明治五年廃校となる。

参考文献　笠井助治『近世藩校に於ける学統学派の研究』下(吉川弘文館、一九七〇年)

(吉田　洋子)

竜田藩(たったはん)

大和国竜田(奈良県生駒郡斑鳩《いかるが》町)に藩庁を置いた藩。外様。陣屋。慶長六年(一六〇一)片桐且元が平群《へぐり》郡内に一万八千石を加増され、摂津国茨木から移って竜田を居所とし、二万五千石を領したのに始まる。大坂夏の陣のあと、加増されて大和・山城・河内・和泉の内に四万石を領したが程なく没し、嫡子孝利がこれを継いだ。孝利に嗣がなく、弟の為元が一万石で相続を許されたが、これを継いだ為次は、明暦元年(一六五五)十五歳で没し、片桐氏は廃絶となった。

参考文献『斑鳩町史』

(木村　博一)

田原本藩(たわらもとはん)

大和国(奈良県)田原本に藩庁を置いた藩。外様。陣屋。文禄四年(一五九五)平野長泰が十市郡に五千石を領し、以後代々交代寄合として大名なみの処遇を受けたが、明治元年(一八六八)七月十代長裕が表高一万一石余として諸侯の列に加わり、

田原本藩藩札(一匁銀札)

立藩した。明治四年七月廃藩、田原本県となったが、十一月奈良県に統合された。

参考文献　『田原本藩記録』、広瀬瑞弘『田原本郷土史』(田原本文化クラブ、一九五一年)、『田原本町史』、「田原本藩関係文書目録について」(『田原本の歴史』五、一九八六年)

(木村　博一)

藩校　家中藩士のうち、文武に長けた者を選んで教職に任じ、子弟の教導にあたらせていたが、天保十二年(一八四一)九代藩主平野長発は稽古所を陣屋内奥垣内の地に建設した。さらに十代藩主長裕は明治元年(一八六八)藩校明倫堂を新築、のち択善館と改めて和学・漢学を教え、砲術調練場を設置して洋式調練を行なった。

参考文献　笠井助治『近世藩校に於ける学統学派の研究』下(吉川弘文館、一九七〇年)

(吉田　洋子)

布施藩(ふせはん)

大和国布施(奈良県葛城市)に藩庁を置いた藩。藩主桑山氏。外様。陣屋持。二万石。初代藩主桑山一晴は慶長五年(一六〇〇)祖父重晴(和歌山城主、四万石)の知行のうち二万石余を分与され、翌六年大和国葛下郡布施郷に移り、国衆布施氏の出丸であった屋敷山古墳近くに陣屋を構えた。のち四千石を重晴の養老料にあてた。同九年、一晴の没後、弟一直が襲封、陣屋を新城といい、東側に形成された陣屋町が新庄村と呼ばれることになって、藩名も新庄藩と改称した。桑山氏は一玄・一尹と続き、天和二年(一六八二)改易。

参考文献　『寛政重修諸家譜』第一五、清田黙『徳川加封録』一(『日本史料選書』八、近藤出版社、一九七二年)、『改訂新庄町史』本編

(大久保信治)

松山藩(まつやまはん)

大和国松山(奈良県宇陀郡大宇陀町)に藩庁を置いた藩。宇陀藩とも呼ばれる。藩主織田氏。外様。陣屋持。五万余石。宇陀郡三万余石を領した福島孝治(高晴)改易の後、元和元年(一六一五)織田信長の次男信雄が宇陀郡三万千二百余石、上野国(群馬県)小幡《おばた》で二万石、都合五万千二百余石の知行を与えられた。福島氏時代に城は松山城(旧秋山城)、城下は松山町(大宇陀町の街地)と呼ばれたが、同氏の改易により廃城となる。織田氏時代になり、藩主の館として長山館が造られた。同二年小幡二万石は信雄の四男信良に分与された。寛永七年(一六三〇)信雄は京都北野邸で没し、五男高長が襲封、松山に住した。以後、長頼・信武と続く。長頼は万治三年(一六六〇)に三千石を弟長政に分知、貞享二年(一六八五)城山麓《しろやまふもと》に新

営の上屋敷に移る。四代信武の代に、藩財政窮乏の打開策をめぐって家臣らが対立、元禄七年(一六九四)に信武は諫言する譜代の重臣を成敗し自刃した。翌八年跡継ぎの信休は丹波国(兵庫県)柏原《かいばら》に二万石の国替えとなった。これは「宇陀崩れ」と呼ばれ松山藩は廃絶、以後、藩領は幕府直領に組み入れられた。

〔参考文献〕『寛政重修諸家譜』第八、清田黙『徳川加封録』二(『日本史料選書』八、近藤出版社、一九七二年)、『奈良県宇陀郡史料』、『新訂大宇陀町史』、秋永政孝編『柳本織田家記録』(一九七四年)、同「大和国松山藩」(『物語藩史』二期五、人物往来社、一九六六年所収)

(大久保信治)

柳生藩(やぎゅうはん)

大和国柳生(奈良市)に藩庁を置いた藩。藩主柳生氏、譜代、陣屋持。大和・南山城で約一万石を領した。柳生氏の遠祖は大膳永家と伝え、一族はながく奈良春日社の神領小柳生荘の荘官をつとめた。南北朝時代の永珍は、弟の笠置寺中坊源専とともに後醍醐天皇に味方した人と伝える。戦国の世、宗厳は筒井氏あるいは松永氏の旗下に属し、織田信長の大和入りでは嚮導役をつとめたが、柳生に隠世した。この間、剣術柳生新陰流の創始に努力したことはよく知られている。文禄三年(一五九四)徳川家康に招かれた宗厳は五男宗矩を出仕させた。以後、宗矩は家康の幕下で無双の剣豪に生長し、将軍秀忠・家光に重用され、寛永十三年(一六三六)には四千石を加増されて一万石を領し大名に列した。同十七年には、さらに加増をうけて一万二千五百石となった。正保三年(一六四六)宗矩が没すると、長子十兵衛三厳は遺領のうち八千三百石をついだが、四年後の慶安三年(一六五〇)に急死したため、弟宗冬は自分の四千石を上知し、兄分を相続、寛文八年(一六六八)には旧宗冬領の加増で一万石を領し大名の列に復帰した。以後、藩主は宗在・俊方・俊平・俊峯・俊則・俊豊・俊章・俊能・俊順・俊益(俊郎)と続き、廃藩に至る。

代々の藩主は将軍家の武道師範役となって、兵法の門閥を築いたが、江戸時代中期以後になると、その実力は低下したという。そのため将軍の剣術相手をつとめたり、将軍が柳

一貫二百文銭札　一匁銀札

柳生藩藩札

生剣法を上覧したりすることはわずかのことになり、日光祭礼奉行、馬場先ほかの御門番勤仕がふえている。柳生藩主は参勤交代はなく江戸に常住した。国元には陣屋を置き、また沢庵を開基、宗矩の末子列堂を初代とする芳徳禅寺が菩提寺としてあった。幕末の国家老小山田主鈴が藩財政の窮乏を救済したことは著名である。慶応三年(一八六七)藩内に佐幕・尊王派が対立していたが、年末に諸大名の京都参集が命令され、急遽藩主以下が帰国した。国元では藩論の統一をめぐり葛藤が生じ、翌年二月、藩主に反逆があったということで、国詰藩士は主な江戸詰藩士を捕えた。江戸詰家老ほか八人が切腹・病死し、この混乱(紫縮緬事件)は終った。明治二年(一八六九)の版籍奉還で俊益は家禄五百七十一石となり、藩知事として旧領を管治したが、四年七月の廃藩置県で柳生県となり、俊益は柳生を去り東京に移住した。さらに同年十一月二十二日、柳生県は大和一円をまとめた奈良県にふくめられた。この間、北方の木津川飛鳥路浜の開港や交通路の改修を計画、京阪地方との物資交流をすすめたが、この事業は挫折した。

参考文献　『寛政重修諸家譜』第一七、『村史柳生のさと』(奈良市柳生区連合自治会、一九六一年)、『奈良市史』通史三、オメガ社編『地方別日本の名族』八(新人物往来社、一九八九年)、安彦勘吾「柳生藩紫ちりめん騒動」(『歴史読本』七六八、二〇〇三年)
（安彦　勘吾）

藩校　藩主柳生氏は柳生流剣法師範として代々将軍家に仕えたため領地柳生に帰ることがなく、柳生藩府に居住する者もわずかであった。従って学校が設置されることがなかった。明治維新の際、藩主および家中の者が柳生に帰住するに至って、明治三年(一八七〇)藩校修文館を設置し、長谷川雲外を教授とし、そのほか助教三・四名を置いて子弟教育を開始。折衷学を奉じ、実学を重んじた。明治四年十二月廃校。

参考文献　笠井助治『近世藩校に於ける学統学派の研究』下(吉川弘文館、一九七〇年)
（吉田　洋子）

柳本藩(やなぎもとはん)

大和国柳本(奈良県天理市)に藩庁を置いた藩。織田氏。外様。陣屋。元和元年(一六一五)織田有楽斎長益の五男尚長が、父から大和国式上・山辺の両郡で一万石を分与されたのに始まる。尚長は当初式上郡大泉《おいずみ》村(桜井市)に居を構えたが、寛永年間(一六二四―四四)に柳本へ入部した。以後、領知高の変更もなく、長種・秀一・秀親・成純・秀行・信方・秀賢・長恒・秀綿・信陽・信成・信及と続いて明治に及んだ(信陽の代、嘉永五年(一八五二)に城主格をもって遇されるようになった)。三代秀一の万治・寛文のころに地方《じかた》知行制から俸禄制へと移行、元禄期ころ以降には財政難に悩まされ続けた。これを打開するため、節倹の励行、家中知行の借上、藩札の発行(享保十五年(一七三〇)開始)、御用金の賦課などを行なったが、十分な成果をあげえず、年貢増徴の試みも享和二年(一八〇二)の激しい一揆に代表される領民の抵抗を前に挫折に追いこまれた。信陽の代、文化十二年(一八一五)には藩政改革を実施し、文武の奨励、士道の興隆につとめ、人材登用の途を開く一方、家中の人員整理を断行し、家中知行高の大削減を行うに至ったが、一時的な効果をあげるにとどまった。明治四年(一八七一)七月の廃藩置県で柳本県となった後、同年十一月に奈良県に編入された。

参考文献　秋永政孝編『柳本織田家記録』(一九七四年)、秋永政孝『柳本郷土史論』(一九四〇年)、『改訂天理市史』上

(谷山　正道)

藩校　藩校創設以前の柳本藩では、藩士の子弟教育は各自家塾・私塾に就いて修学していたが、藩は文武修業の怠りをいさめ、精励するよう命じ、家塾教育の成果を期した。明治元年(一八六八)、藩校明倫館を陣屋内に創設。漢学・習字・算術などを教えた。廃藩とともに廃校。

参考文献　笠井助治『近世藩校に於ける学統学派の研究』下(吉川弘文館、一九七〇年)

(吉田　洋子)

和歌山県

新宮藩(しんぐうはん)

紀伊国(和歌山県)新宮を藩庁とした藩。新宮藩が成立したのは、明治元年(一八六八)正月十四日藩屏に列せられ、翌二年六月二十日に新宮藩となってからである。それ以前は紀州藩新宮領であった。慶長五年(一六〇〇)浅野幸長が三十七万六千石で紀州に入国し、浅野忠吉を新宮に配置、二万八千石を支配させ、元和五年(一六一九)徳川頼宣が紀州に入国するや、付家老の水野重仲を新宮におき、三万五千石を支配させた。新宮領も田辺領とともに農村支配のある程度の自主性を持っていたが、紀州藩新宮領であるところに特色があった。三万五千石ではあったが、豊かな山林にめぐまれ、木材・木炭の産出が多く、十万石に匹敵するといわれた。丹鶴城は、

新宮藩藩札
(十文銀札)

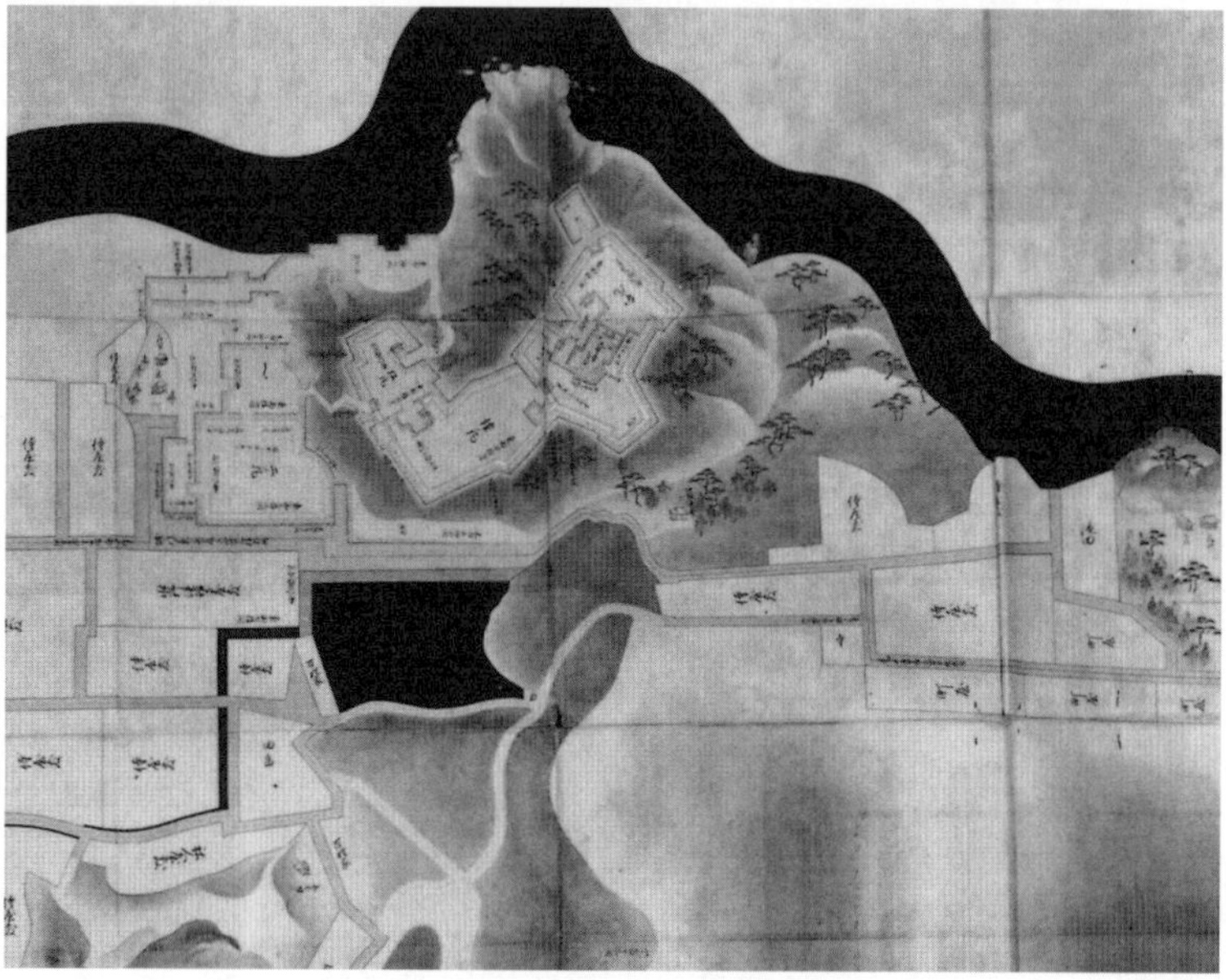

紀伊国新宮城之部分(正保城絵図より)

『校定熊野年代記』では元和四年に縄張りをしたことになっているが、すでに同五年七月に浅野忠吉が備後国三原に移る前に石垣・城壁・天守閣も竣工していたという。もっとも注目すべきは第九代水野忠央《ただなか》である。八代忠啓《ただあき》の五男として江戸に生まれ、紀州本藩の城代家老として江戸で活躍し、江戸派とよばれた勢力を確立した。紀州本藩では、第十代藩主徳川治宝《はるとみ》が、隠居後も十一代・十二代の藩主治世の間にわたって実権を持ち、和歌山派の中心となり、江戸派と対立した。忠央は、治宝や和歌山派の山中筑後守の死後は紀州藩政の実権をにぎった。彼は井伊直弼大老と結んで、十四代将軍に紀州から幼君の慶福(家茂)を擁立して勢力を得たが、井伊大老とともに失脚した。明治四年七月新宮藩は新宮県となり、同年十一月に和歌山県に統合された。

参考文献　『新宮市史』、堀内信編『南紀徳川史』

藩校　第八代水野忠啓《ただあき》の文化年間(一八〇四—一八、天明・寛政のころとの説もある)に宇井塁庵の家塾の鬱翠園を漢学所と改称したが、学則のみるべきものがなく、明治二年(一八六九)十月に学校規則を定め、督学・教授・都講・権都講・授読助教などをおき、四民の入学を許し、育英堂と称した。位置は新宮横町である。七、八歳から十五、六歳までを小学生とし、初級で『孝経』・四書、中級で五経・『十八史略』『蒙求』、上級で『春秋左氏伝』『史記』『文章軌範』を学び、二十歳までに中学の初・中・上級を終えた。明治二年末に寄宿生百七十余名、通学生二百余名。同四年七月新宮県学校と改称、同年十一月郷学所と改めた。

参考文献　『和歌山県誌』二、『新宮市史』史料編上、小野芳彦「学制制定頒布前における郷土教育概説」一(『紀伊史談』五)、和歌山県教育委員会『和歌山県古文書目録』八・九(一九七八・七九年)、藤本清二郎「近世熊野川流域史研究の課題と音無家文書」(『紀州経済史文化史研究所紀要』六、一九八六年)

(安藤　精一)

田辺藩(たなべはん)

紀伊国(和歌山県)田辺に藩庁を置いた藩。近世は御三家紀州藩の付家老安藤氏の支配をうけ、明治元年(一八六八)に藩屏に列せられた。慶長五年(一六〇〇)紀伊国に浅野幸長が入ると、幸長の重臣浅野左衛門佐氏重が三万五千石を支配し田辺に配置され、上野山城に入った。同八年氏重は洲崎城に入り、さらに同十一年に湊村の西南を城地とし、ここに移った。同地は海に面しており、城の北を町人町、東を武士の邸宅とし、町と村の境に寺を置いた。元和五年(一六一九)浅野氏にかわって徳川頼宣が入国し御三家となると、付家老安藤帯刀直次が田辺城に入り、以後、安藤氏が牟《む》婁《ろ》・日高・有田・名草四郡内三万八千石余を領知したが、明治元年正月二十四日安藤直裕の時、藩屏に列し田辺藩となる。その後、同四年七月廃藩置県により田辺県となり、さらに同年十一月和歌山県に統合された。付家老の安藤氏は代々和歌山に住み、紀州藩政に加わり、同族安藤小兵衛直隆の子孫が田辺に住み政務を行なった。田辺藩の重要史料としては『田辺町大帳』百三十冊(天正十三年(一五八五)―慶応二年(一八六六)の田辺町会所の記録)、『万代記』百冊(文明三年(一四七一)―天保十年(一八三九)の在方の記録)があり、闘鶏《とうけい》神社所蔵。

参考文献　『寛政重修諸家譜』第一七、『和歌山県史』近世史料二・近現代史料四、『和歌山県田辺町誌』、『田辺市誌』、『田辺市史』二、安藤精一・五来重監修『和歌山県の地名』(『日本歴史地名大系』三一、平凡社、一九八三年)

(安藤　精一)

藩校　藩学創設以前は藩士や儒者の家塾のほか、御城講釈における受講によった。文政初年、安藤直馨により城内に講堂が設置され、のちの修道館の基となった。安政二年(一八五五)からは、それまでの漢学一科に加え、国学が教授された。学風は朱子学を主としたが、本藩和歌山藩と同じく折衷学も採用された。明治三年(一八七〇)に学校規則が制定され、皇学・漢学・洋学・剣術が正式科目となった。

参考文献　笠井助治『近世藩校に於ける学統学派の研究』上(吉川弘文館、一九六九年)、『田辺市史』二、文部省編

『日本教育史資料』七

（工藤　航平）

和歌山藩（わかやまはん）

紀伊国(和歌山県)和歌山に藩庁を置いた藩。紀伊藩・紀州藩ともいう。藩主は浅野氏(外様)、徳川氏(親藩・御三家)。

ともに城持。浅野時代は関ヶ原の戦の後、慶長五年(一六〇〇)に浅野長政の長男幸長《よしなが》が入国したことに始まる。幸長は藩政の確立につとめたが、慶長十八年に和歌山で没し、弟の長晟《ながあきら》が第二代藩主となった。元和五年(一六一九)に広島藩主福島正則が改易されるに伴い、長晟は広島藩に転封され、そのあとに徳川家康の十男頼宣《よりのぶ》が和歌山藩主として入国し、御三家和歌山藩が成立した。第二代藩主は頼宣の男子光貞、第三代藩主は光貞の男子綱教《つなのり》、第四代藩主も光貞の男子頼職《よりもと》。第三代・第四代が早く没し、光貞の四男吉宗が第五代藩主となり、のち吉宗は享保元年(一七一六)に第八代将軍となった。第六代藩主は西条藩主松平頼純(頼宣の男子)の男子宗直、第七代藩主は宗直の男子宗将《むねのぶ》、第八代藩主は宗将の男子重倫《しげのり》、第九代藩主は宗将の弟治貞《はるさだ》、第十代藩主は重倫の男子治宝《はるとみ》、第十一代藩主は将軍家斉の男子斉順《なりゆき》、第十二代藩主は家斉の男子斉彊《なりかつ》。第十三代藩主は斉順の男子慶福《よしとみ》で、のち第十四代将軍家茂となる。第十四代藩主は西条藩主松平頼学の男子茂承がなり、廃藩に至った。

浅野幸長は入国の翌年、慶長六年に検地を実施した。この検地による『紀伊州検地高目録写』(同十八年)によると、高野山寺領をのぞいた紀伊国の総石高は三十七万六千五百六十二石余であった。次の御三家和歌山藩は高野山寺領をのぞく紀伊国と大和国・伊勢国の各一部をふくむ五十五万五千石を領した。紀伊国の検地は天正十三年(一五八五)に実施されたという説があるが、現在までのところ確証はなく、天正十五年九月(『日高郡江川村検地帳写』)と、牟婁《むろ》郡で天正十八年に実施されたことが知られており、それらも差出《さしだし》検地的なものであり、慶長六年六月から十月にかけての浅野幸長の慶長検地で完成した。この検地による検地帳には家改めも記されている。これ以後、和歌山藩では本格的な検地は行われず、元禄年間(一六八八—一七〇四)の地詰と小規模な新田の検地が行われただけである。

外様大名の浅野氏にかわって、御三家徳川氏が藩主となったのは和歌山藩にとってもっとも大きな政治的変化であった。江戸に近い駿河国駿府城で五十万石を領有していた徳川頼宣を、本州最南端の紀州に転封させたのは、近畿地方を幕府でおさえておくためであった。京都の朝廷や、伊勢皇大神宮領、さらに四国地方、大坂から江戸への海上交通、熊野山林等々の重要な問題があったからである。和歌山城は紀州の北西部にあったことから、広範な領地を支配するために、浅野氏は田辺に浅野氏重を、新宮《しんぐう》に浅野忠吉を配置した。また徳川氏は田辺に三万八千石の付家老《つけがろう》安藤氏を、新宮に三万五千石の付家老水野氏を配置して、紀州藩田辺領・新宮領とし、農村の支配は自主的に行わせた。明治元年（一八六八）正月安藤氏・水野氏は藩屏に列せられた。両地にはそれぞれ城があり、城下町が形成されていたが、一国一城の原則から、幕府の巡見使に対しては城ではなく館と答えて表面をつくろった。

頼宣は武道を奨励し、諸国の浪人を召し抱え軍事力を強化した。さらに有力な在地勢力を手中におさめるために地士制度を採用した。元和八年に有力な在地土豪層を「六十人者」として、新知五十石ずつを与え、大番頭の支配下に組み入れた。ついで、寛永元年（一六二四）と二年に隅田《すだ》組地士十五名に三十石ずつを与え地士とした。地士は、平時は農業に従事しているが、事がおきると家臣団の一部として活動しなければならない義務があり、対外的には藩士の格式をそなえた。しかし、政治が安定すると、正保二年（一六四五）には「召放ち」が行われ、地士は単なる名誉と格式だけとなった。その後、藩財政が窮乏し、他方では新興農民が成長してくると、一定の金額を藩に献上した農民が地士にとりたてられるようになった。地士は、最初、六十人であったが、天保十二（一八四一）、十三年には紀伊だけで五百四十名、伊勢で三百八十一名に及んだ。

行政的な組織は、浅野氏時代は組・郷・庄があり、幕末期の『紀伊続風土記』では和歌山藩領全域を郷・庄でくくっている。基本的には大庄屋制度が頼宣の時から幕末までつづき、大庄屋補佐役として杖突《つえつき》を置いた。紀州藩の特産物には湯浅醤油・粉河《こかわ》酢・紀州蜜柑・梅干・備長《びんちょう》炭などがあった。湯浅醤油は、安貞二年（一二二八）に由良興国寺の無本覚心（法燈国師）が中国から径山寺《きんざんじ》味噌の醸造法を習って湯浅で教えたのに始まるという伝説がある。醤油生産地としては古い起源をもつが正確なことは不明である。江戸時代の湯浅醤油は和歌山藩の専売機関である御仕入方の商品として藩の保護と統制のもとに発展した。代金の未収は藩の力を背景に年貢不納に対すると同様に取り立てた。生産者には低利で資金を貸しつけ、江戸・京都・大坂などの御仕入方役所で販路の拡張と為替の便をはかった。生産者数は文化十二年（一八一五）で湯浅三十三名、栖原村一名、広村八名であった。江戸時代の生産規模は明らかではないが、明治六年の仕込高の最高は九百十石で、五百石以上は三名であった。享保年間に広村の浜口儀兵衛らが下総の銚子に出かけて醤油の生産をし、同地方の醤油生産を発展させた。粉河酢は、花山法皇が西国霊場を開いたときに、粉河の渓流が酢の生産に適していることから、その製法を教えたという伝説がある。江戸時代の初期には室屋が独占的に酢の生産と販売を行い、技術は一子相伝で、藩の御用酢でもあった。室屋の独占は元禄十二年までつづき、十三年には室屋を中心とした七軒の株仲間が結成された。幕末期には株仲間による独占を守ることが困難となり、株仲間以外の者による生産と販売が増加した。天保十年には株仲間の構成員も三軒のみとなり、安政元年（一八五四）には藩の仕入方商品となることによって、独占的な性格の獲得と販売量の拡大をはかった。生産規模は寛政年間（一七八九—一八〇一）に室屋が千五百石、文久三年（一八六三）に糀屋が千二百石ほどであった。

粉河酢は那賀郡でとれる上質米を原料とし、使用する水の水質にもめぐまれ、品質は兵庫や津で生産されるものよりもすぐれていたといわれ、江戸や和歌山城下町にも出店を持つほどに発展し、他地方にまでその名が知られていた。紀州蜜柑は、すでに享禄二年（一五二九）には紀州から京都に帰る貴族が土産物として持ち帰り、その後も織田信長や徳川家康にも献上した。栽培規模は慶長六年に伊都郡・有田郡では一村に数本から、多い村には三十数本ぐらいあった。江戸時代初期に大坂・堺・伏見に小船で運送し、寛永十一年に江戸に送り、色・香り・形ともにすぐれており、すでに市場に出ていた伊豆・駿河などの蜜柑よりも評判がよく、江戸の水菓子屋が取り扱った。最盛期には江戸で年間五十万籠も売ったという。

梅は、文化十年には「漬梅」が史料にあらわれ、文政九年（一八二六）の『紀州田辺領名産品数書上帳』には田辺・芳養《はや》・南部《みなべ》の梅干しが名産品にあげられており、文政十年には江戸へ送っている。備長炭は「うばめがし」を一〇〇〇度以上の高温で焼いたもので、たたくと金属音がし、火力が強く長もちする。江戸時代中期ごろに田辺の備中屋長左衛門が秋津川で生産されたものに自分の屋号をつけ、「備長炭」として江戸に送ってから、その名がひろまったという。『十寸穂《ますほ》の薄《すすき》』に「堅実なること鉄石のごとし」で諸国に売ると書いている。藩政改革として第五代藩主吉宗は藩財政の再建のために井沢弥惣兵衛・大畑才蔵らをして水利灌漑施設に力をそそがせ、新田を開発するとともに農業生産力をあげ、年貢の増収をはかった。家臣団には宝永四年（一七〇七）から二十分の一の差上金を命じ、みずから率先して倹約し、財政支出の節約の範を示し、大島伴六を中心に藩財政の確立をはかった。第十代藩主治宝は寛政四年から五年間にわたって奥向・表向の簡素化と経費の半減をはかり、大庄屋・庄屋・肝煎にそれぞれ申渡書を出し、経費を節減し、統制を強化した。

この改革は門閥を打破し、藩政に中流藩士を登用した。文化三年に「御家中浮置歩増上げ米ならびに借財之れ有る筋割済除米之法」を出し、藩士は禄米を五六・五%うけ、のこりを藩に出し、借財のある者はさらに上納米を増加することなどによって歳入の不足をおぎなうこととした。藩の専売機関である御仕入方はたてまえ上は生産者のためであるという「御救」であったが、文化五年から「国益」重視へと転換し、商品流通の要地に御仕入役所の設置を進めるようになった。農村では水利灌漑と新田開発を進めた。

幕末には幕藩体制の諸矛盾が激化し第十四代藩主茂承は津田出に藩政改革につき諮問し、津田は慶応二年(一八六六)に「御国政改革趣法概略表」を提出して、藩政改革の構想を示した。教化・殖産興業・富国強兵・兵制などを論じているが、富国強兵、特に兵制改革に特色があった。武士を帰農させ、農兵をとりたて、西洋式火器で装備しようとした。非常時には商人から婦女子までも武技を教えて急を救うというものであった。藩主は津田を国政改革制度取調総裁に任命した。改革は、知行百五十石・切米六十石以上は五年間すべて半分を支給し、兵制は大隊長・諸隊長・歩卒をおくことにした。しかし藩論を統一できず、慶応三年に改革派の一人、田中善蔵は暗殺され、津田も免職され改革は一時中止となった。明治元年九月執政に復し、同二年正月、藩財政の実状を家中に公開し、家臣団の禄制改革に着手した。

殖産興業では開物局を設置し、融資・器械の購入などで産業の発展をはかろうとした。さらに政治機構を改革し兵制改革ではプロシャの下士官カール＝ケッペンを招き西洋式の近代軍隊を創設した。明治政府に先がけて徴兵制を採用したことは注目される。この改革は明治政府も注目し、欧米各国の公使も視察にきた。幕末・維新期の去就は、御三家であり、幕府との関係も強かったが、結局は最終段階では朝廷側につくことになった。御三家紀州藩も薩・長・土・肥につづいて、明治二年二月十日に版籍奉還を奏上し、六月十七日に奉還し、藩主は知藩事に任命された。同四年七月の廃藩置県に伴い、和歌山・田辺・新宮の三藩はそれぞれ県となり、同年十一月に田辺県・新宮県は和歌山県に統合された。

代表的な一揆としては、慶長十九年に北山一揆あるいは熊野一揆とよばれる、大坂冬の陣の間に土豪層が中心となり、新しい支配に反対しておこしたものがある。文政六年には旱魃により水の配分をめぐる争いから藩の年貢減免や御仕入方廃止を要求する百姓一揆が紀ノ川流域を中心におこり、数万人の農民が参加したという。嘉永七年(一八五四)には蜜柑方一揆がおきた。町方の打ちこわしは、天明六年(一七八六)十二月に田辺で、同七年五月には和歌山や粉河でおきた。紀州藩の藩政史料は他藩にくらべると少ない。浅野時代のものは浅野長愛が所蔵し、徳川時代のものは東大の南葵文庫に一部分、藩校旧蔵の国語・国文・国史関係約九千冊、漢籍約一万六千冊は和歌山大学図書館に紀州藩文庫として所蔵されている。和歌山県立文書館にも家臣の系譜などがある。家老三浦家の『三浦家文書』は和歌山大学紀州経済史研究所が所蔵している。『南紀徳川史』は藩政史料集である。

[参考文献]　『和歌山県史』、『和歌山市史』、安藤精一『近世農村史の研究』(清文堂出版、一九八四年)、安藤精一・五来重監修『和歌山県の地名』(日本歴史地名大系三一、平凡社、一九八三年)、安藤精一編『図説和歌山県の歴史』(河出書房新社、一九八八年)

(安藤　精一)

藩校　和歌山藩での家臣の儒学教育は、遅くとも、藩主徳川頼宣に召し抱えられた那波活所によって寛永十二年(一六三五)以降には始まっている。しかしそれは、好学の者が儒者の家に出向いて講義を受けるという形であった。正徳三年(一七一三)、吉宗の代には一般的な儒学振興のために湊に講堂が開設された。仁斎学者蔭山東門(元質)や朱子学者祇園南海が講書を行い、庶民を含め百七、八十人が聴いたという。『紀州政事草』『紀州政事鏡』も講堂について記しているが、この二書は偽書であり内容に信頼を置けないため、講堂の詳細はわからない。その後、講堂は荒廃したようである。藩校による組織的儒学教育は、藩政改革にあたって家臣団に思想的統制を加える目的で開始される場合がほとんどである。和歌山藩でも、安永五年(一七七六)、治貞は藩政改革にのりだすとともに城内と評定所での学問講釈を触れ出し、仁斎学者伊藤蘭嵎・朱子学者祇園餐霞などの講釈日割を定めた。学問精勤の者には褒美が下された。だが、天明大飢饉によって藩政改革は挫折、講堂の復興もならない。

和歌山藩藩校蔵書印

和歌山藩で藩校の制度が確立するのは治宝の寛政改革の時

である。改革当初の寛政二年（一七九〇）、湊の講堂の増改築が始まり、翌三年に完成し学習館と改名。試験はこのころから始まったらしいが未詳。同五年、学習館規則を定め、藩学を、朱子学をも含むより広い意味の宋学と決定する。実際、学習館には力のある朱子学者は呼ばれず、重用されたのは徂徠学者菊池衡岳・折衷学者山本東籬・同仁井田南陽（好古）らであった。同年、江戸に明教館、文化元年（一八〇四）には伊勢松坂に松坂学問所を設置、両校とも学則などは学習館に準じた。享和三年（一八〇三）、学習館の試験規則を改定し学問御試規則を制定。無役の下級家臣を成績次第で役付にすることなどが定められており、家臣に対する儒学奨励と思想統制が目的であった。国学は、寛政四年に本居宣長が召し出され、その後も宣長の子孫には禄が与えられて講釈が行われた。しかしそれは御前講義にすぎず、藩校の科目となったのは安政三年（一八五六）、海防強化に向けて城の南隣の地に岡山文武場が開設された時のことである。

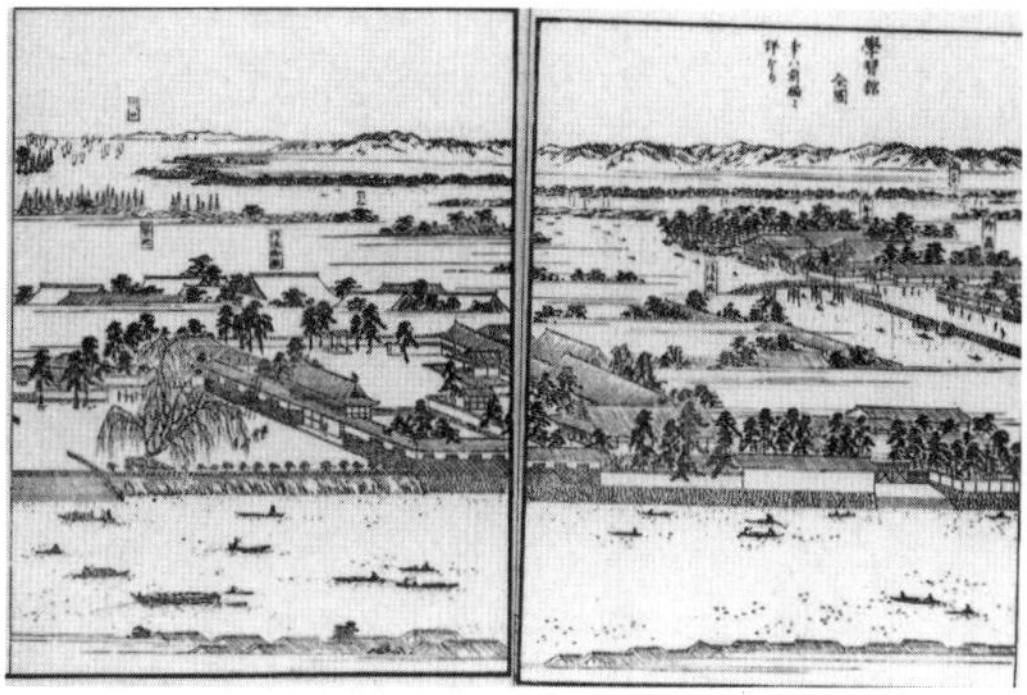

学習館全図（『紀伊国名所図絵』後編一より）

医学館（『紀伊国名所図絵』後編一より）

この時、館内には、国学・漢学・蘭学・洋算・習礼・兵学・剣術・槍術・体術の教場が分置され、弓術・砲術・水芸・馬術などの教場は館外に設置されていた。慶応二年(一八六六)軍制改革に伴い藩校改革も行われ、学習館を岡山文武場へ移転、全体を学習館文武場と称した。修業年齢を、それまでの三十歳から五十歳へ引き上げるなどしたため、二百～六百だった生徒数が数倍になったという。また、特筆すべき点は、漢文の素読試験に限り百姓・町人も参加可能になったことである。医学館は天明七年(一七八七)、城中での医書講釈が起源。寛政三年、本町三丁目に医学館が完成。のち雑賀屋《さいかや》町に移転。藩内の医師子弟や門生に漢方を教授するのみならず、天保年間(一八三〇—四四)には館内に施薬局を設置、貧民に施薬も行なった。

参考文献　堀内信編『南紀徳川史』一五八・一五九、『和歌山県史』　(遊佐　教寛)

藩札　延宝六年(一六七八)はじめて銀札を発行したが一ヵ月後通用停止となったという。元禄十五年(一七〇二)再び一匁～二分の五種の銀札を発行。藩の公金取扱いなどを行う機関「茶屋」が出したので茶屋札といい、和歌山と飛地の勢州松坂(松坂は一匁・五分札のみ)両地向け二種があった。宝永の札遣い禁令後、享保十五年(一七三〇)通用再開、翌年札遣い専一令が出た。三年後札価は十分の一ほどに下落し、正銀との引替が行われた。長い空白ののち文政六年(一八二三)伊勢領内限り通用の銀札を松坂で発行。一匁～二分の四種(のちに二匁札追加)で、三井組と、松坂商人五人からなる為替組が銀札会所を組織したので信用も高く、すでに三年後には紀州本領や大和の他領でも流通するようになった。この松坂札は十年ごとに幕府の許可を得て幕末まで通用。一方、和歌山では天保六年(一八三五)全藩領通用の「若山札」を発行。一匁～二分の三種で、文久三年(一八六三)時に松坂札通用高十六万六千両に対し、若山札は四十万八千両(銀札三十二万六千貫

五分銀札　一匁銀札　五分銀札　一匁銀札

目に相当)であった。しかし信用は低く、慶応三年(一八六七)若山札は松坂札の四分の一以下の札価であった。なお慶応二年摂河泉・大和・播磨の領外五ヵ国通用銀札を新規発行。札元には三井・鴻池などの大坂富豪をあてた。翌年五ヵ国通用の百文銭札が発行されたが、大政奉還後通用停止となった。

参考文献　日本銀行調査局編『図録日本の貨幣』五・六(東洋経済新聞社、一九七四・七五年)、荒木豊三郎編『日本古紙幣類鑑』中、『和歌山県誌』上　(岩橋　勝)

藩法　和歌山藩の法という広い意味での和歌山藩法は、単行法令や多少ともまとまりのある条目など、無数に存在するが、単行法令の寄せ集めという域をこえたところの、一定の体系性を有するという意味で法典とよびうるものは、『国律』および『国律補助』とよばれる刑法典である。法典といいうるものが、まず、刑法の領域で成立してくることは、幕藩体制の一つの特質を示すものである。『国律』は、享和・文化年間(一八〇一―一八)に、藩政改革の一環として、『国律補助』は、天保年間(一八三〇―四四)以降に、『国律』を補うものとして編纂されたと推定される。『国律』の編纂方法は、元禄期以降寛政年間(一七八九―一八〇一)までの和歌山藩の実務を基礎とし、幕府の『公事方御定書』と明律とを参考にするというものであった。『公事方御定書』の影響は個々の条文の内容に見られる。

これに対して、明律の影響は、主として、その形式面において認められる。『国律』は、名例・公式・衛禁・儀制・倉庫・祭祀・関津・盗賊・人命・闘殴・訴訟・詐欺・犯姦・雑犯・捕亡・断獄・寺社・連及の十八の律からなるが、かかる体系的編別構成は明律から学んだものであった。法の体系性は、古来、『公事方御定書』に至るまで、日本固有法の中には存在しなかったものであり、また、古代律令法が変質・崩壊して以来、長らく追求されることさえなかったものであった。その法の体系性が久々に問題になってきたこと、しかしながら、法の内容面ではみずからの経験を基にしながらも、それを論理化して編成する方法は、またしても中国法から借用せざるをえなかったこと、これらのことのうちに、この時代の法文化の特質の一端が示されている。『国律』は『藩法史料集成』、手塚豊『明治刑法史の研究』中(『手塚豊著作集』五)に、『国律補助』は堀内信編『南紀徳川史』に所収。

参考文献　平山行三『紀州藩農村法の研究』(吉川弘文館、一九七二年)、小早川欣吾「明律令の我近世法に及ぼせる影響」(『東亜人文学報』四ノ二、一九四五年)、水林彪「近世の法と国制研究序説―紀州を素材として―」(『国家学会雑誌』九〇ノ一・二合併号、一九七七年、九〇ノ五・六合併号、

一九七七年、九一ノ五・六合併号、一九七八年、九二ノ一一・一二合併号、一九七九年、九四ノ九・一〇合併号、一九八一年、九五ノ一・二合併号、一九八二年）

（水林　彪）

幕末諸隊　開国後に家老水野忠央（土佐守）のもとで海防のために編成された騎戦隊は、安政期の軍制改革で歩・騎・砲三兵となるが、水野の失脚により廃止された。文久三年（一八六三）春に和歌浦法福寺住職北畠道竜が組織した農商混成の遊撃隊が同年八月の天誅組討伐で力を発揮したことに示唆を受けた藩奥祐筆筆頭の津田又太郎（出）は、同年秋に農兵組みたてのことを提案し、みずからその総裁となった。主として郡中の「地士帯刀人」つまり豪農層を組織し、これに大砲を与えてフランス式伝習を施した。当初は約百人、明治元年（一八六八）には約四千人になったという。なお慶応三年（一八六七）十月に失脚した津田は、明治元年九月に再登用されて執政となり藩政改革を委任され、翌二年に大参事になると世襲士族の禄制を廃止する一方で、身分にかかわらず検査の上兵士採用を決める選兵制を推進して常備軍に編入した。これは徴兵制の先駆として注目される。

参考文献　堀内信編『南紀徳川史』（名著出版、一九七〇—七二年）、石塚裕道「明治初期における紀州藩藩政改革の政治史的考察」（『歴史学研究』一八二、一九五五年）

（高木　俊輔）

北山《きたやま》一揆《いっき》物語《ものがたり》　紀伊国和歌山藩領慶長十九年（一六一四）熊野一揆を物語風に記したもの。『浅野考譜』『和州北山一揆次第』（『大日本史料』一二ノ一六）・『熊野領一揆』（『（紀伊）南牟婁郡誌』上）などにみえない所伝を含む。三重県熊野市育生町尾川の高梨氏所蔵。『（紀伊）南牟婁郡誌』上に全文が載せられている。また、『大日本史料』一二ノ一六慶長十九年十二月十二日条と一二ノ二二元和元年（一六一五）六月十日条に載せられている（これによったものが『日本庶民生活史料集成』六にも収められている）。『北山一揆物語』には「慶長十九年寅ノ十月頃、北山組三村ノ内河井村ニ山室ト云者、大坂ヨリノ内意ヲ受テ、一族ヲ語ラヒ、一揆ノ企ヲナス」とあり、「若山ノ城ヲ可乗取トテ、在々所々与力ノ百姓ヲ集ル、此手ノ頭分ニハ山口喜内・広ノ知森、日高郡ニテ財部ノ兵衛等一揆ヲ勧メ、和歌山浅野但馬守大坂表出陣ノ留主ヲ窺ヒ、城ヲ可乗取トテ談合セシト也」とあり、伝聞によるところが多いようである。また、「私ニ曰」といった記述もみられる。

（渡辺　広）

南紀《なんき》徳川《とくがわ》史《し》　近世紀州藩の史料集成。編者は旧紀州藩士堀内信。刊本は十八冊（本文十七冊、総目録一冊）。第十四代紀州藩主徳川茂承の命により堀内信が明治二十一年（一八八八）

から三十四年にかけて編纂した。従来、明治三十一年の完成とされていたが、それは緒言によるもので、緒言の「功全竣ル」は前集の完成であることを三好国彦が明らかにした。明治三十二年四月前集七十巻の浄書二部を完成、一部を徳川家へ、他の一部を南竜神社(大正六年(一九一七)東照宮(和歌山市)に合祀)へ奉納、明治三十四年後集百巻を完成、徳川家へ納む。昭和五年(一九三〇)―八年南紀徳川史刊行会が刊行、同四十五―四十七年には名著出版より復刻刊行。

本書は紀州徳川家の藩祖徳川頼宣の慶長七年(一六〇二)誕生から、茂承が東京移住をする明治四年までの間の紀州藩に関する史料集である。『南紀徳川史』の読み方について、「なんきとくがわし」ではなく、「かわ」は流れるので、「なんきとくせんし」と読むのが正しいとする説もある。それぞれに分類した項目についての史料集であるが、「信按スルニ」として堀内信の見解を付している。世記の項で藩主の誕生から経歴や言行・事績、家族等々に関する史料をかかげ、歴代藩主の歴史を明らかにし、ついで、名臣伝で家臣、文学伝で儒学・医学・国学・書家、武術伝で兵法・弓術・馬術・鎗術・剣術・柔術・砲術・水芸、方技伝で画家・有職家・茶道・歌人・狂歌・俳諧・囲碁・将棋・謡曲・弾琴・弓工・刀工・甲冑師・蒔絵師・彫工・呉服師・匠工・菓子師・籠組師・力士・畸漢の伝記を収め、さらに俊傑伝・孝子伝・烈女伝・高僧伝とつづき人物を中心とする。ついで、職制・禄制・郡制・財政・軍制・法令制度・典礼・服制・社寺制・学制・城郭邸園誌・刑法にまで及ぶ。本書は検討しなければならない点をふくむ場合もないわけではないが、近世紀州藩の研究にとっては重要な史料集である。

参考文献 浜田康三郎「堀内信翁逸話」一(『紀州文化研究』三ノ八)、三好国彦「『南紀徳川史』の完成年について―諸「解題」の誤りを中心として―」(『南紀徳川史』一、一九八六年)

(安藤 精一)

鳥取県

羽衣石藩（うえしはん）

南条氏が、伯耆国河村郡羽衣石（鳥取県東伯郡湯梨浜町）を拠点に、東伯耆三郡四万石を統治した関ヶ原以前の藩。伯耆の国人であった南条氏は、尼子氏の伯耆進出で所領を失う。しかし、毛利氏の中国地方統一のもとで、南条宗勝は所領を回復。宗勝の子元続は、天正八年（一五八〇）より開始された羽柴秀吉の因伯攻略において、毛利氏に反し羽柴軍に味方し羽衣石城を守った。元続はその功績により、同十三年、伯耆三郡（八橋《やばせ》・久米・河村郡）四万石支配を認められた。東伯耆を支配した元続は、羽衣石城以外の主要な地へ代官を派遣し統治を行なった。とくに、伯耆国の中心であった打吹城下の倉吉の発展に力を入れ、近世城下町としての基礎を作った。つぎの元忠は、同十九年に検地を実施し、所領の把握に勤める一方、九州平定や小田原攻め、文禄・慶長の朝鮮出兵など豊臣政権の軍役も果たした。慶長五年（一六〇〇）の関ヶ原合戦では豊臣方につき、戦後その領地は没収、元忠は浪人となり、廃藩となった。

参考文献　『鳥取県史』二、『東郷町史』、『倉吉市史』、『羽合町史』前編

（大嶋　陽一）

浦富藩（うらどめはん）

因幡国（鳥取県）浦富を藩庁とした藩。天正八年（一五八〇）から慶長五年（一六〇〇）まで、因幡国浦富桐山城主であった垣屋光成・恒総父子が二代二十年間に領知した巨濃郡一万石の版図をさす。すなわち垣屋光成は羽柴秀吉が鳥取城を攻略したのち、因・但両国のつなぎ役として桐山城主とされたが、その子恒総が関ヶ原の戦で西軍に属したため、領地を召しあげられ滅亡、いわゆる「浦富藩」は消滅し、その遺領は鳥取城主池田長吉の所領に加えられた。元和三年（一六一七）池田光政が鳥取城主となり、因伯三十二万石を支配したときは、浦富は重臣池田正虎（忠雄の弟）の知行所となり、かれは桐山の麓に居宅を構えていたという。寛永九年（一六三二）藩祖池田光仲の鳥取入城以後、重臣鵜殿氏（長春のとき家老となる）の知行地の一つとしてひきつがれ、天保十三年（一八四二）米子・倉吉・八橋・松崎・黒坂と同じような自分手政治が認められた。浦富は浦住と書かれたこともあり、現在「うらどめ」ととなえている。

参考文献　『岩美町誌』、『鳥取県史』二　（山中　寿夫）

倉吉藩（くらよしはん）

慶長五年（一六〇〇）伯耆国米子十七万五千石の領主として入部した中村忠一は、久米郡倉吉打吹山城の城代として依藤半左衛門（知行高七千三百石）を任じたが、同九年八橋城をあずけられていた中村一栄の病死を機として、その子伊豆守を倉吉に移した。知行高一万三千石。同十四年中村忠一の死亡により所領は四分、米子・八橋・黒坂の各城主は幕府からそれぞれ任命されたが、倉吉城主はおかれず、幕府直轄地となり、山田五郎兵衛が代官として来任した。元和三年（一六一七）池田光政が因伯両国を支配することになり、重臣伊木長門をおいたが、間もなく打吹山城をこわした。また、池田光仲の鳥取移封後、家老荒尾氏に町政の一部をゆだね自分政治を行わせ、廃藩置県に及んだ。藩と呼ばれる実態ではない。

参考文献　『倉吉市誌』、松岡布政『伯耆民談記』（『因伯文庫』三）、『新修米子市史』二、『新編倉吉市史』二　（山中　寿夫）

黒坂藩（くろさかはん）

伯耆国黒坂（鳥取県日野郡日野町）を藩庁とした藩。外様。城持。黒坂は、備中路・備後路の交差点にあたる交通の要地で、古くから豪族日野氏の居館があった。天正十九年（一五九一）以降は吉川広家、慶長五年（一六〇〇）以後は米子城主中村忠一の支配下におかれ、同十五年伊勢国亀山城主関長門守一政が黒坂（鏡山）城主とされ、黒坂藩五万石を支配した。領地を日野一郡のみとすると、二万石内外で五万石に不足であるが、ほかの所領は不明である。元和四年（一六一八）七月、関氏は家臣の統制不良のため領地を召し上げられ、のち鳥取城主池田光政の統治下に入り、黒坂藩は消滅した。寛永九年（一六三二）池田光仲の鳥取移封以後は、重臣福田氏の陣屋があった。

参考文献　『日野郡史』、『日野町誌』　（山中　寿夫）

鳥取藩（とっとりはん）

因幡国（鳥取県）鳥取に藩庁を置いた藩。藩主は池田氏、家格は外様、城持。慶長五年（一六〇〇）関ヶ原の戦ののち因幡国鳥取六万石に封ぜられた池田長吉は池田信輝三男、池田輝政の弟である。所領の範囲は因幡国の邑美《おうみ》・法美・巨濃《この》・八上四郡にわたっていた。長吉は鳥取城を増築し、城下を整備した。長吉の子長幸は元和三年（一六一七）池田光政の鳥取入城に関連して備中松山に移った。光政は、この前年、元和二年父の播磨姫路藩主利隆の死に伴い遺領を相続したが、幼少（八歳）を理由に三年因幡・伯耆三十二万石に減封されて鳥取に移ったのである。光政は城下町の整備に着手し、新川（袋川）を開削して城の総構とした。寛永九年（一六三二）岡山藩主池田忠雄の死に伴い、その嗣子光仲が幼少（三歳）であったので、因伯両国と備前との国替が行われ、光仲は鳥取に、光政は岡山へ入城し、以後光仲の子孫が連綿として廃藩まで領知した。そこで池田光仲を鳥取藩祖と称している。歴代藩主は光仲・綱清・吉泰・宗泰・重寛・治道・斉邦・斉稷・斉訓・慶行・慶栄・慶徳。

　鳥取藩の石高は終始一貫して三十二万石で（異説もある）、その内訳は因幡国一円十四万九千七百四十石余、伯耆国一円十七万二百五十石余である。田畑の開墾は藩初より奨励され、明治元年（一八六八）藩より民部省に提出された記録では新田高十万八千百六十九石七斗二合となっている。貞享二年（一六八五）光仲が致仕したとき、第二子仲澄に二万五千石を分知して鳥取新田藩（鹿野藩）が成立し、元禄十三年（一七〇〇）綱清の致仕にあたり、光仲の第五子清定に一万五千石が分知されて鳥取新田藩（若桜《わかさ》藩）が成立した。家臣数は元禄二年現在士分以上六百八十二人、士分以下苗字付まで六百四十一人、無苗二百八十三人、総計千六百六人。安永七年（一七七八）現在鳥取城下町数は惣町四十八町で竈数合三千四百十一軒。寛延年中（一七四八―五一）現在領民人口は郷中町方男女合わせて因幡十二万六千三百二十一人、伯耆十三万九千三百九十九人、計二十六万五千七百二十人。藩祖光仲は三歳で家督を許されたので当初家老の補佐を必要としたが、慶安元年（一六四八）就国を機に親政を開始した。まず家中に対し十七ヵ条の家中法度を発布し、領地に対しては在方法度を公布してそれぞれ統制を強化した。光仲の祖母は徳川家康の娘督姫であったので慶安三年幕府に申請して東照宮を鳥取に勧請した。次に鳥取池田家一門の充実をはかるため備前池田家より池田之政・知利・政広の三名を招き池田家の三家門とした。また家老権力の抑圧をはかって首席家老荒尾成利を罷免するなどもっぱら藩主権力の拡大をはかった。さらに着座以下の家臣の格式を固定し、また職制の整備をはかるなどして寛文から元禄初年に及ぶ間に藩政の確立に成功した。

　領民に対する裁判権は池田忠雄の時代以来藩主が掌握していたが、知行所における徴税権は明暦二年（一六五六）「因伯平《なら》し免」の実施されたときから藩主が掌握することとなった。しかし有力な家老の二、三家に対し、その給地については自分手政治と称する自治的政治が許されていた。寛文八年（一六六八）臨済宗より黄檗宗に改派して興禅寺を起している。同寺は陸奥国大年寺・長門国東光寺とともに世に黄檗三叢林といわれている。藩の徴租方法は藩初に土免制が採用されていたが、元禄十一年より地方《じかた》巧者である米村所右衛門(広治)の建策により請免制を採用した。これは定免制の一種であるが大庄屋に徴租を請け負わせたところに特徴がある。請免制実施後大土地所有者の発生を見るに至るが、元文四年(一七三九)徴租をめぐる大一揆が発生し因伯両国にわたる騒擾となった(因幡国・伯耆国鳥取藩領元文四年一揆)。

藩財政は光仲の晩年窮乏のきざしが見え、寛文十年家臣より一ッ成借上げが行われ、文化年間(一八〇四―一八)には物成一ッ免ともなった。藩は貞享三年よりたびたび御簡略を実施し、倹約令を発布して経費の節約につとめたが十分な効果は得られなかった。藩は延宝四年(一六七六)より幕府と内談して銀札を発行し領内の流通に資したが、物価騰貴をまねいて流通を混乱させたこともあった。他国商人よりの借入銀は、藩初京都商人に援助をうけたが、延宝四年以後は大坂商人に、宝暦初年からは江戸商人も加えた金主によって藩用を弁じた。藩政を通じて借財が最も多かったのは文政年間(一八一八―三〇)で、約八十二万五千両の借金があった。元禄年間以後武備の弛緩、風俗の頽廃が進み、近松門左衛門の浄瑠璃『堀川波《ほりかわなみの》鼓《つづみ》』の題材になった士風の堕落が見られるようになった。宝暦・明和以後は徒士の発言が強くなり、武士内部に変化が生じてきた。こうした藩風を刷新し百姓一揆に対処するため、宝暦年間(一七五一―六四)安田七左衛門(成信)による宝暦改革が行われた。精神的には藩校尚徳館を創設して士風の刷新を企図し、また領内諸産業の育成をはかったためようやく領内需要を満たす生産にこぎつけた。

鳥取藩の産業を代表するものに鉄と紙とがある。鉄は古代より伯耆国で生産され、元禄年間には藩の御手山として統制をはかったことがある。因州半紙として知られた和紙は因幡国を主産地とし、貞享二年から藩が買いあげ、かわりに代米・代銀を支給する専売仕法が採用されていた。蠟は京・大坂より輸入していたが、領内生産の増加により明和二年(一七六五)蠟座が設けられ専売仕法が行われた。藍の生産も宝暦ころになって領内の需要を満たすようになったが、高級な藍は原料を阿波国より輸入した。木綿は伯耆国を主産地とし、化政期には大坂・江戸へ多量の領外輸出を行なった。嘉永三年(一八五〇)池田慶徳襲封後、安政元年(一八五四)田村貞彦を勝手懸・郡代兼帯に任じ、安政改革に着手させた。その内容は以下のようなものであった。郡村費用は村民がその支出に苦しみ、地方《じかた》疲弊の原因であるのでその節減をはかり、これら諸帳簿を大庄屋を経て在御用場へ提出させた。また農民に対する三歩御借米・牛銀などの借銀の利下げを行い皆済方法を講じた。悪田に対しては加損米を与えていたが実態に合わなくなり混乱していたので、実態に合わせその割りかえを行なった。次に宛口米帳を調査整備して公平な小作料徴収をはかった。在方行政の改革としては村役人の事務処理を簡便にして事務の繁多を防いだ。産業面においては嘉永五年再置された国産座の拡充をはかり、当時領内生産が十分であった墨・筆・鎌・足袋・紙などは他国商品の流入を禁じ領内生産の増加をはかった。特に万延元年(一八六〇)伊王野浩斎(坦)の西洋式製塩の試験は有名である。幕末においては藩主慶徳が徳川斉昭の子であったので尊攘敬幕の微妙な立場であった。文久三年(一八六三)八月河田左久馬(景与)ら二十士が藩主の御側用人を京都本圀寺の宿所に襲撃し殺害した本圀寺事件が起り藩論を沸騰させたが、明治元年勤王討幕の旗幟を明らかにした。藩庁史料『池田家文書』(正式名称は『鳥取藩政資料』)は鳥取県立博物館に収蔵されている。

参考文献　鳥取県編『鳥取藩史』、『新修鳥取市史』二、河手竜海『因州藩鳥取池田家の成立』(『鳥取市郷土シリーズ』一七、鳥取市教育福祉振興会、一九八一年)、同『鳥取藩の元禄・享保時代』(同三二)、山中寿夫「鳥取藩」(『物語藩史』六、人物往来社、一九六六年)

藩校　宝暦六年(一七五六)藩主池田重寛のとき、家老鵜殿縫殿助央堯・津田周防元武両名の建言により開設され、翌年開講。尚徳館と命名されたが、公には学館とのみ称した。当初就学者は家中のうち士列以上の嫡子・庶子で十三歳以上の者を対象とし、徒士以下の者は対象としなかったが、宝暦十二年毎月三の日を限り入館聴講することを許した。徒士以下も自由に就学し得るに至ったのは嘉永五年(一八五二)のことである。学館奉行には当初箕浦文蔵(靖山)が任命され、三十余年にわたって教授師範役をつとめ学館の基礎をつくった。学風は篤実をもととし、流派を立て争うことを禁じ、四書五経を中心に講義が行われた。歴代藩主の学館に対する関心は深く、藩主重寛・治道ともにたびたび臨館して学問を奨励した。特に十二代藩主慶徳は水戸徳川家の出身であったため、学問振武に関心が強く学館の拡張整備につとめた。その特筆すべきものは、嘉永五年の大文場の増設、聖廟の創建、武場の建設、徒士以下のための小文場の設置などである。従来、槍術・剣術の稽古は師範家の道場にまかせていたが、この改正によって学館に武場が設置され、学館において槍術のほか砲術・柔術などの教育も行わ

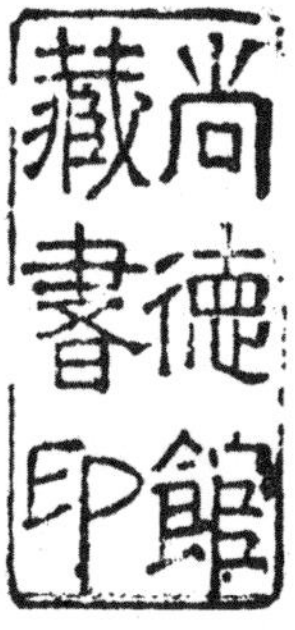

鳥取藩藩校蔵書印

れるようになった。嘉永六年からは国学・兵学なども採用充実された。学館の経費は藩庫から支出され、特に国産物取扱によって得た産業上の収益が充当された。明治三年（一八七〇）閉校。

参考文献　文部省編『日本教育史資料』五・一〇・一二・一四・一六、鳥取県教育委員会編『鳥取県教育史』、鳥取県編『鳥取藩史』三、徳永職男他編『江戸時代の因伯』下（新日本海新聞社、一九八一年）

（河手　竜海）

藩札　延宝四年（一六七六）銀札をはじめて発行。十匁～二分の十二種と、別に百目以上の手形的な高額の書き札もあった。鳥取・米子・倉吉に引替所が置かれ、銀五分以上の正銀使用が禁じられたが、翌五年当初の規定を変更し、米売買での銀遣いを認め、札引替に歩銀も生じた。そのため宝永札遣い禁令までは流通範囲は狭かった。享保十六年（一七三一）一匁～二分の四種銀札を再発行。同十八年には家中などの財政救済を名目に「大札御貸札」という十～五百目の高額銀札も発行したがすぐ失敗。元文元年（一七三六）までに札遣いはすべて止んだ。ついで宝暦四年（一七五四）五十目～二分の六種（のち十匁～二分の四種）銀札を発行。同十三年に取付騒ぎが生じたが改印札との引替えで収拾し、以降安定流通した。文政期に入り札価急落、文政十二年（一八二九）に約十分の一まで下落したが、天保二年（一八三一）・安政三年（一八五六）に改判を行い、明治維新後まで流通した。

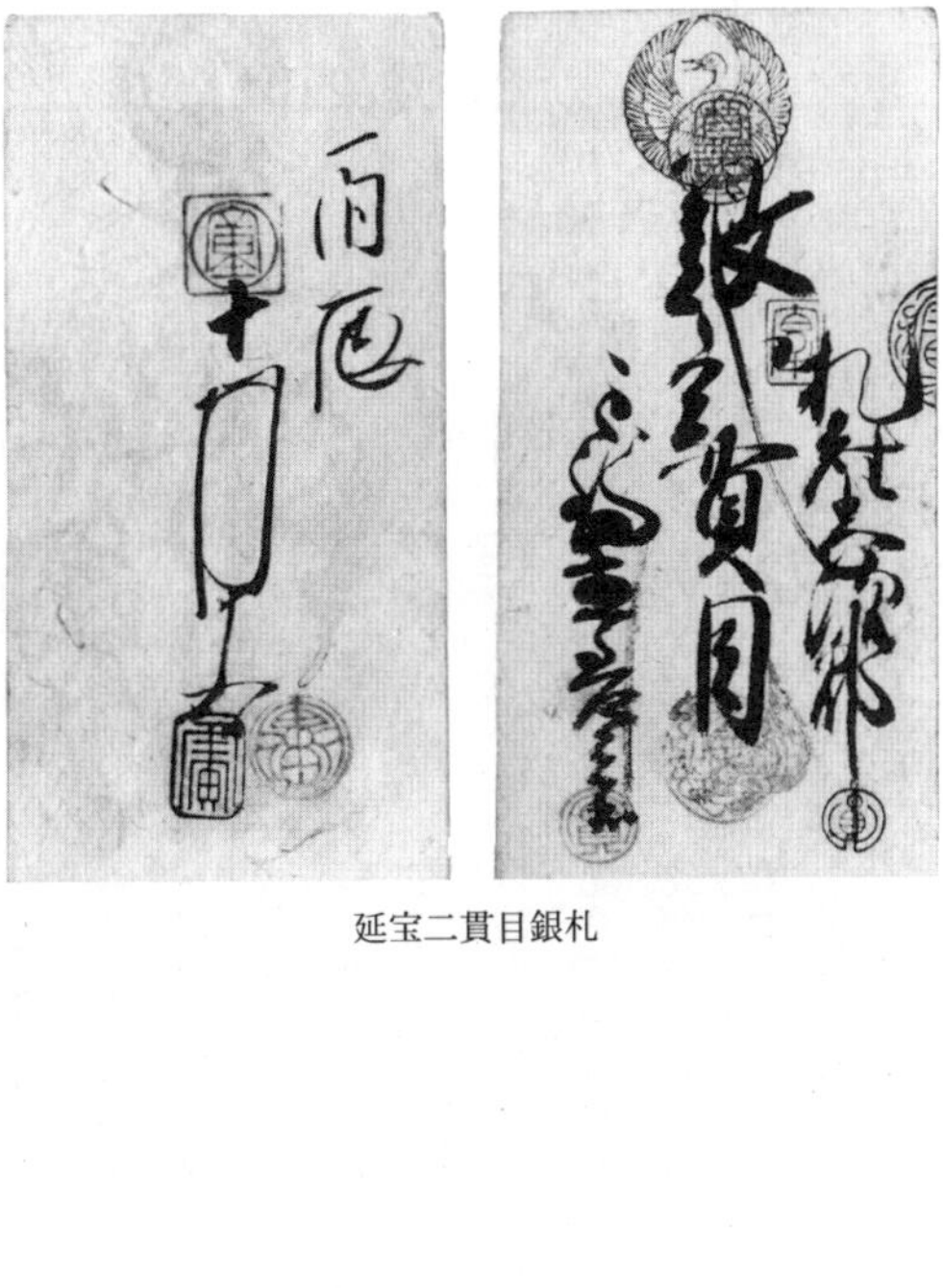

延宝二貫目銀札

参考文献　荒木豊三郎編『日本古紙幣類鑑』中、日本銀行調査局編『図録日本の貨幣』五（東洋経済新報社、一九七四年）、鳥取県編『鳥取藩史』四

（岩橋　勝）

藩法　初代藩主池田光仲が入封した寛永九年（一六三二）から文政十年（一八二七）までの藩法を、藩命により御帳奉行二宮源蔵が中心となり文政十一年から天保三年（一八三二）の間

に『御国御法度』七十二冊に編纂し、その内容を三十九種の法源に整理した。その編纂方法は、原則として重要法令を「御法度」、細則的規定を「御定」と称し、これらを身分別と機関別の構成に分かった。そして前者を「御連枝様御家之事」のほか「惣体」「御家中」「御徒以下」「在方」「町方」の各御法度・御定に分かち、後者には「御船手」「寺社方」「御城代」「御作事」「御目附」「御勘定所」「御銀札場」「米子・倉吉・松崎・八橋」「江戸」「大坂」「京伏見」の各御法度・御定、「所々御役人」御法御定、「裏判所」「蠟座」各御定があり、御法度・御定の区別のないものに「御道中并所々御出之節御法度江戸御番所々江罷越面々江被仰付」「御軍式」「御簡略」がある。これらの『御国御法度』とは別に、やはり藩命によって編纂された刑法典『律』は幕府法の『公事方御定書』系統に属する。ほかに、藩法編纂の機に、当時に実効力のあった法令を幕府法をも含めて整理した『御旧法御定制』五巻がある。上記の諸法源はすべて藩法研究会編『藩法集』二・一〇に収録されている。叙上の藩法法源を含む池田家藩政史料は現在鳥取県立博物館に所蔵されている。

参考文献　前田正治「鳥取藩「御旧法御定制」編纂の意義」(『法と政治』一八ノ二、一九六七年)、同「鳥取藩「律」考」(同二三ノ三・四合併号、一九七三年)

(前田　正治)

池《いけ》田《だ》家《け》文書《もんじょ》　池田光仲を藩祖とする、いわゆる鳥取池田家の文書・記録。『鳥取藩政資料』が正式名称。現存するその大部分は藩政関係の記録で、総数は約一万五千点に及ぶ。すなわち、家老の詰所である御櫓の『御在国御在府日記』『御国日記』『万留帳』『控帳』をはじめとする日記体の諸記録や、『侍帳』『組帳』『御支配帳』『二御支配帳』のような侍士・徒士・足軽などの家臣団の組分け・禄高帳、また『藩士家譜』のような侍士の出自や履歴を示す記録があり、その他、農政関係の『在方諸事控』『御新田部屋諸事控』『郷村高辻帳』や、法制関係記録としての『御旧法御定制』『公義御法度総躰』『御家中御法度並御定』や町方・在方その他の諸役所に関する御法度・御定も多い。このほか、鳥取城郭図・城下絵図・地図の類や、『当家系図伝』『校正池田氏系譜』などの歴代池田家当主の家譜、また幕末から明治にかけての藩主慶徳を中心とする往復文書がある。これらは池田家による鳥取藩史編纂事業が終了したのち、昭和十年(一九三五)から数次にわたり、同家より鳥取県立鳥取図書館に寄託され、そこで整理保管されていたが、同四十四年あらためて正式に寄託された。その後、昭和四十七年の鳥取県立博物館の開館に伴い、藩政資料は博物館に移管され、現在に至っている。なお、大正六年(一九一七)から昭和二年にかけて、日本史籍協会によって刊行された『鳥取池田家文書』(三冊)は最後の藩主慶徳関係書翰を年次的に整理したものが主であり、ここにいう池田家文書(鳥取藩政資料)とは別である。ほかに既刊史料として『藩法集』二鳥取藩、同一〇続鳥取藩がある。

[参考文献] 木下英明『郷土文献解題』、徳永職男「鳥取藩の藩政史料について」(『砂郷文化』二六)、鳥取県立博物館『鳥取藩政資料目録』　(山中　寿夫)

因伯民乱太平記《いんぱくみんらんたいへいき》　元文四年(一七三九)鳥取藩領内におこった惣百姓一揆、元文一揆についての民間の記録。著者として序文を記している咄聴堂集書先生については不詳。一巻。同一書でも名称が『因伯民乱太平記』『因幡豊饒太平記』『因幡民乱太平記』と三種あり、異本では『因伯農乱記』『因府民豊記』などと名づけるものもある。成立年代は同五年、寛保元年(一七四一)と記された写本がそれぞれあり、ともかく、一揆に最も近い時期に、足まめに史料を求め、情報を集めて記述されたものらしい。簡潔な物語の形成にまとめられた本書は、一揆の経過をかなり忠実に伝えており、『控帳』『御目付日記』『在方諸事控』など藩側の公式の記録の不備・空白を補うには都合がよい。原本は不明であるが、今日、十数種の流本が知られている。『日本庶民生活史料集成』六所収の『因伯民乱太平記』は鳥取県立鳥取図書館所蔵本を底本とするものである。

[参考文献] 原田久美子『因伯民乱太平記』解題(『日本庶民生活史料集成』六、三一書房、一九六八年)、木下英明『郷土文献解題』、徳永職男「鳥取元文一揆について」(『日本史研究』一六、一九五二年)　(山中　寿夫)

鳥取新田藩 (とっとりしんでんはん)

㈠鳥取藩の支藩。東館と称し、また江戸藩邸が三田にあったので三田家とも称した。鳥取藩祖池田光仲の第二子池田仲澄が貞享二年(一六八五)分知された外様大名である。分知された石高は当初新田二万五千石であったが、元禄十五年(一七〇二)五千石が加えられ三万石となった。その禄は本藩より廩米をもって支給された。仲澄は幕府より松平の称号を許された。歴代藩主は仲澄・仲央・仲庸・澄延・延俊・澄時・仲雅・仲律・仲建・徳澄で、領地内に藩庁はなく鳥取城下に常住した。本藩は支藩に付人を派遣し、監督と連絡にあたらせた。主要な仕置はすべて本藩において処理した。財政的には本藩に依存する傾向が強かった。仲澄の長子吉泰は本藩主綱清の養子となって三代本藩主となった。明治元年(一八六八)鹿野《しかの》(鳥取市片原)に陣屋を置き鹿野藩と称したが、同三年本藩に合併した。

㈡鳥取藩の支藩。藩主の居館が壱岐守家（東館）の西にあったので西館、また江戸藩邸が鉄砲洲にあったので鉄砲洲家とも称した。鳥取藩祖池田光仲の第五子池田清定が元禄十三年（一七〇〇）分知された外様大名。石高は一万五千石であったが享保元年（一七一六）五千石が加えられ二万石となった。本藩より廩米をもって支給された。清定は幕府より松平の称号を許された。歴代は清定・定賢・定就・定得・定常・定興・定保・清直・清緝・徳定。定常は安永二年（一七七三）藩主となったが学問を好み冠山と号した。著書に『池田氏家譜集成』『思出草』などがある。交遊関係も広く林述斎・松崎慊堂《こうどう》・佐藤一斎・谷文晁・塙《はなわ》保己一などにわたっている。当時、毛利高標（佐伯《さいき》藩主）・市橋長昭（仁正寺《にしょうじ》藩主）とともに柳間詰の三学者と称せられた。本藩は付人を派遣して監督連絡にあたった。明治元年（一八六八）若桜《わかさ》藩と称したが、同三年本藩に合併した。

参考文献　『寛政重修諸家譜』第五、徳永職男「本藩と支藩の封建関係について―鳥取藩の場合―」（『鳥取大学学芸学部研究報告』人文、一九六一年）

（河手　竜海）

八橋藩（やばせはん）

伯耆国八橋（鳥取県東伯郡琴浦町）に藩庁を置いた藩。藩主はいずれも外様。慶長五年（一六〇〇）関ヶ原の戦の後、伯耆国の領主となった中村忠一が米子城に入部すると、その叔父中村一栄に三万石を与えて八橋城を預けた。その後中村氏の断絶改易によって、慶長十五年市橋長勝が美濃国より二万千三百石で入部し、約八年間統治にあたった。元和二年（一六一六）市橋氏の転封によって廃藩、翌三年より池田領となる。

参考文献　『鳥取県史』三

（河手　竜海）

米子藩（よなごはん）

伯耆国（鳥取県）米子に藩庁を置いた藩。藩主はいずれも外様。慶長五年（一六〇〇）関ヶ原の戦の後、中村忠一が十七万五千石を領して米子に入部、大天守と四重櫓が連結する連結式天守を築城した。慶長十四年忠一が没したが嗣子がなく同氏は断絶し、翌十五年かわって美濃国より加藤貞泰が六万石で米子城に入ったが、元和三年（一六一七）伊予大洲へ転封となり、廃藩となった。同年池田光政の鳥取入部にあたり家臣池田由之が在城し、寛永九年（一六三二）池田光仲が鳥取に入部するとその首席家老荒尾氏にあずけられた。

参考文献　『鳥取県史』三、『新修米子市史』二

（河手　竜海）

島根県

津和野藩（つわのはん）

石見国（島根県）津和野に藩庁を置いた藩。外様。城持。歴代藩主は坂崎直盛（成正）、亀井政矩・茲政《これまさ》・茲親・茲満・茲延・茲胤・矩貞・矩賢・茲尚・茲方・茲監《これみ》。藩領は鹿足《かのあし》郡のほとんど全部と美濃郡の大部分、那賀郡・邑智《おうち》郡の飛地。慶長五年（一六〇〇）津和野城主吉見広行が萩へ去ってのち、翌六年坂崎直盛が封三万石をもって入部した。直盛はまず城郭の整備・増築に着手し出丸（織部丸）を築いた。元和元年（一六一五）大坂夏の陣に出陣し同年五月七日の大坂落城の際千姫を救出、この功により一万石加増となる。翌二年再嫁する千姫を奪わんとして成らず自殺、かくて坂崎氏は治世十六年にして断絶。翌三年因幡国鹿野城主亀井政矩が封ぜられ四万三千石を領した。同五年、政矩は入城後わずか二年で急死。嗣子大力（のちの茲政）はわずか三歳、幼君の成長とともに、これを取り巻く重臣間に次第に派閥抗争を生じ、ついに多胡勘解由ら六人は多胡真清らを亀井一門に訴えて敗れ、首謀者は切

石見津和野城絵図部分（正保城絵図より）

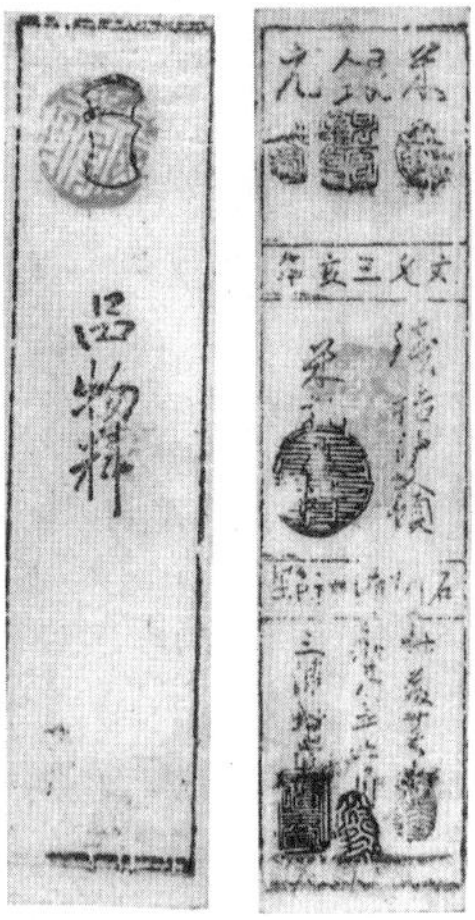
津和野藩藩札(十二文米銭札)

腹、関係者は追放処分となった。寛永十二年(一六三五)八月御家騒動もようやく落着、ついで家臣団の再編成が行われ、同十四年亀井氏による検地も実施された。

領内特産物の石州半紙は、正保から寛文にかけてその生産量は大いに増したが、これは鬼主水といわれた多胡真益(主水)の徹底した殖産興業政策に負うところが大きい。元禄九年(一六九六)から紙でもって貢租上納にかえることが許され、享保九年(一七二四)請紙制が実施されるが、売りさばきは大坂市場であった。最盛期の移出高は一万六千丸(一丸は一万二千枚)から二万五千丸にも達したといわれる。藩財政は初期以来窮乏し天和元年(一六八一)には莫大な負債となったが、家老多胡真武(真益の弟)は厳しい倹約令を達するとともに、寛永検地の不均衡を是正し多額の剰余銀と米穀を蓄積した。しかし連年の凶作と幕府の公役により再び財政は悪化する。天保十年(一八三九)茲監が就封すると藩政改革を断行し財政を再建。安政元年(一八五四)には兵制革新調査掛・軍整役所を設置し兵制改革を推進する。さらに西洋銃隊を編成し別に砲隊を置いたが、のち進退・操作ともに敏活な西洋式銃隊に改め、砲兵二個小隊と歩兵大隊の編成となる。ほかに茲監の親衛隊朝日組も編成された。藩は隣接する長州藩との交流をよくし第二回長州征伐には中立を守り戦禍を免れた。明治四年(一八七一)五月茲監は率先して廃藩を建議し知事を辞したので、亀井氏の治世は十一代二百五十四年で終り、津和野藩は同年六月浜田県に合併され、九年四月島根県となる。

参考文献　『新修島根県史』史料篇三、野津左馬之助編『鹿足郡誌』、沖本常吉編『津和野町史』二・三、加部厳夫編『於杼呂我中―亀井勤斎伝―』、吉永昭『近世の専売制度』(吉川弘文館『日本歴史叢書』三三、一九七三年)、亀井茲建「旧津和野藩に於ける紙専売仕法」(『歴史教育』八ノ一一・一二、九ノ二・三、一九六四―六五年)

藩校　藩校の創設は天明六年(一七八六)藩主亀井矩賢の時で、同年四月校舎(津和野町後田《うしろだ》)が落成すると矩賢は養老館と名づけ親筆の扁額を掲げ、その前年大坂の儒者山口剛斎を招いて教授兼学頭とし藩学創設を託した。弘化四年(一八四七)茲監《これみ》は江戸の下屋敷を売却、その代金に御納戸手当金をあわせて一万両とし、その利金をもって独立運営の方針を立てた。

まず養老館に武道教場を増設し、ここに名実ともに文武教育の完成をみた。嘉永元年（一八四八）から養老館には総教・準総教・文学総司・武芸総司を置き、諸生寮などの増築に着手した。このとき従来の漢学・和学・医学・礼学・数学・兵学のほかに、医学の中に蘭医科を置き吉木蘭斎がその教師となる。また新たに国学を設け、嘉永二年（一八四九）茲監はその教師として岡熊臣を任命し学則を選ばせた。以後これが藩の教育の指針となり幾多の人材を養成した。学風ははじめ朱子学を主としたが、のちには国学が主流となった。明治四年（一八七一）廃藩により廃校となる。

養老館扁額（亀井矩賢筆）

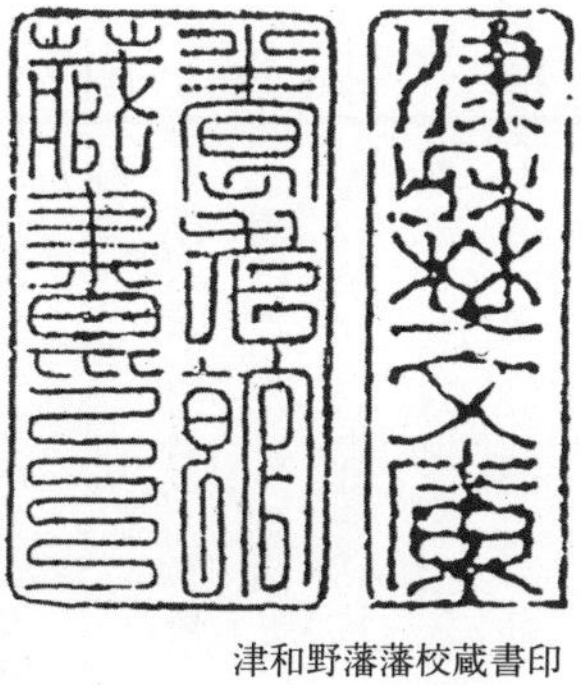
津和野藩藩校蔵書印

参考文献　野津左馬之助編『鹿足郡誌』、『島根県史』八、笠井助治『近世藩校の綜合的研究』（吉川弘文館、一九六〇年）、同『近世藩校に於ける学統学派の研究』下（吉川弘文館、一九七〇年）、文部省編『日本教育史資料』五、加藤隆久「岡熊臣と養老館学則」（『神道史研究』八ノ五、一九六〇年）

（岩成　博）

幕末諸隊　安政二年（一八五五）十一月に「有事ノ時」に備えて藩主親衛隊として藩士より選抜してつくった朝日組がある。隊士は二十人で、本組・並組・心得の三階級に分けられ、隊長には布施懋《つとむ》がなった。はじめの装備は刀槍であったが、慶応三年（一八六七）には洋式銃隊に編成された。さらに翌明治元年（一八六八）五月にオランダ式から英国式へ切りかえ、戊辰戦争には大総督府の錦旗護衛役となって従軍し、同年暮に凱旋した。

参考文献　加部厳夫編『於杼呂我中―亀井勤斎伝―』（一九〇五年）

（高木　俊輔）

浜田藩（はまだはん）

石見国（島根県）浜田に藩庁を置いた藩。藩主は古田氏（外様）、松平（松井）氏（譜代）、本多氏（同）、松平（松井）氏（再封）、松平（越智）氏（親藩）。城持。関ヶ原の戦後、毛利氏が長門・周防に減封されると、石見の大部分は幕府領となった。元和五年（一六一九）伊勢松坂より古田重治が石見国那賀・美濃・邑《おう》智《ち》三郡のうち五万四百余石を給せられて浜田に入部。重治は浜田城の築城と城下町の建設を行い浜田藩の基礎を築いた。次の重恒のとき慶安元年（一六四八）古田騒動とよばれる御家騒動がおこり、古田氏は二代二十九年で断絶。翌二年播磨国宍粟《しそう》より松平康映が五万四百石で入国。次の康官・康員を経て四代康豊のときは多難な時期となった。浜田藩では各村の年貢上納額は春のうちに割当てておく「春定め」の法をとっていたが、享保元年（一七一六）は日照りつづきのため凶作となり、大規模な一揆がおこった。さらに同二年には藩の年貢増徴策に反対する一揆が再発。これら一揆に対して藩は首謀者を処罰し、他方では農民の要求を一部受けいれることによって解決した。

康豊のあとを嗣いだ康福《やすよし》は幕府の奏者番となり、さらに宝暦九年（一七五九）寺社奉行を兼ね、同時に下総古河《こが》に転封となる。代わって古河藩主本多忠敞が浜田に五万石余で移封となったが間もなく没し、次の忠盈《ただみつ》を経て忠粛のとき、明和六年（一七六九）三河岡崎に転封となり、代わって松平康福が再び入封した。康福は浜田を離れていた間に大坂城代を経て、老中に就いた。天明五年（一七八五）一万石が加増され、以後累代六万四百石となった。次の康定は藩財政の再建に乗りだし石見半紙の改良をはかった。康定は国学をたしなみ著書もあり、みずから本居宣長の教えを請うている。また寛政三年（一七九一）藩校長善館を創設した。康定の養子康任も国学を愛好し、大坂城代・京都所司代・老中を歴任した。次の康爵《やすたか》の代、天保七年（一八三六）会（今）津屋八右衛門の密貿易が発覚し関係者はいずれも捕えられて厳罰に処せられ、藩主康爵は陸奥棚倉に移封となった。

代わって上野館林より松平斉厚が六万千石で入封し、領内に備荒貯蓄のための永康倉とよばれる倉を設置した。斉厚の養子武揚は早世し、次の武成のときには藩の財政は極度に困窮、銀札を乱発して対応しようとしたが、物価は暴騰し藩札の信用は下落した。このとき河鰭監物が藩財政の建直しに登用されたが成功に至らず、次の武聡は倹約令を出しまた殖産興業につとめたが大きな成果は得られなかった。幕末の動乱に際して浜田藩は佐幕の立場をとり、元治元年(一八六四)の長州征討、慶応二年(一八六六)の再討とも長州軍と戦った。再討の際、長州軍の攻撃で浜田城は落城炎上した。武聡は城を出て美作国鶴田《たづた》に逃れたため、藩領は長州藩の支配下に入り明治四年(一八七一)廃藩となる。

参考文献　『新修島根県史』通史篇一・史料篇三、『浜田市誌』、『浜田町史』、浜田市役所『浜田』(一九五〇年)、浜田市郷土資料館『松平右近将監家とその家臣』(浜田市教育委員会、二〇〇四年)、森須和男『八右衛門とその時代』(浜田市教育委員会、二〇〇二年)、『激動の幕末と浜田藩』(浜田市教育委員会、一九九八年)、矢富熊一郎「浜田藩」(『新編物語藩史』九、新人物往来社、一九七六年所収)

(岩成　博)

広瀬藩(ひろせはん)

出雲国広瀬(島根県安来市)に藩庁を置いた藩。藩主松平氏。家門。三万石。陣屋。松江藩の支藩。寛文六年(一六六六)松江藩主松平綱隆が弟近栄《ちかよし》に三万石を分与して成立。天和二年(一六八二)越後騒動の取扱が不調法とのことで半知召上げとなった。給知ははじめ松江藩から蔵米を支給されていたが、貞享元年(一六八四)封地知行に改められ、はじめて藩領が確定。同三年五千石、元禄七年(一六九四)さらに一万石が加増され、原禄に復した。藩域は能義郡三十二ヵ村(『安来市誌』では三十四ヵ村(加増役の村数))と飯石郡二十四ヵ村にわたる。元禄十五年近栄は致仕し、近時に家督を譲ったが近時は同年没した。ついで近朝・近明と継ぎ五代近輝のとき宝暦五年(一七五五)奥飯石地方で百姓一揆がおこり、次の近貞のときにも強訴がおこった。七代直義・八代直寛・九代直諒と継ぎ、十代直巳のとき、明治二年(一八六九)六月版籍奉還、同四年七月廃藩置県となったが、その動静はおおむね宗藩に準じて行われた。廃藩置県で広瀬県が置かれ、同年十一月に松江県・母里《もり》県と合わせて島根県となる。

参考文献　『広瀬町史』、『新修島根県史』通史篇一、『飯梨郷土史』、『安来市誌』上

藩校　藩主松平直義のとき享和元年(一八〇一)海野彬之(紫瀾)を松江藩より招き句読教授とした。これが漢学所(修文館)の起源である。文化五年(一八〇八)山村良顕(黙斎)を松江藩

より招聘して句読教授とし、のち彬之とともに儒学教授とした。良顕の子良純、その子良行(勉斎)も相ついで儒学教授となった。当時漢学所在籍の生徒数は約二百名、常時通学する者約八十名であったという。教授方法は句読を主とし講釈・輪講も行われた。弘化元年(一八四四)医学所が設けられ、明治三年(一八七〇)には正式に医学校が設立されて、藩医岡田蒼鑑を訓導に任命した。このほか算術場・軍学場などが設置されていたが、各所に散在していたので明治四年にこれらを一ヵ所に合併したが、まもなく廃藩に伴い廃校となる。

参考文献　『島根県史』九、笠井助治『近世藩校に於ける学統学派の研究』下(吉川弘文館、一九七〇年)
（岩成　博）

松江藩（まつえはん）

出雲国(島根県)松江に藩庁を置いた藩。藩主は堀尾氏(外様)、京極氏(外様)、松平氏(親藩)。城持。近世初頭出雲は毛利氏が支配していたが、慶長五年(一六〇〇)関ヶ原の戦の結果、毛利氏は周防・長門に転封となり、代わって遠江浜松より堀尾忠氏が出雲・隠岐二ヵ国二十四万石の領主として入封し、ここに松江藩が成立した。同年十一月忠氏は父吉晴とともに能義郡広瀬の富田《とだ》城に入ったが、やがて島根郡末次郷亀田山に移城を決意、同十二年築城工事を開始し同十六年冬ほぼ完

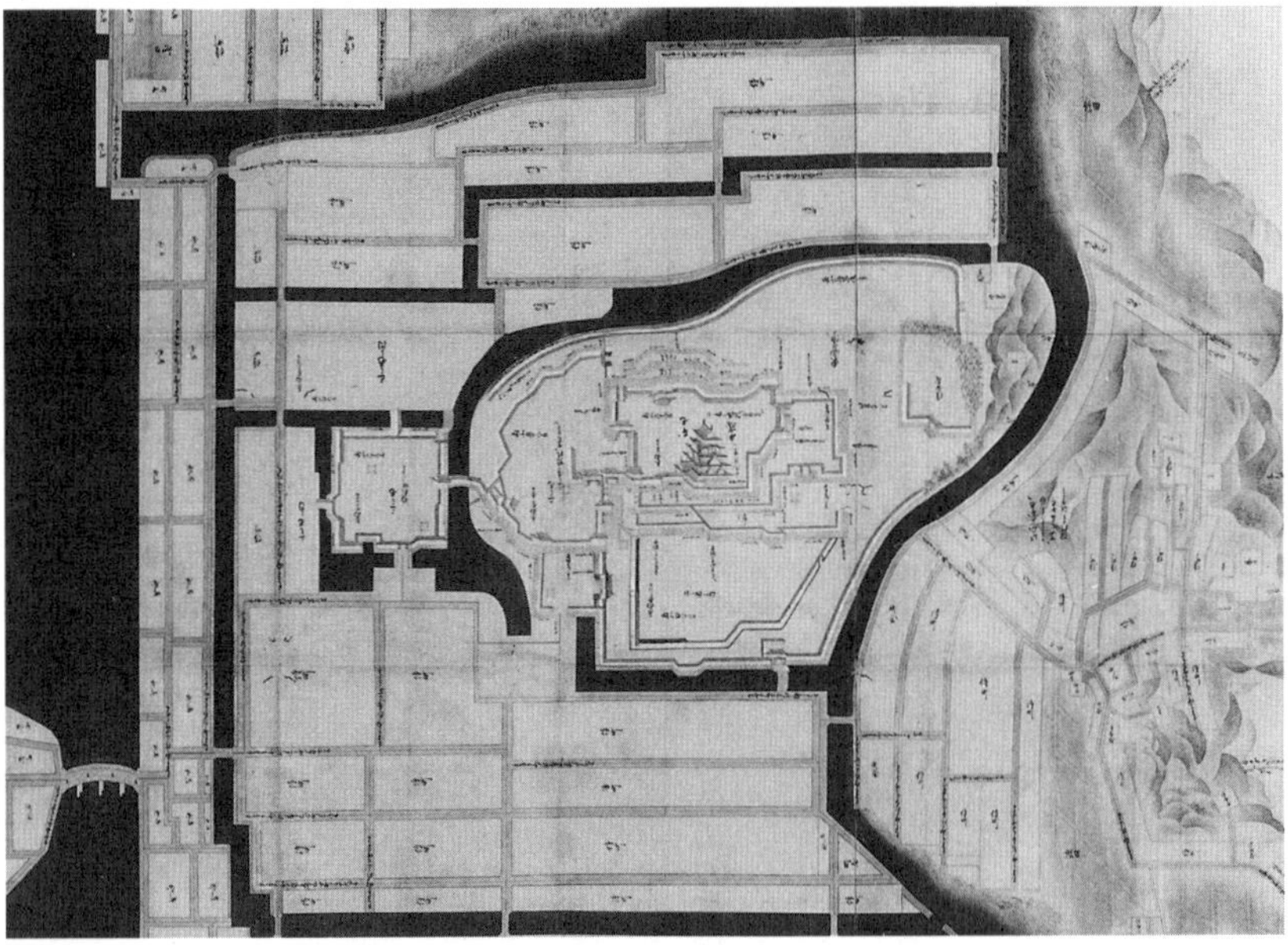

出雲国松江城絵図部分(正保城絵図より)

成した。松江城(千鳥城)は以後歴代藩主の居城となり明治廃藩に及んだ。堀尾氏は松江開府とともに検地、村切り(行政区画の確定)などを行なった。堀尾氏は二代忠氏が若くして没し、寛永十年(一六三三)三代忠晴に嗣子がないため御家断絶。翌十一年若狭小浜藩主京極忠高が入封し出雲・隠岐二十六万四千二百石余を領有するほか、幕命により石見国邇摩郡・邑智郡・石見銀山四万石を預けられた。だが忠高も同十四年没し、嗣子がなく断絶となる。翌十五年松平直政が信州松本より入封し、出雲国十八万六千石を領し隠岐一万四千石を預けられる。以来直政の子孫が廃藩まで十代二百三十余年領知した。歴代藩主は直政を藩祖とし、綱隆・綱近・吉透・宣維《のぶずみ》・宗衍《むねのぶ》・治郷(不昧)・斉恒・斉貴・定安。

　松平氏の入封によって松江藩はやっと大名領主が定着し政権が安定した。藩政が確立したのは直政より三代綱近に至る時期と考えられる。地方《じかた》巧者といわれた岸崎左久次が地方制度を整備したのもこのころである。藩領は出雲国で能義・意宇・仁多・大原・飯石・出雲《しゅっと》・神門《かんど》・秋鹿《あいか》・楯縫・島根の十郡であった。ちなみに、寛文六年(一六六六)広瀬藩・母里《もり》藩の分封により、貞享元年(一六八四)以降、飯石郡二十四ヵ村と能義郡三十二ヵ村は広瀬藩となり、能義郡十七ヵ村は母里藩の領域となった。石高は公称十八万六千石。内高は寛永十一年『国令後篇補遺』によれば村数三百八十八ヵ村・二十五万二千六百五十四石余、寛文四年の「寛文印知」では五百ヵ村・二十八万千三百十五石余、『天保郷帳』では五百四ヵ村・三十万二千六百七十七石余とあり、およそ二十五万石ないし三十万石と考えられる。藩内総人口は宝暦十一年(一七六一)二十二万八千百人、天明七年(一七八七)二十四万三千三百十四人、天保九年(一八三八)二十九万三千百七十六人でかなりの増加である。

　新田開発は出雲平野を中心に進められ、在地の土豪三木与兵衛は菱根池を干拓、大梶七兵衛は延宝年間(一六七三―八一)に始まる荒木浜の開拓、高瀬川・差海《さしみ》川の開削を成就した。また三成七郎右衛門は宍道《しんじ》湖沿岸の低湿地帯の開発を推進し、出雲東部では卜蔵孫三郎により開発がなされ、それによって多数の新田村が成立し小農民の自立が促進された。特産には鉄・木綿があり、鉄は中国山地から採取される砂鉄から製錬されるたたら製鉄によるもので、田部・桜井・糸原らの鉄師による独占であった。木綿は斐伊《ひい》川下流域の平野を主産地とし、十九世紀以降、雲州木綿の名で関西方面へ移出された。朝鮮人参と蝋とは財政難にあえぐ藩の専売政策の対象とされた。松江松平藩は初期から財政困難で、その打開策として倹約令の励行、富豪からの借金、年貢の増徴を行い、さらに延宝三年にははじめて藩札を発行、貞享三年家臣の俸禄を半減する半知を実施したが、期待したほどの効果はなかった。

かくて累積する藩財政の逼迫をめぐって、藩政は一進一退のうちに推移し、六代藩主宗衍のとき深刻な危機に直面した。宗衍が封を継いだ翌享保十七年(一七三二)は蝗害による七割の損害となり、神門郡では百姓一揆が起った。その後も江戸藩邸の火災、風水害・虫害などが続き藩財政は極度に窮乏した。こうした中で宗衍は中老小田切尚足(備中)を補佐として藩政の改革を実施した。まず藩営金融機関の泉府方を設け、義田方・新田方・木実方・人参方を設置し積極的に商品経済を推進した。この政策は藩士・領民の支持が得られず、やがて小田切は仕置役を辞任。このため延享の藩政改革は挫折した。こうした中で藩主宗衍は三十九歳で引退。次の七代治郷のとき国老朝日丹波が御立派《おたては》と呼ばれる勧農抑商の農本主義の政策を実行し、やがて従来の赤字財政は健全財政へと立ち直った。しかし治郷の治世中、天明三年正月に世直し一揆が勃発したことは注目される。維新期の松江藩は親藩として微妙な立場にあったが、天下の形勢を察知して明治元年(一八六八)二月勤王の藩論に統一し、山陰道鎮撫使西園寺公望の下向を受け帰順を許された。他方隠岐国では尊王攘夷派の神官・庄屋が郡代を追放する隠岐騒動が起り自治政府が設立された。以来隠岐国は松江藩預り地を離れ鳥取藩に移管される。明治四年七月廃藩置県により松江県となり、十一月広瀬・母里の両県を合併し島根県となった。

[参考文献]『島根県史』八・九、『新修島根県史』通史篇一・史料篇二、『隠岐島誌』、原伝『松江藩経済史の研究』(臨川書店、一九七三年)、岩成博「松江藩」(『物語藩史』六、新人物往来社、一九七六年所収)

藩校　藩校の創設は藩主松平宗衍の時、宝暦八年(一七五八)である。宗衍は松江城下母衣《ほう》町に文明館を建て、桃源蔵(白鹿)を儒官とし、また江戸藩邸内にも文学所を設け、宇佐美恵助(灊水《しんすい》)に学術を掌らせた。また源蔵は文明館の傍に書庫を建てることを建議して、それが実現すると毎年千貫文の予算で書籍を購入して学徒の便宜をはかった。天明四年(一七八四)文明館を明教館と改称し、勉学を奨励したので聴講者は毎年増加し、安永ころには三百七十余人に達したという。そして教科課程も著しく充実し、儒官には桃源蔵のほか原田周助・桃義三郎などがいた。また藩主治郷の時代には、明教館のほかさらに漢方医学のための存続館、兵学を教授する大享館が設立され、幕末にかけて教場・道場などが各所に散在していた。藩主定安の時、各所にあった文武の諸教場を一ヵ所にまとめ文武館と名づけたが、慶応元年(一八六五)修道館と改称した。教科目は皇学・漢学・洋学・数学・習字など、武術は馬術・撃剣・柔術・体操などであった。儒学教授には桃世文、助教には高木文四郎・桃好裕がいた。明治二年（一八六九）には兵学校を習兵所の中に設け、和漢洋の兵法を授け、習兵所では歩・騎・砲三兵の実際的調練を実施した。これより先、医学研修のため松江殿《との》町に洋医学校および付属病院を設け、翌三年には外国人教師を招いて講義および実技指導をなさしめ、新時代に応ずる教育を行なった。明治四年廃藩により廃校。

参考文献　文部省編『日本教育史資料』五・一二、笠井助治『近世藩校の綜合的研究』（吉川弘文館、一九六〇年）、同『近世藩校に於ける学統学派の研究』下（吉川弘文館、一九七〇年）、『新修島根県史』通史篇一　（岩成　博）

藩札　延宝三年（一六七五）大町人・大百姓に札座を請け負わせてはじめて銀札を発行。一匁から一分に至る五種があったという。宝永二年（一七〇五）札価が半減するほどの打歩も生じたが、専売品の鉄買付けと結びつけられ同四年の幕府の札遣い停止令の時まで流通。享保十五年（一七三〇）の解禁とともに五匁〜二分の五種、計二千五百貫目の銀札を発行。しばしば札騒動を起したが札流通は続き、明和の「御立派」改革時、ついに札座が廃止された。この後も銀札発行は画されたが詳細は不明。一方、寛政ころより銭文建て「預書」形式の手形が町家の間で広範に用いられるようになり、連判札と称せられる。出雲地方はもともと銭遣いであり、藩札が不通用となってから自然発生的に発行され、転々流通するようになった。藩は正銭との兌換の裏付けあるもののみは公認したがその統制は困難だった。額面は一〜二貫文の札が多い。

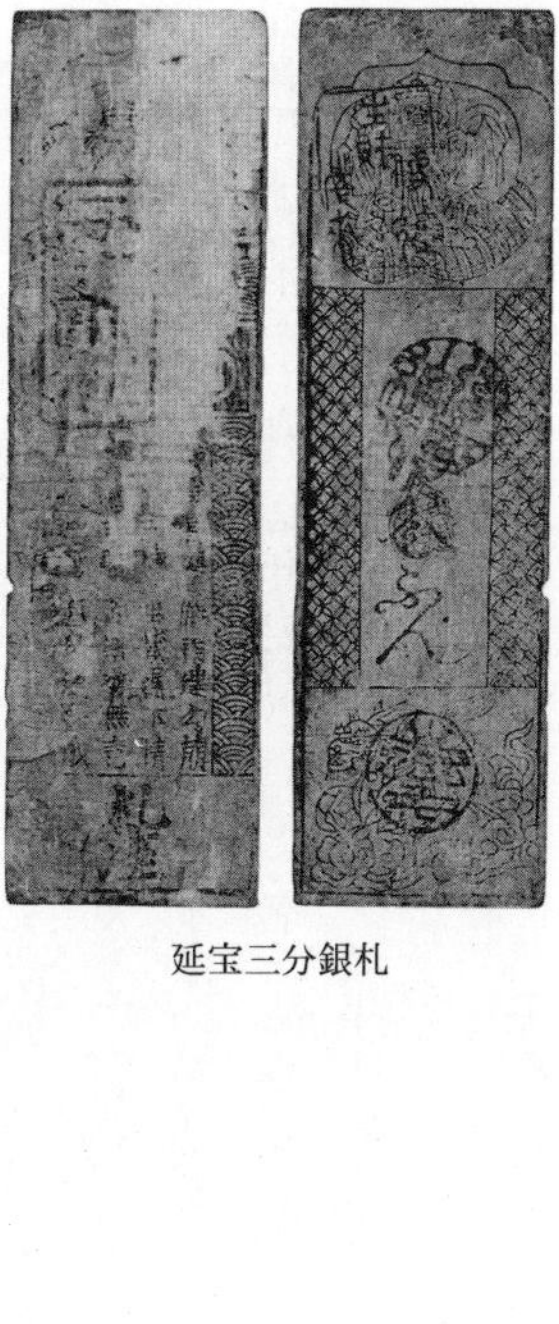

延宝三分銀札

参考文献　日本銀行調査局編『図録日本の貨幣』五・六（東洋経済新報社、一九七四・七五年）、『松江市誌』、荒木豊三郎編『日本古紙幣類鑑』中　（岩橋　勝）

藩法　堀尾・京極両氏時代の法令は現存せず、松平氏時代に入っても法令を集大成したものは見られない。わずかに私撰の『松江藩出雲国国令』があるのみである。本書は天明八年（一七八八）に、当時、藩の御番頭役兼御書所勤松原基が編集したもので首巻と正編・後編の三部からなり、そのおのおのが士・農・工商から構成されている。首巻は、寛永十六年(一六三九)以後慶安二年(一六四九)に至るまでの旧令の残欠を収拾したものである。正編は寛文七年(一六六七)より元禄十五年(一七〇二)までの政令を収録し、後編は元禄十六年より天明七年に至る八十五年間の政令を編纂したものである。したがって国令の首巻・正編・後編によって初代直政から七代治郷の治世期間の前半までの松江藩政令の大要を知ることができる。昭和十九年(一九四四)に京都帝国大学法学部日本法制史研究室で所蔵する原本を活字化し『近世藩法資料集成』三に収録、出版した。なお島根県立図書館にも本書の写本が架蔵される。　(岩成　博)

幕末諸隊　松江藩の幕末における政治情勢への対応は藩家臣団によって行われ、元治元年(一八六四)の長州征討に際しては、旗本隊・遊軍隊・小荷駄隊などの名をつけて参戦した。その中に陣場方として農兵二十一人が加わった。長州再征の命令が下ると、酒井礼右衛門・高橋小文太が取締役となり、領内神門郡口屋固めの補充として農兵を募集したが、実戦に加わることもなく、明治元年(一八六八)二月に解散した。　(高木　俊輔)

参考文献　足立栗園編『(贈従三位)松平定安公伝』(一九三四年)

田法記《でんぽうき》　出雲国松江藩士岸崎佐久治が天和二年(一六八二)に領内の地方《じかた》支配に三十年間従事した経験をもとにしてまとめた松江藩の地方書。一冊。構成は民治問答・民徳行・検地村柄見立・田地善悪見立・検地心持・大辻見立・当見之次第・小立見者江可申渡事・雨堤・川関井手水積の十項目からなり、主な内容は松江藩における検地・検見・用水普請などについての解説である。また、岸崎佐久治は寛文二年(一六六二)に松江藩の田制租法と末尾に作方心得目録をつけた『免法記』も著わしている。『近世地方経済史料』六に所収。　(佐藤　常雄)

松江新田藩(まつえしんでんはん)

出雲国松江藩の支藩。元禄十四年(一七〇一)、松江藩第三代藩主松平綱近の弟近憲《ちかのり》が、本家より一万石を分知され成立した。しかし、実際には本家から廩米を支給されていたに過ぎず、藩としての実体はない。宝永元年(一七〇四)三月、近憲は、眼病を患い藩政をみることができなくなった兄綱近の養子となった。そのため、一万石の領地は本藩へ返還され、松江新田藩は消滅した。同年五月、近憲は名を吉透と改め本家を相続し第四代松江藩主となる。しかし、翌年江戸藩邸において三十八歳の若さで卒した。　(大嶋　陽一)

参考文献　『島根県史』八

母里藩（もりはん）

出雲国母里（島根県安来市）に藩庁を置いた藩。家門。陣屋。松江藩の支藩。松江藩二代藩主綱隆は寛文六年（一六六六）父直政の遺領のうち墾田一万石を三弟隆政に分与して、ここに母里藩が成立した。歴代藩主名は、隆政・直丘・直員・直道・直行・直暠《なおきよ》・直方・直興・直温・直哉。分封当時は蔵米だけを支給されていたが、貞享元年（一六八四）はじめて領地として一万石を与えられ藩領が確定した。藩領は十年畑《じゅうねんはた》・小竹《おだけ》・赤屋・福富・寸次《すんじ》高江《たかえ》・日次《ひなみ》横屋《よこや》・峠ノ内《たわのうち》・三坂・大畑・市中屋・母里・未明《ほのか》・安田中・安田宮内・安田関・北安田・服部大塚の十七ヵ村。藩主松平氏は、参勤交代をしない定府大名で江戸に在住。藩政は国家老に一任されていたが、重大事項は宗藩たる松江藩に相談した。最後の藩主直哉は明治二年（一八六九）藩知事となり、同四年七月廃藩置県により藩領は母里県となったが、同年十一月島根県に合併された。

［参考文献］『島根県史』九、『伯太町史』

藩校　明治維新前には家塾的な教育機関として、漢学校・算術場・習字場・大塚郷校などがあった。漢学校は五代藩主松平直行の明和年間（一七六四―七二）藩士前田富敬が私邸において藩中の子弟を教授したのに始まる。慶応二年（一八六五）から松江藩に請うて高橋一（百次郎）および園山勇を招き交替に講義をさせた。明治元年（一八六八）からは藤井久三が担当したが、同五年漢学校は廃止となった。算術場は文政年間（一八一八―三〇）に藩士千種泰蔵によって始められ、習字場は嘉永年間（一八四八―五四）に塩田健雄を教師として始められた。皇学校は十代藩主直哉の時に創立、明治元年漢学校教授藤井久三が兼務で皇漢学を教授した。大塚郷校は慶応二年能義郡大塚村の有志の請願によって設けられたが、明治三年廃止となった。前述のように母里藩では、文武の諸科を綜合した藩校はなかったが、明治元年藩主直哉は江戸定府の家中藩士を母里に帰らせ、時勢の進展を洞察して教学を奨励、その結果、生徒数も増加し活気を呈した。明治四年廃藩により廃校。

［参考文献］文部省編『日本教育史資料』五、『井尻村史』、笠井助治『近世藩校に於ける学統学派の研究』下（吉川弘文館、一九七〇年）

（岩成　博）

母里騒動《もりそうどう》　江戸時代中期の出雲国母里《もり》藩の御家騒動。藩主松平直道は浪人平山弾右衛門を召抱え信任したが、弾右衛門は独身であったので愛妾中の一人を与えて妻とさせた。この妻が間もなく弥市という男子を出生した。たまたま直道には嗣子なく弟亀之助を養子に予定していた。そこで弾右衛門は野心をおこし、妻に弥市は直道の子であると唱えさせ、また一味の者をして直道を説き弥市を世嗣にせんとした。ところが直道の父直員はこれを承諾せず、よって弾右衛門らは相謀り直員および亀之助を毒殺しようとしたが、ついに事が露見し逃亡中の弾右衛門は捕えられ、明和三年(一七六六)十月二十四日死刑に処せられ、一味の者は追放となる。妻は元愛妾であったので罪を軽減せられ弥市とともに母里村(島根県能義郡伯太《はくた》町)に入り農に就いた。直道は翌四年九月失政の故を以て職を免ぜられ弟亀之助があとを嗣いだ。世にこれを母里騒動という。

参考文献　『島根県史』九、『伯太町史』、長谷益次郎『郷土母里』(母里村尋常高等小学校、一九三七年)

(岩成　博)

吉永藩（よしながはん）

石見国安濃《あの》郡吉永(島根県大田市)に藩庁をおいた小藩。藩主加藤氏。外様。一万石。寛永二十年(一六四三)、会津四十万石の領主加藤明成が、家臣堀主水との争論により、その子明友とともに石見国安濃郡吉永一万石へ改易され成立。安濃郡二十ヵ村の所領は、大森代官領から分与されたもので、家老菅平左衛門が藩地の受け取りの任にあたった。藩館は吉永の辰山におかれた。入部後は、静間川の改修を進め新田開発を行い、上方より種牛を入れ繁殖に努めるとともに博労市を開設するなど、改易後の藩財政の建て直し策を展開した。天和二年(一六八二)、明友は幕府奏者番など自身の役義精勤と祖父嘉明の徳川家に対する功績により、近江国水口へ一万石の加増をもって転封となった。しかし、明友は二十年にわたる統治の間、国元への入部はわずか一度であった。転封後の領地は、大森代官支配へと帰した。

参考文献　『島根県史』八、庄司吉之助「会津藩」(『物語藩史』二、新人物往来社、一九六四年所収)

(大嶋　陽一)

岡山県

浅尾藩（あさおはん）

備中国（岡山県）浅尾を藩庁とした藩。藩主蒔田《まいた》氏。譜代。陣屋持。関ヶ原の戦に藩祖広定は西軍に属し、戦後高野山に蟄居したが浅野幸長により謝罪し、徳川家康に仕えて一万石余の領地を賜わり、以後連綿として明治四年（一八七一）の廃藩置県に至った。同年七月十四日浅尾県となり、深津県、小田県を経て同八年十二月十日岡山県に併合された。歴代藩主は広定・定正・定行・定矩・定英・定安・定静・定祥・定邦・定庸・広運・広孝。藩祖広定は備中国賀陽・窪屋・浅口三郡のうちで八千三百六十四石、河内・山城・摂津三国内の飛地を合わせて一万石余を領し、寛永十三年（一六三六）に嫡子定正に七千石（寄合）、次子長広に三千石（旗本、三須知行所）を分封したが、文久三年（一八六三）広孝は一万石を賜わって大名の列に入った。慶応二年（一八六六）四月、長州南奇隊の脱徒約百五十名が倉敷代官所を襲撃し、ついで蒔田氏の陣屋を焼き打つという、いわゆる備中騒動が勃発した。浅尾藩政史料はほとんど残存しないが、弾痕のある陣屋のわずかな遺構に面影をとどめている

参考文献　永山卯三郎『岡山県通史』（岡山県通史刊行会、一九六二年）

（谷口　澄夫）

足守藩（あしもりはん）

備中国足守（岡山市足守）に藩庁をおいた藩。外様小藩。陣屋持。柳間詰。慶長六年（一六〇一）豊臣秀吉の正妻寧（北政所、高台院）の兄木下家定が播磨国姫路より備中国賀陽・上房両郡二万五千石に転封されたことにより成立した。ついで勝俊と継がれるが、三代目利房が関ヶ原の戦で石田方に就いたことや、その後、先代家定の遺領相続をめぐり、所領を独占しようとしたため、一時所領を没収された。その後、同十五年三月、浅野長政の次男長晟により足守藩は再興するが、長男幸長の死去に伴い、長晟は和歌山藩を継ぐことになり、足守藩は再び廃藩となる。元和元年（一六一五）七月、三代目木下利房が大坂の陣で軍功をたてたことで足守藩が再興された。以来、利当、利貞、㕣定、利潔、利忠、利彪、利徽、利徳、利愛、利恭と木下家十三代と引き継がれ廃藩置県を迎えることになる。この間、利徽の代に備中の分と陸奥国伊達・信夫両郡の村替が行われ、その後も編成替えが行われ、旧来の藩領

に戻るのは明治三年（一八七〇）のことである。翌年七月十四日に足守県となり、深津県・小田県を経て、同八年十二月十日岡山県に編入される。また、利彪の代に杉原玄蕃を通じて財政再建を行うとともに、藩士の子弟の教育を担う藩校追琢舎（以後一時閉鎖）、また領民の子弟の教育を担う三余舎を寛政四年（一七九二）に建設した。足守藩主であった木下家と足守藩に関する古文書類や遺品は、岡山市立歴史資料館足守文庫に所蔵されている。

参考文献　『岡山県史』八、『寛政重修諸家譜』一八

（落合　功）

藩校　すでに木下家定以来、足守藩邸内に学舎の設けはあったが、藩主㒶定の時に至り、延宝七年（一六七九）学舎を再興拡充し、宝永七年（一七一〇）にみずから『桑華蒙求』三巻を著作出版して藩士子弟の教育を督励した。これが藩校追琢舎の起源である。ついで利彪《としとら》は古学派の秋山彦朔を儒臣とし、寛政四年（一七九二）追琢舎を藩邸北辺に新建し、学則を定めて漢学・習字・算術・医学の科目を立て学校組織を確立した。また庶民のため街の南端土橋に支舎を設けて教化に努めた。教職員十数名、在学生徒概数百三十余名、その後衰頽したが明治維新期に一時復興した。

参考文献　文部省編『日本教育史資料』六、『岡山県教育史』、笠井助治『近世藩校に於ける出版書の研究』（吉川弘文館、一九六二年）、同『近世藩校に於ける学統学派の研究』下（吉川弘文館、一九七〇年）

（笠井　助治）

岡田藩（おかだはん）

備中国岡田（岡山県倉敷市）に藩庁を置いた藩。外様小藩、陣屋持。柳間詰。初代伊東長実は、豊臣秀吉・秀頼に仕えていた。元和元年（一六一五）の大坂落城後、徳川家康に召され、徳川秀忠に仕えるとともに、備中国下道郡の内十ヵ村（七千五百八十三石余）、美濃国池田郡の内二ヵ村（二千石余）、摂津国豊島郡の内一ヵ村（三百二石余）、河内国高安郡の内二ヵ村（四百五十七石余）の四郡のうちを賜る。朱印高は一万三百四十三石であったが、新田開発などにより実質は一万六千九百八十三石余であった。以来、長実、長昌、長治、長貞、長救、長丘、長詮、長寛、長裕、長𡚴の十代に引き継がれ、廃藩置県を迎える。明治四年（一八七一）七月十四日岡田県、同年十一月に深津県となっている。寛政六年（一七九四）七月には藩邸内に演武場を設け、翌年十月に学問教育のため敬学館といった藩校が建てられた。藩士の子弟の教育を目的とし、文武両道とした教育がなされた。享保二年（一七一七）、入会山の収公をめぐり惣百姓一揆が発生している。この騒動は、新本義

民騒動と呼ばれ、今も語り継がれている。同十七年、下道郡二万村の質屋木谷又左衛門と有井村の三宅甚三郎の二人を札元として、藩札を発行している。なお、岡田藩に関する史料は、真備町ふるさと歴史館(現倉敷市)に「岡田藩文書」として所蔵されてある。

参考文献　『吉備郡史』、『岡山県史』八、上原兼善「備中小藩の寛政改革」(『岡山地方史研究』五二、一九八六年)

(落合　功)

藩校　八代藩主伊東長寛は、藩士で朱子学を修めた浦池九淵を登用し、藩政改革を行なった。浦池は、家臣団の統制のための藩学設置などを建言した。寛政七年(一七九五)に敬学館が創設された。佐野道栄が教授とされたが、佐野家は代々儒学(朱子学)をもって仕え、家塾において藩士子弟を教授してきた。敬学館の教授には、佐藤一斎門下の者が任じられており、学風も朱子学を宗とした。敬学館の蔵書は同六年には六部四十八冊であったが、安政四年(一八五七)には九十四部千三十八冊と増加しており、藩学の展開を伺うことができる。

参考文献　ひろたまさき・倉地克直『岡山県の教育史』(思文閣出版、一九八八年)、笠井助治『近世藩校に於ける学統学派の研究』下(吉川弘文館、一九七〇年)

(工藤　航平)

岡山藩(おかやまはん)

備前国(岡山県)岡山に藩庁を置いた藩。別称備前藩。藩主池田家の家格は外様。岡山城(別名烏城、金烏城)の城持。江戸城の詰間は大広間(文政期(一八一八—三〇))、江戸屋敷は上屋敷が丸の内、中屋敷は下大崎、下屋敷は築地三丁目にあった。明治四年(一八七一)に廃藩となると、岡山県に編入される。備前国における戦国大名は、宇喜多直家、秀家がいる。

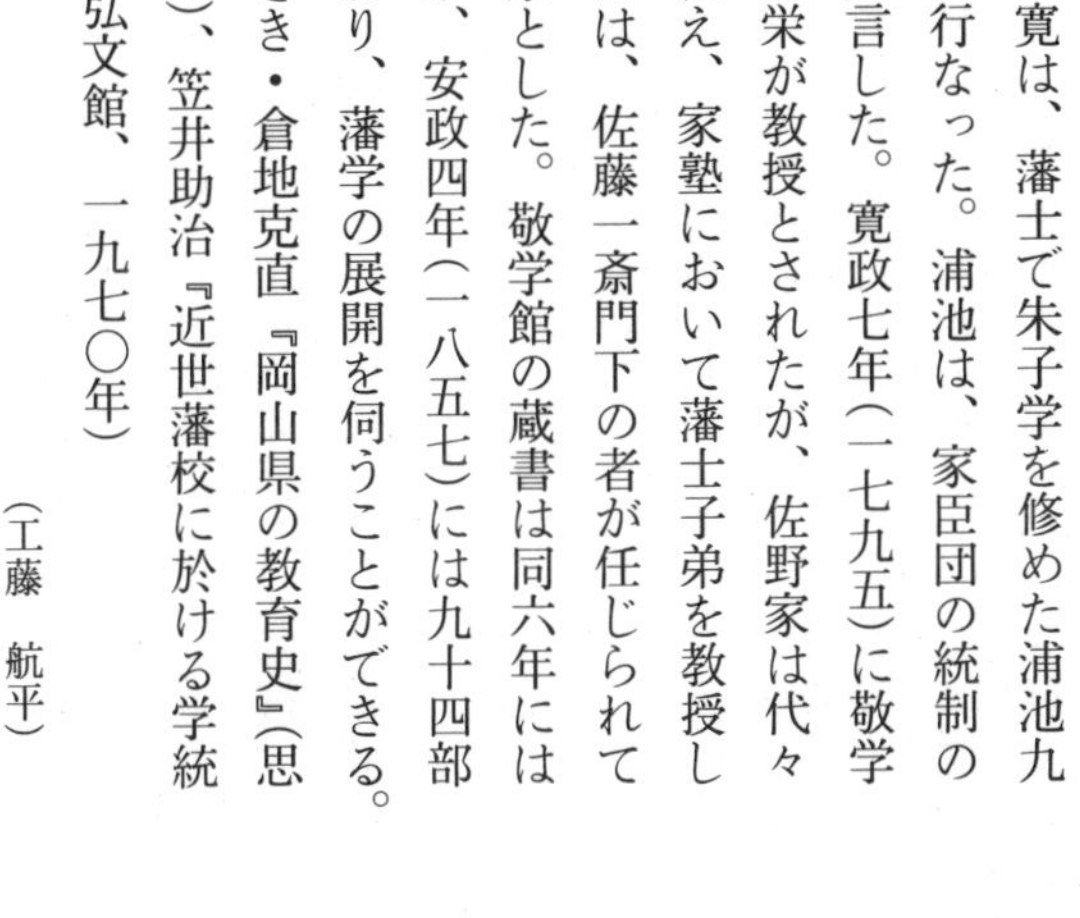

備前国岡山城絵図部分(正保城絵図より)

宇喜多秀家は、備前・美作両国と、播磨国・備中国の一部の大名として確立した。宇喜多秀家は五大老の一人となるが、関ヶ原戦で没落する。宇喜多氏の代わりに岡山城主となったのは、関ヶ原戦で大功のあった小早川秀秋である。秀秋は、備前・美作両国五十一万石を領することになったが、慶長七年(一六〇二)十月に二十一歳で死去し、嗣子がなかったことから小早川家は断絶する。

小早川氏についで岡山藩主となったのが、池田忠継である。忠継は、姫路藩主池田輝政の次男で母は徳川家康の次女である。二代目忠雄の死去後、嗣子光仲が幼少なことから、光仲は鳥取へ、光政が鳥取から岡山へと池田家同士での転封がなされている。光政は、姫路藩主池田輝政のあとを継いだ利隆の長男で、利隆が死去したのち、光政が相続するが、当時八歳と幼少なことから、因幡・伯耆三十二万石へ転封され鳥取城へ入っていた。転封のあとは以来、光政の子孫が綱政、継政、宗政、治政、斉政、斉敏、慶政、茂政、章政と九代にわたり岡山藩藩主を勤め、廃藩置県に至っている。岡山藩は備前国八郡(二十八万九千二百二十五石)および備中国浅口、窪屋、下道、都宇四郡(二万五千九百七十五石)の三十一万五千石の外様大藩である。寛文十二年(一六七二)には光政の次男政言に二万五千石を分知し鴨方藩を、三男輝録に一万五千石を分知(のちの生坂藩)している。

国替により岡山藩に移ってきた池田光政は、熊沢蕃山を重用し、郡中手習所(のちに閑谷学校に統合)を設営した。政治理念は、この光政の学問的裏付けを踏まえ、儒教で説いた仁の徳を実現することであった。この仁政理念は、当時の封建領主の一般的な風潮であったといえるが、以後「備前風」として、岡山藩政の基本理念となっていく。次の綱政の代で文治政治を継承させ、「公私の典故」が完備したといわれる。

家臣団は、軍事的・身分的な格式(番方)としての格制と行政的な役職(役方)としての職制の二種の序列によって位置付けられる。格制の序列を見ると、家老—番頭—物頭—頭分—組頭—平士—士鉄砲—徒—軽輩—足軽という構成であった。家老は仕置職を有し、月番制により評定所で政務を総括している。番頭は中老(享保九年(一七二四)より始まる。常置されず仕置を補佐する)、城代(寛永末年は家老が勤めたが、延宝四年(一六七六)から小仕置が輪番で勤める)、小仕置(仕置を補佐し政務を行う)、宗門奉行(寛文五年から始まり、鉄砲改を兼ねることがあった)など、格制と職制は基本的に並列して存在した。寛永九年(一六三二)の岡山転封段階の領内の支配は、平士以上の家臣に知行地を割り与えた地方知行制が採られたが、承応三年(一六五四)の大洪水・大飢饉をきっかけとして俸禄米が制度化されるようになり、次第に給人の知行権の行使を厳しく統制する方向が見られる。岡山藩の貢租は、本年貢と付加税としての夫米・口米・糠藁代の三種を総称して定米と呼び、地子米や運上銀・冥加銀・万請代などの雑税によって構成されていた。本年貢の一部は麦や大豆で代納させることがあった。

岡山藩は児島湾の新田開発に積極的であった。児島湾沿岸の新田開発は、宇喜多秀家の段階から始まる。備中国倉敷から早島にかけて宇喜多堤を築造し、人工的な干拓地を開発している。以来、吉井・旭・高梁川の下流地域に堆積した土砂を利用した児島湾一帯の干拓事業が展開されたのである。とりわけ、延宝七年に竣工した倉田新田(三百町歩)をはじめ、幸島新田(五百六十二町歩)、沖新田(千九百十八町歩)など、郡代津田永忠を中心に大規模新田開発が藩営で進められている。さらに文政六年には開発地(干潟)を幕領とするか岡山藩領とするかといった地崎領域の議論にまで発展した興除新田(八百二十九町歩)の開発が行われている。この新田地帯を中心に棉や菜種の商品作物の育成や、機業や製塩業などが成長する。また、近世後期から幕末にかけて岡山藩は会所を設置し、藩領内外の販売統制を意図した藩専売制も行われている。最も早いのは木綿で、文政九年ごろから領外への移出を統制している。以後、弘化三年(一八四六)には塩の領外販売独占、嘉永二年(一八四九)には、小倉織の領内自由販売禁止と大坂への移出独占、同五年には繰綿の領外移出独占、安政期(一八五四—六〇)には藍や砂糖の領内外への販売統制が実施されている。しかし、問屋・仲買、産地からの反対などもあり、専売制は徹底できず、藩が意図していたような独占的な掌握は難しかったといえよう。

藩札は、延宝七年にはじめて発行され、宝永四年(一七〇七)十二月の藩札通用停止令まで使用された。このあと、一時中断するが、享保十五年から明治四年(一八七一)まで発行される。銀札は一匁、五分、四分、三分、二分の五種類で、岡山栄町札場を本場として数ヵ所に設置された。この間、藩札の濫発と正貨準備金が不足することにより、銀札の信用が暴落して物価高を招いている。安政元年十一月には、米一石が銀札五百六十匁にまで及んだともいわれ、十分の一の平価切り下げが行われている。これは安政の札潰れといわれる。幕末期になると、兵制改革が推進された。慶応二年(一八六六)には現状に応じた軍役令が出されている。これに併せて、従来の弓馬・槍剣中心の編成から鉄砲中心の編成へと推移し、さらに民兵の採り立てが行われることになったのである。神官で構成された社軍隊や農兵(のち耕戦隊・遊奇隊として組織化)

の組織が積極的に行われた。さらに明治元年には二百名余りの農兵が郡奉行森下立太郎に率いられ、東海道先鋒の一角として奥羽戦争に参加している。なお、幕末期の政局の変化において、岡山藩は徳川斉昭の九男を婿養子として迎え入れ、文久三年（一八六三）に岡山藩主となると、尊攘翼覇（敬幕）の立場をとっていた。しかし、長州藩を批判しながらも他方で長州藩に対して周旋も行われることになる。そして、明治元年三月に藩主茂政が病気を理由に隠退し、支藩である鴨方藩主政詮が相続することで、勤王倒幕となったのである。史料は、岡山大学付属図書館に所蔵されている池田家文庫が九万点以上ある。また、刊行本としては、『池田光政日記』（山陽図書出版、一九六七年）、『藩法集』一上・下（藩法研究会、一九五八・五九年）、『池田家履歴略記』（日本文教出版、一九六三年）などがある。

参考文献　谷口澄夫『岡山藩』（『日本歴史叢書』五、吉川弘文館、一九九五年）、同『岡山藩政史の研究』（塙書房、一九六四年）、同『池田光政』（『人物叢書』八一、吉川弘文館、一九六一年）、岡山藩政史研究会編『藩世界の意識と関係』（岩田書院、二〇〇〇年）

（落合　功）

藩校　藩校の創設は藩主池田光政の時寛永十八年（一六四一）である。光政は儒教をもって治国の要道と信じ、同年上道郡花畠に花畠教場を興し、教師を置き、花園会約を制し、修学の要旨を定めて諸生を教導し、傍ら武技を修めさせた。岡山藩学校の起源である。これより二十五年ののち寛文六年（一六六六）、仮に岡山の内山下石山の地に学館を設けて石山仮学館と称し、花畠教場を廃して生徒をここに移した。ついで同九年正月、郭内三之外曲輪の内、西中山下の地に大規模な学校が建造され、熊沢蕃山を播州明石から密かに招延して開講式を挙げた。これよりさき光政は同六年、庶民教育のため和気郡木谷村の地を相し、同八年手習所が開設された。これはのち士庶共学の郷校閑谷《しずたに》学校として発展し、今日なお聖廟・講堂・学舎など、壮観な全貌を遺している。藩校花畠教場の時代は中国古代の教育思想に則って礼・楽・射・御・書・数の六芸を教えることとし、仮学館の時代は『小学』や四書・五経などの経学を主とし、傍ら武技を修めさせた。生徒は八十余名に及んだ。また小侍者の制を定め、郷中農商の有志の子弟を学館に入寮修学させ、終業の後郷里に帰して郷民の教導にあたらせた。同九年竣工した藩学校は講堂・中室（聖廟）・食堂を中心として、東側に菊舎・蘭舎・梅舎・橘舎・梧舎の文学場五舎を、西側に松舎・竹舎・柳舎・槐舎・杉舎の演武場五舎を設けて東西対称に配置し、講堂南側の東塾・西塾・東階・西階に対して、食堂の北方に輔仁軒・小庫・校厨を設けて南北対称とし、整然たる規模結構を有した。教科は漢学・習字・習礼・諸武芸などで、維新後に皇学・洋学が加えられた。藩士の子弟は必ずしも藩校へ入学するとは限らず家塾で学ぶこともできた。光政は開学に際し学校領として学田二千石(宝暦中より千石となる)を付して経常費とした。開業以後天和二年(一六八二)光政死去に至るに至る十三年間の就学人員は小生百四十一名、小侍者人員六十七名、明治元年(一八六八)には大生・小生二百二十余人に及んだ。学風は寛永建学より明暦に至る十六、七年の間はもっぱら陽明学を奉じ、寛文九年藩学校新建以後は朱子学を宗とし廃藩に及んだ。

参考文献　永山卯三郎『池田光政公伝』(日本仏書センター、一九八〇年)、文部省編『日本教育史資料』六・九・一二、『岡山県教育史』上、笠井助治『近世藩校の綜合的研究』(吉川弘文館、一九六〇年)、同『近世藩校に於ける学統学派の研究』下(吉川弘文館、一九七〇年)

(笠井　助治)

閑谷学校《しずたにがっこう》　岡山県備前市閑谷にあり、はじめ閑谷学問所といわれ、明治時代以後は閑谷精舎・閑谷黌などと呼ばれたが、現在は一般に閑谷学校と称す。寛文九年(一六六九)岡山城下に完成した藩校(岡山学校)が「国学」、藩営の閑谷学校は庶民教育機関としての「郷学」であり、全国的にも創立は最も早い。好学の岡山藩主池田光政は、藩校の創設と前後して、寛文八年に「百姓小年の者学文(問)すべき所」として、領内郡中に百二十三ヵ所の手習所を設置した。しかし、財政上の理由などから手習所は次第に削減さらに全廃される羽目になり、結果的には閑谷学校に統合されたわけである。同十年光政は学校奉行津田永忠に、閑谷に学校設立を下命し、かつ、この学校を後世にまで存続されるように指令した。土木功者とうたわれた永忠は、卓越した技量を駆使し、みずから立案建議した社倉米の制度による財源を活用し、学校建造に精緻善美

閑谷学校蔵書印

閑谷学校講堂

をつくした。また、独立した学校領（学田・学林）を設置して下作人の制度を作るなどして、学校の永世存続の主命を果たす措置を講じた。延宝二年（一六七四）ころまでに一応竣工したが、さらに改築・整備が施され、全容が完成したのは着工三十年後の元禄十四年（一七〇一）である。

　入学者は庶民の子供を主体とし、家中武士の子弟および他領者も含まれ、在学者数は三十〜五十名、藩校と同様に正統派の朱子学を守り、課外には教授役などの自宅での会読・研究がすすめられた。ここを訪れた横井小楠は、「江戸聖堂之外は、天下に如レ此壮麗之学校は御座あるまじく存ぜられ候」と感嘆したが、学校の名声はつとに全国に弘まり、高山彦九郎・頼山陽・大塩中斎（平八郎）なども来観しており、大鳥圭介・西周などの他領者も来学している。現在は岡山県青少年教育センター閑谷学校として、青少年教育の道場として活用されており、その遺構はほとんど完全に残存し、国指定の特別史跡、建造物は文化財の宝庫となっている。

参考文献　閑谷学校史編さん委員会編『閑谷学校史』（閑谷学校史刊行会、一九七一年）、山崎治雄・谷口澄夫・神野力『（特別史跡）閑谷学校』（福武書店、一九七五年）、石原豪他『写真集閑谷』、谷口澄夫『岡山藩』（『日本歴史叢書』五、吉川弘文館、一九九五年）

（谷口　澄夫）

江戸時代には各藩がそれぞれ藩校などを建設したが、旧藩時代の建物の大部分が遺っているのは、この閑谷学校だけである。北に山を背負い、東に藩主をまつる芳烈祠（東御堂、現在は閑谷神社）、その西隣りに孔子をまつる聖廟（西御堂）が並立し、その西南に講堂・小斎・飲室などがあり、かつてはそのさらに西方に学房があった（講堂は国宝、その他は重要文化財）。これら諸建築をめぐって長い石塀があり、各所に門を開く。建物の様式は大変簡素であるが、備前焼の瓦を使用した点は珍しく、赤茶色の瓦・白壁が山の緑に映えて美しい。

参考文献　『（特別史蹟並びに国宝及び重要文化財）閑谷黌講堂外四棟保存修理（第一期）工事報告書』（岡山県教育委員会、一九六一年）、『（特別史蹟並びに重要文化財）閑谷黌聖廟、閑谷神社々殿及び石塀保存修理（第二期）工事報告書』（岡山県教育委員会、一九六二年）、城戸久『閑谷学校』（『美術文化シリーズ』一三七、中央公論美術出版、一九六七年）、同『藩学建築』（養徳社、一九四五年）

（太田博太郎）

藩札　姫路および福山藩の制度にならい、延宝七年（一六七九）十月はじめて発行。札元は町年寄淀屋三郎右衛門・高知屋庄左衛門の両名、その種類は銀二分・三分・四分・五分・一匁、天明八年（一七八八）より十匁札が加わり、計六種となった。札場は岡山栄町のほか、周匝・西阿知・下津井・鴨方・

一匁銀札

金川・小串・牛窓・片上・建部・西大寺の在町、計十一ヵ所であった。宝永の藩札停止令による札回収ののち、享保十五年(一七三〇)延宝期仕法のまま再発行が許可されたが、以降、藩財政窮乏による札濫発と引替準備銀不足により、しばしば流通危機にみまわれた。藩当局はこれに対し札場数の縮小、正銀との引替額制限などを行なったが、かえって札価下落し、安政元年(一八五四)十一月、十分一札価切下げが断行された。明治元年(一八六八)銀目廃止後、銀札は銭札と称され、翌年八月、金一両=銭札十貫文通用が示達された。

参考文献　藩法研究会編『藩法集』一(創文社、一九五九年)、黒正巌『封建社会の統制と闘争』(改造社、一九二八年)、谷口澄夫『岡山藩政史の研究』(山陽新聞社、一九八一年)

(岩橋　勝)

藩法　藩主池田氏の統治期間である慶長八年(一六〇三)から廃藩に至るまで、藩庁(主として評定所)から公布された諸法令のうち、藩独自のいわゆる藩法には、忠継(兄利隆が監国)・忠雄二代の前池田氏時代のものはわずかに『武州様(利隆)法令』『忠雄様法令』があるのみである。池田光政入封の寛永九年(一六三二)以後のものには、『法令』(寛永十九年—宝暦五年)、『御国御法帳』『江戸御法帳』『町触留』その他貴重な史料が多数あるが、それら藩法史料を編集したものには、藩士湯浅常山が光政一代の法令を編した『備藩典刑』(四巻二冊)があり、特に藩法および判例を類集大成したものが『法例集』『法例集拾遺』『法例集後編』であり、『藩法集』一、岡山藩(上下二冊)に収録されている。『法例集』(十三冊、ほかに目録二冊)は寛永十九年ごろから文政七年(一八二四)ごろにわたるもので、「法令又は事を処するの規格ともなるべきを、記録雑書の中より抜出し、類を集め部をわかち、(中略)万古不朽の亀鑑たらん事を欲するのみ」(凡例)とあるように、法令・教令・判令などを田地部・山林部・年貢部などの七十四部に類集して広く収め、幕府法令も相当収載されている。『法例集拾遺』(十冊、ほかに大綱目一冊)は前者の拾遺であり、『法例集後編』(十三冊、うち二冊欠、ほかに目録一冊)は文政九年ごろから廃藩までのもので、類集法は前二者とちがって地理門・租税門・罰事門のごとく大項目になっている。

(谷口　澄夫)

幕末諸隊　岡山藩の軍制改革は、洋式砲術導入という形で嘉永年間(一八四八—五四)にはじめられたが、家臣団を西洋流編隊とするには障害が大きく、代りに民兵取立てがはかられた。慶応二年(一八六六)第二次長州征討の緊迫した情況下で、五月に町人兵が藩士光岡利八郎により歩兵一大隊に編成され、また神官の社軍隊一小隊もつくられた。民兵の主力である農兵隊は、取立てを建言した郡奉行森下立太郎が取立て・統率の責任者で、同年六月には村役人層や上・中層農民の子弟の入隊が始まる。農兵隊は耕戦隊といわれ、身体強壮・思想堅実、読書能力のある者が選ばれた。大隊司令士から教授方までは藩士がなり、小隊のみ農兵から役員が選ばれ、隊は郡村別に編成され、総員千二十二人となった。平時は在村し農耕に従事したが、明治元年(一八六八)に遊奇隊と改称され、二百余名は森下に率いられて東北戦争に従軍した。帰藩すると郷士身分を与えられ、翌二年には諸隊は解隊させられた。

参考文献　『岡山市史』政治編、谷口澄夫『岡山藩』(『日本歴史叢書』五、吉川弘文館、一九九五年)、同「幕末維新期における岡山藩の兵制改革」(魚澄先生古稀記念会編『(魚澄先生古稀記念)国史学論叢』一九五九年所収)

（高木　俊輔）

池《いけ》田《だ》騒動《そうどう》　播磨国山崎領主池田輝澄家の御家騒動。元和元年(一六一五)徳川家康の外孫池田輝澄は、播州宍粟郡で三万八千石に封じられたが、同四年池田忠雄の死により、さらに赤穂三万石を加えられた。この知行倍増によって、伊木伊織を五千石の家老に登用し、のちさらに大坂浪人の小川四郎右衛門を三千石の家老に採用したところ、この両者の間に権力争いが生じたらしい。伊木氏はもともと池田家の重臣の一族であり、領主輝澄には気の重い存在であったと思われるから、寵愛の菅友拍の推薦で別に小川(小河)氏を採用したのであろう。たまたま小川氏と同じく菅氏の推薦で旗奉行となった新参の別所六左衛門の部下と、旧来の家臣石丸六右衛門・小川三郎兵衛らの部下とが、金銭問題で喧嘩し、両物頭十一人の裁きで両成敗としたところから事件となった。すなわち、この事件の処置をめぐって、領主輝澄・菅氏推薦の家老小川四郎右衛門・旗奉行別所六左衛門と、旧来の家老伊木伊織・石丸六右衛門・小川三郎兵衛ならびに両物頭十一人らとの間に対立が生じ、ついに後者伊木伊織ら同志百余人の脱藩に発展した。領主輝澄はやむなくこれを本家の池田光政に報告し、光政からさらに江戸に報告されて、江戸での審議となった。幕府は、伊木伊織ほか物頭十一人を呼んで評定し、さらに小川四郎右衛門・菅友拍らと対決させた結果、寛永十七年(一六四〇)、伊木伊織らほか物頭十一人は切腹、小川四郎右衛門・別所六左衛門は遠島、石丸・小川三郎兵衛らは大名にお預け、領主寵愛の菅友拍らは断罪、領主輝澄は封地没収のうえ、松平相模守光仲に預けられ、寛文二年(一六六二)配所の因幡国鹿野で死んだ。ただし、嫡子正直は播磨国佐用郡福本に一万石を与えられた。右騒動の影響は、本家岡山藩池田光政家の家臣にまで及んだ。

参考文献　斎藤一興『池田家履歴略記』六(日本文教出版、一九六三年)、『徳川実紀』三　(高尾　一彦)

池田家文庫《いけだけぶんこ》　岡山藩主池田家に収蔵された岡山藩政文書の総称。寛永九年(一六三二)池田光政が国替えにより鳥取から岡山へ入封したあと、明治四年(一八七一)までの約二百四十年にわたる古文書・記録類のほか、池田家伝来の和漢図書から構成される。昭和二十五年(一九五〇)三月当時の池田家当主池田宣政が私的文書を除いたほとんどの史料を岡山大学へ委譲し、同大学附属図書館の所属となった。藩政史料は六万点、典籍史料は三万二千冊を超え、その内、重要文化財も十五冊ある。池田家文庫という名称はこの岡山大学に委譲された時に付与された。史料には、織田信長、豊臣秀吉、徳川家康の書状をはじめとして、歴代藩主の書状や日記なども含まれており、これだけの質と量のある藩政文書が一括して残される文書群は全国的にも類を見ないだろう。現在『池田家文庫藩政史料(古文書・古記録)マイクロ版集成』が一六ミリマイクロカセット二四八六リールに及ぶが、現在、広くマイクロフィルムで利用することが可能となった。また、絵図についても、国絵図などを中心に岡山大学附属図書館のホームページで公開されている。

参考文献　岡山大学附属図書館『(岡山大学所蔵)池田家文庫総目録』　(落合　功)

有斐録《ゆうひろく》　備前国岡山藩士三村某が、藩主池田光政に関する事蹟・言行を編修したもの。『備藩典録』ともいう。寛延二年(一七四九)の河口子深の序文があるので、前年ぐらいの編纂か。国書刊行会編『史籍雑纂』二に東大史料編纂所本を底本としたものが、また吉備群書集成刊行会編『吉備群書集成』一〇に、岡山県立図書館本を底本としたものが『吉備温故秘録』の巻之百一としてそれぞれ収められている。『史籍雑纂』収載本が元・亨・利・貞の四編から構成されているのに対し、『吉備群書集成』収載本にはそのような区分はみられない。『史籍雑纂』の元および貞編が主として光政の事績・言行、亨編が諸諭達・覚書、利編が法令というように、編ごとの内容に一定のまとまりが認められる。名君といわれた光政の人物を知るうえで、また備前藩政史を研究するうえで欠くことのできない記録であるが、光政の嘉言善行を記録した部分については一定の史料批判を要する。　(上原　兼善)

岡山新田藩（おかやましんでんはん）

　岡山藩主池田光政が領内新田を次・三男に分知してできた二つの支藩。役所の所在地からいえば鴨方《かもがた》藩・生坂《いくさか》藩と呼ぶべきである。岡山藩主池田光政は寛文十二年（一六七二）致仕し子綱政が家督を相続した上で、次男信濃守政言《まさこと》に備中国の内の新田二万五千石を、三男丹波守輝録《てるとし》に一万五千石を分知することを許され、岡山新田藩としての二支藩が成立した。政言への分知ははじめ備中国浅口・窪屋・小田郡内の新田であったが、のち浅口・小田郡内二十七ヵ村となり、貞享元年（一六八四）領地の朱印を下され、采地内の主邑浅口郡鴨方村にちなんで鴨方藩と称した。輝録への分知高は本藩朱印高の内から遣わされたもので、はじめ采地は各所に分散していたが、宝永五年（一七〇八）備中国下道・窪屋郡内十四ヵ村にまとめられ、主邑窪屋郡生坂村（倉敷市）にちなんで生坂藩と称す。もっとも、正式の生坂藩は明治三年（一八七〇）立藩を許された以後である。

　両支藩主とも岡山城下に常住し、領地内に藩庁はなく主邑の寺院を臨時の役所とした。両藩主とも外様、柳間詰、従五位下、維新後、子爵。鴨方藩主の歴代は政言・政倚・政方・政香・政直・政養・政共・政善・政詮・政保。生坂藩の歴代は輝録・政晴・政員・政弼・政恭・政範・政和・政礼。両支藩とも廃藩後しばらく鴨方県・生坂県となったが、同四年十一月深津県に統合される。両支藩とも本藩より「付人」が遣わされたが、主要な仕置はすべて本藩に依存しており、財政的にも独立採算を基本とせず本藩に頼る傾向が強かった。すなわち、各領知高に応じて与えられた知行物成で財政処理をする仕組みであったが、とかく赤字が続出してそのつど本藩からの合力を求め、本藩当局からしばしば「全御本家様へもたれ身構のみ致」す態度を非難されている。しかし、明治元年鴨方藩主政詮（章政）が、本家を襲封して藩是を一転したような相続上の効果はあった。なお、両藩政史料は岡山大学付属図書館蔵の『池田家文書』に包含されている。

（谷口　澄夫）

勝山藩（かつやまはん）

　美作国（岡山県）勝山（古名は高田）を藩庁とした藩。同国真島（九十二村）・大庭（一村）両郡（現在の真庭郡）で二万三千石を領知した。藩主は三浦氏。譜代。陣屋持。歴代藩主は、明次・矩次・前次《ちかつぐ》・毗次《てるつぐ》・誠次《のぶつぐ》・峻次《としつぐ》・義次・朗次・弘次・顕《たか》次《つぐ》。南北朝時代以来三浦氏が高田城（のち勝山城）に拠ったが、天正三年（一五七五）毛利氏に滅ぼされた。慶長八年（一六〇三）

以降津山藩主森氏の領地となったが、森氏の改易後しばらくして明和元年(一七六四)、かつての三浦氏の一族である三河国西尾藩主三浦明次が移封されて勝山藩主となり明治維新に及ぶ。ちなみに、明治二年(一八六九)真島藩と改称、同四年七月真島県、同年十一月北条県に編入され、同九年四月北条県は岡山県に合併された。明治三年現在の藩領戸数五千七百余戸、人口二万六千余人、うち士族三百四十五人であった。山間部の小藩のため終始財政難であったが、砂鉄・茶・木地椀・牛馬市などの産業に見るべきものがあった。ただし砂鉄採取のため泥水を流下させ岡山藩との間に紛争もあった。幕末維新に際しては元治元年(一八六四)農兵を組み立て、長州征討のため芸州・石州方面へ出兵し、明治元年には譜代藩の立場から津山藩主松平氏および備中松山藩主板倉氏に同調する藩論が強かったが、結局岡山藩の説得で朝敵とならなかった。藩政史料は、岡山大学附属図書館に『三浦家文書』として収蔵されている。

参考文献　佐野篤太郎編『美作勝山藩志稿』(『岡山県地方史資料叢書』二)

(谷口　澄夫)

藩校　明和元年(一七六四)に勝山に移封されると、藩儒邸を学問所とし、藩士子弟を教授させた。長く家塾型藩校として継続されたが、明治二年(一八六九)になると、有用な人材育成のため勝山城内の書院が学館にあてられた。同年に石井晦逸が招聘され、明善館の創立に参画し、学規や学則を整備した。翌年には、学問・武芸・練兵の機能を統合した明善館が創設された。朱子学をもって教学の基本としたが、明善堂設立趣意書によると、遊撃隊・士兵隊の隊員教育に主眼がおかれ、練兵を重視していたことがわかる。

参考文献　『岡山県史』八、笠井助治『近世藩校に於ける学統学派の研究』下(吉川弘文館、一九七〇年)

(工藤　航平)

鶴田藩(たずたはん)

慶応三年(一八六七)から美作国鶴田(岡山県御津《みつ》郡建部《たけべ》町)周辺を領有した藩。家門。藩主は旧石見国浜田藩主松平武聰《たけあきら》。慶応二年第二次長州征討のとき長州軍に敗れて居城を焼かれ(七月)、やがて慶応三年美作国久米北条郡にあった飛地の鶴田(八千石余)領の里公文中村(岡山県久米郡久米町)に役所を置いて入り、新たに美作国内で二万石を与えられて立藩した。新領地で年貢半減令をめぐって発生した騒動の処置に苦しんだ。明治四年(一八七一)七月廃藩、鶴田県・北条県(四年十一月)を経て、九年四月岡山県に編入された。

藩校　鶴田藩主松平武聰は明治元年(一八六八)久米北条郡

里公文村の農家を学舎にあてて道学館と命名した。なお、周辺六ヵ村の民屋に支校を設けた。学校の監督・教授などには家老以下の藩士があたり、学統は闇斎流の朱子学で、気節を貴び人格を練るを本領とした。廃藩で閉鎖したが、学制発布後、郡内小学校教員の多くは旧鶴田藩士であったといわれるほど、この学風は郡内の人心に浸透した。

参考文献　岡山県教育会編『岡山県教育史』上

（谷口　澄夫）

津山藩（つやまはん）

美作国(岡山県)津山に藩庁を置いた藩。慶長八年(一六〇三)二月から森氏が美作国全域十八万六千五百石を、その後、松平氏が美作国東南条郡、西北条郡、東北条郡、西西条郡、大庭郡、勝南郡、真嶋郡、久米南条郡十万石を支配する。一時五万石に減封されるが、再び十万石に戻される。森氏は外様であったが、松平氏は家門。いずれも津山城(別名鶴山城、鶴城)の城持であった。詰間について、森家は未詳だが、松平家は安永二年(一七七三)では大広間、天保十四年(一八四三)には大廊下であった。津山藩政において森家は、忠政、長継、長武、長成が藩主となり、松平家は、長矩、浅五郎、長煕、長孝、康哉、康乂、斉孝、斉民、慶倫が藩主となり廃藩置県を迎えている。浅五郎は四歳の時に藩主に就任し、十歳の時死去した。このため長煕(当時又三郎)が六歳で藩主に就任することとなるが、この時山中一揆が発生した。こうしたことが原因で、一時期石高が五万石に減らされている。津山藩は、津山県、北条県となり、明治九年(一八七六)四月岡山県に編

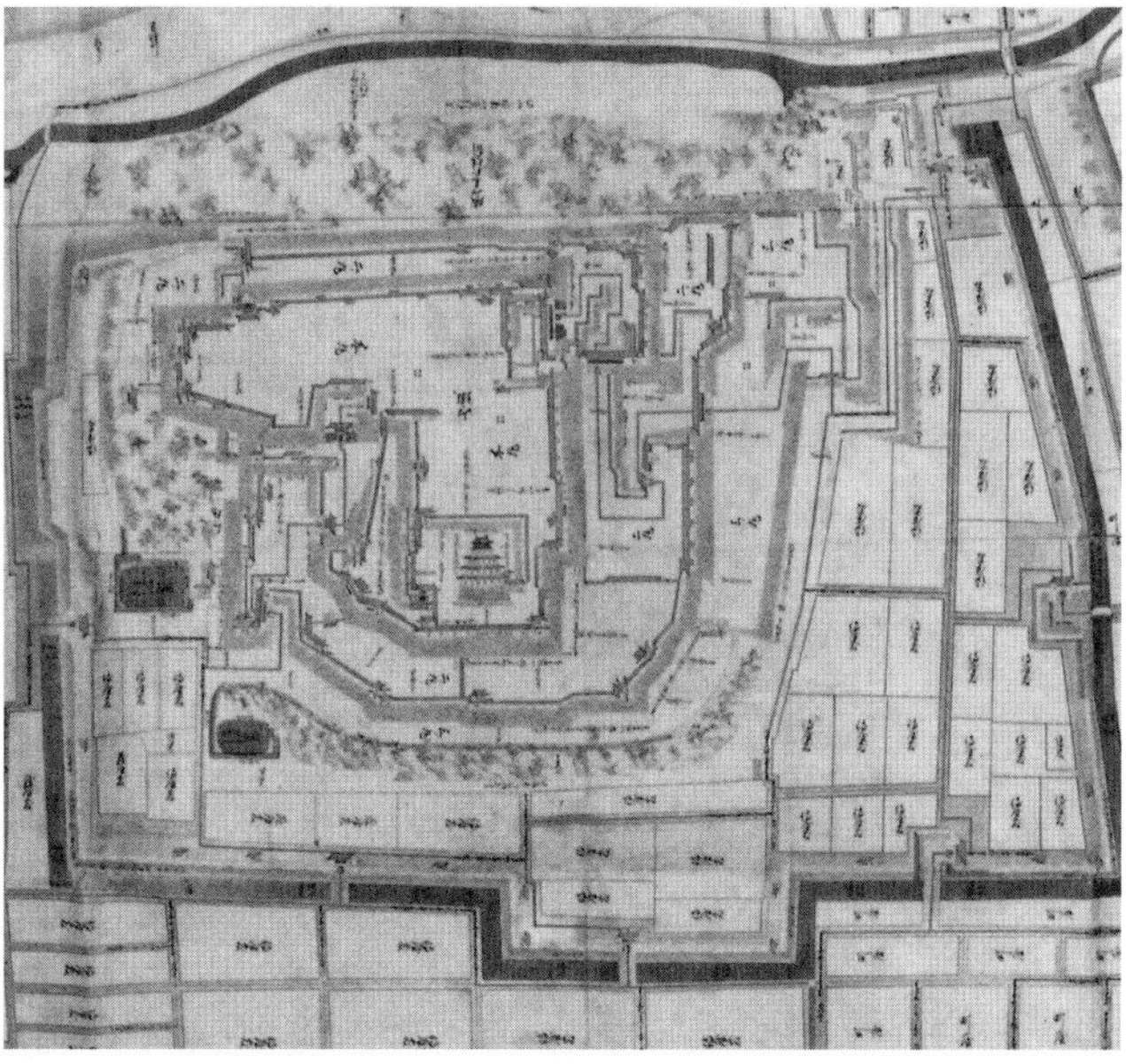

美作国津山城絵図部分(正保城絵図より)

入されている。

美作国は豊臣政権期は、宇喜多秀家が備前国とともに支配していたが、関ヶ原合戦後、小早川秀秋が支配する。その後、小早川氏の断絶により、慶長八年、森忠政が信濃国川中島から美作国に転封してくる。これにより津山藩が成立した。承応元年(一六五二)、二代目長継の弟関長政に一万八千七百石を分与し宮川藩を成立するとともに、延宝四年(一六七六)には森長俊に一万五千石を分与し、津山新田藩が成立した。しかし、長成が死去したあと、関衆利を嗣子と決めたが、急病となり廃嫡。森家津山藩は断絶することになった。これにより、森長継は備中国西江原二万石、長俊は播磨国三日月一万五千石、関長治に備中国新見一万八千石が与えられる。

ついで津山藩主となった松平長矩(宣富)は、徳川家康の第二子秀康を祖とする。結城秀康と名乗り、関ヶ原戦以後、越前国七十五万石を有した。これが越前松平だが、宣富は川越藩の松平直矩の第三子で三代目の光長の養子となり、第四代目となる。天保二年に就任した、藩主斉民は、将軍家斉の子である。自領のうち但馬・丹後三郡の代わりに美作国英田郡、讃岐国小豆島の一部の領地替を幕府に願い出て認められた。斉民は、安政二年(一八五五)隠居し、嗣子慶倫に譲るが、明治初年徳川宗家亀之助の後見人になっている。藩札は元禄十三年(一七〇〇)に発行され、一時中止するが、享保十五年(一七三〇)十月以降再び発行されることになる。津山藩札は、津山藩領を超え美作国一帯に流通したことでも知られる。明和二年(一七六五)、城内に学問所を設立し、その後、天保十四年ごろに文武稽古場として移転拡充した。明治三年には学問所を修道館と称し新築したが、翌年廃止。津山藩松平家の藩政文書や和書・漢籍は愛山文庫と総称され、津山郷土館に所蔵されている。

(落合　功)

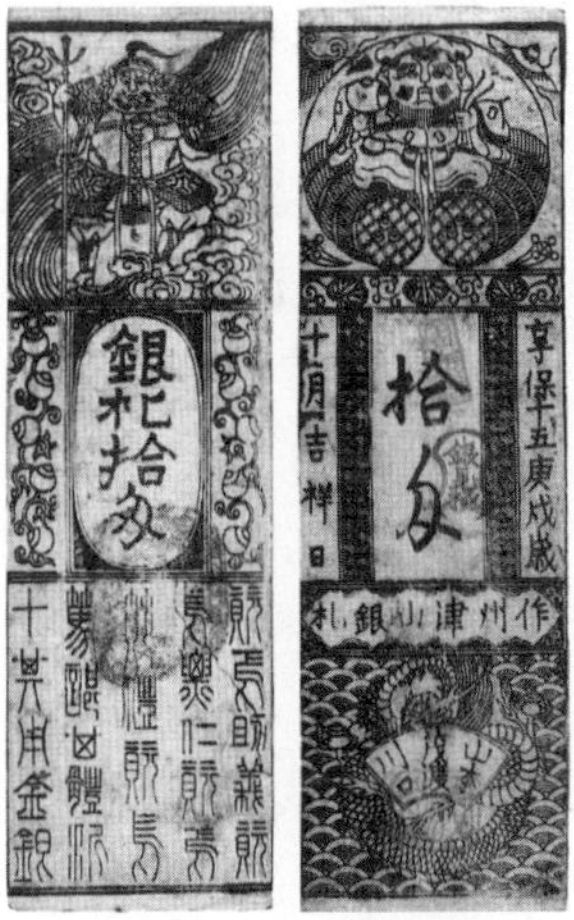

津山藩藩札(銀十匁札)

参考文献　『森家先代実録』、『岡山県史』六・八、瀬島宏計「近世初期の藩札—元禄・宝永期の津山藩札を中心に—」(『日本史研究』四七一、二〇〇一年)

藩校　津山松平藩の五代藩主松平康哉《ちか》は、明和二年(一七六五)城下に学問所を創設して、家臣に文武を修業させた。ついで天明七年(一七八七)武道稽古場をも設置し、天保十四年(一

津山藩蔵書印

八四三)藩主斉民は学問所と武道稽古場を合併して大規模な文武稽古場として、漢学・洋学・算法および兵学・弓馬槍剣・砲術・游泳などを修業させた。安政五年(一八五八)には校舎を造補し文武の制度を改正し、家老格から坊主格まで十一歳以上の者には出席義務を課した。生徒数は約三百五十名で、十一—十四歳の者は読書に専念させ、十五—十九歳の者は文武両道を修業させ、生徒の訓育はきびしかった。明治三年(一八七〇)講堂(修道館、津山市山下《さんげ》)や塾部屋が新築され、士民の区別なく入学が許された。同四年、廃藩により廃校。

参考文献　岡山県教育会編『岡山県教育史』上

(谷口　澄夫)

幕末諸隊　元治元年(一八六四)に幕命により藩の砲術家植原正方が久米南条郡横山村において大砲を鋳造している。翌慶応元年(一八六五)六月には、藩兵補強のために農兵百人を選んで農兵隊を組織した。なお農兵とは別に津山藩尊攘派の活動がみられた。

参考文献　谷口澄夫『岡山県の歴史』(『県史シリーズ』三三、山川出版社、一九七〇年)

(高木　俊輔)

作州《さくしゅう》百姓《ひゃくしょう》一《いっ》揆《き》叢書《そうしょ》　美作国の百姓一揆史料集。一巻。矢吹正己(金一郎)編。大正十四年(一九二五)成立。緒言に「此叢書は亡父正則が蒐集せし旧記に予が発見謄写せし古書類を併せて一部の冊子となせしものとす」とある。編者の父矢吹正則は美作国久米南条郡行信村の豪農出身で明治二年(一八六九)津山藩士となった。『美作略史』など多数の著書がある。美作地方の郷土史研究の基礎はこの父子によって築かれた。内容は、冒頭に「作州土寇史」と題して矢吹正己による作州百姓一揆の概説をのせ、続いて『元禄十一年強訴覚書』『享保十一年覚書山中騒動一件』『享保十一年在中騒動書』『享保十一年津山在中騒動記』『享保十一年山中一揆鎮圧日記』『元文四年勝北郡騒動始末録』『津山藩領民騒擾見聞録』『改正一乱記』『鶴田藩管内動揺』以上九点の史料を収録している。『近世社会経済叢書』一〇に全文を収載、長光徳和編『(備前備中美作)百姓一揆史料』には右史料のすべてが校訂増補の上、集大成されている。なお、長光編の前記『百姓一揆史料』所収史料、特に美作地域の史料について、横山定「美作国百姓一揆史料の歴史的構造」(『地方史研究』二六六)、同「美作国津山藩一七二六(享保十一)百姓一揆の史料について」(『岡山地方史研究』六二)に、原本・写本の検討、写本の系統追求の不足と校訂の態度について批判と問題点の指摘がある。

(安東　靖雄)

津山新田藩（つやましんでんはん）

津山藩内、津山（岡山県）に藩庁を置いた藩。外様。藩主は森長俊で、津山藩三代藩主森長武の実弟にあたる。延宝四年（一六七六）、津山藩領内勝田郡北分二十二村の新田地の一万五千石の分与を受け、幕府の許可を得て大名になる。長俊は、慶安二年（一六四九）美作国津山に生まれ、寛文五年（一六六五）十月、将軍徳川家綱に拝謁している。対馬守に任じられるのは延宝三年十二月のことである。領知の御朱印は貞享元年（一六八四）九月に受けている。その後、津山新田藩と称されるようになった。元禄十年（一六九七）八月、森宗家の改易に伴い、長俊は播磨国三ヶ月藩（播磨国佐用、揖西、宍粟三郡）へと転封される。

参考文献　『寛政重修諸家譜』第三　（落合　功）

成羽藩（なりわはん）

備中国成羽に藩庁を置いた藩。陣屋持、外様。因幡若桜《わかさ》三万石の藩主山崎家治が元和三年（一六一七）備中国内で二万六千五百石を領有する成羽藩主として入封し立藩した。寛永十五年（一六三八）家治は肥後天草に移され、翌年常陸下館四万七千石の藩主水谷《みずのや》勝隆が、三千石の加増で成羽に入封、川上郡・播磨美嚢《みなぎ》郡内で五万石を領有したが、同十九年勝隆は備中松山に移封したので廃藩となる。その後、旧藩主山崎家治の次男で交代寄合の山崎豊治が、万治元年（一六五八）成羽周辺で五千石を知行し成羽に陣屋を構えた。山崎氏は明治元年（一八六八）六月二十日治正のとき一万二千七百四十六石に高直しされ、諸侯に列して再び当藩は立藩し、治祇《はるよし》・治敏と在封している。明治四年七月廃藩となり、川上郡内十九ヵ村・浅口郡内二ヵ村の藩領は、成羽県、同年十一月深津県（五年六月小田県と改称）を経て、同八年十二月岡山県に編入された。

参考文献　永山卯三郎『岡山県通史』下（岡山県通史刊行会、一九六二年）、『岡山県史』六―九　（谷口　澄夫）

藩校　文政年間（一八一八―三〇）、領主山崎義柄により勧学所が創設された。慶応三年（一八六七）には勧学所を文武館と改称している。さらに明治二年（一八六九）、文武館を確摯校と改めた。勧学所教授には、大坂の中井竹山門下の儒者波多野良左衛門を招聘し、文教の振興に至った。その後は赤穂藩士の伴甲賀太郎、松山藩儒の進昌一郎らが教授にあたった。

参考文献　『岡山県史』八、笠井助治『近世藩校に於ける学統学派の研究』下（吉川弘文館、一九七〇年）　（工藤　航平）

新見藩（にいみはん）

備中国新見に藩庁を置いた藩。陣屋持、外様。美作国宮川一万八千七百石の領主で津山藩主森氏の一族関長治が、元禄十年（一六九七）本藩（津山森藩）の廃藩に伴い、領地を備中阿賀・哲多・小田・浅口・後月《しつき》五郡内に移され、翌十一年新見に陣屋を営んで立藩。表高一万八千石、内高一万八千百九十六石。関氏は長治のあと長広・政富・政辰《とき》・長誠《のぶ》・長輝・成《しげ》煥《あきら》・長道・長克《かつ》と、九代百七十余年にわたって在封した。当藩では山地のたたら製鉄や高原の和牛の放牧が主な産業であり、幕末期には鉄の藩専売制を実施した。また、藩主政富は藩政を刷新し、宝暦五年（一七五五）に藩校思誠館を設け、学制の改革と儒学の振興をはかった。明治四年（一八七一）七月廃藩となり、藩領は新見県、同年十一月深津県（五年六月小田県と改称）を経て、同八年十二月岡山県に編入された。

参考文献　永山卯三郎『岡山県通史』下（岡山県通史刊行会、一九六二年）、『岡山県史』六—九、『新見市史』

（谷口　澄夫）

藩校　宝暦四年（一七五四）に稽古場が設置された。ここでは素読・講釈などの講習も行われたが、武芸にかなり重点が置かれていたという。翌年、四代藩主関政富により、思誠館が創設された。創設に際して掟が定められ、以後はこれを基本に文武を奨励した。六代藩主長誠も藩学を重視し、朱子学者の丸川松隠を招聘して督学とし、学制を改革し、学規を定めさせた。学風は朱子学を宗とした。

参考文献　ひろたまさき・倉地克直『岡山県の教育史』（思文閣出版、一九八八年）、笠井助治『近世藩校に於ける学統学派の研究』下（吉川弘文館、一九七〇年）

（工藤　航平）

西江原藩（にしえばらはん）

備中国西江原（岡山県井原市）に藩庁を置いた藩。外様、陣屋持。藩主は森長継。元禄十年（一六九七）、長継の孫津山藩主森長成およびその養子衆利の急病に伴う改易に伴い、長継に隠居料として二万石が与えられて成立。備中国後月郡の内二十五ヵ村、哲多郡の内三ヵ村、窪屋郡の内三ヵ村、浅口郡の内一ヵ村、小田郡の内三ヵ村の合計三十五ヵ村で成立。翌十一年に長継は長直に譲ることになるが、宝永三年（一七〇六）に播磨国赤穂郡の内に転封となる。

参考文献　『寛政重修諸家譜』第三

（落合　功）

庭瀬藩（にわせはん）

備中国庭瀬（岡山市）に藩庁を置いた藩。藩主は戸川氏、久世氏、松平（藤井）氏、板倉氏。譜代。陣屋持。関ヶ原の戦で東軍に加わった戸川逵安が、備中賀陽・都宇《つう》両郡のうちに二万九千二百石を給されたのに始まる。その後、戸川氏は正安・安宣・安風と四代続いたが、安風が延宝七年（一六七九）早世したため断絶（石高は、正安以下各代に弟への分与があり、最終的には二万石）。その後天和三年（一六八三）に下総国関宿《せきやど》より久世重之が安風の遺領を含めて備中六郡に五万石を得て入封、貞享三年（一六八六）丹波亀山転封。元禄六年（一六九三）に大和興留より松平（藤井）信通が二万石で入封、十年出羽上山に転封。元禄十二年上総高滝より板倉重高が賀陽・都宇・小田三郡のうちに二万石を給されて庭瀬板倉藩が成立した。板倉氏は昌信・勝興・勝志・勝喜・勝氏（元）・勝資・勝貞・勝成・勝全・勝弘と続いて廃藩に至った。明治四年（一八七一）七月廃藩置県により庭瀬県となり、さらに同十一月深津県、五年六月小田県（深津県改称）を経て、明治八年十二月に岡山県に併合された。

参考文献　『岡山県史』二六、『寛政重修諸家譜』第一五・八・一・二

（上原　兼善）

藩校　元禄十二年（一六九九）、板倉重高が庭瀬に移封されたが、すでに藩邸片隅に学館を設け、藩士子弟の教授にあてていた。文政六年（一八二三）になると、誠意館が藩主勝資により創設された。折衷学派の森田葆庵が侍医として招聘されたが、のちに儒官専務となって誠意館で子弟を教授した。維新後は江戸藩邸を閉鎖したため、全ての藩士が庭瀬に移住することとなり、誠意館の生徒も増加することとなった。学科は儒学のほか、和漢の歴史や詩文、算筆に及んだ。

参考文献　『岡山県史』八、笠井助治『近世藩校に於ける学統学派の研究』下（吉川弘文館、一九七〇年）

（工藤　航平）

松山藩（まつやまはん）

備中国松山（岡山県高梁《たかはし》市）に藩庁を置いた藩。譜代。城持。備中代官小堀氏の転出後、元和三年（一六一七）因幡国鳥取より池田長幸が六万五千石で入封し、松山藩が成立した。しかし長幸の子長常には嗣子がなく池田家は断絶。かわって水谷《みずのや》勝隆が寛永十九年（一六四二）備中国成羽《なりわ》から五万石で入封した。水谷氏は勝隆・勝宗・勝美と続いたが、元禄六年（一六九三）勝美の死去についで養嗣子勝晴が家督を相続しないまま早逝したため、水谷家も断絶。元禄八年に安藤重博が上野国高

備中国松山城絵図部分(正保城絵図より)

崎より六万五千石で入封した。その後、安藤氏は正徳元年(一七一一)二代信友の時、美濃国加納へ転封となり、これをうけて山城国淀より石川総慶が六万石で入封、ついで総慶が延享元年(一七四四)伊勢国亀山へ転出した後、同所より板倉勝澄が五万石で入って譜代板倉松山藩が成立した。板倉氏は勝澄のあと、勝武・勝従・勝政・勝晙・勝職・勝静・勝弼と八代にわたって在封、廃藩を迎えた。松山藩政の確立に力を入れたのは水谷氏で、松山城の修築、根小屋の築造、城下町の整備などのほか、松山川(現高梁川)の改修、玉島の築港、新田・塩田の開発、煙草の栽培、牛馬飼育の奨励、鉄山業の振興などの経済基盤の強化、神社仏閣の建立・修復などの文化事業の振興が三代五十二年にわたってはかられた。しかし板倉氏時代の後期以降、藩財政は極度に窮迫化し、勝職は家臣団よりの家禄の借上げ、高掛米の賦課、富農よりの借上げで弥縫を試みたが、抜本的な財政建直しを果たしえず、嘉永二年(一八四九)養嗣子勝静に家督を譲った。勝静は藩校有終館学頭山田方谷を元締役兼吟味役に任じて藩政改革に着手、方谷は財政の緊縮化と同時に借債返済の凍結、撫育方の設置による殖産興業の推進、藩札の整理、軍制改革、風俗改正などを実施、改革の実をあげていった。松平定信の孫にあたる勝静は、文久二年(一八六二)老中となり、安藤信正の老中辞任後に外国掛・勝手掛に就任。長州出兵に際しては山陽道先鋒を命じられ、幕政の改革にも尽力したが、明治維新に際しては藩は朝敵として岡山藩などによって鎮撫をうけた。しかし明治二年(一八六九)八月には二万石に減封されて再興がなり、藩名も高梁藩に変えて(十月)、勝弼が藩知事に任命された(十一月)。明治四年七月廃藩、高梁県となり、同年十一月深津県、同五年六月小田県を経て同八年十二月岡山県に編入された。水谷氏・板倉氏関係の藩政史料が若干残存する。

参考文献　『岡山県史』二六、朝森要『備中松山藩の研究』(日本文教出版、一九七〇年)、同『幕末史の研究―備中松山藩―』(岩田書院、二〇〇四年)、同「松山藩」(『新編物語藩史』九、新人物往来社、一九七六年所収)、同「備中松山藩の藩政改革序説」(『史泉』三二、関西大学史学・地理学会、一九六六年)、同「備中松山藩の目安箱について」(『日本歴史』二一八、一九六六年)

(上原　兼善)

宮川藩（みやがわはん）

津山藩内、宮川(岡山県津山市)に藩庁を置いた藩。外様、陣屋持。宮川藩初代藩主は関長政で、津山藩主森長継の実弟にあたる。津山藩主森忠政に後嗣がなかったため、重臣関成次と忠政の娘との間に生まれた長継を養子として迎え、津山藩主とした。関氏は、代々織田信長に仕えた後、森長一、忠政に仕えることになる。長政は承応元年(一六五二)十二月、従五位下但馬守に叙任している。その後、津山藩領内から一万八千七百石余を割譲し、幕府の許可を得て大名となった。その後、陣屋の場所にちなんで、宮川藩と称されることになる。長政の後、津山藩主長継の四男長治が養子となり、藩を継ぐことになる。元禄十年(一六九七)における、森宗家の改易に伴い、長治は備中国新見に転封され新見藩となる。

参考文献　『寛政重修諸家譜』第二一

(落合　功)

広島県

広島藩（ひろしまはん）

安芸国（広島県）広島に藩庁を置いた藩。芸州藩ともいう。領主は毛利輝元、福島正則、浅野氏（外様、城持）と交替。毛利輝元は天正十九年（一五九一）郡山城から広島城に移り、安芸・備後・周防・長門・出雲・石見・隠岐の七国と備中半国・伯耆半国の合計百十二万石を領した。この百十二万石は豊臣秀吉の指示に従って輝元が天正十六年から文禄元年（一五九二）にかけて実施した惣国検地の結果確定されたもの。この検地は太閤検地原則にもとづいて実施されたものではなかったが、これによって家臣に対する軍役賦課の基準が統一され、給地替えが行われるなど毛利氏の権力強化がはかられた。毛利氏は基本的に在地領主制を容認していたから、広島城下に屋敷を持つ者は三百三十七人で、これは給人二千三百五十一人の一四％にすぎなかった。慶長五年（一六〇〇）関ヶ原の戦後輝元は防長に転じ、替わって福島正則が安芸・備後両国の領主として入城した。領内に六支城を設け（元和の一国一城令などで三原城のみとなる）、一族重臣を配して領国の防衛と支配にあたらせた。

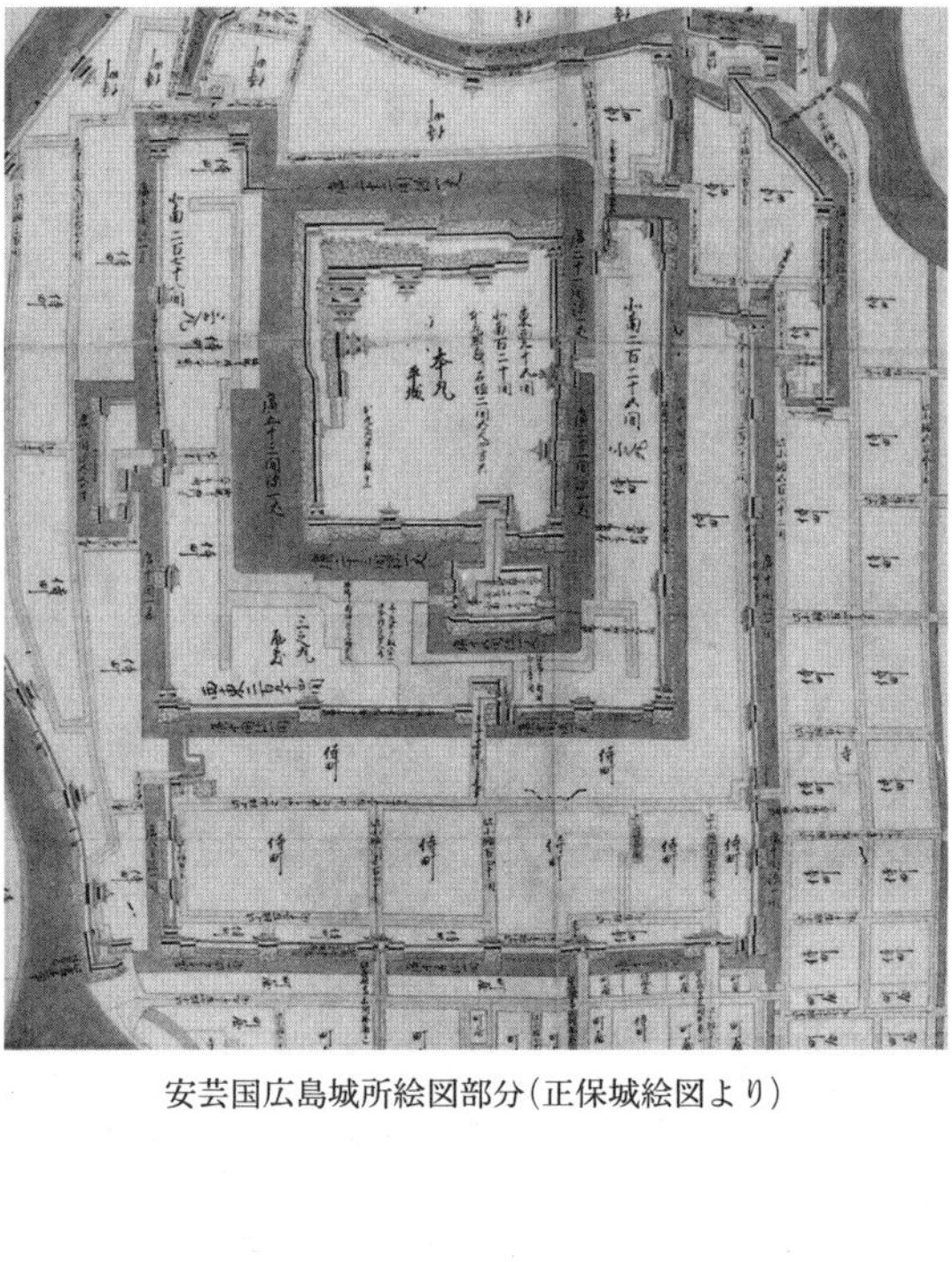

安芸国広島城所絵図部分（正保城絵図より）

家臣は直臣万石以上三人を含む知行取六百人、扶持取以下六百一人、計千二百一人、陪臣一万三千五百六十二人（うち小者一万九百八十三人）、合計一万四千七百六十三人。領地高は四十九万八千二百二十三石、うち蔵入地約十万石、形骸化した地方《じかた》知行を実施した。慶長六年太閤検地原則にもとづいて全領内を検地、同時に「条々之事」を布令し、給人に対して給地に居住し、農業を行い、給地農民を私成敗してはならず、年貢は原則として村高の七ッ、凶作には生産高の三分の二を徴収すること、と申し渡した。続いて毛利氏の土着旧家臣らに刀狩を行い兵農分離を徹底した。地方《じかた》は大奉行(代官頭)―代官―庄屋、町方は町奉行―大年寄―年寄・組頭で支配した。また新開の造成、畳表・鉄の生産奨励、陸上および海上交通の整備、大坂への蔵屋敷設置などを行なった。元和五年(一六一九)正則改易のあと浅野長晟が安芸国と備後半国四十二万六千五百六十三石の大名として和歌山から転じ、以後光晟・綱晟・綱長・吉長・宗恒・重晟・斉賢《なりかた》・斉粛《なりたか》・慶熾《よしてる》・長訓《ながみち》・長《なが》勲《こと》と続き版籍奉還を迎える。

二代光晟は寛永九年(一六三二)襲封、同年庶兄長治に三次《みよし》・恵蘇《えそ》両郡を中心に五万石を分知。三次支藩が成立したが享保五年(一七二〇)断絶、五万石領は本藩に返還された。長晟は入封直後四家老に知行割を行い、正則の支城制を継承して浅野知近を三次三万石に、浅野忠吉を三原二万八千石(のち三万石)に、上田重安を小方《おがた》一万石に、亀田高綱を東城《とうじょう》七千石(のち一万六百石)にそれぞれ配したが、異議を唱えた知近を直ちに処分し、大名の知行権の絶対性を家中に示した。寛永元年高綱が退藩したので、浅野高英が東城一万石に配され、領内の東西北の国境に三家老を配する体制をつくり、支配体制を強化した。家臣団を大別すると、万石以上の三家老、百石以上の知行取、切米扶持取の徒士・足軽・小者に分けられる。知行取は元和五年三百八十五人、天明三年(一七八三)九百三十四人、安政元年(一八五四)千百三十二人と増加(大身は減少)。明治元年(一八六八)知行取千百七十九人、徒士・足軽・小者を加えた総計五千九十二人。

知行制を見ると、家老には一村丸給地がまとまった地域で支給され、給地の割替えはなく、行政権・裁判権・貢租徴収権が限定付であったが与えられ、その他の知行取の家中には、給地が相給《あいきゅう》で支給され、時々割り替えられ、限定付の貢租徴収権のみが与えられた。初代長晟(元和五年―寛永九年)は入封直後からつぎつぎと触書を発布し、百姓の直目安(直訴)・走り・他国への奉公・日傭などを禁止し、農民の土地緊縛を徹底し、農村政策を確立するとともに知行制度・郡中支配機構・司法制度などを整備した。二代光晟(寛永九年―寛文十二年(一六七二))は、浅野氏最初の検地を寛永十五年蔵入地に行い、その後必要に応じて検地・地ならしを実施し、大規模な新田開発(二万七千二百八十石余)を行い、慶安四年(一六五一)ころから土免制を採用、寛文八年京枡に統一、三原・尾道・竹原・三津などに米蔵を設置、慶安二年五人組制を創始するなど、藩体制を確立した。五代吉長(宝永五年(一七〇八)―宝暦二年（一七五二）は室鳩巣に「当代の賢侯第一」と評された。就封の翌年家老を藩政の実務からはずし、執政職の年寄役（四〜五人）を置き、人材を抜擢してこれにあて政務を分掌させ、享保二年にはすべての役職をこのもとに置く年寄体制を実現した。また役職の服務規定を設け職務と責任の所在を明確にした。正徳二年（一七一二）「郡方御新格」を触れ出し、代官制を廃し、郡奉行のもとに郡支配を置き城下の郡役所で執務させた。郡中には最有力の農民から任命した四十人の所務役人、八十一人の頭庄屋を庄屋の上に置き、農村支配・収奪体制の強化をはかった。しかし農民の猛烈な抵抗によって数年後挫折した。

幕末、十一代長訓（安政五年—明治二年）は辻将曹らを重用し、洋式軍制を採用し、農兵を取り立て、藩際交易を実施し、軍備の強化と財政の充実をはかった。長州征討には、広島城下は征討軍の拠点となり、特に第二次長州征討では佐伯郡西部が戦場となった。慶応三年（一八六七）九月武力討幕のため薩長芸三藩同盟を結び、一方で同年十月には土佐藩に続いて大政奉還の建白書を提出する、というごとく行動が二転三転し、日和見と評された。明治二年六月長勲が最後の藩主として版籍を奉還。高四十八万八千二十四石余、村数芸備両国十六郡八百七十村、人口九十一万四千百五十七人（享保十一年五十四万五千四百五十一人、文政年間（一八一八—三〇）七十二万六千百十三人）。藩知事浅野長勲。同四年七月廃藩置県で旧藩域は広島県となり長勲は東京へ去る。それを契機に一揆が起る。

藩の特産として木綿・塩・鉄などがある。安芸木綿は「御国第一之品柄」と称され、これを原料として天明六年十五万反の白木綿を大坂へ移出し、文政十年佐伯郡の能美《のうみ》島木綿だけでも移出二十万反に及んだ。塩は竹原などの入浜《いりはま》塩田で文政八年八十万俵（一俵五斗一升）を生産。各地に移出した。割鉄の年産額は、元和六年備後四郡で一万三千三百三十八貫、享保年間藩全体で三十二万二千百六十〜三十四万六千三百六十貫、幕末・明治初年七十二万七千二百〜百九万四千九百三十八貫。なお享保年間大坂移入鉄の約二五％を広島鉄が占めていた。藩政史料として、浅野家蔵『済美録』（清書稿本、全四百六十六巻八百九十三冊）、『事蹟緒鑑』（清書稿本、広島城中本百四十五冊、江戸藩邸本百六冊の二種類あり）、『芸藩志』（清書稿本、幕末維新史料、全百五十一巻・附図一巻）、『芸藩志拾遺』（清書稿本、二十四巻）、『芸藩志要』（清書稿本、全四十八巻四十八冊）、『芸藩通志』（原本、百五十九巻百五十九冊）が広島市立中央図書館に寄託されている。

参考文献　広島市立中央図書館編『浅野家寄託史料目録』、

『藩制一覧』下(『日本史籍協会叢書』日本史籍協会、一九二九年)、『広島県史』近世・近代一、『新修広島市史』二・三

藩校　五代藩主浅野吉長は享保十年(一七二五)内白島《うちはくしま》に諸芸稽古場を創設し、場内に漢学教場として講学所を設立した。これが藩校のはじまりである。同十九年講学館と改称。経費節減のため寛保三年(一七四三)閉鎖。七代重晟は天明元年(一七八一)学問所の設立を企画し、学制を頼《らい》春水に作成させ、翌二年城内二ノ丸屋敷に開所。建坪約三千坪、入学者数二百八十人。講釈の聴聞は農工商にも許可した。天明五年朱子学に統一(異学の禁)。明治二年(一八六九)城内に洋学所設立。同年学制改革で新たに皇学・医学の二校設立。同三年学問所が城内八丁馬場の家老浅野右近の旧邸に新築され、皇学・洋学・医学の三校もここに移され、四学統合の学館となり修道館と呼称。庶民の入学を許可した。同四年廃館。なお藩校ではないが、藩立の学塾修業堂や、家老が陪臣のために設けたものとして上田氏の講学所、三原浅野氏の朝陽館・明善堂・英学所、東城《とうじょう》浅野氏の蒙養館があった。

参考文献　『広島県史』総説、近世、年表　（青野　春水）

藩札　宝永元年(一七〇四)九月五日より正貨と銀札との両替を開始、十日後から「一切通用を札遣ひ」とする。札元役は京都の辻次郎右衛門、広島の三原屋清三郎・天満屋治兵衛。銀札場は城下革屋町、三次・尾道に置かれ両替・兌換にあたる。銀札の種類は、五匁・一匁・五分・三分・二分札。両替の際は正銀百匁につき銀札百一匁を渡し、銀札を正銀に兌換する際は銀札百二匁につき正銀百匁を与えた。包銀に準じ、銀札包の通用を認める。損札は、一枚につき銭二文をとって正札と替えた。宝永四年、幕府の藩札禁止令による混乱で価値が下落し、正銀百目が札五百目で取引された。この折、正貨との兌換によって回収された札は発行額の四〇%で、残りの六〇%は新規の切手と替えて後日の兌換を約束したのみ。享保十五年(一七三〇)幕府の藩札解禁に伴い、藩札発行。札元三原屋清三郎・三原屋小十郎・伊予屋吉左衛門、正貨準備率二割で、二千八百六十三貫目発行。元文元年(一七三六)幕府の改鋳により、新札発行。旧札の五割増しで新札と引替え(旧札百匁で新札百五十匁)。二千八百二十九貫目、二百三万枚発行。宝暦九年(一七五九)札遣い禁止を経て、明和元年(一七六四)新銀札発行。享和元年(一八〇一)一万千七百六十貫目発行。天保十二年(一八四一)九月繰綿などの売買にかかわる

宝永五匁銀札

札銀預り手形として綿座役所から綿座預り切手発行。同十四年恵蘇・山県郡の鉄山内限り五ヵ年通用の鉄山札発行。弘化四年(一八四七)改印札発行。旧札は四十分の一に切下げ。嘉永元年(一八四八)平野屋・豊島屋から銀札預り切手発行。翌年預り切手引替えの支障から騒動が起きた。同五年五百掛の令(改印札に対し旧札を五百分の一に切下げ)で旧札を引替え。慶応三年(一八六七)五月米札二斗・一斗・二升・一升・二合・一合札発行。準備二万五千四百両、銀十八万八千八百二十八貫目発行、一両=七貫四百三十四目である。

参考文献　『芸藩志拾遺』、荒木豊三郎『藩札』下(一九六六年)、作道洋太郎『近世日本貨幣史』(『アテネ新書』九三、弘文堂、一九五八年)、『広島県史』近世　(川上　雅)

幕末諸隊　農兵隊は文久三年(一八六三)三月、領内瀬戸内の島々に海岸防禦と浪士横行に対処するため設置が命令され、頭取―副役―組頭―伍長の命令系統をもち、藩士が派遣されて西洋流砲術と剣術の教練をした。頭取は割庄屋格、副役は庄屋格、組頭は長百姓格、伍長は組頭格の待遇を受けた。諸隊の結成は、隣の萩藩奇兵隊の影響を受けて慶応二年(一八六六)七月に始まり、佐伯郡下《しも》村豪農木本壮平中心に農民を三百人組織した応変隊、広島市中有志の報国隊、広島城下新開組壮丁の一心隊が結成されるが、藩の指揮下になかった応変隊は同年十二月に解散、慶応三年三月に再編成され、郡奉行の統制下におかれた。同三年八月以降、神機隊・発機隊をはじめ献力隊・司箭隊・衆合隊・神速隊・尽勇隊・推誠隊・晴雲隊・同仇隊・同心隊・輔世隊などが組織された。農兵隊である神機隊を除く十一隊は、戊辰戦争後明治二年(一八六九)七月に解散させられ、このうち半数以下の九百人は協和軍に編成された。

参考文献　『芸藩志要』、井上清『日本の軍国主義』一(現代評論社、一九七五年)　(高木　俊輔)

芸藩通志《げいはんつうし》　十九世紀の初めに広島藩が編修した領内の地誌。広島藩では文化元年(一八〇四)から、寛文三年(一六六三)儒者黒川道祐が編纂した『芸備国郡志』の改定・増補を目的とした修史事業が始まった。この事業は同十年ごろから本格化し、文政元年(一八一八)藩に地誌の編修局が設置され、藩儒頼杏坪(惟柔)を総裁とし、編修員には加藤棕廬(景纘)ら故事・古文書などの調査解読にすぐれた学者が任命された。また、領内各町村ごとに一定の様式による地誌の書出しや、関係古文書・旧記類の提出を命じ、各町村に国郡志御用係が任命され、その編修にあたった。これは、現在その控えが地方に残っている「国郡志御編集ニ付下しらべ書出帳」で、多くは文政二年に提出されている。この編集にあたっては、頼杏坪みずからも郡村を巡って調査するなどきわめて熱心で、結局、全藩あげての大規模な編修事業となった。完成したのは文政八年八月で、百五十九巻(百五十九冊)の大著となっている。本書を『芸藩通志』と名付けたのは、頼惟柔の序によると、備後国では広島藩に属する郡村のみを扱い、全般に及ばなかったためとしている。

内容は、まず頼杏坪の序があり、編修の由来・次第について記し、提封略図をのせ、安芸と備後に分けて、それぞれの国名考・疆域形勢・国府・路程駅郵考・郡邑建置沿革考・郷村考・田畝歳額・租調庸・戸口・牛馬舟船・社倉・古蹟考・名神考・故宮を述べ、藩の風俗・物産・故事・災祥をあげている。次に、広島府・三原府・厳島・尾道の四区と、安芸国八郡(安芸・沼田・佐伯・山県・高田・高宮・賀茂・豊田)、備後国八郡(御調・甲奴・世羅・三谿・奴可・三上・三次・恵蘇)の各郡に分けて、町図・郡図・村図とともに、疆域形勢・官道・村里・田畝歳額・租税・戸口・牛馬舟船・川瀆・島嶼・池塘・社倉・物産・祠廟・寺院・古蹟名勝・人物・孝義・故家・士官流寓・城墟・墳墓について詳記し、巻末には古文書・芸文・古器物および名勝図をのせている。『芸藩通志』は国文で平易に書かれているが、のち、別に漢文体の『芸藩通志』も編修された。これは国文のものを漢訳したもので体裁も異なり、全二十八冊で叙述も簡潔となっている。現在、『芸藩通志』の原本は旧広島藩主浅野家から広島市立中央図書館に寄託されている。本書は久しく稿本のままであったが、広島図書館主岡田俊太郎によって明治四十年(一九〇七)から大正四年(一九一五)にかけて五分冊として刊行された。なお昭和三十八年(一九六三)以後、数度その覆刻版も出されている。

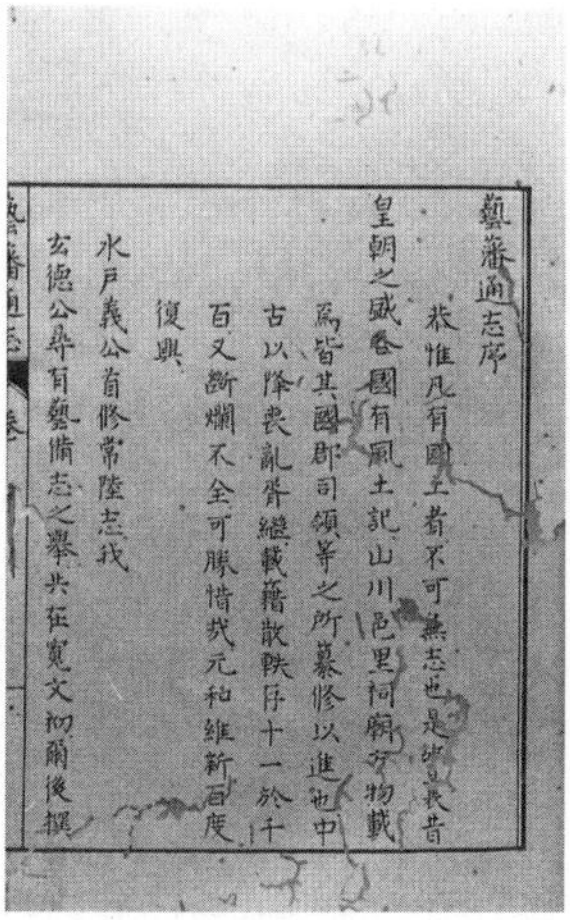
藝藩通志序
恭惟凡有國土者不可無志也是故昔
皇朝之盛各國有風土記山川邑里祠廟産物載
焉皆其國郡司領等之所纂修以進也中
古以降喪亂背繼載籍散佚存十一於千
百又斷爛不全可勝惜哉元和維新百度
復興
水戸義公首修常陸志我
玄德公尋有藝備志之舉共在寛文初爾後撰

『芸藩通志』

参考文献　『広島市史』三、『新修広島市史』四、大貫朝義「文政期芸備一六郡における「商品」生産と流通」(『三田学会雑誌』六七ノ一二)、『復刻版芸藩通志』

(渡辺　則文)

済《せい》美録《びろく》　安芸国広島藩主であった浅野家の家史。八百七十七冊。初代浅野長政から十四代浅野長勲に至る歴代藩主ごとの実録の形式をとる。初代長政「太祖公済美録」巻一の巻頭に記す凡例によると、本書は文化年間(一八〇四―一八)に長政から六代綱長までの事績を編纂し、五十余巻が成り、「御代記」と称したという。七代吉長の「体国公済美録」に「吉長公御代記」の名称がみえるから、このような呼称であったのであろう。しかしこの五十余巻本にはなお不備があったため、文政三年(一八二〇)春、藩の再命によって史局が設けられ、「御代記拾遺」の編集が行われ、増補改訂が加えられた。現存の『済美録』では、六代綱長の「顕妙公済美録」までで百五十四巻百九十二冊を数えるから、大幅な再編修作業であったことがわかる。そして各代の御代記の総称として、『左伝』の「世済其美、不隕其名」から採った済美録の名が付された。以後七代吉長から後の歴代の部分も書き継がれ、十四代長勲は本篇二百五冊、附録三十四冊、記載年代は昭和六年(一九三一)にまで及んでいる。旧大名家の家記は多いが、本書は最大最長のものであろう。

本文の記述は編年体で、主要事項ごとにかなり詳しい綱文をたて、そのあとに典拠となる文書・記録を掲げる。重要文書は原文書を縮写してあり、さらに欄外にも註記を加えるなど信頼性は高く、広島藩政の根本史料ということができる。また長勲の明治以後の記事は、大名華族の史料として貴重である。また本文とは別に、長政から綱長に至る各代の綱文のみを部類分けした各代『済美録』の頭書がつくられている。例として綱長の「顕妙公済美録頭書」の項目を次に記す。

「御公儀　上々様方　御一家様　御大名方　御旗本衆　御家老　御家中末々迄　御隠居様　若殿様　京都寺社御祈禱御法事　御使者　往来　触達　芸術　伺公組　諸町人　郡中　町新開　他国　火事　出水　地震　賞罰　雑」。

（村井　益男）

広島新田藩（ひろしましんでんはん）

享保五年(一七二〇)三次支藩の断絶によって、継嗣が絶えた場合の備えとして、「内分の儀」として、八代広島藩主浅野吉長の弟長賢に蔵米三万石を分与することを願い出て、享保十五年五月に認められた。外様。蔵米支給であったことから封地はなく、江戸青山穏田に居住していたことから「内証分家青山様」と言われた。幕府への願い出なども本家(広島藩)を通じて願い出ることとし、独自の行動は許されなかった。

なお、初代長賢は四代広島藩主綱長の四男。宝永七年の初めての将軍謁見に際し、松平姓称号を請願し、許されている。以来、長喬、長員、長容、長訓、長興、長厚と継承される。文久三年江戸退去となったのちは、安芸国高田郡吉田に館を移した。明治二年(一八六九)の版籍奉還の結果、廃藩となる。

参考文献　『寛政重修諸家譜』第五、林保登『芸藩輯要』(芸備風土研究会、一九七〇年)

（落合　功）

福山藩（ふくやまはん）

備後国福山に藩庁を置いた藩。譜代、城持。藩主は水野氏(元和五年(一六一九)―元禄十一年(一六九八))、松平(奥平)忠雅(元禄十三年―宝永七年(一七一〇))、阿部氏(宝永七年―明治二年(一八六九))と交替。

〔水野氏時代〕徳川家康の従弟水野勝成は、元和五年福島正則の改易後、大和郡山六万石から四万石の加増をうけて備後十万石に転じ、元和偃武《えんぶ》の中、幕府の強力な助力で、野上村常興寺山に築城し、その南側のデルタに城下町を造って立藩した。山陽筋最初の譜代大名、西国の鎮衛の藩としての役割を果たす。勝成のあと、藩主は勝俊・勝貞・勝種・勝岑と相続したが、元禄十一年勝岑が急死し、無嗣断絶する。十万石の領地は、寛文四年(一六六四)備後国沼隈郡三十六村・芦田郡二十五村・深津郡二十村・安那郡二十三村・品治郡十九村・神石郡四十村・甲奴郡十九村、備中国小田郡二十村・後月郡一村、相模国愛甲郡一村で、十万千十二石余。入封後城下町の建設と並行して芦田川の中下流域に新田をつぎつぎと造成、深津郡では元和五年七千六百九十三石余から元禄初年二万八百三十五石余と約三倍に増加した。家臣団は元禄ころ知行取三百二十六人(事実上の蔵米知行)・扶持切米取二千二百五十

備後国福山城図部分(正保城絵図より)

福山藩藩札(銀一匁札)

四人、合計二千五百八十人。職制は藩政を統轄する家老（五人、世襲）のもとに、軍務にあたる番頭ら、政務にあたる町奉行ら、君側・家政にあたる小姓組番頭ら、江戸藩邸の政務にあたる江戸留守居らに職務が分担されていた。寛永七年（一六三〇）藩札を発行。同十五年勝成は島原の乱に従軍した。寛文十一年を中心に抨《ならし》地《じ》詰《づめ》実施。綿作・木綿織物、塩田の造成・塩の生産、藺《い》草の栽培・畳表の生産などを奨励して財政基盤を固めた。元禄十年の領民は十五万六千六百三十七人。同十一年水野家断絶後、旧水野領は幕領となり、翌年幕府が岡山藩に命じて検地を実施した結果、十万石の旧水野領は十五万石に増加した。元禄十三年松平忠雅が出羽山形から福山十万石に転封。残余の五万石が幕領として存続した。

〔阿部氏時代〕宝永七年忠雅は伊勢国桑名に転じ、かわって下野国宇都宮から阿部正邦が十万石の大名として入封。以後正福・正右・正倫・正精・正寧・正弘・正教・正方・正桓と相続して廃藩に至る。その領地は、芦田郡二十八村・深津郡三十二村・沼隈郡四十四村・品治郡二十三村・安那郡十八村、嘉永五年（一八五三）十二月一万石の加増で、翌年安那郡八村・神石郡十五村・備中国二村が加わり合計百七十村。家臣団は知行取（事実上の蔵米知行）と扶持切米取に分かれ、天明ころ知行取百四十九人を含めて総数二千二百九十七人、うち江戸常駐の家臣が、その四〇・三%にあたる九百二十六人と多数であったのは、幕閣として定府したことによる。職制は藩政を統轄する家老（三人、世襲）・年寄（四～五人、家老格、のち年寄と呼称）のもとに軍務にあたる城番・番頭ら、政務にあたる用人・元締役ら、君側・家政にあたる奥御取次らに政務が分担されていた。特に正福は大坂城代、正右は奏者番・寺社奉行・京都所司代・老中、正倫・正精・正弘はともに奏者番・寺社奉行・老中、正寧は奏者番と代々幕府の要職につき定府したので、江戸藩邸の職制は国元と変わらないほど整備されていた。正精が寺社奉行であった文化十二年（一八一五）の藩の収支をみると、江戸での支出が、江戸・大坂・福山での総支出の六四%を占めている。このことは当然藩財政を圧迫し重税に向かわせる。享保二年（一七一七）末―同三年と天明六年（一七八六）―七年に、全国的に有名な惣百姓一揆がおこる原因の一つとなる。

　幕末期の幕政を担った正弘は、弘化四年（一八四七）から家老内藤角右衛門景堅らに命じて軍制改革・藩政改革を断行した。長州戦争では譜代大名の先鋒として出兵。明治元年福山城は長州軍に包囲され、講和、討幕軍に参加する。明治初年の草高新田高の合計十一万二千七百二十八石余、ほかに新涯地三百五十四町余・新発畑十八町五段余、正租雑税の合計米

五万千八百十六石余・金三万三千八十九両余。人口十八万五千八百五十八人、戸数三万八千七百二十七戸(含士・卒)。明治四年七月福山県、同年十一月深津県、同五年六月小田県、同八年十二月岡山県を経て同九年四月広島県。

参考文献　『藩制一覧』(『日本史籍協会叢書』日本史籍協会、一九二八―二九年)、『広島県史』近世一・二、近代一、『福山市史』中・下、宮原直倁『備陽六郡志』(『備後叢書』一―三)、菅茶山編『福山志料』

藩校　福山藩の藩校としてははじめ弘道館、のち誠之館があった。弘道館は最初の藩校で阿部氏四代藩主正倫によって天明六年(一七八六)福山西町西堀端(福山市西町二丁目)に建設された。館名は『論語』の「人能弘道、非道弘人也」からとる。武士を対象に儒者伊藤蘭畹らによる漢学中心の講義。農工商には溜所を設け聴講を許す。文政初年江戸丸山藩邸には丸山学問所を設立。老中筆頭七代藩主正弘は、内憂外患の危機に対処できる人材育成を企図し、安政元年(一八五四)丸山藩邸内に、続いて福山西町道三口(霞町一丁目)に弘道館を

福山藩藩校蔵書印

発展的に解消して誠之館を建設し翌年開館した。館名は『中庸』の「誠者天之道也、誠之者人之道也」からとる。学堂を中央に習書寮(書籍館)・講武館(のち先勝堂)を配し、文武総裁・教授・武芸師範を置き、漢学・国学・洋学・医学・数学・軍法・武芸などを課し、文武の教育にあたらせた。特に仕進法を設け文武考試による人材登用の途を開いた点は注目される。明治元年(一八六八)庶民の入学を許す。同二年分校、同三年普通学科・女学校を設立し教育の普及に努める。同五年廃校。

参考文献　『広島県史』近世一・二、『福山市史』中

藩法　水野氏時代(元和五年(一六一九)―元禄十一年(一六九八))は職制の整備が不十分で領主による行政担当者へ直接の指示と同氏の断絶によって史料の散逸が藩法の残存を少くした原因と思われる。阿部氏時代(宝永七年(一七一〇)―明治二年(一八六九))のものには、『諸向被仰出幷諸向書付類』『文武之儀ニ付布達類抜書』、藩法を集成したものに寛政二年(一七九〇)『御仕置定式』、安政五年(一八五八)『福山藩覚書百拾三箇条』などがある。ともに『広島県史』近世資料編五に所収。なお同一・二も参照。　(青野　春水)

安部野童子問《あべのどうじもん》　天明六年(一七八六)十二月から翌年三月に及んだ備後福山藩の一揆の記録。天明七年の自序があり、ま

た浪華城南隠士の匿名があるが、著者については菅茶山であるとか、尾道の医師でもと福山藩士であった田辺玄庵であるとかいわれてきたが明らかでない。内容からみて福山藩の行政機構、農村状況などについても深い知識をもっているところから、福山藩と関係のあった人物と推測される。本書は江戸時代から写本として備後地方に流布していたようで、四巻と付録、十巻と付録などの異本があった。昭和二年(一九二七)『近世社会経済叢書』一一に収録された。この一揆に関しては他に『西備遠藤実記』などの記録が残されているが、福山護国神社所蔵の藩主阿部正倫の書状(五通)は、一揆への藩側の対応を知る上で貴重である。なお本書は『日本庶民生活史料集成』六にも収載されている。

参考文献　林基『百姓一揆の伝統』(新評論社、一九五五年)、『福山市史』中

(渡辺　則文)

三次藩 (みよしはん)

備後国(広島県)三次に藩庁を置いた藩。外様、陣屋持。寛永九年(一六三二)広島藩主浅野長晟の子長治が広島藩領内の内五万石を分知して成立。備後国三次、恵蘇両郡と御調、世羅両郡の一部の合計六十九ヵ村と、安芸国佐西(佐伯)、豊田、高田三郡の一部の三ヵ村で成立した。江戸藩邸は、上屋敷が永田馬場向屋敷で、下屋敷が芝高縄にあった。大坂の江戸堀五丁目に蔵屋敷を設置していた。三次藩は広島藩から養子を貰うことが多く、長治は広島藩主光晟の三男長照を養子とし、長照も広島藩主綱晟の次男長澄を養子にした。長照(二代)・長澄(三代)がそれぞれ三次藩主となっている。享保三年(一七一八)八月、長澄の死後、子の長経(四代)が藩主となるが、翌年四月病死し、一時、三次藩は廃藩となる。その後、享保四年十月、長経の弟長寔(五代)により再興するが、翌年五月の死去に伴い廃藩に至る。

参考文献　『寛政重修諸家譜』第五、林保登『芸藩輯要』(芸備風土研究会、一九七〇年)

(落合　功)

山口県

岩国藩（いわくにはん）

周防国（山口県）岩国に藩庁を置いた藩。藩主は吉川氏。外様・陣屋持、明治元年（一八六八）に城主格。関ヶ原の後、毛利家は周防・長門両国へ封ぜられ、出雲・伯耆十一万石、富田月山城主であった吉川広家は移封されることとなる。周防国玖珂・大島両郡のうち三万石（のちに六万石）を与えられ、慶長七年（一六〇二）岩国に居を構えた。岩国藩は二代広正の時代に諸侯に列せられず、以降幕府より正式な大名としての待遇（領知宛行・官位）を受けていない。事実上は長州の支藩と言えようが、公式的な大名ではなく、宗藩毛利家からも家老に遇せられている。この問題によって広正の時代より双方の関係は長きにわたり冷却するが、幕末期に至り安政三年（一八五六）宗藩との和解が成立し、文久三年（一八六三）二月、宗藩藩主毛利敬親が十二代岩国藩主吉川経幹に末家昇格のことを約束する。明治元年（一八六八）四月にようやく諸侯へ列せられ城主格を許された。正式に岩国藩を称したのはこの時である。

歴代藩主は、広家・広正・広嘉・広紀・広達・経永・経倫・経忠・経賢・経礼・経章・経幹・経健である。藩政は新田開発や紙の専売制を定めるなど経済の基礎を固めていたが、元文三年（一七三八）六月には吉川外記の疑獄事件の発生、明和三年（一七六六）二月の普請手伝など政治の乱れや財政危機が起こり、常に安定したものではなかった。また、藩校を設立（横山講堂・養老館など）し、人材登用・育成にあたった。

幕末期になると、宗藩は禁門の変の敗北とともに朝敵の汚名を負い長州征討を受けることになった。この時の幕府側征長総督府との折衝を経幹が担当することとなり、幕府と宗藩を取り持つのみならず、宗藩との協議にも参加し毛利家の家名存続と藩論統一のために奔走した。また、慶應二年（一八六六）の第二次長州征討では広島口にて戦った。廃藩置県を受け明治二年七月岩国県となるが、同年十一月十五日に山口・岩国・豊浦・清末の四県が廃され山口県となった。

参考文献　『岩国市史』、青山忠正『明治維新と国家形成』（吉川弘文館、二〇〇二年）、岩国徴古館編『岩邑年代記』（一九八四—九八年）、『吉川経幹周旋記』一（『日本史籍協会叢書』六八、東京大学出版会、一九八五年）

（重田　麻紀）

藩校　領主吉川広紀は、宇都宮遯菴を在京都のまま藩儒とした。元禄四年(一六九一)には国元に呼び寄せ、領主吉川家の居館(横山)で講釈させた。その後、横山と、多くの家臣が居住する錦見にも講堂(横山講堂・錦見講堂)を開設した。弘化四年(一八四七)には、萩本藩を模範として、横山に養老館を開設した。当初の学風は徂徠学であったが、学頭森脇斗南や教授二宮錦水が朱子学に転じたことや、萩藩明倫館が朱子学となっていたことから、養老館においても朱子学が採られた。

参考文献　小川国治・小川亜弥子『山口県の教育史』(思文閣出版、二〇〇〇年)、『岩国市史』上、文部省編『日本教育史資料』六

(工藤　航平)

幕末諸隊　長州藩支藩の岩国藩でも、慶応期の軍制改革によって、比較的多くの諸隊が編成された。まず、家臣団隊としては敬威隊・建尚隊・精義隊・日新隊などがあり、岩国藩士卒と農商が加わったものに長谷川藤次郎の建言により編制された戢翼《しゅうよく》隊、農民の隊としては桂幾太郎・波多野友輔を隊長とする敢従隊・佐伯清太郎・石織江を隊長とする武揚隊・玉乃東平による北門隊などがあった。武揚隊は、慶応二年(一八六六)に編成され、戊辰戦争の時従軍して上京、梅枝軍と称したが、明治二年(一八六九)十二月に解隊した。ほかの隊も大体同じ経過をたどった

参考文献　『山口県史』史料編幕末維新六別冊『長州諸隊一覧』

(高木　俊輔)

清末藩（きよすえはん）

長門国豊浦郡清末(山口県下関市)に藩庁をおいた藩。藩主は毛利氏。別名、長府新田藩ともいう。外様・陣屋持。承応二年(一六五三)十月、長府藩三代の毛利綱元が祖父である秀元の意志により、叔父の元知に清末村など十三カ村、石高一万石(実際は八千石)を分知したのに始まる。正確には長府毛利家の支藩であるが、萩毛利氏は清末藩・長府・徳山両藩を合わせて三支藩とした。享保三年(一七一八)、長府藩の五代元矩が早世し二代元平がこれを相続したため(匡広と改名)、清末藩は一時断絶。同十四年十月、匡広の子師就が長府藩を相続し、弟政苗に旧清末藩領を再分知して再興、以降は匡邦・政明・元世・元承・元純と継承された。このうち、三代政苗は奏者番・寺社奉行、六代元世は大番頭を務めた。

清末藩藩札
(米五升札)

明治四年(一八七一)七月の廃藩置県により清末県となるが、同年十一月十五日に山口・岩国・豊浦・清末の四県が廃され山口県となった。

参考文献　『下関市史』資料編一、田村哲夫編『近世防長諸家系図綜覧』(マツノ書店、一九八〇年)　(重田　麻紀)

藩校　天明七年(一七八七)、藩主毛利匡邦は清末に育英館を創設した。吉敷毛利家の儒臣である徂徠学派の片山鳳翩を招聘し、教授とした。藩主元世の時、徂徠学から朱子学となった。

参考文献　小川国治・小川亜弥子『山口県の教育史』(思文閣出版、二〇〇〇年)、笠井助治『近世藩校に於ける学統学派の研究』下(吉川弘文館、一九七〇年)、文部省編『日本教育史資料』六　(工藤　航平)

幕末諸隊　本藩である長州藩にくらべると清末藩の諸隊の数は少ない。文久三年(一八六三)十月に農兵として編成した野勇隊、慶応元年(一八六五)三月に藩の士卒農の中から有志を募って編成した育英隊の二隊がある。野勇隊は農民六十人の編成で、のちに義方隊ともいった。育英隊は六十五人の編成をとり、慶応二年十月に解散した。

参考文献　『長州諸隊一覧』(『山口県史』史料編幕末維新六別冊)　(高木　俊輔)

長府藩(ちょうふはん)

長門国豊浦郡長府(山口県下関市)に藩庁を置いた藩。藩主は毛利氏。別名、府中藩ともいう。外様・陣屋持、天明三年(一七八三)に城主格。関ヶ原の後、周防・長門両国が毛利輝元・秀就へ与えられ、毛利輝元の子(養子)である秀元へ長府が分封されたことに始まる。石高は公称五万石(天明三年以降)だが、実高はそれを大幅に上回る。承応二年(一六五三)十月、二代光広の子、三代目綱元は家督相続の際、祖父秀元の遺言に従い叔父元知へ清末村など十三カ村一万石(実際は八千石)を分知して清末藩を設立した。この清末藩も含み、長府・徳山両藩の三藩が萩宗藩の支藩となる。享保三年(一七一八)、四代元朝の後、五代元矩が早世したため清末藩主元平(匡広と改名)を長府藩主とし、長府・清末を相続させたため清末藩は一時断絶した(同十四年十月再興)。以降、師就・匡敬・匡満・匡芳・元義・元運・元周・元敏と継承。萩藩に後継者がいない場合は長府藩から養子に入ることが恒例で、匡敬(重就と改名)のように宗藩の藩政に大きく貢献した。幕末期には、文久三年(一八六三)五月の攘夷戦争や、翌年の下関砲撃事件などに巻き込まれていくが、十三代元周は宗藩を支え協力を惜しまなかった。明治二年(一八六九)、藩名を豊浦藩と改称。同四年七月の廃藩置県により豊浦県となるが、同年十一月十五日に山口・岩国・豊浦・清末の四県が廃され山口県となった。

参考文献　『菊川町史』三、『下関市史』資料編一、『山口県史』史料編近世二　（重田　麻紀）

藩校　寛政四年（一七九二）藩主毛利匡芳は裏侍町（下関市長府侍町）に藩校敬業館を創設し、学頭に小田済川（亨叔）を任じて家臣の子弟の教育を行わせた。文政八年（一八二五）の規約によると、同館は漢学、算術・筆道、習礼・音楽、弓・剣・砲術などの学科を教え、十五歳までの子弟に文武両道を兼修させた。藩主元義は天保二年（一八三一）に聖廟を中講堂の北に設置して学館を整備し、天保末年に芸州の陽明学派儒者吉村秋陽（麗明）を招いて従来の朱子学に新しい学風を入れ、学業優秀の子弟を選んで他国に遊学させ、学問の振興をはかった。同館は明治五年（一八七二）の廃藩とともに廃校となった。

参考文献　山口県教育会編『山口県教育史』上（一九二五年）、笠井助治『近世藩校に於ける学統学派の研究』下（吉川弘文館、一九七〇年）　（小川　国治）

幕末諸隊　文久三年（一八六三）八月藩内正義派有志により精兵隊が組織されるが、同年十二月に解散した。翌元治元年（一八六四）、もと精兵隊士の間に再び決死報国の隊結成の気運が高まり、本藩（長州藩）で高杉晋作ら正義派の指導権が樹立されると、藩主の許可を得て慶応元年（一八六五）二月十四日に報国隊を結成。隊士には士民を問わず強悍な者を選び、馬関（下関）の守衛にあたったが、隊の司令・指揮はすべて門閥家臣があたり、評議役原田隼二・軍監泉十郎のもとに結束した。定員は四百人。慶応二年の小倉口戦争、明治元年（一八六八）の戊辰北越戦争には奇兵隊とともに加わった。長府藩には、ほかに民兵隊ともいうべき朝市隊・吾往隊・磐石隊があり、朝市隊は下関商人三原八郎らの商人隊であり、吾往隊は下村文次郎が農商の子弟を組織したもので、ともに報国隊に合併した。磐石隊は力士隊で、藩士椋梨九門を隊長として報国隊の砲兵隊となって北越戦争や会津若松城攻めにも加わった。

参考文献　『山口県史』史料編幕末維新六、徳見光三『長府藩報国隊史』（マツノ書店、一九九八年）　（高木　俊輔）

徳　山　藩（とくやまはん）

周防国都濃郡徳山（山口県周南市）に藩庁を置いた藩。藩主は毛利氏。外様・陣屋持、天保七年（一八三六）に城主格。元和三年（一六一七）に宗藩毛利家秀就が弟である就隆へ都濃郡三万石余を分知したことに始まる。長府・清末両藩と並び萩宗藩の支藩。元和七年に港を求める就隆の希望により領地替がおこなわれ、都濃郡の北部・東部と佐波郡富海・阿武郡奈古などを交換した。寛永十一年(一六三四)諸侯に列せられる。石高は公称四万五千石。寛永八年に陣屋が都濃郡下松に造られたため、藩名も下松藩と称されていた。しかし慶安三年(一六五〇)に同郡野上村に新邸を造り居を移した。その際村名を徳山と改め、藩名も徳山藩と呼称されるようになった。藩主は就隆以降、元賢・元次・元堯・広豊・広寛・就馴・広鎮・元蕃と続く。三代元次の時代、松の木をきっかけとする領有問題から宗藩との確執が起きる(万役山事件)。享保元年(一七一六)四月、幕府の決定により徳山藩は改易され元次は出羽国新庄藩へお預けとなった。その後、家老ら旧臣の尽力により三年後の享保四年に再興が許された(公称高三万石)。

　八代の広鎮は藩政・民政に功績を挙げ、幕府より念願の城主格を認められる(天保七年)。公称高も四万石となり以前の石高へより近く改定された。元治元年(一八六四)八月、九代元蕃の時代には、禁門の変の責任者として捕えられていた宗藩の三家老(国司信濃・益田弾正・福原越後)を徳山に幽閉し自刃を見届けた。また、岩国藩も含めた支藩主での会議を山口にておこなったり、農兵隊の組織や士分の有志で隊を結成するなどして宗藩の活動を支援した。慶応二年(一八六六)六月の第二次長州征討においても、小瀬川口に隊を送っている。元蕃の弟である広封は宗藩へ養子に出て家督を継いだ。のちの毛利元徳である。明治四年(一八七一)、元蕃は徳山藩を元徳が藩知事である山口藩(萩藩)へ合併することを願い出て許可を受ける。徳山藩は山口藩の一部となり、同年七月の廃藩置県により山口県となる。さらに十一月十五日には、山口・岩国・豊浦・清末の四県が廃され山口県となった。

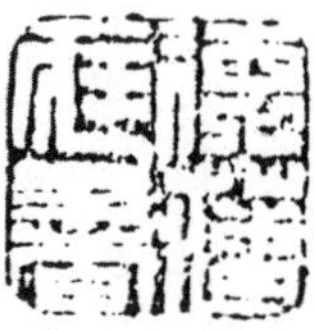

徳山藩蔵書印

[参考文献] 大田報助編『毛利十一代史』五(名著出版、一九七二年)、『縞本もりのしげり』(『続日本史籍協会叢書』東京大学出版会、一九八九年)、中村大介「享保初期政権に関する一考察—徳山毛利藩再興運動を中心に—」(大石学編『近世国家の権力構造—政治・支配・行政—』岩田書院、二〇〇三年所収)

(重田　麻紀)

藩校　改易により藩学興隆も途絶えたが、再興後の延享年間(一七四四—四八)には、家臣の学文奨励のための稽古場が設けられた。天明五年(一七八五)、藩主毛利就馴の時に稽古場を拡充して鳴鳳館とされ、のち嘉永五年(一八五二)には興譲館と改称された。当初の学風は徂徠学であったが、文化六年(一八〇九)に三代目教授役となった長沼采石からは、朱子学に刷新された。

参考文献　小川国治・小川亜弥子『山口県の教育史』(思文閣出版、二〇〇〇年)、『徳山市史』上、文部省編『日本教育史資料』六

(工藤　航平)

幕末諸隊　本藩長州藩が再征を受けようとする危機の中で諸隊が結成された。まず慶応元年(一八六五)四月に士民有志を編成した山崎隊は翌年の四境戦争(小倉口・芸州口の戦)にて功績あり、八月当時の定員が二百三十人で、戊辰戦争には長州藩の整武隊とともに東北から箱館まで転戦した。ほかに慶応二年八月までの間に結成された隊には、足軽・中間隊として第一大隊、農町兵として第一大砲隊・東衛団大隊・西衛団大隊・下松砲隊・富海砲隊・結草団があり、地下猟師隊として狙撃隊、夫卒隊として臼砲隊があり、藩士隊として朝気隊・斥候銃隊・武揚隊・順祥隊などがあった。なお四つの藩士隊は、明治元年(一八六八)には合併して献功隊と称している。

参考文献　『徳山市史』上、時山弥八編『(稿本)もりのしげり』(『続日本史籍協会叢書』東京大学出版会、一九八一年)、末松謙澄『(修訂)防長回天史』(マツノ書店、一九九一年)

(高木　俊輔)

萩　藩(はぎはん)

長門国(山口県)萩に藩庁を置いた藩。長州藩ともいう。外様大名。城持。藩主は毛利秀就・綱広・吉就・吉広・吉元・宗広・重就・治親・斉房・斉熙・斉元・斉広・敬親・元徳と相続して明治に至った。毛利氏は大江広元の四男季光を祖とする。季光は所領の相模国毛利荘にちなんで毛利姓を称し、孫の時親が晩年安芸国吉田荘に居住した。戦国時代に元就がでて中国地方で覇をとなえ、十ヵ国を領有する大大名となった。元就の孫輝元は豊臣政権の五大老の一人となって百十二万石を領有したが、慶長五年(一六〇〇)関ヶ原の戦の際に西軍に加わり、大坂城に入ったため、戦後領国の大幅な削減を受けて周防・長門両国に移封し、長男秀就に家督を譲った。同年輝元は吉川《きっかわ》広家に玖珂《くが》郡で三万石、毛利秀元に三万六千二百石を分知してそれぞれ東方と西方を守らせ、さらに重臣益田元祥と福原広俊をそれぞれ北方石見口と中心部山口付近に配し、領国の重要拠点を固めた。広家は岩国、秀元は長府《ちょうふ》に居館を設け、おのおの岩国藩と長府藩の始祖となった。輝元は慶長九年に萩の指月《しづき》山で築城を開始させ、同十三年に城を完成させて本拠を定めた。防長両国への移封によって、旧領で収納していた貢租を新領主に返済する問題が生じ、藩の

出発にあたって家臣の石高削減、萩築城などとともに財政的重圧となった。

同十二年輝元は深刻な財政危機を打開するため、検地に着手し、同十五年に完了させ、防長両国総石高五十三万九千二百八十六石余を得た。これは同五年の検地と比較して二十四万八百六石余の打ち出しであり、十六万五千六百七十八石余の物成増加であった。これをもとに輝元は幕府と交渉をさせたが、老中本多正純から石高が多いほど幕府の賦役が大きくなるとの指摘を受け、相談のうえ同十八年に総石高の七〇%にあたる三十六万九千四百十一石余を防長両国の石高として幕府へ報告した。これが毛利氏の表高(公称高)となり、明治維新に至るまで続いた。この検地をもとに輝元は一門を創設し、家臣へ知行を配分した。防長両国移封後、大部分の家臣に蔵米を支給していたため、知行配分が懸案となっていたのである。一門は宍戸元続・毛利元倶・毛利元宣・毛利元鎮・毛利元景・毛利就頼の六家で、これに益田元祥・福原広俊の二家が準一門(永代家老)として加わり、代々家老職についた。元和三年(一六一七)輝元は次男就隆に都濃《つの》郡で二十二ヵ村、熊毛郡で一ヵ村を与え、三万千四百余石を分知した。就隆は寛永八年(一六三一)に下松《くだまつ》に居館を設け、同十一年に諸侯に列し、慶安三年(一六五〇)に野上《のがみ》村に居館を移して同地を徳山と改めた。こうして徳山藩が成立したのである。

慶長検地が苛酷なものであったため、以後農民の欠落《かけおち》が相つぎ、慶長十五年の末には、「走《はしり》百姓」が蔵入地千七百八十人、知行地千五百人に達し、その一部は豊前国小倉で周防町や長門町を作るほどであった。この農民の逃散によって耕地が荒廃し、藩は慶長検地で大幅な石高の増加をはかったものの、年貢の収納が安定しなかった。このため藩は寛永元年十二月に再度検地に着手し、翌年八月に完了させた。これを寛永検地という。この検地は実際の丈量は行わず、元和七年より寛永元年までの四ヵ年間の年貢収納高を調査し、それが税率五〇%になるように石高を定めたものである。この結果防長両国は石高六十五万八千二百九十九石余、物成高三十二万九千百四十九石余となり、慶長検地と比較すると、石高で十一万九千十三石余も増加したのに、物成高では五万四千四百十九石余の減少となった。藩は寛永検地の後に紙生産地の山代地方を蔵入地(直轄地)とし、一門八家を含む家臣の大幅な給地替を行なった。この給地替が新石高で行われたので、家臣の収入は実質二〇%の削減となり、その分ほど藩の収入が増加した。こうして藩は蔵入地の拡大と財政の安定をはかったのである。

慶安三年藩は領内を十八の行政区に分け、長門国で当島《とうじま》・

浜崎・奥阿武・前大津・先大津・美禰《みね》・吉田・舟木の各宰判《さいばん》、周防国で山口・小郡《おごおり》・東佐波(三田尻)・徳地《とくじ》・花岡(都濃)・熊毛・上関《かみのせき》・大島・玖珂(前山代)・山代(奥山代)の各宰判を設置し、おのおの代官に支配させた。萩・山口・三田尻の三ヵ所に町方を置き、町奉行に支配させたが、享保元年(一七一六)に三田尻、同四年に山口の各町奉行を廃止した。万治三年(一六六〇)藩は従来の法令を整備して『当家制法条々』以下の諸法令を制定し、「万治制法」と総称した。こうして行政・財政・法制の整備が進み、藩体制が確立した。藩は検地や請《うけ》紙《がみ》制(山代地方の貢租を紙で徴収した)などによって財政の確立をはかったが、支出も増加したため、藩債は天和二年(一六八二)に銀二万貫匁を越え、宝暦元年(一七五一)に銀三万貫匁に達した。同年長府毛利家から宗家を継いで萩藩主となった重就は、種々の非常処置を行なったが事態は好転せず、同八年に藩債が銀四万貫匁を突破した。同十一年冬、重就は財政基盤の貢租を確保するため、検地を行うこととした。これを宝暦検地という。

この検地では豪農の経済力と村落での指導力に着目し、豪農から馳走米銀(献納米銀)を提供させ、その見返りとして藩は御利徳雇、本御雇、三十人通などの下級武士に登用した。検地は同十三年四月に完了し、萩藩の総石高は七十万九千七十八石余(蔵入地四十九万千六百九十三石余、給領地二十一万七千三百八十五石余)となり、蔵入地で純増高五万千六百三十六石余を得た。同年重就は増高を別途会計とし、その保管と運用にあたる部局である撫育方《ぶいくかた》を設置した。以後、撫育方は藩政改革の中枢として、港の設置、塩田・新田の開発、撫育方米蔵の設置などつぎつぎと新たな経済政策を展開した。天保二年(一八三一)防長両国を巻き込む大一揆が起った。この一揆は萩の産物会所による国産取立政策で木綿織で象徴される農民的商品経済が藩の統制下に置かれたこと、米入札と富籤興行による米不足で生活苦が生じたことなどで農民の不満が爆発したものであった。藩は大一揆によって深刻な打撃を受けたが、藩主の相つぐ死去のため有効な政策をたてることができず、同八年に藩債が銀九万二千二十六貫匁に達し、経常歳入額(同十一年)の二十四倍になった。同八年藩主敬親は村田清風を登用して藩政改革を行わせた。清風は財政の再建、農村荒廃の防止、越荷方《こしにかた》の拡充、洋学の奨励、洋式軍備の受容など諸改革を推進した。

これらのうち財政改革は同十三年には藩債銀三万貫匁を償却するなどある程度の成功を収めたが、地方《じかた》(農村)改革は農民的商品経済の進展と農民層の分解を阻止することが困難であり、不徹底に終った。また越荷方は領内各港で他国廻船に積荷を担保として金融を行い、領外から利益を獲得する一藩重商主義的政策であったため、中央(大坂)市場の独占・強化を基本とする幕府の市場政策とやがて鋭く対立することとなった。

安政五年(一八五八)六月再度政務役となった周布《すふ》政之助は清風の政策を引き継ぎ、朝廷に忠節、幕府に信義、祖宗に孝道の藩是三大綱を確定し、軍事改革、人材登用、農村政策などを中心とする安政改革を断行した。政之助は下級家臣を登用して政策の立案・遂行に参加させ、西洋学所を拡張して洋学の充実をはかり、西洋型船の建造を推進し、農兵取立を行い、洋式ゲベール銃を購入して兵制を改革した。また、豪農から馳走米銀を献納させて治水や困窮農民の救済にあてたが、その結果、彼らの村落での支配的地位を一層強固なものとした。

この農村政策は本百姓(小農民)経営の維持と生産力の発展を意図していたが、農民的商品経済の進展のもとでは農民層の分解を阻止できず、結果において豪農層の村落支配を強固なものにした。政之助は坪井九右衛門の産物取立政策を修正し、「諸村諸商人免札仕法」を実施して農民的商品生産の把握をはかるとともに、産物取立の役所を「江戸方」から「産物方」へ移して産物取立政策を一段と強化し、藩による領外交易を推し進め、萩藩を雄藩として擡頭させた。文久元年(一八六一)藩は直目付長井雅楽《うた》の「航海遠略策」によって公武周旋を行い、中央政界に進出した。朝幕間の周旋は順調に進展していたが、「航海遠略策」が開国貿易を基本とする公武合体論であったため、翌二年になると久坂《くさか》玄瑞を中心とする反長井運動が猛然と起り、藩論が奉勅攘夷に転換した。藩主敬親は攘夷実行に備えて、三年四月に萩城を出て山口御茶屋に移り、六月に山口移鎮の旨を布告するとともに、同御茶屋の内に政事堂(山口政事堂)を設け、翌元治元年(一八六四)正月に鴻峰の東麓に藩庁の建設を開始した。

文久三年五月藩は下関海峡でアメリカ・フランス・オランダの艦船を砲撃して攘夷を決行したが、翌六月にアメリカ・フランス両国の報復を受け、下関の各砲台が壊滅した。高杉晋作は藩防衛のため、正規軍とは別に新たな軍隊を編成するよう建言し、藩主敬親の許可を得、広く藩の危機を説き、藩防衛へ「有志の者」が参加するよう呼びかけた。これに応じて藩内の下士・陪臣・足軽・小者・村役人・豪農商の子弟が続続と集まり、新軍隊(奇兵隊)を結成した。以後領内各地に諸隊が編成された。文久三年八月から翌元治元年八月にかけて藩は京都の政変(八月十八日の政変)、禁門の変、四国連合艦隊下関砲撃事件、第一次幕長戦争など立て続けに重大な試練に見舞われた。

この状況下で旧守派(「俗論派」)が藩権力を把握し、藩の存続をはかるため、急進派(「正義派」)を追放するとともに諸隊を解散させ、禁門の変責任者三家老の切腹、藩主敬親父子の謝罪、山口新城の破却、尊攘派公卿三条実美らの移送など幕府の要求を認めて屈服した。高杉晋作は亡命先の筑前国から下関に潜入し、元治元年十二月に伊藤俊輔(博文)の率いる力士隊とともに下関新地会所を襲い、諸隊と民衆に旧守派政権の打倒を呼びかけた。この挙兵に応じて諸隊が各地で蹶起し、翌慶応元年(一八六五)正月に急進派は藩内の内戦で勝利を収め、旧守派政権を倒して再度政権を掌握した。潜伏先の但馬国から帰藩した桂小五郎(木戸孝允)は晋作らと藩政を主導し、「武備恭順」の方針のもとに村田蔵六(大村益次郎)を抜擢して軍制改革を進め、中断していた薩長交易を再開させ、同二年五月に薩長盟約を結んだ。同年六月第二次幕長戦争が始まったが、兵制の近代化と兵器の整備を進めていた萩藩の諸隊は各方面で勝利を収め、幕府軍を圧倒した。第二次幕長戦争に勝利した藩は中央政界に復帰し、薩摩藩とともに討幕の軍を進めた。明治四年(一八七一)七月廃藩置県によって山口県となった。

参考文献　『萩市史』一、田中彰『明治維新政治史研究』(『歴史学研究叢書』青木書店、一九六三年)、同『幕末の藩政改革』(『塙選書』四五、塙書房、一九六五年)、小林茂『長州藩明治維新史研究』(未来社、一九六八年)、田中誠二『近世の検地と年貢』(塙書房、一九九六年)、小川国治『転換期長州藩の研究』(『思文閣史学叢書』思文閣出版、一九九六年)、三宅紹宣『幕末・維新期長州藩の政治構造』(『歴史科学叢書』校倉書房、一九九三年)、青木忠正『明治維新と国家形成』(吉川弘文館、二〇〇〇年)、井上勝生「尊皇攘夷運動と公武合体運動」(『講座日本近世史』七、有斐閣、一九八五年)、同「長州における政治的構造の現状分析」(『日本史研究』一一三、一九七〇年)、石川敦彦「天保一揆と天保改革」(『山口県地方史研究』九〇、二〇〇三年)

藩校　享保四年(一七一九)正月藩主毛利吉元は家臣の文武振興のため、城内三の曲輪に九百四十坪を割いて学館を創建し、明倫館と名付けた。同館は学頭・本締役・勘定役が年間経費米五百石をもとに運営した。学頭は教授・助教・講師・兵学師範を管掌し、文学・兵学・武術・書道・天文・礼式の諸科を諸生に教えた。本締役は勘定役二名を指図し、学館の庶務・経理を管理した。荻生徂徠門下の俊秀であった山県周南は二代学頭となり、同館の学則を整備し、多くの優秀な門下生を育て、防長両国の学問・教育界に大きな影響を与えた。

以後防長両国の学統は徂徠学が主流となった。嘉永二年(一八四九)正月藩主毛利敬親は藩政改革の一環として文教政策を重視し、明倫館を江《え》向《むかい》に新築、移転した。

新明倫館は一万五千百八十四坪の敷地を有し、中央に聖廟を置き、東に演武場、西に成美堂・講堂・文学諸寮、北に済生堂・水練池・内馬場・練兵場を配し、学業科目として経学・歴史・制度・兵学・博学・文学の六科を設けていた。学頭は教授・助教・助教添役・講師・講師見習・武芸師・小学教諭・小学講師・小学素読役・都講・舎長・書記・司典・廟司の諸職を管掌し、諸生の教育を行なった。新明倫館の学頭山県太華は学風を徂徠学から朱子学に改めるとともに、防長両国の諸学館・郷校にも朱子学の採用を求め、学統の統一をはかった。新明倫館には小学と大学があり、学生は小学を終了して大学に進学した。この資格は小学が八歳から十四歳までの者、大学が十五歳以上の小学全科終了者であった。大学には外諸生(自宅通学生)、入舎生、上舎生、居寮生などの階級(学年)があり、各級の学生は選抜試験を受け、成績優秀者がおのおの上級に進んだ。修業年限は各級三年、最長九年を限度とし、成績優秀者は修業年限を短縮することが可能であった。

済生堂は医学教育を行なっていたが、嘉永三年好生館となった。安政二年(一八五五)好生館内に西洋学所が開設し、同

萩藩藩校　明倫館有備館

六年に独立して兵学研究機関となり、博習堂と改称した。文久元年(一八六一)五月藩主敬親は山口講習堂を山口の中河原から亀山の東麓に移して拡充し、同三年十一月山口明倫館と改称した。以後山口明倫館は萩明倫館とともに激動する政局の中で多くの優秀な人材を輩出した。廃藩置県後両明倫館は変則中学を経ておのおの山口・萩中学校となった。萩中学校が明治三十二年(一八九九)に江向から堀内に移り、その跡は明倫小学校に引き継がれた。萩市江向の明倫館跡に遺る有備館(演武場)・水練池・明倫館碑(二基)は国指定史跡。

(小川　国治)

参考文献　『萩市史』一、山口県教育会編『山口県教育史』、笠井助治『近世藩校に於ける学統学派の研究』下(吉川弘文館、一九七〇年)

藩札　延宝五年(一六七七)秋はじめて銀札を発行。十匁～二分の十種からなり、家臣の俸禄を引当てにした貸付に用いたが兌換性がなかったので札価が下落し、正徳元年(一七一一)ごろにはまったく通用しなくなった。享保十五年(一七三〇)十一月、十匁～一分の計十一種の銀札発行を再開。萩町人を中心に十三名が札元となり、領内十ヵ所に引替のための札座が設置された。しかし、蝗害による米価高騰や贋札の出まわりなどで札価が下落し、同二十年ころまでに流通は滞って、元文四年(一七三九)末をもって通用停止となった。その後宝

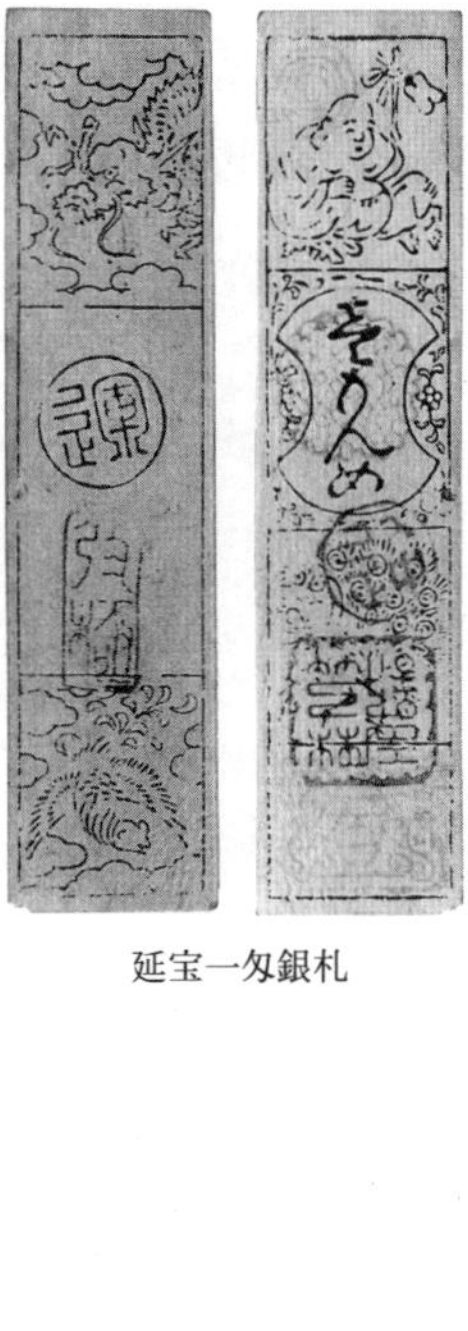
延宝一匁銀札

暦改革の一環として宝暦三年(一七五三)八月から銀札を発行。萩および諸郡五ヵ所の計六ヵ所に札座をおき、のち安永三年(一七七四)諸郡の札座は三ヵ所となった。種類は一分札を除く享保札とほぼ同じだった。札元は安永期に萩町人山中六右衛門らの五人に変わったが、産物会所仕法と結びつけるなど、兌換準備に留意して札流通が管理されたので、この後幕末に至るまではほぼ円滑に通用した。文政期の総発行額は銀三千百貫目であったが、天保七年(一八三六)には二万九千貫目と増加した。その後さらに幕末までに約六万貫目増発されたという。萩藩札は天保初年に約三割ほどの減価があったがおおむね札価を維持し、明治四年(一八七一)の新貨引替相場も他藩より高率に評価された。文久三年(一八六三)藩庁が萩から山口に移されてより、萩藩札は山口藩札と称せられている。明治初年も新札に切り替えず、宝暦札に改印を押してそのまま通用させた。

参考文献　山口県文書館編『防長風土注進案研究要覧』、日本銀行調査局編『図録日本の貨幣』五(東洋経済新報社、一九七四年)、三輪為一「長州萩の藩札」(『社会経済史学』八ノ六、一九五一年)、小川国治「長州藩経済政策と藩札」(『日本歴史』四六五、一九八七年)

(岩橋　勝)

藩法　萩藩の藩法のなかでもっとも体系的なのは、「万治制法」と総称される三十編の制法で、二代藩主毛利綱広の万治三年(一六六〇)から翌年にかけて制定された。なかでも諸士の法としての『当家制法条々』、地方《じかた》法としての『郡中制法条々』は注目すべきで、それまでの法の体系化が意識され、また、毎年正月に読知させることとするなど、祖法化されていった。藩法を編んだものには、明和八年(一七七一)に藩初以来の地方支配関係の法令を中心に集めた『四冊御書付』、延享ころにやはり地方支配関係の藩法を集大成した『諸御書付二十八冊』、天保ころに成ったとみられる、後者の続編ともいうべき『御書付其外後規要集』などがある。幕末の地方功者佐藤寛作による手控も、参照されてよい。なお、長府・岩国・徳山・清末の四支藩や、毛利一門の法令の中にも、見るべきものがある。

参考文献　山口県文書館編『山口県史料』近世編法制、『山口県史』史料編近世二、山口県地方史学会編『佐藤寛作手控』(一九七五年)

(田中　誠二)

幕末諸隊　諸隊を代表する奇兵隊は、文久三年(一八六三)六月、高杉晋作により赤間関(下関)の豪商白石正一郎宅で結成された。このとき萩藩は外国艦隊に攘夷を実行して敗れ(四国連合艦隊下関砲撃事件)、植民地化への危機的状況にあり、郷土防衛の志をもつ有志ならば陪臣・軽卒・藩士を問わず、農民や町人でも力量さえあれば、いかなる階層の出身で

萩藩諸隊一覧

隊名	慶応元年3月			元年5月定員	3年2月大隊名
	総管名	定員	営所		
奇兵隊	山内梅三郎	375人	赤間関	400人	奇兵隊
御楯隊	太田市之進(御堀耕助)	150	三田尻	230	整武隊
鴻城隊	森清蔵	100	山口	150	
遊撃隊	石川小五郎	250	須々万 のち高森	330	遊撃隊
南園隊	佐々木男也	150	萩 のち生雲	200	振武隊
荻野隊	森永吉十郎	50	小郡	80(10月)	
膺懲隊	赤川敬三	125	徳地	175	健武隊
第二(南)奇兵隊	白井小助	100	岩城山	125	
八幡隊	堀真五郎	150	小郡	200	鋭武隊
集義隊	桜井慎平	50	三田尻 のち船木	120	

あっても加入を許してつくられた。奇兵隊の実戦に向かう高揚に刺激されて、藩内各地に門閥家臣団隊と異なる新編成の隊が続々と結成された。御楯隊・鴻城隊・遊撃隊・南園隊・荻野隊・膺懲隊・第二奇兵隊（はじめ南奇兵隊）・八幡隊・集義隊などがそれで、これらは諸隊と総称された。結成の時期は、およそ文久三年六月から慶応元年（一八六五）正月の間で、危機に対処する藩正規軍の力不足を補う意図から結成を許され、有志隊とはいえ、藩士の指導・統制により、郷土防衛にわき立った民衆のエネルギーを軍制に組み入れようとしたものであった。

文久三年十二月に藩庁が出した命令には、役職についている藩士やその嫡子が奇兵隊や諸隊に入隊することを禁止しており、藩正規軍の編成に抵触しない範囲で結成が意図され、農民や町人も次・三男を主とし、直接の貢租負担者が家業を投げ出して入隊することを禁じている。諸隊の結成は、旧来の萩藩の制度を改変する方向で農民的要求を反映したというよりも、入隊希望者の農・町民の意識に武士身分への上昇志向がつよかったように、郷土防衛をかかげた攘夷主義的沸騰は士分格への包摂を媒介として、直面する危機打開の軍事力としてのみ編成された。この点は、明治初年の軍制の再編時に諸隊の反乱事件をひき起す前提となった。

諸隊は、隊長である総管・総督の絶対的指揮を受け、その下に軍監および各係の書記・稽古掛・会計方・器械方・斥候などを配した。編成の規模は、はじめから決まっていたわけではなく、必ずしも一定の人数を基準としたものではなかったが、慶応元年の編成では隊員五十人ごとに総管・軍監・書記・斥候・隊長・押伍を一人ずつ配置し、五十人増えるごとに書記以下を各一人ずつ加算した。各隊の定員も状況に応じて変動したが、慶応元年三月には、諸隊は十隊千五百人とし、別表のように総管（幹部）・定員・営所（駐屯所）を定め、つづいて同年五月に四百人以上増員した。このとき、隊員の給与を人別一日米一升、月別銀二十匁と決めた。

奇兵隊の場合、総管は原則として藩の任命制で、初代は高杉晋作、のちに赤根武人・河上弥市・山内梅三郎・山県有朋らがなった。定員は文久三年十二月に三百人、元治元年（一八六四）六月五百人、慶応元年二月現員三百八人、同年三月三百七十五人、同年五月四百人であり、またたえず隊員の出入りがあった。『長藩奇兵隊名鑑』（下関文書館編『資料馬関戦争』）には総計八百二十二人、つまり定員の二倍以上の人名が所収されていて、奇兵隊結成以来、処罰・除名・死亡者などを除き、明治二年（一八六九）解散当時の在籍者まで網羅されているが、そのうち出身のわかる約五百六十人をみると、武士身分出身者が全体の半数近くを占めている。この武士の中には入隊後の功により士分に上昇した者も含むので実際の人数はやや減少するが、その半数は陪臣、つづいて直参の扶養者であり、彼らは軽輩であるが故に発揮できなかった力量を奇兵隊に入隊することにより爆発させようとしたのである。農民出身者は四割以上を占め、その出身地域は全藩域にわたっているが、商品経済の発達した瀬戸内地方が農民参加者の七割をこえ、しかも庄屋層が多かった。町人出身者は、隊結成に協力した白石家のあった赤間関と城下町萩が多い。以上の参加者は入隊と同時に士分格を与えられたが、なお名簿には出身の士・百姓・町人・神官・僧侶などの階層が明記されており、すべてを同格に扱わなかったことを示している。

他の諸隊のうち、隊員構成のわかる二隊についてみると、膺懲隊は、文久三年七月に赤川敬三により組織され、一度解散後、遊撃隊の来島又兵衛に応じて再編成し、のちに遊撃隊の管轄をはなれて独立した。隊員は農民・漁民・町人あわせて百二十三人、士分格七十五人、神官七人、その他三十二人で、半数以上が農漁町民であった。また慶応元年正月結成の第二奇兵隊は、農・漁・町民あわせて七十八人、士分格三十四人、神官二十一人、不明四人であり、農漁町民の割合は六割に近かった。その出身地は、宰判別で熊毛二十三人、上関三十四人、都濃十九人、大島三十七人、山代八人、その他十六人で、年齢別にみると二十代が半数以上を占めていた。ここでも、若年層で、直接の貢租負担者でない次・三男が多い。諸隊の活動が民衆への配慮を示したことは、農・町民出身者が多かったことと関連するが、元治元年十一月、長州征討と四国連合艦隊による攻撃を受けて窮地に立った保守派政権は、恭順の意を示すため諸隊に解散を命じ、そのとき藩命に抗した諸隊幹部が隊中に配布した「諭示」は、農事を妨げないこと、小道では牛馬の通行を優先し田畑を踏み荒さないことを指示している。民衆の支持を得なければならない情況下であったとはいえ、諸隊の一般的参加者の農民理解の姿勢が、つづく高杉らの藩庁に対する反乱支持につながる。元治元年十二月、高杉に応じてまず遊撃隊が、つづいて諸隊が決起して藩内戦に勝利し、討幕派政権樹立の軍事的基盤となった。

萩藩では諸隊のほかに農商隊も多く、まず郷勇隊（農兵）・市勇隊（町兵）・神威隊（社人）・金剛隊（僧侶）・民砲隊（社人・僧侶・農商兵）・狙撃隊（猟師）などが各地に組織され、これらを統轄するため家臣団からなる干城隊がおかれた。ほかに、町兵（奇兵隊付属）・郷侠隊（同隊付属）・地光隊（遊撃隊付属）・維新団（部落民）・勇力隊（力士、遊撃隊付属）・山代神威隊（神機隊、社人）・階行団（僧侶）・猟銃隊（農兵）・剣銃隊（農兵）・

山代茶洗組(非人・部落民)・報国団(農兵)・一新組(部落民、御楯隊付属)・勇力組・バトロン隊(一向宗徒)・好義隊(町人、奇兵隊付属)などがあり、加えて支藩の農商隊として、盤石隊(長府藩力士、報国隊付属)、朝市隊・吾往隊(長府藩商兵)、第一大炮隊・東衛団大隊・西衛団大隊・下松炮隊・富海砲隊・結草団(以上、徳山藩農町兵)、狙撃隊(徳山藩猟師)、臼炮隊(徳山藩夫卒)、野勇隊(清末藩農民)、武揚隊・敢従隊、北門隊(以上、岩国藩農兵)などがあった。

諸隊は、藩内戦で勝利したあとは、第二次長州征討の幕府軍を破るはたらきをし、翌慶応三年の大隊編成への改組を経て、戊辰戦争には越後・会津方面でも戦うが、戦乱状態が終息した明治二年に、諸隊を解散して精選した常備軍四大隊編成への兵制改革に直面し、ほとんどが切り捨てられる諸隊兵は、奇兵隊・遊撃隊をはじめとして大量の脱隊騒動を起した。反乱兵士は、長門国美禰郡などで農民一揆と結びついて新政府や萩藩庁をおびやかしたが、木戸孝允や藩庁のくり出す討伐軍のため鎮圧され、萩藩の諸隊の時代は終った。

参考文献　『山口県史』史料編幕末維新六、末松謙澄『(修訂)防長回天史』三―五、『奇兵隊日記』(『日本史籍協会叢書』東京大学出版会、一九七一年)、時山弥八編『(稿本)もりのしげり』(『続日本史籍協会叢書』東京大学出版会、一九八一年)、梅溪昇『明治前期政治史の研究』(未来社、一九六三年)、田中彰『明治維新政治史研究』(『歴史学研究叢書』青木書店、一九六三年)、小林茂『長州藩明治維新史研究』(未来社、一九六八年)、高木俊輔『それからの志士』(『有斐閣選書』一九八五年)

(高木　俊輔)

縮往舎《しゅくおうしゃ》　文久三年(一八六三)、萩藩士井原親章が給領地である周防国熊毛郡三輪村(山口県光市)に設置した学校。名称は、元治元年(一八六四)に『孟子』から名付けられた。井原氏は毛利本家・末家・一門・永代家老に次ぐ寄組という上級武士の家柄で知行地は二千百石余。他に先大津日置・小郡秋穂本郷などを領す。萩藩では近世期を通じて地方知行制がとられており高禄の家臣は実際に給領地支配を行った。文久期になると政情不安や農兵取立という事情により藩は積極的に在郷を奨励し、在郷した士の多くは学校を設立し陪臣などの育成をおこなった。主なものは、阿武郡須佐村(萩市)永代家老益田家の育英館、熊毛郡阿月村(柳井市)寄組浦氏の克己堂、熊毛郡周防村(光市)寄組清水氏の慕義会などである。これらの教育方針や教科内容は藩校である明倫館に準拠した。

参考文献　『縞本もりのしげり』(『続日本史籍協会叢書』東京大学出版会、一九八一年)、『大和町史』

(重田　麻紀)

萩藩閥閲録《はぎはんばつえつろく》　萩藩家臣団所蔵の文書・略系譜を集大成した

史料集。享保五年(一七二〇)、主命により史臣永田政純が、始祖毛利元就伝記編纂のための史料集として着手、五ヵ年の歳月をかけて同十年に完成。全百七十巻、二百四冊からなる。その後、天保—文久年間(一八三〇—六四)に、藩密用方(藩主伝記編纂所)で、『閥閲録』提出時に書きもらした文書を、『閥閲録遺漏』として編纂したもの十五冊がある。本書の原題は『閥閲録』であるが、昭和四十二年(一九六七)山口県文書館が本書を公刊する際、藩名を付して『萩藩閥閲録』とし、遺漏を加えて全五冊として刊行。

本書は毛利家家臣団の階層順に、一門・永代家老・寄組・大組(一—八組、船手二組)・遠近付《えんきんづき》・医師・絵師・役者・無《む》給通《きゆうどおり》・膳夫・供歩行《ともがち》・地方歩行《じかたがち》・三十人通《さんじゆうにんどおり》・御利徳雇《ごりとくやとい》・御手《おて》大工・細工人《さいくにん》・足軽・小人《こびと》・中間・厩《うまや》ノ者を収載し、さらに町人・百姓・陪臣・寺社まで、その所蔵文書を収録する。本書への収録は、永田政純が全責任をとってあたり、寺社文書は寺社証文と題して収録した。総合計家数は千百二十四家、五十七寺社、遺漏には二百二十七家を収録する。永田政純は収録に際し、家臣団を組別のグループに分け、まず所蔵文書の写本を提出させ、次に原本を持参させて政純が両者を校合した。この時政純は文書の真偽の判定をしたが、本書編纂の目的が毛利元就の伝記編纂であるため、他家・他藩のものは必要なもの以外は収録しなかった。したがって、本書には毛利元就発給文書を中心に、戦国時代の文書が多く収録されている。しかし、家によっては、鎌倉・南北朝・室町、さらには江戸時代中期のものまで含まれている。毛利家家臣団は、毛利家に帰服した中国四国の旧族が多く、その門閥を知るため、本書は必須の文献である。なお、山口県文書館には本書の続編ともいうべき、『譜録』が所蔵されている。『譜録』は未刊であり、他家・他藩文書を収録しており、併読すべき史料集である。なお、平成元年(一九八九)一月、『萩藩閥閲録』の別巻として「家わけ文書目録」が山口県文書館から出版された。

(広田　暢久)

『萩藩閥閲録』(原本)二

毛利《もう》十一代史《じゆういちだいし》　長州藩主毛利氏の第五代綱広から第十五代斉広まで十一代の編年体史書。編者は大田報助。寛永十六年

(一六三九)から天保八年(一八三七)に及び、首巻と各藩主順の本巻百十一巻で全四十三冊からなる。明治四十年(一九〇七)―四十三年刊。毛利家では、明治三年に藩創立期に係る『四代実録』を完成し、また、その後の家史編纂は、幕末の毛利敬親が中心であり、この両者をつなぐものとして編纂された。『四代実録』にならって編年体に各代の事蹟を記し、適宜原文をそのまま引用している。藩主個人について遺事などを各巻末に掲げて述べ、また記事をまとめて綱目をたてた部分もある。家史編纂事業の一環であって、記事は藩主の動静や家臣団支配が中心であるが、藩内各地の事象、対幕関係など多岐にわたる。史料的価値は高い。編者大田報助は、吉敷毛利氏の倍臣で、幕長戦争に参戦した後、府県に出仕し、明治二十七年毛利家編輯所に入り、『毛利十一代史』刊行完遂の翌年帰郷した。複刻(十冊本)がある。

参考文献　山口県史編纂所編『山口県郷土史料文献解題』(マツノ書店、一九七七年)

(井上　勝生)

山口藩(やまぐちはん)

周防国(山口県)山口に藩庁を置いた藩。慶長五年(一六〇〇)毛利輝元は関ヶ原の戦に敗れたため、長男秀就に家督を譲って隠退した。秀就は徳川家康から周防・長門両国を受領し、長門国萩の指月《しづき》山に城を築いて本拠地とした。以後、毛利氏は十二代、約二百六十年間萩城に拠って領国を支配した。これを萩藩という。文久三年(一八六三)四月、十三代藩主敬親は攘夷の実行と京都における政界の主導権把握のため、山口の中河原の御茶屋に移り、同年七月山口移鎮を発表した。翌元治元年(一八六四)正月藩主敬親は激動する国内情勢に備えるため、鴻峯《こうのみね》の東麓で新城の建設に着手した。この山口新城は第一次幕長戦争の敗退によって工事が中断したが、高杉晋作らが率いる討幕派が藩内の内戦で勝利を収めて政権を把握したため、慶応元年(一八六五)五月から建設が再開し、翌二年五月藩主敬親が中河原の御茶屋から移り、名実ともに藩庁となった。そのときの藩庁門は山口県庁の敷地内に現存している。山口移鎮以後、山口に藩庁が置かれたため、萩藩の呼称を止めて山口藩と称するようになった。明治四年(一八七一)六月山口藩は徳山藩を合併し、翌月廃藩置県によって山口県となった。

参考文献『山口県文化史』通史篇、『山口市史』、『萩市史』

(小川　国治)

徳島県

住吉藩（すみよしはん）

阿波国住吉（徳島県藍住町）に藩庁をおいた藩。城持。天正十三年（一五八五）豊臣秀吉の四国攻めに従い、阿波国木津城攻めなどに参戦した赤松次郎則房が戦後板野郡内で二十三ヵ村、一万石を与えられて成立。赤松氏は小塩氏とも呼ばれた。『当代記』によると、慶長初年と考えられている「伏見普請役之帳」に「一万石　赤松上総介」とあり、また慶長五年（一六〇〇）の関ヶ原合戦では「大坂惣構口々番手事」に「天王寺口より平野口　赤松上総介」とある。この記述のうち、はじめの赤松上総介は同三年七月に没した則房、後者の上総介はその子則英で、関ヶ原合戦で西軍にあって大坂を警備、のちに佐和山城に籠城したが、落城直前に脱出し、京都戒光寺で自殺。『徳川除封録』では同五年に一万石の播磨小塩城主赤松上野介則房が除かれたように記述されているが、阿波住吉城主赤松則英の誤りである。

参考文献　『徴古雑抄続編』阿波五上、『四国御発向並北国御動座事』、『史籍雑纂』二、藤野保校訂『徳川加除封録』（『日本史料選書』八、近藤出版社、一九七二年）

（内田九州男）

徳島藩（とくしまはん）

阿波国（徳島県）徳島に藩庁を置いた藩。外様。城持。天正十三年（一五八五）四国を平定した豊臣秀吉が蜂須賀正勝に阿波国十七万五千石を与え、その子家政を封じたのに始まる。慶長五年（一六〇〇）関ヶ原の戦では家政は家督を至鎮に譲り、所領を豊臣秀頼に返還した上で東軍に参加させた。戦後、至鎮には徳川家康からあらためて阿波国が与えられた。慶長八年板野郡内の赤松則房旧領一万石と毛利兵橘旧領千石を加封。大坂の陣後、元和元年（一六一五）さらに淡路国七万石が加増され、二十五万六千石余の藩領域が確定し、廃藩置県まで忠英・光隆・綱通・綱矩・宗員・宗英・宗鎮・至央・重喜・治昭・斉昌・斉裕・茂韶と十四代にわたって継承された。

その間、延宝六年（一六七八）綱矩の時、隆重に富田《とみだ》新田五万石を分知したが、享保十年（一七二五）宗員が綱矩の養子となり本藩を嗣ぐことになったので旧に復した。入国当初、祖《い》谷《や》山など山間部で土豪一揆があったため、家老による支城駐屯制、家臣への地方《じかた》知行制がとられた。百姓は知行地付とさ

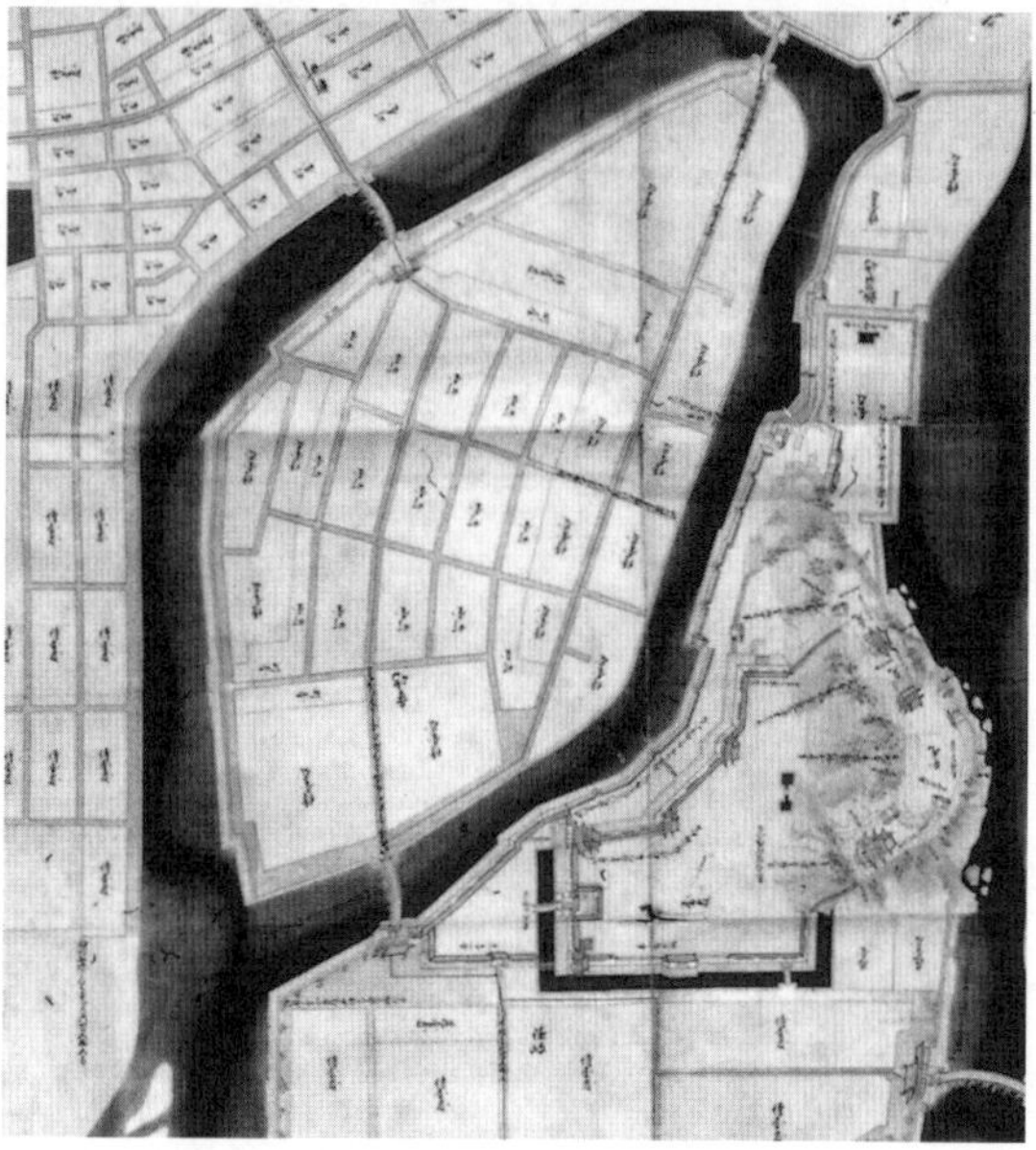
阿波国徳島城之図部分（正保城絵図より）

れ、身居《みずわり》と呼ばれる壱家《いっけ》―小家《しょうけ》を軸とする血縁的同族団的関係で掌握された。元和四年入国以来の諸法令を集大成した『御壁書二十三箇条』が制定され、寛永四年（一六二七）七ヵ条を追加、祖法の成立をみた。同八年筆頭家老の稲田修理亮示稙を淡路洲本城代に任命、翌九年には国奉行領内巡見を引金に老臣益田豊後長行の不正摘発、知行地召上げ（海部騒動）などと家政の阿波入国に際して正勝が付した重臣が藩政の中枢部から退けられた。寛永十五年の一国一城令で支城駐屯制が廃止され、忠英親政のもとに国奉行―郡奉行による地方支配、裁許制度の制定、家老仕置輪番の制度化と寛永年間に藩政機構の整備がはかられた。明暦三年（一六五七）から万治三年（一六六〇）にかけて棟付改（戸口調査）が行われ、新田開発などの勧農政策と相まって、藩の農民支配体制は確立をみた。

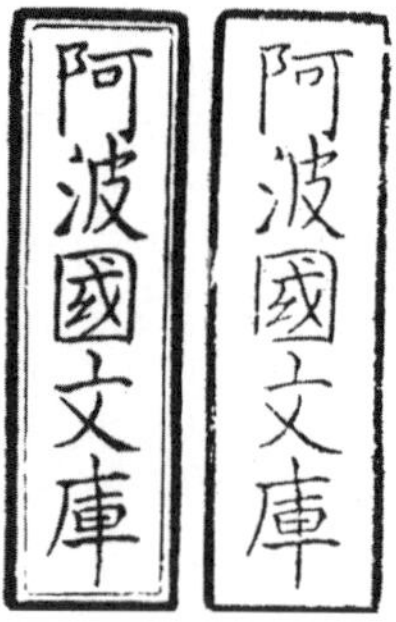

徳島藩蔵書印

　入国当初、家政は名東郡一宮城を居城としたが、吉野川・鮎喰《あくい》川・園瀬川の複合デルタの渭津《いのつ》（延宝六年徳島に改める）に築城、天正十四年に入城、城下町の建設にあたった。城下は吉野川分流の新町《しんまち》川・助任《すけとう》川・福島川が自然の濠の役割をし、徳島・寺島を内郭、福島・常三《じょうさん》島・出来島・瓢箪島などを外郭とした。蜂須賀氏は入国以来新田・塩田開発など勧農政策をとった。なかでも吉野川中下流域平野部では藍作が大いに発展し、国産としての阿波藍の名を高め、その収益は七十五万石に相当するといわれる。また東北部の撫養《むや》（鳴門市）を中心に塩田が開発され、正保ころには十二ヵ村にまで発展した。米作は南部の那賀川下流域で行われたが、米不足は深刻なものであった。板野郡宮島浦の庄屋十郎兵衛の事件は肥後米の密輸入に関係するとされている。阿波藍・斎田《さいた》塩は藩の重要な財源であった。藩は享保十八年藍方御用場を設置し藍の専売制を実施した。

宝暦六年（一七五六）凶作と暴風雨の被害で困窮した藍作農民は名西郡高原村組頭常右衛門らの廻状に応じ藍玉税廃止を求める一揆を計画したが、事前に発覚し、指導者五人が処刑された。呼びかけの廻状は麻植《おえ》・名西・名東・板野の四郡にまたがる広範囲のものであり、藩は藍の専売制を廃止した。佐竹氏から養子に入った十代藩主重喜は明和三年（一七六六）藩政の改革に着手、藍玉取引の主導権を大坂問屋から阿波藍商の手に移すことをねらい、大坂藍問屋株を没収し、仲売人の阿波入国を禁止し、取引の場を城下の藍玉売場に限定した。また玉師株の復活、藍作税・藍玉移出税の徴収をはかったが、幕命で明和六年隠居させられた。中断した改革は子十一代藩主治昭の時に実現をみた。このころの藍の栽培地域は七郡二百三十七ヵ村に及び作付面積五千町歩、藍玉出量十五万俵、販売価格三十万両に達した。藩と藍商とが結託し莫大な利益をあげる反面、百姓の疲弊はひどかった。天保十二年（一八四一）末三好郡山城谷に起った一揆は年貢の軽減と煙草などの自由販売を要求するもので、美馬郡から阿波郡へと吉野川中流域の藍作地帯にまで拡大した。

文教面では元禄以降大いに進み、寛政三年（一七九一）藩校寺島学問所が創設され、柴野栗山・那波《なわ》魯堂らが儒学を講じた。庶民の入学も許されたが出所日は士分とは別であった。国学では吉井直道・永井精古・池辺真榛がおり、実学面では『産論』の著者産科医賀川玄悦が徳島藩医となっている。浮世絵の東洲斎写楽が阿波出身といわれ、庶民の間では人形浄瑠璃が盛行し、木偶の作者として、馬の背駒三・鳴洲・源兵衛・人形富があげられる。幕末の政争では、文久二年（一八六二）に十四代茂韶が皇居守護のため入京したが、討幕運動に参加したのは家老稲田邦植・天羽《あもう》生岐城・小杉榲邨《すぎむら》・安芸梅軒らであった。明治二年（一八六九）茂韶は版籍を奉還、藩知事となるが稲田氏の家臣が淡路の分離独立を求めたことで騒動（庚午事変）となった。同四年七月徳島藩が廃止され、徳島県が置かれ、同十一月名東県となった。九年に名東県廃止、高知県に合併。十三年三月、高知県から分離、徳島県となる。

（石躍　胤央）

参考文献　『徳島県史』三・四、『徳島市史』

藩校　十代藩主蜂須賀重喜は、明和改革の重要な政策として藩校設立を企てたが実現できなかった。ついで十一代藩主治昭は、寛政の改革の一環として寛政三年（一七九一）に徳島城下の寺島に学問所を創設し、合田立誠・柴野碧海らの儒員により朱子学が教授され、安政三年(一八五六)に江戸八丁堀の藩邸にも長久館が置かれた。その後明治二年(一八六九)に、寺島学問所も長久館と改称されて、徳島城内の西ノ丸に移転した。寛政七年には医師学問所が、同十年には淡路の洲本学問所(文武学校)も設立された。特に医師学問所は本草学者小原春造が創設にあたった。慶応元年(一八六五)には洋学校(城下の寺島)が、また明治三年には外国語学伝習所(長久館に付設)も開設された。徳島藩が西洋医学の採用を決定したのは安政五年で、そのときから高畠耕斎を医師学問所肝煎兼洋学教授に任じて、医師学問所に洋方医学所を付設している。明治三年に藩立小学校を四校創設したことも重要である。なお徳島藩では藩内五ヵ所の郷学校はもちろん庶民の入学を許したので、特に医学の面ですぐれた医師が輩出する基盤となったことは注目されている。

参考文献　徳島藩編『(御大典記念)阿波藩民政資料』、三好昭一郎・大和武生『徳島県の教育史』(『都道府県教育史』)思文閣出版、一九八三年)

(三好昭一郎)

藩札　天和元年(一六八一)銀札をはじめて発行。五匁~二分の六種あり、札元は魚屋辰左衛門・寺沢六右衛門の両名、阿波・淡路に計十ヵ所の銀札場が設けられた。流通事情は不明だが元禄十二年(一六九九)藩士に銀札を貸渡して諸払にあてさせているので、宝永札遣い禁令までは流通したもようである。享保十五年(一七三〇)銀札を再発行し、種類は一匁~二分の四種となり、銀札場は城下一ヵ所のみとなった。しかし、当初禁じられていた銀二分以上の金銀銭混合流通が同十九年認められ、贋造札も出廻るようになって、銀札流通は滞った。そこで元文元年(一七三六)に享保札を改判し札価安定を試みたので、一時的に二分の一ほど下落をみたが、幕末まで通用した。明治元年(一八六八)銀目廃止に伴い、翌二年、新たに五百文と一貫文の銭札を発行し、従来の銀匁札も文銭に改判して併用し、同八年の藩札回収に至るまで通用させた。

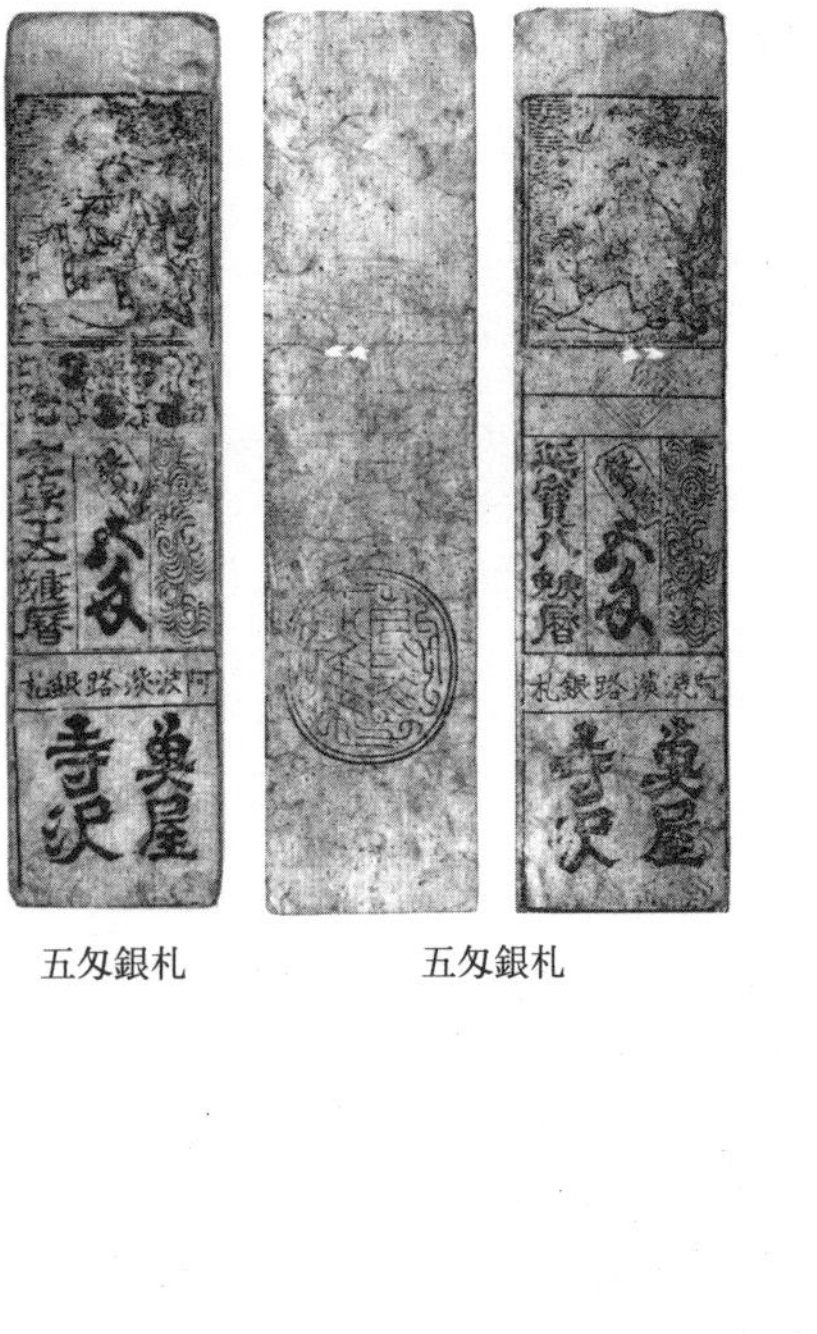

五匁銀札　　五匁銀札

参考文献　徳島県編『(御大典記念)阿波藩民政資料』下、荒木豊三郎編『日本古紙幣類鑑』中、湯浅良幸『阿波貨幣史』(徳島市立図書館、一九五六年)、日本銀行調査局編『図録日本の貨幣』五(東洋経済新報社、一九七四年)

(岩橋　勝)

藩法　蜂須賀氏入部以来の諸法令を集大成した『御壁書二十三箇条』が元和四年(一六一八)に制定された。第一条から第五条までは家中・下々侍・小者・歩・若党・鉄炮者・中間・他国来流浪人について、第六条以下は農民の耕地保有権の保障、代官・給人の恣意の禁止、走り百姓対策など初期農政に関する基本的事項が規定されている。寛永四年(一六二七)に『御壁書』を補足する『裏書七箇条』が追加制定され、徳島藩祖法の成立をみた。その後享保十五年(一七三〇)ころ諸法令の調査複写が行われた。しかし十代藩主重喜の新法実施、挫折があって、再び法令の再編整備が行われ完了したのは十二代斉昌の時で、『元居書抜』が編纂された。初代至鎮から十二代斉昌までの代々に出された法令が、藩政機構ごとに部門別に、編年的に編集されている。『元居書抜』の大部分は国立史料館所蔵の『蜂須賀家文書』に収録されており、昭和三十七年(一九六二)藩法研究会編『藩法集』三として刊行された。

参考文献　石躍胤央「藩制の成立と構造―阿波藩を素材にして―」(『講座日本近世史』一、有斐閣、一九八一年所収)

(石躍　胤央)

阿《あ》波《わ》藩《はん》民《みん》政《せい》資《し》料《りょう》　徳島藩庶民所在の史料集。徳島県編。全一冊。大正三年(一九一四)刊。同二年八月、維新前民政資料展覧会が徳島県物産陳列場で開催され、徳島藩関係史料千五百余点が出品された。本書はこの展覧会出品史料のなかから蜂須賀家の阿波入部(天正十三年)以後のものを選んで編纂したもので、所収史料は阿波藩(藩庁関係)・任用服務・社寺宗教・学術技芸・治安風俗・救恤恩賞・勤倹・土地治水・租税調達・幣制度量衡・民事・産業・商工・運輸交通・雑類・参考の十六項目に分類され、各項目とも年次順に配列されている。藩政期の民政に関する史料がひろく収録されている点で、徳島藩関係の第一級史料集ということができる。しかし、検地帳・棟付帳・村明細帳など村方史料の基本となる冊子類は目録のみで内容は収録されていない。収録史料の大部分は藩庁の通達・覚書などで、領民の手に写しとして保存されていたものであろう。なお、同四年一月に御大典記念として、再び民政資料展が開催され、四千八百点にのぼる出品資料をもとに、『(御大典記念)阿波藩民政資料』が編纂された。これは『阿波藩民政資料』に南北朝・室町時代の史料を増補したもので、上下二巻からなっている。昭和四十三年(一九六八)、徳島県史料刊行会によって複刻された。

参考文献『徳島県史』　（石躍　胤央）

渭水聞見録《いすいぶんけんろく》　阿波国蜂須賀家の記録。徳島藩の儒臣増田立軒著。四巻。元文元年（一七三六）刊。正利から綱矩に至る七代の間の編年史で漢文で書かれ、一巻は正利・正勝・家政について、二巻は至鎮、三巻は忠英・光隆、四巻は綱矩について記し、巻末に略系図を収めている。著者立軒は序文で、渭水清世逸人と署名し、大坂夏の陣後、百二十余年もの長い太平の世が続き、読書・談論を楽しめるのは、みな藩侯のおかげであるとしてそれにこたえるためにといった趣旨の動機を記している。主として藩主中心の記事で一・二巻はいきいきとしているが、他は年譜にとどまっている。徳島県立図書館に呉郷文庫本が所蔵されている。

参考文献『徳島県史』　（石躍　胤央）

富田藩（とみたはん）

阿波国名東郡富田（徳島市）に藩庁をおいた藩。故に富田新田藩ともいう。延宝六年（一六七八）十月、五代藩主蜂須賀綱矩から二代藩主忠英の次男隆重に新田五万石が分与されて成立。外様。陣屋持。領地は阿波国で二万石、淡路国で三万石であった。隆重は明暦三年（一六五七）に幕府詰衆に列せられ禄米三千俵を与えられていたが、富田藩成立の翌月詰衆の任を解かれ禄米は廃止された。隆重は寛文六年（一六六六）本家四代当主綱通が幼少のため代わって藩政をとることを命ぜられ、同十二年までこれを務めた。続いて延宝六年若年の綱矩の藩政を沙汰することを命ぜられ、元禄四年（一六九一）閏八月までこの任にあった。宝永二年（一七〇五）隆重は隠居し、隆長が二代藩主となり、正徳四年（一七一四）には正員（綱矩の子）が三代藩主となった。正員は享保十年（一七二五）七月本家綱矩の嫡子となり、五万石は本藩へ返され、廃藩となった。

参考文献『寛政重修諸家譜』第六　（内田九州男）

香川県

高松藩（たかまつはん）

讃岐国（香川県）高松に藩庁を置いた藩。藩主松平氏。親藩。城持。寛永十七年（一六四〇）に讃岐の領主生駒氏が生駒騒動によって出羽国矢島へ転封されてのち、同十九年に常陸国下館で五万石を領していた松平頼重が東讃岐十二万石の領主となり、高松城を居城とした。以後頼常・頼豊・頼桓・頼恭・頼真・頼起・頼儀・頼恕・頼胤・頼聡と、廃藩置県まで十一代、二百二十九年間続いた。松平頼重は徳川光圀の兄にあたり、御三家の出で江戸幕府に近かったため、中国・四国の諸大名の監視役を命じられていたともいう。第二代藩主頼常・第九代藩主頼恕が水戸徳川家から迎えられたように、水戸藩との関係は深かった。高松藩十二万石の成立当初の藩領は八郡・二百三十四ヵ村。寛永十九年当時朱印高のほかに四万九百七十石余あり、実高は十六万九百七十石余であった。その後実高は寛文四年（一六六四）十七万三百七十八石余、貞享元年（一六八四）十九万四千七百九十九石余となり、文化十二年（一八一五）は二十万八百四十九石余。

初代藩主頼重の時代に城下町の整備、領内検地の実施（亥ノ内検地という）など領内支配体制の基礎固めが行われた。元禄期と享保中ごろに藩財政が一時悪化、宝暦に入ると藩財政難は一層深刻となり財政改革が実施された。宝暦五年（一七五五）に山田郡西潟元村に塩釜屋二十五軒の亥ノ浜塩田を築いて収入増大を狙い、同七年には藩札を発行し、同九年からは家臣への俸禄米を五割削減した。その結果、明和七年（一七七〇）ころには軍用金・撫育金がある程度貯えられたという。「讃岐三白」という言葉があるように、近世讃岐の産物として塩・綿・砂糖があった。亥ノ浜塩田の築造は高松藩における製塩を発展させることになった。綿の生産はこれ以前から行われていたが、延享四年（一七四七）に城下西通町の柏野屋市兵衛を責任者として綿運上を課した。翌寛延元年（一七四八）に領内西部の農民らが綿運上賦課の代りに肥料代銀貸付を要求して、柏野屋宅を打ちこわすという事件が起った。砂糖は寛政元年（一七八九）に向山《さきやま》周慶らによって製造が開発され、同六年には藩庁は砂糖の生産奨励を行うとともに領外売捌きの座本に城下の香川屋茂九郎を任じており、文化以降高松藩を代表する国産となった。寛延二年に領内東部の農民が生活困窮を訴えて城下へ押しかけ、また明和八年（一七七一）には同じく東郡の農民が旱魃による救済を求めて城下の郷会所へ訴え出ている。

享和元年（一八〇一）収入を増やすために藩札を家臣や領民へ貸し付け、あるいは国産生産資金として貸し付ける積極的な藩札通用策をとった。これを享和新法という。以後大量の藩札が出回ることになり、この結果藩札の価値が下がって領内経済の混乱を引き起していった。文政後半に入ると再び藩財政は悪化した。文政九年（一八二六）に久米栄左衛門（通賢）に命じて阿野郡北坂出村で塩田築造に取りかかり同十二年に完成した。この坂出塩田は総面積九十七町余で一年間の収益は銀百三十貫余あった。当時日本有数の塩田であった。また同十二年には藩札の信用回復のため藩札の回収、天保三年（一八三二）に以後三年間の藩債返済猶予、領内への御用銀米の賦課を行い、同六年に砂糖為替金仕法を実施した。領内海岸部の九ヵ所の砂糖会所を通して、生産者・荷主へ砂糖生産資金たる藩札を為替金として貸し付け、その返済は生産した砂糖の大坂での売払い代金つまり正貨で行わせた。この正貨獲得策によって高松藩は天保末には藩財政を再建することができた。なお天保五年には製塩業者を中心としたといわれる坂出一揆、同七年には大内郡の砂糖百姓らの蜂起が起った。

明治元年（一八六八）正月の鳥羽・伏見の戦に高松藩兵が幕府軍に参陣していたため朝敵となったが、藩主頼聡は謹慎、家老二人が切腹して新政府より許された。翌二年の城内桜馬場での執政松崎渋右衛門殺害事件、三年の綾北騒動・川津騒動が起っているのは、維新期における動揺と混乱を物語るものである。明治四年七月廃藩置県により高松県となったが、同年十一月に香川県に統合。この間九月に藩主の帰京を阻止しようとするミノカサ騒動が勃発した。

参考文献　永年会編『（増補）高松藩記』、小川福太郎「高松藩（文化―文政―天保年間の）財政難と其の解消」（『高松経専論叢』一九ノ一―三、一九四五年）、木原溥幸「讃岐高松藩における砂糖の流通統制」（『香川大学教育学部研究報告』Ⅰ―四四、一九七八年）、同「高松藩における藩札の流通」（同Ⅰ―八〇、一九九〇年）

藩校　藩校講堂は元禄十五年（一七〇二）に城下中野天満宮南に設置。家臣の子弟や領民の中から有能なものに藩儒十河順安・根本弥右衛門が儒学を講じた。享保年間（一七一六―三六）に一時廃止されたが、元文二年（一七三七）に復興。安永八年（一七七九）に中野天満宮北に講堂に倍する規模の講道館を建て、藩士やその子弟に毎月

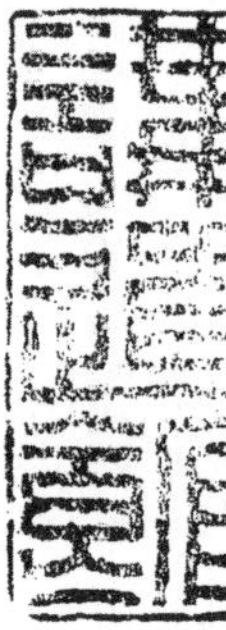

高松藩藩校蔵書印

六回経書を学ばせた。講道館には総裁を置いた。初代の総裁は後藤芝山で、その門弟柴野栗山は幕府の儒官となった。慶応元年(一八六五)講道館中に洋学校を設けた。廃藩置県後、廃止。高松市番町五丁目香川大学教育学部附属高松小学校構内に「新建聖廟記」(天保三年(一八三二)藩校構内に聖廟を建立した記念碑)がある。

参考文献　文部省編『日本教育史資料』七、藤川正数「(高松藩学)講道館の新建大聖廟記について」(『香川大学教育学部研究報告』Ⅰ―三七、一九七四年)

(木原　溥幸)

藩札　宝暦七年(一七五七)銀札をはじめて発行。当初十種あったが、まもなく百目~二分の五種となった。城下の佐々木清助が札元を勤め、兵庫町に札会所があった。寛政ころまではほぼ順調に流通したが、享和期以降濫発に向かい、文政十一年(一八二八)には流通価値は額面の十分の一~十六分の一まで下落した。天保四年(一八三三)宝暦札を廃して新札を発行。砂糖専売化に伴う藩札での資金貸付策が成功し、以降明治初年まで円滑に流通した。

宝暦百目銀札

参考文献　日本銀行調査局編『図録日本の貨幣』五(東洋経済新報社、一九七四年)、荒木豊三郎編『日本古紙幣類鑑』中、城福勇「宝暦七年発行の讃岐高松藩銀札について」(『日本歴史』二五四、一九六九年)

(岩橋　勝)

生駒騒動《いこまそうどう》　讃岐国高松の生駒家に起った御家騒動。生駒高俊は元和七年(一六二一)六月五日、父正俊のあとを嗣いだ。年わずか三歳(一説に十一歳ともいう)。勢州津の城主藤堂高虎は、外祖父の故をもって幕府より後見を命ぜられた。生駒家では正俊の伯父生駒将監(五千石国家老、帯刀の父。一説に将監は正俊の妹婿ともいわれ、また一説に生駒親正の末弟生駒源八郎の嫡子ともいう(『讃州綴遺録』))と生駒左門(正俊の実弟であるから高俊の叔父)が国家老として政務をとった。将監没後はその子帯刀が代わった。これが生駒騒動におけるお為方。一方、逆意派の中心人物前野助左衛門(江戸家老、禄五千石)・石崎若狭は、いずれも豊臣秀次の老臣前野但馬守長康の一門であった。

この二人は江戸にあたって幕府の重臣土井利勝の命と称して、国家老の生駒将監の勢力をそがんとし、事をかまえ(寛永元年(一六二四)の旱魃の責任をとらせ)藤堂高虎に讒言して失脚させ、石崎・前野・生駒左門が家老職となり、前野・石崎の専横はますますつのった。間もなく生駒将監が没して嫡子帯刀が国家老となったが、前野・石崎らのために職務を免ぜられ、ここに両派の抗争が激しくなった。高俊の人物については種々批評がある。寛永十七年五月、江戸幕府評定所において行われた裁断記録では「（上略）壱岐守（高俊）常々身持よろしからず、家中仕置も行届かず、今度家来ども申合出来候、依レ之、讃岐城地召上げられ、出羽国由利へ遣わされ、堪忍分として一万石被レ下（下略）」と述べられ、その主な原因として佞臣たちに取り囲まれ、日夜、酒池肉林の宴をひらいて、国政をかえりみなかったこと、その他先代正俊時代の藩士俸禄七万石が一躍十五万石にも及ぶ無謀の挙があったこと、が通説になっているが、はたして家臣の紛争を放置して、男色におぼれた暗君であったのであろうか疑問がある。御家騒動による領地没収の幕府常套政策に乗ぜられたと解される。

生駒帯刀は寛永十四年七月十一日、藩政の紊乱と前野・石崎らの非行を十九ヵ条にしたためて、土井・藤堂・脇坂の三家に訴えた（「生駒帯刀指上訴状」）。これによって翌々十六年四月に第一回目の取り調べがあった。これは喧嘩両成敗で、生駒家の重臣生駒帯刀・生駒左門・前野助左衛門・森出羽・前野治太夫（助左衛門の嫡子）・上坂勘解由の切腹に決めようとしたが落着せず、再審議の結果、大老酒井忠勝の屋敷に召し出された高俊が、堀田正盛・阿部忠秋・久世広之ら老中列座、御目付役宮城越前守・御使番甲斐庄喜左衛門立ち合いのもと、出羽国矢島（由利）一万石に左遷、石崎・前野父子・森・上坂は切腹、その一派徒党は死罪、その悴ども当歳まで殺害の厳刑に処した。この生駒騒動は従来、藤堂家の権力を背景とした前野一派と生駒家譜代の重臣生駒将監・帯刀親子との抗争と見られてきたが、他の多くの御家騒動とは異質の問題を内蔵している。

[参考文献]『讃岐生駒記』、栗田可休『生駒家廃乱記』（『香川叢書』二、名著出版、一九七二年）、草薙金四郎「生駒騒動」（北島正元編『御家騒動』上、人物往来社、一九七〇年所収）

（草薙金四郎）

多度津藩（たどつはん）

讃岐国（香川県）多度津に藩庁を置いた藩。外様。陣屋持。讃岐丸亀藩二代藩主京極高豊の、庶子高通に分藩したいとする遺志により、高豊の死後に三代藩主高或（もち）は多度郡十五ヵ村と三野郡五ヵ村、一万石を割譲し、元禄七年（一六九四）に立藩した。初代多度津藩主京極高通は正徳元年（一七一一）に多度津就封。同二年四月十九日に将軍徳川家宣から領知の朱印状を得て名実ともに多度津藩が成立した。その後の歴代藩主は高慶・高文・高賢・高琢《てる》・高典《まさ》で、高典のとき版籍奉還を迎えた。初代高通から四代高賢まで藩主は宗藩丸亀城内の別邸にいて、多度津村に重臣を派遣し藩政を担当させたが、高賢の文政十年(一八二七)三月二十日に公儀に多度津陣屋の着工を願い出て許され、同年中に陣屋が落成し、同十二年六月二十日に高賢は丸亀から移っている。多度津は陣屋を中心に居館・倉庫・学館・射場も完成し、武家屋敷も整備された。元禄九年の分限帳では家臣九十一人で、知行高百五十～三百俵が四人、百～百四十九俵が七人、五十～九十九俵が六人、二十～四十九俵が十二人、十～十九俵が四十六人、十俵以下が十六人となっている。同年に家老河口久右衛門は役料三十俵、山田造酒右衛門は五十俵を拝領している。

多度津藩蔵書印

藩制機構は丸亀藩をモデルとし、連枝は藩主の諮問にあずかり藩政の頂点に立ち、その機構は家老・側用人・側衆・大目付・目付・火番役・寺社奉行・勘定奉行・道中奉行・細工頭・納戸頭・膳奉行・腰物奉行・書物奉行・留守居役・徒士頭・数寄屋頭・厩番・定火消役などの役職によって支配体制が整えられていた。藩の地方《じかた》支配は勘定奉行を頂点として、その下に勘定組を編成し、各勘定組は組頭・差添役・吟味役を置き職務を分担させた。さらに元〆・代官・手形の間を置き、天保六年(一八三五)から検地や細見などの重要な出役は臨時の代官や地方元締を任命している。村方役人には大庄屋・庄屋・五人組頭が置かれていた。藩史で主要な事件として、寛延三年(一七五〇)正月の大一揆がある。これは連年の凶作を背景に、百姓の嘆願が村役人や代官に握りつぶされた不満が爆発したものである。また天保五年から九年にかけて多度津湛甫《たんぽ》を完成させたため、北前船や金比羅参詣の入津が増大して活況を呈し、藩財政収入を富裕化させている。安政六年(一八五九)に襲封した高典は元治元年(一八六四)朝廷に謁見して日之御門警衛が命じられたのを契機に、思いきった軍制改革をすすめた。

明治元年(一八六八)正月に藩兵は伏見駅で会津・桑名連合軍と交戦し、また朝敵とされた高松藩討伐には、大目付服部喜之助が率いる農兵組織の赤報隊が出兵するなど活躍した。しかし、その活躍は藩財政が窮迫する原因となった。そこで同二年二月二十三日に高典は、政府に版籍奉還を願い出、同年六月に許可され、多度津藩が置かれた。それに伴い旧藩制機構から京極家の家政を分離したが、その藩政は多難をきわめ、同三年の物価高騰に対応できず、翌四年に政府に廃藩を願い出たため、同年二月七日に太政官から廃藩が達せられ、知藩事高典は罷免されて倉敷県貫属とされた。さらに同年に丸亀県から香川県に管轄された。なお『多度津藩日記』（香川県立図書館蔵）は多度津藩の根本史料である。

参考文献　『香川県史』三・四、三好昭一郎『幕末の多度津藩』（教育出版センター、一九七八年）

（三好昭一郎）

藩校　家臣の多くは、文政十年（一八二七）に陣屋が設置されるまで丸亀城下にあった。そのため、教学も多くは丸亀藩に依存していた。多度津では、郷手代村川幸右衛門の子友蔵が、子供らに素読を教えていた。同十一年、家老林直記より空き屋敷を利用し、出張教授するように指示された。同十三年には、村川の塾を藩学とする申し渡しがあり、自明館を称することとなった。その後、明治四年（一八七一）に学制が改正され、文武館と改称された。自明館ではもっぱら漢学を藩士子弟に教授したが、文武館となると、漢学のほか皇学・習字・武芸が加えられた。

参考文献　笠井助治『近世藩校に於ける学統学派の研究』下（吉川弘文館、一九七〇年）、『香川県史』三

（工藤　航平）

丸亀藩（まるがめはん）

讃岐国（香川県）丸亀に藩庁を置いた藩。藩主は山崎氏、京極氏。いずれも城持、外様。山崎氏は、生駒氏転封後の寛永十八年（一六四一）に肥後国天草から入部し、豊田郡・三野郡・多度郡、那珂郡のうち十九ヵ村、鵜足郡のうち一ヵ村、計五万六十七石余を領したが、家治・俊家・治頼の三代で絶えた。家治は生駒氏時代に築かれ、その後廃城となった丸亀城を再興して城下町の建設を進めた。また寛永二十年からは豊田郡の大野原の開拓に着手した。翌正保元年（一六四四）に井関池

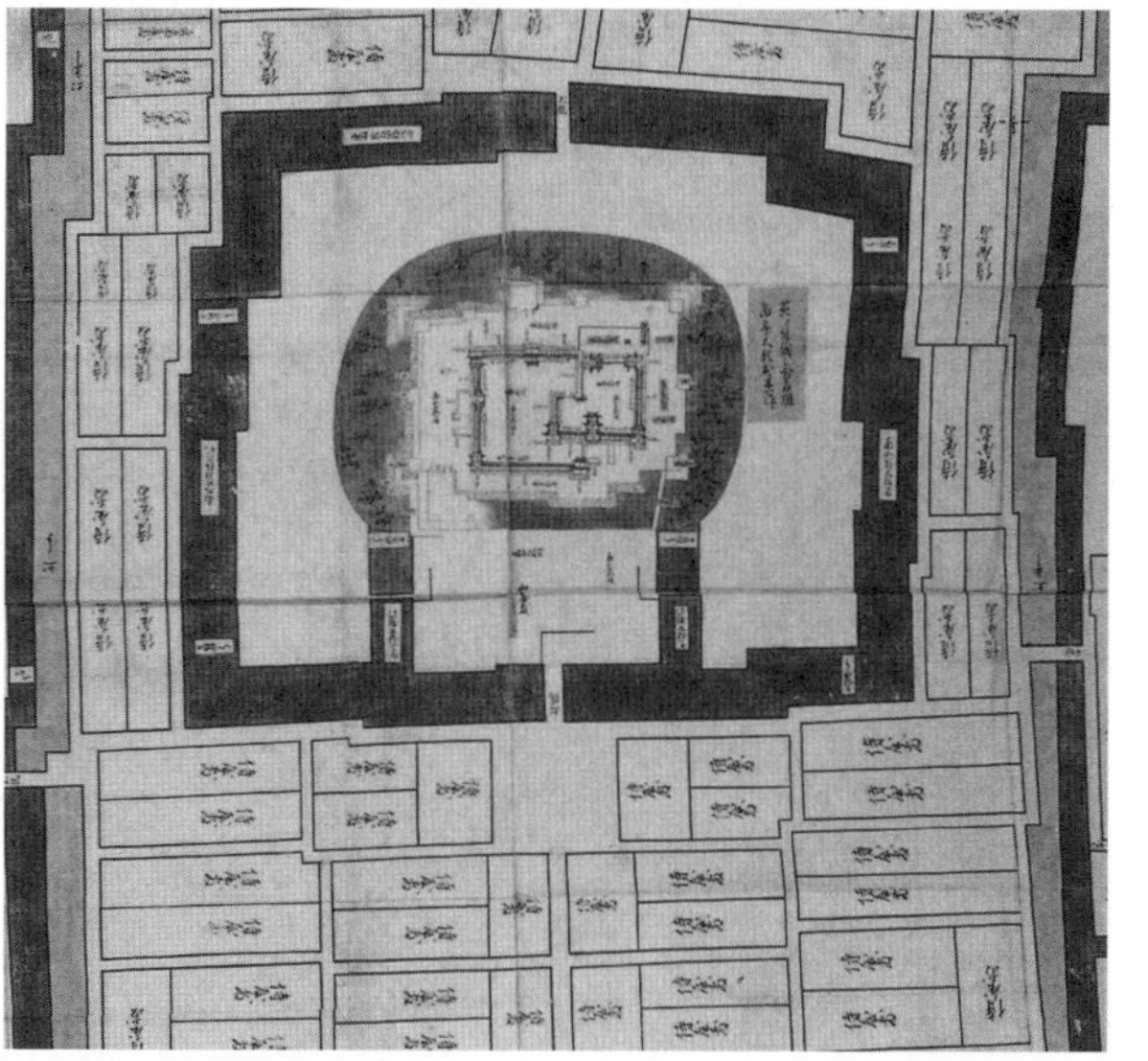

讃岐国丸亀絵図部分（正保城絵図より）

の築造工事が成り、大野原開拓は軌道にのり、慶安二年(一六四九)には開発地百二十六町余に検地を行なって六百五十三石余を得た。明暦三年(一六五七)に三代藩主治頼が幼くして没し嗣子がなかったため、領地を没収された。翌万治元年(一六五八)に播磨国竜野から京極高和が丸亀城に入った。山崎氏の旧領を引き継いだが、ほかに飛地として播磨国揖保郡に一万石、近江国蒲生郡に千四百四十五石余があり、計六万千五百十二石余を領した。なお寛文十二年(一六七二)京極氏累世の墓所のある近江国坂田郡の一部と播磨国揖保郡の一部を替地した。のち元禄七年(一六九四)に多度郡十五ヵ村と三野郡五ヵ村計一万石を分封して多度津支藩を置いた。高和以後明治維新までの歴代藩主は、高豊・高或・高矩・高中・高朗・朗徹。

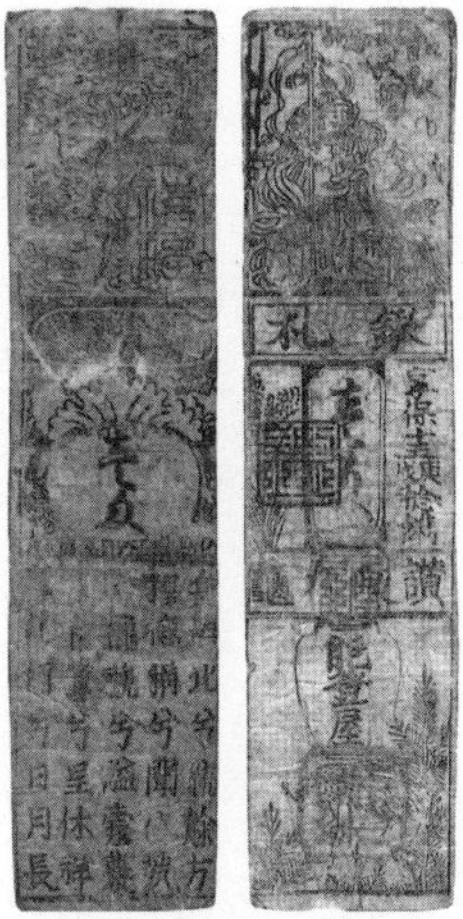
丸亀藩藩札(銀一匁札)

大庄屋は組ごとに一名置かれ、享保ころは豊田郡二、三野郡三、多度郡一、那珂郡一となっていた。寛延三年(一七五〇)に豊田郡・三野郡の農民が蜂起し丸亀城下へ向かったが、途中那珂郡や多度津支藩を含む多度郡の農民も加わって、丸亀藩領最大の一揆となった。近世初期から塩田が築造され製塩が行われた。文政三年(一八二〇)には綿の取引地が城下・観音寺・和田浜・仁尾に限られた。この年砂糖についても詫間村の土佐屋常蔵を砂糖取締吟味役に任ずるとともに砂糖車運上の徴収を始めており、このころから国産に対する統制を強めている。ペリー来航後の安政二年(一八五五)から藩政改革が始まっている。緊縮財政の実現、藩札のインフレ状況克服のため藩札通用量を縮小させる封札令、綿と砂糖に関する納入正貨と藩札との引替(これを産物趣法金納という)、領内五ヵ村の砂糖会所設置による砂糖の流通統制と砂糖代金の大坂への納入、綛糸《かせいと》の大坂での売捌きなどを行なった。明治元年(一八六八)の高松藩朝敵事件では征討軍の先鋒をつとめた。明治四年四月廃藩置県により丸亀県となり、近江国領は大津県、播磨国揖東郡領は生野県、同じく揖西郡領は兵庫県に含められる。同年十一月高松県と合して香川県となる。

参考文献　堀田璋左右編『丸亀市史稿』(『丸亀市史』)、同編『旧丸亀藩事蹟』、若菜省吾「丸亀藩に於ける綛糸業」(『讃岐史談』二ノ一、一九三七年)、合田友子「丸亀藩の糖業政策」(『香川史学』六、一九七七年)、豊田寛三「近世前期の村落構造(上)—丸亀藩領井関、内野々村の場合—」(『広島大学教養部紀要』II—三、一九七三年)、木原溥幸「丸亀京極藩における藩札と国産統制」(『香川大学教育学部研究報告』I—七七、一九八九年)

藩校　寛政七年(一七九五)に藩校正明館が設立されたといわれているが、すでに安永五年(一七七六)に正明館の名がみえ、寛政七年は正明館が新たに建てられた年かとも思われる。なお享保末に三田義勝を教授として七番丁に学問所が創設されたともいう。正明館は一番丁の東(現丸亀市大手町一丁目の東中学校校庭)に置かれ、孔子堂も併設した。渡辺柳斎を教授とし藩士の子弟が就学した。柳斎は名を半七といい、高松藩士荒井武太夫の家に生まれたが、のち丸亀藩士渡辺包雅の養子となる。はじめ稲葉黙斎、のち中井竹山に学ぶ。寛政九年には藩主高中みずから「明倫」と書した扁額を掲げた。のち文政ころ儒臣加藤梅崖・岩村半右衛門・中主膳らによって拡張されて藩校の体裁を整えた。教科は、皇学・漢学・習字・弓馬などであった。文政八年(一八二五)に城下風袋町に敬止堂を設け、渡辺杏林を教授、吉田鶴仙を助教として藩士にかぎらず領民の修学の場とした。生徒はおよそ五、六十人であったという。同十年には江戸愛宕下の丸亀藩邸内の西御窓の建物に手を加えて集義館を創設し、儒学者加藤梅崖を教授として毎月六回講義があった。明治元年(一八六八)七月にこれまでの正明館を改めて講文所とし、新たに習武所を置き、これらを明倫館と称した。十六歳から三十七歳までの藩士の文武両道の充実をはかろうとした。習武所は大手門外に設けられた。明治五年五月に明倫館は廃止され、一番丁に丸亀郷校が設置された。現城北小学校の前身である。

参考文献　文部省編『日本教育史資料』七、嶺錬二郎「丸亀藩学集義館」(『讃岐史談』一ノ一、一九三六年)、直井武久「丸亀藩校正明館の変遷」(香川県文化財保護協会『文化財協会報』昭和五十八年号特別号)

(木原　溥幸)

愛媛県

今治藩（いまばりはん）

伊予国（愛媛県）今治を藩庁とした藩。慶長五年（一六〇〇）藤堂高虎が関ヶ原の戦の功により伊予二十万石の領主として唐古山城に入城。のち今治城を築城しここに移る。同十三年高虎伊勢に移封、今治城はその子高吉が二万石を拝領して二十八年間とどまり、その後伊勢国名張に国替えとなる。その後寛永十二年（一六三五）松山藩主久松定行の弟定房（家門・城持）が、伊勢長島より今治三万石の領主として入国。定房は同十四年の島原の乱に際し、松山藩に協力して出兵し、また十七年江戸城代に任ぜられ、功により関東一万石を加賜される。三代定陳の時、弟定道に関東の五千石を分かつ。元禄十一年（一六九八）関東の地を召しあげられ、代りに宇摩郡十八ヵ村五千石を拝領し、三万五千石として成立した。領主も、定房・定時・定陳・定基・定郷・定休・定剛・定芝・勝道・定法と廃藩置県まで十代二百三十余年統治にあたった。藩の支配体制も定陳ごろ（元禄初）までに確立した。すなわち定房は高虎の家中への十一ヵ条の法を受けつぐとともに長島譜代三十余家を中心に、上士・下士・御奉行の三階級に家臣を構成した。上士は給人に属し、九十家で家老・中老・城代・部屋家老・番頭・用人・大目付などの役職についた。下士は百七十家で無足・徒で目付・勘定目付・祐筆・医師・大船頭などについた。御奉行人・士族以下の者九十家、一代者六十家その他女職など七百家で家臣団を構成した。延宝二年（一六七四）家中へ御法度を定めて、忠孝・軍役・倹約・結徒・分限・争論などについて規定し、服従の徳を説き支配体制を確立した。

農村統治については、郡奉行の下に藩内を四分し代官をおき、大庄屋・庄屋・組頭を任じて統治した。すなわち、地方南方（河南地方、蔵敷村他二十六ヵ村）、地方北方（二十七ヵ村）、島方（大島・伯方島の魚師町・大浜村他三十一ヵ村）、宇摩郡内（十九ヵ村、三島に陣屋をおき統治した）。町人統治は、二十七町と拝志町をすべて町奉行が統轄し、その下に大年寄・町年寄をおき町法度を作って町人生活を統制した。久松氏二百余年間の藩政上特筆すべきことは、新田の開発（九王新田・桜井石丸新田・大島・大三島・塩田）や蒼社川の治水事業などである。また文教政策としては定陳の江島為信の登用や、定剛の藩校克明館の開設などである。克明館は文化二年（一八〇五）城中南堀端に創設されたが、同十四年大手門内に再建され、朱子学者長野恭度を学頭として藩士の教育にあたった。明治二年(一八六九)の版籍奉還により、定法は今治藩知事に任ぜられたが同四年の廃藩置県によりこれを免ぜられ、同年九月東京に移住した。新設の今治県には大参事の城所力が県知事に任ぜられ支配したが、同年十一月今治県は松山県に併合された。その後松山県と神山県の併合により愛媛県となる。

[参考文献]『今治編年史料』、戸塚政興『今治夜話』(『伊予史談会双書』二、伊予史談会、一九八一年)、『今治市誌』、『愛媛県史概説』上、『愛媛県史』近世上・近世下、資料編上

（杉田　友英）

藩校　藩主松平定房は藩政整備のため江島為信を儒臣として招聘し、藩士の文武兼修などを触れた。歴代藩主は城内での講釈などで藩士に『論語』なども講じている。文化二年(一八〇五)、藩主定剛の時、家老服部伊織と議し、講書場を城中南堀端に創設した。同四年には大手門に移され、克明館と改称された。国学・漢学・兵法のほか、医学も講じられた。学風は朱子学であり、幕末維新期には昌平黌出身者が職員の多くを占めた。また、心学も重視し、同十四年に江戸藩邸に大島有隣を招き、月に二、三回講釈させた。天保十五年(一八四四)には今治でも盛んになり、田中一如に道話させている。

[参考文献]　影山昇『愛媛県の教育史』(思文閣出版、一九八三年)、笠井助治『近世藩校に於ける学統学派の研究』下(吉川弘文館、一九七〇年)、『愛媛県史』近世下

（工藤　航平）

宇和島藩（うわじまはん）

伊予国(愛媛県)宇和島を藩庁とした藩。文禄四年(一五九五)藤堂高虎が、宇和郡七万石に封ぜられて、板島丸串城(のちの宇和島城)に入ったのが藩のはじまりといえる。慶長十八年(一六一三)領主富田信高の改易により、一時幕領となったが、元和元年(一六一五)三月、仙台藩主伊達政宗の子秀宗が、宇和郡十万石に就封して、以後廃藩に至るまで、九代(秀宗・宗利・宗贇《むねよし》・村年・村候《むらとき》・村寿《むらなが》・宗紀《むねただ》・宗城《むねなり》・宗徳《むねえ》、二百五十六年にわたって伊達氏の藩政が続いた。伊達氏は外様、城持。藩領は当初、十七郷、二百七十三ヵ村、石高は十万二千百五十四余石であった。明暦三年(一六五七)秀宗は五男宗純に、十一郷、二十一浦、六十三ヵ村、石高二万九千九百石を分知し、吉田藩を分立させたから、本藩の石高は七万石に減じた。しかし寛文の検地で、間尺を六尺に縮めて丈量したり、新田開発をすすめるなどして、十万四百二石余の石高をうち出し、元禄九年(一六九六)十万石に高直しすることが、幕府から公認されるに至った。

前期の藩政のうち、注目すべきものは、正保四年（一六四七）藩内最初の検地を施行したうえ、地方知行制を改めて、事実上の蔵米制を実施したことと、寛文十年（一六七〇）から三ヵ年をかけて内扴《うちならし》検地を施行したうえ、本藩特有の鬮持《くじもち》という地割制度を実施して、本百姓の形成を促進し、収納関係を確立したことである。鬮持制度は、地主的土地所有の動きによって、寛保三年（一七四三）に廃止され、再び高持制が復活した。後期の藩政は、財政策を主とする藩政改革を中心に展開する。村候による寛保・宝暦の改革で、推進された櫨・蠟・楮・紙などについての殖産興業策は、宗紀による文政の改革までに、従前の紙に加えて蠟にも専売制がしかれる結果をうみ、宗城・宗徳による幕末の改革の中で、専売制は紙・蠟のほか、茶・銅鉱・五倍子《ふし》・縄・藍玉・干魚・海藻類などにも及び、富国の実をあげることができた。

幕末の改革は、富国策にとどまらず、西洋兵学の研究、洋式船舶・砲台の建造などにみられる兵備の近代化を企図する強兵策も併せ推進された。宗城が、幕末維新の際中央政界に乗り出し、公武合体論や雄藩連合政権の構想をもって活躍し得たのは、優れた藩力を背景にしていたからであろう。藩政史料としては、伊達家歴代の藩政記録（六百二十四冊）をはじめ、村年・村候・宗城の各藩主の日記類（二百三十六冊）、地方記録の『大成郡録』（十三冊）、租税台帳の『弌野截』（二十七冊）など、和本数百冊にのぼる厖大な史料が、宇和島伊達文化保存会に所蔵されている。農政史料として著名な『不鳴条』（写本三冊）は、県立図書館の蔵本、また『日本農民史料聚粋』に収載されている。

参考文献　愛媛教育協会北宇和部会編『宇和島吉田両藩誌』、三好昌文「宇和島藩」（『新編物語藩史』一〇、新人物往来社、一九七六年所収）、『愛媛県史』近世上、近世下、資料編近世下

（田中　歳雄）

藩校　藩校の創設は藩主伊達村候の時寛延元年（一七四八）で、学校を堀端側通りに設けて内徳館（寛政六年敷教館、文政二年明倫館と改称）と称し、安藤陽洲が教授となって学校の基を築いた。明和年中（一七六四—七二）武芸所を増設して文武両道教育の実をあげた。村寿の時文政二年（一八一九）学制を改め敷教館を明倫館と改称、ついで宗紀の時天保三年（一八三二）、学内に培・達の二寮を設け、藩士の子弟七、八歳で明倫館に入り、素読を了えた十五、六歳以上の生徒を培寮に入れて講習させ、さらに篤志者は達寮に入って高等教育の課程を研修した。宗城の時安政三年（一八五六）小学校を付設して卒族に句読を授け、宗徳は明治元年（一八六八）学制を革新し、従来の漢学一科に加えて和学・洋学・医学・兵学を立てて人材

教育を期したが間もなく廃藩となり閉校した。

参考文献　文部省編『日本教育史資料』七、愛媛教育協会北宇和部会編『宇和島吉田両藩誌』(名著出版、一九七二年)、『愛媛県教育史稿』、『愛媛県誌稿』下、笠井助治『近世藩校に於ける学統学派の研究』下(吉川弘文館、一九七〇年)

(笠井　助治)

藩札　宇和島藩では寛文十年(一六七〇)にはじめて藩札を発行したとされている。ついで元禄十一年(一六九八)に銀札五種がだされた。享保十五年(一七三〇)には元禄札を再使用し、同十九年にはこれを新札とした。その後、宝暦十年(一七六〇)に改正札として銀札六種が発行された。明和四年(一七六七)から宇和島藩札が支藩の吉田藩において用いられることになり、宇和島藩札に吉田印を押して通用させた。天保元年(一八三〇)には銀札八種、慶応二年(一八六六)に蠟方役所から銀札十四種、同年に宇和島紙幣局から銀札二種が発行された。これらの藩札が蠟や紙の専売制度との関連においてひろく用いられた。

五匁銀札

十匁銀札

参考文献　荒木三郎兵衛『藩札』下(いそべ印刷所、一九五八年)、『愛媛県史』近世下

(作道洋太郎)

藩法　宇和島藩の基本法である藩士の規律を定めた「御条目」が、従来の関係諸法令を集大成して公布されたのは、寛保三年(一七四三)五月で、その内容は、忠孝・文武・礼儀・倹約を奨励し、徒党・誓約・私婚・奢侈・博奕・喧嘩の禁止などを規定している。寛政九年(一七九七)六月の御条目をはじめ、これ以後公布の御条目は、寛保の分を敷衍したにすぎない。刑法については、延享二年(一七四五)九ヵ条からなる基本的な法例が制定され、天保二年(一八三一)改訂されたもののほかは、みるべきものはない。もっとも頻繁に公布されたのは、寛文以降幕末に至る間の随時の倹約令である。藩法の編集は行われなかったらしく、諸法令は高制札写・被仰出・同控・御条目・御掟書・御仕置之事などの書冊に書き留められているにすぎない。

参考文献　伊達家家記編輯所編『鶴鳴余韻』中(一九一四)、

愛媛教育協会北宇和部会編『宇和島吉田両藩誌』(名著出版、一九七二年)　　(田中　歳雄)

鬮持制度《くじもちせいど》　伊予国宇和島藩では地割制度そのものを鬮持制度という。しかし一般化すれば焼畑、切替畑、入会制度の変化形である割山、地割制度対象地、入会の漁場など、地盤が村持や村の一部の組持である土地で、鬮引によって分割されて個人利用に任される関係を総称するのに使うこともできる。鹿児島県肝属郡百引村(曾於郡輝北町)では共有の萱場は刈る前になると家数に応じて分割し境竹をたてて区別し、各戸は鬮で当たった部分の萱を取る。薩南の黒島では切替畑を四年ごとに割り替えるにあたって鬮で分けている。漁場の使用を鬮で決めることも各地で行われている。鬮で分けるにあたっては村内居住者全体に平等に分けるのではなく、持分が定まっており、その持分の売買譲渡の認められる例が多い。金沢藩領能登国羽咋郡では鬮一本の所有者を一本鬮持または丸高持とよび、その半本をもつものを半鬮持または半高持といい、それより以下は何石持という。宇和島藩の例では本百姓一鬮の面積はほぼ田地九段余、半百姓はその半分、四半百姓はその四分の一を割りあてられた。ここでは従前の耕作面積を基礎として、鬮の持分を定め、これに比例的に新面積を割りあてることが鬮持制度の本旨をなしていたということができる。

参考文献　小野武夫『土地経済史考証』(巌松堂書店、一九三二年)、青野春水『日本近世割地制史の研究』(雄山閣出版、一九八二年)　(古島　敏雄)

大洲藩(おおずはん)

伊予国(愛媛県)大洲を藩庁とした藩。天正十五年(一五八七)に戸田勝隆が大洲城主十六万石に封ぜられて、この地に来た。その後藤堂高虎がここに居たが、やがて本拠を宇和郡板島(宇和島)に転じた。慶長十四年(一六〇九)脇坂安治が五万三

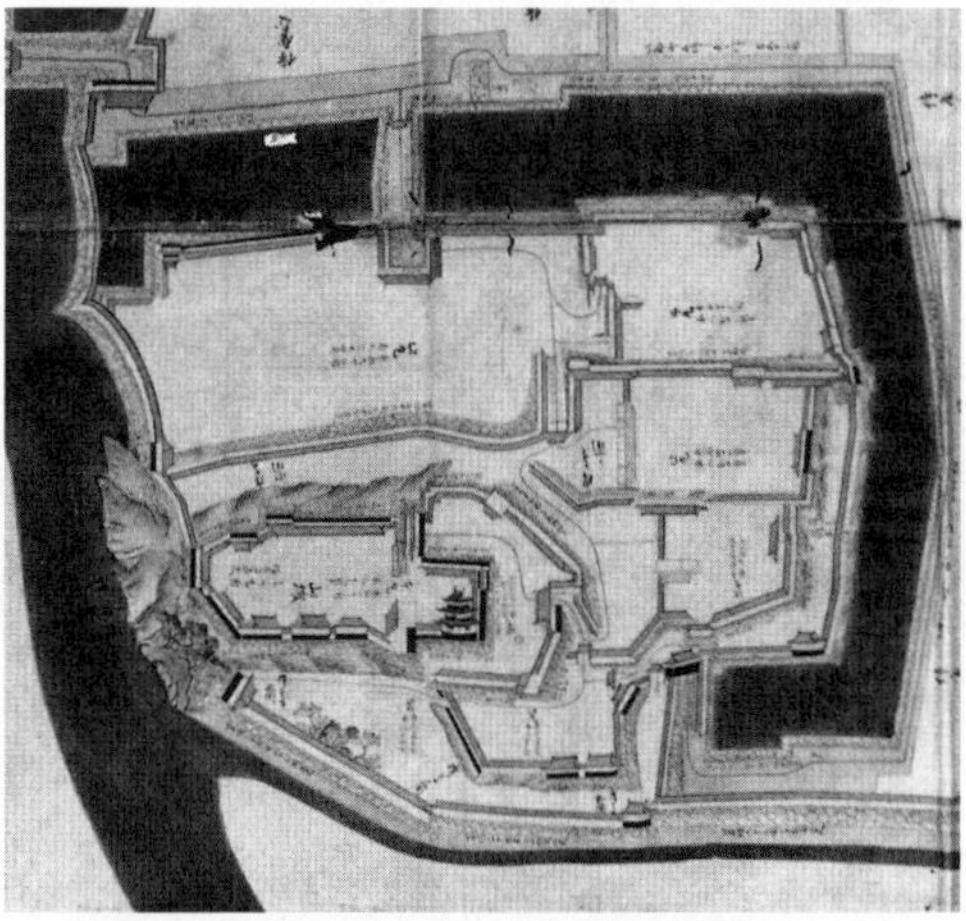

伊予国大洲之絵図部分(正保城絵図より)

千石余の城主としてこの地にあり、その子の安元がそのあとを継承した。元和三年(一六一七)に伯耆米子藩主の加藤貞泰が、大坂の陣の戦功によって大洲藩主六万石に封ぜられた。加藤氏は外様、城持。貞泰に従ってこの地に移った藩士の家族のなかに中江藤樹がいたことはあまりにも有名である。貞泰の子の泰興(月窓)は傑僧として有名な盤珪禅師を迎えて、如法寺の開山とした。盤珪は臨済禅を説くとともに、門弟子の養成に力を注いだので、同藩の文運が勃興した。泰興の孫泰恒がそのあとを継ぎ、守成の業を全うした。その子泰統《やすむね》を経て泰温《やすあつ》の治世に、陽明学の川田雄琴を招いて藩政の刷新をはかった。

雄琴は育英事業に努力するとともに、藩内を巡回して庶民に実践躬行を説き、また『大洲好人録』を著わして教育の普及につとめた。さらに彼は次の藩主泰衑《やすみち》の信任を得て藩校の止善書院明倫堂をつくり、大洲文化の黄金時代を現出した。その後泰武・泰行・泰候《やすとき》・泰済・泰幹《やすもと》・泰祉《やすとみ》を経て泰秋に至った。同藩では教養の高い文化人が輩出した。カスパル系の外科医学を修得し、『外科起癈』を著わして医学界に名声を博した鎌田玄台(政澄)、シーボルト門の偉才とうたわれた三瀬諸淵《もろぶち》、平田篤胤没後の門人として国学の後継者となった矢野玄道、緒方洪庵の門に学んで箱館五稜郭の建設者となった武田成章らがあった。

大洲藩の殖産興業のうち有名なのは、宝暦年間(一七五一―六四)に専売事業となった大洲半紙の生産と、宝永年間(一七〇四―一一)におこった砥部《とべ》焼の磁器生産(安永四年〜)育成とであった。大洲盆地を除いて平地がほとんどなく、かつ天産物に恵まれなかった同藩にとって、製紙業は製蠟業とともに有力な財源となった。明治二年(一八六九)の版籍奉還に藩主加藤泰秋が新たに大洲藩知事に任ぜられた。同四年七月十四日の廃藩置県には、新たに大洲県が設置せられ、大参事山本尚徳が事務を執行した。同年十一月十五日大洲県は新谷・吉田県とともに宇和島県に合併され、その名称が消滅した。江戸時代に編集された大洲藩関係史料には『北藤録』、『大洲旧記』(安永ころ)、『大洲秘録』(元文ころ)、『大洲温故集』(宝暦ころ)がある。

参考文献　『愛媛県編年史』五・六、景浦稚桃『伊予史精義』(名著出版、一九七二年)、『愛媛県誌稿』上、『愛媛県史概説』上『愛媛県史』近世上、近世下、資料編近世下

(景浦　勉)

藩校　藩校止善書院明倫堂は藩主加藤泰衑の延享四年(一七四七)に創設された。中江藤樹が寛永十一年(一六三四)大洲を去り、近江に帰ってから百年余の後、三輪執斎の高足川田雄

琴が享保十七年(一七三二)江戸より招かれて儒員となった。雄琴は赴任の際、執斎が江戸に設けていた講学所明倫堂を貰い受けてもち来たり、十五年後の延享四年、城の東門南に建営して初代教授となり、堂内に孔子像を祀り、王陽明と藤樹とを配祀し、陽明学を一藩教学の基本方針とした。こうして雄琴が聘せられて以来子孫資哲・資始・資敬と学職を相継ぎ、藩士子弟を教導すること六十余年に及んだが、寛政十二年(一八〇〇)明倫堂学風は朱子学に改められた。慶応年中(一八六五—六八)錦絅舎が士分以下庶民のために設けられたが、明治維新後明倫堂に合併され、庶民の入学も許された。教官は教授一名、句読師八名、生徒概数八十余名。

参考文献　文部省編『日本教育史資料』七・一二、『愛媛県教育史稿』、『愛媛県誌稿』下、笠井助治『近世藩校に於ける学統学派の研究』下(吉川弘文館、一九七〇年)

(笠井　助治)

川之江藩（かわのえはん）

伊予国川之江(愛媛県四国中央市)を藩庁とした藩。寛永十三年(一六三六)一柳直盛(外様)は伊予国西条城および新居・宇摩・周布郡などで六万八千六百石の大名に封ぜられた。直盛は赴任の途中で死去したので、その遺領は三子に分与された。次男の直家が川之江二万八千六百石(伊予川之江一万八千六百石、播磨小野一万石)に封ぜられたので、川之江に陣屋をおき宇摩郡と周布郡の一部を統治した。同十九年直家が病没したため、その所領は幕領となり松山城主松平氏の預所となった。松山藩では川之江に支配所をおき頭取らの藩吏を駐在させた。延宝五年(一六七七)幕府は松山藩預所のうち宇摩郡十七村を直轄地とした。これよりさき幕府は西条藩主一柳直興(外様)が弟直照に宇摩郡五千石を分与することを認めた。直照の子直増が継承したが、元禄十六年(一七〇三)転封のためこの地も幕領となった。享保六年(一七二一)幕府は宇摩郡二十三村の幕領の直轄をやめ、新居・伊予両郡の幕領とともに松山藩の預所とし、明治維新にまで及んだ。

参考文献　『愛媛県編年史』五・六、景浦直孝『伊予史精義』(名著出版、一九七二年)、宮脇通赫『伊予温故録』(名著出版、一九七三年)、『愛媛県史料』藩紀(写本)

(景浦　勉)

来島藩（くるしまはん）

安土桃山・江戸時代初期、伊予国野間郡来島(愛媛県今治市)を居城とした藩。藩主来島氏。来島氏は来島に本拠をもつ三島村上海賊衆の一人で、室町・戦国時代から安土桃山時代にかけて河野氏に属して活躍。また、毛利氏の水軍に加わって弘治元年(一五五五)の厳島の戦や天正四年(一五七六)の大坂木津川口の海戦などに活躍している。天正十年主家河野氏に離叛して羽柴秀吉に属し、同十三年の四国仕置の戦功によって通総は野間・風早郡内で一万四千石の大名にとりたてられた。通総は朝鮮の役で戦死したので、嫡子康親が跡目を相続、二代目の領主になった。康親は天正十年に生まれ、幼名を宮松、通称を右衛門、長親とも称した。関ヶ原の戦では、はじめ西軍に味方、のちに東軍に降って赦されたが、慶長六年(一六〇一)二月豊後国森(大分県玖珠郡玖珠町)に移され、日田・玖珠・速見三郡の内で一万四千石を領した。これを機に来島藩は廃せられた。

参考文献　『寛政重修諸家譜』第一〇、『愛媛県史』近世上、資料編古代・中世、今治郷土史編さん委員会編『今治郷土史　村上家・来島家文書大山祇神社・国分寺文書能寂寺・仙遊寺文書』、須田武男『豊臣時代の伊予領主の史料研究』(愛媛県教育公務員弘済会、一九七五年)　(渡辺　則文)

国分藩(こくぶはん)

伊予国越智郡唐子山の国分(国府)城(愛媛県今治市)を本拠とした。その期間は十五年間で、いわば今治藩の前身である。天正十五年(一五八七)福島正則は東予地域をあわせて十一万石の封をうけ、温泉郡湯築城(同県松山市)に入ったが、翌年本拠を国分城に移した。この城には戦国時代末期に村上武吉がいたといわれ、要害の地であった。文禄四年(一五九五)池田秀雄が正則にかわり、慶長三年(一五九八)小川祐忠が七万石の城主として就封した。祐忠は関ヶ原の戦(慶長五年)に西軍に属し、その封を除かれた。同年藤堂高虎が入部し、同七年海陸の要衝である越智郡今治の地に、新たに城郭および城下町を建設するに及び、国分藩は消滅した。

参考文献　『愛媛県編年史』五、『愛媛県誌稿』上、『愛媛県史』近世上　(景浦　勉)

小松藩(こまつはん)

伊予国(愛媛県)小松に藩庁を置いた藩。藩主一柳氏。外様。陣屋持。二百三十四年間存続。歴代藩主は直頼・直治・直卿・頼邦・頼寿・頼欽・頼親・頼紹・頼明。直頼は伊予西条藩主一柳直盛の三男、寛永十三年(一六三六)周布郡塚村一万石に分封された。一柳氏は伊予の豪族河野氏より出たが、美濃国に居住の時、姓を河野から一柳へ改めた。直頼はその翌年陣屋を塚村につくり、地名を小松と改称した。新居郡のうちの四村、周布郡のうち十一村を統治。直卿は蝶庵と号し、好学の士で経史・詩歌に通じ、また書道に秀でていた。頼寿は崎門派の竹鼻正修を重用し、藩政にあたらせた。頼欽は教育の振興を主張する正修を参政とし、大いに治績をあげた。さらに頼親は正修のすすめによって、近藤篤山を招致した。篤山は尾藤二洲門の俊才で、伊予聖人と称せられた。篤山は藩学養正館で育英の道に精進したため、文運は発展し、他藩から来て学ぶものが多かった。このころ本藩は財政困難に苦しみ、領内大生院の輝安鉱山を大坂の住友家に開発させ、また製紙業を奨励した。幕末には勤王に志すものが輩出し、なかにも田岡俊三郎は脱藩して王事に奔走し、生野の変に破れて伊予に逃れた沢宣嘉をかくまった。明治元年(一八六八)維新政府による奥羽征討には、出羽国に出兵した。同四年七月の廃藩置県によって小松県となったが、松山県・石鉄県を経て、同六年二月愛媛県に統合された。藩政史料として『小松藩会所日記』(西条市立小松温芳図書館蔵)がある。

参考文献　『寛政重修諸家譜』第一〇、『愛媛県編年史』七・八、『愛媛県誌稿』上、『愛媛県史』近世上、近世下、資料編上、景浦直孝『伊予史精義』(名著出版、一九七二年)

(景浦　勉)

藩校　小松藩の藩学は、明和三年(一七六六)に闇斎学派の竹鼻正脩が招聘されてから興隆したといえる。享和二年(一八〇二)、藩主一柳頼親の時に竹鼻の進言により、培達校が創設された。翌年には藩校が拡張され、養正館と改称された。竹鼻は藩校の担い手として、朱子学派の近藤篤山を藩主頼親に推挙した。篤山は藩校の傍ら、家塾においても小松藩士のほか、他藩藩士の教授にあたった。このため、学風は闇斎学から朱子学へと変化をみせた。培達校では、徒士以上の子弟を入学させ、藩士以外の子弟でも志ある者には門戸を開いた。

参考文献　影山昇『愛媛県の教育史』(思文閣出版、一九八三年)、笠井助治『近世藩校に於ける学統学派の研究』下(吉川弘文館、一九七〇年)、『愛媛県史』近世下

(工藤　航平)

西条藩(さいじょうはん)

伊予国(愛媛県)西条を藩庁とした藩。河野氏から出た一柳《ひとつやなぎ》監物直盛が、寛永十三年(一六三六)に伊勢神戸から西条六万八千余石に転封されたのに始まる。直盛は赴任の途中病死し、長子丹後守直重が遺領のうち宇摩・新居《にい》・周敷《すふ》三郡内で三万石に封ぜられた。直重は西条に陣屋を建設し、近江屋・広島屋などの商家を近郊の大町《おおまち》から、また常福・万福・善導などの寺院を神戸から移転させ、西条町の基礎がつくられた。直重の子監物直興がそのあとを継いだが、かねて大保木《おおふき》山農民

西条藩藩札
（銭五匁札）

騒動をおこした庄屋たちを断罪して藩民に衝撃を与えた（伊予国西条藩領寛文四年（一六六四）一揆）。寛文五年直興は京都御所造営の助役に不当ありとして所領を没収せられ、一時幕領となった。同十年紀伊徳川頼宣の次男松平頼純が西条藩主に封ぜられ、新居郡五十一村・宇摩郡十五村・周敷郡三村で三万石を領有した。

松平氏は紀伊徳川氏の分家で、家格は家門であり、定府であったので、西条に居住しなかった。それ以来、紀伊藩とは藩主の継承および施政のうえできわめて関係が深い。頼致《よし》を経て三代頼渡《ただ》の治世に、天野喜四郎らの努力のすえ、入浜法による塩田の造営に成功した。のちに塩田は二百四十町歩に拡大せられ、これらを多喜浜《たきはま》塩田と総称した。藩では多喜浜役所を置いて、その経営を監督した。頼邑《むら》を経て五代頼淳《あつ》の時、財政困難を救済するため、宝暦三年（一七五三）に未曾有の豊作であるのを幸いとして、従来の定免を検見取りとし、かつ高率の増徴をはかった。驚いた農民は加茂川原に結集して撤回を強訴し、世にこれを西条三万石騒動とよんだ。藩は彼らの要求を容認し、検見を廃して従来の慣習によることとした。次の頼謙《かた》の治世に、竹内立左衛門の設計・監督により、干潟を利用して禎瑞《ていずい》新田が開かれ、三百余町歩の田地を獲得した。頼看《み》を経て八代頼啓《ゆき》の治世、文化二年（一八〇五）ころ藩学択善堂を陣屋の北方に設置し、文武両道の振興がはかられた。教授三品《みしな》容斎は朱子学近藤篤山の弟で尾藤二洲に師事し、同じ教授日野和煦《にこてる》は篤山に、のちに昌平黌に学び、ともに五十年間藩の文教に携わった。次の藩主頼学《さと》の時、和煦は藩命によって郷土地誌『西条誌』二十巻を編集した。ついで頼英は明治元年（一八六八）京都猪熊口の警備にあたり、翌年版籍奉還により藩知事となった。同四年七月廃藩置県の際西条県が成立し、大参事吉岡正忠が政務をみたが、わずか四ヵ月で同年十一月松山県に併合された。

参考文献　『愛媛県編年史』六―九、『愛媛県史』近世上、近世下、資料編上、高橋彦之丞『東予史要』（西条公民学校々友会、一九三二年）、『西条市誌』、景浦勉『伊予農民騒動史話』（『愛媛文化双書』一〇、愛媛文化双書刊行会、一九七二年）、大石学「寛永期一柳氏の分知について―家臣団とアーカイブズの分割―」（『近世国家の権力構造―政治・支配・行政―』岩田書院、二〇〇三年所収）、同「寛永期における一柳氏の転封と分知」（佐藤和彦先生退官記念論文集刊行委

員会編『相剋の中世』東京堂出版、二〇〇〇年所収）

（景浦　勉）

藩校　享保三年（一七一八）、藩主松平頼渡は徂徠学派の山井県を儒臣として江戸藩邸に招聘した。五代藩主頼淳は折衷学派の細井平洲を招いている。文化二年（一八〇五）に択善堂が創設され、これ以降は朱子学派が主となり、大半の教官が昌平校出身者であった。択善堂創設時の中心人物に三品容斎と日野和煦がいる。三品は小松藩儒近藤篤山の弟であり、日野は昌平黌で学んだ。その後は尾埼山人などが育英活動に励んだ。武芸も重視され、藩学内外で稽古が行われた。

参考文献　影山昇『愛媛県の教育史』（思文閣出版、一九八三年）、笠井助治『近世藩校に於ける学統学派の研究』下（吉川弘文館、一九七〇年）、『愛媛県史』近世下

（工藤　航平）

新谷藩（にいやはん）

伊予国新谷（愛媛県大洲《おおず》市）に藩庁を置いた藩。外様、陣屋持。同国大洲藩の支藩。大洲藩主加藤貞泰の死後、長子泰興が六万石を継承した時、父の遺言によって弟直泰に一万石を内分知。元和九年（一六二三）幕府の許可をうけて成立。寛永十九年（一六四二）直泰は新谷に移り陣屋、侍および町人屋敷を整備した。民政、のちに経済も本藩の支配を受けた。直泰以下、泰觚《かど》・泰貫《つら》・泰広・泰官《のぶ》・泰賢・泰儔《とも》・泰理《ただ》・泰令《のり》が継ぎ、維新に及ぶ。領地は『天保郷帳』によると喜多郡十三村・伊予郡三村・浮穴《うけな》郡八村に散在。泰賢は天明三年（一七八三）藩校求道軒（明治二年（一八六九）求道館と改称）を創設。天保年間（一八三〇―四四）児玉暉山は泰理の命を受け求道軒を再興した。その門下香渡晋は、藩論を統一して薩長土藩士・岩倉具視に接近し、維新動乱期に活躍した。明治四年七月廃藩置県により新谷県が成立、同年十一月吉田・大洲県とともに宇和島県に合併された。同三年の調査では戸数三一九八、人口一万三四四一。産品は清酒・蠟・酢・楮・柑橘。

（景浦　勉）

参考文献　『新谷藩加藤家伝記』（加藤家蔵）、『愛媛県編年史』五―九、『愛媛県史』近世上・近世下、資料編近世下

藩校　天明三年（一七八三）、藩主加藤泰賢の時、求道軒が創立された。その後は財政難などから衰退したと思われる。天保四年（一八三三）に藩学再建のため、藩士で朱子学派の児玉堅蔵を教頭に据えて学制の整備を図った。その後、藩学規則の改正などが行われ、明治二年（一八六九）に求道館と改称された。当初は闇斎学や陽明学などが主であったが、藩学創立以後は朱子学が採られた。学科は漢学・習字・兵学（山鹿流）・

習礼であった。

参考文献　影山昇『愛媛県の教育史』(思文閣出版、一九八三年)、笠井助治『近世藩校に於ける学統学派の研究』下(吉川弘文館、一九七〇年)、『愛媛県史』近世下

(工藤　航平)

松山藩（まつやまはん）

伊予国(愛媛県)松山に藩庁を置いた藩。藩主は加藤氏(外様)、蒲生氏(同)、松平(久松)氏(家門)。城持。慶長五年(一六〇〇)加藤嘉明が二十万石に加封され、松山平野の中枢に城郭・城下町を創設し、松山と命名した。彼は氾濫する石手川の流路を町の南に移し、城下町を水害から防衛した。領域は温泉・久米・伊予・浮穴・和気・野間の六郡全域、宇摩・新居二郡の大部分、周布・桑村・風早各郡の半分ずつであった。寛永四年(一六二七)嘉明会津に転封のあと、出羽上山《かみのやま》城主蒲生忠知が入国し、近江日野を併せ二十四万石(異説もある)を領有した。その直後幕府の隠密が来て、城郭・城下町絵図を作り藩の情況を報告した。二ノ丸邸落成。家臣団の政争と動揺による蒲生騒動、旱魃の被害をうけた農民による片平騒動が起った。同十一年忠知は病没し、嗣子がなかったので同家は断絶した。幕命によって大洲藩主加藤泰興らが城番となったが、この折、大洲藩の飛地の風早郡七十八村と松山領の伊予・浮穴両郡のうち二十村とを交換した。翌十二年七月桑名城主松平定行が松山城主十五万石に封ぜられて入部した。以後、定頼・定長・定直・定英・定喬・定功・定静・定国・定則・定通・定穀《さだよし》(勝善)・勝成・定昭・勝成(再承)・定昭(再承)と続き、廃藩に至った。なお、明治元年(一八六八)姓を久松に復す。

松山藩蔵書印

定行が入部したころ家中および住民たちの生活はきわめて質朴で、杉・藁葺の家が多かった。同十四年島原の乱が起ったので、松山藩でも応援隊を派遣した。定行は道後温泉の諸施設の充実に着手し、六室の浴場とその周囲に垣を整備した。また、松山城は、はじめ五層の天守閣であったが、地盤の弱い山頂にあるのを憂え、三層に改築する工事に着手し、三年後二十七の城櫓が完成した。正保元年(一六四四)西国の諸侯と長崎港の警備を命ぜられ、同地に屋敷を与えられた。同四年ポルトガル船二隻が入港したので、定行は領内の船舶を集結して警備にあたった。承応元年(一六五二)幕府から松山藩に対し、騎馬二百七十騎・旗三十本・弓九十張・鉄砲五百二十挺の軍役が課せられた。定行は殖産にも意を用い、牡蠣・

白魚を取り寄せて沿海に放流し、茶を久万《くま》山地域に栽培させた。子定頼を経て、定長の治世に三津魚市の規定を整備し、魚問屋が活躍した。八幡造で有名な伊佐爾波神社の再建工事が完成した。第四代藩主定直は元禄期にあたり、彼自身が学問を愛好したから、藩内に儒学および俳諧が勃興し、松山文化が誕生した。

一方、天災の頻発による経済困窮を打開するため、奉行高《たか》内《ない》親昌(又七)にその再建をはからせた。親昌は歳入を確保する目的から、農民への課税を定免制に復帰するとともに、地《じ》坪《ならし》制を遂行して農民の負担の均等化をすすめ農産物の増収を企図した。親昌の着実な経営によって、藩の借銀米を返済することができた。享保十七年(一七三二)五月下旬以降長雨による不作のうえ、うんかが発生して雑草まで食い尽くした。この大飢饉によって、藩領内の餓死者三千五百人に及んだ。寛保元年(一七四一)久万山地域およそ三千人の農民が凶作による重税に苦しんだ結果、隣藩の大洲城下の中村へ逃散した。藩庁では家老らの責任者を配流し、彼らの要望を承認して帰村させることに成功した。

天明年間(一七八一―八九)に入り、俳人栗田樗堂《ちょどう》一派が加藤暁台らの俳諧復興運動に呼応し、伊予俳壇の黄金時代を築いた。化政期に登場した第十一代藩主定通は藩政の大改革を企て、厳重な倹約令を励行し、文武の奨励と綱紀の粛正のために、本格的な藩校明教館を創設した。藩内で再び朱子学が隆盛となり、著名な学者を輩出した。上方商人に対する藩の借財を城下の豪商に肩替りさせた。次の藩主定穀の時、懸案であった松山城郭の再建工事が完成。幕末政局の混乱するなか第二次長州征討にあたり周防大島に出征したが、同藩の近代装備の前に敗退した。戊辰戦争に徳川家に対する従来の関係から「朝敵」とされて新政府の追討をうけ、土佐藩が軍事占領した。やがて藩主勝成ら恭順の誠意が認められ占領を解かれた。明治四年七月廃藩置県の実施により、松山藩領はすべて松山県となり、藩知事久松定昭は辞任した。藩政史料には、『松山叢談』一―四(『予陽叢書』四―七)、『愛媛県編年史』五―九、『愛媛県史』資料編近世上・下、『予松御代鑑』『垂憲録』『却睡《めざめ》草』『諸事頭書之控』などがある。

参考文献　『愛媛県誌稿』上、『愛媛県史』近世上・近世下、『愛媛県史』資料編幕末維新、『松山市史』、松山市編『松山城』、景浦勉『松山城史』(伊予史談会、一九七六年)、渡辺達矩「松山藩に於ける定免制の確立」(『伊予史談』一〇〇、一九四一年)、田中歳雄「松山藩における藩政改革についての一考察」(同一三八、一九五四年)

藩校　文政十一年(一八二八)藩主松平定通の時、藩校明教

松山藩藩校　明教館講堂

館を設立した。それまで興(考)徳館という小規模な学問所があったが、この時本格的な建造物をつくり、朱子学・国学などの学習場と諸武芸の稽古場を併置した。敷地は二番町西端の東門屋敷跡地を利用し、校舎・講堂・演武場・寄宿舎などを整備した。教授には昌平黌出身の藩儒日下《くさか》陶渓・高橋復斎が任ぜられ、徒士以上の子弟を収容した。定通は学問・武芸の奨励によって、藩士の綱紀の粛正をはかったので、同校から優秀な朱子学者が輩出し松山藩文教の向上に貢献した。廃藩ののち愛媛県の英学所となり、変則中学などの変遷を経て県立松山中学校となった。講堂のみが二番町南側に移され、愛媛教育協会の図書館として使用されたが、県立図書館新築ののち松山東高等学校内に移築保存。屋根瓦葺入母屋造、五十四坪畳百八枚敷。県有形文化財。

参考文献　久松家編『松山叢談』三・四(『予陽叢書』六・七、臨川書店、一九七三年)、教育史編集室編『愛媛県教育史』一、『愛媛県立松山東高等学校百年史』、『松山市史』二

(景浦　勉)

藩札　宝永二年(一七〇五)はじめて銀札を発行。享保十五年(一七三〇)の札遣い解禁時に再び通用したが札価は五分一以下に下落。十年ほどで停止となったあと、宝暦十三年(一七六三)新規に一匁を銭六十文通用とする銭匁札を発行(幕府の許可は同十二年)。同時に正銀銭通用が禁じられたので、領内

五匁銀札

十匁銀札

では銭遣いでの通用貨幣として浸透した。以後六十文を一匁とする銭匁勘定が一般化し、部分的に銀札が出ることもあったが明治初年までほぼ円滑に通用した。

参考文献　『愛媛県編年史』七―九、『松山市史』二、岩橋勝「伊予における銭匁遣い」（地方史研究協議会編『瀬戸内社会の形成と展開』雄山閣出版、一九八三年所収）

（岩橋　勝）

藩法　松山藩庁から布達した法令のうち、加藤嘉明・蒲生忠知時代のものは、当時の藩政史料が少なく、『愛媛県編年史』五・六に収録。松平定行就封（寛永十二年（一六三五））から第十代定則治政の文化二年（一八〇五）に至る間の法令は藩士内山家で収集したものがある。本書に原題はないが『法令集』と仮称する。その内容は法度・定・壁書・条目・書付・書出・触書・廻状・禁令を網羅したもの。本書では藩主歴代ごとに分類編集したが、年代・記述に錯乱がある。第十一代定通時代の法令集には『定通公時代公文集』（伊予史談会所蔵）があり、文化六年から天保六年（一八三五）に及ぶ。『松山市史料集』近世二に収録。次の勝善以降の分はまとまったものがないので、『松山叢談』三（久松家編、『予陽叢書』六）のなかの史料を抜萃する必要がある。なお前記『法令集』は筆者校訂『松山藩法令集』として刊行されている。

（景浦　勉）

松山新田藩（まつやましんでんはん）

松山藩の支藩。享保五年（一七二〇）、松平定直死去後、松山藩十五万石は定英が相続したが、定直の遺志に従って弟定章に一万石が分知された。その一万石は松山藩の新田の内から分けられたので、これを松山新田藩と呼んだが、実際には知行地が分与されたのではなく、藩の蔵米から一万石分が与えられたのであった。しかし幕府に対しては一万石の御用を務めた。松山藩は藩の格式を守るため表高は十五万石のままとしたので、両藩で石高十五万石で十六万石相当の軍役を務めたのであった。定章のあとはその子定静が延享四年（一七四七）に相続したが、明和二年（一七六五）定静が本家の松平定功のあとを嗣いで第八代藩主となった。このため幕府から一万石の差出を求められ、藩はこれまで新田藩の領地を特定していなかったが伊予国、桑村郡と越智郡の中から合計一万石を上知した。

参考文献　『松山市史』二、『松山市史史料』二

（内田九州男）

吉田藩（よしだはん）

伊予国吉田（愛媛県宇和島市）に藩庁を置いた藩。藩主は伊

達氏、外様、陣屋持、三万石。明暦三年(一六五七)宇和島十万石藩主伊達秀宗の要望により、五男宗純を支藩主とし宇和郡八十四村を分封して成立(寛文二年の村浦交換で八十七村)。以下、歴代藩主は、宗保・村豊・村信・村賢《やす》・村芳・宗翰《もと》・宗孝《みち》・宗敬《よし》と続き、廃藩に至る。平野は狭小で吉田湾三角洲の北端に陣屋があり、大広間・中ノ間・書院などを含む政庁、郡所・代官所・藩蔵が置かれた。南に本町・上組・鷹匠町などの六屋敷町と本・裏・魚棚町などの町人居住地があった。行政はのちになって充実し、家老・中老・目付・郡奉行・山奉行・寺社町奉行・船奉行らがいた。軍事組織は大頭・侍大将・番頭・物頭・組頭の下に平士・徒士らが配備された。家臣団は宗藩から二百四十四人が来住したが、上級家臣の俸禄が藩財政を圧迫した。万治元年(一六五八)以来同藩目黒村山中における宇和島藩との境界論争が始まり、吉田藩庄屋が幕府に直訴した。同藩近永・永野市など五村と宇和島藩領北灘・川名津など八浦と交換した。延宝四年(一六七六)村浦を三組に分け、各代官を置いた。

　五代村賢の治世に藩士に対する俸禄の削減を計ったほかに、楮《こうぞ》・櫨《はぜ》の栽培を奨励し、蠟・紙などを統制して藩の専売品とした。そのうえ連年の洪水による莫大な被害を、豪農商に課した献金と専売制の強化によって克服しようとした。この間に豪商法華津屋が藩に融資するため、次第に藩政に容喙するようになった。豪商らは農民に楮元銀を貸し付けおき、漉き出した紙を安価に買い上げ莫大な利益を獲得した。村賢のあと六代村芳の代に、農民たちの間には高利貸資本化した豪商層と、これらに結託した藩吏に対する怨嗟の声が高くなった。寛政五年(一七九三)武左衛門を指導者とする百姓一揆がおこり、豪商の打ちこわしを目標とした。蜂起の範囲は製紙生産地帯にとどまらず、同藩のほとんど全領域にわたる大規模なものとなった。彼らは藩境を越え、宇和島藩中間村八幡河原に逃散。宇和島藩が両者の斡旋につとめたが、農民は応じないため吉田藩家老安藤継明は一揆勢の前で割腹した。吉田藩は農民の要望を全面的に容認して解決した。翌六年村芳は藩校時観堂を設立し、学問所と武芸訓練所を併置して士分以上の子弟を収容し、綱紀の粛正に努力した。明治四年(一八七一)七月宗敬のとき廃藩置県により吉田県が成立。同年十一月宇和島県、さらに五年神山県を経て、六年愛媛県に併合された。

参考文献　『愛媛県史』近世上・近世下、資料編近世上・近世下、愛媛県教育協会北宇和部会編『宇和島吉田両藩誌』(名著出版、一九七二年)、景浦勉『伊予農民騒動史話』(『愛媛文化双書』一〇、愛媛文化双書刊行会、一九七二年)

(景浦　勉)

高知県

浦戸藩 (うらどはん)

土佐国(高知県)浦戸を藩庁とした藩。浦戸城は長宗我部政権末期の所在地であった。岡豊城を拠点として土佐を統一し、四国制覇を推進した長宗我部元親が豊臣秀吉によって制圧され、土佐の国主に封ぜられたのは天正十三年(一五八五)七月のことで、同十六年には大高坂に移転、城下町経営を試みたが成功せず、同十九年さらに浦戸に移転した(領知石高は二十四万八千三百石余)。慶長五年(一六〇〇)十月長宗我部氏除封まで、いわゆる浦戸藩の存在は十年に満たなかったが、元親・盛親父子の近世大名としての治績は見るべきものがあった。領内検地の完成、法令の制定、朝鮮への出兵、漂着スペイン船の処置などの話題を残し、同年十二月新国主山内氏入国を拒む浦戸一揆によって終結する。なお、浦戸城の大改修城下建設は文禄元年(一五九二)という説もある。

参考文献　中山厳水『土佐国編年紀事略』、『土佐物語』(『国史叢書』四・五)、『高知市史』上、『浦戸城跡―国民宿舎「桂浜荘」改装工事に伴う発掘調査報告書―』(一九九五年)、山本大『長宗我部元親』(『人物叢書』五七、吉川弘文館、一九六〇年)、平尾道雄『長宗我部元親』、『高知県の歴史』(山川出版社、二〇〇一年)

(平尾　道雄)

高知藩 (こうちはん)

土佐国(高知県)高知を藩庁とした藩。外様。城持。関ヶ原の戦後、遠江国掛川城主山内一豊は土佐の国主に封ぜられ、慶長六年(一六〇一)正月八日前国主長宗我部盛親の居城浦戸に入城した。入国後土佐郡大高坂山に新城を築き、同八年八月二十一日本丸・二ノ丸の落成を待ってこれに移り、大高坂山城の名を改めて河中山《かわうちやま》城と称した。この地は北に江ノ口川が流れ、南に鏡川があって、その中間に位置していたからである。城下はデルタ地帯で低湿、毎年雨期になやまされるので、同十五年九月三ノ丸の竣功を機会に五台山竹林寺の僧空鏡の進言によって河内の文字を高智に改めた。高智の文字はいつしか高知に変わり、いわゆる高知藩の名称は、このような由来をもって成立したのである。この名称は明治二年(一八六九)六月になって公式に確定したので、それ以前は土州藩または土佐藩と呼ぶのが一般であった。土佐の国高は前国主長宗我部氏の天正検地によって二十四万八千三百石余とされて

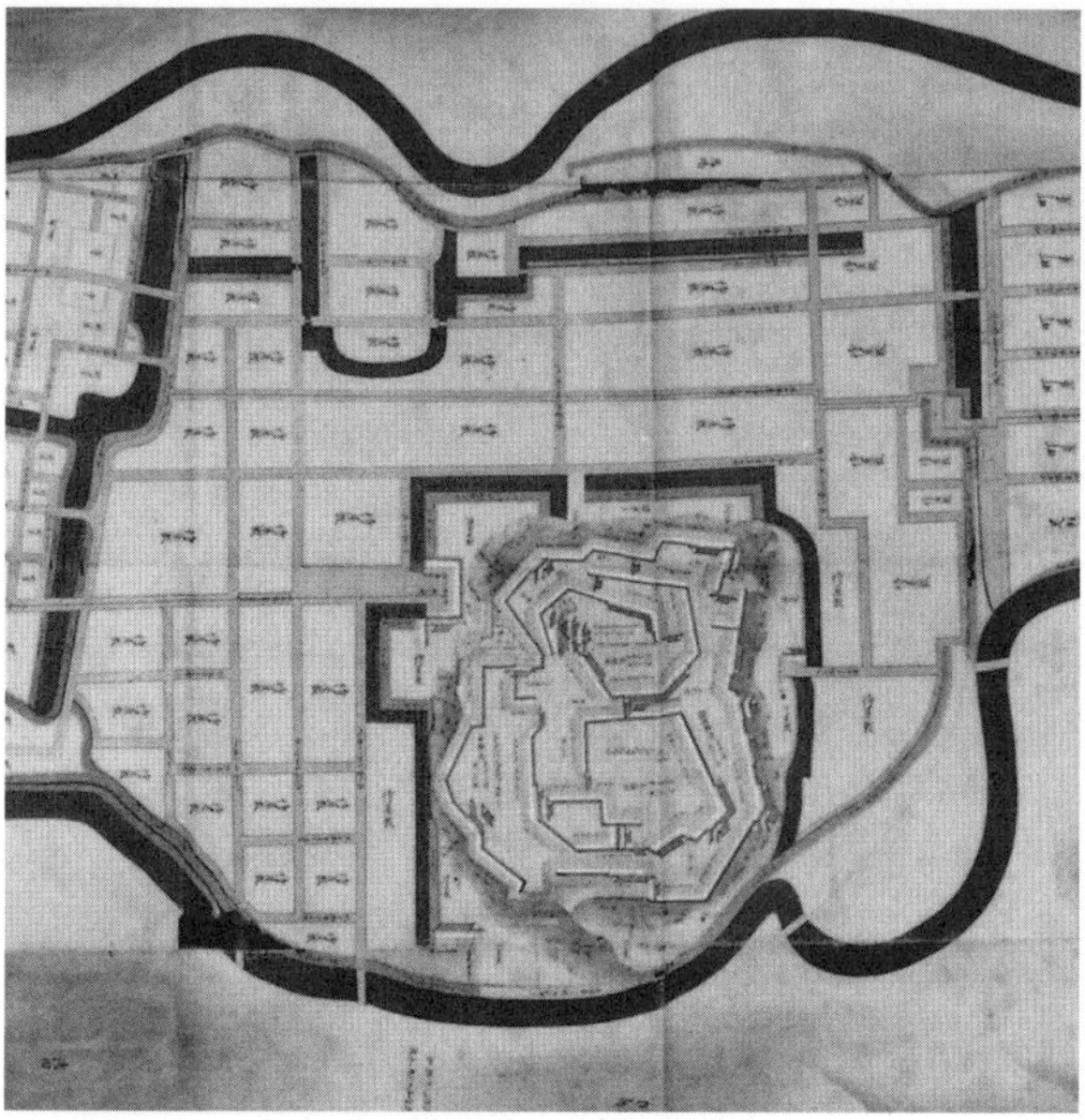
土佐国城絵図部分(正保城絵図より)

いたが、山内氏の江戸幕府から受けた判物は二十万二千六百石余となっている。

　土佐入国後、山内一豊はその実弟康豊に二万石を与えて幡多郡中村に置き(中村藩)、そのほか家老のうち深尾重良に一万石を給して高岡郡佐川に、山内一照(本姓永原氏)を千三百石で長岡郡本山に、山内可氏(本姓安東、のち伊賀氏)を七千石で幡多郡宿毛に、山内一吉(本姓林氏)を五千石で高岡郡窪川に、五藤為重を千百石で安芸郡土居に在城させて方面の統治と警備にあたらせた。元和元年(一六一五)閏六月、一国一城の令がしかれてこれらの城は破却され、土居に改まったのである。二代藩主忠義の三男一安は四代将軍家綱に召し出され小姓となり、明暦三年(一六五七)に禄米三千俵を与えられ、詰衆となった。同家四代豊産の時、安永九年(一七八〇)本家の収納米から一万俵を分与され、旧領と併せ一万三千石を領し、高知新田藩となり、柳の間詰め、常府大名となった。山内氏の朱印高はこれらの分知や給地を控除して幕府に申請した結果ではないかとの説があるが、その当否は明確でない。一豊没後、二代忠義が領知判物高を二十五万石に訂正することを幕府に要請し、本田正純の諭示によって撤回したことも伝えられ、通俗には長宗我部検地の結果に従って「土佐二十四万石」説が流布されている。

　高知藩は一豊以後忠義・忠豊・豊昌・豊房・豊隆・豊常・豊敷・豊雍・豊策・豊興・豊資・豊熙・豊惇・豊信・豊範まで山内氏十六代によって統治された。藩主は常に城内二ノ丸に住み、城下は郭中と郭外に分けて、郭中は山内氏家臣団の住居に宛てられ、郭外は武家奉公人や足軽・商工業者の住宅地区になっていた。城下町名に追手筋・本町・与力町・鷹匠町・奉公人町などの名が残され、また紺屋町・細工町・播磨屋町・材木町など商工業の職種を示すものや浦戸・種崎・朝倉・蓮池・山田の町名は領内各地からの移住を示すもの、さらに京町・堺町・掛川町などは領外各地から商工業者を招いたもの、また唐人町は文禄・慶長の役に従軍した長宗我部氏が捕虜を収容した町で、近世初頭に形成された新城下町の歴史を説明するものである。領内は古来安芸・香美・長岡・土佐・吾川・高岡・幡多の七郡に区分されていたが、近世になって商工人の住む町、農民の住む郷、航海業者や漁民の住む浦に区分し、その環境や業種に応じて行政的に三支配と呼び、それぞれ町奉行・郡奉行・浦奉行を任命してこれを管理させた。三支配下では庄屋・老《としより》・組頭が選任され、自治の形式がとられていたのである。

領内は山地がほとんどその八割を占め、したがって林産に富み、東南西の三面は海に囲まれているために水産もゆたかで、山間で生産される和紙や海岸地方で製造される鰹節はその代表的国産品とされたが、平野が乏しいために米の産量が少なかった。新田開発がしきりに勧奨され、実施されたのもこれらの事情によるもので、藩の産業開発第一の功労者として執政野中兼山があげられる。野中兼山は山内氏の家老・執政(奉行職)として二代忠義・三代忠豊を輔佐し、経済面からも教学面からも高知藩の基盤を確立した政治家であった。輪伐制実施による山林の保護、港湾修築による航海安全の確保とならんで物部川や仁淀川に堰堤を設け、水路を荒地に通じて水田化することに成功した。そのため新田開発は後代まで続き、明治三年作成の『土佐国郷村帳』によれば土佐国総石高四十九万四千石余、そのうち本田高二十四万七千石余に対し新田高二十四万六千石余に達し、藩政初期に対比して石高を倍化する成果を収めることができたのである。新田開発にあたって百人衆と称し、長宗我部氏の農兵一領具足の帰農している者に三町歩の新田開発を条件に郷士の身分を与えた。後代には「郷士八百」と称えられ、その数も家中武士に匹敵するまでに増加し、高知藩の予備兵力に発展した。

他面では、いわゆる南学を保護奨励して好学の風を振起した。これは兼山の政治的失脚によって中断したが、その学派から垂加神道を唱導した山崎闇斎を生み、闇斎学は谷秦山によって土佐に伝えられ、高知藩の藩学として上下に浸透した。闇斎学の普及と郷士勢力の発展は高知藩の体質を特色づけ、幕末変革期におけるその動静に大きな影響を与えた。

高知藩は、明治維新前後西南雄藩に伍して活発に行動した。その一は安政五年(一八五八)条約勅許問題や将軍継嗣問題の係争にあたって一橋慶喜を擁立する水戸派に協力する山内容堂(豊信)が、これに対立する大老井伊直弼に抵抗したことである。その結果、容堂は隠退蟄居を余儀なくされたが、その思想は公武合体主義、大老の専断を排撃するもので幕府を否定するものではなかった。井伊はやがて水戸浪士によって要殺され、政情は急速に混乱するのである。この混乱のなかで、土佐に勤王党が結成されるのだが、これは武市半平太(瑞山)を盟主とする郷士や農村庄屋層を中核とした団結で、尊王攘夷論を掲げ、幕府打倒への方向をたどるものであった。公武合体論と尊王攘夷論との対立は高知藩の悲劇を招いたのであるが、あわただしい政局の変転は、容堂に将軍の政権奉還建白を決意させ、さらに、高知藩を徳川氏征討戦に参加させたのである。複雑な内部的な苦悶に耐えながら、高知藩は革新的姿勢を崩すことなく、戦後の版籍奉還・御親兵献上・廃藩置県に至るまで、鹿児島・萩両藩にならんで明治維新の先頭に立ち、その功績を歴史に残したのである。

このような藩風振起の底には種々の要素があったことが考えられるが、重視すべきは教育の充実と普及であった。宝暦九年(一七五九)十二月藩校教授館を設けて(翌年正月開校)藩士の修学を義務づけ、のちこれに医学館を付設したが、文久二年(一八六二)四月には致道館を新設して文武の振興を奨励し、慶応二年(一八六六)二月には開成館を創設、産業の近代化に併せて欧米知識の吸収と消化に努力した。開成館貨殖局からは三菱商会を創立した岩崎弥太郎を生み、明治三年の藩政改革では「人民平均の理」を宣言、明治維新に日本民主化の理想を盛りあげたのも高知藩の特色であった。同四年廃藩、高知県となった。

参考文献　『高知県史』近世編、『高知市史』上、平尾道雄『土佐藩』(吉川弘文館『日本歴史叢書』一一、吉川弘文館、一九六五年)、『高知県の地名』、荻慎一郎他『高知県の歴史』(山川出版社、二〇〇一年)

（平尾　道雄）

藩校　藩主山内豊敷は儒学を尊崇し、家中藩士の講学のため享保十七年(一七三二)高知北会所に会所講を創め、宮地静軒・中村七友斎・岡立哲・谷塊斎の四人を講師として、毎月十回会合し、もっぱら程朱の学を聴くことにした。ついで宝暦十年(一七六〇)藩校教授館を土佐郡追手筋千四百五十四坪の地に創設し、宮地為斎以下四人の教授役を任じ、主として和学・漢学を講ぜしめ、習字・習礼および諸武芸はそれぞれの師家に就いて修業させた。明和元年(一七六四)教授館に示した藩主豊敷自撰の掲文(『高知藩教育沿革取調』)によると、程朱の学を孔孟の学統に接する正学といい、伊藤仁斎・荻生徂徠の学を疎妄な邪説とし、ことに徂徠の学は邪中之邪説と断じて排斥し、正学を遵守すべきを諭している。これより天保期にわたり、谷・宮地・箕浦の三家がそれぞれ家学を紹述して学職を継ぎ、闇斎派朱子学を遵奉して土佐文教の燈台となった。

藩主豊範の時、文久二年(一八六二)教授館を廃し、文武綜合の広大な藩校致道館を城下西弘小路に建営し、経学・史学・国学・句読・槍術・剣術・弓術・砲術・士官学・生兵学・練兵・馬術・居合術・体術・貝太鼓などの諸科目を立て、藩士子弟は十三歳より入学して必ず文武を兼修させることにした。この時期より、学校は国家の人材を教育し、世道を維持する重要機関と観じ、また陽明学を公認した。土佐藩学に長い伝統を固持してきた闇斎派朱子学風から脱却し新風を導入した。明治二年(一八六九)本館は藩庁にあてられ、同五年廃校となった。天保三年(一八三二)教授館内に特設された医学科は、同十四年帯屋町に移されて医学館となり、弘化二年(一八四五)沢流館と改称して漢・洋医学を研修、慶応二年(一八六六)開成館を九反田に設立して洋学・医学など西洋各国の学術を教授し、明治三年吸江病院を付設し、英人医師を雇傭して文明

教授館扁額(山内豊雍筆)

高知藩藩校蔵書印

高知藩藩校　致道館正門

開化に努めた。

参考文献　文部省編『日本教育史資料』七・一〇・一二、『高知県史』下、笠井助治『近世藩校に於ける学統学派の研究』下（吉川弘文館、一九七〇年）　（笠井　助治）

藩札　野中兼山執政末期の寛文三年（一六六三）中に銀札発行の記録があるが、詳細は不明である。元禄十六年（一七〇三）十月にはじめて幕許を受け、二分から二匁に至る七種の銀札を発行。引替所として城下のほか、郷中五ヵ所、浦方二十七ヵ所が指定された。宝永度札遣い停止後長く藩札発行がなかったが、幕末からおびただしく乱発されるに至った。まず慶応二年（一八六六）十月、一分から五両の桃色の五種の金札、翌三年三月一朱・二朱の赤札金札、さらに同年五月には十匁から五十匁に至る九種の銀札発行が続いた。これらは国産の紙・砂糖買い集めに主としてあてられ、正金銀との混合通用であった。明治元年（一八六八）中に三期にわたり銀札が増発された結果、発行総額は百万貫目を上まわった。このため札価は約四分の一に下落、同三年相場回復のため金札・銭札に全面引替が試みられ、翌年七月両替社を設置して市場混乱にそなえた。

一匁銀札

参考文献　松好貞夫『土佐藩経済史研究』、荒木三郎兵衛『藩札』下、平尾道雄『土佐藩商業経済史』　（岩橋　勝）

藩法　土佐国主として入国当時、山内一豊は元国主長宗我部氏の遺法によって領民を安堵したが、その後時勢に応じ、必要とする法を定めて新政を施した。これらの法令を集大成したのが元禄三年（一六九〇）三月の大定目である。『元禄大定目』と称せられるもので、これは諸侍掟・市町定・郷中定および浦中定を基幹として田畑貢物納所定・田地方之定・本田売買定・魚猟分一定など細目にわたって規制され、藩法として不動の権威を長く保持した。江戸時代末期の変動にあたって編集されたものに『海南政典』がある。文久元年（一八六一）九月に脱稿、内容は職守・考課・継嗣・儀制・寺社・戸籍・田疇・山虞・関市・賦役・営繕・倉庫・法律の十三項に分かれ、これと同時に『海南律令』も編集された。参政吉田東洋が監修、政典は全部漢文で書かれていて難解の部分もあるが、その周到な内容は藩法研究の好題目とされている。

参考文献　『高知県史要』、『高知県史』近世編、石尾芳久『海南政典の研究』　（平尾　道雄）

幕末諸隊　高知藩の諸隊では、中士以下の立場にたって天保改革をはかったおこぜ組、安政期に吉田東洋を中心に改革をすすめた新おこぜ組、坂本竜馬の指導によりつくられた海援隊、中岡慎太郎が組織した陸援隊などが著名である。以上の四隊については別項目で説明があるので、ここでは海防問題を契機としてつくられた民兵制についてみておく。高知藩において、異国船渡来の危機に対して藩軍事力の不足を補い海防に備える動きは、文化・文政期に始まっている。この時は郷士や地下浪人を中心としていたが、嘉永・安政期という開港の時期になると、民兵(郷兵)取立てが本格化した。安政元年(一八五四)の民兵定によると、地下浪人、庄屋層、百姓・猟師の十七—五十歳までの壮健な者を取り立て、民兵を五年経験すれば帯刀許可や郷士へ上昇する道を開いている。元治・慶応期には、海防問題より国内政情不安への対処が第一義的となり、藩士谷干城は長州藩奇兵隊にならい、農商・神職・出家・山伏などにも民兵の訓練を施すよう上申した。民兵制に加わった者の階層別統計は不可能であるが、七郡の郡奉行管轄下に、徴募の間口は次第に広められ、明治元年(一八六八)十一月に、長岡郡では百二十七人が民兵に参加している。同三年には郡ごとに民兵に呼称がつけられ、箕星隊・壁星隊・翼星隊・軫星隊などと呼ばれた。同四年九月、徴兵制への移行のため解散の旨が告示された。

参考文献　平尾道雄『近世社会史考』

（高木　俊輔）

おこぜ組《ぐみ》　高知藩において天保の改革を推進した藩士集団。竹内流小具足の武芸師家馬淵嘉平を中心にするグループであって、家老柴田織部以下四、五十名に及ぶと伝えられる。上士の下層および中士層を中心に構成され、主に中士層以下の立場から藩政改革の徹底化を期した。天保の改革に際して、藩主山内豊熙に登用され、政策的に門閥層を中心とする守旧的勢力と対立し、天保十四年(一八四三)十一月、馬淵嘉平以下十余名のものが投獄され、処分をうけた。そのため高知藩の天保の改革は、十分な成果をあげ得なかった。「おこぜ」とは貝の一種で、これを持てば利益を得られるところから、馬淵に与するものを世間ではおこぜ組と称した。その後安政期になり再度藩政改革がすすめられるが、その中で吉田東洋を中心とする開明的な佐幕開国派を新おこぜ組、小南五郎右衛門を中心とする尊王攘夷を主張する一派を古おこぜ組と称した。

参考文献　平尾道雄「天保おこぜ組始末」(『土佐史談』三六、一九三一年)、同『吉田東洋』(『人物叢書』二六、吉川弘文館、一九八九年)

（池田　敬正）

海援隊《かいえんたい》　長崎に本拠を置き、坂本竜馬を隊長とする高知藩の海上遊援隊。隊士は神戸海軍操練所以来竜馬と行動をともにした諸国脱藩の志士が多く、すでに長崎亀山に社中を設け、鹿児島藩の保護下に航海運輸業に従事しながら国事運動を試みていた。慶応三年(一八六七)四月高知藩参政後藤象二郎・福岡藤次(孝弟)は長崎出張を機会に竜馬と商議し、社中を藩に付属させて海援隊と名づけ次の規約を定めた。

海援隊約規

凡そ嘗て本藩を脱する者、及び他藩を脱する者、海外に志ある者此隊に入る。運輸射利、開拓投機、本藩の応援を為すを以て主とす。今後自他に論なく其志に従て撰で之を入る。

凡そ隊中の事一切隊長の処分に任す。敢て或は違背する勿れ。若乱暴事を破り妄謬害を引くに至ては、隊長其死活を制するも亦許す。

凡そ隊中患難相救、困厄相護、義気相責、条理相糺、若独断過激儕輩の妨をなし、若儕輩相擁、乗勢強制、他人の妨を為す。是尤も慎むべき所、敢て或は犯す勿れ。

凡そ隊中修業分課、政法、火技、航海、汽機、語学等の如き其志に従て之を執り、互に相勉励、敢て或は怠ること勿れ。

凡そ隊中所費の銭量、其自営の功に取る。亦互に相分配私する所ある勿れ。若学事用度不足、或は学科欠乏を致す。隊長建議、出崎官の給弁を竢つ。

右五則海援隊約規、交法簡易何ぞ繁砕を得ん。元是れ翔天の鶴其飛ぶ所に任す。豈樊中の物ならんや。今後海陸を合せ号して翔天隊と云ん。亦究竟此意を失する勿れ。

皇慶応三丁卯四月

高知藩は竜馬の脱藩罪を許して海援隊長に任命すると同時に中岡慎太郎の脱藩罪も許し、京都に陸援隊を組織して中岡をその隊長に補任することも決定した。海援隊は藩に直属せず、長崎出張官の管理に委ねられたもので、初期には参政後藤象二郎、末期には大監察佐佐木三四郎(高行)がその任にあたった。専用船舶は洋型帆船大極丸、隊員に陸奥源二郎(宗光)・中島作太郎(信行)・関雄之助・菅野覚兵衛・長岡謙吉らがおり、水夫や火夫を含めて約五十人、必要に応じては蒸気船をチャーターして物資輸送に供用した。自給自営のための商事活動にとどまらず、時には『閑愁録』や『和英通韻伊呂波便覧』を出版し、また『万国公法』版行を計画するなど文化事業にも積極的な意欲を見せた。隊長坂本竜馬は高知藩を薩長陣営に接近させて、将軍の政権奉還による王政復古計画を推進した。この年十一月十五日の隊長坂本の横死によって海援隊は解散に追いこまれた。翌明治元年(一八六八)正月十四日その一部は長崎奉行所占領に参加し、また讃岐塩飽諸島に本拠を設けて再建を計画したが、同年閏四月二十七日高知藩から解散の通告を受けた。

参考文献　岩崎英重編『坂本竜馬関係文書』(『日本史籍協会叢書』日本史籍協会、一九六七年)、平尾道雄『坂本竜馬海援隊始末記』(『中公文庫』一九七六年)、飛鳥井雅道『坂本竜馬』(『講談社学術文庫』二〇〇二年)、池田敬正『坂本竜馬』(中央公論社、一九六五年)

(平尾　道雄)

新《しん》おこぜ組《ぐみ》　高知藩十五代藩主山内容堂を助けて安政改革を推進した吉田東洋門下の人々をいう。おこぜ組は天保改革を進めた馬淵嘉平一派を蔑視していった名称であるが、安政期に東洋一派を異端視して新おこぜ組とよんだ。東洋は学問・政治手腕にすぐれていたが、上層の門閥層からは嫌悪されていた。嘉永六年(一八五三)十一月参政となり安政の改革にとりくんだが、山内家一族との悶着で失脚、安政二年(一八五五)高知南方の長浜鶴田に蟄居す。ここで少林塾を開き門下生を教導したが、時局の急変により同五年参政に復帰し積極的に改革を推進した。改革の主なものは財政緊縮、商品生産の奨励と口銀(物品税)の賦課、文武館建設、藩政の基準を示す『海南政典』の発布などであったが、労役の負担増、物価騰貴を招き、武士や民衆の不満がおこった。東洋の教育をうけその政策を実行していった人々に後藤象二郎・福岡孝弟・板垣退助・松岡毅軒・野中太内(助継)・岩崎弥太郎らがいた。彼らは新おこぜ組の有力な人々で、東洋暗殺後も活躍したが、公武合体路線を歩むものが多く土佐勤王党と対立しつつ土佐藩の政治運動の中心となった。

参考文献　大塚武松編『吉田東洋遺稿』(『日本史籍協会叢書』日本史籍協会、一九二九年)、津田茂麿編『(勤王秘史)佐佐木老侯昔日談』(国晃館、一九一五年)、瑞山会編『維新土佐勤王史』(二〇〇四年)、『高知県史』近世編、平尾道雄『吉田東洋』(『人物叢書』二六、吉川弘文館、一九五九年)、福島成行『吉田東洋』(一九二六年)、池田敬正「土佐藩における討幕運動の展開」(三宅紹宣編『幕末の変動と諸藩』吉川弘文館、二〇〇一年)、同「土佐藩における安政改革とその反対派」(『歴史学研究』二〇五、一九五七年)、同「藩政改革と明治維新(高知藩)」(『社会経済史学』二二ノ五・六合併号、一九五七年)

(山本　大)

陸援隊《りくえんたい》　幕末の浪士隊。慶応二年(一八六六)正月薩長同盟が成立し、翌三年正月には第二次長州征討が失敗するなど、反幕機運が醸成されるなか、土佐出身の志士中岡慎太郎は高知藩に志士を保護させ、かつ対幕戦争に備えて浪士隊の結成を企図した。京都に「陸上斡旋の才ある」脱藩者の陸援隊を、長崎に「海外開拓の志ある」脱藩者の海援隊を設置することを坂本竜馬と慶応三年三月二十日に合意し、長岡謙吉が両隊の組織・目的などに関する草案を作成した。その中で陸援隊の任務として情勢の変化、諸藩の強弱に対応した応援・牽制や遊説間諜があげられ、組織的には土佐藩に直属せずに出京官(在京中の土佐藩参政・監察一名など)に暗に属するとされている。また、財源は主として海援隊の収益が予定され、藩からの支給は臨時のものに限られた。この草案にもとづいて同年四月、長崎で同藩参政後藤象二郎・大目付福岡藤次(孝弟)は両隊の設置に合意した。四月に成立した海援隊と異なり、陸援隊の発足は遅れたが、大目付佐佐木三四郎(高行)・参政由比猪内・陸目付樋口武らの協力により土佐藩京都白川屋敷で中岡を隊長として七月二十九日発足した。幹部は土佐の田中顕助(光顕)・木村弁之進・大橋慎三(慎)、水戸の香川敬三、隊士は約七十名で薩摩藩鈴木武五郎より洋式銃隊訓練を受け、十津川郷士とも協力関係にあった。

隊経費の大部分は土佐藩が支出し、隊士採用も最終的には同藩が掌握していたが、同藩佐幕派の一部はその放逐を図っていた。十一月、中岡が坂本とともに暗殺された後、田中らが指導、十二月八日、高野山出張の内勅を受けた侍従鷲尾隆聚を奉じて同隊は同山に移動、その際、土佐藩邸より小銃百挺を無断で持ち出している。同隊は、十津川郷士と協力して大和・紀伊方面の佐幕勢力を牽制、鳥羽・伏見の戦のあった明治元年(一八六八)正月三日、錦旗・勅書を受領した。正月十日に下山、十六日に入京した。鷲尾侍従指揮下の兵は千三百十八人にのぼったといわれるが、正月二十七日、十津川郷士以外は全員親兵に編入された。

[参考文献] 平尾道雄『(中岡慎太郎)陸援隊始末記』(『中公文庫』一九七七年)、田中光顕『維新風雲回顧録』(『河出文庫』一九九〇年)、瑞山会編『維新土佐勤王史』(マツノ書店、二〇〇四年)

(吉田　昌彦)

池川《いけがわ》用居《もちい》非常《ひじょう》大要《たいよう》記録《きろく》 天明七年(一七八七)二月、土佐国吾川郡の池川・用居両郷の農民六百余人が大挙して隣国伊予に逃散した事件の大要を、毛利治左衛門・安喜権七・原彦左衛門らがまとめた記録。一冊。この両郷は伊予に近接した山間地帯で耕地に恵まれず、楮草を原料とする和紙製造を副業として住民の生活が維持されていた。その製品は自由販売が許されず、すべて藩に指定された問屋が買収することになっていたが、その買収価格が常に時価より低く郷民の生活を圧迫していたのである。たまたま連年の不作で苦境に陥った郷民は制限の緩和を藩庁に訴えたが無視せられ、最後の手段として逃散を決行、国境を越えて伊予の菅生山に屯集して松山藩の保護を求めた。松山・高知両藩当局の折衝や菅生山大宝寺の調停の結果、郷民たちの希望条件が認められ、三月になって帰郷した。この記録原本は焼失したが、写本や関係文献は多くある。刊本として『近世社会経済叢書』一一に収められている。

参考文献　竹本源治編『池川年代記』、『馬詰親音日記』、尾池敬永『盲人笻』、武藤致和編『南路志』、瓊川堂主人『池川用居愁訴脱管記』、平尾道雄『土佐農民一揆史考』(高知市立市民図書館、一九五三年)、荻慎一郎他『高知県の歴史』(山川出版社、二〇〇一年)

(平尾　道雄)

土佐国編年紀事略《とさのくにへんねんきじりゃく》　古代から長宗我部氏滅亡までの土佐国の編年体史書。中山厳水編著。十巻。厳水は谷真潮《ましお》に儒学を、本居宣長・伊勢貞丈・塙《はなわ》保己一らに国学・史学を学んだ博学の人で、寛政年間(一七八九―一八〇一)奥州を巡歴し、帰国後土佐藩の納戸役・集録役を歴任し、天保三年(一八三二)没した。本書には谷景井が序文で「弘化丁未冬至日谷景井序」と記しているので、厳水生前の書を弘化四年(一八四七)に整理したものと思われる。神代、崇神朝に始まり元和元年(一六一五)五月十五日長宗我部盛親の死に至るまでの間、土佐国に関係した事項を軍事・政治・経済・社会・宗教・文化などの各般にわたって細大もらさず記述し、そのよりどころとなった古文書・古記録の類をあげてある。そして著者独自の考証を「厳水按…」としてかかげ、するどい史眼を展開している。谷景井の序文に「一国千事瞭然可視矣」と記されたように、古代・中世の土佐史研究の基本的文献である。明治初年高知県庁で写本(県立図書館に所蔵されていたが戦災で焼失)が作成され、この写本を底本に、昭和六年(一九三一)公刊(孔版)され、さらにこれより昭和三十六年・三十七年前田和男・宅間一之編『土佐国編年記事略』(孔版)が刊行された(昭和四十二年―昭和四十四年前田が単独で再刊、同四十九年臨川書店より複製刊行)。なお東大史料編纂所には前記県庁作成の写本による写本がある。

(山本　大)

名野川郷民逃散記《なのかわごうみんちょうさんき》　天保十三年(一八四二)土佐国吾川《あがわ》郡名野川郷の農民が伊予国久万山へ逃散した顛末を記したもの。三部から成る。一は『天保十三年壬寅七月五日名の川郷民逃散之事』、二は『元吉忠八筆記』、三は『名野川郷村々百姓予州へ逃散ニ付出郷日記並ニ於予州久万山与松山郡代応対之記』。この事件は、遅越口番人庄屋藤崎明平が名野川郷番頭大庄屋小野庄右衛門への不満(貢物・賦課などの増徴)から庄屋上岡外助をさそい、農民を組織し大庄屋排斥を企てたことが発端となり、藩の処置に動揺した三百二十九人が伊予松山藩領に逃散したもの。一はその内容を記すが作者は不明。二は追捕に派遣された足軽隊小頭元吉忠八の手記。三は郡奉行寺村勝之進清定の松山郡代との応対を記したもの。巻末に「伊予国菅生山之図」「菅生山全図」を載せる。『土佐国群書類従』伝記部、『近世社会経済叢書』一一に収載。なお、この事件を扱ったものに竹本源治編『名野川逃散記』がある。

参考文献　平尾道雄『土佐農民一揆史考』（高知市立市民図書館、一九五三年）、荻慎一郎他『高知県の歴史』（山川出版社、二〇〇一年）　（山本　大）

中村藩（なかむらはん）

土佐国中村（高知県四万十市）中村に藩庁を置いた藩。外様。慶長六年（一六〇一）、山内一豊が土佐入国した折に、弟康豊に二万石を与え、中村山内家を創設させた。二代政豊（良豊）、三代忠直へと続き、寛文四年（一六六四）に江戸幕府より三万石の朱印状を与えられ、中村支藩が正式に承認された。さらに、四代豊直（豊定）、五代豊明（直久）へと続き、元禄二年（一六八九）豊明は将軍徳川綱吉の怒りを買い若年寄を免職となり所領は幕府領となったが、元禄九年改めて幕府から本藩山内家に返還された。

参考文献　『中村市史』、『高知県歴史辞典』　（広谷喜十郎）

福岡県

秋月藩（あきづきはん）

筑前国（福岡県）秋月を藩庁とした藩。藩主黒田氏。外様。陣屋持。福岡藩の支藩。元和九年（一六二三）初代福岡藩主黒田長政の遺言にもとづき、三男長興に五万石が分知されて成立。寛永二年（一六二五）本藩家老から江戸参府を差しとめられた長興は、ひそかに江戸へ上り将軍徳川家光に拝謁、従五位下甲斐守に任じられ、同十一年八月五万石の朱印状を与えられた。このため本藩との関係は悪化したが、第二代福岡藩主忠之死亡後の万治元年（一六五八）に長興と第三代福岡藩主光之との間に和睦がなって不和は解消した。長興のあとは長重・長軌・長重・長貞・長邦・長恵・長堅・長舒・長韶・長元・長義・長徳と続き、廃藩置県に至った。元和九年の知行高は筑前国夜須郡二十九ヵ村・下座郡十七ヵ村・嘉麻郡九ヵ村の計五十五ヵ村であったが、朱印状では五十八ヵ村となっている。寛永十三年に、下座郡七ヵ村千七百七十三石が、本藩領穂波郡二ヵ村・夜須郡一ヵ村千七百七十三石と交換された(御内証替)。同十五年正月島原の乱に出陣。その二百年祭に藩主長元が画かせた島原陣屏風は著名である。

寛永十八年以降、本藩は佐賀藩と隔年交代で長崎警備にあたっていたが、天明五年(一七八五)には福岡藩主斉隆が幼少のため、秋月藩主長舒に長崎代番が命じられ、長舒のあとを継いだ長韶も文化五年(一八〇八)に長崎代番を命じられている。秋月に残る目鏡橋はこの長崎代番を契機に建設されたものである。家臣団は家老・中老・用役の三要職(着座中)のもと、馬廻・無足・組外(以上士分)、陸士・側筒・足軽などがあり、馬廻・無足から諸種の頭・奉行が任じられた。寛永十一年に山足軽制度を創設、山足軽はのちに郷足軽と称した。文政三年(一八二〇)には郷士制度が創設された。文化八年「辛未の変」(織部崩れ)と呼ばれる政変により、それまでの門閥家老政治が崩壊、福岡藩の藩政への直接介入を招くことになる。領内を数個の組に分け、大庄屋(触口)を置き、村々に庄屋を置いた。領内には、元結・鬢付・紙・葛粉・紫金苔・木蠟などの産物があり、享和二年(一八〇二)には陶器・紙・葛粉・蠟などの国産方仕組を実施した。明治二年(一八六九)正月版籍奉還。黒田長徳を知藩事とした。同四年七月廃藩置県によって秋月県が置かれ、同十一月福岡県に併合された。同藩の記録はもと秋月の黒田藩邸にあったが、現在は九州大学と秋月郷土館に収蔵されている。

参考文献 『福岡県史資料』、『福岡県史』二下、田代政栄『秋月史考』(「秋月史考」刊行会、一九五一年)、『福岡県史』通史編一、『甘木市史』上、『甘木市史資料』近世編一—四、福岡地方史談話会編『黒田三藩分限帳』、前田正好「秋月藩明治維新前後の制度」(『筑紫史談』一八、一九一八年)、檜垣元吉「秋月藩の島原陣屏風」(『近世北部九州諸藩史の研究』九州大学出版会、一九九一年所収)、柴多一雄「文化・文政期における秋月藩政の展開—文化八年の政変と財政経済政策の特質—」(『史淵』一一八、一九八一年)、同「秋月藩における流通構造の特質」(九州大学国史学研究室編『近世近代史論集』吉川弘文館、一九九〇年所収)
(柴多 一雄)

藩校 安永四年(一七七五)藩主黒田長堅が城下新小路に学校を設けて稽古亭と称した。天明四年(一七八四)拡張、武芸所を併置して稽古観と称えたが、文化七年(一八一〇)再建のときに稽古館とあらためられた。藩主の長舒は文武の奨励につとめ、天明五年には福岡の亀井南冥門下の原震平(号、古処)を教授に任じ、また南冥もしばしば招かれ来講したので徂徠学が大いに振るった。しかし寛政異学の禁の影響は福岡藩を通してこの藩にも及び、福岡から朱子学派の儒臣が招かれて講じたり、寛政四年(一七九二)には京都から闇斎学派の小川晋斎が招かれたりした。一方、文化三年(一八〇六)には南冥著『論語語由』十巻が、藩主長舒の序文をのせて稽古観から出版された。しかし文化八年の政変に伴う福岡藩の介入により、原震平を中心とする稽古館は閉鎖され、原震平は退役させられる。文化十年、藩主長韶はもっぱら宋学を学ぶことを命じ、福岡から井上学圃を招いて宋学を普及させた。以後学館は福岡藩藩校修猷館の影響下、全く宋学に統一され、明治廃藩までつづいた。

参考文献　『秋月藩主記録(御代々記下)』(『福岡県史資料』八)、『秋月吉田澹軒漫録』(同六)、田代政栄『秋月史考』(『秋月史考』刊行会、一九五一年)、高野江基太郎『儒俠亀井南冥』(一九一三年)、文部省編『日本教育史資料』八・一一、『甘木市史』上、山田新一郎「亀井南冥家と原古処家」(『筑紫史談』四八・四九、福岡県文化財資料集刊行会、一九七五年)、岡村繁「筑前秋月藩の漢字と教育—秋月郷土館蔵漢籍管窺—」(藤野保編『九州近世史研究叢書』一四、国書刊行会、一九八五年)

(井上　義巳)

藩札　秋月藩では宝永元年(一七〇四)十月銀札をはじめて発行。福岡藩領内における流通も認められていた。同四年の札遣い停止を経て享保十五年(一七三〇)銀札を再び発行。享和二年(一八〇二)銀札にかえて銭札二千貫匁を発行。この時の正銭との引替えには札一匁に正銭二文ずつの歩銭を必要とした。札の種類は天保三年(一八三二)で十匁・五匁・三匁・二匁・一匁・五分・三分・二分の八種類、幕末に二匁・二分札の二種は回収された。

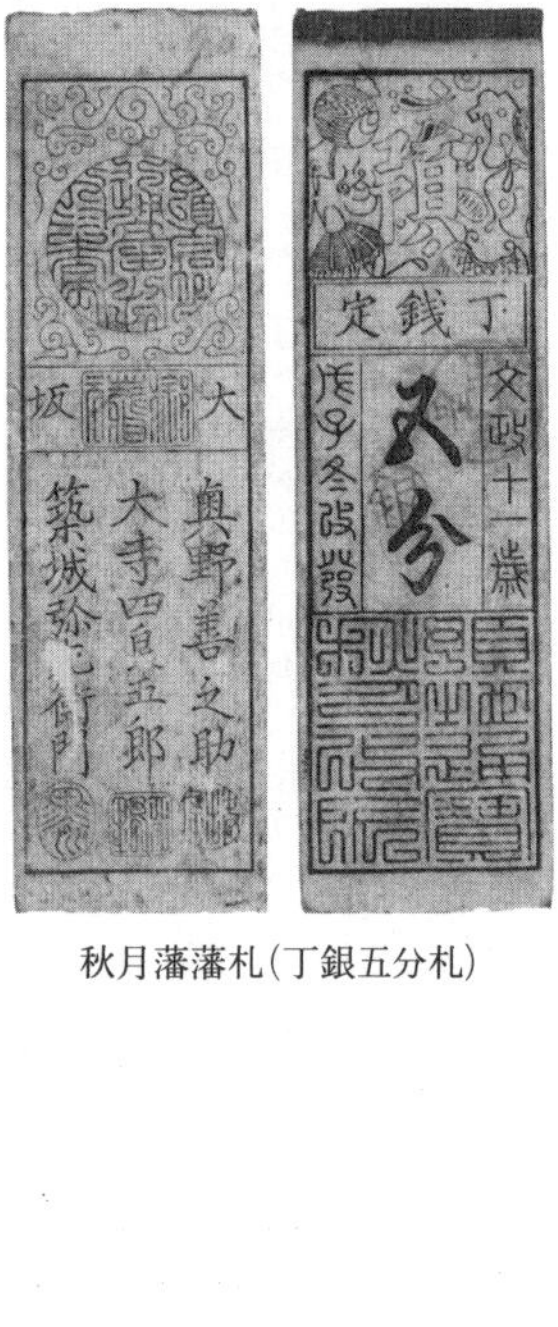

秋月藩藩札(丁銀五分札)

参考文献　『福岡県史資料』二・六、荒木三郎兵衛『藩札』下(一九六六年)、安川巌「福岡・秋月両藩の藩札と御仕組切手」(百田米美編『筑前(福岡・秋月)の藩札』福岡地方史談話会、一九八〇年)

(岩橋　勝)

内山藩(うちやまはん)

筑後国(福岡県)にあった藩。天正十五年(一五八七)豊臣秀吉は九州征討後、立花宗茂を筑後柳川に封じ、筑後下《しも》四郡十三万二千石を領させ、このうち三池郡を宗茂の弟高橋直次(統増)に与え、江浦城に居らせた。高橋紹運(宗茂・直次の父)

がさきに島津勢と戦い、筑前岩屋城に籠城し戦死した功に報いたものである。天正十九年秋の御前帳徴収に際し、高橋氏の御前帳高は一万八千百十石五斗と定められた。文禄四年の検地において三池郡でも出米が生じたが、加増はなく御前帳高に見合うだけの所領のみが認められた。結果高橋氏の領国は縮少、三池郡の北部が高橋氏の支配から外れ、その居城も江ノ浦からの内山に移動する。慶長五年(一六〇〇)関ヶ原合戦において立花氏とともに西軍に属し除封された。

参考文献　『立花文書』、『福岡県史』三中、渡辺村男編『柳河年表』(『福岡県史資料』五)、中野等「豊臣政権期の「石高制」に関する一考察」(『歴史学研究』六三〇、一九九二年)、同『立花宗茂』(『人物叢書』二二七、吉川弘文館、二〇〇一年)

(中野　等)

香春藩(かわらはん)

豊前国(福岡県)香春を藩庁とした藩。慶応二年(一八六六)八月、長州藩の攻撃をうけた小倉藩は、自らの手で小倉城を焼き田川郡香春へ撤退、同三年三月に香春藩と改称した。表高十五万石。藩主小笠原忠幹は慶応元年に死去、嗣子豊千代丸(のちの忠忱)も幼少のため、後見役の小倉新田藩主小笠原貞正が藩政を統括した。同三年正月の長州藩との和議成立後、香春を拠点とした藩政復興がなされた。同四年まで豊千代丸らは熊本へ避難、家老島村志津摩が中心となり諸役所の統廃合など改革政治を断行した。一方、年貢収納の減少などで悪化した財政状況の中、家中へは面扶持制や半高制の実施などにより知行扶持米の削減をおこない、農村に対しては年貢徴収の強化をはかった。兵制改革もおこなわれ、軍備の拡張も進められた。また、藩校思永館が再興され、藩士子弟の教育がなされた。明治三年(一八七〇)正月に藩庁は豊津へ移され、豊津藩と改称。同四年廃藩置県によって豊津県が設置され、同年十一月千束県、企救郡とともに小倉県に編入された。

参考文献　『福岡県史』三下・四、『香春町史』上、『田川市史』上、『豊津町史』上下、『福岡県史資料』一〇

(梶山　順子)

久留米藩(くるめはん)

筑後国(福岡県)久留米を藩庁とした藩。藩主有馬氏。外様、二十一万石。城持。久留米藩は、中国の毛利氏の一族毛利秀包が、豊臣秀吉の九州征伐ののち、筑後久留米に配置されて成立した。はじめ七万五千石を領有したが、文禄二年(一五九三)五万五千石加増され十三万石となった。しかし、秀包は関ヶ原の戦において西軍に味方したため改易となり、代わって

慶長五年(一六〇〇)三河岡崎より田中吉政が入封した。吉政は同年改易となった立花宗茂の旧柳川藩領のほか筑紫広門・高橋直次の旧藩領をも合わせ領有し、ここに筑後一国を一円所領とする田中筑後藩(三十二万五千石)が成立した。吉政は立花氏の旧柳川城を居城とし、久留米の篠山城・福島城を支城として次・三男を配置したが、二代忠政は元和六年(一六二〇)世嗣断絶によって改易となり、こうして、田中筑後藩は二代二十年にして解体し、代わって丹波福知山より有馬豊氏が入封、筑後上八郡二十一万石を領有した。有馬氏の入封によって久留米藩は大名領主が定着し、豊氏以降忠頼・頼利・頼元・頼旨・則維《のりふさ》・頼徸《よりゆき》・頼貴・頼徳・頼永《よりとお》・頼咸《よりしげ》の十一代を経て廃藩をむかえた。

　関ヶ原の戦後、筑後の旧四藩領を統一支配した田中吉政は、その恵まれた経済基盤を十分に活用すべく、積極政策を展開した。まず柳川城の規模を拡大し、筑後川・矢部川の治水工事と低湿デルタ地帯の開発を推進した。それによって、多数の新田村が成立し、小農民の自立が促進された。田中筑後藩の解体後、筑後は有馬氏の久留米藩と立花氏の柳川藩に再分轄したが、有馬氏は久留米篠山城の拡張・整備と城下町の建設を行う一方、毛利時代以来の大庄屋制度を踏襲し、藩内を二十五組に分けて、各組一名の大庄屋を設置し、農村支配を担当せしめた。また田中時代に引き続いて、筑後川の治水工事を推進し、用水設備を整えた。寛文四年(一六六四)に完成した大石・長野堰は著名である。その後数次にわたって水路の拡張工事が行われ、それによって、生葉・竹野・山本の三郡で千数百町歩の水田がつくられた。

　久留米藩においては初代豊氏の死後、藩政は老臣に一任されていたが、寛文八年、輿望を担って襲封した四代頼元は、窮乏した藩財政に対処するため、延宝二年(一六七四)より年貢の先納銀を始め、翌三年には上米制を実施したが、磯部勘平の改革意見書に示された藩政中枢機構の改革は実現しなかった。五代頼旨が在任一年で世を去ったあと、旗本の石野家から養子となり、宝永三年(一七〇六)襲封した六代則維は、倹約を徹底し、刑罰を厳しくする一方、同七年には、地方知行を蔵米支給に切り替えるとともに、藩政中枢機構を改革し、翌正徳元年(一七一一)には、藩主親政を宣言して独裁専制体制を確立した。ついで翌二年には税制改革を断行し、定免制を検見制(春法)に改めたが、同四年には、春免制を採用し年貢の安定確保をはかった。以上を久留米藩の正徳の治という。しかるに、享保年間(一七一六—三六)の打ち続く災害によって藩財政は再び悪化し、同十三年には夏物成を引き上げた。ところが、これを契機に百姓一揆が勃発し、藩権力による年貢増徴政策は後退した。七代頼徸は数学者大名として著名で、『拾璣算法』五巻を刊行している。宝暦四年(一七五四)には、人別銀徴収に対する反対一揆が再び勃発し、藩権力は一層後退した。

　こうした財政状態の悪化のなかで、久留米藩は銀札を乱発したが、大坂蔵屋敷における調達切手の乱発と相まって、かえって財政窮乏を大きくする結果となった。十代頼永は弘化元年(一八四四)大倹令を発し、天保学連の支持を得て藩政改革に着手したが、同三年死亡、弟の頼咸が十一代藩主に就任すると、将軍家慶の養女(精姫)との結婚問題と継嗣問題がからんで、天保学連が外同志と内同志に分裂し、藩内闘争が激化した。ところが、嘉永四年(一八五一)、真木和泉らの外同心派は、守旧派とこれに結託する内同志派によって弾圧された(嘉永の大獄)。藩権力を掌握した守旧派と内同心派は、開成方・成産所を設置して、殖産興業政策をすすめる一方、軍艦を購入し、海軍の設置、陸軍の洋式化を計画して、軍事力を強化したが、政治的には佐幕派(公式合体)の立場に立った。ところが、戊辰戦争が勃発すると、佐幕派は勤王派に施回し、久留米藩兵は東征軍の一隊として関東に出兵、ついで東北各地で転戦した。明治四年(一八七一)七月、廃藩置県により久留米県となった。

参考文献　『久留米市史』二、作道洋太郎『日本貨幣金融史の研究』(未来社、一九六一年)、小川忠洋「筑後有馬藩における農民闘争」(竹内理三編『九州史研究』御茶の水書房、一九六八年所収)、藤野保「筑後における幕藩体制の確立」(『歴史学研究』二三二、一九五九年)、中野健「久留米有馬藩正徳期の藩政」(『九州史学』二二・二三合併号、一九六三年)、道永洋子「久留米藩における国産会所仕法」(同四二・四三、一九六八・七〇年)

(藤野　保)

藩校　天明三年(一七八三)二月、藩主有馬頼徸は崎門学を学んでいた上妻郡の高山金次郎(畏斎)を儒員に登用、久留米城外両替町に学問所を開設して講釈を担当させたが、これが藩校の起源である。畏斎は翌四年病没し学問所は中断したが、同五年二月、藩主頼貴は同じく両替町に新たに講談所を設け、藩儒杉山観斎(正仲)らに講席を務めさせた。この講談所はのち城内雁塚門内に移されて修道館と称し、八年肥後の儒者左右田尉九郎(鹿門)を招いて修道館教授とした。鹿門ははじめ古学を学んだがのち朱子学を奉じ、修道館では白鹿洞書院掲示を壁上に掲げて教学の指針とした。

　寛政七年(一七九五)修道館が焼失したのを機に藩は本格的な藩校の設立を企図し、鹿門および江戸藩邸で講業を務めていた樺島勇七(石梁)の二人にそのことの推進を命じた。財政困難の中であったが御原郡の豪農樋口某よりの資金の献納があり、翌八年十一月城内追手門内に新築成り、明善堂と命名、翌月開講した。明善堂初代教授は鹿門で、石梁は鹿門の没後の享和元年（一八〇一）に第二代教授に任命され、文政十年（一八二七）の没時まで二十六年の長きにわたりその職に在った。石梁は久留米藩士の子で、はじめ藩儒宮原南陸について学んだが、天明五年江戸に遊学、細井平洲の門に入り、師事すること十余年、師の唱える折衷学を学びこれを奉じた。その門下第一等と称された学才と、温厚謙譲の人柄は、明善堂教学の基礎をきずき上げるとともに尚学の藩風を鼓吹し、筑後の文運を興隆するに功があった。石梁が唱道した折衷学は明善堂の学風としてその門下によって継承されていったが、文政・天保期にはこの学風に大きな変化がおこった。

石梁の没後永く助教として功があった本庄一郎（星川）は文化年間（一八〇四―一八）に昌平黌に入り、古賀精里に師事して朱子学を学んだが、帰藩して明善堂に職を奉じるや純正な朱子学を学ぶべきことを唱えた。これ以後明善堂では朱子学が大いに振るった。一方天保期には水戸学に学ぶいわゆる久留米天保の学がおこって明善堂にも影響を及ぼし、池尻葛覃のごとく尊王論に立って国事に奔走するものも出た。さらに江戸で橘守部に国典を学んだ船曳鉄門は帰藩後明善堂の教科に国学科を加えることをしばしば建言し、慶応年間（一八六五―六八）に皇典科が設置されるや鉄門はその講師に任じられた。このように幕末期の明善堂は時勢の影響をうけて学風に動揺が生じたが、万延元年（一八六〇）明善堂総督不破美作のもとで学制改革が断行された。すなわち天保の初め設けられていた武芸稽古所を明善堂に合併して、文館と武館を併せる綜合藩校の体制をつくり、名称も学館と改めた。

慶応元年十二月には教則を新たに制定し、「学術正しからざれば心術自ら正しからず（中略）白鹿洞書院掲示に順て篤実に之を勤むべし」（『教則』）としたが、朱子学を以て学館の教学を統一する意図を示したものである。明善堂の就学は一般士卒の子弟、八歳より十五歳まであったが、それが義務制となったのは石梁教授時代の晩年であった。また明善堂開校後間もなく石梁は居寮生の制を設けて育英の途を開くことを建言したが、この制は年とともに充実し、自費の居寮生も許され、十五歳以後の数ヵ年のこの期間は、学館の高等教育の課程に相当した。さらに居寮生の中から藩費遊学生が選ばれて江戸をはじめ諸方に出かけたが、慶応年間には海外留学生も派遣された。久留米藩では文久年間（一八六一―六四）に荘島町に医学館を設けていたが明治二年（一八六九）篠山町に移して好生館と改称し、その中に英学部を設けて、第一回藩費海外留学生として英米両国に学んだ柘植善吾を迎えて英学の講習を始めた。同四年五月、これを学館の機構に組み入れて洋学校とした。学館は廃藩とともにすべて廃されたが、洋学校は県立英学校になるなど独自の途をたどり始めた。しかし同七年末消滅した。

[参考文献]　樺島石梁『明善堂覚書』(樺島石梁先生顕彰会編『樺島石梁遺文』二、一九二六年)、同『存寄書』(同)、『米府年表』(『福岡県史資料』五―一〇)、「筑後の洋学校」(同三所収)、『久留米市誌』、『福岡県篤行奇特者事蹟類纂』、『福岡県教育史』、『明善校九十年史』、久留米市編『先人の面影』、文部省編『日本教育史資料』八
(井上　義巳)

藩札　久留米藩において最初に藩札(銀札)を発行したのは天和元年(一六八一)であった。ついで宝永元年(一七〇四)には銀五匁・二匁・一匁・五分・一分の五種類の銀札が発行された。その後、享保十五年(一七三〇)にも銀札を発行したが、享保の飢饉の際に乱発したので、銀札の通用力が弱められ、よわり札と呼ばれた。そのため享保十八年に札遣いを停止したが、宝暦三年(一七五三)には再開され、銀十匁・五匁・三匁・一匁・五分・三分・二分・一分の八種類の銀札が発行された。その後、天明四年(一七八四)・文化四年(一八〇七)・同十一年・同十三年・文政四年(一八二一)・同十二年・天保元年(一八三〇)・同十三年などの各時期に主要な久留米藩札が発行され、同藩の札遣いは明治初年まで引き続いて行われた。久留米藩札は領内通用を原則としていたけれども、領外にも流出しており、安政二年(一八五五)の記録によると、久留米藩札は近隣諸藩の福岡藩札・秋月藩札・柳川藩札・対馬藩田代領札とともに天領の日田において用いられていた。明治四年(一八七一)における久留米藩札の回収に際して、金一両につき銀六十四匁五分七厘、銭十貫文の比価基準により藩札と新貨が交換された。現存する藩札として、享保十五年発行が七種、宝暦三年発行が四種、文化四年発行が四種、同十三年発行が一種、文政四年発行が三種、同十二年発行が四種、天保十三年発行が五種確認されている。

一匁銀札

[参考文献]　大蔵省編『大日本貨幣史』四、作道洋太郎『日本貨幣金融史の研究』(未来社、一九六一年)、百田朱美『図説筑後の藩札』(九州貨幣史学会、一九七八年)
(作道洋太郎)

藩法　有馬豊氏入部時のものとしては元和七年(一六二一)三月の在々掟七条が見られるだけで、初期藩法の体系化は二

代忠頼代である。なかでも承応条目が基本的である。三代頼利から五代頼旨までの御書出は忠頼代の反覆と若干の追加にすぎない。有馬家中興の祖といわれる六代則維は藩政・税制の改革(正徳改革)を推進し、正徳三年(一七一三)・四年に家中条々四十条、寺社掟目十三条、在々掟二十七条、町中掟十九条を制定した。これらは多く廃藩時までの基本法となった。その後幕末期、十代頼永は弘化大倹令を家中・全領民に発し、質素・倹約を基調とする長文の条目を定め、以前の条目に付加した。以上の基本法令とともに歴代の御触・仰出の類は、新有馬文庫(久留米市民図書館蔵)の『御法令類聚』(十二冊)、『御法令類集』(七冊)、『御法令抄』(二冊)、『御書出之類』(三十一冊、『藩法集』一一所収)に集成されている。また『福岡県史資料』五には、豊氏から則維に至る代の「被仰出」「御制法」の要約が収められている。

参考文献　戸田乾吉『久留米小史』

（古賀　幸雄）

幕末諸隊　藩軍を補充するために軍役夫として徴発した農兵は文久三年(一八六三)に始まる。幹部は庄屋層から選ばれ、明治初年になると、在方では殉国隊、町方では欽承隊と名づけられた。元治元年(一八六四)以降八隻の西洋艦を購入し、慶応三年(一八六七)、今井栄・松岡伝十郎・松崎誠蔵・戸田乾吉らを水軍取調方に命じて海軍が創設された。明治元年(一八六八)春、藩士や富裕農・町民からなる応変隊が組織されるが、これは新政に際して藩中老職についた水野正名の親衛隊的性格がつよい。隊員には筑後勤王党関係者が多く、その数約三百人。隊費は藩の援助と一般からの寄付によった。同年の上野戦争、東北戦争、さらに箱館五稜郭戦争で活躍。凱旋後藩内で力を増大させる。戊辰戦争には、同元年六月に藩軍の補充のために編成された新激隊も参戦した。隊長有馬蔵人、隊員約二百人で、尊攘派志士が多かった。七月に京都を出発し、東北から箱館戦争まで転戦した。ほかに同二年夏ころから小河真文・古松簡二らによる七生隊がつくられるが、翌三年末に応変隊とともに解隊され、四年には反乱の嫌疑で弾圧された。

参考文献　『秦林親日記』(『維新日乗纂輯』三)、檜垣元吉「久留米藩辛未の藩難と下層武士」(『九州史学』四、一九五七年)、安藤保「久留米藩の農兵」(同二七、一九六四年)

（高木　俊輔）

小倉藩（こくらはん）

豊前国小倉(福岡県北九州市)を藩庁とした藩。藩主小笠原氏。譜代。十五万石。城持。小倉藩は、豊臣秀吉の九州征伐ののち、家臣毛利勝信が近世大名に取り立てられ、豊前小倉

（六万石）に配置されて成立した。しかし、勝信は関ヶ原の戦において西軍に味方したため改易となり、代わって慶長五年（一六〇〇）丹後宮津より細川忠興が入封した。忠興は同年築前名島（のち福岡）に移った黒田長政の旧中津藩領をも合わせ領有し、ここに豊前一国と豊後二郡を一円所領とする細川小倉藩（三十九万九千石）が成立した。忠興ははじめ中津城にあったが、慶長七年、小倉に大規模な城を築いてここに移った。

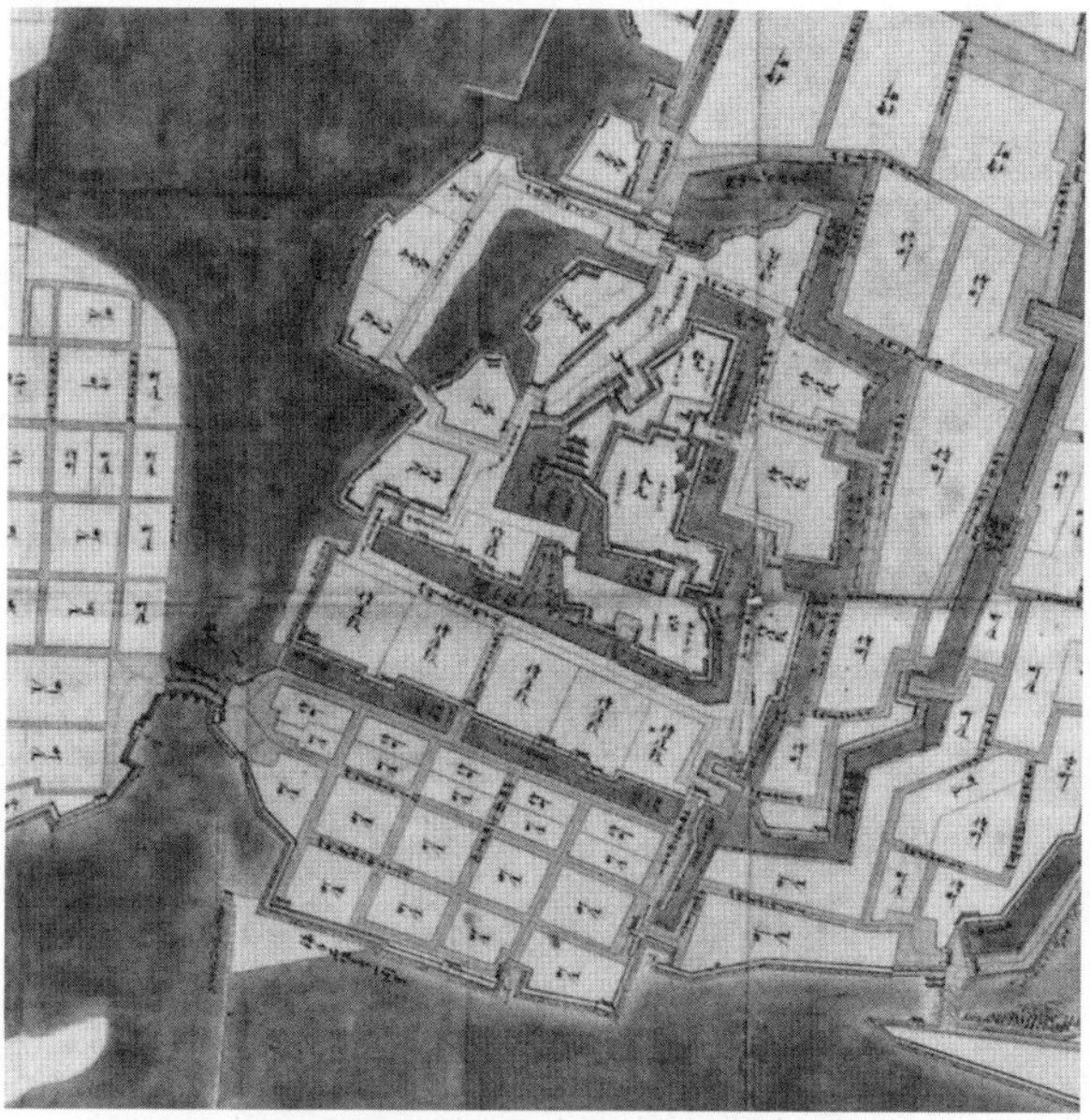

豊前国小倉城絵図部分（正保城絵図より）

しかし、細川氏は忠興・忠利の二代三十二年にして、寛永九年（一六三二）、加藤忠広改易後の肥後熊本に転封となり、代わって播磨明石より小笠原忠真が入封し、豊前六郡十五万石を領有した。小笠原氏の入封によって小倉藩は譜代藩となり、忠真以降、忠雄・忠基・忠総・忠苗・忠固・忠徴・忠嘉・忠幹・忠忱の十代を経て幕末に至ったが、慶応二年（一八六六）、第二次長州征伐に際して、長州藩の攻撃をうけて敗れ、田川郡香春《かわら》に撤退して香春藩と改称、さらに明治二年（一八六九）にも、藩庁を仲津郡豊津に移して豊津藩と改称し、同四年廃藩をむかえ、豊津県となった。

　細川氏は入封直後、慶長六年から領内検地の実施とともに、家臣団の知行割を行なったが、さらに元和六年（一六二〇）から精密な検地と戸口調査を実施する一方、二十ヵ村内外の村を単位に手永《てなが》と称する行政区画をもうけ、大庄屋を設置して農村支配を担当せしめ、筋奉行（郡奉行）―代官―大庄屋という藩の地方支配機構を整備した。『小倉藩人畜改帳』はこのときの戸口調査書であり、それによって、農村の労働力（夫役）を確保し、城下町の建設や新田開発などの土木事業を推進し、藩政の基礎を整備したのである。

　小笠原氏は、細川氏の手永制度を踏襲して藩の地方支配を固めるとともに、細川検地によって把握された土地をすべて

「本田」とし、新たに検地を実施して隠田を摘発し、あるいは開作地を「新田」として捉え、こうして、寛文四年(一六六四)には、朱印高十五万石に対して総石高は二十二万石となった。一方、万治元年(一六五八)「四ツ高」の法を施行して、貢租収取体系を整備したが、延宝六年(一六七八)には、地方知行を蔵米支給(俸禄制)に切り替える藩政改革を断行するとともに、藩札を発行し、家臣団からの買上米に対して藩札で支払った。しかし、宝永—享保年間(一七〇四—三六)の唐船打払いや飢饉によって藩財政は窮乏し、享保十三年には、倹約令の施行とともに掛米(借上)を実施したが、同十七年の飢饉で掛米の継続期間をさらに延長した。小倉藩では安永八年(一七七九)犬甘知覚《いぬかいともひろ》が勝手方家老に就任し、安永四年から実施した面扶持制につづき、天明・寛政年間(一七八一—一八〇一)にかけて、新田開発や殖産興業政策を推進し、運上金の徴収体系を整備して、藩財政の再建強化にあたった。しかし、貢租の誅求は農村の荒廃をもたらし、手余地の増大と農村人口の減少をもたらした。享和三年(一八〇三)、知覚は藩内守旧派の抵抗にあって隠退した。

文化十一年(一八一四)、「白黒騒動」といわれる御家騒動を経験した小倉藩は、江戸幕府の監視のなかで白組(守旧派)が政権を担当し、文政十年(一八二七)の国産会所の設置をはじめ、宇島の築港、銅山開発など経済政策をすすめた。しかし文政・天保期(一八一八—四三)にかけての度重なる飢饉、天保八年(一八三七)の小倉城火災や、藩主官位昇進のため領内に対し多額の献金を賦課したため、農村の疲弊が進行した。嘉永五年(一八五二)、家老に就任した島村志津摩は、小倉織・製茶・製蠟の奨励、石炭採掘などの殖産興業政策を中心とする安政改革を断行した。しかし、譜代藩として佐幕的立場を堅持したことから、第二次長州征伐に際して、長州藩の攻撃をうける原因となった。佐幕諸藩の援軍が撤兵したなかで、独力で戦闘を継続することが不可能であると悟った小倉藩は、みずからの手で小倉城を焼き、香春に撤退し、明治維新をむかえたのである。

参考文献　『福岡県史資料』、『福岡県史』近世史料編　御当家末書上・下、松島義方・松井清良編『豊倉記事』(『豊前叢書』副輯一〇、豊前叢書刊行会、一九六五年)、『六角家文書』、『清末家文書』、武野要子「鎖国と細川藩」(宮本又次編『商品流通の史的研究』ミネルヴァ書房、一九六七年所収)、米津三郎「幕末・維新期における小倉藩」(福岡ユネスコ協会編『九州文化論集』三、平凡社、一九七三年所収)、同「小倉藩政の確立」(『記録』一二、一九六四年)、同「小倉藩の藩政改革」(同一三、一九六八年)、同「小倉藩『文化の変』

に関する一考察」(『歴史評論』七四、一九五六年)、野口喜久雄「小倉藩における国産政策と御仕入板場」(九州大学教養部『歴史学・地理学年報』六、一九八二年)

(藤野　保)

藩校　宝暦八年(一七五八)五月、藩主小笠原忠総は小倉城西三ノ丸の藩儒石川正恒(号麟洲)の邸内に学問所を設けて思永斎と称し、麟洲をその頭取に任じて講業にあたらせた。これが藩校の起源である。麟洲は京都の人で向井(柳川)滄洲・堀南湖について朱子学を修めたが、元文四年(一七三九)藩主忠基に招聘され、すでに儒医として招かれていた徂徠門下の土屋昌英(号藍洲)とともに侍講を務めた。麟洲は宝暦五年『弁道解蔽』を著わして徂徠の説を斥けたが、一藩の教学は朱子学をもって主とすることが明確となったわけである。天明八年(一七八八)忠総は思永斎を拡張し、武芸稽古場を併設して文武を奨励したが、この時名称も思永館と改め、当時第三代思永斎頭取となっていた麟洲の次男、剛(号彦岳)をあらためて学館学頭とした。ここに藩校としての名実ともに備わり、これ以後石川門下の人たちが学館の講業を継承して幕末に至った。

小倉藩藩校蔵書印

慶応二年(一八六六)長州勢の小倉城攻略によって藩庁は田川郡香春に移ったが、明治元年(一八六八)三月、藩士がまだ分散状態の中でこの地に思永館を再興し、重臣喜田村修蔵が学頭となった。明治三年香春藩庁はさらに仲津郡(京都郡)豊津に移り豊津藩と称したが、藩校は前年末に育徳館の名で豊津に新築され、『文武教場ノ条目』を改定してこの年正月開業した。学頭は思永館出身の参政入江淡が兼務し、和漢洋の三学を併立し、また支館や分校も設けて新時代における一藩の子弟の教育をめざしたが、翌四年廃藩の際閉鎖された。

参考文献　文部省編『日本教育史資料』三、福岡県教育会編『福岡県篤行奇特者事蹟類纂』、福岡県教育委員会編『福岡県教育史』、『福岡県史資料』六―一〇、『小倉市誌』、小笠原有之編『小倉藩年表稿』一、『北九州市史』近世、『田川市史』上、『豊津町史』上、和田清編『小笠原藩政時代の学園』(小倉図書館、一九五三年)、原念斎『先哲叢談』八(平凡社、一九九四年)

(井上　義巳)

藩札　延宝六年(一六七八)六月幕許を受けてはじめて銀札を発行。宝永四年(一七〇七)の札遣い停止を経て享保十五年(一七三〇)二分・三分・五分・一匁・五匁・十匁の六種の銀札と二十文・五十文の二種の銭札を発行。天保三年(一八三二)に大坂商人平野屋五兵衛を銀主とする「平野屋札」、同七年国産会所掛り商人を出資者とする「国札」、慶応四年(一八六八)

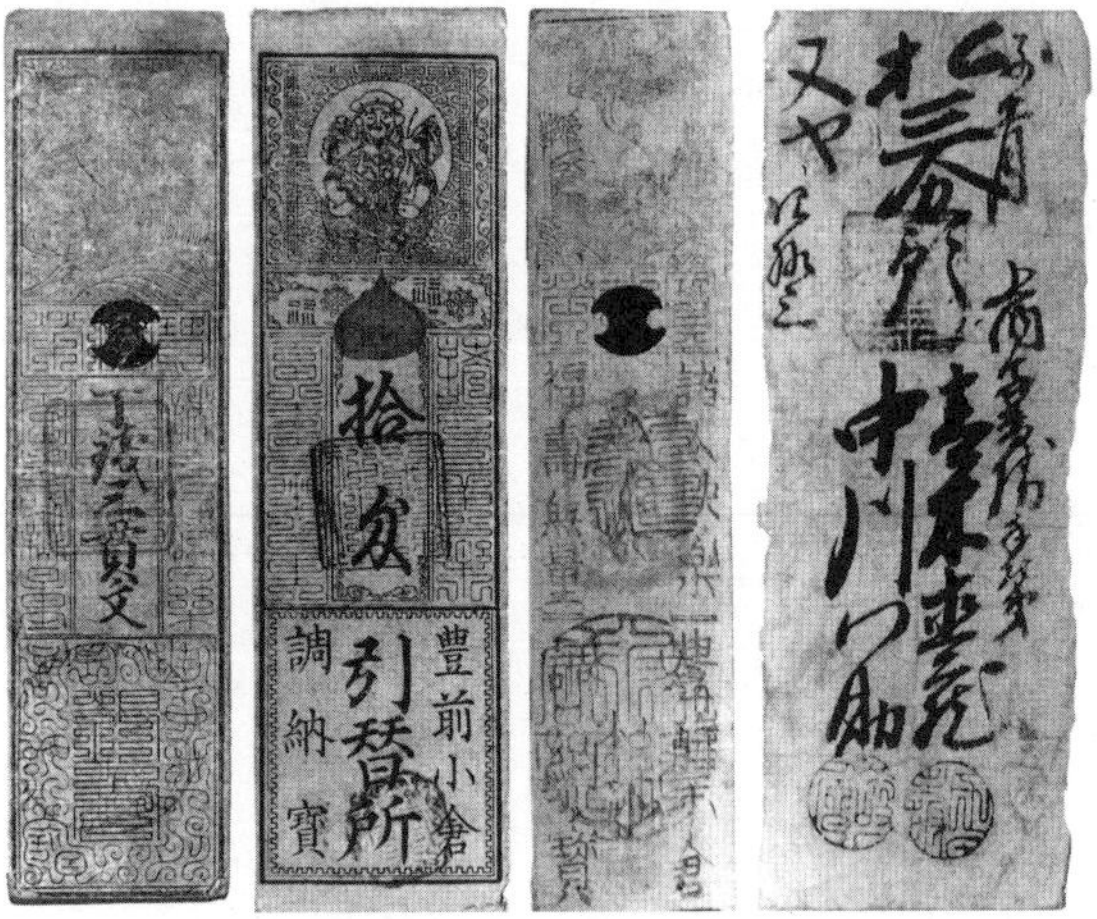

三分銀札　五匁銀札　十匁銀札　三貫文丁銭札

香春にて「丁銭拾貫目」以下七種の銭札を発行するなど、幕末にかけて多種の銀札・銭札・丁銭札が新たに発行された。しかし天保期に銀札だけで約二千貫目発行しており、また私札も郡部で出廻ったので札価は下落した。安政期正銀に対する銀札相場は約七割七分で、慶応期下関では二割で取引きされるに至った。

参考文献　荒木三郎兵衛『藩札』下（一九六六年）、『福岡県史』三下、『豊津町史』上、吉永禺山編『門司郷土叢書』六（図書刊行会、一九八一年）、永尾正剛「小倉藩の貨幣事情―藩札と私札―」（北九州市立歴史博物館『研究紀要』二、一九九三年）

（岩橋　勝）

幕末諸隊　文久三年（一八六三）三月より農兵取立てを始めた小倉藩は、上層農民の強壮人を募り、しばしば調練を行うが、藩からの手当はなく武器も自弁であり、これは農民に新たな負担を強いるものであった。この時農兵は企救郡だけでも二百四十人を数えた。元治元年（一八六四）七月、企救郡の大庄屋で農兵世話方の小森承之助は、農兵の動員が家業に差し支えること、鉄砲・弾薬などの経費支出が苦しいこと、平日に宿々の旅人改めなどに農兵を使わずに非常時だけの勤務にかぎることなどを嘆願している。しかし農兵の勤務の恒常化は続き、藩の財政負担へも影響を与えた。慶応二年（一八六六）に長州再征があり、幕府軍の基地となった小倉は長州兵の攻撃を受けて陥落するが、赤心隊は、同八月一日に家老島村志津摩の尽力により組織された隊の一つ。隊長は藩士深谷小太郎、隊員は農兵を含め百五十人。藩正規軍の敗走後に一時は小倉城を奪回するなど、郷土防衛のため奮戦した。なお赤心隊は、長州と講和成立後に解散した。

参考文献　『福岡県史資料』五、『北九州市史』近世、『豊津町史』下、『田川市史』上、井上清『日本の軍国主義』一(現代評論社、一九七五年)、『豊前叢書』一、北九州市立歴史博物館編『小森承之助日記』三・四・五(一九九七・九八・九九年)、小笠原有之「小倉藩農兵の徴募―小森承之助日記による―」(『小倉郷土史学』四ノ一一、一九八二年)

(高木　俊輔)

小倉藩人畜改帳《こくらはんじんちくあらためちょう》　小倉藩主細川忠興・忠利が実施した領内の戸口調査書。全五巻。第一巻は豊後国速見郡のうち木付(杵築)・由布院・横灘の慶長十六年(一六一一)の人畜改帳(七冊)および由布院の同十四年の人付帳(二冊)を収録。第二巻は豊前国ならびに豊後国の国東・速見両郡の人畜改帳総目録と元和八年(一六二二)における豊前国規矩・田川・京都・仲津四郡の人畜改帳(五冊)、第三巻は同じく豊前国築城・上毛・下毛・宇佐四郡の分(七冊)、第四巻は同じく豊後国国東郡の分(四冊)、第五巻は同じく豊後国速見郡の分(十二冊)をそれぞれ収録している。小倉藩の人畜改帳は、細川氏が肥後転封後同地で調査した『肥後藩人畜改帳』とともに、全国諸藩のなかでも整備された戸口調査書で、藩内の労働力の確保のために実施したものであり、検地帳とともに近世の初期農村構造を知るうえでの基本史料である。『大日本近世史料』所収。

参考文献　速水融「小倉藩人畜改帳の分析と徳川初期全国人口推計の試み」(『三田学会雑誌』五九ノ三、一九六六年)、永尾正剛「細川小倉藩人畜改帳の考察」(西南地域史研究会編『西南地域の史的展開』近世篇、思文閣出版、一九八八年所収)

(藤野　保)

郡典私志《ぐんてんしし》　小倉藩大庄屋中村平左衛門維良《これよし》編纂の地方《じかた》研究書。文久元年(一八六一)公職を退いてのち、長年の体験と史料考証によって既成地方書に批判を加え、子孫への農政手引書にした。諸税徴収法やその起因に関する五十七項目からなり、付録編として考証材料となった原史料を抜粋収載するなど、史料集の性格をも有す。史料の大半は彼が大庄屋を勤めた企救・京都郡のものであるが、『銀台遺事』や「公用之書」なども参照している。刊本としては『日本農民史料聚粋』六・『門司郷土叢書』『豊前史料集成』一に収められている。

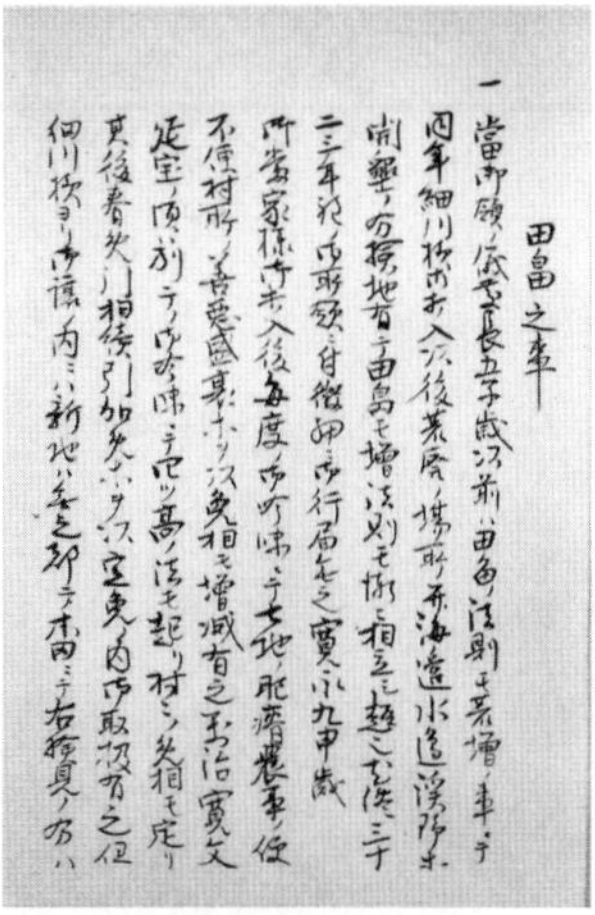

『郡典私志』

参考文献　永尾正剛「『郡典私志』研究ノート」(『豊前史料集成』一、小倉藩制史研究会、一九七八年)

(永尾　正剛)

小倉新田藩 (こくらしんでんはん)

豊前国(福岡県)上毛郡《こうげ》におかれた藩。小倉藩の支藩で、明治二年(一八六九)千束《ちづか》藩と改称。藩主小笠原氏。譜代。一万石。陣屋持。小笠原小倉藩の初代藩主忠真の四男真方が、寛文十一年(一六七一)、二代藩主忠雄から、築城郡のうちにて新田一万石を分封されて成立したが、貞享二年(一六八五)、上毛郡のうち二十六ヵ村と替地となった。新田藩のため小倉本藩の朱印高(十五万石)には変化なかった。真方以降、貞通・貞顕・貞温・貞哲・貞謙・貞嘉・貞寧・貞正の九代を経て廃藩をむかえた。藩主は小倉(北九州市)に居住し、篠崎(同)に居館を構えたため篠崎小笠原家と称した。本藩と同じく手永《てなが》制度を施行し、二十六ヵ村を黒土・岸井の両手永に分け、大庄屋を設置して農村支配を担当させた。しかし家老職は本藩の家老が兼任し、郡政一般も本藩の郡代が統括した。慶応二年(一八六六)の小倉の変で小倉城とともに篠崎館も焼失し、藩主貞正は忠忱(小倉藩主)とともに肥後に遁れたが、まもなく本藩の藩庁の移転先である田川郡香春《かわら》に移り、のち小倉新田藩に入った。貞正はここで千塚原の地を卜して城を築き、千塚を千束と改め、城名を旭城と命名、千束をさらに旭町に改めた。明治四年(一八七一)七月の廃藩置県によって千束県と改称し、同年十一月、豊津県(旧小倉藩)とともに小倉県に編入された。

参考文献『福岡県史』三下、『福岡県史』近世史料編　御当家末書上・下、『小倉藩藩政雑志』歴代藩主四(『豊前叢書』本輯七、豊前叢書刊行会、一九六三年)

(藤野　保)

東蓮寺藩 (とうれんじはん)

筑前国東蓮寺(福岡県直方市)を藩庁とした藩。藩主黒田氏。外様。陣屋持。福岡藩の支藩。元和九年(一六二三)十月、黒田長政の四男高政が長政の遺言により四万石を分知され、東蓮寺藩が成立した。分知四万石の内、一万二千石は本藩から付けられた馬乗衆三十五名の知行にあてられ、付家老吉田七左衛門重成、明石助九郎安行などに与えられた。寛永三年(一六二六)には東蓮寺館が完成、家臣団も増員された。元和九年の知行高では鞍手郡二十四ヵ村・嘉麻郡三ヵ村・御牧郡三ヵ村の計三十ヵ村であったが、寛文四年(一六六四)の朱印高では村数が増加している。蔵入地の代官は家臣が務めたが、木屋瀬村のみは同村の町人と庄屋が担当した。二代之勝、三代長寛と続き、延宝三年(一六七五)に府名を直方と改めた。同五年、長寛が本藩の世子となるにあたり、福岡藩に還付される。しかし家老による支配体制は解体されることなく、元禄元年(一六八八)に福岡藩主黒田光之の四男長清が四代藩主となり直方藩が再興されるまで続いた。

参考文献　『福岡県史』二下、『直方市史』上、『福岡県史』通史編福岡藩(一)・(二)、川添昭二校訂『新訂黒田家譜』、『直方市史』資料編上、『福岡県史』近世史料編福岡藩初期(下)、福岡地方史談話会編『黒田三藩分限帳』、檜垣元吉監修『吉田家傳禄』上・中、福岡市博物館編『黒田家文書』二、松下志朗『幕藩制社会と石高制』(塙書房、一九八四年)

(梶山　順子)

福岡藩(ふくおかはん)

筑前国(福岡県)福岡に藩庁を置いた藩。外様。城持。福岡藩の成立は、慶長五年(一六〇〇)関ヶ原の戦の戦功によって、怡土《いと》郡の西半分を除く筑前一国が黒田長政に与えられたことによる。長政以下歴代藩主は、忠之・光之・綱政・宣政・継高・治之・治高・斉隆・斉清・長溥・長知。長政は慶長六年那珂郡福崎の地に築城を始め、およそ七年の内に竣工して福岡と名づけた。同時に六ヵ所の端城も成就し、それぞれに重臣が置かれた。慶長七年には「検地」を終了しているが、その実態は必ずしも判然としない。慶長十年幕府の御前帳徴収に際して四十九万八千二百十六石余を指し出したが、郷村帳の提出はなされないままであった。結局朱印状によって五十万二千四百十六石余の表高が確定されたのは元和三年(一六一七)のことである。慶長年中に算出されたという内高(内証高)は五十六万六千四百二十二石余であった。福岡藩では、元和四年、春免制が採用される。

　ところで黒田長政は家臣団統制において苦心するところがあった。家臣団構成を二代藩主忠之代と比べてみるとき、長政代には五千石以上の高禄家臣が多く、筑前入国までの恩功行賞が入国後の石高増加策によって大幅になされたことを知りうる。長政の初期藩政はそれら高禄家臣団の連合における盟主的性格から、いかにして藩主の専制へ発展させるかに大きな課題があった。元和九年死期を悟った長政は秋月・東蓮寺の両支藩設置に際して新規召抱えは二千石~五百石に限ることなどを遺命している。藩主専制への志向を過激な形で遂行したのが二代藩主忠之であった。家臣の由緒書などを整理してみると、高禄家臣団に対する徹底した統制がなされており、長政の盟友的存在であった六端城城主すべてが知行を没収され没落している。また如水(孝高)の弟たちを始祖とする筋目の家も減知・追放の対象となっており、さらに「黒田二十五騎」をはじめとして由緒を誇る大身者が多く減知されていることも注意を惹く。栗山大膳一件(黒田騒動)は、その緊張の極点を示すものであった。なお福岡藩は寛永十八年(一六四一)から佐賀藩とともに長崎警備を担当した。

三代藩主光之(承応三年(一六五四)襲封)代には藩財政の窮乏が深刻化し始める。光之は再三にわたり倹約令を発布し、延宝元年(一六七三)「采地所務」を廃止、給知の収取を平均三ッ五歩としたが、それは地方《じかた》知行の形骸化をもたらすものであった。光之は鎌田昌勝・黒田重種を家老(職分)に抜擢して藩財政のことを管掌させたが、農村の疲弊と家臣団の窮迫は、いかんともなしがたいところまで悪化していた。所詮光之の藩政は「仁政」意識にもとづく「文治政治」を志向するものでしかなかった。延宝五年兄綱之の廃嫡によって藩主長寛が本藩に迎えられたため、東蓮寺藩は本藩に併合された。元禄元年(一六八八)光之のあとを襲った四代藩主綱政(長寛)は、光之と異なる財政策をとった。元禄期を通じて上げ米制の改革がくり返されるが、元禄十三年には塩の藩専売制の採用もなされ、他方、仲間的問屋層に対し運上金を賦課するなど種々の収入増大策がとられた。元禄十六年に御用帳が成立し、藩の記録体系の基本的枠組が成立する。また同年、藩札の発行がなされたが、それははやくも宝永四年(一七〇七)には破局的状況におちいっている。綱政は藩札流通の混乱に対して隅田重時を重用して事態の打開をはかった。さらに家老鎌田昌生父子の処罰に始まり、前藩主光之の付家老立花五郎左衛門(実山)などのいわば光之側近派の粛清へと拡大されていく。

綱政の死後、正徳元年(一七一一)五代藩主となった宣政は病弱であったが、正徳三年隅田重時以下の処罰などの人事刷新を行い、また諸代官の処罰を断行し、正徳三年の倹約令や正徳五年郡方増免分の全額免除など種々の対策を講じたものの、抜本的な藩政改革は六代藩主継高の登場をまってなされた。継高は支藩直方《のおがた》藩主長清(光之の五子で、元禄元年五万石を与えられ、旧東蓮寺藩を支配した)の長子であった。宣政が病弱なため長清が福岡藩政を後見したという事情も手伝って、享保四年(一七一九)継高が本藩を襲封するところとなった。ちょうどその時期は大雨洪水による災害が頻発し、享保十七年には西国一帯に大蝗害が発生して多数の餓死者を出すに至る。このような事態に対して継高はまず人事の刷新からその初政を始めた。前代の格式政治の復活によって勢力を増してきた門閥譜代層を排除して吉田栄年を家老に任じ、彼を主導とする藩政運営をはかった。享保八年には郡方支配の仕組を改編し、同十三年には諸士勤休令を発布するとともに同十五年には吉田栄年を財用本締役として藩財政を管掌させた。継高の藩政改革は享保の飢饉による壊滅的な被害をうけて享保期末より次第に体系を整えてくる。

まず農政についてみると、享保十九年、春免制への復帰や用心除銀を令達し、同二十年には郡中倹約令を発するとともに雇渡世の禁止や奉公人給料の規定がなされて、本百姓の維持・増大がはかられた。元文元年(一七三六)には荒地復旧策が出され、他方では百姓の欠落を禁止することが達せられた。一連の税制改革がなされ、流通統制についても、享保十九年を画期として、従来個別的に行われていた運上銀徴収の体系化がみられ、寛保・延享期における国産仕組などの本年貢収入増大策と対応するものがあった。元文・寛保期(一七三六—四三)には、年貢米大坂直送体制の確立や財政制度の再編、御積帳の作成など、その後の藩体制の枠組みが確立された。しかし宝暦二年(一七五二)には藩内の対立から吉田家は改易される。

藩政改革は継続されるが事態は好転せず、宝暦十二年に吉田保年が再び改革に着手、郡代を廃止し五人の郡奉行のもとで農政機構の再編や軸帳の作成、定免制への移行、記録仕法の改革などが明和七年(一七七〇)にかけて行われた。明和六年継高は隠居を願いでて、七代藩主治之が襲封した。治之は天明元年(一七八一)没したのでその治政期間は短いが、藩・給人財政と農村の再建に主眼がおかれ、諸事の簡略化や村救仕組などの方策がとられた。しかしそれらは年貢・夫役の徴収強化を伴っていたために天明・寛政期の農村疲弊は一段と進行した。天明二年襲封した八代藩主治高は同年死没、九代藩主斉隆があとを嗣いだが幼年のため家老たちが名代として諸事勤めた。斉隆もまた寛政七年(一七九五)十九歳で没した。

このようなめまぐるしい藩主の交替とそれに伴う家老合議による藩政運営、荒廃した農村の動揺と抵抗がこの時期の特色の一つである。農民たちは年貢減免と救恤を要求し、訴訟や欠落などで抵抗を強めていった。福博両市中の衰微もはなはだしく、藩財政を窮迫せしめて、寛政五年秋の上方借銀高は一万二千七百貫目に及ぶ状況であった。寛政七年生まれたばかりの斉清が十代藩主となり、以後大きく転換する時代の波にもまれることになる。斉清の襲封直後、寛政八年櫨実蠟仕組が始められ、翌年には産子養育料の支給、功臣追慕の顕彰など行われたが、相つぐ大雨風・火災なども原因となって、文化年間(一八〇四—一八)には膨大な藩財政の赤字を記録するに至った。文化八年大坂借銀の総高は二万二千百五貫目に達した。このような財政危機に対して、斉清は同年久野外記・

黒田美作など門閥家老を財用方年番に任命し、支出削減の財政改革を断行した。他方銀銭切手の再発行も行われたが、多量の半不換の切手は流通を混乱させ藩の大坂での借銀を増加させることになった。農村においては荒仕子奉公・日雇稼・倒百姓などが増加、一揆や村方騒動も発生し、これら農村の疲弊が農村政策の転換へとつながった。天保五年(一八三四)致仕した斉清のあと十一代藩主として長溥が襲封した。長溥は同年「御家中並郡町浦御救仕組」の財政改革に着手する。

この改革は前藩主斉清の強い意向を背景に実施され、「同気合体」とよばれる勢力をおさえることが要因のひとつとされる。白水養禎を御救奉行に抜擢して始められた天保改革では、大量の藩札発行と家臣団や領民への貸付、焚石・鶏卵・生蠟・皮革などの専売制、藩札の流通促進・価格安定のための中洲における芝居・角力・富籤の興行など積極的なインフレ政策がとられた。しかし斉清の江戸滞在費用の増大や不換銀札の相場下落など財政改革失敗の責任を問われて白水養禎らは同七年処分された。天保八年幕府の藩札発行禁止のあと、天保十二・十三年には松本平内によって「借財道付方仕組」が行われ、家臣の債務整理がすすめられるが、これまた事態の収拾に失敗し、松本平内が罷免された年「前借米御差紙仕組」が達せられた。これは実質的に藩札発行と異なるところはないが、幕府の藩札発行禁止令をはばかったものである。領民の反対により、天保十三年家老・納戸頭・裏判役・総郡奉行などが罷免されてこの財政改革も挫折した。嘉永・安政期(一八四八—五九)には、日田商人広瀬久兵衛により財政改革が行われるが、藩側は安易な借金に終始、抜本的な改革とはならなかった。

他方藩主長溥は、幕末の激化する政治状勢のなかで、幕府の開国方針を支持し、近代的軍制や西洋文化の摂取に積極的であったが、家老を始めとする家臣団の抵抗にあい、十分な結果を得ることはできなかった。一方、藩内での保守派と勤王派の抗争が深まるなかで、勤王派を弾圧して、流罪に処した(辛酉の獄)。長溥は「天幕一和・藩内融和」を標榜し公武合体・武備充実の実現を前提とした攘夷の実行を基本方針としたが、勢力を強めた藩内尊攘派の動向に規定され、禁門の変後に長州周旋活動を開始するなど長州藩に同情的な立場をとる。慶応元年(一八六五)五卿の大宰府移転が実現するがこれは藩主の承認を得ない、藩内の尊攘激派の独断であった。保守派との関係を強める藩主と正義派、尊攘激派の対立が深刻化する中で藩主は幕府主導の公武合体路線を支持、慶応元年(一八六五)勤王派を逮捕し、加藤司書(徳成)ら七名の切腹、月形洗蔵ら十四名の斬首、野村望東尼の姫島流罪など厳しい処分がなされた(乙丑の獄)。明治二年(一八六九)長溥は致仕、あとを襲った長知は明治三年の贋札事件によって翌年七月知藩事を罷免され、有栖川宮熾仁親王が福岡藩知事、つづいて同月廃藩置県により福岡県知事となった。

福岡藩の家臣団は、近世後期、中老・大組・馬廻・無足組・城代組(以上を直礼といい、士分)、足軽・浮組(無礼といい、藩主の目通りは許されなかった)より構成されていた。職制は大老・家老(職分)・用勤・納戸頭・裏判役のほか、城代頭・大目付・小姓頭・用聞・御構頭分などや郡奉行・町奉行・浦奉行・勘定奉行・江戸御留守居・京都聞役・大坂蔵元奉行・長崎聞役、それに軍事を担当する大組頭・鉄砲頭・馬廻頭・船手頭などに分かれていた。郡政は郡奉行の統率のもと、免用方・山奉行・郡目付・宗旨奉行が管掌し、農村では大庄屋・庄屋・組頭などが村政にあたった。また浦には浦役所がおかれ、浦大庄屋・浦庄屋・組頭などが各浦の管轄にあたった。福岡藩の記録はもと浜町別邸にあったというが、戦災で焼失してそのほとんどをみることができず、一部が福岡県立図書館・福岡市博物館・筑紫女学園高等学校に『黒田家文書』として所蔵されているのみである。

参考文献　『寛政重修諸家譜』第七、川添昭二校訂『新訂黒田家譜』、『福岡県史資料』、『福岡県史』近世研究編福岡藩(一)―(四)、野口喜久雄『近世九州産業史の研究』(吉川弘文館、一九八七年)、松下志朗『幕藩制社会と石高制』(塙書房、一九八四年)、柴多一雄「幕藩制中・後期農村支配機構に関する一考察―福岡藩五郡奉行制を中心に―」(『九州史学』六四)、『福岡県史』通史編福岡藩(一)・(二)、近世史料編福岡藩初期(上)・(下)、『太宰府市史』通史編二、福岡地方史研究会編『福岡藩分限帳集成』、福岡市博物館編『黒田家文書』、檜垣元吉監修『吉田家傳録』上・中・下、福田千鶴『幕藩制的秩序と御家騒動』(『歴史科学叢書』校倉書房、一九九九年)

(松下　志朗)

藩校　天明四年(一七八四)城の東西に両学問所を開校。東学問所修猷《しゅうゆう》館は赤坂門に置かれ、代々藩儒筆頭の家出身の竹田定良を館長とし、西学問所甘棠《かんとう》館は唐人町に置かれ、布衣から抜擢された、御納戸組儒医の亀井南冥を館長とした。南冥抜擢の理由は藩政改革を説いた『半夜話』、肥後藩宝暦の改革を礼讃した『肥後物語』が藩当局から高く評価された結果と考えられる。同一藩校内に朱子学派以外の学者をも登用した例はあるが、本藩のように学派を異にする両学館を建て学生に自由選択させた例は他に見当らぬ。修猷館は上級士の屋敷に近く、甘棠館は中・下級士のそれに近いが、開講三年後の両学館生表彰名簿によると、かなりの上級士が後者に通っていることが窺われる。南冥の「学問則政治」論の魅力である。また甘棠館の科目中でも、「会講」と称する、競争心理を利用する学力増進法(のちに亀井塾に学んだ広瀬淡窓が咸宜園で採用し「奪席会」と称した)など特色があった。南冥の蘭学に対する関心はその後の福岡藩の蘭学受容に影響を与えている。しかし南冥が儒医に就任した当初、竹田定良に示した対抗意識はその後も続いたであろうし、寛政異学の禁の余波が及び、寛政四年(一七九二)南冥は廃黜の身となり、訓導江上源蔵が館長代理をしたが、同十年類火焼失を機に甘棠館は廃校となり、学生は修猷館に転校させられた。開館当時六百人の修猷館生はここに九百人となり、またこの年武道場をも設けた。廃藩で廃校となるが、金子堅太郎をはじめ幾多の人材を輩出した。

参考文献　修猷館二百年史編集委員会編『修猷館二百年史』、修猷館百八十年祭文化部編『修猷館百八十年史(写真による)』、『亀井南冥・昭陽全集』一(葦書房、一九七八年)、『福岡県史』通史編福岡藩文化(上)・(下)、高野江基太郎『儒俠亀井南冥』(一九一三年)、辻本雅史「寛政期一異学者の思想—亀井南冥について—」(『光華女子大学光華女子短期大学研究紀要』一七、一九七九年)、同「亀井南冥の学校論と福岡藩学の設立」(同一八、一九八〇年)、井上忠「亀井南冥と竹田定良—藩校成立前後における—」(『福岡県史』近世研究編福岡藩(四))、井上義巳「九州における藩校成立事情の一考察」(藤野保編『九州近世史研究叢書』一四、国書刊行会、一九八五年)、辻本雅史「福岡藩寛政異学の禁と亀井南冥—徂徠学の「主体」の問題に関連して—」(『立命館文学』五〇九、一九八八年)

(井上　忠)

藩札　元禄十六年(一七〇三)十一月、五匁〜二分の計六種の銀札をはじめて発行。別に上納用の五十・百・二百目の高額札も発行。いずれも宝永四年(一七〇七)の幕府による札遣い禁令までに通用停止となっていた。長い空白のあと宝暦七

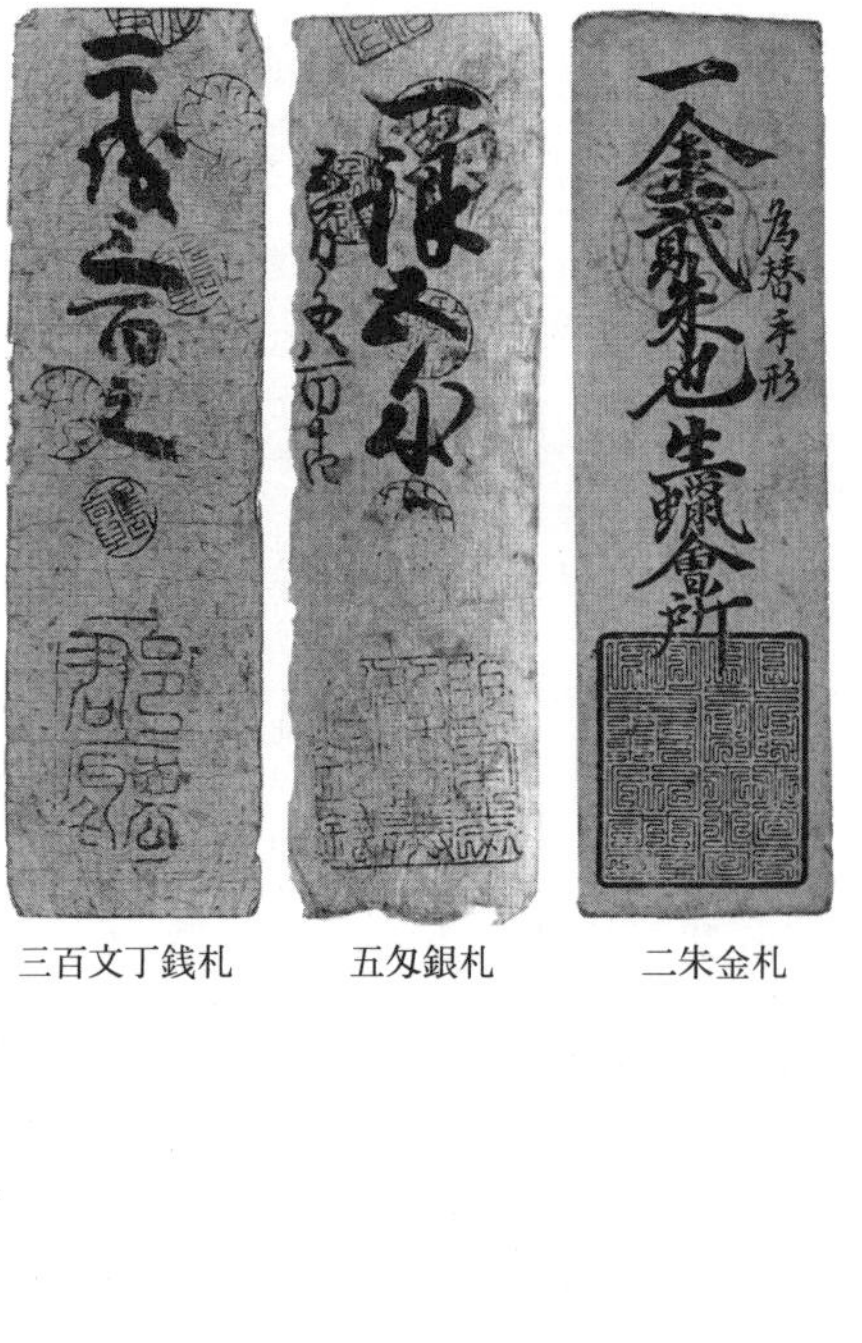

三百文丁銭札　五匁銀札　二朱金札

年(一七五七)六月、五匁～百目の計六種の銀切手発行を再開。寛政五年(一七九三)には農村復興を目的とした郡方仕向銀銭札を出したが、いずれも数ヵ月内で失敗。同十二年山方小物成積立金を基金として発行した山方仕組札と、同十年生蠟会所が発行した蠟座切手は兌換性があったので円滑に流通した。天保四年(一八三三)国産専売仕法拡充に伴い大量の藩札を発行したが、藩士や領民救済資金にも充てられたので札価が下落し、同七年停止。さらに同十二年大坂商人野田屋出資による為替手形の体裁をとった「野田屋切手」や、翌年御勘定所から出された米札など、手をかえ品をかえ多種類の藩札を発行したが、長期間領内で流通した札に乏しい。

参考文献　日本銀行調査局編『図録日本の貨幣』五(東洋経済新報社、一九七四年)、『福岡県史』二下、百田米美編『図説筑前(福岡・秋月)の藩札』(福岡地方史談話会、一九八〇年)、柴多一雄「近世後期における家臣団窮乏と藩札―文化期福岡藩の切手仕組について―」(藤野保先生還暦記念会編『近世日本の政治と外交』雄山閣出版、一九九三年)、安藤保「嘉永期福岡藩における財政の諸策―広瀬立案の財政改革案をめぐって―」(『九州文化史研究所紀要』三〇、一九八五年)

(岩橋　勝)

黒田騒動《くろだそうどう》　寛永年間(一六二四―四四)福岡藩主黒田忠之と家臣栗山大膳(利章)の対立を中心とした御家騒動。栗山家は大膳の父備後(利安)以来、「一の老職」を勤めた門閥譜代の重臣。一方、藩主専制権力の確立をめざした二代藩主忠之は、側近派の家臣を重用するとともに鷹場の広域支配を推進するなどして、門閥譜代層に対抗する。この中で惹き起こされた黒田騒動は藩全体を二分する忠之派・譜代両家臣団の抗争となった。寛永二年に鳳凰丸事件が発生、その対応をめぐり、大膳・黒田美作(一成)と小河内蔵允(之直)の三家老間の対立が表面化する。同五年、大膳と美作は藩内人事の不満から抵抗の意思表示として隠居を願い出るが、忠之がこれを受諾したため、小出吉英・安倍正之ら幕僚に訴え、その調停により藩政復帰を果す。同八年、忠之による倉八十太夫ら側近派への大加増をうけて、譜代家臣が結束、大膳・美作・内蔵允の三家老は藩主仕置を批判し、再び江戸へ出訴した。これに対して幕府は三家老のこれまでの仕置の維持を認めながらも、大膳らの反藩主的行為を叱責した。江戸に在った忠之は同年八月の備後死去もあり、側近の加増・昇進を推進、さらに大膳処罰の内諾を小出らからとりつけ、翌九年三月帰国した。帰国後の忠之は大膳討果しの機会を求め、同年六月には大膳邸宅を包囲、大膳は剃髪し、人質を差し出している。忠之にこのような武力行使を選ばせた背景には、同年五月におきた加藤氏改易の影響があったとみられる。しかし同年七月、長崎奉行竹中重義が騒動に介入し、大膳は竹中に預けられる形で豊後へ退去する。翌十年正月、幕府は竹中に大膳父子を伴っての出府を命じ、同年三月から騒動について審理が開始される。この中で大膳は「忠之謀反」を訴えるが、これは知行召上げなどによって危機に瀕した栗山家の存続を目的としたものであり、その実現のために幕府の介入を必要としたと考えられる。この大膳の主張は、幕閣がめざす近世的君臣秩序理念とは矛盾する論理であった。一方、忠之は襲封以来幕閣へ積極的な政治工作を続けており、その結果として同十年三月十五日、将軍みずから大膳の訴えは根拠ないものとし、忠之の罪を許す旨を告知した。翌日忠之は筑前一国を安堵され、大膳は南部山城守に御預けとなった。騒動ののちも忠之は黒田美作の上方での隠居を画策、これは支藩東蓮寺藩主黒田高政のとりなしによって中止したが、毛利、井上などの譜代重臣層を排除し、藩主権力の確立を前進させた。その一方で、幕閣から藩政上の重要事項は家老と合議の上で決定するよう命じられたため、家老職の合議体制が強化され、藩主の独断専行は制度的に規制されることになった。従来、大膳は黒田家の存続を守る忠臣として理解されていたが、これは歌舞伎や実録体小説などにみられる大膳の人間像である。

参考文献　川添昭二校訂『新訂黒田家譜』、『福岡県史』通史編福岡藩一、同通史編福岡藩文化下、同近世史料編福岡藩初期上・下、福岡市博物館編『黒田家文書』二、福田千鶴『幕藩制的秩序と御家騒動』(『歴史科学叢書』校倉書房、一九九九年)、同「福岡藩「黒田騒動」の歴史的意義」(『日本歴史』五〇八、一九九〇年)丸山雍成「福岡藩の成立」(『福岡県地域史研究』一二、一九九三年)、松下志朗「黒田騒動」(横山浩一・藤野保編『九州と日本社会の形成』吉川弘文館、一九八七年所収)、中村幸彦「実録体小説黒田騒動の成立」(『九州文化史研究所紀要』一二、一九六二年)、山崎一穎「『栗山大膳』論—黒田騒動の系譜—」(『国語と国文学』六八ノ三、一九九一年)
(梶山　順子)

黒田三代記《くろださんだいき》　(一)筑前国福岡藩主黒田氏の始祖孝高・長政・忠之三代の略伝記。『黒田記略』ともいう。貝原好古著。一巻一冊。元禄年中(一六八八—一七〇四)樋口好運が『本朝武家高名記』を撰するにあたって、黒田氏の系譜と祖先の事蹟を求めてきたとき、貝原益軒の甥の貝原好古が藩から命じられて著わしたといわれる。孝高・長政・忠之の三代の事蹟を年代順に簡明に記す。貝原益軒の著とされる『黒田記略』三巻は、孝高・長政二代について記したもので、内容的に重複する部分もあるが、これとは別種のものである。

(二)『故郷物語』の別称。『黒田故郷物語』『黒田家一子相伝書』『黒田実記』ともいう。著者竹井某。三巻。黒田職隆・孝高・長政・忠之のうち、特に前三代の事蹟と黒田家の仕置および家臣の事蹟などを記す。関東のある禅寺に雨を避けた旅人が、一緒になった虚無僧らとともに、もと黒田家の家臣であった禅門から話を聞くという設定で記されている。物語的性格が強く、誤りも少なくない。

参考文献　岸田信敏編『(閲史筌蹄)筑前郷土誌解題』(文献出版、一九七六年)

(柴多　一雄)

松崎藩(まつざきはん)

筑後国松崎(福岡県小郡市松崎)に藩庁をおいた藩。藩主は但馬国出石藩四代藩主吉重の三男有馬豊範。豊範は生母が久留米藩初代藩主有馬豊氏の次女でありまた同藩の二代藩主忠頼にながらく嫡子ができなかったためその養子となったものの、のちに頼利(三代藩主)、頼元(四代藩主)が生まれたために久留米藩主とはならず、頼利急死後の寛文八年(一六六八)に久留米藩の支藩として松崎領一万石余を分封され成立した。藩政の基本はほとんど知ることができないが、宗門改など重要施策は久留米藩が実施したと考えられ、また刑罰権も本藩との関係で限定的であった。しかし、豊範は年少の頼元の補佐的立場を担った。貞享元年(一六八四)豊範の姉婿にあたる陸奥国窪田藩土方家の御家騒動に豊範が親族として関与しなかったため、幕府は豊範を改易処分とし嫡子豊胤とともに頼元にお預けとした。廃藩後幕府領となり、元禄十年(一六九七)久留米藩に返地となった。

参考文献　高野信治『藩国と藩輔の構図』(名著出版、二〇〇二年)、『小郡市史』二

(佐藤　来未)

三池藩(みいけはん)

筑後国三池新町(福岡県大牟田《おおむた》市)に藩庁を置いた藩。藩主立花氏。外様。陣屋持。天正十五年(一五八七)、豊臣秀吉の九州平定後、筑前宝満・岩屋城督高橋鎮種(紹運)の子で、立花宗茂の実弟直次が、筑後江浦(のち内山)に居城し、成立した。一万八千石。直次は関ヶ原の戦で西軍に応じたため改易となったが、慶長十九年(一六一四)常陸国(茨城県)柿岡五千石の旗本に取り立てられ、その子種次が元和七年(一六二一)五千石を加増されて、旧領三池郡内に一万石の大名として再封、三池新町に陣屋を築いた。種次以降種長・種明・貫長・長熙・種周と六代続いたが、幕府の若年寄となった種周が、文化二年(一八〇五)幕閣の内紛に巻き込まれて解任され、翌三年、子の種善は藩領収公(柳川藩預り)の上、陸奥国(福島県)

下手渡《しもてど》に旗本五千石（実高九千九百九十八石余）で遷封され、嘉永四年（一八五一）種恭のとき旧領の半分を復され、五千石余を領受したが、この時点においてはあくまで本藩は下手渡とされた。明治元年（一八六八）の復封に際しては残りの旧領も返されている。同四年七月廃藩置県により三池県となり、十一月三潴《みずま》県を経て、同九年八月福岡県に統合した。

参考文献　『大牟田市史』、吉村五郎『下手渡藩史』（一九三八年）

（半田　隆夫）

藩校　藩学設立以前は、本藩柳川藩の伝習館学監横地玄蕃之助を招き、竜山義塾において藩士教授を行わせた。安政四年（一八五七）、下手渡藩分領である三池の政務にあたっていた坂井勘左衛門のもと、修道館が陣屋内に創設された。明治二年（一八六九）に藩主立花家が三池に移住し、三池藩が再興されたことにより、修道館も三池藩学となったのである。修道館では一木格次が一人で教授を行い、一木のあとは向坂默爾や藤本卓爾らがあたり、学風は朱子学であった。

参考文献　井上義巳『福岡県の教育史』（思文閣出版、一九八四年）、笠井助治『近世藩校に於ける学統学派の研究』下（吉川弘文館、一九七〇年）、文部省編『日本教育史資料』八

（工藤　航平）

柳川藩（やながわはん）

筑後国（福岡県）柳川に藩庁を置いた藩。柳河藩とも書く。天正十五年（一五八七）、豊後大友氏の有力被官で筑前立花城を居城とする立花宗茂（統虎）が、豊臣秀吉の九州平定ののち、下筑後四郡を充行われて成立。太閤検地後の石高は十三万二千二百石。宗茂は関ヶ原の戦で西軍についたため改易となり、かわって慶長五年（一六〇〇）三河国（愛知県）岡崎から田中吉政が入封。筑後一国三十余万石を領する田中氏は柳河に居城を置き、本格的な城郭を完成し、城下町を整備した。また田中時代には筑後川・矢部川の治水工事、デルタ地帯の開発、有明海の干拓なども実施された。田中氏は二代忠政が元和六年（一六二〇）に没すると世嗣断絶によって改易となる。柳河には、先に改易となり、その後陸奥国（福島県）棚倉で再び大名に取り立てられた立花宗茂が再入封し、山門《やまと》郡と下妻・上妻・三潴《みずま》・三池各郡の一部十万九千六百石を領した。宗茂ののちは、立花氏が藩主として定着し、外様・城持の大名として忠茂・鑑虎・鑑任・貞俶・貞則・鑑通・鑑寿・鑑賢・鑑備・鑑寛とつづいて廃藩を迎える。

領内は、二十前後の村からなる組を一つの構成単位とする。当初は蒲池《かまち》・垂見・本郷・小川・谷川・竹井・楠田・田隈の

八組であったが、垂見組から宮永組、田隈組から豊永組が分かれる。のち、豊永組は再び田隈組に合併する。再封後に新たに形成される家臣への知行配当のために、二度の「内検」を行なって「惣高」の増幅を計った。立花氏は再入封直後に実施した検地により二万石以上の打出に成功するが、当藩の農政としては有明海の干拓が特筆すべき事項である。干拓は近世以前からみられ、当初は開拓者も土豪層が多かったが、元和・寛永期以降は有力家臣や藩の御用商人の請負新田が中心となり、元禄から延享にかけて盛んに干拓地開発が進められる。藩は年貢を本田より低率にするなどの奨励策を施し、二五〇〇ヘクタールの新田が開かれた。これは藩領の約四分の一に達する広さである。近世初期から佐賀藩との筑後川河口海域をめぐるさまざまな紛争・交渉の結果、海域は柳河藩に帰属し、漁業は両藩入会で行うようになった。

文化十二年(一八一五)、この海域における漁業争いが佐賀・久留米藩の間で起こり、柳河藩が幕府より命じられて両藩の調停を行なっている。文政十一年(一八二八)、中老吉弘儀左衛門によって十四ヵ所、千百五十町ほどが開発可能地域として挙げられ、干拓事業が計画されている。これは藩あるいは藩主主導で実施され、江戸時代のうちに五ヵ所、二百町ほどが完成をみた。しかしながら、藩の財政状況を見ると、十八世紀中葉にはすでに三都商人からの借銀は限界に達しており、さらに享保の飢饉などによる農村荒廃は年貢収入の減少を招来し、藩財政を大きく圧迫した。延享三年(一七四六)襲封した七代藩主鑑通は財政建て直しに腐心し、とりわけ宝暦期の四ヶ所通久による改革は一応の成果を生む。文化三年に転封した三池藩の旧領地十五ヵ村を同十三年に幕府から預かる。寛政初年家老に任命された立花内膳寿賰と立花織衛通栄は、豪傑組と称されるグループとともに藩政を主導し、会所仕法改正などを行なったが、藩士との間に軋轢を生じ、寛政九年(一七九七)中老立花平馬・寺社奉行十時恰以下が、翌十年を家老立花織衛通栄・立花数馬が罷免された。これを豪傑組崩れという。

安政六年藩政を委任された家老立花壱岐親雄は物産会所を設立して発札十余万両を発行させて領内の物産を買取り、その物産を肥前長崎などで売払って金銀を得た。また慶応四年には軍制改革を断行している。安政期以降立花壱岐主導の藩政改革の一環として、万延元年(一八六〇)に藩主の御手元金を資金に評定所の設立準備が始まった。評定所設立にあたっては家老の十時摂津が「御用掛り」となり、文久元年(一八六一)六月に評定所は「御開発」を迎えた。幕末期には、瀬戸内の製塩用として三池地方の石炭産業も盛んになる。明治四年

（一八七一）七月廃藩置県により柳川県となり、さらに同年十一月三潴県を経て同九年八月福岡県に編入。

参考文献　『福岡県史』近世史料編柳川藩初期、三善庸礼『国家勘定録』（『清文堂史料叢書』二、清文堂出版、一九七一年）、同『御国家損益本論』（同七、清文堂出版、一九七三年）、藤野保『新訂幕藩体制史の研究』（吉川弘文館、一九七五年）、渡辺村男『旧柳川藩志』（一九五七年）、岡茂政『柳川史話』（青潮社、一九八四年）、堤伝『近世以降柳川地方干拓誌』、池末美智子「柳川藩家臣団構成に関する一考察」（『九州史学』一二、一九五九年）、同「柳川藩藩財政の確立」（同一六、一九六〇年）、松下志朗「柳川藩初期の石高と年貢」（九州大学『経済学研究』四九ノ四—六合併号、一九八四年）

藩校　藩校に先立つものとしては、時期は明らかではないが、安東省庵以来藩の儒官を勤めた安東家の弘道館、および横地家の麗沢館があった。七代藩主立花鑑通は省庵の曾孫間庵に対し、邸内に文学の講堂並びに聖堂を建て、藩士子弟の教育を行うよう命じた。文政七年（一八二四）九代藩主鑑賢のとき、藩校伝習館が開かれた。職員には、教授・助教・訓導師・句読師などの教員と、学事全般の取締りにあたる上聞・学監・書物方などの事務官があり、のちに寮頭が加えられた。入学資格は士分以上に限られていたが、藩校入学は義務的なものではなかった。生徒数は普通百五十名ほどである。教科は朱子学による漢籍の学習と小笠原流の礼法習得、武術は各自師匠を選んで修業したが、一体に武芸尊重の気風が強かった。明治元年（一八六八）二月には、藩校を一旦閉鎖して、藩兵を奥州その他に派遣している。翌年には藩校を復活させ、これを文武館と称した。なお教科に洋学・算術が加えられたという。藩校伝習館の遺阯は元の柳川消防署（柳川市本町）付近である。

参考文献　渡辺村男『旧柳川藩志』（一九五七年）、岡茂政『柳川史話』（青潮社、一九八四年）

（中野　等）

藩札　元禄元年（一六八八）はじめて銀札を発行したあと、しばしば中断・再発行をくり返した。天明ころより米札となり、寛政四年（一七九二）一升を銭五十文とする二升・一升・五合の新札が出た。天保元年（一八三〇）、米五升を銭二百文とする米札を発行。同三年には銀一匁を米二升とする預り切手も発行。他方、文化四年（一八〇七）六十四文を一匁とする銭匁札五種が御用聞商人を札元として出た。安政四年（一八五七）には銀会所からも銀札七種が出るなど、複雑をきわめた。現存する藩札としては、宝暦三年（一七五三）の銀札が最も古く寛政四年発行が四種、天保元年発行が六種、同三年発行が

一斗米札

十匁銭札

四種、文化四年発行が六種、安政四年発行が六種確認されている。

参考文献　渡辺村男『旧柳川藩志』上、『福岡県史』三中

（岩橋　勝）

山下藩（やましたはん）

筑後国上妻郡山下（福岡県八女市）に藩庁を置いた外様の藩。藩主は初代のみで、武藤（少弐）氏の一族である筑紫広門。山下城（人見城・笹城とも）を居城とした。当時の殿席は不明。広門は、肥前国の東南部・筑前国の南西部に勢力を持ち、肥前基肄郡の勝尾城（佐賀県鳥栖市）を居城とし、他にも筑前武蔵城（福岡県太宰府市）・五箇山城（筑紫郡那珂川町）などを有していた。天正十四年（一五八六）七月に、居城勝尾城を島津氏に攻められ敗北。一度は捕らわれるが、島津氏が撤退する隙に逃亡し五箇山城を奪還した。のち、秀吉の九州国分に際して、同十五年六月筑後国上妻郡一郡一万八千十五石を領し、山下城主として認められ山下藩が成立した。広門は、のちに福島城（福岡県八女市）も築城している。慶長五年（一六〇〇）の関ヶ原の戦いでは、広門は西軍に属し、のちに改易となっている。これによって山下藩は廃藩となった。筑後国は田中吉政の所領となり、吉政は柳川城を中心に、福島城にも子息の康政を入れて支配した。なお改易後の広門は、加藤清正のもとに身を寄せ、清正死去後は細川忠興の家臣となった。また、弟の茂成の系統が旗本として存続した。

参考文献　『寛政重修諸家譜』第一二、『藩史大事典』七（雄山閣出版、一九八八年）、『八女市史』上

（小宮山敏和）

佐賀県

小城藩（おぎはん）

肥前国（佐賀県）小城に藩庁をおいた藩。外様。陣屋。初代鍋島元茂は佐賀藩主鍋島勝茂の庶長子であったため本藩を相続せず、元和三年（一六一七）祖父直茂の隠居領を相続した。当初は分散知行であったが、同七年、勝茂に請うて小城郡を中心に松浦郡の一部を含めた知行地となった。石高はほかの支藩（蓮池・鹿島両鍋島家）同様、佐賀藩内に含まれ、表高七万三千二百五十石。二代直能までは本藩から付家老として鍋島（倉町）貞村が派遣され、その子直広が死去する万治三年（一六六〇）で廃止された。領内支配については一定の自律性をもって行われたが、本藩から小城郡代に任命されるなど、本藩の領域支配の枠内を出るものではなかった。天和三年（一六八三）には支配統制を進める本藩と三支藩の間で対立が起きたが、「三家格式」を制定して解決を図った。三代元武は将軍綱吉の側近く仕える奥詰となる一方で、藩政の整備と家臣団編成を推進した。十八世紀以降、財政難などから本藩への依存度を深めた。明治四年（一八七一）七月、小城県となり、同年唐津・蓮池・鹿島各県とともに伊万里県に合併され、翌年五月には佐賀県となった。主要史料として、佐賀大学付属図書館「小城鍋島文庫」がある。

参考文献　藤野保編『佐賀藩の総合研究』（吉川弘文館、一九八一年）、同『続佐賀藩の総合研究』（同、一九八七年）、野口朋隆「近世前期鍋島家の本家・分家関係」（『地方史研究』三〇七、二〇〇四年）

（野口　朋隆）

藩校　天明七年（一七八七）、藩主鍋島直愈の時、興譲館が創設された。天保末年、藩学が衰退するに際して、橋本善右衛門および鴨打大之進を教官として、学制の改革にあたらせた。学風は朱子学であった。史学・修身学のほか八科に分かれ、武芸は二種目以上の免状を得なくてはならなかった。毎月二と七の日に軍書の講読会が催されたほか、毎月藩邸において藩士・館生が会して経書の講義を聴く催しがあった。経書講義には本藩佐賀藩弘道館の教授を招いた。興譲館内には、学舎などのほか、幼少期や隠居後の藩主の書斎や住居が造られた時期もあった。

参考文献　笠井助治『近世藩校に於ける学統学派の研究』下（吉川弘文館、一九七〇年）、『小城町史』

（工藤　航平）

藩法　佐賀藩法と小城藩法が二重に適用され、また本藩が検挙して罰銀を科したような場合、小城藩としても別に罰銀を追科する例もある。小城藩法では宝永四年(一七〇七)には「政務格式帳」を作成している。罰帳として天和二年(一六八二)より安政二年(一八五五)に至る罰帳二十二冊と、享保七年(一七二二)より文化八年(一八一一)に至る郡方罰帳五冊がある。

(城島　正祥)

鹿島藩(かしまはん)

肥前国(佐賀県)鹿島に藩庁をおいた藩。外様。陣屋。佐賀藩の支藩。佐賀藩主鍋島勝茂の弟忠茂が江戸詰したことに由来する。慶長七年(一六〇二)忠茂は幕府から下総国矢作領五千石を拝領し、同十四年には勝茂から肥前国藤津郡内定米一万石(表高二万石)を分与された。しかし、子正茂は勝茂と不和になり藤津郡内の土地を返上して旗本となった(餅木鍋島家)。このため所領表高二万石は勝茂の九男直朝が相続した。当藩は、ほかの支藩(小城・蓮池両鍋島家)に比べ石高も小さいことから、参勤交代や公儀役遂行時に本藩へ財政援助を願うことが恒常化しており、本藩への経済的依存度は高かった。このため、本藩は文化・文政期、弘化・嘉永期の二度にわたり鹿島藩を廃藩にしようとするが、小城・蓮池両藩の反対により実現しなかった。しかし、参勤を含む全ての公儀役が五年間免除され、安政元年(一八五四)には長崎警備の強化を理由に、三支藩とともに再び五年間の公儀役免除となった。明治四年(一八七一)七月、鹿島県となり、同年唐津・小城・蓮池各県とともに伊万里県に合併され、翌年五月には佐賀県となった。主要史料として、鹿島市祐徳稲荷神社「鹿島鍋島家文庫」、福岡市立博物館「鹿島鍋島家資料」がある。

参考文献　藤野保編『佐賀藩の総合研究』(吉川弘文館、一九八一年)、同『続佐賀藩の総合研究』(同、一九八七年)、野口朋隆「近世前期鍋島家の本家・分家関係」(『地方史研究』三〇七、二〇〇四年)

(野口　朋隆)

藩校　寛文十二年(一六七二)襲封の藩主鍋島直條は儒学を尊び、在職中、学校を城内に設け藩士子弟に文武を奨励した。自身、林家に入塾して『鹿島誌』をあらわしている。その後隆替はあったが、藩主直彜の文化二年(一八〇五)城下高津原に再興して徳譲館と称した。古賀精里・穀堂父子もしばしば来藩して経書を講じた。藩主直彬のとき安政六年(一八五九)弘文館と改称し、童蒙のため小学校を付設して明倫堂と称した。維新の際焼失したため郭内柏岡に移築し、学制を改め鎔造館と改称、明治四年(一八七一)廃校となった。学科は和学・漢学・医学・算法・筆道・習礼および諸武芸で、学風は朱子学を遵奉した。

参考文献　文部省編『日本教育史資料』八、笠井助治『近世藩校に於ける学統学派の研究』下、（吉川弘文館、一九七〇年）

（笠井　助治）

唐津藩（からつはん）

肥前国（佐賀県）唐津を藩庁とした藩。藩主の家は寺沢・大久保・松平・土井・水野・小笠原の諸氏。寺沢氏だけは外様大名で他は譜代大名。いずれも城主。歴代藩主は寺沢氏が広高・堅高、慶安二年（一六四九）以降の大久保氏が忠職・忠朝、延宝六年（一六七八）以降の松平氏が乗久・乗春・乗邑、元禄四年（一六九一）以降の土井氏が利益・利実・利延・利里、宝暦十二年（一七六二）以降の水野氏が忠任・忠鼎・忠光・忠邦、文化十四年（一八一七）以降の小笠原氏が長昌・長泰・長会・長和・長国。領地は主として肥前国にあり、松浦郡の東部を占めたが、細かくは年代により広狭があって他国に及んだこともあり、石高もこれに従って変動している。寺沢氏は文禄の役の後、波多氏の旧領の松浦郡東部六万三千石と薩摩国出水郡二万石を賜わり、唐津に入部した。その後関ヶ原の戦に東軍に味方し天草四万石を加え計十二万三千石となり、唐津藩史の上で最大の石高に達した。慶長十九年（一六一四）出水

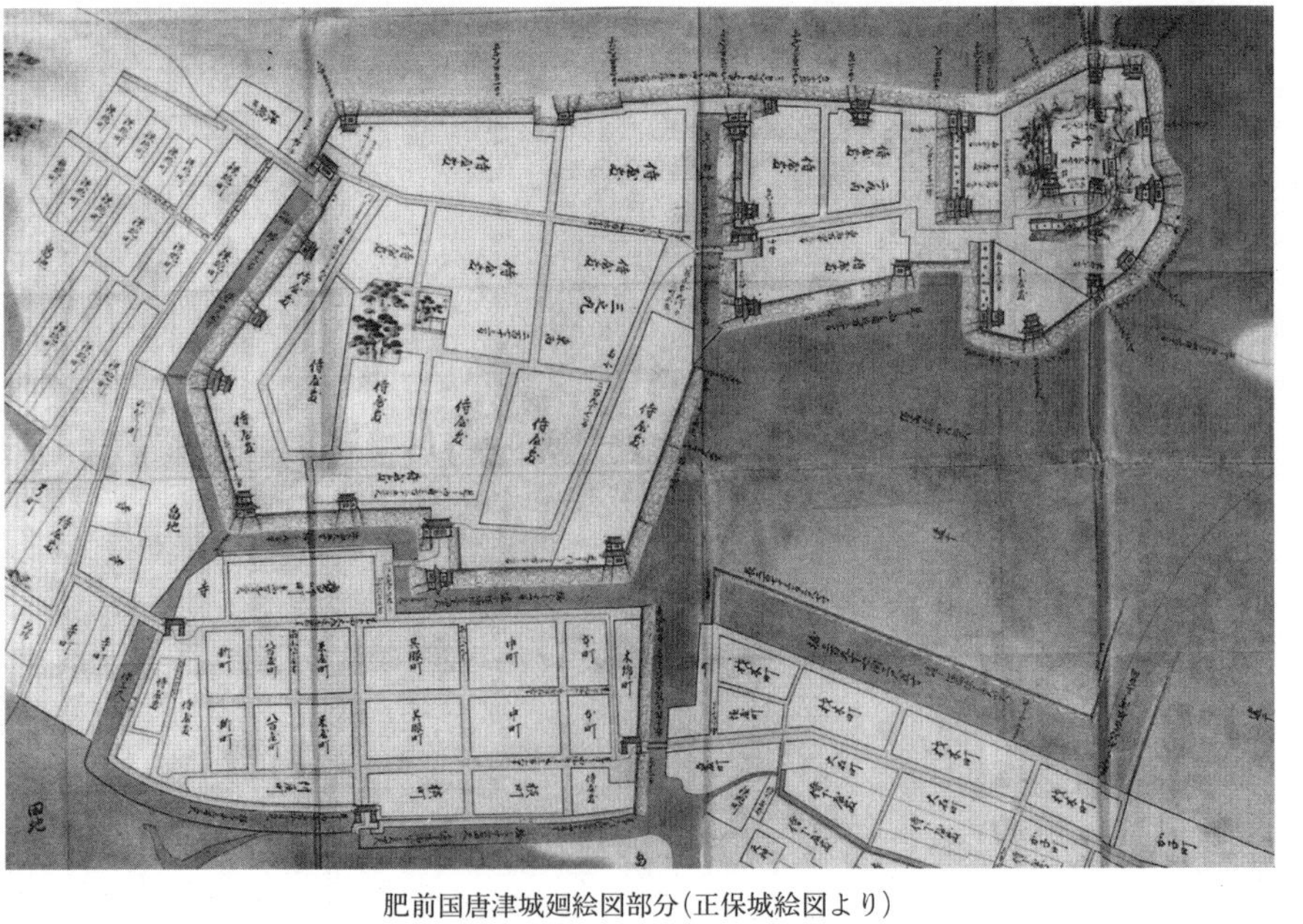

肥前国唐津城廻絵図部分（正保城絵図より）

唐津藩藩札
（二十目銀札）

郡の領地を筑前国怡土郡二万石と交換した。寛永十四年（一六三七）キリシタンが天草島で島原半島と呼応して起り、この島原の乱ののち天草四郎が領内の出身であるというので寺沢堅高は天草領を失い、正保四年（一六四七）その自殺後は嗣子がなくて廃藩となり、その領地は天領となった。

慶安二年大久保氏が唐津藩主として入部、寺沢氏の旧領八万三千石を領した。以後唐津藩はつぎつぎに転封大名を迎えたが、領地は松平氏入部の際怡土郡一万石が上知となり、三千石が分知されて七万石に減じ、水野氏入部の際には怡土郡に残っていた領地と松浦郡の一部で計一万石が上知となって六万石に減じ、文化十四年小笠原氏入部の際は松浦郡で佐賀藩領との境の村々一万石が上知となり、ただし唐津藩の石高は六万石で据え置かれた。唐津藩の制度は寺沢・大久保氏の代にほぼ完成した。庄屋制度には特色があり、大小庄屋に居付庄屋（居村庄屋）と替り庄屋（転村庄屋）の区別があり、後者は成績によって栄転しあるいは左遷された。土井氏の藩政は領民に好評を博し、転封の際には幕府に留任の嘆願がなされたが、水野氏の代になると、明和八年（一七七一）には増税に反対する全藩をあげての百姓一揆（虹の松原一揆）が起った。一揆側の要求は全面的に通って落着したが、一揆の指導者富田才治はのちに自首して死刑になった。その後小笠原氏の代になり、天保九年（一八三八）には唐津藩の旧領で唐津藩の預り地となっていた天領の村々に百姓一揆（厳木一揆）が起り、幕命をうけた唐津藩の武力で鎮定された。原因は庄屋らの不正行為で、一揆鎮定の後に長崎代官所は庄屋らと一揆の首謀者らをともに処罰した。

唐津藩は長国の代で維新を迎えたが、長国の養子長行は安政五年（一八五八）以降藩政を預かって海防に努力し、文久元年（一八六一）以降は幕府に出仕しのちには老中となった。唐津藩は第一次長州征討に出兵したが、第二次征討には長行が総指揮をとるなど、佐幕の立場で活躍した。明治元年（一八六八）には佐賀藩新政府への斡旋を依頼したが失敗。唐津藩で特色がある産業には小川島を中心とする捕鯨業があり、また岸岳の麓（伊万里市南波多町）にあった椎の峰焼はのちに唐津に移り、唐津焼となった。馬渡島（斑島）には隠れキリシタンが住んだが、江戸時代も後期に至って他所から来住したものらしく、仏教徒の本村に対し新村を作った。明治四年七月十四日唐津県となり、さらに同年十一月十四日伊万里県に統合された。『藩制一覧』にみる唐津藩の草高は六万四千七百三十五石八斗六升三合、人口六万三千二百二十六人であった。唐津藩の史料は藩当局の史料に乏しいが庶民史料に恵まれている。主要な史料として東京都立大学附属図書館蔵『水野家文書』、大庄屋関係の文書に唐津市立図書館蔵『岸田家文書』・相知町公民館蔵『峯家文書』・九州大学農学部研究室蔵『諸岡家文書』・九州大学九州文化史研究所蔵『松尾家文書』がある。

参考文献　『唐津市史』

（城島　正祥）

藩校　享保八年（一七二三）、藩主土井利実により盈科堂が創設されたが、古河藩転封とともに移転された。また、享和元年（一八〇一）、藩主水野忠鼎により創設された経誼館も、水野家の浜松藩転封に伴って移転された。唐津藩は比較的藩主の出入りが多く、それに伴って藩学も移設されたのである。棚倉藩より移封された小笠原家の志道館は、棚倉で創設されたものともいわれるが、確証はない。唐津移封後の小笠原家は、天保七年（一八三六）に橘葉医学館を創設したほか、明治三年（一八七〇）に学制を改革し、漢学部（志道館を継承）、医学部（橘葉医学館を継承）、洋学部（耐恒寮を新設）の三学部を置いた。

参考文献　笠井助治『近世藩校に於ける学統学派の研究』下（吉川弘文館、一九七〇年）

（工藤　航平）

佐賀藩（さがはん）

肥前国（佐賀県）佐賀を藩庁とした藩。藩主鍋島氏。外様。城持。佐賀藩は、天正十五年（一五八七）、豊臣秀吉により一旦近世大名に取り立てられた竜造寺政家が、のちわずか三年にして、隠居を命じられて軍役を免許され、代わって竜造寺氏の重臣鍋島直茂が、公儀への軍役奉仕を通じて近世大名となり藩制を成立させるという、全国にも稀にみる歴史的特質をもつ。こうした政権交代を後世竜造寺氏の立場から劇化したのが「猫化け騒動」であるが、それは下剋上でも、鍋島氏の政権奪取でもなく、すでに竜造寺体制のもとで定着していた家督（竜造寺氏）と支配権（鍋島氏）の分離を、公儀権力が追認したものであり、それは慶長十二年（一六〇七）、徳川政権のもとで、直茂の嫡子勝茂が竜造寺氏の家督を相続することによって決着した。

佐賀藩は、慶長十年から同十五年にかけて総検地を実施し、高三十五万七千三十六石を打ち出したが、同十八年、公儀権力はこれを公認し安堵する旨の朱印状を与えた。勝茂以降、光茂・綱茂・吉茂・宗茂・宗教・重茂・治茂・斉直・直正・直大と続き廃藩置県に至った。二代藩主勝茂は、佐賀城の造営、城下町の整備にあたる一方、慶長十五年、総検地と並行して、全家臣団に対し三部上地（知行地の三〇％召上）を実施して、新たに知行判物を与えたが、元和七年（一六二一）にも、竜造寺四家（多久・武雄・諫早・須古）を対象に三部上地を実施して、蔵入地を拡大し、積極的な一門創出策を行なった。鹿島家・小城家・蓮池家・白石家がこれにあたる。

勝茂は、その他の一門を他家の養子とし（神代家）、あるいは有力家臣に鍋島姓を与えて（納富・太田・倉町・千葉・山代・伊万里など）、これを懐柔し、こうして、藩主鍋島氏とその一門による強力な支配体制がつくられた。寛永十九年（一六四二）、鹿島・小城・蓮池の三家は、ともに大名となり三支藩を構成した。一方、勝茂は、慶長十三年、竜造寺四家を佐賀に集めて家老としたが、公儀普請役から必然化される藩財政の窮乏を、四家の協力によって打開したことから、次第に四家を首脳とする政治運営が定着し、こうして、鍋島生三（道虎、姉川鍋島）による初期側近政治に代わって、竜造寺執政体制が確立する。寛永十二年、惣仕置（請役家老・当役ともいう）―相談役という政治中枢機構が整備すると同時に、蔵方頭人（雑務方）および大横目の制度や、蔵入方における財政運営の機構と制度が整い、年間予算の編成とともに、決算仕組の体制が整備した。島原の乱に最大限の兵力を動員した佐賀藩は、寛永十九年より長崎御番役をつとめることとなり、それによって、参勤交代による在府期間が縮小された。承応元年（一六五二）、勝茂は藩法を集大成（『鳥ノ子御帳』）し、政治組織の基本形態と政治運営の基本原則を確立した。

三代藩主光茂は、世禄制の実施、殉死の禁、聖堂の建設など、一連の文治主義政策を実施する一方、身分制秩序を重視し、万治二年（一六五九）の着座の決定につづいて、天和三年（一六八三）には『三家格式』を制定して、三支藩を本藩の統制下におき、四代藩主綱茂は、元禄十二年（一六九九）、竜造寺四家を親類同格に位置づけた。こうして、三家・親類・親類同格・家老・着座という佐賀藩における身分格制が確立する。山本常朝の『葉隠』は、そうした文治主義政策に対する反動の所産であり、藩政草創期への回帰が嘱望された。そのため、五代吉茂・六代宗茂の享保前後には、法治主義と武断主義にもとづく藩政が展開したが、享保十七年（一七三二）の大飢饉によって藩財政は窮乏し、藩札の発行、家中献米、町方に対する先納銀の賦課で対応した。

藩財政の窮乏は、農民に対する年貢の増徴とともに、家中に対する上地の実施となり、その結果、七代宗教の寛延三年（一七五〇）、竜造寺一門の知行地において、本藩に反抗する諫早一揆が勃発した。八代重茂のあと、明和七年（一七七〇）、支藩鹿島藩主より九代藩主に就任した治茂は、広範な藩政改革を断行し、年貢米を基調とする財政再建を目標に、財政改革に着手して負債を整理する一方、新運上銀・人別銀を賦課し、米筈(藩札)を発行して、財政の再建を図った。また天明三年(一七八三)には、六府方(山方里山方・牧方・陶器方・搦方・貸付方・講方)を設置して殖産興業政策を推進し、寛政十二年(一八〇〇)には、大庄屋を廃止し七名の在住代官を設置して、農村の復興とともに取締りを強化した。さらに藩校弘道館を開設して、文教の振興と士風の刷新につとめ、刑法を改正し、徒罪方を設置して追放刑を懲役刑に改めた。

　このように、治茂の施策には、窮乏した藩財政を再建し、各種の産業をおこそうとする積極政策がみられたが、財政危機を根本から解消するに至らず、斉直が十代藩主に就任すると、放漫政策から再び財政危機が進行し、文政九年(一八二六)、藩当局を経ないで発行された赤札(赤札事件)によって、藩当局の信用は失墜した。しかも、これより先、文化五年(一八〇八)のフェートン号事件により、幕府から長崎警備の不備を追及され、斉直は逼塞を命じられた。こうした内外の行き詰まった情勢のなかで、天保元年(一八三〇)、十一代藩主に就任した直正は、幕末の広範な藩政改革を断行し、佐賀藩を維新の雄藩に仕立てた。直正もまた年貢米を基調とする財政再建を志向し、弘道館出身の少壮有為の士を抜擢して改革主体を形成し、天保六年、大規模な行政整理を断行し、同八年には、勤休の別なく家中献米を同率とした。同年勃発した大塩平八郎の乱と、翌九年の唐津藩大一揆は、改革派の政治的緊張をたかめ、ラジカルな土地政策を断行するに至った。天保十三年の加地子猶予令の発布から文久元年(一八六一)の土地藩有分給令、いわゆる均田法の実施がそれである。それによって、地主制の発展が阻止され、小作貧農層の分解が防止された。また弘化二年(一八四五)には、国産方を設けて諸産業を奨励し、嘉永五年(一八五二)には、精錬方を設けて科学技術を研究し、安政元年(一八五四)には、代品方という専売機関を設けて積極的な国産の統制・販売に乗り出し、特に陶器と石炭の専売による領外および外国交易から多くの利潤を打ち出した。その利潤によって、佐賀藩は盛んに洋式工業を導入し、大砲・小銃の鋳造のほか造船および蒸気機関の製造を行い、高島炭坑の開発には、イギリス商社と提携して、洋式採炭法を採用した。

　こうした洋式工業の導入によって、佐賀藩は強力な軍事力を創出することに成功したが、このことは、開明的な直正を先頭とする改革派の「上からの改革」の成功を意味した。佐賀藩において、尊攘派の意見が藩庁主流と一致し、倒幕論が成立するのは、遅れて慶応三年(一八六七)である。そのため佐賀藩は、尊攘・倒幕運動では薩・長・土の三藩に遅れをとったが、封建的危機克服にあたっての開明的、強力的な改革の成功、洋式工業の導入による藩軍事力強化の事実は、維新における佐賀藩の比重を大きくし、新政府に大隈重信・江藤新平・副島種臣らの絶対主義官僚を送り込むゆえんとなった。明治四年（一八七一）七月、十二代直大のとき廃藩となり、佐賀地方は佐賀県・伊万里県・佐賀県・三潴県・長崎県を経て、明治十六年佐賀県となった。藩政史料に恵まれ、本藩・蓮池藩史料は佐賀県立図書館、小城藩史料は佐賀大学図書館、鹿島藩史料は祐徳文庫（鹿島市祐徳稲荷神社）、多久家史料は多久市立図書館、武雄鍋島家史料は武雄市役所、諫早家史料は諫早市立諫早図書館・長崎県立長崎図書館、神代鍋島家史料は長崎県立長崎図書館、鍋島主水家（横岳鍋島）史料は早稲田大学図書館に、それぞれ分蔵されている。

［参考文献］『佐賀県史』中、『佐賀市史』二、『小城町史』、『鹿島市史』中、藤野保編『佐賀藩の総合研究』（吉川弘文館、一九八一年）、同編『続佐賀藩の総合研究』（吉川弘文館、一九八七年）、城島正祥『佐賀藩の制度と財政』（文献出版、一九八〇年）、長野暹『幕藩制社会の財政構造』（大原新生社、一九八〇年）、同『幕藩制国家の領有制と領民』（吉川弘文館、二〇〇四年）、芝原拓自『明治維新の権力基盤』（御茶の水書房、一九六五年）、高野信治『近世大名家臣団と領主制』（吉川弘文館、一九九七年）、同『藩国と藩輔の構図』（名著出版、二〇〇二年）、木原溥幸『幕末期佐賀藩の藩政史研究』（九州大学出版会、一九九七年）

（藤野　保）

藩校　藩主鍋島光茂の代に城内鬼丸に聖堂を建立、綱茂は宝永五年（一七〇八）聖堂内に講堂を設け藩士の学問所とし、天縦殿と称した。このころは単に聖堂と称して学校名はなかった。吉茂代には儒者実松元林が活動。同人は藩主の側にあって島原の乱に関する歴史調査を行い、『有馬御記録』を編纂する。治茂は文武の振興に意を用いて藩風の刷新を志し、天明元年（一七八一）城下松原小路に学校を設立、弘道館と号した。藩校がこの時始まったのである。弘道館の設立の衝にあたった石井鶴山は、熊本に遊学して帰藩し、君側に在って政教の両面で治茂を支えた。鶴山は熊本藩が時習館における人材育成によって藩政改革を推進している有様をよく学び、弘道館の設立にあたって大いにこれを生かした。弘道館教授となった古賀精里は朱子学を学び、永らく政治の枢機にも参与して来た。寛政八年（一七九六）幕府に招かれ、昌平黌の儒官となった。文化二年（一八〇五）斉直が襲封すると、翌年精里の長子穀堂を弘道館教授に任じたが、穀堂は間もなく「学政管見」を草して斉直に上呈した。「管見」は前文と本文二十七条より成るが、穀堂の主張は、藩政の根本は有為の人材の選挙にあること、弘道館教育の目的は国政に役立つ忠直廉潔の士の養成であること、藩の役職には必ず弘道館出身の者より選び登用すること、かくて弘道館をして藩政の中心機関たらしめることにあった。

　天保元年（一八三〇）直正が入国して治政にあたるや、弘道館を大いに奨励した。直正一代の治政の課題は財政再建による藩政の建て直しと長崎警備の完遂であった。直正はそれを弘道館の学事奨励による士風の刷新と人材の養成によって推進しようとした。天保二年穀堂は「済急封事」を直正に上呈したが、これは藩政の実情と鍋島家臣の士風を憂え、当面為すべき施策につき意見を述べたものである。穀堂はここで『葉隠』を批判し、学問尊重の気風を振興する必要を説いた。天保十年直正は弘道館を大手前の北堀端に拡張し、校舎の大改築を行い翌年完成した。その規模は従前に数倍し、本館の外に講堂・内生寮・外生寮・蒙養舎を備えており、武芸場も付置した。学館経費も一躍千五百石に増額し、ここに全国有数の一大藩校が現出した。

　天保十三年には、文武奨励の令達とともに、侍・手明鑓・歩行の者・足軽・小道具・仲間などの身分別の武芸修習目標が示され、嘉永三年（一八五〇）には、侍三十石以上は文学独看・剣槍間免状、侍三十石以下手明鑓までは文学出精昇達・剣槍間目録と修学・稽古の目標が明示され、かくて藩士の総教育体制が進み幕末を迎えた。江戸藩邸の学校は文政年間（一八一八―三〇）に設けられ、明善堂と称した。はじめ溜池にあったが、文政八年直正が桜田の上屋敷に移るときに明善堂もそこに移された。直正は一方、天保五年に医学館を八幡小路に設けたがのち好生館と称した。和蘭医学を積極的に伝習させたが、嘉永二年には種痘を実施した。嘉永四年には医師は必ず医学館で学び所定の業を修めたものに限って開業免許を与えることになった。医学館は安政五年（一八五八）片田江小路へ移され、のちの片田江病院となった。

参考文献　文部省編『日本教育史資料』三、佐賀県教育会編『佐賀県教育五十年史』上、藤野保編『佐賀藩の総合研究』（吉川弘文館、一九八一年）、井上義巳「九州地方藩学史の研究」（『日本教育思想史の研究』勁草書房、一九七八年所収）、生馬寛信「佐賀藩における天保―明治初年の学制改革―」（長野暹編『西南諸藩と廃藩置県』九州大学出版会、一九九七年所収）

郷校　国老多久邑主の多久茂文は元禄十二年（一六九九）小城郡多久郷多久東原（多久市）に学校を設立、東原庠舎または鶴山書院と称し、邑内の士分のみならず卒以下庶民にも入学を許した。さらに宝永五年(一七〇八)聖廟が完成し、恭安殿(重要文化財)と称した。以来邑主が祭官となって春秋二回釈菜を行い、寛政期以降、内試や御直試といった試験制度も整った。ここでは深江順房、草場韓などが学び、教授としては河浪自安、石井鶴山、草場廉、鶴田晧がいた。明治二年(一八六九)多久郷学校と称え、同四年に多久小学校と改称されたが、やがて明治新学制に吸収された。

このほか親族家老の神代氏は元禄年間に佐賀郡川久保村(佐賀市)の別荘内に郷学校、文久年間(一八六一―六四)に佐賀邸内に知方館、さらに藤津郡飯田村(鹿島市)に教導所を置いた。同じく親族家老村田氏は天明八年(一七八八)佐賀郡徳万村(久保田町)に思斉館を設け、武雄邑主の国老鍋島氏は享保年間(一七一六―三六)に杵島郡武雄村(武雄市)に身教館を設立した。諫早邑主の国老諫早氏は天明年間に高来郡諫早村(長崎県諫早市)に学校を設け好古館と称した。また須古邑主の国老鍋島氏は享保年間に堤村(杵島郡白石町)に三近堂を設け、神代邑主の国老鍋島氏は天明年間に神代邑(長崎県南高来郡国見町)の廓内本小路に学校を設け、はじめ鳴鶴所と称し、のちに郷学校と改めた。深堀邑主の国老鍋島氏は寛永のころ彼杵郡深堀村(長崎市)に学校を設け、はじめ羽白館、のち謹申堂と称えた。明治三年佐賀藩は藩制再編のため神埼に大きく展開したが、その折、神埼(神埼郡神埼町)に藩立の郷学校を設立して、国老鍋島主水邸内の日新舎の生徒をここに移した。しかし翌年の廃藩置県により廃止された。

参考文献　文部省編『日本教育史資料』三、藤野保編『佐賀藩の総合研究』(吉川弘文館、一九八一年)

(井上　義巳)

藩札　享保二十年(一七三五)はじめての銀札発行をみ、しばらくの中断を経て宝暦十三年(一七六三)に八ヵ年期限の銀札三百貫目を発行した。その種類は銀五十目~一分の計十種

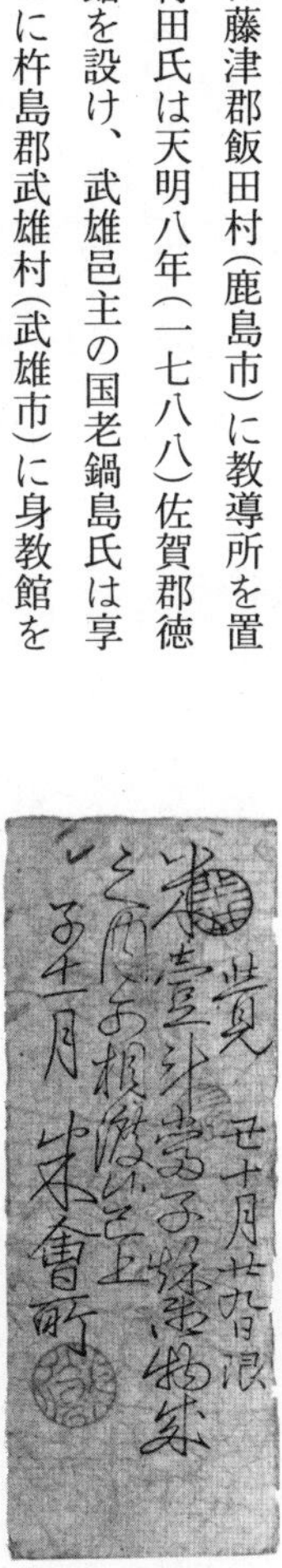
米一斗銭札

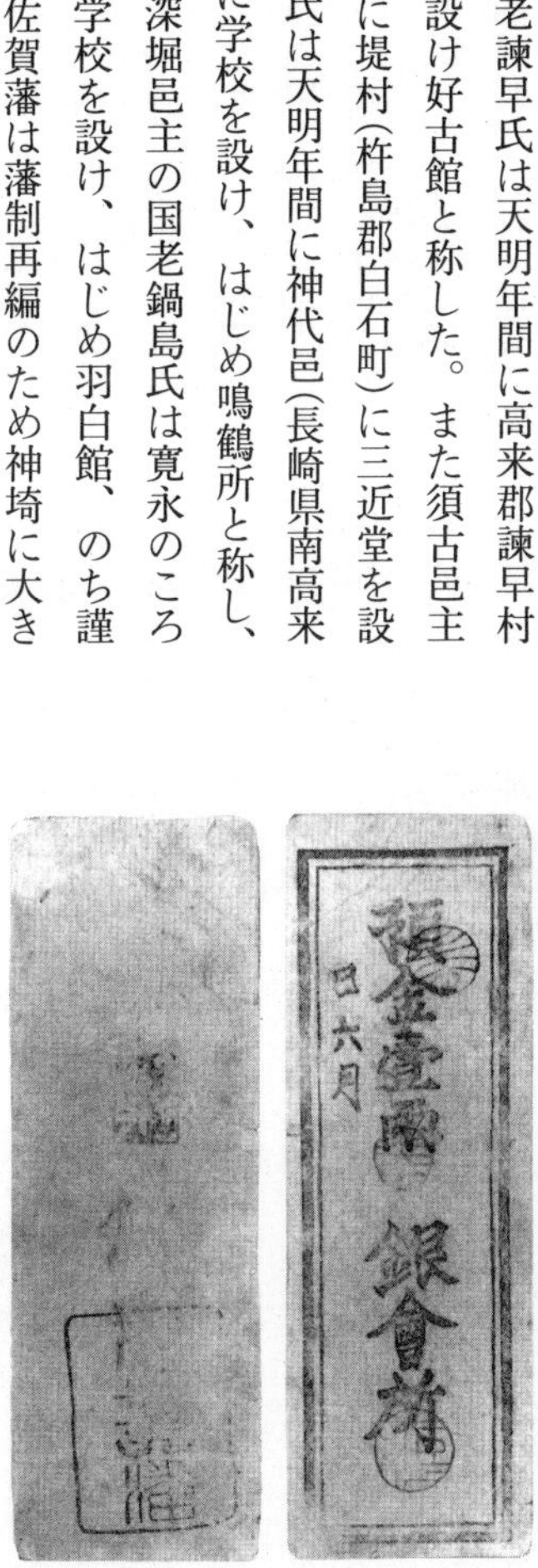
一両金札

であった。ついで安永九年(一七八〇)米筈といわれる、米札に名をかりた銭札を発行。これは米一升＝銭四十文、銀一匁＝銭八十文と、当時の公定相場で固定したものである。額面は一石〜五合(銭四貫文〜二十文)の計九種類、毎年十一月から翌年十月までの一年限り通用であり、正貨との混合通用が認められていた。最盛期の寛政〜文化初年にかけて毎年十万石前後の発行をみたが、文政期に入ると減価が生じ、同五年(一八二二)一升四十文の額面が四、五文にまで低落した。その後藩の買上げ策などがみのって安政三年(一八五六)まで流通し、同年(銀二十匁〜三分の計七種類)および同五年(金一両〜一朱の計五種類)発行の金・銀札が新たに米筈にとってかわった。

参考文献　『佐賀県史』中、久米邦武編『鍋島直正公伝』一・四(侯爵鍋島家編纂所、一九二〇・二一年)、岩橋勝『近世日本物価史の研究』(『日本史学研究双書』一七、大原新生社、一九八一年)

(岩橋　勝)

均田法《きんでんほう》　幕末の佐賀藩で藩主鍋島直正によって断行された農地改革。小作料の猶予に端を発して小作地の上支配、地主と小作人への分給に至った。この改革は最初は皿山代官所管内の松浦郡有田・伊万里の両郷について試行的に実施され、やがて佐賀藩の蔵入地全域に及ぼされた。特に両郷についての改革が重視されたのは、有田・伊万里の町人がかねて有田焼の取引によって資本を蓄えていたところに、天明三年(一七八三)以来、佐賀藩が干拓新田の造成に力を入れ、藩営干拓を進めるほかに民間資本による干拓を奨励したことで、特にこの地方には地主制が発達し、それも特に町人地主を発生させていたためであった。

改革はまず天保十二年(一八四一)、皿山代官所管内の蔵入地について向こう五年間を限り小作料の三分の一を猶予したのに始まり、翌十三年には佐賀藩の蔵入地全域について向こう十年間を限って小作料を全面的に猶予し、その期限が満ちた嘉永四年(一八五一)には小作料全面猶予の期間をさらに十年間延長した。この小作料猶予は当時俗に「加地子バッタリ」と称せられた。次に嘉永五年には、まずこれも同じく皿山代官所管内の蔵入地について、小作地を佐賀藩の上支配とした上で、田畠三十町以上の地主には六町、それ以下の地主には二分半の田畠を渡すとともに、農商の兼業を禁じ町人地主の存在を認めないことにしたが、この改革も文久元年(一八六一)には佐賀藩領の蔵入地全域に及ぼした。これについて藩の触達は小作地を上支配とした上で、そのなかから更めて地主の所有とする分を示したけれども、残り分については小作人が従来通り耕作することを命じただけで、それを小作人の所有とするとは明言していない。そのため触達の曖昧さは免れなかったが、事実上その残り分は小作人の所有に帰し、結局従来の小作地は地主と小作人の間に分給されたことになった。

この一連の改革は地主と小作人の間で利害が全く相反したし、改革が始まると地主側からの藩当局に対する嘆願は頻りになされたが、明治五年(一八七二)になると、佐賀県は今や政体が変わり、またこの改革は年限付きだったとして、問題の小作地を天保十三年以前に戻して全部を地主の所有とし、ただし小作料だけを以前の小作料の半分とした。しかしこれには小作人側に不満があり、そのため翌明治六年には前年の布達を取り消して文久元年の措置に従ったところ、これには地主側が承服せず、やがて明治十一年になると長崎県(当時旧佐賀県を含む)は折衷策として、五分を地主所有とし、残り五分は地主から政府に献納させた上で小作人に支給することにした。この折衷策についても小作人側には不満があって裁判所に頻りに訴訟が行われ、紛争はその後数年に及んだけれども、政府は強く小作人の主張を抑えて譲らなかった。

参考文献　『伊万里市史』、小野武夫『旧佐賀藩の均田制度』(岡書院、一九二八年)

(城島　正祥)

佐賀藩海軍史《さがはんかいぐんし》　幕末佐賀藩における海軍技術史。編者は秀島成忠、発行者は知新会(会長は佐賀藩出身の海軍中将男爵真木長義)、全一巻、大正六年(一九一七)五月三十日刊(非売品)。第一編は、ほぼ天保三年(一八三二)から明治三年(一八七〇)までの佐賀藩海軍の沿革を、日記・藩主年譜・記録などを編年形式に編集して述べている。諸家の日記、文書・記録など原文を直接引用してあるため、史料集とみなしても価値が高い。第二編は艦船ごとの記録、逸録、附録からなり、勝安芳の『海軍歴史』の影響が強く、艦船の規模・行動、その他、品川砲台見聞記をはじめ、佐野常民の軍制改革建白、中牟田倉之助の軍艦定則、箱館戦記など貴重な記録、および藩海軍関係者の懐古談、附録には知新会・同郷会・温故学舎の規則および成立・経過を収録している。巻頭に貴重な写真・図面など多数収載してあり、興味深い。従来あまり利用されていないが、佐賀藩のみならず維新史研究に資するところは大き

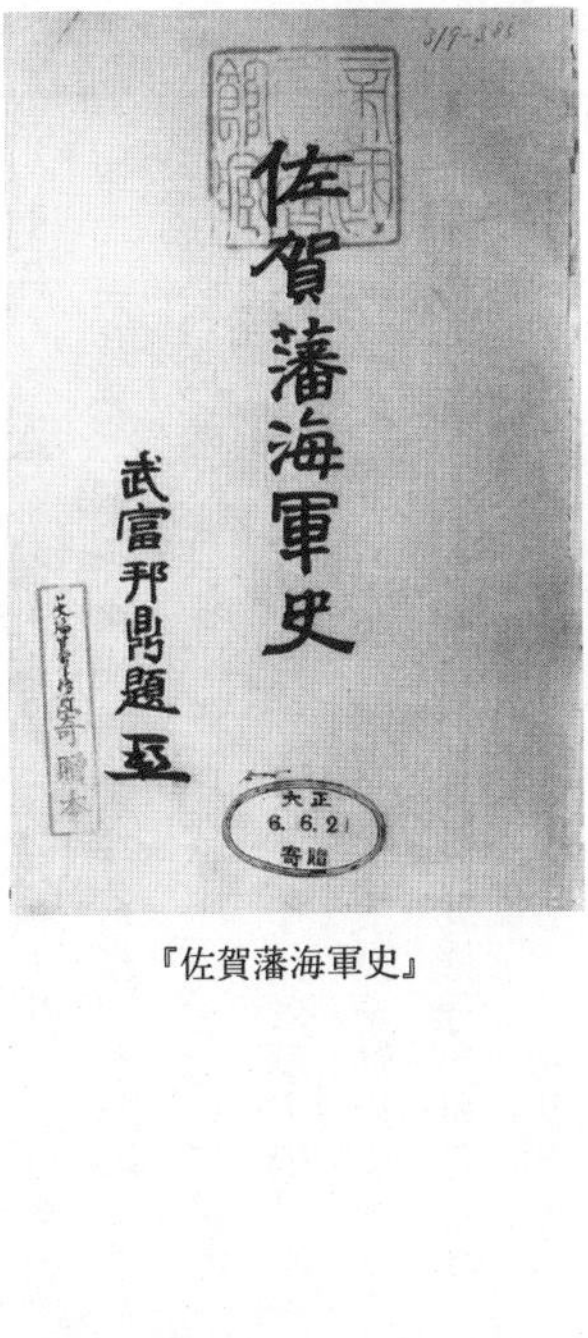

『佐賀藩海軍史』

い。『明治百年史叢書』一五七所収。

参考文献　武田楠雄『維新と科学』(『岩波新書』青八一七、一九七二年)、秀島成忠『佐賀藩銃砲沿革史』(『明治百年史叢書』原書房、一九七二年)

(杉谷　昭)

蓮池藩(はすのいけはん)

肥前国蓮池(佐賀市)に藩庁を置いた藩。佐賀藩の内分支藩。藩主鍋島氏、外様。陣屋。歴代藩主は直澄・直之・直称・直恒・直興・直寛・直温・直与・直紀。寛永年間(一六二四—四四)に鍋島直澄が鍋島勝茂から分知されて成立。鹿島藩・小城《おぎ》藩に続いて当主は参府した。幕末期の知行高は五万二千六百二十五石(物成高二万千五十石)。所領は佐嘉・神埼・杵島・松浦・藤津の五郡にわたるが、本藩蔵入地を分割して充行われたため本藩領・鹿島藩領・給人知行地と領境が錯綜していた。佐嘉郡蓮池村に城郭(館)を設け藩政の中軸地としたが、杵島・藤津郡内に所領が比較的多いことから藤津郡塩田《しおた》に塩田役所を設け、藤津郡吉田と杵島郡成瀬に代官所を置いた。寛永十七年小城・鹿島・蓮池三藩主は幕府から部屋住格の大名として認められた。

蓮池藩主鍋島直澄は正保元年(一六四四)に参勤交代を始める。対幕府関係などで三支藩と本藩との確執が生じ、このため天和三年(一六八三)「三家格式」が設けられ、本藩による支藩の支配統制が成文化された。元禄六年(一六九三)に幕府から深川本庄に邸地を与えられた。同十二年には藩主鍋島直之が幕府から勅使饗応を命じられ、以後公儀役を勤めるようになった。宝永元年(一七〇四)幕府から城郭修理を命じられ、その費用調達のために藩士に出米を課するが、この出米制はのち連年的となる。天明四年(一七八四)に藩校成章館が創設された。

藩財政は十八世紀中ごろになると一層逼迫し、寛政八年(一七九六)には佐賀本藩に財政支配を委託する請願を行い、このため、佐賀本藩は二年間蓮池藩の財政を統轄する。享和二年(一八〇二)から同七年にかけても財政統轄を本藩に委託した。嘉永六年(一八五三)に領内塩田山ノ内に砲銃射的場を設けて軍事訓練を強化し、安政六年(一八五九)には長崎から高島浅五郎(秋帆の子)を招き大砲を鋳造した。元治元年(一八六四)第一次長州征討に出陣するが、明治元年(一八六八)には維新政府の羽州出兵の命に応じ五百四十五名が出兵する。翌年藩政改革が行われ、藩治職制に応じた藩体制となった。明治四年七月の廃藩置県で藩は消滅し領域は蓮池県となり、さらに同年十一月伊万里《いまり》県に統合された。

参考文献　永田暉明編『蓮池日史略』、同編『芙蓉旧話』、『嬉野町史』、『塩田町史』、藤野保編『佐賀藩の総合研究』(吉川弘文館、一九八一年)、同編『続佐賀藩の総合研究』(吉川弘文館、一九八七年)、野口朋隆「近世大名家の分家「大名」化と幕府年中行事」(『日本歴史』六六二、二〇〇三年)

(長野　暹)

藩校　延享年間(一七四四―四八)ころから学寮と称する施設があり、藩士子弟が通学していたという。天明七年(一七八七)には、風俗を矯正して藩政に有用な人材を養成することを目的に、成章館が創設された。しかし、発足直後から不振となり、その一因として藩士の生活難が挙げられた。このような中、文化五年(一八〇八)のフェートン号事件により、本藩佐賀藩が軍事増強に邁進すると、蓮池藩においても武術、特に砲術が重視された。成章館でも砲術が重んじられ、弘化期(一八四四―四八)には砲術を稽古する藩士が著しく増加した。藩主鍋島直与の時には、高島秋帆の子である高島浅五郎を招聘し、西洋砲術を講習させた。明治元年(一八六八)に学制が改正され、育英館と改称された。成章館創設以降、学風は朱子学を宗とした。

参考文献　笠井助治『近世藩校に於ける学統学派の研究』下(吉川弘文館、一九七〇年)、『佐賀市史』二、文部省編『日本教育史資料』八

(工藤　航平)

長崎県

大村藩（おおむらはん）

肥前国（長崎県）大村を居城とした藩。藩主大村氏。外様大名。城持。二万七千九百七十三石。大村氏は鎌倉時代から地頭としてこの地方を支配し、以降中世期を通じて在地領主として発展した。元亀元年（一五七〇）、純忠が長崎を開港し、南蛮貿易を中心に外交策を展開しながら、本領の確保につとめた。天正十五年（一五八七）、豊臣秀吉の九州征伐後、本領を安堵され、近世大名に取り立てられたが、それと同時に発布された伴天連追放令と長崎の収公によって、貿易利潤に終止符が打たれ、藩財政は成立当初から極度の窮乏をきたした。初代藩主喜前《よしあき》以降、純頼・純信・純長・純尹・純庸・純富・純保・純鎮・純昌・純顕・純熙と続いた。

まず喜前は、朝鮮出兵を契機に、兵農分離や家臣団統制の強化を通じて、自己の領国支配を実現したが、慶長十二年（一六〇七）には、「御一門払い」を断行し、庶家一門を追放して蔵入地を拡大し、藩権力を強化しながら、成立期の財政窮乏を克服した。これを契機に、庶家一門に代わって在地土豪が譜代とともに、藩政中枢に進出し、家老・城代などに任命されて初期藩政を主宰した。四代藩主純長の明暦・寛文期に藩制の諸機構を整備したが、元禄期に至ると、初期以来強力に推進してきた新田開発も極限に達し、かつ家臣団の膨脹によって、再び藩財政が窮乏し、こうして、家臣団の知行制の改革を中心とする享保改革が断行された。ついで化政改革においては、貢租収取体系を全面的に改正し、強力な流通統制策を実施して、藩体制の再建・強化を図ったが、幕末の藩政改革においては、『郷村記』を編纂して、領内生産力の強力な把握を実現する一方、外圧に対応する軍制改革を断行し、西洋銃の一斉採用と銃隊編成によって軍事力の近代装備化を図った。

大村藩においては、元治の政変において、尊攘派が佐幕派に代わって藩権力を掌握することに成功し、「尊王」の二字に藩論を統一して、活発な藩外行動を実践し、薩長連合を画策した。尊攘派は、こうした実践行動を通じて討幕派に発展したが、慶応三年（一八六七）の藩内党争を契機に、村大給・小給・足軽などの在地家臣団をも包括する広い層の討幕派軍隊が成立し、薩長両藩と行動をともにして、挙藩討幕へと突入していった。明治四年（一八七一）七月十四日、廃藩置県によって大村県となり、同年十一月十四日、島原・平戸・福江県とともに長崎県に合併された。

参考文献　『長崎県史』藩政編、『大村市史』上、藤野保『新訂幕藩体制史の研究』(吉川弘文館、一九七五年)、同「幕末・維新期における小藩の構造とその動向―討幕派第二グループの動向をめぐって―」(『史林』四六ノ五、一九六三年)、同『日本封建制と幕藩体制』(塙書房、一九八三年)

(藤野　保)

藩校　寛文年間(一六六一―七三)に藩主大村純長によって桜馬場に創始された時は集義館と称し、のち元禄年間(一六八八―一七〇四)に静寿園と改称、さらに寛政二年(一七九〇)藩主純鎮の学事更張の時に城内花林軒の北の空地に新たに講学所を設けて五教館《ごこうかん》と称し、演武場を治振軒と称えた。五教館は経伝によって徳を、子史によって才を、詩文によって性情を養うことを方針としたが、七、八歳で入学の初等科(新部屋生)、十四、五歳よりの中等科(日勤部屋生)および二十歳以上の高等科(寮生)に分かれ、文武の併修は中等科より始められた。五教館開業の時、皆川淇園門下の加藤左司馬を教頭に起用したが、天保年間(一八三〇―四四)に藩主純顕は朝川善庵・広瀬淡窓・同旭荘をつぎつぎに招き学館を奨励した。旭荘は特に信を得て往来し広く学政を扶けた。元治元年(一八六四)藩主純熙は藩是を尊王の一途に決し、五教館学制を改正して文武の強化と勤王方針の徹底をはかった。

参考文献　『見聞集』六二、『九葉実録』二三・二四(大村史談会、一九九四～一九九七)、文部省編『日本教育史資料』八、長崎県教育会編『長崎県教育史』上

(井上　義巳)

大村《おおむら》記《き》　肥前大村藩主大村氏に関する記録。著者不明。大村浪人が所持するところの史料を写し取ったものといわれる。二巻。大村氏の七代忠澄の地頭職補任より始めて、慶安三年(一六五〇)まで及ぶ。大村氏の戦国大名から近世大名への成長過程を示す好史料。特に大村純忠の記事は注目される。松浦銓の蔵本によって『史籍雑纂』一(明治四十四年刊)に所収。

参考文献　『大村市史』上

(藤野　保)

島原藩(しまばらはん)

肥前国(長崎県)島原を藩庁とした藩。最初の藩主家は中世以来の伝統的領主の有馬氏で、初代晴信はキリシタン大名として著名であり、海外貿易に熱心であった(朱印船派遣、たかさくん(台湾)派兵、占城派船)が、黒船爆沈事件ののち岡本大八に乗ぜられ、慶長十七年(一六一二)三月長崎奉行長谷川左兵衛謀殺の企てによって罪を得、甲斐国に配流、五月に死を賜わった。子直純は父の企てに関知しなかったという理由で

島原藩藩札（五匁銀札）

島原藩藩札（十匁銀札）

襲封したが、キリシタン弾圧は成功せず、家中からも殉教者を出した。慶長十九年七月有馬氏は日向国県《あがた》城に加増転封（一万三千石）され、あとに大和国五条領主松倉豊後守重政が入った。松倉氏の拝領石高について、『寛政重修諸家譜』には四万石、『徳川加除封録』には五万五千石とあるが、これは有馬氏検地による内高と表高の混同が諸書に反映したものである。重政は島原城を築城し、有馬氏の故地原城を離れた。松倉氏の治世中におこった島原の乱について、『吉利支丹物語』の「六万石を宛おこは(な)はるところに、けんちして、高拾二万石を物成五つ六つにして、むたいにむさぼりとり」という記述は多量の打出しと、租率の引上げがなされたことを示しており、乱の原因を領主苛政にありとする説に有力な根拠を提供している。

松倉氏改易のあとに譜代大名高力摂津守忠房（遠江国浜松城主）が寛永十五年（一六三八）入封（五千石加封四万石）。島原の乱で「亡所」となったおよそ「二万石」の農村（島原半島南部の諸村）の復興には鈴木三郎九郎重政が特命により代官となり、江戸幕府も近隣諸藩に命じて、島原・天草地方へ農民を移住させた。子隆長は寛文二年（一六六二）に検地を施行したが、同七年二月改易され、あとに譜代の松平主殿頭忠房（深溝松平、丹波国福知山）が入封した（寛文九年、二万石加封）。松平島原藩の成立と同時に藩領が変更され、長崎近辺諸村が藩領から分離し、二万石加増に伴い豊後・豊前国の諸村が付加された。延宝七年（一六七九）・宝永三年（一七〇六）に領内検地を行なっているが、前者は寛裕を旨としたといわれる。寛延二年（一七四九）から安永三年（一七七四）までは下野国宇都宮領主戸田氏（譜代）が藩主であるが、藩領の分散性は拡大した（松平氏旧領のほかに出羽国村山郡の内一万二千石）。戸田氏・松平氏は相互移封し（安永三年）、明治の廃藩に至る。明治四年（一八七一）七月島原県が置かれ、同年十一月平戸・福江・大村・伊万里の各県とともに長崎県に統合された。

参考文献　『長崎県史』藩政編、桑波田興「初期島原藩藩政について」（竹内理三編『九州史研究』御茶の水書房、一九六八年所収）

（桑波田　興）

藩校　寛文九年（一六六九）に移封されて藩主となった松平忠房によって、島原藩の文教の基礎が固められたといえる。その後、寛政五年（一七九三）、藩主忠馮の時に稽古館が創設された。稽古館では漢学や算法、兵学などのほか、医学も教授していたが、文政四年（一八二一）には医学校兼病院として済衆館が創立されている。天保期（一八三〇―四四）、藩主忠侯の時には、稽古館が拡充されている。明治二年（一八六九）に稽古館は廃止されるが、翌年には柏野の菩提寺本光寺を円山に移し、本光寺学校を開設した。忠房以降、歴代藩主により収集された膨大な蔵書が、「松平文庫」として残されている。漢籍に比べ和書が圧倒的に多く、稽古館において生徒の閲読にも供された。

参考文献　外山幹夫『長崎県の教育史』（思文閣出版、一九八四年）、文部省編『日本教育史資料』八　（工藤　航平）

平戸藩（ひらどはん）

肥前国（長崎県）平戸に藩庁を置いた藩。藩主松浦氏。外様。城持。六万千七百石。松浦党に系譜をひく平戸松浦氏は、党の単位細胞である平戸党の結束を通じて、党の基本原理である族的結合を否定し換骨奪胎しながら、在地領主として発展し、隆信（道可）の時代には、北松浦地方に壱岐国を合わせ領有する戦国大名の地位を確立した。天正十五年（一五八七）、豊臣秀吉の九州征伐後、初代鎮信（法印）は旧領を安堵され、近世大名としての地位を確定したが、引き続く朝鮮出兵やキリシタン禁制を契機に、家臣団の統制を強化し、一門・譜代などの有力家臣を排除しながら、藩主権力の強化につとめた。松浦氏は旧族居付のまま一度も転封をこうむることなく、鎮信以降、久信（泰岳）・隆信（宗陽）・鎮信（天祥）・棟（雄香）・篤信（松英）・有信（等覚）・誠信（安靖）・清（静山）・熈（観中）・曜（諦乗）・詮（心月）と続き廃藩置県に至った。

初期の朱印高は六万三千二百石であったが、寛文四年（一六六四）、四代鎮信のとき、従弟信貞に今福領千五百石を分知（旗本領）したため六万千七百石となった。城下町平戸は、隆信（道可）以来、外国貿易の中心地として繁栄したが、四代鎮信の寛永十八年（一六四一）、オランダ商館が長崎に移転したため、藩財政は大きな打撃をうけ、外国貿易に従事していた

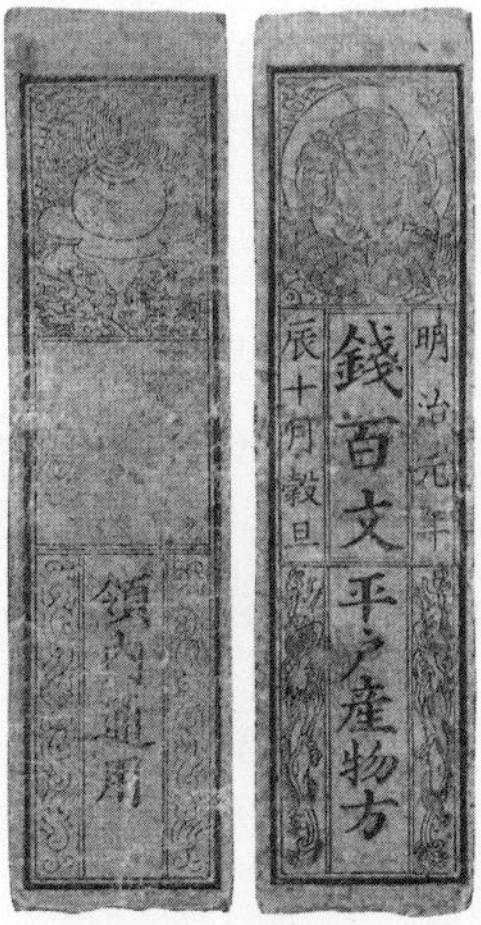

平戸藩藩札（銭百文札）

特権商人団は衰退した。そのため、鎮信は明暦総検地を実施し、極度の打出強化をはかる一方、小農民の維持・増大、商・漁業の振興策を推進し、いわゆる平戸藩十万石体制を確立した。さらに貞享四年（一六八七）には、地方《じかた》知行制を俸禄制に切り替えて、生産物地代原則の確立と藩財政の強化につとめた。

五代棟は、元禄二年（一六八九）、弟昌（鎮信次男）に新田一万石を分封したが、これが平戸新田藩である。さらに棟は、外様大名でありながら、元禄四年、寺社奉行に就任し幕政に参画した。しかし、それに伴う臨時支出によって藩財政は窮乏し、享保十三年（一七二八）、八代藩主となった誠信は、倹約令と上米制によって財政難に対処し、安永二年（一七七三）には、財政改革の計画を立てたが実現するに至らなかった。ついで九代清（静山）は、寛政の改革を断行し、江戸・国許の財政組織を全面的に改正した。それは平戸藩十万石体制を財政規模の総枠とし、年貢米を基調とする財政再建の構想であり、特別会計を設置して、家臣団および農漁民の救済資金とし、さらに町方・郡方・浦方の仕置帳を発布して、都市・農漁村の再建・強化につとめた。十代熙は、対外危機に対処すべく防備態勢を強化しながら、倹約・緊縮政策を実施し、十一代曜は、天保末年から安政期にかけて、軍制改革と開発新田地を中心とする土地制度の改革を断行した。

さらに十二代詮は、厳しい節倹令のもと、士風の刷新、綱紀の粛正を行う一方、防備態勢をいっそう強化して、異国船警固規則を発布し、台場を築き、藩士を長崎に派遣して洋式操砲を練習せしめた。文久二年（一八六二）、詮は大村藩と「大・平同盟」（大村藩・平戸藩同盟）を結ぶ一方、活発な国事周旋と藩外活動を通じて、自藩の進む方向を確定した。慶応年間（一八六五―六八）に入ると、詮の藩外活動は、国事交渉から他藩党争の調停へと発展し、慶応元年、対馬・福岡両藩に藩士を派遣して藩内党争を調停せしめた。第二次長州征討以降、平戸藩尊攘派の倒幕派勢力に対する接近は著しくなり、明治元年（一八六八）、詮は戊辰戦争勃発後に討幕の意志を表明した。ついで軍制改革を断行して、洋銃を中心とする銃隊を編成し、さらに軍役令を改訂して、全藩士を一番より十番隊に編成した。ここに鉄砲隊・大砲隊を中心とする新しい軍隊組織ができあがり、奥羽平定のための諸隊が東北に向かって出発した。明治四年七月廃藩となり、平戸県を経て同年十一月長崎県に編入された。

参考文献　『長崎県史』藩政編、藤野保『新訂幕藩体制史の研究』（吉川弘文館、一九七五年）、同「幕末の藩政治と維新への対応形態」（『九州文化史研究所紀要』一四、一九六九年）、

長屋隆幸「平戸藩における地方知行廃止政策と在郷家臣」(『日本歴史』六九二、二〇〇五年)　(藤野　保)

藩校　藩校維新館は安永八年(一七七九)藩主松浦清(静山)の創設。当初城下宮之町(平戸市宮の町)に設けられたが、天明三年(一七八三)平戸城内(平戸市岩の上町)に移す。同校は聖堂・稽古閣・燕息廬、および演武場などからなる。学頭・教授・助教らが教育にあたるほか、家老・大目付・組目付などの管理下に置かれる。馬廻以上の藩士の子弟十三歳以上の者が入学。彼らには学員・秀士・蒙生などのランクがあった。創立期には藩主清みずから講義した。主な教授以下の者として、白石惟勤、幕末期には楠本端山・碩水兄弟らがあり、寛政十二年(一八〇〇)には一時、江戸から佐藤一斎が招かれた。

平戸藩藩校蔵書印

参考文献　長崎県教育会編『長崎県教育史』上、外山幹夫『長崎県の教育史』(思文閣出版、一九八四年)　(外山　幹夫)

藩法　旧平戸藩主松浦家には金剛・仙禽・有年・南倉の四倉があり、このうち南倉には藩政関係の記録文書(諸類・引用書・藩臣録・日記類)を納めている。そのうち諸類には、平戸松浦氏の戦国分国法とみられる「道可公御代御条目」をはじめ、歴代藩主が制定した家訓・諸法令を収めている。平戸藩の藩法は、藩制確立と相関関係を保ちつつ整備され、四代藩主鎮信の慶安・明暦―寛文期に、『家訓』『軍役定書』『在々定』『諸役御仕置』が制定された。このうち『家訓』は「古来之憲法」として遵守された。九代藩主清(静山)は藩政改革に際して、町方・郡方・浦方に関する諸法令(「仕置帳」)を公布したが、これらの諸法令を中心に、広く平戸藩の諸法令を収録したものに『政庁要録』(三十一冊)がある。山口麻太郎編『平戸藩法令規式集成』(三巻)は、初期から幕末に至る諸法令を第一篇家中諸士心得以下十五篇に分類・収録している。　(藤野　保)

平戸新田藩（ひらどしんでんはん）

平戸支藩。元禄二年(一六八九)、平戸藩五代藩主松浦棟が襲封に際し、弟昌(鎮信次男)に新田一万石を分封して成立した。平戸の館山《たてやま》に居所を営んだところから平戸館山藩ともいう。藩主松浦氏。外様。陣屋。一万石。元禄三年、平戸藩領のうち志佐・調川《つきのかわ》両村(松浦市)が分封された。昌のあと邑・鄰・致・宝・矩・良・皓・脩と続き廃藩に至った。平戸新田藩は、財政的に独立採算制を基調とせず、本藩の財政のなかに含まれ、その重要支出項目の一部を構成した。高一万石に対する物成は四ッ免にして四千石、志佐・調川両村からの現物貢租が物成渡しの形で、本藩の財政組織を通じて支給された。そのため平戸新田藩は政治的、経済的に本藩と不可分の関係にあった。廃藩置県に先だち、明治三年(一八七〇)廃藩となって本藩と合併し、翌四年七月、本藩廃藩ののち、平戸県を経て、同年十一月長崎県に編入された。

参考文献　『長崎県史』藩政編、藤野保『新訂幕藩体制史の研究』(吉川弘文館、一九七五年)

(藤野　保)

福江藩(ふくえはん)

肥前国福江(長崎県五島市)に藩庁を置いた藩。藩主五島氏、外様。四面海に囲まれた五島列島を所領とする日本最西端に位置する藩として、異国船警備の任を負わされた藩。中世の松浦党の一族であった宇久盛定が大永六年(一五二六)ごろに福江(当時、深江と称す)に進出して根拠地を置いて以後、宇久純玄《すみはる》が豊臣秀吉より本領を安堵され、その後、明治四年(一八七一)の廃藩置県まで存続した。その間、文禄元年(一五九二)に宇久純玄が五島氏に改姓し、以後、代々五島氏が襲封したので、別名五島藩とも称する。藩主は、純玄・玄雅《はるまさ》・盛利・盛次・盛勝・盛暢《のぶ》・盛住《よし》・盛道・盛運《ゆき》・盛繁・盛成《あきら》・盛徳《のり》と続き廃藩に至る。領知高は秀吉の朱印高が踏襲され、「正保国絵図」では一万五千五百三十石(田七千八百七十八石、畑七千二百五十一石)、塩竈運上高三百七十五石、猟成二十五石であるが、実高は約一万九千石であった。その後、万治三年(一六六〇)に富江《とみえ》領として三千石を分知したため、福江藩領知高は一万二千五百三十石、村数五十六ヵ村となって明治元年まで続いたが、同年に富江領を合併し、藩政期当初の領知高となる。明治初年の『藩制一覧』では草高二万二千三百六十石と記す。所領は五島列島のなかの福江島・久賀《ひさか》島・奈《な》留《る》島・宇久島と中通《なかどおり》島の南東部一帯、および中通島の二方《にほう》領・三方領(平戸松浦氏と年貢を二分・三分する所領)であったが、のち富江領として富江・魚目《うおのめ》・宇久・青方村など九ヵ村(実高三千六百六十四石)を分知した。

福江藩の拠城は、戦国時代(大永六年)宇久盛定が深江(福江)に築いた江川城で、純玄から盛利まで六代にわたってここで執政したが、慶長十九年(一六一四)に焼失したため仮陣屋で執政した。寛永十五年(一六三八)に石田陣屋が築造されて陣屋執政体制をとったが、幕末期の文久三年(一八六三)に石田(福江)城が築城され、廃藩置県まで、この城で執政した。初代純玄は朝鮮出兵に参戦、ついで二代玄雅は関ヶ原の戦で西軍の要請に応じたが途中で兵を引き揚げたため近世大名として安堵された。しかし在地土豪的武士団の勢力が強く、兵農分離を困難にしたが、三代藩主盛利が、大浜主水事件（元和五年（一六一九））で勝訴して以来、寛永十一年末ころまでに「福江直り」と称される城下町集住体制を完了させ、翌年に領内検地を施行して兵農分離をほぼ完了し、領主権力を確立した。しかしその後、富江領を分知したため、四代藩主盛次によって、寛文期に支配機構や制度などが整備され、以後の藩政展開の基礎となった。幕府から課された異国船警備番役の体制は、この時期に整備された。

また漁業、なかでも有川湾を中心とする捕鯨業は漁村に大資本家を生み出すとともに、藩財政の支えともなっただけに、福江・富江の漁業領海争いも生じた。藩政中期以降は財政悪化と農漁村の荒廃となって、宝暦十三年（一七六三）には三年奉公制を施行したが、悪評をかう結果となった。藩主盛運時代には一時財政回復をみたが、天明の大飢饉から寛政九年（一七九七）には百姓一揆も起った。また大村藩から「居着《いつき》百姓」を移住させた。のちの隠れキリシタンの農民である。文化・文政期には殖産興業策が推進され、文政三年（一八二〇）には産物方、天保五年（一八三四）には有川産物会所が設置される一方、異国船の長崎入港問題から海岸防備体制が強化され、その一環として嘉永二年（一八四九）には石田城の築城が始まった。藩財政強化のため藩札が発行された。さらに、明治元年には富江領合併による攘夷体制の強化を新政府に願い出て、成功したが、富江領では合藩反対騒動が起り、その決着をみたのは明治三年正月であった。ここに富江領は終末を迎えた。合併直後、福江藩は藩政改革を行なった。藩主成徳は二年六月福江藩知事となった。しかし四年七月には廃藩により知藩事を解職され、藩領は福江県となり、同年十一月同県は長崎県に編入された。

参考文献　『長崎県史』藩政編・史料編二、中島功『五島編年史』（国書刊行会、一九七三年）

藩校　藩主五島盛運《ゆき》が、文教の振興のため、安永九年（一七八〇）に亀井南冥の弟子永富数馬（亀山。独嘯庵の子）を招き、稽古所と称して開設したのに始まる。のち至善堂と改称したが、その時期は明確でない。ついで次の藩主盛繁が、文政四年（一八二一）に福江東町に聖廟を建設し、規模を拡大して、育英館と改称し、武士の子弟のみならず、領民の子弟も教育の対象とした。さらに、嘉永二年（一八四九）九月に、校舎を城内北郭の小松原に移築した。校舎の建坪は百一坪。教授・助教各一名と数名の訓導によって教育がなされ、内容は『孝経』『大学』『中庸』『論語』『孟子』『詩経』『書経』の七部書を必修とし、その他、和学・兵学・算術を兼修し、午前は素読、午後は輪講と会読をした。校生は、寄宿生約三十名、通学生約八十名で、農工商の子弟で優秀者には、一代士族の特典を与える制度を採用し、文教を振興した。

参考文献　文部省編『日本教育史資料』八、『長崎県史』藩政編、中島功『五島編年史』(国書刊行会、一九七三年)

(森山　恒雄)

府中藩(ふちゅうはん)

対馬国府中(長崎県対馬市厳原町)に藩庁を置いた藩。対馬藩とも呼ばれ、明治二年(一八六九)以降厳原藩を称する。藩主は宗《そう》氏。城持。外様。歴代藩主は、義智・義成・義真・義倫・義方・義誠・方熙・義如・義蕃・義暢・義功(猪三郎)・義功(富寿)・義質・義章・義和・義達。藩主宗氏は中世以来の守護大名から近世大名に転化した数少ない例の一つ。近世日本が正式の外交関係を持った唯一の独立国朝鮮との外交・貿易関係の諸業務を独占的に担った。諸業務の内容は、前後十二回にわたる朝鮮国王使・通信使の迎接、漂流民の送還など日常的な使節の往来、貿易など多岐にわたった。対馬島は統一政権の検地を受けなかったため公的には無高であったが、十万石以上という高い家格を称えたのは、同藩のこの役割によるものと考えられる。領地は対馬島のほか、文禄・慶長の役で与えられた肥前国基肄《きい》・養父《やぶ》郡のうち一万石余(田代領)、文化十四年(一八一七)財政窮乏の手当地として与えられた二万石余があった(明治二年、さらに三万五千石余の手当地が与えられた)。

対馬島は、実質的な生産高は木庭《こば》作(焼き畑)主体で一万七千石余あったが、それに田代領の所務を加えても同藩の役割や身代を保つには不足で、朝鮮から米一万六千石余を輸入して家臣への給米にあてたほか、藩財政のかなりの部分を朝鮮貿易に依存していた。その性格から、江戸藩邸のほか、京都・大坂・壱岐勝本・博多(のちに廃止)・長崎に蔵屋敷、田代領には代官、朝鮮釜山に倭館を、それぞれ置いていた。京・大坂では輸入品の売り捌きと輸出品の調達、長崎では長崎奉行との外交・貿易上の連絡と輸出品の調達が行われた。釜山倭館では朝鮮との日常の外交業務や貿易が営まれ、数百名の家臣・商人がおり、館守をはじめとする藩の役人や、外交僧・医師などが常駐していた。

藩祖義智から義成の治世の前半までは、権力構造や貿易利潤の配分にも戦国以来の形態が残り、大名権力の基盤は脆弱であった。寛永十二年(一六三五)の柳川一件解決以後、貿易利潤を藩庫に吸収したのをはじめ、領内総検地を実施、さらに、府内士(城下居住の家臣)と在郷給人(郷士)の身分区別を明確化するなど、兵農分離策を促進した。この政策は大浦権太夫による、土地制度と年貢徴収体制の整備、府内士の地方《じかた》知行制の廃止と禄制改革、寺社領などの私領地の再配分による蔵入地の拡大と、均田制度による農民自立政策など、いわゆる寛文改革(万治三年(一六六〇)―寛文五年(一六六五))によってほぼ完成した。それと前後して、城下町の整備や藩主居館の築城に伴って職制機構も整備され、釜山倭館は火災を契機に、より便利な草梁(釜山市内)に移転・改築された。さらに、朝鮮往来を便利にするために大船越を開鑿し、抜荷防止のために、鰐浦《わにうら》ほか四ヵ所に番所を置き、島内各地には遠見番所を置いた。こうして、近世的な藩の形態はいちおう整ったが、在地では中世以来の構造を払拭しきれず、給人が島内領地の半分以上を占めて家父長制的経営を展開するとともに、奉役・村下知人(他領の名主にあたる)などの地方の役職も独占していた。陪臣の一部は在郷給人化した。公役人とも呼ばれた百姓は零細な経営規模と過重な役負担のために自立性が弱かった。このような在地の構造のため、対馬には他領のような百姓一揆は一件もない。

十七世紀後半には、藩政改革の成功、朝鮮貿易の活況、義成の代からの銀山開発の成功と活況などによって、西国一の分限といわれた。貞享二年(一六八五)最初の藩校小学校が創設され、このころ木下順庵門下の陶山《すやま》訥庵(鈍翁)・雨森《あめのもり》芳洲・松浦霞沼ら学識豊かな儒者が抱えられ、藩の学統の基礎となった。朝鮮通事の系統的な育成も、芳洲の献策によって開始された。十八世紀にはいると朝鮮貿易の不況と銀山の衰退によって財政難に陥り、藩内では頻繁な倹約令や給米の借上がみられ、他方で幕府からのさまざまな名目による財政援助が恒常化した。安永五年(一七七六)朝鮮私貿易断絶の名目のもとに開始された毎年一万二千両の給付はその象徴的な事例で、文久三年(一八六三)の奉勅攘夷に伴って毎年米三万石の支給が決定されるまで続いた。しかし、頻繁な幕府の財政援助も、倹約を中心とする財政改革や貿易に代わる新たな産業の模索なども事態を好転させず、藩内で移封論が台頭する一因となった。

他方、藩の内訌も激化し、寛政十二年(一八〇〇)の百余輩事件、元治元年(一八六四)の勝井騒動などが起った。勝井騒動で藩内の勤王派は一掃された。文化八年の易地聘礼後も、幕府の倒壊直前まで朝鮮通信使が計画されたが、日朝双方の財政難と、欧米列強のアジア進出による海防問題の深刻化によって実現しなかった。文久元年のロシア軍艦による芋崎占拠事件(露艦対馬占拠事件)は、海防問題が直接対馬に及んだ端的な事例であり、このころから朝鮮に開国を勧めるための遣使問題が幕府の朝鮮政策の日程にのぼり、征韓論への一階梯を準備する。慶応三年(一八六七)の大政奉還後も維新政府からひきつづき朝鮮外交と貿易を家役として務めることを認められたが、王政復古を朝鮮側に通達する段階で交渉は頓挫し、明治二年に外務省が設置されると、朝鮮外交の主導権をめぐって両者は競合関係に入った。また同年の版籍奉還後府中を厳原と改称、それとともに藩名も厳原藩となった。同四年七月廃藩置県により厳原県となり、九月伊万里県、五年五月佐賀県を経て、同年八月長崎県に編入されて、対馬島は一地方行政単位となり、それとともに、家役も外務省に接収され、釜山倭館も外務省の直接管理下に置かれた。

参考文献　田保橋潔『近代日鮮関係の研究』(『明治百年史叢書』原書房、一九七二年)、川本達『対馬遺事』(一九二六年)、日野清三郎・長正統編『幕末における対馬と英露』(東京大学出版会、一九六八年)、『新対馬島誌』、中村栄孝『日鮮関係史の研究』中・下(吉川弘文館、一九六九年)、『長崎県史』藩政編、田中健夫『対外関係と文化交流』(『思文閣史学叢書』思文閣出版、一九八二年)、田代和生『近世日朝通交貿易史の研究』(創文社、一九八一年)、荒野泰典『近世日本と東アジア』(東京大学出版会、一九八八年)、泉澄一『対馬藩の研究』(関西大学出版部、二〇〇二年)、黒田省三「対馬古文書保存についての私見」(『国士舘大学人文学会紀要』一、一九六九年)、同「在韓対馬史料について」(『古文書研究』六、一九七三年)、高野信治「藩政と地域社会」(『歴史学研究』七三三、二〇〇〇年)、同「近世知行観に関する一考察」(『日本歴史』六〇四、一九九八年)

藩校　当藩の藩校は、小学校・思文館・日新館の三校である。小学校は藩主宗義真のもとで、貞享二年(一六八五)府中(対馬市厳原町)の宮谷に、藩士の子弟教育のために創設された。この年大坂の儒者塩川政親を招聘して教授に任命、元禄七年(一六九四)には中江季重(藤樹三男)を招聘して学校奉行とした。教科は、経学・史学・習字・武術で、教科書には四書五経、和漢の史書などが用いられた。このように文教に力を入れたのは、朝鮮関係のために、儒学をはじめとする基礎的な素養が必要とされたためである。

思文館は、天明八年(一七八八)、藩主義功の時、小学校より上級の人材育成のため、十五歳以上の藩士の子弟を対象とし、雨森《あめのもり》芳洲の弟子満山右内を学長として開設された。当初は講学所と称し、思文館と改称するのは文政二年(一八一九)である。その講義内容は古学を中心とするもので、多くの藩士が聴講した。当初藩主館の金石館に校舎を置き、その後も場所を転々と移しながら、元治元年(一八六四)日新館が創設されて廃校になるまで続いた。また、このころからいくつかの私塾や、寺子屋も作られるようになった。日新館は、尊王攘夷派の大浦教之助の建議で創設され、政治情勢や政策についても論じ、建策するという学則を持つ、急進的なもので、この教育を受けた藩士は二百名に及び、館は尊攘派の牙城となった。しかし、これ以前からの移封論をめぐる対立や、尊王攘夷をめぐって急展開する国内情勢の影響で、創設の年、佐幕派の勝井五八郎らによって、日新館派はわずか数名を除いて百余名が殺害・処刑され、あるいは自殺に追い込まれて壊滅し(勝井騒動)、その年のうちに日新館も廃止された。

参考文献　川本達『対馬遺事』、『新対馬島誌』、『長崎県史』藩政編

藩法　当藩では、他藩にしばしばみられるような、体系的な法令の集大成は行われなかった。法制関係史料としては、『御壁書控』(寛文十一年(一六七一)—延宝七年(一六七九))、『壁書控』上・下(延宝九年(天和元)—元禄十一年(一六九八))、『八郷御壁書控』(寛文十年—正徳四年(一七一四))、『御壁書・御書付』(正保元年(一六四四)—元文五年(一七四〇))、『御公私御法度』(延宝五年—文政二年(一八一九))などの、「壁書控」類が代表的なものである。これらは、「覚」「条々」「壁書」「定」などを年代順に並べたもので、分類も体系化もされていない。ただ、これらの規定・法令の類が整備されてくるのが、寛文末年からであることは、大浦権太夫の、いわゆる「寛文改革」による藩体制の整備に照応したものと考えることができる。その内容は、奢侈禁令・酒造禁令・生類憐みの令関係など、幕法をそのまま収録したものもみられるが、大部分は藩独自のものである。すなわち、藩評定所・勘定方・番方など各役人の心得・勤め方、給人の処遇・奉公人規定、町・郡支配、船改めや人別改め・旅人(他国者)規制、銀山支配、鯨組・海士の処遇・規定などをはじめ、江戸藩邸・釜山倭館・長崎・大坂・京都、肥前田代領での勤め方・支配のあり方など、細かな規定がみられる。朝鮮関係においては、抜荷に神経をとがらせていること、郡方支配においては、奉役・村下地役・肝煎役などの独特な支配機構のあり方や、奴婢制度の存在、一貫して新田開発を奨励していること、あるいは生子麦(三歳までの幼児に麦を年一俵支給する)の制度など、当藩の内実をよく示している。

(荒野　泰典)

参考文献　『長崎県史』史料編二

均田法《きんでんほう》　対馬藩(府中藩)の均田制度は、藩主宗義《よしざね》が寛文四年(一六六四)から着手し、同十一年末ごろまでに全島内の公領地の田畠地・木庭地(焼畑地)に適用したもので、別名「甲辰の地分け」と称し、対馬藩の近世土地制度と農村構造を確

立した制度である。この制度は、藩権力の確立を企図した「寛文の改革」の一環として、惣下知役大浦権太夫の采配によって、領内総検地、地方知行の廃止、禄制改革、公役銀制(頭銀《つむりぎん》)の最後の仕上げ政策として施行された。対馬の耕地は、田畠地が狭少で、主生産地は山野の木庭で、しかもその木庭地は中世以来伝統の給人知行地で、多くの農民・被官・名子・下人たちは、その給領地にもっぱら依存して農業生産にあたった。このような理由で、近世になっても領内総検地が施行しえなかったが、大浦権太夫が新検地法(「蒔目高」と「間尺法」を併用した方法で、「新検上畠廻し」と称される)をもって全木庭地を含めた全生産地の総検地を施行し、その結果、領内総生産力(約二万三千石余)とその所領構造において、寺社・給人領は五割四分に対し百姓地はわずか一割にすぎないことを把握した。

　そこで藩財政の確立と安定化のために、農民の給人の作子・被官からの独立自営化策を目的として、島内の全給人領・寺社領を一旦収公したうえで、新禄制によって再配分し、その残余の約六割五分を公領地とし、藩蔵入地と百姓地に充当することとなった。百姓は年貢(定免制、二ッ五分の年貢率)と公役銀を負担しうる階層とし、それを「本戸」と称し、前述の百姓地を「本戸」に均分に請け持たせる方式とした。均分方法はたとえば「本戸」三十人の場合には、一村の百姓地を三十二、三に均分し、そのうちの二、三を村共有地とし、それ以外の一均分地を一「本戸」に割り当てるもので、その均分地面積を一戸前と称し、一戸前を配分された農民を一竈《かまど》と称した。したがって一戸前の耕作地は、各村の総百姓地面積と「本戸」数によって異なることとなった。その結果、大体、島内を平均的にみると、一竈は田畠が約五段歩、山林が約三町といわれている。

　またたとえば与良郷加志村では、均田前は農民二十一名が総計七石八斗余(最高耕作面積九斗余、最低耕作面積一升)を耕作していたが、均田後は平均的に約一石の農民が生まれ、被官・名子が独立して公役農民(＝本戸)になったし、また他村からの入作者が認められない農村構造となった。農民は耕地を「請け持つ」と称し、年貢未進や犯罪を冒した場合には収公された。その後、元禄期の貨幣経済の浸透と年貢・夫役の過重から年貢未進が頻発して均田制は崩れ、給人層の手に再び耕地が兼併された。そのために元禄十一年(一六九八)には伊奈郡で農民を残らず公役人にする方針で、郡中を五つ組に分けて役銀・諸公役を負担させる体制をとったが、その効果はあまりあがらなかったようである。

参考文献　『長崎県史』史料編二・藩政編、『新対馬島誌』、

伊東多三郎「対馬藩の研究」(『歴史学研究』九六・九七、一九四二年)、檜垣元吉「対馬藩の寛文改革について」(『史淵』六二、一九五四年)、森山恒雄「対馬藩初期の給人知行について」(『歴史手帖』二ノ五)

(森山　恒雄)

熊本県

宇土藩(うとはん)

肥後国(熊本県)にあった藩。熊本藩主細川光尚は正保三年(一六四六)従弟行孝に宇土・益城両郡中三万石を内分して支藩をたてることを幕府に要請、同年七月知行割が許可された。領地は宇土郡全部(松山・郡浦両手永)と下益城郡の廻江・中山・杉島・河江各手永の一部合計三万一千石余である。徴税・軍事・教育・産業の権限は独立していたが、司法・立法・行政は熊本宗藩に握られていた。築城は許されず陣屋構えであったが参勤交代は行なった。十一代行真の時に版籍奉還で熊本藩に吸収された。歴代藩主は治績を挙げ、特に初代藩主行孝は上水道を設置し五代興文は文教に努めた。この藩が熊本藩政確立期の正保—寛文期に新田(高瀬)藩とともに成立したことは注目すべきである。

参考文献　『細川御家譜』、『熊本県史』総説編、『宇土市史』

(森田　誠一)

藩校　宝暦十三年(一七六三)、藩主細川興文は、熊本藩儒

江口恵次郎および処士河添弥五郎を招聘し、温知館を創設した。漢学や習礼など文科のみであったが、嘉永期（一八四八―五四）に海辺警備の必要から、傍らに武館が設けられて武芸修練が奨励された。時習館教授辛島塩井門の草野石瀬が教授となると、学制が整備され、朱子学が遵守されることとなった。慶応元年（一八六五）には樹徳斎が創設され、藩士子弟から選抜された三十余名が全寮制度のもと、為政者に必要な高度の教育がなされたのである。

参考文献　笠井助治『近世藩校に於ける学統学派の研究』下（吉川弘文館、一九七〇年）、文部省編『日本教育史資料』八

（工藤　航平）

熊本藩（くまもとはん）

肥後国（熊本県）熊本を藩庁とした藩。外様。城持。近世肥後の第一歩は天正十五年（一五八七）三月、豊臣秀吉の九州征討に始まる。ついに島津を軍門に降した秀吉は同年六月、佐々成政を肥後全土（天草郡・球磨郡を除く）の国主とした。このころ肥後は五十二人の国衆によって占められ、旧族菊池・阿蘇らの所領も蚕食されて国衆らは小領主へと成長し、地域的封建領主に向かって動いていた。これらを肥後では国人《こくじん》、または国侍《くにざむらい》という。秀吉の九州進出により、独立を計ろうとして彼らは討伐軍に味方したから、こうした勢力を押えていかなければならない佐々の肥後支配は困難を極めた。成政入国わずか一ヵ月後の七月には国人一揆が勃発し、九月には肥後全土へと拡がった。同年十二月、これを鎮圧した秀吉は翌十六年閏五月十四日、成政を引責切腹に処し、その翌日に肥後を分割して玉名・山鹿・山本・飽田・詫磨・菊池・合志・阿蘇・葦北の九郡十九万五千石を加藤清正に、宇土・益城・八代の三郡十四万六千三百石を小西行長に充行い、天草郡は豪族五人衆の支配を認め、その管理権を行長に与えたが、翌十七年春、天草五人衆は一揆を起して小西領に組み込まれた。残る球磨郡は従来どおり相良家領とした。

文禄の朝鮮出兵を機に、大隅国の地頭梅北国兼は文禄元年（一五九二）六月、肥後の佐敷《さしき》および八代に乱入し、中世的土豪の反撃を行なって秀吉を驚かせている。秀吉はこの梅北の乱の背後で阿蘇氏が動いたとして土豪的身分から一神官家に引き下げてしまった。慶長五年（一六〇〇）九月、関ヶ原の戦で肥後の加藤は東軍、小西は西軍、そして球磨の相良ははじめ西軍、のちには東軍へ寝返った。このうち小西と相良は九州を離れて出征したが、加藤は九州に残って豊後の大友を討ち、転じて小西の留守を襲っている。さらに肥前の鍋島を助け、筑前柳川の立花を降した。小西・立花の遺臣の多くが清

正に抱えられたのは、関ヶ原の戦後小西領を合わせて大大名となった清正が、家臣団の不足に苦労したからであるが、世にはこれを清正の美談と伝えている。なおこの関ヶ原の戦に関して、のちに熊本藩主となる細川氏にまつわる挿話が二つある。一つはガラシャの悲劇であり、他は幽斎の「古今伝授」である。

同年十二月、清正は旧領十九万五千石に小西領十四万六千石、国衆充行領および豊臣家蔵入地十三万九千石、天草郡四万二千石を合わせて五十二万二千石の太守となった。しかし天草は多くの離島から成り米穀生産高は低く、公称四万二千石もほとんど小物成の換算高であり、また小西以来のキリシタンも多かったため、清正は天草を嫌って慶長六年二月、徳川家康に願い豊後の直入《なおいり》・大分・海部《あまべ》三郡の一部との替え地を申し出た結果、慶長八年に天草は寺沢氏に与えられたとされてきた。しかし、寺沢氏は慶長六年段階ですでに天草を支配していること、清正領には同年二月段階で豊後二郡が含まれていることが確認され、近年この説には疑いがもたれている。これで藩領に瀬戸内海への通路が開け、のちの細川時代にも豊後の鶴崎港は御船手基地であり、大坂市場への輸送港となった。加藤領五十二万石は朝鮮出兵軍役割当のために火急に行われた検地によるもので、慶長九年の江戸幕府最初の検地により、球磨郡を除く肥後の表高は五十四万石と確定、これが幕末まで公的基準となった。なお現高（草高）は元和八年（一六二二）には七十三万石余となっている。

清正は中世以来の手狭な隈本《くまもと》城を廃して慶長十二年に近世的雄城熊本城を完成した。元和元年には一国一城令が出たが、島津抑えの意味で八代城の存在も認められた。家老制度を設けず独裁者であった清正が慶長十六年六月に死亡すると、嗣子虎藤（忠広）は十歳の弱年であり国内は動揺した。大坂冬・夏の陣で豊臣家滅亡の後、加藤家の内紛は表面化し、幕府の裁決で忠広は辛うじて領内を保持したが、寛永九年（一六三二）将軍徳川秀忠の病死直後、加藤家は領知没収、出羽庄内へ流布された。これは駿河大納言忠長の事件に座しての改易と伝えられているが、一方では加藤氏による領国経営の脆弱性を幕府が察知しての改易であったとも考えられている。同年十月、小倉・中津の領主三十五万九千石の細川忠利が肥後に入り加藤家旧領を受けつぎ、忠利のあと光尚・綱利・宣紀・宗孝・重賢・治年・斉茲・斉樹・斉護・韶邦《よしくに》と襲封し明治維新まで支配した。

忠利は入国当時宥和政策をとり、小物成の一年間全免、または加藤時代の半額とした。これは成功して百姓人口寛永十一年の二十万三千余人は、五十年後の天和二年（一六八二）に三十九万五千人と増え、藩庫の蓄積も「数百里の外に戦をいだし、八年の貯えは心安く候」といわれた。行政的家臣団編成が整わなかった加藤氏に対し細川氏は早くから家老合議制をとり、特に松井・米田《こめた》・有吉の三家は幽斎以来の世襲家老であった。熊本藩の表高五十四万石の軍役は幕府の規定によると一万一千七百余人となるが、たとえば島原の乱の時などには二万八千六百人を出兵している。

忠利が加藤家から引き継いだ現高は七十四万六百余石で、その内蔵入地高は三十三万二千百余石、給知高は四十万八千五百余石(寛永十年)。当時の免は約五ッ三分であったから、藩の実収入は十七万五千三百石余となる。このほか非常金は小物成の節約で天守金として貯えられ、軍役人数の一年駐留費を約三万両とみれば八年分で二十四万両あったことになる。入国当時一応安定した財政も、三代目の綱利時代にはその蓄積も底をついてきた。それは単に彼の派手な性格のせいばかりではなく、時あたかも寛文・延宝を経て元禄期に至る、幕藩体制変動期にあたっていたからである。熊本藩に勘定所が独立したのは天和元年十二月であるから、それまでの財政は奉行所扱いの丼《どんぶり》勘定のために赤字高も正確には分からないが、綱利は町方・在方にたびたび上納金を下命している。しかも彼は水前寺の成趣園を築庭したり、参勤用船波奈之《なみなし》丸を二度も造り替えたりしている。一度の建造費が銀三百貫とみて米五千石にあたる。このほか当時は風水火災が重なり財政はますます逼迫した。

熊本藩では正保三年(一六四六)忠利の甥行孝が宇土・益城二郡の内三万石を分与されて支藩となり、宇土に陣屋を置き正式の大名に列せられている。また綱利の弟利重は寛文六年(一六六六)蔵納の新田の内三万五千石を蔵米支給され、江戸鉄炮洲にあって新田藩と称したが、幕末には江戸から引き揚げ玉名郡高瀬(玉名市)に陣屋を造り、藩境北辺の警備についた。これを高瀬藩といったが明治元年(一八六八)から同三年までのわずか三ヵ年間であった。なおこの二支藩の行財政は独立していたが、軍事・司法は本藩の支配下にあった。享保・延享ごろの熊本藩の財政は極度に苦しく、知行百石につき十五石、切米十石につき二石手取りという有様であった。当時西日本は大凶作の上に幕府からは江戸川改修の命を受け、出費は多大であった。

元文元年(一七三六)には熊本町に銀札騒動打ちこわしが起り、延享三年(一七四六)には大坂に送る米が皆無になるという状態となった。このような苦しい財政の当主、宗孝は延享四年八月、江戸城内で人違いのため斬殺された。彼には嗣子がなく弟重賢があとを嗣ぎ藩主となった。このころ家中の知行高百石につき十三石手取り、それも粟・大豆の代用で参勤交代の費用も不足して立往生する有様と伝えられる。重賢はこの藩政改革のために用人堀平太左衛門勝名を抜擢して大奉行とし、さらに中老・家老にまで引き上げて重賢・勝名のコンビで大改革を行なった。これを宝暦の改革といい、全国的に有名である。その改革は行政・法制・文教・財政・産業・農業政策など広範にわたり、重賢在世中一貫して推進された。特に『御刑法草書』の制定、藩校時習館・医師養成の再春館・薬園蕃滋園の設置、櫨蠟の専売仕法、検地としての地引合わせ法の実施などが有名である。なお彼は定免制を望んだが在世中は実施できず、享和三年（一八〇三）にはじめて実現している。宝暦の改革により一時立ち直った財政ものちに再び悪化、文化年間（一八〇四―一八）に至って好転の兆しもみせたが長続きせず、天保期を迎えて藩政の性格も質的に変化せざるを得なくなってくる。

宝暦以来、藩の文教の中心であった時習館の出身者が藩政を牛耳ったが、その封建教学に対して、天保期に横井小楠が現われ、朱子本流を強調し道理の実践を本領とする実学を説いた。その一門実学党もそれ自体の内部矛盾から、上中層武士らと小楠を中心とする中下層武士および郷士豪農らとの二派に分かれる。小楠は熊本藩では実行できなかった、藩主の富を否定し士民の利を説くという抱負を、安政五年（一八五八）福井藩主松平慶永に招かれて実践した。そのころ熊本藩の勤王党は林桜園の神道の影響を受け、極端な精神論で政治的実践を欠いたから、他の雄藩では勤王党の果たした役割を熊本藩では実学党が受け持った。熊本藩の主流は学校党（時習館）であるから小楠は絶えず圧迫されたが、藩主の弟護久《もりひさ》・護美《もりよし》は京に在って天下の大勢を知り、実学党へ理解を示す内に大政奉還となった。

維新政府は護美および小楠を政府参与に抜擢したが、小楠は明治二年正月、京都御所退出直後路上で勤王郷士に暗殺された。同年の版籍奉還で従来の通称「藩」の称呼は公称となり、正式に熊本藩が発足し、藩主は知藩事、家老以下は大参事以下の役人となった。やがて藩主韶邦は引退して弟護久が知藩事、大参事には護美が任命され、この若い兄弟は小楠死後の門弟らを一斉に藩政に参加させた。徳富蘆花が「肥後の維新は明治三年に来た」と述べているように、藩政は全国的にみても目を見張る改革がつぎつぎと断行されている。それは㈠城郭の破毀、㈡雑税廃止、㈢上下二院の選挙制、㈣全役人の公選、を目標とした。これは廃藩置県後も明治六年五月に中央から安岡良亮が県権令として着任するまで続いたが、安岡によって実学党は一掃され再び学校党と一部の勤王党が県政を握った。これまで熊本の守旧勢力一掃を計るべく実学党を利用した大久保新政府も、実学党の開明政策が中央の意図を乗り越え、市民的要求を強めてくると危険を感じ、土佐勤王党出身の安岡を派遣したのであった。明治四年七月十四日の廃藩置県後、熊本藩は熊本県となり、同年十一月十四日に現在の県域のほぼ北半分からなる熊本県と、南半分からなる八代県が成立した。明治五年六月十四日には熊本県は白川県と改称、翌年一月十五に白川県と八代県が合併し白川県となった。そして明治九年九月二十二日、白川県は熊本県と改称され現在に至っている。

参考文献　『細川家譜』、『細川家譜続編』、『熊本県史』総説編、『新熊本市史』通史編近世一・二、松本寿三郎他編『熊本県の歴史』(山川出版社、一九九九年)、松本寿三郎・吉村豊雄編『街道の日本史』五一(吉川弘文館、二〇〇五年)、松本寿三郎『近世の領主支配と村落』(清文堂出版、二〇〇四年)、吉村豊雄『近世大名家の権力と領主経済』(清文堂出版、二〇〇一年)

(森田　誠一)

藩校　宝暦四年(一七五四)十二月、藩主細川重賢が熊本城内二ノ丸に設立、学寮を時習館、武芸所を東榭・西榭と称した。重賢は藩政改革をすすめるにあたって、清廉有為の人材を養成することの重要性を考え、宝暦二年堀平太左衛門勝名を学寮係に任命し、侍講の秋山儀右衛門(玉山)とともに学校の設立にあたらせた。同五年正月重賢臨席のもとに開校したが、それは「人才鎔鋳ノ所」(同四年十二月達)とされ、一門の長岡忠英が総教となって学政を統理し、秋山玉山が初代教授となった。時習館は当初より藩士の子弟のみならず庶民でも好学の者には門戸を開いた。入学は十歳前後でまず句読斎に入り、一方習書斎で字を習い、十五、六歳までに素読を終えて蒙養斎に進んだ。ここでは文義を学び進歩の者から講堂(尊明閣)に転昇したが、十八、九歳にはほぼ講堂生となった。さらに勉学優秀の者は抜擢されて居寮生となり菁莪斎に入った。ここでの経費はすべて藩費でまかなわれ、学生はその才器に従い、好むところをもっぱら攻究した。期間は三年を一期としたが俊秀の者はその期間を重ねて在寮した。

また時習館では教育方針として賞罰を厳格にしたが、出精の者は総教を経て藩主に上達され、藩主より金品が下賜されて表彰がなされた。怠惰な者への戒めも厳格であったが、この信賞必罰の制は時習館の教育を徹底させ、また発展させた。学校経費の確保のため、文化年間(一八〇四—一八)と天保年間(一八三〇—四四)に二度にわたって新田を開いて、そこよりの収入をもっぱら学校用にあてていったことは他にあまり例をみない。初代教授秋山玉山ははじめ藩儒水足屏山について学び、のち林鳳岡に師事したが、屏山の影響もあってその学風は朱子学を専一にせず古学も併せ容れた。その撰になる『時習館学規』では学科は古義新註をならび用いることをのべ、また詩文は経国不朽の典としてこれを奨励している。玉山の没後は明和三年(一七六六)藪孤山が第二代時習館教授となった。孤山は朱子学をもっぱらにしたが、その教授在職中は時習館の学風を朱子学に一統するまでには至らなかった。天明八年(一七八八)高本紫溟が孤山の後をうけて時習館第三代教授となった。紫溟は玉山の門下で朱子学を信奉し、これを鼓吹したので、時習館の学風もついに朱子学をもって主とするに至った。これには幕府による異学の禁の影響があったことはもちろんである。

かくて幕末維新期に至ったが、時習館は一藩の大勢を占めた保守派の、いわゆる学校党の本拠として実学党や勤王党に対立していった。明治三年(一八七〇)実学党が藩政を掌握すると時習館は廃止され(六月)、代わって洋学校が再建された(十月)。藩主重賢は時習館の設立とともに医学校の開設をも志し、宝暦六年城外飽田郡古町村(熊本市二本木町)にこれを設立、再春館と称し、村井見朴・岩本原理の二人をその師役に任命して翌七年正月開講した。再春館は薬園(蕃滋園)も付設し、一藩の医生はここに学んで医育もまた盛んとなったが、時習館と同じく明治三年廃止され、西洋流の医学所が設立されてこれに代わった。福岡藩の儒者亀井南冥はしばしば肥後に遊んだが、宝暦以後の肥後藩風を讃えて『肥後物語』を著わした。この中で特に「学校ニテ、人才ヲ仕立ルコトヲ政ノ基トシタマヒシコト」(『肥後物語』凡例)が改革の中心点であり、肥後美風の成り立った原因であると指摘した。こうして時習館の盛名は広く全国に及び、その教育・学政のあり方は他藩に大きな影響を与えた。

参考文献　文部省編『日本教育史資料』八、武藤厳男編『肥後先哲偉蹟』(『肥後文献叢書』別巻一、歴史図書社、一九七一年)、高本紫溟『銀台遺事』(同一)、同『銀台附録』(同)、高瀬武昭『銀台拾遺』(同)、垣塚文兵衛『官職制度考』(同)、山崎正董『肥後医育史』、『熊本県教育史』上、熊本市教育委員会編『肥後文教と其城府の教育』、森田誠一「幕末・維新期における肥後熊本藩」(福岡ユネスコ協会編『九州文化論集』三、平凡社、一九七三年所収)、井上義巳「九川地方における藩校成立事情の一考察」(『日本教育思想史の研究』勁草書房、一九七八年所収)、川口恭子「熊本藩校時習館蔵書考」(『史燈』八、一九八九年)、熊本大学文学部国史学研究室「熊本藩藩校時習館」(同)、松本寿三郎・吉村豊雄『街道の日本史』五一(吉川弘文館、二〇〇五年)、佐川

明「熊本藩校時習館における人材育成」(『日本の教育史学』四〇、一九九七年)、佐川明「熊本藩校時習館に関する建議書の分析」(『広島大学教育学部研究紀要』、一　教育学　四六)　(井上　義巳)

藩札　承応年間(一六五二―五四)藩財政窮乏のなかで御用商人から藩札発行が献策されはじめ、宝永元年(一七〇四)六月はじめて銀札を発行。同四年札遣い停止の時引替準備銀が足らず、札一貫匁に現銀二百五十匁の割合いで引替えたため銀札騒動が起った。享保十八年(一七三三)銀札を再発行、以降領内各地に札座を設けて小額銀札をしばしば新発行したが、いずれも一年間も持続して円滑に流通しえず、延享三年(一七四六)六月藩当局はすべての藩札発行を断念した。寛政四年(一七九二)十月城下用達商人に米を藩蔵に預けさせ、これと引換えに預証を発行、この預手形を事実上の藩札として以後明治初年まで流通させることに成功した。初期の銀札通用に対し、寛政四年以降は御銀所預という形で、匁銭札として発行された。発行元は本方のほか小物成方・御郡方・櫨方また鶴崎・久住でも発行。発行総額は享和二年(一八〇二)一万五千貫目にのぼり、一時信用が下落したが、しばしば旧札の回収焼却と新札発行を重ねて信用保持につとめた。札の種類は銀一分から一貫目まで十数種の額面がある。

鶴崎十匁銭札

参考文献　『度支彙函』(『藩法集』七)、荒木三郎兵衛『藩札』下(一九六六年)、松本寿三郎「肥後藩における藩札発行」(『熊本近世史についての十三章』二〇〇四年)　(岩橋　勝)

藩法　熊本藩の藩法で法制史上とくに注目すべきものに刑法がある。当藩では幕府の享保の改革に比すべき宝暦の改革が藩主細川重賢によって行われたが、幕府で『公事方御定書』が制定されたと同様に、宝暦四年(一七五四)刑法典『御刑法草書』が制定され、翌五年より施行された。この刑法典は次の三点において日本刑法史上重要な位置を占めている。(一)法典編纂技術の面で、幕府の『公事方御定書』が過去の判例をまとめて単に羅列的に条文化しているのに対して、明律にならって総則的部分と各則的部分を分け、高度の形式・体裁を整えていること。(二)内容的には、当時儒学者の間でようやく批判が高まってきた追放刑を原則として廃止し、幕府および他藩に先がけて徒刑(懲役刑)を採用したこと。徒刑囚には一日二人扶持(米一升)を給し、普請清掃作業を課するかたわら手仕事など授産教育的配慮がなされており、日本における近代的自由刑の誕生と評しうること。㈢明治元年（一八六八）維新政府が編纂した統一刑法典「仮刑律」の手本となったこと。これは幕末において『御刑法草書』が全国的に高く評価されていたことによる。「仮刑律」は、同三年「新律綱領」、同六年「改定律例」と改正されたが、少なくとも十五年の旧刑法に至るまでの日本刑法には熊本藩刑法の影響を強くみることができる。

参考文献　京都帝国大学法学部日本法制史研究室編『熊本藩御刑法草書附例』（『近世藩法資料集成』二、一九四三年）、藩法研究会編『藩法集』七（創文社、一九六六年）、牧健二「肥後藩刑法草書の成立」（『法学論叢』四八ノ五、一九四二年）、金田平一郎「熊本藩「刑法草書」考」（『法政研究』一二ノ二、一九四二年）、鎌田浩『熊本藩の法と政治』（創文社、一九九八年）、小林宏・高塩博編『熊本藩法制史料集』（創文社、一九九六年）、高塩博『江戸時代の法とその周縁』（汲古書院、二〇〇四年）

（鎌田　浩）

肥後国耕作聞書《ひごのくにこうさくききがき》　農書。天保十四年（一八四三）薩摩藩士園田憲章著。一冊。副題に「百姓年中始終之聞書之事」とあるように、年間の耕作の実態を百姓から聞書きし、正月から十二月まで、月ごとに諸作の栽培状態および地域的特色があるものについてはその詳細を書上げている。著者は文政の初めころ五年間にわたって肥後表に遊学、肥後藩の政治・経済や農村支配・農業技術について見聞したが、本書は天保十四年再び熊本を訪れ、再確認の上記録したものであるという。『日本農民史料聚粋』六、『日本農書全集』三三所収。

（松本寿三郎）

肥後藩国事史料《ひごはんこくじしりょう》　肥後藩（版籍奉還以後は熊本藩と公称）の維新史史料集。大正二年（一九一三）高原淳次郎・武藤厳男・小橋元雄らが民友社から出版。嘉永六年（一八五三）六月三日アメリカの使節ペリーの浦賀来航から明治四年（一八七一）十二月四日高田源兵衛の処刑までの十九年間を、日次を逐って綱文に従って史料を列記し、出典を明示している。大正二年版は、「肥後藩国事史料」和装本三十五冊・洋装本九冊と、「熊本藩国事史料」和装本二冊・洋装本一冊との、計和装本三十七冊・洋装本十冊とし、小橋元雄の名で出版した。ついで昭和七年（一九三二）九月、宇野東風《はるかぜ》・伊喜見謙吉・中野嘉太郎らがもれた史料を博捜して『（改訂）肥後藩国事史料』とし、「熊本藩国事史料」一冊を含めた十冊本として出版した。通算九三〇四頁、侯爵細川家編纂所編、出版社は熊本稲本印刷所である。改訂版には付録として明治五年の部に「藩庁日記」があり、ほかに「本藩政府要路者一覧」があって、これは嘉永六年藩主細川斉護から明治四年藩知事同護久までの藩政府幹部の人物伝である。昭和四十九年国書刊行会から再版。

（松本寿三郎）

肥後藩人畜改帳《ひごはんじんちくあらためちょう》　寛永十年（一六三三）肥後藩主細川氏による領内戸数・人数・牛馬数・屋敷など百姓の実態調査。肥後国合志郡百四十村、同玉名郡伊倉之内八ヵ村、豊後国大分郡馬籠村・門前村分。昭和三十年（一九五五）東京大学出版会より『大日本近世史料』の一冊（全五巻）として刊行。原本は熊本県立図書館蔵。寛永九年十二月肥後に入国した細川忠利は領内把握のため村ごとに高・戸数・人畜数の書上げを命じ、翌十年正月から二月にかけて提出させた。人畜改帳にみる高持百姓には名子・下人・作男を抱えるものも多い。名子には主人の屋敷内に家・家族・牛馬をもつものと、別に屋敷をもつものとがあり、独立化の傾向にあった。下人・作男は別竈をもたない。住込みの奉公人であった。村ごとの集計では庄屋・老人子供・病者・女子を除外した役男の把握に主眼がおかれている。なお、同年の人畜改帳には『芦北郡人畜改帳』（昭和四十二―四十六年、農村史料刊行会刊。原本は永青文庫蔵）があり、ほかに、寛永十四年山鹿郡上永野村の人畜改帳（『光厳寺文書』）もある。

[参考文献]　原田敏丸「肥後藩農村における家族構成」（『大分大学経済論集』二ノ二、一九五一年）、城後尚年「肥後国葦北郡農村の家族構成と隷属農民」（『熊本史学』三七、一九七〇年）

（松本寿三郎）

肥後物語《ひごものがたり》　肥後藩の宝暦の改革および藩主細川重賢の治績を述べた見聞書。『熊本俚談』ともいう。一巻。亀井南冥著。天明元年（一七八一）成稿。福岡藩の儒医であった亀井南冥は藩政改革の念に燃えて九州各地を歴訪し、さらに遠く京坂にも至って各地の文物を視察して自藩の藩政改革の範とした。南冥は宝暦十一年（一七六一）十九歳の時はじめて熊本を訪れて細川重賢の「宝暦の改革」に接し、ついで十年を隔て、明和八年（一七七一）再び熊本を訪れ、藩校の教授らと接して肥後藩の治政に共鳴した。本書は、福岡藩主黒田治之のために宝暦の改革の概要を提出しようとしたものであった。折から藩主の死に遭い取り上げられなかったが、老中松平定信の目にとまったという。内容は、細川重賢の政治方針、堀平太左衛門・稲津弥右衛門・長岡主水・藪市太郎らの政績・人物・逸話、時習館教育の特色、細川氏の民政・経済、宝暦の改革の諸施策を挙げている。改革の理想として挙げたものであるため、若干美化して善政を讃えたようなところもあるが、隣藩からみた同時代人の記録として宝暦期肥後藩政の一端を示すものとして貴重である。『日本経済叢書』一五、『日本経済

大典』二三所収、熊本県公立高等学校長会から刊行。

（松本寿三郎）

細川《ほそかわ》家《け》史《し》料《りょう》　『細川文書』（肥後熊本藩主の近世細川家に伝来した文書ならびに藩庁記録類）の一部が『細川家史料』として『大日本近世史料』に収めて刊行されている。現在、原本である『細川史料』は財団法人「永青文庫」の所有に属し、熊本大学付属図書館に寄託されている。既刊十九巻（昭和四十四年（一九六九）—平成十六年（二〇〇四））の内容は、慶長五年（一六〇〇）以降の、細川忠興書状（子息忠利宛一八二〇通、孫光尚宛八八通、諸方宛三通）、細川忠利書状（大方は書状案で、父忠興宛一〇八三通、子息光尚宛三八六通、諸方宛三七九通）。これらの父子孫三代の間に往来した書状によって、慶長—寛永年間（一五九六—一六四四）の、将軍の起居・病気・気質、徳川忠長の狂気、加藤・黒田など諸大名家の動静、参勤・普請役、島原の乱、転封・改易の事情、老中の活動、幕府・朝廷・大名・旗本など諸家の間の政情の機微、忠興らが幕閣内外との人間関係に払った細心の注意・努力、忠興・忠利らの性格、病気、食物・茶湯・能・鷹狩・武術などの趣味・嗜好などに至るまで、多種多様の事柄がうかがい知られる。

参考文献　「本所出版物」（『東京大学史料編纂所報』四・五・七・九・一一・一三・一五・一七・一九・二一・二三・二五・二七）、「刊行物紹介」（『東京大学史料編纂所報』二九・三一・三三・三五・三七・三九）

（加藤　秀幸）

熊本新田藩　（くまもとしんでんはん）

熊本藩の支藩。外様。陣屋持。宗藩第四代主細川光尚《みつなお》の次男利重が寛文六年（一六六六）七月、第五代藩主綱利から肥後国内三万五千石を内分せられ支藩初代主となり、以後利昌・利恭・利寛・利致・利庸・利国・利愛・利用・利永と継ぎ、利永が明治元年（一八六八）七月肥後国玉名郡高瀬（玉名市）へ下国して高瀬藩と改称する。新田藩とは他藩にもあるように宗藩表高以外の開発新田高のうちから内分されるという意味で領分をもたず宗藩蔵入米の支給をうけ、江戸詰定府で参勤交代もなかった。将軍家御三卿に倣う分家形式である。江戸藩邸は享保五年（一七二〇）鉄炮洲船松町に上屋敷があったが安政五年（一八五八）類焼後は正徳三年（一七一三）に賜わった本所中ノ郷東橋の下屋敷のみ。立槍の鞘紋が鳶羽に似ているので鳶細川といわる。藩主は若狭守・采女正・備後守・能登守を称し従五位下、江戸城柳間詰であった。藩主の熊本来訪の時は塩屋町内に出府所が設けられていた。明治三年九月、宗藩の熊本藩に合併し、廃藩となった。

参考文献　松崎慊堂『慊堂日暦』（『日本芸林叢書』一一・一

二、六合館、一九二九年)、『熊本県史』総説編、中川斉『肥後高瀬藩史』(安東幹、一九六九年)

（森田　誠一）

富岡藩（とみおかはん）

肥後国天草郡富岡(熊本県天草郡苓北町)に藩庁(のちに陣屋)をおいた藩。豊臣秀吉の九州征討後、天草は小西行長の領地となったが、慶長五年(一六〇〇)の関ヶ原の戦い後には加藤清正の領地となった。同六年には肥前国唐津藩主寺沢広高による支配が始まり富岡城を築き城代をおくなど、島原の乱後の寛永十五年(一六三八)まで唐津藩領であった。寺沢氏のあと同十五年備中国成羽から山崎家治が入封し、寛永十八年讃岐国丸亀に転封されるまでの約三年間富岡城の改修築をおこなうなど乱後の復興につとめた。山崎家治転封後の天草は天領となり鈴木重成が代官に任命され、重成死後の承応三年(一六五四)からは養子鈴木重辰が代官に就任し領内支配をおこなった。寛文四年(一六六四)鈴木重辰は京都代官に任命され代わって三河国渥美郡田原領主戸田忠治(忠昌)が入封しふたたび私領となった。同十一年戸田忠治が奏者番兼寺社奉行に就任し関東へ転出し、天草はふたたび天領となった。なお戸田忠治関東転出の際に富岡城が破棄されている。以後明治維新までは専任代官、日田代官、島原藩、長崎代官がそれぞれ支配をおこなった。明治元年(一八六八)正月天領は新政府直轄領となり、同年閏四月天草郡は富岡県となった。以後同年六月天草県と改称し、八月天草県は長崎府に併合された。

参考文献　『苓北町史』、松本寿三郎他編『熊本県の歴史』(山川出版社、一九九九年)、『天草代官鈴木重成鈴木重辰関係史料集』、松本寿三郎・吉村豊雄編『街道の日本史』五一(吉川弘文館、二〇〇五年)、渡辺尚志『近世地域社会論』(岩田書院、一九九九年)藤野保『九州と天領』(『九州近世史研究叢書』四、図書刊行会、一九八四年)

（大浪　和弥）

人吉藩（ひとよしはん）

肥後国(熊本県)人吉に藩庁を置いた藩。藩主相良《さがら》氏、外様、城持。相良氏は鎌倉時代初期に初代頼景が肥後国球磨《くま》郡多良木に、ついでその子長頼が人吉荘地頭に任ぜられて以来、球磨郡一帯を領有して来た。戦国の争乱の中で人吉相良氏の長続が多良木相良氏を滅ぼして球磨郡を統一し、戦国時代末期の相良義陽《よしひ》のころには、球磨・葦北・八代の三郡を中核に天草・薩摩・大隅に進出し、南九州に威をほこった。しかし島津氏の勢力に服し、先鋒として甲斐氏と戦って討死した。義陽の子長毎《ながつね》は天正十五年(一五八七)島津軍の先鋒として豊後国に出陣したが、豊臣秀吉の軍に敗れて降伏し、球磨郡の旧領だけを安堵された。朝鮮出兵には兵八百を率いて各地に転戦、関ヶ原の戦でははじめ西軍に属したが、老臣相良清兵衛の策を入れて徳川家康に内応して命脈を保った。藩主は長毎のあと、頼寛・頼喬・頼福・長興・長在・頼峰・頼央・頼完・福将・長寛・頼徳・頼之・長福・頼基とつづき、廃藩に至った。

　近世の人吉城は天正十七年から工事にかかり寛永十六年（一六三九）竣工、城下町は文禄三年（一五九四）に成立した。藩域は球磨郡四十四ヵ村、表高二万二千石余、実高は五万二千石余であった。人吉藩では城下のほか領内十四外城に侍が居住、村々には郷士三六％、百姓・又百姓六一％、寺社・修験三％という構成であった。貢租についても年貢・夫役のほかに多種多様の公事（土地の産物）が課せられるなど、中世型貢租の姿をとどめていた。人吉藩では寛永十四年からの老臣相良清兵衛事件、宝暦六年（一七五六）の御手判事件、宝暦九年の竹鉄砲事件など御家騒動が起り、十一年間に五人の藩主が迎えられる事態が続くなど藩政の安定は江戸時代中期に至るまで得られなかった。この間寛文二年（一六六二）から林正盛により球磨川水路が開発されて交易路が開かれたほか、百《ひゃく》太郎《たろう》溝・幸野《こうの》溝の開発によって生産力の拡大をみた。

人吉藩藩札
（五拾目銀札）

　藩財政は中期以後、幕府手伝普請で悪化の一途をたどった。専売仕法による財政再建計画は天保十二年（一八四一）の葺山《なばやま》騒動で挫折、文久二年（一八六二）の寅助火事で危機的な打撃を受け、慶応元年（一八六五）には軍備をめぐる対立から洋式派が一掃された丑の年騒動をひきおこし、内憂外患相つぐなかで明治維新を迎えた。明治四年（一八七一）七月廃藩置県により旧人吉藩領に人吉県が置かれた。県庁は人吉城内の旧藩庁を利用。同十一月には八代県に合併され、実務の引きつぎは翌五年五月完了した。その際、椎葉八十四ヵ村を美々津《みみつ》県（のち宮崎県）に分属、同五年九月には米良十四ヵ村も美々津県に移された。

[参考文献]　『相良家文書』、『熊本県史料』中世篇、熊本女子大学郷土文化研究所編『人吉藩の政治と生活』（『熊本県史料集成』一四、日本談義社、一九五九年）、梅山無一軒『南藤蔓綿録』（『肥後国史料叢書』三、青潮社、一九七七年）、『人吉市史』、『熊本県史』、宮崎克則「肥後人吉藩の藩政改革と『葺山騒動』」（『地方史研究』三六ノ六、一九八六年）、吉永昭「肥後国人吉藩『相良清兵衛騒動』覚書—騒動記を中心

に」(『福山大学人間文化学部紀要』一、二〇〇一年)

(松本寿三郎)

藩校　藩主であった相良福将および長寛は細井平洲の学徳を尊び、長寛は天明年間(一七八一—八九)に平洲を江戸藩邸に招いて講説を聴いている。天明六年になると、人吉城内に習教館が創設された。同八年には武芸場である郷義館が設置され、文武総合教化がなされたのである。初代教授東九郎次は平洲の和牘の写しを習教館規則として掲げるなど、教授となった者の多くが平洲に学んでいたのである。そのため、習教館でも古註を採用されたが、その後は佐藤一斎に朱子学を学んだ者も次第に多くなった。

参考文献　笠井助治『近世藩校に於ける学統学派の研究』下(吉川弘文館、一九七〇年)、文部省編『日本教育史資料』八

(工藤　航平)

大分県

安岐藩 (あきはん)

豊後国(大分県)安岐を藩庁とした藩。文禄二年(一五九三)豊臣秀吉は大友義統(吉統)の国を奪い、翌年文禄の役の軍監である近江塩津の領主熊谷直陳に安岐一万五千石を加増した。直陳は田原親宏の安岐城を修築して城代を置いたが、関ヶ原の戦に西軍について敗れ、城代熊谷外記も黒田孝高に降参開城し自殺した。爾後藩は廃され、領地は杵築藩に付され、正保二年(一六四五)松平英親(譜代・城持)が杵築藩主として入封し、石高三万二千石を領して子孫相うけこの地域を安岐手永として明治に至った。

参考文献　『安岐町史』、『豊府聞書』、東国東郡教育会編『国東半島史』、『〔大分県〕史蹟名勝天然紀念物調査報告』二一

(渡辺　澄夫)

臼杵藩 (うすきはん)

豊後国(大分県)臼杵を藩庁とした藩。藩主稲葉氏。五万石。

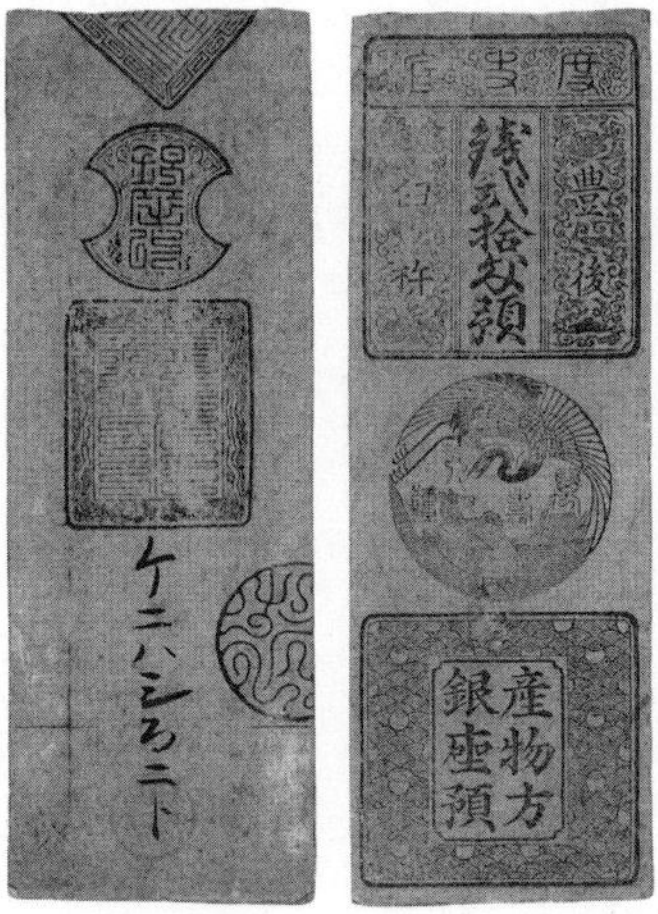

臼杵藩藩札（銭二十匁札）

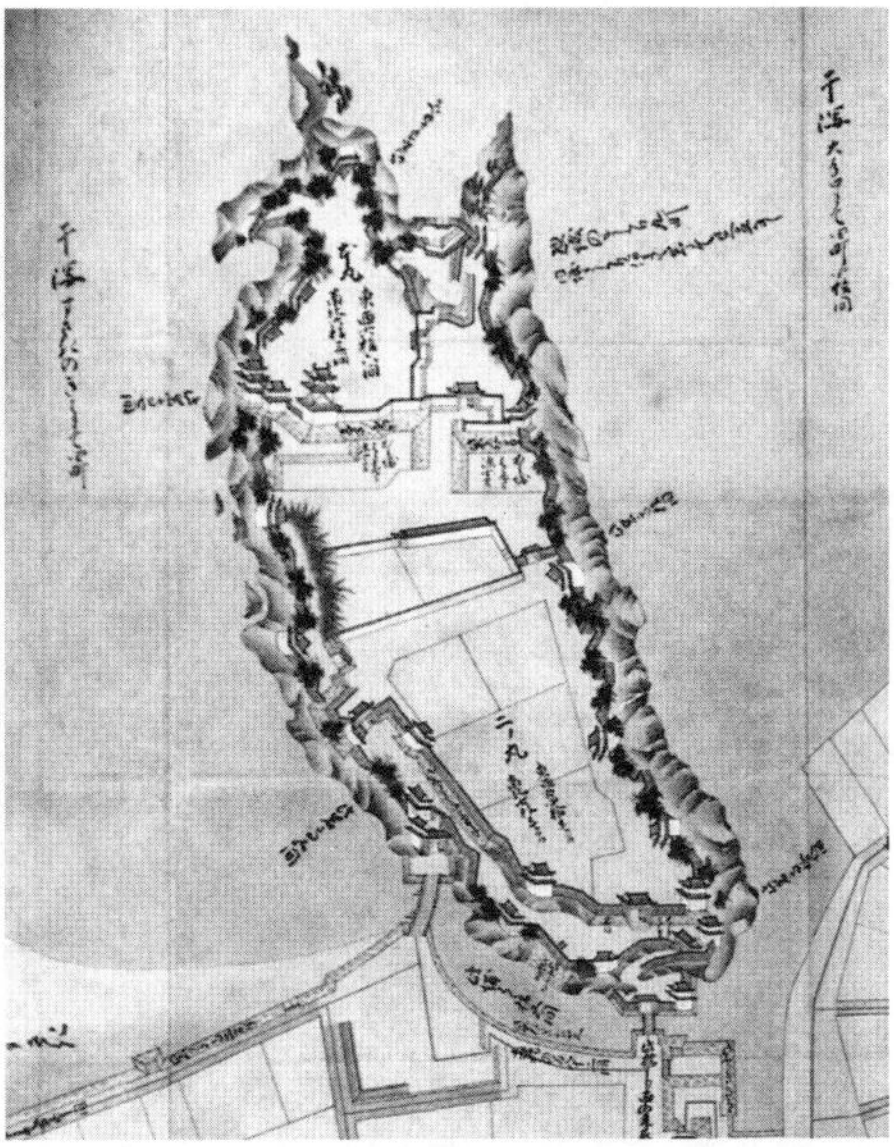
豊後之内臼杵之城絵図部分（正保城絵図より）

外様。臼杵荘は九条家（のち一条家）領で、大神系臼杵氏がいたが、室町時代以後大友氏が地頭職を帯し、臼杵氏を称した。永禄五年（一五六二）大友宗麟が丹生島城を築いて移遷したのが城の源流。文禄二年（一五九三）大友義統除国後、翌三年福原直高が六万石を与えられて入り、ついで慶長二年（一五九七）太田一吉（三万五千石）が代わったが、同五年関ヶ原の戦に西軍に応じて岡藩中川秀成に攻め落とされ、稲葉貞通が同戦の戦功で一万五千石を加え五万石を得て同六年美濃から入部した。貞通は戦国武将稲葉一鉄（良通）の子。藩主は貞通・典通・一通・信通・景通・知通・恒通・董通《まさみち》・泰通・弘通・雍通《てるみち》・尊通《のりみち》・幾通《ちかみち》・観通《あきみち》・久通とつづき、久通のとき廃藩置県、子爵。

慶長六年徳川家康の命で海部郡大佐井（大分市大在）・佐賀関（北海部郡佐賀関町）を肥後加藤清正に、保戸島（津久見市保戸島）・奥河内（津久見市川内）を佐伯領に渡し、代りに大分郡戸次荘十九村と佐伯領警固屋（津久見市元町）を賜わった。領地は海部郡一万八千八百十三石余、大野郡一万八千百四石余、大分郡一万三千百四十七石余で、計五万六十五石（のち五万八千石）。七年貞通は城を改修し、大手門を西向きとし、堀や石垣を築いて整備した。景通は番方・諸役を整備したほか、地方知行の形骸化、春免（定免）を実施して藩制の基礎を築いた。

恒通の正徳ごろから藩財政が窮乏しはじめ、御用金・運上銀・前借銀・前借米などで操作した。元文元年には楮の他領売りを禁止したほか、製紙についても専売制とした。

元文三年(一七三八)大分・大野郡方面の領民が年貢のことで徒党訴訟に及び、雍通の文化八年(一八一一)、大野郡三重郷から百姓一揆が起り、領内に拡まった。後者は岡藩横山甚助の新法に反対して起った百姓一揆の波及したもので、二豊全体に及ぶ広範囲かつ激烈な一揆であった。庄屋・弁指・酒屋・紙会所を破却して商品・資財・質物などを焼いた。諸運上や諸貢物の軽減、専売制に対する反対、藩権力と結託して農民を収奪し些事にまで干渉する末端機構に対する抵抗である。雍通は文政三年(一八二〇)隠居したが、天保二年(一八三一)家老村瀬通吉(庄兵衛)を総元締として、天保の改革を断行した。極端な緊縮と倹約政策で、藩財政や家中・農民生活を規制し、同七年までに二十六万両の借金を整理し、一応成功した。今日残る臼杵市民の節倹の気風はこれに発する。明治四年(一八七一)七月十四日廃藩置県で臼杵県、同十一月十四日大分県に統合。藩政史料として『御会所日記』『稲葉家譜』などがある。地図類ほか厖大な資料は臼杵市立図書館に所蔵されている。

参考文献　『旧貫史』、『臼杵市史』、増村隆也『新編臼杵史』(新編臼杵史刊行会、一九五七年)、久多羅木儀一郎「文化八年の臼杵藩党民事件」(『臼杵史談』二四・二五・三三、一九七八―一九七九年)、淵誠一「臼杵藩天保改革の総役所に就て」(同三一・三二)

(渡辺　澄夫)

藩校　藩主稲葉幾通の時、村瀬通吉による藩政改革の一環として、天保十三年(一八四二)城外洲崎の総役所の構内に設けられた学舎が藩校のはじめである。学舎は階上を文学舎として学古館と名付け、階下を構武場とした。村瀬は天保の初め改革に着手するにあたって、文武の振興による士風の刷新を企図し、藩中篤学の士の武藤祝・稲葉徳一郎を抜擢して江戸に遊学させたが、両人は学舎発足にあたってともに学頭となって学事を推進した。明治元年(一八六八)別に校舎を設けて集成館と名付け、一藩の文武の拡張と統合をはかり、民寮生制度による人材育成にも力が注がれたが、廃藩とともに廃止された。この藩は文学は八歳より十五歳まで、武芸は十六歳より四十歳までを学習期限とした。

参考文献　『臼杵史料』中、文部省編『日本教育史資料』八、宮本又次「臼杵藩天保の改革」(同編『藩社会の研究』ミネルヴァ書房、一九七二年所収)、淵誠一「臼杵藩天保改革の総役所に就て」(『臼杵史談』三一・三二、一九七七―一九七九年)

(井上　義巳)

岡　藩（おかはん）

豊後国岡（大分県竹田市）を藩庁とした藩。竹田藩ともいう。藩主中川氏、外様大名、城持。岡城は室町・戦国時代、大友志賀氏の居城で、天正十四年（一五八六）島津義久軍が侵入した際、志賀親次（親善）が死守したが、文禄二年（一五九三）大友吉統（義統）除国により、ともに去る。翌年中川秀成が播磨三木より入り、歴代藩主は秀成・久盛・久晴・久恒・久通・久忠・久慶・久貞・久持・久貴・久教・久昭・久成とつづき、久成のとき廃藩置県。はじめ六万六千石、のち七万四百石。領地は直入郡三万四百十八石・大野郡三万九千六百六十四石・大分郡三百五十六石。大分郡の知行は大分川河口の今津留（沖ノ浜が船着場）であったが、慶長の大津波で沖ノ浜が海没、元和九年（一六二三）松平忠直の萩原配流により、三佐村・海原村などが替地となる。

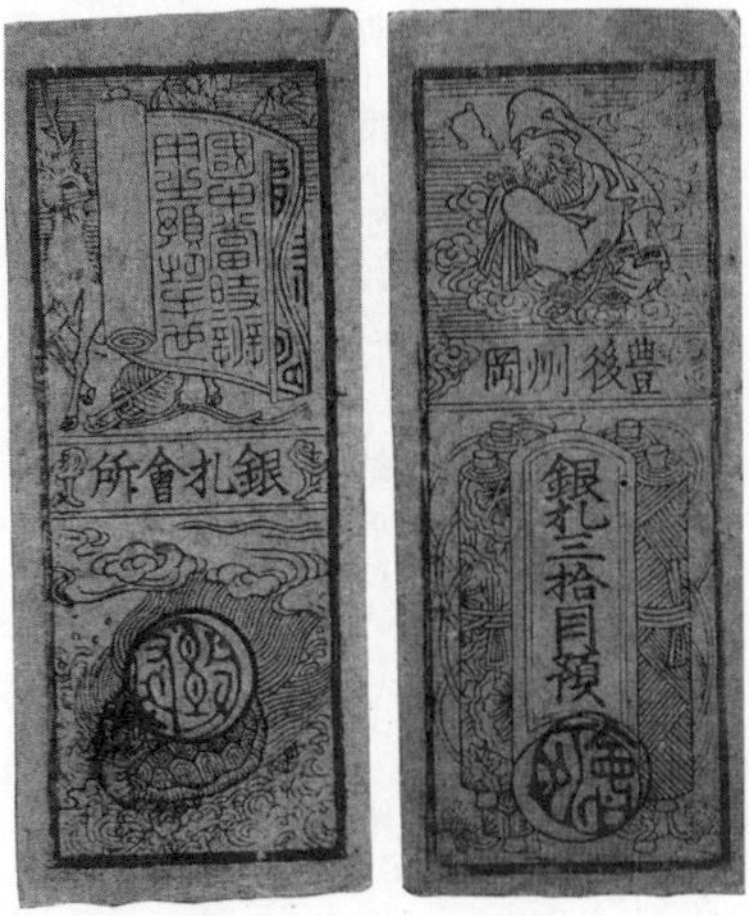

岡藩藩札（銀三十目札）

秀成は入部の年城下の町割りを行い、竹田村の水田を埋め、藪林を開き、玉来村から民家五十家を移した。藩治には大友牢人らを支配下に組み込むため千石庄屋の制度を設けたが、次第に格下げして大庄屋・小庄屋制に改めた。寛永二年九月に久盛は「御政事御定書」を制定して藩財政の確立を目指した。郷村に対しては明暦三年・宝暦四年・安永七年・天保八年に法令を公布して支配統制を強化した。文化八年（一八一一）御勝手方横山甚助の藩制改革の新法に反対して柏原（直入郡荻町柏原）以下の百姓一揆が発生、豊後全体に波及した。久貴代には、豊後一国に関する『豊後国志』を編纂した。幕末中川栖山・小河一敏らの勤王家が輩出。画家田能村竹田は有名。明治四年（一八七一）七月廃藩置県で岡県、同十一月大分県に統合。藩政史料として『中川家年譜』『諸士系譜』『郷中旧家系図』『御覧帳細注』（いずれも竹田市立図書館蔵）などがある。

参考文献　北村清士編『中川史料集』（新人物往来社、一九六九年）、北村清士『直入郡全史』（一九三三年）、同『農民一揆』（一九五八年）、熊田資義『岡藩小史』（大分県立大分図書館、一九八五年）

（渡辺　澄夫）

藩校　はじめ享保十一年(一七二六)藩主中川久通によって輔仁堂が城下竹田村杣谷に設けられたが、安永五年(一七七六)藩主久貞は拡張して由学館と称し、儒臣五名を司業に登用して学政の推進にあたらせた。天明六年(一七八六)新たに武館を城下鷹匠町に設けて経武館と称し、藩士の子弟は文館・武館のいずれかに入学することが義務づけられた。天保三年(一八三二)藩主久教は由学館を城下七里に移して拡張し、七里文館とも称した。この時角田九華を教授に登用して学制の刷新を行なったので、一藩の学事大いに振るった。同十一年藩主久昭は文武両館に塾舎を設け、食料・雑費を藩より支給した。明治元年(一八六八)武館を合併して修道館と改称し、文寮・武寮の制をとった。子弟は十一歳で就学したが、弓・馬・剣・槍・軍学・火術を六芸と称し、藩士の必ず学ぶべきものとされた。角田九華は脇蘭室に入門、のち上坂して中井竹山に学んだが、歴代の儒官には林門の出身が多い。

参考文献　文部省編『日本教育史資料』八、『直入郡志』、『脇蘭室全集』(一九八〇年)、石川謙『日本学校史の研究』(日本図書センター、一九七七年)

（井上　義巳）

杵築藩（きつきはん）

豊後国(大分県)杵築に藩庁を置いた小藩。藩主能見松平氏。譜代。城持。杵築はもと木付といい、鎌倉時代以来大友一族の木付氏がいたが、文禄二年(一五九三)大友吉統(義統)の除封の際、主家に殉じて滅亡した。同年の宮部継潤の検地後、慶長元年(一五九六)杉原長房が二万石を与えられて近江から入部し、翌年早川長政が代わり、同五年丹後宮津の細川忠興が速見・国東両郡内六万石を加増され、松井康之・有吉立行両人を城代として治めた。同年の関ヶ原の戦に大友吉統が大坂方に味方して入国、速見郡立石(別府市)に挙兵して木付城を攻めたが、中津藩黒田孝高の救援でこれを撃退した。細川忠興は同年豊前国中津城(のち小倉城)三十九万九千石に転じ、子忠利が寛永九年(一六三二)熊本藩五十四万石に転ずるまで引き続き領有した。代わって奏者番小笠原忠知が四万石を得て入り、正保二年(一六四五)三河吉田に転じたあとに松平英親が豊後高田三万七千石から入部した。同氏は三河国額田郡能見から起った譜代・城持で、入部とともに英親は木付氏時代以来の台山城を北裾に遷して城を完成した。歴代藩主は英親・重栄・重休・親純・親盈・親貞・親賢・親明・親良・親貴で、三代重休の時木付を杵築と改め、十代親貴の時廃藩となった。府内藩と交代で参勤を行う「御在所交代」が行われた。

初代英親の父重直は豊前国竜王三万七千石を領し、寛永十六年城を高田に移したといわれ、同十九年没した。翌二十年嫡子英親が遺領のうち三万二千石を継ぎ、弟重長・直政に三千石と二千石を分知して許されたが、英親の木付移封ののち分知も国東郡に移された。直政の孫武郷は元文二年（一七三七）駿府定番の時、罪を得て領地は没収され断絶した。寛文四年（一六六四）の朱印では、杵築藩領は国東郡二万七千八百十一石九斗、速見郡四千百八十八石一斗、計三万二千石で、国東郡に重心があった。細川氏時代の手永制度を継承し、手永に大庄屋、手永内の村ごとに小庄屋をおいて治めた。英親は三川新田を開き三河国の百姓を招き、池を掘り七島藺の栽培をすすめるなど殖産興業につとめたため、七島藺・青莚が特産物となり、のち青莚は藩の専売とされた。宝永三年（一七〇六）、二代重栄は家臣団の削減を実施し、暇・隠居で五十八名が対象となり、五千六百三十四石以上が減石とされた。初代英親は綾部道弘を藩儒として迎え、七代親賢は藩校として学習館を設置した。幕末には綾部絅斎・三浦梅園らの学者も出た。明治四年（一八七一）七月廃藩置県により杵築県となったが、同十一月大分県に統合された。松平家譜ともいうべき是永六雅著『追遠拾遺』一巻が市公民館に、『杵築町役所日記』百五十一冊は元禄十五年（一七〇二）から幕末までの民政記録で、同市天満社が所蔵。

参考文献　『小倉藩人畜改帳』四・五（『大日本近世史料』）、前田光利編『杵築史考』（荘野書店、一九一四年）、工藤覚次『八坂村郷土史』（一九二三年）、『杵築郷土史』、『杵築市誌』、『大分県史』近世篇二

（渡辺　澄夫）

藩校　天明初年、藩主松平親賢は三浦梅園（折衷学派）を招聘し、学事について進言させた。そして、同八年（一七八八）に学習館が創設された。梅園の子三浦黄鶴も学習館教授となっている。はじめは朱子学および古学の傾向であったが、学習館創設以後は三浦梅園の影響もあり、実学主義の折衷学となった。明治二年（一八六九）に学則を改正し、漢学のほかに国学と洋学が加えられた。

参考文献　鹿毛基生『大分県の教育史』（思文閣出版、一九八四年）、笠井助治『近世藩校に於ける学統学派の研究』下（吉川弘文館、一九七〇年）、『大分県史』近世篇四

（工藤　航平）

佐伯藩（さいきはん）

豊後国（大分県）佐伯を藩庁とした藩。城下は海部郡鶴屋村に属す。藩主毛利氏。外様大名。城持。慶長六年（一六〇一）豊後国日田郡隈より入部した初代高政以降の藩主は高成・高直（高尚）・高重・高久・高慶《たかやす》・高丘・高標《たかすえ》・高誠《たかのぶ》・高翰《たかなか》・高《たか》

泰《よし》・高謙《たかかた》とつづき、高謙のとき廃藩置県。領知は、『正保郷帳』では海部郡のうち八十七ヵ村、一万八千十三石余、他に幕府領預り十ヵ村、二千三石余だが、『元禄郷帳』では二十八ヵ村、二万石となっており、『豊後国八郡見稲簿』では「外に高なし村」八十八ヵ村がある。当藩では朱印状前の村でない小村の集合体を一つの大きな朱印村に設定するという村構成上の特異性がみられる。秀吉子飼いの歴史を持つ毛利家では入部以後、家臣団を多く登用し、幕末には足軽・奉公人までを含めると二千八百七十二人となった。城下の商人町は「両町」として内町と船頭町があった。文化七年(一八一〇)の領内総人数五万二千四百八十人、うち家中千六百七十二、両町千四、在方二万七千七百三十三、浦方二万千五百四十六であった(『温故知新録』)。豊後水道に臨む長いリアス式海岸部を藩域に含むため、浦方支配に重点が置かれ、鰯漁・干鰯生産などが主要な産業であり、干鰯運上や網運上・帆別銀など浦方関係の税制に特徴がみられる。山間部では、紙生産が奨励され、享保十七年(一七三二)には紙専売が始まった。他に茶・椎茸・木炭も産した。

　江戸時代中期以降、藩財政の窮乏化がすすみ、宝永二年には新参の侍十三名に暇を出し、正徳元年には米座を設置して、領内における米売買を独占しようとしたが失敗し、享保元年廃止された。文化三年関谷隼人が財政改革を行なった。同九年正月には、隣藩である岡藩一揆が波及し、因尾・中野村などから四千人による打ちこわしが発生した。八代藩主高標の収集した「佐伯文庫」と称する八万巻の書籍は、高翰の時幕府に献上され、現在宮内庁書陵部と国立公文書館内閣文庫に分蔵されている。安永六年(一七七七)には藩校四教堂が設立された。明治二年(一八六九)六月藩主高謙は版籍を奉還し藩知事となった。同四年七月廃藩置県により佐伯県となり、さらに同年十一月他の七県と統合されて大分県となった。なお藩政史料としては、佐伯市立佐伯図書館に所蔵されている三千六百点に及ぶ『旧毛利家文書』『佐伯藩政史料　温故知新録』一―六がある。

参考文献　佐藤蔵太郎『佐伯志』、藩法研究会編『藩法集』一二、『大分県史』近世篇一、『佐伯市史』、後藤重巳・豊田寛三『大分の歴史』五―七、増村隆也『鶴藩略史』、羽柴弘「佐伯藩」(『新編物語藩史』一一、新人物往来社、一九七五年所収)、豊田寛三「浦方村落の変容と展開」(大分大学教育学部編『豊後水道域』一九八〇年所収)、楢本譲司「因尾村における農民経済の発展」(『大分県地方史』八九、一九七八年)、同「豊後佐伯藩における小農の自立について」(同一〇四、一九八一年)、橋本操六「佐伯毛利藩史料について」(同

九〇、一九七八年)

(豊田　寛三)

藩校　六代藩主毛利高慶は儒学を尊崇し、宝永元年(一七〇四)学習所を置いて藩士の子弟を教育した。八代高標は大いに学事を奨励し、安永六年(一七七七)五月、城内鶴谷に学舎を新築して四教堂《しこうどう》と称した。『礼記』にいう詩・書・礼・楽の教場の意である。儒員にははじめ矢野黙斎と山本七兵衛を挙用したが、寛政六年(一七九四)には久留米藩から松下佐右衛門(号筑陰)を招いて儒官とした。筑陰は広瀬淡窓の初学の師であったことから、日田咸宜園と関係が生じた。のち四教堂儒官になった中島増太(号子玉)は文化十三年(一八一六)藩費を以て咸宜園に学び、さらに三都に遊学した。四教堂に隣接して武芸稽古場が設けられ、上士の子弟は八歳より十七歳、中士以下は十九歳まで文武の兼修が義務づけられた。明治四年(一八七一)廃藩とともに閉校した。八代高標はまた愛書家として知られ、その集めた書物は八万冊に及び、世に佐伯文庫と称した。長崎に唐船が舶載して来た漢籍が主であった。十代高翰はその中の貴重本二万七百冊余を幕府に献上した。現在内閣文庫に『佐伯献書総目』がある。

参考文献　文部省編『日本教育史資料』八・一二、『佐伯市史』、増村隆也『鶴藩略史』(佐伯史談会、一九四八年)、同『佐伯郷土史』(佐伯史談会、一九五一年)

(井上　義巳)

高田藩(たかだはん)

豊後国国東郡高田(大分県豊後高田市玉津)に藩庁を置いた藩。文禄二年(一五九三)、豊後一国を支配していた大友義統が朝鮮出兵時に「敵前逃亡」を理由に改易されて以降、竹中重利が一万石(一万五千石、二万石など諸説あり)にて入封した。村付などは不明。慶長五年(一六〇〇)、関ヶ原の戦いに呼応した大友義統が挙兵すると、竹中氏は東軍の黒田氏と行動をともにして大友軍と戦う。合戦終了後、豊後大分郡府内二万石と預かり地一万石(一万五千石とも)を与えられ転封していった。高田は、豊前中津の細川家の領有するところとなり、高田城代として長岡(有吉)立行が入城した。元和元年(一六一五)の一国一城令により城は破却される。寛永九年(一六三二)、細川氏が肥後熊本へ移封すると、高田地方は豊前国宇佐郡龍王(三万七千石)の城主となった松平(能見)重直領となった。同十六年、重直は「水不自由」を理由に高田に城を築き、再び高田藩が成立した。同十九年九月には、三千石を二男重長に、二千石を三男直政に分知したが、当初は両人が幼年により廩米渡しとした。同年十一月に重直は死去し、同二十年正月、遺領三万二千石は長男英親が相続した。正保二年(一六四五)、英親は一万石加増にて豊後国速見郡杵築へ転封となり、高田藩は廃藩となった。その後、高田地方は天領や英親と豊前中津小笠原氏による大名預所となったが、寛文九年（一六六九）、丹波国福知山から肥前国島原へ松平（深溝）忠房が六万五千九百石余にて入封すると、豊前国宇佐郡と豊後国国東郡において二万七千石余が島原藩の飛び地となり、高田には豊州役所が置かれた。

（野口　朋隆）

参考文献　『大分県史』近世編二

高松藩（たかまつはん）

豊後国高松（小路口村、大分市）に藩庁をおいた藩。松平（大給）忠昭が寛永十九年（一六四二）に、水害を受けやすいという理由から豊後国大分郡中津留から居館を移し成立。忠昭の祖親清は、松平（大給）乗正の二男として兄乗勝に付属。その子近正も本家の家老であったが、徳川家康から三河国大給の新田千五十石を賜い、天正十八年（一五九〇）には五千五百石を拝領し、徳川家の直臣となった。一生の代に下野国都賀郡板橋一万石に転封される。その子成重は、元和三年（一六一七）、一万石加増の上、三河国幡津郡西尾城を拝領する。同七年には、二千二百石加増の上、丹波国桑田郡亀山城に転封となった。その子忠昭は、寛永十一年閏七月、豊後国速見郡に移され、翌十二年、豊後国大分郡中津留に居館を移した（『寛政重修諸家譜』）。高松の地は、元和九年に豊後国萩原に配流された将軍徳川家光の弟松平忠直の賄領の内に含まれていたが、寛永十五年、忠昭が幕府勘定所へ実高一千四百二十一石が不足していることを訴えた結果、忠直の賄領の一部である蔵原（萩原）・新開（新貝）・原・住吉・鷲口（高松）・三川・牧の七ヵ村高七百九十六石余と速見郡北石垣などを引き替えたことで松平（大給）家の領地となった。万治元年（一六五八）二月、忠昭は、豊後国府内城主日根野家が無嗣断絶していたことから同城へ移り、高松藩は廃藩となった。

（野口　朋隆）

参考文献　『大分県史』近世編二

富来藩（とみくはん）

豊後国国東郡富来（大分県東国東郡国東町）に藩庁をおいた外様の藩。藩主は初代のみで、豊臣秀吉の家臣であった垣見家純。中世富来氏の城であった富来城を居城とした。当時の殿席は不明。富来は、豊臣政権期の初めまでは大友氏配下の富来氏の所領であった。しかし、文禄二年（一五九三）の朝鮮平壌の戦いで、大友義統が小西行長を救援せずに漢城に逃げ帰ったことから、秀吉の怒りを買い改易となり、同様に富来氏も富来城を離れることとなった。その後、垣見家純が二万石を与えられて富来城に入部し、富来藩が成立した。慶長五年（一六〇〇）の関ヶ原の戦いでは、家純は西軍として参加。富来城は徳川方に与した豊前中津（大分県中津市）城主の黒田孝高（如水）によって攻め立てられた。城代で家純の兄である垣見純玄（理右衛門）が守っていたが、美濃大垣城で家純が戦死した報が届き開城した。のちに国東郡は中津に入部した細川忠興の所領となり、富来藩は廃藩、富来城は廃城となった。なお、慶長四年改易との見解もあるが（『廃絶録』など）、同五年まで城地を領有していることから、同五年の家純死去を期に廃藩と考えたい。

参考文献　『藩史大事典』七（雄山閣出版、一九八八年）、『国東町史』、『大分県史』中世篇三

（小宮山敏和）

中津藩（なかつはん）

豊前国（大分県）中津に藩庁を置いた藩。藩主奥平氏。譜代。城持。天正十五年（一五八七）豊臣秀吉の九州征討に軍目付として活躍した黒田孝高は豊前国京都《みやこ》・築城《ついき》・仲津・上毛・下毛・宇佐の六郡十二万五千石を与えられ、播磨山崎から豊前に入封、翌十六年に下毛郡中津川の城を修営し、ここに入った。同十七年五月孝高は致仕し、長政が家督相続。慶長五年（一六〇〇）長政は関ヶ原の戦の戦功で筑前名島（のち福岡）に転封した。同年二月徳川家康に大坂屋敷の台所料として豊後国速見郡木付（杵築）六万石を加増された細川忠興は関ヶ原の戦後、新たに豊前一国と豊後国国東《くにさき》郡を与えられ、合わせて三十万石（実高三十九万九千五百九十九石六斗）の藩主として十二月丹後宮津から豊前中津に入封した。同七年忠興は大規模な修築を終えた小倉城に移り、嫡子忠利が中津城に入った。元和六年（一六二〇）忠興は致仕し、翌七年忠利が藩主として小倉城に入り、忠興が中津城に再び戻った。

寛永九年（一六三二）細川氏は肥後熊本に転封し、小笠原長次が播磨竜野より入封、豊前国上毛・下毛・宇佐の三郡八万石を領有した。譜代小笠原藩は長次・長勝・長胤と続き、貞享三年には荒瀬井堰の工事に着工。しかし藩財政は窮乏し、元禄四年（一六九一）には家臣団の知行を半知とした。同七年長胤は弟長宥に私墾田五千石を分知、旗本時枝領が成立した。同十一年幕府は長胤の苛政と乱行を理由に領地を没収、弟長円に上毛・下毛・宇佐の三郡のうち四万石を与え、あとの半知を幕府領に編入した。享保元年（一七一六）長円の長男長邕が六歳で病死、世嗣断絶で改易。同二年奥平昌成が丹後宮津から中津十万石に入封、定着した。歴代藩主は昌成・昌敦・昌鹿・昌男・昌高・昌暢・昌猷・昌服・昌邁で、九代昌邁の時廃藩となった。

藩領は豊前の上毛・下毛・宇佐郡で六万二千七十六石余、

筑前怡土《いと》郡一万七千九百八石余、備後の甲怒・神石・安那郡二万十五石余で、九州以外にまで拡大した。奥平氏は城下経済保護策として城下三里の制(三里内周辺農村での商品の生産・販売禁制令)を採用したが、外店・在方商業が発展した。文化九年(一八一二)二豊に及ぶ幕藩惣百姓一揆に連動し、大庄屋赤尾丹治らによる打ちこわしが起った。幕末には前野良沢・福沢諭吉らの蘭学者が出た。明治四年(一八七一)七月廃藩置県により中津県となり、さらに十一月小倉県に編入された。藩政史料として『藩庁日記』『惣町大帳』『記註撮要』『月番帳』(いずれも中津市立図書館蔵)などがある。

参考文献 『細川家史料』四(『大日本近世史料』)、半田隆夫校訂『惣町大帳』、『大分県史』近世篇二、中津藩政史料刊行会編『中津藩歴史と風土』三(『中津藩史料叢書』六)

(半田　隆夫)

藩校　寛政八年(一七九六)藩主奥平昌高が中津片端《かたは》町に藩校進修館を創設。聖廟・講堂・塾舎を設け、周囲に武芸練習場を構えた。倉成善司(号竜渚)、および野本亮右衛門(号雪巌)の両名を教授に用い、朱註を主としたが右註も併せ用いた。藩士の子弟は七、八歳で必ず入学し、文武両道を兼修したが、その期限は別に定めはなかった。文化十一年(一八一四)渡辺重名が取り立てられ、進修館で皇典講釈を月三回行なった。維新直前には新たに渡辺重春が登用され、旧会所跡にそのための学校まで設けられた。昌高はオランダ語の辞書である『蘭語訳撰』と『中津バスタード辞書』を編纂した。一方、藩主奥平氏は医学に意を注ぎ、刑死人の死体解剖をいち早く実施した。また万延・文久のころには元新魚町に医学校を開設し、老少を論ぜず医学を志すものに、漢洋の医学を講じさせた。『解体新書』で有名な前野良沢は当藩の藩医であった。藩主は進修館にしばしば臨校して学事を奨励した。毎年二月上旬藩主祭主となって釈奠《せきてん》の祭事を行い、文武の役員に酒饌を賜わった。福沢諭吉は当藩の下級藩士の出身である。

参考文献 文部省編『日本教育史資料』八・一二・一三、石川謙『日本学校史の研究』(日本図書センター、一九七七年)

(井上　義巳)

藩札　享保十五年(一七三〇)はじめて銀札を発行。一匁・五分の二種がある。ついで宝暦二年(一七五二)一貫目~一分の十一種を発行。文化六年(一八〇九)幕府に札通用を届け出た事実があるので、流通が続いていたと思われる。文政初年札価は下落に向かい、天保六年(一八三五)加印札を発行した。さらに慶応三年(一八六七)新たに一貫目~五十目の四種銀札を発行。なお筑前深江領でも天保六年飛地札二種を発行している。

五分銀札

参考文献　荒木豊三郎編『日本古紙幣類鑑』下、日本銀行調査局編『図録日本の貨幣』六(東洋経済新聞社、一九七五年)、『中津市史』

(岩橋　勝)

日出藩（ひじはん）

豊後国(大分県)日出に藩庁を置いた藩。藩主木下氏、城持、外様。慶長六年(一六〇一)播磨国より木下延俊が三万石で入部して成立。豊臣氏と血縁関係を持っていたが、秀吉の正室高台院や義兄細川忠興らの支援もあって延俊以後、俊治・俊長・俊量・俊在・長保・長監《ながてる》・俊能・俊泰・俊胤・俊懋《としまさ》・俊《とし》良《あき》・俊敦・俊方・俊程《としのり》・俊愿《としまさ》の十六代、二百七十年間にわたって廃藩まで領有した。領地は、速見郡内二十八ヵ村であるが、寛永十九年(一六四二)延俊の死後、俊治は弟延由(延次とも)に八ヵ村、五千石を分知(立石跡)。寛文四年(一六六四)からは朱印状も別途に受けている。本藩は、領内を里目《さとめ》と山里《やまさと》に分け、朱印状前村(大村《おおむら》)の下に小村《こむら》があった。天明元年(一七八一)九月には「古法」への立ち戻りを目的とした倹約令を発し、同八年には家臣への借銀を申し付けたほか、給禄の支給比率を定め、渡方の削減を図った。

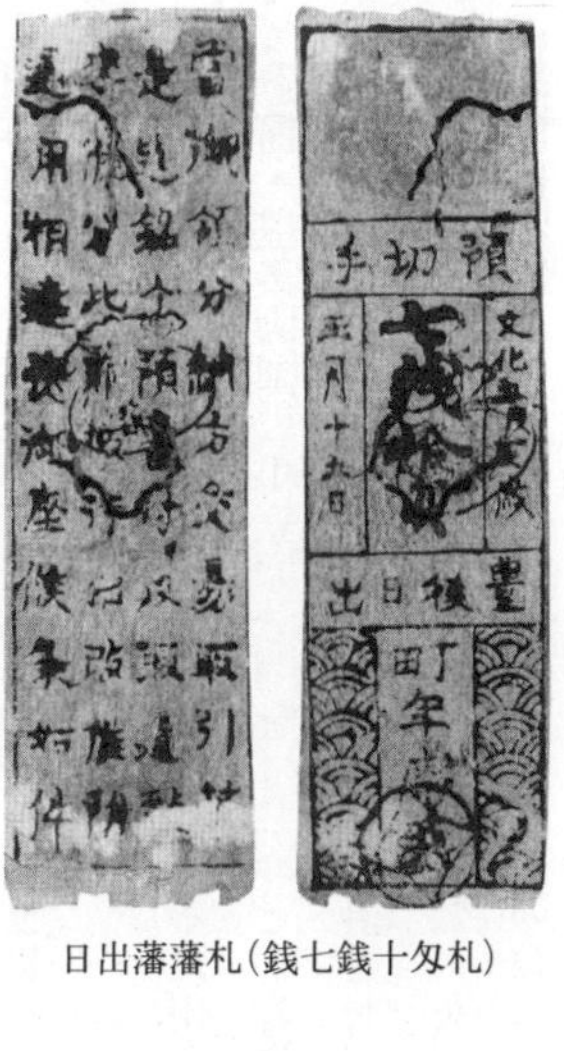

日出藩藩札(銭七銭十匁札)

特産品は、鶴成《つるなり》・馬上《ばじょう》の金、寛文年間に導入された七島藺《しちとうい》や将軍献上の麻地《あさじ》酒など。居城日出城は、別名を暘谷《ようこく》城、延俊の義兄細川忠興の縄張りといい、慶長七年に完成した。南は別府湾に面し、古河古松軒は「御城小城ながら四方の堅めは有る所」と評している。現在は、日出小学校用地となっており、石垣などに往時の姿をとどめる。日出港は、中世以来の良港で交通の要地。日出浦の惣左衛門家は、「問」姓を称していた。家老の家に生まれた帆足万里《ほあしばんり》は、『窮理通』『東潜夫論』などを著わしたが、天保二年(一八三一)から六年の間には藩政改革に着手している。明治四年(一八七一)七月、廃藩置県により日出県となり、さらに同年十一月大分県に編入された。

参考文献　日出藩史料刊行会編『大分県日出藩史料』、『日

出町誌』、『大分県史』近世篇二

（豊田　寛三）

藩校　藩学創設以前より、学者を招いて講釈をさせていた。その中で、三浦梅園（折衷学派）や熊本藩儒の秋山玉山（徂徠学派）を招き、学事について進言させている。享和元年（一八〇一）、帆足万里に城下の屋敷を与えて家塾を開設させたのち、文化元年（一八〇四）には万里を藩儒とし、稽古堂が設置された。天保年間（一八三〇―四四）には、城内二ノ丸に学問所が設立され、藩士子弟に対して、帆足による講釈が行われた。その後、二ノ丸に新しく致道館が創設されるとともに、帆足が去ると、その門下の米良東嶠が継承して学制が整備された。日出藩では受講生・素読生・四書生・五経生・明経生の五等級制が採られた。古義学や徂徠学が導入されるが、帆足招聘以後は折衷実効を重んじる学風となった。また、帆足の影響により、医学局が設置されるなど、早くから医学研究が行われていた。

参考文献　鹿毛基生『大分県の教育史』（思文閣出版、一九八四年）、笠井助治『近世藩校に於ける学統学派の研究』下（吉川弘文館、一九七〇年）、『大分県史』近世篇四

（工藤　航平）

日田藩（ひたはん）

豊後国（大分県）日田に藩庁をおいた藩。文禄二年（一五九三）、大友義統が豊臣秀吉によって改易されると、日田・玖珠両郡の代官として宮部継潤が任命され、その後、宮城豊盛・毛利重政が太閤蔵入地を管掌したという（『駒井日記』）。その後、日隈城主として、毛利友重が八万三千石を拝領して太閤蔵入地は消滅した。慶長五年（一六〇〇）の関ヶ原合戦後、日田領は幕府領となり毛利高政の大名預所となったが、日田・玖珠両郡には、このほか、小川光氏による日田郡丸山城を中心とする代官支配地も存在していた。元和二年（一六一六）八月、徳川秀忠は、大名転封策の一環として、美濃大垣城主石川忠総を日田・玖珠・速見三郡からなる日田六万石へ移し、ここに日田藩が創設される。忠総は丸山を永山と改称して城下町も豆田へ移した。同五年には三郡統一した検地を実施し、以後の日田領における有高の基本となった。

寛永九年（一六三二）には、徳川家光による九州支配強化として豊前・豊後両国に小笠原一門をはじめとする譜代大名が集中的に配置されると、石川日田藩は譜代藩としての存在意義が希薄となり、同十年、忠総は下総国佐倉へ転封となった。日田領は幕府領となり、杵築・中津築両藩の預所として、永

山城・日隈城には両藩から番代が派遣され現地支配を行なった。同十六年には、代官支配地に切り代えられ、代官小川正慶・同政重が支配した。両小川氏は、寛文五年三月に農民の訴訟に対する処置がよろしからずとして改易され、日田領は一時熊本藩の預所となったが、翌年には江戸から代官山田利信・竹内信就が入部して、再び代官支配地となった。

天和二年（一六八二）、五代将軍徳川綱吉は、越後騒動に連座した罪により、親藩松平直矩を播磨国姫路十五万石から日田永山城七万石に減封して転封させた。しかし、貞享三年（一六八六）、直矩は出羽山形十万石に加増転封となり、日田領は再び天領となり、代官もしくは西国郡代が支配した。

参考文献　『大分県史』近世編三、藤野保「近世前期における九州天領の支配形態」（『九州文化史研究所紀要』一七、一九七二年）

（野口　朋隆）

府内藩（ふないはん）

豊後国府内（大分市）に藩庁を置いた藩。譜代。城持。文禄三年（一五九四）、豊臣秀吉により早川長敏が大分郡一万二千石（ほかに蔵入地預かり四万八千石。石高については異説あり）を得て入封し、府内藩が成立。慶長二年（一五九七）、福原直高が大分・速見・玖珠郡十二万石をうけ、府内城を築造する。

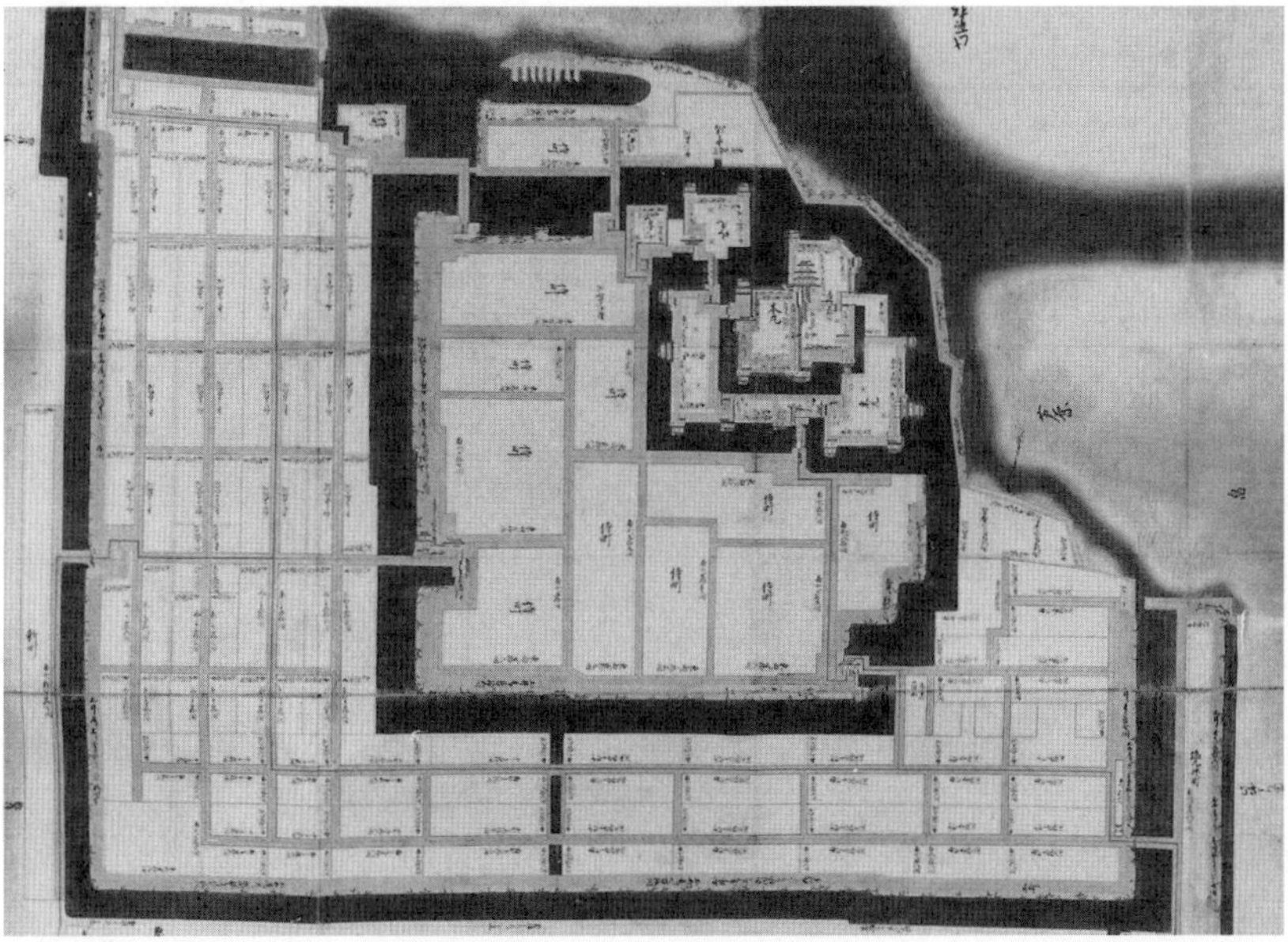

豊後府内城之絵図部分（正保城絵図）

しかし、同四年、直高は私曲の罪に問われ除封。早川長敏が二万石で再入封。慶長六年、豊後国高田藩主竹中重利が二万石を受け入封。ほかに一万五千石の預かり地を支配。重利は府内城および府内城下町の建設工事を実施。元和九年(一六二三)には、福井藩主松平忠直の豊後配流に伴い府内目付が配される。重利の子重義は長崎奉行となるが、寛永十一年(一六三四)汚職を名目として死罪に処され、同年七月には譜代大名下野国壬生城主日根野吉明《よしあきら》が大分郡内九十五ヵ村二万千十八石余を領有するが、明暦二年(一六五六)無嗣により同家は断絶。この間、慶安三年(一六五〇)には初瀬《はっせ》井路を完成。

万治元年(一六五八)、松平(大給《おぎゅう》)忠昭が大分郡内百二ヵ村二万二千石を受封。忠昭は、これより先、寛永十一年、丹波国亀山から速見郡亀川に移り、大分・速見・直入・玖珠四郡の内で九十二ヵ村二万二千二百石を領し、以後、大分郡中津《なか》留《づる》、同郡高松へ居館を移していた。延宝四年(一六七六)、忠昭の子近陣《のぶ》が封を襲ぐに際し、千五百石を近陣の弟近鎮、千石を同近良に分知する。近鎮分知は実際に六ヵ村の村付けが行われたが、近良分は知行米支給であった。忠昭以降、近陣・近禎・近貞・近形《なり》(「のり」とも)・近儔《とも》・近義・近訓・近信・近説《よし》の十代二百十年間にわたり領有した。豊後七藩のうち、杵築・府内両藩は、譜代藩であったため、参勤交代は両藩主が同時に居城を明けない「御在所交代」の方策がとられていた。領内は、町組・里郷・中郷・奥郷の四地域に分けられ、一町三郷とよばれていた。郡奉行の下に三郷に代官が配されていた。特に奥郷では、再三百姓一揆・騒動・強訴が発生している。

特産品は、寛文年間(一六六一―七三)に導入された七島藺《しっとうい》のほか楮・櫨《はぜ》などがある。十八世紀半ば以降財政が行き詰まり、天保期には借財が二十万両を超える状況となった。天保十三年(一八四二)、家老岡本主米安展および日田《ひた》郡豆田町(日田市)の豪商広瀬(博多屋)久兵衛(広瀬淡窓の弟)を中心とする藩政改革が実施される。幕末期には家臣団の内職も積極的に勧め、三職方を設置した。三職とは縞木綿・足袋・扇子の内職である。明治四年(一八七一)七月、廃藩置県により府内県となり、同年十一月大分県に編入された。府内藩の藩政史料は、『府内藩記録』として県立大分図書館に所蔵されている。

参考文献　『雉城雑誌』(『大分県郷土史料集成』続上、臨川書店、一九七三年)、『大分県史』近世篇二、『大分市史』上、『大分市史』中、後藤重巳・豊田寛三『大分の歴史』五―七(大分合同新聞社、一九七七―七九年)、安藤保「府内藩青莚専売制の展開」(『社会経済史学』三五ノ一、一九六九年)、同「幕末期府内藩の農村政策」(『土地制度史学』四九、一九

七〇年）

藩校　府内藩では、十八世紀半ば以後、若年の藩士に読書指南などが行われている。天保十年（一八三九）には学問所（学館）が経営されており、翌年には学問所は稽古場（武道練習場）とともに焼失したが、再築されており、弘化二年（一八四五）五月、三ノ丸に新しく学館所が建てられ、「学制」も定められている。当時の教授は竹内寿平（豊洲）・竹内円平（淡軒）らであった。この学館所が、のち采芹《さいきん》堂と呼ばれている。安政元年（一八五四）、大地震のため采芹堂が大破し、臨時に儒官大《おお》渡《と》周策（靄村）宅を学舎としていたが、安政四年正月、藩主松平近説の居住していた府内城北ノ丸を学舎として遊焉《ゆうえん》館と名付け、学芸・武芸両方を教授し、柔術・弓術の練習場なども設けられた。遊焉館では藩士の子弟八〜二十五歳の者が入学を義務づけられ、毎日六ッ時（午前六時ごろ）から七ッ時（午後四時ごろ）まで修練が行われた。生徒の数は二百人前後といわれ、文久二年（一八六二）からは、日田《ひた》の咸宜園の広瀬青邨（淡窓の養子）が督学となり、慶応元年（一八六五）には、城下中島の地に新築移転した。府内藩では、このほか医学館（嘉永五年（一八五二））を設立している。「遊焉館之図」（弥栄《やさか》神社蔵）は、藩校での教授風景を描いたものとして貴重。

参考文献　文部省編『日本教育史資料』八、『大分県教育百年史』、『大分市史』中、『大分市史』下

（豊田　寛三）

藩札　宝暦四年（一七五四）四月、十匁〜一分の計六種の銀札をはじめて発行。一時的に札価下落し、天明五年（一七八五）新札に改められたこともあったがほぼ順調に長期間通用。しかし文政期ついに兌換不能で文政八年（一八二五）流通停止となった。この後、鴻池伊助（草間直方）らの大坂商人が引請元となり、国産の七島莚買付用の莚札として銀札が明治初年まで流通。額面も十匁〜一分の計七種で、従前と大差なかった。

一匁銀札

十匁銀札

参考文献　日本銀行調査局編『図録日本の貨幣』五・六（東洋経済新報社、一九七四・七五年）、『大分市史』上、後藤重巳・豊田寛三『大分の歴史』七（大分合同新聞社、一九七九年）

（岩橋　勝）

森　藩（もりはん）

豊後国森（大分県玖珠《くす》郡玖珠町）に藩庁を置いた藩。外様。陣屋持。慶長六年（一六〇一）九月、伊予国の三島村上水軍であった来島《くるしま》（元和二年（一六一六）より久留島と称す）康親（長親）の入部により成立。康親以降、通春・通清・通政・光通・通祐・通同・通嘉・通容・通明・通胤・通靖の十二代にわたって廃藩まで支配した。領地は、玖珠郡八ヵ村・高八千百六十五石余、日田郡十一ヵ村・高三千八百二石余、速見郡二ヵ村・二千三十二石余、合わせて一万四千石。明暦元年（一六五五）二代通春の遺命により、三代通清の弟通貞に玖珠郡内岩室村（玖珠町）など千石、同じく通迥《とお》に同郡内で五百石を分知。通貞分は幕末まで維持され、「岩室の殿様」と称され、幕末期の当主久留島通孝は勤王討幕に勤めた。通迥分は、正徳二年（一七一二）収公され幕府領となる。通清は他の弟種春・通徳を家老としたほか、新参の薄葉公英・新島彦右衛門を登用するなど、藩主権確立につとめた。森藩は無城藩であったため、七代通同のとき三島神社を城郭風に改築。町場としては、居館の置かれた森町、参勤交代の港町であった速見郡頭成《かしらなり》（日出《ひじ》町）、日田郡札本《ふだもと》町（日田市有田）がある。特産品は速見郡鶴見村（別府市）産の明礬《みょうばん》。幕末期には、日和見的態度の多かった豊後諸藩のなかでいちはやく新政府方に与し、明治元年（一八六八）には西国郡代窪田治部右衛門の逃亡した郡代役所を占拠した。明治四年七月廃藩置県により森県となり、同年十一月大分県に編入された。主要な藩政史料としては、藩主家の『久留島家文書』、『御記録書抜』（玖珠町教育委員会所蔵）がある。

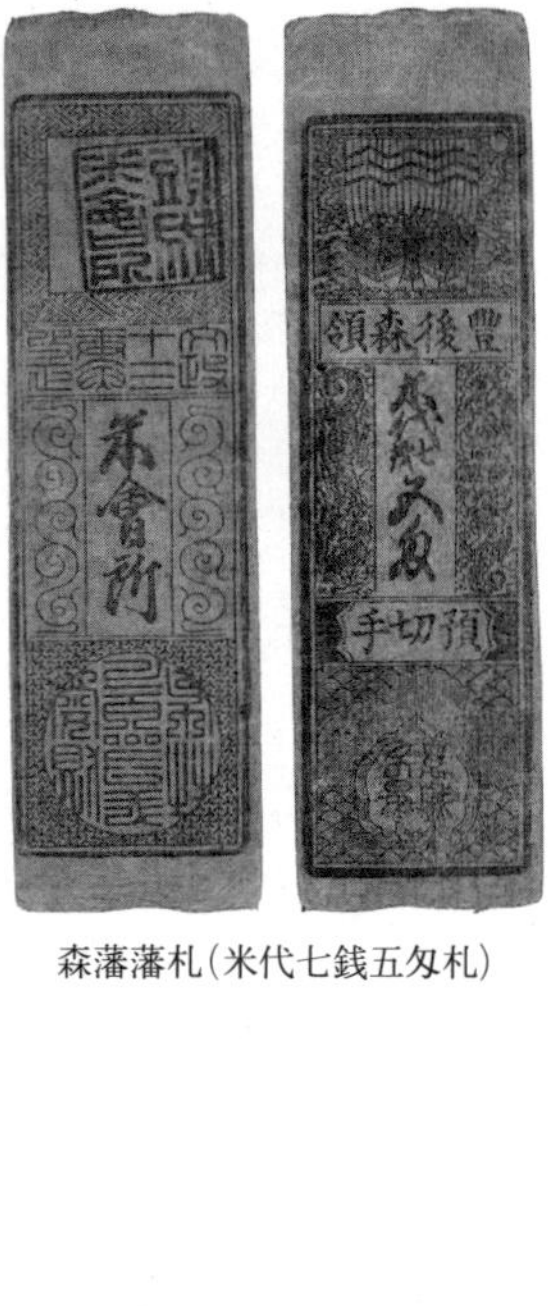

森藩藩札（米代七銭五匁札）

参考文献　『玖珠町史』上、福川一徳・甲斐素純編『久留島家文書』（『玖珠郡史談』一九）、玖珠町教育委員会編『御記録書抜在方他方共』（『豊後森藩政史料』二）、『大分県史』近世篇一、後藤重巳・豊田寛三『大分の歴史』五―七（大分合同新聞社、一九七七―七九年）、野口喜久雄「豊後国森藩の上米について」（『大分県地方史』六八、一九七三年）、同「豊後国森藩の借財について」（同六九、一九七三年）、同「豊後森藩の生産と流通の統制」（同七〇、一九七三年）、同「豊後

国森藩の年貢」(同七一、一九七三年)

（豊田　寛三）

藩校　藩学創設以前は、藩士子弟は各自随意に家塾などで修学した。明和三年(一七六六)、儒臣桑原左学に『論語』を講釈させ、藩士に聴講させた。これ以後は毎月五回、経史講釈を行なっている。天保六年(一八三五)、藩主久留島通嘉の時に大会所が校舎にあてられ、修身舎が開設された。教授には藩士衛藤順三郎ら徂徠学を修めたものが任命された。弘化ころ、陽明心学の一派が藩内に流行し、経書学習を軽視する風潮が生じた。そこで嘉永末年、藩主は園田鷹巣を登用し、朱子学を藩公認の学として藩士の気風を正すこととなった。参勤交代の要港である豊後国速見郡豊岡の飛地には、明治二年(一八六九)、藩主通靖により郷校修身舎が置かれた。

参考文献　鹿毛基生『大分県の教育史』(思文閣出版、一九八四年)、笠井助治『近世藩校に於ける学統学派の研究』下(吉川弘文館、一九七〇年)、『大分県史』近世篇四

（工藤　航平）

竜王藩（りゅうおうはん）

豊前国宇佐郡竜王(大分県宇佐市)に藩庁を置いた藩。慶長五年の徳川家康と石田三成らとの対立において家康側に属した細川忠興は、戦後、丹後国宮津から豊前一国、および豊後国国東郡を合わせた三十万石(実高三十九万石余)に加増転封された。同六年八月から家臣団の知行割りがなされ、要所には大身家臣を配し、竜王城には飯河豊前が置かれた。その後も城代は、細川幸隆(忠興の弟)、長岡主膳、同好重、同重政と替わったが、元和元年(一六一五)の一国一城令により破却される。細川氏時代における地方支配は、手永制度という行政区画を設定し、手永毎に惣庄屋が置かれ、龍王は、同八年の「人畜改帳」では中山惣右衛門手永に属した。寛永九年(一六三二)に細川氏が肥後国熊本へ転封後、譜代大名小笠原忠真が豊前国小倉十五万石に入封すると、忠真の弟で松平(能見)家を相続していた重直が、摂津国三田三万石から竜王へ加増転封され竜王藩が成立した。しかし、重直は、同十六年に「水不自由」として豊後国国東郡高田へ藩庁を移したため、竜王藩の存続はわずか九年たらずとなった。重直の子英親が正保二年(一六四五)に豊後国速見郡木付(杵築)へ転封となると幕領となった。寛文九年(一六六九)、丹波国福知山から肥前国島原へ松平(深溝)忠房が六万五千九百石余にて入封すると、竜王地方を含む豊前国宇佐郡と豊後国国東郡二万七千石余が島原藩の飛び地となった。

参考文献　『大分県史』近世編二

（野口　朋隆）

宮崎県

飫肥藩（おびはん）

日向国（宮崎県）飫肥を藩庁とした藩。藩主伊東氏（外様）は工藤祐経の子伊東祐時の子孫で、祐時は建久九年（一一九八）源頼朝より日向国の地頭職に補せられたといわれている。五代祐持の時建武二年（一三三五）伊豆より日向国児湯郡都於郡《とのこおり》（宮崎県西都市都於郡町）に代官を派遣し、現地支配を意図した。その子祐重が日向に移り、子孫が相継いで日向半国を領した。薩摩の領主島津忠国が伊東氏の南下に備えて長禄二年（一四五八）にその族将を城主としてより飫肥城は伊東・島津両氏争奪の目標となり幾度か決戦が繰り返されたが、永禄十一年（一五六八）十三代義祐（三位入道と号す）は城を攻むること百四十六日でついにこれを取り、次男祐兵を城主としたが、天正五年（一五七七）島津氏に敗れて日向を去った。しかし、祐兵は羽柴秀吉に仕えて戦功を立て、同十五年の九州征討にも供奉したので、翌年故城飫肥を受領して藩主となった。ついで祐慶・祐久・祐由・祐実・祐永・祐之・祐隆・祐福・祐鐘・祐民・祐丕・祐相が藩主となった。石高五万七千八十六石四斗。

領地は現在の日南市、南那珂郡、宮崎郡清武町・田野町、宮崎市の旧赤江町・旧青島村である。これは日向の南部海岸に面する地域で、藩内には山が多いので藩では杉の造林を奨励し三分一山（三分の一を藩収、三分の二民収）の制を設けたため藩内至る所に杉山を見ることとなり飫肥杉の名声を高くし、今に造船用の弁甲《べんこう》材は同地方の特産物である。さらに均田制と呼ばれた独特の田制は百姓耕田の均衡を計った制度で、佐藤信淵は『諸国風説記』でこれを激賞している。また藩主祐実は材木運漕の便を計るため貞享元年（一六八四）―三年に広渡川口と油津港を結ぶ運河を掘り、祐相は天保二年（一八三一）に藩校振徳堂を建て翌三年には法令を定めて堕胎を禁じ、養老の制を設けるなど民政に尽くしたが、明治二年（一八六九）版籍を奉還して隠居し祐帰が藩知事となった。しかし同四年七月十四日藩は廃されて飫肥県となったが、間もなく同年十一月十四日に飫肥県は廃されて都城県に属した。

飫肥城は日向の名城で創築年月は不明であるが、中世の山城であったのをのちに改築して平山城としたもので高さ六〇メートル、西と南は酒谷川に臨み東から北は山川をめぐらす天然の要害で、内城と外城に分かれ、本丸・中ノ丸・松尾が内城をなし、その外側に今城・西ノ丸・北ノ丸・松ノ丸・小城・中ノ城・宮藪・八幡城などの外郭があり難攻不落の城といわれた。

参考文献　『日向記』(『日向郷土史料集』一・二)、『宮崎県史』通史編近世上、平部嶠南『日向纂記』(歴史図書社、一九七六年)、同編『日向古迹誌』(歴史図書社、一九八〇年)、喜田貞吉『日向国史』下(史誌出版社、一九二九―三〇年)、坂上康後他編『宮崎県の歴史』(山川出版社、一九九九年)

(石川恒太郎)

藩校　当初は学問所が設置されていたが、焼失して再建されないままであった。その後、高山彦九郎が来藩したのを機に、藩学再建の動きを見せ、享和元年(一八〇一)に学問所が設置された。天保元年(一八三〇)には振徳館が創建された。教授には、清武郷で家塾明教堂を開設し、藩士子弟に兵学を教えていた安井滄洲を任じた。享和期(一八〇一―〇四)には朱子学を宗としたが、安井父子が振徳館教授となってからは、徂徠学が藩学に導入され、折衷的学風をなした。明治三年(一八七〇)の学校規則では、漢学・洋学を主とし、ほかに書画・算術・医術を教授するとされている。

参考文献　『宮崎県史』通史編近世上、笠井助治『近世藩校に於ける学統学派の研究』下(吉川弘文館、一九七〇年)

(工藤　航平)

佐土原藩（さどわらはん）

日向国(宮崎県)佐土原を藩庁とした藩。藩庁のおかれた佐土原城(宮崎郡佐土原町大字上田島)は中世の日向で四十八城を支配した伊東義祐の居城であった。藩が成立したのは、天正十五年(一五八七)豊臣秀吉が島津義久を降して九州諸侯の国割を行い、同五月佐土原三万石の地を島津家久に与えた時であるが、翌月家久は毒にあたって死亡し、その子豊久が継いだ。しかし慶長五年(一六〇〇)に関ヶ原の戦が起ると、豊久は伯父の島津義弘とともに西軍に属して出陣し戦死した。それで徳川家康は佐土原藩を没収して幕領となし、庄田三太夫(安信)を代官として治めさせた。しかし間もなく家康は同八年に島津氏の一族(義久の従弟)で大隅国垂水の城主島津征《ゆき》

佐土原藩藩札(銭五百文札)

久《ひさ》(以久)を佐土原藩主とした。これが佐土原藩の初代藩主である。藩主島津氏は外様、城持。以後、忠興・久雄《ひさたか》・忠高《ただあきら》・久寿《ひさとし》(番代)・惟久《ただひさ》・忠雅・久柄《ひさもと》・忠持・忠徹《ただゆき》・忠寛が相ついで藩主となり明治に至った。

番代久寿は四代忠高の叔父であったが、忠高が病没するにあたり一子万吉丸(のちの五代惟久)が当歳であったので、幕閣の内意もあって十三歳の久寿を番代とした。このため久寿の父久富や縁戚の家老松木氏らの策謀(松木騒動)が起ったが、宗藩の手で鎮圧され、久寿は幕府に仕えて旗本となり分地三千石(島之内)を領した。

佐土原藩の領地は現在の佐土原町と西都市の旧三財村・三納村・都於郡村・妻町本村、児湯郡新富町の旧新田村・富田村南半で、この地域は一ッ瀬川の上・中流の三財川や三納川の流域で、宮崎平野の中心に位置していたが、古来農産物以外には資源に乏しい上に人口は他藩より稠密で、武士や準武士が人口の三五%を占めていたから、藩の財政は常に窮乏しており、宗藩からの庇護に頼った。しかし藩士の意気は旺盛で、幕末維新に功があり、明治元年(一八六八)忠寛に錦旗が授けられ、同三年には功により賞典禄三万石が授けられた。同年広瀬(佐土原町)に転城したが、翌四年七月廃藩置県で佐土原県となり、さらに同年十一月佐土原県は廃されて美々津県に統合された。

参考文献　富田掌江編『旧事集書』(『日向郷土史料集』二)、同編『旧事雑記』(同)、竹下雄一郎編『佐土原藩譜』(宮崎県立図書館所蔵)、日高徳太郎『佐土原藩史』(島津慶祝会、一九六〇年)、日高次吉編『佐土原町史』、辻善之助「説黙日課に就いて」(『立正史学』復刊二)、竹下雄一郎「佐土原藩職制遺考」(『日向史学』一ノ四、一九五四年)、日高次吉「佐土原藩の門割制度について」(『経済史研究』一三ノ二、一九三五年)、『宮崎県史』通史編近世下、坂上康俊他編『宮崎県の歴史』(山川出版社、一九九九年)

(石川恒太郎)

藩校　四代藩主島津忠高は寛文年間(一六六一―七三)に林門の高橋一閑を招いて藩士のため講釈させたが、その後藩士籾木与左衛門が上洛して崎門の学を修め、また菊池一学は三宅尚斎について学んだ。ともに帰藩して自宅で教授した。八代忠持は特に学を好み、学を建て、師を立てて藩士に正学を学ばせるべく、大いに学問を奨励したが学校の建設には至らなかった。九代忠徹襲封するや学事に務め、文政八年(一八二五)九月学校を追手門内に建築して学習館と称した。また城下の四方にそれぞれ小学校を置いて藩士の子弟の勉学に便ならしめた。さらに天保六年(一八三五)には浪華の儒者御牧篤好を招いて学習館教授とした。十代忠寛は早く学に志し、山口菅山を師として学んだが、嘉永六年(一八五三)藩内に教育を徹底させるため、遠郷五ヵ所に小学校を設けた。また明治三年(一八七〇)には女学校を設立して女児の教育にあたらせた。かくてこの藩は城下に四小学校、藩内遠郷に五小学校を持ち、その上に学習館が最高学府として位置づけられた。そのため藩内には私塾・寺子屋が育たなかった。学習館では独自で、学庸・論孟、『小学』『家礼』『近思録』『六諭衍義』その他を出版翻刻した。明治四年閉校。

[参考文献] 文部省編『日本教育史資料』八・一六、『宮崎県史料』五・六、『宮崎県史』通史編近世下、坂上康俊他編『宮崎県の歴史』(山川出版社、一九九九年)

(井上　義巳)

高鍋藩(たかなべはん)

日向国(宮崎県)高鍋に藩庁を置いた藩。藩主秋月氏は外様、城持。秋月藩ともいう。豊臣秀吉の九州統一後、筑前秋月城主秋月種実は日向国を賜い、その子種長天正十五年(一五八七)日向国櫛間(串間)に入り、慶長九年(一六〇四)財部《たからべ》(のち高鍋と改称)に移った。種長の弟はすなわち延岡藩主高橋元種である。種長のあとは種春・種信・種政・種弘・種美・種茂・種徳・種任《たねただ》・種殷《たねとみ》が相ついで高鍋藩主となり明治に及んだ。領知高ははじめ三万石、元禄二年(一六八九)種政の襲封に際し、弟種封《たねくに》に三千石を分与。以後二万七千石。米沢藩主上杉鷹山《ようざん》は、秋月種美の子で、種茂の弟であったが、鷹山は兄種茂のことを、人に語って「阿兄の名大に世に顕れざるは其の地僻遠なるが故なり。若し阿兄と吾と地を易へしめば、豈に今日の米沢ならんや」といったという(『日向国史』下)。種茂の経済的手腕は確かに鷹山の兄たるに恥じないもので、治績の見るべきものがあった。高鍋藩では藩の経営する牧を御牧、農民の協同経営する牧を百姓牧と称したが、最盛時には百姓牧はその数八十四に達し、藩の重要な経済源であった。現在都《と》井《い》岬(串間市)に残って重要な観光資源となっている岬馬《みさきうま》はその名ごりである。明治二年(一八六九)六月版籍を奉還、同四年七月十四日、旧来の藩を廃して県を置き、高鍋藩は高鍋県となった。同年十一月十四日美々津県が設置され、高鍋県は

高鍋藩藩札(百文銭札)

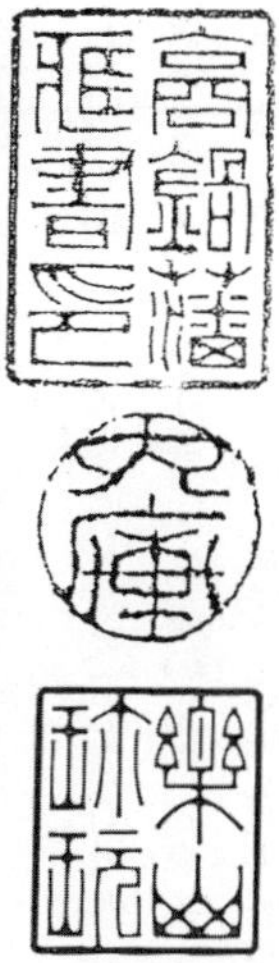
高鍋藩蔵書印

これに統合されたが、串間は同日設置された都城《みやこのじょう》県に属することとなった。

参考文献　『宮崎県史』通史編近世上、坂上康俊他編『宮崎県の歴史』（山川出版社、一九九九年）　（石川恒太郎）

藩校　小学生を教える行習斎と、そこの卒業生（大学生）を教える著察斎の二部より成り、安永六年（一七七七）第七代藩主秋月種茂（米沢藩主上杉鷹山の兄）が高鍋村新小路に開学、翌七年二月両斎を持つ明倫堂を建立した。藩士の嫡子は学校に入学しなければ士籍を継ぐことができなかった。次、三男も他家を相続するためにほとんど学校に入学した。行習斎は七、八歳から十一歳までを就学期限とし、試験に合格して卒業したものは著察斎に進学、三十歳を期限とした。宋学を主としたが必ずしも新古に拘泥しなかった。兵学武芸は稽古所で修練させたが明治三年（一八七〇）兵賦局を設け、それに吸収させた。明治二年藩知事種殷が大坂より名和大年を招聘して藩校で国学を開かせ、それより藩内に国学が盛んになった。なお、明倫堂は、はじめ現在の高鍋町南高鍋旧城内二一九八ノ七にあったが、明治三年隣接する北側の敷地（同町上江《うわえ》字島田一三四三ノ五）に移転した。

参考文献　文部省編『日本教育史資料』八・一二・一四・一六、石川謙『日本学校史の研究』（日本図書センター、一九七七年）、『宮崎県史』通史編近世上、坂上康俊他編『宮崎県の歴史』（山川出版社、一九九九年）　（井上　義巳）

延岡藩（のべおかはん）

日向国延岡（はじめ県《あがた》といった）に藩庁を置いた藩。藩主は、高橋・有馬・三浦・牧野・内藤の諸氏。高橋・有馬の両氏は外様、他は譜代。いずれも城持。歴代藩主は天正十五年（一五八七）から高橋氏が元種、慶長十九年（一六一四）から有馬氏が直純・康純・清純、元禄四年（一六九一）から三浦氏が明敬、正徳二年（一七一二）から牧野氏が成央・貞通、延享四年（一七四七）以降は内藤氏が政樹・政陽・政脩・政韶・政和・政順・政義・政挙。領地は高橋氏は臼杵・宮崎・児湯・諸県《もろかた》各郡内に五万三千石。慶長十九年、高橋氏が罪を得て改易。有馬氏がその旧領をついだが、寛永十八年（一六四一）康純は弟純政に諸県郡内三千石を分知、五万石となる。元禄三年臼杵郡山《やま》陰《げ》におきた百姓一揆の責めにより、清純は翌年越後国糸魚川《いといがわ》に移され、三浦氏が二万三千石にて入封。同氏は日向国内唯一の譜代大名として、臼杵郡を領したが、他は大方が幕領となった。正徳二年三河国刈谷に転じ、三河国吉田から牧野氏が入封。臼杵・児湯・宮崎の各郡と豊後国大分・国東《くにさき》・速見の各郡内に八万石を領した。寛保二年（一七四二）牧野貞通が京都所司代に任ぜられ、八万石のうち三万石は、河内・近江・丹波・美濃の各国内に引替えになり、日向国一郡・豊後国三郡とあわせて六国十四郡内に八万石となる。延享四年常陸国笠間に転じ、内藤氏が陸奥国磐城平から入封。臼杵・宮崎の二郡と豊後国大分・国東・速見三郡内七万石を領し、幕末に至る。

有馬氏は城下町をととのえ、延岡城と改称し、高十石鬮割の土地制度を設け以後の大名に引きつがれた。また三浦氏時代には、長年の国境論争が解決している。延岡藩の地方《じかた》の行政は、組・村・門を基本的単位としているが、門は中世以来の自然村落を基本としたもので、薩摩藩にみられる門とは性格を異にしている。その領地は飛地・山間地域など支配条件の厳しい地域が多く、領内の一貫した組織がとりにくく、特に高千穂は藩庁のある延岡と同じ郡内にありながら、小侍という郷士層を庄屋以下の村役人にあてるなどしているが、内藤氏時代だけでも百姓一揆は二十四件をかぞえる。明治四年（一八七一）七月十四日、旧内藤氏領下に延岡県が成立。同年十一月十四日、同県は美々津《みみつ》県と都城《みやこのじょう》県に分けられ消滅する。

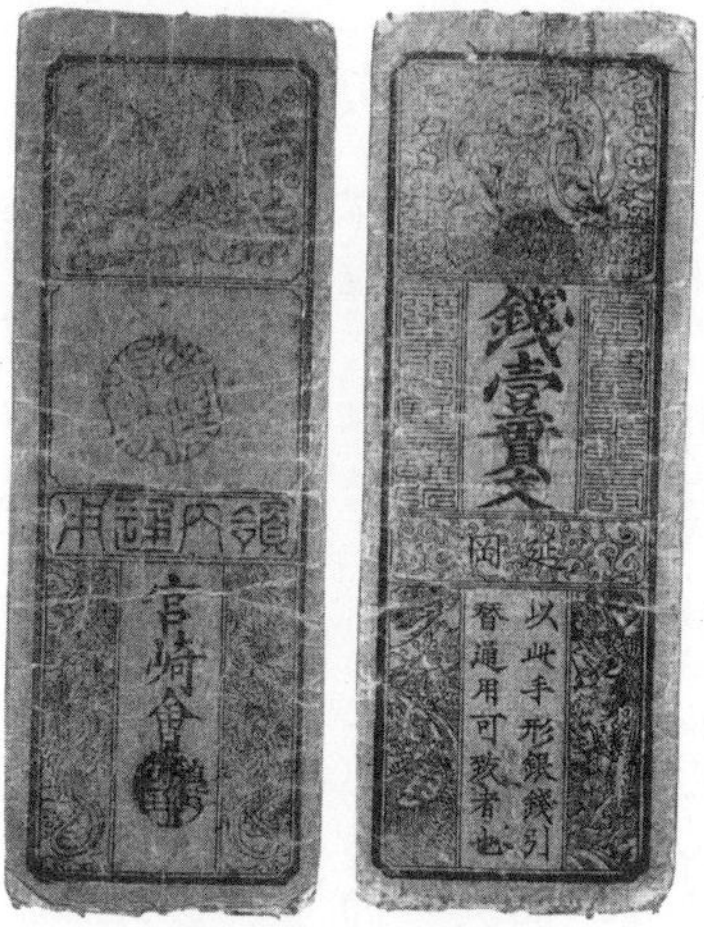

延岡藩藩札（銭一貫文札）

参考文献　『宮崎県史』通史編近世上、『延陵旧記』（『日向郷土史料集』一）、白瀬永年『延陵世鑑』（同二）、『延岡城』（同六）、明治大学内藤家文書研究会編『譜代藩の研究』（八木書店、一九七二年）、大賀郁夫「延岡藩における門と高拾石割地制について」（九州大学国史学研究室編『近世・近代史論集』吉川弘文館、一九九〇年所収）、坂上康俊他編『宮崎県の歴史』（山川出版社、一九九九年）

藩校　藩主内藤氏の初代政樹は水戸学派儒者橘喜太郎、太宰春台門人赤星多四郎、算学の久留島喜内（義太）・松永良弼らを登用し、特に算学においては後世「延岡藩の算術」と称される基礎がつくられた。藩主自身父露沾に俳諧を学び俳号を沾城といい、以後延岡に俳諧が盛んになった。明和五年（一七六八）二代政陽のときに延岡本小路に学問所（学寮）と武芸所（武寮）が設けられた。三代政脩は五年の歳月をかけて『詩語砕金』を撰修させ、安永五年（一七七六）江戸で出版した。

翌年には文武奨励に関し、「諭令」「訓言」を令している。四代政韶も古墳の発掘や調査を行い『集古採覧』を録した。文化十二年(一八一五)江戸藩邸内にも学問所崇徳館を設け、江戸詰藩士の学問を奨励した。学問所は財政逼迫から一時期衰えたが、七代政義は嘉永三年(一八五〇)学問所を広業館と改め、文久三年(一八六三)からは寄宿生を置きその充実につとめ、嘉永二年には新小路と北小路に支校も開かれたが、これは、明治元年(一八六八)に廃された。安政四年(一八五七)には藩医新妻文沖・早川図書らが、医学所明道館を開き、明治二年に医学館と改称している。同年には千穂廼屋と称する和学所が設けられ、国学がはじめて講ぜられたという。同五年、広業館に英学(洋学)が加えられ、漢・洋・算の三科制となったが、やがて廃止された。広業館の盛時には生徒数三百人をかぞえたという。

参考文献　『宮崎県史』通史編近世上、文部省編『日本教育史資料』八、坂上康俊他編『宮崎県の歴史』(山川出版社、一九九九年)

(永井　哲雄)

内藤《ないとう》家《け》文書《もんじょ》　江戸時代の大名としての内藤家には、延岡内藤家(日向)のほかに湯長谷(磐城)・挙母(三河)・高遠(信濃)・岩村田(信濃)・村上(越後)の内藤家計六家あったが、ここにいう『内藤家文書』とはこれらの本家筋である延岡内藤家の文書である。同家は、近世を通じて上総佐貫(天正十八年(一五九〇))―磐城平(元和八年(一六二二))―日向延岡(延享四年(一七四七))と所領を移したが、『内藤家文書』は磐城平時代以降のものである。同文書は明治以降延岡(宮崎県)において保管されてきたが、昭和十六年(一九四一)東京渋谷の内藤邸に移送され、同家の依頼により伊木寿一をはじめ臼井信義ら数名が整理にあたってきたが、同三十八年、文部省機関研究費を以て明治大学の所蔵するところとなり現在に至っている(東京都千代田区神田駿河台一丁目、明治大学刑事博物館架蔵)。『内藤家文書』は譜代大名文書として最大のものであって、その点数は三万点程度と見積もられている。また、質的にもきわめてすぐれたものである。明治大学に移管後、同学有志によって未整理文書の整理が実施され、昭和四十年十二月全体の文書目録(『明治大学所蔵内藤家文書目録』)が刊行された。全文書は整理の便宜上第一部・二部・三部に分かたれ、第一・二部は冊子型文書を中心とし、第三部には書状型文書(一枚もの)を収めている。文書の上限は寛永期の藩主忠興の書状、下限は廃藩置県。いわゆる藩政史関係の文書はもとより、幕府との関係、領内の様相を知るに便な文書が多数含まれている。

参考文献　『宮崎県史』史料編近世二、『日之影町史』七、『北浦町史』史料編三・四、明治大学内藤家文書研究会編

『譜代藩の研究―譜代内藤藩の藩政と藩領』（八木書店、一九七二年）、木村礎「内藤家文書と明治大学」（『宮崎県史しおり』史料編近世二）、同「内藤家文書」（『駿台史学』二三、一九六八年）

（木村　礎）

鹿児島県

鹿児島藩（かごしまはん）

薩摩国（鹿児島県）鹿児島を藩庁とした藩。薩摩藩ともいう。外様大名。城持。藩主は、島津家久（忠恒）以下、光久・綱貴・吉貴・継豊・宗信・重年・重豪・斉宣・斉興・斉彬・忠義（茂久）と続いて明治維新に至った。島津氏は惟宗忠久を祖とし、鎌倉時代以来連続した家系をもち、守護・戦国大名・近世大名と成長した武家領主の典型とされるが、天文十四年（一五四五）に庶流（伊作家）島津日新忠良の子貴久が本宗家守護職をついでおり、その系統が近世大名となるのであって、守護職の継受という形式による下剋上的現象を認めることができる。戦国大名としては十六世紀の八〇年代には九州の大半に支配圏を拡大したが、天正十五年（一五八七）豊臣秀吉の九州征討によって薩・隅、日向諸県郡に領域を確定された。文禄三年（一五九四）・四年石田三成の指揮による検地で五十五万九千五百石を充行われ、同時に大隅国始良郡加治木に秀吉蔵入地一万石、同清水に三成知行分六千二百石、肝付郡内に細川幽斎知行分三千石が設定され、また給人知行地の大規模な移動が実施されたが、農村構造は伝統的な門《かど》体制であった。慶長の役直後、さきに没収された出水三万石とともに秀吉蔵入地、三成・幽斎知行分を藩領に回復した(これは慶長の役の行賞とされているが明白でない)。

　庄内の乱を徳川家康の援助を得て処理、関ヶ原の戦には島津義弘が西軍に属したが、慶長七年(一六〇二)本領を安堵された。同十四年幕許を得て琉球を侵略し、奄美諸島(道之島)を蔵入地、沖縄諸島を琉球国司領とし、以後琉球の進貢貿易を利用して中国との貿易関係を保持した。元和三年(一六一七)六十万五千石余の領知高判物をうけ、寛永十一年(一六三四)の判物で琉球高十二万三千石余を加え、七十二万九千石余が表高として固定した。近畿的標準のもとになされた文禄検地が当地方の実情に適合しなかったことは、その後の藩内総内検における間竿・石盛法の改変の事実によって知り得る。文禄検地の六尺三寸竿を慶長内検(慶長十六―十九年)にあたって六尺五寸竿とし、高一石を付籾・大豆一石五升として七十三万二千石を得たが、なお知行物成に不均等を生じたので寛永内検(寛永九―十年)を実施し、付籾・大豆九斗六升を高一石とし、門体制の整備についても意を用いたが、総高は六十九万六千石余にとどまった。万治内検(明暦三年(一六五七)―万治二年(一六五九))に七十四万七千石余を得、門体制の近世的整備もほぼその目的を達し、享保内検(享保七年(一七二二)―十一年)には門高の均等化と門数増加がなされ八十六万七千石余の内高となった(以上の内検高はいずれも琉球高十二万石を含む)。

　藩蔵入高は十七世紀前半でおよそ二十万石、享保年間以降は三十万石台を上下した。残りは琉球国司領九万石余と給人知行高である。知行制は年貢夫役収取権を付与される門知行と、自作自収を原則とし知行地の使用収益権である浮免知行と、開発地知行権である抱地《かけち》知行の三形態があり、知行高一石につき九升二合の出米を負担した。知行高は売買譲与が公認され、藩士家格による知行取得制限額内であればその移動は自由であった。知行権の行使については本来は知行主の直接支配が行われたが、中期以降一般城下士の収納は蔵入代官を経るようになり、郷士給地と一所《いっしょ》持領主の領地では幕末まで直接支配であった。藩士家格は中期以降は一門家(四家)・一所持(三十家)・一所持格(十三家)・寄合(十九家)・寄合並(五家)・小番・新番・小姓与(以上が城下士＝鹿児島士)・大番格(外城衆中、天明三年(一七八三)郷士と改称)・与力・足軽・私領士＝家来(陪臣)に分かれ、寛永十六年に鹿児島衆千百五十人・外城衆中一万二千七百四十五人、宝暦六年(一七五六)鹿児島士三千六百八十五人・郷士二万二百九十七人であって家臣団は著しく過大である。

藩領は城下および種子島以外の南西諸島を除き百有余の外《と》城《じょう》、天明四年四月に郷と改称)に分かれていた。城下は士屋敷と三町とから成るが、さらに近在二十四ヵ村を加えて鹿児島の一区をなした。外城制は戦国時代のそれを継承改変したもので、支城制と寄親・寄子制をあわせた内容をもつものであるが、近世的城下家臣団の成立は外城制にも大きな影響を及ぼし、軍事的側面よりも行政的機能が漸次前面に出て、外城は行政区画としての性格をおびるに至り、寄親に相当する地頭が任地外城に赴かない掛持《かけもち》地頭制となった寛永以降は外城衆中の下級家臣化が顕著である。外城数は延享元年(一七四四)以降は百十三と一定したが(地頭所九十二・私領二十一)、それ以前は行政区画の統合廃置、一所持領主の廃置などによって増減がある。

各外城は藩直轄外城を地頭所、一所持領主の知行地を私領・一所地といい、地頭や領主の仮屋と郷士・家来屋敷が集まる麓《ふもと》を中心に、商工業者居住区である野町がこれに接続し、周辺の村・浦浜を含むもので、麓は各外城の小城下町的存在であった。地頭は城下士から任命され、戦国時代―近世初期は任地外城に居住する居地頭であったが、寛永末年ごろから任地に居住しない掛持地頭制が一般化した。幕末有事の際に居地頭制が復活されたが短期間であった。外城内行政には衆中から噯《あつかい》(郷士年寄)・組頭・横目の所《ところ》三役以下の役職を地頭が任命し、一所地も家来から役人以下の役職を領主が任命した。村・野町・浦浜にはそれぞれ庄屋・部当《べっとう》・浦役が衆中・家来のなかからおかれ、野町に年行司、村に功才(名主)、浦浜に弁指がその補佐役として住民のなかから置かれた。庄屋は一村一庄屋でなく、通常二、三ヵ村に一庄屋であった。百姓は一般に門に編成された。門は南北朝時代以来の南九州地方の農民の存在形態であるとともに領主の収取単位でもあるが(近世期の門の存在は当藩のみでなく、飫肥・延岡藩などにもある)、中世期の門体制が耕地割換制を伴っていたかどうかは明らかでない。

藩政期の門割制度は検地に際してなされる門高配当と、各門に対する労働力の適正配置(人配《にんばい》)によって実現される。耕地(門高)と労働力(門農民)の不均衡が生ずれば、部分的(一郷または数郷)に検地門割を実施し、その適正化をはかったので、藩内総検地は慶長―享保の間に四回であるが、その後の部分的検地は頻繁に実施された。門は名頭と名子数家部から成り、配当された門高を名頭が名子に分配する。賦課は正租(石別米三斗二升)・役米(石別二升)・代米(石別一升)・賦米(石別一升一合)があり、近世初期には殿《てん》役・年中納物などの賦役・現物納があり、十七世紀後半から米代納となり、それが賦米・代米などになるが、知行主の直接支配が存したところでは代米化せず、蔵入地でも賃銀による雇役徴発が多かった。ほかに用夫《いぶ》、十五〜六十歳の健康な男子)掛り夫役や女子への織木綿賦課、それらの代銀納(用夫銀・狩夫銀・織上代銀など)、また後年には恒常化した人別出銀があった。全体として異常に高率かつ賦役制的色彩がつよい。門は五、六門をもって作《さく》与《くみ》(他地域の五人組にあたる)を組織し、これを通じてあらゆる統制と耕作監視が行われた。なかでも一向宗禁制は戦国時代以来島津氏の祖法とされ、切支丹禁制に加重された庶民統制として特異であり、数年ごとに実施される宗門手札改を通じて宗徒の検察がなされたが、たびたび多数の法難者を出したことから統制に対する抵抗の根強さを知り得る。

郷士の農業経営は上層は下人労働により、下層では家族労働を主とするが、抑圧された農民経営に比して農業生産上に優位を占め、新作物を採用し、商品生産に進出し、同時に藩の殖産政策の基幹となったとみられる。さらに郷士は医者・大工・石工・鍛冶・紺屋などの職能・手工業技能を家職とするものがあり、身分制支配は特異な兵農分離形態により強烈であった。したがって一般に庶民の自生的発展は著しく阻害され、特殊条件のもと(浦町・畑作・人口稀薄地帯)でなければ発展は可能でなく、百姓一揆の件数もわずかである。藩財政は終始窮乏にさらされ、ことに宝暦四年の木曾川治水工事の出費、それにつづく重豪(栄翁)の放漫財政による一連の開化政策は窮乏を激化した。加うるに寛延三年(一七五〇)の皆吉続安以下十人の実学党処分、文化五年(一八〇八)の秩父季保・樺山久言以下の近思録崩れ(文化朋党事件)、嘉永二年(一八四九)の近藤隆左衛門・山田清安らのお由羅騒動(嘉永朋党事件)と党争が頻発し、農民離村による農村の荒廃と収納減少は封建支配の矛盾を顕然化した。

重豪と調所広郷の連繋で始まった天保の改革は、権力機構の強さと奄美諸島の特産物黒糖専売制に加えて琉球を通じての貿易により財政面ではある程度の成功を収めたが、農民的商品生産発展の成果を吸収するという在地構造の変化に対する権力的対応の側面は農民の自生的成長が微弱なためにほとんどみられない。弘化・嘉永ごろより門閥上士に対する平士の台頭をみ、斉彬襲封(嘉永四年)以後は国事周旋にのりだし、公武合体から尊攘・討幕へと幕末政争のなかで主導的雄藩の一つとなる。明治元年(一八六八)新政府の藩治職制に先立って藩制を改めたが、これは城下下級士・郷士を主とする戊辰戦争凱旋兵の門閥打破要求が原動力となっており、藩政の全面に彼らの進出をみた。明治四年廃藩とともに旧藩の領域(琉球を含む)を継承して鹿児島県がおかれた。当藩に関する主要な藩政史料としては旧島津家臨時編輯所収蔵のものが現在東大史料編纂所に架蔵されている。

参考文献　『鹿児島県史』二・三、秀村選三編『薩摩藩の基礎構造』(御茶の水書房、一九七〇年)、同編『薩摩藩の構造と展開』(西日本文化協会、一九七六年)、『西南地域史研究』七(文献出版、一九九二年)、山本博文『幕藩制の成立と近世の国制』(校倉書房、一九九〇年)

(桑波田　興)

藩校　藩主島津重豪は文教面に積極的方針をとり、安永二年(一七七三)江戸幕府の聖堂に倣い、城内二ノ丸御門前三千四百余坪の地に聖堂(宣成殿)を中心に講堂・学寮・文庫などからなる壮大な学校造士館を建営し、これに隣接する四千百三十九坪の地に弓馬剣槍柔などの稽古場演武館を設け、文武を励まして造士の実を挙げようと図った。翌三年廓内に医学院を設けて漢医学を講習させ、同八年吉野村に薬園を設け、また明時館を府城東南の地に営んで天文学を研究させ、薩摩暦を作って領内に頒布した。造士館生徒は八歳で入学し二十一、二歳で卒業、所定の日課割によって和学・漢学・筆道の三科を学習し、武芸を錬磨した。『孝経』、四書・五経および和漢の史書を基本教科書とし、素読・講義・温習の方法で研修し、春秋二季の釈奠が聖堂で盛大に行われた。その後造士館教育はやや衰えたが、嘉永四年(一八五一)藩主斉彬が襲封するに及び造士館の教育改革を断行、学校教育は一大発展をした。

その目的は現実に対応できる学問のある人物の養成であり、安政四年(一八五七)令した告諭は鹿児島藩士育成の金科玉条であった。その中で特に学問では修身・斉家・治国・平天下の道理を究めるとともに日本国の本義を明らかにし、国威を海外に発揚することを目ざして、和漢の書ならびに西洋の翻訳書を精読し、知識・技術の修得とその実践を督励している。磯茶屋囲内に西洋科学技術総研究および製作所として集成館を営み、反射炉その他砲術に関する施設を整え、またさきに桜島に船艦造船所が設けられた。火薬・硝子・塩酸などの試作、電信線の開通、大砲・軍艦の営造など、目覚ましい進展を示した。安政二年品川湾に廻航させて幕府へ献上した昌平丸は大砲十四門を備え、わが国建造の洋型軍艦の嚆矢である。万延元年(一八六〇)藩主忠義のとき中国語研究のため達士館が設けられ、さらに元治元年(一八六四)開成所を設け、砲術・築城・航海・地理など陸海軍諸学科および技術を教習し多くの軍事技術者や英学者が養成された。

維新ののち明治二年(一八六九)造士館学制を改めて国学・

漢学・洋学の三局にまとめ、翌三年には三局を合併して本学校と改称し、別に小学校を新設して和・漢・洋・習字・筆算を教えた。同四年廃藩により本学校は廃されたが、のち変則中学校・鹿児島学校、ついで同十七年県立中学造士館となって伝統を伝え、さらに同三十四年政府へ移譲し第七高等学校造士館となった。造士館における漢学の学風は初代教授山本伝蔵(秋水)以来、朱子学を奉じて終始した。天保十三年(一八四二)山崎嘉(闇斎)点の『孝経』『四書集註』『五経』『中庸輯略』などの教科書が造士館から出版され闇斎派朱子学風の徹底を期した。この造士館は明治維新の大業に参画した多くの人材を輩出する淵叢となった。

参考文献　文部省編『日本教育史資料』八・一〇・一四、笠井助治『近世藩校に於ける出版書の研究』(吉川弘文館、一九六二年)、同『近世藩校に於ける学統学派の研究』下(吉川弘文館、一九七〇年)、木崎弘美「藩校造士館の創建」(森安彦編『地域社会の展開と幕藩制支配』名著出版、二〇〇五年所収)、安藤保「幕末維新期、薩摩藩の郷中教育」(『日本歴史』六一三、一九九九年)

(笠井　助治)

藩札　文久三年(一八六三)五月他領と接す日向の高岡・倉岡・綾・穆佐の四郷に限り通用の銭札をはじめて発行。これは他領札流入、正貨流出を防止するためであった。また同年八月銅銭預札発行を布達し、銀札も発行された。以後幕末までに、金札五両から一朱まで四種、銀札百匁から三分まで九種、銭札十貫文から十六文まで十二種が、金・銀・銭札それぞれの役所から発行された。製造は洋式印刷法で藩鋳銭局が担当した。このほか大和高田にある薩州物産会所でも二匁・一匁の銀札を発行した。維新後は諸郷田地開拓御本手名目の開拓方銭札(明治元年(一八六八))、養蚕方会社新設本手金名目の柿色金札(同三年)、旧札引替名目の新札発行のほか、六千六百八十五貫文以下三十貫文まで百十六種の銭預券が発行された。明治二年末現在の藩札発行総額は五十七万円余で、同四年新貨に交換された。

三貫文銭札

参考文献　『鹿児島県史』三、大蔵省編『大日本貨幣史』四(一九六九年)、荒木三郎兵衛『藩札』下(一九六六年)、絹川太一『本邦綿糸紡績史』一(『明治百年史叢書』原書房、一九九〇年)、三谷美徳「鹿児島藩札発行史」(『ボザンナ』一八ノ三)

(岩橋　勝)

藩法　鹿児島藩は江戸時代唯一の守護大名・戦国大名・近世大名の古い系譜をもつ天下第二の大藩である。この封建の初生児は維新期には討幕の主動的役割を果たすという一見矛盾した性格をもっているが、鹿児島藩法はその具現である。この連続性、中央政局からの僻遠性、対外接点としての開化性、火山灰土壌(九〇%)と台風常襲による農業後進性などの風土・歴史・社会的環境が藩法に特殊な投影をしている。藩法の成立は、第一期が島津家中興の祖忠良・十六代貴久・十七代義久・十八代義弘・十九代家久の戦国古風期で、簡約ながら藩体制の祖法が成立した時期、第二期は二十二代吉貴(享保六年(一七二一)隠居)までの幕制にならって藩制を整備した時期、第三期は二十六代重豪の天明・文化期で、旧体制に開化的大変革を加え、古法派が反撥し退けられた時期、第四期が二十八代斉興の天保の改革期で、経済法に特色があり、第五期が二十九代斉彬から三十代忠義までの封建制再編成・洋式文明化の維新革命期である。法典らしいものはないが、比較的体裁の整ったものに文政の中ごろの編纂と思われる『列朝制度』五十九巻(『藩法集』八)があり、その小型版ともいうべきおそらく享保以前の編纂にかかわる『薩藩政要録』六巻(一名『要用集』、『鹿児島県史料集』二)がある。『歴代制度』七十巻(『鹿児島県史料』薩摩藩法令史料集)は『列朝制度』と内容は同じだが史料的価値は劣る。明治期の編集の『薩藩例規雑集』二十五巻は杜撰。『列朝制度』は家訓・仰書・通達・先規類のほかに関係幕法を収めるが、『要用集』には幕法がない。一面、百科事典的性格をもつ綜合的法典である。ほかに地方で『薩隅日田賦雑徴』『田賦集』『大御支配次第帳』『御検地聞書』『田租雑記』『農政心得』『農政に関する万留』『要用万留』『大島要文集』があり、『兵賦軌範』『盲手引草』『宗門改条目』『古記』『通達牒』など兵・刑・身分制度に関する重要法規集がある。一貫した検察制度の厳格さと忠実な身分制遵守が維新期の実力を涵養させた。　（原口　虎雄）

お由羅《ゆら》騒動《そうどう》　江戸時代末期の鹿児島藩の内訌。鹿児島藩は文政十年(一八二七)には五百万両の巨債を抱え崩壊の危機に瀕していた。藩主島津斉興の下に調所広郷が藩政改革を断行し、莫大な貯蓄を成し遂げた。約二十年にわたる改革の終りごろ、すなわち弘化元年(一八四四)から連年仏・英などの艦船が琉球に来航して通商・布教を強要し始めたので、その処置に苦しんだ。老中阿部正弘は世子斉彬に特命して琉球事件を処理させた。斉彬は曾祖父重豪に似て開明的で世界の事情に明るく、英邁を以て内外の信望を集めていた。斉興や調所は藩を財政的滅亡より救って富力を蓄積したが、国際的危機の解決には称縫《びほう》策をとり意見が対立した。調所派の眼から見たら「偏に洋癖に固まり無用の冗費を用い藩庫を空乏にし、僅に立ち直らんとする御家の先途も危からん」という斉彬に対する危惧があり、斉彬としては調所派の御家第一主義、日本のおかれている世界史的立場についての認識の欠如が不満であった。

ところで斉興には側室お由羅の方(両国の船宿の娘とも、三田の大工の娘ともいわれる)に忠教(久光)があった。その上斉彬の子供はつぎつぎに夭死して嗣子がなかったので、おのずから斉彬を危ぶむ心はその襲封を遅らせかつ斉彬の次に忠教を立てようという企を起させ、お由羅と調所派が結んだ。斉彬派は嘉永元年(一八四八)調所を密貿易露顕の件で老中阿部の手を借りて自殺せしめたが、依然として調所派の島津将曹らが藩の実権を握っていた。同二年には斉彬四十歳、普通なら斉興は当然隠居している時分なので調所派に対する反感が高まった。町奉行物頭勤近藤隆左衛門・町奉行鉄炮奉行勤山田清安・船奉行高崎温恭らが首謀者となり、斉彬の諸子の呪殺者と目される兵道家牧仲太郎や将曹ら一味、さらにお由羅や忠教までも除いて斉彬襲封の促進を図ろうとした。事は露顕し同年十二月突然に近藤・山田・高崎ら六人に自刃の命が下り、翌年にわたり朋党の糾問が行われ、四十数名の者が死罪・遠島・御役御免・慎などの刑に処せられた。この事件は嘉永朋党崩れ、あるいは高崎崩れともいい、俗にお由羅騒動という。

一同潔く刑に服したが、井上経徳・木村時登・竹内重任・岩崎長直の四人は脱藩して黒田斉溥に訴えたので、近親の奥平昌高・南部信順・伊達宗城ら諸侯が斡旋し、老中阿部の好意によって斉興隠居の内諭を下し、ついに同四年二月斉彬の襲封が実現した。この事件は三首魁の士籍を除き、さらに死屍を掘り出して磔刑・鋸引磔刑を加えるなど苛烈で、かつ連累者も多かったが、鹿児島藩の力を傷つけることなく穏便に解決された。調所が藩の財政的窮乏を打開するための長年にわたる施策への反動でもあるが、琉球事件という時局の大転回がもたらした新旧の体制的交替期に起った避けられぬ内訌でもあった。やがてこの事件と深い繋りのある大久保利通(父利世は喜界島遠島)や西郷隆盛らの青年が維新政局の担当者となるのである。

参考文献　『鹿児島県史』二、『島津斉彬文書』上(吉川弘文館、一九五九年)、『大西郷全集』三(大西郷全集刊行会、一九二七年)、『朋党類纂』、『斉彬公史料』、勝田孫弥『大久保利通伝』(同文館、一九一〇—一一年)、原口虎雄『幕末の薩摩』(『中公新書』一〇一、一九六六年)、山内修一『(薩摩維新秘史)葛城彦一伝』(葛城彦一伝編輯所、一九三五年)

(原口　虎雄)

門割制度《かどわりせいど》　江戸時代鹿児島藩およびその支藩佐土原藩領内

に普遍的に強制された割地制度で、同藩社会経済の基本的支柱として、郷士制度・浦方制度とともに最も重要な機構であった。このほか飫肥・延岡藩などの日向地方にも似たような制度が施行されていたことは注目に値する。この制度の確立は慶長十九年(一六一四)の慶長内検から万治二年(一六五九)の万治内検の総検地の結果で、兵農の分離、外城制度の整備・確立と表裏一体の関係にあった。寛文から正徳にかけて整備が進んだが、ことに正徳年間(一七一一―一六)と思われる厳令は、当時軍役御免の者および浮世人《うきよにん》、浪人・無宿者)をすべて百姓籍に編入し、いかなる勲功・出自の者にも仮借しなかったから兵農の分離が画然となった。この兵農の分離=門体制の終局的完成は享保七年(一七二二)―十二年のいわゆる「享保の大御支配《おごしわい》(総検地)」であったことが、庶民所有の系図でうかがえる。しかし「門」なる名称は平安時代末の大和国にはみえるが、南九州では十二世紀ごろまではみえない。『大口永福寺文書』所収文永元年(一二六四)二月八日付、および『大口小苗代薬師文書』所収同三年二月八日付の寄進状の「中薗門」が初見である。しかしあるいは建久八年(一一九七)六月の『大隅国図田帳』所載の「始良庄五十余丁(正宮大般若庄内沙汰、元吉門高信宗清所知)」の元吉門が初見とも考えられる。それまでは湧水灌漑田と畠作を本位とする初期的営農形態をもつ「薗」=在家体制時代で、土豪=国人たちは在家の人身支配と耕作地の二元支配の上に立っていた。

十三世紀後半から徐々に、ことに十四世紀から十五世紀にかけて、「薗」に代わって「門」の名称が顕在化する基底には、ある程度の迫灌漑《さこかんがい》(小渓流よりの引水)の進展が考えられ、この技術的進展に裏付けられて脇薗=脇在家たちが、本在家層の基盤の畑と湧水灌漑地域から外方へ集落を形成し得た。『入来院文書』所載の門の発展地域が入来川の周辺に近接してより多く見られるゆえんである。思うに、薗が適当な大きさの田畠を保有して一個の完結せる小経営体となったとき「大迫門」「小迫門」「西迫門」などと呼ぶ門の出現となったもので、「孤立分散的・小村的集落形態」をなしていた。門は本在家体制の動揺から新在家体制の萌芽に至る過程の中から形成され、国人領主たちの支配組織の再編として好都合であったが、不安定な国人連合体制の中では充分に本名体制=惣領制の克服をなし得ず、島津氏が三州統一を完成し、その庶流および国人たちを強固な家臣団に編成し終えた時期=慶長内検の時分から、島津氏による門体制の普遍化とその直接的把握がなされたと考えられる。それを可能にしたのは、強大な藩権力に推進された中・大規模の河川灌漑であった。

一方また農民による小規模開発田畠も増加したが、享保の大御支配では最初の建前を破って公有化した。元来南九州は台風の常襲地帯で、風水害が日常化し、とかく生産力が不安定である。のみならず九二%をこえるシラス・ボラ・コラなどの火山性特殊土壌がいっそうその害をひどくする。そこで天災を均分化し、ひいて農民の生産力を均等化することは、農民にとっても、また領主側の徴租の便宜からいっても必要である。かくて一定期間ごとの割替(この配分高はほぼ均等で、廻り高という)と、錯圃制(各戸の廻り高はいくつかに分けて村内に分散)を技術的骨骼とする一種の割地制度が、島津氏の三州支配体制の確立とともに、その領内に普遍的に強制施行されたのがいわゆる門割制度である。

門は、国―郷―村―方限《ほうぎり》(組)―門と系列化された鹿児島藩社会組織の末端農村行政単位である。数家部の名子(門百姓の戸主)から成り、数門が一方限を、数方限が一村を成し、方限の長たる名主《なぬし》(功才)は百姓だが、村長たる庄屋は必ず郷士(近在二十四ヵ村は城下士)から任命されて門割農民をガッチリと抑えた。割替の時期になるとこの庄屋役所に名主や名頭《みょうず》(門の頭)が集まって、前述の平分した廻り高をそれぞれの門の家部数に応じて鬮をひいて受け取り、さらに自分の門うちの名子に配分する。

ところで十五~六十歳の男子壮丁を用夫《いぶ》と称して、耕作・夫役の義務者とし、この用夫の頭数に応じて各名子の廻り高を定めようとする努力が初期には見うけられるが、享保の大御支配後は門の分立をやめるとともに、門の廻り高も固定化の傾向をたどるようになった。一村内でも某門は六人高、某門は十二人高と権利化または義務化し、各自の門内でそれぞれの家部の事情に応じて配当をうけるようになった。たとえば病者・老幼婦女子の家部は配分をへらして半高、壮丁のいる家部は丸高(一戸前)または丸高以上となる。それでも手余りなれば縁辺をたよって他門の者に与えて廻り高を消化した。狭郷(耕地狭小で人口過密の郷)の多い薩摩の中南部や大隅の鹿児島湾沿岸地帯では一門の配当高は二十石前後が通例で、かつ一門の家部数も多いので五段百姓が多く、江戸時代の末期には耕地の配当にあずからぬ次・三男も出るようになって、それは日雇や農業外の人口となるか、あるいは空閑地の多い大隅・日向地方に移住農民となった。大隅・日向地方は人口の割に耕地の多いいわゆる寛郷地帯で、一門は三十~四十石、しかも一門が一家部であったから三~四町百姓が多く、夫役の過多と相まって百姓疲弊の原因となった。私領種子島では百~百六十石の門が、明治三年(一八七〇)七月の名寄帳で多く検出される。

以上述べてきたように享保の大御支配を最後としてその後

は廻り高に「親疎《しんそん》(不平等)」が生じた。その結果、明和七年大隅国始良郷上名村(肝属郡吾平町上名)のごときは、総計九十門のうち禿門《はげかど》(家族全員いなくなった潰れ門)が十七、半禿門(働き手の用夫を失った門)が二十七、合計四十四が生ずるに至った。そこで藩では、「御救門割」を行なって、身売りしていた壮丁の借金を五年間棚上げして強制的に帰村せしめて農地の荒廃を防止した。奄美大島にも門割制度を施行しているが、ここは黒糖専売制が行われている鹿児島藩のドル箱的地域なので、多少の差こそあれ男女老幼を問わず、かつ毎年甘蔗畑の配当を行なったが、一村ことごとく潰滅した村が多い。このような門割制度の崩壊は、とりもなおさず鹿児島藩社会体制の崩壊を意味するものであり、部分的には数郷ごとに検地・門割を享保以後行なって崩壊の防止をはかった。天保度の改革においても収納法などの改正にとどまり、抜本的改正たる総検地による廻り高の不均等の是正は回避され、主として商品作物(ことに奄美の黒糖)の専売制度に財政再建の努力の方向は向けられた。

百姓疲弊の原因は、当時の識者が口をそろえて指摘しているように、㈠籾高一石につき現米五斗前後の領主による収奪、㈡開墾適地(私的保有の対象、抱地《かけち》・永作・大山野など)の郷士による独占的占有、㈢「月に三十五日」と俗間にいう公私過度の夫役、㈣ほとんどあらゆる作物に対する直接ないし間接的専売制度、㈤本来的にはシラス・ボラ・コラなど火山灰土壌と台風害などの自然的劣悪条件などがあげられるが、究極において総検地による総門割が廃弛したことが、農村の疲弊を決定的にした。外城(郷)における農村の両極分解の現象は、ここでは富農士族の成長という身分的偏向現象となってあらわれ、明治十二年(一八七九)―十四年の地租改正以後も、旧上級郷士層が村政を掌握し、富農として農村の指導にあたるという鹿児島県的特色をのこした。役人層たる上級郷士の取納帳を検するに、すでに開墾適地の独占的占有はもちろん、なかには現地たる門高の高利貸的収奪を非合法にすすめているものもあり、その裏現象として、百姓の常日傭的下人化(下人の所有は城下士にのみゆるされる藩法の建前をくぐって、日傭取りの名義で年中傭われて事実上の下人となる)の現象が顕著化してきている。その最も典型的なものが奄美諸島の新興富農層たるいわゆる衆達《しゅうた》とその下人たる家人《やんちゅ》のおびただしい数である。

藩はまた「人配《にんばい》」という狭郷から寛郷への鬮取りによる強制移住を実施して、大隅・日向地方の開発の目的を兼ねた人口の適正配分を図ったが必ずしも円滑に行われなかったようである。しかしながら江戸時代を通じておおむね門割制度は堅持され、ことに門の領主層は天保の改革の担い手となったといえる。地租改正により廻り高は百姓の私的所有権となったが、なお西郷隆盛のように、門割制度は貧富を平均する制度でこの廃止は農村の両極分解をもたらすからと、地租改正に消極的見解を抱く人もあり、門の領主たる鹿児島県士族層の地租改正反対運動もあった。一方また加世田郷小湊村（加世田市小湊）や佐多郷（肝属郡佐多町）のごとく農村自体の内部的必要から割地制度を残す地方もあった。その消滅は、大正末期から昭和初期にかけての灌・排水路の整備による耕地の一筆化と、先進工業地帯への人口吸収や、世界的不況による農村の動揺をまって、ようやく解決された。なお門と同義の屋敷という語があるが、二十石未満をさす場合が多いようである。

参考文献　『鹿児島県史』、『鹿児島県農地沿革史』、小野武夫『旧鹿児島藩の門割制度』（『土地経済史考証』巌松堂書店、一九三一年）、原口虎雄『鹿児島県の歴史』（『県史シリーズ』四六、山川出版社、一九七三年）、同『幕末の薩摩』（『中公新書』一〇一、一九六六年）、水上一久「南北朝内乱に関する歴史的考察」（『中世の荘園と社会』吉川弘文館、一九六九年所収）、永原慶二「中世村落の構造と領主制」（『日本中世社会構造の研究』岩波書店、一九七三年所収）、原口虎雄「鹿児島県農業史序説」（農業発達史調査会編『日本農業発達史』別巻上、中央公論社、一九五八年所収）、同「薩藩町方の研究」（秀村選三編『薩摩藩の基礎構造』御茶の水書房、一九七〇年所収）、桑波田興「南九州と門」（秀村選三編『薩摩藩の構造と展開』、西日本文化協会、一九七六年所収）、佐川弘「中世後期南九州における門体制の成立とその構造」（『中世の窓』一〇・一一、一九六二年）、同「中世入来院領における在地構造の変質」（『史学雑誌』七三ノ四・六、一九六四年）、同「浮免についての一考察」（『歴史学研究』三〇一、一九六五年）、五味文彦「領主支配と開発の展開」（『史学雑誌』七七ノ八、一九六八年）、稲本紀昭「中世後期島津氏の権力構造」（『史林』五一ノ三、一九六八年）、北島万次「門体制の構造と領主制」（『歴史学研究』二九四、一九六四年）、尾口義男「薩摩藩の門と屋敷についての一考察」（『西南地域史研究』五、一九八三年）

（原口　虎雄）

近《きん》思《し》録崩《ろくくずれ》　文化五年（一八〇八）五月から十一月にかけて鹿児島藩におこった大獄。鹿児島藩は藩初から疲弊していたが宝暦四年（一七五四）の木曾川治水や二十六代藩主島津重豪の積極開化政策により窮乏の底に達した。天明七年（一七八七）襲封した斉宣は藩政の改革に着手し、文化四年十一月樺山久言を、同年十二月秩父季保を家老に任じ、前代の施政の徹底的改革を断行せんとしたが、隠居重豪の激怒を買い、樺山・秩父をはじめ切腹十三名、遠島約二十五名、寺入四十二名、逼塞二十三名、以下役免・慎・待命・揚屋敷入・奉公障・叱の処分十二名、計百十五名という厳罰をうけ、翌六年六月斉宣も隠居せざるを得なくなり、子斉興が十九歳で襲封し政務介助の名義で重豪が再び政柄をとるに至った。文化朋党崩といい、また秩父崩ともいうが、近思録崩というのは樺山・秩父およびこの一党が、木藤武清門下で『近思録』を重んじて講じ、藩校造士館の山本正誼らの学風に対抗したからである。この近思録党はのちの西郷隆盛・大久保利通らに深い影響を与えた。

参考文献　山本正誼『文化朋党実録』、『朋党類纂』、『鹿児島県史』二、原口虎雄『幕末の薩摩』(『中公新書』一〇一、一九六六年)

(原口　虎雄)

薩隅日田賦雑徴《さつぐうにちでんぶざっちょう》　天正四年(一五七六)八月の日向高原城攻めの出陣賦をはじめとし、元禄十一年(一六九八)九月十九日の御蔵入布達までの鹿児島藩関係の田賦関係文書を集録したもので、同藩についての基本的な地方史料の一つ。父季安とともに『薩藩旧記雑録』三百六十二巻の大著を編集した有名な鹿児島藩史学者伊地知季通の編集で、明治十八年(一八八五)二月、鹿児島県庁より農商務省へ進達したもの。『近世地方経済史料』一所収。

(原口　虎雄)

薩藩海軍史《さつぱんかいぐんし》　公爵島津家編輯所が海軍中将東郷吉太郎に委嘱して編集し、昭和三年(一九二八)十二月―同四年五月に刊行した全三巻三四〇〇頁の大著。島津家所蔵の基礎史料や鹿児島藩出身古老および旧幕臣らの見聞談を博捜して精確を期した、きわめて信頼性の高い「海事史」である。上巻第一―三篇、中巻第四・五篇、下巻第六篇とする。第一篇往古時代には船手の職制、中国・朝鮮・南蛮との交通、倭寇、征韓役、海上貿易、異国船手当について述べているが、第二篇以下は文化六年(一八〇九)から明治五年(一八七二)明治天皇鹿児島巡幸までの六十四年間、島津家二十八代斉興・二十九代斉彬・三十代忠義時代の幕末維新期の鹿児島藩海軍、海防、外交、ならびに海事諸般を詳説。元来薩摩は日本の最南端に位置し、その領内に琉球諸島をかかえていたので、常に海外諸国との接点にあたっていたし、また維新革命の主導者でもあったから、本書はまさに日本海事史、明治維新史の観がある。影印を『明治百年史叢書』七一―七三に収める。

参考文献　鹿児島市編『薩藩の文化』

(原口　虎雄)

薩藩旧記雑録《さつぱんきゅうきざつろく》　島津家史料を中心として薩摩藩関係史料を編年集成したもの。原名『旧記雑録』、『薩藩旧記』は別称。幕末薩摩藩の史学者で記録奉行となった伊地知季安は文政ご

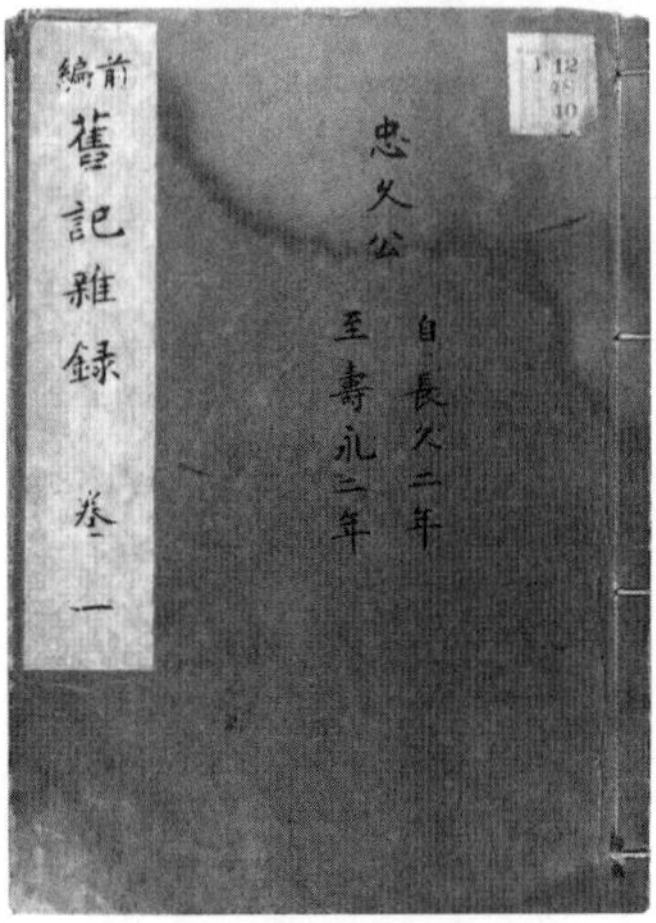

『旧記雑録』（島津家本）前編巻一

ろより長年にわたり島津家をはじめ藩内諸家の文書・記録類の書写収集整理につとめていたが、その子季通も弘化ごろよりこれにさらに多くの書写史料を加え、編年順に集成、厖大な史料集にまとめあげた。自筆草稿本（伊地知家造上本）たる島津家本（東大史料編纂所蔵）は『旧記雑録』の題名で前編四十八巻（長久二年（一〇四一）—天文二十三年（一五五四））、後編百二巻（弘治元年（一五五五）—正保元年（一六四四））、追録百八十二巻（正保二年—明治二十八年（一八九五））、附録（年月未詳文書他）三十巻からなる。明治十三年段階で浄写、内閣修史局に提出したものが内閣文庫本（国立公文書館蔵）で『薩藩旧記』の題名が付されている。その原稿本が県立図書館本『薩藩旧記雑録』（鹿児島県立図書館蔵）と思われ、当時の県史局者数人の分担執筆するところで、間々季通の自筆もまじる。それぞれ前集（編）三十六巻（長久二年—天文二十三年）、後集（編）三十二巻（弘治元年—元和元年（一六一五））の計六十八巻からなる。県立図書館本は後でこれに追補三巻（元和二年—正保元年）、附録五巻が追加された。同本には巻首に季通の自序があり、『旧記雑録』編纂の経緯を知ることができる。

　本書には薩摩・大隅・日向三国にまたがる旧薩摩藩領内所在の古文書を多数採録しており、また『島津国史』などの編纂物や、『上井覚兼日記』などの記録類も多量に収録されている。ことに文書の中には書写後原文書が廃仏毀釈・西南戦争などにより焼失したものも少なくないことから史料的価値は高い。中でも島津家本が質量ともにもっとも豊富で、季通の手により『島津家文書』『新編島津氏世録正統系図』『新編島津氏世録支流系図』などから明治三十年ごろまで増補がつづけられていた。島津家本のみにある「追録」は季通が『島津家文書』『続編島津氏世録正統系図』『島津氏世録系図正統』などによりながら単独で書写編集したものである。何分『旧記雑録』は厖大な史料であるため書写の間の誤脱等も間々みられ、また中世文書では『二階堂文書』『禰寝《ねじめ》文書』など相当数の未採録文書のあることや、近世文書では知行目録や、地《じ》方《かた》関係文書を大幅に省略していることなど、必ずしも薩摩藩関係史料を悉く網羅したものとはいえないが、なお中・近世を問わず島津家・薩摩藩史研究の随一の根本史料であることに変りはない。島津家本は『鹿児島県史料』として前編二巻、後編六巻、追録八巻を刊行。完結後、同附録二巻・拾遺として関連史料の諸氏系譜三巻、家わけ十巻、伊地知季安著作史料集六巻を続刊している。なお平成九年(一九九七)、自筆草稿本三百六十二冊は国の重要文化財に指定された。

参考文献　『旧記雑録』解題(鹿児島県史料『旧記雑録』追録一・前編一・後編一・附録二)、五味克夫「島津家本旧記雑録編纂の経過」(鹿児島県史料『旧記雑録月報』前編二)

(五味　克夫)

島《しま》津《づ》国《こく》史《し》　漢文編年体の薩摩藩の正史。薩摩藩校造士館教授山本伝蔵正誼が寛政九年(一七九七)八月藩主島津家第二十五代重豪の命をうけ、黒田清躬・木場貞良・平田正懿・得能通貫のたすけをかりて編纂を始め、享和二年(一八〇二)十二月第二十六代斉宣に撰進した。単なる島津氏の世譜にとどまらず「島津の御荘」すなわち薩隅日三州の史たることを主眼としている。本書以前には、初代忠久から第十八代家久の事蹟を撰進した平田純正の『新編島津氏世録正統系図』があり、また純正以後の史官が撰進した第十九代光久から第二十四代重年までの同書続編がある。ほかに明和六年(一七六九)重豪の命により郡山遜志が撰進した紀伝体の『島津世家』があり、前二書の時代を合わせた記述である。『島津国史』はこれらの諸書を編年体に改撰したものだが、正誼みずからも史料を索捜し、かつまた長命にして博覧強記の祖父勘右衛門その他から得た多くの聞書を加えている。なお『春秋左氏伝』に精通し「左伝伝蔵」と名声の高かった彼らしく、郡山遜志が歴世に数えた第十五代貴久の実父島津忠良を歴世に加えることを非として名分を正し、以後この見方が固定した。むろん官撰の通弊を免れず、始祖忠久の源頼朝庶長子説を採用し、琉球の嘉吉附庸説に誤りを犯しているが、要するに本書は、薩摩藩歴代の史官らの努力の成果が、正誼により三十二巻に総結集されたところの最も信憑性の高い史書である。明治三十八年(一九〇五)島津家編集所より和装十冊本、また昭和四十七年(一九七二)には『新刊島津国史』として洋装一冊合巻本覆刻が出ている。

参考文献　原口虎雄『新刊島津国史』解題(鹿児島県地方史学会、一九七二年)

(原口　虎雄)

島《しま》津《づ》世《せい》禄《ろく》記《き》　江戸時代初期成立の薩摩藩の歴史書。慶安元年(一六四八)成立。撰者は当時の島津家家老で宮之城島津家の島津久通。八巻からなる。原本は玉里島津家で、鹿児島県立図書館・東京大学史料編纂所などに写本がある。漢文体で編年的に叙述し、文中に文書などの資料が豊富に引用されている。内容は、大永六年(一五二六)、島津貴久の本宗家守護島津忠兼(勝久)からの家督継承に始まり、貴久の子義久・義弘の薩隅日三ヵ国の平定、豊臣政権への敗北と領国の確定、そして、朝鮮出兵・関ヶ原の戦での島津氏の対応を記し、寛永十三年(一六三六)の島津家久の死去と光久への家督移譲前後まで、ほぼ百年間余の歴史を叙述している。相州家島津氏の戦国大名としての成長の過程と近世大名への転換が、島津家の家史として編纂されている点に特徴がある。

参考文献　『島津世禄記』(『鹿児島県史料集』三六、鹿児島県立図書館、一九九七年)

(福島　金治)

島津《しまづ》斉彬《なりあきら》文書《もんじょ》　島津斉彬五十年祭にあたり松方正義・税所《さいしょ》篤《あつし》らの提議により、明治四十三年(一九一〇)九月に島津家臨時編輯所から『照国公文書』和装二冊が刊行されたが、史料数は百三十四通であった。『島津斉彬文書』は百年祭記念として、鹿児島市が東大史料編纂所員林田真二郎に委嘱して同所所蔵の斉彬関係文書を上巻(天保十一年(一八四〇)正月―嘉永三年(一八五〇)七月)・中巻(嘉永三年七月―同四年十二月)に収め、吉川弘文館から公刊した。林田死去により吉田常吉が下巻一(嘉永五年正月―同六年十二月)を編集し同社から公刊したが、嘉永六年十二月以降の分は未刊である。斉彬文書の収録総数百九十五点、関係文書四百点余が収められ、『照国公文書』の内容はすべて収録されている。鹿児島県維新史料編さん所は明治百年記念事業の一部として『忠義公史料』全七巻(『鹿児島県史料』所収)を公刊したが、引き続き『斉彬公史料』全四巻(同所収)を昭和五十六年(一九八一)一月―同五十九年二月に刊行した。東大史料編纂所所蔵本『斉彬公史料』百一冊を底本とし、これに底本収録以外の斉彬文書を補遺として収載したものである。なお、『照国公文書』も『斉彬公史料』も、市来四郎・寺師宗徳編『島津家国事鞅掌史料』をもとにしたもので、『島津斉彬文書』も同様にこれを基礎にしている。収載史料が豊富で、かつ校訂が周密正確な第一等史料集である。

(原口　虎雄)

西藩《せいはん》田《でん》租《そ》考《こう》　薩摩藩の農政書。薩摩藩第一等の史学者、伊地知季安の著で、天保八年(一八三七)正月の跋文あり。井田・授田・班田・租税・蚕織・調庸・丁役・馬牧・国郡・官員・正公・僧尼・倉院・覇制・貫高・永高・京制・村高・令制・三役・度考・斛高・代官・復封・琉租・慶検・寛検・万検・役米・代米・賦米・口米・常租・出物・検損・食法・京判・起先・享検・兵備・等級・義倉・制用など漢文体四十三篇より成る。本書は農政全般にわたっているが、ことに沿革に詳しく、薩摩藩の門割制度を古代の班田収授制に基づくとの見解をとっている点注目に値する。本書は「本邦惟武以威二海外一邦之大事莫レ重三於兵賦二」との確信で、太平久しくして国家根幹の田制がとかく軽視されがちな時潮を慨嘆して著わされたものである。『日本経済大典』三八所収。なお『薩藩旧記雑録』の大著を父とともに完成した季通にも『薩隅日田賦雑徴』の著書がある。　（原口　虎雄）

租税問答《そぜいもんどう》　薩摩藩士汾陽《かわみなみ》光遠の著わした農政書。明治五年（一八七二）五月の自序がある。汾陽家は中国帰化人系で、寛文九年（一六六九）惣田地奉行となり菱刈重敦と串良新田を開いたり、禰寝清雄・菱刈重敦らと『農業法』を編んだりした光東を出し、またその子盛常は郡奉行として正徳元年（一七一一）―享保元年（一七一六）に宮内新田六千余石を開いた人で、同家は代々薩摩藩農政上功業の多い家である。薩摩藩の農政書には河島重貯の『田賦集』（貞享四年（一六八七））と伊地知季安の『西藩田租考』（天保八年（一八三七））があり、前者は検地の事に精しく、後者は往時の沿革に精しいが、ともに「今日の局面に闕くる有り」として、この二著を増補したもの。最も信頼性あり、かつ便利な農政書で全編七十二項。『近世地方経済史料』二所収。

参考文献　『人物伝備考附録』（『新薩藩叢書』三、歴史図書社、一九七一年）、藩法研究会編『藩法集』八上（創文社、一九六九年）　（原口　虎雄）

沖縄県

琉球藩（りゅうきゅうはん）

明治政府によって設置された琉球の公式の名称。琉球王国は幕藩体制下、鹿児島藩の支配下に置かれ、また清国と冊封・朝貢関係も保持していた。明治政府は中央集権的国家体制の確立を目指し、琉球のこうしたあり方を切り崩すために、琉球処分といわれる一連の政策を行う。琉球藩の設置はその端緒となった。明治四年（一八七一）、台湾に琉球人が漂着、殺害された。これをきっかけにして、明治政府は、琉球が日本の一部であることを主張する意味で、翌年九月十四日、琉球王国を藩とし、国王尚泰を藩主に任じ、さらに華族の称号を与えた。加えて、琉球が諸外国と結んでいた条約も外務省管轄としたのである。

「琉球藩印」

その後、明治政府は琉球の清国への朝貢貿易の停止などを求め、明治十二年三月二十七日、内務大丞松田道之を派遣して、一方的に琉球藩を廃し、沖縄県設置を宣言したのである。ここに琉球王国は名実ともに消失した。

参考文献　我部政男「日本の近代化と沖縄」(『岩波講座近代日本と植民地』一、岩波書店、一九九二年)、安里進他編『沖縄県の歴史』(山川出版社、二〇〇一年)、桑原真人・我部政男編『蝦夷地と琉球』(『幕末維新論集』九、吉川弘文館、二〇〇一年)。

(山下　真一)

付録

藩所在地地図

——国界　……現在の都道府県界

番号は現在の都道府県ごとに藩名の五十音順に付し、各都道府県内で国別に分類して藩名を示した。

北海道
1 館藩
2 松前藩
3 中津山藩

青森県(陸奥)
1 黒石藩
2 七戸藩
3 斗南藩
4 八戸藩
5 弘前藩

岩手県(陸奥)
1 一関藩
2 盛岡藩

宮城県(陸奥)
1 岩沼藩
2 仙台藩

秋田県(出羽)
1 秋田藩
2 秋田新田(岩崎)藩
3 秋田新田藩
4 角館藩
5 亀田藩
6 仁賀保藩
7 本荘藩
8 矢島藩
9 横手藩
10 六郷藩

山形県(出羽)
1 左沢藩
2 大山藩
3 上山藩
4 新庄藩
5 高畠藩
6 鶴岡藩
7 天童藩
8 長瀞藩
9 松山藩
10 丸岡藩
11 村山藩
12 山形藩
13 米沢藩
14 米沢新田藩

福島県(陸奥)
1 会津藩
2 浅川藩
3 石川藩
4 泉藩
5 磐城平藩
6 岩瀬藩
7 菊多藩
8 桑折藩
9 下手渡藩
10 下村藩
11 白河藩
12 白河新田藩
13 棚倉藩
14 中村藩
15 二本松藩
16 福島藩
17 三春藩
18 守山藩
19 梁川藩
20 湯長谷藩

新潟県(越後)
1 糸魚川藩
2 春日山藩
3 黒川藩
4 三条藩
5 坂戸藩
6 椎谷藩
7 新発田藩
8 沢海藩
9 高田藩
10 高柳藩
11 長岡藩
12 長峰藩
13 藤井藩
14 三日市藩
15 三根山藩
16 村上藩
17 村松藩
18 与板藩

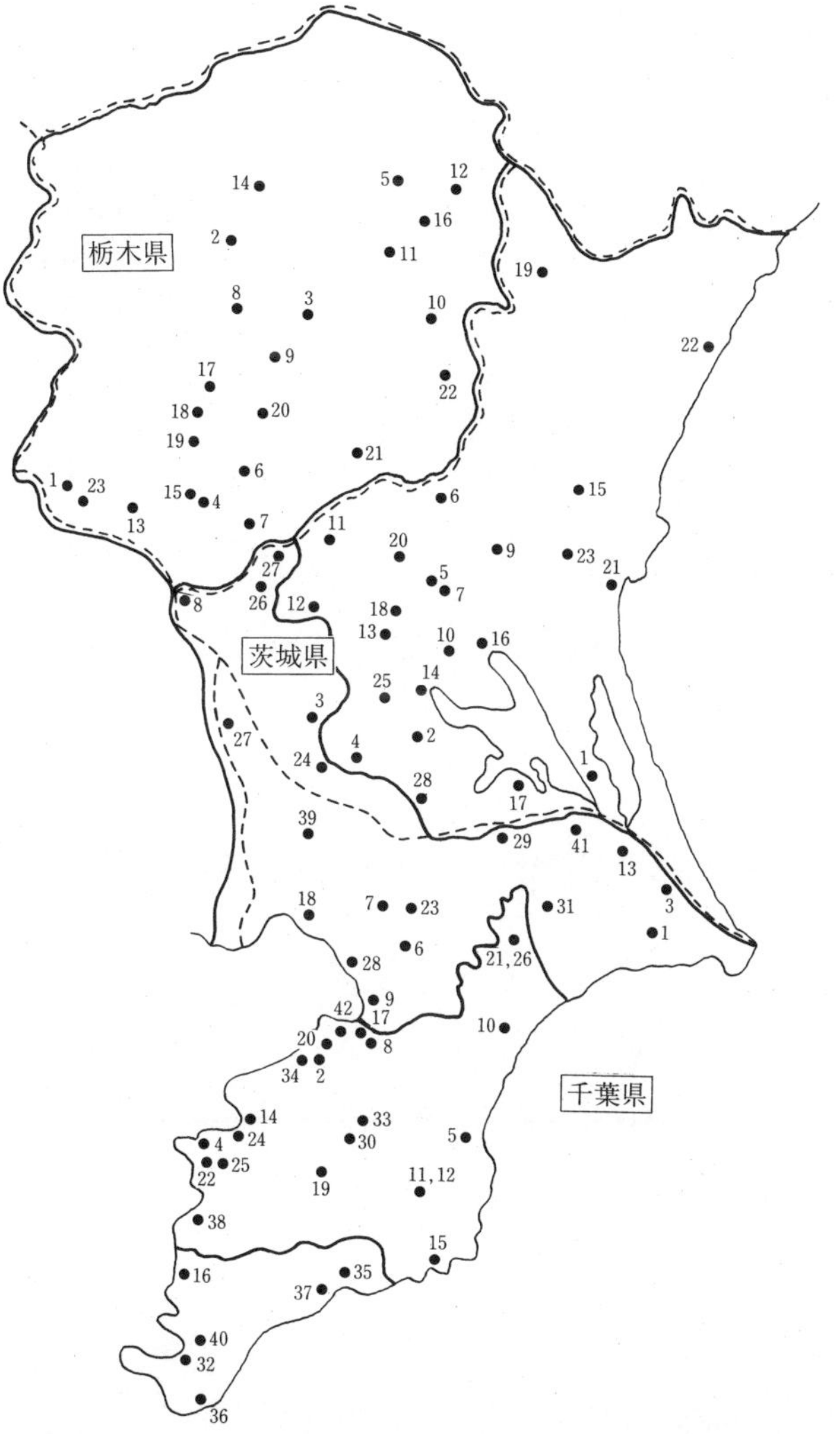

茨城県
(常陸)
1 麻生藩
2 牛久藩
4 小張藩
5 柿岡藩
6 笠間藩
7 片野藩
9 宍戸藩
10 志筑藩
11 下館藩
12 下妻藩
13 玉取藩
14 土浦藩
15 額田藩
16 府中藩
17 古渡藩
18 北条藩
19 保内藩
20 真壁藩
21 松岡藩
22 松川藩
23 水戸藩
25 谷田部藩
28 竜ヶ崎藩
(下総)
3 大輪藩
8 古河藩
24 守谷藩
26 山川藩
27 結城藩

栃木県(下野)
1 足利藩
2 板橋藩
3 宇都宮藩
4 榎本藩
5 大田原藩
6 大宮藩
7 小山藩
8 鹿沼藩
9 上田藩
10 烏山藩
11 喜連川藩
12 黒羽藩
13 佐野藩
14 高徳藩
15 富田藩
16 那須藩
17 西方藩
18 吹上藩
19 皆川藩
20 壬生藩
21 真岡藩
22 茂木藩
23 山川藩

千葉県
(上総)
2 姉崎藩
4 飯野藩
5 一宮藩
8 潤井戸藩
10 大網藩
11 大多喜藩
12 大多喜新田藩
14 貝淵藩
15 勝浦藩
17 菊間藩
19 久留里藩
20 五井藩
21 高知新田藩
22 小久保藩
24 桜井藩
25 佐貫藩
26 柴山藩
30 高滝藩
33 鶴舞藩
34 鶴牧藩
38 百首藩
42 八幡藩
(下総)
1 蘆戸藩
3 飯田藩
6 岩富藩
7 臼井藩
9 生実藩
13 小見川藩
18 栗原藩
23 佐倉藩
27 関宿藩
28 曾我野藩
29 高岡藩
31 多古藩
39 舟戸藩
41 矢作藩
(安房)
16 勝山藩
32 館山藩
35 東条藩
36 長尾藩
37 花房藩
40 北条藩

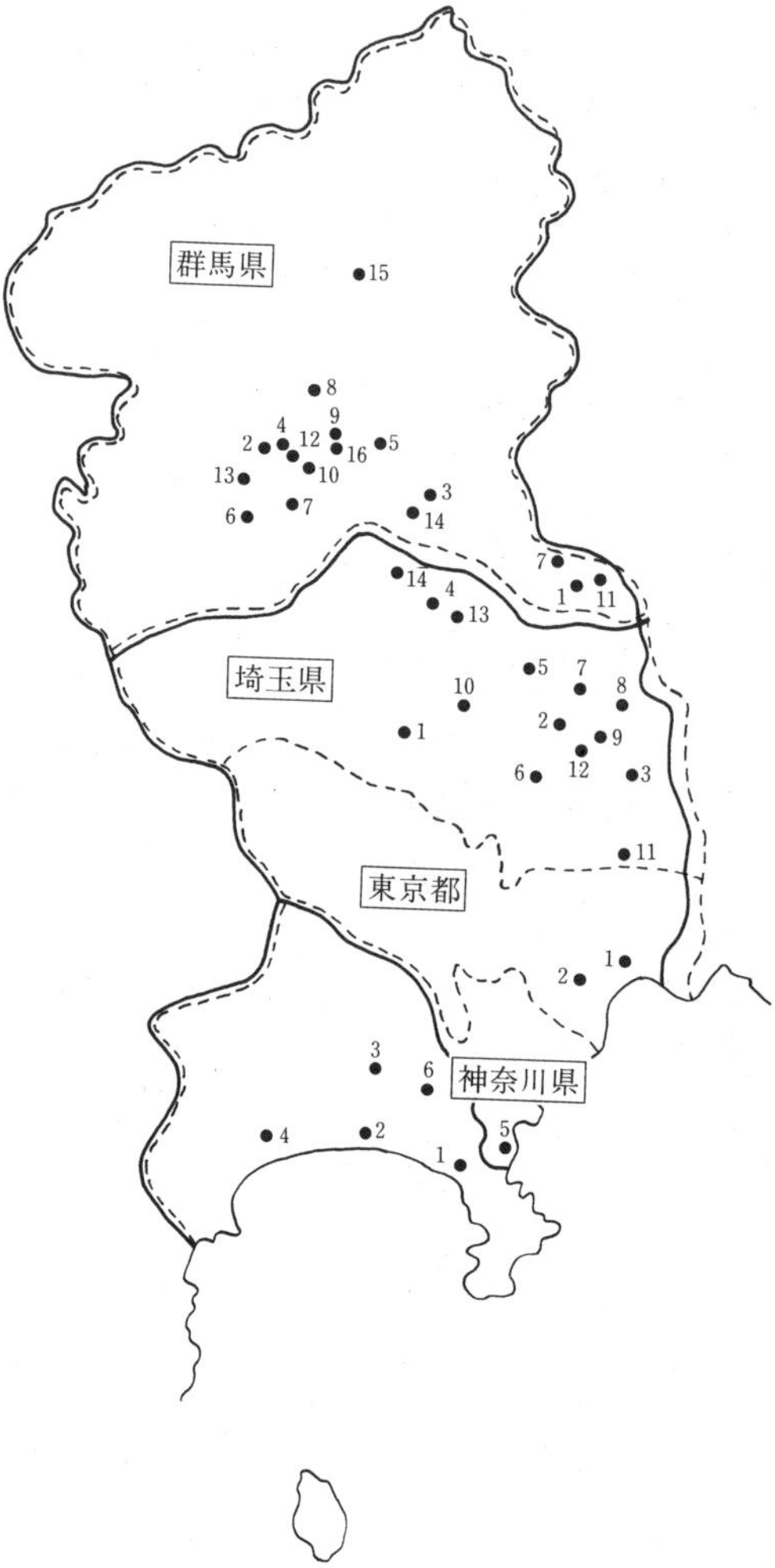

群馬県(上野)

1 青柳藩
2 安中藩
3 伊勢崎藩
4 板鼻藩
5 大胡藩
6 小幡藩
7 篠塚藩
8 白井藩
9 総社藩
10 高崎藩
11 館林藩
12 豊岡藩
13 七日市藩
14 那波藩
15 沼田藩
16 前橋藩
17 吉井藩

埼玉県(武蔵)

1 赤沼藩
2 石戸藩
3 岩槻藩
4 岡部藩
5 忍藩
6 川越藩
7 私市藩
8 久喜藩
9 小室藩
10 野本藩
11 鳩谷藩
12 原市藩
13 深谷藩
14 本庄藩

東京都(武蔵)

1 江戸藩
2 喜多見藩

神奈川県

(相模)

1 甘縄藩
2 一之宮藩
3 荻野山中藩
4 小田原藩
6 深見藩

(武蔵)

5 金沢藩

富山県(越中)
1　富山藩
2　布市藩

石川県
(加賀)
1　金沢藩
2　小松藩
4　大聖寺藩
5　大聖寺新田藩
(能登)
3　下村藩
6　七尾藩
7　西谷藩

福井県
(越前)
1　安居藩
2　瓜生藩(不詳)
3　大野藩
5　勝山藩
6　葛野藩
7　木本藩
8　鯖江藩
10　高森藩
11　敦賀藩
12　東郷藩
13　福井藩
14　松岡藩
15　丸岡藩
16　吉江藩
(若狭)
4　小浜藩
9　高浜藩

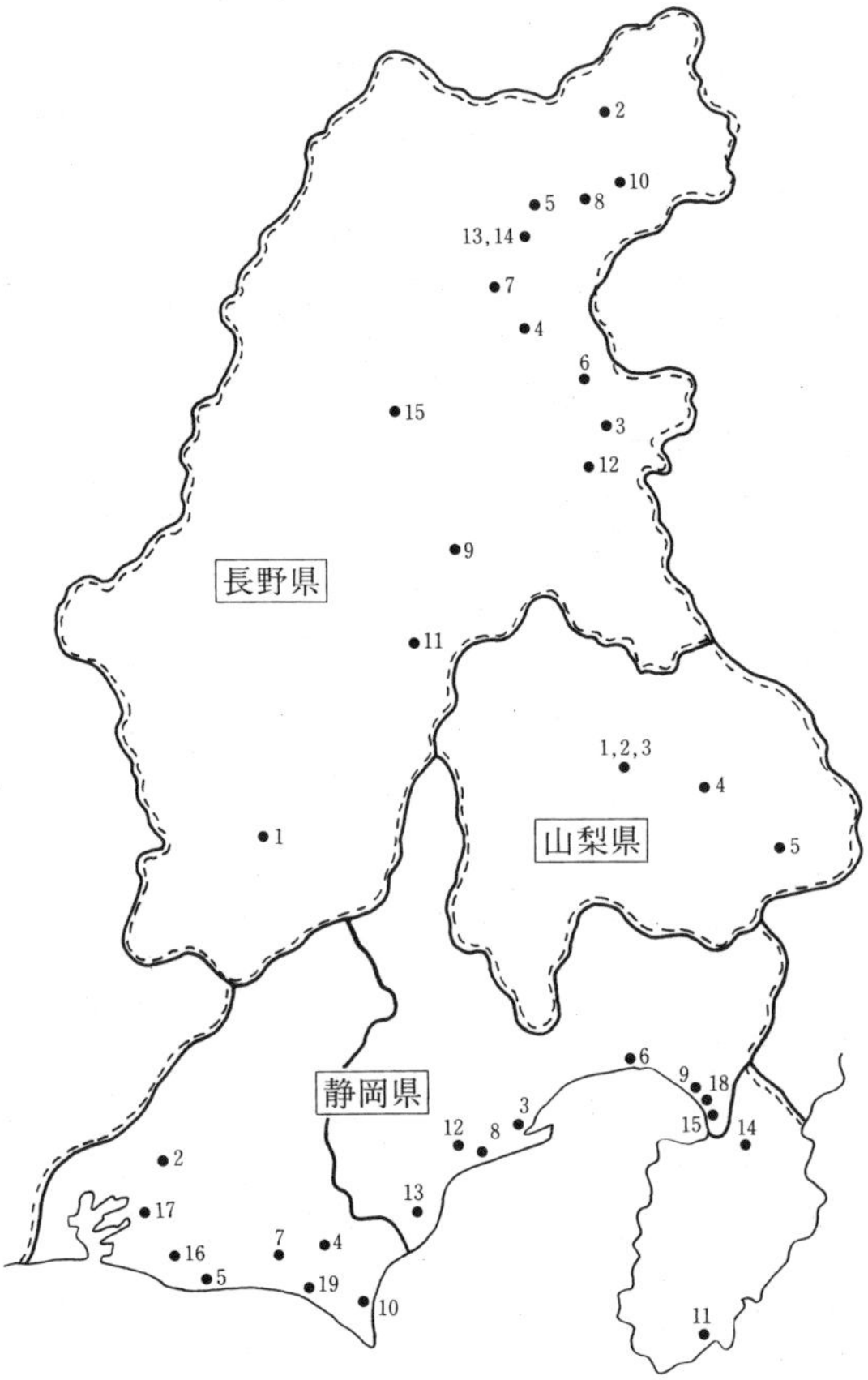

山梨県(甲斐)
1 甲府藩
2 甲府新田藩
3 甲府新田藩
4 徳美藩
5 谷村藩

長野県(信濃)
1 飯田藩
2 飯山藩
3 岩村田藩
4 上田藩
5 川中島藩
6 小諸藩
7 坂木藩
8 須坂藩
9 諏訪藩
10 高井野藩
11 高遠藩
12 田野口藩
13 松代藩
14 松代分封藩
15 松本藩

静岡県
(遠江)
2 井伊谷藩
4 掛川藩
5 掛塚藩
7 久能藩
10 相良藩
16 浜松藩
17 堀江藩
19 横須賀藩
(駿河)
1 安倍谷藩(不詳)
3 小島藩
6 川成島藩
8 久能藩
9 興国寺藩
12 駿府藩
13 田中藩
15 沼津藩
18 松永藩
(伊豆)
11 下田藩
14 韮山藩

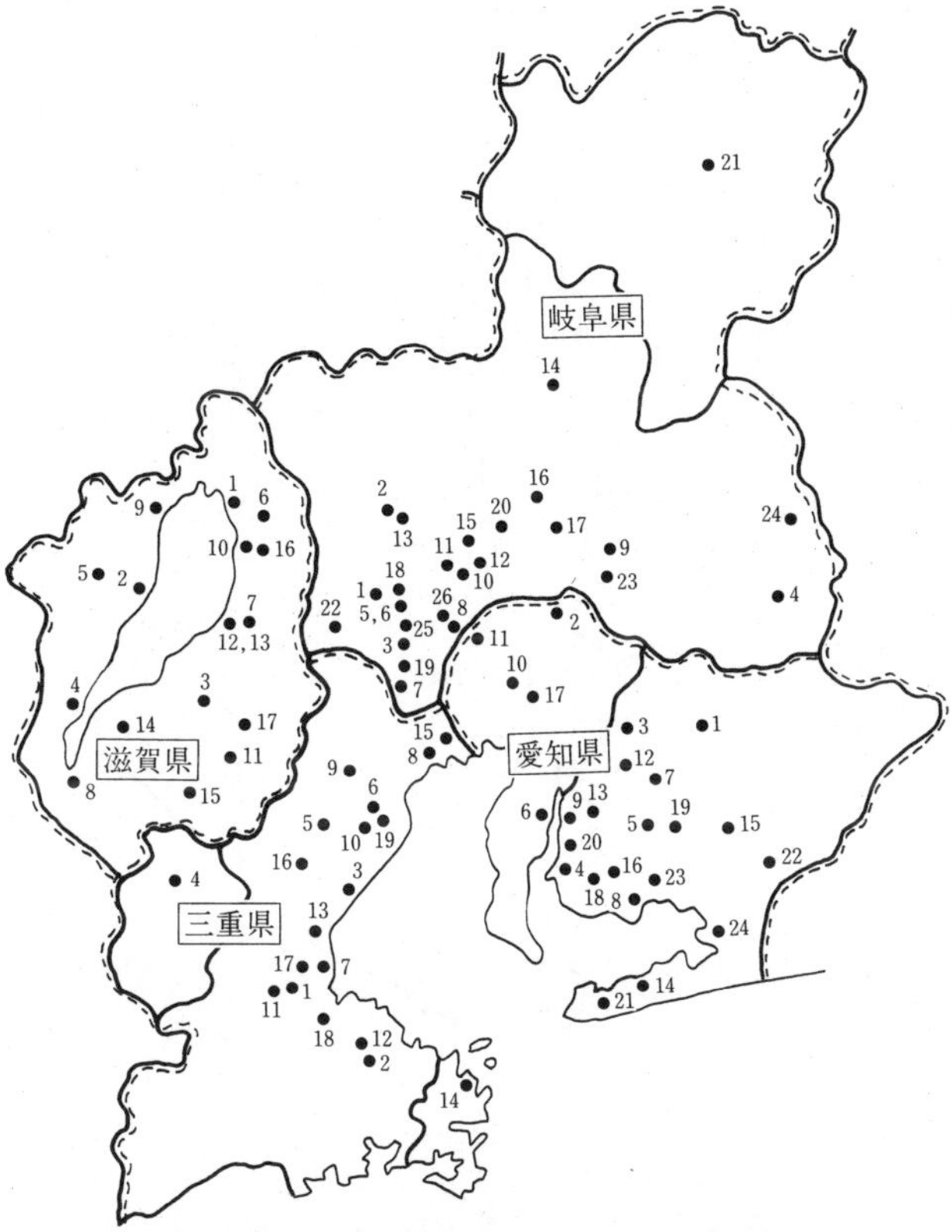

岐阜県

(美濃)

1　青野藩
2　揖斐藩
3　今尾藩
4　岩村藩
5　大垣藩
6　大垣新田藩
7　太田山藩
8　加賀野井藩
9　金山藩
10　加納藩
11　北方藩
12　岐阜藩
13　清水藩
14　郡上藩
15　黒野藩
16　上有知藩
17　関藩
18　曾根藩
19　高須藩
20　高富藩
22　多良藩
23　徳野藩
24　苗木藩
25　福束藩
26　本郷藩

(飛騨)

21　高山藩

愛知県

(三河)

1　足助藩
3　伊保藩
4　大浜藩
5　岡崎藩
7　奥殿藩
8　形原藩
9　刈谷藩
12　挙母藩
13　重原藩
14　田原藩
15　作手藩
16　中島藩
18　西尾藩
19　西大平藩
20　西端藩
21　畑ヶ村藩
22　半原藩
23　深溝藩
24　吉田藩

(尾張)

2　犬山藩
6　緒川藩
10　清洲藩
11　黒田藩
17　名古屋藩

三重県

(伊勢)

1　井生藩
2　岩出藩
3　上野藩
5　亀山藩
6　神戸藩
7　雲出藩
8　桑名藩
9　菰野藩
10　西条藩
11　竹原藩
12　田丸藩
13　津藩
15　長島藩
16　林藩
17　久居藩
18　松坂藩
19　南林崎藩

(伊賀)

4　上野藩

(志摩)

14　鳥羽藩

滋賀県(近江)

1　朝日山藩
2　大溝藩
3　大森藩
4　堅田藩
5　朽木藩
6　小室藩
7　佐和山藩
8　膳所藩
9　高島藩
10　長浜藩
11　仁正寺藩
12　彦根藩
13　彦根新田藩
14　三上藩
15　水口藩
16　宮川藩
17　山上藩

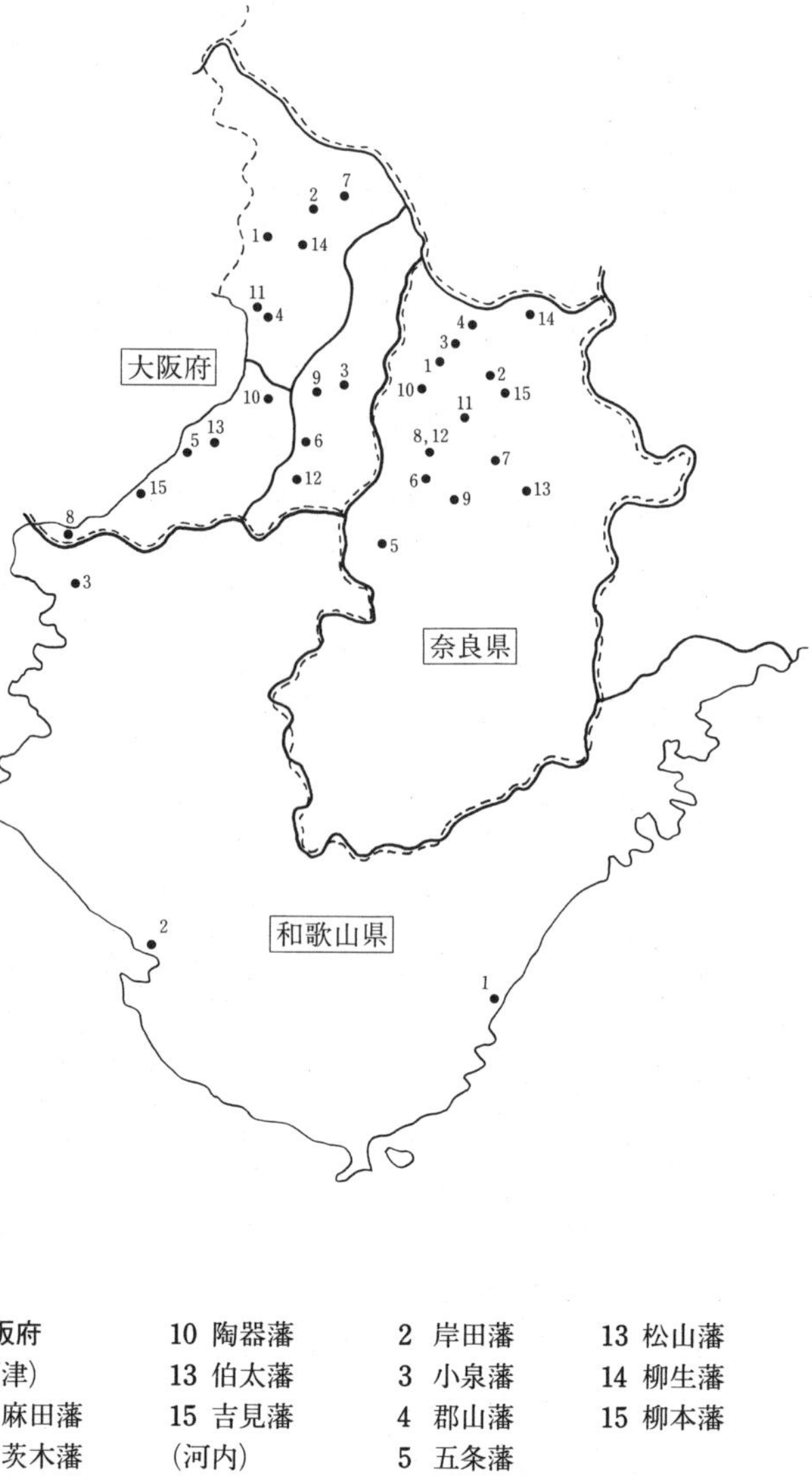

大阪府

（摂津）

1　麻田藩

2　茨木藩

4　大坂藩

7　高槻藩

11　中島藩

14　味舌藩

（和泉）

5　岸和田藩

8　谷川藩

10　陶器藩

13　伯太藩

15　吉見藩

（河内）

3　大井藩

6　狭山藩

9　丹南藩

12　西代藩

奈良県（大和）

1　興留藩

2　岸田藩

3　小泉藩

4　郡山藩

5　五条藩

6　御所藩

7　芝村藩

8　新庄藩

9　高取藩

10　竜田藩

11　田原本藩

12　布施藩

13　松山藩

14　柳生藩

15　柳本藩

和歌山県（紀伊）

1　新宮藩

2　田辺藩

3　和歌山藩

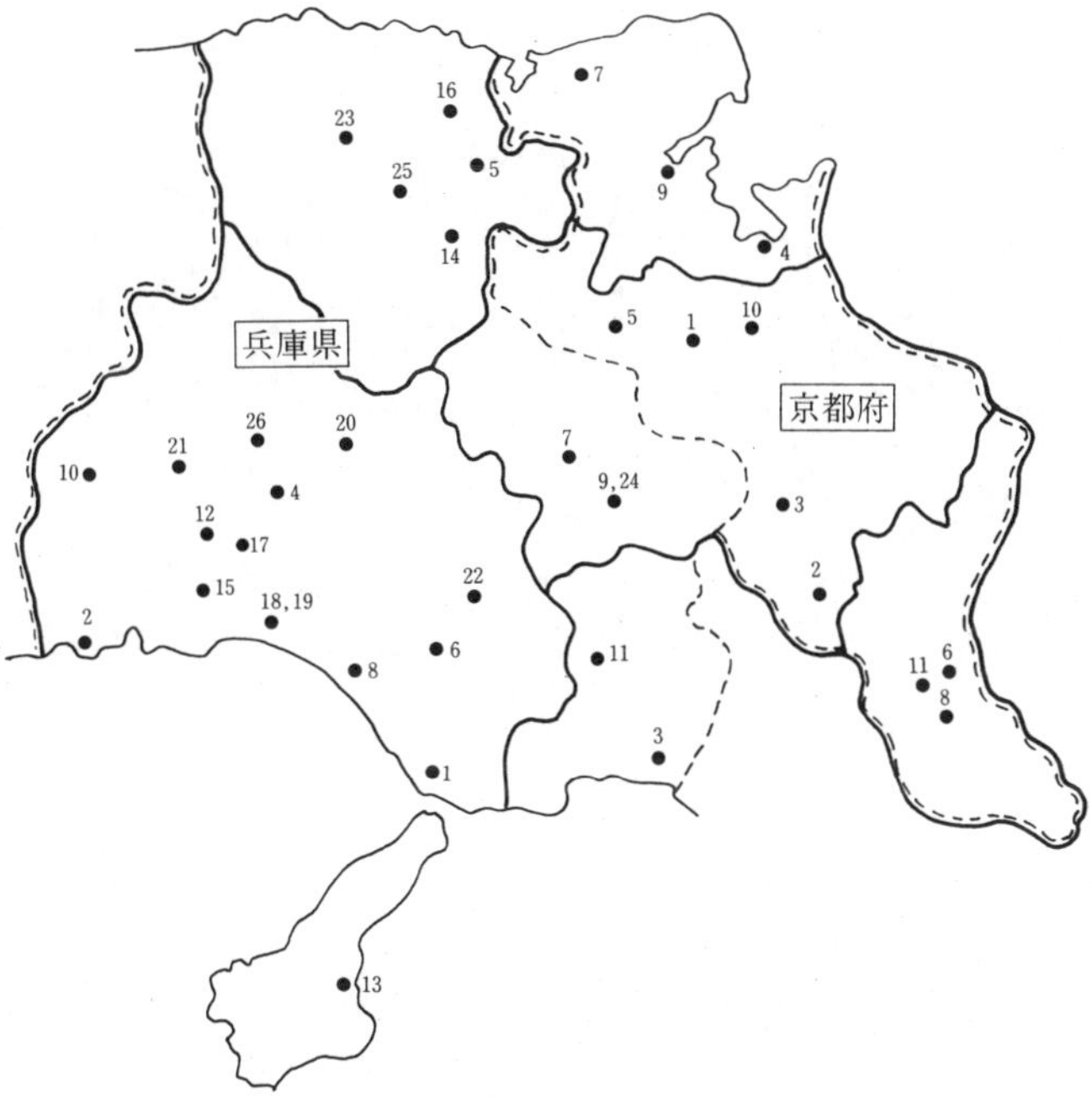

京都府

(丹波)

1 綾部藩
2 亀山藩
3 園部藩
5 福知山藩
10 山家藩

(丹後)

4 田辺藩
7 峰山藩
9 宮津藩

(山城)

6 伏見藩
8 御牧藩
11 淀藩

兵庫県

(播磨)

1 明石藩
2 赤穂藩
4 安志藩
6 小野藩
8 加古川藩
10 佐用藩
12 新宮藩
15 竜野藩
17 林田藩
18 姫路藩
19 姫路新田藩
20 福本藩
21 三日月藩
22 三草藩
26 山崎藩

(但馬)

5 出石藩
14 竹田藩
16 豊岡藩
23 村岡藩
25 八木藩

(丹波)

7 柏原藩
9 篠山藩
24 八上藩

(摂津)

3 尼崎藩
11 三田藩

(淡路)

13 洲本藩

鳥取県
(伯耆)
1　羽衣石藩
3　倉吉藩
4　黒坂藩
7　八橋藩
8　米子藩
(因幡)
2　浦富藩
5　鳥取藩
6　鳥取新田藩

島根県
(出雲)
3　広瀬藩
4　松江藩
5　松江新田藩
6　母里藩
(石見)
1　津和野藩
2　浜田藩
7　吉永藩

岡山県
(備前)
4　岡山藩
(備中)
1　浅尾藩
2　足守藩
3　岡田藩
5　岡山新田藩
10　成羽藩
11　新見藩
12　西江原藩
13　庭瀬藩
14　松山藩
(美作)
6　勝山藩
7　鶴田藩
8　津山藩
9　津山新田藩
15　宮川藩

広島県
(安芸)
1　広島藩
2　広島新田藩
(備後)
3　福山藩
4　三次藩

山口県
(周防)
1　岩国藩
4　徳山藩
6　山口藩
(長門)
2　清末藩
3　長府藩
5　萩藩

徳島県(阿波)
1　住吉藩
2　徳島藩
3　富田藩

香川県(讃岐)
1　高松藩
2　多度津藩
3　丸亀藩

愛媛県(伊予)
1　今治藩
2　宇和島藩
3　大洲藩
4　川之江藩
5　来島藩
6　国分藩
7　小松藩
8　西条藩
9　新谷藩
10　松山藩
11　松山新田藩
12　吉田藩

高知県(土佐)
1　浦戸藩
2　高知藩
3　中村藩

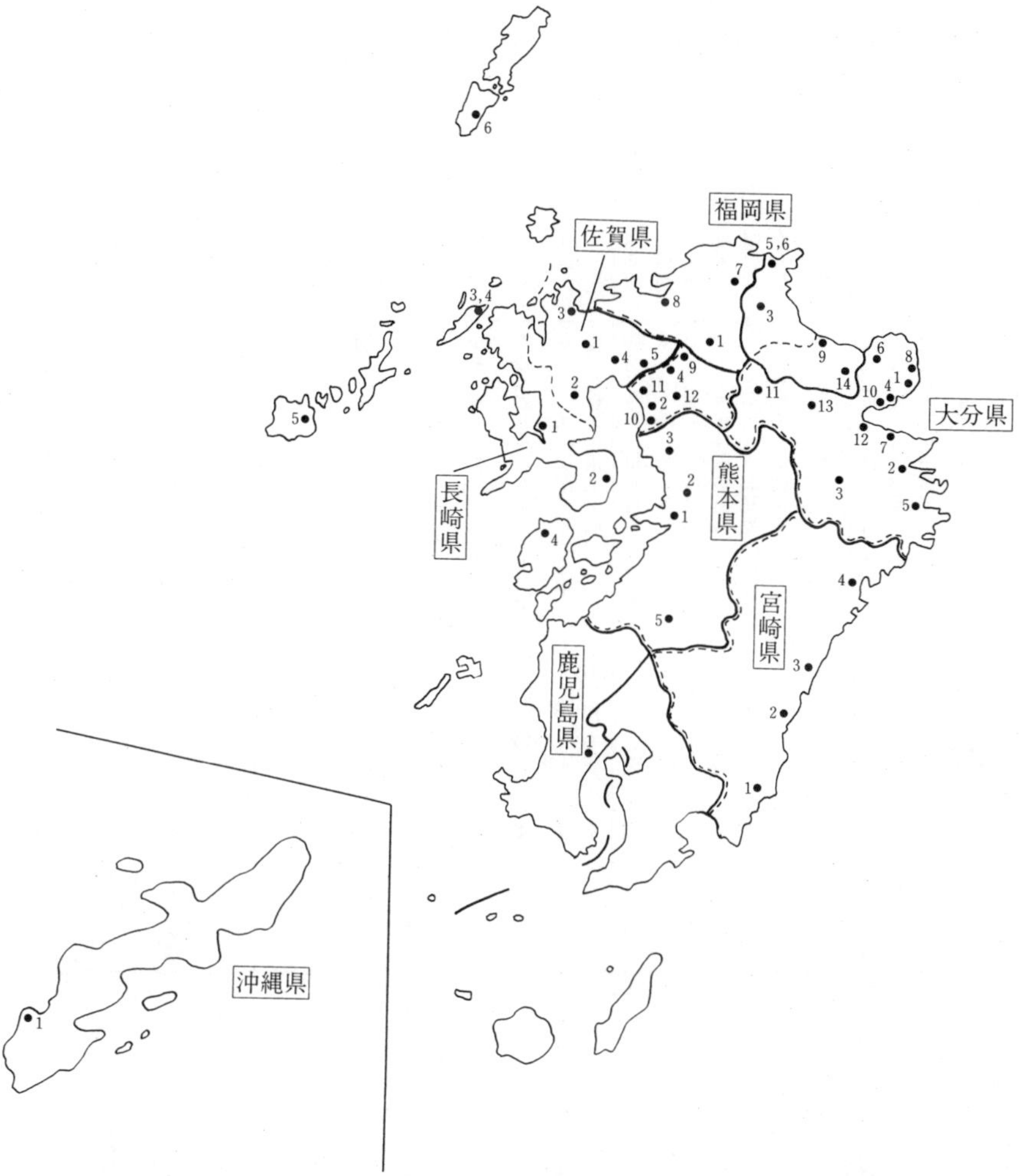

福岡県
(筑前)
1　秋月藩
7　東蓮寺藩
8　福岡藩
(筑後)
2　内山藩
4　久留米藩
9　松崎藩
10　三池藩
11　柳川藩
12　山下藩
(豊前)
3　香春藩
5　小倉藩
6　小倉新田藩

佐賀県(肥前)
1　小城藩
2　鹿島藩
3　唐津藩
4　佐賀藩
5　蓮池藩

長崎県
(肥前)
1　大村藩
2　島原藩
3　平戸藩
4　平戸新田藩
5　福江藩
(対馬)
6　府中藩

熊本県(肥後)
1　宇土藩
2　熊本藩
3　熊本新田藩
4　富岡藩
5　人吉藩

大分県
(豊前)
9　中津藩
14　竜王藩
(豊後)
1　安岐藩
2　臼杵藩
3　岡藩
4　杵築藩
5　佐伯藩
6　高田藩
7　高松藩
8　富来藩
10　日出藩
11　日田藩
12　府内藩
13　森藩

宮崎県(日向)
1　飫肥藩
2　佐土原藩
3　高鍋藩
4　延岡藩

鹿児島県(薩摩)
1　鹿児島藩

沖縄県
1　琉球藩

(横山恭子)

藩校一覧

都道府県名	藩名	藩校名(国許)	創立・改革年代	設立時藩主	学派	学科	教場	藩校名(江戸藩邸)	設置年代	設立時藩主	転封	備考
北海道	松前藩	徽典館	文政五年	松前章広	朱子学	漢・習	文	明倫館	天保十一年	松前昌広		弘化三年に蘭学・洋式砲術教育のための威遠館を設置。嘉永六年に済衆館(医)を設置。
		→文武局	明治元年	松前修広	朱子学	和・漢・洋・習	文・武					徽典館・威遠館・済衆館を総合。
青森県	黒石藩	経学教授所	天保三年	津軽順徳	朱子学	漢	文					
		→文武学校	明治二年	津軽承叙			文・武					
	七戸藩	学校	明治二年									
	斗南藩	日新館	明治三年	松平容大							会津藩→	会津藩時代の享和三年に開設された。
	弘前藩	稽古館	寛政八年	津軽寧親	徂徠学	和・漢・医・習・算・楽・天	文・武	弘道館	寛政九年	津軽寧親		
			文化七年	同	朱子学(林)	和・漢・算・習	文		安政年間			中絶していたものを安政年間に再興。
			安政六年	津軽承昭	朱子学(林)	和・漢・蘭・算・習	文・武					修武館を稽古館内に設置。明治四年に英学科を加える。
	八戸藩	文武講習所	文政十二年	南部信真	古学	漢	文	文林館	(寛文八年)	南部直政		
			慶応元年	南部信順		和・漢・英	文					
岩手県	一関藩	一関学館	天明三年	田村村資	朱子学	漢	文					
		→教成館	天明八年頃	同								
		→文武館	文久二年	田村通顕								
	盛岡藩	御稽古所	寛永十三年	南部重直		漢	文					
		→明義堂	天保十一年	南部利視	折衷学	漢	文・武					
		→作人斎	文久三年	南部利剛			文					武芸場の止才場を分設。
		→作人館	慶応元年	同	朱子学	和・漢・洋・医・算	文・武					作人斎・止才場・日新堂を合併。
宮城県	仙台藩	学問所	元文元年	伊達吉村	闇斎学	漢	文	順造館	文化七年	伊達周宗		
		→養賢堂	安永元年	伊達重村		漢	文・武					
			文化七年	伊達周宗	朱子学	漢・習・算	文・武					文化十二年に医学館、嘉永四年に小学校を設置。
			慶応年間	伊達慶邦		和・漢・習・算・蘭・魯	文・武					
		振徳堂	嘉永四年	同								養賢堂の支校。

都道府県名	藩名	藩校名(国許)	創立・改革年代	設立時藩主	学派	学科	教場	藩校名(江戸藩邸)	設置年代	設立時藩主	転封	備考
秋田県	秋田藩	御学館	寛政二年	佐竹義和		漢	文	読書所	寛政十年	佐竹義和		寛政七年に医学館・武芸稽古所、文政八年に和学方を設置。
		↓明道館	寛政五年	同		漢	文	↓日知館	文政以前			
		↓明徳館	文化八年	同	朱子学	和・漢・算	文					
			文政九年	佐竹義厚		和・漢・算	文・武					
		↓明達館	慶応年間	佐竹義堯								
		↓明徳館	明治二年	同								旧校舎に復し、名称も改められた。
	秋田新田(岩崎)藩	文武館	(文政―嘉永)					勅典館	(不明)	佐竹義純		維新前は定府。
		↓勅典館	明治三年	佐竹義理	折衷学	漢・習・算	文・武					
	亀田藩	長善館	天明六年	岩城隆恕	折衷学	漢・習・医	文					明治に上池館(医)を独立させる。
			明治二年	岩城隆彰		漢・習・医・洋・和・算	文・武					
	本荘藩	修身館	天明年間	六郷政速		漢	文					
		↓総教館	明治二年	六郷政鑑	折衷学	和・漢・算・習	文					
	仁賀保藩	久徴館	文政年間									
	矢島藩	日新堂	安政年間	生駒親道	折衷学							交代寄合。
		↓矢島藩学校	明治元年									
山形県	上山藩	御用屋敷学校	文化六年	松平信行				文武館	(不明)			
		↓天輔館	文化六年	同	古註学	漢	文					
		↓明新館	天保十一年	松平信宝	朱子学(林)	漢・習・算	文					
	新庄藩	講堂	天明年間	戸沢正親	朱子学	漢	文					
		↓明倫堂	安政五年	戸沢正寛	朱子学	漢	文					
	鶴岡藩	学問所	文化二年	酒井忠徳	徂徠学	漢	文・武					
		↓致道館	文化十三年	酒井忠器	徂徠学	漢・習	文・武					
	天童藩	学問所	文政十一年	織田信美	徂徠学	漢	文					
		養正館	文久三年	織田信学	朱子学	漢	文・武					
	長瀞藩	稽徴館	明治元年	米津正敏		漢・習	文				↓大網藩	
	松山藩	一貫堂	明治二年	酒井忠匡								
		↓里仁館										

都道府県名	藩名	藩校名(国許)	創立・改革年代	設立時藩主	学派	学科	教場	藩校名(江戸藩邸)	設置年代	設立時藩主	転封	備考
	山形藩	立誠堂	弘化二年	水野忠精	朱子学(林)	漢・算・習	文・武				浜松藩→朝日山藩	
	米沢藩	興譲館	安永五年	上杉治憲	折衷学	漢	文					寛政五年に好生堂(医)、明治四年に洋学舎を設置。
			明治三年	上杉茂憲	朱子学	漢・習・算	文					
			明治四年	同		漢・習・和・洋・医・算	文					
福島県	会津藩	郭内講所	延宝二年	保科正経	朱子学	漢	文	成章館(和田倉邸)	享和二年	保科容頌	→斗南藩	寛文四年に有志により稽古堂が開設された。
		→講所	元禄元年	保科正容								
		→東講所	天明八年	保科容頌	朱子学	漢	文	考興館(芝邸)	享和二年	同		
		→日新館	享和三年	同	徂徠学	和・漢・神道・楽・天・数・習・医	文・武					天明三年、武士教育の東講所と庶民教育の西講所(稽古堂・町会所を継承)とを合併。
	泉藩	汲深館	嘉永五年	本多忠徳	朱子学	漢・習	文・武					明治三年に算学舎・作字舎・医学舎を設置。
			明治三年	本多忠紀		漢・習・算	文・武					
	岩城平藩	施政堂	宝暦六年	安藤信成	徂徠学	漢	文				加納藩→	
		→佑賢堂	明治二年	安藤信勇	朱子学	漢・習	文・武					
	下手渡藩	修道館	安政四年	立花種恭	朱子学	漢	文				三池藩	筑後国三池に設置。下手渡には文化五年に学問所を設置。
	白河藩	[久松家]立教館	寛政三年	松平定信			文				→桑名藩	
		[阿部家]修道館	文政八年	阿部正篤	朱子学	漢	文・武				→棚倉藩	
	相馬(中村)藩	育英館	文政五年	相馬益胤		漢・習	文					弘化年間に医学校を設置。
	棚倉藩	([小笠原家]志道館)									掛川藩→唐津藩→	
		[松井家]青藍塾	嘉永年間	松平康爵							浜田藩→川越藩→	
		[阿部家]修道館	明治三年	阿部正功	朱子学	和・漢・算	文				白河藩→	
	二本松藩	敬学館	文化十四年	丹羽長富	朱子学	和・漢	文・武	文学校	宝暦年間	丹羽高庸		江戸藩邸には他に武学校を設置。

都道府県名	藩名	藩校名(国許)	創立・改革年代	設立時藩主	学派	学科	教場	藩校名(江戸藩邸)	設置年代	設立時藩主	転封	備考
	福島藩	[本多家]講習所	(延宝年間)	本多忠国								
		[板倉家]講学館	文政年間	板倉勝俊				[板倉家]講学所	(文政以降)	板倉勝俊	→重原藩	
		[板倉家]開明館舎	明治二年	板倉勝達	朱子学	和・漢						烏山藩時代の講学所を再興。
	三春藩	明徳堂	天明元年	秋田倩季	朱子学	漢・習	文・武					
		→文武局	明治二年				文・武					
	守山藩	養老館	宝暦十一年	松平頼寛	徂徠学	和・漢	文	養老館	寛保三年	松平頼寛		維新前は定府。
	湯長谷藩	致道館	天保十四年	内藤政恒		漢	文・武					
			明治二年	内藤政憲	朱子学	和・漢	文・武					
茨城県	麻生藩	精義館	明治二年	新庄直正	朱子学	漢	文	(学問所)	(弘化年間)			
	牛久藩	正心館	(元治以降)				文・武					
	笠間藩	欽古塾	文化十四年	牧野貞喜	徂徠学	漢	文	忠誠館(上屋敷)	寛政年間	牧野貞喜		欽古塾を改築して校舎とした。藩士秋元忠蔵の家塾型藩校。文政六年に博采館(医)を設置。明治三年、藩学寮と小学校を創設。
								忠誠館(中屋敷)	寛政年間	牧野貞喜		
		→時習館	安政六年	牧野貞直	水戸学	漢	文・武					
	古河藩	盈科堂	宝暦十二年	土井利里		漢	文				唐津藩→	
			寛政四年	土井利和	仁斎学	漢	文					教武場あり。
			明治初年	土井利与	朱子学	漢・英・算	文					
	宍戸藩	修徳館	(明治初年)									
	志筑藩	習文館	(不明)									
	下館藩	蒙養館	(安政以前)				文・武					
	下妻藩	修道館	(不明)									
	土浦藩	(稽古所)	(不明)				文					
		→郁文館	寛政十一年	土屋英直	闇斎学	漢	文・武					
			天保十年	土屋寅直	朱子学(昌)	和・漢	文・武					
	府中藩	興風館	明治二年	松平頼策	水戸学	和・漢・算・習	文・武					郷校か。
	松岡藩	就将館	万延元年	中山信宝								

都道府県名	藩名	藩校名(国許)	創立・改革年代	設立時藩主	学派	学科	教場	藩校名(江戸藩邸)	設置年代	設立時藩主	転封	備考
	水戸藩	弘道館	天保十二年	徳川斉昭	水戸学	漢・医・歌・兵・楽・天・数	文・武	弘道館	天保十四年	徳川斉昭		医学館を設置。
	谷田部藩	弘道館	寛政六年	細川興徳	朱子学	漢	文				茂木藩	明治四年、下野国茂木に陣屋を移す。
	結城藩	秉彝館	天保年間	水野家								文政二年開設あり。
			明治二年	水野勝寛	朱子学(昌)	漢						
栃木県	足利藩	求道館	明治二年	戸田忠行	朱子学(昌)	和・漢・洋・習・医	文・武	求道館	(不明)			
	宇都宮藩	修道館	(文化年間)	戸田忠延		漢	文					修道館と潔進館との関係は不明。
		潔進館(潔身館)	安政年間	戸田忠行	朱子学	漢	文・武					
			(不明)									
	大田原藩	時習館	嘉永三年	大田原広清	朱子学	漢	文					藩儒金枝柳村の自宅を仮校舎とする。
	喜連川藩	翰林館	(弘化二年)	喜連川煕氏								待医秋元与の家塾で教授。弘化二年に移転。
		→広運館	嘉永年間	同		漢	文					明治二年廃止後も秋元の私塾として継続。
	黒羽藩	何陋館	(文政三年)	大関増業		漢	文・武					増業の隠退により衰退。
		→作新館	安政四年	大関増徳		和・漢・習・算	文・武					一時廃絶していたものを再興。
	佐野藩	観光館択善堂	(元治元年)	堀田正頌	朱子学	漢・習	文					
			明治三年	同		漢・洋・算・習	文・武					
	烏山藩	[板倉家](講学所)	(不明)	板倉重矩							→岩槻藩	間もなく廃絶したと思われる。
		[大久保家]学問所	享保十一年	大久保常春		漢						創設後、間もなく廃絶。
			明治二年	大久保忠順	朱子学	漢・習・算	文					再興。
	吹上藩	学聚館	明治二年	有馬氏弘	朱子学	漢	文・武					天保十二年に立藩。
	壬生藩	(不明)	正徳三年	鳥居忠英	仁斎学			自成堂	(不明)	鳥居忠挙		
		→学習館	天保九年	鳥居忠挙	朱子学	漢	文					
			明治二年	鳥居忠文	朱子学	漢・習・算	文					維新後、江戸藩邸内の剣道場を学習館に併合。
	茂木藩	育英館	明治四年	細川興貫	朱子学	漢	文				谷田部藩	

都道府県名	藩名	藩校名（国許）	創立・改革年代	設立時藩主	学派	学科	教場	藩校名（江戸藩邸）	設置年代	設立時藩主	転封	備考
群馬県	安中藩	［内藤家］修道館	元文三年	内藤政里							→挙母藩	安中時代に廃止され、挙母では崇化館が新設される。
		［板倉家］造士館	文化年間	板倉勝尚		漢	文・武	［板倉家］造士館	（不明）			
			安政年間	板倉勝明	朱子学	漢	文					明治二年、文学館と武学館とを分離。
	伊勢崎藩	学習堂	安永四年	酒井忠温	闇斎学		文・武	（学習堂）	（不明）			
	小幡藩	小幡学校	寛政三年	松平忠福	折衷学	漢・習	文・武					
	高崎藩	遊芸館	宝暦年間	松平輝高	闇斎学	漢	文					
		→和漢学校	慶応三年	松平輝聲	折衷学	和・漢・医・習	文・武					
		→文武館	明治元年	同			文・武					
	館林藩	［越智家］道学堂	寛政七年	松平斉厚	闇斎学	漢	文	［越智家］官渝舎	寛政七年	松平斉厚	→浜田藩	
		［秋元家］求道館	弘化四年	秋元志朝	朱子学	漢	文	［秋元家］求道館	安政四年	秋元志朝		
		［秋元家］→造士書院	安政四年	同	朱子学（昌）	漢・医・算・習	文・武	就外舎	安政四年	秋元志朝		
	七日市藩	成器館	天保十三年	前田利豁	折衷学	漢	文・武					
	沼田藩	沼田学舎	寛保二年	土岐頼稔			文・武	敬修堂	天保年間	土岐頼寧		中絶したが、天保年間に再興。
	前橋藩	［酒井家］好古堂	元禄四年	酒井忠挙	朱子学	漢	文				→姫路藩	
		［越前家］博喩堂	慶応三年	松平直克		漢	文	［越前家］博喩堂	（慶応二年）	松平直克	川越藩	
			明治二年	同	朱子学	和・漢・算・習・洋	文					
	吉井藩	学問所	元治元年	松平信発				学問所	元治元年	松平信発		維新前は定府。
埼玉県	岩槻藩	遷喬館	文化年間	大岡忠正								藩儒児玉南柯が家塾遷喬館を藩に献納。
		→勧学所	文化年間	同								文化八年に武術稽古所設置。
	岡部藩					漢	文	就将館	（天明年間頃）	安部信允	→半原藩	明治元年、陣屋を半原に移す。
						朱子学	文	→学聚館	嘉永年間	安部信賓		江戸藩邸内に偃武場あり。
	忍藩	進修館	天保七年	松平忠堯	朱子学	漢・和・習・算					桑名藩→	
		培根堂	明治元年	松平忠誠	朱子学	漢						
		国学館	明治元年	同		皇						

都道府県名	藩名	藩校名（国許）	創立・改革年代	設立時藩主	学派	学科	教場	藩校名（江戸藩邸）	設置年代	設立時藩主	転封	備考
		洋学館	明治元年	同		洋						
	川越藩	[越前家]川越講学所	文政十年	松平斎典	朱子学	漢	文	[越前家]江戸講学所	（文政八年）	松平斎典	前橋藩	
		[越前家]蔵町稽古所	天保十四年	同								
		[松井家]長善館	慶応三年	松平康英		漢・和・習・算						
		[松井家]→文学寮	明治二年	松平康載			文				棚倉藩→	
千葉県	飯野藩	明新館	（明治初年）	保科正盛			文					
	一宮藩	学問所	安政年間	加納久徴	朱子学	漢	文	学問所	（不明）			江戸および国許において便宜開設し、一定の場所なし。
		→崇文館	明治二年	加納久宜		漢・和・算	文					
	生実藩					漢	文	郁文館	（正徳年間）	森川俊胤		
	大網藩	稽徴館	明治元年	米津政敏		漢・習	文				長瀞藩→	明治四年に常陸国竜ヶ崎に転封。
	大多喜藩	望庵	文政年間	松平正義	朱子学（昌）	漢	文					
		→明善堂	文政十二年	同			文					
			明治三年	松平正質		皇・漢・洋・算・習	文・武					
	勝山（加知山）藩	育英館	明治二年	酒井忠美	折衷学	漢・習	文					
	菊間藩	明親館	明治三年	水野忠敬	折衷学	和・漢・洋・習・算・作文	文・武	明新館分校	明治元年	水野忠敬	沼津藩→	
	久留里藩	三近塾	天保十三年	黒田直静	朱子学（林）	漢	文・武					
		→三近堂	明治二年	黒田直養	朱子学（昌）	和・漢・洋・算・習	文・武					
	小久保藩	盈進館	明治二年	田沼意尊		漢・洋	文				相良藩→	明治三年より洋学も併置。
	佐倉藩	佐倉学問所	寛政五年	堀田正順	朱子学（林）	漢・習	文・武					
		→温故堂	文化五年	堀田正時	朱子学（林）		文・武	江戸成徳書院	天保七年	堀田正睦		「一術免許制」あり。
		→成徳書院	天保七年	堀田正睦	朱子学（林）	漢・習・医・楽・英	文・武					嘉永三年時点の学科目。
	桜井藩	時習館	明治二年	松平信書		漢・習	文				小島藩→	
	佐貫藩	誠道館	寛政八年	阿部正簡		漢・習	文・武	撰秀館	寛政八年	阿部正簡		
	関宿藩	教倫館	文政七年	久世広運	折衷学	漢	文					

都道府県名	藩名	藩校名(国許)	創立・改革年代	設立時藩主	学派	学科	教場	藩校名(江戸藩邸)	設置年代	設立時藩主	転封	備考
			明治三年	久世広業	折衷学	皇・漢	文					
	高岡藩				朱子学	和・漢・習・算	文・武	学習館	文久二年	井上正和		
	多古藩					漢・習・算	文・武	学問所	天保元年	松平勝権		
	館山藩	立教局	明治二年	稲葉正善	朱子学(昌)	漢・習	文	敬義館	(不明)			敬義館を国許に移転し、立教局とした。
	鶴舞藩	克明館	明治二年	井上正直	朱子学(昌)	漢・算・習・洋	文・武	克明館	明治初年	井上正直	浜松藩↓	
	鶴牧藩	修成館	天保十三年	水野忠実	朱子学	漢	文	修来館	天保年間	水野忠順		藩主の学校を修来館、藩士の学校を修成館とした。
	長尾藩	日知館	(明治二年)	本多正訥	朱子学(昌)	和・漢・算・習・医	文・武	日知館			田中藩↓	転封後、江戸日知館を長島に移設。
	花房藩	学問所	明治元年	西尾忠篤							横須賀藩↓	
		↓修道館	明治三年	西尾忠篤	朱子学(昌)	和・漢・洋・算	文					
	松尾藩	教養館	明治元年	太田資美	折衷学	和・漢・洋・医・算・習	文・武	拭目館(上屋敷)	明治元年	太田資美	掛川藩↓	明治四年、柴山より転封。
								曙戒堂(下屋敷)	明治元年	同		
神奈川県	荻野山中藩	興譲館	明治元年	大久保教義	朱子学	漢・和・算	文・武					維新前は定府。
	小田原藩	集成館	文政五年	大久保忠真	朱子学	漢	文・武					
		↓文武館	明治二年	大久保忠良	朱子学	漢・英・習・算・医	文・武					
	六浦藩	明允館	明治元年	米倉昌言	朱子学	漢	文					維新前は定府。筆道・算術は分校において教授。
新潟県	糸魚川藩	明道館	明治二年	松平直静	朱子学	漢	文・武					
	黒川藩	弘道館	安政年間	柳沢光邦	徂徠学		文・武					
	椎谷藩	修道館	(不明)	堀家				修道館	(不明)	堀家		江戸から国許に移設。
	新発田藩	講堂	安永元年	溝口直養	闇斎学	漢	文	講堂(道学堂)	文政十年	溝口直諒		安永六年、医学館を設置。
		↓道学堂	寛政九年	溝口直侯	闇斎学		文					文久三年、兵学所を設置。
			明治三年	溝口直正		漢・習・算	文・武					
	高田藩	修道館	慶応二年	榊原政敬	朱子学							
			明治二年	同		漢・和・習・算	文					

都道府県名	藩名	藩校名（国許）	創立・改革年代	設立時藩主	学派	学科	教場	藩校名（江戸藩邸）	設置年代	設立時藩主	転封	備考
			明治三年	同		漢・和・習・算・洋	文・武					
	長岡藩	崇徳館	文化五年	牧野忠精	徂徠学・仁斎学	漢	文	就正館	文政一三年	牧野忠精		徂徠学派の教場は遷善館、仁斎学派の教場は成章堂。
			天保四年	牧野忠雅	朱子学・仁斎学	漢	文					朱子学派の教場は遷善館、仁斎学派の教場は成章堂。
			慶応三年	牧野忠恭	朱子学	漢	文・武					朱子学に一本化。
		国漢学校	明治三年	同		和・漢・医・洋	文・武					
	三日市藩	文武所	（嘉永以前）	柳沢家	朱子学							
		→遊芸館	天保三年	柳沢里顕	朱子学							
		→文武局	明治三年	柳沢徳忠	朱子学							文武局のもと、教授所と軍務所が置かれた。
	三根山藩	（学問所）	（天保年間）	牧野忠直		漢	文					維新前は江戸定府。文久三年に立藩。
		→入徳館	明治三年	牧野忠泰	朱子学（昌）	和・漢・算・習	文					
	村上藩	学館	寛政年間	内藤信敦	徂徠学	漢	文					
			天保九年	内藤信親	折衷学	漢	文					
		→克従館	安政年間	同	仁斎学	漢	文					
			明治二年	内藤信美	朱子学（林）	漢・算	文					
	村松藩	文武所	明治元年	堀直弘	朱子学	漢	文					
		→自強館	明治四年	同	朱子学（昌）	漢	文・武					文学所・武芸所・医学所を設置。
	与板藩	（学問所）	（不明）					（学問所）	（不明）			
		→正徳館	万延元年	井伊直充	朱子学	漢	文					万延元年以前に学問所と演武場を別設。万延元年、演武場内に学問所を特設。
			明治元年	井伊直安	徂徠学	和・漢・算	文・武					
富山県	富山藩	広徳館	安永二年	前田利与	徂徠学	漢	文					
			文政期	前田利幹	朱子学（林）	漢	文					享和の改革。
			天保年間	前田利保		漢・洋・医・和歌	文					天保の改革。
			慶応三年	前田利同	朱子学（昌）	漢	文					慶応の改革。
		→藩学校	明治二年	同		漢	文					変則英学校・徳聚堂・演武場・西洋医学校を設置。

都道府県名	藩名	藩校名（国許）	創立・改革年代	設立時藩主	学派	学科	教場	藩校名（江戸藩邸）	設置年代	設立時藩主	転封	備考
石川県	金沢藩	明倫堂	寛政四年	前田治脩	折衷学	和・漢・算・習・天文暦・医学本草・易	文・武					
			文化六年	前田斉広		漢・習・算・天文暦	文・武					
			天保十年	前田斉泰	朱子学	漢・習・算・天文暦	文・武					経武館を併設。
	大聖寺藩	学問所	天保十一年	前田利平		漢	文					
		→時習館	安政元年	前田利義	折衷学	漢・習	文・武					安政四年、有備館（武）を設置。
		→藩学校	明治二年	前田利鬯		和・漢・洋・医・算・習	文・武					時習館・有備館などの総称。
福井県	大野藩	大野学問所	天保十四年	土井利忠	朱子学	漢・習	文					藩の会所をあてる。
		→明倫館	弘化元年	同			文					
			嘉永二年	同	朱子学（昌）	和・漢・洋・医・習	文・武					嘉永五年に蘭学所を設置。安政三年に洋学館を設置。
	小浜藩	順造館	安永三年	酒井忠貫	闇斎学	漢・習	文	講正館（下屋敷）	安政二年頃	松平忠用		
			明治二年	酒井忠禄	闇斎学	漢・習・洋・算	文	必観楼（中屋敷）	（不明）	同		
								信尚館（上屋敷）	文政元年	酒井忠進		
	勝山藩	読書堂	天保十二年	小笠原長守		漢・医	文					藩儒秦魯斎の献金で校舎を建築。
		→成器堂	天保十四年	同		漢・医	文					
	鯖江藩	御稽古所	文化十一年	間部詮勝	朱子学	漢	文・武	稽古堂	文化十年	間部詮允		嘉永三年、幼童婦女のための心学所として謙光舎を設置。
		→進徳館	天保十三年	同				→惜陰堂	天保十二年	間部詮勝		
	福井藩	正義館	文政二年	松平治好	闇斎学	漢	文					文化二年、済世館（医）を設置。
		明道館	安政二年	松平慶永	朱子学	皇・和・漢・洋・習・図画・測量・天・地	文・武					惣武芸所と洋書習学所を併設。
		→明新館	明治二年	松平茂昭	朱子学（昌）		文・武					
	府中藩	立教館	安政三年	本多富恭	折衷学	漢	文					明治元年、福井藩より立藩。
		→進脩書院	文久二年	同	朱子学	和・漢・算	文					
		思精館	元治元年									

都道府県名	藩名	藩校名（国許）	創立・改革年代	設立時藩主	学派	学科	教場	藩校名（江戸藩邸）	設置年代	設立時藩主	転封	備考
	丸岡藩	平章館	文化元年	有馬誉純	徂徠学	漢	文	（不明）	（寛政六年か）	有馬誉純		
			明治二年	有馬道純	朱子学	漢	文					
長野県	飯田藩	読書場	寛政七年	堀親民	徂徠学	漢	文					藩儒邸内に設置。
		→文武所	明治二年	堀親広		漢・習	文・武					
	飯山藩	長道館	安政四年	本多助賢	朱子学	漢	文					不二心斎が文化年間に開設した干城軒がのちに藩校となる。
		→飯山学校	明治四年	本多助寵		漢・習・算	文					
	岩村田藩	達道館	元治元年	内藤正誠		和・漢	文・武					
	上田藩	明倫堂	文化十年	松平忠学	朱子学（林）	漢	文・武	学問所	天保十年	松平忠優		安政六年、兵学所・医学所・数学測量所を併設。
			万延元年	松平忠礼	朱子学（林）	漢・和・洋・医・習	文・武					
	小諸藩	明倫堂	享和二年	牧野康長	折衷学	漢	文・武	（学校）	（不明）			
		→明倫学校	明治三年	牧野康済	朱子学	漢・和・洋・算	文・武					
	須坂藩	教倫館	天明末年	堀直晧			文					教倫館と立成館とは、移行と併存の二説がある。
		立成館	文化年間		折衷学	漢	文					
								五教館	（不明）			
	高島藩	長善館	享和三年	諏訪忠粛	徂徠学	漢・習・算	文・武					明治二年、国学校を設置。
			明治二年	諏訪忠正	朱子学（昌）	漢・算・測量	文・武					
	高遠藩	進徳館	万延元年	内藤頼直		和・漢・習	文・武	稽古場	文化年間	内藤頼以		
			明治四年	同		和・漢・洋・算	文・武					洋学所を別置。
	田野口藩	尚友館	明治元年	松平乗謨	折衷学	漢・習・算	文	修業館	安政元年	松平乗謨	奥殿藩	修業館を田野口に移転し、尚友館とした。
	松代藩	稽古所	宝暦八年	真田幸弘		漢	文・武	文武舎	嘉永四年	真田幸貫		稽古所はのちに中絶、寛政元年に再開される。
		→学問所	文化三年	真田幸専	朱子学	漢	文・武					
		→文武学校	安政二年	真田幸教	朱子学（林）	漢	文・武					
		→藩学校	明治二年	真田幸民		和・漢	文・武					明治元年、兵制士官学校設置。
	松本藩	新町学問所	宝暦年間	松平光和	朱子学（林）							
		→崇教館	寛政五年	松平光行		漢・習						
		→藩学	明治三年	松平光則	朱子学（林）	和・漢・医・習・算	文・武					皇学所・医学館を別置。

都道府県名	藩名	藩校名(国許)	創立・改革年代	設立時藩主	学派	学科	教場	藩校名(江戸藩邸)	設置年代	設立時藩主	転封	備考
岐阜県	今尾藩	文武館	化政期	竹腰正定		漢	文					明治二年に名古屋藩より独立して立藩。
		→格致堂	弘化年間	竹腰正実		漢	文					
	岩村藩	文武所	元禄十五年	松平乗紀	朱子学	漢		(稽古所)	元禄十五年	松平乗紀		文武所・稽古所は享保四年創設説あり。
		→知新館	(不明)									
			天保元年	松平乗美		和・漢・習・算	文・武					
			明治二年	松平乗命	折衷学	和・漢・習・算	文・武					
	大垣藩	学問所	天保十一年	戸田氏庸	折衷学	漢	文					文化年間、藩士岡田主鈴の家塾で藩士子弟の教授がはじめられた。主鈴の家塾を収公し、藩校とする。
		→致道館	(天保十五年)									
		→敬教堂	(嘉永年間)	戸田氏正	朱子学	漢	文					
		→学館	慶応二年	戸田氏共			文・武					
		→文学校	明治元年	同			文					武学校(旧軍務学校)を併置。
		→南校	明治四年	同			文					皇、漢。北校(洋・医・算)を併設。
	大垣新田(野村)藩	典学寮	明治元年	戸田氏良				斉美館	文久三年	戸田氏良	野村藩→大垣新田藩	明治初年に江戸から国元に移転。
	加納藩	学問所	寛政四年	永井尚佐								
		→憲章館	文政年間	永井尚佐	陽明学	漢	文					
		→文武館	文久年間	永井尚服	朱子学(林)	和・漢	文・武					
		→憲章堂	明治二年	同	朱子学(昌)	和・漢・算・習	文・武					
	郡上藩	講堂	天明年間	青山幸完	朱子学(京)	漢	文	講堂(上屋敷)	天明年間	青山幸完		
		→潜龍館	天保年間					講堂(下屋敷)	天明年間	同		
		→文武館	慶応元年	青山幸宜	朱子学(京)	漢・習・算	文・武					
		→集成館	明治元年	同	朱子学(京)	漢・習・算・和・洋	文・武					別に医学館を設置。
	高須藩	日新堂	享保年間	松平家								日新堂は寛政六年創設説あり。
			天保年間	松平義建	折衷学	漢	文					

都道府県名	藩名	藩校名(国許)	創立・改革年代	設立時藩主	学派	学科	教場	藩校名(江戸藩邸)	設置年代	設立時藩主	転封	備考
			明治二年	松平義生	折衷学	和・漢・算・習	文					
	高富藩	教倫学校	明治初年	本庄道美		漢	文	教倫学校	弘化年間	本庄道貫		明治初年に江戸から国元に移転。
	苗木藩	日新館	明治元年	遠山友禄	闇斎学	和・漢・算・習	文・武					
静岡県	小島藩	時習館	(不明)								↓桜井藩	
	掛川藩	北門書院	享和二年	太田資愛	朱子学	漢	文	拭目館(上屋敷)	(享和二年)	太田資愛	↓松尾藩	
		↓徳造書院	弘化元年	太田資功	折衷学	漢・習・算	文	曙戒堂(下屋敷)	(享和二年)	同		
		↓教養館	万延元年	同	折衷学	漢・習・算	文					学館・演武場を総称したもの。
	田中藩	日知館	天保八年	本多正寛	朱子学(林)	漢・習	文	日知館	(万延元年)	本多正訥	↓長尾藩	
			文久元年	本多正訥	折衷学(昌)	和・漢・習・算・医	文・武					弘化四年に芳野金陵を招聘してより、折衷学を宗とする。
	沼津藩	矜式館	文化年間	水野忠成	古学	漢	文	明親館分校	文久年間	水野忠誠	↓菊間藩	
		↓明親館	文久年間	水野忠誠	朱子学	漢・習	文・武					
	浜松藩	［水野家］経誼館	天保十三年	水野忠邦	朱子学(林)	漢	文・武	［水野家］育英館	(文化十四年)	水野忠邦	唐津藩↓ ↓山形藩	
		［井上家］克明館	弘化三年	井上正春	朱子学	漢	文	［井上家］(克明館)	(不明)		↓鶴舞藩	
	府中藩	府中学問所	明治元年	徳川家達		皇・漢・洋	文					駿府城代の安政五年に開設された駿府学問所(明新館)を前身とする。
	(静岡藩)	↓静岡学問所	明治二年	同	折衷学	皇・漢・洋	文					明治元年、沼津兵学校を開設。
	横須賀藩	学問所	文化八年	西尾忠善		和・漢	文				↓花房藩	
愛知県	犬山藩	敬道館	天保十一年	成瀬正住	折衷学	漢	文					名古屋藩邸に要道館あり。明治二年に名古屋藩より立藩。
			明治二年	成瀬正肥	折衷学	和・漢・算・習	文					
	岡崎藩	允文館	明治二年	本多忠直	漢		文					允武館を別置。家塾教育を実体とする共有教場。
	奥殿藩	明徳館	弘化三年	松平乗利				(学問所)	不明		↓田野口藩	
		↓学問所	安政三年	松平乗利								
	刈谷藩	文礼館	天明三年	土井利徳	朱子学(林)	漢	文				西尾藩↓	

都道府県名	藩名	藩校名（国許）	創立・改革年代	設立時藩主	学派	学科	教場	藩校名（江戸藩邸）	設置年代	設立時藩主	転封	備考
			明治元年	土井利教	朱子学	和・漢・算・習	文・武					
	挙母藩	崇化館	天明七年	内藤学文	仁斎学	漢・習・算	文				安中藩→	
		→温文館	享和二年	内藤政峻	朱子学							崇化館改革により、朱子学となる。
		→崇化館	文化二年	同								
		→皇道寮	明治三年	内藤文成								
	重原藩	教導館	明治二年	板倉勝達	水戸学	和・漢	文・武				福島藩→	
		→養正館	明治二年	同	水戸学	和・漢	文・武					
	田原藩	成章館	文化七年	三宅康和	折衷学	漢	文・武	学問所	天保二年	三宅康直		
	名古屋藩	聖堂	（不明）	徳川義直				弘道館	（不明）			
		巾下学問所	延享五年	徳川宗勝		漢	文					藩儒蟹養斉の私塾的性格が強い。
		→明倫堂	寛延二年			漢	文					
		明倫堂	天明三年	徳川宗睦		漢・楽・算	文					
			慶応三年	徳川慶勝	朱子学（昌）	漢・和・算・習	文・武					
		→学校	明治初年	同		漢・和・算・習	文・武					明治二年に名古屋洋学校、同三年に女学校を別に設置。
	西尾藩	［土井家］文礼館	（元禄・延宝）	土井利意	朱子学（林）	漢	文				→刈谷藩	
		［松平家］学問所	天保十二年	松平乗全	徂徠学	漢	文	（学問所）	天保十二年	松平乗全		
		［松平家］→修道館	嘉永六年	同	朱子学（昌）	漢		→典学館	嘉永六年	同		
	半原藩	学聚館	明治三年	安部信発	朱子学	漢	文				岡部藩→	
	吉田（豊橋）藩	時習館	宝暦二年	松平信復	徂徠学	漢	文・武					
			文化三年	松平信明	折衷学	漢	文・武					
			弘化元年	松平信宝	折衷学	和・漢・習	文・武					
			明治元年	松平信吉	朱子学	和・漢・算・習	文・武					
三重県	亀山藩	明倫舎	天明五年	石川総博	闇斎学	漢	文					
		→明倫館	明治二年	石川成之		和・漢・洋・習・算	文					
	神戸藩	三教館	享保年間	本多忠統	徂徠学派	漢	文					
		→学校	寛政年間	本多忠奝	徂徠学派	漢	文	成章館	文化十三年	本多忠升		

都道府県名	藩名	藩校名(国許)	創立・改革年代	設立時藩主	学派	学科	教場	藩校名(江戸藩邸)	設置年代	設立時藩主	転封	備考
	桑名藩	→教倫堂	文化九年	本多忠升	朱子学(昌)	和・漢・習	文	進徳堂	享保年間	本多忠統		成章館は藩主一族のために開設。
			明治二年	本多忠貫	朱子学	和・漢・習・算	文					教倫堂は文化十年開設説あり。
		[奥平家]進修館	文化十年	松平忠翼	朱子学						→忍藩	
		[久松家]立教館	文政六年	松平定永	朱子学(朱)	漢・習・算	文	(学校)	(不明)		白河藩→	柏崎陣屋にも学校設置。
			明治三年	松平定教	朱子学(朱)	漢・洋・習・算	文					
	菰野藩	麗沢館	文化十三年	土方義苗	朱子学	漢・習	文					
		→修文館	天保七年	土方雄興	(朱子学)		文・武					安政二年、朱子学を宗とする。
		→顕道館	明治二年	土方雄永	朱子学	和・漢・洋・習・算	文・武					
	津藩	有造館	文政三年	藤堂高兌	折衷学	漢・習・天・算	文・武					整暇堂(兵)、育生館(医)、洋学館を設置。
		→修文館	明治二年	藤堂高潔	折衷学	漢・習・天・算	文・武					
	鳥羽藩	尚志館	文政七年	稲垣長剛	折衷学・朱子学	漢	文・武	(造士館)	(天保年間)			
		→藩学校	明治三年	稲葉長敬		和・漢・洋・算	文・武					
	長島藩	省耕楼	享保七年	増山正任	闇斎学	漢	文					
		文礼館	天明五年	増山正賢	仁斎学	漢	文・武					
			天保十二年	増山正修	仁斎学	漢	文・武					
	久居藩	句読所	慶応三年	藤堂高邦		漢						藩校としては機能しなかったという。
		久居藩学校	明治二年	同		和・漢・習・医	文・武					習書寮・種痘寮を別に設置。
滋賀県	朝日山藩	経誼館	明治三年	水野忠弘		漢・習・算	文	育英館	(明治三年)	水野忠弘	山形藩→	
	大溝藩	修身堂	天明五年	分部光実	仁斎学	漢	文					
			安政五年	分部光貞	朱子学	漢・習・算	文					
	膳所藩	遵義堂	文化年間	本多康禎	朱子学	漢・習	文・武					藩は朱子学を宗とすべきを指令しているが、儒者は全て古註学派。天保以降は朱子学(林)派が優勢となる。
			慶応二年	本多康穣	朱子学(昌)	漢・習・算・和・蘭	文・武					
	西大路藩	日新館	寛政八年	市橋長昭	朱子学(漢)	漢	文・武					

都道府県名	藩名	藩校名（国許）	創立・改革年代	設立時藩主	学派	学科	教場	藩校名（江戸藩邸）	設置年代	設立時藩主	転封	備考
			明治三年	市橋長義	折衷学	漢・習・算	文・武					
	彦根藩	稽古館	寛政十一年	井伊直中	徂徠学	和・漢・算・天	文・武					
		→弘道館	天保元年	井伊直亮			文・武					安政四年、学風を朱子学に改める。
		→文武館	明治二年	井伊直憲	朱子学		文・武					
	水口藩	翼輪堂	安政二年	加藤明軌	朱子学	漢	文・武					
		→尚志館	明治四年	加藤明実	朱子学	和・漢・算・習	文・武					
	山上藩	文武館	明治二年	稲垣太清	朱子学	和・漢・算・習	文・武	学問場	（不明）			維新前は定府。江戸藩邸には武芸場も設置。
京都府	綾部藩	進徳館	天保年間	九鬼隆郁	朱子学	漢・習	文					正徳五年創設とも。
		→篤信館	明治二年	九鬼隆備	闇斎学	漢・習	文					
	亀山藩	（学校）	文政七年	松平信豪	闇斎学	漢・習・算	文・武				篠山藩→	
			慶応二年	松平信正	朱子学	漢・習・算	文・武					闇斎学を廃し、朱子学を宗とする。
	園部藩	講堂	文化年間	小出英筠		漢	文					藩立の手習所（文化年間創設か）あり。
			明治三年	小出英尚	折衷学	漢・習	文・武					手習所・武芸道場・講堂を総合。
	田辺藩	明倫斎	天明年間	牧野宣成	闇斎学	漢	文	済美堂	（不明）	牧野以成		
		→明倫館	文久元年	牧野誠成	闇斎学	漢・算・習	文・武					
	福知山藩	惇明館	文化三年	朽木綱方		漢・習	文					天明年間創設とも。
			万延元年	朽木綱張	朱子学	漢・習	文					
			慶応三年	朽木為綱	朱子学（林）	漢・洋・習・算	文・武					
	峰山藩	敬業堂	文政末年	京極高備		漢	文					文化年間以前より読書手跡稽古場を設置していたという。
		→敬業館	明治元年	京極高富		漢・習・算	文					小学校・欧学校も設置。
	宮津藩	礼譲館	文政元年	本庄宗発	折衷学	漢・習	文・武					
			慶応二年	本庄宗秀	朱子学（林）	漢・習・算	文・武					
			明治二年	本庄宗武		和・漢・洋・医・算・習	文・武					
	山家藩	学問所	（不明）	谷家		漢	文					
		→致道館	明治二年	谷衛滋	折衷学	漢・習	文・武					
	淀藩	明新館	万延元年	稲葉正邦	朱子学（朱）	漢						万延年間以前は文武とも家塾・師範道場で教授。
		同	明治元年	同	朱子学	漢・洋・習・算						

都道府県名	藩名	藩校名(国許)	創立・改革年代	設立時藩主	学派	学科	教場	藩校名(江戸藩邸)	設置年代	設立時藩主	転封	備考
大阪府	麻田藩	直方堂	寛政年間	青木一貞		漢	文					
			天保年間	青木一興	朱子学	漢・習・算	文					
		→文武局	明治二年	青木重義	朱子学	漢・習・算	文・武					
	岸和田藩	講習館	嘉永五年	岡部長発	朱子学	漢	文					
			慶応三年	岡部長寛	朱子学	漢	文・武					慶応三年に修文館を、明治三年に文学館を設置。
			明治三年	岡部長職		漢・習・算・洋	文・武					
	狭山藩	簡修館	嘉永末年	北条氏燕		漢	文					
			明治二年	北条氏恭	朱子学	和・漢	文					
	高槻藩	菁莪堂	寛政年間	永井直進	仁斎学	漢	文					寛政以前は家塾で藩士教育を行う。
			天保年間	永井長与	折衷学	漢・習	文					
			明治元年	永井直諒	折衷学	漢・習	文・武					
	丹南藩	丹南学校	明治元年	高木正坦		漢・習	文・武					維新前は定府。
兵庫県	明石藩	景徳館	享保四年	松平直常	朱子学(昌)	漢	文					藩儒梁田家の家塾を半官半民で代用。
		→敬義館	明治二年	松平直致	古註学	漢	文					
	赤穂藩	博文館	安永六年	森忠興		漢	文					宝永五年に学問所が設置されている。
			天保十三年	森忠徳	朱子学	漢・習	文					
			明治二年	森忠僕		漢・和・洋・算・習・楽	文					
								進修館	嘉永五年	森忠徳		
	尼崎藩	正業館	明治二年	松平忠興	徂徠学	漢・洋・習・算		止善館	寛政五年	松平忠告		
	安志藩	学問所	享保三年	小笠原長興	朱子学	漢	文					一時廃絶。
		→明倫堂	弘化元年	小笠原棟幹	朱子学	漢・習	文・武					
			明治二年	小笠原貞孚	朱子学	漢・習	文・武					
	出石藩	学問所	安永四年	仙石政辰	仁斎学	漢	文					
		→弘道館	天明二年	仙石久行		漢・和・習	文					
			明治二年	仙石久利	折衷学	漢・和・習・洋・算	文・武					維新後、女学校を設置。
			明治三年	仙石政固	徂徠学	漢・和・習・洋・算	文・武					

都道府県名	藩名	藩校名（国許）	創立・改革年代	設立時藩主	学派	学科	教場	藩校名（江戸藩邸）	設置年代	設立時藩主	転封	備考
	小野藩	博習館	（天保以前）		朱子学			（学校）	（不明）			江戸藩邸では、藩士をして教授させた。
		→帰正館	天保八年	一柳末延	国学	和・漢	文					
			文久元年	一柳末彦	朱子学	和・漢・習・算	文					
	柏原藩	又新館	嘉永三年	織田信貞	朱子学	漢	文					元禄年間に学問所が設置されたという。
		→崇広館	安政三年	織田信民	朱子学	漢	文・武					
	篠山藩	［松平家］（不明）	元禄末年	松平信庸	仁斎学	漢	文					江戸藩邸藩学は篠山の藩学に倣う。幕末期に藩士が篠山に移住したため、廃校となる。
		［青山家］振徳堂	明和三年	青山忠高	仁斎学	漢	文	［青山家］（不明）	（不明）		亀山藩→	
			天明六年	青山忠裕		漢・習・算	文					
			嘉永元年	青山忠長	朱子学（昌）	漢・習・算	文					
			明治二年	青山忠敏		和・漢・洋・医・算・習	文・武					
	三田藩	国光館	元禄七年	九鬼副隆	朱子学（朱）	漢						
		→造士館	文政元年	九鬼隆国	朱子学	漢・習						
			明治二年	九鬼隆義	朱子学	漢・洋・習						
	竜野藩	文武稽古所	天保五年	脇坂安董	朱子学	漢	文・武	敬楽館	文化二年	脇坂安董		
		→敬楽館	（不明）									江戸敬楽館廃止に伴い改称。
			安政三年	脇坂安宅	朱子学	漢・習	文・武					
			明治三年	脇坂安斐	朱子学	漢・習・医	文・武					
	豊岡藩	稽古堂	天保四年	京極高行	朱子学	漢	文・武	稽古堂	天保五年	京極高行		天保初年、心学成章舎を設置。
			明治二年	京極高厚	朱子学	漢・和・洋・算・習・楽	文・武					明治三年、女学校を設置。
	林田藩	敬業館	寛政六年	建部政賢	朱子学	漢	文・武					
			文久三年	建部政世	朱子学（昌）	漢・和・洋・算・習・医	文・武					
	姫路藩	好古堂	寛延二年	酒井忠恭	朱子学	漢	文	（不明）	（不明）		前橋藩→	早い時期から江戸藩邸に藩学が設置された。
			弘化年間	酒井忠宝	朱子学	漢・和・医・習	文・武					
	福本藩	乾々館	安政二年	池田喜通				（学問所）	（不明）			江戸藩邸学問所は文久二年に廃校。当時は旗本。
		→時習館	（明治二年）	池田徳潤								

都道府県名	藩名	藩校名（国許）	創立・改革年代	設立時藩主	学派	学科	教場	藩校名（江戸藩邸）	設置年代	設立時藩主	転封	備考
	三日月藩	広業館	寛政九年	森快温	古註学	漢	文・武					
			明治二年	森俊滋		漢・和・習	文・武					
	三草藩	修道館	慶応三年	丹羽氏中	朱子学	漢・習・算	文・武	修道館	（文政年間）	丹羽氏昭		維新後、江戸修道館を国元に移転させた。
	村岡藩	明倫館	天保三年	山名義問	折衷学	漢	文					当時は旗本。
		↓講習所	嘉永二年	同	朱子学（昌）	漢・習	文					講習所では「明倫館」の扁額を掲げた。
		↓日新館	明治二年	山名義斉	朱子学（昌）	漢・習・和・算	文					
	山崎藩	学問所	天保年間		本多忠鄰	漢	文					
		↓思斉館	明治二年	本多忠明		漢・和・算・習	文・武					
奈良県	櫛羅藩	学校	元治元年	永井直壮		和・漢・習	文・武					
	小泉藩	修道館	明治元年	片桐貞篤		皇・漢・習・算	文					天保五年、武芸稽古所を設置。
	郡山藩	総稽古所	享保年間	柳沢吉里	徂徠学	漢	文	文武教場	元禄年間	柳沢吉保		
			天保六年	柳沢泰世	陽明学	漢	文・武					
		↓敬明館	明治二年	柳沢保甲			文・武					
		↓造士館	明治三年	同		和・漢・洋・算・習	文・武					
	芝村藩	明喬館	明治三年	織田長猶	朱子学	皇・漢・習・算	文					元禄九年に遷喬館創設されたというが確証を欠く。
	高取藩	明倫館	明治三年	植村家壺		漢	文・武					明治三年以前は家塾で教授。
	田原本藩	稽古所	天保十二年	平野長発		漢	文					
			明治元年	平野長裕		和・漢・習	文・武					明治元年、加増により立藩。
	柳生藩	修文館	明治三年	柳生俊益		漢	文					維新前は江戸定府。
	柳本藩	明倫館	明治元年	織田信友		漢	文					
和歌山県	新宮藩	漢学所	文化年間	水野家		漢	文					儒者宇井塁庵の私塾を直轄化。
			明治二年	水野忠幹	陽明学	漢・和・習	文					明治元年、和歌山藩より立藩。
	田辺藩	講堂（学館）	文政年間	安藤直馨		漢	文					
		↓修道館	安政年間	安藤直裕	朱子学	漢・和	文					
			明治三年	安藤直行		漢・和・洋・算・習	文・武					明治元年、和歌山藩より立藩。
	和歌山藩	講釈所	正徳三年	徳川吉宗		漢	文	明教館	寛政五年	徳川治宝		
		↓講堂	享保初年	徳川宗直	仁斎学	漢	文	↓文武場	慶応年間	徳川茂承		

都道府県名	藩名	藩校名(国許)	創立・改革年代	設立時藩主	学派	学科	教場	藩校名(江戸藩邸)	設置年代	設立時藩主	転封	備考
		学習館	寛政二年	徳川治宝	折衷学	漢	文					
			慶応二年	徳川茂承		和・漢・蘭・洋・算	文・武					
		→学校	明治二年	同		和・漢・洋	文					
鳥取県	鳥取藩	尚徳館	宝暦七年	池田重寛	朱子学	漢	文	江戸学問所	天保十四年	池田斎訓		
		→読書堂	文化十年	池田斉稷	朱子学	漢	文					再建。
		→学校	安政六年	池田慶徳	朱子学	漢・和・算・習	文・武					文久元年に国学局、明治元年に医学寮を設置。
		→総学局	明治二年	同	朱子学(昌)	漢・和・算・習・医	文・武					
島根県	津和野藩	養老館	天明六年	亀井矩賢	闇斎学	漢	文・武					
			嘉永二年	亀井茲監	朱子学	漢・和・医・算	文・武					嘉永二年、藩学の永久維持の法を定めた。安政二年に再建。
	浜田藩	[松井家]長善館	寛政二年	松平康定	朱子学・国学						→棚倉藩	天保七年に棚倉藩へ転封。
		[越智家]道学館	天保八年	松平斉厚	闇斎学	漢	文				館林藩→鶴田藩	
	広瀬藩	漢学所	享和元年	松平直義	朱子学(林)	漢						各学舎を総合して修文館を創設。
		→修文館	明治四年	松平直己	折衷学	漢・和・洋・医・算・習	文・武					
	松江藩	文明館	宝暦八年	松平宗衍	朱子学(林)	漢	文	文学所	寛延元年	松平宗衍		
		→明教館	天明四年	松平治郷	朱子学(林)	漢	文					文化三年に存済館、文久二年に西洋学校を設置。
		→文武館	文久三年	松平定安	朱子学(林)	漢・算・医	文・武					
		→修道館	慶応元年	同		漢・和・洋・医・習・算	文・武					
	母里藩	漢学所	明和年間	松平直行	朱子学	漢	文・武					本格的教授は天保八年より。
岡山県	足守藩	追琢舎	寛政四年	木下利彪	古学	故実・漢・算・医	文					
		→読書場	文政年間	木下利愛	古学	漢	文					
		→追琢舎	元治元年	木下利恭	朱子学	漢・習・算・医	文・武					再興。
	岡田藩	敬学館	寛政七年	伊東長寛	朱子学(林)	漢・習	文	(学校)	(不明)			
	岡山藩	花畠教場	寛永十八年	池田光政	陽明学	漢	文・武					

都道府県名	藩名	藩校名（国許）	創立・改革年代	設立時藩主	学派	学科	教場	藩校名（江戸藩邸）	設置年代	設立時藩主	転封	備考
	勝山（真島）藩	↓仮学館	寛文六年	同								寛文九年に移設。
		学問所	明和元年	三浦弘次	朱子学	漢	文					城内の書院を学館にあてた。
		↓（学館）	明治二年	三浦顕次	朱子学	漢	文					
		↓明善館	明治三年	同		漢・習・算	文・武					
	鶴田藩	道学館	明治元年	松平武聰	闇斎学	漢・習	文				浜田藩→	
	津山藩	学問所	（明和二年）	松平康致		漢	文					
		文武稽古所	天保十四年	松平斉民	朱子学（林）	漢	文					
			安政五年	松平慶倫	朱子学（昌）	漢	文・武					
		↓修道館	明治四年	同	朱子学（昌）	漢・和・洋・算・習	文・武					
	成羽藩	勧学所	文政年間	山崎義柄	朱子学	漢・習	文・武					当時は交代寄合。
		↓文武館	慶応三年									
		↓確摯校	明治二年	山崎治祇		漢・習	文・武					
	新見藩	稽古場	宝暦四年	関政富								
		↓思誠館	宝暦五年	同		漢・習	文					
			寛政六年	関長誠	朱子学	漢・習	文・武					
	庭瀬藩	（学館）	元禄十二年	板倉重高								
		↓誠意館	文政六年	板倉勝資		漢・習	文・武					
				板倉勝弘		漢・習・算	文・武					
	松山（高梁）藩	（学問所）	延享三年	板倉勝澄	朱子学	漢	文	有終館	（不明）			
		↓有終館	寛政年間	板倉勝政		漢	文					
			天保年間	板倉勝職	朱子学・古註学	漢	文・武					
			嘉永四年	板倉勝静	陽明学	漢・和・医	文・武					
広島県	広島藩	講学所	享保十年	浅野吉長	朱子学	漢	文	講学所	天明六年	浅野重晟		学塾的な藩校。
		↓講学館	享保十九年	同		漢	文					寛保三年廃止。
		学問所	天明二年	浅野重晟	朱子学・徂徠学	漢・医	文					寛政五年に徂徠学派のための教場設置。
		↓修道館	慶応二年	浅野長訓	朱子学（昌）	漢・医・和・洋	文					皇学・漢学・洋学・医学。
			明治三年	浅野長勲		漢・医・和・洋	文					

都道府県名	藩名	藩校名(国許)	創立・改革年代	設立時藩主	学派	学科	教場	藩校名(江戸藩邸)	設置年代	設立時藩主	転封	備考
	福山藩	修業堂	寛政四年	浅野重晟	徂徠学							香川南浜の家塾を藩校化。文政十一年に廃校。
		弘道館	天明六年	阿部正倫	徂徠学・仁斎学	漢・習	文	丸山学問所	文政初年	阿部正精		
		→誠之館	安政二年	阿部正弘	朱子学	漢・習・軍・医・蘭・算	文・武	→丸山誠之館	安政元年	阿部正弘		皇学・漢学・洋学・医学。
			明治三年	阿部正桓	朱子学	漢・和・算・習	文・武					
山口県	岩国藩	横山講堂	宝暦三年	吉川家		漢						明治元年、萩藩より立藩。
		錦見講堂	文化九年	吉川経礼								
		→養老館	弘化四年	吉川経幹	朱子学	漢	文・武					安政元年に愛知館(医)を設置。
		→文学校	明治二年	吉川経健								
	清末藩	育英館	天明七年	毛利匡邦	徂徠学	漢	文・武					一時衰退し、「御稽古場」と称された。慶応四年に再興。
			嘉永六年	毛利元純	朱子学	漢・算	文・武					
	長府藩	稽古場	寛文五年	吉川綱元								
		敬業館	寛政四年	毛利匡芳	徂徠学	漢	文・武					
			天保三年	毛利元義	朱子学(昌)	漢・算・習・楽	文・武					
	徳山藩	稽古館	延享年間	毛利家								
		→鳴鳳館	天明五年	毛利就馴	徂徠学	漢	文・武					
			天保元年	毛利就寿	朱子学	漢・習	文・武					天保年間、徂徠学を廃し、朱子学に一本化。
		→興譲館	嘉永五年	毛利広篤	朱子学	漢・習・和・算	文・武					
	萩藩	明倫館	享保四年	毛利吉元	朱子学(林)	漢		有備館	天保十二年	毛利敬親		
			嘉永二年	毛利敬親	朱子学(林)	漢・医・楽・天・地・歴・習・算	文・武					
		山口講習堂	天保五年	同								元は山田茂右衛門が開設の塾であった。
		→山口明倫館	文久三年	毛利敬親	朱子学	和・漢(成人)、漢・習・算(少年)	文・武					
徳島県	徳島藩	寺島学問所	寛政三年	蜂須賀治昭	朱子学(京)	漢	文					寛政七年に医学校を、慶応元年に洋学校を設置。

都道府県名	藩名	藩校名（国許）	創立・改革年代	設立時藩主	学派	学科	教場	藩校名（江戸藩邸）	設置年代	設立時藩主	転封	備考
		→長久館	明治二年	蜂須賀茂韶	朱子学	漢・和・医・洋・算	文・武	長久館	安政三年	蜂須賀斎裕		安政五年に焼失、後に国元の学問所に引き継がれる。
香川県	高松藩	講堂	元禄十五年	松平頼常	朱子学(林)	漢	文	学問所	元文五年	松平頼恭		一時中絶していた講堂を再興。
			元文二年	松平頼桓								
		→講道館	安永九年	松平頼真	朱子学(林)	漢・習・楽	文					元治元年、洋兵学校を陸軍所内に設置。
			慶応元年	松平頼聡	朱子学(林)	漢・習	文・武					
	多度津藩	→自明館	文政十年	京極高賢		漢	文					
		→文武館	明治四年	同		漢・和・習	文・武					
	丸亀藩	正明館	文政年間	京極高朗	朱子学(昌)	漢・習・楽	文・武	集義館	文政十年	京極高朗		
		敬止堂	文化八年	京極高朗								中士以下の子弟を対象。
		⇩明倫館	明治二年	京極朗徹	朱子学	漢・和・習						明治四年、正明館と敬止館とを統合。
愛媛県	今治藩	講書場	文化二年	松平定剛		漢	文					
		→克明館	文化十四年	同	闇斎学	皇・漢・医	文					
			明治二年	松平定法	朱子学(昌)	漢・和・洋・算・習	文・武					
	宇和島藩	内徳館	寛延元年	伊達村候	仁斎学	漢	文	(学校)	(不明)			明和元年、武芸稽古所を設け、文武学校とする。
		→敷教館	寛政六年	伊達村寿	闇斎学	漢	文・武					
		→明倫館	文政二年	同	闇斎学	漢	文・武					
			安政三年	伊達宗城	朱子学	漢・習	文・武					
		→明誠館	明治三年	伊達宗徳	朱子学(昌)	漢・和・洋・習	文・武					
	大洲藩	止善書院明倫堂	延享四年	加藤泰衑	陽明学	漢	文	習知堂	文化七年	加藤泰済		
			寛政十二年	加藤泰済	闇斎学	漢	文・武					
		錦絅舎	慶応年間	加藤泰秋								徒小姓以下軽輩の者を対象とした藩校。明治二年に明倫堂に統合。
	小松藩	培達校	享和二年	一柳頼親	朱子学(昌)	漢						
		→養正館	享和三年	同		漢・習	文・武					
	西条藩	択善堂	文化二年	松平頼啓	朱子学(昌)	漢	文					
			文久年間	松平頼学	折衷学	漢	文・武					
			明治二年	松平頼英		漢・洋・医	文・武					

都道府県名	藩名	藩校名（国許）	創立・改革年代	設立時藩主	学派	学科	教場	藩校名（江戸藩邸）	設置年代	設立時藩主	転封	備考
	新谷藩	求道軒	天明三年	加藤泰賢		漢	文					
			天保四年	加藤泰理	朱子学（昌）	漢・習	文					
		↓求道館	明治二年	加藤泰令								
	松山藩	興徳館	文化二年	松平定則	朱子学	漢	文	三省館	文化六年	松平定通		
		↓修来館		同								
		↓明教館	文政十一年	松平定通	朱子学	漢・習	文・武					
	吉田藩	時観堂	寛政六年	伊達村芳	朱子学	和・漢	文・武					
		↓文武館	明治二年	伊達宗敬	朱子学	和・漢・習	文・武					
高知県	高知藩	教授館	宝暦九年	山内豊敷	闇斎学	和・漢	文					後に廃校となり、新しく文武館が設置される。
		文武館	文久二年	山内豊範	朱子学・闇斎学	和・漢	文・武					慶応二年、洋学校開成館を設置。
		↓致道館	慶応元年	同								
			明治三年	同	陽明学	和・漢・算・習・洋	文・武					
福岡県	秋月藩	稽古亭	安永四年	黒田長堅								
		↓稽古観	天明四年	同								
		↓稽古館	文化六年	黒田長韶	朱子学	漢	文					一時廃校となる。
			天保年間	黒田長元	朱子学（林）	漢・習・算	文・武					
	久留米藩	（学問所）	天明三年	有馬頼僮				（学校）	（不明）			
		↓修道館	天明五年	有馬頼貴								
		↓明善堂	寛政八年	有馬頼賢	折衷学	漢・習	文					
		↓学館	万延元年	有馬頼咸								明善堂と武芸稽古所とを総合。
			慶応元年	有馬慶頼	朱子学（昌）	漢・和・算	文・武					
	小倉藩	思永斎	宝暦八年	小笠原忠総	朱子学（京）	漢	文	思永館出張所	寛政三年	立花忠苗		天明八年に移転・拡張される。
		↓思永館	天明八年	同	折衷学	漢	文・武					
		↓香春思永館	慶応三年	小笠原忠忱		漢	文・武					慶応三年香春藩と改称、藩校名も改称する。
		↓育徳館	明治三年			和・漢・洋・算・医・習	文・武					明治三年豊津藩と改称、藩校名も改称する。
	福岡藩	修猷館（東学問稽古所）	天明四年	黒田斉隆	朱子学	漢	文	江戸学問所	天明四年	黒田斉隆		江戸学問所は元治元年に廃校とされる。
		甘棠館（西学問稽古所）	天明四年	同	徂徠学	漢	文					

都道府県名	藩名	藩校名（国許）	創立・改革年代	設立時藩主	学派	学科	教場	藩校名（江戸藩邸）	設置年代	設立時藩主	転封	備考
		⇩修猷館	寛政十年	黒田斉清								
		→藩学校	明治四年	黒田長和		和・漢・洋・算	文・武					修猷館と演武場とを合併。
		文武館	明治元年	黒田長溥								のち修猷館に吸収される。
	三池藩	修道館	安政四年	立花種恭	朱子学	漢	文				下手渡藩	
	柳川藩	伝習館	文政七年	立花鑑賢	朱子学	漢	文					明治元年に閉校。
		→文武館	明治二年	立花鑑寛	朱子学（林）	和・漢・洋・算	文・武					
		賛成館	明治三年	同								
佐賀県	小城藩	学寮	天明四年	鍋島直愈	朱子学	漢	文					
		→興譲館	寛政初年	同		漢	文・武					
			明治二年	鍋島直虎	朱子学	漢・律・算・習	文・武					
	鹿島藩	徳譲館	寛政年間	鍋島直彝	朱子学	漢	文					文化二年に移転。
		→弘文館	安政六年	鍋島直彬	朱子学	漢・習・算	文					
		→鎔造館	明治三年	同	朱子学	和・漢・習・洋・算・医	文・武					
	唐津藩	［土井家］盈科堂	享保九年	土井利実		漢						
		［水野家］経誼館	享和元年	水野忠鼎	朱子学（林）	漢・習	文				→浜松藩	
		［小笠原家］志道館	文政年間	小笠原長泰	朱子学	漢	文				棚倉藩→	
	佐賀藩	元屋敷講習堂	（不明）					明善堂	文政年間	鍋島直正		
		→鬼丸聖堂	宝永五年	鍋島綱茂	朱子学（林）	漢	文					藩主の鬼丸聖堂に元屋敷講習堂を移して藩士教育にあたる。
		→弘道館	天明元年	鍋島治茂	朱子学	漢・習	文					蒙養舎は素読・習字（少年用）、弘道館は講義・会読。
			寛政元年	同			文					九思堂・修業館を設置、ともに蒙養舎と同性格。
			天保五年	鍋島直正	朱子学（昌）	和・漢・習・洋・算	文・武					天保五年、医学校好生館を設置。
	蓮池藩	養蒙館										
		塩田学寮	安永五年									分領地藤津郡塩田に創設。
		蓮池学寮	（延享年間）	鍋島直恒	古註学	漢	文					蓮池に創設。

都道府県名	藩名	藩校名（国許）	創立・改革年代	設立時藩主	学派	学科	教場	藩校名（江戸藩邸）	設置年代	設立時藩主	転封	備考
		↓成章館	天明四年	鍋島直温	朱子学（昌）	漢・習	文・武					
		↓育英館	慶応二年	鍋島直紀	朱子学（昌）	和・漢・洋・英・医・算・習	文・武					
長崎県	大村藩	集義館	寛文十年	大村純長		漢	文					
		↓静寿園	元禄七年	同		漢	文					
		↓五教館	寛政二年	大村純鎮	古註学	漢	文					寛政二年に治振軒（演武場）を設置。
			元治元年	大村純熙	朱子学（昌）	漢・和・算・習	文・武					天保元年、五教館と治振軒とを合併。
	五島藩	稽古所	（安永九年）	五島盛運								
		↓至善堂	（天明年間）	同	徂徠学	漢	文					
		↓育英館	文政四年	五島盛繁	朱子学（林）	漢	文・武					
			文久元年	五島盛徳	朱子学	和・漢・算	文・武					
			明治三年	同	折衷学	和・漢・算・洋	文・武					明治初年、福江藩に改称。
	島原藩	稽古館	寛政五年	松平忠馮	朱子学（京）	漢	文					
			天保五年	松平忠候	朱子学（昌）	漢・算・習	文・武					文政四年に済衆館（医）を設置。
		本光寺学校	明治三年	松平忠和		漢・和・洋・算・習	文・武					稽古館の廃止に伴い、菩提寺本光寺に設立。
	対馬藩	小学校	貞享二年	宗義真	朱子学	漢	文					藩士子弟の教養の場。
		講学所	天明八年	宗義功	徂徠学	漢	文					上級学校。
		↓思文館	文政元年	宗義質								
		⇩藩学校	明治二年	宗義達		漢・習	文・武					小学校と思文館を合併したもの。
		日新館	元治元年	宗義達								従来の藩校に加えて新たに設置されたもの。
	平戸藩	維新館	安永八年	松浦清	徂徠学	漢	文					
			天明三年	同	徂徠学	漢・和・算・習	文・武					
			明治三年	松浦詮	朱子学	漢・和・洋・算・習・医	文・武					後に闇斎学。
熊本県	宇土藩	温知館	宝暦十三年	細川興文	朱子学	漢・習	文					嘉永七年、武館を隣に設置。
		樹徳斎	慶応元年	細川行真	朱子学（昌）	漢	文					
	熊本藩	時習館	宝暦四年	細川重賢	徂徠学	漢・習	文・武	文武芸稽古所	寛政二年	細川斎茲		宝暦六年に医学校再春館を、明治二年に洋学校を特設。
	人吉藩	習教館	天明六年	相良長寛	折衷学	漢・習	文					天明八年、郷義館（武）を設置。

都道府県名	藩名	藩校名(国許)	創立・改革年代	設立時藩主	学派	学科	教場	藩校名(江戸藩邸)	設置年代	設立時藩主	転封	備考
			天保年間	相良頼之	朱子学(林)	漢・習	文					
大分県	臼杵藩	学古館	天保十三年	稲葉幾通	折衷学	和・漢・習	文					享和元年、儒・兵・医を講じる藩学が創設されている。
		→集成館	明治元年	稲葉観通	朱子学	和・漢・習・医・洋・算	文					
	岡藩	輔仁堂	享保十一年	中川久通	朱子学(京)	漢	文					関正軒の家塾型藩校。
		→由学館	安永五年	中川久貞	徂徠学	漢	文					輔仁堂を直轄化。別に天明六年に経武館を、同七年に医学校博済館を設置。
			天保三年	中川久教	朱子学(林)	漢・習・算	文					
		→修道館	慶応四年	中川久昭	朱子学	和・漢・洋・医・習・算	文					由学館・経武館・博済館を総合。
	杵築藩	学習館	天明五年	松平親明	朱子学	漢	文	学問所	天明七年	中川久貞		
			文化十四年	同	朱子学	漢・習	文					
			明治二年	松平親貴	朱子学	和・漢・洋・算・習	文・武					
	佐伯藩	学習所	宝永元年	毛利高慶								
		→四教堂	安永六年	毛利高標		漢	文					
			天保十四年	毛利高泰	朱子学	和・漢・医	文					
	中津藩	進脩館	寛政八年	奥平昌高	朱子学・仁斎学	漢・習	文・武	(学校、上屋敷・下屋敷)	寛政年間	奥平昌高		寛政二年に野本雪厳の家塾として開設された。
			(安政・文久期)	奥平昌服	朱子学	漢・習・算	文・武					
			明治二年	奥平昌邁		漢・和・洋・習・算	文・武					
	日出藩	稽古堂	文化元年	木下俊懋	朱子学	漢	文					
		→学問所	天保十二年	木下俊敦	朱子学(昌)	漢	文					
		→致道館	安政五年	木下俊程		漢・習	文					
			明治二年	木下俊愿		和・漢・洋・医・習・算	文					
	府内藩	学問所	明和八年	松平近儔	朱子学	漢	文					江戸藩邸には武芸稽古所を設置。
		→采芹堂	(嘉永元年)	松平近説	朱子学	漢	文					嘉永五年、医学館を設置。
		→遊焉館	安政四年	同	朱子学	漢・習	文・武					
			慶応元年	同	朱子学(昌)	漢・習・算	文・武					

都道府県名	藩名	藩校名(国許)	創立・改革年代	設立時藩主	学派	学科	教場	藩校名(江戸藩邸)	設置年代	設立時藩主	転封	備考
	森藩	輔仁堂	寛政年間	松平近儔								竹内東門の家塾型藩校。
		修身舎	天保六年	久留島通嘉		漢・習	文					
			嘉永六年	久留島通胤	朱子学	漢・習・算	文・武					
宮崎県	飫肥藩	学問所	(不明)									寛政年間に焼失。
		→学問所	享和元年	伊東祐民								
		→振徳館	天保二年	伊東祐相	朱子学	漢	文					
			明治三年	伊東祐帰	朱子学	和・漢・洋・算・習	文					
		清武学問所	文政十年	伊東祐相								清武郷に開塾。安井家の家塾的施設であり、飫肥藩士に兵学を教授した。
	佐土原藩	学習館	文政八年	島津忠徹	闇斎学	漢	文					
		→明教堂	嘉永六年	島津忠寛	闇斎学	漢・習	文					
			明治三年	同	闇斎学	和・漢・習	文					
	高鍋藩	稽古所(城内廉屋敷)	正徳三年	秋月種政								
		稽古所(新小路屋敷)	(不明)									
		明倫堂	安永七年	秋月種茂	闇斎学	漢	文					
			嘉永六年	秋月種殷	朱子学(昌)	漢	文					
			明治二年	同	朱子学(昌)	和・漢・医・算・習・画	文					明治三年、医学校設置。
	延岡藩	学寮	明和五年	内藤政陽	徂徠学	漢	文	崇徳館	文化十二年	内藤政順		明和五年、武寮を設置。
			天保三年	内藤政順	朱子学	漢・算	文					
		→広業館	嘉永三年	内藤政義	朱子学	漢・習・算	文・武					安政四年、医学所明道館を設置。
			明治二年	内藤政挙	朱子学	和・漢・洋・算・習	文・武					慶応二年、皇学所千穂乃屋を設置。
鹿児島県	鹿児島藩	聖堂	安永二年	島津重豪	朱子学(林)	和・漢・習	文					安永二年に武芸稽古所を設置。天明六年に演武場と改称。元治元年、陸海軍の諸科学・技術を教習する開成所を設置。明治元年に造士館に合併。
		→造士館	天明六年	同								
		→本学校	明治三年	島津忠義		和・漢・習・洋・算	文・武					

(一)　この「藩校一覧」は、石川松太郎作成の「藩校一覧」(『国史大辞典』所収)をもとに、近年の研究成果を加えて作成したものである。

(二)　校名が改称して継承された場合は「↓」を、複数のものが合併・総合化した場合は「⇩」を付した。

(三)　学派は、当時の主要儒官の学派、もしくは藩学規則による。略称は次のとおりである。

朱子学(林)	朱子学派林門系	朱子学(京)	朱子学派京学系
朱子学(昌)	朱子学派昌平黌系	朱子学(大)	朱子学派中井竹山(大坂懐徳堂)系
朱子学(他)	朱子学派その他	古学派(君)	古学派松平君山系

(四)　学科欄の略称は次のとおりである。

医	医学	軍	軍学	地	地理	蘭	蘭学	魯	ドイツ語
英	英語	皇	皇学	天	天文学	律	律学	和	和学
楽	音楽	算	算術	本草	本草学	暦	暦学	漢	漢学
習	習字	洋	洋学	歴	歴史				

(五)　転封欄は、「転封前↓」「↓転封後」を示す。

(工藤航平)

郷校一覧

藩名	藩分校的郷校	設立年代	庶民向郷校	設立年代
北海道 福山藩	徽典館支校	文政五年		
青森 斗南藩	田名部手跡所	明治三年		
同	田名部漢学所	同		
同	同分局四校	同		
同	五戸手跡所	同		
同	五戸漢学所	同		
同	同分局五校	同		
同	三戸手跡所	同		
同	三戸漢学所	同		
同	同分局一校	同		
八戸藩	八戸漢学所	(不詳)		
岩手 盛岡藩	郷校(二十五校)	享保二十年	郷学校	明治三年
同	揆奮場	万延九年		
同	信成堂	嘉永六年		
同	明義堂支校	嘉永三年		
同	令斉場	慶応元年		
宮城 仙台藩	小学校	嘉永四年	日講所	寛永四年
同	月将館	天保二年		
同	白石学校	文化五年		
同	立生館	天保十二年		
同	比賢館	寛政年間		
秋田 秋田藩	久徴館	文化年間		
同	郷学(十校)	寛政年間—文久年間		
山形 上山藩			明新支館	慶応二年
米沢藩			郷学校(五校)	明治三年
福島 会津藩	友善社	元禄年間	稽古堂	寛文四年
同	青藍社	同	町講所	元禄二年
同	南・北学館	天明八年	梁川村学校	天保十年
同	猪苗代学校	安永七年		
泉藩			心学善教舎	寛政年間

藩名	藩分校的郷校	設立年代	庶民向郷校	設立年代
白河藩			白川郷学所	寛政二年
同			須賀川郷学所	同
棚倉藩	藩校分校五校	明治二年		
中村藩			広業館	明治三年
			その他二校	
茨城 石岡藩			興風館	明治二年
土浦藩	采藻館	文久三年		
水戸藩			延方学校	文化五年
同			小川郷校	天保年間
同			敬業館	同
			その他十四校	
栃木 宇都宮藩	(潔身館)	文化年間		
烏山藩			成思館	明治四年
群馬 安中藩			安中郷学校	安政二年
伊勢崎藩			会輔堂ほか二十五校	文化五年—明治初年
館林藩	高楡学校(山形、同藩飛地)	弘化三年		
同	藩学校支校	明治二年		
前橋藩	求知堂	元禄十三年		
同	松山博喩堂	慶応二年		
同			協心神習舎	明治四年
同			講学所	慶応三年
埼玉 岩槻藩			教諭所	文政年間
忍藩			興譲館	明治三年
川越藩			川島郷学校	明治三年
千葉 大多喜藩			明善堂	明治四年
菊間藩			郷学校	明治四年
佐倉藩			作新精舎	明治元年
花房藩			郷学校	明治三年
松尾藩			郷学校(三校)	明治三年—同四年

藩名	藩分校的郷校	設立年代	庶民向郷校	設立年代
神奈川　荻野山中藩			静学館	明治四年
同			淳風館	同
小田原藩			共同学校	明治五年
同			日新館	同
新潟　椎谷藩	修道館	明治元年		
(桑名藩)	柏崎学校	文政末年		
新発田藩			社講場	安永元年
同			郷学校(二校)	明治初年
富山　富山藩	徳聚堂	明治二年	産物方	天保年間
石川　金沢藩			小松町習学所	寛政六年
同			集学所	慶応三年
同			小学校(五校)	明治三年
福井　鯖江藩			麻布教授所	天保四年
同			心学謙享舎	嘉永三年
福井藩			粟田部郷校	安政四年
同			松岡郷校	同
同			郷学校	明治四年
長野　小諸藩	育英舎	明治三年		
須坂藩			心学教倫舎	天明末年
静岡　掛川藩			郷学校(三校)	明治三年
相良藩			郷学校	同
愛知　犬山藩	興譲館	明治二年		
岡崎藩			市学校	同
刈谷藩			郷学校	明治二年
田原藩			村学校	慶応二年
同			郷学校(七校)	明治三年
名古屋藩	菁莪館	文政三年		
同	教倫館	慶応三年		
同	培根舎	同		
同	時習館	寛政八年	牛刀舎	安政五年
同	敬道館	天保十一年	正修館	明治元年
三重　津藩	崇広堂(伊賀国上野)	文政四年	修文堂	安政五年

藩名	藩分校的郷校	設立年代	庶民向郷校	設立年代
同	訓蒙寮(伊賀国名張)	天保年間	心学勧善舎	万延元年
京都　亀山藩			小学校	明治二年
峯山藩			小学校	明治初年
宮津藩			小学校	明治四年
大阪　岸和田藩	文学館	明治三年		
兵庫　赤穂藩	進修塾	明治二年	郷学校	(不詳)
出石藩			教訓所	
同			市校(二校)	明治三年
同			郷校(五校)	同
同			女学校下校	同
三田藩			市学校	文久年間
同			郷学校(九校)	慶応三年—明治二年
豊岡藩			心学含章舎	天保年間
同			郷学校	明治三年
姫路藩	求知堂	元禄十三年	熊川舎	文化九年
同	仁寿山校	文政四年	中義堂	
同			国包村校	
和歌山　田辺藩			田辺郷校	文久三年
同			南部郷校	明治三年
和歌山藩	松坂学習館	文化元年	郷学校	明治二年
島根　松江藩			教導所(百九十ヵ所)	明治四年
母里藩			大塚郷校	慶応二年
岡山　足守藩			三余舎	寛政四年
岡田藩			郷学校	慶応年間
岡山藩	中田学問所	寛政十年	手習所(百二十三ヵ所)	寛文十一年
同	虫明学問所	享和元年	閑谷黌	寛文十年
同	天城学問所	寛政四年	香登習字所	天和年間
津山藩			心学荘敬舎	寛政三年
同			教諭所	天保十二年
同			女教諭所	同

	藩名	藩分校的郷校	設立年代	庶民向郷校	設立年代
	松山藩	野山学問所	安政四年	成章村校	嘉永年間
	同			松山教諭所	安政二年
広島	広島藩	明善堂	文政三年		
	福山藩			誠之館分校(五校)	明治三年
	同			啓蒙所	明治四年
山口	萩藩	郷学校(長門六校・周防十校)	寛永年間—明治初年	故学堂	享和元年
	同	山口講習堂	万延元年	温故堂	慶応元年
	同	三田尻講習堂	同	朋来舎	慶応三年
	同			脩斉塾	明治二年
	同			深川学校	慶応三年
	同			河原学校	同
	同			心学日章舎	天保十年
	府中藩	集童場	文久三年		
徳島	徳島藩	郷学校(四校)	天明年間—慶応年間	郷学校(三校)	弘化三年
	同	洲本文武校	明治元年	池田村教授所	慶応元年
	同	進修館	元治元年		
	同	講習所	慶応元年		
	同			郷学校(八校)	明治初年
	同			小学校(四校)	明治四年
	同			秉彝館	明治元年
	同			群家郷学校	同
愛媛	宇和島藩	小学校	安政三年		
	大洲藩	錦綱舎	慶応年間		
	松山藩	三上学寮	慶応三年	立本舎	天保年間
	同			心学六行舎	同
高知	高知藩	郷学校(七校)	寛政年間—安政年間	郷学校(二十八校)	安政年間—文久年間
	同			維新館	明治四年
福岡	小倉藩	思永館支館十校	慶応三年		
	同	育英館支館四校	明治三年		
	福岡藩	郷学校	明治三年		
佐賀	鹿島藩	明倫堂	安政六年		

	藩名	藩分校的郷校	設立年代	庶民向郷校	設立年代
	佐賀藩	謹甲堂	寛永五年	上田町学舎	文化九年
	同	多久郷学校	元禄十二年	笹原学舎	同
	同	知方館	元禄年間	志久学舎	安政六年
	同	三近堂	享保年間	教導所(七校)	天保十年
	同	身教館	同	飯田村教導所	文久年間
	同	好古館	天明三年	郷学校	同
	同	鳴鶴所	天明六年		
	同	思斉館	天明八年		
	同	大野原学校	天保十四年		
	同	日新舎	明治三年		
	蓮池藩	学寮支校	明和年間		
	同	観瀾亭	文化年間		
長崎	五島藩	成章館	弘化年間	郷学校(六校)	明治三年
	平戸藩			心学舎	弘化年間
	同			壱岐郷学校	明治三年
	府中藩	日新館	元治元年		
熊本	宇土藩	樹徳斎	慶応元年		
	熊本藩	伝習堂	宝暦七年	郷学校(六校)	明治二年
	同	啓徴堂	寛政二年		
	同	成美館	寛政十年		
	同	梅石亭	文化年間		
	同	子飼学問所	文政年間		
	同	必由堂	天保年間		
	同	都々堂	安政六年		
大分	岡藩			心学広徳舎	慶応三年
	中津藩			中津市学校	明治四年
	府内藩			心学一貫舎	慶応年間
	森藩			修身舎	明治二年
宮崎	飫肥藩	明教堂	文政十年		
	佐土原藩			小学校(四校)	嘉永六年
	同			郷学校(五校)	同
	高鍋藩			郷学校	明治年間
	延岡藩			郷学所	明治三年

藩名	藩分校的郷校	設立年代	庶民向郷校	設立年代
鹿児島　鹿児島藩	文行館	安永六年	小学校	明治三年
同	明道館	安永七年	本城学校	同
同	育英館	天明四年	第八郷校	明治四年
同	川辺学問所	文政二年		
同	盈進館	安政五年		
同	振業館	文久元年		
同	知新館	元治元年		
同	彰道館	慶応三年		
同	学問所	文久二年		

（文部省編『日本教育史資料』九・一〇、石川謙『近世の学校』による）

（注）　この「郷校一覧」は、山本武夫作成の「郷校一覧」（『国史大辞典』所収）をもとに、近年の研究成果を加えて作成したものである。

（工藤航平）

江戸藩邸所在地一覧（安政頃）

所持者	諱	所在国	藩名	石高	種別	拝領・領主	場所	坪数	用途・貸借関係・備考
水戸（徳川）中納言	慶篤	常陸	水戸	三五〇、〇〇〇	上屋敷		小石川門外	一〇一、八三一	
					中屋敷	拝領	駒込	五四、二〇〇	当時隠居中納言住居
					下屋敷	拝領	駒込追分	八、二〇〇	
					抱屋敷	寺	駒込追分	一、四九三	下屋敷地続ニ付囲
					蔵屋敷	拝領	本所小梅村	二三、一一〇	
					石置場		本所一ッ目	二、〇〇〇	
					抱屋敷	幕	須崎村	四五七	[手帳] 小梅蔵屋敷江囲込
					抱屋敷	寺	下戸塚村	三、〇〇三	家来中山備後守江貸置
					抱屋敷	寺	下戸塚村	三、〇六三	同人（中山備後守）江貸置、元三屋敷ニ而一ヶ所取払二ヶ所挟囲
					抱地	寺	下戸塚村	三、八七五	同人（中山備後守）江貸置
					抱地	寺	下戸塚村	二、七六三	家来中山備後守江貸置
尾張（徳川）中納言	慶恕（のちの慶勝）	尾張	名古屋	六一九、五〇〇	上屋敷		市ヶ谷	七五、二〇五	
					道式地		四谷坂町	二二九	
					抱屋敷	幕	市ヶ谷	五、九三九	上屋敷地続ニ付囲込、[手帳]（坪数）三三五坪
					中屋敷	拝領	四谷堀端	一、四一七	外同所八二坪新規道式
					中屋敷	拝領	麻布飯倉横町	八四九	天徳寺江貸置
					屋敷	拝領	麴町十丁目	一七、八七〇	
					下屋敷	拝領	和田戸山	八五、〇一八	
					抱屋敷	寺・無年貢地	和田戸山	五一、二六三	下屋敷地続ニ付囲込、[手帳] 一三、一四六坪・五、〇四三坪二口ニ書出合坪ニ而は一八、一八九坪也坪数不合可糺事
					抱屋敷	寺	牛込原町末	一、五五九	和田戸山抱屋敷地続ニ付一囲
					抱屋敷	無年貢地	大久保村	一、六〇〇	簾中所持
					下屋敷	拝領	四谷内藤宿	五、九三三	但道式共
					拝借地		四谷内藤宿能勢大内蔵上ヶ地	五〇	下屋敷地続ニ付一囲
					下屋敷	拝領	市ヶ谷新本村	三六〇	
					下屋敷	拝領	市ヶ谷加賀屋敷土取場	一六〇	

所持者	諱	所在国	藩名	石高	種別	拝領・領主	場所	坪数	用途・貸借関係・備考
紀伊（徳川）中将	慶福	紀伊	和歌山	五五五、〇〇〇	下屋敷	拝領	深川元加賀町	二、〇一〇	
					永御預地		深川元加賀町	三〇五	
					下屋敷	拝領	市ヶ谷川田ヶ窪	四〇〇	
					添屋敷	拝領	表六番町大手通	五〇〇	
					屋敷	拝領	四谷仲町	九一六	
					屋敷	拝領	川田ヶ窪	七、七〇〇	
					屋敷	拝領	市ヶ谷薬王寺前	一、二六〇	
					屋敷	拝領	市ヶ谷田町四丁目	七一九	火除地
					屋敷	拝領	蛎殻町	九六七	
					屋敷	拝領	牛込逢坂	三八八	
					屋敷	拝領	青山権田原	一、九七五	
					屋敷	拝領	四谷北伊賀町	四五六	
					屋敷	拝領	市ヶ谷加賀屋敷	二、四七五	
					屋敷	拝領	市ヶ谷本村	一、三二〇	
					屋敷	拝領	市ヶ谷佐内坂	一九四	馬建所
					屋敷	拝領	四谷門外堀端	五〇〇	石原定五郎上地、市谷本村拝領屋敷地続ニ付一囲
					屋敷	拝領	大久保袋町	三、二一四	
					屋敷	拝領	四谷伝馬町	一六九	
					屋敷	拝領	大久保入口	五〇〇	
					屋敷	拝領	四谷三光院稲荷脇	四〇〇	
					蔵屋敷	拝領	木挽町築地	二八、四六五	
					屋敷	拝領	川田ヶ窪	三〇〇	
					拝借地		四谷山下弥太郎上り地	五〇〇	四谷内藤宿下屋敷地続ニ付一囲
					拝借地		市ヶ谷	四八〇	
					抱屋敷	給地	西大久保村	一、七三二	賃、貞慎院所持
					屋敷	拝領	市ヶ谷田町堀端	一七六	
					抱屋敷	給地	大久保村	三、三三七	簾中所持、[手帳]（坪数）二、五八〇坪、内七五〇坪賃、[手帳]七五七坪与有之
					抱地	給地	大久保村	一、四一一	
					抱屋敷	幕	亀戸村飛地深川蛤町	八三一	[手帳]（坪数）七三一坪、内一〇〇坪道式
					上屋敷		麹町	二四、五五八	（坪数）二四、五四八坪
					御預地		同所	一三九	

所持者	諱	所在国	藩名	石高	種別	拝領・領主	場所	坪数	用途・貸借関係・備考
					中屋敷	拝領	赤坂	一三四、八一七	
					下屋敷	拝領	芝海手	一四、七七八	
					下屋敷	拝領	渋谷村	二九、四〇〇	
					火除地		青山宿	三、六九〇	
					屋敷	拝領	鉄炮洲築地	六、三二〇	
					抱屋敷	給地	上一ッ木村	八、二二八	赤坂中屋敷地続ニ付囲込
					添屋敷	拝領	麹町三丁目北横町	二二〇	
					添地	拝領	千駄ヶ谷	六、三六〇	
					屋敷	拝領	四谷門外	九〇〇	
					添地	拝領	四谷仲町	四四〇	
					屋敷	拝領	四谷門外	一五一	石原定五郎上地、同所拝領屋敷地続ニ付囲込
					屋敷	拝領	四谷鮫ヶ橋上堀端	八〇〇	
					屋敷		四谷鮫橋小台	七〇〇	
					借添地		元赤坂町	二、三三六	
					蔵屋敷	拝領	浜町	二、〇〇〇	
					抱屋敷	幕	深川越中島新田	六、六二七	賃附
					抱地	幕	同所	三、三七二	同所抱屋敷地続ニ付一円
					抱屋敷	寺・無年貢地	千駄ヶ谷鮫橋入合	二、四四〇	
					抱屋敷	幕・寺	千駄ヶ谷村	一五、六一八	観如院所持
					抱屋敷	幕・寺	同村	三、九〇〇	同人（観如院）
松平（前田）加賀守	斉泰	加賀	金沢	一、〇二二、七〇〇	上屋敷		本郷	一〇三、八二二	
					拝借地	住居囲込	本郷	一、〇四九	
					下屋敷	拝領	平尾	二一七、九三五	
					抱屋敷	無年貢地	駒込	二〇、六六〇	
					抱屋敷	幕	深川海辺新田・黒江町入合	二、六六八	内四三一坪町並屋敷、此町並屋敷宝永四年抱屋敷願済
					町屋敷		本郷六丁目	一〇一	上屋敷地続ニ付囲込
松平越後守（三河守）	慶倫	美作	津山	一〇〇、〇〇〇	上屋敷		鍛冶橋門内	一一、〇九二	
					差加地		同所	三九	上屋敷東之方地続ニ付一囲
					永御預地		同所	七三	同断
					下屋敷	拝領	牛込高田	一〇、〇〇〇	

所持者	諱	所在国	藩名	石高	種別	拝領・領主	場所	坪数	用途・賃借関係・備考
					抱屋敷	幕	深川海辺新田	四、三六九	河岸物揚場附
					抱屋敷	寺	谷中本村	三、〇二四	賃
					抱地	幕	砂村新田	九〇〇	嫡子三河守所持
松平越前守	慶永	越前	福井	三二〇、〇〇〇	上屋敷		常盤橋内	一二、七七九	
					中屋敷	拝領	霊岸島	二九、一九二	外三三七坪東湊町二丁目表門道式、三〇六坪向河岸物揚場境、六四坪白銀町一丁目二丁目境北門道式
					中屋敷	拝領	神田橋門内	五、七一四	
					下屋敷	拝領	本所中之郷	五、六六三	内二〇四坪差加地
					下屋敷	拝領	品川領戸越村	三三五	
松平（蜂須賀）阿波守	斉裕	阿波	徳島	二五七、九〇〇	上屋敷		大名小路	一〇、五八九	
					添屋敷	拝領	日比谷門内	八九四	
					中屋敷	拝領	芝三田町	六、六九一	
					下屋敷	拝領	南八丁堀	一一、六九三	
					下屋敷	拝領	白金台町七丁目	八、九〇〇	
					下屋敷	拝領	深川海手	五、八四八	
					抱屋敷	幕	白金村・同台町・今里村入合	七、八七三	白金下屋敷西之方地続ニ付囲込
					抱屋敷	幕	治兵衛新田・亀戸村入合	一八、四九三	内二〇〇坪小普請柴野勝十郎（権之丞）江貸置、[手帳]勝十郎が新左衛門
					抱地	幕	同・同入合	一、七四三	
					抱屋敷	幕	海辺新田・越中島新田入合	八、二八八	[手帳]隠居大膳（弾正）大弼所持同所下屋敷地続町並屋敷一九、二四九坪地続ニ付囲込
					抱地	幕	海辺新田	六、五〇〇	同断抱屋敷地続ニ付一円
					町屋敷		本所茅場町二丁目代地	四六六	深川海手ヤシキ東之方地続ニ付仕添地置
					町並屋敷	幕	深川海辺新田	一九、二九四	隠居大膳（弾正）大弼所持同所抱屋敷地続
					町並屋敷	幕・町	芝田町四丁目海	一、二〇五	
松平（島津）薩摩守	斉彬	薩摩	鹿児島	七七〇、八〇〇	上屋敷		幸橋門内	六、八五八	家来差置
					中屋敷	拝領	芝新馬場	二一、七八五	住宅
					借地		同所	三、四〇〇	島津淡路守（佐土原藩）下屋敷借置、同所中屋敷西之方地続ニ付囲込
					下屋敷	拝領	下高輪	一四、六五〇	父隠居大隅守住宅、外一一九坪道式囲込
					下屋敷	拝領	芝新堀端	二、九〇九	

所持者	諱	所在国	藩名	石高	種別	拝領・領主	場所	坪数	用途・貸借関係・備考
					借地		下高輪	一、一〇〇	島津淡路守（佐土原藩）下屋敷借置、同所下屋敷地続ニ付囲込
					借地		同所	二〇〇	小普請奥田重次郎屋敷借受、同断
					下屋敷	拝領	中渋谷	一三、九二三	
					差加地		中渋谷	一三〇	同所下屋敷江囲込
					抱屋敷	幕	下渋谷村	八七五	松平薩摩守所持同所下屋敷一囲
					抱屋敷	幕	下高輪村	四、六〇一	同所下屋敷西之方地続ニ付囲込、内二七二坪は道式、［手帳］此抱屋敷二ッニ書
					抱屋敷	幕	芝下町	一、〇七一	
					町並屋敷	幕・町	同所	一一四	同所抱屋敷北之方地続ニ付一囲
					抱屋敷	幕	大井村	一八、四六八	
					抱地	幕	同村	二、三八二	同所抱屋敷地続ニ付一円
					町並屋敷	幕・町	下高輪	一、八四一	
					町並屋敷	幕・町	芝四丁目同田町一丁目同所裏町	六、〇三三	蔵屋敷ニ致置
松平（伊達）陸奥守	慶邦	陸奥	仙台	六二五、六〇〇	上屋敷		芝口三町目	二五、八一九	
					中屋敷	拝領	愛宕下	一〇、八四二	
					下屋敷	拝領	麻布本村町	二一、二九三	
					屋敷	拝領	下大崎	一六、六八〇	
					下屋敷	拝領	品川大井村	二、一三四	
					借地		同所	一、〇〇六	内藤外記下屋敷借置
					御預地		深川佐賀町	五〇	蔵屋敷地続ニ而西南之方大川と横堀之角辻番所建置
					蔵屋敷	拝領	深川佐賀町	五、三九五	屋敷附同所向河岸、外ニ一五五坪拝借地
					抱地	幕	北品川村・下大崎村入合	五、九九〇	下大崎村拝領下屋敷西南之方地続ニ付仕添地、［手帳］抱屋敷
松平（浅野）安芸守	斉粛	安芸	広島	四二六、〇〇〇	上屋敷		桜田	一三、六八一	
					添地	拝領	同所	三、七一五	上屋敷地続ニ付囲込
					向屋敷	拝領	同所上屋敷裏門之向	七、六七七	
					中屋敷	拝領	赤坂	一八、九三〇	
					下屋敷	拝領	鉄炮洲築地	六、四一六	蔵屋敷ニと致置
					下屋敷	拝領	青山	三三、八七七	内同姓松平近江守（広島新田藩）差置
					御預地		桜田	一六九	同所向屋敷後行留り道式跡木戸之内明ヶ置
					御預地		赤坂	一六三	同所中屋敷石垣際通り道

所持者	諱	所在国	藩名	石高	種別	拝領・領主	場所	坪数	用途・貸借関係・備考
松平出羽守	定安	出雲	松江	一八六、〇〇〇	抱屋敷	給地	隠田村	一七、三七〇	青山下屋敷南之方地続ニ付囲込、[手帳]家無断仕来り
					上屋敷		赤坂門内	一〇、二二五	
					中屋敷	拝領	青山今井村	三、〇〇〇	
					屋敷	拝領	麴町六町目	一、四四九	
					屋敷	拝領	赤坂門外	二、〇四二	
					抱屋敷	幕	砂村新田	一〇、八六六	賃附、外同所地続六四四五坪野銭賃
					抱屋敷	幕	同所	二、六三八	
					抱地	幕	同所	八、八七〇	同所抱屋敷一円
					抱地	幕	砂村新田	二、三九二	同所抱屋敷一円
					町並屋敷	幕	平井新田	一三、二八七	砂村新田抱屋敷地続ニ付一囲、[手帳]町家作御免地
					町並屋敷	幕	同所	一、七六四	右同断、[手帳]町家作御免地
					抱地	幕	同所	三六、〇〇〇	右同断
					抱屋敷	幕	下大崎村	四、二三〇	養母月英院所持同所拝領屋敷地続ニ付囲込
					抱屋敷	幕	今井村	二、六三三	松平出羽守所持、[手帳]出羽守妻所持、[手帳]拝領屋敷江囲込
					抱屋敷	幕・旗本領	幡ヶ谷村	八、七八〇	同人（松平出羽守）所持、[手帳]同人妻所持
松平左京太夫	頼学	伊予	西条	三〇、〇〇〇	上屋敷		青山百人町下渋谷村	四〇、〇〇〇	
					下屋敷	拝領	上渋谷村	一〇、〇〇〇	
					抱屋敷	寺	上渋谷村	一、九〇五	同所下屋敷地続ニ付囲込
					抱屋敷	幕	下渋谷村	四、七三八	上屋敷地続ニ付囲込
					借地		麻布本村	七二	小普請内田増次郎抱屋敷之内家来矢野兵三郎借地住宅
細川越中守	斉護	肥後	熊本	五四〇、〇〇〇	上屋敷		大名小路	一〇、八六九	
					中屋敷	拝領	麻布領白金村	二五、〇〇〇	
					向屋敷	拝領	下高輪台町	七四	前々より同所智将院・保安寺両寺江預ヶ置
					下屋敷	拝領	北八丁堀	二、八五八	
					屋敷	拝領	木挽町	三、三三一	
					借地		同所	六五〇	曲渕甲斐守拝領屋敷借置
					屋敷	拝領	目白台松平駿河守上ヶ地	三、七八二	
					借地		同所	二、〇〇〇	京極甲斐守（飛驒守・豊岡藩）下屋敷借置
					抱屋敷	幕	三田村	四、三八八	白金村中屋敷東之方地続ニ付囲込

所持者	諱	所在国	藩名	石高	種別	拝領・領主	場所	坪数	用途・貸借関係・備考
松平（鍋島）肥前守	直正	肥前	佐賀	三五七、〇〇〇	抱屋敷	幕・寺	関口村・高田村・高田四家町入合	七、五九五	細川兵部大輔後家鳳台院所持、外六、七二九坪高田村・八六六坪関口村合坪同、［手帳］二屋敷
					借地		高田	四五〇	高田金乗院・将隆院借受、同所鳳台院所持抱屋敷地続ニ付囲込
					抱屋敷	幕	石小田新田	四、七七九	細川越中守妻所持
					抱屋敷	幕	同所	四、〇二〇	外同所（平井新田）町屋敷地続ニ付一囲、
					抱地	幕	同所	二二、六五〇	細川越中守妻所持同所抱屋敷地続ニ付一円
					抱屋敷	幕・寺	上大崎村・下目黒村・永峯町入合	二三、〇一〇	外九一坪道式、細川越中守妻所持
					抱地	幕・寺	同所・同所・同所入合	二、七八四	同人（細川越中守）妻抱屋敷地続ニ付一円
					町屋敷		深川六万坪町	一八、〇七七	右同人（細川越中守妻）所持
					町並屋敷	幕	平井新田	四〇、九七七	石小田新田抱屋敷地続ニ付囲込、此方其後之増減之節不改天保十五辰十月越中守方より申立掛合済ニ而相改
					町並屋敷	寺・町	高田四家町	九〇七	細川兵部大輔後家鳳台院所持同所抱屋敷地続ニ付一囲
					町並屋敷	幕・町	芝田町七丁目	九〇三	
					町並屋敷	幕・町	同所	二九五	
					上屋敷		桜田	一〇、九六九	
					永御預地		同所	二五	上屋敷地続
					当分御預地		桜田	六七五	
					中屋敷	拝領	幸橋之内	二、七〇二	鍋島紀伊守（加賀守・小城藩）差置
					中屋敷	拝領	溜池端	六、九七五	
					下屋敷	拝領	麻布龍土	八、九二九	鍋島甲斐守（蓮池藩）・鍋島熊次郎（鹿島藩）両人差置
					下屋敷	拝領	麻布坂本町	一、一二三	同所抱屋敷地続ニ付囲込
					抱屋敷	寺	麻布一本松	一、五四九	同所下屋敷地続ニ付囲込、［手帳］麻布雑色町
					抱屋敷	寺	千駄ヶ谷村	三、七四三	
藤堂和泉守	高猷	伊勢	津	三二三、九五〇	上屋敷		柳原	一四、五六八	外堀共
					中屋敷	拝領	下谷	五、五九六	
					下屋敷	拝領	本所大川端	四、一三五	蔵屋敷ニ致置
					下屋敷	拝領	駒込	三〇、一六八	

所持者	諱	所在国	藩名	石高	種別	拝領・領主	場所	坪数	用途・貸借関係・備考
松平（毛利）大膳大夫	慶親	長門	萩	三六九、〇〇〇	抱屋敷	幕・寺	上駒込村・下駒込村・駒込片町入合	三八、〇〇〇	駒込下屋敷東西南三方地続ニ付囲込
					抱屋敷	無年貢地	南本所大川端飛地駒込	一、五三一	弘化二振替願済
					上屋敷		外桜田	一七、一七〇	
					中屋敷	拝領	麻布龍土	九〇〇	
					下屋敷	拝領	同所	三三、二八〇	
					抱屋敷	旗本領	武州荏原郡若林村	一八、三〇〇	改場外
					抱屋敷	幕	砂村新田	一二、四四三	賃
					抱地	幕	砂村新田	九〇〇	同新田抱屋敷地続ニ付一円
					町並屋敷	幕・町	深川鶴歩町	一八、九五四	
					町並屋敷	幕	平井新田	二二、一三一	町家作御免地、砂村新田抱屋敷地続ニ付一囲、［手帳］町家作御免地
					抱屋敷	給地	上戸塚村	二四〇	家来吉川監物（岩国藩）
					抱地	幕・給地	同所	二、九三六	同人（吉川監物・岩国藩）、同所抱屋敷地続ニ付一円
					抱屋敷	無年貢地	赤坂今井村	三、五〇〇	同人（吉川監物・岩国藩）、江戸之節住宅
					借地		赤坂今井谷	一三	同人（吉川監物・岩国藩）、松平鋳之丞屋敷内借置
松平（黒田）美濃守	斉溥	筑前	福岡	五二〇、〇〇〇	上屋敷		外桜田	二一、一六〇	
					中屋敷	拝領	赤坂溜池前	一九、三九七	
					下屋敷	拝領	深川清住町	二、七五三	
					下屋敷	拝領	渋谷	八、一七一	
					借地		下渋谷村	一、〇〇〇	有馬日向守（丸岡藩）下屋敷借置、渋谷下屋敷地続ニ付一囲
丹羽左京大夫	長富	陸奥	二本松	一〇〇、七〇〇	上屋敷		永田町	一〇、七九五	
					中屋敷	拝領	青山長者ヶ丸	七、九六三	
					下屋敷	拝領	霞ヶ関	一、四二八	
					御預地		永田町	三九〇	上屋敷南之方赤坂溜池出洲之処家作御免
					蔵屋敷		芝新網町	三、四一五	
					抱屋敷	幕	上目黒村	六、九一二	
					借地		青山長者ヶ丸	九九四	水野大監物（山形藩）拝領屋敷借置、中屋敷地続ニ付囲込置
					借地		同所	五〇〇	設楽甚三郎下屋敷借置、前々より中屋敷地続ニ付囲込
松平摂津守	義比	美濃	高須	三〇、〇〇〇	上屋敷		四谷	二一、四七八	

所持者	諱	所在国	藩名	石高	種別	拝領・領主	場所	坪数	用途・貸借関係・備考
松平（池田）相模守	慶徳	因幡	鳥取	三二五、〇〇〇	下屋敷	拝領	角筈村	一〇、〇〇〇	
					抱屋敷	幕	同所	一四、〇六七	同所西南之方地続ニ付囲込、［手帳］坪数一一、四〇六坪
					上屋敷		鍛冶橋之内	九、四七九	
					添地	拝領	八代洲河岸	一、五〇〇	上屋敷地続ニ付囲込
					添地	拝領	大名小路	一、五〇〇	右同断
					添地	拝領	大名小路	二、一四七	右同断
					添地	拝領	八代洲河岸	四五〇	右同断
					中屋敷	拝領	浜町新大橋際水野壱岐守上地	一、八二四	
					下屋敷	拝領	品川領大崎村	一四、九八二	
					借地		品川領戸越村	五〇〇	松平兵部下屋敷借置
					町屋敷		芝金杉一丁目裏	二九	大名町屋敷
					町並屋敷	幕・町	同所三丁目	二五五	
					町並屋敷	幕	平井新田	二二、八一八	
松平大学頭	頼誠	陸奥	守山	二〇、〇〇〇	上屋敷		小石川	一四、三〇〇	
					下屋敷	拝領	巣鴨村	三、六〇〇	
					下屋敷	拝領	小石川金杉	四、三五三	松平讃岐守（高松藩）江貸置
					抱屋敷	寺・旗本領	小石川村	三、七六〇	上屋敷東之方地続囲込
					抱屋敷	幕	南本所	一、〇一七	
					抱屋敷	寺・旗本領	巣鴨村・小石川村入合	八、九一九	巣鴨村下屋敷東南北地続ニ付囲込、［手帳］内小石川方四、五〇〇坪取払抱屋敷
					町並屋敷	寺・町	牛込早稲田町	一〇八	家来田辺宋雲所持
松平播磨守	頼縄	常陸	府中	二〇、〇〇〇	上屋敷		小石川	一六、〇〇二	
					下屋敷	拝領	巣鴨村	四、一七六	
					借地		小石川	二七〇	内二七〇坪善仁寺抱屋敷借置
					抱屋敷	寺・旗本領	小石川村	五、六五一	上屋敷東北之方地続ニ付囲込
					抱屋敷	寺	同村	一九八	上屋敷向
					抱屋敷	寺	巣鴨村	九、七六七	同所下屋敷四方地続ニ付囲込
					町並屋敷	幕・町	深川西町東側河岸	九九	家来矢部八之平所持
上杉弾正大弼	斉憲	出羽	米沢	一八〇、〇〇〇	上屋敷		外桜田	七、四三二	
					中屋敷	拝領	麻布	一二、八〇〇	内二、八〇〇坪同姓駿河守（米沢新田藩）差置
					下屋敷	拝領	白金	四、七五二	

所持者	諱	所在国	藩名	石高	種別	拝領・領主	場所	坪数	用途・貸借関係・備考
松平（池田）内蔵頭	慶政	備前	岡山	三一五、二〇〇	抱屋敷	幕	白金村・今里村入合	二、六〇二	白金村下屋敷地続ニ付囲込
					町屋敷		南新堀二丁目	二九〇	
					町屋敷		南新堀二丁目	一四五	家来額田卯左衛門所持
					上屋敷		大名小路	八、三一七	
					向屋敷	拝領	同所	六、三〇四	
					添屋敷	拝領	愛宕下広小路横町	一、八〇八	
					中屋敷	拝領	鉄炮洲築地	五、〇〇〇	
					下屋敷	拝領	大崎村	一〇、〇二八	
					借地		同村	一、五〇〇	南部美濃守（盛岡藩）下屋敷借置、同所下屋敷地続ニ付囲込
					抱屋敷	幕	上大崎村・下大崎村	三、〇一四	大崎村下屋敷表門左右軽囲願済
					抱屋敷	幕	同村・同村入合	二三、〇七二	内二一、八七二坪同所下屋敷西南北地続ニ付三ヶ所囲込、一、二〇〇坪は同所西之方ニ而囲外野畑
宗対馬守	義和	対馬	府中	一〇〇、〇〇〇格	上屋敷		柳原	一四、五三七	外堀共
					中屋敷	拝領	本所六間堀	三、二一七	
					中屋敷	拝領	元矢ノ倉	六三三	諏訪因幡守（高島藩）江貸置
					下屋敷	拝領	箕輪	七、四六八	
					町並屋敷	寺・町	下谷金杉上町	二八四	外同所地続二九坪、同町家持伝蔵地面借置一囲、家来長崎升斉所持
有馬中務大輔	慶頼（のちの頼咸）	筑後	久留米	二一〇、〇〇〇	上屋敷		芝三田	二四、九二五	
					中屋敷	拝領	二本榎	六、三五二	
					下屋敷	拝領	下高輪	一六、四六一	
					御預地		芝新門前御預大的場火除地	二、九七八	
					抱屋敷	幕	白金村・下高輪村入合	一、二八二	二本榎中屋敷地続ニ付囲込
					抱屋敷	幕	下高輪村	三、〇八五	内三〇〇坪は抱屋敷門前道式、同所下屋敷地続ニ付囲込
					町並屋敷	幕・町	右同所南町	七二	同所下屋敷道式ニ致置
					町並屋敷	幕・町	同所	四二六	東之方同所抱屋敷地続ニ付一囲
					町並屋敷	幕・町	同所	二九一	
					抱屋敷	寺	中目黒村・下目黒村入合	六、〇六五	家来橋爪道平所持
					町並屋敷	幕・町	下高輪南町	九九	家来岡田弾右衛門所持

所持者	諱	所在国	藩名	石高	種別	拝領・領主	場所	坪数	用途・貸借関係・備考
伊達遠江守	宗城	伊予	宇和島	一〇〇、〇〇〇	町並屋敷	幕・町	同所	一五三	同人（岡田弾右衛門）
					上屋敷		麻布龍土	三二、七一四	
					下屋敷	拝領	渋谷	一一、五六〇	
					抱屋敷	給地	原宿村	四、〇〇〇	上屋敷西北之方地続ニ付囲込、［手帳］囲家作無断
					町並屋敷	幕・町	（記載無し）	（記載無し）	二ヶ所地続ニ付下囲、此書付は屋敷帳誤り
松平左兵衛督	信和（のち信発）	上野	吉井	一〇、〇〇〇	上屋敷		赤坂	六、二一八	
					下屋敷	拝領	青山原宿村	三、八六二	内二六二坪は道式
					抱屋敷	給地	右同断	二、〇六五	同所下屋敷東北地続ニ付囲込
松平兵部大輔	慶憲	播磨	明石	八〇、〇〇〇 一〇〇、〇〇〇格	上屋敷		半蔵門外	九、四五六	
					下屋敷	拝領	下高輪	五、三七八	
					永御預地		同所	七三七	芝下高輪下屋敷地続ニ付西之方一囲
					屋敷	拝領	四谷内藤宿裏久能町	一〇〇	
					抱屋敷	幕・寺	高田村	八、一四七	内六、〇四七坪貸、［手帳］六、三四七坪
					抱屋敷	幕	下高輪	三五〇	下高輪下屋敷地続ニ付一囲
津軽越中守	順承	陸奥	弘前	一〇〇、〇〇〇	上屋敷		本所二ッ目	八、〇七五	
					中屋敷	拝領	本所三ッ目通	二、八七〇	
					中屋敷	拝領	品川戸越村	二、七〇〇	
					中屋敷	拝領	浜町	四、五五三	
					下屋敷	拝領	北本所大川端	四九一	
					抱屋敷	幕	柳島村・亀戸村入合	一六、五五四	
					抱屋敷	幕	南本所大川端	九〇	同所下屋敷地続ニ付一囲
					町並屋敷		本所緑町一丁目	八三	家来湯浅養俊所持
					町並屋敷	幕・町	深川森下町	二二八	家来服部道立所持
南部美濃守	利剛	陸奥	盛岡	二〇〇、〇〇〇	上屋敷		幸橋門内	六、〇一三	
					中屋敷	拝領	大崎村	一、五〇〇	松平内蔵頭（岡山藩）江貸置
					下屋敷	拝領	麻布一本松	二八、〇〇〇	
					抱屋敷	幕・給地	中里村・本郷村入合	五、四七三	
					抱屋敷	幕	豊島郡土志田村	二三、〇〇〇	改場ニ無之
					町並屋敷	幕・町	深川猟師町	二六二	外河岸地面七七坪
					借地		同所	一一一	同所町人四郎兵衛所持之町並屋敷借置、同所町並屋敷地続ニ付一囲、外同所三七坪河岸地面

所持者	諱	所在国	藩名	石高	種別	拝領・領主	場所	坪数	用途・貸借関係・備考
松平（山内）土佐守	豊信	土佐	高知	二四二、〇〇〇	上屋敷		鍛冶橋門内	七、三五五	
					中屋敷	拝領	芝三田	六、九五五	
					添屋敷	拝領	日比谷門内	一、一二六	
					下屋敷	拝領	品川	一五、七四一	
					借地		同所	二〇〇	本多豊後守下屋敷（館山藩）借置、同所下屋敷江囲込
					借地		同所	二五〇	書院番三宅左兵衛屋敷借置、右同断
					借地		同所	二〇〇	岡部因幡守屋敷借置、右同断
					借地		同所	二〇〇	松平玄蕃頭拝領屋敷借置、右同断
					借地		同所	一〇〇	書院番朝倉鑑三郎屋敷借置、右同断
					借地		同所	一〇〇	小普請河野勘右衛門屋敷借置、右同断
					下屋敷	拝領	木挽町築地	六、五六八	
					下屋敷		同所	二、四一五	
					下屋敷	拝領	深川小名木川	六、〇〇〇	
					抱地	幕	久左衛門新田	六〇六	深川小名木川下屋敷地続ニ付一円、［手帳］拝領屋敷地続ニ付囲込願済
					抱屋敷	幕	浜川	八六九	［手帳］囲不済
					町並屋敷	幕・町	芝田町一丁目	三六七	
佐竹次郎（右京大夫）	義睦	出羽	久保田	二〇五、八〇〇	上屋敷		下谷七軒町	一六、二二〇	
					中屋敷	拝領	本所十間川	八、六一四	
					中屋敷	拝領	神田佐久間町	二、九一六	内六〇〇坪御用達貝塚庄次郎江貸置
					借地		同所	一〇〇	斉藤左源太拝領屋敷借置、同所中屋敷地続ニ付囲込
					抱屋敷	寺	新堀村	二〇、五三七	［手帳］内三五三七坪賃銀附
					抱地	幕	武州足立郡梅田村	五、二三二	改場ニ無之
					下屋敷	拝領	浅草	六、一三七	
					抱屋敷	幕	須崎村	九三七	賃、家来佐藤源左衛門所持
					抱屋敷	幕	小梅村	五一五	家来田代源太所持、［手帳］源太が新右衛門
					町屋敷		守山町	一六〇	同人（田代源太）
					町並屋敷	寺・町	池之端仲町	五一	同人（田代源太）
立花左近将監（飛騨守）	鑑寛	筑後	柳川	一一九、六〇〇	上屋敷		下谷	一六、二四九	
					中屋敷	拝領	鳥越	三、〇四五	
					下屋敷	拝領	浅草	一二、九七〇	

所持者	諱	所在国	藩名	石高	種別	拝領・領主	場所	坪数	用途・貸借関係・備考
松平（前田）出雲守（大蔵大輔）	利声	越中	富山	一〇〇、〇〇〇	借地	寺	坂本村	六〇	浅草下屋敷西ノ方道式狭候間百姓地面借置道式ニ致置
					下屋敷	拝領	浅草幡随院後通	一〇、〇〇〇	同姓加賀守（金沢藩）上屋敷内別門明住宅
					抱屋敷	無年貢地	下谷七軒町池之端	一、四七五	
					抱屋敷	寺	小名木川	四、〇〇〇	父隠居長門守所持、［手帳］場所は巣鴨
					抱地	寺	同村	三二四	父隠居長門守所持同所抱屋敷一円、［手帳］場所は巣鴨
					町並屋敷	寺・町	巣鴨村	九〇〇	右同断ニ付一円
松平（前田）備後守	利義	加賀	大聖寺	一〇〇、〇〇〇	下屋敷	拝領	千駄木	一〇、〇〇〇	同姓加賀守（金沢藩）上屋敷内別門明住宅
					抱屋敷	無年貢地	下谷池之端七軒町	四、六四一	
					町並屋敷	寺・町	下谷茅町二丁目	三〇四	家来山本玄潭所持
松平誠丸（大和守）	直侯	武蔵	川越	一七〇、〇〇〇	上屋敷		麻布溜池之端	九、六六一	
					下屋敷	拝領	芝二本榎	九、四九〇	
					下屋敷	拝領	麻布市兵衛町	四、〇一九	
					御預地		赤坂溜池端	二、一三六	
					抱屋敷	幕	白金村・下高輪村入合	六、二四六	芝二本榎下屋敷地続ニ付囲込
松平十郎麻呂（右近将監）	武聡	石見	浜田	六一、〇〇〇	上屋敷		西之久保江戸見坂	九、〇五八	
					添地	拝領	同所	一、八七五	上屋敷地続ニ付囲込
					添地	拝領	同所	一、五一二	右同断
					永御預地		同所	七九三	右同断
					中屋敷	拝領	麻布溜池台	七九八	阿部駿河守（因幡守・佐賀藩）江貸置
					下屋敷	拝領	箕田永坂	八、五九一	
					拝借地		同所	二五	同所下屋敷地続ニ付囲込
					永御預地		同所	六九〇	崕なたれ道式共
					下屋敷	拝領	西ノ久保雁木坂	六七〇	
					抱屋敷	幕	白金村・今里村入合	一六、七三三	賃附、［手帳］外二、四六九坪抱地
					抱屋敷	幕	白金村・今里村入合	一、一五六	［手帳］同所拝領屋敷江借添
中川修理大夫	久昭	豊後	岡	七〇、四四〇	上屋敷		鉄炮洲築地	一〇、九六九	
					中屋敷	拝領	芝口二丁目	四、七五〇	
					抱屋敷	幕	上目黒村	二五、〇三五	
松浦壱岐守	曜	肥前	平戸	六一、七〇〇	上屋敷		浅草鳥越	一四、五八二	
					下屋敷	拝領	北本所中之郷	四、九〇〇	
					抱屋敷	幕	同所	七、〇〇五	下屋敷地続ニ付囲込

所持者	諱	所在国	藩名	石高	種別	拝領・領主	場所	坪数	用途・貸借関係・備考
加藤於菟三郎	泰祉	伊予	大洲	六〇、〇〇〇	上屋敷		下谷御徒町	七、二五四	
					中屋敷	拝領	下谷竹門	三、〇〇〇	
					永御預地		同所	六八〇	同所中屋敷地続ニ付囲込
					下屋敷	拝領	浅草諏訪町	三、〇七一	
					借地		同所	一〇〇	小普請大岡鐘之助（鐘三郎）拝領屋敷借置、同所下屋敷地続ニ付一囲
					借地		同所	七四	書院番日根野徳太郎拝領屋敷借置同断
					下屋敷	拝領	巣鴨火之番町	四一四	
					抱屋敷	幕	亀戸村	一一、九五八	
					抱地	幕	同所	四五〇	同所抱屋敷地続ニ付一円
京極佐渡守	朗徹	讃岐	丸亀	五一、五一二	上屋敷		桜田新橋外	五、三六二	
					添屋敷	拝領	桜田新橋外	六九一	
					中屋敷	拝領	三田新堀端	四、三一五	
					抱屋敷	幕	戸越村	八、三九五	取払
					抱屋敷	幕	今里村	二、四五五	［手帳］（坪数）二、四五四坪、［手帳］囲不済
稲葉伊予守	観通	豊後	臼杵	五〇、〇六〇	上屋敷		桜田新橋外	四、四八八	
					下屋敷	拝領	麻布飯倉	一、七六七	
					借地		西久保榎坂	一、五〇〇	表高家大沢城之助屋敷借受、同所下屋敷地続ニ付囲込
					抱屋敷	幕	中ノ郷村	六一	囲家作無之
					町並屋敷	幕・町	中ノ郷原庭町	七三五	同所抱屋敷地続ニ付一囲、同姓稲葉元三郎より当分借置
					抱屋敷	旗本領	中渋谷村	三、九〇〇	
溝口主膳正	直溥	越後	新発田	五〇、〇〇〇	上屋敷		愛宕下	三、九五三	
					中屋敷	拝領	木挽町	三、六一一	
					下屋敷	拝領	本所二ッ目三ッ目之間	六、三〇〇	内八七三坪逸見甲斐守江貸置
					抱屋敷	無年貢地	幸橋外二葉町	五〇〇	外ニ三〇〇坪井上俊良抱屋敷借置、東之方地続ニ付一囲
					借地		木挽町	七六三	土方八十郎屋敷借置、同所中屋敷地続ニ付一囲
					借地	寺・無年貢地	千束村	七、四三三	内一、一七三坪年貢地、関播磨守抱屋敷内当分借置、［手帳］関播磨守浅草村抱屋敷惣坪八、八三八坪当時溝口主膳正江貸置旨有之可糺事

所持者	諱	所在国	藩名	石高	種別	拝領・領主	場所	坪数	用途・貸借関係・備考
藤堂佐渡守	高聴	伊勢	久居	五三、〇〇〇	上屋敷		向柳原	七、一六四	
					下屋敷	拝領	下谷二丁目	二、〇四八	外同所御預地一五坪、永御預地六〇坪
					下屋敷	拝領	駒込三ッ家町	二五〇	伊東若狭守（岡田藩）江貸置
					下屋敷	拝領	本所緑町	一、七一一	
黒田甲斐守	長元	筑前	秋月	五〇、〇〇〇	上屋敷		芝新堀	六、四一一	
					下屋敷	拝領	白金鷺森	一、二〇七	
					永御預地		同所	一〇二	同所下屋敷地続ニ付一囲
					借地		同所	四〇〇	小普請岡部庄左衛門（範之助）屋敷借置、同所下屋敷地続ニ付一囲
毛利左京亮	元周	長門	府中	五〇、〇〇〇	上屋敷		麻布日ヶ窪	一、四一〇	
					下屋敷	拝領	白金今里村	三、五六一	
					抱屋敷	幕	麻布日ヶ窪	二、六七七	同所上屋敷地続ニ付囲込
					抱屋敷	幕	白金村・今里村入合	三九九	外野畑五一七坪内四二坪門道式、同村下屋敷地続、[手帳]外抱地五一七坪也
亀井隠岐守	茲監	石見	津和野	四三、〇〇〇	上屋敷		桜田	三、四五六	
					下屋敷	拝領	麻布市兵衛町	一、〇三七	一柳兵部少輔（小松藩）江貸置
					下屋敷	拝領	麻布鳥居坂	六四六	
					抱地	幕・給地	原宿村・隠田村・上渋谷村入合	六、二〇三	原宿村抱屋敷地続ニ付一円
					抱屋敷	幕・給地	原宿村	一七、一一二	貸
					抱屋敷	寺	和田外山	七、九四六	[手帳]（坪数）七、九四〇坪
					借地		麻布長坂	五〇〇	外同所永御預り地一二一坪・御預り地三七七坪・有馬熊五郎（強之丞）屋敷永御預り地共借置
					借地		高田馬場下横町	四〇〇	小姓組大沢八郎右衛門（八郎左衛門）屋敷二〇〇坪・小普請小田切徳三郎（太郎左衛門）同断二〇〇坪借受一囲
毛利淡路守	元蕃	周防	徳山	四〇、〇一〇	上屋敷		麻布今井	八、八〇五	
					下屋敷	拝領	芝二本榎	一、三三七	
					下屋敷	拝領	麻布今井	五〇〇	
					抱屋敷	幕	白金村・今里村入合	一、九四六	二本榎下屋敷西之方地続ニ付囲込
仙石讃岐守	久利	但馬	出石	三〇、〇〇〇	上屋敷		西久保	九、九三一	内仙石宇兵衛同居差置
					中屋敷	拝領	代々木	三〇〇	永井遠江守（高槻藩）江貸置
					下屋敷	拝領	渋谷	一一、八九二	
					抱屋敷	幕	下総国大和田	一三、二七〇	

所持者	諱	所在国	藩名	石高	種別	拝領・領主	場所	坪数	用途・貸借関係・備考
					抱地	幕	同所	一〇、三六一	
					抱地	幕	同所	七九、三八一	平山ニ而立木有之一ヶ所ニ候得共中ニ道有之二ヶ所書出
					町並屋敷	幕・町	麻布本村町	八八	家来久保吉九郎所持
					町屋敷		赤坂裏伝馬町	九三	同人（久保吉九郎）
					町屋敷		元赤坂町	一〇〇	同人（久保吉九郎）
九鬼長門守	精隆	摂津	三田	三六、〇〇〇	上屋敷		外桜田霞ヶ関	二、八八四	
					添屋敷	拝領	同所新道	五六〇	
					下屋敷	拝領	芝二本榎	三、二七〇	
					下屋敷	拝領	本所菊川町	一、一四六	
					借地		同所	一五〇	小普請組渡辺宗右衛門拝領屋敷借置
					町屋敷		麴町山元町	二〇〇	家来石川幸八伯母さち桂昌院江御奉公相勤候節末々迄拝領仕、当時織部所持
堀丹波守	直央	越後	村松	三〇、〇〇〇	上屋敷		下谷広小路	三、六六七	
					下屋敷	拝領	本所柳島	五、六六五	
					御預り地		昌平橋外明地	二、一四二	建部三之助（内匠頭・林田藩）両人江御預
大村丹後守	純熈	肥前	大村	二七、九七〇	上屋敷		永田町	五、〇四九	
					下屋敷	拝領	今里村	四、五四六	
					当分御預地		白金・今里村	五〇	石川次郎太郎上ヶ地
島津淡路守	忠寛	日向	佐土原	二七、〇七〇	上屋敷		三田台	三、九六〇	
					下屋敷	拝領	三田小山	（記載なし）	上屋敷地続ニ付一囲
					下屋敷	拝領	下高輪	一、一〇〇	松平薩摩守（鹿児島藩）江貸置
					下屋敷	拝領	芝新馬場	三、四〇〇	右同人（松平薩摩守）江貸置
					下屋敷	拝領	麻布白金	二七四	
秋月佐渡守	種殷	日向	高鍋	二七、〇〇〇	上屋敷		麻布三軒家	五、九三六	
					下屋敷	拝領	青山百人町裏通	三、八〇〇	
					町並屋敷	幕・町	芝田町五丁目	五四三	家来三好靭負所持
木下主計頭	俊方	豊後	日出	二五、〇〇〇	上屋敷		愛宕下藪小路	一、九〇二	
					中屋敷	拝領	芝二本榎	五〇〇	
					中屋敷	拝領	麻布一本松	三、三四〇	
相良志摩守	長福	肥後	人吉	二二、一〇〇	上屋敷		愛宕下藪小路	三、四一二	
					下屋敷	拝領	赤坂	四、四五〇	
六郷筑前守	政殷（政和）	出羽	本荘	二〇、〇二一	上屋敷		下谷広徳寺後	三、二六五	屋敷内分知六郷徳輔差置、浅草観音後下屋敷住宅

所持者	諱	所在国	藩名	石高	種別	拝領・領主	場所	坪数	用途・貸借関係・備考
					御預地		同所	三八五	上屋敷北之方沼地地続ニ付一囲
					下屋敷	拝領	浅草観音後	七、七五一	住宅
					借地		同所	三、三九三	浅草寺・無動院・修善院入合借置、同所下屋敷地続ニ付一囲
森越中守	忠徳	播磨	赤穂	二〇、〇〇〇	上屋敷		芝神明前	一六、六四七	
					下屋敷	拝領	下渋谷	二、七〇〇	
毛利安房守	高泰	豊後	佐伯	二〇、〇〇〇	上屋敷		愛宕下佐久間小路	四、三八二	
					下屋敷	拝領	白金今里村	四、四〇一	
					屋敷	拝領	広尾下渋谷村	三、七八二	
南部遠江守	信順	陸奥	八戸	二〇、〇〇〇	上屋敷		麻布市兵衛町	四、五〇八	
					下屋敷	拝領	深川元楠蔵	九七八	
					下屋敷	拝領	麻布新町	二、三九四	
					下屋敷	拝領	麻布市兵衛町	一、〇〇〇	下屋敷一ッ屋敷ニ候得共道隔有之候間二屋敷ニ書出
					抱屋敷	幕	白金村・今里村入合	三、九四九	
					町屋敷		深川富岡町	一三九	
岩城伊予守（涛三郎）	隆政	出羽	亀田	二〇、〇〇〇	上屋敷		小石川門内台所町	三、〇二八	
					下屋敷	拝領	北本所五ノ橋	五、一〇〇	
五島左衛門尉	盛成	肥前	福江	一二、六〇〇	上屋敷		麻布六本木	二、五〇〇	
					下屋敷	拝領	白金今里村	三、五〇〇	
					借地		麻布今井村	四〇三	御番医師岡仁庵抱屋敷借置
					抱屋敷	幕	白金村	五、三二八	同所下屋敷南之方地続ニ付囲込
大田原飛騨守	富清	下野	大田原	一一、四〇〇	上屋敷		麻布永坂	二、六五〇	
					下屋敷	拝領	麻布白金村	二、〇〇〇	
遠山美濃守	友祥（のちの友禄）	美濃	苗木	一〇、〇二一	上屋敷		芝将監橋南	二、〇九九	
					下屋敷	拝領	麻布三軒家	五、五五三	
松前伊豆守	崇広	陸奥	福山	三〇、〇〇〇	上屋敷		浅草新寺町	二、〇〇〇	家来差置、大川端下屋敷住宅
					下屋敷	拝領	北本所大川端	三、五〇〇	住宅
					下屋敷	拝領	青山五十人町	二、五〇〇	脇坂中務大輔上地、竹腰兵部少輔江貸置
					抱屋敷	幕	北本所大川端	一、二二八	同所下屋敷地続ニ付一囲
					借地		巣鴨駕籠町	五〇〇	加納備中守（一宮藩）下屋敷内借置
織田安芸守	信陽	大和	柳本	一〇、〇〇〇	上屋敷		芝新堀	二、九九九	
					下屋敷	拝領	青山百人町	三、〇〇六	

所持者	諱	所在国	藩名	石高	種別	拝領・領主	場所	坪数	用途・貸借関係・備考
					御預地		芝将監橋西之方明地	一、六〇一	
鍋島加賀守	直売	肥前	小城	七三、二五〇	中屋敷	拝領	下高井戸宿	三、〇〇〇	家来差置、本家松平肥前守（佐賀藩）幸橋内中屋敷借地住宅
					町並屋敷	幕・町	麻布本村町	七九二	麻布本村町
					町並屋敷	幕・町	同所	五九一	同所町並屋敷地続ニ付一囲
鍋島甲斐守	直紀	肥前	蓮池	五二、六二五	下屋敷	拝領	芝二本榎	三、六〇一	家来差置、松平肥前守（佐賀藩）麻布龍土下屋敷借地住宅
細川能登守	利用	熊本	熊本新田	三五、〇〇〇	上屋敷		鉄炮洲船松町二丁目	四、二五三	
					中屋敷	拝領	同所	七四七	
					下屋敷	拝領	本所中之郷	二、三〇六	
					借地		深川須崎入船町	六〇〇	家来石川喜左衛門借置、欠所物方手代大縄組屋敷
					抱屋敷	幕	深川元町	三、六〇六	
田村右京大夫	邦行	陸奥	一関	三〇、〇〇〇	上屋敷		愛宕下	三、四〇〇	
					中屋敷	拝領	同所	一、四七六	
					下屋敷	拝領	青山宿	三、九四〇	
伊達若狭守	宗孝	伊予	吉田	三〇、〇〇〇	上屋敷		南八丁堀	二、九〇〇	
					向屋敷	拝領	同所	一、四六二	外前通河岸土蔵地一一七坪幷揚場一七坪
					差加地		同所	一七四	上屋敷江囲込
					下屋敷	拝領	白金村	二、五二〇	
					借地		同村	五〇三	松平越中守（桑名藩）下屋敷借置、同所下屋敷地続ニ付一囲
					下屋敷	拝領	南八丁堀	一、〇三〇	外永御預り地同所五一三坪
松平（池田）祐之進（左近将監）	仲立	因幡	鳥取新田（鹿野）	三〇、〇〇〇	上屋敷		芝六軒町	四、二八九	
					下屋敷	拝領	渋谷祥雲寺前	二、一六三	
					永御預地		同所	一、三三五	下屋敷地続ニ付一囲
細川山城守	立則	肥後	宇土	三〇、〇〇〇	上屋敷		永田町	三、二三四	
					中屋敷	拝領	愛宕下神保小路	六〇〇	
					下屋敷	拝領	白金台	五、〇八〇	
					借地		同所	一五〇	小普請中根応吉拝領屋敷借置、同所下屋敷江一囲
					借地		同所	一五〇	大番組頭林百助屋敷借置、右同断
					借地		同所	一五〇	小普請内田源十郎屋敷借置、右同断
					抱屋敷	幕	北品川村・白金村入合	四、六二〇	白金村下屋敷地続ニ付囲込

所持者	諱	所在国	藩名	石高	種別	拝領・領主	場所	坪数	用途・貸借関係・備考
小出信濃守	英教	丹波	園部	二六、七一一	上屋敷		雉子橋門内	四、二〇九	
					中屋敷	拝領	牛込細工町末	三、一七九	
					下屋敷	拝領	雑司谷感応寺上地之内	八、五〇〇	
					御預地		雑司ヶ谷	一、三五五	
池田内匠頭	政詮	備前	岡山新田（鴨方）	二五、〇〇〇	上屋敷		浅草鳥越	四、八一八	
					拝借地		同所	一、七四〇	上屋敷東之方地続ニ付一囲
木下備中守	利恭	備中	足守	二五、〇〇〇	上屋敷		麻布広尾	五、五九九	
					抱屋敷	幕	麻布本村	三三二	上屋敷北方地続ニ付囲込
分部若狭守	光貞	近江	大溝	二〇、〇〇〇	上屋敷		愛宕下烏森稲荷小路	三、〇〇八	
					下屋敷	拝領	白金村	六、二〇八	
					御預地		増上寺御成門前火除	一、一〇六	
					抱屋敷	幕	白金村	一、八四三	内二八〇坪賃附
					借地		下大崎村	三、六九〇	一柳播磨守抱屋敷当分借置
					町並屋敷	幕・町	高輪北町	四五九	家来橋爪完平所持
					町屋敷		竹川町	一九五	家来緒方柔三郎所持
					町屋敷		龍閑町代地	二四六	同人（緒方柔三郎）
					町屋敷		芝口金六町	九三	同人（緒方柔三郎）
					町屋敷		三河町三丁目	一〇二	同人（緒方柔三郎）厄介なか
					町屋敷		三河町四丁目	一六二	同人（緒方柔三郎）厄介なか
					町屋敷		芝三崎町	七七	同人（緒方柔三郎）
織田兵部少輔	信学	出羽	天童	二〇、〇〇〇	上屋敷		大名小路	二、一三一	
					下屋敷	拝領	鉄炮洲築地	二、〇一五	
織田出雲守（山城守）	信民	丹波	柏原	二〇、〇〇〇	上屋敷		芝三田小山	三、〇〇〇	
					下屋敷	拝領	浅草観音後	二、六七八	
					下屋敷	拝領	芝三田小山	一、五〇〇	
鍋島熊次郎	直彬	肥前	鹿島	二〇、〇〇〇	下屋敷	拝領	麻布白金村	三、五〇〇	家来差置、本家松平肥前守（佐賀藩）麻布龍土下屋敷借地住宅
					町並屋敷	幕・町	麻布龍土町	四〇	家来沢西専左衛門所持住宅
佐竹左近将監（上総介）	義核（のちの義堯）	出羽	秋田新田	二〇、〇〇〇	上屋敷		浅草鳥越	三、〇〇八	
					下屋敷	拝領	浜町元矢之倉	四、〇四九	
関但馬守	長道	備中	新見	一八、〇〇〇	上屋敷		増上寺表門前海手	一二、二二三	

所持者	諱	所在国	藩名	石高	種別	拝領・領主	場所	坪数	用途・貸借関係・備考
大関信濃守	増昭	下野	黒羽	一八、〇〇〇	下屋敷	拝領	品川領戸越村	二、〇〇〇	
					上屋敷		湯島天神下	三、一四五	
					下屋敷	拝領	箕輪	五、五八〇	
					抱屋敷	寺・幕	小塚原村・三河島村入合	二、六一一	下屋敷地続ニ付囲込
市橋下総守	長和（のちの長義）	近江	仁正寺	一八、〇〇〇	上屋敷		柳原元誓願寺前	二、八一五	
					下屋敷		本所五ッ目	五、六〇〇	外同所永御預地二一二坪
細川玄蕃頭	興貫	常陸	谷田部	一六、三〇〇	上屋敷		柳原元誓願寺前	四、四三三	
					下屋敷	拝領	本所菊川町	三〇〇	奥坊主林長二江貸置
					下屋敷	拝領	本所南割下水	一、一〇〇	
池田中務少輔	政和	備前	岡山新田（生坂）	一五、〇〇〇	上屋敷		愛宕下	三、六〇九	内一一〇坪戸田淡路守（大垣新田藩）江貸置
					下屋敷	拝領	麻布永坂	九五〇	
松平（池田）淡路守	定性（のちの清直）	因幡	鳥取新田（若桜）	一五、〇〇〇	上屋敷		鉄炮洲	二、八七五	
					下屋敷	拝領	亀戸村小名木川通	四、〇〇〇	
京極飛驒守	高厚	但馬	豊岡	一五、〇〇〇	上屋敷		麹町三丁目横町天神前	五、四〇八	
					下屋敷	拝領	目白台	二、〇〇〇	細川越中守（熊本藩）江貸置
					借地		角筈村	七、〇四一	相馬大膳亮（中村藩）下屋敷借置
森伊豆守	俊滋	播磨	三日月	一五、〇〇〇	上屋敷		上大崎村	三、五〇〇	
					抱屋敷	幕	同所	一七、三六八	上屋敷南之方地続ニ付囲込
山内遠江守	豊福	土佐	高知新田	一三、〇〇〇	上屋敷		三田古川町	一、五〇〇	
					添屋敷	拝領	芝三田寺町	八二七	
					抱屋敷	幕・寺	麻布本村	五、五四三	上屋敷西之方地続ニ付囲込
					町並屋敷	幕・町	同所	一四三	家来金子侶之丞所持、外裏地八三坪
久留島信濃守	通胤	豊後	森	一二、五〇〇	上屋敷		芝本札之辻	四、二〇〇	
					下屋敷	拝領	白金村	五、〇六四	
					抱屋敷	幕	小石川宿	二、六七〇	本白金村下屋敷地続ニ付囲込
					抱地	幕	北品川宿・上大崎村入合	九四五	小石川宿抱屋敷地続ニ付仕添置
					抱屋敷	幕	白金村	一八四	同所下屋敷東北之方地続ニ付一囲
					町並屋敷	幕・町	芝田町四丁目	一二三	上屋敷道式ニ致置
					抱屋敷		南品川	三、九九四	家来有富玄説所持

所持者	諱	所在国	藩名	石高	種別	拝領・領主	場所	坪数	用途・貸借関係・備考
片桐助作	貞照	和泉	小泉	一一、一〇〇	上屋敷		愛宕下	二、四四〇	
					下屋敷	拝領	芝伊皿子	二、五〇〇	
土方備中守	雄嘉	伊勢	菰野	一一、〇〇〇	上屋敷		愛宕下藪小路	二、一三〇	
					下屋敷	拝領	麻布一本松	一、八四一	内書院番土方半三郎（兼三郎）同居差置
南部丹波守	信誉	陸奥	七戸	一一、〇〇〇	上屋敷		半蔵門外	二、一八九	
					添地	拝領	青山五十人町	三一〇	脇坂中務大輔上ヶ地、尾張殿名古屋敷家来竹腰兵部少輔江貸置
					御預地		麴町一丁目より六丁目迄裏通	一四、九七四	前田丹後守（七日市藩）両人ニ而御預
伊東若狭守	長裕	備中	岡田	一〇、三〇〇	上屋敷		小石川表猿楽町	二、〇六六	
					中屋敷	拝領	同所	一、五三四	
					下屋敷	拝領	駒込三ッ家町	三、一五八	
					下屋敷	拝領	駒込富士前通	三〇〇	森川伊豆守江貸置
					借地		駒込三ッ家町	二五〇	小普請斉藤弁次郎拝領屋敷借置、同所下屋敷江囲込
					借地		同所	二五〇	藤堂佐渡守（久居藩）拝領屋敷借置同断
					御預地		神田橋外二番明地	九、四九四	青山下野守（笹山藩）・本多豊前守（田中藩）・内藤駿河守（高遠藩）・板倉伊予守（安中藩）・松平左衛門尉・戸田武八郎右六人御預
谷播磨守	衛弼	丹波	山家	一〇、〇八二	上屋敷		麻布龍土	七、〇四八	
					下屋敷	拝領	代々木村	一、二一八	
					抱屋敷	社	同所	二、〇四七	同所下屋敷地続ニ付囲込
					抱屋敷	幕	同所	五〇九	賃、同所屋敷地続ニ付一囲
堀長門守	直武	信濃	須坂	一〇、〇五三	上屋敷		南八丁堀	二、四八五	外前通河岸物揚場四〇坪
					添地	拝領	同所	三四一	居屋敷前道式
					下屋敷	拝領	本所柳島	七、九八二	内一、五〇〇坪、秋月金次郎江貸置
前田丹後守	利豁	上野	七日市	一〇、〇〇〇	上屋敷		半蔵門外堀端	二、五〇〇	
					下屋敷	拝領	北本所三四之橋之間	三、二四〇	
					御預地		麴町一丁目より六丁目迄裏通明地	一四、九七四	南部丹波守（七戸藩）両人ニ而御預り
青木甲斐守	一咸	摂津	麻田	一〇、〇〇〇	上屋敷		三田古川端	二、〇〇〇	
					下屋敷	拝領	芝飯倉町五丁目	一、八六〇	右地所差上四谷内藤宿二、〇〇〇坪被下、乙卯十一月
					下屋敷	拝領	麻布白金御殿跡	一、〇五〇	
					御預地		同所	一二〇	

所持者	諱	所在国	藩名	石高	種別	拝領・領主	場所	坪数	用途・貸借関係・備考
加藤大蔵少輔	泰理	伊予	新谷	一〇、〇〇〇	上屋敷		浅草新堀末	四、一八九	
					下屋敷	拝領	箕輪	二、一五三	
一柳土佐守（対馬守）	末彦	播磨	小野	一〇、〇〇〇	上屋敷		愛宕下佐久間小路	二、五〇八	
					下屋敷	拝領	白金今里村	三、二一四	
					町並屋敷	幕・町	三田四丁目	八五	家来高瀬蔀所持
					町並屋敷	幕・町	同所	八九	同人（高瀬蔀）
					町並屋敷	幕・町	同所	七七	同人（高瀬蔀）
一柳兵部少輔	頼紹	伊予	小松	一〇、〇〇〇	上屋敷		愛宕下佐久間小路	一、七八二	
					下屋敷	拝領	三田寺町	三、一五九	
					屋敷	拝領	麻布飯倉片町	五八〇	
					借地		麻布市兵衛町	一、〇三七	亀井隠岐守（津和野藩）下屋敷借置
京極壱岐守	高琢	讃岐	多度津	一〇、〇〇〇	上屋敷		麻布鳥居坂	四、六七〇	
					下屋敷	拝領	白金新堀	二、〇二五	
					添屋敷	拝領	麻布鳥居坂	一一五	上屋敷東之方袋道囲込
					町並屋敷	幕・町	麻布日ヶ窪	九三	
					抱屋敷	幕	麻布南日ヶ窪	一五〇	上屋敷西之方地続ニ付囲込
新庄亀次郎（駿河守）	直彪	常陸	麻生	一〇、〇〇〇	上屋敷		浜町	三、一五一	
					下屋敷	拝領	小名木沢	五、三九〇	
建部内匠頭	政和	播磨	林田	一〇、〇〇〇	上屋敷		神田明神下	三、四七〇	
					下屋敷	拝領	染井	三、八〇〇	
					下屋敷	拝領	本所四ツ目通	一、七一七	
					御預地		昌平橋外明地	二、一四二	堀丹波守（村松藩）両人江御預ヶ
					抱屋敷	寺領	駒込村	三、〇〇〇	染井下屋敷北之方地続ニ付囲込
立花出雲守	種恭	陸奥	下手渡	一〇、〇〇〇	中屋敷	拝領	深川海辺新田	二、〇〇〇	上屋敷不用ニ付被召上候ニ付住宅
					下屋敷	拝領	本所五之端（橋）	四、九一〇	
					抱屋敷	幕	深川海辺新田	一、六八〇	中屋敷地続ニ付囲込
毛利讃岐守	元純	長門	清末	一〇、〇〇〇	上屋敷		愛宕下広小路	三、四五二	
					下屋敷	拝領	麻布古川	五三〇	
					借地		同所	三〇〇	小普請服部新一郎拝領屋敷借置、同所下屋敷地続ニ付一囲
松浦豊後守	脩	肥前	平戸新田	一〇、〇〇〇	上屋敷		本所大川端	二、五〇〇	
					下屋敷	拝領	北本所亀戸村	二、七〇〇	
					抱屋敷	幕	柳島村	二四三	貸、家来橘源助所持

所持者	諱	所在国	藩名	石高	種別	拝領・領主	場所	坪数	用途・貸借関係・備考
津軽本次郎	朝澄（のちの承叙）	陸奥	黒石	一〇、〇〇〇	上屋敷		本所三ッ目橋通	四、二九四	
					添屋敷	拝領	品川領戸越村	二二〇	
織田主水（豊前守）	長易	大和	芝村	一〇、〇〇〇	上屋敷		麻布白金台	四、九九七	
					下屋敷	拝領	芝二本榎	二、〇〇〇	
					抱屋敷	幕	今里村・白金村入合	一、九一四	上屋敷東西之方地続ニ付囲込
北條悦次郎（美濃守）	氏燕	河内	狭山	一〇、〇〇〇	上屋敷		外桜田新橋内	一、八二二	
					下屋敷	拝領	麻布三軒家	四、五二四	
					抱屋敷	幕	麻布三軒家	七八〇	同所下屋敷地続ニ付囲込
松平讃岐守	頼胤	讃岐	高松	一二、〇〇〇	上屋敷		小川町	一一、四四四	
					中屋敷	拝領	小川町	八、三二〇	添地二ヶ所一囲
					下屋敷	拝領	小石川龍慶橋	一、二〇〇	
					下屋敷	拝領	小石川水道橋外	二、八二〇	
					下屋敷	拝領	白金台町九丁目	一五、一一九	
					抱屋敷	幕	上大崎・白金村・今里村入合	四一、〇四一	白金台町下屋敷地続ニ付囲込
					抱屋敷	幕	今里村	五二〇	賃金附、白金村抱屋敷地続ニ付一囲
					抱屋敷	無年貢地	小石川御簞笥町裏通	三〇〇	家来岡井郡大夫所持
					町並屋敷	幕	平井新田	一四、七五四	町家作御免地
					町並屋敷	幕・町	白金台町	一、七七六	拝領屋敷南之方地続ニ付囲込
					町並屋敷	幕・町	白金台町	七八七	拝領屋敷東之方地続ニ付囲込
					町並屋敷	幕・町	白金台町	一九六	拝領屋敷地続ニ付囲込
					町並屋敷	幕・町	白金台町	二七一	
					借地		上大崎村	三〇〇	書院番窪田釜之丞抱屋敷不残借受、白金台町下屋敷江囲込
					借地		小石川金杉	四、三五三	松平大学頭（守山藩）下屋敷借置
					借地		目黒白金台町	一〇〇	小普請森川新三郎屋敷借置、同所下屋敷地続ニ付囲込
松平隠岐守	勝善	伊予	松山	一五、〇〇〇	上屋敷	拝領	愛宕下	一〇、五八七	
					中屋敷	拝領	芝三田一丁目	二〇、九九七	
					下屋敷	拝領	品川領戸越村	三〇三	
					下屋敷	拝領	品川領戸越村	三、四七〇	
					抱屋敷	幕	戸越村・下蛇窪村入合	二六、一〇九	
					抱屋敷	幕	深川海辺新田	七、六六九	内二、九七七坪賃銀附

所持者	諱	所在国	藩名	石高	種別	拝領・領主	場所	坪数	用途・貸借関係・備考
					抱屋敷	寺	牛込村・早稲田村・下戸塚村入合	六、九八六	内三、一二三坪賃銀附、松平式部大輔所持
					借地		下戸塚村	二〇〇	下戸塚村東福院除地借請、式部大輔抱屋敷地続ニ付囲込
					町並屋敷	幕・町	芝田町二丁目東側	四八四	
井伊掃部頭	直弼	近江	彦根	三五〇、〇〇〇	上屋敷		桜田	一九、八一五	
					中屋敷	拝領	赤坂	一四、一七五	
					下屋敷	拝領	千駄谷	一八二、三四二	
					蔵屋敷	拝領	八町堀	七、二七六	
					抱屋敷	寺	早稲田村・牛込村・中里村入合	三二五	
					抱地	寺	下戸塚村・早稲田村・牛込村入合	一八、六四五	同所抱屋敷地続ニ付一円
					抱地	幕	上渋谷村	五七三	下屋敷地続ニ付一円
松平肥後守	容保	陸奥	会津	二三〇、〇〇〇	上屋敷		和田蔵門内	九、一五〇	
					御預地		和田蔵門内	二、七二八	
					中屋敷	拝領	芝新銭座	二九、四九二	
					下屋敷	拝領	三田綱坂	三三、二二二	
					下屋敷	拝領	芝金杉	一六、四三八	
					抱屋敷	幕	三田村	七五八	下屋敷地続ニ付囲込
					抱屋敷	幕	深川八右衛門新田	三、二九三	
松平下総守	忠国	武蔵	忍	一〇〇、〇〇〇	上屋敷		馬場先門之内	六、二三一	
					中屋敷	拝領	深川越中島	九、九〇七	
					中屋敷添地	拝領	深川越中島	五、五一三	
					中屋敷	拝領	浅草鳥越	四〇〇	同所下屋敷東南之方地続ニ付一囲
					下屋敷	拝領	浅草鳥越	一〇、九二〇	
					抱屋敷	幕	中之郷村	二二〇	賃金附、家来山田彦左衛門所持
					抱地	幕	中之郷村	六五五	家来山田彦左衛門所持同所抱屋敷地続ニ付一円
					町屋敷		芝浜松町四丁目	一〇〇	家来山田彦左衛門所持
					町屋敷		本船町	二六一	家来山田彦左衛門所持
					町屋敷		川瀬石町	一二〇	家来山田彦左（藤右）衛門所持
					町屋敷		神田蠟燭町	一一四	家来佐藤祐三郎所持
松平越中守	定猷（のちの猷）	伊勢	桑名	一一〇、〇〇〇	上屋敷		北八丁堀	九、三〇一	内河岸六八五坪

所持者	諱	所在国	藩名	石高	種別	拝領・領主	場所	坪数	用途・貸借関係・備考
堀田備中守	正睦（のちの正篤）	下総	佐倉	一一〇、〇〇〇	中屋敷	拝領	元矢之倉	一、七六〇	松平丹波守（松本藩）江貸置
					中屋敷	拝領	深川八幡前	六一〇	
					永御預地		深川八幡前	一四一	同所中屋敷土手なだれ前
					借地		深川八幡前	五六五	納戸小西忠兵衛屋敷借置
					下屋敷	拝領	向築地	一五、六七六	内三四六坪稲葉長門守（淀藩）江貸置
					借地		向築地	五一七	稲葉長門守（淀藩）中屋敷内借置
					下屋敷	拝領	白金村	五〇三	伊達若狭守（吉田藩）江貸置
					抱屋敷	寺	小石川大塚	一一、七六五	内四三一五坪賃銀附
					抱地	旗本領	小石川村	一、七八五	同所抱屋敷北之方地続ニ付一円
					抱屋敷	幕	上大崎村・下大崎村入合	四、七九六	
					抱地	幕	海辺新田	四、六二〇	
					町屋敷		深川入船町	一、八二一	
					抱屋敷	幕	八王子本宿	二、七二八	家来土橋助左衛門所持
					町並屋敷	幕・町	深川海辺大工町代地町・深川清住町入合	五一七	家来内藤忠次郎所持住宅
					町屋敷		豊島町	一七六	家来内藤忠次郎所持
					町屋敷		三十間堀四丁目	一〇〇	家来内藤忠次郎所持、外同所六五坪河岸地
					町屋敷		三十間堀四丁目	一〇〇	家来内藤忠次郎所持、外同所六五坪河岸地
					町並屋敷	幕・町	深川海辺大工町裏地	八二三	家来内藤忠次郎所持
					町並屋敷	幕・町	深川海辺大工町裏地	二三七	家来内藤忠次郎所持
					町並屋敷	幕・町	深川海辺大工町裏地	九	家来内藤忠次郎所持
					町並屋敷	幕・町	深川清住町	一〇八	家来内藤忠次郎所持、外二九坪河岸地
					町並屋敷	幕・町	深川清住町	四七	家来内藤忠次郎所持
					町屋敷		深川北松代町二丁目	一三二	家来内藤忠次郎所持、外四二坪河岸地
					町並屋敷	幕・町	深川北松代町裏	一一五	家来内藤忠次郎所持
					町並屋敷	幕・町	深川北松代町裏	一一五	家来内藤忠次郎所持
					町並屋敷	幕・町	深川北松代町裏	一一五	家来内藤忠次郎所持
					町屋敷		浅草東仲町中横町	一〇〇	家来内藤忠次郎所持
					町屋敷		宇田川町	八〇	家来医師伊東治碩所持
					上屋敷		小川町	七、八三四	
					永御預地		小川町	一二二	同所上屋敷南之方地続ニ付囲込
					中屋敷	拝領	鉄炮洲築地	六、三二〇	

所持者	諱	所在国	藩名	石高	種別	拝領・領主	場所	坪数	用途・貸借関係・備考
					下屋敷	拝領	渋谷羽根沢村	三、〇八四	
					下屋敷	拝領	下豊沢村	二〇、八三四	
					御預地		一ッ橋門外三番町明地	三、八〇三	
					借地		愛宕下薬師小路	一、一五〇	
					抱屋敷	幕	下豊沢村・下渋谷村入合	二三、五八八	同所下屋敷地続ニ付囲込
酒井雅楽頭	忠顕	播磨	姫路	一五〇、〇〇〇	上屋敷		大手角	九、一一〇	
					添屋敷	拝領	大手前	四、〇〇〇	
					中屋敷	拝領	蛎殻町	一一、三六八	
					中屋敷	拝領	浜町蛎殻町	三、九三七	
					下屋敷	拝領	小石川村	二一、六二三	
					屋敷	拝領	橋場村石浜川添なだれ地	一一六	三宅対馬守父隠居土佐守江貸置
					抱屋敷	寺	小石川村	三、五六五	内一、〇一二坪賃金附、同所下屋敷地続ニ付囲込
					抱屋敷	幕	橋場村	六、四七四	内六、一七八坪賃金附、同所拝領屋敷地続ニ付囲込
					町並屋敷	寺・町	小石川原町	六六七	同所下屋敷地続ニ付囲込
酒井修理大夫	忠義	若狭	小浜	一〇三、五五八	上屋敷		昌平橋内	七、七三〇	
					中屋敷	拝領	浜町大川端	三、五〇〇	
					下屋敷	拝領	牛込末寺町	三九、〇八四	
脇坂淡路守	安宅	播磨	竜野	五一、〇八九	上屋敷		芝口	八、二五五	
					中屋敷	拝領	本所四ッ目	五、二七〇	
					下屋敷	拝領	本所元柳原	三、五九〇	堀出雲守（椎谷藩）江貸置
					抱屋敷	幕	柳島村	九一八	賃銀附
					抱屋敷	幕	亀戸村	八六七	四ッ目中屋敷地続ニ付囲込
					町並屋敷	幕	柳島村	一、六六八	同所抱屋敷地続ニ付一囲
土屋采女正	寅直	常陸	土浦	九五、〇〇〇	上屋敷		小川町	七、二八八	
					御預地		小川町	三、三一七	
					下屋敷	拝領	本所小名木川通	一七、一二三	屋敷内同姓土屋求馬江貸置
					下屋敷	拝領	麻布	一二、〇〇〇	
					抱屋敷	幕・寺	麻布本村	一、一九〇	下屋敷北之方地続ニ付囲込
酒井左衛門尉	忠発	出羽	鶴岡	一七〇、〇〇〇	上屋敷		神田橋之内	九、五四二	
					中屋敷	拝領	下谷新シ橋通	三、六〇〇	

所持者	諱	所在国	藩名	石高	種別	拝領・領主	場所	坪数	用途・貸借関係・備考
小笠原左京大夫	忠徴	豊前	小倉	一五〇、〇〇〇	永御預地		下谷新シ橋通	一一一	同所中屋敷地続ニ付囲込
					下屋敷	拝領	浅草向柳原	六、七二九	
					借地		本所四ッ目茅場町	三、五〇〇	酒井大学頭（松山藩）下屋敷借置
					借地		本所四ッ目茅場町	四七	酒井右京亮（敦賀藩）下屋敷之内借置、同所酒井大学頭（松山藩）より借地、地続ニ付一囲
					抱屋敷	幕	亀戸村	六、五八二	賃銀附
					上屋敷		神田橋之内	七、八四〇	
					中屋敷	拝領	下谷広小路	六、三七一	
					下屋敷	拝領	市ヶ谷	九、三八二	
					借地		市ヶ谷	三〇〇	牧野備前守（長岡藩）下屋敷借置、同所下屋敷地続ニ付囲込
					御預地		市ヶ谷加賀屋敷火除明地之内	三、四二五	
					抱屋敷	寺	下駒込村	一〇、八三四	内一、〇三四坪賃銀附
					抱屋敷	幕	深川八右衛門新田	七、三三六	
					町並屋敷	幕	平井新田	二、八二九	町家作御免地
					抱屋敷	幕	市ヶ谷	三二七	家来鹿島要人所持
榊原式部大輔	政恒（のちの政愛）	越後	高田	一五〇、〇〇〇	上屋敷		小川町	七、一五〇	
					永御預地		小川町	一七三	上屋敷北之方地続ニ付一所ニ囲込
					下屋敷	拝領	下谷池之端	一八、二五一	
					下屋敷	拝領	本所五ッ目	四、六七四	
					下屋敷	拝領	深川八幡前	八二五	
					永御預地		本所五ッ目	三六	
					御預地		深川八幡前	八九	
					借地		本所五ッ目	五〇〇	書院番京極兵部拝領屋敷借置、同所拝領下屋敷地続ニ付囲込
					借地		本所五ッ目	五〇〇	小普請前田数馬拝領屋敷借置、同所拝領下屋敷地続ニ付一囲ニ致置
					借地		本所五ッ目	五〇〇	小田切出雲守拝領屋敷当分借置、同所拝領下屋敷地続ニ付一囲
					借地		本所五ッ目	二〇〇	小姓組榊原小三郎拝領屋敷借置、同所下屋敷地続ニ付囲込
					御預地		一ッ橋門外四番明地之内	四、九七二	
					抱屋敷	幕	亀戸村	一、〇九九	本所五ッ目下屋敷地続ニ付囲込

所持者	諱	所在国	藩名	石高	種別	拝領・領主	場所	坪数	用途・貸借関係・備考
					抱地	幕	深川海辺新田	六、七〇八	
					町屋敷		深川久右衛門町三左衛門屋敷・同所伯隆屋敷	一、八九〇	
					抱屋敷	幕	上大島村	二〇〇	家来佐久間郡兵衛所持
					町並屋敷	幕・町	上大島町	一、九〇七	家来水野角兵衛所持、外三五坪道式
					町並屋敷	幕・町	深川上大島町	三六四	家来水野惣八郎所持
					町並屋敷	幕・町	深川上大島町	二一〇	家来藍葉六右衛門所持
					町並屋敷	幕・町	深川上大島町	一六九	家来藍葉六右衛門所持
					町並屋敷	幕・町	芝金杉裏町二丁目	五八	家来木下斉七所持
本多豊後守	助賢	信濃	館山	二〇、〇〇〇	上屋敷		小川町	一、八〇〇	
					添地	拝領	小川町	七九〇	上屋敷地続ニ付囲込
					中屋敷	拝領	永田町	六三二	
					下屋敷	拝領	芝二本榎	七、一九六	
					下屋敷	拝領	品川	二〇〇	松平土佐守（高知藩）江貸置
堀田摂津守（鎮太郎）	正頌	下野	佐野	一六、〇〇〇	上屋敷		三番町	三、五五七	
					中屋敷	拝領	木挽町六丁目	二、〇二五	
					借地		麻布広尾	一〇〇	石川将監屋敷借置
					下屋敷	拝領	麻布広尾	三、一六四	
					借地		下渋谷祥雲寺前	二、四三六	
					下屋敷	拝領	下渋谷三田村	七〇〇	
					永代御預地		下渋谷三田村	一、五八八	下屋敷地続ニ付囲込
					御預地		田安門外表四番町迄火除明地	一〇、八三一	松平駿河守（今治藩）・永井若狭守（新庄藩）三人江御預ケ
					抱屋敷	幕・寺	麻布本村	一、二三三	下屋敷南之方地続ニ付囲込
大久保加賀守	忠愨	相模	小田原	一一三、一二九	上屋敷		芝金杉	一〇、〇一一	
					中屋敷	拝領	麻布六本木	九、一四三	
					下屋敷	拝領	西ノ久保葺手町	一、〇八七	
					下屋敷	拝領	南本所石原	二、四八〇	当分加納備中守（一宮藩）江貸置
					御預地		南本町石原	二、八八三	当分加納備中守（一宮藩）江貸置
					永御預地		西ノ久保葺手町	五九一	
					町並屋敷	幕・町	南本所石原	一、二七五	加納備中守（一宮藩）江貸置
					町並屋敷	幕・町	南本所石原	一六〇	家来杉本隆玄所持、加納備中守（一宮藩）家来富永伝蔵江貸置

所持者	諱	所在国	藩名	石高	種別	拝領・領主	場所	坪数	用途・貸借関係・備考
戸田采女正	氏正	美濃	大垣	一〇〇、〇〇〇	借地		四谷千駄ヶ谷	六、一七六	竹越兵部少輔下屋敷当分借置
					借地		原宿村	一、六〇二	竹越兵部少輔抱屋敷借置
					借地		四谷千駄ヶ谷	三〇〇	内藤山城守（挙母藩）下屋敷借置
					借地		四谷千駄ヶ谷	三〇〇	酒井大学頭（松山藩）下屋敷当分借置
					借地		四谷千駄ヶ谷	一〇〇	関川庄五郎屋敷当分借置
					借地		四谷千駄ヶ谷	一〇〇	渡辺半之丞屋敷当分借置
					上屋敷		溜池端	六、二九一	
					中屋敷	拝領	牛込原町	一、〇三四	
					下屋敷	拝領	下谷金杉	九、〇〇〇	
					借地		下谷金杉	一、〇〇〇	諏訪因幡守（高島藩）中屋敷内借置、同所下屋敷江囲込
					下屋敷	拝領	芝金杉	五、八五四	
					御預地		溜池端火除地	一、九八〇	
					抱屋敷	寺・無年貢地	下谷龍泉寺村	五、八六七	下谷金杉下屋敷西之方地続ニ付囲込
奥平大膳大夫	昌服	豊前	中津	一〇〇、〇〇〇	上屋敷		木挽町	九、二八六	
					中屋敷	拝領	鉄炮洲	四、一六二	
					下屋敷	拝領	高輪	九、二六〇	
					借地		高輪	五〇〇	松平時之助（郡山藩）下屋敷不残借置
					町並屋敷	幕・町	深川海辺大工町代地町	四八三	家来武田右門所持
					町並屋敷	幕・町	飯倉町四丁目	四〇四	家来武田右門所持
					町並屋敷	幕・町	飯倉町三丁目	二二三	家来武田右門所持
					町屋敷		南小田原町二丁目	四六三	家来武田右門所持、外河岸地面八五坪
					町並屋敷	幕・町	北本所代地深川扇橋続	一、一二一	家来武田右門所持、外同所河岸地二七坪
					町並屋敷	幕・町	浅草今戸町河岸通	二一二	家来武田右門所持
					町屋敷		上柳原町	二七八	家来武田郡兵衛所持、外河岸地面四二坪
					町屋敷		上柳原町	六九	家来武田郡兵衛所持、外同所河岸地面三一坪
					町屋敷		上柳原町	二二五	家来岡見伝太夫所持、外河岸地面五六坪
					町屋敷		南茅場町	一〇一	家来岡見伝太夫所持、外同所河岸地面六七坪
					町屋敷		馬喰町二丁目	一三一	家来岡見伝太夫所持
					町屋敷		馬喰町二丁目	七一	家来岡見伝太夫所持

所持者	諱	所在国	藩名	石高	種別	拝領・領主	場所	坪数	用途・貸借関係・備考
					町屋敷		新泉町	二〇〇	家来岡見伝太夫所持
					町屋敷		本石町二丁目	三〇〇	家来岡見伝太夫所持
					町屋敷		本小田原町一丁目中通り	八〇	家来岡見伝太夫所持
					町屋敷		本小田原町一丁目中通り	一八〇	家来岡見伝太夫所持
					町屋敷		南小田原町二丁目	一〇二	家来岡見伝太夫所持
					町並屋敷	幕・町	芝田町七丁目	三五四	家来岡見伝太夫所持
					町屋敷		南小田原町二丁目	八五	家来岡見伝太夫所持
					町屋敷		新両替町一丁目東側	二〇三	家来岡見伝太夫所持
					町並屋敷	幕・町	品川台町	八〇四	家来岡見伝太夫所持
					町並屋敷	幕・町	浅草今戸町	一一〇	家来岡見伝太夫所持、外裏屋敷八一坪
					抱屋敷	幕	品川宿	九九〇	家来岡見伝太夫所持
					町屋敷		深川末広町	二二一	家来岡見彦三所持
					町屋敷		深川末広町	二〇	家来岡見彦三所持
					町並屋敷	幕・町	芝田町五丁目	一一六	家来岡見彦三所持、外同所地尻一八坪新田地
					町屋敷		深川築地末広町	一六〇	家来岡見彦三所持
					町並屋敷	幕・町	芝田町三丁目	一〇七	家来岡見彦三所持
松平遠江守	忠栄	摂津	尼崎	四〇、〇〇〇	上屋敷		鉄炮洲	一〇、五七三	
					下屋敷	拝領	本所新大橋向	五、〇〇〇	
					抱屋敷	給地	高田源兵衛村	一四、〇七三	内二、八八七坪賃銀附
					抱地	幕・給地	高田村・高田源兵衛村入合	二、六八七	内高田村分七〇七坪・高田源兵衛村分一、九八〇坪、同所抱屋敷地続ニ付一円
松平（柳沢）時之助	保申	大和	郡山	一五一、二八八	上屋敷		幸橋内	八、九四六	
					下屋敷	拝領	駒込	四〇、六二八	
					下屋敷	拝領	芝新堀	六、三八八	外三二坪裏通道
					下屋敷	拝領	芝新堀	一、一五〇	
					下屋敷	拝領	高輪	五〇〇	奥平大膳大夫（中津藩）江貸置
真田信濃守	幸教	信濃	松代	一〇〇、〇〇〇	上屋敷		外桜田新シ橋内	四、九五八	
					永御預地		深川小松町	五七三	
					下屋敷	拝領	赤坂南部坂	四、八七〇	
					下屋敷	拝領	深川小松町	四、二七三	
					中屋敷	拝領	愛宕下	七一五	

所持者	諱	所在国	藩名	石高	種別	拝領・領主	場所	坪数	用途・貸借関係・備考
内藤能登守	政義	日向	延岡	七〇、〇〇〇	上屋敷		虎門内	一〇、五一五	
					下屋敷	拝領	麻布六本木	九〇、三六一	
					抱屋敷	旗本領	中渋谷村	一四、〇〇五	
戸沢上総介	正実	出羽	新庄	六八、二〇〇	上屋敷		飯倉狸穴町	九、六二八	
					屋敷	拝領	飯倉狸穴町	三九五	
					借地		芝森元町	一一一	小普請紅林源吾拝領屋敷借置、上屋敷道式ニ致置
					下屋敷	拝領	麻布白金	三、七〇九	
					借地		麻布白金	二〇〇	小普請神尾平八郎（平次郎）拝領屋敷借置、同所下屋敷地続ニ付一円
松平主殿頭	忠精	肥前	島原	七〇、〇〇〇	抱屋敷	幕	下豊沢村	九、〇〇〇	
					抱屋敷	幕	飯倉町	五四	上屋敷裏門道式ニ致置幷辻番所立置
					上屋敷		数寄屋橋門内	四、〇四九	
					下屋敷	拝領	三田二丁目	一一、八五六	
					町並屋敷	幕・町	三田二丁目	二三	同所下屋敷道式ニ致置
					抱屋敷	幕	三田四丁目・芝伊皿子町	六二〇	同所下屋敷西之方地続ニ付囲込
					抱屋敷	幕・寺	三田村・上大崎村・中目黒村・下目黒村入合	二一、〇七三	
					町並屋敷	幕・町	三田四丁目	二〇二	
松平周防守	康圭	陸奥	棚倉	八〇、四〇〇	中屋敷	拝領	木挽町築地	五、一五〇	
					添屋敷	拝領	鉄炮洲	二、一七六	当分住宅
					下屋敷	拝領	巣鴨氷川台	五五〇	
相馬大膳亮	充胤	陸奥	中村	六〇、〇〇〇	上屋敷		外桜田	二、九〇五	
					中屋敷	拝領	麻布谷町	五、〇〇四	
					下屋敷	拝領	角筈村	七、〇四一	京極飛騨守（豊岡藩）江貸置
					抱屋敷	幕	今井村	二、二九三	中屋敷西南之方地続ニ付囲込
小笠原佐渡守	長国	肥前	唐津	六〇、〇〇〇	上屋敷		外桜田	四、八一三	内一八八九坪添地
					中屋敷	拝領	本郷弓町	五、〇〇〇	
					下屋敷	拝領	深川元町	一〇、〇〇〇	
					御預地		深川元町	七	下屋敷裏門之内割余道式之内
					抱屋敷	幕	深川元町	九二三	同所下屋敷地続ニ付囲込
					抱屋敷	旗本領	幡ヶ谷村	一一、三〇〇	
松平丹波守	光則	信濃	松本	六〇、〇〇〇	上屋敷		呉服橋内	五、六二八	

所持者	諱	所在国	藩名	石高	種別	拝領・領主	場所	坪数	用途・貸借関係・備考
					中屋敷	拝領	愛宕下三斉小路	一、六〇〇	
					借地		愛宕下三斉小路	二〇〇	大番飯高織部屋敷借地、同所中屋敷地続ニ付囲込
					下屋敷	拝領	麻布永坂	五、〇〇〇	分知戸田隼人正・戸田孫十郎両人江貸置
					下屋敷	拝領	芝二本榎	四、四〇〇	
					借地		芝二本榎	一、六〇〇	徳山五兵衛下屋敷不残借置、同所下屋敷地続ニ付囲込
					抱屋敷	幕	今里村白金村入合	三、三四一	芝二本榎下屋敷地続ニ付囲込
					借地		元矢之倉	一、七六〇	松平越中守（桑名藩）中屋敷借置
本多隠岐守	康融	近江	膳所	六〇、〇〇〇	上屋敷		南八丁堀	一八、三〇七	内書院番本多内蔵助江貸置
					北手河岸	拝領	南八丁堀	四二	
					下屋敷	拝領	北本所四ッ目通柳島	五、五〇六	
					借地		北本所四ッ目通柳島	五〇〇	増山河内守（長島藩）下屋敷借置、同所下屋敷地続ニ付囲込
					下屋敷	拝領	元矢之倉	二、七一八	諏訪因幡守（高島藩）江貸置
					町屋敷		深川冬木町	五、八五一	
石川主殿頭	総禄	伊勢	亀山	六〇、〇〇〇	上屋敷		下谷広小路	九、三六五	
					中屋敷	拝領	本所横川端	三、五〇〇	
					下屋敷	拝領	箕輪	九、五三〇	
					借地		箕輪	一、〇〇〇	最上熊丸拝領屋敷借置、同所拝領下屋敷地続ニ付囲込
					抱屋敷	幕・寺	小塚原・三河島・箕輪入合	一、七六七	下屋敷地続ニ付囲込
					抱屋敷	幕	柳島村	一、五二六	外同所地続九〇坪借添地一囲ニ致し置
岡部美濃守	長発	和泉	岸和田	五三、〇〇〇	上屋敷		山王裏門脇	九、〇六八	内小普請岡部監物江貸置
					永御預地		山王山境	六〇〇	
					中屋敷	拝領	深川小名木川	二、九四三	
					下屋敷	拝領	渋谷村	二六、三〇二	
					抱屋敷	寺	上渋谷村	三、九六〇	同所下屋敷地続ニ付一囲
					抱屋敷	幕	海辺新田	三、六八八	賃銀附
					町並屋敷	幕・町	深川富川町裏通り	一、一五四	家来内野宗周所持
秋田安房守	肥季	陸奥	三春	五〇、〇〇〇	上屋敷		愛宕下	四、三〇〇	
					下屋敷	拝領	麻布飯倉町	三、八三六	
					抱屋敷	幕	麻布飯倉町	一、三九三	下屋敷地続ニ付一所ニ囲込
					抱屋敷	幕	代々木村	四、一三二	

所持者	諱	所在国	藩名	石高	種別	拝領・領主	場所	坪数	用途・貸借関係・備考
有馬日向守	温純	越前	丸岡	五〇、〇〇〇	上屋敷		芝宇田川町	二、二二五	
					中屋敷	拝領	駒込植苗木縄手	五、六六一	
					下屋敷	拝領	下渋谷	一、〇〇〇	松平美濃守（福岡藩）江貸置
					借地		芝新銭座	一九〇	天守番之頭今井左右（右左）橋拝領屋敷一五〇坪・小普請蜂屋兵橋拝領屋敷四〇坪借地、地続ニ付一囲ニ囲込
水野出羽守	忠良	駿河	沼津	五〇、〇〇〇	上屋敷		外桜田	四、三八二	
					中屋敷	拝領	浜町	一〇、七四七	
					下屋敷	拝領	芝高輪二本榎	二、九〇〇	
					下屋敷	拝領	愛宕下藪小路	六五〇	
					町屋敷		上野新黒門町	一四三	家来土方縫殿助所持
土岐美濃守	頼之	上野	沼田	三五、〇〇〇	上屋敷		江戸見坂上	四、五一二	
					添屋敷	拝領	西ノ久保城山	六七〇	
					下屋敷	拝領	三田台町	五、七二五	
					永御預地		三田台町	四八五	同所下屋敷裏町屋境山なだれ
					町並屋敷	幕・町	芝田町七丁目	五七六	下屋敷江囲込
					借地		江戸見坂上	五〇	小普請平田半之丞屋敷借置
					町並屋敷	寺・町	巣鴨町下組	一、五一六	
					町並屋敷	寺・町	巣鴨町下組	二一〇	家来石川三郎左衛門所持
					町並屋敷	幕・町	芝田町七丁目	二二七	家来石川三郎左衛門所持
松平山城守	信宝	出羽	上山	三〇、〇〇〇	上屋敷		麻布新堀端	六、三一二	
					下屋敷	拝領	三田老増町	三、七〇〇	
					借地		三田老増町	八八〇	内二〇〇坪小普請佐久間欽之丞三〇〇坪・足立善之丞一〇〇坪・中山源次郎一〇〇坪・杉島兵左衛門一〇〇坪・宮川藤三郎八〇坪・鷹野方小笠原重平六人之者拝領屋敷借受、同所下屋敷地続ニ付囲込
稲垣摂津守	長明	志摩	鳥羽	三〇、〇〇〇	下屋敷	拝領	戸越村	七三二	
					上屋敷		麹町八丁目	五、六九九	
					中屋敷	拝領	市谷七軒町	一、二六四	
					下屋敷	拝領	高田村	六、六六九	
					抱屋敷	寺	高田村	九三六	高田村下屋敷西之方地続ニ付一所ニ囲込
松平佐渡守	直諒	出雲	広瀬	三〇、〇〇〇	上屋敷		四谷門外堀端	四、四〇九	当時下屋敷住宅
					中屋敷	拝領	四谷仲町	一、二三六	
					借地		四谷仲町	五〇〇	大久保兵庫下屋敷借地、同所中屋敷地続ニ付囲込

所持者	諱	所在国	藩名	石高	種別	拝領・領主	場所	坪数	用途・貸借関係・備考
					下屋敷	拝領	市谷大久保	五、六三三	住宅
					借地		人久保	二五〇	書院番大久保宗次郎拝領屋敷借置、同所下屋敷地続ニ付囲込
					借地		大久保	一四六	小普請三橋藤右衛門（彦五郎）拝領屋敷借置、同所下屋敷地続ニ付囲込
加藤越中守	明軌	近江	水口	二五、〇〇〇	下屋敷	拝領	大久保新田	四、五九六	
					上屋敷		愛宕下藪小路	三、七〇八	
					中屋敷	拝領	愛宕下三斉小路	六〇〇	
					中屋敷	拝領	芝源助町	八七二	
					下屋敷	拝領	高輪	八、〇九九	
植村出羽守	家保	大和	高取	二五、〇〇〇	上屋敷		西ノ久保	五、八一四	
					中屋敷	拝領	愛宕下	二、一一四	
					下屋敷	拝領	麻布本村	五、二九八	
					抱屋敷	幕	麻布本村	二四〇	下屋敷地続ニ付囲込
小笠原左衛門佐	長守	越前	勝山	二二、七七七	上屋敷		大名小路	三、八六六	
					下屋敷	拝領	本所横川端	一、七四二	同所〆切囲込地六六六坪
					御預地		本所横川端	一八三	内九坪辻番地所ニ相成ル
					拝借地		本所横川端	四七二	
松平左衛門尉	近説	豊後	府内	二一、二〇〇	上屋敷		筋違門内	五、六〇〇	
					下屋敷	拝領	代々木村	三、〇一六	
					下屋敷	拝領	巣鴨駕籠町	一〇〇	
					下屋敷	拝領	本所亀沢町	一、五〇〇	
					抱屋敷	寺	上駒込村	五、一二〇	
内藤山城守	政文	三河	挙母	二〇、〇〇〇	上屋敷		三田	四、四四一	
					中屋敷	拝領	本所竹蔵後	四、〇〇一	
					下屋敷	拝領	本所石原大川端	九九九	
					下屋敷	拝領	本所竹蔵東裏通り石原	五〇〇	
					下屋敷	拝領	四谷千駄ヶ谷	三〇〇	大久保加賀守（小田原藩）江当分貸置
					抱屋敷	幕	中之郷村	二八二	賃銀附、家来竹村良庵所持
井伊兵部少輔	直経	越後	与板	二〇、〇〇〇	上屋敷		向柳原	二、七一六	
					中屋敷	拝領	向柳原	一、〇〇六	上屋敷地続ニ付一囲
					下屋敷	拝領	芝下高輪村	五、五〇〇	
					抱屋敷	幕	芝下高輪村	一、三一九	下屋敷北之方地続ニ付囲込

所持者	諱	所在国	藩名	石高	種別	拝領・領主	場所	坪数	用途・貸借関係・備考
水野日向守	勝進	下総	結城	一八、〇〇〇	上屋敷		赤坂	三、五五三	
					下屋敷	拝領	麻布坂下町	二二〇	
					下屋敷	拝領	麻布龍土	五〇〇	松平肥前守（佐賀藩）江貸置
					抱屋敷	幕・社	代々木村	一三、五〇〇	
					抱屋敷	寺	千駄ヶ谷村	五、六六三	
本多伊予守	忠寛（忠廉）	伊勢	神戸	一五、〇〇〇	上屋敷		神田橋門外	二、〇〇四	
					下屋敷	拝領	芝高輪	三、七七四	
					抱屋敷	幕	高輪	二、一〇一	下屋敷南西之方地続ニ付囲込
三宅対馬守	康保	三河	田原	一二、〇〇〇	上屋敷		半蔵門内	二、九六六	普請出来迄中屋敷住居
					御預地		半蔵門外元山王	七五	上屋敷西南之方社地なだれ
					中屋敷	拝領	本所横網町	一、九一八	上屋敷普請出来迄中屋敷住居
					下屋敷	拝領	小石川巣鴨	四、四三二	
					抱屋敷	寺	巣鴨村	二、五〇八	下屋敷北之方地続ニ付一所ニ囲込
					借地		橋場村	一七五	酒井雅楽頭（姫路藩）所持之賃銀附抱屋敷借地
					借地		橋場村石浜川添地なだれ地	一一六	酒井雅楽頭（姫路藩）拝領屋敷借受、当分父土佐守住居
保科弾正忠	正益	上総	飯野	二〇、〇〇〇	上屋敷		麻布新堀端	四、五七一	
					下屋敷	拝領	赤坂門外	一〇〇	
					下屋敷	拝領	広尾下渋谷村	二、〇〇〇	外ニ物揚場四五坪
					抱屋敷	幕・寺	麻布本村	一、〇二一	上屋敷西之方地続ニ付囲込
					抱屋敷	幕	麻布本村	四九七	
					抱屋敷	幕	下渋谷村	八五五	賃銀附、嫡母栄寿院所持
					抱地	旗本領	下渋谷村	一、〇五〇	同所抱屋敷地続ニ付一円、嫡母栄寿院所持
					町屋敷		麻布網代町	一、五八七	上屋敷西之方地続ニ付一所ニ囲込
内藤因幡守	政民	陸奥	湯長谷	一五、〇〇〇	上屋敷		麻布百姓町	八、八九八	
					下屋敷	拝領	四谷内藤宿	三〇〇	
松平日向守	直春	越後	糸魚川	一〇、〇〇〇	上屋敷		赤坂溜池端	三、五二二	
					屋敷	拝領	赤坂三河台	五〇〇	
					屋敷	拝領	巣鴨	二〇〇	柳沢弾正少弼（三日市藩）江貸置
					下屋敷	拝領	青山隠田	四〇〇	
					抱屋敷	幕	上渋谷村	一、〇三〇	下屋敷地続ニ付一囲
					借地		青山隠田	九〇〇	板倉内膳正（福島藩）下屋敷借置、同所下屋敷地続ニ付一囲

所持者	諱	所在国	藩名	石高	種別	拝領・領主	場所	坪数	用途・貸借関係・備考
柳沢摂津守	光昭	越後	黒川	一〇、〇〇〇	上屋敷		牛込山伏町通	五、四三七	
					下屋敷	拝領	本所割下水	二、七〇〇	
					御預地		牛込岩戸町裏通	九四〇	
小笠原信濃守	貞幹	播磨	安志	一〇、〇〇〇	上屋敷		小石川富坂下	三、三八七	
					下屋敷	拝領	目白台	二、八八七	
柳沢弾正少弼	泰孝	越後	三日市	一〇、〇〇〇	上屋敷		浅草鳥越	三、六九七	
					下屋敷	拝領	巣鴨	二、〇〇〇	
					借地		巣鴨	一、四九九	増山河内守（長島藩）下屋敷借置、同所下屋敷地続ニ付一囲
					借地		巣鴨	三〇〇	小普請三橋藤右衛門拝領屋敷借置、同所下屋敷地続ニ付一囲
					借地		巣鴨	三〇〇	堀田豊前守（宮川藩）下屋敷借置、同所下屋敷地続ニ付一囲
					借地		巣鴨	二〇〇	松平日向守（糸魚川藩）下屋敷借置、同所下屋敷地続ニ付一囲
					借地		巣鴨	一〇〇	柴田若狭守（肥前守）拝領屋敷借置
松平志摩守	直温	出雲	母里	一〇、〇〇〇	上屋敷		青山久保町	三、〇〇〇	
					添屋敷	拝領	青山原宿町・同所緑町入合	一、八〇〇	
					下屋敷	拝領	四谷内藤宿表番衆町	二、三七四	
					下屋敷	拝領	芝高輪	二〇〇	
					抱屋敷	給地	青山原宿町	三、二九三	上屋敷西之方地続ニ付一所ニ囲込
					抱屋敷	幕	上渋谷村	一、五一〇	
松平大炊頭	頼徳	常陸	宍戸	一〇、〇〇〇	上屋敷		目白台	四、一四〇	
					下屋敷	拝領	高田村	二、三二六	
					抱屋敷	幕	目白台関口村	二、〇二二	上屋敷西之方地続ニ付一所ニ囲込
					抱屋敷	幕・寺	高田村	一、一四四	祖母善智院所持下屋敷地続ニ付一囲
					抱屋敷	幕	深川八右衛門新田	二、七七六	賃銀附
丹羽若狭守（長門守）	氏中	播磨	三草	一〇、〇〇〇	上屋敷		山下門下	二、六五七	
					中屋敷	拝領	芝将監橋際	一、二七〇	
					借地		芝将監橋	二〇〇	小普請神谷清三郎拝領屋敷借置、同所中屋敷地続ニ付囲込
小笠原益之助（近江守）	貞正	豊前	小倉新田	一〇、〇〇〇	下屋敷	拝領	四ッ谷千駄ヶ谷	一三、〇〇〇	
					上屋敷		麻布日ヶ窪	五、六八九	
					下屋敷	拝領	白金	一〇〇	

所持者	諱	所在国	藩名	石高	種別	拝領・領主	場所	坪数	用途・貸借関係・備考
間部下総守	詮勝	越前	鯖江	四〇、〇〇〇	上屋敷		常盤橋門内	三、六五〇	
					下屋敷	拝領	本芝一町目	二、六〇〇	
					下屋敷	拝領	四谷角筈村	四、二〇〇	
					下屋敷	拝領	品川領大井村	一六、六八二	
青山下野守	忠良	丹波	篠山	六〇、〇〇〇	上屋敷		筋違橋門内	四、五九〇	
					中屋敷	拝領	青山宿	一七、一七六	
					中屋敷	拝領	青山宿	二、六〇五	
					中屋敷	拝領	青山宿	二、三六七	
					下屋敷	拝領	虎門外西久保道	九〇九	
					下屋敷	拝領	鉄炮洲	一、〇〇〇	
稲葉長門守	正邦	山城	淀	一〇二、〇〇〇	上屋敷		小川町	七、一六五	
					借地		木挽町築地	三四六	木挽町築地中屋敷地続、松平越中守（桑名藩）下屋敷内借地
					中屋敷	拝領	木挽町築地	一〇、一六〇	内五一七坪松平越中守（桑名藩）江貸置
					下屋敷	拝領	渋谷	五〇、〇〇〇	
					御預地		神田橋門外二番明地	九、四九四	板倉伊予守（安中藩）・本多豊前守（田中藩）・内藤駿河守（高遠藩）・伊東播磨守（岡田藩）・戸田大炊頭（足利藩）六人江御預ケ
土井大炊頭	利則	下総	古河	八〇、〇〇〇	上屋敷		日比谷門内	四、五三三	
					中屋敷	拝領	霊岸島箱崎町	四、五二八	
					下屋敷	拝領	大塚	三五、四九二	
					下屋敷	拝領	本所猿江	四、四九一	
牧野備後守	貞直 貞明	常陸	笠間	八〇、〇〇〇	上屋敷		日比谷門内	五、〇七六	内七四三坪大手なたれ地
					中屋敷	拝領	浜町	六、五五〇	
					屋敷	拝領	巣鴨駕籠町	三五〇	
					下屋敷	拝領	久左衛門新田小名木川通	一七、〇一六	
					屋敷	拝領	巣鴨町	一五一	
戸田因幡守	忠明	下野	宇都宮	七〇、八五〇	上屋敷		浅草新寺町	六、四三四	
					下屋敷	拝領	深川清住町	四、三〇七	
					下屋敷	拝領	千駄ヶ谷	九、三七〇	
					御預地		深川清住町新道	七九	同所下屋敷地続ニ付一所ニ囲込
					下屋敷	拝領	深川船大工町	一、三二六	外二三坪新規道式ニ致ス
					差加地	拝領	深川船大工町	七五四	下屋敷地続ニ付一所ニ囲込

所持者	諱	所在国	藩名	石高	種別	拝領・領主	場所	坪数	用途・貸借関係・備考
秋元但馬守	志朝	上野	館林	六〇、〇〇〇	上屋敷		呉服橋門内	四、〇〇〇	
					中屋敷	拝領	浜町	七、五四七	
					下屋敷	拝領	下谷池之端	一、九〇〇	
					抱屋敷	幕	下谷池之端	三、〇二七	同所下屋敷東之方地続ニ付囲込
					抱屋敷	幕	角筈村	二七、〇二六	
					抱屋敷	幕	深川海辺新田	六、四四三	
井上河内守	正直	遠江	浜松	六〇、〇〇〇	上屋敷		浜町	三、八一六	
					中屋敷	拝領	深川六間堀	四、九三二	
					下屋敷	拝領	青山原宿	一六、六七六	
土井能登守	利忠	越前	大野	四〇、〇〇〇	上屋敷		昌平橋内	三、七四七	
					中屋敷	拝領	湯島三町目	一、〇一四	
					御預地		一橋外四番明キ地	一、三二五	榊原式部大輔（高田藩）・松平備中守（大多喜藩）江高割御預ケ
					下屋敷	拝領	目白台	二、六二三	
					抱屋敷	幕	北本所番場	三、一一六	内七五〇坪賃銀附
永井遠江守	直輝	摂津	高槻	三六、〇〇〇	上屋敷		数寄屋橋門之内	二、九七六	
					中屋敷	拝領	木挽町築地	二、四二〇	
					下屋敷	拝領	権田原	九、三九六	
					下屋敷	拝領	代々木	四、三二一	
					借地		代々木	三〇〇	仙石讃岐守（出石藩）拝領屋敷借置、下屋敷地続ニ付囲込
					借地		代々木	二〇〇	小普請三河口賢一郎屋敷借置、下屋敷地続ニ付囲込
牧野豊前守	誠成	丹後	田辺	三五、〇〇〇	上屋敷		北八丁堀	六、八一五	
					中屋敷	拝領	深川万年橋際	一、五〇〇	
					下屋敷	拝領	本所猿江村	三、五〇〇	
内藤駿河守	頼寧	信濃	高遠	三三、〇〇〇	上屋敷		小川町	三、六三〇	
					下屋敷	拝領	四谷内藤宿	六六、八一五	
					下屋敷	拝領	下渋谷	四、五七〇	
					下屋敷	拝領	深川島田町	一、七九二	
					御預地		神田橋門外二番明地	九、四九四	板倉伊予守（安中藩）・稲葉長門守（淀藩）・本多豊前守（田中藩）・伊東播磨守（岡田藩）・戸田大炊頭（足利藩）六人江御預
永井肥前守	尚典	美濃	加納	三二、〇〇〇	上屋敷		元矢之倉	三、三四五	浜町中屋敷ニ住宅
					中屋敷	拝領	浜町	四、三二九	

所持者	諱	所在国	藩名	石高	種別	拝領・領主	場所	坪数	用途・貸借関係・備考
板倉伊予守	勝明	上野	安中	三〇、〇〇〇	中屋敷	拝領	本所林町二丁目	三、〇三四	
					下屋敷	拝領	四谷鮫ヶ橋	二、三〇〇	
					上屋敷		一橋外	四、四三九	
					中屋敷	拝領	神田佐久間町	三、四〇〇	
					下屋敷	拝領	四谷北伊賀町	八五八	外永御預地七八坪
					御預地		神田橋門外二番明地	九、四九四	稲葉長門守（淀藩）・伊東播磨守（岡田藩）・本多豊前守（田中藩）・内藤駿河守（高遠藩）・戸田大炊頭（足利藩）六人江御預
					抱屋敷	幕	白金村	四、三四〇	
黒田淡路守（豊前守）	直和	上総	久留里	三〇、〇〇〇	上屋敷		下谷広小路	三、二一五	
					中屋敷	拝領	目白台	三、一〇〇	
					永御預地		目白台	一、九五〇	中屋敷西之方地続
					中屋敷	拝領	牛込若松町	一七二	
					御預地		牛込若松町	二五	中屋敷北之方地続
					下屋敷	拝領	北本所石原	二、二七〇	
板倉内膳正	勝頼	陸奥	福島	三〇、〇〇〇	上屋敷		大手四番町	三、四六五	
					中屋敷	拝領	下谷新寺町	五、六三一	
					下屋敷	拝領	青山隠田	九〇〇	松平日向守（糸魚川藩）江貸置
大久保佐渡守	忠美	下野	烏山	三〇、〇〇〇	上屋敷		下谷三味線堀	六、九八八	
					下屋敷	拝領	深川小名木川	三、五〇〇	
土井大隈守	利善	三河	刈谷	二三、〇〇〇	上屋敷		永田町	五、四一七	
					中屋敷	拝領	四谷内藤新宿千駄谷	一、二五〇	
					下屋敷	拝領	大塚	五、三三三	
大岡兵庫頭	忠恕	武蔵	岩槻	二三、〇〇〇	居屋敷		浅草諏訪町	四、〇〇〇	
					下屋敷	拝領	浜町	三、五〇〇	
					借地		浜町袋町	一三〇	新番大岡隆之助拝領屋敷借置
					抱屋敷	幕・寺	下高田村	一二、〇一二	書院番溝口真太郎拝領屋敷借地、抱屋敷地続ニ付囲込
					借地		下高田村	一、六〇〇	
松平備中守	正和	上総	大多喜	二〇、〇〇〇	上屋敷		駿河台下	三、八七七	
					中屋敷	拝領	小石川	一三、九八五	
					御預地		小石川	六〇	中屋敷北之方地続
					下屋敷	拝領	深川	三、二五四	
					下屋敷	拝領	深川油堀	一六三	

所持者	諱	所在国	藩名	石高	種別	拝領・領主	場所	坪数	用途・貸借関係・備考
					御預地		一橋門外四番明地	六六二	榊原式部大輔（高田藩）・土井能登守（大野藩）三人江高割ニ而御預
					抱屋敷	寺	小石川	六七〇	中屋敷東之方地続ニ付一所ニ囲込
石川重之助（若狭守）	総管	常陸	下館	二〇、〇〇〇	上屋敷		外桜田	三、六六〇	
					中屋敷	拝領	麻布市兵衛町	八、八六〇	
					下屋敷	拝領	麻布本村	六三五	
					下屋敷	拝領	四谷内藤新宿新屋敷	四〇〇	
					抱屋敷	幕	麻布今井	四〇〇	中屋敷地続ニ付一囲
阿部倫三郎（因幡守）	正恒	上総	佐貫	一六、〇〇〇	上屋敷		外桜田	二、五三三	
	正身				中屋敷		愛宕下広小路	一、一七〇	
					借地		愛宕下広小路	二六五	小出大膳拝領屋敷借置、同所中屋敷地続ニ付囲込
					下屋敷	拝領	四谷内藤宿	五〇八	尾張殿名古屋藩江貸置
					下屋敷	拝領	赤坂丹後坂上	二一〇	赤坂威徳寺江貸置
					借地		麻布溜池台	七九八	松平十郎麿（浜田藩）中屋敷借置
阿部播磨守	正耆	陸奥	白川	一〇〇、〇〇〇	上屋敷		山下門之内	七、八三六	
					中屋敷	拝領	麻布龍土	三〇一	
					下屋敷	拝領	麻布	四八、八七三	中屋敷地続ニ付一所囲込
					下屋敷	拝領	麻布龍土材木町	六八四	
					抱屋敷	幕	深川八右衛門新田	一、一三二	
					町並屋敷	幕	深川八右衛門新田	八八三	町家作御免地、同所抱屋敷地続ニ付一囲
					抱屋敷	幕	上目黒村	一、七五五	家来原（平）田弾右衛門所持
松平伯耆守	宗秀	丹後	宮津	七〇、〇〇〇	上屋敷		虎之門内	四、六八六	
					下屋敷	拝領	市ヶ谷大久保	一一、七三一	
					借地		市ヶ谷本村	二〇〇	小普請大沢幸五郎・普請役井上兵之丞両人屋敷借置
					下屋敷	拝領	大久保	二五〇	
					下屋敷	拝領	本所石原大川端	四、五二九	
					御預地		本所蔵屋敷	五九三	同所下屋敷地続ニ付囲込
					借地		本所石原	四〇〇	蜂屋勝五郎拝領屋敷借置、同所下屋敷地続ニ付囲込
					抱屋敷	幕	市ヶ谷町	二三〇	同所下屋敷西之方地続ニ付一囲
					町屋敷	拝領	麹町山本町	二〇〇	家来原四郎兵衛五代以前小十郎母桂昌院・年寄相勤候節拝領、当時浪人原勘ヶ由四郎兵衛両人ニ而所持

所持者	諱	所在国	藩名	石高	種別	拝領・領主	場所	坪数	用途・貸借関係・備考
松平伊豆守	信古	三河	吉田	七〇、〇〇〇	上屋敷		呉服橋門内	四、〇〇〇	
					下屋敷	拝領	谷中	一八、三二二	
					下屋敷	拝領	永代橋前北新堀	三、三一八	
					下屋敷	拝領	深川小名木川	三、七八一	
					抱屋敷	幕	久左衛門新田	五、七七五	
					抱地	幕	久左衛門新田	七、一三八	
					抱屋敷	幕・寺	千駄ヶ谷村	二六、〇八三	
					抱屋敷	幕	久左衛門新田飛地・深川蛤町	八三五	賃銀附
伊東修理大夫	祐相	日向	飫肥	五一、〇八〇	上屋敷		外桜田	五、一四一	
					中屋敷	拝領	千駄ヶ谷村	五、七〇〇	
					下屋敷	拝領	青山新屋敷六軒町	五〇〇	
					抱屋敷	幕・寺	千駄ヶ谷村	一、五九八	同所中屋敷地続ニ付一囲
					町並屋敷	幕・町	芝田町二丁目	一、四六六	
板倉周防守	勝静	備中	松山	五〇、〇〇〇	上屋敷		外桜田	六、一三〇	
					中屋敷	拝領	木挽町二丁目	七、七九〇	
					下屋敷	拝領	市谷新本村谷町	一四、〇六一	
水野大監物	忠精	出羽	山形	五〇、〇〇〇	中屋敷	拝領	芝三田	一〇、七五三	住宅
					下屋敷	拝領	中渋谷村	二〇、〇〇〇	
					下屋敷	拝領	中渋谷村	一、〇〇〇	諏訪因幡守（高島藩）江貸置
					下屋敷	拝領	青山長者ヶ丸	九九四	丹羽左京大夫（二本松藩）江貸置
					借地		本所菊川町	一、一四六	九鬼長門守（三田藩）より借置
					抱屋敷	幕・給地・寺	青山原宿村・千駄ヶ谷村入合	二四、三八五	内四六〇一坪賃銀附
青山大膳亮	幸哉	美濃	郡上	四八、〇〇〇	上屋敷		小石川水道橋外	七、八三九	
					下屋敷	拝領	深川六間堀	二、三〇〇	
					下屋敷	拝領	青山宿	七五、二五六	
					下屋敷	拝領	青山宿	三〇、四四八	
					下屋敷	拝領	三田寺町	七五〇	
本多豊前守	正寛	駿河	田中	四〇、〇〇〇	上屋敷		神田橋門外	二、八〇二	
					中屋敷	拝領	三河台	二、五五六	
					永御預地		三河台	一〇八	中屋敷南之方地続崕なたれ
					下屋敷	拝領	市谷新本村	九、五九九	
					下屋敷	拝領	高輪	三〇〇	

所持者	諱	所在国	藩名	石高	種別	拝領・領主	場所	坪数	用途・貸借関係・備考
					御預地		神田橋門外二番明地	九、四九四	稲葉長門守（淀藩）・伊東若狭守（岡田藩）・板倉伊予守（安中藩）・内藤駿河守（高遠藩）・戸田大炊頭（足利藩）六人江御預
					抱屋敷	幕	深川八右衛門新田	一、六〇九	
松平駿河守	勝道	伊予	今治	三五、〇〇〇	上屋敷		小川町	七、〇〇〇	
					中屋敷	拝領	深川加賀新田	三、〇〇〇	
					下屋敷	拝領	小石川薬園	一六、〇〇〇	
					御預地		田安門外より表四番町迄火除明キ地	一〇、八三一	堀田摂津守（佐野藩）・永井若狭守（新庄藩）三人江御預ケ
西尾隠岐守	忠受	遠江	横須賀	三五、〇〇〇	上屋敷		外桜田	三、三七六	
					中屋敷	拝領	木挽町三丁目	三、五六二	
					借地		木挽町三丁目	六一八	曲渕甲斐守拝領屋敷借置
					下屋敷		南八丁堀	一、二〇〇	
					抱屋敷	幕	本所中之郷村・須崎村・小梅村入合	一三、〇〇〇	
松平市正	親良	豊後	杵築	三二、〇〇〇	上屋敷		外桜田門外	四、〇〇〇	
					中屋敷	拝領	麻布白金鷺之森	二、五〇〇	
					中屋敷	拝領	西久保	一、七五二	
					御預地		麻布白金鷺之森	四〇	中屋敷地続ニ付一囲
					下屋敷	拝領	南本所小名木川端	一、五二三	
朽木近江守	綱張	丹波	福知山	三二、〇〇〇	上屋敷		外桜田	四、三五二	
					中屋敷	拝領	木挽町築地	一、二二〇	
					下屋敷	拝領	大久保谷町上新道	六、〇〇〇	
諏訪因幡守	忠誠	信濃	高島	三〇、〇〇〇	上屋敷		木挽町四丁目	三、〇〇〇	
					中屋敷	拝領	下谷金杉	一、〇〇〇	戸田采女正（大垣藩）江貸置
					下屋敷	拝領	中渋谷村	八、三〇〇	
					借地		元矢之倉大川端	六三二	宗対馬守（府中藩）拝領中屋敷借置
					借地		中渋谷村	一、〇〇〇	水野大監物（山形藩）拝領下屋敷借置
					借地		元矢之倉	二、七一八	本多隠岐守（膳所藩）拝領下屋敷借置
松平能登守	乗喬	美濃	岩村	三〇、〇〇〇	上屋敷		大名小路	四、〇三〇	
					下屋敷	拝領	本所緑町五丁目	三、一六四	内五〇坪差加地一囲
					抱屋敷	幕	深川八右衛門新田	二、三五〇	
酒井大学頭	忠良	出羽	松山	二五、〇〇〇	上屋敷		浅草七軒町	四、一〇七	
					下屋敷	拝領	本所四ッ目茅場町	三、五〇〇	本家酒井左衛門尉（鶴岡藩）江貸置

所持者	諱	所在国	藩名	石高	種別	拝領・領主	場所	坪数	用途・貸借関係・備考
					永御預地	拝領	本所四ッ目茅場町	三六〇	同前拝領下屋敷地続ニ付囲込
					下屋敷	拝領	本所菊川町四丁目	七五〇	
					下屋敷	拝領	千駄ヶ谷	一、一五三	
					御預地		千駄ヶ谷土方広太郎上地	六九〇	
					下屋敷	拝領	四谷千駄ヶ谷	三〇〇	大久保加賀守（小田原藩）江貸置
					抱屋敷	幕	中之郷村	三、八八三	父隠居石見守住宅
三浦志摩守	朗次	備中	足守	二三、〇〇〇	上屋敷		虎門内	二、五四五	
					中屋敷	拝領	本所中之郷	二、〇〇〇	
					下屋敷	拝領	谷中三崎	一八、一七七	
					抱屋敷	寺	谷中三崎	七六五	下屋敷北之方地続ニ付囲込
増山河内守	正修	伊勢	長島	二〇、〇〇〇	上屋敷		八代州河岸	三、二八九	
					中屋敷	拝領	木挽町裏築地	一、九七七	小普請増山銀之助拝領屋敷借置、同所中屋敷地続ニ付囲込
					借地		木挽町裏築地	三〇〇	
					下屋敷	拝領	巣鴨	一、四九九	柳沢弾正少弼（三日市藩）江貸置
					下屋敷	拝領	本所柳島	五〇〇	本多隠岐守（膳所藩）江貸置
					下屋敷	拝領	麻布龍土	五〇〇	
					町並屋敷	幕	平井新田	二、三五二	町家作御免地
堀石見守	親義	信濃	飯田	一七、〇〇〇	上屋敷		柳原八名川町	三、〇〇〇	
					下屋敷	拝領	麻布新堀端	四、九〇〇	
					抱屋敷	寺	麻布本村	五四	麻布下屋敷西之方地続ニ付囲込
牧野遠江守	康哉	信濃	小諸	一五、〇〇〇	上屋敷		浜町	四、〇〇〇	
					下屋敷	拝領	本所南割下水横川通	三、二五〇	
					下屋敷	拝領	浜町河岸	四〇〇	
水野壱岐守（周防守）	忠順	上総	鶴牧	一五、〇〇〇	上屋敷		呉服橋門内	三、一〇五	
					下屋敷	拝領	蛎殼町	五、七六三	
					御預地		巣鴨火之番町星野伝左衛門足地上地	二〇	
					抱屋敷	寺	小石川村・巣鴨村入合	九、一一七	内五九〇坪平岡石見守江貸置
稲垣安芸守	太篤	近江	山上	一三、〇四三	上屋敷		麻布市兵衛町	二、五七六	
					添屋敷	拝領	麻布市兵衛町	五二〇	同所居屋敷地続ニ付囲込
					下屋敷	拝領	麻布白金田島町	二、一〇〇	

所持者	諱	所在国	藩名	石高	種別	拝領・領主	場所	坪数	用途・貸借関係・備考
戸田淡路守	氏良	美濃	大垣新田	一〇、〇〇〇	上屋敷		外桜田	二、〇一六	
					中屋敷	拝領	愛宕下袋小路	五二三	
					借地		愛宕下袋小路	一〇九	池田中務少輔（岡山新田・生坂藩）拝領屋敷借置、中屋敷地続ニ付囲込
					下屋敷	拝領	小日向茗荷谷	三、二二二	
					抱屋敷	無年貢地	小日向茗荷谷	二、二七八	下屋敷東之方地続ニ付一所ニ囲込
大岡越前守	忠愛	三河	西大平	一〇、〇〇〇	上屋敷		外桜田	二、二六八	
					下屋敷	拝領	赤坂表伝馬町二丁目	九八二	内八二坪崕馴垂地
堀出雲守	之敏	越後	椎谷	一〇、〇〇〇	上屋敷		浜町	二、二四七	
					下屋敷	拝領	上大崎永峰町	五、五〇〇	内三、〇〇〇坪土岐丹波守江貸置
					下屋敷	拝領	巣鴨駕籠町	八〇〇	
					借地		本所元柳原	三、五九〇	脇坂淡路守（龍野藩）下屋敷借置
					借地		浜町蛎殻町	一五二	小普請片岡鐐之助屋敷借置
					借地		浜町土井堀	七五〇	森川出羽守下屋敷借置、南之方地続ニ付囲込
太田摂津守	資功	遠江	掛川	五〇、〇三七	上屋敷		常盤橋内	四、七〇九	
					中屋敷	拝領	愛宕下薬師小路	一、一五〇	堀田備中守（佐倉藩）貸置
					下屋敷	拝領	駒込千駄木	二三、〇二九	
					下屋敷	拝領	本所小名木川通	六、〇四五	内七坪組合辻番地所
					借地		駒込千駄木	三〇〇	太田隠岐守拝領下屋敷借置
本多中務大輔	忠民	三河	岡崎	五〇、〇〇〇	上屋敷		八代州河岸	四、一二九	
					下屋敷	拝領	本郷森川宿	二三、二七三	
					下屋敷	拝領	浅草茅町	三、二七七	
松平豊前守	信義	丹波	亀山	三〇、〇〇〇	上屋敷		一ツ橋外	五、三三四	
					下屋敷	拝領	芝田町五丁目	四、四九五	
					向屋敷	拝領	芝田町五丁目	五一六	
					下屋敷	拝領	本所南割下水	二、九四八	
					下屋敷	拝領	巣鴨駕籠町	五、〇九七	
安藤長門守	信正（信睦）	陸奥	磐城平	八二、〇〇〇	上屋敷		浜町	五、四四五	
					中屋敷	拝領	蛎殻町	三、二三七	
					下屋敷	拝領	北本所押上	五、〇〇〇	
					借地		本所押上村	七六〇	神道方吉川富之丞拝領屋敷借置
					下屋敷	拝領	大塚	五一、六九三	

所持者	諱	所在国	藩名	石高	種別	拝領・領主	場所	坪数	用途・貸借関係・備考
松平右京亮	輝聴	上野	高崎	一二、〇〇〇	下屋敷	拝領	四谷内藤宿	三〇〇	
					上屋敷		数寄屋橋門内	三、一五四	
					中屋敷	拝領	小石川富坂	一六、七〇〇	内六坪田付鉄太郎江貸置
					下屋敷	拝領	深川清住町	三五〇	
					下屋敷	拝領	八丁堀築地	六五〇	
					借地		八町堀	八二	小普請能勢十次郎拝領屋敷借置
					抱屋敷	幕	本所石原大門通	三、三〇三	
米倉丹後守	昌寿	武蔵	金沢	一〇、〇〇〇	上屋敷		牛込門内	二、五九七	
					下屋敷	拝領	市谷新本村谷町	二、六八九	
田沼玄蕃頭	意尊	遠江	相良	二〇、二五〇	居屋敷		飯田町黐木坂下	三、四一四	
					下屋敷	拝領	鉄炮洲築地	七〇二	
					下屋敷	拝領	下渋谷	三〇〇	
安部摂津守	信宝	武蔵	岡部	二〇、〇〇〇	上屋敷		永田馬場	五、一〇五	
					下屋敷	拝領	永田馬場山王裏門脇	九〇〇	同所上屋敷地続ニ付囲込
					下屋敷	拝領	四谷塩町二丁目右馬町	二、九四〇	
					下屋敷	拝領	南本所富川町	一、三〇〇	
板倉摂津守	勝全	備中	庭瀬	一六、〇〇〇	上屋敷		湯島天神下	三、九〇九	
					下屋敷	拝領	駒込千駄木下	二、〇〇〇	
酒井下野守	忠強	上野	伊勢崎	一三、五二〇	上屋敷		愛宕下広小路	二、八八〇	
					中屋敷	拝領	芝田町五丁目	二〇〇	
					中屋敷	拝領	本所石原	一、八八八	
					下屋敷	拝領	浜町蛎殻町	一、二七〇	
松平兵部少輔	乗謨	三河	奥殿	一三、〇〇〇	上屋敷		麻布龍土	二、二二八	
					下屋敷	拝領	麻布三軒家	二、六三〇	
					屋敷	拝領	芝三田汐見坂	一、七〇〇	
					抱屋敷	寺・幕	上大崎村・下目黒村入合	五、三七二	
					町並屋敷	幕・町	永峰町	二八〇	家来高木順之助所持
					町並屋敷	幕・町	麻布本村町	三三〇	家来古内清吾所持
渡辺備中守	章綱	和泉	伯太	一三、〇〇〇	上屋敷		永田町通	四、三二〇	
					下屋敷	拝領	渋谷羽根沢	七、七〇〇	
大久保長門守	教義	相模	荻野山中	一一、一四四	上屋敷		麻布市兵衛町	三、四〇〇	
					下屋敷	拝領	小日向新坂	三、一一一	

所持者	諱	所在国	藩名	石高	種別	拝領・領主	場所	坪数	用途・貸借関係・備考
					御預地		小日向新坂	三六八	下屋敷西之方崕馴垂
					抱屋敷	幕	麻布今井村	九六	上屋敷西之方地続ニ付囲込
松平豊後守	勝行	下総	多古	一一、〇〇〇	上屋敷		大久保外山	七六五	当分下屋敷住宅
					下屋敷	拝領	小石川伝通院脇	四、〇九〇	住宅
					下屋敷	拝領	牛込揚場裏	一、三一八	
酒井安芸守	忠一	安房	勝山	一〇、〇一七	上屋敷		下谷広小路	二、三一七	
					下屋敷	拝領	下谷七軒町	四〇〇	
					抱屋敷	寺	駒込村	五、九二八	
京極備中守	高富	丹後	峰山	一〇、〇〇〇	上屋敷		永田町	四、一七〇	
					中屋敷	拝領	西久保土取場	九〇〇	
					下屋敷	拝領	本所横川	一、九〇〇	
戸田大炊頭	忠文	下野	足利	一〇、〇〇〇	上屋敷		神田橋外小川町	二、八八一	
					下屋敷	拝領	青山	五、九五〇	
					下屋敷	拝領	本所三ッ目	一、〇〇〇	外一五坪道式
					御預地		神田橋門外二番明地	九、四九四	稲葉長門守（淀藩）・本多豊前守（田中藩）・板倉伊予守（安中藩）・伊東若狭守（岡田藩）・内藤駿河守（高遠藩）六人江御預
山口筑前守	弘敞	常陸	牛久	一〇、〇〇〇	上屋敷		赤坂溜池端	四、八九一	
					下屋敷	拝領	渋谷笄橋	二五、二五二	
有馬備後守	氏郁	下野	吹上	一〇、〇〇〇	上屋敷		外桜田	二、七八〇	
					中屋敷	拝領	木挽町築地	八九〇	
					中屋敷	拝領	木挽町築地	三〇〇	
					下屋敷	拝領	四谷内藤宿	一〇、七七一	
					借地		木挽町築地	一〇〇	小普請川勝銈四郎拝領屋敷借置、同所拝領中屋敷地続ニ付囲込
井上筑後守	正和	下総	高岡	一〇、〇〇〇	上屋敷		下谷広小路	四、六〇〇	
					下屋敷	拝領	本所柳島	五、二四〇	
高木主水正	正坦	河内	丹南	一〇、〇〇〇	上屋敷		虎門内	二、三七七	
					下屋敷	拝領	下渋谷	四四、九七一	
					下屋敷	拝領	下渋谷	一、六一五	
					抱屋敷	幕	下渋谷村	一、一八八	下屋敷地続ニ付囲込
永井若狭守	直幹	大和	新庄	一〇、〇〇〇	上屋敷		半蔵門外堀端	二、五〇〇	
					下屋敷	拝領	四谷南寺町脇	一四、五〇八	道隔屋敷二ヶ所ニ成
					永御預地		四谷鮫ヶ橋永井左門上地	四、五〇〇	

所持者	諱	所在国	藩名	石高	種別	拝領・領主	場所	坪数	用途・貸借関係・備考
					借地		深川小名木川	八〇〇	書院番永井録之助拝領屋敷之内借置
					御預地		田安門外表四番町迄火除明地	一〇、八三一	松平駿河守（今治藩）・堀田摂津守（佐野藩）三人江御預ケ
柳生対馬守	俊順	大和	柳生	一〇、〇〇〇	上屋敷		増上寺裏門前	二、七〇九	
					中屋敷	拝領	四谷大木戸	二、〇〇〇	
					中屋敷	拝領	鉄炮洲築地小田原町	四〇〇	
					下屋敷	拝領	上大崎村	八、四九五	
					御預地		上大崎村・松平兵部大輔上地	五五〇	
					抱屋敷	幕	上大崎村・谷山村入合	三、四一六	下屋敷東南之方地続ニ付囲込
松平丹後守	信進	駿河	小島	一〇、〇〇〇	上屋敷		小石川富坂下	三、一七五	
					下屋敷	拝領	目白台	三、三九六	
					下屋敷	拝領	本所南割下水竹蔵脇	三四三	
					借地		本所南割下水竹蔵脇	六〇〇	中奥番渡辺兵部拝領屋敷借置、中屋敷地続ニ付囲込
内田主殿頭	正徳	下総	小見川	一〇、〇〇〇	下屋敷	拝領	麻布日ヶ窪	一八、九〇〇	住宅
井上良之助（伊予守）	正兼	常陸	下妻	一〇、〇〇〇	上屋敷		愛宕下	二、七八〇	
					中屋敷	拝領	愛宕下神保小路	四二〇	
					下屋敷	拝領	本所猿江小名木川通	二、八七九	
					借地		（記載無し）	（記載無し）	
林武三郎（肥後守）	忠交	上総	請西（貝淵）	一〇、〇〇〇	居屋敷		浜町蛎殻町	二、七六四	
					下屋敷	拝領	南本所菊川町	三、三七八	
					永御預地		南本所菊川町	一六九	同所下屋敷江囲込
					屋敷	拝領	南本所菊川町	一五〇	
					借地		南本所菊川町	七八九	書院番奥山重太郎拝領屋敷借置、下屋敷地続ニ付囲込
					借地		南本所菊川町	六〇〇	中奥小姓柴田能登守添屋敷借置、同所下屋敷江囲込
					借地		南本所菊川町	一〇〇	小姓組春日中務拝領屋敷借置、同所下屋敷江囲込
					借地		南本所菊川町	五〇	書院番犬塚小善次拝領屋敷借置、下屋敷江囲込
米津啓次郎（相模守）	政易	出羽	長瀞	一一、〇〇〇	上屋敷		愛宕下	三、二二〇	
					中屋敷	拝領	麻布龍土	一、三七〇	

所持者	諱	所在国	藩名	石高	種別	拝領・領主	場所	坪数	用途・貸借関係・備考
堀田備中守	正睦（のちの正篤）	下総	佐倉	（重複）	下屋敷	拝領	代々木村	三、〇〇〇	
					抱地	幕・社	代々木村	四、〇二二	
					居屋敷		西丸下	八、一〇四	
					中屋敷	拝領	八丁堀	八、六八〇	
					下屋敷	拝領	下豊沢村	二〇、八三四	
					下屋敷	拝領	渋谷羽根沢村	三、〇八四	
					借地		愛宕下薬師小路	一、一五〇	太田摂津守（掛川藩）拝領中屋敷借置
					抱屋敷	幕	下豊沢村・下渋谷村入合	二三、五八八	同所下屋敷地続ニ付囲込
阿部伊勢守	正弘	備後	福山	一一〇、〇〇〇	居屋敷		辰之口	九、二四一	
					中屋敷	拝領	本所石原	三、一一〇	
					屋敷	拝領	駒込片町	二五〇	
					下屋敷	拝領	本郷丸山	五九、七五〇	
					蔵屋敷	拝領	本所十間川	九、六一四	
					抱屋敷	幕・寺	下高田村・高田四ツ家町	一〇、八三九	内三、八一七坪賃銀附
					抱屋敷	幕	本所十間川	五三〇	蔵屋敷地続ニ付一所ニ囲込
牧野備前守	忠雅	越後	長岡	七四、〇〇〇	居屋敷		西丸下	八、三五三	
					中屋敷	拝領	愛宕下	三、六四〇	
					下屋敷	拝領	深川海辺橋通	二、五四五	
					下屋敷	拝領	市谷	三〇〇	小笠原伊予守（左京大夫・小倉藩）江貸置
					下屋敷	拝領	中渋谷	七、〇八〇	
					抱屋敷	幕	小梅村・須崎村入合	六、七六〇	内四、九八四坪賃銀附一囲
久世大和守	広周	関宿	関宿	五八、〇〇〇	居屋敷		大名小路	七、〇五八	
					中屋敷	拝領	霊岸島北新堀	三、〇三一	
					下屋敷	拝領	深川海辺町	一二、九三二	
					抱屋敷	幕	小日向台	六、七一二	内寄合久世内匠・小姓組久世岩之丞右両人江貸置
内藤紀伊守	信親	越後	村上	五〇、〇九〇	居屋敷		西丸下	七、六七五	
					中屋敷	拝領	永田馬場	一〇、一六六	
					中屋敷	拝領	永田馬場	六二七	
					永御預地		溜池干潟	四八〇	中屋敷西之方地続
					下屋敷	拝領	鉄炮洲	三、二〇六	

編者略歴
大石　学
一九五三年　東京都に生まれる
一九八二年　筑波大学大学院博士課程単位取
得退学
現在　東京学芸大学教授
〔主要著書〕
享保改革の地域政策　首都江戸の誕生　近世
国家の権力構造(編)

近世藩制・藩校大事典

二〇〇六年(平成十八)三月十日　第一刷発行

編　者　大《おお》　石《いし》　学《まなぶ》

発行者　林　英　男

発行所　株式会社　吉川弘文館
郵便番号一一三—〇〇三三
東京都文京区本郷七丁目二番八号
電話〇三—三八一三—九一五一(代)
振替口座〇〇一〇〇—五—二四四番
http://www.yoshikawa-k.co.jp/

印刷＝株式会社 東京印書館
製本＝誠製本株式会社
装幀＝山崎　登

ISBN4-642-01431-4

索　　引

＊この索引は，第二部・第三部の見出し語と本文，付録の藩校一覧・郷校一覧・江戸藩邸所在地一覧より抽出した索引語を，藩名，藩校・郷校，人名，事項に分けて配列したものである．

＊配列は読みの五十音順とした．ただし，人名は，同音同字の姓を一括し，名は1字目の音読みによる五十音順，2字目の画数順に配列した．

＊索引項目のうち，太字は見出し語であることを示し，数字はページを，abはそれぞれ上段・下段を表し，見出し語のページ・段は太字とし，先頭に置いた．

＊同音・同字の藩名は，（　）内に国名・現在の都道府県名を注記した．

＊藩校・郷校は，（　）に藩名を注記した．

＊⇨は，カラ見出し項目名の，解説されている項目名への指示を表す．

〈藩　　名〉

あ

い

う

え

お

か

き

く

け

こ

さ

し

す

せ

そ

た

ち

つ

て

と

な

に

ぬ

の

は

ひ

ふ

ほ

ゆ

よ

り

ろ

わ

〈藩校・郷校〉

あ

い

う

え

お

か

き

く

け

こ

さ

し

す

せ

そ

た

ち

つ

て

と

ふ

へ

ほ

ま

み

む

め

も

や

ゆ

よ

ら

り

れ

わ

〈人　　名〉

あ

い

う

え

お

か

き

く

け

こ

さ

し

す

せ

そ

た

と

な

に

ね

の

は

ひ

ふ

へ

ほ

ま

み

む

め

も

や

ゆ

よ

〈事　　項〉

あ

い

う

え

お

か

き

く

け

こ

さ

し

す

せ

そ

た

ち

に

の

は

ひ

ふ

へ

ほ

ま

み

む

め

も

や

ゆ

よ

ら

り

る

れ

ろ

わ

所持者	諱	所在国	藩名	石高	種別	拝領・領主	場所	坪数	用途・貸借関係・備考
本多肥後守	忠鄰	播磨	山崎	一〇、〇〇〇	居屋敷		浜町蛎殻町	二、七三〇	
					下屋敷	拝領	本所林町五丁目	一、六三〇	
稲葉兵部少輔	正巳	安房	館山	一〇、〇〇〇	居屋敷		木挽町築地	二、〇三〇	
					中屋敷	拝領	本所猿江	二、六七七	
					下屋敷	拝領	大久保四丁目	一〇〇	多賀兵庫助江貸置
					下屋敷	拝領	四谷内藤宿	二〇〇	尾張殿名古屋藩江貸置
堀田豊前守	正誠	近江	宮川	一〇、〇〇〇	上屋敷		愛宕下佐久間小路	二、五四一	
					添屋敷	拝領	愛宕下田村小路	八九七	
					中屋敷	拝領	浅草諏訪町	二、八九三	
					下屋敷	拝領	巣鴨	三〇〇	柳沢弾正少弼（三日市藩）江貸置
喜連川左馬頭	煕氏	下野	喜連川	五、〇〇〇	抱屋敷	無年貢地	下谷池之端	九八〇	開地、家来差置参府之節住宅
内藤豊後守	正縄	信濃	岩村田	一五、〇〇〇	上屋敷		神田明神下	二、〇九五	
					下屋敷	拝領	本所吉田長北裏	三、二三七	
					下屋敷	拝領	四谷天龍寺脇元厩通	五二一	

（一）「江戸藩邸所在地一覧」は、『諸向地面取調書』（『内閣文庫所蔵史籍叢刊』一四—一六、及古書院、一九八二年、以下『諸向』と略）をもとに作成した。このほか、参考とした文献は次のとおりである。

橋本博『大武鑑』（名著刊行会、一九六五年）、新田完三『内閣文庫蔵諸侯年表』（東京堂出版、一九八四年）、藩主人名事典編纂委員会『三百藩藩主人名事典』（新人物往来社、一九八六・八七年）、小川恭一『江戸幕藩大名家事典』（原書房、一九九二年）、吉原健一郎『復元江戸情報地図』（朝日新聞社、一九九四年）、小川恭一『寛政譜以降旗本家百科事典』（東洋書林、一九九七・九八年）

（二）諱・所在国・藩名・石高は（一）の参考文献をもとに付け加えた。

（三）所持者・諱は安政三年末の当主を記した。安政三年末時の通称名が異なる場合は括弧で記した。

（四）拝領・領主の略称は次のとおりである。

幕　代官所　町　町奉行支配　寺　寺領　社　社領。

なお、上屋敷は記載がないが「拝領」、町屋敷は記載がないが、「町奉行支配」と思われる。また、老中などは上屋敷ではなく、居屋敷とあり、これも「拝領」と思われる。

（五）坪数は、坪以下は切り捨てた。

（六）用途・貸借関係・備考

土地の用途や貸借関係を入れた。大名の場合は藩名を括弧で補った。「同人」とある場合は、括弧で名前を補った。『諸向』に「〜手帳ニ有之」などと書き込まれていたものは、［手帳］と記した。名前が二通り確認できる場合は括弧で記した。陪臣は省略したが、「〜家来〜所持」とある場合は記載した。

（七）『諸向』に記載のない藩

三河・西尾藩・松平和泉守乗全　摂津・尼崎藩・松平遠江守忠栄

下総・生実藩・森川出羽守俊位　上野・小幡藩・松平（奥平）大蔵少輔忠恕

以下の支藩は本藩の中に記載がある。

安芸・広島新田藩・松平（浅野）近江守長訓……広島藩の中に記載がある。

出羽・米沢新田藩・上杉駿河守勝道……米沢藩の中に記載がある。

周防・岩国藩・吉川監物経幹……萩藩の中に記載がある。

（八）『諸向』に重複して記載のある藩

老中の佐倉藩・堀田備中守正陸

（竹村　誠）

所持者	諱	所在国	藩名	石高	種別	拝領・領主	場所	坪数	用途・貸借関係・備考
鳥居丹波守	忠挙	下野	壬生	三〇、〇〇〇	居屋敷		鍛冶橋門内	三、一九四	
					中屋敷	拝領	永田町	三、一〇三	
					下屋敷	拝領	南本所横川端	二、九三九	
本多越中守	忠徳	陸奥	泉	二〇、〇〇〇	居屋敷		馬場先門之内	四、四二五	
					下屋敷	拝領	赤坂今井台	二、九〇〇	内一〇坪氷川社僧江貸置
					屋敷	拝領	四谷内藤宿	二〇〇	
					抱屋敷	幕	角筈村	四、五五八	
遠藤但馬守	胤統	近江	三上	一二、〇〇〇	居屋敷		辰之口	四、八五〇	
					下屋敷	拝領	牛込若宮	三、〇〇〇	
本庄安芸守	道貫	美濃	高富	一〇、〇〇〇	居屋敷		西丸下	四、二五九	
					下屋敷	拝領	深川大和町	一、五〇〇	
					差加地	拝領	深川大和町千本小太郎上地	一、〇七九	同所下屋敷地続ニ付囲込
					下屋敷	拝領	四谷南寺町	二、八三〇	
					借地		深川大和町	一、六一〇	黒鍬之者大縄組屋敷之内借置、同所下屋敷地続ニ付囲込
					借地		深川大和町	三〇〇	同所下屋敷江囲込、本堂内蔵助下屋敷之内借置
酒井右京亮	忠毗	越後	敦賀	一〇、〇〇〇	居屋敷		西丸下	三、八六一	
					下屋敷	拝領	北本所四ッ目	三、八一〇	
					抱屋敷	寺	下戸塚村	一、三〇〇	
					町並屋敷	幕・町	高輪南町代地・八丁堀地続松屋町地先	一一四	家来都筑又左衛門所持
					町並屋敷	幕・町	高輪南町代地・八丁堀地続松屋町地先	一九六	家来都筑又左衛門所持
九鬼式部少輔	隆都	丹波	綾部	一九、五〇〇	居屋敷		北八丁堀	二、八六七	内河岸地二三三坪
					下屋敷	拝領	本所小名木川通猿江	一、五五二	
加納備中守（駿河守）	久徴	上総	一宮	一三、〇〇〇	居屋敷		木挽町	三、五七二	
					中屋敷	拝領	赤坂溜池	一、五九九	
					下屋敷	拝領	南本所石原	二、四八〇	
					御預地		南本所石原	二、八八三	同所拝領屋敷地続
					借地	幕・町	南本所石原町之内	一、二七五	大久保加賀守（小田原藩）所持之町並屋敷借置
					借地	幕・町	同所之内	一六〇	同人家来医師杉本隆玄所持之町並屋敷、家来富永伝蔵借置